D1732026

EU-Erbrechtsverordnung

Kommentar zur EU-Erbrechtsverordnung

(EuErbVO)

herausgegeben von

Univ.-Prof. Dr. Astrid Deixler-Hübner

Institutsvorständin des Instituts für Europäisches und Österreichisches Zivilverfahrensrecht
der Johannes Kepler Universität Linz

Univ.-Prof. Dr. Martin Schauer

Stv. Institutsvorstand des Instituts für Zivilrecht der Universität Wien

Wien 2015
MANZ'sche Verlags- und Universitätsbuchhandlung

Zitiervorschlag:

Bearbeiter in *Herausgeber*, EuErbVO-Kommentar (2015) Art . . . Rz . . .
Binder in *Deixler-Hübner/Schauer*, EuErbVO-Kommentar (2015) Art 40 Rz 1
Bearbeiter in *Herausgeber*, Art . . . EuErbVO Rz . . .
Binder in *Deixler-Hübner/Schauer*, Art 40 EuErbVO Rz 1

Bearbeitet haben:

Kathrin Binder:	Art 39 – 42
Alrun Cohen:	Art 29, 33
Astrid Deixler-Hübner:	Art 3 (gemeinsam mit *Schauer*), Art 4 – 9
Constanze Fischer-Czermak:	Art 24 – 26, 32
Ulrike Frauenberger-Pfeiler:	Art 14 – 18
Robert Fucik:	Art 74 – 83; Österreichische Anpassungsbestimmungen
Edwin Gitschthaler:	Art 10 – 13, 19
Florian Horn:	Art 2
Michael Lunzer:	Art 27, 28
Peter Mankowski:	Art 1, 23
Matthias Neumayr:	Art 43 – 53
Alice Perscha:	Art 62 – 68, 70 – 73
Claudia Rudolf:	Art 54 – 58
Martin Schauer:	Art 3 (gemeinsam mit *Deixler-Hübner*), Art 20 – 22, 69
Andreas Schwartze:	Art 30, 31, 34 – 38
Marie-Theres Volgger:	Art 59 – 61

Alle Rechte, insbesondere das Recht der Vervielfältigung und Verbreitung sowie der Übersetzung, vorbehalten. Kein Teil des Werkes darf in irgendeiner Form (durch Fotokopie, Mikrofilm oder ein anderes Verfahren) ohne schriftliche Genehmigung des Verlages reproduziert oder unter Verwendung elektronischer Systeme gespeichert, verarbeitet, vervielfältigt oder verbreitet werden.

Sämtliche Angaben in diesem Werk erfolgen trotz sorgfältiger Bearbeitung ohne Gewähr; eine Haftung der Herausgeber, der Autorinnen und Autoren sowie des Verlages ist ausgeschlossen.

ISBN 978-3-214-07515-6

© 2015 MANZ'sche Verlags- und Universitätsbuchhandlung GmbH, Wien
Telefon: (01) 531 61-0
E-Mail: verlag@manz.at
www.manz.at
Bildnachweis: Astrid Deixler-Hübner: Fotostudio Engleder; Martin Schauer: zum Beispiel: Gestaltung
Druck: FINIDR, s.r.o., Český Těšín

Vorwort

Die Europäische Erbrechtsverordnung hat für die generationenübergreifende Vermögensplanung, für das Verlassenschaftsverfahren sowie für erb- und pflichtteilsrechtliche Streitigkeiten im weitesten Sinn eine kaum zu überschätzende Bedeutung. Die Grundsätze der Verordnung stellen gegenüber dem bisher geltenden Recht einen mehrfachen Paradigmenwechsel dar: Sie wird geprägt durch den gewöhnlichen Aufenthalt als das zentrale Anknüpfungsmerkmal im Bereich des anwendbaren Rechts und der internationalen Zuständigkeit, durch das Prinzip der globalen Nachlasseinheit sowie durch die Zulassung einer – wenngleich nur beschränkten – Rechtswahlfreiheit im Bereich der Rechtsnachfolge von Todes wegen. All dies bietet neue Chancen für die Gestaltungspraxis und stellt zugleich für die Rechtsberatung neue Herausforderungen dar.

Die Herausgeber freuen sich darüber, dass sie den Verlag Manz für das Projekt gewinnen konnten, das nunmehr in Gestalt des vorliegenden Werks seinen Abschluss gefunden hat. Es handelt sich dabei um den ersten österreichischen Kommentar zur Europäischen Erbrechtsverordnung. Ein wesentliches Anliegen war es, nicht nur die Verordnung als solche zu kommentieren, sondern dabei auch das regulatorische Umfeld des innerstaatlichen Rechts zu berücksichtigen, was auch die durch das ErbRÄG 2015 geschaffenen Anpassungsbestimmungen einschließt. Der unionsrechtliche Rechtsakt kann nämlich nicht nur als ein isolierter Normenkomplex betrachtet werden, sondern muss sich bei der Bewältigung der juristischen Alltagsprobleme auch im Zusammenspiel mit dem innerstaatlichen Recht bewähren.

Ein umfangreiches Werk wie der vorliegende Kommentar kann nicht ohne die Beiträge zahlreicher Personen gelingen. Ihnen allen ist zu danken. Dies gilt namentlich für die Autorinnen und Autoren, von denen einige erst später zum bereits laufenden Projekt gestoßen sind. Durch die weitgehend pünktliche Ablieferung der Manuskripte kann das Werk nunmehr schon wenige Wochen nach Geltungsbeginn der Verordnung erscheinen. Unser Dank geht auch an unsere Mitarbeiter, Frau Mag. *Marlene Hofmair,* Herrn Mag. *Alexander Meisinger,* Herrn Mag. *Sebastian Reiter* und Herrn Mag. *Jürgen Schmidt,* die uns bei der redaktionellen Arbeit in vielfältiger Weise tatkräftig unterstützt haben. Schließlich danken wir Frau Mag. *Nadine Bösch* vom Verlag Manz, die das Werk stets mit großer Umsicht und Sorgfalt betreut hat.

Für alle Anregungen und Kritik sind wir dankbar.

Linz/Wien, im August 2015   *Astrid Deixler-Hübner und Martin Schauer*

Inhaltsverzeichnis

	Seite
Vorwort	V
Inhaltsverzeichnis	VII
Verzeichnis der Autorinnen und Autoren	XI
Abkürzungsverzeichnis	XIII
Allgemeines Literaturverzeichnis	XXIII

Kapitel I
Anwendungsbereich und Begriffsbestimmungen

Art 1.	Anwendungsbereich	17
Art 2.	Zuständigkeit in Erbsachen innerhalb der Mitgliedstaaten	51
Art 3.	Begriffsbestimmungen	54

Kapitel II
Zuständigkeit

	Vor Art 4 ff	77
Art 4.	Allgemeine Zuständigkeit	87
Art 5.	Gerichtsstandsvereinbarung	99
Art 6.	Unzuständigerklärung bei Rechtswahl	107
Art 7.	Zuständigkeit bei Rechtswahl	112
Art 8.	Beendigung des Verfahrens von Amts wegen bei Rechtswahl	117
Art 9.	Zuständigkeit aufgrund rügeloser Einlassung	120
Art 10.	Subsidiäre Zuständigkeit	126
Art 11.	Notzuständigkeit (forum necessitatis)	134
Art 12.	Beschränkung des Verfahrens	138
Art 13.	Annahme oder Ausschlagung der Erbschaft, eines Vermächtnisses oder eines Pflichtteils	141
Art 14.	Anrufung eines Gerichts	146
Art 15.	Prüfung der Zuständigkeit	150
Art 16.	Prüfung der Zulässigkeit	153
Art 17.	Rechtshängigkeit	158
Art 18.	Im Zusammenhang stehende Verfahren	163
Art 19.	Einstweilige Maßnahmen einschließlich Sicherungsmaßnahmen	165

Kapitel III
Anzuwendendes Recht

Art 20.	Universelle Anwendung	169
Art 21.	Allgemeine Kollisionsnorm	171
Art 22.	Rechtswahl	182
Art 23.	Reichweite des anzuwendenden Rechts	196
Art 24.	Verfügungen von Todes wegen außer Erbverträgen	219
Art 25.	Erbverträge	234

Art 26. Materielle Wirksamkeit einer Verfügung von Todes wegen 246

Art 27. Formgültigkeit einer schriftlichen Verfügung von Todes wegen 251

Art 28. Formgültigkeit einer Annahme- oder Ausschlagungserklärung 263

Art 29. Besondere Regelungen für die Bestellung und die Befugnisse eines Nachlassverwalters in bestimmten Situationen 265

Art 30. Besondere Regelungen mit Beschränkungen, die die Rechtsnachfolge von Todes wegen in Bezug auf bestimmte Vermögenswerte betreffen oder Auswirkungen auf sie haben 289

Art 31. Anpassung dinglicher Rechte 298

Art 32. Kommorienten 305

Art 33. Erbenloser Nachlass 309

Art 34. Rück- und Weiterverweisung 318

Art 35.. Öffentliche Ordnung (ordre public) 326

Art 36. Staaten mit mehr als einem Rechtssystem – Interlokale Kollisionsvorschriften 333

Art 37. Staaten mit mehr als einem Rechtssystem – Interpersonale Kollisionsvorschriften 341

Art 38. Nichtanwendung dieser Verordnung auf innerstaatliche Kollisionen 342

Kapitel IV
Anerkennung, Vollstreckbarkeit und Vollstreckung von Entscheidungen

Art 39. Anerkennung 343

Art 40. Gründe für die Nichtanerkennung einer Entscheidung 357

Art 41. Ausschluss einer Nachprüfung in der Sache 364

Art 42. Aussetzung des Anerkennungsverfahrens 367

Art 43. Vollstreckbarkeit 371

Art 44. Bestimmung des Wohnsitzes 380

Art 45.. Örtlich zuständiges Gericht 381

Art 46. Verfahren 382

Art 47. Nichtvorlage der Bescheinigung 384

Art 48. Vollstreckbarerklärung 386

Art 49. Mitteilung der Entscheidung über den Antrag auf Vollstreckbarerklärung . . . 389

Art 50. Rechtsbehelf gegen die Entscheidung über den Antrag auf Vollstreckbarerklärung 390

Art 51. Rechtsbehelf gegen die Entscheidung über den Rechtsbehelf 397

Art 52. Versagung oder Aufhebung einer Vollstreckbarerklärung 398

Art 53. Aussetzung des Verfahrens 398

Art 54. Einstweilige Maßnahmen einschließlich Sicherungsmaßnahmen 400

Art 55. Teilvollstreckbarkeit 403

Art 56. Prozesskostenhilfe 404

Art 57. Keine Sicherheitsleistung oder Hinterlegung 406

Art 58. Keine Stempelabgaben oder Gebühren 408

Kapitel V
Öffentliche Urkunden und gerichtliche Vergleiche

Vor Kapitel V 409

Art 59. Annahme öffentlicher Urkunden 409

Art 60. Vollstreckbarkeit öffentlicher Urkunden 419
Art 61. Vollstreckbarkeit gerichtlicher Vergleiche 420

Kapitel VI
Europäisches Nachlasszeugnis

Vor Art 62 ff 421
Art 62. Einführung eines Europäischen Nachlasszeugnisses 423
Art 63. Zweck des Zeugnisses 448
Art 64. Zuständigkeit für die Erteilung des Zeugnisses 465
Art 65. Antrag auf Ausstellung eines Zeugnisses 473
Art 66. Prüfung des Antrags 482
Art 67. Ausstellung des Zeugnisses 488
Art 68. Inhalt des Nachlasszeugnisses 496
Art 69. Wirkungen des Zeugnisses 503
Art 70. Beglaubigte Abschriften des Zeugnisses 519
Vor Art 71 bis 73 524
Art 71. Berichtigung, Änderung oder Widerruf des Zeugnisses 526
Art 72. Rechtsbehelfe 529
Art 73. Aussetzung der Wirkungen des Zeugnisses 532

Kapitel VII
Allgemeine und Schlussbestimmungen

Art 74. Legalisation oder ähnliche Förmlichkeiten 534
Art 75. Verhältnis zu bestehenden internationalen Übereinkommen 536
Art 76. Verhältnis zur Verordnung (EG) Nr. 1346/2000 des Rates 546
Art 77. Informationen für die Öffentlichkeit 548
Art 78. Informationen zu Kontaktdaten und Verfahren 551
Art 79. Erstellung und spätere Änderung der Liste der in Artikel 3 Absatz 2 vorgesehe-
          nen Informationen 552
Art 80. Erstellung und spätere Änderung der Bescheinigungen und der Formblätter
          nach den Artikeln 46, 59, 60, 61, 65 und 67 554
Art 81. Ausschussverfahren 555
Art 82. Überprüfung 555
Art 83. Übergangsbestimmungen 556
Art 84. Inkrafttreten 562

Anpassungsbestimmungen im nationalen Recht – ErbRÄG 2015

Vor Anpassungsbestimmungen 565
  I.   Außerstreitgesetz – AußStrG 566
  II. Allgemeines Bürgerliches Gesetzbuch – ABGB 599
  III. Gerichtsgebührengesetz – GGG 602
  IV. Allgemeines Grundbuchsgesetz 1955 – GBG 1955 604
  V.   Gerichtskommissärsgesetz – GKG 606

VI. Gerichtskommissionstarifgesetzes – GKTG 607
VII. IPR-Gesetz – IPRG 610
VIII. Jurisdiktionsnorm – JN 612
IX. Wohnungseigentumsgesetz 2002 – WEG 2002 618
X. Sonstiges Inkrafttreten – ErbRÄG 2015 623

Anhang I

Vorschlag für eine Verordnung des Europäischen Parlaments und des Rates über die Zuständigkeit, das anzuwendende Recht, die Anerkennung und die Vollstreckung von Entscheidungen und öffentlichen Urkunden in Erbsachen sowie zur Einführung eines Europäischen Nachlasszeugnisses v 14. 10. 2009 KOM(2009)154 endgültig 625

Anhang II

Durchführungsverordnung (EU) 1329/2014 der Kommission v 9. 12. 2014 zur Festlegung der Formblätter nach Maßgabe der Verordnung (EU) Nr. 650/2012 des Europäischen Parlaments und des Rates über die Zuständigkeit, das anzuwendende Recht, die Anerkennung und Vollstreckung von Entscheidungen und die Annahme und Vollstreckung öffentlicher Urkunden in Erbsachen sowie zur Einführung eines Europäischen Nachlasszeugnisses 661

Stichwortverzeichnis 717

Verzeichnis der Autorinnen und Autoren

Ass.-Prof. Dr. **Kathrin Binder,** Universität Linz

Dr. **Alrun Cohen,** Rechtspraktikantin im Sprengel des OLG Wien

Univ.-Prof. Dr. **Astrid Deixler-Hübner,** Universität Linz

Univ.-Prof. Dr. **Constanze Fischer-Czermak,** Universität Wien

Ass.-Prof. Dr. **Ulrike Frauenberger-Pfeiler,** Universität Wien

Dr. **Robert Fucik,** Bundesministerium für Justiz Wien

Dr. **Edwin Gitschthaler,** Hofrat des OGH

MMag. **Florian Horn,** Rechtsanwalt in Wien

Dr. **Michael Lunzer,** Notar in Wien

Univ.-Prof. Dr. **Peter Mankowski,** Universität Hamburg

Univ.-Prof. Dr. **Matthias Neumayr,** Hofrat des OGH

Mag. **Alice Perscha,** Notarin in Leoben

Univ.-Prof. Dr. **Claudia Rudolf,** Universität Wien

Univ.-Prof. Dr. **Martin Schauer,** Universität Wien

Univ.-Prof. Dr. **Andreas Schwartze,** Universität Innsbruck

Dr. **Marie-Theres Volgger,** Rechtsanwaltsanwärterin in Wien

Abkürzungsverzeichnis

aA	=	anderer Ansicht
aaO	=	am angegebenen Ort
AB	=	Ausschussbericht
ABGB	=	Allgemeines bürgerliches Gesetzbuch JGS 1811/946
Abk	=	Abkommen
abl	=	ablehnend
ABl	=	Amtsblatt der Europäischen Union (Reihe C: Mitteilungen und Be- kanntmachungen; Reihe L: Rechtsvorschriften; Reihe S: Ausschrei- bungen)
Abs	=	Absatz
abw	=	abweichend
aE	=	am Ende
AEDIPr	=	Anuario español de Derecho internacional privado
AEUV	=	Vertrag über die Arbeitsweise der Europäischen Union
aF	=	alte Fassung
AG	=	Aktiengesellschaft
Alt	=	Alternative
aM	=	anderer Meinung
AngG	=	Angestelltengesetz BGBl 1921/292
Anh	=	Anhang
Anm	=	Anmerkung
AnwBl	=	Österreichisches Anwaltsblatt
ao	=	außerordentliche/r/s
arg	=	argumento (folgt aus)
Art	=	Artikel
ASt	=	Antragsteller
AußStrG	=	Außerstreitgesetz RGBl 1854/208
Bd(e)	=	Band (Bände)
Bekl	=	Beklagte/r
bes	=	besonders
BGB	=	(deutsches) Bürgerliches Gesetzbuch dRGBl 1896, 195
BGBl	=	Bundesgesetzblatt
BGH	=	(deutscher) Bundesgerichtshof
BgKonsAbk	=	Konsularvertrag zwischen der Republik Österreich und der Volksre- publik Bulgarien BGBl 1976/342
BlgNR	=	Beilage(n) zu den stenografischen Protokollen des Nationalrates
BritKonsAbk	=	Konsularvertrag zwischen der Republik Österreich und dem Verei- nigten Königreich von Großbritannien und Nordirland BGBl 1964/19 idF BGBl 1980/416
Brooklyn L. Rev.	=	Brooklyn Law Review

Brüssel I-VO	=	Verordnung (EG) 44/2001 des Rates v 22. 12. 2000 über die gerichtliche Zuständigkeit und die Anerkennung und Vollstreckung von Entscheidungen in Zivil- und Handelssachen ABl L 2001/12, 1
Brüssel Ia-VO	=	Verordnung (EU) 1215/2012 des europäischen Parlaments und des Rates vom 12. 12. 2012 über die gerichtliche Zuständigkeit und die Anerkennung und Vollstreckung von Entscheidungen in Zivil- und Handelssachen ABl L 2012/351, 1
Brüssel IIa-VO	=	Verordnung (EG) 2201/2003 des Rates v 27. 11. 2003 über die Zuständigkeit und die Anerkennung und Vollstreckung von Entscheidungen in Ehesachen und in Verfahren betreffend die elterliche Verantwortung und zur Aufhebung der Verordnung (EG) Nr. 1347/2000 ABl L 2003/338, 1
bspw	=	beispielsweise
BVerfG	=	(deutsches) Bundesverfassungsgericht
bzgl	=	bezüglich
bzw	=	beziehungsweise
ca	=	circa
CDT	=	Cuadernos de derecho transnacional
COMI	=	center of main interest
CSSKonsAbk	=	Abkommen zwischen der Republik Österreich und der Tschechoslowakischen Republik BGBl 1980/526 iVm BGBl III 1997/123 bzw BGBl 1994/1046
ders	=	derselbe
dh	=	das heißt
dies	=	dieselbe
Diss	=	Dissertation
DNotI	=	Deutsches Notarinstitut
DNotZ	=	Deutsche Notar-Zeitschrift
DStR	=	Deutsches Steuerrecht
dt	=	deutsche/r/s
dZPO	=	(deutsche) Zivilprozeßordnung dRGBl 1877, 83
E	=	Entscheidung(en)
E-FZ	=	Zeitschrift für Familien- und Erbrecht
eG	=	eingetragene Genossenschaft
EG	=	Europäische Gemeinschaft
EGBGB	=	Einführungsgesetz zum (deutschen) Bürgerlichen Gesetzbuch dRGBl 1896, 604
EGV	=	Vertrag zur Gründung der Europäischen Gemeinschaft, ABl C 1997/340, 1 ff bzw BGBl III 1999/86, geändert durch ABl C 2001/80, 1 ff bzw BGBl III 2003/4
ehem	=	ehemalige/r/s
Einl	=	Einleitung
EMRK	=	Europäische Menschenrechtskonvention BGBl 1958/210
endg	=	endgültig

ENZ	=	Europäisches Nachlasszeugnis
EO	=	Exekutionsordnung, RGBl 1896/79
EP	=	Europäisches Parlament
EPLJ	=	European Property Law Journal
ErbR	=	Zeitschrift für die gesamte erbrechtliche Praxis
ErbRÄG 2015	=	Erbrechts-Änderungsgesetz 2015 BGBl I 2015/87
ErlRV	=	Erläuternde Bemerkungen zur Regierungsvorlage
ERV	=	Verordnung der Bundesministerin für Justiz über den elektronischen Rechtsverkehr, BGBl II 2005/481
ErwGr	=	Erwägungsgrund/-gründe
ESÜ	=	Europäisches Sorgerechtsübereinkommen BGBl 1985/321
etc	=	et cetera
EU	=	Europäische Union
EuBagatellVO	=	Verordnung (EG) 861/2007 des Europäischen Parlaments und des Rates v 11. 7. 2007 zur Einführung eines europäischen Verfahrens für geringfügige ForderungenABl L 2007/199, 1
EuBeweisVO	=	Verordnung (EG) 1206/2001 des Rates v 28. 5. 2001 über die Zusammenarbeit zwischen den Gerichten der Mitgliedstaaten auf dem Gebiet der Beweisaufnahme in Zivil- oder Handelssachen ABl L 2001/174, 1
EuEheKindVO (Brüssel IIa-VO)	=	Verordnung (EG) 2201/2003 des Rates v 27. 11. 2003 über die Zuständigkeit und die Anerkennung und Vollstreckung von Entscheidungen in Ehesachen und in Verfahren betreffend die elterliche Verantwortung und zur Aufhebung der Verordnung (EG) Nr. 1347/2000 ABl L 2003/338, 1
EuEheVO	=	Verordnung (EG) 1347/2000 des Rates v 29. 5. 2000 über die Zuständigkeit und die Anerkennung und Vollstreckung von Entscheidungen in Ehesachen und in Verfahren betreffend die elterliche Verantwortung für die gemeinsamen Kinder der Ehegatten, ABl L 2000/160, 19
EuErbVO	=	Verordnung (EU) 650/2012 des Europäischen Parlaments und des Rates vom 4. 7. 2012 über die Zuständigkeit, das anzuwendende Recht, die Anerkennung und Vollstreckung von Entscheidungen und die Annahme und Vollstreckung öffentlicher Urkunden in Erbsachen sowie zur Einführung eines europäischen Nachlasszeugnisses ABl L 2012/201, 107
EuGH	=	Europäischer Gerichtshof
EuGRZ	=	Europäische Grundrechte-Zeitschrift
EuGüVO	=	Europäische Güterstandsverordnung
EuGV(V)O	=	s Brüssel I/Ia-VO
EuGVÜ	=	Europäisches Übereinkommen v 27. 9. 1968 über die gerichtliche Zuständigkeit und die Vollstreckung gerichtlicher Entscheidungen in Zivil- und Handelssachen BGBl III 1998/209
EuInsVO	=	Verordnung (EG) 1346/2000 des Rates v 29. 5. 2000 über Insolvenzverfahren ABl L 2000/160, 1
EuIPR	=	Europäisches Internationales Privatrecht

EuMahnVO	=	Verordnung (EG) 1896/2006 des Europäischen Parlaments und des Rates vom 12. 12. 2006 zur Einführung eines Europäischen MahnverfahrensABl L 2006/399, 1
EuMediatG	=	Bundesgesetz über bestimmte Aspekte der grenzüberschreitenden Mediation in Zivil- und Handelssachen in der Europäischen Union BGBl I 2011/21
EuPartVO	=	Verordnung über die Zuständigkeit, das anzuwendende Recht und die Anerkennung und Vollstreckung im Bereich des Güterrechts der eingetragenen Partnerschaften
EuR	=	Schriften zum Europäischen Recht
Eur LJ	=	European Law Journal
EuUVO	=	Verordnung (EG) 4/2009 des Rates v 18. 12. 2008 über die Zuständigkeit, das anwendbare Recht, die Anerkennung und Vollstreckung von Entscheidungen und die Zusammenarbeit in Unterhaltssachen L ABl 2009/7, 1
EUV	=	Vertrag über die Europäische Union
EUVR	=	Zeitschrift für Europäisches Unternehmens- und Verbraucherrecht
EuVTVO	=	Verordnung (EG) 805/2004 des Europäischen Parlaments und des Rates vom 21. 4. 2004 zur Einführung eines europäischen Vollstreckungstitels für unbestrittene Forderungen ABl L 2004/143, 15
EuZPR	=	Europäisches Zivilprozessrecht
EuZustellVO	=	Verordnung (EG) 1348/2000 des Rates v 29. 5. 2000 über die Zustellung gerichtlicher und außergerichtlicher Schriftstücke in Zivil- und Handelssachen in den Mitgliedstaaten ABl L 2000/160, 37
eV	=	eingetragener Verein
EvBl	=	Evidenzblatt der Rechtsmittelentscheidungen (ab 1946 abgedruckt in der ÖJZ)
EWG	=	Europäische Wirtschaftsgemeinschaft
EWIV	=	Europäische wirtschaftliche Interessensvereinigung
EWR	=	Europäischer Wirtschaftsraum
EWS	=	Europäisches Wirtschafts- und Steuerrecht
f	=	und der/die folgende
FamRZ	=	(deutsche) Zeitschrift über das gesamte Familienrecht
FBG	=	Firmenbuchgesetz BGBl 1991/10
ff	=	und der/die folgenden
FF	=	forum familienrecht
Fn/FN	=	Fußnote
FS	=	Festschrift
FuR	=	Familie und Recht
GAngG	=	Gutsangestelltengesetz BGBl 1923/538
GBG	=	Allgemeines Grundbuchsgesetz 1955 BGBl 1955/39
gem	=	gemäß
gg	=	gegen
GGG	=	Gerichtsgebührengesetz BGBl 1984/501
ggt	=	gegenteilig

Deixler-Hübner/Schauer (Hrsg), EuErbVO-Kommentar

GKG (früher GKoärG) = Gerichtskommissärsgesetz BGBl 1970/343

GKoär   = Gerichtskommissär

GKTG   = Gerichtskommissionstarifgesetz BGBl 1971/108

GmbH   = Gesellschaft mit beschränkter Haftung

GOG   = Gerichtsorganisationsgesetz RGBl 1896/217

GP   = Gesetzgebungsperiode

GPR   = Zeitschrift für Gemeinschaftsprivatrecht

GPR   = (deutsche) Zeitschrift für Gemeinschaftsprivatrecht

GS   = Gedenkschrift

hA   = herrschende Ansicht

Harv. L. Rev.   = Harvard Law Review

HBÜ   = Haager Übereinkommen über die Beweisaufnahme im Ausland in Zivil- oder Handelssachen (www.hcch.net/index_en.php?act= conventions.text&cid=82, 10. 8. 2015)

HErbÜ   = Übereinkommen über das in Erbrechtsfällen anwendbare Recht v 1. 8. 1989 (www.hcch.net/index_en.php?act=conventions.text& cid=62, 10. 8. 2015)

HgHAngG   = Hausgehilfen- und Hausangestelltengesetz BGBl 1962/235

HKÜ   = Haager Übereinkommen über die zivilrechtlichen Aspekte internationaler Kindesentführung v 25. 10. 1980 BGBl 1988/512

hL   = herrschende Lehre

hM   = herrschende Meinung

HPÜ   = Übereinkommen, betreffend das Verfahren in bürgerlichen Rechtssachen v 1. 3. 1954 BGBl 1957/91

Hrsg   = Herausgeber

hrsg   = herausgegeben

hRsp   = herrschende Rechtsprechung

HS   = Halbsatz

HTÜ   = Übereinkommen über das auf die Form letztwilliger Verfügungen anzuwendende Recht vom 05. 10. 1961, BGBl 1963/295

HUP   = Haager Unterhaltsprotokoll v 23. 11. 2007 (www.hcch.net/index_en. php?act=conventions.text&cid=131, 27. 8. 2015)

HZÜ   = Übereinkommen über die Zustellung gerichtlicher und außergerichtlicher Schriftstücke im Ausland in Zivil- oder Handelssachen v 15. 11. 1965 (www.hcch.net/index_en.php?act=conventions.text&cid=17, 10. 8. 2015)

idF   = in der Fassung
             in der geltenden Fassung

idR   = in der Regel

ieS   = im engeren Sinne

iFamZ   = Interdisziplinäre Zeitschrift für Familienrecht

insb   = insbesondere

IntErbRVG   = (deutsches) Internationales Erbrechtsverfahrensgesetz dBGBl I 2015,1042

IPR   = Internationales Privatrecht

IPRax	=	Praxis des internationalen Privat- und Verfahrensrechts
IPRG	=	Bundesgesetz v 15. 7. 1978 über das Internationale Privatrecht BGBl 1978/304
iS	=	im Sinne
iSd	=	in Sinne der/des
iSv	=	im Sinne von
iVm	=	in Verbindung mit
iwS	=	im weiteren Sinne
iZm	=	im Zusammenhang mit
IZVR	=	Internationales Zivilrechtsverfahren
JA	=	Justizausschuss
JAB	=	Bericht des Justizausschusses
JBl	=	Juristische Blätter
JEV	=	Journal für Erbrecht und Vermögensnachfolge
JN	=	Jurisdiktionsnorm RGBl 1895/111
JPIL	=	Journal of Philosophy of International Law
JugKonsAbk	=	Konsularvertrag zwischen der Republik Österreich und der Föderativen Volksrepublik Jugoslawien BGBl 1955/224 iVm BGBl 1993/714
Kdm	=	Kundmachung
KG	=	Kommanditgesellschaft
KGaA	=	Kommanditgesellschaft auf Aktien
Kl	=	Kläger/in
KOM	=	Kommission
krit	=	kritisch
KSÜ	=	Übereinkommen über die Zuständigkeit, das anzuwendende Recht, die Anerkennung, Vollstreckung und Zusammenarbeit auf dem Gebiet der elterlichen Verantwortung und der Maßnahmen zum Schutz von Kindern v 19. 10. 1996 BGBl III 2011/49
leg cit	=	legis citatae (der zitierten Vorschrift)
LGVÜ 1988	=	Luganer Übereinkommen über die gerichtliche Zuständigkeit und die Vollstreckung gerichtlicher Entscheidungen in Zivil- und Handelssachen v 16. 9. 1988 BGBl 1996/448, L ABl 1988/319, 9
LGVÜ 2007	=	Luganer Übereinkommen über die gerichtliche Zuständigkeit und die Vollstreckung gerichtlicher Entscheidungen in Zivil- und Handelssachen v 30. 10. 2007 ABl L 2007/339, 3
lit	=	Litera (Buchstabe)
LugÜbk	=	s LGVÜ
maW	=	mit anderen Worten
mE	=	meines Erachtens
ME	=	Ministerialentwurf
MittBayNot	=	Mitteilungen des Bayerischen Notarvereins, der Notarkasse und der Landesnotarkammer Bayern
MPI	=	Max Planck Institut

MRG	=	Mietrechtsgesetz BGBl 1981/520
MS	=	Mitgliedstaat
MünchKommBGB	=	Münchener Kommentar zum Bürgerlichen Gesetzbuch, hrsg von *Säcker/Rixecker*
mwN	=	mit weiteren Nachweisen
nF	=	neue Fassung
NIPR	=	Nederlands Internationaal Privaatrecht
NJW	=	Neue Juristische Wochenschrift
NLCC	=	Le Nuove Leggi Civili Commentate
NO	=	Notariatsordnung RGBl 1871/75
NotBZ	=	Zeitschrift für die notarielle Beratungs- und Beurkundungspraxis
Nr	=	Nummer
NR	=	Nationalrat
NZ	=	Österreichische Notariatszeitung
OG	=	Offene Gesellschaft
OGH	=	Oberster Gerichtshof
OGHG	=	Bundesgesetz über den Obersten Gerichtshof BGBl 1968/328
OHG	=	(deutsche) offene Handelsgesellschaft
ÖJZ	=	Österreichische Juristenzeitung
ÖRPfl	=	Österreichischer Rechtspfleger
österr	=	österreichische/s/r
PartG	=	Partnerschaftsgesellschaftsgesetz
PartGmbB	=	Partnerschaftsgesellschaft mit beschränkter Berufshaftung
PSG	=	Privatstiftungsgesetz BGBl 1993/694
RabelsZ	=	Rabels Zeitschrift für ausländisches und internationales Privatrecht
RCDIP	=	Revue Critique de Droit International Privé
RDIPP	=	Rivista di diritto internazionale privato e processuale
RIS	=	Rechtsinformationssystem des Bundes
RIW	=	Recht der Internationalen Wirtschaft
RL	=	Richtlinie
RNotZ	=	Die Rheinische Notar-Zeitschrift
Rom I-VO	=	Verordnung (EG) 593/2008 des Europäischen Parlaments und des Rates v 17. 6. 2008 über das auf vertragliche Schuldverhältnisse anzuwendende Recht ABl L 2008/177, 6
Rom II-VO	=	Verordnung (EG) 864/2007 des Europäischen Parlaments und des Rates v 11. 7. 2007 über das auf außervertragliche Schuldverhältnisse anzuwendende Recht ABl L 2007/199, 40
Rom III-VO	=	Verordnung (EU) 1259/2010 des Rates v 20. 12. 2010 zur Durchführung einer verstärkten Zusammenarbeit im Bereich des auf die Ehescheidung und Trennung ohne Auflösung des Ehebandes anzuwendenden Rechts ABl L 2010/343, 10
RPfleger	=	Der Deutsche Rechtspfleger
RpflG	=	Rechtspflegergesetz BGBl 1985/560

Rs	=	Rechtssache (bei Europäischen Gerichten)
Rsp	=	Rechtsprechung
RV	=	Regierungsvorlage
Rz	=	Randzahl
RZ	=	Österreichische Richterzeitung
s	=	siehe
S	=	Seite oder Satz
SE	=	Societas Europaea
Slg	=	Sammlung der Rechtsprechung des EuGH und des Europäischen Gerichts 1. Instanz
sog	=	so genannte/r/s
SowjKonsAbk	=	Konsularvertrag vom zwischen der Republik Österreich und der Union der sozialistischen Sowjetrepubliken BGBl 1960/21
StGG	=	Staatsgrundgesetz über die allgemeinen Rechte der Staatsbürger, RGBl 1867/142
stRsp	=	ständige Rechtsprechung
sublit	=	sublitera
SZ	=	Sammlung der Rechtsprechung des (österreichischen) Obersten Gerichtshofs in Zivilsachen
TEG	=	Toderklärungsgesetz 1950 BGBl 1951/23
TunVollstrAbk	=	Vertrag zwischen der Republik Österreich und der Tunesischen Republik über die Anerkennung und Vollstreckung von gerichtlichen Entscheidungen und öffentlichen Urkunden auf dem Gebiet des Zivil- und Handelsrechts BGBl 1980/305
TürkVollstrAbk	=	Abkommen v 23. 5. 1989 zwischen der Republik Österreich und der Republik Türkei über die Anerkennung und Vollstreckung von gerichtlichen Entscheidungen und Vergleichen in Zivil- und Handelssachen BGBl 1992/571
Trust L I	=	Trust Law International
ua	=	unter andere/m
uÄ	=	und Ähnliches
UAbs	=	Unterabsatz
Übk	=	Übereinkommen
udgl	=	und dergleichen
uE	=	unseres Erachtens
UGB	=	Unternehmensgesetzbuch RGBl 1897, 219 (Legalabkürzung: BGBl I 2005/120)
usw	=	und so weiter
uU	=	unter Umständen
uva	=	und viele andere
uzw	=	und zwar
v	=	vom/n
va	=	vor allem

Var	=	Variante
VfGH	=	Verfassungsgerichtshof
vgl	=	vergleiche
VO	=	Verordnung
Vorbem	=	Vorbemerkungen
WEG	=	Wohnungseigentumsgesetz 2002 BGBl I 2002/70
WPNR	=	Weekblad voor Privaatrecht, Notarisambt en Registratie (Weekly for Private Law, Notaryship and Registration)
YbPIL	=	Yearbook of Private International Law
Z	=	Ziffer, Zahl
zB	=	zum Beispiel
ZErb	=	Zeitschrift für die Steuer- und Erbrechtspraxis
ZEuP	=	Zeitschrift für europäisches Privatrecht
ZEV	=	Zeitschrift für Erbrecht und Vermögensnachfolge
ZfRV	=	Zeitschrift für Rechtsvergleichung, internationales Recht und Europarecht
ZIP	=	Zeitschrift für Wirtschaftsrecht (früher: Zeitschrift für Wirtschaftsrecht und Insolvenzpraxis)
ZivMediatG	=	Bundesgesetz über Mediation in Zivilrechtssachen BGBl I 2003/29
ZNotP	=	Zeitschrift für die Notarpraxis
ZPO	=	(österreichische) Zivilprozessordnung RGBl 1895/113
ZRB	=	Zeitschrift für Recht des Bauwesens
zT	=	zum Teil
zust	=	zustimmend
ZustG	=	Zustellgesetz BGBl 1982/200
zutr	=	zutreffend
ZVglRWiss	=	Zeitschrift für Vergleichende Rechtswissenschaft
ZZPInt	=	Zeitschrift für Zivilprozeß International

Allgemeines Literaturverzeichnis

Adolphsen, Europäisches Zivilverfahrensrecht[2] (2015)

Bamberger/Roth, Kommentar zur Bürgerlichen Gesetzbuch[3] (2012)

Bambring/Mutter, Beck'sches Formularbuch Erbrecht[3] (2014)

Bonomi/Wautelet, Le droit européen des successions – Commentaire du Réglement n°650/ 2012 du 4 juillet 2012 (2013)

Buchegger/Markowetz, Exekutionsrecht (2014)

Burandt, Die EU-Erbrechtsverordnung – Das europäische Recht im Wandel (2014)

Burandt/Rojahn, Erbrecht[2] (2014)

Burgstaller/Deixler-Hübner, Exekutionsordnung (2015), 20. Lfg.

Burgstaller/Neumayr/Geroldinger/Schmaranzer, Internationales Zivilverfahrensrecht (2014), 17. Lfg.

Czernich/Kodek/Mayr, Europäisches Gerichtsstands- und Vollstreckungsrecht[4] (2015)

Czernich/Tiefenthaler/Kodek, Europäisches Gerichtsstands- und Vollstreckungsrecht[3] (2009

DACH Europäische Anwaltsvereinigung, Die EU-Erbrechtsverordnung Nr. 650/2012 und deren Auswirkungen auf diverse Länder (2014)

Deinert, Internationales Recht im Wandel (2013)

Dutta, Warum Erbrecht? (2014)

Dutta/Herrler, Die Europäische Erbrechtsverordnung (2014)

Duursma/Duursma-Kepplinger/Chalupsky, Europäische Insolvenzverordnung (2002)

Erman, Handkommentar zum BGB[14] (2014)

Fasching/Konecny, Kommentar zu den Zivilprozessgesetzen[3] (2000 ff)

–, Kommentar zu den Zivilprozessgesetzen[3] (2013 ff)

Fenyves/Kerschner/Vonkilch, ABGB[3] (2006 ff), 3. Auflage des von Klang begründeten Kommentars zum Allgemeinen Bürgerlichen Gesetzbuch

Ferid/Firsching/Dörner/Hausmann, Internationales Erbrecht[94] (2015)

Franzina/Leandro, Il diritto internazionale privato europeo delle successioni mortis causa (2013)

Frauenberger-Pfeiler/Raschauer/Sander/Wessely, Österreichisches Zustellrecht[2] (2011)

Frieser/Sarres/Stückemann/Tschichoflos, Handbuch des Fachanwalts Erbrecht[6] (2015)

Fucik/Kloiber, AußStrG (2005)

Gebauer/Wiedmann, Zivilrecht unter europäischem Einfluss[2] (2010)

Geimer/Schütze, Europäisches Zivilverfahrensrecht[3] (2010)

Gitschthaler/Höllwerth, Kommentar zum Außerstreitgesetz (2013)

Greeske, Die Kollisionsnormen der neuen EU-Erbrechtsverordnung (2014)

Gruber/Kalss/Müller/Schauer, Erbrecht und Vermögensnachfolge (2010)

Gsell/Krüger/Lorenz/Mayer, beck-online.Großkommentar – im Aufbau (2015)

Hager, Die neue europäische Erbrechtsverordnung (2013)

Hess, Europäisches Zivilprozessrecht (2010)

Hüßtege/Mansel, NomosKommentar BGB VI[2]; Rom-Verordnungen zum Internationalen Privatrecht (2014)

Jabornegg/Altmann, Kommentar zum UGB I[2] (2010)

Khairallah/Revillard, Droit européen des successions internationales (2013)

Kindl/Meller-Hannich/Wolf, Gesamtes Recht der Zwangsvollstreckung[2] (2012)

Kletečka/Schauer, ABGB-ON[1.00] (2010, Printversion), elektronische Version[1.01, 1.02 oder 1.03]

Koziol/Bydlinski/Bollenberger, Kurzkommentar zum ABGB[4] (2014)

Kroiß/Horn/Solomon, Nachfolgerecht – Erbrechtliche Spezialgesetze (2015)

Kropholler, Internationales Privatrecht[6] (2006)

Kropholler/von Hein, Europäisches Zivilprozessrecht[9] (2011)

Krüger/Rauscher, Münchener Kommentar zur Zivilprozessordnung mit Gerichtsverfassungsgesetz und Nebengesetzen III[4]: §§ 1025–1109 ZPO, EGZPO, GVG, EGGVG, UKlaG, Internationales und Europäisches Zivilprozessrecht (2013)

Leible/Unbarth, Brauchen wir eine Rom 0-VO? (2013)

Looschelders, Die Anpassung im Internationalen Privatrecht (1995)

Lübcke, Das neue europäische Internationale Nachlassverfahrensrecht (2013)

Maurer/Schrott/Schütz, AußStrG neu (2006)

Mayr, Europäisches Zivilprozessrecht (2011)

Meyer, Die Gerichtsstände der Erbrechtsverordnung unter besonderer Berücksichtigung des Forum Shopping (2013)

Müller-Lukoschek, Die neue EU-Erbrechtsverordnung (2013)

Palandt, Bürgerliches Gesetzbuch[73] (2015)

Paulus, Europäische Insolvenzverordnung[4] (2013)

Probert, Family and Succession Law in England and Wales[3] (2013)

Prütting/Wegen/Weinreich, BGB[9] (2014)

Rauscher, EuZPR/EuIPR: Brüssel I-VO, LugÜbk 2007 (Bearbeitung 2011)

–, EuZPR/EuIPR: Rom I- und Rom II-VO (Bearbeitung 2011)

–, Münchener Kommentar zum FamFG[2] (2013)

Rechberger, Außerstreitgesetz[2] (2013)

–, Zivilprozessordnung[4] (2014)

Rechberger/Simotta, Grundriss des österreichischen Zivilprozessrechts[8] (2010)

Rechberger/Zöchling-Jud, Die EU-Erbrechtsverordnung in Österreich (2015)

Reichelt/Rechberger, Europäisches Erbrecht (2011)

Reimann/Zimmermann, The Oxford Handbook of Comparative Law (2006)

Rengeling/Middeke/Gellermann, Handbuch des Rechtsschutzes in der Europäischen Union[3] (2014)

Rummel (Hrsg), Kommentar zum ABGB[3] (2000)

Rummel/Lukas (Hrsg), Kommentar zum ABGB[4] (2014)

Säcker/Rixecker, Münchener Kommentar zum Bürgerlichen Gesetzbuch X[6]: Internationales Privatrecht (2015)

Schack, Internationales Zivilverfahrensrecht[6] (2014)

Schauer/Scheuba, Europäische Erbrechtsverordnung (2012)

Scherer, Münchener Anwalts Handbuch Erbrecht[4] (2014)

Schlosser, EU-Zivilprozessrecht[3] (2009)

Schwimann, Internationales Privatrecht[3] (2001)

Schwimann/Kodek, ABGB Praxiskommentar[4] (2011 ff)

Sellier/de Gruyter, Staudinger Kommentar zum BGB, EGBGB/IPR

Simons/Hausmann, unalex Kommentar Brüssel I-Verordnung: Kommentar zur VO (EG) 44/2001 und zum Übereinkommen von Lugano (2012)

Straube, Wiener Kommentar zum Unternehmensgesetzbuch I[4] (2009 ff)

Streinz, Europarecht[9] (2012)

Süß, Erbrecht in Europa[2] (2007)

v. Bar/Mankowski, Internationales Privatrecht I[2] (2003)

Verschraegen, Internationales Privatrecht (2012)

Verweijen, Verlassenschaftsverfahren (2014)

Zib/Dellinger, UGB-Großkommentar I (2010)

Zillmann, Die Haftung der Erben im internationalen Erbrecht – Eine rechtsvergleichende Untersuchung zum deutschen und französischen Recht (1998)

Verordnung (EU) 650/2012 des Europäischen Parlaments und des Rates v 4. 7. 2012 über die Zuständigkeit, das anzuwendende Recht, die Anerkennung und Vollstreckung von Entscheidungen und die Annahme und Vollstreckung öffentlicher Urkunden in Erbsachen sowie zur Einführung eines Europäischen Nachlasszeugnisses

ABl L 2012/201, 107 idF ABl L 2012/344, 3, L 2013/41, 16, L 2013/60, 140
und L 2014/363, 186

DAS EUROPÄISCHE PARLAMENT UND DER RAT DER EUROPÄISCHEN UNION –

gestützt auf den Vertrag über die Arbeitsweise der Europäischen Union, insbesondere auf Artikel 81 Absatz 2,

auf Vorschlag der Europäischen Kommission,

nach Stellungnahme des Europäischen Wirtschafts- und Sozialausschusses,

gemäß dem ordentlichen Gesetzgebungsverfahren,

in Erwägung nachstehender Gründe:

(1) Die Union hat sich zum Ziel gesetzt, einen Raum der Freiheit, der Sicherheit und des Rechts, in dem der freie Personenverkehr gewährleistet ist, zu erhalten und weiterzuentwickeln. Zum schrittweisen Aufbau eines solchen Raums hat die Union im Bereich der justiziellen Zusammenarbeit in Zivilsachen, die einen grenzüberschreitenden Bezug aufweisen, Maßnahmen zu erlassen, insbesondere wenn dies für das reibungslose Funktionieren des Binnenmarkts erforderlich ist.

(2) Nach Artikel 81 Absatz 2 Buchstabe c des Vertrags über die Arbeitsweise der Europäischen Union können zu solchen Maßnahmen unter anderem Maßnahmen gehören, die die Vereinbarkeit der in den Mitgliedstaaten geltenden Kollisionsnormen und der Vorschriften zur Vermeidung von Kompetenzkonflikten sicherstellen sollen.

(3) Auf seiner Tagung vom 15. und 16. Oktober 1999 in Tampere hat der Europäische Rat den Grundsatz der gegenseitigen Anerkennung von Urteilen und anderen Entscheidungen von Justizbehörden als Eckstein der justiziellen Zusammenarbeit in Zivilsachen unterstützt und den Rat und die Kommission ersucht, ein Maßnahmenprogramm zur Umsetzung dieses Grundsatzes anzunehmen.

(4) Am 30. November 2000 wurde ein gemeinsames Maßnahmenprogramm der Kommission und des Rates zur Umsetzung des Grundsatzes der gegenseitigen Anerkennung gerichtlicher Entscheidungen in Zivil- und Handelssachenverabschiedet. In diesem Programm sind Maßnahmen zur Harmonisierung der Kollisionsnormen aufgeführt, die die gegenseitige Anerkennung gerichtlicher Entscheidungen vereinfachen sollen; ferner ist

darin die Ausarbeitung eines Rechtsinstruments zum Testaments- und Erbrecht vorgesehen.

(5) Am 4. und 5. November 2004 hat der Europäische Rat auf seiner Tagung in Brüssel ein neues Programm mit dem Titel „Haager Programm zur Stärkung von Freiheit, Sicherheit und Recht in der Europäischen Union" angenommen. Danach soll ein Rechtsinstrument zu Erbsachen erlassen werden, das insbesondere Fragen des Kollisionsrechts, der Zuständigkeit, der gegenseitigen Anerkennung und Vollstreckung von Entscheidungen in Erbsachen sowie die Einführung eines Europäischen Nachlasszeugnisses betrifft.

(6) Der Europäische Rat hat auf seiner Tagung vom 10. und 11. Dezember 2009 in Brüssel ein neues mehrjähriges Programm mit dem Titel „Das Stockholmer Programm – Ein offenes und sicheres Europa im Dienste und zum Schutz der Bürger" angenommen. Darin hat der Europäische Rat festgehalten, dass der Grundsatz der gegenseitigen Anerkennung auf Bereiche ausgeweitet werden sollte, die bisher noch nicht abgedeckt sind, aber den Alltag der Bürger wesentlich prägen, z. B. Erb- und Testamentsrecht, wobei gleichzeitig die Rechtssysteme einschließlich der öffentlichen Ordnung (ordre public) und die nationalen Traditionen der Mitgliedstaaten in diesem Bereich zu berücksichtigen sind.

(7) Die Hindernisse für den freien Verkehr von Personen, denen die Durchsetzung ihrer Rechte im Zusammenhang mit einem Erbfall mit grenzüberschreitendem Bezug derzeit noch Schwierigkeiten bereitet, sollten ausgeräumt werden, um das reibungslose Funktionieren des Binnenmarkts zu erleichtern. In einem europäischen Rechtsraum muss es den Bürgern möglich sein, ihren Nachlass im Voraus zu regeln. Die Rechte der Erben und Vermächtnisnehmer sowie der anderen Personen, die dem Erblasser nahestehen, und der Nachlassgläubiger müssen effektiv gewahrt werden.

(8) Um diese Ziele zu erreichen, bedarf es einer Verordnung, in der die Bestimmungen über die Zuständigkeit, das anzuwendende Recht, die Anerkennung – oder gegebenenfalls die Annahme –, Vollstreckbarkeit und Vollstreckung von Entscheidungen, öffentlichen Urkunden und gerichtlichen Vergleichen sowie zur Einführung eines Europäischen Nachlasszeugnisses zusammengefasst sind.

(9) Der Anwendungsbereich dieser Verordnung sollte sich auf alle zivilrechtlichen Aspekte der Rechtsnachfolge von Todes wegen erstrecken, und zwar auf jede Form des Übergangs von Vermögenswerten, Rechten und Pflichten von Todes wegen, sei es im Wege der gewillkürten Erbfolge durch eine Verfügung von Todes wegen oder im Wege der gesetzlichen Erbfolge.

(10) Diese Verordnung sollte weder für Steuersachen noch für verwaltungsrechtliche Angelegenheiten öffentlich-rechtlicher Art gelten. Daher sollte das innerstaatliche Recht bestimmen, wie beispielsweise Steuern oder sonstige Verbindlichkeiten öffentlich-rechtlicher Art berechnet und entrichtet werden, seien es vom Erblasser im Zeitpunkt seines Todes geschuldete Steuern oder Erbschaftssteuern jeglicher Art, die aus dem Nachlass oder von den Berechtigten zu entrichten sind. Das innerstaatliche Recht sollte auch bestimmen, ob die Freigabe des Nachlassvermögens an die Berechtigten nach dieser Verordnung oder die Eintragung des Nachlassvermögens in ein Register nur erfolgt, wenn Steuern gezahlt werden.

(11) Diese Verordnung sollte nicht für Bereiche des Zivilrechts gelten, die nicht die Rechtsnachfolge von Todes wegen betreffen. Aus Gründen der Klarheit sollte eine Reihe

von Fragen, die als mit Erbsachen zusammenhängend betrachtet werden könnten, ausdrücklich vom Anwendungsbereich dieser Verordnung ausgenommen werden.

(12) Dementsprechend sollte diese Verordnung nicht für Fragen des ehelichen Güterrechts, einschließlich der in einigen Rechtsordnungen vorkommenden Eheverträge, soweit diese keine erbrechtlichen Fragen regeln, und des Güterrechts aufgrund von Verhältnissen, die mit der Ehe vergleichbare Wirkungen entfalten, gelten. Die Behörden, die mit einer bestimmten Erbsache nach dieser Verordnung befasst sind, sollten allerdings je nach den Umständen des Einzelfalls die Beendigung des ehelichen oder sonstigen Güterstands des Erblassers bei der Bestimmung des Nachlasses und der jeweiligen Anteile der Berechtigten berücksichtigen.

(13) Fragen im Zusammenhang mit der Errichtung, Funktionsweise oder Auflösung von Trusts sollten auch vom Anwendungsbereich dieser Verordnung ausgenommen werden. Dies sollte nicht als genereller Ausschluss von Trusts verstanden werden. Wird ein Trust testamentarisch oder aber kraft Gesetzes im Rahmen der gesetzlichen Erbfolge errichtet, so sollte im Hinblick auf den Übergang der Vermögenswerte und die Bestimmung der Berechtigten das nach dieser Verordnung auf die Rechtsnachfolge von Todes wegen anzuwendende Recht gelten.

(14) Rechte und Vermögenswerte, die auf andere Weise als durch Rechtsnachfolge von Todes wegen entstehen oder übertragen werden, wie zum Beispiel durch unentgeltliche Zuwendungen, sollten ebenfalls vom Anwendungsbereich dieser Verordnung ausgenommen werden. Ob unentgeltliche Zuwendungen oder sonstige Verfügungen unter Lebenden mit dinglicher Wirkung vor dem Tod für die Zwecke der Bestimmung der Anteile der Berechtigten im Einklang mit dem auf die Rechtsnachfolge von Todes wegen anzuwendenden Recht ausgeglichen oder angerechnet werden sollten, sollte sich jedoch nach dem Recht entscheiden, das nach dieser Verordnung auf die Rechtsnachfolge von Todes wegen anzuwenden ist.

(15) Diese Verordnung sollte die Begründung oder den Übergang eines Rechts an beweglichen oder unbeweglichen Vermögensgegenständen im Wege der Rechtsnachfolge von Todes wegen nach Maßgabe des auf die Rechtsnachfolge von Todes wegen anzuwendenden Rechts ermöglichen. Sie sollte jedoch nicht die abschließende Anzahl (Numerus Clausus) der dinglichen Rechte berühren, die das innerstaatliche Recht einiger Mitgliedstaaten kennt. Ein Mitgliedstaat sollte nicht verpflichtet sein, ein dingliches Recht an einer in diesem Mitgliedstaat belegenen Sache anzuerkennen, wenn sein Recht dieses dingliche Recht nicht kennt.

(16) Damit die Berechtigten jedoch die Rechte, die durch Rechtsnachfolge von Todes wegen begründet worden oder auf sie übergegangen sind, in einem anderen Mitgliedstaat geltend machen können, sollte diese Verordnung die Anpassung eines unbekannten dinglichen Rechts an das in der Rechtsordnung dieses anderen Mitgliedstaats am ehesten vergleichbare dingliche Recht vorsehen. Bei dieser Anpassung sollten die mit dem besagten dinglichen Recht verfolgten Ziele und Interessen und die mit ihm verbundenen Wirkungen berücksichtigt werden. Für die Zwecke der Bestimmung des am ehesten vergleichbaren innerstaatlichen dinglichen Rechts können die Behörden oder zuständigen Personen des Staates, dessen Recht auf die Rechtsnachfolge von Todes wegen anzuwenden war, kontaktiert werden, um weitere Auskünfte zu der Art und den Wirkungen des betreffenden dinglichen Rechts einzuholen. In diesem Zusammenhang könnten die beste-

henden Netze im Bereich der justiziellen Zusammenarbeit in Zivil- und Handelssachen sowie die anderen verfügbaren Mittel, die die Erkenntnis ausländischen Rechts erleichtern, genutzt werden.

(17) Die in dieser Verordnung ausdrücklich vorgesehene Anpassung unbekannter dinglicher Rechte sollte andere Formen der Anpassung im Zusammenhang mit der Anwendung dieser Verordnung nicht ausschließen.

(18) Die Voraussetzungen für die Eintragung von Rechten an beweglichen oder unbeweglichen Vermögensgegenständen in einem Register sollten aus dem Anwendungsbereich dieser Verordnung ausgenommen werden. Somit sollte das Recht des Mitgliedstaats, in dem das Register (für unbewegliches Vermögen das Recht der belegenen Sache (lex rei sitae)) geführt wird, bestimmen, unter welchen gesetzlichen Voraussetzungen und wie die Eintragung vorzunehmen ist und welche Behörden wie etwa Grundbuchämter oder Notare dafür zuständig sind zu prüfen, dass alle Eintragungsvoraussetzungen erfüllt sind und die vorgelegten oder erstellten Unterlagen vollständig sind bzw. die erforderlichen Angaben enthalten. Insbesondere können die Behörden prüfen, ob es sich bei dem Recht des Erblassers an dem Nachlassvermögen, das in dem für die Eintragung vorgelegten Schriftstück erwähnt ist, um ein Recht handelt, das als solches in dem Register eingetragen ist oder nach dem Recht des Mitgliedstaats, in dem das Register geführt wird, anderweitig nachgewiesen wird. Um eine doppelte Erstellung von Schriftstücken zu vermeiden, sollten die Eintragungsbehörden diejenigen von den zuständigen Behörden in einem anderen Mitgliedstaat erstellten Schriftstücke annehmen, deren Verkehr nach dieser Verordnung vorgesehen ist. Insbesondere sollte das nach dieser Verordnung ausgestellte Europäische Nachlasszeugnis im Hinblick auf die Eintragung des Nachlassvermögens in ein Register eines Mitgliedstaats ein gültiges Schriftstück darstellen. Dies sollte die an der Eintragung beteiligten Behörden nicht daran hindern, von der Person, die die Eintragung beantragt, diejenigen zusätzlichen Angaben oder die Vorlage derjenigen zusätzlichen Schriftstücke zu verlangen, die nach dem Recht des Mitgliedstaats, in dem das Register geführt wird, erforderlich sind, wie beispielsweise Angaben oder Schriftstücke betreffend die Zahlung von Steuern. Die zuständige Behörde kann die Person, die die Eintragung beantragt, darauf hinweisen, wie die fehlenden Angaben oder Schriftstücke beigebracht werden können.

(19) Die Wirkungen der Eintragung eines Rechts in einem Register sollten ebenfalls vom Anwendungsbereich dieser Verordnung ausgenommen werden. Daher sollte das Recht des Mitgliedstaats, in dem das Register geführt wird, dafür maßgebend sein, ob beispielsweise die Eintragung deklaratorische oder konstitutive Wirkung hat. Wenn also zum Beispiel der Erwerb eines Rechts an einer unbeweglichen Sache nach dem Recht des Mitgliedstaats, in dem das Register geführt wird, die Eintragung in einem Register erfordert, damit die Wirkung erga omnes von Registern sichergestellt wird oder Rechtsgeschäfte geschützt werden, sollte der Zeitpunkt des Erwerbs dem Recht dieses Mitgliedstaats unterliegen.

(20) Diese Verordnung sollte den verschiedenen Systemen zur Regelung von Erbsachen Rechnung tragen, die in den Mitgliedstaaten angewandt werden. Für die Zwecke dieser Verordnung sollte der Begriff „Gericht" daher breit gefasst werden, so dass nicht nur Gerichte im eigentlichen Sinne, die gerichtliche Funktionen ausüben, erfasst werden, sondern auch Notare oder Registerbehörden in einigen Mitgliedstaaten, die in bestimmten Erbsachen gerichtliche Funktionen wie Gerichte ausüben, sowie Notare und Angehörige

von Rechtsberufen, die in einigen Mitgliedstaaten in einer bestimmten Erbsache aufgrund einer Befugnisübertragung durch ein Gericht gerichtliche Funktionen ausüben. Alle Gerichte im Sinne dieser Verordnung sollten durch die in dieser Verordnung festgelegten Zuständigkeitsregeln gebunden sein. Der Begriff „Gericht" sollte hingegen nicht die nichtgerichtlichen Behörden eines Mitgliedstaats erfassen, die nach innerstaatlichem Recht befugt sind, sich mit Erbsachen zu befassen, wie in den meisten Mitgliedstaaten die Notare, wenn sie, wie dies üblicherweise der Fall ist, keine gerichtlichen Funktionen ausüben.

(21) Diese Verordnung sollte es allen Notaren, die für Erbsachen in den Mitgliedstaaten zuständig sind, ermöglichen, diese Zuständigkeit auszuüben. Ob die Notare in einem Mitgliedstaat durch die Zuständigkeitsregeln dieser Verordnung gebunden sind, sollte davon abhängen, ob sie von der Bestimmung des Begriffs „Gericht" im Sinne dieser Verordnung erfasst werden.

(22) Die in den Mitgliedstaaten von Notaren in Erbsachen errichteten Urkunden sollten nach dieser Verordnung verkehren. Üben Notare gerichtliche Funktionen aus, so sind sie durch die Zuständigkeitsregeln gebunden, und die von ihnen erlassenen Entscheidungen sollten nach den Bestimmungen über die Anerkennung, Vollstreckbarkeit und Vollstreckung von Entscheidungen verkehren. Üben Notare keine gerichtliche Zuständigkeit aus, so sind sie nicht durch die Zuständigkeitsregeln gebunden, und die öffentlichen Urkunden, die von ihnen errichtet werden, sollten nach den Bestimmungen über öffentliche Urkunden verkehren.

(23) In Anbetracht der zunehmenden Mobilität der Bürger sollte die Verordnung zur Gewährleistung einer ordnungsgemäßen Rechtspflege in der Union und einer wirklichen Verbindung zwischen dem Nachlass und dem Mitgliedstaat, in dem die Erbsache abgewickelt wird, als allgemeinen Anknüpfungspunkt zum Zwecke der Bestimmung der Zuständigkeit und des anzuwendenden Rechts den gewöhnlichen Aufenthalt des Erblassers im Zeitpunkt des Todes vorsehen. Bei der Bestimmung des gewöhnlichen Aufenthalts sollte die mit der Erbsache befasste Behörde eine Gesamtbeurteilung der Lebensumstände des Erblassers in den Jahren vor seinem Tod und im Zeitpunkt seines Todes vornehmen und dabei alle relevanten Tatsachen berücksichtigen, insbesondere die Dauer und die Regelmäßigkeit des Aufenthalts des Erblassers in dem betreffenden Staat sowie die damit zusammenhängenden Umstände und Gründe. Der so bestimmte gewöhnliche Aufenthalt sollte unter Berücksichtigung der spezifischen Ziele dieser Verordnung eine besonders enge und feste Bindung zu dem betreffenden Staat erkennen lassen.

(24) In einigen Fällen kann es sich als komplex erweisen, den Ort zu bestimmen, an dem der Erblasser seinen gewöhnlichen Aufenthalt hatte. Dies kann insbesondere der Fall sein, wenn sich der Erblasser aus beruflichen oder wirtschaftlichen Gründen – unter Umständen auch für längere Zeit – in einen anderen Staat begeben hat, um dort zu arbeiten, aber eine enge und feste Bindung zu seinem Herkunftsstaat aufrechterhalten hat. In diesem Fall könnte – entsprechend den jeweiligen Umständen – davon ausgegangen werden, dass der Erblasser seinen gewöhnlichen Aufenthalt weiterhin in seinem Herkunftsstaat hat, in dem sich in familiärer und sozialer Hinsicht sein Lebensmittelpunkt befand. Weitere komplexe Fälle können sich ergeben, wenn der Erblasser abwechselnd in mehreren Staaten gelebt hat oder auch von Staat zu Staat gereist ist, ohne sich in einem Staat für längere Zeit niederzulassen. War der Erblasser ein Staatsangehöriger eines dieser Staaten oder hatte er alle seine wesentlichen Vermögensgegenstände in einem dieser Staaten, so

könnte seine Staatsangehörigkeit oder der Ort, an dem diese Vermögensgegenstände sich befinden, ein besonderer Faktor bei der Gesamtbeurteilung aller tatsächlichen Umstände sein.

(25) In Bezug auf die Bestimmung des auf die Rechtsnachfolge von Todes wegen anzuwendenden Rechts kann die mit der Erbsache befasste Behörde in Ausnahmefällen – in denen der Erblasser beispielsweise erst kurz vor seinem Tod in den Staat seines gewöhnlichen Aufenthalts umgezogen ist und sich aus der Gesamtheit der Umstände ergibt, dass er eine offensichtlich engere Verbindung zu einem anderen Staat hatte – zu dem Schluss gelangen, dass die Rechtsnachfolge von Todes wegen nicht dem Recht des gewöhnlichen Aufenthalts des Erblassers unterliegt, sondern dem Recht des Staates, zu dem der Erblasser offensichtlich eine engere Verbindung hatte. Die offensichtlich engste Verbindung sollte jedoch nicht als subsidiärer Anknüpfungspunkt gebraucht werden, wenn sich die Feststellung des gewöhnlichen Aufenthaltsorts des Erblassers im Zeitpunkt seines Todes als schwierig erweist.

(26) Diese Verordnung sollte ein Gericht nicht daran hindern, Mechanismen gegen die Gesetzesumgehung wie beispielsweise gegen die fraude à la loi im Bereich des Internationalen Privatrechts anzuwenden.

(27) Die Vorschriften dieser Verordnung sind so angelegt, dass sichergestellt wird, dass die mit der Erbsache befasste Behörde in den meisten Situationen ihr eigenes Recht anwendet. Diese Verordnung sieht daher eine Reihe von Mechanismen vor, die dann greifen, wenn der Erblasser für die Regelung seines Nachlasses das Recht eines Mitgliedstaats gewählt hat, dessen Staatsangehöriger er war.

(28) Einer dieser Mechanismen sollte darin bestehen, dass die betroffenen Parteien eine Gerichtsstandsvereinbarung zugunsten der Gerichte des Mitgliedstaats, dessen Recht gewählt wurde, schließen können. Abhängig insbesondere vom Gegenstand der Gerichtsstandsvereinbarung müsste von Fall zu Fall bestimmt werden, ob die Vereinbarung zwischen sämtlichen von dem Nachlass betroffenen Parteien geschlossen werden müsste oder ob einige von ihnen sich darauf einigen könnten, eine spezifische Frage bei dem gewählten Gericht anhängig zu machen, sofern die diesbezügliche Entscheidung dieses Gerichts die Rechte der anderen Parteien am Nachlass nicht berühren würde.

(29) Wird ein Verfahren in einer Erbsache von einem Gericht von Amts wegen eingeleitet, was in einigen Mitgliedstaaten der Fall ist, sollte dieses Gericht das Verfahren beenden, wenn die Parteien vereinbaren, die Erbsache außergerichtlich in dem Mitgliedstaat des gewählten Rechts einvernehmlich zu regeln. Wird ein Verfahren in einer Erbsache nicht von einem Gericht von Amts wegen eröffnet, so sollte diese Verordnung die Parteien nicht daran hindern, die Erbsache außergerichtlich, beispielsweise vor einem Notar, in einem Mitgliedstaat ihrer Wahl einvernehmlich zu regeln, wenn dies nach dem Recht dieses Mitgliedstaats möglich ist. Dies sollte auch dann der Fall sein, wenn das auf die Rechtsnachfolge von Todes wegen anzuwendende Recht nicht das Recht dieses Mitgliedstaats ist.

(30) Um zu gewährleisten, dass die Gerichte aller Mitgliedstaaten ihre Zuständigkeit in Bezug auf den Nachlass von Personen, die ihren gewöhnlichen Aufenthalt im Zeitpunkt ihres Todes nicht in einem Mitgliedstaat hatten, auf derselben Grundlage ausüben können, sollte diese Verordnung die Gründe, aus denen diese subsidiäre Zuständigkeit ausgeübt werden kann, abschließend und in einer zwingenden Rangfolge aufführen.

(31) Um insbesondere Fällen von Rechtsverweigerung begegnen zu können, sollte in dieser Verordnung auch eine Notzuständigkeit (forum necessitatis) vorgesehen werden, wonach ein Gericht eines Mitgliedstaats in Ausnahmefällen über eine Erbsache entscheiden kann, die einen engen Bezug zu einem Drittstaat aufweist. Ein solcher Ausnahmefall könnte gegeben sein, wenn ein Verfahren sich in dem betreffenden Drittstaat als unmöglich erweist, beispielsweise aufgrund eines Bürgerkriegs, oder wenn von einem Berechtigten vernünftigerweise nicht erwartet werden kann, dass er ein Verfahren in diesem Staat einleitet oder führt. Die Notzuständigkeit sollte jedoch nur ausgeübt werden, wenn die Erbsache einen ausreichenden Bezug zu dem Mitgliedstaat des angerufenen Gerichts aufweist.

(32) Im Interesse der Erben und Vermächtnisnehmer, die ihren gewöhnlichen Aufenthalt in einem anderen als dem Mitgliedstaat haben, in dem der Nachlass abgewickelt wird oder werden soll, sollte diese Verordnung es jeder Person, die nach dem auf die Rechtsnachfolge von Todes wegen anzuwendenden Recht dazu berechtigt ist, ermöglichen, Erklärungen über die Annahme oder Ausschlagung einer Erbschaft, eines Vermächtnisses oder eines Pflichtteils oder zur Begrenzung ihrer Haftung für Nachlassverbindlichkeiten vor den Gerichten des Mitgliedstaats ihres gewöhnlichen Aufenthalts in der Form abzugeben, die nach dem Recht dieses Mitgliedstaats vorgesehen ist. Dies sollte nicht ausschließen, dass derartige Erklärungen vor anderen Behörden dieses Mitgliedstaats, die nach nationalem Recht für die Entgegennahme von Erklärungen zuständig sind, abgegeben werden. Die Personen, die von der Möglichkeit Gebrauch machen möchten, Erklärungen im Mitgliedstaat ihres gewöhnlichen Aufenthalts abzugeben, sollten das Gericht oder die Behörde, die mit der Erbsache befasst ist oder sein wird, innerhalb einer Frist, die in dem auf die Rechtsnachfolge von Todes wegen anzuwendenden Recht vorgesehen ist, selbst davon in Kenntnis setzen, dass derartige Erklärungen abgegeben wurden.

(33) Eine Person, die ihre Haftung für die Nachlassverbindlichkeiten begrenzen möchte, sollte dies nicht durch eine entsprechende einfache Erklärung vor den Gerichten oder anderen zuständigen Behörden des Mitgliedstaats ihres gewöhnlichen Aufenthalts tun können, wenn das auf die Rechtsnachfolge von Todes wegen anzuwendende Recht von ihr verlangt, vor dem zuständigen Gericht ein besonderes Verfahren, beispielsweise ein Verfahren zur Inventarerrichtung, zu veranlassen. Eine Erklärung, die unter derartigen Umständen von einer Person im Mitgliedstaat ihres gewöhnlichen Aufenthalts in der nach dem Recht dieses Mitgliedstaats vorgeschriebenen Form abgegeben wurde, sollte daher für die Zwecke dieser Verordnung nicht formell gültig sein. Auch sollten die verfahrenseinleitenden Schriftstücke für die Zwecke dieser Verordnung nicht als Erklärung angesehen werden.

(34) Im Interesse einer geordneten Rechtspflege sollten in verschiedenen Mitgliedstaaten keine Entscheidungen ergehen, die miteinander unvereinbar sind. Hierzu sollte die Verordnung allgemeine Verfahrensvorschriften nach dem Vorbild anderer Rechtsinstrumente der Union im Bereich der justiziellen Zusammenarbeit in Zivilsachen vorsehen.

(35) Eine dieser Verfahrensvorschriften ist die Regel zur Rechtshängigkeit, die zum Tragen kommt, wenn dieselbe Erbsache bei verschiedenen Gerichten in verschiedenen Mitgliedstaaten anhängig gemacht wird. Diese Regel bestimmt, welches Gericht sich weiterhin mit der Erbsache zu befassen hat.

(36) Da Erbsachen in einigen Mitgliedstaaten von nichtgerichtlichen Behörden wie z.B. Notaren geregelt werden können, die nicht an die Zuständigkeitsregeln dieser Verordnung gebunden sind, kann nicht ausgeschlossen werden, dass in derselben Erbsache eine außergerichtliche einvernehmliche Regelung und ein Gerichtsverfahren beziehungsweise zwei außergerichtliche einvernehmliche Regelungen in Bezug auf dieselbe Erbsache jeweils in verschiedenen Mitgliedstaaten parallel eingeleitet werden. In solchen Fällen sollte es den beteiligten Parteien obliegen, sich, sobald sie Kenntnis von den parallelen Verfahren erhalten, untereinander über das weitere Vorgehen zu einigen. Können sie sich nicht einigen, so müsste das nach dieser Verordnung zuständige Gericht sich mit der Erbsache befassen und darüber befinden.

(37) Damit die Bürger die Vorteile des Binnenmarkts ohne Einbußen bei der Rechtssicherheit nutzen können, sollte die Verordnung ihnen im Voraus Klarheit über das in ihrem Fall anwendbare Erbstatut verschaffen. Es sollten harmonisierte Kollisionsnormen eingeführt werden, um einander widersprechende Ergebnisse zu vermeiden. Die allgemeine Kollisionsnorm sollte sicherstellen, dass der Erbfall einem im Voraus bestimmbaren Erbrecht unterliegt, zu dem eine enge Verbindung besteht. Aus Gründen der Rechtssicherheit und um eine Nachlassspaltung zu vermeiden, sollte der gesamte Nachlass, d.h. das gesamte zum Nachlass gehörende Vermögen diesem Recht unterliegen, unabhängig von der Art der Vermögenswerte und unabhängig davon, ob diese in einem anderen Mitgliedstaat oder in einem Drittstaat belegen sind.

(38) Diese Verordnung sollte es den Bürgern ermöglichen, durch die Wahl des auf die Rechtsnachfolge von Todes wegen anwendbaren Rechts ihren Nachlass vorab zu regeln. Diese Rechtswahl sollte auf das Recht eines Staates, dem sie angehören, beschränkt sein, damit sichergestellt wird, dass eine Verbindung zwischen dem Erblasser und dem gewählten Recht besteht, und damit vermieden wird, dass ein Recht mit der Absicht gewählt wird, die berechtigten Erwartungen der Pflichtteilsberechtigten zu vereiteln.

(39) Eine Rechtswahl sollte ausdrücklich in einer Erklärung in Form einer Verfügung von Todes wegen erfolgen oder sich aus den Bestimmungen einer solchen Verfügung ergeben. Eine Rechtswahl könnte als sich durch eine Verfügung von Todes wegen ergebend angesehen werden, wenn z.B. der Erblasser in seiner Verfügung Bezug auf spezifische Bestimmungen des Rechts des Staates, dem er angehört, genommen hat oder das Recht dieses Staates in anderer Weise erwähnt hat.

(40) Eine Rechtswahl nach dieser Verordnung sollte auch dann wirksam sein, wenn das gewählte Recht keine Rechtswahl in Erbsachen vorsieht. Die materielle Wirksamkeit der Rechtshandlung, mit der die Rechtswahl getroffen wird, sollte sich jedoch nach dem gewählten Recht bestimmen, d.h. ob davon auszugehen ist, dass die Person, die die Rechtswahl trifft, verstanden hat, was dies bedeutet, und dem zustimmt. Das Gleiche sollte für die Rechtshandlung gelten, mit der die Rechtswahl geändert oder widerrufen wird.

(41) Für die Zwecke der Anwendung dieser Verordnung sollte die Bestimmung der Staatsangehörigkeit oder der Mehrfachstaatsangehörigkeit einer Person vorab geklärt werden. Die Frage, ob jemand als Angehöriger eines Staates gilt, fällt nicht in den Anwendungsbereich dieser Verordnung und unterliegt dem innerstaatlichen Recht, gegebenenfalls auch internationalen Übereinkommen, wobei die allgemeinen Grundsätze der Europäischen Union uneingeschränkt zu achten sind.

(42) Das zur Anwendung berufene Erbrecht sollte für die Rechtsnachfolge von Todes wegen vom Eintritt des Erbfalls bis zum Übergang des Eigentums an den zum Nachlass gehörenden Vermögenswerten auf die nach diesem Recht bestimmten Berechtigten gelten. Es sollte Fragen im Zusammenhang mit der Nachlassverwaltung und der Haftung für die Nachlassverbindlichkeiten umfassen. Bei der Begleichung der Nachlassverbindlichkeiten kann abhängig insbesondere von dem auf die Rechtsnachfolge von Todes wegen anzuwendenden Recht eine spezifische Rangfolge der Gläubiger berücksichtigt werden.

(43) Die Zuständigkeitsregeln dieser Verordnung können in einigen Fällen zu einer Situation führen, in der das für Entscheidungen in Erbsachen zuständige Gericht nicht sein eigenes Recht anwendet. Tritt diese Situation in einem Mitgliedstaat ein, nach dessen Recht die Bestellung eines Nachlassverwalters verpflichtend ist, sollte diese Verordnung es den Gerichten dieses Mitgliedstaats, wenn sie angerufen werden, ermöglichen, nach einzelstaatlichem Recht einen oder mehrere solcher Nachlassverwalter zu bestellen. Davon sollte eine Entscheidung der Parteien, die Rechtsnachfolge von Todes wegen außergerichtlich in einem anderen Mitgliedstaat gütlich zu regeln, in dem dies nach dem Recht dieses Mitgliedstaates möglich ist, unberührt bleiben. Zur Gewährleistung einer reibungslosen Abstimmung zwischen dem auf die Rechtsnachfolge von Todes wegen anwendbaren Recht und dem Recht des Mitgliedstaats, das für das bestellende Gericht gilt, sollte das Gericht die Person(en) bestellen, die berechtigt wäre(n), den Nachlass nach dem auf die Rechtsnachfolge von Todes wegen anwendbaren Recht zu verwalten, wie beispielsweise den Testamentsvollstrecker des Erblassers oder die Erben selbst oder, wenn das auf die Rechtsnachfolge von Todes wegen anwendbare Recht es so vorsieht, einen Fremdverwalter. Die Gerichte können jedoch in besonderen Fällen, wenn ihr Recht es erfordert, einen Dritten als Verwalter bestellen, auch wenn dies nicht in dem auf die Rechtsnachfolge von Todes wegen anzuwendenden Recht vorgesehen ist. Hat der Erblasser einen Testamentsvollstrecker bestellt, können dieser Person ihre Befugnisse nicht entzogen werden, es sei denn, das auf die Rechtsnachfolge von Todes wegen anwendbare Recht ermöglicht das Erlöschen seines Amtes.

(44) Die Befugnisse, die von den in dem Mitgliedstaat des angerufenen Gerichts bestellten Verwaltern ausgeübt werden, sollten diejenigen Verwaltungsbefugnisse sein, die sie nach dem auf die Rechtsnachfolge von Todes wegen anwendbaren Recht ausüben dürfen. Wenn also beispielsweise der Erbe als Verwalter bestellt wird, sollte er diejenigen Befugnisse zur Verwaltung des Nachlasses haben, die ein Erbe nach diesem Recht hätte. Reichen die Verwaltungsbefugnisse, die nach dem auf die Rechtsfolge von Todes wegen anwendbaren Recht ausgeübt werden dürfen, nicht aus, um das Nachlassvermögen zu erhalten oder die Rechte der Nachlassgläubiger oder anderer Personen zu schützen, die für die Verbindlichkeiten des Erblassers gebürgt haben, kann bzw. können der bzw. die in dem Mitgliedstaat des angerufenen Gerichts bestellte bzw. bestellten Nachlassverwalter ergänzend diejenigen Verwaltungsbefugnisse ausüben, die hierfür in dem Recht dieses Mitgliedstaates vorgesehen sind. Zu diesen ergänzenden Befugnissen könnte beispielsweise gehören, die Liste des Nachlassvermögens und der Nachlassverbindlichkeiten zu erstellen, die Nachlassgläubiger vom Eintritt des Erbfalls zu unterrichten und sie aufzufordern, ihre Ansprüche geltend zu machen, sowie einstweilige Maßnahmen, auch Sicherungsmaßnahmen, zum Erhalt des Nachlassvermögens zu ergreifen. Die von einem Verwalter aufgrund der ergänzenden Befugnisse durchgeführten Handlungen sollten im Einklang mit dem für die Rechtsnachfolge von Todes wegen anwendbaren Recht in Be-

zug auf den Übergang des Eigentums an dem Nachlassvermögen, einschließlich aller Rechtsgeschäfte, die die Berechtigten vor der Bestellung des Verwalters eingingen, die Haftung für die Nachlassverbindlichkeiten und die Rechte der Berechtigten, gegebenenfalls einschließlich des Rechts, die Erbschaft anzunehmen oder auszuschlagen, stehen. Solche Handlungen könnten beispielsweise nur dann die Veräußerung von Vermögenswerten oder die Begleichung von Verbindlichkeiten nach sich ziehen, wenn dies nach dem auf die Rechtsnachfolge von Todes wegen anwendbaren Recht zulässig wäre. Wenn die Bestellung eines Fremdverwalters nach dem auf die Rechtsnachfolge von Todes wegen anwendbaren Recht die Haftung der Erben ändert, sollte eine solche Änderung der Haftung respektiert werden.

(45) Diese Verordnung sollte nicht ausschließen, dass Nachlassgläubiger, beispielsweise durch einen Vertreter, gegebenenfalls weitere nach dem innerstaatlichen Recht zur Verfügung stehende Maßnahmen im Einklang mit den einschlägigen Rechtsinstrumenten der Union treffen, um ihre Rechte zu sichern.

(46) Diese Verordnung sollte die Unterrichtung potenzieller Nachlassgläubiger in anderen Mitgliedstaaten, in denen Vermögenswerte belegen sind, über den Eintritt des Erbfalls ermöglichen. Im Rahmen der Anwendung dieser Verordnung sollte daher die Möglichkeit in Erwägung gezogen werden, einen Mechanismus einzurichten, gegebenenfalls über das Europäische Justizportal, um es potenziellen Nachlassgläubigern in anderen Mitgliedstaaten zu ermöglichen, Zugang zu den einschlägigen Informationen zu erhalten, damit sie ihre Ansprüche anmelden können.

(47) Wer in einer Erbsache Berechtigter ist, sollte sich jeweils nach dem auf die Rechtsnachfolge von Todes wegen anzuwendenden Erbrecht bestimmen. Der Begriff „Berechtigte" würde in den meisten Rechtsordnungen Erben und Vermächtnisnehmer sowie Pflichtteilsberechtigte erfassen; allerdings ist beispielsweise die Rechtsstellung der Vermächtnisnehmer nicht in allen Rechtsordnungen die gleiche. In einigen Rechtsordnungen kann der Vermächtnisnehmer einen unmittelbaren Anteil am Nachlass erhalten, während nach anderen Rechtsordnungen der Vermächtnisnehmer lediglich einen Anspruch gegen die Erben erwerben kann.

(48) Im Interesse der Rechtssicherheit für Personen, die ihren Nachlass im Voraus regeln möchten, sollte diese Verordnung eine spezifische Kollisionsvorschrift bezüglich der Zulässigkeit und der materiellen Wirksamkeit einer Verfügung von Todes wegen festlegen. Um eine einheitliche Anwendung dieser Vorschrift zu gewährleisten, sollte diese Verordnung die Elemente auflisten, die zur materiellen Wirksamkeit zu rechnen sind. Die Prüfung der materiellen Wirksamkeit einer Verfügung von Todes wegen kann zu dem Schluss führen, dass diese Verfügung rechtlich nicht besteht.

(49) Ein Erbvertrag ist eine Art der Verfügung von Todes wegen, dessen Zulässigkeit und Anerkennung in den Mitgliedstaaten unterschiedlich ist. Um die Anerkennung von auf der Grundlage eines Erbvertrags erworbenen Nachlassansprüchen in den Mitgliedstaaten zu erleichtern, sollte diese Verordnung festlegen, welches Recht die Zulässigkeit solcher Verträge, ihre materielle Wirksamkeit und ihre Bindungswirkungen, einschließlich der Voraussetzungen für ihre Auflösung, regeln soll.

(50) Das Recht, dem die Zulässigkeit und die materielle Wirksamkeit einer Verfügung von Todes wegen und bei Erbverträgen die Bindungswirkungen nach dieser Verordnung unterliegen, sollte nicht die Rechte einer Person berühren, die nach dem auf die Rechts-

nachfolge von Todes wegen anzuwendenden Recht pflichtteilsberechtigt ist oder ein anderes Recht hat, das ihr von der Person, deren Nachlass betroffen ist, nicht entzogen werden kann.

(51) Wird in dieser Verordnung auf das Recht Bezug genommen, das auf die Rechtsnachfolge der Person, die eine Verfügung von Todes wegen errichtet hat, anwendbar gewesen wäre, wenn sie an dem Tag verstorben wäre, an dem die Verfügung errichtet, geändert oder widerrufen worden ist, so ist diese Bezugnahme zu verstehen als Bezugnahme entweder auf das Recht des Staates des gewöhnlichen Aufenthalts der betroffenen Person an diesem Tag oder, wenn sie eine Rechtswahl nach dieser Verordnung getroffen hat, auf das Recht des Staates, dessen Staatsangehörigkeit sie an diesem Tag besaß.

(52) Diese Verordnung sollte die Formgültigkeit aller schriftlichen Verfügungen von Todes wegen durch Vorschriften regeln, die mit denen des Haager Übereinkommens vom 5. Oktober 1961 über das auf die Form letztwilliger Verfügungen anzuwendende Recht in Einklang stehen. Bei der Bestimmung der Formgültigkeit einer Verfügung von Todes wegen nach dieser Verordnung sollte die zuständige Behörde ein betrügerisch geschaffenes grenzüberschreitendes Element, mit dem die Vorschriften über die Formgültigkeit umgangen werden sollen, nicht berücksichtigen.

(53) Für die Zwecke dieser Verordnung sollten Rechtsvorschriften, welche die für Verfügungen von Todes wegen zugelassenen Formen mit Beziehung auf bestimmte persönliche Eigenschaften der Person, die eine Verfügung von Todes wegen errichtet, wie beispielsweise ihr Alter, beschränken, als zur Form gehörend angesehen werden. Dies sollte nicht dahin gehend ausgelegt werden, dass das nach dieser Verordnung auf die Formgültigkeit einer Verfügung von Todes wegen anzuwendende Recht bestimmten sollte, ob ein Minderjähriger fähig ist, eine Verfügung von Todes wegen zu errichten. Dieses Recht sollte lediglich bestimmen, ob eine Person aufgrund einer persönlichen Eigenschaft, wie beispielsweise der Minderjährigkeit, von der Errichtung einer Verfügung von Todes wegen in einer bestimmten Form ausgeschlossen werden sollte.

(54) Bestimmte unbewegliche Sachen, bestimmte Unternehmen und andere besondere Arten von Vermögenswerten unterliegen im Belegenheitsmitgliedstaat aufgrund wirtschaftlicher, familiärer oder sozialer Erwägungen besonderen Regelungen mit Beschränkungen, die die Rechtsnachfolge von Todes wegen in Bezug auf diese Vermögenswerte betreffen oder Auswirkungen auf sie haben. Diese Verordnung sollte die Anwendung dieser besonderen Regelungen sicherstellen. Diese Ausnahme von der Anwendung des auf die Rechtsnachfolge von Todes wegen anzuwendenden Rechts ist jedoch eng auszulegen, damit sie der allgemeinen Zielsetzung dieser Verordnung nicht zuwiderläuft. Daher dürfen weder Kollisionsnormen, die unbewegliche Sachen einem anderen als dem auf bewegliche Sachen anzuwendenden Recht unterwerfen, noch Bestimmungen, die einen größeren Pflichtteil als den vorsehen, der in dem nach dieser Verordnung auf die Rechtsnachfolge von Todes wegen anzuwendenden Recht festgelegt ist, als besondere Regelungen mit Beschränkungen angesehen werden, die die Rechtsnachfolge von Todes wegen in Bezug auf bestimmte Vermögenswerte betreffen oder Auswirkungen auf sie haben.

(55) Um eine einheitliche Vorgehensweise in Fällen sicherzustellen, in denen es ungewiss ist, in welcher Reihenfolge zwei oder mehr Personen, deren Rechtsnachfolge von Todes wegen verschiedenen Rechtsordnungen unterliegen würde, gestorben sind, sollte diese

Verordnung eine Vorschrift vorsehen, nach der keine der verstorbenen Personen Anspruch auf den Nachlass der anderen hat.

(56) In einigen Fällen kann es einen erbenlosen Nachlass geben. Diese Fälle werden in den verschiedenen Rechtsordnungen unterschiedlich geregelt. So kann nach einigen Rechtsordnungen der Staat – unabhängig davon, wo die Vermögenswerte belegen sind – einen Erbanspruch geltend machen. Nach anderen Rechtsordnungen kann der Staat sich nur die Vermögenswerte aneignen, die in seinem Hoheitsgebiet belegen sind. Diese Verordnung sollte daher eine Vorschrift enthalten, nach der die Anwendung des auf die Rechtsnachfolge von Todes wegen anzuwendenden Rechts nicht verhindern sollte, dass ein Mitgliedstaat sich das in seinem Hoheitsgebiet belegene Nachlassvermögen nach seinem eigenen Recht aneignet. Um sicherzustellen, dass diese Vorschrift nicht nachteilig für die Nachlassgläubiger ist, sollte jedoch eine Bestimmung hinzugefügt werden, nach der die Nachlassgläubiger berechtigt sein sollten, aus dem gesamten Nachlassvermögen, ungeachtet seiner Belegenheit, Befriedigung ihrer Forderungen zu suchen.

(57) Die in dieser Verordnung festgelegten Kollisionsnormen können dazu führen, dass das Recht eines Drittstaats zur Anwendung gelangt. In derartigen Fällen sollte den Vorschriften des Internationalen Privatrechts dieses Staates Rechnung getragen werden. Falls diese Vorschriften die Rück- und Weiterverweisung entweder auf das Recht eines Mitgliedstaats oder aber auf das Recht eines Drittstaats, der sein eigenes Recht auf die Erbsache anwenden würde, vorsehen, so sollte dieser Rück- und Weiterverweisung gefolgt werden, um den internationalen Entscheidungseinklang zu gewährleisten. Die Rück- und Weiterverweisung sollte jedoch in den Fällen ausgeschlossen werden, in denen der Erblasser eine Rechtswahl zugunsten des Rechts eines Drittstaats getroffen hatte.

(58) Aus Gründen des öffentlichen Interesses sollte den Gerichten und anderen mit Erbsachen befassten zuständigen Behörden in den Mitgliedstaaten in Ausnahmefällen die Möglichkeit gegeben werden, Bestimmungen eines ausländischen Rechts nicht zu berücksichtigen, wenn deren Anwendung in einem bestimmten Fall mit der öffentlichen Ordnung (ordre public) des betreffenden Mitgliedstaats offensichtlich unvereinbar wäre. Die Gerichte oder andere zuständige Behörden sollten allerdings die Anwendung des Rechts eines anderen Mitgliedstaats nicht ausschließen oder die Anerkennung – oder gegebenenfalls die Annahme – oder die Vollstreckung einer Entscheidung, einer öffentlichen Urkunde oder eines gerichtlichen Vergleichs aus einem anderen Mitgliedstaat aus Gründen der öffentlichen Ordnung (ordre public) nicht versagen dürfen, wenn dies gegen die Charta der Grundrechte der Europäischen Union, insbesondere gegen das Diskriminierungsverbot in Artikel 21, verstoßen würde.

(59) Diese Verordnung sollte in Anbetracht ihrer allgemeinen Zielsetzung, nämlich der gegenseitigen Anerkennung der in den Mitgliedstaaten ergangenen Entscheidungen in Erbsachen, unabhängig davon, ob solche Entscheidungen in streitigen oder nichtstreitigen Verfahren ergangen sind, Vorschriften für die Anerkennung, Vollstreckbarkeit und Vollstreckung von Entscheidungen nach dem Vorbild anderer Rechtsinstrumente der Union im Bereich der justiziellen Zusammenarbeit in Zivilsachen vorsehen.

(60) Um den verschiedenen Systemen zur Regelung von Erbsachen in den Mitgliedstaaten Rechnung zu tragen, sollte diese Verordnung die Annahme und Vollstreckbarkeit öffentlicher Urkunden in einer Erbsache in sämtlichen Mitgliedstaaten gewährleisten.

(61) Öffentliche Urkunden sollten in einem anderen Mitgliedstaat die gleiche formelle Beweiskraft wie im Ursprungsmitgliedstaat oder die damit am ehesten vergleichbare Wirkung entfalten. Die formelle Beweiskraft einer öffentlichen Urkunde in einem anderen Mitgliedstaat oder die damit am ehesten vergleichbare Wirkung sollte durch Bezugnahme auf Art und Umfang der formellen Beweiskraft der öffentlichen Urkunde im Ursprungsmitgliedstaat bestimmt werden. Somit richtet sich die formelle Beweiskraft einer öffentlichen Urkunde in einem anderen Mitgliedstaat nach dem Recht des Ursprungsmitgliedstaats.

(62) Die „Authentizität" einer öffentlichen Urkunde sollte ein autonomer Begriff sein, der Aspekte wie die Echtheit der Urkunde, die Formerfordernisse für die Urkunde, die Befugnisse der Behörde, die die Urkunde errichtet, und das Verfahren, nach dem die Urkunde errichtet wird, erfassen sollte. Der Begriff sollte ferner die von der betreffenden Behörde in der öffentlichen Urkunde beurkundeten Vorgänge erfassen, wie z. B. die Tatsache, dass die genannten Parteien an dem genannten Tag vor dieser Behörde erschienen sind und die genannten Erklärungen abgegeben haben. Eine Partei, die Einwände mit Bezug auf die Authentizität einer öffentlichen Urkunde erheben möchte, sollte dies bei dem zuständigen Gericht im Ursprungsmitgliedstaat der öffentlichen Urkunde nach dem Recht dieses Mitgliedstaats tun.

(63) Die Formulierung „die in einer öffentlichen Urkunde beurkundeten Rechtsgeschäfte oder Rechtsverhältnisse" sollte als Bezugnahme auf den in der öffentlichen Urkunde niedergelegten materiellen Inhalt verstanden werden. Bei dem in einer öffentlichen Urkunde beurkundeten Rechtsgeschäft kann es sich etwa um eine Vereinbarung zwischen den Parteien über die Verteilung des Nachlasses, um ein Testament oder einen Erbvertrag oder um eine sonstige Willenserklärung handeln. Bei dem Rechtsverhältnis kann es sich etwa um die Bestimmung der Erben und sonstiger Berechtigter nach dem auf die Rechtsnachfolge von Todes wegen anzuwendenden Recht, ihre jeweiligen Anteile und das Bestehen eines Pflichtteils oder um jedes andere Element, das nach dem auf die Rechtsnachfolge von Todes wegen anzuwendenden Recht bestimmt wurde, handeln. Eine Partei, die Einwände mit Bezug auf die in einer öffentlichen Urkunde beurkundeten Rechtsgeschäfte oder Rechtsverhältnisse erheben möchte, sollte dies bei den nach dieser Verordnung zuständigen Gerichten tun, die nach dem auf die Rechtsnachfolge von Todes wegen anzuwendenden Recht über die Einwände entscheiden sollten.

(64) Wird eine Frage mit Bezug auf die in einer öffentlichen Urkunde beurkundeten Rechtsgeschäfte oder Rechtsverhältnisse als Vorfrage in einem Verfahren bei einem Gericht eines Mitgliedstaats vorgebracht, so sollte dieses Gericht für die Entscheidung über diese Vorfrage zuständig sein.

(65) Eine öffentliche Urkunde, gegen die Einwände erhoben wurden, sollte in einem anderen Mitgliedstaat als dem Ursprungsmitgliedstaat keine formelle Beweiskraft entfalten, solange die Einwände anhängig sind. Betreffen die Einwände nur einen spezifischen Umstand mit Bezug auf die in einer öffentlichen Urkunde beurkundeten Rechtsgeschäfte oder Rechtsverhältnisse, so sollte die öffentliche Urkunde in Bezug auf den angefochtenen Umstand keine Beweiskraft in einem anderen Mitgliedstaat als dem Ursprungsmitgliedstaat entfalten, solange die Einwände anhängig sind. Eine öffentliche Urkunde, die aufgrund eines Einwands für ungültig erklärt wird, sollte keine Beweiskraft mehr entfalten.

(66) Wenn einer Behörde im Rahmen der Anwendung dieser Verordnung zwei nicht miteinander zu vereinbarende öffentliche Urkunden vorgelegt werden, so sollte sie die Frage, welcher Urkunde, wenn überhaupt, Vorrang einzuräumen ist, unter Berücksichtigung der Umstände des jeweiligen Falls beurteilen. Geht aus diesen Umständen nicht eindeutig hervor, welche Urkunde, wenn überhaupt, Vorrang haben sollte, so sollte diese Frage von den gemäß dieser Verordnung zuständigen Gerichten oder, wenn die Frage als Vorfrage im Laufe eines Verfahrens vorgebracht wird, von dem mit diesem Verfahren befassten Gericht geklärt werden. Im Falle einer Unvereinbarkeit zwischen einer öffentlichen Urkunde und einer Entscheidung sollten die Gründe für die Nichtanerkennung von Entscheidungen nach dieser Verordnung berücksichtigt werden.

(67) Eine zügige, unkomplizierte und effiziente Abwicklung einer Erbsache mit grenzüberschreitendem Bezug innerhalb der Union setzt voraus, dass die Erben, Vermächtnisnehmer, Testamentsvollstrecker oder Nachlassverwalter in der Lage sein sollten, ihren Status und/oder ihre Rechte und Befugnisse in einem anderen Mitgliedstaat, beispielsweise in einem Mitgliedstaat, in dem Nachlassvermögen belegen ist, einfach nachzuweisen. Zu diesem Zweck sollte diese Verordnung die Einführung eines einheitlichen Zeugnisses, des Europäischen Nachlasszeugnisses (im Folgenden „das Zeugnis"), vorsehen, das zur Verwendung in einem anderen Mitgliedstaat ausgestellt wird. Das Zeugnis sollte entsprechend dem Subsidiaritätsprinzip nicht die innerstaatlichen Schriftstücke ersetzen, die gegebenenfalls in den Mitgliedstaaten für ähnliche Zwecke verwendet werden.

(68) Die das Zeugnis ausstellende Behörde sollte die Formalitäten beachten, die für die Eintragung von unbeweglichen Sachen in dem Mitgliedstaat, in dem das Register geführt wird, vorgeschrieben sind. Diese Verordnung sollte hierfür einen Informationsaustausch zwischen den Mitgliedstaaten über diese Formalitäten vorsehen.

(69) Die Verwendung des Zeugnisses sollte nicht verpflichtend sein. Das bedeutet, dass die Personen, die berechtigt sind, das Zeugnis zu beantragen, nicht dazu verpflichtet sein sollten, dies zu tun, sondern dass es ihnen freistehen sollte, die anderen nach dieser Verordnung zur Verfügung stehenden Instrumente (Entscheidung, öffentliche Urkunde und gerichtlicher Vergleich) zu verwenden. Eine Behörde oder Person, der ein in einem anderen Mitgliedstaat ausgestelltes Zeugnis vorgelegt wird, sollte jedoch nicht verlangen können, dass statt des Zeugnisses eine Entscheidung, eine öffentliche Urkunde oder ein gerichtlicher Vergleich vorgelegt wird.

(70) Das Zeugnis sollte in dem Mitgliedstaat ausgestellt werden, dessen Gerichte nach dieser Verordnung zuständig sind. Es sollte Sache jedes Mitgliedstaats sein, in seinen innerstaatlichen Rechtsvorschriften festzulegen, welche Behörden – Gerichte im Sinne dieser Verordnung oder andere für Erbsachen zuständige Behörden wie beispielsweise Notare – für die Ausstellung des Zeugnisses zuständig sind. Es sollte außerdem Sache jedes Mitgliedstaats sein, in seinen innerstaatlichen Rechtsvorschriften festzulegen, ob die Ausstellungsbehörde andere zuständige Stellen an der Ausstellung beteiligen kann, beispielsweise Stellen, vor denen eidesstattliche Versicherungen abgegeben werden können. Die Mitgliedstaaten sollten der Kommission die einschlägigen Angaben zu ihren Ausstellungsbehörden mitteilen, damit diese Angaben der Öffentlichkeit zugänglich gemacht werden.

(71) Das Zeugnis sollte in sämtlichen Mitgliedstaaten dieselbe Wirkung entfalten. Es sollte zwar als solches keinen vollstreckbaren Titel darstellen, aber Beweiskraft besitzen,

und es sollte die Vermutung gelten, dass es die Sachverhalte zutreffend ausweist, die nach dem auf die Rechtsnachfolge von Todes wegen anzuwendenden Recht oder einem anderen auf spezifische Sachverhalte anzuwendenden Recht festgestellt wurden, wie beispielsweise die materielle Wirksamkeit einer Verfügung von Todes wegen. Die Beweiskraft des Zeugnisses sollte sich nicht auf Elemente beziehen, die nicht durch diese Verordnung geregelt werden, wie etwa die Frage des Status oder die Frage, ob ein bestimmter Vermögenswert dem Erblasser gehörte oder nicht. Einer Person, die Zahlungen an eine Person leistet oder Nachlassvermögen an eine Person übergibt, die in dem Zeugnis als zur Entgegennahme dieser Zahlungen oder dieses Vermögens als Erbe oder Vermächtnisnehmer berechtigt bezeichnet ist, sollte ein angemessener Schutz gewährt werden, wenn sie im Vertrauen auf die Richtigkeit der in dem Zeugnis enthaltenen Angaben gutgläubig gehandelt hat. Der gleiche Schutz sollte einer Person gewährt werden, die im Vertrauen auf die Richtigkeit der in dem Zeugnis enthaltenen Angaben Nachlassvermögen von einer Person erwirbt oder erhält, die in dem Zeugnis als zur Verfügung über das Vermögen berechtigt bezeichnet ist. Der Schutz sollte gewährleistet werden, wenn noch gültige beglaubigte Abschriften vorgelegt werden. Durch diese Verordnung sollte nicht geregelt werden, ob der Erwerb von Vermögen durch eine dritte Person wirksam ist oder nicht.

(72) Die zuständige Behörde sollte das Zeugnis auf Antrag ausstellen. Die Ausstellungsbehörde sollte die Urschrift des Zeugnisses aufbewahren und dem Antragsteller und jeder anderen Person, die ein berechtigtes Interesse nachweist, eine oder mehrere beglaubigte Abschriften ausstellen. Dies sollte einen Mitgliedstaat nicht daran hindern, es im Einklang mit seinen innerstaatlichen Regelungen über den Zugang der Öffentlichkeit zu Dokumenten zu gestatten, dass Abschriften des Zeugnisses der Öffentlichkeit zugänglich gemacht werden. Diese Verordnung sollte Rechtsbehelfe gegen Entscheidungen der ausstellenden Behörde, einschließlich der Entscheidungen, die Ausstellung eines Zeugnisses zu versagen, vorsehen. Wird ein Zeugnis berichtigt, geändert oder widerrufen, sollte die ausstellende Behörde die Personen unterrichten, denen beglaubigte Abschriften ausgestellt wurden, um eine missbräuchliche Verwendung dieser Abschriften zu vermeiden.

(73) Um die internationalen Verpflichtungen, die die Mitgliedstaaten eingegangen sind, zu wahren, sollte sich diese Verordnung nicht auf die Anwendung internationaler Übereinkommen auswirken, denen ein oder mehrere Mitgliedstaaten zum Zeitpunkt der Annahme dieser Verordnung angehören. Insbesondere sollten die Mitgliedstaaten, die Vertragsparteien des Haager Übereinkommens vom 5. Oktober 1961 über das auf die Form letztwilliger Verfügungen anzuwendende Recht sind, in Bezug auf die Formgültigkeit von Testamenten und gemeinschaftlichen Testamenten anstelle der Bestimmungen dieser Verordnung weiterhin die Bestimmungen jenes Übereinkommens anwenden können. Um die allgemeinen Ziele dieser Verordnung zu wahren, muss die Verordnung jedoch im Verhältnis zwischen den Mitgliedstaaten Vorrang vor ausschließlich zwischen zwei oder mehreren Mitgliedstaaten geschlossenen Übereinkommen haben, soweit diese Bereiche betreffen, die in dieser Verordnung geregelt sind.

(74) Diese Verordnung sollte nicht verhindern, dass die Mitgliedstaaten, die Vertragsparteien des Übereinkommens vom 19. November 1934 zwischen Dänemark, Finnland, Island, Norwegen und Schweden mit Bestimmungen des Internationalen Privatrechts über Rechtsnachfolge von Todes wegen, Testamente und Nachlassverwaltung sind, weiterhin spezifische Bestimmungen jenes Übereinkommens in der geänderten Fassung der

zwischenstaatlichen Vereinbarung zwischen den Staaten, die Vertragsparteien des Übereinkommens sind, anwenden können.

(75) Um die Anwendung dieser Verordnung zu erleichtern, sollten die Mitgliedstaaten verpflichtet werden, über das mit der Entscheidung 2001/470/EG des Rates eingerichtete Europäische Justizielle Netz für Zivil- und Handelssachen bestimmte Angaben zu ihren erbrechtlichen Vorschriften und Verfahren zu machen. Damit sämtliche Informationen, die für die praktische Anwendung dieser Verordnung von Bedeutung sind, rechtzeitig im Amtsblatt der Europäischen Union veröffentlicht werden können, sollten die Mitgliedstaaten der Kommission auch diese Informationen vor dem Beginn der Anwendung der Verordnung mitteilen.

(76) Um die Anwendung dieser Verordnung zu erleichtern und um die Nutzung moderner Kommunikationstechnologien zu ermöglichen, sollten Standardformblätter für die Bescheinigungen, die im Zusammenhang mit einem Antrag auf Vollstreckbarerklärung einer Entscheidung, einer öffentlichen Urkunde oder eines gerichtlichen Vergleichs und mit einem Antrag auf Ausstellung eines Europäischen Nachlasszeugnisses vorzulegen sind, sowie für das Zeugnis selbst vorgesehen werden.

(77) Die Berechnung der in dieser Verordnung vorgesehenen Fristen und Termine sollte nach Maßgabe der Verordnung (EWG, Euratom) Nr. 1182/71 des Rates vom 3. Juni 1971 zur Festlegung der Regeln für die Fristen, Daten und Termine erfolgen.

(78) Um einheitliche Bedingungen für die Durchführung dieser Verordnung gewährleisten zu können, sollten der Kommission in Bezug auf die Erstellung und spätere Änderung der Bescheinigungen und Formblätter, die die Vollstreckbarerklärung von Entscheidungen, gerichtlichen Vergleichen und öffentlichen Urkunden und das Europäische Nachlasszeugnis betreffen, Durchführungsbefugnisse übertragen werden. Diese Befugnisse sollten im Einklang mit der Verordnung (EU) Nr. 182/2011 des Europäischen Parlaments und des Rates vom 16. Februar 2011 zur Festlegung der allgemeinen Regeln und Grundsätze, nach denen die Mitgliedstaaten die Wahrnehmung der Durchführungsbefugnisse durch die Kommission kontrollieren, ausgeübt werden.

(79) Für den Erlass von Durchführungsrechtsakten zur Erstellung und anschließenden Änderung der in dieser Verordnung vorgesehenen Bescheinigungen und Formblätter sollte das Beratungsverfahren nach Artikel 4 der Verordnung (EU) Nr. 182/2011 herangezogen werden.

(80) Da die Ziele dieser Verordnung, nämlich die Sicherstellung der Freizügigkeit und der Möglichkeit für europäische Bürger, ihren Nachlass in einem Unions-Kontext im Voraus zu regeln, sowie der Schutz der Rechte der Erben und Vermächtnisnehmer, der Personen, die dem Erblasser nahestehen, und der Nachlassgläubiger auf Ebene der Mitgliedstaaten nicht ausreichend verwirklicht werden können und daher wegen des Umfangs und der Wirkungen dieser Verordnung besser auf Unionsebene zu verwirklichen sind, kann die Union im Einklang mit dem in Artikel 5 des Vertrags über die Europäische Union niedergelegten Subsidiaritätsprinzip tätig werden. Entsprechend dem in demselben Artikel genannten Grundsatz der Verhältnismäßigkeit geht diese Verordnung nicht über das für die Erreichung dieser Ziele erforderliche Maß hinaus.

(81) Diese Verordnung steht im Einklang mit den Grundrechten und Grundsätzen, die mit der Charta der Grundrechte der Europäischen Union anerkannt wurden. Bei der An-

wendung dieser Verordnung müssen die Gerichte und anderen zuständigen Behörden der Mitgliedstaaten diese Rechte und Grundsätze achten.

(82) Gemäß den Artikeln 1 und 2 des dem Vertrag über die Europäische Union und dem Vertrag über die Arbeitsweise der Europäischen Union beigefügten Protokolls Nr. 21 über die Position des Vereinigten Königreichs und Irlands hinsichtlich des Raums der Freiheit, der Sicherheit und des Rechts beteiligen sich diese Mitgliedstaaten nicht an der Annahme dieser Verordnung und sind weder durch diese gebunden noch zu ihrer Anwendung verpflichtet. Dies berührt jedoch nicht die Möglichkeit für das Vereinigte Königreich und Irland, gemäß Artikel 4 des genannten Protokolls nach der Annahme dieser Verordnung mitzuteilen, dass sie die Verordnung anzunehmen wünschen.

(83) Gemäß den Artikeln 1 und 2 des dem Vertrag über die Europäische Union und dem Vertrag über die Arbeitsweise der Europäischen Union beigefügten Protokolls Nr. 22 über die Position Dänemarks beteiligt sich Dänemark nicht an der Annahme dieser Verordnung und ist weder durch diese Verordnung gebunden noch zu ihrer Anwendung verpflichtet –

HABEN FOLGENDE VERORDNUNG ERLASSEN:

Kapitel I
Anwendungsbereich und Begriffsbestimmungen

Anwendungsbereich

Art 1. (1) Diese Verordnung ist auf die Rechtsnachfolge von Todes wegen anzuwenden. Sie gilt nicht für Steuer- und Zollsachen sowie verwaltungsrechtliche Angelegenheiten.

(2) Vom Anwendungsbereich dieser Verordnung ausgenommen sind:

a) der Personenstand sowie Familienverhältnisse und Verhältnisse, die nach dem auf diese Verhältnisse anzuwendenden Recht vergleichbare Wirkungen entfalten;

b) die Rechts-, Geschäfts- und Handlungsfähigkeit von natürlichen Personen, unbeschadet des Artikels 23 Absatz 2 Buchstabe c und des Artikels 26;

c) Fragen betreffend die Verschollenheit oder die Abwesenheit einer natürlichen Person oder die Todesvermutung;

d) Fragen des ehelichen Güterrechts sowie des Güterrechts aufgrund von Verhältnissen, die nach dem auf diese Verhältnisse anzuwendenden Recht mit der Ehe vergleichbare Wirkungen entfalten;

e) Unterhaltpflichten außer derjenigen, die mit dem Tod entstehen;

f) die Formgültigkeit mündlicher Verfügungen von Todes wegen;

g) Rechte und Vermögenswerte, die auf andere Weise als durch Rechtsnachfolge von Todes wegen begründet oder übertragen werden, wie unentgeltliche Zuwendungen, Miteigentum mit Anwachsungsrecht des Überlebenden (joint tenancy), Rentenpläne, Versicherungsverträge und ähnliche Vereinbarungen, unbeschadet des Artikels 23 Absatz 2 Buchstabe i;

h) Fragen des Gesellschaftsrechts, des Vereinsrechts und des Rechts der juristischen Personen, wie Klauseln im Errichtungsakt oder in der Satzung einer Gesellschaft, eines Vereins oder einer juristischen Person, die das Schicksal der Anteile verstorbener Gesellschafter beziehungsweise Mitglieder regeln;

i) die Auflösung, das Erlöschen und die Verschmelzung von Gesellschaften, Vereinen oder juristischen Personen;

j) die Errichtung, Funktionsweise und Auflösung eines Trusts;

k) die Art der dinglichen Rechte und

l) jede Eintragung von Rechten an beweglichen oder unbeweglichen Vermögensgegenständen in einem Register, einschließlich der gesetzlichen Voraussetzungen für eine solche Eintragung, sowie die Wirkungen der Eintragung oder der fehlenden Eintragung solcher Rechte in einem Register.

Stammfassung.

Literatur: *Barnich,* Présentation du Règlement successoral européen, in *Nuyts* (coord), Actualités en droit international privé (Bruxelles 2013) 7; *Biagioni,* L'ambito di applicazione del Regolamento successioni, in *Franzina/Leandro* (a cura di), Il diritto internazionale privato europeo delle successioni mortis causa (2013) 25; *Blanco-Morales Limones,* Consideraciones sobre el ámbito de la ley aplicable a las sucesiones en la Propuesta del Reglamento del Parlamento Europeo y del Consejo relativo a la competencia, la ley aplicable, el reconocimiento y la ejecución des las resoluciones y las actas auténticos en la materia de sucesiones y a la creación de un certificado sucesorio europeo, Liber amicorum José Luis Iglesias Buhigues (2012) 413; ; *M. Bruns,* Eingetragene Lebenspartnerschaften im Rahmen der EU-Erbrechtsverordnung, ZErb 2014, 181; *Buschbaum,* Die künftige Erbrechtsverordnung, GS Ulrich Hübner (2012) 589; *Davì/Zanobetti,* I nuovo diritto internazionale privato delle successioni nell'Unione Europe, CDT 5 (2013), 5; *Döbereiner,* Das internationale Erbrecht nach der EU-Erbrechtsverordnung, MittBayNot 2013, 358; *Döbereiner,* Vindikationslegate unter Geltung der EU-Erbrechtsverordnung, GPR 2014, 42; *Dörner,* Der Entwurf einer europäischen Verordnung zum Internationalen Erb- und Erbverfahrensrecht – Überblick und ausgewählte Probleme, ZEV 2010, 221; *Dörner,* EuErbVO: Die Verordnung zum Internationalen Erb- und Erbverfahrensrecht ist in Kraft! ZEV 2012, 505; *Dörner,* Die Abgrenzung des Erbstatuts vom Güterstatut (deutsche Sichtweise), in *Dutta/Herrler* (Hrsg), Die Europäische Erbrechtsverordnung (2014) 73; *Dörner,* Zur Qualifikation des § 1371 Abs 1 BGB – eine verpasste Gelegenheit, IPRax 2014, 323; *Dutta,* Succession and Wills in the Conflict of Laws on the Eve of Europeanization, RabelsZ 73 (2009) 547; *Dutta,* Die Abgrenzung des Gesellschaftsstatut und Erbstatut beim Tod des Gesellschafters, RabelsZ 73 (2009) 727; *Dutta,* Das neue Internationale Erbrecht der Europäischen Union – Eine erste Lektüre der Erbrechtsverordnung, FamRZ 2013, 4; *Dutta,* Die europäische Erbrechtsverordnung vor ihrem Anwendungsbeginn: Zehn ausgewählte Streitstandsminiaturen, IPRax 2015, 32; *Everts,* Neue Perspektiven zur Pflichtteilsdämpfung aufgrund der EuErbVO? ZEV 2013, 124; *Faber/Grünberger,* Vorschlag der EU-Kommission zu einer Erbrechts-Verordnung, NZ 2011/25, 97; *Fischer-Czermak,* Anwendungsbereich, in *Schauer/Scheuba* (Hrsg), Europäische Erbrechtsverordnung (2013) 23; *Franzina/Leandro,* Il nuovo diritto internazionale privato delle successioni per causa di morte in Europa, NLCC 2013, 275; *Frohn,* De rechtskeuze in de Europese Erfrechtsverordening: einige opmerkingen, in IPR in de spiegel van Paul Vlas (2012) 65; *F. Gärtner,* Die Behandlung ausländischer Vindikationslegate im deutschen Recht (2014); *Geimer,* Die geplante Europäische Erbverordnung, in *Reichelt/Rechberger* (Hrsg), Europäisches Erb- und Erbverfahrensrecht (2011) 1; *Geimer,* Gedanken zur europäischen Rechtsentwicklung – Von der Donaumonarchie zur Europäischen Union, NZ 2012/16, 70; *Geimer,* Die europäische Erbrechtsverordnung im Überblick, in *Hager* (Hrsg), Die neue europäische Erbrechtsverordnung (2013) 9; *Godechot,* L'articulation du trust et du droit de successions (2004); *Godechot-Patris,* Le nouveau droit international privé des successions: entre satisfactions et craintes, D. 2012, 2462; *Jonathan Harris,* The Proposed EU Regulation on Succession and Wills: Prospects and Challenges (2008) 22 Trust L. Int. 181; *Heijning,* Uit de praktijk van het Notarieel Juridisch Bureau, WPNR 6956 (2012) 963; *Janzen,* Die EU-Erbrechtsverordnung, DNotZ 2012, 484; *Jayme,* Zur Reichweite des Erbstatuts, in *Reichelt/Rechberger* (Hrsg), Europäisches Erb- und Erbverfahrensrecht (2011) 27; *Kroiß/Horn/Salomon,* Nachfolgerecht (2014); *L. Kunz,* Die neue Europäische Erbrechtsverordnung – ein Überblick, GPR 2012, 208 u 253; *L. Kunz,* Nachlassspaltung durch die registerrechtliche Hintertür, GPR 2013, 293; *Lagarde,* Les principes de base du nouveau règlement européen sur les successions, RCDIP 101 (2012) 691; *K. W. Lange,* Die geplante Harmonisierung des Internationalen Erbrechts in Europa, ZVglRWiss 110 (2011) 426; *K. W. Lange,* Das Erbkollisionsrecht im neuen Entwurf einer EU-ErbVO, ZErb 2012, 160; *Laukemann,* Die lex rei sitae in der Europäischen Erbrechtsverordnung, FS Rolf Schütze zum 80. Geb (2014) 325; *Leitzen,* EuErbVO: Praxisfragen an der Schnittstelle zwischen Erb- und Gesellschaftsrecht, ZEV 2012, 520; *Lokin,* Grensoverschrijdende erpofvolging (2012); *Lokin,* De Erfrechtverordening, NIPR 2013, 329; *Mankowski,* Das erbrechtliche Viertel nach § 1371 I BGB im deutschen und europäischen Internationalen Privatrecht, ZEV 2014, 121; *Mansel,* Vereinheitlichung des Internationalen Erbrechts in der Europäischen Gemeinschaft – Kompetenzfragen und Regelungsgrundsätze, FS Tuğrul Ansay'a Armağan (2006) 185; *Mellema-Kranenburg/van der Plas,* In hoeverre lost de Erfrechtverordening praktische problemene voor he notariaat bij internationale nalatenschapen op? WPNR 7024 (2014) 607; *Nordmeier,* Erbverträge und nachlassbezogene Rechtsgeschäfte in der EuErbVO – eine Begriffsklärung, ZEV 2013, 117; *Nourissat,* Le champ d'application du règlement, in *Khairallah/Revillard* (dir), Droit européen des successions internationales (2013) 17; *Remde,* Die Europäische Erbrechtsverordnung nach dem Vorschlag der Kommission vom 14. Oktober 2009, RNotZ 2012, 65; *Revillard,* Portée de la loi applicable, in *Khairallah/Revillard* (dir), Droit européen des successions internationales (2013) 67; *Sauvage,* L'option et la transmission du passif dans les successions internationales au regard du règlement européen du 4 juillet 2012, in *Khairallah/Revillard* (dir), Droit européen des successions internationales (2013) 105; *J. P. Schmidt,* Die kollisionsrechtliche Behandlung dinglich wirkender Vermächtnisse, RabelsZ 77 (2013) 1; *J. P. Schmidt,* Der Erwerb der Erbschaft in grenzüberschreitenden Sachverhalten unter besonderer Berücksichtigung der EuErbVO, ZEV 2014, 455; *U. Simon/Buschbaum,* Die neue EU-Erbrechtsverordnung, NJW 2012, 2393; *Torfs/van Soest,* Le règlement européen concernant les successions: D.I.P., reconnaissance et certificat successoral, Liber amicorum Walter Pintens (2012) 1443; *Trombetta-Panigadi,* Osservazioni sulla futura disciplina comunitaria in materia di successioni per causa di morte, Liber Fausto Pocar, vol II (2009) 951; *Vollmer,* Die neue europäische Erbrechtsverordnung – ein Überblick, ZErb 2012, 227; *Volmer,* Die EU-Erbrechtsverordnung – erste Fragen zu Dogmatik und Forensik, RPfleger 2013, 421; *Wachter,* Europäische Erbrechtsverordnung in der Gestaltungspraxis, ZNotP 2014, 2.

Übersicht

		Rz
I.	Grundsätzliches	1
II.	Ausgrenzung öffentlich-rechtlicher Fragen	7
III.	Personenstand, Abstammung, Familienverhältnisse und gleichgestellte Verhältnisse	13
IV.	Rechts-, Geschäfts- und Handlungsfähigkeit	15
V.	Verschollenheit, Abwesenheit und Todesvermutung	18
VI.	Güterrecht	20
	A. Güterrecht von Verhältnissen jenseits der Ehe	22
	B. Qualifikation des erbrechtlichen Viertels aus § 1371 Abs 1 BGB	25
	C. Andere Problemfälle	35
	D. Anpassung	36
VII.	Unterhaltsrecht	37
VIII.	Formgültigkeit mündlicher Testamente	40
IX.	Rechtsgeschäfte unter Lebenden	41
	A. Verträge zugunsten Dritter auf den Todesfall	41
	B. Schenkungen	43
	C. Weitere ausdrückliche genannte Rechtsgeschäfte	48
	D. Offene Liste in Art 1 Abs 2 lit g EuErbVO	51
	E. Rechtsgeschäfte zur Abwicklung der Erbschaft	52
	F. Vorweggenommene Erbfolge	53
	G. Testierverträge	54
	H. Anpassung	55
X.	Gesellschaftsrecht	57
XI.	Trusts	63
XII.	Sachenrecht	70

A. Grundsätzliches   70
B. Anpassung nach Art 31   74
C. Vindikationslegate   78
D. Dinglich wirkende Teilungsanordnungen   87
E. Immaterialgüterrechte   88
XIII. Registereintragungen   89
XIV. Insolvenzrecht 103

I. Grundsätzliches

1 Art 1 bestimmt den **Anwendungsbereich** der EuErbVO insgesamt, ohne Differenzierung nach den einzelnen Teilen. Daher hat er Bedeutung nicht nur für das IPR, sondern gleichermaßen für das IZPR in der EuErbVO und (unter Berücksichtigung von Art 63) für das ENZ.[1] Er enthält in Abs 1 Satz 1 eine positive Grundsatzanordnung und in Abs 1 Satz 2 und Abs 2 ausdrückliche Ausgrenzungen.[2] Damit grenzt er zugleich gegenüber anderen Rechtsakten ab, im IZVR gegenüber der Brüssel Ia-VO (vgl deren Art 1 Abs 2 lit f), der EuVTVO (vgl deren Art 2 lit a), der EuMahnVO (vgl deren Art 2 lit a) und der EuBagatell-VO (vgl deren Art 2 lit b). Ergänzt wird das IZVR der EuErbVO durch EuBeweisVO, EuZustVO und EuPKH-RL. Alle diese Rechtsakte grenzen erbrechtliche Sachverhalte nicht aus, und die EuErbVO regelt die in ihnen enthaltenen Materien nicht.[3] Gleiches gilt – vgl Art 76 – für die EuInsVO. Eine ausdrückliche **Eingrenzung** auf grenzüberschreitende Sachverhalte mit Berührung zu mindestens zwei Staaten erfolgt nicht, ergibt sich aber notwendig aus den geregelten Großbereichen IPR und IZVR.[4] Die **Negativliste** externer Lücken in Art 1 Abs 2 hat ihre Bedeutung indes nahezu ausschließlich im Bereich des IPR, so dass sie einer spezifisch kollisionsrechtsfunktionellen Auslegung offensteht.[5]

2 Die EuErbVO differenziert beim sachlichen Anwendungsbereich nicht nach dem **Berufungsgrund** für eine Erbfolge, insb ausweislich Art 3 Abs 1 lit a und ErwGr 9 nicht nach der Art eines Naheverhältnisses zwischen Erblasser und Erben. Vielmehr umfasst die Rechtsnachfolge von Todes wegen (der Kernbegriff des Art 1 Abs 1) nach Art 3 Abs 1 lit a jede Vermögensweitergabe von Todes wegen aufgrund gewillkürter oder gesetzlicher Erbfolge. Daher erfasst die EuErbVO auch infolge bloßer (registrierter) Partnerschaft berufene Erben.[6] Positiv unterstreicht dies ErwGr 12. Testat- und Intestaterbfolge sind in gleichem Maße erfasst.[7] Es wird nicht differenziert nach dem konkreten Titel der erbrechtlichen Berufung.[8] Rechtsnachfolge von Todes wegen liegt dann vor, wenn die Zuweisung von Vermögenswerten allein auf der Notwendigkeit beruht, im Zeitpunkt des Todes für die Rechtspositionen des Verstorbenen einen Nachfolger zu bestimmen.[9] Man hat die denkbar umfassendste Definition der

---

1 *Dutta* in MünchKommBGB[6] Art 1 EuErbVO Rz 1.
2 *Dutta* in MünchKommBGB[6] Art 1 EuErbVO Rz 1.
3 *Dutta* in MünchKommBGB[6] Art 1 EuErbVO Rz 6.
4 *Hohloch* in *Erman*, Handkommentar zum BGB[14] Art 1 EuErbVO Rz 1; *Dutta* in MünchKommBGB[6] Art 1 EuErbVO Rz 36.
5 *A. Köhler* in *Kroiß/Horn/Salomon* Art 1 EuErbVO Rz 6.
6 *Coester*, IPRax 2013, 115, 120.
7 Siehe nur *Lokin*, NIPR 2013, 329.
8 Siehe nur *Franzina/Leandro*, NLCC 2013, 286.
9 *Dörner*, ZEV 2012, 507; *Dörner* in *Dutta/Herrler* 4 f; *Thorn* in *Palandt*, Bürgerliches Gesetzbuch[74] Art 1 EuErbVO Rz 8.

Rechtsnachfolge von Todes wegen gewählt.[10] Sie korrespondiert dem Grundsatz der Nachlasseinheit und differenziert nicht zwischen Aktiva und Passiva des erblasserischen Vermögens.[11] Sie differenziert weder nach der Belegenheit noch nach der Natur der Aktiva.[12]

Die **Positivliste** des Art 23 Abs 2 zeigt, was jedenfalls[13] erbrechtlich einzuordnen ist und da- **3**
her in den sachlichen Anwendungsbereich der EuErbVO fällt.[14] Prüfungstechnisch vorrangig
ist aber der Negativkatalog ausgeschlossener Materien in Art 1 Abs 2,[15] der durch den Posi-
tivkatalog nur ergänzt wird.[16] Die positive Einsteuerung in Art 1 Abs 1 Satz 1, dass die
EuErbVO auf die Rechtsnachfolge von Todes wegen anzuwenden ist, benennt eine bare
Selbstverständlichkeit und hat keinen weiterführenden Aussagegehalt.[17] Äußerstenfalls kann
man zu einem zweistufigen Prüfungsaufbau schreiten: Unter die EuErbVO fällt, was sowohl
positiv zur Rechtsnachfolge von Todes wegen gehört und deshalb von Art 1 Abs 1 Satz 1 erfasst ist als auch nicht negativ von Art 1 Abs 2 ausgeschlossen wird.[18] Der sachliche Anwendungsbereich der EuErbVO ist daher tendenziell weit,[19] wie ErwGr 9 EuErbVO unterstreicht.
Die Negativliste des Art 1 Abs 2 ist abschließend, denn im Wortlaut der Norm taucht kein
„insbesondere" auf, das – wie in Art 23 Abs 1 – auf einen bloß beispielhaften Charakter hin-
wiese.[20]

Art 1 leistet eine abschließende Regelung, was unionsrechtlich als erbrechtlich zu qualifizie- **4**
ren ist. Dies gilt nicht nur im Positiven (mit der Folge, dass Materien aus dem Katalog des
Art 1 Abs 2 nach mitgliedstaatlichen IPR doch erbrechtlich zu qualifizieren sein könnten),[21]
sondern auch im Negativen.[22]

Viele Materien, die in Art 1 Abs 2 ausgenommen werden, sind bereits Regelungsgegenstand **5**
anderer VO im europäischen IPR. Insoweit gilt es, die sachlichen Anwendungsbereiche der
betreffenden VO gegenüber der EuErbVO abzustecken und abzugrenzen.[23] Dies trifft – allen
Verzahnungen in den Sachrechten zum Trotz[24] – etwa die Unterhaltspflichten des Art 1
Abs 2 lit e, welche der EuUVO und dem HUP unterfallen, und die Schenkungen oder Versicherungsverträge auf den Todesfall aus Art 1 Abs 2 lit g EuErbVO, welche der Rom I-VO

---

10 *Biagioni* in *Franzina/Leandro* 28; *Davi/Zanobetti*, CDT 5 (2013) 17.
11 *Biagioni* in *Franzina/Leandro* 28.
12 *Franzina/Leandro*, NLCC 2013, 286.
13 Ergänzend sind die Anknüpfungsgegenstände der Art 24 ff heranzuziehen; *Dutta* in Münch-
   KommBGB[6] Art 1 EuErbVO Rz 2.
14 *Janzen*, DNotZ 2012, 486; *Dutta*, FamRZ 2013, 5; *Dutta* in MünchKommBGB[6] Art 1 EuErbVO Rz 2,
   Art 23 EuErbVO Rz 1; *Bonomi* in *Bonomi/Wautelet* Art 1 Rz 3; *Döbereiner*, MittBayNot 2013, 359.
15 Siehe nur *Godechot-Patris* D. 2012, 2464; *Franzina/Leandro*, NLCC 2013, 287; *Schwander*, AJP 2014,
   1093.
16 *Fischer-Czermak* in *Schauer/Scheuba* 49.
17 *Nourissat* in *Khairallah/Revillard* 20.
18 *Bonomi* in *Bonomi/Wautelet* Art 1 Rz 1.
19 *Bonomi* in *Bonomi/Wautelet* Art 1 Rz 4.
20 *Bonomi* in *Bonomi/Wautelet* Art 1 Rz 10.
21 So aber *Dutta* in MünchKommBGB[6] Art 1 EuErbVO Rz 8.
22 *Dörner*, ZEV 2012, 507.
23 *Dörner*, ZEV 2012, 507; *Nourissat* in *Khairallah/Revillard* 22; *Hohloch* in *Erman*[14] Art 1 EuErbVO
   Rz 1.
24 Vgl *Torfs/van Soest,* Liber amicorum Walter Pintens 1449.

unterfallen.[25] Soweit es keine unionsrechtliche Kollisionsnormen für die ausgegrenzten Gebiete gibt, hat eine europäisch-autonome Auslegung der Ausgrenzungsbegriffe in der EuErbVO die Prärogative.[26] Von schwierigen **Abgrenzungs- und Qualifikationsfragen** im Detail vermag dies natürlich nicht zu befreien,[27] zumal viele Ausgrenzungen eine lange und verwickelte Geschichte hinter sich haben.[28] Grundmaxime des Art 1 Abs 2 ist nach ErwGr 11, Zivilrechtsbereiche ausdrücklich abzuschichten, die nicht direkt die Rechtsnachfolge von Todes wegen betreffen, sondern mit Erbsachen nur zusammenhängen.[29] Solche Bereiche sind nicht erbrechtlich zu qualifizieren und würden auch dann aus Art 1 Abs 1 Satz 1 herausfallen, wenn sie nicht von einem Tatbestand der Negativliste aus Art 1 Abs 2 erfasst wären.[30]

6   Kommt es in einer verwiesenen Sachnorm darauf an, ob der Erblasser verheiratet ist oder in einer registrierten Partnerschaft lebt oder ob ein bestimmtes Verwandtschaftsverhältnis besteht, so stellt sich eine **Vorfrage**. Familien- und eherechtliche Aspekte behandelt die EuErbVO nicht, auch nicht als Vorfragen. Vielmehr grenzt sie diese Aspekte in Art 1 Abs 2 lit a EuErbVO ausdrücklich aus. Daher kommt ihre Anknüpfung über die EuErbVO nicht in Betracht. Sie können auch nicht ausnahmsweise als Teil der erbrechtlichen Hauptfrage mitverwiesen sein. Vielmehr richtet sich ihre Anknüpfung nach dem IPR des Forums.[31] Die EuErbVO macht zwar keine direkte Vorgabe für eine selbstständige oder unselbstständige Vorfragenanknüpfung.[32] Jedoch wird argumentiert, bei selbstständiger Vorfragenanknüpfung drohten unterschiedliche Ergebnisse bei der Ausstellung von Europäischen Nachlasszeugnissen in den verschiedenen Mitgliedstaaten mangels vereinheitlichten Kollisionsrechts für die Vorfragen.[33] Für eine selbstständige Vorfragenanknüpfung streitet indes die vollständige Ausgrenzung der betreffenden Aspekte, also auch wenn sie als Vorfragen auftreten, aus dem sachlichen Anwendungsbereich der EuErbVO.[34] Vorfragen nehmen nicht am Charakter der Hauptfrage teil und machen deren Regelungen nicht anwendbar, wie auch die Parallele zum Zuständigkeitsrecht unter Art 22 Nr 2 EuGVVO, Art 24 Nr 2 Brüssel Ia-VO[35] belegt.[36] Zudem führt nur die selbstständige Vorfragenanknüpfung zur einheitlichen Beurteilung eines bestimmten Status für alle betroffenen Rechtsgebiete.[37]

---

25 Für letztere s nur *C. Kohler/Pintens*, FamRZ 2009, 1531; *C. Kohler/Pintens*, FamRZ 2010, 1483; *Faber/Grünberger*, NZ 2011/25, 99; *Döbereiner*, MittBayNot 2013, 360; *A. Staudinger/Friesen*, JA 2014, 643.

26 *Dörner*, ZEV 2012, 508; *Nourissat* in *Khairallah/Revillard* 28 f; *Bonomi* in *Bonomi/Wautelet* Art 1 Rz 2.

27 *Dörner*, ZEV 201, 223; *Wilke*, RIW 2012, 602.

28 *Nourissat* in *Khairallah/Revillard* 22.

29 *Lokin*, NIPR 2013, 330.

30 *Bonomi* in *Bonomi/Wautelet* Art 1 Rz 9 f.

31 *Nordmeier*, ZEV 2012, 515; *Müller-Lukoschek*, EU-Erbverordnung § 2 Rz 57; *Bonomi* in *Bonomi/Wautelet* Art 1 Rz 17; *Döbereiner*, MittBayNot 2013, 361.

32 *St. Lorenz*, ErbR 2012, 48; *Geimer* in *Hager* 29. AA *Dutta*, IPRax 2015, 32, 36: tendenziell unselbständige Anknüpfung.

33 *Dörner*, ZEV 2012, 512.

34 *Nordmeier*, ZEV 2012, 515; *Geimer* in *Hager* 30; *Döbereiner*, MittBayNot 2013, 361.

35 Dort EuGH C-144/10 Slg 2011, I-3961, *Berliner Verkehrsbetriebe (BVG)/JP Morgan Chase NA, Frankfurt Branch*.

36 *Biagioni* in *Franzina/Leandro* 47.

37 *Hohloch* in *Erman*[14] Art 1 EuErbVO Rz 3.

II. Ausgrenzung öffentlich-rechtlicher Fragen

Die EuErbVO befasst sich nur mit zivilrechtlichen Fragen. Wichtigster ausgegrenzter Bereich **7** ist das **Erbschaftsteuerrecht**[38] einschließlich der einschlägigen Doppelbesteuerungsabkommen des jeweiligen Forummitgliedstaats[39] (vgl auch Art 75 Abs 1 Satz 1), obwohl es in vielen Fällen dominanter und beherrschender Hintergrund insb für testamentarische Gestaltungen sein kann.[40] Das nationale Steuerrecht muss selber entscheiden, ob und in welchem Umfang es Privilegierungen auch dann gewähren will, wenn die Erbfolge einem ausländischen Recht unterliegt und dessen Ausgestaltung von jener des heimischen Rechts abweicht, an der sich wiederum das Steuerrecht orientiert hat. Die europäischen Organe haben begonnen, ihr Augenmerk auch dem Erbschaftsteuerrecht zuzuwenden.[41] Sollte sich dieser Prozess fortsetzen, so könnte er auch in eine entsprechende Koordination mit der EuErbVO münden.[42] Dies liegt umso näher,[43] als das Erbschaftsteuerrecht die Kapitalverkehrsfreiheit aus Art 63 AEUV (ex Art 56 EGV) berührt,[44] wie RL 88/361/EWG[45] Anh I XI D unterstreicht. Unionsrechtlich geht es also wie bei der EuErbVO um Mobilitätshindernisse.[46]

Unter die EuErbVO dürften schon heute interne **Regressansprüche** zwischen Erben fallen, **8** soweit einzelne Erben im Außenverhältnis Erbschaftsteuer verauslagt haben.[47] Die EuErbVO hat insoweit indirekten Einfluss auf das Erbschaftsteuerrecht, als sie dem Erbstatut die Bestimmung der Erben und damit der Steuerschuldner überantwortet.[48]

Art 1 Abs 1 Satz 2 ergänzt Art 1 Abs 1 Satz 1 und stellt klar, was ziviles Erbrecht für die **9** Zwecke des europäischen IPR ist.[49] Der ausdrückliche Ausschluss verwaltungsrechtlicher Angelegenheiten[50] erklärt sich daraus, dass manche Rechtsordnungen, zuvörderst die britische, keine klare Grenze zwischen Zivilrecht und Öffentlichem Recht ziehen, ja kein eigenes Normcorpus des Öffentlichen Rechts haben.[51] Art 1 Abs 1 Satz 2 folgt den Spuren von Art 1 Abs 1 Satz 2 EuGVVO (heute Art 1 Abs 1 Satz 2 Brüssel Ia-VO); Art 1 Abs 1 Satz 2 Rom II-VO; Art 1 Abs 1 Satz 2 Rom I-VO.[52] Deshalb kann man mutatis mutandis und unter Be-

38 Siehe nur *K. W. Lange,* ZErb 2012, 162; *Torfs/van Soest,* Liber amicorum Walter Pintens (2012) 1447; *Bonomi* in *Bonomi/Wautelet* Art 1 Rz 8; *Biagioni* in *Franzina/Leandro* 29.

39 *Hohloch* in *Erman*[14] Art 1 EuErbVO Rz 2; *Dutta* in MünchKommBGB[6] Art 1 EuErbVO Rz 9.

40 *Godechot-Patris,* D. 2012, 2464.

41 Empfehlung 2011/856/EU der Kommission v 15. 12. 2011 zur Vermeidung der Doppelbesteuerung von Erbschaften, ABl L 2011/336, 81; Mitteilung der Kommission an das Europäische Parlament, den Rat und den Europäischen Wirtschafts- und Sozialausschuss: Abbau grenzüberschreitender Erbschaftssteuerhindernisse in der EU, KOM(2011) 864 endg.

42 *Revillard* 745.

43 Vgl *Nourissat* in *Khairallah/Revillard* 21.

44 EuGH C-11/07 Slg 2008, I-6845, *Hans Eckelkamp/Belgischer Staat;* C-35/08 Slg 2009, I-9807, *Grundstücksgemeinschaft Busley u. Cibrian Fernandez/Finanzamt Stuttgart-Körperschaften.*

45 RL 88/361/EWG des Rates v 24. 6. 1988 zur Durchführung von Artikel 67 des Vertrages, ABl L 1988/178, 5.

46 Siehe *Nourissat* in *Khairallah/Revillard* 21 f; vgl auch *Bonomi* in *Bonomi/Wautelet* Art 1 Rz 8.

47 *Biagioni* in *Franzina/Leandro* 29.

48 *Bonomi* in *Bonomi/Wautelet* Art 1 Rz 8.

49 *Nourissat* in *Khairallah/Revillard* 21.

50 Dazu insb *Biagioni* in *Franzina/Leandro* 30.

51 *Nourissat* in *Khairallah/Revillard* 21.

52 *Bonomi* in *Bonomi/Wautelet* Art 1 Rz 6 f.

rücksichtigung etwaiger Besonderheiten der EuErbVO die Rsp des EuGH zu Art 1 Abs 1 Satz 2 EuGVVO und Art 1 Abs 1 Satz 2 Brüssel Ia-VO[53] heranziehen.[54]

10 Ausgeschlossen sind danach alle Angelegenheiten, in denen eine Partei in Ausübung **hoheitlicher Befugnisse** handelt,[55] wenn die geltend gemachte Rechtsposition ihren Ursprung in einer genuin hoheitlichen Tätigkeit hat.[56] Gefordert ist eine negative Ab- und Ausgrenzung hoheitlichen Handelns: Die VO ist dann anwendbar, wenn nicht hoheitlich gehandelt wird.[57] Hoheitlich ist nicht bereits alles, was irgendeinen Zusammenhang mit der Ausübung hoheitlicher Befugnisse aufweist.[58] Gefordert ist vielmehr, dass die konkret anspruchsauslösende Handlung eine Wahrnehmung hoheitlicher Befugnisse darstellt.[59]

11 **Eingriffsnormen** sind im Erbrecht selten, kommen aber vor, zB bei Verbot des Testieren zugunsten der Träger oder Angestellten von Heimen, Pflegeeinrichtungen oder Krankenhäusern[60] oder bei besonderen Vorschriften für die Erbfolge nach Soldaten, Richtern oder Beamten. Sie fallen aber immer bei hoheitlichem Eingriff aus der EuErbVO. Dass ihre Rechtsfolgen zivilrechtlicher Natur sind, zieht sie aber nicht unter die Normen der EuErbVO.[61] Sie wirken exogen wegen übergeordneter staatlicher Interessen auf das erbrechtliche Rechtsverhältnis ein. Insoweit gibt es Parallelen zur Qualifikation unter Art 9 Rom I-VO, Art 16 Rom II-VO.

12 Bei öffentlich-rechtlicher Ausgestaltung unterfällt auch die **Sondernachfolge in sozialrechtliche Leistungsansprüche** nicht der EuErbVO, sondern dem Internationalen Sozialrecht des Forummitgliedstaats.[62]

III. Personenstand, Abstammung, Familienverhältnisse und gleichgestellte Verhältnisse

13 **Personenstand, Familienverhältnisse** und Verhältnisse, die nach dem auf sie anwendbaren Recht vergleichbare Wirkungen wie Familienverhältnisse entfalten, nimmt Art 1 Abs 2 lit a

---

53 Eingehend dort *Rauscher/Mankowski,* EuZPR/EuIPR, Brüssel Ia-VO; LGVÜ 2007, 2015, Art 1 Brüssel Ia-VO Rz 18–35.
54 *Dutta* in MünchKommBGB[6] Art 1 EuErbVO Rz 9; *A. Köhler* in *Kroiß/Horn/Salomon* Art 1 EuErbVO Rz 5.
55 *A. Köhler* in *Kroiß/Horn/Salomon* Art 1 EuErbVO Rz 5.
56 Siehe EuGH 814/79 Slg 1980, 3807 (3819) Rz 8, *Niederlande/Reinhard Rüffer;* C-167/00 Slg 2002, I-8111 (8137) Rz 26, *Verein für Konsumenteninformation/Karl Heinz Henkel;* C-271/00 Slg 2002, I-10489 (10519 f) Rz 30, *Gemeente Steenbergen/Luc Baten;* C-645/11, *Land Berlin/Ellen Mirjam Sapir* NJW 2013, 1661 Rz 33; C-49/12, *The Commissioners for Her Majesty's Revenue & Customs/Sunico ApS* EuZW 2013, 828 Rz 34, 39; GA *Kokott* Schlussanträge v 11. 4. 2013 in C-49/12 Nr 42, 46; Hoge Raad Ned Jur 2005 Nr 347, 2669; *Strikwerda* Ned Jur 2005 Nr 347, 2665 (2667); *Trenk-Hinterberger* EuLF 2003, 87 (89); *Vlas* Ned Jur 2005 Nr 347, 2670.
57 *Dietze,* EuZW 2013, 506; *Rauscher/Mankowski,* EuZPR/EuIPR, Brüssel Ia-VO; LGVÜ 2007, 2015, Art 1 Brüssel Ia-VO Rz 20.
58 GA in *Kokott* Schlussanträge v 11. 4. 2013 in der Rs C-49/12 Nr 46; *Rauscher/Mankowski,* EuZPR/EuIPR, Brüssel Ia-VO; LGVÜ 2007, 2015, Art 1 Brüssel Ia-VO Rz 20.
59 EuGH 29/76 Slg 1976, 1541 (1551) Rz 4, *LTU Lufttransportunternehmen GmbH & Co KG/Eurocontrol;* 814/79 Slg 1980, 3807 (3820) Rz 15, *Niederlande/Reinhard Rüffer;* C-292/05 Slg 2007, I-1519 (1555) Rz 41, *Irini Lechouritou/Bundesrepublik Deutschland;* GA *Kokott* Schlussanträge v 11. 4. 2013 in C-49/12 Nr 46.
60 *A. Köhler* in *Kroiß/Horn/Salomon* Art 23 EuErbVO Rz 25. Siehe aber auch *Wachter,* ZNotP 2014, 12.
61 So aber *A. Köhler* in *Kroiß/Horn/Salomon* Art 1 EuErbVO Rz 6, Art 23 EuErbVO Rz 25.
62 *Dutta* in MünchKommBGB[6] Art 1 EuErbVO Rz 9.

aus. Dies umfasst die Verwandtschaft mit dem Erblasser und insb die Abstammung vom Erblasser,[63] einschließlich Adoption oder Vaterschaftsanerkennung,[64] außerdem Bestand und Auflösung einer Ehe oder Partnerschaft mit dem Erblasser.[65] Die Auflösung von Ehen unterliegt der Rom III-VO, die anderen Materien dem nationalen IPR der Mitgliedstaaten.[66] Die Erweiterung nach Maßgabe des jeweiligen Statuts meint moderne Formen der familiennahen Rechtsverhältnisse wie zB nichtregistrierte Partnerschaften.[67] Qualifikation nach derlex causae ist ein Kompromiss zwischen liberalen und traditionell-konservativen Familienmodellen. Nicht zum Personenstand sollte man dagegen die Abgrenzung zwischen Leben und Tod und Todesvermutungen schlagen.[68]

Ausgenommen ist nur die **Statusfrage** als solche. Die EuErbVO regelt nicht die Statusfragen. **14** Dagegen regelt sie sehr wohl die Erbberechtigung und sonstige Nachlassbeteiligungen (zB Pflichtteils- oder Noterbrechte) als Folge eines bestimmten Status.[69] Sie befasst sich etwa mit den erbrechtlichen Konsequenzen einer „schwachen" oder „starken" Adoption,[70] je nachdem ob die Adoption nach ihrem Statut die Bande zur Ausgangsfamilie kappt oder nicht.

IV. Rechts-, Geschäfts- und Handlungsfähigkeit

Art 1 Abs 2 lit b nimmt die **Rechts-, Geschäfts- und Handlungsfähigkeit** natürlicher Perso- **15** nen aus. Dies kann man in eine Linie mit Art 1 Abs 2 lit a Var 2 Rom I-VO, Art 1 Abs 2 lit a Var 2 Brüssel I-VO, Art 1 Abs 2 lit a Var 2 Brüssel Ia-VO stellen. Indes macht Art 1 Abs 2 lit b selber zwei Rückausnahmen, die sich an anderen Stellen der EuErbVO befinden und den Besonderheiten des Erbrechts Rechnung tragen: Art 23 Abs 2 lit c schlägt die (passive) **Erbfähigkeit,** also die Fähigkeit, Erbe zu werden, dem Erbstatut zu, und Art 26 Abs 1 lit a die Testierfähigkeit dem Errichtungsstatut.[71] Schutzmaßnahmen und Vertretung von Minderjährigen regelt auch im erbrechtlichen Kontext das KSÜ, von Erwachsenen das ESÜ,[72] die über Art 75 Abs 1 Vorrang heischen.

Bei einem **Erbvertrag** ist die Testierfähigkeit nur für den letztwillig Verfügenden die maß- **16** gebliche Qualität; für eine Erbvertragspartei, die selber keine letztwillige Verfügung trifft, bleibt es vielmehr bei der allg Geschäftsfähigkeit.[73] Bei einem Erbverzichtsvertrag kommt es auf die Testierfähigkeit desjenigen an, demgegenüber verzichtet wird, nicht auf jene des Verzichtenden.[74]

Unter Art 1 Abs 2 lit b fallen die personenrechtlichen Folgen des Todes insgesamt. Dies **17** nimmt die Fragen nach einem **postmortalen Persönlichkeitsrecht** und nach dessen Wahr-

---

63 *Fischer-Czermak* in *Schauer/Scheuba* 25.
64 *Biagioni* in *Franzina/Leandro* 44; *Bonomi* in *Bonomi/Wautelet* Art 1 Rz 12; *Dutta* in Münch-KommBGB[6] Art 1 EuErbVO Rz 10.
65 *Bonomi* in *Bonomi/Wautelet* Art 1 Rz 12.
66 *Bonomi* in *Bonomi/Wautelet* Art 1 Rz 12.
67 *Bonomi* in *Bonomi/Wautelet* Art 1 Rz 14.
68 Anders wohl *Biagioni* in *Franzina/Leandro* 44 f.
69 *Dutta* in MünchKommBGB[6] Art 1 EuErbVO Rz 12.
70 *Dutta* in MünchKommBGB[6] Art 1 EuErbVO Rz 12.
71 Siehe nur *Jayme* in *Reichelt/Rechberger* 37; *Davì/Zanobetti,* CDT 5 (2013) 18; *A. Köhler* in *Kroiß/Horn/Salomon* Art 1 EuErbVO Rz 8.
72 *Bonomi* in *Bonomi/Wautelet* Art 1 Rz 22.
73 *Döbereiner,* MittBayNot 2013, 440.
74 *Döbereiner,* MittBayNot 2013, 443.

nehmung aus der EuErbVO heraus.[75] Gleiches gilt für die Totenvorsorge und die Zuordnung der Leiche als Rechtsobjekt.[76]

V. Verschollenheit, Abwesenheit und Todesvermutung

18 Nach Art 1 Abs 2 lit c behandelt die EuErbVO weder die **Verschollenheit** oder Abwesenheit einer Person noch eine Todesvermutung. Insoweit wird Art 23 Abs 2 lit a eingeschränkt, indem von den anderen Gründen, welche das Erbstatut neben dem (festgestellten) Tod des Erblassers für den Erbfall vorsehen mag, deren Voraussetzungen abgetrennt werden.[77] Die Verschollenheit auch für erbrechtliche Zwecke wird weiterhin über § 14 IPRG und in Deutschland über Art 9 dEGBGB angeknüpft, wobei ihre erbrechtlichen Folgen der EuErbVO unterfallen.[78]

19 Eine **Todesvermutung** mündet, wenn sie echte Konsequenzen haben soll, darin, dass der Betreffende für tot erklärt wird. Die Todeserklärung erwähnt Art 1 Abs 2 lit c nicht gesondert. Eine gewisse Durchbrechung des Art 1 Abs 2 lit c findet man in Art 32, nämlich eine eigene Sachnorm für Kommorientenfälle (mehrere Erblasser mit verschiedenen Erbstatuten, deren Todesreihenfolge ungewiss ist).[79] Konsequent wäre es gewesen, auch die Kommorientenvermutung gleichzeitigen Todes aus dem Anwendungsbereich der EuErbVO auszuschließen, statt partiell systemwidrig eine materielle Regel zu schaffen.[80]

VI. Güterrecht

20 Besonders intrikat ist, wie **Güterrecht** und Erbrecht voneinander zu trennen sind. Zwar wäre Parallelität beider Statuten wünschenswert, jedoch lässt sie sich nicht durch Dominanz des Erbstatuts durchsetzen.[81] Art 1 Abs 2 lit d nimmt Fragen des Güterrechts vom sachlichen Anwendungsbereich der EuErbVO aus. Das Güterrecht ist selbstständig anzuknüpfen. Dem fügt ErwGr 12 EuErbVO nichts Substantielles hinzu.[82] Zum Güterrecht gehört im Prinzip auch die Beendigung eines Güterstands durch Tod eines Ehegatten.[83] Die EuErbVO enthält keine Bestimmungen zur Koordinierung von Erb- und Güterstatut; im Gegenteil leistet sie nicht einmal einen eigenen inhaltlichen Beitrag zur Abgrenzung beider Rechtsgebiete.[84] Vielmehr muss man insoweit auf EuGüVO und EuPartVO hoffen, die vom anderen betroffenen Rechtsgebiet her ansetzen. Denn aus der Sache heraus ist eine Gesamtschau von Erb- und Güterstatut kaum zu vermeiden.[85] Dies gilt auch im IZVR.[86]

---

75 *Dutta* in *MünchKommBGB*[6] Art 1 EuErbVO Rz 13.
76 *Dutta* in *MünchKommBGB*[6] Art 1 EuErbVO Rz 13.
77 *Bonomi* in *Bonomi/Wautelet* Art 1 Rz 23.
78 Ratsdok 5811/10 ADD 7 S 1; *Müller-Lukoschek*, EU-Erbverordnung § 2 Rz 59; *Dutta* in *Münch-KommBGB*[6] Art 1 EuErbVO Rz 14.
79 *Fischer-Czermak* in *Schauer/Scheuba* 25; *A. Köhler* in *Kroiß/Horn/Salomon* Art 1 EuErbVO Rz 9; *Hohloch* in *Erman*[14] Art 1 EuErbVO Rz 5; *Dutta* in *MünchKommBGB*[6] Art 1 EuErbVO Rz 14.
80 *Blanco-Morales Limones*, Liber amicorum José Luis Iglesias Buhigues 421 f.
81 *Lagarde*, RCDIP 101 (2012) 695.
82 *Vollmer*, ZErb 2012, 229.
83 Vgl *Bonomi* in *Bonomi/Wautelet* Art 1 Rz 26.
84 *Döbereiner*, MittBayNot 2013, 359.
85 *Mansel*, FS Tuğrul Ansay'a Armağan 197 f.
86 *Dutta* in *MünchKommBGB*[6] Art 1 EuErbVO Rz 17.

Güterrecht umfasst alle vermögensrechtlichen Beziehungen, die sich unmittelbar aus der Ehe **21** oder Partnerschaft oder aus deren Auflösung ergeben,[87] also alle vermögensrechtlichen Sonderregeln, die sich daraus ergeben, dass der Erblasser vor seinem Tod verheiratet war oder in einer Partnerschaft mit eigenem Vermögensregime lebte.[88] Ob eine bestimmte Regelung güterrechtlichen Charakter hat, entscheidet der Zweck der Regelung, nicht die Art und Weise, wie dieser Zweck rechtstechnisch realisiert wird.[89]

A. Güterrecht von Verhältnissen jenseits der Ehe

Ausgegrenzt ist nicht nur das eheliche **Güterrecht,** sondern auch das Güterrecht aufgrund **22** von Verhältnissen, die nach dem auf diese Verhältnisse anzuwendenden Recht mit der Ehe vergleichbare Wirkungen entfalten. Zumindest in der dt Fassung stimmt dies wörtlich mit den entsprechenden Ausschlusstatbeständen in Art 1 Abs 2 lit c Var 2 Rom I-VO, Art 1 Abs 2 lit b Var 2 Rom II-VO sowie Art 1 Abs 2 lit a Var 6 Brüssel Ia-VO überein. Art 1 Abs 3 lit d Vorschlag EuErbVO wurde so verändert, dass er sich in diese Linie, insb mit Art 1 Abs 2 lit b Var 2 Rom I-VO, einfügt.[90] Im Blick hat man dabei registrierte **Lebensgemeinschaften** und **eingetragene Lebenspartnerschaften.**[91] Dabei gibt es keine europäische Vorgabe, ob es sich um verschieden- oder um gleichgeschlechtliche Partnerschaften handeln müsste. Gleichgeschlechtliche Partnerschaften mit eigenem Güterrecht wie die eingetragene Lebenspartnerschaft dt Rechts sind europäisch nicht aus der Ausnahme ausgegrenzt. Dies hat den zusätzlichen Vorteil, dass man sich so eine scharfe Grenzlinie zur gleichgeschlechtlichen Ehe erspart,[92] deren Güterrecht als eheliches Güterrecht einzuordnen ist. Anzuwenden ist das Statut der jeweiligen Partnerschaft. Zu dessen Anknüpfung sagt die EuErbVO nichts. Sie vollzieht sich daher nach dem IPR des Forums,[93] sobald es eine EuPartVO geben sollte, in deren Mitgliedstaaten nach dieser EuPartVO.

Entscheidend ist die güterrechtliche Komponente. Eine statusrechtliche Komponente ist vor- **23** derhand nicht gefordert. Art 1 Abs 2 lit d Var 2 ist offen und funktional formuliert. Er verlangt nicht expressis verbis, dass es sich um ein eingetragenes Verhältnis oder gar um eine eingetragene Partnerschaft handeln müsste. Dies würde bei weitem Verständnis sogar bedeuten, dass rein faktische Lebensgemeinschaften unter die Ausnahme fallen, wenn sie nach ihrem Güterrechtsstatut ein Güterrecht haben,[94] wie es für die faktische Lebensgemeinschaft etwa das slowenische Recht vorsieht.[95]

Für ein **Registrierungserfordernis** würde indes der Anschluss an eine zukünftige EuPartVO **24** sprechen, wenn diese wie der Vorschlag EuPartVO nur das Güterrecht registrierter Partnerschaften erfassen will. Ansonsten bliebe eine Lücke, die aus der EuErbVO ausgegrenzt wäre und – anders als die güterrechtliche Ausnahme im allg – nicht von einem anderen EU-Rechtsakt gefüllt würde. Auf der anderen Seite wäre eine solche Lücke nichts wirklich Unge-

---

87 *Dörner* in *Dutta/Herrler* 6 unter Hinweis EuGH 143/78 Slg 1979, I-1055, *De Cavel/De Cavel.*
88 *Dörner* in *Dutta/Herrler* 6 f.
89 *Dörner* in *Dutta/Herrler* 6 f unter Hinweis EuGH C-220/95 Slg 1997, I-1147, I-1184 Rz 21 ff, *van den Boogard/Laumen.*
90 Siehe *Nourissat* in *Khairallah/Revillard* 23.
91 *M. Bruns,* ZErb 2014, 181.
92 *Buschbaum/M. Kohler,* GPR 2010, 108.
93 *M. Bruns,* ZErb 2014, 182 f.
94 *Buschbaum/M. Kohler,* GPR 2010, 108.
95 *Buschbaum,* RNotZ 2010, 78.

wöhnliches. Art 1 Abs 2 lit a Var 5 EuGVVO klammert das eheliche Güterrecht seit jeher aus, obwohl es noch keine EuGüVO gab. Auch Art 1 Abs 2 lit c Var 1 Rom I-VO; Art 1 Abs 2 lit b Var 1 Rom II-VO haben mit einer Ausklammerung des ehelichen Güterrechts ohne lückenfüllende EuGüVO ohne weiteres leben können. Dass es auch in Art 1 Abs 2 lit c Var 2 Rom I-VO, Art 1 Abs 2 lit b Var 2 Rom II-VO an einem Registrierungserfordernis fehlt, deutet aber wieder darauf hin, dass auch in Art 1 Abs 2 lit d Var 2 keine Registrierung vorausgesetzt ist. Zur Technik, auf das für güterrechtliche Aspekte maßgebliche Statut des Verhältnisses zu verweisen, passt es besser, diesem Statut auch zu überlassen, ob es für die Zubilligung eines Güterrechts Registrierung verlangt oder nicht. Daher sollte man unter Art 1 Abs 2 lit d Var 2 dieselben Maßstäbe walten lassen wie unter Art 1 Abs 2 lit c Var 2 Rom I-VO, Art 1 Abs 2 lit b Var 2 Rom II-VO, also tendenziell eher funktional lege causae als formell abgrenzen. Die Grenzlinie verliefe dann zwischen eheähnlich und bloß schuldrechtlich.[96]

B. Qualifikation des erbrechtlichen Viertels aus § 1371 Abs 1 BGB

25 Insb das dt Recht sieht für den gesetzlichen Güterstand des Zugewinnausgleichs eine Veränderung der Erbquote vor, nämlich eine Erhöhung um das **erbrechtliche Viertel** aus § 1371 Abs 1 dBGB. Die Qualifikation des erbrechtlichen Viertels gehörte zu den Klassikern, zu den meistumstrittenen Fragen im dIPR[97] mit erheblichen Auswirkungen auf das internationale Erbgeschehen, auch aus der Sicht anderer Staaten. Eine (vorherrschende) güterrechtliche Qualifikation[98] kämpfte gegen eine erbrechtliche Qualifikation oder eine Doppelqualifikation als sowohl erb- als auch güterrechtlich.[99] Vereinzelt wird auch eine unterhaltsrechtliche Qualifikation ins Spiel gebracht.[100]

26 Art 1 Abs 2 lit d EuErbVO ist bei der Ausgrenzung güterrechtlicher Aspekte nicht bes hilfreich. ErwGr 12 Satz 2 geht noch am weitesten. Ihm zufolge sollen die mit einer Erbsache unter der EuErbVO befassten Behörden je nach den Umständen des Einzelfalls die Beendigung des ehelichen oder sonstigen Güterstands des Erblassers bei der Bestimmung des Nachlasses und der jeweiligen Anteile der Berechtigten berücksichtigen. Was Güterrecht sein soll, steht nirgendwo in der EuErbVO im Einzelnen. Die EuGüVO, die Klarheit schaffen würde, indem sie von der güterrechtlichen Seite her festschreiben würde, was güterrechtlich zu qualifizieren ist, gibt es noch nicht. Dem erbrechtlichen Viertel wendet sich bisher keine europäische Qualifikationsnorm spezifisch zu.[101] Auch Art 23 Abs 2 lit b EuErbVO, der Nachlas-

---

96 *Lagarde*, RCDIP 95 (2006) 333 f; *Leible/M. Lehmann*, RIW 2008, 530; *Francq*, Clunet 136 (2009) 44 ff.

97 Offen gelassen von BGH FamRZ 2012, 1871 = NJW-RR 2013, 201.

98 ZB BGH FamRZ 2015/23 (zust *Mankowski*); BayObLG 1975, 133 (135); OLG Karlsruhe IPRax 1990, 407 (408) = NJW 1990, 1421; OLG München ZEV 2011, 137; OLG München ZEV 2012, 591 = MittBayNot 2013, 73 *(Süß)*; OLG Schleswig ZEV 2014, 93 (95); OLG Köln ZEV 2014, 495f; OLG Frankfurt ZEV 2014, 496; LG Mosbach ZEV 1998, 489 (490); *Dörner*, ZEV 2005, 444 (445); *Dörner*, IPRax 2014, 323; *Claus-Henrik Horn*, ZEV 2008, 417 (418); *Looschelders*, FS Bernd v. Hoffmann 272 f; *Ludwig*, DNotZ 2005, 588 ff; *Ludwig*, FamRB Int 2013, 11 f; s auch BGH IPRax 2014, 343.

99 Siehe nur BGH WM 2013, 895; OLG Stuttgart ZEV 2005, 443 *(Dörner)*; OLG Düsseldorf ZEV 2009, 515; OLG Frankfurt ZEV 2010, 253 = FamRZ 2010, 767; OLG Frankfurt 20 W 74/09; OLG Köln FGPRax 2011, 302 = ZEV 2012, 205 *(K. W. Lange)*; *Birk* in MünchKommBGB⁶ Art 25 EGBGB Rz 158. Ausf Nachweise bei *Mankowski* in *Staudinger* Art 13–17b EGBGB (2011), Art 15 EGBGB Rz 431 ff.

100 *Marino*, RDIPP 2012, 1120 f.

101 Vgl *Kowalczyk*, ZfRV 2013, 128.

sansprüche des überlebenden Ehegatten dem Erbrecht zuweist, schafft keine endgültige Klarheit, sondern setzt eine anderweitig herzuleitende nicht-güterrechtliche Qualifikation voraus.[102] Die Ausgrenzung solcher Ansprüche aus dem Internationalen Ehegüterrecht, wie Art 1 Abs 3 lit d Vorschlag EuGüVO sie vorsieht, könnte im Ansatz eine solche nicht-güterrechtliche Qualifikation leisten.

In der EuErbVO findet man allein, nämlich in Art 68 lit h, dass ein erbrechtliches Viertel in **27** einem Europäischen Nachlasszeugnis informatorisch ausgewiesen werden kann, allerdings ohne an der Vermutungswirkung des Art 69 Abs 2 teilzuhaben. Für eine erbrechtliche Zuordnung im IPR bildet dies keine sichere Basis.[103]

Das Erbrecht des überlebenden Ehegatten bedürfte besonderer kollisionsrechtlicher Sorgfalt. **28** EuErbVO einerseits und Art 1 Abs 3 lit d Vorschlag EuGüVO andererseits lassen es aber insoweit an der letzten Koordination vermissen.[104] Es bleibt der Rest eines Zirkels. Denn ErwGr 11 Vorschlag EuGüVO schlägt der geplanten EuGüVO die güterrechtliche Auseinandersetzung infolge der Trennung des Paares oder des Todes eines Ehegatten zu. Art 1 Abs 3 lit d Vorschlag EuGüVO greift also sogar in der Formulierung Art 23 Abs 2 lit b auf und schließt an diesen an. Eine umfassende Ausnahme des gesamten Erbrechts des Ehegatten oder von Pflichtteilsansprüchen oder Noterbrechten als Folge einer güterrechtlichen Vereinbarung (zB der Vereinbarung einer allg Gütergemeinschaft, *communauté universelle,* mit Zuweisung des Gesamtguts an einen Ehegatten im Todesfall, *clause d'attribution de la totalité de la communauté* unter französischem Recht) enthält er gerade nicht.[105] Vielmehr deutet er in Richtung einer güterrechtlichen Qualifikation im sich fortentwickelnden EUIPR.[106]

Aus der Ausgrenzung des Güterrechts aus der EuErbVO kann man nicht automatisch auf **29** eine güterrechtliche Qualifikation gerade des § 1371 Abs 1 dBGB schließen.[107] Zu dessen Qualifikation sagt die EuErbVO vielmehr direkt nichts,[108] beansprucht aber immerhin auch nicht ausdrücklich eine erbrechtliche Qualifikation. Dies spricht dafür, die bisherigen Qualifikationsmaßstäbe jedenfalls solange fortzuführen, bis die EuGüVO von der güterrechtlichen Flanke her Klarheit schafft. Wer im dt Alt-IPR güterrechtlich qualifiziert hat,[109] kann dies also auch nach Wirksamwerden der EuErbVO fortschreiben.[110] Eine genuin europäische Lösung der klassischen Qualifikationsfrage um das erbrechtliche Viertel mit einer eindeutigen Vorgabe erfolgt nicht.[111] Dies birgt die Gefahr, dass aus der Sicht der verschiedenen Mit-

---

102 Siehe *Dutta,* FamRZ 2013, 452.
103 *Mankowski,* ZEV 2014, 126.
104 Vgl *Kowalczyk,* GPR 2012, 212; *Marino,* RDIPP 2012, 1116 f.
105 *Döbereiner,* MittBayNot 2011, 464.
106 *Müller-Lukoschek,* EU-Erbverordnung § 2 Rz 74 mit FN 41; *Mankowski,* ZEV 2014, 126.
107 *Mankowski,* ZEV 2014, 126; aber *Dörner,* ZEV 2010, 223; *C. Kohler/Pintens,* FamRZ 2010, 1483.
108 *K. W. Lange,* ZErb 2012, 161; *Vollmer,* ZErb 2012, 229.
109 Nachweise unter FN 98.
110 OLG Schleswig ZEV 2014, 95; *Dörner,* ZEV 2010, 223; *Dörner,* ZEV 2012, 507; *Schurig,* FS Ulrich Spellenberg 352; *Steinmetz/Löber/G. Alcázar,* ZEV 2010, 235 f; *Martiny,* IPRax 2011, 445; *U. Simon/Buschbaum,* NJW 2012, 2396; *Dutta,* FamRZ 2013, 9; *Dutta,* FamRZ 2013, 452; *Odersky,* notar 2013, 3 f; *Döbereiner,* MittBayNot 2013, 359; *Ludwig,* FamRB Int 2013, 11 f; vgl auch *Buschbaum/M. Kohler,* GPR 2010, 108; *Bonomi,* YbPIL 13 (2011) 219.
111 *Döbereiner,* MittBayNot 2011, 463 (464); *Bonomi,* YbPIL 13 (2011) 219.

gliedstaaten das erbrechtliche Viertel unterschiedlich qualifiziert wird,[112] zB aus französischer Perspektive erbrechtlich.[113]

30 Art 2 lit a Vorschlag EuGüVO umschreibt den ehelichen Güterstand, nach Art 1 Abs 1 Vorschlag EuGüVO den Zentralbegriff des sachlichen Anwendungsbereichs, als sämtliche vermögensrechtlichen Regelungen, die im Verhältnis der Ehegatten untereinander sowie zwischen ihnen und Dritten gelten. Dies spricht im Lichte des ErwGr 11 Vorschlag EuGüVO insb für eine kollisionsrechtliche Gleichbehandlung von güterrechtlichem und erbrechtlichem Zugewinnausgleich.[114] Der Substanz nach geht es eben um einen **Zugewinnausgleich,** also eine güterrechtliche Frage, während das Erbrecht nur das Gewand, das Mittel zum Zweck, stellt.[115]

31 Als Richtschnur zur Abgrenzung zwischen Erb- und Güterstatut kann man formulieren:[116] Regelungen, die im Ergebnis auf einen hypothetischen Willen des Erblassers rekurrieren, seinen überlebenden Ehegatten wegen des zwischen ihnen beiden bestehenden Naheverhältnisses zu bedenken und so den Ehegatten in eine Reihe mit den nahen Verwandten zu stellen, tendieren zum Erbrecht. Regelungen, die einen Ausgleich für Leistungen während der Ehe darstellen oder als Konsequenz aus einer Verschmelzung der Vermögen beider Ehegatten folgen, sind dem Güterrecht zuzuschlagen. **Güterrechtlich** zu qualifizieren ist zudem, wenn Vergünstigungen im Todesfall vom Bestehen eines bestimmten Güterstands abhängig sind.

32 Die zum alten dt IPR entwickelten Sachargumente halten einer Überprüfung unter europäischem IPR stand und sind fortzuschreiben: Erstens ändert die EuErbVO nichts am güterrechtlichen, da spezifisch auf einen Güterstand bezogenen und auf einen pauschalierten Zugewinnausgleich im Todesfall gerichteten Zweck des § 1371 Abs 1 dBGB.[117] Die EuErbVO verschiebt die Grenzen zwischen güterrechtlichem Kern und erbrechtlichem Instrument nicht. Der Kern zählt weiterhin mehr und entfaltet größere Prägekraft als das bloße Instrument. Zweitens bestehen die alternativen Instrumente für den Zugewinnausgleich aus § 1371 Abs 2, 3 und 4 dBGB unverändert fort und belegen weiterhin die Instrumentalisierung des erbrechtlichen Gewands für einen güterrechtlichen Zweck bei § 1371 Abs 1 dBGB.[118]

33 Eine **Doppelqualifikation** des § 1371 Abs 1 dBGB würde für eine Anwendung der Vorschrift weiterhin verlangen, dass dt Recht sowohl das Erbstatut als auch das Ehegüterstatut stellt[119] und damit den Anwendungsbereich des § 1371 Abs 1 dBGB massiv einengen.[120] Richtigerweise ist die Frage nach der „Vereinbarkeit" von § 1371 Abs 1 dBGB mit einem nicht-deutschen Erbstatut als Substitutionsproblem und gegebenenfalls über Anpassung zu lösen.[121] Doppelqualifikationen werden unter dem europäischen IPR-Regime indes prinzipiell schwieriger. Denn sie würden zur gleichzeitigen Anwendung zweier EU-VO führen,

---

112 Siehe *Müller-Lukoschek,* EU-Erbverordnung § 2 Rz 76.
113 *Derstadt,* IPRax 2001, 84.
114 Vgl *Martiny,* IPRax 2011, 445.
115 Ebenso OLG Schleswig ZEV 2014, 95; *Dörner,* ZEV 2012, 507.
116 *Döbereiner,* MittBayNot 2013, 359; *Mankowski,* ZEV 2014, 127.
117 Vgl *Schurig,* FS Ulrich Spellenberg 352; *Rauscher* in *Rauscher,* Einf EG-ErbVO Rz 8.
118 *Mankowski,* ZEV 2014, 127.
119 OLG Stuttgart ZEV 2005, 443 (*Dörner*); *Jeremias/Schäper,* IPRax 2005, 524.
120 *Mankowski* in Staudinger Art 15 EGBGB Rz 360; *Looschelders* 315; *Looschelders,* IPRax 2009, 509; *Looschelders,* FS Bernd v. Hoffmann 272 f.
121 OLG Schleswig ZEV 2014, 95; *Schurig* in *Soergel*[12] Art 15 EGBGB Rz 40; *A. Köhler* in *Kroiß/Horn/Salomon* Art 23 EuErbVO Rz 20.

die sich eigentlich als komplementäre Rechtsakte ohne Überschneidungsbereich verstehen. Eine Doppelqualifikation würde aber genau einen solchen Überschneidungsbereich entstehen lassen. Ihr steht deshalb die Gesamtkonzeption des europäischen IPR als eines Systems einander ergänzender Rechtsakte entgegen.[122]

Für die Praxis empfiehlt es sich, Qualifikationsprobleme um Normen wie § 1371 Abs 1 **34** dBGB dadurch abzuschneiden, dass man soweit irgend möglich dasselbe Recht als Güter- und als Erbstatut bestimmt und so Gleichlauf beider Statuten herstellt.[123]

C. Andere Problemfälle

Ein weiterer Problemfall für die Qualifikation[124] sind Regeln aus common law-Rechtsord- **35** nungen, denen zufolge eine **nachfolgende Eheschließung des Erblassers** ein vorangegangenes Testament ungültig macht.

D. Anpassung

Ergebniskonflikte zwischen Güter- und Erbstatut sind durch **Anpassung** so weit wie möglich **36** zu beseitigen. ErwGr 12 Satz 2 schafft zwar keine eigene europäischen Anpassungsmaßstäbe oder -lösungen,[125] aber besagt immerhin, dass die mit einer Erbsache befassten Behörden je nach den Umständen des Einzelfalls die Beendigung des ehelichen oder sonstigen Güterstandes des Erblassers bei der Bestimmung des Nachlasses und der jeweiligen Anteile der Berechtigten berücksichtigen sollen. Bedeutung erlangt dies insb, wenn ein Statut erbrechtliche Folgen für das Ende des Güterstands vorsieht, das andere Statut dagegen güterrechtliche Beteiligungen nach Maßgabe des Güterstands.[126] Eine Anwendung beider Lösungen nebeneinander würde zu einer ungerechtfertigten Kumulation zu Gunsten des anderen am Güterstand Beteiligten und zu Lasten der übrigen Erbberechtigten führen.[127]

VII. Unterhaltsrecht

Fragen des Unterhaltsrechts nimmt Art 1 Abs 2 lit e aus. Sie sind jedoch nicht pauschal und **37** in jeglicher Hinsicht ausgenommen. Vielmehr erfasst die EuErbVO kraft der ausdrücklichen Rückausnahme des Art 1 Abs 2 lit e Var 2 **Unterhaltspflichten,** die erst mit dem Erbfall von Todes wegen entstehen.[128] Insoweit ist die funktionelle Nähe zu finanziellen Beteiligungen am Nachlass entscheidend. Dem Erblasser können mehrere funktionell verwandte und gleichwertige Wege und Konstruktionen offenstehen, um eine finanzielle Beteiligung am Nachlass ins Werk zu setzen. **Gesetzliche Unterhaltspflichten von Todes wegen** haben oft ähnliche Schutzfunktionen zu Gunsten von Ehegatten und nahen Verwandten wie zwangsweise Nachlassbeteiligungen nach Art eines Pflichtteils, einer *réserve* oder eine *family provision*.[129] Maßgeblich für eine unterhaltsrechtliche, nicht-erbrechtliche Qualifikation ist, ob die

---

122 *Mankowski*, ZEV 2014, 127.
123 *Mankowski*, ZEV 2014, 127 f.
124 *Bonomi* in *Bonomi/Wautelet* Art 1 Rz 28.
125 *Bonomi* in *Bonomi/Wautelet* Art 1 Rz 29.
126 *Bonomi* in *Bonomi/Wautelet* Art 1 Rz 29.
127 *Bonomi* in *Bonomi/Wautelet* Art 1 Rz 29.
128 *Frodl*, ÖJZ 2012/108, 952; *Bonomi* in *Bonomi/Wautelet* Art 1 Rz 33.
129 *Bonomi* in *Bonomi/Wautelet* Art 1 Rz 33.

Unterhaltspflicht dem Erblasser bereits zu dessen Lebzeiten effektive Lasten auferlegt hat.[130] Vererbte Unterhaltspflichten zB nach Art 342 – 5 Code civil sind erfasst.[131]

38 Erbrechtlich zu qualifizieren und anzuknüpfen sind insb von Todes wegen entstehende Rechte überlebender Ehegatten (oder Partner[132]) mit Unterhaltscharakter, zB das **Vorausvermächtnis** nach § 758 ABGB, der **Dreißigste** nach § 1969 dBGB,[133] oder der bedarfsabhängige Anspruch auf Versorgungsleistungen, **family provisions,** nach englischem Recht.[134] Von der EuErbVO erfasst sind aber auch alle anderen **von Todes neu entstehenden Unterhaltsansprüche** gegen den Nachlass, sei es von überlebenden Ehegatten (zB nach § 796 ABGB) oder von Kindern des Erblassers (zB nach § 233 ABGB), wenn es sich nicht um Erblasser-, sondern um Erbgangsschulden handelt.[135]

39 Generell ist eine Abstimmung mit der EuUVO, dem HUP und deren Maßstäben für eine unterhaltsrechtliche Qualifikation anzustreben,[136] um Friktionen und Diskrepanzen zu vermeiden. Dabei sollten EuUVO und HUP als die insoweit spezielleren Rechtsakte den Vorrang haben bei der Qualifikation, was als unterhaltsrechtlich einzuordnen ist und was nicht. So vermeidet man auch am besten Lücken zwischen EuUVO/HUP einerseits und EuErbVO andererseits. Es wäre kein glückliches Ergebnis, wenn einzelne Phänomene in ein Niemandsland fielen, weil das Erbrecht sie unterhaltsrechtlich einordnete, während das Unterhaltsrecht sie nicht-unterhaltsrechtlich einordnete. Richtigerweise ist daher unterhaltsrechtlich zu qualifizieren, ob eine Unterhaltsverpflichtung eine höchstpersönliche ist, also mit dem Tode des Erblassers erlischt.[137]

VIII. Formgültigkeit mündlicher Testamente

40 Der EuErbVO unterliegt nach Art 1 Abs 2 lit f nicht die **Formgültigkeit mündlicher Testamente. Mündliche Testamente** sind in einigen Rechtsordnungen zumindest in Notsituationen erlaubt, etwa bei Soldaten im Kampfeinsatz oder an Bord eines Schiffes in Seenot; sie haben nur eine begrenzte Gültigkeitsdauer.[138] Vorausgesetzt sind idR außergewöhnliche Umstände, die ein Testieren in regulären Formen nicht mehr erlauben.[139] Zu den mündlichen Verfügungen gehören auch video- oder audioaufgezeichnete Verfügungen.[140] Die Anknüpfungslücke füllt im IPR das HTÜ, wenn der Forumstaat keinen Vorbehalt nach dessen Art 10 eingelegt hat und sofern es sich nicht um Erbverträge handelt.[141] Ihre größte Bedeutung hat die Anknüpfungslücke aber für solche Mitgliedstaaten, die entweder kein Vertragsstaat des Haager TestFormÜbk sind oder einen Vorbehalt nach Art 10 Haager TestFormÜbk eingelegt haben.[142]

---

130 *Bonomi* in *Bonomi/Wautelet* Art 1 Rz 34.
131 Zweifelnd und offen *Thorn* in *Palandt*[74] Art 1 Rz 9.
132 *Biagioni* in *Franzina/Leandro* 50.
133 *Thorn* in *Palandt*[74] Art 1 EuErbVO Rz 9; *Hohloch* in *Erman*[14] Art 1 EuErbVO Rz 7.
134 *Scheuba* in *Schauer/Scheuba* 12 mit Fn 62; *Dutta* in MünchKommBGB[6] Art 1 EuErbVO Rz 20.
135 *Fischer-Czermak* in *Schauer/Scheuba* 26.
136 *Biagioni* in *Franzina/Leandro* 49 ff.
137 *Bonomi* in *Bonomi/Wautelet* Art 1 Rz 32; *Dutta* in MünchKommBGB[6] Art 1 EuErbVO Rz 20.
138 *Bonomi* in *Bonomi/Wautelet* Art 1 Rz 36; *Wysocka,* NIPR 2012, 571.
139 *Bonomi* in *Bonomi/Wautelet* Art 1 Rz 36.
140 *Dutta* in MünchKommBGB[6] Art 1 EuErbVO Rz 21.
141 *Dutta* in MünchKommBGB[6] Art 1 EuErbVO Rz 21.
142 *A. Köhler* in *Kroiß/Horn/Salomon* Art 1 EuErbVO Rz 13.

IX. Rechtsgeschäfte unter Lebenden

A. Verträge zugunsten Dritter auf den Todesfall

Rechtsgeschäfte unter Lebenden schlägt Art 1 Abs 2 lit g EuErbVO grundsätzlich nicht dem **41** Erbstatut zu, sondern geht – in gezielter Abgrenzung von EuErbVO und Rom I-VO[143] – von einer vertragsrechtlichen Qualifikation aus. Dies trifft alle Verträge auf den Todesfall,[144] also einschlägige **Lebensversicherungsverträge,**[145] **Sparverträge, Kontenverträge** und **Depotverträge.** Für sie greift die Rom I-VO.[146]

Dies gilt jedenfalls für das **Deckungsverhältnis** zwischen Erblasser und Versprechendem **42** zum einen[147] und das **Leistungsverhältnis** zwischen Versprechendem und Drittem. Aus der EuErbVO ausgeschlossen ist aber auch das **Valutaverhältnis** zwischen Erblasser und Begünstigtem.[148] Dafür spricht zum einen der Wortlaut des Art 1 Abs 2 lit g EuErbVO: Dieser enthält keine Einschränkung, dass Versicherungsverträge zu Gunsten Dritter auf den Todesfall nur ausgenommen seien mit Blick auf das Rechtsverhältnis zwischen Erblasser und Versicherer.[149] Außerdem schloss Art 1 Abs 2 lit d HErbÜ als legislatives Vorbild Verträge zu Gunsten Dritter auf den Todesfall umfassend aus.[150] Positiv könnte man das Valutaverhältnis an das Statut des Deckungsverhältnisses anknüpfen.[151] Verträge zu Gunsten Dritter auf den Todesfall sind ein denkbares Mittel, um durch nicht-erbrechtliche Gestaltung Pflichtteilsrechte am Erbrecht vorbei zu vermindern.[152] Die Ausklammerung von Lebensversicherungsverträgen aus der EuErbVO lässt allerdings die Frage im Raum, ob diese nicht doch pflichtteilsrechtliche Relevanz im Rahmen von Anrechnungen gewinnen könnten.[153]

B. Schenkungen

Schenkungen zu Lebzeiten sind aus der EuErbVO ausgenommen[154] und unterliegen der **43** Rom I-VO.[155] Dies gilt auch für **unbenannte Zuwendungen unter Ehegatten** oder Lebenspartnern, die kollisionsrechtlich als Schenkungen zu behandeln sind.[156] *Avantages matrimoniaux* sind ebenfalls von Art 1 Abs 2 lit g EuErbVO erfasst (wenn auch wegen Art 1 Abs 2

---

143 *Biagioni* in *Franzina/Leandro* 36 f.
144 Für eine differenzierte Behandlung der weiteren Beziehungen *Vollmer,* ZErb 2012, 227 229 unter Hinweis auf *Birk* in MünchKommBGB[6] Art 25 EGBGB Rz 158: Deckungsverhältnis nach Schuldvertragsstatut, Valutaverhältnis je nach der Natur des Verhältnisses zwischen Erblasser und Begünstigtem schuldvertrags- oder erbrechtlich.
145 *U. Simon/Buschbaum,* NJW 2012, 2394.
146 *Dörner,* ZErb 2012, 508; *Limones,* Liber amicorum José Luis Iglesias Buhigues 426; *Nordmeier,* ZEV 2013, 122; *Bonomi* in *Bonomi/Wautelet* Art 1 Rz 59; *Godechot-Patris,* D. 2012, 2464.
147 *Döbereiner,* MittBayNot 2013, 439.
148 *Nordmeier,* ZEV 2013, 122; aA *Vollmer,* ZErb 2012, 229; vgl auch *Döbereiner,* MittBayNot 2013, 439.
149 *Nordmeier,* ZEV 2013, 122.
150 *Nordmeier,* ZEV 2013, 122.
151 *Nordmeier,* ZEV 2013, 123; vgl aber auch *Henrich,* ZEV 2011, 487.
152 *Everts,* ZEV 2013, 127 unter Hinweis auf *Leitzen,* RNotZ 2009, 129.
153 *Volmer,* RPfleger 2013, 427.
154 *Vollmer,* ZErb 2012, 229; *Bonomi* in *Bonomi/Wautelet* Art 1 Rz 46; *Biagioni* in *Franzina/Leandro* 38; vgl aber auch *Lokin* 200.
155 *Dutta,* FamRZ 2013, 5; *Martiny* in *Prütting/Wegen/Weinreich*[9] Art 26 EGBGB Anh I Rz 19; *Müller-Lukoschek,* EU-Erbverordnung § 2 Rz 48, 82; *Dutta* in MünchKommBGB[6] Art 1 EuErbVO Rz 22.
156 *Dutta,* FamRZ 2013, 5.

lit b Var 1 Rom I-VO nicht von der Rom I-VO), soweit sie auf Vereinbarungen, nicht auf Gesetz beruhen,[157] und jedenfalls, soweit sie von einem gesetzlichen Halbteilungsgrundsatz für das Gesamtgut abweichen.[158] Dabei ist zu beachten, dass Ausgleichung oder Anrechnung nach Art 23 Abs 2 lit I dem Erbstatut verbleiben.[159] Dies trifft etwa Pflichtteilsergänzungsansprüche oder die Reduktion von Schenkungen.[160]

44 Weniger eindeutig ist die Einordnung von **Schenkungen auf den Todesfall.**[161] Zum einen könnte man auf den Vertragsabschluss inter vivos abstellen. Wenn man richtigerweise auch unentgeltliche Verträge und damit vorrangig Schenkungen unter die Rom I-VO fallen lässt, würde dies auch für Schenkungen auf den Todesfall gelten. Indes haben diese Schenkungen die Besonderheit, dass sie keinen Vermögensabfluss bewirken, welcher den Schenkenden zu dessen Lebzeiten betreffen und belasten würde, sofern sie nicht vor dem Tod des Erblassers vollzogen werden. Vielmehr würde dann ein Vermögensabfluss erst nach dem Todesfall erfolgen und den Nachlass bzw die Erben treffen. Die erst postmortale Vermögensverteilung spricht für eine erbrechtliche Qualifikation.[162] Abgrenzungskriterium zur Schenkung unter Lebenden wäre der Vollzug noch zu Lebzeiten des Erblassers.[163] Das Europäische Parlament wollte dies ausdrücklich klarstellen,[164] konnte sich aber damit nicht durchsetzen.[165] Ist Vollzugs- bzw Erwerbszeitpunkt der Todesfall, so ist dieser auch für einen unter eine Bedingung gestellten Erwerb maßgeblich, nicht der etwaige spätere Zeitpunkt des Bedingungseintritts.[166] Jedenfalls sollte man hier keine Einordnung als Erbvertrag vornehmen,[167] auch wenn der Definition des Erbvertrages in Art 3 lit b EuErbVO eine gewisse Weite nicht abzusprechen ist.

45 ErwGr 14 bietet zusätzlich ein gewisses Argumentationspotenzial. Ihm zufolge soll bei unentgeltlichen Zuwendungen unter Lebenden mit dinglicher Wirkung vor dem Tod eine Ausgleichung oder Anrechnung unter dem Erbstatut stattfinden können. Dies könnte einen Schluss nahe legen, dass die eigentliche Schenkung eine Verfügung von Todes wegen ist.[168]

46 Eine erbrechtliche Heimstatt für Schenkungen unter Lebenden auf den Todesfall könnte insb die weite Definition des Erbvertrages in Art 3 Abs 1 lit b EuErbVO anbieten.[169] Dies gilt jedenfalls für sog *donations-partage,* wie sie jene Rechtsordnungen kennen,[170] welche hergebrachte Erbverträge kategorisch ablehnen, denn solche *donations-partage* sind funktionell

---

157 Vgl *Bonomi,* YbPIL 13 (2011) 219 f; *Bonomi* in *Bonomi/Wautelet* Art 1 Rz 47; s zur Qualifikation vor der EuErbVO *Henrich,* FS Helmut Schippel 905; *van Boxstael* 487.

158 Vgl *Döbereiner,* MittBayNot 2013, 439.

159 *Vollmer,* ZErb 2012, 229; *Hohloch* in *Erman*[14] Art 1 EuErbVO Rz 9.

160 *Biagioni* in *Franzina/Leandro* 38.

161 Rechtsvergleichend zum Begriffsinhalt *Bonomi* in *Bonomi/Wautelet* Art 1 Rz 51.

162 *Dörner,* ZEV 2012, 508; *U. Simon/Buschbaum,* NJW 2012, 2394; *Vollmer,* ZErb 2012, 229; *Everts,* ZEV 2013, 127; *Martiny* in *Prütting/Wegen/Weinreich*[9] Art 26 EGBGB Anh I Rz 19; *Döbereiner,* MittBayNot 2013, 439.

163 *Müller-Lukoschek,* EU-Erbverordnung § 2 Rz 87.

164 Berichtsentwurf *Lechner* 19.

165 *Dutta* in MünchKommBGB[6] Art 1 EuErbVO Rz 22.

166 *Nordmeier,* ZEV 2013, 117 (121); *Hohloch* in *Erman*[14] Art 1 EuErbVO Rz 9.

167 Dahin aber *Biagioni* in *Franzina/Leandro* 38.

168 *Dörner,* ZEV 2012, 508; *Fischer-Czermak* in *Schauer/Scheuba* 27.

169 *Dörner,* ZEV 2012, 508; *Vollmer,* ZErb 2012, 229; *Dutta,* FamRZ 2013, 5; *Nordmeier,* ZEV 2013, 121; *Everts,* ZEV 2013, 127; *Bonomi* in *Bonomi/Wautelet* Art 1 Rz 53.

170 Art 2029 Código Civil in Portugal; außerdem das belgische und das französische Recht.

Erbvertragsersatz und damit versteckte konsentierte Verfügungen von Todes wegen.[171] Gleichermaßen Erbvertragsersatz sind dort *donations au dernier vivant*.[172]

Bereits zu Lebzeiten vollzogene Schenkungen von Todes wegen bewirken einen bereits leb- **47**
zeitigen Vermögensabfluss und verlieren dadurch ihren erbrechtlichen Charakter, so dass die
EuErbVO auf sie nicht mehrzur Anwendung kommt,[173] allerdings vorbehaltlich etwaiger
Ausgleichspflichten unter Art 23 Abs 2 lit i.[174] Keine Option kann sein, wegen Art 1 Abs 2
lit c Var 2 Rom I-VO die Rom I-VO nicht auf nicht vollzogene Schenkungen unter Lebenden auf den Todesfall anzuwenden und so in einem Niemandsland zwischen EuErbVO und
Rom I-VO beim nationalen IPR zu landen.[175]

C. Weitere ausdrückliche genannte Rechtsgeschäfte

Rentenpläne, Pensionspläne und **betriebliche Hinterbliebenenversorgungen** sind ebenfalls **48**
aus dem sachlichen Anwendungsbereich der EuErbVO auszunehmen.[176] Das Gleiche gilt für
gesetzliche Zuwendungen auf den Todesfall unter Ehegatten (mortis causa capiones), die zu
den Ehewirkungen zu zählen sind.[177]

Zu den von Art 1 Abs 2 lit g EuErbVO ausgenommenen Gestaltungen gehört auch die **joint** **49**
tenancy, Miteigentum mit Anwachsungsberechtigung des Überlebenden,[178] (genauer: *joint
tenancy with right of survivorship*), da nicht nur schuldrechtliche Geschäfte erfasst sind, sondern gleichermaßen dingliche Rechte. Das maßgebliche Charakteristikum: Der Erwerb vollzieht sich außerhalb der Rechtsnachfolge von Todes wegen.[179] Der *joint tenancy* funktions-
äquivalente Geschäfte schuldrechtlicher Natur, zB vereinbart beim Erwerb eines Gutes, sind
ebenfalls erfasst.[180] Erfasst ist auch **proprietary estoppel**.[181] Dagegen sind **Sondererbfolgen**
zB für landwirtschaftliche Betriebe (in Deutschland nach der dHöfeO) von der EuErbVO erfasst, weil Art 30 sonst sinnlos wäre.[182]

Dass viele der in Art 1 Abs 2 lit g EuErbVO aufgeführten Gestaltungen in einigen common **50**
law-Rechtsordnungen als sog *will substitutes*[183] angesehen werden, verschlägt nicht.[184]

---

171 *Bonomi* in *Bonomi/Wautelet* Art 1 Rz 54.
172 *Bonomi* in *Bonomi/Wautelet* Art 1 Rz 55.
173 *Nordmeier*, ZEV 2013, 117 (121).
174 *Dutta* in MünchKommBGB[6] Art 1 EuErbVO Rz 23.
175 *Nordmeier*, ZEV 2013, 122.
176 *Knut Werner Lange*, ZErb 2012, 161; *Lagarde*, RCDIP 101 (2012) 695; *Godechot-Patris*, D. 2012,
      2464; *Torfs/van Soest*, Liber amicorum Walter Pintens 1449.
177 *Limones*, Liber amicorum José Luis Iglesias Buhigues 422.
178 *Nordmeier*, ZEV 2013, 121; *Martiny* in *Prütting/Wegen/Weinreich*[9] Art 26 EGBGB Anh I Rz 18.
179 *Jülicher*, ZEV 2001, 469; *Müller-Lukoschek*, EU-Erbverordnung § 2 Rz 84; *Dutta* in Münch-
      KommBGB[6] Art 1 EuErbVO Rz 24.
180 *Bonomi* in *Bonomi/Wautelet* Art 1 Rz 56.
181 Ratsdok Nr 5811/10 ADD 10 S 3; *Dutta* in MünchKommBGB[6] Art 1 EuErbVO Rz 24.
182 *Dutta* in MünchKommBGB[6] Art 1 EuErbVO Rz 24.
183 Gem der Definition in § 7 (1) (a) Restatement Third on Property, Wills and Other Donative Trans-
      fers (2003); s auch *Langbein*, 97 Harv. L. Rev 1108 (1984); *McCouch*, 58 Brooklyn LRev 1123
      (1992).
184 Vgl *Bonomi* in *Bonomi/Wautelet* Art 1 Rz 41.

D. Offene Liste in Art 1 Abs 2 lit g EuErbVO

51 Die Liste des Art 1 Abs 2 lit g EuErbVO ist nicht abschließend, wie der offene und öffnende Verweis auf „ähnliche Vereinbarungen" an ihrem Ende zeigt.[185] Zu den ähnlichen Vereinbarungen könnten zählen:[186] nicht ausdrücklich genannte Rechtsgeschäfte auf den Todesfall; *carnet d'épargne;* **Sparverträge** auf den Namen eines Dritten mit Klausel der Auszahlung nach dem Todesfall (zB einer Klausel **payable on death**); Geschäftsführung für einen Dritten; **postmortale Aufträge.**

E. Rechtsgeschäfte zur Abwicklung der Erbschaft

52 Rechtsgeschäfte unter Lebenden und von Art 1 Abs 2 lit g EuErbVO erfasst sind auch alle lebzeitigen Geschäfte zur Abwicklung der Erbschaft, zB die Übereignung des vermachten Gegenstands an einen Damnationslegatar durch den Erben und die Auseinandersetzung einer Erbengemeinschaft.[187] **Erbauseinandersetzungsverträge** zwischen Erben sollte man dagegen wegen ihrer zentralen Bedeutung bei der Nachlassabwicklung erbrechtlich qualifizieren, obwohl die Erben sie inter vivos abschließen.[188]

F. Vorweggenommene Erbfolge

53 Die **vorweggenommene Erbfolge,** insb in Unternehmen, geschieht zu Lebzeiten des zukünftigen Erblassers durch Rechtsgeschäfte unter Lebenden. Sie fällt für die Zwecke der EuErbVO unter die Rechtsgeschäfte unter Lebenden.[189] Hierher sollte man auch den italienischen *patto di famiglia* einordnen, der sich der Unternehmensübergabe unter Lebenden widmet.[190]

G. Testierverträge

54 Rechtsgeschäfte unter Lebenden sind schließlich die **Testierverträge** des angloamerikanischen Rechtskreises.[191] In ihnen verpflichtet sich mit einem **contract to make a will** der zukünftige Erblasser, festgelegte Verfügungen von Todes wegen zu erlassen. Da der Erblasser keine Verfügungen bezüglich des Nachlasses trifft, sondern sich nur verpflichtet, sind sie keine Erbverträge iSv Art 3 Abs 1 lit b EuErbVO.[192] Erst recht nicht von der EuErbVO erfasst ist der negative Testiervertrag, mit dem sich der Erblasser verpflichtet, keine testamentarischen Verfügungen oder zumindest bestimmte Verfügungen von Todes wegen nicht zu treffen.[193]

---

185 *Bonomi* in *Bonomi/Wautelet* Art 1 Rz 40.
186 *Bonomi* in *Bonomi/Wautelet* Art 1 Rz 60.
187 *J. P. Schmidt,* RabelsZ 77 (2013) 15 f.
188 *Biagioni* in *Franzina/Leandro* 39 f.
189 *Davì/Zanobetti,* CDT 5 (2013) 18 f; *Wachter,* ZNotP 2014, 11.
190 Siehe *Dörner/Ferrante,* ZEV 2008, 57 f. Für eine erbrechtliche Qualifikation dagegen *Kindler,* FamRZ 2007, 960; *Castelli/Molinari,* ZErb 2007, 372 f; *Martiny/Freitag* in *Prütting/Wegen/Weinreich*[9] Art 25 EGBGB Rz 29.
191 *Nordmeier,* ZEV 2013, 123; *Thorn* in *Palandt*[74] Art 1 Rz 11; für eine erbrechtliche Qualifikation dagegen *Dörner* in *Staudinger* Art 25 EGBGB Rz 404; *Birk* in MünchKommBGB[6] Art 26 EGBGB Rz 152; *S. Lorenz* in *Bamberger/Roth*[2] Art 25 EGBGB Rz 42; *Martiny/Freitag* in *Prütting/Wegen/Weinreich*[9] Art 25 EGBGB Rz 28.
192 *Nordmeier,* ZEV 2013, 123.
193 *Nordmeier,* ZEV 2013, 124.

H. Anpassung

Allerdings heißt der Ausschluss aus dem sachlichen Anwendungsbereich der EuErbVO **55** nicht, dass alle erfassten Zuwendungen auf den Todesfall im Rahmen von Anwendungs- und Anrechnungsregeln des Erbstatuts nicht zu berücksichtigen wären. Vielmehr gilt inso- weit Art 23 Abs 2 lit i. Zwingende Schutzbestimmungen des Erbstatuts heischen Vorrang.[194]

Darin liegt erhebliche Brisanz. Denn Rechtsgeschäfte zu Lebzeiten sind die typischen Instru- **56** mente für eine vorweggenommene Erbfolge, die Übertragung der Vermögenswerte auf den Bedachten bereits zu Lebzeiten.[195] Durch Ausgleichung und Anrechnung gerät die vorwegge- nommene Erbfolge in den Sog der „normalen", erbrechtlich instrumentierten Erbfolge.[196] Be- rater können sich gezwungen sehen, zukünftige Aufenthalts- und damit Erbstatutswechsel des Erblassers auch bei lebzeitigen Rechtsgeschäften mitzubedenken, um letztere wechselfest zu machen.[197]

X. Gesellschaftsrecht

Art 1 Abs 2 lit h grenzt Fragen des **Gesellschaftsrechts** aus, ohne dass sich insb gegenüber **57** der dt Altrechtslage für die Abgrenzung zwischen Gesellschafts- und Erbrecht[198] substantiell etwas ändern würde.[199] Sachlich erfasst sind alle Gesellschaftsformen, gleich ob sie persona- listisch oder kapitalistisch strukturiert sind. Erfasst sind Gesellschaften mit eigener Rechts- persönlichkeit ebenso wie solche ohne.[200] Zu den Gesellschaften im traditionellen Sinne tre- ten **Vereine** und **Stiftungen,**[201] einschließlich vom Erblasser zu seinen Lebzeiten errichteter Stiftungen.[202] Ob die jeweilige Organisationsgestalt rechtsfähig ist oder nicht, spielt für Art 1 Abs 2 lit h grundsätzlich keine Rolle.[203] Im dt Recht fallen in den Ausnahmebereich AG, GmbH, KGaA, PartG, PartGmbB, SE, EWIV, KG, OHG, e.V., e.G., nicht rechtsfähiger Ver- ein, Außen-GbR und rechtsfähige Stiftung sowie die Vorgesellschaften zu den eingetragenen Gesellschaften.[204] Keine Gesellschaften sind Einzelunternehmen, e.K., Innen-GbR und Bruch- teilsgemeinschaft.[205] Juristische Personen und **Zusammenschlüsse des öffentlichen Rechts** sind analog Art 1 Abs 1 2 ausgegrenzt.[206] **Von Todes wegen errichtete Stiftungen** erwerben das ihnen gewidmete Vermögen als Erben oder Vermächtnisnehmer; dieser Erbgang unter- fällt dem Erbstatut,[207] während Errichtung, Kautelen und Organe der Stiftung sich nach dem Stiftungsstatut richten.

Das Gesellschaftsstatut bestimmt nach Art 1 Abs 2 lit h, ob und wenn ja, welche Regeln es **58** für das Schicksal der Anteile verstorbener Gesellschafter kennt. Es gibt maß für Klauseln im

---

194 *Bonomi* in *Bonomi/Wautelet* Art 1 Rz 44.
195 *Volmer,* RPfleger 2013, 424.
196 *Volmer,* RPfleger 2013, 424.
197 *Volmer,* RPfleger 2013, 424.
198 Dazu zB *Haverkamp* 47 ff; *Dutta,* RabelsZ 73 (2009) 727.
199 *Müller-Lukoschek,* EU-Erbverordnung § 2 Rz 93.
200 *Wautelet* in *Bonomi/Wautelet* Art 1 Rz 65.
201 *Leitzen,* ZEV 2012, 520.
202 Vgl *Faber/Grünberger,* NZ 2011/25, 99.
203 Vgl *Leitzen,* ZEV 2012, 520.
204 *Leitzen,* ZEV 2012, 520.
205 *Leitzen,* ZEV 2012, 520.
206 Im Ergebnis übereinstimmend *Leitzen,* ZEV 2012, 520.
207 *Faber/Grünberger,* NZ 2011/25, 99 f.

Errichtungsakt oder in der Satzung der Gesellschaft, welche das Schicksal der Anteile verstorbener Gesellschafter regeln. Dies meint die **Vererblichkeit der Gesellschafterstellung**
als solche, die **Vererbung von Anteilen** an Personengesellschaften mit ihren planenden vertraglichen Vorläufen in Gestalt von **Nachfolge-, Fortsetzungs-, und Eintrittsklauseln** samt
etwaigen Ausscheidensregelungen und Vorkaufs- oder Einziehungsrechten[208] sowie die gesellschaftsrechtlichen Bindungen der Erbenbei Eintritt in die Gesellschafterposition des
Erblassers[209] einschließlich etwaiger Anteilsvinkulierungen.[210] Fortsetzungs-, Eintritts- und
Nachfolgeklauseln, sei es auch unter Zustimmungsvorbehalt,[211] samt den mit ihnen zusammenhängenden pflichtteilsmindernden Gestaltungen wie Abfindungsausschlüssen oder Ein-
bringungsstrategien sind gesellschaftsrechtlich zu qualifizieren.[212] Für den Vorrang des Gesellschaftsstatuts wird auch die primärrechtliche Niederlassungsfreiheit ins Feld geführt.[213]
Dem sekundieren einzelne Regelungen im Europäischen Gesellschaftsrecht, die zeigen, dass
sachrechtlich ein Primat des Gesellschaftsrechts zu reklamieren ist,[214] und die kollisionsrechtlich nicht ignoriert werden dürfen.[215] Jedenfalls geht die Ausgrenzung nicht so weit,
dass kollisionsrechtlich eine gesellschaftsrechtliche Sonderrechtsnachfolge festgeschrieben
wäre.[216]

59 Das Gesellschaftsstatut entscheidet auch darüber:[217] welche Folgen der Tod eines Gesellschafters für den **Bestand der Gesellschaft** hat[218] (insb ob er die **Auflösung der Gesellschaft** kraft
Gesellschaftsvertrags oder von Gesetzes wegen zur Folge hat[219] oder einen Wechsel der Ge-
sellschaftsform),[220] wie Art 1 Abs 2 lit i klarstellt, einschließlich von Gesetzesrecht abweichender Vereinbarungen im Gesellschaftsvertrag[221] und etwaiger Auflösungsrechte der Erben[222]; ob mehrere Erben quotal als Einzelgesellschafter oder gemeinsam als Erbengemeinschaft Gesellschafter werden;[223] ob allein durch den Erbgang Geschäftsanteilsbruchteile entstehen, wenn das Erbstatut den Erben dingliche Bruchteilsberechtigungen an den einzelnen
Nachlassgegenständen zusprechen will;[224] ob Nutzungsrechte, zB ein Nießbrauch, an Gesell-

---

208 *Dörner*, ZEV 2012, 508; *Leitzen*, ZEV 2012, 520 f; *Döbereiner*, MittBayNot 2013, 360; *v Oertzen*,
    IPRax 1994, 75; *Wautelet* in *Bonomi/Wautelet* Art 1 Rz 67.
209 *Wautelet* in *Bonomi/Wautelet* Art 1 Rz 68.
210 *Wautelet* in *Bonomi/Wautelet* Art 1 Rz 69.
211 *Wautelet* in *Bonomi/Wautelet* Art 1 Rz 67.
212 *Dörner*, ZEV 2012, 508; *Everts*, ZEV 2013, 127; *Grziwotz*, FF 2014, 488.
213 Ratsdok Nr 5811/10 ADD 5 S 4; *Dutta*, RabelsZ 73 (2009) 734 f; *Schurig*, FS Ulrich Spellenberg 351;
    Dörner, ZEV 2012, 508; *Dutta* in MünchKommBGB[6] Art 1 EuErbVO Rz 27.
214 Art 28 Abs 2 VO (EWG) 2137/85 des Rates v 27. 5. 1985 über die Schaffung einer Europäischen
    Wirtschaftlichen Interessenvereinigung (EWIV), ABl L 1985/199, 1; Anh I Vorschlag der Kommis-
    sion v 25. 6. 2008 für eine Verordnung des Rates über das Statut der Europäischen Privatgesell-
    schaft, KOM(2008) 396 endg.
215 *Dutta* in MünchKommBGB[6] Art 1 EuErbVO Rz 27.
216 *Hohloch* in *Erman*[14] Art 1 EuErbVO Rz 10.
217 *Leitzen*, ZEV 2012, 521.
218 Siehe nur *Dutta* in MünchKommBGB[6] Art 1 EuErbVO Rz 26.
219 *Wautelet* in *Bonomi/Wautelet* Art 1 Rz 72, 74.
220 *Wautelet* in *Bonomi/Wautelet* Art 1 Rz 76.
221 *Wautelet* in *Bonomi/Wautelet* Art 1 Rz 75.
222 *Wautelet* in *Bonomi/Wautelet* Art 1 Rz 77.
223 *v. Oertzen*, IPRax 1994, 75; vgl auch *Wautelet* in *Bonomi/Wautelet* Art 1 Rz 70.
224 *Leitzen*, ZEV 2012, 523.

schaftsanteilen begründet werden können; ob und, wenn ja, mit welchen Rechten, Testamentsvollstreckung, Nachlassverwaltung oä an Gesellschaftsanteilen möglich ist.[225]

Was nach dem Gesellschaftsstatut vererblich ist, wird in der Folge indes nach dem Erbstatut **60** verteilt; dies trifft va die Vererbung von Kapitalgesellschaftsanteilen, zB Aktien.[226] Das Erbstatut entscheidet auch über den **Wert von Gesellschaftsanteilen,** etwa für Ausgleichungszwecke.[227] Eine Faustformel, dass Regelungswidersprüche zwischen Erb- und Gesellschaftsstatut im Zweifel zu Gunsten des Gesellschaftsstatuts aufzulösen wären,[228] ginge zu weit und wäre mit dem Anwendungsvorrang der EuErbVO als EU-VO vor dem bisher nicht mit gleichem Rang kodifizierten Internationalen Gesellschaftsrecht nicht zu vereinbaren.[229]

Dase Gesellschaftsstatut entscheidet über die **Gesellschafterhaftung.** Ist Gesellschafter ein **61** Erbe nach einem ursprünglichen Gesellschafter, so legt das Erbstatut fest, welche Beschränkungsmöglichkeiten für Nachlassverbindlichkeiten aus Gesellschafterhaftung bestehen.[230]

Die Ausgrenzung des Gesellschaftsrechts aus der EuErbVO ist rechtstechnisch richtig. Ein **62** spezifisch auf Erbrecht zugeschnittener Rechtsakt kann nicht anders als das Gesellschaftsrecht auszugrenzen. Indes gerät damit ein übergreifender Zusammenhang etwas aus dem Blick: Das Erbrecht ist nicht der einzige Transfermechanismus für die generationenübergreifende Weitergabe von Vermögen; vielmehr stehen erbrechtliche Gestaltungen in Konkurrenz zu gesellschafts-, trust- oder stiftungsrechtlichen Gestaltungen, derer sich der Erblasser für einen Transfer bedienen kann.[231] Solche Konstruktionen nicht erbrechtlicher Art erlauben dem Erblasser oft in weitaus höherem Maße als das Erbrecht, über seinen Tod hinaus seinen Willen zu perpetuieren und regieren zu lassen, namentlich qua trust settlement act oder Stiftungsurkunde. Das lebzeitige Einbringen des erblasserischen Vermögens in eine Gesellschaft, einen Trust oder eine Stiftung entzieht das eingebrachte Vermögen dem Nachlass und insb den Pflichtteilsberechtigten.[232] Das Pflichtteilsergänzungsrecht als Ausgleich lebzeitiger Zuwendungen an Dritte kann dem sachlich wie generationell nur begrenzt abhelfen.[233]

XI. Trusts

Errichtung, Funktionsweise und Auflösung eines Trusts scheint Art 1 Abs 2 lit j pauschal **63** und ohne Einschränkungen aus der EuErbVO herauszunehmen, aus Rücksicht auf die Divergenz der Sachrechtsordnungen.[234] Indes schießt hier der Wortlaut über das eigentlich verfolgte Ziel hinaus. Die Formulierung ist zu weit geraten. Sie steht in massivem Konflikt zu ErwGr 13.[235] Was wirklich gemeint ist, erschließt sich vielmehr aus ErwGr 13. Dessen Satz 2 betont ausdrücklich, dass die Ausnahme für Errichtung, Funktionsweise und Auflösung eines

---

225 Beispiel bei *Leitzen,* ZEV 2012, 522 f.
226 *Dörner,* ZEV 2012, 508.
227 *Wautelet* in *Bonomi/Wautelet* Art 1 Rz 71.
228 *Schurig,* IPRax 2011, 448.
229 *Leitzen,* ZEV 2012, 521.
230 *Leitzen,* ZEV 2012, 524; *A. Köhler* in *Kroiß/Horn/Salomon* Art 23 EuErbVO Rz 24; unter dt Alt-IPR *Witthöft* 135 f.
231 *Dutta* in *Reichelt/Rechberger* 69 f; umfassend *Dutta,* Warum Erbrecht? (2013).
232 Zum Konflikt zwischen Pflichtteilsrecht und zB der Unternehmerstiftung FL OGH LES 2013, 30; *Bösch,* Privatstiftung (2013) 55; *Bösch,* LJZ 2014, 15; *Böckle,* LJZ 2013, 141; OGH EFSlg 130.996.
233 *Dutta* in *Reichelt/Rechberger* 70.
234 *Davi/Zanobetti,* CDT 5 (2013) 20.
235 *J. P. Schmidt,* RabelsZ 77 (2013) 17 FN 88.

Trusts nicht als genereller Ausschluss von **Trusts** verstanden werden sollte. Vielmehr sind nur die nicht erbrechtlichen Elemente ausgegrenzt.[236] Dies betrifft insb Trusts als Gestaltungsmöglichkeit für Erblasser.[237] Es hat erhebliche praktische Bedeutung, denn Trusts begegnen häufig als Planungs- und Gestaltungsinstrument insb vermögender Erblasser.[238] Gemeint sind aber erbrechtsnahe Trusts schlechthin, nicht nur durch Verfügung des Erblassers errichtete, sondern auch von Gesetzes wegen entstehende *statutory trusts,* zB nach sec 46 (1) (i) Administration of Estates Act (1925) zugunsten überlebender Ehegatten.[239] Für Rechtsordnungen, welche den Trust als Institut nicht kennen, bleibt es bei einer Anpassungsproblematik und gilt es, Strukturen und Begriffe des Trusts von Todes wegen in ihr erbrechtliches System zu übersetzen.[240]

64 Für Definition bzw Umschreibung des vielgesichtigen Instituts Trust ist eine Anlehnung an Art 2 Haager TrustÜbk anzuraten.[241] Wünschenswert ist auch ein möglichst weitgehender Gleichlauf mit Art 5 Nr 6 Brüssel I-VO, Art 5 Nr 6 Brüssel Ia-VO.[242] Allerdings ist zu beachten, dass diese Vorschriften Einengungen auf rechtsgeschäftliche Trusts enthalten. Eine besondere Rolle können **resulting trusts** und **constructive trusts** spielen.[243]

65 ErwGr 13 Satz 3 EuErbVO stellt klar:[244] Wird ein Trust testamentarisch oder kraft Gesetzes im Rahmen der gesetzlichen Erbfolge errichtet, so sollte im Hinblick auf den Übergang der Vermögenswerte und die Bestimmung der Berechtigten das nach der EuErbVO ermittelte Erbstatut gelten.[245] Soweit Trusts die Funktion der Vor- und Nacherbfolge übernehmen und als Dauertestamentsvollstreckung oder Dauernachlassverwaltung dienen,[246] sind sie Gegenstand der EuErbVO. **Testamentary trusts** sind weiterhin[247] erbrechtlich zu qualifizieren.[248] Im Prinzip ist diese Abgrenzungslinie kompatibel mit dem Haager TrustÜbk von 1985.[249] *Testamentary trusts* unterfallen der EuErbVO, living trusts oder inter vivos trusts dagegen nicht.[250] Die EuErbVO dürfte auch bei Vermögensübergang mittels *pour-over will* und *trust* jedenfalls hinsichtlich der *administration* im *probate*-Verfahren Anwendung finden.[251]

66 Erbrechtlich zu qualifizieren sind alle Fragen der **Auslegung** einer testamentarischen Verfügung, mit welcher ein Trust errichtet wird.[252] Auf die trustrechtliche Seite fallen dagegen auf den Todesfall widerrufliche Trusts, allen Ähnlichkeiten mit einer testamentarischen Verfü-

---

236 *A. Köhler* in *Kroiß/Horn/Salomon* Art 1 EuErbVO Rz 17.
237 *Vollmer,* ZErb 2012, 229.
238 *Bonomi* in *Bonomi/Wautelet* Art 1 Rz 79.
239 *Dutta* in MünchKommBGB[6] Art 1 EuErbVO Rz 29.
240 *Müller-Lukoschek,* EU-Erbverordnung § 2 Rz 96.
241 *Bonomi* in *Bonomi/Wautelet* Art 1 Rz 82.
242 *Bonomi* in *Bonomi/Wautelet* Art 1 Rz 82.
243 *Bonomi* in *Bonomi/Wautelet* Art 1 Rz 83.
244 Zum Zusammenspiel und zur Abgrenzung von Trust- und Erbstatut vor der EuErbVO *Godechot,* L'articulation du trust et du droit de successions (2004).
245 *Biagioni* in *Franzina/Leandro* 43.
246 *Schurig,* FS Ulrich Spellenberg 351.
247 Siehe *Dörner* in *Staudinger* Art 25 EGBGB Rz 427; *Richters,* ZEV 2012, 577.
248 Vgl *Döbereiner,* MittBayNot 2013, 361; *Biagioni* in *Franzina/Leandro* 43 f.
249 *Biagioni* in *Franzina/Leandro* 43.
250 *J.-H. Frank/Leithold,* ZEV 2014, 463.
251 *J.-H. Frank/Leithold,* ZEV 2014, 463.
252 *Bonomi* in *Bonomi/Wautelet* Art 1 Rz 85.

gung zum Trotz.[253] Man kann insoweit eine Wertungsparallele zum Ausschluss von Rechtsgeschäften zu Gunsten Dritter auf den Todesfall durch Art 1 Abs 2 lit g EuErbVO sehen.

Trusts darf man rechtspolitisch nicht akzeptieren, soweit sie als Instrument für Vermögensverschiebung und Benachteiligung der Erben eingesetzt zu werden drohen; insoweit müssen sich Drittansprüche der Erben gegen die Inkorporation in einer willigen Rechtsordnung durchsetzen, da ansonsten die nachteiligste Rechtsordnung und die interessengesteuerte Sicht von deren Vermögensverwaltungsindustrie übergroße Marktgeltung erlangen würde.[254] Insoweit mag der Blick auch auf die Wertung des Art 15 Abs 1 lit c Haager TrustÜbk fallen:[255] Zwingende Regeln der lex fori über Pflichtteile sind dort zu Lasten des Truststatuts vorbehalten. Dies hat etwa zur Folge, dass an einen Trust benachteiligend verfügte Werte für Zuschnitt und Berechnung der Pflichtteile dem Nachlass wieder hinzuzurechnen sind[256] und dass der Trust gegebenenfalls sogar zu reduzieren ist.[257] **67**

Sorgen des Vereinigten Königreichs, dass Trustkonstruktionen des englischen Rechts durch Pflichtteilsergänzungsrechte kontinentaleuropäischer Erbrechte gefährdet werden könnten, insb weil der Zuwendungsempfänger zum Zeitpunkt der Zuwendung das Erbstatut noch nicht mit letzter Sicherheit bestimmen und deshalb einplanen kann,[258] haben sich nicht in einem kompletten Ausschluss von Trusts niedergeschlagen. **68**

Ebenso wenig wurden Überlegungen aufgegriffen, eine eigene Regel für testamentarische Trusts aufzunehmen, sei es auch nur, wenn das Aufenthaltsrecht oder das Heimatrecht des Erblassers den Trust (richtigerweise: von Todes wegen oder auf den Todesfall) als Rechtsinstitut kennt.[259] **69**

XII. Sachenrecht

A. Grundsätzliches

Die Abgrenzung zwischen dem Erbstatut als Gesamtstatut und dem Statut einzelner Nachlassgegenstände als dem Einzelstatut ist schwierig. Die EuErbVO widmet sich ihr an verschiedenen Stellen, ohne dass dabei immer ein dahinter stehendes System oder Prinzip erkennbar würde.[260] Das Sachenrecht ist eine primärrechtlich in Art 345 AEUV den Mitgliedstaaten vorbehaltene Zone.[261] Die **Abgrenzung zum Sachenrecht** war für etliche Mitgliedstaaten eine sensible Zone: zum einen für Mitgliedstaaten, die in ihrem Alt-IPR eine Nachlassspaltung und die Anknüpfung der Erbfolge in Mobilien an die lex rei sitae vorsahen; zum anderen für Deutschland, dessen nationales IPR bei dinglichen Übertragungsakten einen Vorbehalt zu Gunsten der lex rei sitae vorsah, wesentlich um das dt Grundbuchsystem zu schützen.[262] Wie Erb- und Sachstatut gegeneinander abzugrenzen seien, war umstritten[263] **70**

---

253 *Bonomi* in *Bonomi/Wautelet* Art 1 Rz 94 f.
254 *Breitschmid*, ZEV 2013, 548 f.
255 Vgl *Bonomi* in *Bonomi/Wautelet* Art 1 Rz 98.
256 *Bonomi* in *Bonomi/Wautelet* Art 1 Rz 99.
257 *Bonomi* in *Bonomi/Wautelet* Art 1 Rz 100 – 102 sowie Cass RCDIP 85 (1996) 692; *Godechot* 338 f.
258 *Dutta* in *Reichelt/Rechberger* 58.
259 Siehe dafür *Mansel*, FS Tuğrul Ansay'a Armağan 221.
260 *Dörner*, ZEV 2012, 509; *Ludwig*, ZEV 2013, 152.
261 Näher *Akkermans/Ramaekers*, (2010) 16 Eur LJ 292.
262 *Buschbaum* 594.
263 *Janzen*, DNotZ 2012, 485; *Döbereiner*, MittBayNot 2013, 360.

und wurde Gegenstand eines politischen Kompromisses.[264] Dieser erfolgte in großer Eile und hat zur misslichen Folge, dass nicht alle Normen mit der eigentlich nötigen Sorgfalt und Präzision formuliert sind.[265] Eine Parallele zum prinzipiellen Ausschluss des Gesellschaftsrechts in Art 1 Abs 2 lit h gibt es für das Sachenrecht nicht.[266] In manchen Einzelheiten mag die Abgrenzung unklar, künstlich oder gar gekünstelt erscheinen.[267]

71 Über die Art dinglicher Rechte entscheidet nach Art 1 Abs 2 lit k das Sachstatut, also über Zulässigkeit, **numerus clausus,**[268] **Publizität,**[269] Zuschnitt und Charakter,[270] Entstehen, Inhalt,[271] Schutz, Erlöschen und Transfer einzelner Sachenrechte.[272] Die Beschränkung auf die Art dinglicher Rechte führt vorderhand zu dem Schluss, dass dingliche Rechte damit nicht schlechthin aus der EuErbVO ausgegrenzt sein sollten.[273] Richtigerweise sollte man indes auch die Frage, ob und wann überhaupt Dinglichkeit besteht, grundsätzlich dem Sachstatut unterstellen. Das Sachstatut regelt auch das **formelle und materielle Grundbuchrecht,**[274] darüber hinaus ausweislich Art 1 Abs 2 lit l Voraussetzungen und Wirkungen einer Registereintragung von Rechten an beweglichen oder unbeweglichen Sachen.[275] Nur die Wirkungen, aber nicht den Inhalt über Art 1 Abs 2 lit k auszunehmen[276] würde eine allenfalls schwer nachvollziehbare Abgrenzungslinie mit erheblichen Problemen ziehen. Wirkungen und Inhalt stehen miteinander in Wechselwirkung, und gemeinhin manifestiert sich der Inhalt gerade in seinen Wirkungen.

72 Generell sollte man Art 1 Abs 2 lit k EuErbVO im Lichte des Art 31 wie des ErwGr 15 EuErbVO und wegen des anzustrebenden *effet utile* eher eng auffassen und genuin erbrechtliche Vorgänge nicht sachenrechtlich qualifizieren.[277] Den Übergang der zum Nachlass gehörenden Vermögenswerte, Rechte und Pflichten reklamiert Art 23 Abs 2 lit e EuErbVO für das Erbstatut. Das ist gerechtfertigt, weil darin das kollisionsrechtliche Grundanliegen der EuErbVO zum Ausdruck kommt: ein einheitliches Erbstatut, hier nicht amputiert um den Übergang der Nachlassgegenstände.[278] Von Art 1 Abs 2 lit k EuErbVO erfasst ist jedenfalls ein numerus clausus der Arten dinglicher Rechte, nicht zwingend aber ein numerus clausus der Erwerbsmodi.[279]

---

264 Europäischer Rat der Justiz- und Innenminister, Dok 11067/11 Rz 1–8 (Juni 2011).

265 *Döbereiner,* MittBayNot 2013, 360.

266 *Buschbaum/M. Kohler,* GPR 2010, 109.

267 *Biagioni* in *Franzina/Leandro* 41.

268 ErwGr 15 Satz 2; *Janzen,* DNotZ 2012, 487; *Fischer-Czermak* in *Schauer/Scheuba* 27; *Döbereiner,* MittBayNot 2013, 360; *Dobereiner,* GPR 2014, 42. Skeptisch *Laukemann,* FS Schütze 335–338.

269 *Biagioni* in *Franzina/Leandro* 41.

270 *Wautelet* in *Bonomi/Wautelet* Art 1 Rz 114.

271 Insoweit aA *A. Köhler* in *Kroiß/Horn/Salomon* Art 1 EuErbVO Rz 20.

272 *Dörner,* ZEV 2012, 509; *Wautelet* in *Bonomi/Wautelet* Art 1 Rz 107.

273 *Remde,* RNotZ 2012, 81; *Dörner,* ZEV 2012, 509; *Hertel,* ZEV 2013, 540.

274 *L. Kunz,* GPR 2013, 293.

275 *Dörner,* ZEV 2012, 509.

276 Dafür *A. Köhler* in *Kroiß/Horn/Salomon* Art 1 EuErbVO Rz 20 f mit durchaus beachtlichen Argumenten.

277 *J. P. Schmidt,* RabelsZ 77 (2013) 16; *A. Köhler* in *Kroiß/Horn/Salomon* Art 1 EuErbVO Rz 19.

278 *v. Erp,* EPLJ 2012, 189; *Lechner,* IPRax 2013, 499; *Dutta* in MünchKommBGB⁶ Art 1 EuErbVO Rz 32.

279 *Geimer* in *Reichelt/Rechberger* 21.

Vielmehr ist ein Erwerb kraft Erbrechts ein erbrechtlicher Erwerb jenseits genuin sachen- **73** rechtlicher Erwerbsmodi und unterfällt daher der EuErbVO.[280] Dies folgt schon daraus, dass das Sachenrecht keine Bestimmung erbrechtlicher Erwerber, also der Erben und sonstiger dinglich Berechtigter, vornehmen kann, weil ihm dafür die Regeln fehlen.[281] Zum Erbrecht ist im Ausgangspunkt auch ein erbrechtlicher modus acquirendi zu schlagen.[282] Die Erwerbs- modalitäten sind erbrechtlich einzuordnen.[283]

B. Anpassung nach Art 31

Art 31 sieht bei einem spezifischen Konflikt zwischen Erb- und Sachstatut eine **Anpassung** **74** vor. Wenn jemand ein dingliches Recht geltend macht, das ihm nach dem Erbstatut zusteht, und die Rechtsordnung des Mitgliedstaats, in welchem das subjektive Recht geltend gemacht wird, ein dingliches Recht dieses Typs nicht kennt, so ist dieses subjektive Recht soweit wie erforderlich und möglich an das in der Rechtsordnung des betreffenden Mitgliedstaats am ehesten vergleichbare subjektive Recht anzupassen; dabei sind die mit dem jenem subjekti- vem Recht verfolgten Ziele und Interessen ebenso zu berücksichtigen wie die mit ihm ver- bundenen Wirkungen.

Die Anpassung hat sich also im Rahmen des Sachrechts jenes Staates zu vollziehen, in wel- **75** chem das subjektive Recht (noch besser: die subjektive Berechtigung) geltend gemacht wird. Seine Rechtsinstitute setzen die Eckpunkte. Es bestimmt darüber, welche dinglichen Rechte es gibt und welche nicht. Das Erbrecht respektiert einen numerus clausus im Sachenrecht.[284] Auf der anderen Seite muss sich das Sachstatut öffnen. Es darf nicht darauf beharren, dass nur das berechtige, was genau so sei, wie in seinem eigenen Katalog subjektiver dinglicher Rechte vorgesehen. Die komplizierte Anpassungsregel ist notwendige Konsequenz daraus, dass die EuErbVO ausweislich ihres Art 1 Abs 2 lit k nicht in den numerus clausus der sub- jektiven Sachenrechte nach der lex rei sitae eingreifen will.[285] In der Praxis und im Detail ist sie nicht leicht zu handhaben.[286]

Entscheidend ist die Gleichwertigkeit und Funktionsäquivalenz der Institute unter dem Erb- **76** statut und unter dem Sachstatut.[287] In das Sachstatut ist so viel wie irgend möglich von dem hinüberzuretten, was das Erbstatut will. Trotzdem entscheidet das Sachstatut über den Um- fang der Nichtanerkennung des ausländischen Rechtsinstituts.[288]

Für die Anpassung mag es der beste Weg sein, eine dingliche Verfügung als Konstruktion **77** einzuschieben.[289] Die Alternativen sind weniger überzeugend. Sie liefen entweder auf Fremd- rechtsanwendung durch das Nachlassgericht im Aufenthaltsstaat des Erblassers oder auf um- fangreiche und aufwändige Arbeit eines etwaigen Grundbuchamts im Geltungsbereich der lex rei sitae hinaus.[290] Theoretisch vorstellbar wären auch Wege über Ergänzungserbscheine

---

280 *Wautelet* in *Bonomi/Wautelet* Art 1 Rz 110.
281 *Wautelet* in *Bonomi/Wautelet* Art 1 Rz 110.
282 *Wautelet* in *Bonomi/Wautelet* Art 1 Rz 111.
283 *A. Köhler* in *Kroiß/Horn/Salomon* Art 1 EuErbVO Rz 19.
284 *Lokin,* NIPR 2013, 335.
285 *K. W. Lange,* ZErb 2012, 161.
286 *Biagioni* in *Franzina/Leandro* 42.
287 *Franzina/Leandro,* NLCC 2013, 327.
288 *Davì/Zanobetti,* CDT 5 (2013) 19.
289 *Volmer,* RPfleger 2013, 427.
290 *Volmer,* RPfleger 2013, 427.

oder Zusatzzertifikate.[291] Sie müssten sich jedoch nach ihrer Vereinbarkeit mit dem Zuständigkeitssystem der EuErbVO fragen lassen.[292]

C. Vindikationslegate

78 Eine klassische Qualifikationsfrage besteht im Bereich der Vermächtnisse: Vermächtnisse können als **Damnationslegate** rein schuldrechtlich oder als **Vindikationslegate** dinglich ausgestaltet sein. Viele Rechtsordnungen kennen das Vindikationslegat in ihrem Sachrecht, zB das polnische Recht,[293] viele andere kennen es in ihrem Sachrecht nicht, zB das dt Recht. Das IPR muss die Qualifikationsfrage beantworten und eine angemessene Zuweisung an Erb- oder Sachstatut vornehmen.[294]

79 Welches Recht darüber bestimmt, ob ein Legat dinglich ausgestaltet ist oder nicht, ist in der EuErbVO nicht ausdrücklich besagt.[295] Die Prärogative sollte aber, da Legate Institute des Erbrechts sind, das Erbstatut haben. Indes billigt ErwGr 47 dem Sachstatut eine Art eingeschränktes Vetorecht zu: Wenn das Erbstatut ein dingliches Vindikationslegat zuspricht und dem Sachstatut dieses Recht unbekannt ist, bekommt nicht etwa die Gestaltung des Erbstatuts Vorrang, sondern ist der Normwiderspruch durch Anpassung nach Art 31 aufzulösen. Dies macht die Anwendung von Erb- und Sachstatut fließender.[296] Allerdings gilt es die Hürde zu überwinden, dass bei einem ernst genommenen Vindikationslegat das Eigentum an dem vermachten Gegenstand mit dem Tode des Erblassers auf den Vindikationslegatar überginge und das dingliche Recht Eigentum keiner mitgliedstaatlichen Rechtsordnung unbekannt ist, womit eine Voraussetzung des Art 31 nicht gegeben wäre.[297]

80 Ansatzstelle für eine Korrektur dürfte der Begriff „Übergang der Vermögenswerte" in Art 23 Abs 2 lit e EuErbVO sein, dahingehend, dass darunter nur zu verstehen ist, welche Rechte an Einzelsachen beim Tod des Erblassers prinzipiell in der Person eines Berechtigten in einer bestimmten Ausprägung zur Entstehung gelangen können.[298] Wer was erwirbt, regelt das Erbstatut, wie er es erwirbt, dagegen das Sachstatut.[299]

81 Argumente für eine erbrechtliche Qualifikation von Vindikationslegaten werden aus Art 30 EuErbVO e contrario und wiederum aus Art 23 Abs 2 lit e EuErbVO ins Feld geführt:[300] Art 30 lasse einen Regelvorrang des Erbstatuts erkennen, während dem Sachstatut nur eine

---

291 *Dörner*, ZEV 2012, 509.

292 *Volmer*, RPfleger 2013, 427.

293 Dazu *Zakrzewski* in *v. Bar/Wudarski* 699 und 725 ff; *Margonski*, ZErb 2012, 97; *Osajda*, ZEuP 2012, 484.

294 Siehe unter altem dIPR nur *v. Venrooy*, ZVglRWiss 85 (1986) 205; *Nishitani*, IPRax 1998, 74; *Kegel*, Liber amicorum Ignaz Seidl-Hohenveldern 339; *Süß*, RabelsZ 65 (2001) 245.

295 Unter Art 25 EGBGB wurden ausländische Vindikationslegate nicht anerkannt und zu bloßen Damnationslegaten herabgestuft; BGH NJW 1995, 58 = ZEV 1995, 298; BayObLGZ 1995, 366; OLG Hamm NJW 1954, 1731 (1733); OLG Köln NJW 1983, 525; KG ZEV 2013, 561 (562); *Birk*, ZEV 1995, 284 f; *Dörner*, IPRax 1996, 26 f; *Nishitani*, IPRax 1998, 77; *H. Stoll*, IPRax 2000, 260; *Wachter* in *Flick/Piltz* 140; *Remde*, RNotZ 2012, 81; *Buschbaum*, GS Ulrich Hübner 595 f; *Müller-Lukoschek*, EU-Erbverordnung § 2 Rz 100 – 103; mit anderer Begründung *Gröschler*, JZ 1996, 1030; *Süß*, RabelsZ 65 (2001) 245.

296 *Lagarde*, RCDIP 101 (2012) 716.

297 *Dörner*, ZEV 2012, 509.

298 *Dörner*, ZEV 2012, 509.

299 *Geimer* in *Reichelt/Rechberger* 23.

300 *J. P. Schmidt*, RabelsZ 77 (2013) 15.

residuale Widerstandsfunktion verbleibe. Art 23 Abs 2 lit e EuErbVO verliere den wesentlichen Teil seiner Bedeutung, wenn man ihn im Lichte von Art 1 Abs 2 lit l EuErbVO nur auf nicht registrierte Rechte anwenden würde.[301] Ergänzend wird auf die Genese der Regelungen verwiesen und auf ErwGr 42.[302]

Wenn und soweit aus der Sicht des Forums ein Vermächtnisnehmer eine unmittelbare dingliche Berechtigung an Nachlassgegenständen erwirbt, ist ein solcher erbrechtlicher Übergang nach Art 23 Abs 2 lit e EuErbVO vom Erbstatut erfasst; an diesen Übergang anschließende rechtsgeschäftliche Übertragungen inter vivos sind davon aber nicht erfasst.[303] **82**

Die EuErbVO hat sich im Ergebnis nach dem Vorbild von Wertungen aus dem dedtutschen Alt-IPR für einen Vorbehalt der lex rei sitae bei dinglichen Rechten als systematischen Grundansatz entschieden.[304] Das Sachstatut genießt letztlich Vorrang, weil ihm das größere Allgemeininteresse zukommt.[305] Dass Art 31 eine sekundäre Rangzuweisung an das Erbstatut umfasst, besagt nichts gegen die Anerkennung der dinglichen Prägung durch das Sachstatut.[306] Für einen Vorrang des Sachstatuts streitet auch, dass die begrenzte Einzelermächtigung für IPR und IZVR der EU keine Kompetenz, auch keine Annexkompetenz, zur Veränderung des materiellen Sachenrechts gibt.[307] **83**

Der Ausschluss von Registertatbeständen nach Art 1 Abs 2 lit l EuErbVO verhindert eine Anordnung der EuErbVO, dass aus einer forumfremden Rechtsordnung herrührende dingliche Rechte wie zB Vindikationslegate in Register eines Mitgliedstaats eingetragen werden müssten, der solche Rechte nicht kennt.[308] Dies hat überragende Bedeutung für Vindikationslegate an dt Grundstücken: Diese müssen nicht kraft EuErbVO in das dt Grundbuch (ein Register!) eingetragen werden.[309] Denn anderenfalls wäre es überflüssig und ohne eigenen Gehalt gewesen, Art 1 Abs 2 lit l EuErbVO erstmals nach dem Vorschlag EuErbVO einzuführen.[310] Der Ausschluss nach Art 1 Abs 2 lit l EuErbVO erfasst nicht nur die Registereintragung an sich, sondern auch deren Voraussetzungen.[311] Zudem vermeidet man so Folgeprobleme mit Blick auf § 47 dGBO, etwa bei gemeinschaftlichen Berechtigungen.[312] **84**

Außerdem kann sich die Abgrenzung zwischen Damnations- und Vindikationslegat schwierig gestalten, insb wenn das anzuwendende Recht zwar keinen Übertragungsakt, aber Besitzeinweisung oder Übergabe des Gegenstands verlangt, wie es Art 1014 Abs 2 Code civil tut.[313] **85**

---

301 *Dutta*, FamRZ 2013, 12; *J. P. Schmidt*, RabelsZ 77 (2013) 15.
302 *F. Gärtner* 98 f.
303 *Buschbaum*, GS Ulrich Hübner 596.
304 *Buschbaum*, GS Ulrich Hübner 596; *Wilsch*, ZEV 2012, 531; vgl aber *Geimer* in *Reichelt/Rechberger* 22 zum Vorschlag EuErbVO.
305 *Hohloch* in *Erman*[14] Art 1 EuErbVO Rz 13.
306 *Hohloch* in *Erman*[14] Art 1 EuErbVO Rz 13.
307 *Hohloch* in *Erman*[14] Art 23 EuErbVO Rz 6.
308 *Buschbaum*, GS Ulrich Hübner 596. AA *Dutta*, IPRax 2015, 32, 34.
309 *Remde*, RNotZ 2012, 81; *U. Simon/Buschbaum*, NJW 2012, 2393 f; *Wilsch*, ZEV 2012, 530 f; *Hertel*, DNotZ 2012, 690; *Odersky*, notar 2013, 4; *Volmer*, RPfleger 2013, 426; *Döbereiner*, MittBayNot 2013, 361; *Dörner*, ZEV 2012, 508; *C. Kohler/Pintens*, FamRZ 2012, 1427.
310 *Döbereiner*, MittBayNot 2013, 361; *Döbereiner*, GPR 2014, 43.
311 *Döbereiner*, MittBayNot 2013, 361; *Döbereiner*, GPR 2014, 43.
312 *Döbereiner*, GPR 2014, 44.
313 *Döbereiner*, GPR 2014, 43.

Verschaffungsvermächtnisse, bei denen der Beschwerte den zugedachten Gegenstand erst besorgen muss, sind eine weitere Problemzone.[314]

86 Das **Europäische Nachlasszeugnis** enthält nach Art 68 lit m, Art 63 Abs 2 lit b EuErbVO Angaben über Nachlassgegenstände, die einem bestimmten Vermächtnisnehmer mit unmittelbarer Berechtigung am Nachlass zustehen.[315] Vermächtnisnehmer mit dinglicher Beteiligung am Nachlass können ausweislich Art 63 Abs 1 das Europäische Nachlasszeugnis verwenden. Ob jemand Vindikationslegatar ist, bestimmt sich indes als eine Vorfrage nach dem Erbstatut.[316] Wer nach dem Erbstatut nur Damnationslegatar ist, kann ein Europäisches Nachlasszeugnis nicht verwenden.[317] Art 41 Abs 2 lit i Vorschlag EuErbVO sah noch eine radikalere Lösung vor, nämlich im Ergebnis bei Immobilien Grundbuchumschreibung allein aufgrund des Europäischen Nachlasszeugnisses ohne weiteres dingliches Vollzugsgeschäft.[318] Davon ist die verbindliche gewordene Gesetzesfassung wieder abgerückt.[319]

D. Dinglich wirkende Teilungsanordnungen

87 Dinglich wirkende **Teilungsanordnungen** werfen ein ähnliches Qualifikationsproblem auf wie Vindikationslegate. Es ist im gleichen Sinn wie bei Vindikationslegaten und parallel den gleichen Wertungen zu entscheiden.[320]

E. Immaterialgüterrechte

88 Auch **Immaterialgüterrechte** gehören zu den dinglichen Rechten iSv Art 1 Abs 2 lit k. Bei ihnen vollzieht sich die Abgrenzung nicht gegenüber Sachstatut und lex rei sitae, sondern gegenüber Rechtsstatut und Territorialitätsprinzip. Vererbbarkeit und Auswirkungen des Todes des Rechtsinhabers auf Bestand oder Inhalt eines Immaterialgüterrechts richten sich nach dem jeweiligen Immaterialgüterrechtsstatut.[321] Das Immaterialgüterrechtsstatut genießt auch Vorrang, soweit es besondere Regelungen für eine Rechtsnachfolge von Todes wegen trifft (wie zB in Art 23 Legge sul diritto d'autore e di altri connessi al suo esercizio) oder vom allg Erbrecht abweichende Sonderregeln (zB § 28 Abs 2 Satz 2 dUrhG für die Länge der Testamentsvollstreckung).[322]

XIII. Registereintragungen

89 Art 1 Abs 2 lit l EuErbVO formuliert eine Ausnahme vom Erbstatut für jede Eintragung von Rechten an beweglichen oder unbeweglichen Vermögensgegenständen in einem Register, einschließlich der gesetzlichen Voraussetzungen für eine solche Eintragung, sowie die Wirkungen der Eintragung oder der fehlenden Eintragung solcher Rechte in einem Register. Registerrecht bleibt Domäne des registerführenden Staates. Insoweit wird der Gemengelage und der wechselseitigen Durchdringung von materiellem Recht und Verfahrensrecht bei Registereintragungen Rechnung getragen. Dies gilt insb für die Registrierung und Eintragung von

---

314 *Döbereiner,* GPR 2014, 43.
315 *Buschbaum,* GS Ulrich Hübner 595.
316 *Rudolf,* NZ 2013/103, 239.
317 *Schauer* in *Schauer/Scheuba* 82; *Rudolf,* NZ 2013/103, 239.
318 *Dörner,* ZEV 2010, 228; *Buschbaum/M. Kohler,* GPR 2010, 162; *Remde,* RNotZ 2012, 81.
319 *Wilsch,* ZEV 2012, 531.
320 Siehe *Müller-Lukoschek,* EU-Erbverordnung § 2 Rz 104 f.
321 *Dutta* in MünchKommBGB[6] Art 1 EuErbVO Rz 34.
322 *Dutta* in MünchKommBGB[6] Art 1 EuErbVO Rz 34.

Rechten an Immobilien in **Grundbücher,**[323] Landregister oder sonstige Immobiliarregister. Daneben sind **Register für immaterielle Schutzrechte, Register für Finanzinstrumente** oder **Gesellschaftsregister** zu beachten,[324] außerdem **Handelsregister.**[325]

Diese auf den ersten Blick unscheinbar und technisch wirkende Ausnahme hat große Bedeu- **90** tung, wenn sie der Sache nach einen Vorbehalt der lex rei sitae und des Sachenrechts durchsetzt.[326] Ganz genau gesehen erfolgt der Vorbehalt zu Gunsten der lex auctoris vel auctoritatis, des Rechts des registerführenden Staates (weniger der lex loci registrationis);[327] dieses fällt aber bei Immobiliarsachenrechten mit der lex rei sitae zusammen.[328] Im Vorschlag EuErbVO war er noch nicht enthalten.[329] Die zum Vorschlag EuErbVO geäußerte Befürchtung, die Grundbücher würden sich mit ausländischen Begriffen füllen,[330] ist weitgehend ausgeräumt. Außerdem ist eine Parallele zu Art 22 Nr 3 Brüssel I-VO, 24 Nr 3 Brüssel Ia-VO hergestellt.[331]

Ist die Eintragung nach dem Recht des registerführenden Staates konstitutiv für den Über- **91** gang des einzutragenden subjektiven Rechts, so wird jener Übergang erst nach Eintragung wirksam, selbst wenn das Erbstatut einen Übergang außerhalb des Registers vorsehen würde.[332] Das Registerstatut entscheidet, ob eine Eintragung konstitutiv oder nur deklaratorisch ist.[333]

Die ErwGr 18 und 19 sollen die dem Normtext zugrundeliegende Überlegungen und das **92** verfolgte Konzept im Ansatz deutlicher machen. Schon die Länge der Ausführungen indiziert, dass hier ein Schwerpunkt der Beratungen und ein besonderer Knackpunkt lagen. Problematisch ist, dass sich darin häufig Bezüge auf Mitgliedstaaten finden, nicht auf Staaten allgemein. Damit wird die Generallinie verlassen, allseitige Kollisionsnormen von „universeller Anwendung" (Art 20) aufzustellen. Zudem treten Friktionen selbst mit Art 30 auf, denn auch dieser ist allseitig ausgestaltet. Noch eine Stufe höher besteht ein weiteres Problem darin, dass in Erwägungsgründen, also außerhalb des allein verbindlichen normativen Teils der VO, scheinbar Kollisionsnormen formuliert werden. Dies ist in der Sache fragwürdig und geht außerdem an der beschränkten Zielsetzung vorbei, eine Ausnahme zum sachlichen Anwendungsbereich näher zu erläutern. Wie die im Ausnahmebereich geltenden Kollisionsnormen aussehen, ist Sache der Mitgliedstaaten; Ausnahmebereiche sind dem nationalen Kollisionsrecht zugewiesen. Das Unionsrecht hätte den Erstzugriff auf diese Bereiche gehabt, hat ihn aber nicht ausgeübt. Damit hat es sich auch der Möglichkeit begeben, Vorgaben in den Ausnahmebereichen zu machen.

Das Recht des registerführenden Staates soll nach ErwGr 18 Satz 2 bestimmen, unter wel- **93** chen gesetzlichen Voraussetzungen und wie die Eintragung vorzunehmen ist und welche Be-

---

323 *Janzen,* DNotZ 2012, 487.
324 *Wautelet* in *Bonomi/Wautelet* Art 1 Rz 120.
325 *Müller-Lukoschek,* EU-Erbverordnung § 2 Rz 110.
326 Siehe *Buschbaum,* GS Ulrich Hübner 596; *Frodl,* ÖJZ 2012/108, 952. Dagegen *Dutta,* IPRax 2015, 32, 34 sowie *Laukemann,* FS Schütze 334 f.
327 Dafür *v. Erp,* EPLJ 2012, 2.
328 *Wautelet* in *Bonomi/Wautelet* Art 1 Rz 123.
329 *Döbereiner,* MittBayNot 2013, 360; *Wautelet* in *Bonomi/Wautelet* Art 1 Rz 118.
330 *Jayme* in *Reichelt/Rechberger* 30.
331 *Biagioni* in *Franzina/Leandro* 42.
332 *Janzen,* DNotZ 2012, 487 f; *Margonski,* GPR 2013, 109; *Thorn* in *Palandt*[74] Art 1 EuErbVO Rz 16.
333 *Frodl,* ÖJZ 2012/108, 952; *Fischer-Czermak* in *Schauer/Scheuba* 28; *Biagioni* in *Franzina/Leandro* 42.

hörden (wie etwa Grundbuchämter) oder Notare dafür zuständig sind zu prüfen, dass alle Eintragungsvoraussetzungen erfüllt sind bzw die erforderlichen Angaben enthalten. insb prüfen die Behörden nach ErwGr 18 Satz 3, ob es sich bei dem subjektiven Recht des Erblassers an dem Nachlassvermögen, das in dem für die Eintragung vorgelegten Schriftstück erwähnt ist, um ein Recht handelt, das als solches in dem Register eingetragen ist oder nach dem Recht des registerführenden Mitgliedstaats anderweitig nachgewiesen wird. Um eine doppelte Ausstellung von Schriftstücken zu vermeiden, sollten die Eintragungsbehörden diejenigen von den zuständigen Behörden in einem anderen Mitgliedstaat erstellten Schriftstücke annehmen, deren Verkehr nach der EuErbVO vorgesehen ist, insb Europäische Nachlasszeugnisse (ErwGr 18 Satz 4, 5). Jedoch soll dies gem ErwGr 18 Satz 6 die Eintragungsbehörden nicht daran hindern, von dem ASt diejenigen zusätzlichen Angaben oder die Vorlage derjenigen zusätzlichen Schriftstücke zu verlangen, die nach dem Recht des registerführenden Staates erforderlich sind, zB über die Zahlung von Steuern. Dies hat insb, aber keineswegs nur Erbschaftsteuern im Blick. Die zuständige Behörde kann den ASt darauf hinweisen, wie die fehlenden Angaben oder Schriftstücke beigebracht werden können (ErwGr 18 Satz 7). Die stete Bezugnahme auf Behörden spricht dagegen, rein private Register einzubeziehen.[334] Zu verlangen ist vielmehr mindestens eine staatliche Belehnung, besser noch eine Delegation im strengen Sinn. Das Europäische Parlament schlug vor, die Anwendung der lex auctoritatis im Normtext selbst festzuschreiben.[335] Damit vermochte es sich indes nicht durchzusetzen.

94 Trotzdem bleibt zu entscheiden, ob Art 1 Abs 2 lit l auf Registerverfahrensrecht zu beschränken ist oder auch materielle Aspekte und Voraussetzungen der Registereintragung umfasst. Dies hat überragende Bedeutung für die Reichweite und das Gewicht der Norm. insb stellt sich die Frage, ob sie den eigentlichen materiell-rechtlichen Erwerbsvorgang erfasst[336] oder nicht, also letzterenfalls auf das Registerrecht und die an die Registereintragung anknüpfenden Folgen beschränkt ist.[337]

95 Art 1 Abs 2 lit l ist eine möglichst große Reichweite beizumessen.[338] Eine weite Auslegung des Ausschlusses vermeidet Probleme damit, ob ein ausländisches Recht als Erbstatut einen weiteren Übertragungsakt verlangt oder, weil ihm das Abstraktionsprinzip im Sachenrecht

---

334 Im Ergebnis anders *Wautelet* in *Bonomi/Wautelet* Art 1 Rz 119.

335 Art 20 a Entwurf eines Berichts über den Vorschlag für eine Verordnung des Europäischen Parlaments und des Rates über die Zuständigkeit, das anwendbare Recht, die Anerkennung und die Vollstreckung von Entscheidungen und öffentlichen Urkunden in Erbsachen sowie zur Einführung eines Europäischen Nachlasszeugnisses, KOM(2009) 154 endg. – C7- 0236/2009-2009/0157 (COD), Bericht des Rechtsausschusses des Europäischen Parlaments v 23. 2. 2011, Berichterstatter: *K. Lechner.*

336 Dafür *Simon/Buschbaum*, NJW 2012, 2394; *Hertel*, DNotZ 2012, 690 f; *Hertel*, ZEV 2013, 540 f; *Hertel* in *Dutta/Herrler* 41 ff; *Odersky*, notar 2013, 4; *Vollmer*, RPfleger 2013, 426 f; *L. Kunz*, GPR 2013, 255; *L. Kunz*, GPR 2013, 293 f; *Lechner*, IPRax 2013, 499; *Döbereiner*, MittBayNot 2013, 360 f; *Döbereiner*, GPR 2014, 43; *Hohloch* in *Erman*[14] Art 1 EuErbVO Rz 14; *Kohler/Pintens*, FamRZ 2012, 1429; *C. Rudolf*, NZ 2013/103, 228; *Süß*, ZEuP 2013, 744.

337 Dafür *v. Erp*, EPLJ 2012, 189; *Dutta*, FamRZ 2013, 12; *Margonski*, GPR 2013, 109 f; *Kleinschmidt*, RabelsZ 77 (2013) 762 f; *A. Köhler* in *Kroiß/Horn/Salomon* Art 1 EuErbVO Rz 22; *Thorn* in *Palandt*[74] Art 1 EuErbVO Rz 16; *Dutta* in *MünchKommBGB*[6] Art 1 EuErbVO Rz 32; *Faber/Grünberger*, NZ 2011/25, 113; *Heredia Cervantes*, AEDIPr 2011, 433 f; *J. P. Schmidt*, RabelsZ 77 (2013) 24; *J. P. Schmidt*, ZEV 2014, 135.

338 *Wautelet* in *Bonomi/Wautelet* Art 1 Rz 122.

fremd ist, auf einen anderen Akt mit Publizitätswirkung (zB die *délivrance* nach Art 1014 Abs 2 Code civil) ausweicht.[339]

Ohne weite Auslegung von Art 1 Abs 2 lit l würde man den Rechtspfleger oder sonstigen **96** Eintragungsbeamten mit der schwierigen Prüfung belasten, ob ein forumfremdes Erbstatut ein echtes Vindikationslegat statuiert oder noch zusätzliche Übertragungsakte verlangt.[340] Langwierige Ermittlungen von Auslandsrecht, schlimmstenfalls über kostspielige Gutachten, würden dem Vereinheitlichungs- und Beschleunigungszwecke der EuErbVO zuwiderlaufen.[341] Insoweit stehen hinter dem Ausschluss handfeste politische Interessen insb Deutschlands an der praktischen Funktionsfähigkeit von Grundbuchsystemen.[342] Allerdings erleidet Art 1 Abs 2 lit l eine Durchbrechung durch Art 69 Abs 5, indem das ENZ ein wirksames Schriftstück für die Eintragung des Nachlassvermögens in das einschlägige Register eines Mitgliedstaats ist.[343]

Erfasst sind also **formelles und materielles Grundbuchrecht,** also auch das immobilienbezo- **97** gene Sachenrecht in einer Rechtsordnung mit Grundbuchsystem.[344] Dies ist indes mit nicht zu leugnenden Konsequenzen verbunden: Es kann zu hinkenden Rechtsverhältnissen und zu einer faktischen Nachlassspaltung zwischen Mobilien und Immobilien führen.[345] Außerdem können sich im Grenzbereich Koordinationsprobleme zwischen Register- bzw Grundbuchstatut und Erbstatut ergeben.[346] Auch das Verhältnis des Ausschlustatbestandes aus Art 1 Abs 2 lit l und des Art 23 Abs 2 lit j, welcher die Teilung des Nachlasses dem Erbstatut zuschlägt, ist nicht vollständig klar.[347]

Hinsichtlich der Wirkungen einer Registereintragung sollte nach ErwGr 19 Satz 2 das Recht **98** des registerführenden (Mitglied-)Staats insb dafür maßgebend sein, ob die Eintragung konstitutive oder nur deklaratorische Wirkung hat.[348] Wenn bspw der Erwerb eines Immobiliarsachenrechts nach dem Recht des registerführenden (Mitglied-)Staates die Eintragung in einem Register erfordere, damit die Wirkung erga omnes von Registern sichergestellt werde oder Rechtsgeschäfte geschützt würden, sollte der Zeitpunkt des Erwerbs dem Recht des registerführenden (Mitglied-)Staats unterliegen (ErwGr 19 Satz 3). Ein enges Verständnis würde der Sache nach zu einer teleologischen Reduktion dieser Aussage zwingen.[349]

Eine Differenzierung zwischen verschiedenen **Registertypen** findet nicht statt, allerdings oh- **99** ne dass es eine nähere Ausfüllung des Registerbegriffs in der EuErbVO geben würde.[350] Ob das Register klassisch in Büchern oder elektronisch geführt wird, steht gleich.[351] Ebenfalls erfasst sein dürften internationale Register, etwa jenes nach dem Übereinkommen von Kap-

---

339 *Döbereiner,* MittBayNot 2013, 361.
340 *Döbereiner,* MittBayNot 2013, 361.
341 *Döbereiner,* MittBayNot 2013, 361.
342 *L. Kunz,* GPR 2013, 295.
343 *Dutta* in MünchKommBGB⁶ Art 1 EuErbVO Rz 30.
344 *L. Kunz,* GPR 2013, 293.
345 *L. Kunz,* GPR 2013, 293.
346 *L. Kunz,* GPR 2013, 294.
347 *L. Kunz,* GPR 2013, 294 f; *Wautelet* in *Bonomi/Wautelet* Art 1 Rz 132.
348 *Wautelet* in *Bonomi/Wautelet* Art 1 Rz 132.
349 Siehe in sich konsequent *A. Köhler* in *Kroiß/Horn/Salomon* Art 1 EuErbVO Rz 22.
350 *Leitzen,* ZEV 2012, 521.
351 *Wautelet* in *Bonomi/Wautelet* Art 1 Rz 119.

stadt für Sicherungsrechte am Zubehör von Luftfahrzeugen.[352] Auszugrenzen sind aber Register, in denen keine privatrechtlichen Rechtspositionen verlautbart sind, sondern nur öffentlich-rechtliche, zB das Baulastenverzeichnis nach den Bauordnungen der dt Bundesländer.[353]

100 Von der Ausnahme erfasst sind die Voraussetzungen wie die Wirkungen von Registereintragungen. Zu den Voraussetzungen zählen insb Eintragungsfristen und formelle Eintragungsvoraussetzungen sowie die Frage, was überhaupt eingetragen werden kann.[354] Die lex auctoritatis entscheidet über den Zugang zum Register.[355] Sie entscheidet auch darüber, welche Stelle zuständig ist und Eintragungen in das betroffene Register vornimmt.

101 Der Registervorbehalt kann Bedeutung gewinnen zB für die materiell-rechtlichen Erwerbsvoraussetzungen für die Auseinandersetzung des Nachlasses mit Blick auf Beteiligungen an Gesellschaften, die ihrerseits in einem Register eingetragen sind.[356] Um ein praktisch nur schwer in den Griff zu bekommendes Nebeneinander von erbrechtlichem Erwerbstatbestand und Registerrecht aus verschiedenen Rechtsordnungen zu vermeiden, empfiehlt es sich zudem, auch den Erwerb von Gesellschaftsanteilen im Rahmen der Nachlassauseinandersetzung dem Gesellschaftsstatut und dem Registerrecht zu unterstellen.[357] Daraus folgt als Konsequenz, dass gesellschaftsvertragliche oder gesetzliche Vinkulierungen der Beteiligungsübertragung bei Vindikationslegaten zu beachten sein können.[358]

102 Aus Sicht von Rechtsordnungen mit **Grundbuchsystem** gewinnt die Ausnahme des Art 1 Abs 2 lit l ihre größte Bedeutung für **Immobiliarsachenrechte,** denn diese sind im Grundbuch registriert, und GmbH-Anteile, denn diese sind im Gesellschaftsregister registriert.[359] Insb bei im dt Grundbuch verzeichneten Immobiliarrechten genießt die Einheit des Sachenrechts wegen Verkehrsschutz und Rechtssicherheit Vorrang vor dem Erbrecht und lässt weder ein dinglich wirkendes Vindikationslegat noch einen unmittelbaren Rechtserwerb (Bruchteilserwerb) eines Miterben zu.[360]

XIV. Insolvenzrecht

103 Nicht im Katalog des Art 1 Abs 2 findet man eine Ausnahme für **Nachlassinsolvenzen.** Sie erscheint aber sachlich geboten, denn anderenfalls drohten Kompetenzkonflikte zwischen dem Verwalter der Erbschaft (den Erben oder dem persönlichen Vertreter) einerseits und dem Insolvenzverwalter andererseits.[361] Nachlassinsolvenzen erfasst die EuInsVO.[362] Daher vollzieht sich die Abgrenzung zur EuErbVO durch den Vorrang der EuInsVO nach Art 76 EuErbVO.[363]

---

352 *Wautelet* in *Bonomi/Wautelet* Art 1 Rz 121.
353 *Hohloch* in *Erman*[14] Art 1 EuErbVO Rz 14.
354 *Wautelet* in *Bonomi/Wautelet* Art 1 Rz 125.
355 *Wautelet* in *Bonomi/Wautelet* Art 1 Rz 125.
356 *Leitzen,* ZEV 2012, 521; Leitzen, DNotI-Report 2012, 123; *U. Simon/Buschbaum,* NJW 2012, 2394.
357 *Leitzen,* ZEV 2012, 521.
358 *Leitzen,* ZEV 2012, 522.
359 *Hertel,* ZEV 2013, 540.
360 *Hertel,* ZEV 2013, 540.
361 *Max Planck Institute for Comparative and Private International Law,* RabelsZ 74 (2010) 712; *Lagarde,* RCDIP 101 (2012) 696.
362 Siehe nur *Mankowski,* ZIP 2011, 1501.
363 *Lagarde,* RCDIP 101 (2012) 696; *Lokin* 212.

Zuständigkeit in Erbsachen innerhalb der Mitgliedstaaten

Art 2. (1) Diese Verordnung berührt nicht die innerstaatlichen Zuständigkeiten der Behörden der Mitgliedstaaten in Erbsachen.

Stammfassung.

Literatur: *Potyka,* Die inländische Gerichtsbarkeit und die Zuständigkeit in Verlassenschaftssachen nach dem Außerstreit-Begleitgesetz unter besonderer Berücksichtigung des Verhältnisses zu Deutschland, RZ 2005, 6; *Frodl,* Einheit durch Aufgabe nationaler Rechtstraditionen? – EU-Erbrechtsverordnung kundgemacht, ÖJZ 2012/108, 950; *Geimer,* Die europäische Erbrechtsverordnung im Überblick, in *Hager,* Erbrechtsverordnung (2013); *Weiss/Bigler,* Die EU Erbrechtsverordnung – Neue Herausforderungen für die internationale Nachlassplanung aus Schweizer Sicht, successio 2014, 163.

Art 2 war im ursprünglichen Kommissionsentwurf[1] nicht enthalten. Die Bestimmung wurde **1** durch den **Standpunkt des Europäischen Parlaments vom 13. 3. 2012**[2] eingefügt, der in weiterer Folge von der Europäischen Kommission und vom Europäischen Rat angenommen wurde. Entgegen der Absicht der Kommission, eine weitgehende Harmonisierung zu erreichen,[3] wird aus den Materialien des Europäischen Parlaments die Bestrebung deutlich, das materielle Recht und das Verfahrensrecht der Mitgliedstaaten soweit als möglich unberührt zu belassen.[4] Zum einen sollte aufgrund dieser Normgebungsgeschichte den vorbestehenden und nicht gesondert geänderten Bestimmungen des VO-Entwurfs durch die Einfügung wohl nicht derogiert werden. Zum anderen ist dieser Verweis auf das innerstaatliche Recht aber eher weit zu verstehen, nämlich insb weiter als der reine Verweis auf den Subsidiaritätsgrundsatz.[5]

IdS werden unter **„innerstaatlichen Zuständigkeiten"** im Schrifttum idR sämtliche **örtliche, 2 sachliche und funktionelle Zuständigkeiten** verstanden.[6] Hinsichtlich der örtlichen Zuständigkeit ist dieser Verweis auf das nationale Recht allerdings dennoch differenziert zu sehen.[7] Während sich die sachliche und funktionelle Zuständigkeit jedenfalls nach den Normen des Gerichtsstaats (also nach der *lex fori*) bestimmt, gehen bei der örtlichen Zuständigkeit ausdrückliche autonome Bestimmungen der VO vor. Anders könnte die Wirkung einzelner Kernbestimmungen der VO durch das nationale Recht unterlaufen werden.

Eine **autonome Bestimmung der örtlichen Zuständigkeit** ergibt sich insb aus Art 5 Abs 1 Fall 1 durch die Möglichkeit der Vereinbarung der Zuständigkeit eines konkreten Gerichts.[8] Mittelbar könnte so auch der Fall des Art 7 lit c durch eine formlose ausdrückliche Anerken-

---

1 KOM(2009) 154 endg v 14. 10. 2009.
2 ABl C 2013/251, 123.
3 Vgl Arbeitsdokument der Kommission v 14. 10. 2009 (SEC [2009] 410 endg), in welchem als Problemstellung insb hervorgehoben wird, dass selbst wenn der international zuständige Mitgliedstaat bestimmt ist, Bürger oft nicht das funktionell zuständige Organ kennen.
4 2009/0157(COD); Berichtsentwurf *Kurt Lechner* v 27. 2. 2012 (PE441.200v02 – 00); Bericht v 6. 3. 2012 (A7 – 0045/2012).
5 *Wautelet* in *Bonomi/Wautelet* Art 2 Rz 2.
6 *Simotta* in *Fasching/Konecny* I³ § 77 JN Rz 16; *Traar* in *Fasching/Konecny* I³ § 106 JN Rz 54; *Frodl,* ÖJZ 2012/108, 952; *Wautelet* in *Bonomi/Wautelet* Art 2 Rz 3, 5 und 6.
7 Vgl *Dutta* in MünchKommBGB⁶ Art 2 EuErbVO Rz 2, der die Bestimmung durch andere Spezialbestimmungen der VO teilweise verdrängt sieht.
8 *Geimer* in *Hager* 117; *Dutta* in MünchKommBGB⁶ Art 2 EuErbVO Rz 2; *Weiss/Bigler,* successio 2014, 163.

nung eines Gerichtsstandes verstanden werden. Zudem gibt Art 45 Abs 2 den Mitgliedstaaten bloß eine eingeschränkte Wahlmöglichkeit für Anknüpfungspunkte der örtlichen Zuständigkeit betreffend Entscheidungen über die Vollstreckbarerklärung.

Teilweise wird international der Begriff der „innerstaatlichen Zuständigkeiten" auch iS einer **Gesetzgebungskompetenz** verstanden, sodass hieraus die Einführung und Aufrechterhaltung regional unterschiedlicher Erbrechtssysteme in den Mitgliedstaaten gerechtfertigt sei.[9]

3   Zum Begriff der **„Behörden"** s auch Art 3 Abs 2, sodass im Größenschluss neben einer Zuständigkeitsordnung zwischen Behörden im formalen Sinne wohl auch die Zuständigkeiten der „Angehörigen von Rechtsberufen" iSd Art 3 Abs 2 dem nationalen Recht überlassen bleibt.[10]

Bei der **funktionellen Zuständigkeit** nach nationalem Recht sind die in Art 3 Abs 2 geregelten **Anforderungen an Unparteilichkeit und an das rechtliche Gehör** bei nicht gerichtlichen Organen zu berücksichtigen.[11] In Wahrheit ist der nationale Gesetzgeber daher trotz Art 2 zumindest an die Einrichtung verordnungskonformer Organe der Rechtspflege gebunden.[12] Auch für die Erteilung des Europäischen Nachlasszeugnisses ist nach Art 64 zwingend die Zuständigkeit eines Gerichts oder einer anderen Behörde nach den Rechtsschutz-Anforderungen des Art 3 Abs 2 vorzusehen. Nur zB hinsichtlich der Errichtung öffentlicher Urkunden iSd Art 3 Abs 1 lit i, die bereits originär keine gerichtliche Tätigkeit darstellt, besteht keine Bindung an die Zuständigkeitsvorschriften der VO.[13]

4   Ist nach nationalem Recht eine im internationalen Vergleich ungewöhnliche sachliche, örtliche oder funktionelle Zuständigkeit einer Behörde anwendbar, so sieht das **Europäische Nachlasszeugnis** in Punkt 4.2 die Möglichkeit zur Angabe zusätzlicher Umstände vor, aus welchen die Ausstellungsbehörde die Zuständigkeit herleitet.[14] Dies kann uU faktisch eine Verzögerung im Vollstreckbarerklärungsverfahren vermeiden.

5   In den **europäischen Mitgliedstaaten** sind die sachlichen, örtlichen und funktionellen Zuständigkeiten sehr unterschiedlich geregelt. Teilweise besteht auch keine formelle Abhandlung einer Verlassenschaft im österr Sinne. Neben einschlägiger Lit zu den nationalen Zuständigkeitsordnungen[15] bietet eine vom Rat der Notare der Europäischen Union (CNEU) veröffentlichte Webseite (www.successions-europe.eu [18. 5. 2015]) einen ersten Überblick über diese innerstaatlichen Zuständigkeitsregeln.

6   In **Österreich** ist in der innerstaatlichen Zuständigkeit zunächst zwischen streitigem und außerstreitigem Verfahren zu unterscheiden.

---

9 *Wautelet* in *Bonomi/Wautelet* Art 2 Rz 4, unter Hinweis insb auf das spanische und französische Erbrecht.

10 Vgl auch ErwGr 20.

11 Vgl *Frodl,* ÖJZ 2012/108, 953.

12 Sollten national zuständig erklärte Behörden oder Angehörige von Rechtsberufen generell den Erfordernisse des Art 3 Abs 2 nicht entsprechen, so könnte argumentiert werden, dass in diesem Falle unmittelbar aus der VO eine ersatzweise Zuständigkeit der ordentlichen Gerichte des betreffenden Mitgliedstaats folgt, deren konkrete innerstaatliche Zuständigkeit nach Art 2 unter (allenfalls analoger) Anwendung nationaler Zuständigkeitsnormen (zB Rechtsinstrumenten wie der Ordination) zu bestimmen ist.

13 Vgl ErwGr 20 bis 22 und 36.

14 DurchführungsVO (EU) 1329/2014 der Kommission v 9. 12. 2014, Formblatt V, Pkt 4.2.

15 ZB *Süß*[2]; *Ferid/Firsching/Dörner/Hausmann*[93].

Im **außerstreitigen Verfahren** bestimmt sich die **örtliche Zuständigkeit** für die Verlassen-   **7**
schaftsabhandlung gem § 105 JN nach dem letzten allgemeinen Gerichtsstand des Verstorbenen. Dies verweist auf §§ 65 bis 71 JN,[16] sohin im Regelfall auf den letzten Wohnsitz[17] oder
gewöhnlichen Aufenthalt.[18] Entscheidend ist dabei der Todeszeitpunkt. Auf einen früheren,
bereits aufgegebenen allgemeinen Gerichtsstand kommt es nicht an.[19] Lässt sich dieser letzte
allgemeine Gerichtsstand nicht mehr ermitteln, oder wäre er bei mehreren Gerichten gelegen, so bestimmt sich der Gerichtsstand nach der Lokalisierung des wertmäßig größten Teils
des im Inland belegenen Vermögens[20] zum Zeitpunkt der Verfahrenseinleitung.[21] Wenn im
Inland kein Vermögen vorhanden ist oder die Bestimmung des „größten Teils" des Vermögens nicht möglich ist, so ist das Bezirksgericht Innere Stadt Wien zuständig.[22]

Durch das ErbRÄG 2015 wurde für bestimmte Erledigungen nach der EuErbVO eine spezifische örtliche Zuständigkeit geschaffen. Für die Anpassung in der österr Rechtsordnung
nicht bekannter dinglicher Rechte nach Art 31 ist jenes Gericht zuständig, in dessen Sprengel
sich eine der Sachen befindet, an der das anzupassende Recht geltend gemacht wird.[23] Für
einstweilige Maßnahmen und Maßnahmen zur Sicherung der Verlassenschaft iSd Art 19 ist
das Gericht zuständig, in dessen Sprengel sich der Teil der Verlassenschaft befindet, den die
Maßnahme betrifft.[24] Für die Entgegennahme einer Erklärung für Zwecke eines ausländischen Verlassenschaftsverfahrens nach Art 13 (Annahme oder Ausschlagung der Erbschaft
etc) ist das Gericht zuständig, in dessen Sprengel die Person, die die Erklärung abgibt, ihren
gewöhnlichen Aufenthalt hat.[25] Für Einwände gegen die Authentizität einer öffentlichen Urkunde in Verlassenschaftssachen nach Art 59 Abs 2 ist das Gericht zuständig, in dessen
Sprengel die Urkunde ausgestellt wurde.[26]

Sachlich ist in Abhandlungs- und sonstigen außerstreitigen Verlassenschaftsverfahren, sowie
in damit zusammenhängenden außerstreitigen Nebenverfahren (zB Verfahren nach dem An-
erbenG oder dem Kärntner oder Tiroler HöfeG) das Bezirksgericht zuständig.[27]

Funktionell ist die Abgrenzung der Zuständigkeit zwischen Richter und Rechtspfleger im
RpflG und die Abgrenzung zwischen Gericht und Notar als Gerichtskommissär im GKG geregelt.[28]

Im **streitigen Verfahren** bestimmt sich nach § 77 JN die **örtliche Zuständigkeit** ab dem Tod   **8**
des Erblassers bis zur **rechtskräftigen Beendigung des Verlassenschaftsverfahrens** vorrangig nach dem Ort der Anhängigkeit der Verlassenschaftsabhandlung, sohin nach den oben

---

16 Die Bestimmungen der §§ 74 und 75 ZPO über nicht-physische Personen sind in Erbsachen nicht
    einschlägig.
17 Art 66 Abs 1 JN.
18 Art 66 Abs 2 JN.
19 *Traar* in *Fasching/Konecny* I³ § 105 JN Rz 9
20 Ohne Abzug der Verbindlichkeiten; *Mayr* in *Rechberger*, ZPO⁴ § 105 JN Rz 2; *Potyka*, RZ 2005, 8;
    Traar in *Fasching/Konecny* I³ § 105 JN Rz 16.
21 § 105 JN Satz 2; *Traar* in *Fasching/Konecny* I³ § 105 JN Rz 14 ff.
22 § 105 Abs 1 JN Halbsatz 2; *Traar* in *Fasching/Konecny* I³ § 105 JN Rz 17.
23 § 105 Abs 2 JN.
24 § 105 Abs 3 JN.
25 § 105 Abs 4 JN.
26 § 107 JN.
27 § 104 a JN; *Fucik* in *Fasching/Konecny* I³ § 104 a JN Rz 1/3.
28 *Traar* in *Fasching/Konecny* I³ § 105 JN Rz 5; *Mayr* in *Rechberger*, ZPO⁴ § 105 JN Rz 3.

dargestellten Grundsätzen des § 105 JN. Diese Bestimmung ist aber nur für Erbteilungsklagen iSd § 77 Abs 2 JN als ausschließlicher Gerichtsstand zu verstehen.[29] Für sämtliche anderen streitigen Verfahren in Erbsachen bildet die Zuständigkeit nach § 77 Abs 1 JN trotz der
formellen Einordnung in den Abschnitt „Ausschließliche Zuständigkeiten" bloß einen allgemeinen Gerichtsstand der Verlassenschaft. Diesem Gerichtsstand gehen sämtliche (echten)
ausschließlichen Gerichtsstände (zB der Gerichtsstand über unbewegliches Gut nach § 81
JN) vor. Sämtliche Wahlgerichtsstände stehen neben § 77 Abs 1 JN alternativ zur Verfügung.[30]

Nach der rechtskräftigen Beendigung des Verlassenschaftsverfahrens bestimmt sich die
örtliche Zuständigkeit nach den allgemeinen zivilprozessualen Grundsätzen, sohin idR nach
dem allgemeinen Gerichtsstand des Bekl.[31]

Die **sachliche Zuständigkeit** ist bei Erbteilungsklagen durch § 77 Abs 2 JN mitumfasst. Für
alle anderen Verfahren gelten die allgemeinen zivilprozessualen Bestimmungen der Wert-,
Eigen- und Kausalzuständigkeit nach den §§ 49 ff JN.[32]

Begriffsbestimmungen

Art 3. (1) Für die Zwecke dieser Verordnung bezeichnet der Ausdruck

a) „Rechtsnachfolge von Todes wegen" jede Form des Übergangs von Vermögenswerten,
Rechten und Pflichten von Todes wegen, sei es im Wege der gewillkürten Erbfolge durch
eine Verfügung von Todes wegen oder im Wege der gesetzlichen Erbfolge;

b) „Erbvertrag" eine Vereinbarung, einschließlich einer Vereinbarung aufgrund gegenseitiger Testamente, die mit oder ohne Gegenleistung Rechte am künftigen Nachlass oder
künftigen Nachlässen einer oder mehrerer an dieser Vereinbarung beteiligter Personen
begründet, ändert oder entzieht;

c) „gemeinschaftliches Testament" ein von zwei oder mehr Personen in einer einzigen
Urkunde errichtetes Testament;

d) „Verfügung von Todes wegen" ein Testament, ein gemeinschaftliches Testament oder
einen Erbvertrag;

e) „Ursprungsmitgliedstaat" den Mitgliedstaat, in dem die Entscheidung ergangen, der
gerichtliche Vergleich gebilligt oder geschlossen, die öffentliche Urkunde errichtet oder
das Europäische Nachlasszeugnis ausgestellt worden ist;

f) „Vollstreckungsmitgliedstaat" den Mitgliedstaat, in dem die Vollstreckbarerklärung
oder Vollstreckung der Entscheidung, des gerichtlichen Vergleichs oder der öffentlichen
Urkunde betrieben wird;

g) „Entscheidung" jede von einem Gericht eines Mitgliedstaats in einer Erbsache erlassene Entscheidung ungeachtet ihrer Bezeichnung einschließlich des Kostenfestsetzungsbeschlusses eines Gerichtsbediensteten;

h) „gerichtlicher Vergleich" einen von einem Gericht gebilligten oder vor einem Gericht
im Laufe eines Verfahrens geschlossenen Vergleich in einer Erbsache;

29 *Simotta* in *Fasching/Konecny* I³ § 77 JN Rz 12; *Mayr* in *Rechberger*, ZPO⁴ § 77 JN Rz 3.
30 *Simotta* in *Fasching/Konecny* I³ § 77 JN Rz 7; *Mayr* in *Rechberger*, ZPO⁴ § 77 JN Rz 2.
31 *Simotta* in *Fasching/Konecny* I³ § 77 JN Rz 5; *Mayr* in *Rechberger*, ZPO⁴ § 77 JN Rz 1.
32 *Simotta* in *Fasching/Konecny* I³ § 77 JN Rz 6; *Mayr* in *Rechberger*, ZPO⁴ § 77 JN Rz 1.

i) „öffentliche Urkunde" ein Schriftstück in Erbsachen, das als öffentliche Urkunde in einem Mitgliedstaat förmlich errichtet oder eingetragen worden ist und dessen Beweiskraft

i) sich auf die Unterschrift und den Inhalt der öffentlichen Urkunde bezieht und

ii) durch eine Behörde oder eine andere vom Ursprungsmitgliedstaat hierzu ermächtigte Stelle festgestellt worden ist.

(2) Im Sinne dieser Verordnung bezeichnet der Begriff „Gericht" jedes Gericht und alle sonstigen Behörden und Angehörigen von Rechtsberufen mit Zuständigkeiten in Erbsachen, die gerichtliche Funktionen ausüben oder in Ausübung einer Befugnisübertragung durch ein Gericht oder unter der Aufsicht eines Gerichts handeln, sofern diese anderen Behörden und Angehörigen von Rechtsberufen ihre Unparteilichkeit und das Recht der Parteien auf rechtliches Gehör gewährleisten und ihre Entscheidungen nach dem Recht des Mitgliedstaats, in dem sie tätig sind,

a) vor einem Gericht angefochten oder von einem Gericht nachgeprüft werden können und

b) vergleichbare Rechtskraft und Rechtswirkung haben wie eine Entscheidung eines Gerichts in der gleichen Sache.

Die Mitgliedstaaten teilen der Kommission nach Artikel 79 die in Unterabsatz 1 genannten sonstigen Behörden und Angehörigen von Rechtsberufen mit.

Stammfassung.

Literatur: *Baldus,* Erbe und Vermächtnisnehmer nach der Erbrechtsverordnung, GPR 2012, 312; *Burandt,* Die EuErbVO (Teil 2), FuR 2013, 377; *Buschbaum/Köhler,* Le certificat successoral européen et les certificats successoraux nationaux: une coexistence source de tension, GPR 2010, 162; *F. Bydlinski,* Juristische Methodenlehre und Rechtsbegriff² (1991); *Cach/Weber,* Privatautonomie im Internationalen Erbrecht, ZfRV 2013, 263; *Callies/Ruffert* (Hrsg), EUV/AEUV⁴ (2011); *Döbereiner,* Das internationale Erbrecht nach der EU-Erbrechtsverordnung, MittBayNot 2013, 358, 437; *Dörner,* EuErbVO: Die Verordnung zum Internationalen Erb- und Erbverfahrensrecht ist in Kraft! ZEV 2012, 505; *Dörner,* Der Entwurf einer europäischen Verordnung zum Internationalen Erb- und Erbverfahrensrecht – ein Überblick und ausgewählte Probleme, ZEV 2010, 221; *Frauenberger-Pfeiler/Risak,* Der prätorische Mediationsvergleich, ÖJZ 2012/87, 798; *Dutta,* Die europäische Erbrechtsverordnung vor ihrem Anwendungsbeginn: Zehn ausgewählte Streitfragen, IPRax 2015, 32; *Faber/Grünberger,* Vorschlag der EU-Kommission zu einer Erbrechts-Verordnung, NZ 2011/25, 97; *Fischer-Czermak,* Anwendungsbereich, in *Schauer/Scheuba* (Hrsg), Europäische Erbrechtsverordnung (2012) 23; *Frauenberger-Pfeiler,* § 281a ZPO statuiert kein absolutes Beweisverbot, ecolex 2013, 33; *Fucik,* Das neue Verlassenschaftsverfahren (2005); *Heinze,* Effektivitätsgrundsatz, in *Basedow/Hopt/Zimmermann* (Hrsg), Handwörterbuch des Europäischen Privatrechts I (2009) 337; *Kainz,* Die Zulässigkeit von staatsanwaltlichen Vernehmungsprotokollen im Zivilprozess, ecolex 2012, 216; *Karpenstein,* Vorabentscheidungsverfahren, in *Leible/Terhechte* (Hrsg), Europäisches Rechtsschutz- und Verfahrensrecht (Enzyklopädie Europarecht Bd 3) (2014) § 8; *Kindler,* Vom Staatsangehörigkeits- zum Domizilprinzip: das künftige internationale Erbrecht der Europäischen Union, IPRax 2010, 44; *Klicka,* Die „europäische öffentliche Urkunde" – ein Projekt mit vielen Fragezeichen, NZ 2009/66; *Koziol – Welser/Kletečka,* Bürgerliches Recht I¹⁴ (2014); *Lechner,* Erbverträge und gemeinschaftliche Testamente in der neuen EU-Erbrechtsverordnung, NJW 2013, 26; *Lehmann,* Die EU-ErbVO: Babylon in Brüssel und Berlin, ZErb 2013, 25; *Lurger/Melcher,* Bürgerliches Recht VII: Internationales Privatrecht (2013); *Mankowski,* Erbrechtliche Schiedsgerichte in Fällen mit Auslandsbezug und die EuErbVO, ZEV 2014, 395; *Motal,* EU-Erbrechtsverordnung: Anpassungsbedarf im Außerstreitgesetz, EF-Z 2015/39, 62; *Nordmeier,* Erbverträge und nachlassbezogene Rechtsgeschäfte in der EuErbVO – eine Begriffsklärung, ZEV 2013, 117; *Nueber,* Schiedsverfahren von Todes wegen – Gedanken zur testamentarischen Schiedsklausel, JEV 2013, 118; *Obwexer,* Funktionalität und Bedeutung der Rechtsvergleichung in der Rechtsprechung des EuGH, in *Gamper/Verschraegen* (Hrsg), Rechtsvergleichung als juristische Auslegungsmethode (2013) 115; *Potacs/Mayer,* Effet utile as a method of interpretation, in *Tichý/Potacs/Dumbrovský* (eds), Effet utile (2014) 17; *Reymann,* Auswirkungen der EU-Erbrechtsverordnung auf das Fürstentum Liechtenstein, ZVglRWiss 114 (2015) 40; *Richters,* Anwendungsprobleme der EuErbVO im deutsch-britischen Rechtsverkehr, ZEV 2012, 576; *Rösler,* Auslegung des Gemeinschaftsrechts, in *Basedow/Hopt/ Zimmermann* (Hrsg), Handwörterbuch des Europäischen Privatrechts I (2009) 122; *Rudolf,* Die Erbrechtsverordnung der Europäischen Union, NZ 2013/103, 225; *Rudolf/Zöchling-Jud/Kogler,* Kollisionsrecht, in *Rechberger/Zöchling-Jud* (Hrsg), Die EU-Erbrechtsverordnung in Österreich (2015) 115; *Schaub,* Die EU-Erbrechtsverordnung, Hereditare 3 (2013) 91; *Schauer,* Entwicklungsperspektiven des Erbrechts in der 23. Gesetzgebungsperiode, JEV 2007, 6; *Schur,* Die Einführung einer Europäischen Öffentlichen Urkunde als „closed shop" für Notare? AnwBl 2009, 219; *Simon/Buschbaum,* Die neue EU-Erbrechtsverordnung, NJW 1012, 2393; *Wagner/Scholz,* Der Referentenentwurf eines Gesetzes zur Durchführung der EU-Erbrechtsverordnung, FamRZ 2014, 714.

Übersicht

	Rz
I. Grundlagen	1
II. Materiell-rechtliche Bestimmungen	7
A. Rechtsnachfolge von Todes wegen (Abs 1 lit a)	7
B. Erbvertrag (Abs 1 lit b)	14
C. Gemeinschaftliches Testament (Abs 1 lit c)	23
D. Verfügung von Todes wegen (Abs 1 lit d)	24
III. Verfahrensrechtliche Begriffe	29
A. Entscheidung	32
B. Gericht	38
1. Legaldefinitionen	38
2. Anwendung auf den österreichischen Rechtsbereich	43
3. Sonstige Behörden	50
4. Schiedsgerichte	51
C. Vergleiche	53
D. Öffentliche Urkunden	58
1. Legaldefinition	58
2. Voraussetzungen	59
3. Beweiskraft öffentlicher Urkunden	62
4. Vollstreckbarkeit öffentlicher Urkunden	68

I. Grundlagen

1 Supranationales Recht ist **autonom auszulegen.** Dies bedeutet, dass ein Rückgriff auf innerstaatliches Recht zur Ermittlung des Sinngehalts unzulässig ist. Begriffe, die in den Rechtsnormen des supranationalen Rechts verwendet werden, bedeuten deshalb nicht notwendigerweise dasselbe wie in den Bestimmungen des innerstaatlichen Rechts.[1] Durch die interpretative Abkoppelung vom innerstaatlichen Recht soll eine einheitliche Auslegung des supranationalen Rechts gewährleistet werden. Diese allgemeinen Prinzipien gelten auch für die EuErbVO.[2] Trotz des Verbots, Begriffe oder Rechtsnormen des Unionsrechts aus der Perspektive der innerstaatlichen Rechtsordnung auszulegen, kann die Interpretation doch nicht stets vollkommen losgelöst von den Rechtsordnungen der Mitgliedstaaten erfolgen. Dies ist dann der Fall, wenn in einer unionsrechtlichen Norm ein Begriff verwendet wird, der auch in den Rechtsordnungen der Mitgliedstaaten enthalten ist. Es kann dann angenommen wer-

---

1 Vgl *Cremer* in *Callies/Ruffert*[4] Art 55 EUV Rz 4.
2 *Dutta* in MünchKommBGB[6] Vor Art 1 EuErbVO Rz 11 ff, Art 3 EuErbVO Rz 3; *Rudolf,* NZ 2013/103, 226; vgl allgemein auch *Rebhahn* in *Fenyves/Kerschner/Vonkilch*[3] Nach §§ 6, 7 Rz 42.

den, dass sich auch der Normengeber des Unionsrechts von einem durch die Rechtsordnungen der Mitgliedstaaten geprägten Vorverständnis leiten ließ. Eine solche Annahme liegt umso näher, je weiter der Begriff in den innerstaatlichen Rechtsordnungen verbreitet ist und je einheitlicher das Verständnis dieses Begriffs in diesen Rechtsordnungen ist. Insofern kann eine rechtsvergleichende Methode, die sich auf die Rechtsordnungen der Mitgliedstaaten bezieht, für die Auslegung des Unionsrechts wertvolle Dienste leisten.[3] Selbst dann ist jedoch zu beachten, dass das Begriffsverständnis in den Rechtsordnungen der Mitgliedstaaten niemals zwingend vorgeben kann, wie das Unionsrecht auszulegen ist, sondern lediglich eine Erkenntnisquelle für dessen mögliche Interpretation darzustellen vermag, deren Ergebnis erst aufgrund einer wertenden Heranziehung aller Auslegungsmethoden (zu diesen sogleich Rz 2) gewonnen werden kann.

Im Übrigen gelten für die Auslegung des europäischen Unionsrechts im Wesentlichen dieselben Auslegungsmethoden wie im innerstaatlichen Recht. Maßgeblich sind va die **Wortinterpretation,** die **systematische** und die **teleologische Interpretation.**[4] Der subjektive Wille des Gesetzgeber ist jedenfalls dann zu beachten, wenn er aus den Erwägungsgründen erkennbar ist; im Übrigen spielt die **historische Interpretation** bei der Auslegung des Unionsrechts eine vergleichsweise geringere Rolle, was auf die Komplexität des Gesetzgebungsvorgangs zurückzuführen ist.[5] Als vermeintliche Besonderheit bei der Interpretation gilt das Prinzip des *effet utile,* wonach eine Bestimmung so auszulegen ist, dass ihr Zweck nach Möglichkeit erreicht wird und sie den größeren praktischen Nutzen stiftet.[6] Dabei handelt es sich jedoch richtigerweise um eine Ausprägung der teleologischen Interpretation.[7] Auch die hier beschriebenen Regeln sind der Auslegung der EuErbVO zugrunde zu legen. Über Zweifelsfragen bei der Interpretation entscheidet der EuGH, der von den Gerichten der Mitgliedstaaten im Rahmen eines Vorabentscheidungsverfahrens angerufen werden kann (für Österreich § 90 a GOG).[8] **2**

Zur Sicherstellung einer einheitlichen Interpretation enthält Art 3 **Legaldefinitionen** einiger Schlüsselbegriffe der VO.[9] Dabei handelt es sich um unvollständige Rechtssätze, die für sich allein genommen keine eigenständige Sollensanordnung enthalten, sondern ihren normativen Gehalt erst iVm jener Rechtsnorm entfalten, in der der definierte Begriff verwendet wird.[10] Der Normengeber legt in der Legaldefinition sein Begriffsverständnis mit verbindlicher Wirkung für den Rechtsanwender fest.[11] Bei den ausgewählten Begriffen handelt es sich zT um solche, die auch in den Rechtsordnungen der Mitgliedstaaten enthalten sind, sodass die Gefahr besonders groß wäre, dass das innerstaatlich geprägte Verständnis auf die Inter- **3**

---

3 Vgl dazu *Obwexer* in *Gamper/Verschraegen* 134 ff; vgl *Dutta* in MünchKommBGB[6] Vor Art 1 EuErbVO Rz 12.

4 Ausf dazu *Rebhahn* in *Fenyves/Kerschner/Vonkilch*[3] Nach §§ 6, 7 Rz 49 ff, 58 ff, 78 ff; vgl auch *Rösler* in *Basedow/Hopt/Zimmermann* I 122; *Dutta* in MünchKommBGB[6] Vor Art 1 EuErbVO Rz 11.

5 Näher *Rebhahn* in *Fenyves/Kerschner/Vonkilch*[3] Nach §§ 6, 7 Rz 76 f; vgl auch *Rösler* in *Basedow/ Hopt/Zimmermann* I 122.

6 Eingehend dazu etwa *Potacs/Mayer* in *Tichý/Potacs/Dumbrovský* 17 ff; *Rebhahn* in *Fenyves/Kerschner/Vonkilch*[3] Nach §§ 6, 7 Rz 97 ff; vgl auch *Heinze* in *Basedow/Hopt/Zimmermann* I 337 f.

7 Zutr *Posch* in *Schwimann/Kodek*[4] § 6 Rz 33.

8 Zum Vorabentscheidungsverfahren etwa *Karpenstein* in *Leible/Terhechte* § 8 Rz 1 ff; *Dutta* in MünchKommBGB[6] Vor Art 1 EuErbVO Rz 13.

9 Vgl auch *Köhler* in *Kroiß/Horn/Solomon* Art 3 EuErbVO Rz 1.

10 *Kletečka* in *Koziol – Welser/Kletečka* I[14] Rz 151; vgl auch *F. Bydlinski,* Methodenlehre[2] 441.

11 Vgl *Kerschner/Kehrer* in *Fenyves/Kerschner/Vonkilch*[3] §§ 6, 7 Rz 21.

pretation der VO durchschlagen könnte. Dies soll durch die Definitionen der vorliegenden Bestimmung verhindert werden. Freilich können auch die Legaldefinitionen des Art 3 die einheitliche Anwendung der VO nicht garantieren. Dies hat zwei Gründe: Erstens enthält die VO keineswegs für sämtliche in ihr verwendeten Begriffe Legaldefinitionen. Zweitens beruhen auch die Legaldefinitionen auf Tatbestandsmerkmalen, die ihrerseits einer Auslegung bedürfen.[12]

4 Die Legaldefinitionen gelten **für die Zwecke dieser VO**. Damit wird zum Ausdruck gebracht, dass das jeweils vorgesehene Begriffsverständnis lediglich für die vorliegende VO verbindlich ist. Sollte einer der definierten Begriff auch in einem anderen Legislativakt des Unionsrechts enthalten sein, so ist dort eine eigenständige Interpretation vorzunehmen, die nicht zu demselben Ergebnis führen muss.[13] In Bezug auf die VO sind die Definitionen des Art 3 indes nicht erst dann heranzuziehen, wenn feststeht, *dass* die VO anzuwenden ist; sie sind auch für die Frage relevant, *ob* sie anwendbar ist. Daraus folgt etwa, dass das Tatbestandsmerkmal „Rechtsnachfolge von Todes wegen" in Art 1 Abs 1 und Abs 2 lit g ebenfalls iSd Art 3 Abs 1 lit a zu verstehen ist.

5 Art 3 ist in **zwei Abs** gegliedert. Der erste Abs enthält neun Definitionen. Davon sind die ersten vier Begriffsbestimmungen eher dem materiellen Recht zuzuordnen; die übrigen gehören mehr dem Verfahrensrecht an. Der zweite Abs definiert lediglich den Begriff „Gericht". Ein Grund für die Aufteilung der Definitionen auf die beiden Abs ist nicht klar ersichtlich. Sie dürfte lediglich dem Umstand geschuldet sein, dass die Erklärung des Begriffs „Gericht" wegen ihrer besonderen Länge von den anderen Definitionen des Art 3 abgesetzt werden sollte. Mit dieser Definition ist überdies eine besondere Verpflichtung der Mitgliedstaaten verbunden: Sie müssen der Kommission die einem Gericht gleichzuhaltenden Behörden und Angehörigen von Rechtsberufen mitteilen.

6 Weder Art 3 noch eine andere Bestimmung in der VO enthält eine Definition der Begriffe **Mitgliedstaat** und **Drittstaat**. Man könnte eine solche Definition für entbehrlich halten, weil ohnehin klar ist, welche Staaten der EU als Mitglieder angehören. Alle übrigen Staaten wären demnach Drittstaaten. Zu beachten ist indes, dass das Vereinigte Königreich, Dänemark und Irland an der VO nicht teilnehmen (ErwGr 82 und 83). Sie sind deshalb für die Zwecke der VO als Drittstaaten zu betrachten.[14] Auch für andere Schlüsselbegriffe der VO, wie va den gewöhnlichen Aufenthalt als das zentrale Anknüpfungsmerkmal sowohl für die Internationale Zuständigkeit als auch für das anwendbare Erbrecht ist keine Legaldefinition enthalten; hierbei wurden Unschärfen offenbar bewusst in Kauf genommen, sodass es langfristig Aufgabe des EuGH sein wird, für die entsprechende Rechtssicherheit zu sorgen.[15]

II. Materiell-rechtliche Bestimmungen

A. Rechtsnachfolge von Todes wegen (Abs 1 lit a)

7 Der Begriff „Rechtsnachfolge von Todes wegen" ist der Schlüsselbegriff der VO, der im gesamten Text an zahlreichen Stellen enthalten ist. Für die Zwecke der VO ist der Begriff

---

12 Deshalb kritisch gegenüber dem Wert der Legaldefinitionen *Bonomi* in *Bonomi/Wautelet* Art 3 Rz 3.

13 Skeptisch wegen möglicher „Fernwirkungen" jedoch *Baldus*, GPR 2012, 312.

14 *Köhler* in *Kroiß/Horn/Solomon* Art 3 EuErbVO Rz 2; *Lehmann*, ZErb 2013, 25; *Richters*, ZEV 2012, 577; *Schaub*, Hereditare 3 (2013) 103; *Rudolf/Zöchling-Jud/Kogler* in *Rechberger/Zöchling-Jud* 116 f; vgl auch *Fischer-Czermak* in *Schauer/Scheuba* 23; *Rudolf*, NZ 2013/103, 226.

15 Vgl idS auch *Köhler* in *Kroiß/Horn/Solomon* Art 3 EuErbVO Rz 3.

durch eine **Doppelfunktionalität** geprägt: Mit der Rechtsnachfolge auf den Todesfall wird zunächst der gegenständliche Anwendungsbereich der VO festgelegt (Art 1 Abs 1 Satz 1: „Diese Verordnung ist auf die gesamte Rechtsnachfolge von Todes wegen anzuwenden.").[16] Wie der Begriff in dieser Hinsicht zu verstehen ist, wird durch die vorliegende Bestimmung des Art 3 Abs 1 lit a definiert. Mit der Rechtsnachfolge von Todes wegen wird aber auch die Reichweite des Erbstatuts festgelegt; also jene Teilmaterien des verwiesenen Sachrechts, die auf den zu beurteilenden Sachverhalt anzuwenden sind. Dies regelt Art 23, der in seinem Abs 1 bestimmt, dass dem verwiesenen Sachrecht die „gesamte Rechtsnachfolge von Todes wegen" unterliegt, und in seinem Abs 2 beispielhaft (arg: „insbesondere"; Art 23 Rz 3) festlegt, für welche Rechtsfragen das verwiesene Sachrecht maßgeblich ist. Insofern verhalten sich also Art 1 Abs 1 Satz 1 iVm Art 3 Abs 1 lit a einerseits und Art 23 andererseits wie Tatbestand und Rechtsfolge zueinander: Art 1 Abs 1 Satz 1 legt iVm Art 3 Abs 1 lit a fest, *ob* die VO überhaupt anzuwenden ist. Dies ist möglich, wenn sich der zu beurteilende Sachverhalt unter Art 3 Abs 1 lit a subsumieren lässt. Art 3 Abs 1 lit a ist aus kollisionsrechtlicher Sicht eine **Qualifikationsnorm**[17] und stellt gleichsam die „Eingangspforte" in die VO dar. In Hinblick auf ein einheitliches Verständnis des Anwendungsbereichs der VO spielt die Bestimmung eine kaum zu überschätzende Rolle, weil sie den Rückgriff auf ein jedes durch das innerstaatliche Recht geprägte Vorverständnis dessen, was Rechtsnachfolge von Todes wegen bedeutet, ausschließen soll. Erst wenn hiernach feststeht, *dass* die VO anwendbar ist, weil der zu beurteilende Sachverhalt iSd Art 3 Abs 1 lit a als erbrechtlich zu qualifizieren ist, ist als Rechtsfolge das anwendbare Sachrecht als Erbstatut zu ermitteln und sodann mithilfe des Art 23 zu klären, für welche Rechtsfragen diesem die maßgeblichen Regeln zu entnehmen sind.

Ein vollständiges Bild der Rechtsnachfolge von Todes wegen kann nicht ohne **Art 1 Abs 2**   **8** gewonnen werden. Diese Bestimmung legt fest, auf welche Rechtsfragen die VO nicht anzuwenden ist, oder – in kollisionsrechtlicher Terminologie – welche Rechtsfragen nicht erbrechtlich zu qualifizieren, sondern nach anderen Tatbeständen anzuknüpfen sind. Die in Art 1 Abs 2 aufgezählten Tatbestände stellen also einen Negativkatalog[18] zu Art 3 Abs 1 lit a dar, der – für die Zwecke der VO – bei der Abgrenzung des Erbstatuts von anderen Statuten eine Hilfestellung leisten soll. Dadurch, dass Art 1 Abs 2 bestimmte Tatbestandsmerkmale von der Rechtsnachfolge von Todes wegen und damit aus dem Anwendungsbereich des Erbstatuts ausnimmt, wird zugleich mittelbar eine Aussage über die Reichweite des Erbstatuts gem Art 23 gemacht: Die in der Bestimmung genannten Tatbestandsmerkmale sind nicht nach dem verwiesenen Sachrecht zu beurteilen. Wie sie anzuknüpfen sind, sagt die VO nicht. Insofern obliegt es dem Kollisionsrecht der jeweiligen lex fori, über die Art der Anknüpfung zu entscheiden.

Dem Art 3 Abs 1 lit a ist lediglich zu entnehmen, dass unter Rechtsnachfolge von Todes we-   **9** gen jede Form des Übergangs von Vermögenswerten, Rechten und Pflichten von Todes wegen, sei es im Wege der gewillkürten Erbfolge durch eine Verfügung von Todes wegen oder im Wege der gesetzlichen Erbfolge zu verstehen ist.[19] Dem ErwGr 9 ist zu entnehmen, dass

---

16 Dies betonend auch *Bonomi* in *Bonomi/Wautelet* Art 3 Rz 5.

17 Zur Qualifikation im internationalen Privatrecht *v Bar/Mankowski*, Internationales Privatrecht I[2] Rz 7/138 ff; *Verschraegen* in *Rummel*[3] Vor § 1 IPRG Rz 36 ff.

18 *Dutta* in MünchKommBGB[6] Art 1 EuErbVO Rz 2.

19 Im Anschluss an *Dutta* in MünchKommBGB[6] Art 3 EuErbVO Rz 2 ist unter gesetzlicher Erbfolge nicht nur das dispositive gesetzliche Erbrecht, sondern auch die zwingende Nachlassteile durch die Pflichtteilsberechtigten zu verstehen.

sich die VO lediglich auf die **zivilrechtlichen Aspekte** der Rechtsnachfolge bezieht. Der allfällige Übergang öffentlich-rechtlicher Rechtspositionen fällt nicht unter die VO; dies gilt namentlich auch für Steuerschulden des Erblassers (ErwGr 10). Insoweit ist das innerstaatliche
Recht maßgeblich.

10   Mit dem Vorbehalt, dass sich die VO lediglich auf die zivilrechtlichen Aspekte des Vermö-
gensübergangs bezieht, ist ein **weites Verständnis** des Begriffs angezeigt. Maßgeblich ist lediglich, dass Vermögenswerte oder Rechtspositionen von Todes wegen übergehen. Gemeint
ist also, dass der Übergang aufgrund und anlässlich des Todes einer Person erfolgt. Mit der
Betonung des Übergangs nimmt der Verordnungstext die Perspektive des Erblassers ein. Auf
welche Weise sich der Erwerb beim Rechtsnachfolger vollzieht, ist gleichgültig. Unter Rechtsnachfolge von Todes wegen ist somit jede Art von Erwerb durch den Erben zu verstehen; es
kommt nicht darauf, ob der Nachlass dem Erben ipso iure anfällt oder ob zum Erwerb eine
Aneignungshandlung erforderlich ist oder ein hoheitlicher Akt wie im österr Recht. Nicht
relevant ist auch, ob der Erwerb auf Gesamtrechtsnachfolge oder auf Einzelrechtsnachfolge
beruht.[20] Erfasst sind somit – aus dem Blickwinkel des österr wie auch bspw des dt Rechts
– sowohl die erbrechtliche Universalsukzession als auch die Einzelrechtsnachfolge durch den
Vermächtnisnehmer.

11   Wenngleich die VO va Vermögenswerte im Blick haben dürfte, legt der in Art 3 Abs 1 lit a
enthaltene Hinweise auf Rechte und Pflichten schlechthin nahe, dass bei der Rechtsnachfolge
von Todes wegen nicht lediglich um den Übergang vermögenswerter Gegenstände geht. Erbrechtlich zu qualifizieren dürften deshalb auch die privatrechtlichen Fragen des **Schicksals
des Leichnams** und der **Totenfürsorge**[21] sowie des **postmortalen Persönlichkeitsschutzes**[22]
sein.

12   Auch **Sonderrechtsnachfolgen,** die kraft Gesetzes von Todes wegen eingreifen, fallen grundsätzlich in den Anwendungsbereich der VO. Freilich ist dabei jedoch zu beachten, dass es
durch besondere Tatbestände zu einer Korrektur der erbrechtlichen Qualifikation oder zu
einer Modifikation bei der Reichweite des Erbstatuts wegen ihrer Einordnung als Eingriffsnorm (Art 30) kommen kann. Im Einzelnen können folgende Aussagen gemacht werden: Ob
die Sonderrechtsnachfolge gem § 14 MRG schuldrechtlich oder erbrechtlich einzuordnen ist,
ist strittig.[23] Zutreffend erscheint die schuldrechtliche Qualifikation, weil der Rechtsgrund
des Übergangs in einem Rechtsgeschäft unter Lebenden liegt (sogleich Rz 13) und weil der
Gesetzgeber des schuldrechtlichen Vertrags dazu berufen erscheint, über den Schutz eines
Rechtsnachfolgers zu disponieren. Auch wenn man die Sonderrechtsnachfolge erbrechtlich
qualifizieren wollte, wäre ihr wegen des besonderen Stellenwerts, den der Schutz des Mieters
nach dem MRG genießt, der Rang einer Eingriffsnorm beizumessen, die gegenüber einem
ausländischen Erbstatut durchdringt.[24] Die Anwachsung des halben Mindestanteils zugunsten des überlebenden Eigentümerpartner gem § 14 WEG fällt dagegen nicht in den Anwendungsbereich der VO (arg: Miteigentum mit Anwachsungsrecht des Überlebenden *[joint te-*

---

20 Vgl *Dutta* in MünchKommBGB[6] Art 3 EuErbVO Rz 2.

21 Dazu für das österr Recht etwa *Schauer* in *Gruber/Kalss/Müller/Schauer* § 15 Rz 16 ff.

22 Dazu für das österr Recht etwa *Schauer* in *Gruber/Kalss/Müller/Schauer* § 15 Rz 13 ff.

23 Für eine schuldrechtliche Qualifikation *Schwartze* in diesem Kommentar Art 30 Rz 6; dagegen *Lur-
ger/Melcher*, IPR § 3/13.

24 Zur Einordnung des Wohnungsmietrechts als Eingriffsnorm *Verschraegen* in *Rummel*[3] Art 7 EVÜ
Rz 16.

nancy]; Art 1 Abs 2 lit g).[25] Selbst wenn man dies anders sieht,[26] wäre § 14 WEG wegen seiner Rechtsnatur als Eingriffsnorm anzuwenden.[27] Manche Rechtsordnungen sehen eine besondere Rechtsnachfolge für land- und forstwirtschaftliche Güter vor, wie es in Österreich auf das Anerbenrecht zutrifft. Auch hierbei handelt es sich um eine von der VO erfasste Rechtsnachfolge von Todes wegen (ebenso Art 1 Rz 49), die jedoch ebenfalls den Charakter einer Eingriffsnorm haben kann (Art 30 Rz 18).[28]

Nicht erfasst sind alle Vorgänge, die ihren Grund in einem Rechtsgeschäft unter Lebenden **13** haben (vgl dazu näher Art 1 Rz 41 ff). Dies gilt etwa für schuldrechtliche Verträge, wenngleich ihre Erfüllung auf den Todesfall aufgeschoben ist; bspw ein Kaufvertrag, bei dem die Leistung des Verkäufers erst mit seinem Ableben fällig wird. Ausgenommen sind ferner Versicherungsverträge; und zwar auch dann, wenn eine Leistung im Ablebensfall zu erbringen ist (vgl dazu Art 1 Rz 41 f). Endet ein Arbeitsverhältnis durch den Tod des Arbeitnehmers, so schuldet der Arbeitgeber zwar nur die Hälfte der Abfertigung; der hierauf gerichtete Anspruch steht jedoch den gesetzlichen Erben zu, zu deren Erhaltung der Erblasser gesetzlich verpflichtet war (§ 23 Abs 6 AngG, ebenso § 22 Abs 6 GAngG, § 17 Abs 4 HgHAngG). Dabei handelt es sich um eine Sonderrechtsnachfolge, die – weil der Rechtsgrund des Anspruchs in einem Rechtsgeschäft unter Lebenden liegt – nicht in den Anwendungsbereich der VO fällt. Auch wenn es sich bei der Schenkung auf den Todesfall um ein Rechtsgeschäft unter Lebenden handelt, sprechen gute Gründe dafür, sie für die Zwecke der VO als erbrechtlich zu qualifizieren (näher Art 1 Rz 44 ff). Folgt man dieser Ansicht, so ist der Vermächtnisvertrag (§ 647 Abs 1 ABGB idF ErbRÄG 2015) – der sich von der Schenkung auf den Todesfall durch die fehlende Bindung des Erblassers in Bezug auf Verfügungen unter Lebenden unterscheidet[29] – umso eher in den Anwendungsbereich der VO einzubeziehen. Ein Anspruch auf die Abgeltung von Pflegeleistungen, wie ihn der österr Gesetzgeber durch das ErbRÄG eingeführt hat (§§ 677 f ABGB idF ErbRÄG 2015), ist, auch wenn er systematisch im Vermächtnisrecht („Pflegevermächtnis") verortet wurde, eher nicht erbrechtlich zu qualifizieren, weil die Abgeltung ein Entgelt für Leistungen darstellen soll, die der Erblasser zu Lebzeiten vom Berechtigten erhalten hat. Der Anspruch hat seinen Rechtsgrund somit nicht in der Rechtsnachfolge von Todes wegen. In diese Richtung deutet auch die Beschreibung der Reichweite des Erbstatuts in Art 23, der keinen einschlägigen Tatbestand enthält. Unterstützend ist auf folgende Überlegung zu verweisen: Pflegt eine als nach § 677 Abs 3 als anspruchsberechtigt bezeichnete Person, so können ihr lediglich Ansprüche aus ungerechtfertigter Bereicherung (§ 1435 ABGB analog) zustehen. Dieser Anspruch wäre schuldrechtlich zu qualifizieren und nach der Rom II-VO anzuknüpfen. Es wäre dann aber nicht erklärbar, weshalb für das Pflegevermächtnis etwas anderes gelten sollte.

B. Erbvertrag (Abs 1 lit b)

Unter einem Erbvertrag versteht die VO „eine Vereinbarung, einschließlich einer Vereinba- **14** rung aufgrund gegenseitiger Testamente, die mit oder ohne Gegenleistung Rechte am künftigen Nachlass oder künftigen Nachlässen einer oder mehrerer an dieser Vereinbarung betei-

---

25 Zutr *Fischer-Czermak* in *Schauer/Scheuba* 27.
26 So offenbar *Schwartze* in diesem Kommentar, Art 30 Rz 19.
27 So auch *Schwartze* in diesem Kommentar, Art 30 Rz 19; ebenso *Rudolf,* NZ 2013/103, 237.
28 *Rudolf,* NZ 2013/103, 237.
29 Vgl zum Vermächtnisvertrag etwa *Fischer-Czermak* in *Gruber/Kalss/Müller/Schauer* § 20 Rz 23.

ligter Personen begründet, ändert oder entzieht".[30] Gemeinsam mit dem Testament und dem gemeinschaftlichen Testament fällt der Erbvertrag zugleich unter den umfassenderen Begriff der **Verfügung von Todes wegen** (Art 3 Abs 1 lit d). Die Bestimmungen in der VO, die sich auf eine Verfügung von Todes wegen beziehen, gelten deshalb grundsätzlich auch für den Erbvertrag. Eine Ausnahme bildet Art 24, der nur für Verfügungen von Todes wegen, nicht aber für Erbverträge gilt und deren Zulässigkeit und materielle Wirksamkeit regelt. Diesbezüglich ist in Art 25 eine eigene Regel für Erbverträge enthalten.[31]

15 Bei einem Erbvertrag handelt es sich zunächst um eine **Vereinbarung.** Daraus folgt, dass am Erbvertrag zumindest zwei Personen beteiligt sind. Eine Höchstzahl beteiligter Personen ist nicht vorgesehen (vgl insoweit auch beim gemeinschaftlichen Testament: „zwei oder mehr Personen"). Nach einer in der L vertretenen Ansicht soll es sogar genügen, dass eine einseitige Erklärung, die auf den künftigen Nachlass bezogen ist, vorliegt; wie bspw ein einseitig wirksamer Verzicht.[32] Der Vereinbarung immanent ist aber der Parteiwille, der auf eine erbrechtliche Bindung – und somit auf den Ausschluss des freien Widerrufs des Rechtsgeschäfts gerichtet ist.[33] Deshalb hat bspw ein gemeinschaftliches Testament mit wechselbezüglichen Verfügungen nach dt Recht die Qualität eines Erbvertrags, weil die Verfügung des überlebenden Ehegatten mit dem Tod des zuerst versterbenden Ehegatten unwiderruflich wird;[34] dasselbe ist für *contracts to make or not to make a will* anzunehmen.[35] Mit der „Vereinbarung aufgrund gegenseitiger Testamente" sind bestimmte Erscheinungsformen gemeint, wie die englischen Recht anzutreffenden *mutual wills,* die eine spezifische Bindungswirkung entfalten können.[36] Dagegen ist das wechselseitige Testament gem § 586 Abs 2 ABGB idF ErbRÄG 2015 (§ 1248 ABGB aF) kein Erbvertrag iSd EuErbVO,[37] weil jeder Ehegatte – auch bei Wechselbezüglichkeit – seine Verfügung jederzeit widerrufen kann.

16 Fraglich ist, ob eine **Privatstiftung** den Tatbestand des Erbvertrags verwirklichen kann. Bei einer Privatstiftung von Todes wegen erscheint dies schon deshalb ausgeschlossen, weil diese nur von einer Person errichtet (§ 3 Abs 1 Satz 2 PSG) und von dieser zu Lebzeiten jederzeit widerrufen werden kann (§ 33 Abs 1 Satz 1 PSG). Etwas komplizierter liegen die Dinge bei der unter Lebenden errichteten Privatstiftung. Bei dieser handelt es sich zwar nicht um einen Erbvertrag im technischen Sinn; wegen ihrer besonderen Flexibilität lassen sich mit ihr aber die Rechtswirkungen eines Erbvertrags nachbilden.[38] So können bspw zwei Personen ge-

---

30 *Dutta* in MünchKommBGB[6] Art 3 EuErbVO Rz 8 weist darauf hin, dass hier die „Verkörperung der Erklärungen" irrelevant sei, sondern für den Erbvertrag im Gegensatz zum gemeinschaftlichen Testament ausschließlich inhaltliche Kriterien festgelegt sind.

31 Vgl *Dutta,* IPRax 2015,35; *Lehmann,* ZErb 2013, 25 mwN (FN 7).

32 *Dutta* in MünchKommBGB[6] Art 3 EuErbVO Rz 9.

33 *Dutta* in MünchKommBGB[6] Art 3 EuErbVO Rz 8 spricht von einer „Bindungswirkung jedenfalls für den Erblasser"; vgl auch *Rudolf/Zöchling-Jud/Kogler* in *Rechberger/Zöchling-Jud* 157; *Döbereiner,* MittBayNot 2013, 437.

34 *Dutta* in MünchKommBGB[6] Art 3 EuErbVO Rz 9; *Dutta,* IPRax 2015, 35; ausf dazu auch *Lehmann,* ZErb 2013, 25 ff; ferner *Lechner,* NJW 2013, 26 f.

35 *Dutta* in MünchKommBGB[6] Art 3 EuErbVO Rz 9; *Bonomi/Öztürk* in *Dutta/Herrler* Rz 60: aA *Nordmeier,* ZEV 2013, 123.

36 *Fischer-Czermak* in *Schauer/Scheuba* 24; *Döbereiner,* MittBayNot 2013, 438; zu den *mutual wills* etwa *Odersky* in *Süß*[2] 747 Rz 81 ff.

37 So auch *Rudolf,* NZ 2013/103, 235; aA bei Wechselbezüglichkeit offenbar *Bonomi/Öztürk* in *Dutta/ Herrler* Rz 68 ff; ebenso zum gemeinsamen Testament nach liechtensteinischem Recht *Reymann,* ZVglRWiss 114, 58.

38 *Schauer,* JEV 2007, 8.

meinsam eine Privatstiftung errichten, in die sie ihr jeweiliges Vermögen einbringen. In der Stiftungserklärung kann vorgesehen sein, dass der überlebende Stifter nach dem Tod des zuerst versterbenden Stifters der alleinige Begünstigte sein und das Recht zum Widerruf der Privatstiftung haben soll. In einem solchen Fall entspricht die Privatstiftung beinahe zur Gänze einem Erbvertrag. Gleichwohl wird man die Privatstiftung auch in einem solchen Fall nicht als Erbvertrag betrachten können. Der Grund liegt in Art 1 Abs 2 lit j, der die Errichtung, die Funktionsweise und die Auflösung eines Trust aus dem Anwendungsbereich der VO ausnimmt. Zwar ist die Privatstiftung kein Trust; doch kann sie dieselben Funktionen wie dieser übernehmen. Die Herausnahme des Trust aus dem Anwendungsbereich der VO kann als gesetzgeberische Wertung verstanden werden, dass bestimmte Sondervermögen nicht der VO unterliegen sollen. Wenn diese Beurteilung für den Trust gilt, so muss sie auf die Privatstiftung, die im Gegensatz zum Trust sogar eigene Rechtspersönlichkeit aufweist, noch mehr zutreffen. Zu beachten ist jedoch, dass die Ausnahme nur für den organisationsrechtlichen Teil des Stiftungserrichtungsgeschäfts gilt. Der Übergang von Vermögen auf die Privatstiftung unterliegt, soweit er von Todes wegen erfolgt, durchaus der VO (vgl insoweit auch ErwGr 13 zum Trust); dasselbe gilt für die erb- und pflichtteilsrechtlichen Auswirkungen unentgeltlicher Zuwendungen, die die Stiftung vom Erblasser zu Lebzeiten erhalten hat.

Gegenstand des Erbvertrags sind Rechte an einem oder mehreren **künftigen Nachlässen.** **17** Welcher Art diese Rechte sind, ist gleichgültig. Gegenstand des Erbvertrags kann somit das künftige Erbrecht als solches sein als auch ein Anspruch auf Leistung einer Sache aus dem Nachlass. Auch Vereinbarungen über eine künftige Erbeinsetzung *(contract to make a will)* fallen darunter.[39] Aus der Sicht des österr Rechts sind somit der Erbvertrag (§§ 1249 ff ABGB) und der Vermächtnisvertrag (§ 647 Abs 1 ABGB idF ErbRÄG 2015) als Erbverträge iSd EuErbVO einzuordnen; dasselbe gilt, wenn man diese iS der hier vertretenen Meinung erbrechtlich qualifiziert (Rz 13), auch für die Schenkung auf den Todesfall.[40] Da sich der Erbvertrag auf einen Nachlass oder auf mehrere Nachlässe beziehen kann, spielt es für die Subsumtion auch keine Rolle, ob die am Erbvertrag beteiligten Personen einander gegenseitig bedenken oder ob lediglich der eine Beteiligte den anderen einsetzt oder ihm etwas zuwendet.

Dagegen stellen Rechtsgeschäfte, die sich auf einen **bereits angefallenen Nachlass** oder einzelne Gegenstände aus einem solchen beziehen, keinen Erbvertrag dar. Dies gilt zB für den **18** Erbschaftskauf[41] iSd §§ 1278 ff ABGB, für ein zwischen den Erben geschlossenes Teilungsübereinkommen und für eine Vereinbarung über die Abfindung eines Pflichtteilsberechtigten.

Tatbestandsmerkmal des Erbvertrags ist ferner, dass sich die Vereinbarung auf den Nachlass **19** oder die Nachlässe einer oder mehrerer der **an dieser Vereinbarung beteiligten Personen** bezieht. Dies setzt zwingend die Teilnahme des künftigen Erblassers voraus. Eine Vereinbarung zwischen potenziellen Erben über das künftige Erbrecht – der das österr Recht die Wirksamkeit versagen würde (§ 879 Abs 2 Z 3 ABGB) –, stellt idS keinen Erbvertrag dar.[42]

---

39 *Dutta* in MünchKommBGB[6] Art 3 EuErbVO Rz 9; ob diese in den Anwendungsbereich der EuErbVO fallen kritisch *Thorn* in *Palandt*[74] Art 1 EuErbVO Rz 11.

40 So auch *Dutta* in MünchKommBGB[6] Art 3 EuErbVO Rz 9 mwN (FN 13); *Bonomi/Öztürk* in *Dutta/Herrler* Rz 61; *Dörner,* ZEV 2012, 508; *Rudolf,* NZ 2013/103, 235; unentschieden *Fischer-Czermak* in *Schauer/Scheuba* 26 f; *Rudolf/Zöchling-Jud/Kogler* in *Rechberger/Zöchling-Jud* 159.

41 Vgl *Dutta* in MünchKommBGB[6] Art 3 EuErbVO Rz 9, Art 23 EuErbVO Rz 24.

42 *Döbereiner,* MittBayNot 2013, 438; aA *Bonomi* in *Bonomi/Wautelet* Art 25 Rz 6.

20   Durch den Erbvertrag werden Rechte am künftigen Nachlass **begründet, geändert** oder **entzogen.** Hierdurch kommt ein Verständnis des Erbvertrags hervor, das weit über das innerstaatliche Recht hinausgeht. Nicht nur die Begründung von Rechten – also etwa die Einsetzung zum Erben oder die Zuweisung eines Vermächtnisses – ist in einem Erbvertrag möglich, sondern auch die Entziehung. Dies hat etwa zur Folge, dass auch ein Vertrag über einen Erbverzicht (§ 551 ABGB) oder einen Pflichtteilsverzicht als Erbvertrag iSd EuErbVO zu qualifizieren ist.[43] Dagegen ist ein Vertrag, der nicht unmittelbar auf die Herbeiführung erbrechtlicher Folgen gerichtet ist, sondern solche nur auslöst, kein Erbvertrag; ein Beispiel hierfür ist der Adoptionsvertrag.

21   Nach der Definition des Erbvertrags ist es gleichgültig, ob der Bedachte für die Zuwendung eine **Gegenleistung** erbringt bzw ob der Erblasser im Falle eines Verzichts eine **Abfindung** leistet oder ob dies **nicht** der Fall ist.[44] Am Beispiel des Erb- und Pflichtteilsverzichts: Sowohl der entgeltliche als auch der unentgeltliche Verzicht stellen Erbverträge iSd EuErbVO dar. Ob und in welcher Weise eine Abfindung für einen Verzicht erb- oder pflichtteilsrechtliche Auswirkungen hat, bspw ob und in welchem Umfang sie bei der Bemessung der Pflichtteile zu berücksichtigen ist, ist nach dem Erbstatut zu beurteilen (vgl Art 23 Abs 2 lit i).

22   Keinen Erbvertrag stellen Rechtsgeschäfte dar, die zwar auf den Todesfall eines Beteiligten bezogen sind, aber Rechtsmaterien betreffen, die gem Art 1 Abs 2 aus dem Anwendungsbereich der EuErbVO ausgenommen sind. Dies gilt namentlich für **gesellschaftsvertragliche Regelungen** über die Rechtsfolgen des Todes eines Gesellschafters (vgl Art 1 Abs 2 lit h), wie bspw **Aufgriffsrechte** oder **Nachfolgeregelungen.**

C. Gemeinschaftliches Testament (Abs 1 lit c)

23   Ein gemeinschaftliches Testament ist ein Testament, das von zwei oder mehr Personen in einer **einzigen Urkunde** errichtet wird. Für den Begriff des gemeinschaftlichen Testaments wird somit ausschließlich auf ein äußeres Merkmal, nämlich die Zusammenfassung der Testamente mehrerer Personen in einer einzigen Urkunde abgestellt.[45] In inhaltlicher Hinsicht müssen die im gemeinschaftlichen Testament getroffenen Anordnungen einem Testament entsprechen (dazu unten Rz 25 ff). Die praktische Relevanz der Abgrenzung gegenüber einem einfachen Testament dürfte gering sein.[46] Dazu dürfte auch beitragen, dass das gemeinschaftliche Testament innerhalb der EuErbVO ohne normative Spezifität bleibt und lediglich in Art 75 iZm der Subsidiarität der VO gegenüber bestehenden internationalen Übereinkommen erwähnt wird.[47] Für das österr Recht wäre das gemeinsame Testament gem § 586 Abs 2

---

43 *Dutta* in MünchKommBGB⁶ Art 3 EuErbVO Rz 9 mwN (FN 12); *Bonomi/Öztürk* in *Dutta/Herrler* Rz 59; *Rudolf,* NZ 2013/103, 235; *Cach/Weber,* ZfRV 2013, 264; *Rudolf/Zöchling-Jud/Kogler* in *Rechberger/Zöchling-Jud* 157 f; *Döbereiner,* MittBayNot 2013, 438; *Nordmeier,* ZEV 2013, 116 f.

44 Vgl auch *Dutta* in MünchKommBGB⁶ Art 3 EuErbVO Rz 9 mit dem Hinweis, dass die „Natur der Gegenleistung" für das Vorliegen eines Erbvertrags irrelevant sei und daher auch nichterbrechtlichen Charakter besitzen kann.

45 Vgl auch *Dutta* in MünchKommBGB⁶ Art 3 EuErbVO Rz 6, der darauf hinweist, dass hingegen im Kommissionsvorschlag das gemeinschaftliche Testament noch *inhaltlich* definiert war als „eine von zwei oder mehr Personen in derselben Urkunde errichtetes Testament, in dem sich die Personen gegenseitig und/oder in dem ein Dritter als Erbe eingesetzt wird"; ferner *Bonomi/Öztürk* in *Dutta/Herrler* Rz 64; *Köhler* in *Kroiß/Horn/Solomon* Art 3 EuErbVO Rz 7; *Rudolf/Zöchling-Jud/Kogler* in *Rechberger/Zöchling-Jud* 157.

46 So auch *Dutta* in MünchKommBGB⁶ Art 3 EuErbVO Rz 7.

47 Siehe auch *Dutta* in MünchKommBGB⁶ Art 3 EuErbVO Rz 7; *Dutta,* IPRax 2015, 35

ABGB idF ErbRÄG 2015 (§ 1249 ABGB aF) als gemeinschaftliches Testament iSd EuErbVO zu betrachten.

D. Verfügung von Todes wegen (Abs 1 lit d)

Die Verfügung von Todes wegen ist für die Zwecke der VO lediglich ein **Sammelbegriff,** der **24** sich aus dem Testament, dem gemeinschaftlichen Testament und dem Erbvertrag zusammensetzt. Dabei zeigt sich, dass der Begriff weiter reicht als im innerstaatlichen Recht, wo unter Verfügung von Todes wegen (oder letztwilliger Verfügung) regelmäßig nur einseitige Rechtsgeschäfte auf den Todesfall, nicht aber auch Erbverträge oder Verzichtsverträge verstanden werden. Die Begriffe „gemeinschaftliches Testament" und „Erbvertrag" sind so zu verstehen wie in Abs 1 lit b und c (Rz 14 ff, 23).

Von zentraler Bedeutung ist dabei der Begriff des **Testaments,** der in der VO nicht definiert **25** wird. Sein Inhalt ist durch autonome Interpretation zu ermitteln. Hierfür stehen zwei Orientierungspunkte zur Verfügung: Erstens die vom Verordnungsgeber offenbar vorausgesetzte Funktion des Testaments, durch privatautonomes Handeln auf rechtsgeschäftlicher Grundlage den Übergang des Vermögens nach dem Tod des Erblassers zu regeln; und zweitens die freie Widerruflichkeit im Gegensatz zur Verbindlichkeit, die den Erbvertrag prägt (oben Rz 15). Zweitens ist das Testament – als einfaches Testament – im Gegensatz zum gemeinschaftlichen Testament dadurch gekennzeichnet, dass in einer Urkunde lediglich die Willenserklärung eines einzigen Erblassers enthalten ist. IdS kann das Testament definiert werden als eine einseitige und jederzeit widerrufliche Willenserklärung, durch die eine Person ihre Rechtsnachfolge von Todes wegen mit unmittelbarer Wirkung gestaltet.[48] Dies stimmt mit den vom Verordnungsgeber vorgefundenen Rechtsordnungen in den Mitgliedstaaten überein, die alle entsprechende Rechtsgeschäfte kennen, durch der der Erblasser die vermögensrechtliche Nachfolge nach seinem Tod durch einseitige und stets widerrufliche Erklärung regeln kann. Der verordnungsautonome Begriff des Testaments ist somit in einem weiteren Sinn zu verstehen als im österr Recht, das zwischen Testamenten und sonstigen letztwilligen Verfügungen (bis zum ErbRÄG 2015: Kodizillen) unterscheidet. Auf die Erbeinsetzung kommt es für den Testamentsbegriff der VO nicht an; auch das, was im österr Recht eine sonstige letztwillige Verfügung ist, stellt für die Zwecke der VO ein Testament dar.[49]

Inhalt einer Verfügung von Todes wegen kann alles sein, wodurch der Errichter seine **26** Rechtsnachfolge von Todes wegen unmittelbar gestaltet. In Betracht kommen hierfür die Einsetzung eines oder mehrerer Erben, die Zuwendung eines Vermächtnisses, die Anordnung einer Auflage bzw einer Teilungsanordnung, die Einräumung eines Aufgriffsrechts und die Einsetzung eines Testamentsvollstreckers; ferner die Enterbung (Entziehung des Pflichtteils) sowie die Anordnung und der Erlass der Anrechnung einer Zuwendung zu Lebzeiten auf den Erb- oder Pflichtteil. Auch der Widerruf einer früheren Verfügung von Todes wegen kann durch eine Verfügung von Todes wegen erfolgen.

Fraglich ist, ob eine von Todes wegen errichtete **Privatstiftung** (§ 8 PSG) eine Verfügung **27** von Todes wegen iSd EuErbVO darstellt. Dabei ist zu unterscheiden: Der organisationsrecht-

---

48 Nach *Dutta* in MünchKommBGB[6] Art 3 EuErbVO Rz 4 wird man darunter „eine einseitige Willenserklärung des Erblassers anzusehen haben, die die Rechtnachfolge von Todes wegen [. . .] in seinen Nachlass beeinflussen soll"; diesem folgend *Rudolf/Zöchling-Jud/Kogler* in *Rechberger/Zöchling-Jud* 156.

49 So auch *Dutta* in MünchKommBGB[6] Art 3 EuErbVO Rz 4; diesem folgend *Rudolf/Zöchling-Jud/Kogler* in *Rechberger/Zöchling-Jud* 157.

liche Teil des Stiftungserrichtungsgeschäft unterliegt nicht der VO, wofür eine sinngemäße Anwendung der Ausnahme für den Trust (Art 1 Abs 1 lit j) spricht. Die Stiftung erwirbt das gewidmete Vermögen jedoch durch Rechtsnachfolge von Todes wegen; also als Erbe oder Vermächtnisnehmer.[50] Der Übergang des Vermögens auf die Stiftung ist auch für die Zwecke der VO als Übergang von Todes wegen anzusehen, sodass die VO insoweit anwendbar ist (vgl auch ErwGr 13 zum Trust sowie bereits oben Rz 16).[51]

28 **Keine Verfügungen von Todes wegen** sind solche Rechtsgeschäfte, die nicht auf die Ordnung des Nachlasses nach dem Tod des Errichters abzielen. Dies gilt bspw für Patientenverfügungen, die ihre Wirksamkeit gerade zu Lebzeiten des Erblassers entfalten und mit dessen Tod unwirksam werden; dasselbe gilt für Sachwalterverfügungen. Keine Verfügung von Todes wegen stellen auch Anordnungen dar, durch die Anordnungen für die Obsorge über minderjährige Nachkommen nach dem Tod des Errichters getroffen werden.

III. Verfahrensrechtliche Begriffe

29 Art 3 Abs 1 lit e bis i definieren verfahrensrechtliche Begriffe, die für die Anwendung der Kapitel II, IV, V und VI bedeutsam sind. Auch diese Begriffe werden **vertragsautonom** geregelt, sodass innerstaatliche Auslegungen nicht in Betracht kommen.

30 Der Begriff **„Ursprungsmitgliedstaat"** bzw „Vollstreckungsmitgliedstaat" wird in Art 3 Abs 1 lit e und f legaldefiniert. Unter dem Begriff „Ursprungsmitgliedstaat" gem Abs 1 lit e versteht man denjenigen Staat, der eine Entscheidung erlassen, einen gerichtlichen Vergleich gebilligt oder geschlossen bzw eine Urkunde errichtet bzw ausgestellt hat. Als **„Vollstreckungsmitgliedstaat"** wird jener Mitgliedstaat bezeichnet, in dem die Entscheidung, der Vergleich bzw die Urkunde betrieben werden soll. Nach dem Zweck der Bestimmung ist jener Mitgliedstaat gemeint, dessen Gerichte bzw Stellen tätig geworden sind und zwar auch dann, wenn diese Gerichte oder Stellen ausnahmsweise auf einem anderen Staatgebiet gehandelt haben.[52] Nicht entscheidend sind idZ der gewöhnliche Aufenthalt oder die Staatsangehörigkeit der Parteien.[53]

31 Die Begriffe „Entscheidung" (Abs 1 lit g), „gerichtlicher Vergleich" (Abs 1 lit h) und „öffentliche Urkunde" (Abs 1 lit i) werden auch noch in **anderen EU-VO** definiert – wie zB in Art 36 Brüssel Ia-VO, Art 2 EuEheVO bzw Art 2 EuUVO – sodass auch dazu ergangene Entscheidungen des EuGH bzw Lit sinngemäß herangezogen werden können.

A. Entscheidung

32 Unter einer „Entscheidung" iSd Art 3 Abs 1 lit g ist jede von einem mitgliedstaatlichen Gericht in einer Erbsache erlassene Verfügung zu verstehen. Darunter fallen auch **Kostenfestsetzungsbeschlüsse** eines Gerichtsbediensteten. Auf die **konkrete Bezeichnung** kommt es dabei **nicht** an. Anders als zB nach Art 2 lit a Brüssel Ia-VO oder Art 2 Z 4 EuEheVO sind in Art 3 Abs 1 lit g keine Beispielfälle angeführt. Die Entscheidung kann daher in einzelnen Mitgliedstaaten als VO, Anordnung, Bescheid usw bezeichnet werden.[54]

---

50 *Heiss* in *Gruber/Kalss/Müller/Schauer* § 40 Rz 81 f; *Arnold*, Privatstiftungsgesetz[2] § 8 Rz 10.
51 Ähnlich in Bezug auf den Trust *Reymann*, ZVglRWiss 114 (2015) 62 f.
52 *J. Schmidt* in BeckOGK BGB Art 3 EuErbVO Rz 18.
53 *J. Schmidt* in BeckOGK BGB Art 3 EuErbVO Rz 18; *Wautelet* in *Bonomi/Wautelet* Art 3 Rz 29.
54 *J. Schmidt* in BeckOGK BGB Art 3 EuErbVO Rz 30.

Auch hier folgt Art 3 Abs 1 lit g anderen Unionsverordnungen – wie zB Art 2 lit a Brüssel Ia-VO, Art 2 Z 4 EuEheVO bzw Art 4 Z 1 EuVTVO. Die genaue Abgrenzung des Begriffs ist deshalb notwendig, weil jede Entscheidung in allen anderen Mitgliedstaaten ohne ein besonderes Verfahren anerkannt wird (Art 39 Abs 1), wenn nicht ein eigenständiges Anerkennungsverfahren beantragt wird (Art 39 Abs 2).

Auch nach der EuErbVO muss es sich um Entscheidungen handeln, die in einem **justizförmigen Verfahren** ergangen sind. Den Parteien muss daher vor Entscheidungsfällung Gelegenheit zum **rechtlichen Gehör** iSd Art 6 EMRK geboten worden sein (vgl dazu genauer Rz 42, 46). Entscheidungen von weisungsgebundenen Verwaltungsbehörden sind auch idZ nicht anerkennungsfähig.[55]   **33**

Gem Art 3 Abs 1 lit g muss über eine „**Erbsache**" entschieden werden. Es muss daher unmittelbar eine Rechtssache behandelt werden, die in den Anwendungsbereich der EuErbVO fällt.   **34**

Darunter sind in erster Linie jene Verfahren zu subsumieren, die dem Erwerb der Verlassenschaft dienen. Nach österr Recht ist dafür das Verlassenschaftsverfahren gem §§ 143 ff AußStrG vorgesehen. Auf dem streitigen Rechtsweg sind Ansprüche aus dem gesetzlichen Pflichtteil, aus Vermächtnissen oder sonstigen Verfügungen von Todes wegen zu verfolgen. Auch Klagen des rechtmäßigen Erben gegen den Scheinerben, Klagen auf Bekanntgabe des Verlassenschaftsvermögens durch die Erben, der Verlassenschaftsgläubiger aus Ansprüchen gegen den Erblasser oder die Erben zählen zu den „Erbsachen";[56] ferner die Klage auf Erbteilung (vgl Art 23 Abs 2 lit j) und die Klage des verkürzten Pflichtteilsberechtigten gegen den Beschenkten (vgl Art 23 Abs 2 lit i). Als **nicht** in einer Erbsache ergangen ist eine Entscheidung dann zu qualifizieren, wenn die Rechtssache nur **inzident** bzw als **Vorfrage** erbrechtliche Fragen aufwirft. Mit der EuErbVO sollte nämlich nur ein spezifisches Regelwerk für erbrechtliche Ansprüche geschaffen werden. Die Entscheidung über eine reine Vorfrage rechtfertigt es daher nicht, einer Partei den nach der Brüssel Ia-VO normierten Gerichtsstand zu entziehen.[57] Auch im Hinblick auf die Abgrenzung zwischen der Brüssel Ia-VO und der EuInsVO stellt der EuGH darauf ab, ob die Klage unmittelbar aus einem Insolvenzverfahren resultiert.[58] Keine Erbsachen sind auch jene Verfahren, die noch vor dem Tod des Erblassers durchgeführt werden; zB die Klage auf Feststellung der Wirksamkeit oder Unwirksamkeit eines Erbverzichtsvertrags. Die Zugehörigkeit zu den Erbsachen muss in einem solchen Fall daran scheitern, dass das zentrale Anknüpfungsmerkmal – nämlich der gewöhnliche Aufenthalt des Erblassers im Zeitpunkt des Todes – hierbei nicht ermittelt werden kann.

Problematisch sind die Begriffe „Entscheidungen" wie auch „Gerichts" der EuErbVO im Gegensatz zu anderen VO besonders deshalb, weil es hier in den einzelnen Mitgliedstaaten **große verfahrensrechtliche Unterschiede** gibt. Teilweise ist in Verlassenschaftsangelegenheiten im **streitigen** Verfahren zu entscheiden, teilweise steht dafür oder auch nur für einzelne Verfahrensabschnitte die **außerstreitige** – bzw freiwillige – Gerichtsbarkeit zur Verfügung. Auch die **funktionelle Zuständigkeit** der einzelnen Rechtspflegeorgane unterliegt höchst unter-   **35**

---

55 Vgl *Kodek* in *Czernich/Kodek/Mayr*[4] Art 36 EuGVVO Rz 12.
56 Vgl 10 Ob 1/14 s; 10 Ob 19/14 p mwN; *Simotta* in *Fasching/Konecny* I[2] § 77 JN Rz 1 mwN.
57 *J. Schmidt* in BeckOGK BGB Art 3 EuErbVO Rz 25.
58 EuGH C-339/07, Slg 2009, I-767 Rz 20 = NJW 2009, 2189 ua; vgl *J. Schmidt* in BeckOGK BGB Art 3 EuErbVO Rz 26.

schiedlichen Regelungen. Mitunter werden daher bloß einzelne Verfahrensabschnitte der streitigen oder außerstreitigen Gerichtsbarkeit unterstellt bzw unterschiedliche Maßnahmen von verschiedenen Gerichtsorganen bzw Behörden getroffen. Der Entscheidungsbegriff ist somit **weit auszulegen.**[59] Dies ergibt sich schon aus Art 13, wonach auch eine bloße **Entgegennahme von erbrechtlichen Erklärungen** durch ein Gericht als Entscheidung gilt. Dieser Anspruch auf extensive Auslegung wird auch in ErwGr 59 formuliert. Auch Entscheidungen iZm dem **einstweiligen Rechtschutz** sind erfasst, wenn diese in einem kontradiktorischen Verfahren ergangen sind.[60]

36   Bei **Maßnahmen** von Notaren im Rahmen ihrer Funktion als **Gerichtskommissäre** (vgl dazu eingehend Rz 46) ist jeweils im Einzelfall zu überprüfen, ob es sich dabei um Entscheidungen iSd Art 3 Abs 1 lit g handelt. Dabei ist zu differenzieren, ob es sich dabei um eine Begrifflichkeit iSd Art 3 oder iSd Art 4 über die Zuständigkeit handelt, weil in der englischen Fassung jeweils unterschiedliche Diktionen verwendet werden: *„decision"* gem Art 3 Abs 1 lit g und *„rule of succession"* gem Art 4. Bei der Zuständigkeit ist der Begriff nach einigen Autoren weiter zu fassen als im Rahmen der Anerkennung und Vollstreckung, weil diese ja für das gesamte Nachlassverfahren gelten soll und dort häufig Maßnahmen gesetzt werden, die nicht als Entscheidungen ieS zu qualifizieren sind.[61] Dennoch sollte auch hier einer **weiten Interpretation** des Entscheidungsbegriffs das Wort geredet werden, weil sonst bestimmte Maßnahmen des Gerichtskommissärs bloß auf inländisches Vermögen beschränkt wären – etwa jene nach §§ 147–149 AußStrG.[62]

37   Besonders problembehaftet ist die **Einordnung von Nachweisen,** die verschiedene **erbrechtliche Wirkungen** zeigen; wie zB Erbnachweise oder die – auch nach dt Recht bestehenden – Erbscheine. Diese Frage kann nicht generell und pauschal beantwortet werden, sondern muss sich daran orientieren, ob die erbrechtlichen Nachweise in einem gerichtlichen Verfahren nach Prüfung der unterschiedlichen Standpunkte der Verfahrensparteien ausgestellt wurden. Der deutsche Erbschein fällt schon deshalb unter den Entscheidungsbegriff, weil das Gericht hier über das bessere Erbrecht der verschiedenen Erbprätendenten entscheidet.[63] Das BMJ hat für die Sicherung des Nachlasses und die Ausstellung des ENZ als zuständige Behörde das Bezirksgericht und den Notar als Gerichtsorgan in seiner Eigenschaft als Gerichtskommissär notifiziert.[64] Handelt es sich aber um bloße Nachweise, die nur eine **Vermutungs-** oder **Gutglaubenswirkung** entfalten und nur über Antrag einer Verfahrenspartei ergehen, ohne dass auch andere kontradiktorische Ansprüche geprüft werden, so ist hier von einer öffentlichen Urkunde gem Art 3 Abs 1 lit i auszugehen, die gem Art 59 in allen anderen Mitgliedstaaten anzunehmen ist. Öffentliche Urkunden entfalten daher grundsätzlich die gleiche formelle Beweiskraft wie im Ursprungsstaat.[65] Würden nämlich auch allen auf einseitiges Betreiben ausgestellten Urkunden Entscheidungsqualifikation beigemessen, so wären auch die Vorschriften über das ENZ obsolet. Werden allerdings erbrechtsrelevante Urkun-

---

59 *J. Schmidt* in BeckOGK BGB Art 3 EuErbVO Rz 29.
60 *J. Schmidt* in BeckOGK BGB Art 3 EuErbVO Rz 32.
61 *Dutta* in MünchKommBGB[6] Vor Art 4 EuErbVO Rz 4; *Motal,* EF-Z 2015/39, 69; *Wagner/Scholz,* FamRZ 2014, 716 (FN 29).
62 So zutr *Motal,* EF-Z 2015/39, 69.
63 Vgl *Dutta* in MünchKommBGB[6] Art 3 EuErbVO Rz 13 mwN.
64 Vgl Änderung des Gerichtskommissärsgesetzes in § 1 Abs 1 Z 1 leg cit durch Anfügung lit c und d: BGBl I 2015/87.
65 Vgl *Köhler* in *Kroiß/Horn/Solomon* Art 59 EuErbVO Rz 2.

den nicht von einer Stelle bzw Person, die mit öffentlichem Glauben ausgestattet sind, ausgestellt, so handelt es sich um reine Privaturkunden, die auch keiner förmlichen Urkundenannahme gem Art 59 zugänglich sind.[66] Die Beweiswirkung dieser Urkunde ist dann rein nach dem Erbstatut zu beurteilen.

B. Gericht

1. Legaldefinitionen

Auch der Terminus „Gericht" wird in Art 3 Abs 2 legaldefiniert. Dieser Begriff ist ebenfalls **38** **weit auszulegen,** wonach nicht nur Gerichte ieS, sondern auch sonstige **Behörden** und **Angehörige von Rechtsberufen,** die gerichtliche Funktionen ausüben, umfasst sind. ErwGr 20 Satz 2 beinhaltet den Gesetzeszweck und spricht davon, dass in vielen Mitgliedstaaten Notare und Angehörige von Rechtsberufen gerichtliche Funktionen in Erbsachen ausüben. Gem ErwGr 20 soll der Begriff „Gericht" deshalb breit gefasst werden, weil die VO den verschiedenen Systemen zur Regelung von Erbsachen Rechnung tragen soll.[67] Nach dt Recht zählt zB ein Urteil über einen Anspruch auf Herausgabe des Erbschaftsbesitzers (§ 2018 BGB) zur streitigen Gerichtsbarkeit und bildet eine Entscheidung iSd Art 3 Abs 1 lit g.

Es stellt gerade ein Spezifikum des Verlassenschaftsverfahrens dar, dass Angehörige von **39** Rechtsberufen oder sonstigen Behörden **funktionell Rechtsprechungsaufgaben** ausüben. Die Mitgliedstaaten müssen gem Art 79 Abs 1 mitteilen, welche sonstigen Stellen als Gericht iSd VO anzusehen sind.[68] Diese **Liste** ist **im Amtsblatt** der Europäischen Union **zu veröffentlichen** (Art 79 Abs 3) bzw der Öffentlichkeit auf andere geeignete Weise zugänglich zu machen (Art 79 Abs 4). Österreich hat die Notare in ihrer Eigenschaft als Gerichtskommissäre bereits als „Gericht" iSd Art 3 Abs 2 notifiziert (vgl dazu auch Rz 37).[69]

Obwohl auch andere VO Legaldefinitionen zum Begriff „Gericht" enthalten, sind die diesbe- **40** züglichen Judikate bzw Rechtsmeinungen bloß beschränkt zur Auslegung heranzuziehen. Art 3 Abs 2 zieht hier insofern explizit Grenzen, als er die genauen Voraussetzungen vorgibt: Die sonstigen Behörden und Angehörigen von Rechtsberufen mit Zuständigkeiten in Erbsachen, die diese gerichtlichen Funktionen ausüben, oder in Ausübung einer Befugnisübertragung durch das Gericht bzw unter der Aufsicht eines Gerichts handeln,[70] müssen va folgende **Vorgaben** erfüllen:

- Den Parteien **Unparteilichkeit** und das Recht auf **rechtliches Gehör** gewährleisten und
- ihre Entscheidungen müssen nach dem mitgliedstaatlichen Recht vor einem **Gericht angefochten** oder von einem Gericht **nachgeprüft** werden können **und**
- vergleichbare **Rechtskraft** bzw **Rechtswirkung** haben wie eine gerichtliche Entscheidung in der gleichen Sache.

Auch diese Legaldefinition zeigt deutlich, dass sich die internationale Zuständigkeit der VO **41** sowohl auf **streitige** als auch **außerstreitige Verfahren** bezieht.[71] Rechtliche Konsequenz der Qualifikation einer Behörde bzw Person als „Gericht" ist, dass diese Stellen bzw Personen an die Zuständigkeitsvorschriften des Kapitels II gebunden sind und die gesetzten Maßnahmen

---

66 *Dutta* in MünchKommBGB[6] Art 3 EuErbVO Rz 13.
67 *J. Schmidt* in BeckOGK BGB Art 3 EuErbVO Rz 43.
68 *J. Schmidt* in BeckOGK BGB Art 3 EuErbVO Rz 51.
69 Vgl BGBl I 2015/87.
70 *J. Schmidt* in BeckOGK BGB Art 3 EuErbVO Rz 47.
71 *Dörner,* ZEV 2010, 221; *Kindler,* IPRax 2010, 44; *Burandt,* FuR 2013, 389.

in allen anderen Mitgliedstaaten als Entscheidungen anzuerkennen bzw zu vollstrecken sind. Können ausgestellte Urkunden nicht per se als Entscheidungen definiert werden, so gelten sie aber als öffentliche Urkunden gem Art 59 (vgl dazu auch Rz 31 ff, 59 ff).

42 Üben diese Personen oder Stellen **keine gerichtlichen Funktionen** aus, so richtet sich die Rechtsgültigkeit der gesetzten Maßnahmen nach den **Kollisionsnormen** des Kapitels III.[72] Dies drückt auch ErwGr 22 explizit aus. Wie ErwGr 20 festhält, ist die notarielle Tätigkeit dann nicht unter den Begriff „Gericht" zu subsumieren, wenn sie lediglich nach innerstaatlichem Recht befugt sind, sich mit Erbsachen zu befassen, damit aber keine gerichtliche Funktion ausüben. Wenn Notare daher letztwillige Erklärungen öffentlich beurkunden und/oder diese Urkunden verwahren – für den österr Bereich zB im Zentralen Testamentsregister – üben sie damit keine gerichtliche Funktion aus.

2. Anwendung auf den österreichischen Rechtsbereich

43 Das gesamte Verlassenschaftsverfahren ist nach österr Recht auf den **außerstreitigen Rechtsweg** verwiesen; dies einschließlich des Verfahrens zur Feststellung des Erbrechts bei widersprechenden Erbantrittserklärungen (§§ 161 – 165 AußStrG). Als Verlassenschaftsgericht schreitet sachlich in erster Instanz ein **Bezirksgericht** ein. Die Rechtspflegefunktionen sind aber auf verschiedene Rechtsorgane aufgeteilt. Zum größten Teil ist die praktische Durchführung der Nachlassabhandlung den **Notaren** als **Gerichtskommissären** überantwortet.[73]

44 Den Notaren kommt in ihrer Stellung als Gerichtskommissäre im Nachlassverfahren die **hoheitliche Aufgabe** zu, va die erforderlichen faktischen Handlungen – wie etwa Todesfallaufnahmen, Sicherung des Nachlasses, Errichtung von Inventaren, Ausstellung von Amtsbestätigungen usw – durchzuführen.

45 Gem § 1 Abs 1 GKG besorgen die Notare in ihrer Stellung als Gerichtskommissäre va **folgende Amtshandlungen:**

- Die Todesfallaufnahme und alle mit dieser in Zusammenhang stehenden unaufschiebbaren Maßnahmen;
- die anderen im Zuge einer Verlassenschaftsabhandlung erforderlichen Amtshandlungen;
- die Sicherung der in Österreich gelegenen Verlassenschaft auch wenn ein ausländisches Gericht iSd Art 3 Abs 2 zuständig ist;
- die Ausstellung eines Europäischen Nachlasszeugnisses nach Art 62.

Außerhalb der Verlassenschaftsabhandlung obliegt ihnen:

- Die **Feilbietung von Liegenschaften,** Superädifikaten und Baurechten und
- die **Errichtung eines Inventars** und die Verfassung und Prüfung einer Rechnung oder eines Ausweises, einschließlich eines Ausweises über eine Vermögensteilung.[74]
- Diese Maßnahmen können iSd Art 3 Abs 2 als **gerichtliche Tätigkeiten** qualifiziert werden, weil die Gerichtskommissäre gem § 6 GKG ihre Aufgaben **unparteilich** wahrzunehmen haben und den Parteien auch gem § 15 AußStrG **rechtliches Gehör** insoweit einzuräumen ist, dass sie vom Inhalt der Erhebungen zu verständigen sind und dazu Stellung-

---

72 Vgl *Dutta* in MünchKommBGB[6] Art 3 Rz 18; Ratsdokument Nr 13512/10, 3; vgl auch *J. Schmidt* in BeckOGK BGB Art 3 EuErbVO Rz 43.

73 Vgl dazu *Rudolf,* NZ 2013/103, 225.

74 Vgl dazu *Fucik,* Verlassenschaftsverfahren 12 ff.

nahmen abgeben können.[75] Auch die **Nachprüfbarkeit** dieser Maßnahmen ist dadurch gegeben, dass sich die Parteien gem § 7a Abs 2 GKG mit einem **Abhilfeantrag** an das Verlassenschaftsgericht wenden können.[76] Bei jenen Maßnahmen, in denen kein Abhilfeantrag möglich ist, werden die Gerichtskommissäre auch nicht als Gerichte tätig – etwa bei der Öffnung von Behältnissen gem § 146 AußStrG.[77]

Dem **Verlassenschaftsgericht** bleiben allerdings va folgende gerichtliche Funktionen vorbehalten: **46**

- Alle **richterlichen Entscheidungen,**
- soweit nicht anders angeordnet die Protokollierung **gerichtlicher Vergleiche,**
- **Zwangsmaßnahme**n gem § 79 AußStrG sowie
- **ausländische Rechtshilfeersuchen.**

Die Notare werden **nach bestimmten Verteilungsordnungen** als **Gerichtskommissäre** eingesetzt. Diese Verteilungsanordnung hat der Präsident des Landesgerichts für die Bezirksgerichte seines Sprengels am Ende eines jeden Kalenderjahrs für das folgende Jahr aufzustellen (§ 5 GKG). Diese sind öffentlich bekannt zu machen. Die Amtshandlungen des Gerichtskommissärs werden vom Verlassenschaftsgericht überwacht. Dieses kann ihnen auch Aufträge erteilen, Berichte anfordern und die Vornahme erforderlicher Erhebungen verlangen (§ 7a Abs 1 GKG). **47**

Die **gerichtlichen Aufgaben** werden nicht nur von Berufsrichtern, sondern funktionell auch von **Rechtspflegern** ausgeübt (§ 18 Abs 1 RpflG). Gem § 18 Abs 2 RpflG bleiben dem **Richter** allerdings die Erledigung von Verlassenschaftsabhandlungen über einen **Nachlasswert von € 150.000,–,** sowie Entscheidungen über eine Nachlassseparation oder widersprechende Erbantrittserklärungen **vorbehalten.** Auch über Nachlässe eines protokollierten Einzelkaufmanns, eines persönlichen haftenden Gesellschafters, einer Personengesellschaft oder einer eingetragenen Erwerbsgesellschaft ist vom Richter zu entscheiden. **48**

Demgegenüber werden die **deutschen Notare** seltener in gerichtlicher Funktion tätig – etwa bei Teilungssachen gem § 342 Abs 1 Z 1 FamFG bzw gem § 23a Abs 3 GVG.[78] **49**

3. Sonstige Behörden

Auch wenn sonstige Behörden gerichtliche Funktionen ausüben, können sie als Gerichte iSd Art 3 Abs 2 qualifiziert werden. Dazu zählen auch **Konsularbeamte,** wenn sie nach staatsvertraglichem oder innerstaatlichem Konsularrecht gerichtliche Funktionen ausüben[79]. Dies ist dann der Fall, wenn sie **Maßnahmen des Verlassenschaftsverfahrens** setzen – wie etwa die Todesfallaufnahme oder die Erbverhandlung. Wenn sie allerdings wie Notare bloß letztwillige Erklärungen beurkunden, sind sie nicht als „Gerichte" anzusehen.[80] IdZ zeigt allerdings *Dutta*[81] rechtliche Probleme auf, die bei einzelnen Maßnahmen von Konsularbeamten auftreten können, weil sich das Konsularrecht nämlich – im Gegensatz zu den Zuständig- **50**

---

75 *Verweijen,* Verlassenschaftsverfahren 15.
76 *Motal,* EZ-Z 2015/39, 69.
77 *Motal,* EF-Z 2015/39, 69.
78 Vgl *Dutta* in MünchKommBGB[6] Art 3 EuErbVO Rz 16.
79 Siehe Europäisches Übereinkommen über konsularische Aufgaben, SEV-Nr 61, dem auch Österreich angehört.
80 Vgl dazu *Dutta* in MünchKommBGB[6] Art 3 EuErbVO Rz 17.
81 *Dutta* in MünchKommBGB[6] Art 3 EuErbVO Rz 19.

keitsbestimmungen – grundsätzlich am **Staatsangehörigenprinzip orientiert** und konsularische Maßnahmen auch in gerichtlicher Funktion auf Angehörige des Entsendungsstaats beschränkt sind. So seien Konstellationen denkbar, in denen der entsendende Mitgliedstaat zwar international gem Art 4 ff zuständig sei, aber der Konsularbeamte des zuständigen Entsendemitgliedstaats konsularrechtlich nicht handeln dürfe, weil der Erblasser kein Staatsangehöriger des Entsendemitgliedstaats sei. Dies gelte auch für den umgekehrten Fall einer konsularrechtlichen Befugnis ohne entsprechende verordnungsrechtliche Zuständigkeit. Soweit die konsularrechtliche Tätigkeit sich auch auf Angehörige aus Drittstaaten bezieht, könne sich ein Vorrang des Konsularrechts gem Art 75 Abs 1 und 2 ergeben. In den anderen Fällen gelte aber vorrangig die VO, was zur Folge habe, dass es zu **Kompetenzkonflikten** zwischen EuErbVO und Konsularrecht komme. Insoweit seien die mitgliedstaatlichen Gesetzgeber verhalten, hier Anpassungen im Konsularrecht vorzunehmen. In Österreich besteht allerdings aufgrund von eigenen völkerrechtlichen Abkommen kein eigenes Konsulargesetz.

4. Schiedsgerichte

51 Die EuErbVO grenzt – anders als die Brüssel Ia-VO – in ihrem sachlichen Anwendungsbereich die **Schiedsgerichtsbarkeit nicht explizit aus.** Es stellt sich daher die Frage, ob Schiedsgerichte auch unter die Legaldefinition des Art 3 zu subsumieren sind, weil diese ja grundsätzlich auch gerichtliche Funktionen ausüben. Ebenso ist das Schiedsverfahren grundsätzlich als justizförmig anzusehen, weil die allgemeinen Prozessgrundsätze eines „fairen Verfahrens" iSd Art 6 EMRK einzuhalten sind. Eine Einbeziehung von schiedsgerichtlichen Entscheidungen ist aber aus verschiedenen Gründen abzulehnen: Einerseits werden nach einigen mitgliedstaatlichen Rechtsordnungen Erbangelegenheiten – zumindest ieS – nicht als „schiedsfähig" zu qualifizieren sein, wenn rechtsfürsorgende Aspekte betroffen sind. Die **objektive Schiedsfähigkeit** von Erbsachen bestimmt sich nach der **lex fori.** In Österreich ist die subjektive Schiedsfähigkeit vermögensrechtlicher Angelegenheiten im Erbrecht nach hA deckungsgleich mit der Testierfähigkeit (vgl auch den Wortlaut des § 582 Abs 1 ZPO).[82] Nicht vermögensrechtliche Ansprüche sind hingegen nur dann schiedsfähig, wenn eine materiellrechtliche Vergleichsbefugnis besteht.[83] Nach dt Recht sind Erbsachen vermögensrechtlicher Natur gem § 1030 Abs 1 Satz 1 iVm § 1059 Abs 2 dZPO schiedsfähig. Schiedsvereinbarungen können idZ zB zwischen Erben und Pflichtteilsberechtigten bzw zwischen Miterben über die Verwaltung oder Teilung des Nachlasses getroffen werden.[84] Auch der Erblasser kann, wie in Österreich (§ 581 Abs 2 ZPO), bzw gem § 1066 dZPO in letztwilligen Verfügungen eine Schiedsklausel festlegen.

52 Andererseits ergibt sich aber aus dem Tenor der Art 4 ff, dass sich die Zuständigkeitsvorschriften auf die **staatliche Rechtspflege beziehen,** weil es wenig Sinn macht, eine Beschränkung bloß auf Schiedsgerichte im Mitgliedstaat des letzten gewöhnlichen Aufenthalts des Erblassers festzuschreiben. Überdies würden – wie *Dutta*[85] zu Recht anmerkt – die Anerkennungs- und Vollstreckungsregeln der VO ohnedies durch das New Yorker Übereinkommen über die Anerkennung und Vollstreckung ausländischer Schiedssprüche verdrängt werden. Dies anerkennt auch *Mankowski,*[86] erachtet aber die IPR Normen der EuErbVO – im Gegen-

---

82 *Nueber,* JEV 2013, 120.
83 *Hausmaninger* in *Fasching/Konecny* IV² § 582 ZPO Rz 48 mwN.
84 Vgl dazu *Mankowski,* ZEV 2014, 397.
85 *Dutta* in MünchKommBGB⁶ Art 3 EuErbVO Rz 20.
86 *Mankowski,* ZEV 2014, 399.

satz zu den Regeln über die Zuständigkeit, die Anerkennung und Vollstreckbarerklärung bzw das ENZ – in Schiedsverfahren für anwendbar.

C. Vergleiche

Als **gerichtlicher Vergleich** gilt nach der **Legaldefinition** des Art 3 Abs 1 lit h ein von einem **53** Gericht gebilligter, oder vor einem Gericht im Lauf des Verfahrens geschlossener Vergleich in einer Erbsache. Primär sind daher Vergleiche in einem **gerichtlichen Verfahren** angesprochen. Auch in Art 2 lit c Brüssel Ia-VO wird der Vergleich idS legaldefiniert.

Ein solcher Vergleich kann für den österr Rechtsbereich sowohl vor dem **Richter** als auch **54** vor dem **Rechtspfleger** erfolgen.[87] Nicht notwendig ist dabei ein gegenseitiges Nachgeben der Parteien.[88] Voraussetzung eines gerichtlichen Vergleichs ist jedoch seine Protokollierung, die dem Vergleich Vollstreckbarkeit gem § 1 Z 5 EO verleiht. Die **Vollstreckbarkeit** gerichtlicher Vergleiche ist in Art 61 explizit geregelt. Notare sind im Verlassenschaftsverfahren in ihrer Stellung als **Gerichtskommissär** idR **nicht** zur Protokollierung von Vergleichen ermächtigt. Der Notar als Gerichtskommissär ist daher nicht befugt, über einen Vergleich des Erbrechts zu verhandeln, oder diesen zu Protokoll zu nehmen.[89] Auch dann, wenn im Zuge der Einberufung der Verlassenschaftsgläubiger ein Vergleich hinsichtlich der angemeldeten Forderung erzielt wird, kann er diesen Vergleich nicht protokollieren.[90]

Doch haben die vor Gerichtskommissären zu Protokoll erklärten **Erbteilungsübereinkommen** gem § 181 Abs 1 AußStrG die Wirkung eines gerichtlichen Vergleichs.[91] Auch die Ab- **55** geltung erbrachter Pflegeleistungen bzw die Stundung von Pflichtteilsansprüchen können nun mit den Wirkungen eines gerichtlichen Vergleichs von diesem zu Protokoll genommen werden. Bei widersprechenden Erbantrittserklärungen hat der Gerichtskommissär gem § 160 AußStrG sogar darauf hinzuwirken, dass das Erbrecht zwischen den Parteien anerkannt wird.[92] Ein solches Erbteilungsübereinkommen ist nur vor der Einantwortung und nach Abgabe der Erbantrittserklärung zulässig.[93] § 181 AußStrG ist nicht nur auf Erbteilungsvereinbarungen beschränkt, sondern kann sich auch auf die Benützung von Nachlassgegenständen oder auf andere Verlassenschaftsvereinbarungen beziehen – wie etwa **Pflichtteils**- oder **Legatsübereinkommen.** Formvorschriften bestehen dafür nicht, sodass grundsätzlich auch außergerichtliche Vereinbarungen getroffen werden können. Vor einer Protokollierung muss der Gerichtskommissär auf eine exakte vollstreckbare Formulierung achten. Zweckmäßigerweise wird er sich hier an § 3 NO zu orientieren haben.[94] Auch das ENZ kann idZ einen tauglichen Nachweis für eine solche Teilungsanordnung sein.

Außergerichtliche Vergleiche, die bloß zwischen den Parteien wirken, aber keine Voll- **56** streckbarkeitswirkung entfalten, sind idZ nicht einzubeziehen. Der Vergleich muss jedoch nicht zwingend während des Verfahrens abgeschlossen werden, ein Abschluss kann gem Art 3 Abs 1 lit h auch außergerichtlich erfolgen, wenn die Vereinbarung **gerichtlich gebilligt** wurde. Für den österr Rechtsbereich ist idZ ein prätorischer Vergleich im Verlassenschafts-

---

87 Vgl *Rechberger* in *Rechberger,* AußStrG[2] § 30 Rz 3.
88 Vgl auch *Kodek* in *Czernich/Kodek/Mayr*[4] Art 59 EuGVVO Rz 4.
89 *Grün* in *Rechberger,* AußStrG[2] § 160 Rz 5; LGZ Wien 45 R 497/08 h EF 126.012.
90 *Bittner* in *Rechberger,* AußStrG[2] § 174 Rz 7.
91 *Verweijen,* Verlassenschaftsverfahren 189.
92 Vgl *Rechberger* in *Rechberger,* AußStrG[2] § 30 Rz 3.
93 *Verweijen,* Verlassenschaftsverfahren 189 mwN.
94 *Bittner* in *Rechberger,* AußStrG[2] § 181 Rz 2.

verfahren gem § 30 Abs 3 AußStrG ausgeschlossen. Ob idZ auch Mediationsvergleiche gem § 433a ZPO möglich sind, bleibt fraglich, wird aber mangels Vergleichsfähigkeit in den meisten erbrechtlichen Bereichen eher zu verneinen sein. Allenfalls kämen derartige Vergleiche iZm Mediationsverfahren über die Aufteilung des Nachlasses oÄ in Frage. **Mediationsvergleiche** sind über alle – eine (nach österr Recht) dispositive Zivilsache betreffende – Rechte in einer schriftlichen Mediationsvereinbarung, der ein Mediationsverfahren vorangegangen sein muss, zulässig und vor jedem Bezirksgericht schriftlich zu schließen. „Zivilsache" meint hierbei jedes Recht, über das die ordentlichen Gerichte zur Entscheidung berufen sind.[95] Ist strittig, ob es sich um eine solche Vereinbarung handelt, dann kann das Gericht analog § 2 Abs 2 EU-MediatG eine verbindliche Stellungnahme des Ausschusses für Mediation (§ 7 ZivMediatG) einholen. Damit erfüllen sie die Voraussetzungen eines gerichtlichen Vergleichs und sind gem § 1 Z 5 EO vollstreckbar.[96]

57 **Außergerichtlichen Erbteilungsübereinkommen** kommt bloß die Wirkung einer Privaturkunde zu, sodass sie nicht unmittelbar vollstreckbar sind. Auch diese Vereinbarungen können allerdings eine Gebührenpflicht gem § 33 TP 8 GGG auslösen.[97]

D. Öffentliche Urkunden

1. Legaldefinition

58 Die Legaldefinition einer „öffentlichen Urkunde" befindet sich in Art 3 Abs 1 lit i. Als solche gelten die Schriftstücke in Erbsachen, die als öffentliche Urkunde in einem Mitgliedstaat förmlich errichtet oder eingetragen worden sind und deren **Beweiskraft**

- sich auf die **Unterschrift** und den **Inhalt** der öffentlichen Urkunde **bezieht** und
- durch eine **Behörde** oder eine andere von Ursprungsmitgliedstaat hierzu **ermächtigte Stelle** festgestellt worden ist.

Diese Legaldefinition findet sich wortlautgetreu auch in Art 2 lit d Brüssel Ia-VO.[98] In Art 4 Z 3 der EuVTVO wird dieser Begriff ebenfalls definiert.[99] Auch dieser Begriff ist **vertragsautonom** zu verstehen.

2. Voraussetzungen

59 Voraussetzung für die Qualifikation als öffentliche Urkunde ist eine **förmliche Errichtung** bzw **Eintragung in einem Mitgliedstaat.** Überdies muss sich deren Beweiskraft sowohl auf die **Unterschrift,** als auch auf den **Inhalt der Urkunde** beziehen. Ein Bezug der Beurkundung bloß auf die Unterschrift allein reicht daher nicht aus. Weitere Voraussetzung ist, dass die Urkunde durch eine Behörde oder eine andere vom Ursprungsmitgliedstaat hierzu ermächtigte Stelle ausgestellt worden ist. Für den österr Rechtsbereich sind hier va die von einer hierzu befugten Behörde (vgl dazu Rz 64) ausgestellte Urkunden zu nennen, die nicht schon als Entscheidungen bzw Vergleiche zu qualifizieren sind. Nicht maßgebend ist idZ, ob die Urkunde vollstreckbar ist, weil in Art 59 – im Gegensatz zu anderen Unionsverordnungen – die Annahme einer Urkunde unabhängig von ihrer Vollstreckbarkeit geregelt ist.[100]

---

95 *Frauenberger-Pfeiler/Risak,* ÖJZ 2012/87, 798.
96 *Fucik* in *Rechberger,* AußStrG[2] § 422a Rz 2.
97 *Verweijen,* Verlassenschaftsverfahren 190.
98 Vgl auch die Definition des EuGH C-260/97, *Unibank* DNotZ 1999, 919 *(Fleischhauer).*
99 Vgl *Klicka,* NZ 2009/66, 225.
100 *J. Schmidt* in BeckOGK BGB Art 3 EuErbVO Rz 41; *Buschbaum/Kohler,* GPR 2010, 164.

Da Art 3 Abs 1 lit i von einem „Schriftstück" spricht, ist fraglich, ob nur Papierdokumente **60** erfasst sind. Weil dieser Begriff auch idZ **weit auszulegen** ist und bei Gerichten in den unterschiedlichen Ländern der elektronische Schriftverkehr immer mehr Einzug hält (vgl § 89 d GOG, § 4 ERV; § 371 a Abs 2, § 416 a dZPO), spricht auch hier der Tenor dafür, **elektronische Dokumente** mit elektronischer Signatur einzubeziehen.[101]

Als **öffentliche Urkunde** iSd § 292 ZPO gelten allgemein jene Urkunden, die von einer mit **61** öffentlichem Glauben versehenen Urkundsperson – zB Notare, Architekten, Zivilingenieure – innerhalb ihres Geschäftskreises bzw von einer österr öffentlichen Behörde innerhalb der Grenzen ihrer Amtsbefugnisse in der vorgeschriebenen Form errichtet wurden.[102] Auch Urkunden, die durch besondere gesetzliche Vorschriften als öffentliche Urkunden erklärt wurden, sind hierher zu zählen (vgl § 293 Abs 1 ZPO).[103] Es muss sich iSd Art 3 Abs 1 lit i allerdings um eine öffentliche Urkunde in **„einer Erbsache"** handeln. Die Urkunde muss daher eine Materie betreffen, die in den Anwendungsbereich des Art 1 fällt.[104] Keine Rolle spielt es, wenn daneben auch **noch andere Rechtsbereiche** berührt werden, doch beziehen sich Annahme bzw Vollstreckbarkeit bloß auf die erbrechtlichen Teile der Urkunde.[105] In erster Linie sind iZm dem Erbrecht die von Notaren errichteten Urkunden zu nennen. Zu den Behörden zählen neben den Gerichten auch hier die österr **Vertretungs-** und **Konsularbehörden im Ausland** (vgl dazu Rz 50).

3. Beweiskraft öffentlicher Urkunden

Einer öffentlichen Urkunde iSd Art 3 Abs 1 lit i ohne Vollstreckbarkeitswirkung kommt in **62** allen anderen Mitgliedstaaten die **gleiche formelle Beweiskraft wie im Ursprungsmitgliedstaat** zu (Art 59). Damit werden diese Beweiskraftwirkungen **doppelt begrenzt,** nämlich einerseits nach dem Recht des Ursprungsmitgliedstaats andererseits nach jenem des Zielmitgliedstaats.[106] Der Terminus „Beweiskraft" ist für den österreichischen Rechtsbereich idZ missverständlich, weil dieser eher die Überzeugungskraft eines Beweismittels für das Gericht betrifft. Am ehesten ist dieser Begriff mit der „Echtheit" einer Urkunde gleichzusetzen, mithin der **Authentizität** gem Art 59.[107]

Als öffentliche Urkunde in Erbsachen ist zB die **Amtsbestätigung** über die **Vertretungsbe- 63 fugnis eines Erben** (§ 810 ABGB) durch den Gerichtskommissär gem § 172 AußStrG zu nennen. Das Verlassenschaftsgericht ist für die Ausstellung dieser Amtsbestätigung funktionell nicht zuständig.[108] Damit kann der erberklärte Erbe auch ein Gesuch um Anmerkung der Rangordnung für die beabsichtigte Veräußerung einer zum Nachlass gehörenden Liegenschaft ohne Genehmigung des Abhandlungsgerichts erreichen.[109]

---

101 *J. Schmidt* in BeckOGK BGB Art 3 EuErbVO Rz 36.

102 Vgl dazu *Kainz,* ecolex 2012, 216; *Frauenberger-Pfeiler,* ecolex 2013, 33; *Rechberger* in *Rechberger,* ZPO[4] § 292 Rz 13.

103 Vgl für das dt Recht § 418 dZPO.

104 *J. Schmidt* in BeckOGK BGB Art 3 EuErbVO Rz 37; *Nordmeier,* ZEV 2013, 120.

105 *J. Schmidt* in BeckOGK BGB Art 3 EuErbVO Rz 37.

106 *Simon/Buschbaum,* NJW 1012, 2397.

107 *J. Schmidt* in BeckOGK BGB Art 3 EuErbVO Rz 39 f.

108 OGH 2 Ob 243/07 k EF-Z 2008/66, 110 *(Fischer-Czermak); Bittner* in *Rechberger,* AußStrG[2] § 173 Rz 3.

109 *Bittner* in *Rechberger,* AußStrG[2] § 173 Rz 3; OGH 5 Ob 95/08 f; 5 Ob 108/08 f EvBl 2009/8 *(Spitzer).*

64 Stellt der Gerichtskommissär eine Amtsbestätigung aus, so ist diese gem § 9 Abs 4 GKG mit einem Amtssigel zu versehen. Bei **Unterbleiben der Abhandlung** kann das Gericht einer Person, die erbrechtliche Ansprüche bescheinigt, auf Antrag mit einer Amtsbestätigung die Ermächtigung erteilen, das **Verlassenschaftsvermögen** ganz oder zu bestimmten Teilen zu **übernehmen,** dazu gehörende **Rechte geltend zu machen** oder aufzugeben und über erhaltene Leistungen rechtswirksam zu quittieren und Löschungserklärungen auszustellen. Auch diese Ermächtigung ist in Form einer Amtsbestätigung gem § 186 AußStrG zu erteilen und dient als öffentliche Urkunde zum Nachweis dieser Befugnisse. Diese Amtsbestätigungen sind grundbuchsfähig und dienen der Übertragung von dinglichen Rechten des Erblassers.

65 Auch mit dem **ENZ,** das eine unionsweite einheitliche Bescheinigung über die Stellung als Erbe vorsieht, kann die Zuweisung bestimmter Vermögenswerte an Erben nachgewiesen werden. Wer die ausstellende Behörde hierfür ist, bleibt dem innerstaatlichen Recht überlassen. In Österreich ist diese Aufgabe gem § 1 Abs 1 Z 1 lit d GKG dem **Gerichtskommissär** zugewiesen. Diese Regelung ist schon deshalb zweckmäßig, weil diesem ja auch die Ausstellung von sonstigen Amtsbestätigungen obliegt.[110] Ob dieses allerdings für das Grundbuchsgericht als ausreichender Nachweis dient, bleibt fraglich (vgl dazu eingehend Art 63 f).

66 Als öffentliche Urkunden im Verlassenschaftsverfahren gelten auch die **Sterbeurkunde** der Personenstandsbehörde oder die **Todesfallaufnahme** gem § 145 AußStrG. Die Todesfallaufnahme stellt eine öffentliche Urkunde iSd § 292 Abs 1 ZPO dar und begründet vollen Beweis dafür, was darin beinhaltet ist. Dagegen ist nur der Beweis der Unrichtigkeit des bezeugten Vorgangs oder der bezeugten Tatsache oder der unrichtigen Beurkundung zulässig.[111]

67 Auch das vom Gerichtskommissär gem § 166 AußStrG errichtete **Inventar** schafft als öffentliche Urkunde iSd § 292 Abs 1 ZPO vollen Beweis für die Nachlasszugehörigkeit der darin verzeichneten Vermögenswerte und dient den Erben und Pflichtteilsberechtigten als Grundlage für die Berechnung ihrer Ansprüche.[112] Im Gegensatz dazu kommt einer **Vermögenserklärung** gem § 179 AußStrG **nicht** der Charakter einer öffentlichen Urkunde zu.[113]

4. Vollstreckbarkeit öffentlicher Urkunden

68 Öffentliche Urkunden, die in einem Mitgliedstaat **vollstreckbar sind,** können gem Art 60 in einem anderen Mitgliedstaat nach den Bestimmungen der Art 45–58 für vollstreckbar erklärt werden. Die Vollstreckbarerklärung richtet sich daher nach dem für Entscheidungen maßgebenden Verfahren. Voraussetzung dafür ist, dass eine nach Art 3 Abs 1 lit i qualifizierbare Urkunde in einem Mitgliedstaat aufgenommen wurde und dort auch vollstreckbar ist. Für den österr Rechtsbereich sind unter Art 3 Abs 1 lit i Urkunden zu subsumieren, die in **§ 1 EO genannt** sind. Hierzu zählen va die **vollstreckbaren Notariatsakte** gem § 3 Abs 1 lit d NO. Dabei ist darauf zu achten, dass die Erfordernisse des § 68 NO erfüllt sind.[114] Ob auch **vollstreckbare Anwaltsbeurkundungen** gem § 10 Abs 4 RAO darunter fallen, ist fraglich, wird aber zu verneinen sein,[115] weil Anwälte wohl auch dann nicht als mit „öffentlichem

---

110 Vgl aber *Motal,* EZ-Z 2015/39, 63, der dafür plädiert, diese Aufgabe dem Verlassenschaftsgericht zuzuweisen.

111 *Grün* in *Rechberger,* AußStrG[2] § 145 Rz 5 mwN.

112 OGH 1 Ob 190/10 p NZ 2011/50, 184 mwN; *Grün* in *Rechberger,* AußStrG[2] § 166 Rz 3.

113 *Bittner* in *Rechberger,* AußStrG[2] § 170 Rz 4.

114 *Brenn* in *Fasching/Konecny* V/1[2] Art 57 EuGVVO Rz 21 ff; *Kodek* in *Czernich/Kodek/Mayr[4]* Art 58 EuGVVO Rz 8.

115 So auch offenbar *Klicka,* NZ 2009/66, 225; krit *Schur,* AnwBl 2009, 219 f.

Glauben versehene Person" iSd § 292 ZPO bzw „Behörden" zu qualifizieren sind, wenn sie bei einer Vereinbarung zwischen Eigentumspartnern über den Nachlass am gemeinsamen Wohnungseigentum gem § 14 Abs 5 WEG mitwirken. Es geht hier nicht um die Errichtung einer öffentlichen Urkunde, sondern um die bloße Mitwirkung bei der Vereinbarung einer Eigentumsübertragung. Solche „rechtsanwaltlichen Urkunden" sind daher bloß als **Privaturkunden** zu verstehen, denen keine erhöhte Beweiskraft zukommt. Privaturkunden fallen jedenfalls auch dann, wenn sie vollstreckbar sind, nicht unter die Legaldefinition des Art 3 Abs 1 lit i.[116]

Vor Art 4 ff

Literatur: *Burandt,* Die EuErbVO (Teil 2), FuR 2013, 377; *Dörner,* Der Entwurf einer europäischen Verordnung zum Internationalen Erb- und Erbverfahrensrecht – Überblick und ausgewählte Probleme, ZEV 2010, 221; *Dutta,* Das neue internationale Erbrecht der Europäischen Union Eine erste Lektüre der Erbrechtsverordnung, FamRZ 2013, 4; *Mankowski,* Der gewöhnliche Aufenthalt des Erblassers unter Art 21 Abs 1 EuErbVO, IPRax 2015, 39; *Motal,* EU-Erbrechtsverordnung: Anpassungsbedarf in IPRG und der JN, EF-Z 2014/151, 251; *Motal,* EU-Erbrechtsverordnung: Anpassungsbedarf im Außerstreitgesetz, EF-Z 2015/39, 62; *Nademleinsky,* Das internationale Erbrecht Österreichs – kurz und mit Beispielen, EF-Z 2012/35, 61; *Seyfarth,* Wandel der internationalen Zuständigkeit im Erbrecht (2012); *Volmer,* Definitive Entscheidung von Vorfragen aufgrund der Gerichtszuständigkeit nach der EuErbVO, ZEV 2014/3, 129; *Wagner/Scholz,* Der Referentenentwurf eines Gesetzes zur Durchführung der EU-Erbrechtsverordnung, FamRZ 2014, 714.

Übersicht

I. Vorbemerkungen 1
   A. Gleichlauf zwischen forum und ius als Grundintention 1
   B. Kollisionsrecht 10
II. Autonome Zuständigkeitsregelungen 13
III. Grundregel – Ausnahmen 16
IV. Nachlasseinheit 21
V. Erbverfahren 24
   A. Streitige – nicht streitige Verfahren 24
   B. Verfahren, die vor dem Erbfall geführt werden 26
VI. Überblick über das Zuständigkeitsregime der EuErbVO 27

I. Vorbemerkungen

A. Gleichlauf zwischen forum und ius als Grundintention

Die EuErbVO hat sich dem Grundgedanken verschrieben, die Einheit von lex fori und lex **1** causae umzusetzen.[1] Aus Gründen der Verfahrensökonomie sollen die jeweils international zuständigen Gerichte idR ihr eigenes materielles Recht anwenden. Durch einen solchen Gleichlauf werden nämlich zeitaufwendige gerichtliche Erhebungen über das fremde Recht vermieden und dadurch eine rasche und kostengünstige Entscheidung des jeweiligen Erbnachlassfalls erreicht.[2] Die meisten **nationalen Erbrechtsgesetze** haben demgegenüber bislang bei grenzüberschreitenden Erbfällen nach dem **Staatsangehörigkeitsprinzip** ange-

---

116 Vgl auch *Kodek* in *Czernich/Kodek/Mayr*[4] Art 58 EuGVVO Rz 5.

1 Vgl ErwGr 27; *Frodl/Kieweler* in *Rechberger/Zöchling-Jud* Rz 27 ff.
2 *Burandt,* EU-Erbrechtsverordnung 32 ff.

knüpft, sodass mit der EuErbVO ein Paradigmenwechsel erfolgt ist. Der Gleichlauf zwischen forum und ius ist allerdings dennoch kein neuer Gedanke der EuErbVO, sondern wurde bereits bei anderen VO umgesetzt – zB in Art 15 EuUVO (durch Verweis auf das HUP 2007, dessen Art 3 Abs 1 die Anknüpfung an den gewöhnlichen Aufenthaltsort vorsieht) bzw Art 4 Abs 1 EuInsVO. Auch bereits Art 3 HErbÜ hat sich einer Kombination von Staatsangehörigen- und Aufenthaltsanknüpfung verschrieben.[3] Eine solche Gleichschaltung macht va bei der Nachlassabwicklung Sinn, weil gerade in diesem Bereich eine enge Verzahnung zwischen materiellem und formellem Recht besteht. Würden hier jeweils unterschiedliche Rechtsordnungen zur Anwendung gelangen, so führte dies zu zahlreichen Abgrenzungsproblemen.

2 Die Zuständigkeitsregeln von Kapitel II sind auf die Anknüpfungsregeln in Kapitel III dergestalt abgestimmt, dass das zuständige Gericht idR **kein fremdes Recht** anzuwenden hat, sondern stets sein eigenes Recht anwendbar ist.

3 Die **prozessualen Vorschriften** über die Prüfung der Zuständigkeit, der Zulässigkeit der Verfahrenseinleitung, der Rechtshängigkeit und einstweiligen Maßnahmen gem **Art 14 ff** orientieren sich weitgehend an den Art 25 ff Brüssel I-VO, sodass hier auch die entsprechende EuGH-Judikatur sinngemäß herangezogen werden kann. Unnötig kompliziert ist aber die Regelung in der VO dadurch, dass die durch die Brüssel Ia-VO vorgenommenen Änderungen idZ noch nicht antizipiert wurden. Darin wurden nämlich va in Art 29 ff Brüssel Ia-VO die Vorschriften über die Verfahrensanhängigkeit umgestaltet.[4] Damit stellt sich bereits kurz nach ihrem Inkrafttreten die Frage nach einer Reformierung der EuErbVO.[5]

Art 4 regelt die **allgemeine Zuständigkeit** der Gerichte der Mitgliedstaaten in Erbsachen. Primäres zuständigkeitsbegründendes Anknüpfungsmerkmal ist der **letzte gewöhnliche Aufenthalt** des Erblassers. Dieser ist deckungsgleich mit dem kollisionsrechtlichen Anknüpfungsmoment des Art 21 Abs 1.[6] Die Zuständigkeit der Gerichte am gewöhnlichen Aufenthalt des Erblassers besteht für das **gesamte Nachlassvermögen** des Erblassers. Der gewöhnliche Aufenthalt ist schon deshalb Anknüpfungspunkt, weil sich hier in den weit überwiegenden Fällen das Nachlassvermögen – bzw zumindest dessen Großteil – befindet.

4 Die internationale Zuständigkeit richtet sich nach den Art 3 – 15 EuErbVO. Ziel der EuErbVO war es idZ insb, dass durch eine **Zuständigkeitskonzentration** (vgl Rz 24) für Entscheidungen in Erbsachen von Mitgliedstaaten konkurrierende Zuständigkeiten beseitigt werden sollten. Konkurrierende Zuständigkeiten in verschiedenen Mitgliedstaaten sind nur mehr im Bereich von Entscheidungen bzw Maßnahmen nichtgerichtlicher Personen bzw Behörden möglich.[7]

5 Die **sachlichen, örtlichen** und **funktionellen Zuständigkeitsbestimmungen** in den einzelnen Mitgliedstaaten bleiben (weitgehend) **unberührt** (Art 2). Dies entspricht auch der bereits durchgängigen Tradition der EU-VO. Hinsichtlich der örtlichen Zuständigkeit ist daher anzumerken, dass hier die autonomen Normen vorgehen – etwa gem Art 5 Abs 1, wonach von den Parteien die Zuständigkeit eines konkreten Gerichts vereinbart werden kann (vgl dazu auch Art 2 Rz 2).

---

3 *Mankowski*, IPRax 2015, 39.
4 Vgl dazu *Wallner-Friedl* in *Czernich/Kodek/Mayr*[4] Art 29 Brüssel Ia-VO Rz 7.
5 *Dutta* in MünchKommBGB[6] Vor Art 4 EuErbVO Rz 15.
6 Vgl *Köhler* in *Kroiß/Horn/Solomon* Art 4 EuErbVO Rz 1.
7 *Volmer*, ZEV 2014/3, 131.

Die **örtliche Zuständigkeit** richtet sich nach § 105 JN idF ErbRÄG 2015, wonach im Ver- **6** lassenschaftsverfahren primär das Gericht einschreitet, in dessen Sprengel der Verstorbene seinen allgemeinen Gerichtsstand in Streitsachen hat.[8] Der allgemeine Gerichtsstand bestimmt sich innerstaatlich nach § 66 JN und stellt auf den Wohnsitz bzw den gewöhnlichen Aufenthalt ab. Auch die **örtliche Zuständigkeit** wurde im Rahmen der Ausführungsgesetzgebung adaptiert.[9] Der Verweis auf den allgemeinen Gerichtsstand des Erblassers in § 105 Abs 1 JN bleibt allerdings auch in der neuen Fassung aufrecht; ebenso ein subsidiärer Verweis auf das Gericht der belegenen Nachlassgegenstände bzw in letzter Konsequenz das BG Innere Stadt Wien. Für die Anpassung nach Art 31 EuErbVO ist gem § 105 Abs 2 JN idF ErbRÄG 2015 jenes Gerichts zuständig, in dessen Sprengel sich eine der Sachen befindet, an der das anzupassende Recht geltend gemacht wird. Für einstweilige Maßnahmen und Maßnahmen zur Sicherung des Nachlasses iSd Art 19 ist gem § 105 Abs 3 JN idF ErbRÄG 2015 das Gericht zuständig, in dessen Sprengel sich der Nachlassteil befindet, den die Maßnahme betrifft und für Entgegennahme von Erklärungen einer Person iSd Art 13 gem § 105 Abs 4 JN idF ErbRÄG 2015 das Gericht, in dessen Sprengel die Person ihren gewöhnlichen Aufenthalt hat.

Auch für **streitige Verfahren** von Legataren bzw Nachlassgläubiger vor rechtskräftiger Been- **7** digung des Nachlassverfahrens bleibt gem § 77 JN die örtliche Zuständigkeit des Gerichts am Sitz des Verlassenschaftsverfahrens aufrecht. Erbteilungsklagen (s bei Art 2 Rz 8) können dort auch noch nach rechtskräftiger Beendigung des Verlassenschaftsverfahrens anhängig gemacht werden.

Die Regelung für die **sachliche Zuständigkeit** (§ 104 a JN) bleibt unberührt.

Während die Regelung über die internationale Zuständigkeit nur die EU-Mitgliedstaaten be- **8** treffen kann, gilt die EuErbVO in Hinblick auf die Frage des **anwendbaren Rechts** auch **über die EU hinaus.** Auch in Fällen, in denen der Erblasser seinen gewöhnlichen **Aufenthalt in Drittstaaten** hat, finden sich in der EuErbVO ausnahmsweise **Sonderregelungen** – etwa die subsidiäre Zuständigkeit gem Art 10 bzw die Notzuständigkeit gem Art 11.[10] Leitgedanke der EuErbVO ist der Gleichlauf zwischen der internationalen Zuständigkeit und dem anwendbaren Recht, also ein Gleichlauf von forum und ius. Die Regelungen der EuErbVO sind daher bewusst so konzipiert worden, dass die mit der Sache befassten Gerichte bzw Behörden in den überwiegenden Fällen ihr eigenes Recht anwenden können. Nur für den Fall, dass der Erblasser gem Art 22 eine **Rechtswahl** getroffen hat, wonach er sein Heimatsrecht wählt, seinen gewöhnlichen Aufenthalt aber in einem anderen Land hat, verschiebt sich ein solcher Gleichlauf. Auch für diese Fälle hat die EuErbVO verschiedene Mechanismen konstruiert, die den Erhalt des Gleichlaufs noch auf andere Weise sicherstellen sollen.

Befinden sich aber **Nachlassgegenstände** des Erblassers in einem **Drittstaat,** so kann die **9** EuErbVO selbstverständlich keine Aussage darüber treffen, ob die Entscheidung des betreffenden Gerichts des Mitgliedstaats auch in diesen Drittstaaten anerkannt bzw vollstreckt werden kann. Diese Frage ist vom jeweiligen nationalen Recht des betreffenden Drittstaats zu beantworten. In diesen Fällen greifen aber die Schutzmechanismen des Art 12 Abs 1 EuErbVO, wonach die Parteien den Antrag stellen können, dass das Gericht eines Mitglied-

---

8 Vgl dazu *Traar* in *Fasching/Konecny* II[2] § 105 ZPO Rz 14 ff.
9 Vgl dazu *Motal,* EF-Z 2015/39, 62.
10 Vgl *Müller-Lukoschek,* EU-Erbrechtsverordnung § 2 Rz 205.

staats nicht über diese Vermögenswerte entscheiden solle, wenn eine solche Entscheidung voraussichtlich nicht anerkannt wird.

B. Kollisionsrecht

10 Die EuErbVO greift nicht in das innerstaatliche materielle Erbrecht ein, sondern **schafft ein einheitliches Kollisionsrecht** für alle Mitgliedstaaten. Auf Österreich bezogen heißt das, dass im Bereich des Kollisionsrechts §§ 28 ff IPRG[11] verdrängt werden. Weil die EuErbVO auch das auf letztwillige Verfügungen anzuwendende Recht umfassend regelt, wurde nun § 30 IPRG durch das ErbRÄG 2015 aufgehoben. Die EuErbVO lässt aber das **Haager Testamentsübereinkommen** (HTÜ) unberührt, sodass dieses der VO vorgeht (Art 75 Abs 1). Die Formgültigkeit von mündlichen letztwilligen Verfügungen ist vom Anwendungsbereich der EuErbVO überhaupt ausgenommen (Art 1 Abs 2 lit f). Bis zum Jahr 2008 trafen die Bestimmungen der Unionsverordnungen lediglich den Bereich der Zuständigkeit, Anerkennung und Vollstreckung von Entscheidungen. Die Frage des anwendbaren Rechts wurde allerdings nach wie vor vom jeweiligen IPR des zuständigen Staates beantwortet. Hier sind va die Brüssel I-VO sowie die EuEheVO zu nennen. Seit der Brüssel Ia-VO existiert aber in Art 25 Abs 1 leg cit eine eigene Kollisionsnorm für das auf Gerichtsstandsvereinbarungen anwendbare Recht.[12] Durch dieses Nebeneinander von EU-Recht und nationalem Recht müssen die international zuständigen Gerichte der Mitgliedstaaten meist fremdes Recht anwenden, was nicht nur die Sachrichtigkeit der Entscheidung beeinflusst und auch prozessunökonomisch ist, sondern in den meisten Fällen auch zu einer erheblichen Verfahrensverzögerung führt.

11 Die seit dem Jahr 2009 implementierten EU-VO betreffen aber auch das Kollisionsrecht – etwa die Rom III-VO für Ehescheidungen oder die EuUVO für Unterhaltsansprüche zwischen Ehegatten, Eltern und Kindern bzw sonstigen Verwandten.

12 Obwohl die EuErbVO einen Gleichlauf von forum und ius anstrebt, wird es nach wie vor Fälle geben, in denen Gerichte eines Mitgliedstaats fremdes materielles Erbrecht anwenden müssen. Weil mitunter materielles Recht und Verfahrensrecht eng miteinander verknüpft sind, daher bestimmte Rechtsinstitute **doppelfunktionell** wirken, werden zukünftig österr Gerichte auch (Verfahrens-)Rechtsinstitute beurteilen müssen, die dem inländischen Verfahrensrecht unbekannt sind.[13] Die Mitgliedstaaten können daher unter Verweis auf ihr nationales Verfahrensrecht nicht die Zuständigkeit für solche ihnen unbekannte verfahrensrechtliche Maßnahmen ablehnen, weil dies einer Rechtsverweigerung gleichkäme. Als Beispiel könnte hier etwa, wie nach dem englischen Inestaterbrecht des überlebenden Ehegatten, die gesetzliche Entstehung eines trust[14] genannt werden, die dem österr Recht in dieser Form unbekannt ist.

II. Autonome Zuständigkeitsregelungen

13 Die EuErbVO hat ein für die Mitgliedstaaten **zwingendes Zuständigkeitsregime** normiert, das sich sowohl auf grenzüberschreitende Fälle mit Mitgliedstaaten (Art 4 ff) als auch Drittstaaten (Art 10) bezieht. Es handelt sich dabei um **ausschließliche Zuständigkeiten.** Dies

---

11 Vgl *Motal,* EF-Z 2014/151, 258.
12 *Czernich* in *Czernich/Kodek/Mayr*[4] Art 25 Brüssel Ia-VO Rz 26.
13 Vgl zu dieser Problematik *Dutta* in MünchKommBGB[6] Vor Art 4 EuErbVO Rz 21 f.
14 Genauer *Dutta,* FamRZ 2013, 12.

wird zwar nicht explizit in Art 4 angeordnet, ergibt sich aber aus dem Grundtenor des Art 5, wonach Gerichtsstandvereinbarungen zu keiner Wahlzuständigkeit führen.[15]

Für Österreich verdrängte die EuErbVO va §§ 105 und 106 JN aF, aber auch für § 107 JN **14** bestand Anpassungsbedarf.[16] Bislang bestand die **internationale Zuständigkeit Österreichs** – wenn nicht abweichende internationale Abkommen vorgingen – auch im Bereich der Mitgliedstaaten für das im Inland belegene unbewegliche Vermögen und das im Inland belegene bewegliche Vermögen, wenn der Erblasser entweder österr Staatsbürger war oder seinen letzten gewöhnlichen Aufenthalt in Österreich hatte.[17] Zur Entscheidung über ausländisches bewegliches Vermögen war Österreich international nur dann berufen, wenn der Erblasser österr Staatsbürger war und auch seinen gewöhnlichen Aufenthalt im Inland hatte bzw eine Durchsetzung im Ausland un- bzw nur schwer möglich war (§ 106 Abs 1 Z 3 JN). Durch das **ErbRÄG 2015** wurde nun § 106 JN nF insofern ungestaltet, als die inländische Gerichtsbarkeit dann vorliegt, soweit dies erforderlich ist, um einem internationalen Übereinkommen iSd Art 75 Abs 1 zu entsprechen. § 105 JN nF wurden weitere Abs für die Zuständigkeiten gem Art 13, 19 und 31 angefügt.

Zur Entscheidung über Einwände gegen die Authentizität einer öffentlichen Urkunde iSd Art 59 Abs 2 ist das Gericht zuständig, in dessen Sprengel die Urkunde ausgestellt wurde (§ 107 JN idF ErbRÄG 2015). Bislang schrieb § 107 JN aF die inländische Gerichtsbarkeit Österreichs für Todfallsaufnahmen, Ausfolgungsverfahren und die jeweils damit zusammenhängenden Sicherheitsmaßnahmen fest.

Auch **bilaterale Zuständigkeitsabkommen** zwischen den **Mitgliedstaaten** – zB das Abkom- **15** men mit Griechenland,[18] Ungarn[19] oder Polen[20] – werden durch die Art 4 ff verdrängt, nicht aber staatsvertragliche Regelung mit **Drittstaaten** – etwa das österr-iranische Nachlassabkommen[21] bzw das Konsularabkommen mit Großbritannien und Nordirland.[22] In diesen Bereichen muss nicht auf § 106 JN zurückgegriffen werden, weil diese Abkommen nicht nur das anwendbare Recht, sondern auch die Abhandlungszuständigkeit regeln. Durch die Implementierung einer Notzuständigkeit in Art 11 sind in verbleibenden Restbereichen Kompetenzkonflikte innerhalb der Mitgliedstaaten hintangehalten.

III. Grundregel – Ausnahmen

Die Grundregel des Art 4 lässt sich freilich nur dann verwirklichen, wenn der Erblasser sei- **16** nen gewöhnlichen Aufenthalt in einem Mitgliedstaat hat. In den meisten Fällen sind die Gerichte des Heimatstaats des Erblassers für die Abwicklung des Nachlasses zuständig und können dann ihr eigenes materielles Recht anwenden. Hat der Erblasser aber ein anderes Recht gewählt, das sich nicht mit dem Recht des gewöhnlichen Aufenthalts deckt, dann haben die Gerichte ausnahmsweise fremdes Recht anzuwenden. IdR knüpft daher die internationale Zuständigkeit wie das anwendbare Erbrecht an den **letzten gewöhnlichen Aufenthalt des Erblassers** an (Art 4 und 21 Abs 1).

---

15 Ebenso *Volmer*, ZEV 2014/3, 130.
16 Vgl *Motal*, EF-Z 2014/151, 256 f.
17 Vgl dazu *Nademleinsky*, EF-Z 2012/35, 61 und zuletzt 10 Ob 19/14 p.
18 RGBl 1856/109.
19 BGBl 1967/306.
20 BGBl 1974/79.
21 BGBl 1966/45.
22 BGBl 1964/19; vgl *Nademleinsky*, EF-Z 2012/35, 61.

17 Durch den von der VO intendierten Gleichlauf von forum und ius sollen aber auch bei einer allfälligen Rechtswahl des Erblassers weitere Bestimmungen den Weg für einen (**nachträglichen**) **Gleichklang** ebnen. Ein solcher Gleichlauf zwischen Zuständigkeit und anwendbarem Recht kann nämlich trotz Auseinanderfallens des Rechts am gewöhnlichen Aufenthalt und dem gewähltem Heimatrecht mit Hilfe des Art 5 gelingen: Ist das gewählte Recht gem Art 22 das eines Mitgliedstaats, so können die betroffenen Parteien in erster Linie durch eine **Gerichtsstandsvereinbarung** die ausschließliche Zuständigkeit der Gerichte des **Heimatlands des Erblassers** begründen. Weil der Erblasser durch eine Rechtswahl gem Art 22 nur das materielle Recht, nicht aber auch das zuständige Gericht bestimmten kann, obliegt es erst den Parteien durch eine (nachträgliche) **Gerichtsstandsvereinbarung** sicher zu stellen, dass die Gerichte des Mitgliedstaats des vom Erblasser gewählten Rechts zuständig sind (vgl ErwGr 27). In einem solchen Fall ist nur eine Zuständigkeitsvereinbarung zu Gunsten dieses Mitgliedstaats, nicht aber zu Gunsten der Gerichte eines anderen Staates zulässig. Rätselhaft bleibt, warum der Erblasser – abgesehen vom Abschluss eines erbvertraglichen Regelung mit allen Erben (vgl Art 25) – seine Erbfolge nicht gemeinsam mit der gerichtlichen Abwicklung des Nachlasses regeln kann (vgl dazu auch Rz 10).[23]

18 Die Zuständigkeitsnormen der Art 5 – 9, die **Ausnahmen** von der Grundregel des Art 4 – va bei einer Rechtswahl des Erblassers – vorsehen, stellen ein **sehr komplexes Gefüge** dar und sind im Einzelfall unnötig kompliziert gestaltet (vgl dazu die Übersicht Vor Art 4 Rz 27). In erster Linie wird darauf abgestellt, ob eine förmliche **Gerichtsstandsvereinbarung** gem Art 5 iVm Art 6 lit b bzw Art 7 lit a und lit b bzw eine formlose **Gerichtsstandsanerkennung** gem Art 7 lit c vorliegt. Auf Antrag einer Verfahrenspartei **kann** sodann das nach der Grundregel zuständige Gericht die Erbsache „wegweisen", wenn es die Gerichte im Mitgliedstaat des gewählten Rechts für besser geeignet hält, über die Erbsache zu befinden (vgl dazu auch Art 15 Rz 3). Schließlich können die Verfahrensparteien durch das Vereinbaren von **außergerichtlichen einvernehmlichen Regelungen** die Zuständigkeit gem Art 8 auf die Zuständigkeit im Mitgliedstaat des gewählten Rechts verschieben.

19 Hat der Erblasser das Recht eines Mitgliedstaats gewählt, so kann sich aber auch das nach Art 4 angerufene Gericht auf Antrag einer der Verfahrensparteien gem Art 6 Abs 1 lit a **für unzuständig erklären,** wenn die Gerichte des Mitgliedstaats des gewählten Rechts in der **Erbsache besser entscheiden** können. Hier kommt es auf die **konkreten Umstände** – etwa den gewöhnlichen Aufenthalt der Parteien oder den Ort der belegenen Vermögenswerte an. Hat sich das zuvor gem Art 4 angerufene Gericht für unzuständig erklärt, so werden damit die Gerichte des gewählten Mitgliedstaats gem Art 7 lit a zuständig. Zu einer Zuständigkeit gem Art 7 lit b bzw c kommt es bei einer Rechtswahl aber auch dann, wenn die Verfahrensparteien gem Art 5 eine Gerichtsstandsvereinbarung getroffen haben, oder die Verfahrensparteien die Zuständigkeit des angerufenen Gerichts anerkennen.

Art 8 ermöglicht schließlich die Vereinbarung einer **außergerichtlichen Regelung** im Mitgliedstaat des gewählten Rechts und Art eine Zuständigkeitsbegründung kraft **rügeloser Streiteinlassung.**

20 Ein Gleichlauf wird vereinzelt sogar im Kollisionsrecht erreicht, wonach **einzelne Fragestellungen** gem Art 13 an die **lex fori** anknüpfen – wie zB die Formgültigkeit bestimmter erbrechtlicher Erklärungen gem Art 28, oder die Bestellung eines Nachlassverwalters und dessen Befugnisse gem Art 29. Auch eine Anerkennung eines renvoi auf das Recht des Forum-Mit-

---

23 Ebenso *Burandt,* FuR 2013, 380.

gliedstaats gem Art 34 Abs 1 lit a kann noch einen Gleichlauf von lex fori und lex causae bewirken.[24]

IV. Nachlasseinheit

Gem der Grundregel des Art 4 haben die zuständigen Gerichte über alle iZm den in Nach- **21** lassdingen stehenden Rechtsfragen zu entscheiden. Diese sind daher zur Entscheidung über den **gesamten beweglichen** und **unbeweglichen Nachlass** berufen;[25] dies nicht nur in den einzelnen Mitgliedstaaten, sondern auch über den in Drittstaaten belegenen Nachlass. Eine Unterscheidung nach der Beweglichkeit oder Unbeweglichkeit – wie zB in Österreich gem §§ 106 f JN aF bzw in Deutschland gem Art 3 a und Art 25 Abs 2 EGBGB – findet nach der EuErbVO daher nicht statt.[26]

Eine prozessuale Beschränkung bloß auf den in diesem Mitgliedstaat belegenen Nachlass ist **22** idR nicht möglich. Hat der Erblasser zum Todeszeitpunkt weder seinen gewöhnlichen Aufenthalt in einem Mitgliedstaat, noch besitzt er die Staatsangehörigkeit jenes Mitgliedstaats, in dem sich gem Art 10 Abs 1 Nachlassvermögen befindet, bzw hatte er dort seinen letzten gewöhnlichen Aufenthalt, so tritt gem Art 10 Abs 2 eine **subsidiäre Zuständigkeit** dieses Mitgliedstaats über das dort belegene Nachlassvermögen ein.[27]

Verfahrensrechtliche Beschränkungen kommen allein unter der Voraussetzung des Art 12 **23** in Betracht. Danach kann das eigentlich zuständige Gericht auf Antrag einer Partei über einen oder mehrere der in einem Drittstaat belegenen Vermögenswerte eine Entscheidung ablehnen, wenn diese im betreffenden Drittstaat nicht anerkannt bzw nicht für vollstreckbar erklärt werden kann. In einem solchen Fall käme es aber zu einer – eigentlich nicht intendierten – **Nachlassspaltung,** so dass Art 12 sehr restriktiv anzuwenden ist[28] (vgl dazu Art 12 Rz 8).

V. Erbverfahren

A. Streitige – nicht streitige Verfahren

Ein besonderes Anliegen war es, mit der EuErbVO eine **Zuständigkeitskonzentration** für **24** sämtliche Streitigkeiten aus einem Erbfall zu schaffen. Die Zuständigkeitsregelungen gelten sowohl für **streitige** als auch **nicht streitige Erbverfahren.** In Österreich ist das Verlassenschaftsverfahren durchgängig als außerstreitiges Verfahren ausgestaltet. Nur für die Erbschafts-, Pflichtteils- bzw Legatsklage ist über den Nachlass nach Einantwortung im streitigen Verfahren zu entscheiden. Die EuErbVO bezieht sich auf „Entscheidungen" von „Gerichten", wobei der **Begriff** des **„Gerichts"** gem Art 3 **weit auszulegen** ist, weil in einigen Mitgliedstaaten Verfahrensmaßnahmen iSd VO auch von Notaren wahrgenommen werden – wie in Österreich von den Gerichtskommissären (vgl dazu Art 3 Rz 36). Da der Wortlaut des Art 4 explizit auf die Zuständigkeit für **„Entscheidungen"** abstellt, ist auch dieser Begriff iSd Art 3 Abs 1 lit g weit auszulegen.[29]

---

24 Vgl *Dutta* in MünchKommBGB[6] Art 10 EuErbVO Rz 3.
25 *Rechberger/Frodl* in *Rechberger/Zöchling-Jud* Rz 2 ff.
26 Vgl auch *Burandt,* EU-Erbrechtsverordnung 33; *Dörner,* ZEV 2010, 221.
27 Vgl auch Art 21 Abs 2.
28 Vgl *Dutta* in MünchKommBGB[6] Art 12 EuErbVO Rz 8.
29 *Dutta* in MünchKommBGB[6] Vor Art 4 EuErbVO Rz 5; *Wagner/Scholz,* FamRZ 2014, 714 ff.

25 Die Zuständigkeitsregeln beziehen sich für den österr Rechtsbereich auf sämtliche verfahrensrechtlichen Maßnahmen iSd §§ 143 ff AußStrG, mithin auf Maßnahmen der **Todesfallaufnahme,** der **Sicherung der Verlassenschaft** gem §§ 147 ff AußStrG bzw auch Maßnahmen, die bei Unterbleiben der Abhandlung im „**Vorverfahren**" gem §§ 153 ff AußStrG zu setzen sind. Weiteres ist bei widersprechenden Erbantrittserklärungen das Erbrecht des besser Berechtigten in einem „Zwischenverfahren" gem §§ 161–164 AußStrG festzustellen. Auch die Bestellung eines Nachlassverwalters gem Art 29 bzw die verfahrensrechtliche **Behandlung des erblosen Nachlasses** fällt unter dieses Zuständigkeitsregime. Die Zuständigkeit betrifft aber in erster Linie das Verfahren zum **Erlass (gerichtlicher) Erbnachweise** nach dem Recht der Mitgliedstaaten[30] – für Österreich erfolgt der Erwerb der Verlassenschaft in Form der Einantwortung. Eine solche unterbleibt allerdings, wenn nach dem maßgebenden fremden Erbstatut der Nachlass ex lege – mithin nicht durch eine „Einantwortung" – an die Erben übergeht, wie dies in verschiedenen Mitgliedstaaten der Fall ist. Die Zuständigkeitsregelung des § 77 JN idF ErbRÄG 2015 trägt diesen Fällen dadurch Rechnung, dass der Begriff „Einantwortung" durch den allgemeinen Begriff der „Beendigung des Verlassenschaftsverfahrens" ersetzt wurde.

B. Verfahren, die vor dem Erbfall geführt werden

26 Art 4 bezieht sich seinem Wortlaut nach *(„im Zeitpunkt seines Todes . . .")* bloß auf postmortale Verfahren. Es ergeben sich allerdings aus den vorher geführten Diskussionen bzw den ErwGr keinerlei Hinweise, dass eine Nichtregelung anderer Fälle bewusst erfolgt ist.[31] Mit *Dutta*[32] wird man idZ auch erbrechtliche Verfahren, die noch **zu Lebzeiten des Erblassers geführt** werden, miteinbeziehen müssen. Dem Leitgedanken des Gleichlaufs zwischen forum und ius folgend, können auch solche Verfahren, die letztlich der Regelung der Erbfolge dienen, nicht unbesehen ausgeschieden werden. Diese Verfahren betreffen va Klagen auf Feststellung der **Rechtswirksamkeit von Erbverträgen** bzw von **Erb-** oder **Pflichtteilsverzichten,** die gem Art 3 Abs 1 lit b als Erbverträge gelten und bei umfangreicheren Nachlässen äußerst praxisrelevant sind. Problematisch ist die Klärung der Zuständigkeitsfrage idZ va deshalb, weil die Grundregel des Art 4 an den gewöhnlichen Aufenthaltsort des Erblassers im Todeszeitpunkt anknüpft, der ja zu diesem Zeitpunkt noch nicht feststeht. Auch dann, wenn der Erblasser eine **Rechtswahl** getroffen hat, ist oft noch nicht geklärt, ob die Verfahrensparteien eine Zuständigkeitsvereinbarung treffen bzw aufrechterhalten werden, oder ob ein Gleichlauf zwischen forum und ius nach den Art 5 ff eintritt. Hier schlägt *Dutta*[33] vor, die internationale Zuständigkeit bei jenen Gerichten eines Mitgliedstaats anzusiedeln, die **hypothetisch** zum Zeitpunkt der Anrufung des Gerichts gem Art 14 **zuständig** wären. Dieser Rechtsgedanke würde sich – so *Dutta* – auch im Kollisionsrecht der VO für die Wirksamkeit der Verfügungen von Todes wegen finden, die ebenfalls zu Lebzeiten des Erblassers errichtet werden (Art 24, 25). Auch dann, wenn sich ein Erbvertrag auf die **Rechtsverhältnisse mehrerer Erblasser** beziehe, könne man die Zuständigkeit der Gerichte desjenigen Mitgliedstaats annehmen, dessen Recht auf den Erbvertrag gem Art 25 anwendbar wäre.

---

30 *Dutta* in MünchKommBGB[6] Vor Art 4 EuErbVO Rz 4; *Süß* in *Dutta/Herrler* Rz 27; *Wagner/Scholz,* FamRZ 2014, 714 f.

31 Vgl auch *J. Schmidt* in BeckOGK BGB Art 4 EuErbVO Rz 40.

32 *Dutta* in MünchKommBGB[6] Vor Art 4 EuErbVO Rz 6.

33 *Dutta* in MünchKommBGB[6] Vor Art 4 EuErbVO Rz 6; ebenso *Seyfarth,* Wandel 248 f und *J. Schmidt* in BeckOGK BGB Art 4 EuErbVO Rz 40.

VI. Überblick über das Zuständigkeitsregime der EuErbVO

Erblasser hat keine Rechtswahl getroffen:　　　　　**27**

<u>Grundregel</u>

EU- Mitgliedstaat (Art 4)
Zuständigkeit der Gerichte des Mitgliedstaats des gewöhnlichen Aufenthalts des Erblassers im Todeszeitpunkt für den **gesamten Nachlass**
IdR → auch dessen Recht anwendbar:
Zusammenfall von lex fori und lex causae

Drittstaat, Dänemark, UK, Irland idR **keine Zuständigkeit eines MS**

<u>Ausnahmen (subsidiäre Zuständigkeiten)</u>

Abwicklung in einen Mitgliedsstaat, wenn

* Im Drittstaat **Vermögen belegen** ist **und** dieser Mitgliedstaat **Heimatstaat** des Erblassers ist (Art 10 Abs 1 lit a)
oder
Im Mitgliedstaat **Vermögen belegen** ist **und** der Erblasser dort in den **letzten fünf Jahren** seinen **gewöhnlichen Aufenthalt** gehabt hat (Art 10 Abs 1 lit b), wenn dies nicht der Fall ist, aber
* Belegenheit von Vermögens(teilen) → nur **Nachlassabhandlung über diese Vermögensteile** (Abs 2)

Notzuständigkeit (Art 11)
Die Gerichte eines MS können ausnahmsweise über die Erbsache entscheiden, wenn zu diesem MS ein **enger Bezug** besteht **und** ein **Verfahren in Drittstaaten nicht möglich** oder **nicht zumutbar** ist

sonst: Zuständigkeit der Gerichte des Drittstaats des gewöhnlichen Aufenthalts des Erblassers im Todeszeitpunkt

Erblasser hat eine Rechtswahl gem Art 22 Abs 1 getroffen:

A. auf das **Recht eines Mitgliedstaats**

Dies führt unter **folgenden Voraussetzungen** zum **Gerichtsstand des gewählten Rechts**:

1.

Das gem Art 4 zuständige Gericht kann die Erbsache gem Art 6 lit a **auf Antrag einer Verfahrenspartei „wegweisen"**, wenn das andere Gericht auf Grund einer starken Nahebeziehung besser entscheiden kann	Es liegt eine wirksame **Gerichtstandsvereinbarung** der betroffenen Parteien gem Art 5 vor

↓ (unter linkem Feld)   ↓ (unter rechtem Feld)

mögliche Unzuständigkeitserklärung des sonst nach Art 4 zuständigen Gerichts gem Art 6 lit a	**zwingende** (Art 4 lit b) **Unzuständigkeitserklärung** des sonst nach Art 4 zuständigen Gerichts

2.

Ausdrückliche Zuständigkeitsanerkennung der Verfahrensparteien (Art 7 lit c)	**Rügelose Streiteinlassung** (Art 9) einer bei der Gerichtsstandsvereinbarung übergangenen betroffenen Partei

Bei Einwendung der **Unzuständigkeitseinrede** einer übergangenen Partei → Zuständigkeit der ursprünglich zuständigen Gerichte gem Art 4 (Art 9 Abs 1).

3.

Möglichkeit einer **„Zuständigkeitsverlagerung"** gem Art 8, durch eine **einvernehmliche außergerichtliche Regelung** der Verfahrensparteien im gewählten Mitgliedstaat, wenn dort eine solche Möglichkeit besteht (Art 22 Abs 3).

B. auf das **Recht eines Drittstaats**

IdR Auseinanderfallen von forum und ius bzw ausnahmsweise **Vorgehen nach Art 10 und 11** (s oben)

Sonderregelungen:

Die international gem Art 4, 10, 11 bzw Art 5 zuständigen Gerichte eines Mitgliedstaats können auf Antrag einer Verfahrenspartei diese Vermögensteile ausscheiden, wenn die Entscheidung im Belegenheitsstaat nicht anerkannt bzw nicht vollstreckbar ist (Art 12 Abs 1) → es kommt hier ausnahmsweise zu einer **Nachlassspaltung**!

Besondere Gerichtsstände für bestimmte erbrechtliche Erklärungen (Art 13):
* Entgegennahme erbrechtlicher Erklärungen,
* Ausschlagung einer Erbschaft, eines Vermächtnisses oder des Pflichtteils
* Erklärungen zur Begrenzung der Haftung für Nachlassverbindlichkeiten
  bei den Gerichten des gewöhnlichen Aufenthalts des Erklärenden

Kapitel II
Zuständigkeit

Allgemeine Zuständigkeit

Art 4. **Für Entscheidungen in Erbsachen sind für den gesamten Nachlass die Gerichte des Mitgliedstaats zuständig, in dessen Hoheitsgebiet der Erblasser im Zeitpunkt seines Todes seinen gewöhnlichen Aufenthalt hatte.**

Stammfassung.

Literatur: *Burandt,* Die EuErbVO (Teil 2), FuR 2013, 377; *Buschbaum/Kohler,* Vereinheitlichung des Erbkollisionsrechts in Europa (Teil 1), GPR 2010, 106; *Döbereiner,* Das Internationale Erbrecht nach der EU-Erbrechtsverordnung (Teil 1), MittBayNot 2013, 358; *Dörner,* Der Entwurf einer europäischen Verordnung zum Internationalen Erb- und Erbverfahrensrecht – Überblick und ausgewählte Probleme, ZEV 2010, 221; *Dörner,* EuErbVO: Die Verordnung zum Internationalen Erb- und Erbverfahrensrecht ist in Kraft! ZEV 2012, 505; *Dutta,* Das neue internationale Erbrecht der Europäischen Union – Eine erste Lektüre der Erbrechtsverordnung, FamRZ 2013, 4; *Fischer-Czermak,* Anwendbares Recht, in *Schauer/Scheuba* (Hrsg), Europäische Erbrechtsverordnung (2012) 43; *Hau,* Das System der internationalen Entscheidungszuständigkeit im europäischen Eheverfahrensrecht, FamRZ 2000, 1333; *Hilbig-Lugani,* Divergenz und Transparenz: Der Begriff des gewöhnlichen Aufenthalts der privat handelnden natürlichen Person in jüngeren EuIPR und EuZVR, GPR 2014, 8; *Kindler,* Vom Staatsangehörigkeits- zum Domizilprinzip: das künftige internationale Erbrecht der Europäischen Union, IPRax 2010, 44; *Lehmann,* Die EU-Erbrechtsverordnung zur Abwicklung grenzüberschreitender Nachlässe, DStR 2012, 2085; *Lorenz,* Erbrecht in Europa – Auf dem Weg zu kollisionsrechtlicher Rechtseinheit, ErbR 2012, 39; *Mankowski,* Der gewöhnliche Aufenthalt des Erblassers unter Art 21 Abs 1 EuErbVO, IPRax 2015, 39; *Motal,* EU-Erbrechtsverordnung: Anpassungsbedarf in IPRG und der JN, EF-Z 2014/151, 251; *Rudolf,* Die Erbrechtsverordnung der Europäischen Union, NZ 2013/103, 225; *Schauer,* Erbrecht goes Europe: Ausgewählte Fragen der EU-Erbrechtsverordnung, in *Deixler-Hübner/Schauer* (Hrsg), Migration, Familie und Vermögen (2014) 45; *Scheuba,* Aus der Praxis: Die Rechtsfalle im Erbrecht wirft ihre Schatten voraus, ecolex 2014, 210; *Süß,* Der Vorschlag der EG-Kommission zu einer Erbrechtsverordnung (Rom-IV Verordnung), ZErb 2009, 342; *Wagner,* Der Kommissionsvorschlag vom 14. 10. 2009 zum internationalen Erbrecht – Stand und Perspektiven des Gesetzgebungsverfahrens, DNotZ 2010, 506; *Weber,* Zuständigkeitstatbestände des Art 3 EU-Unterhaltsverordnung, EF-Z 2012/3; *Weller,* Der „gewöhnliche Aufenthalt" – Plädoyer für einen willenszentrierten Aufenthaltsbegriff, in *Weidle/Unberath* (Hrsg), Brauchen wir eine Rom 0-Verordnung? (2013) 293; *Wilke,* Das Internationale Erbrecht nach der neuen EU-Erbrechtsverordnung, RIW 2012, 601.

Übersicht

		Rz
I.	Vorbemerkungen	1
II.	Nachlasseinheit	2
III.	Gewöhnlicher Aufenthalt	3
	A. Allgemeines	3
	B. Fehlen einer Legaldefinition	6
	C. Abgrenzungskriterien	9
	D. Auslegung des Begriffs des „gewöhnlichen Aufenthalts"	13
	1. Differenzierungen und Gemeinsamkeiten in der Struktur der einzelnen Tatbestände der Uniongesetzgebung	16
	2. Kriterien und Indizien nach der EuErbVO	23
	3. Einzelfälle	29
	a) Grenzpendler, Wanderarbeiter sowie Personen in Ausbildung	30
	b) Personen mit wechselndem Aufenthalt	34
	c) Personen, die in südlichen Ländern überwintern	36
	d) Personen, die ohne ihren Willen ins Ausland verbracht werden	37

I. Vorbemerkungen

1 Art 4 stellt die zuständigkeitsbegründende Grundregel dar, wonach jener Mitgliedstaat zuständig ist, in dem der Erblasser zum Todeszeitpunkt seinen gewöhnlichen Aufenthalt hatte. Art 4 verkörpert somit einen **zwingenden Gerichtsstand** für alle aus einer Erbsache resultierenden Verfahren.

Bestand zu diesem Zeitpunkt kein gewöhnlicher Aufenthaltsort in einem Mitgliedstaat, so sind grundsätzlich Drittstaaten zuständig. Die Möglichkeit einer subsidiären Zuständigkeit eines Mitgliedstaats besteht dann bloß gem Art 10.

II. Nachlasseinheit

2 Aus Gründen der Zuständigkeitskonzentration konzipiert die Grundregel der Zuständigkeit – wie auch das Kollisionsrecht gem Art 20 f – das Prinzip der **Nachlasseinheit.** Grundsätzlich hat daher das für die Erbsache zuständige Gericht über den gesamten – sich weltweit befindlichen – Nachlass des Erblassers zu entscheiden.[1] Zu einer **Nachlassspaltung** kommt es nur in Ausnahmefällen: Gem Art 12 kann auf Antrag einer Verfahrenspartei die Zuständigkeit in Hinblick auf die sich in Drittstaaten befindlichen Vermögenswerte beschränkt werden. Aber auch in bestimmten Fällen einer Rechtswahl iSd Art 5 f kann es zu einer Nachlassspaltung kommen (vgl dazu Vor Art 4 Rz 27).

III. Gewöhnlicher Aufenthalt

A. Allgemeines

3 In der EuErbVO ist primär der gewöhnliche Aufenthalt für die Anknüpfung der Zuständigkeit und das Kollisionsrecht ausschlaggebend. Damit hat sich dieses Anknüpfungsmoment endgültig zum **zentralen personenbezogenen Kriterium** im **europäischen Kollisionsrecht** entwickelt. In gleicher Weise knüpfen auch die EuEheVO, die EuUVO oder die Rom I-, II- und III-VO an diesen Begriff an, sodass in diesem Zusammenhang die EuGH-Rsp zu diesen VO analog herangezogen werden kann.

4 Das europäische Kollisionsrecht hat zunehmend das Anknüpfungsmoment der **Staatsbürgerschaft** und im Bereich des Verfahrensrechts den Begriff des Wohnsitzes **zurückgedrängt** und durch den Begriff des gewöhnlichen Aufenthalts ersetzt. Als Vorteile dieses Systems sind va die enge Beziehung zu diesem Staat, sowie die Integration in das rechtliche System und eine Gleichbehandlung der Bewohner dieses Staats zu nennen. Nachteile sind allerdings die rechtliche Instabilität dieses Begriffs und ein gewisses Missbrauchsrisiko.[2] Dieser Begriff unterscheidet sich wesentlich vom **Wohnsitz,** obwohl diese Anknüpfungspunkte in der Praxis meist zusammenfallen. Die Begründung des Wohnsitzes ist von einem Willensmoment abhängig, nämlich der nach außen erkennbaren Absicht, an einem bestimmten Ort dauerhaft Aufenthalt zu nehmen.[3]

5 Auch der Entwurf über eine EuGüVO knüpft an das Kriterium des „gewöhnlichen Aufenthalts" an. Die EuInsVO stellt zwar für den Bereich der internationalen Zuständigkeit nicht

---

1 Vgl *Frodl/Kieweler* in *Rechberger/Zöchling-Jud* Rz 27 f mwN.
2 Näher dazu *Mankowski,* IPRax 2015, 40 f; *Burandt,* FuR 2013, 381; *Kindler,* IPRax 2010, 47; *J. Schmidt* in BeckOGK BGB Art 4 EuErbVO Rz 16.
3 *Mayr* in *Rechberger,* ZPO[4] § 66 JN Rz 2, *Simotta* in *Fasching/Konecny* I[3] § 66 JN Rz 5 ff; mehrere Wohnsitze: *Motal,* EF-Z 2014/151, 253.

auf den gewöhnlichen Aufenthalt, sondern auf den „Mittelpunkt des hauptsächlichen Interesses" des Schuldners ab, jedoch wird dieser Begriff in der EuGH-Rsp grundsätzlich mit dem gewöhnlichen Aufenthalt gleichgesetzt.[4] Bloß die **Brüssel Ia-VO** knüpft im Bereich der internationalen Zuständigkeit noch primär an den **Wohnsitz** an.

B. Fehlen einer Legaldefinition

Die EuErbVO verzichtet auf eine allgemeine Definition des gewöhnlichen Aufenthalts, was **6** zwar der Rechtssicherheit nicht gerade förderlich ist,[5] aber dem allgemeinen Gesetzesregime der EU entspricht. Auch sonst fehlt nämlich im Unionsrecht eine allgemein gültige Legaldefinition.[6]

Die Unschärfe des Begriffs und das Fehlen einer Legaldefinition geht zwar **auf Kosten der** **7** **Rechtsklarheit** und kann in Einzelfällen zu aufwendigen Verfahren zwecks Ermittlung des letzten gewöhnlichen Aufenthalts führen, doch bietet diese Tatsache auf Grund der **Flexibilität** des Begriffs auch die Chance, **im Einzelfall** sachgerecht entscheiden zu können. Sämtliche Einzelfälle werden sich durch Legaldefinition ohnehin nicht unter einen Hut bringen lassen, sodass es auch bei einer gesetzlichen Begriffsdefinition zu Auslegungsschwierigkeiten kommen kann.[7]

Der Begriff des gewöhnlichen Aufenthalts ist innerhalb der EuErbVO auch im **Kollisionsrecht** von zentraler Bedeutung, weil gem Art 21 Abs 1 idR das Sachrecht jenes Staates anzuwenden ist, in dem der Erblasser im Todeszeitpunkt seinen gewöhnlichen Aufenthalt hatte. Abzuwarten bleibt idZ, ob die Gerichte bei der Zuständigkeitsprüfung weniger strenge Anforderungen an das Bestehen eines gewöhnlichen Aufenthalts legen werden, als bei der Bestimmung des anwendbaren Rechts.[8] Weil eine solche Vorgangsweise aber zu weiteren Diskrepanzen und Unsicherheiten führen würde, ist dies abzulehnen.

Die in den **ErwGr 23** und **24** genannten Kriterien haben zwar nicht die Rechtsverbindlich- **8** keit der VO selbst, sind aber zur Auslegung heranzuziehen.[9] Wegen des Fehlens einer Legaldefinition bleiben aber auch die ErwGr 23 und 24 mehr oder weniger kryptisch und geben bloß einzelne – sich zT widersprechende – und nicht immer besonders greifbare Anhaltspunkte.

C. Abgrenzungskriterien

Der gewöhnliche Aufenthalt unterscheidet sich somit grundlegend vom Wohnsitz, an den im **9** Anwendungsbereich der Brüssel Ia-VO angeknüpft wird. Anders als beim Wohnsitz, für dessen Begründung jedenfalls ein rechtsgeschäftlicher Wille vorausgesetzt wird, wonach eine Person den Wohnsitz mit der Absicht wählt, sich dort dauerhaft niederzulassen und ihren Lebensmittelpunkt zu begründen, wird der gewöhnliche Aufenthalt zunächst bloß nach **objektiven Kriterien** abgegrenzt. Der Wohnort ist daher viel stärker normativ geprägt, wohin-

---

4 EuGH C-509/09; C-161/10; vgl dazu auch *Hilbig-Lugani,* GPR 2014, 8; *Weller* in *Weidle/Unberath* 304; aM *Mäsch* in *Rauscher* Art 3 EG-InsVO Rz 13.
5 Vgl auch *Dörner,* ZEV 2010, 221 f.
6 Vgl *Motal,* EF-Z 2014/151, 251; *Fischer-Czermak* in *Schauer/Scheuba* 43 f; *Schauer* in *Deixler-Hübner/ Schauer* 45.
7 Offenbar ebenso *Mankowski,* IPRax 2015, 40.
8 *Süß,* ZErb 2009, 344; *Buschbaum/Kohler,* GPR 2010, 112.
9 Näher dazu *Rudolf/Zöchling-Jud/Kogler* in *Rechberger/Zöchling-Jud* Rz 24.

gegen der gewöhnliche Aufenthaltsort eher nach faktischen Gesichtspunkten festgelegt wird. Strittig ist aber idZ, ob überhaupt kein Geschäftswille vorliegen muss.[10] Für die Definition eines gewöhnlichen Aufenthalts muss im Einzelfall auf **subjektive Momente** zurückgegriffen werden,[11] wie noch später anhand von Einzelfällen aufgezeigt wird. In den Erwägungsgründen (ErwGr 23 und 25) wird jedenfalls **nicht** auf den **Rechtsgeschäftswillen,** den konkreten Ort des gewöhnlichen Aufenthalts zu wählen, abgestellt.[12]

10 Strittig ist auch, ob eine Person nur einen **einzigen gewöhnlichen Aufenthalt** iSd EuErbVO haben kann, obwohl nach rein tatsächlichen Gegebenheiten zwei gleichgewichtete Formen eines gewöhnlichen Aufenthalts bestehen können – etwa bei gleichmäßiger Nutzung eines Sommer- und Wintersitzes (vgl dazu auch Rz 26). Wie *Mankowski*[13] zu Recht anführt, kann jedoch stets nur ein, oder gar kein gewöhnlicher Aufenthaltsort definiert werden. Die Gerichte müssen sich daher anhand von verschiedenen Kriterien zur Festlegung eines gewöhnlichen Aufenthalts durchringen, weil ja auch das Kollisionsrecht an den gewöhnlichen Aufenthaltsort anknüpft und nicht verschiedene Erbrechte nebeneinander Anwendung finden können. Aus den ErwGr 23 und 24 ergibt sich jedoch gerade nicht, wie vorzugehen ist, wenn die darin enthaltenen Kriterien auf mehrere Orte, oder auf gar keinen Ort passen.[14] Zweifelsfälle wird somit letztlich der EuGH zu entscheiden haben. Problematisch ist auch, dass Konkurrenzen in der Zuständigkeit auftreten können, die in letzter Konsequenz nach dem **Prioritätsprinzip** zu lösen sind (vgl dazu Art 17 Rz 5). IdZ kann es auch zu einem „forum running" der Erbprätendenten kommen.

11 Nach den ErwGr 23 und 24 sind im Wege einer **Gesamtbetrachtung** alle Umstände der letzten Jahre des Erblassers einschließlich der Dauer und der Gründe eines Aufenthalts, sowie die „familiäre und soziale Hinsicht", die Staatsangehörigkeit und der Lageort der wesentlichen Vermögensgegenstände einzubeziehen.[15] Durch den Begriff „gewöhnlich" wird jedenfalls eine gewisse **Stabilität** und **Beständigkeit des Aufenthalts** vorausgesetzt, womit sich dieser vom **schlichten Aufenthalt** abgrenzt. Dieser definiert sich nach ganz kurzfristigen Momenten – etwa wenn sich eine Person vorübergehend zu einer medizinischen Behandlung an einem bestimmten Ort aufhält. Eine bestimmte Mindestaufenthaltsdauer findet sich in den Erwägungsgründen allerdings nicht.[16] Neben der Dauer und Regelmäßigkeit des „Aufenthalts des Erblassers in dem betreffenden Staat", spielen nach dem ErwGr 23 va eine besonders **enge und feste Bindung** zu diesem Staat als Indizien für einen dort bestehenden gewöhnlichen Aufenthalt eine wichtige Rolle. Eine gewisse Dauer und Regelmäßigkeit der Niederlassung in einem Staat stellen daher sehr starke Anhaltspunkte für die Annahme eines gewöhnlichen Aufenthalts dar.[17]

---

10 Für einen rechtsgeschäftlichen Willen zB: *Lehmann,* DStR 2012, 2085; *Döbereiner,* MittBayNot 2013, 358; aM etwa *Dörner,* ZEV 2012, 510; *Rudolf,* NZ 2013/103, 234; *Rudolf/Zöchling-Jud/Kogler* in *Rechberger/Zöchling-Jud* Rz 29 f; *Köhler* in *Kroiß/Horn/Solomon* Art 21 Rz 8, der allerdings dennoch den subjektiven Bleibewillen (animus manendi) als erforderlich ansieht.
11 *Mankowski,* IPRax 2015, 43.
12 Vgl dazu *Rudolf,* NZ 2013/103, 234.
13 *Mankowski,* IPRax 2015, 43; so auch *Rudolf/Zöchling-Jud/Kogler* in *Rechberger/Zöchling-Jud* Rz 21 mwN.
14 Vgl dazu *Scheuba,* ecolex 2014, 210.
15 Vgl auch *Burandt,* EU-Erbrechtsverordnung 52.
16 *Lehmann,* DStR 2012, 2085; vgl auch EuGH C-102/91.
17 *Burandt,* EU-Erbrechtsverordnung 53.

Für einen sehr mobilen Erblasser bietet aber dieser – eher rechtsunsichere – Begriff nicht **12** genügend Sicherheit dafür, dass er eine Vermögensweitergabe nach seinen individuellen Interessen gestalten kann. Die verschiedenen materiellen Erbrechte innerhalb der EU-Mitgliedstaaten sehen nämlich zT doch sehr unterschiedliche gesetzliche Rahmenbedingungen vor. So gibt es etwa in den meisten EU-Staaten zwingende Pflichtteilsbestimmungen – wie zB in Deutschland, Belgien Italien, Spanien, Griechenland uva, in anderen besteht wiederum entweder (weitgehend) unbeschränkte Testierfreiheit – etwa in England, Wales und Nordirland – oder solche Ansprüche bestehen nur in Form von sehr eng gezogenen Absicherungsmöglichkeiten für übergangene gesetzliche Erben. Teilweise sehen die Pflichtteilsansprüche bloß einen obligatorischen Anspruch auf eine Geldleistung in einer bestimmten Quote vor – wie nach österr, dt, polnischem oder maltesischem Recht, teilweise einen Anspruch auf einen quotenmäßigen Erbteil – wie in Italien, Spanien Griechenland oder Finnland. Auch die Gestaltungsmöglichkeiten zu Gunsten bzw zu Lasten des Ehegatten sind sehr unterschiedlich ausgestaltet. In Luxemburg oder Tschechien besteht überhaupt kein Pflichtteilsrecht für den Ehegatten. In Finnland sind für sie keine spezifischen Pflichtteilsansprüche vorgesehen. In Frankreich besteht ein Noterbrecht des Ehegatten nur im Fall, dass keine Abkömmlinge vorhanden sind. In Deutschland bestimmt sich die Pflichtteilsquote des Ehegatten nach dem Güterstand und die Höhe hängt von gewissen Gegebenheiten ab – wie zB der Anzahl der Kinder. In Norwegen ist ein Mindestbetrag als Pflichtteil für den Ehegatten vorgesehen. In einzelnen Länder kann man erbrechtliche Bestimmungen auch durch Errichtung eines Trusts „umgehen" – wie zB in Malta. In solchen Fällen – va wenn es um größere Vermögenswerte geht –, ist dem Erblasser anzuraten, durch eine Rechtswahl Vorsorge für mehr Klarheit zu treffen. Aber auch dann, wenn der Erblasser nicht an eine solche erbrechtliche Vorsorge gedacht hat, hat der Unionsgesetzgeber mit Art 21 Abs 2 eine **Ausweichklausel** geschaffen. Wenn sich nämlich ausnahmsweise aus der Gesamtheit der Umstände eine offensichtlich engere Verbindung zu einem anderen als dem Staat, dessen Recht anzuwenden wäre, ergibt, ist dieses der Erbsache „nähere" Recht für den Erbfall heranzuziehen.[18] Aber auch dieser unbestimmte Rechtsbegriff der **„offensichtlich engeren Verbindung"** stellt die Rechtsanwender vor Herausforderungen. Hier unbesehen auf die Staatsbürgerschaft zurückzugreifen, ist nämlich nicht mit der Intention der EuErbVO vereinbar, wonach gerade dieses – doch sehr einfach zu ermittelnde – Kriterium zu Gunsten des gewöhnlichen Aufenthalts zurückzudrängen ist. Auf diese subsidiäre Anknüpfung soll daher restriktiv und nur in absoluten Ausnahmefällen zurückgegriffen werden.[19]

D. Auslegung des Begriffs des „gewöhnlichen Aufenthalts"

Der Begriff des gewöhnlichen Aufenthalts ist **vertragsautonom,** daher nicht nach innerstaat- **13** lichen Gesichtspunkten auszulegen. Damit kommt die Auslegungshoheit dem EuGH zu.

Da der Begriff des gewöhnlichen Aufenthalts in der EuErbVO **nicht exakt präzisiert** ist, **14** müssen Gerichte diesen Begriff in Zweifelsfällen nach den gegebenen Umständen des Einzelfalls auslegen.[20] Kritiker monieren, dass dies in zahlreichen Fällen zu weitwendigen Gerichtsverfahren führen wird. Doch verhält es sich hier nicht anders als bei anderen unbestimmten Gesetzesbegriffen, die ebenfalls einer Auslegung durch den Rechtsanwender bedürfen. Aber auch die Kehrseite, wonach der Gesetzgeber durch eine Überreglementierung verschiedene

---

18 *Burandt,* EU-Erbrechtsverordnung 52.
19 Ebenso *Scheuba,* ecolex 2014, 212.
20 *Burandt,* EU-Erbrechtsverordnung 53.

Lebenssachverhalte ausscheidet, ist nicht erstrebenswert, weil auch dadurch Zweifelsfälle nicht ganz verhindert werden können.[21] Überbordende Befürchtungen sind allerdings fehl am Platz. Einerseits werden sich mE mehr als 90% der Fälle schon dadurch lösen lassen, dass der Erblasser nur einen exakt bestimmbaren Lebensmittelpunkt hat, andererseits geben die ErwGr 23 und 24 ebenfalls Anhaltspunkte und schließlich sind idZ sowohl die EuGH-Rsp, als auch Literaturmeinungen zu anderen Regelungswerken heranzuziehen. Dem Unionsgesetzgeber ist bloß vorzuwerfen, dass er für die wenigen verbleibenden Zweifelsfälle keine exakte Ausweichlösung vorgegeben hat, obwohl auch hier die Kriterien des ErwGr 24 herangezogen werden können. Auch wenn der Unionsgesetzgeber alle antizipierbaren Zweifelsfälle durch eine exakte Definition ausgeschaltet hätte, blieben in jedem Fall noch einzelne Details offen, die dann ohnedies von den Gerichten gesondert bewertet werden müssten.[22] Eine **gewisse Flexibilität** ist somit eher **zu befürworten,** weil damit der Einzelfallgerechtigkeit besser gedient ist.

15 Da die Anknüpfung den Begriff des gewöhnlichen Aufenthalts zunehmend sowohl in den **Europäischen VO,** als auch im **Sekundärrecht** maßgebend ist, jedoch systematisch **keinesfalls** als **einheitlich** bezeichnet werden kann, stellt sich ganz allgemein die Frage nach einer Konkretisierung. Obwohl zur Begriffsdefinition auch die analog zu anderen VO ergangene EuGH-Rsp heranzuziehen ist, darf dieser Umstand dennoch nicht zur unreflektierten Übernahme verleiten. Es sind daher zunächst die verschiedenen systematischen Unterschiede auszumachen, bevor man zu einem **gemeinsamen Begriffskern** vordringen kann, der auch auf die EuErbVO anzuwenden ist.

1. Differenzierungen und Gemeinsamkeiten in der Struktur der einzelnen Tatbestände der Uniongesetzgebung

16 Der Begriff des gewöhnlichen Aufenthalts findet sich in **verschiedenen Bereichen** der EU-VO, teils bloß auf der Ebene der Zuständigkeit, teils (auch) im Kollisionsrecht. In Art 4 Rom I-VO wird auf den gewöhnlichen Aufenthalt in Bezug auf **vertragliche** Schuldverhältnisse gem Art 4 Abs 1 bzw Art 19 Rom I-VO und auf **außervertragliche Schuldverhältnisse** in Art 4 Abs 2 Rom I-VO bzw in Art 10 Abs 2, Art 11 Abs 2, Art 12 Abs 2 und Art 23 Rom II-VO verwiesen. Auch die EuMahnVO und die EuBagVO ziehen den gewöhnlichen Aufenthalt neben dem Wohnsitz als Anwendungskriterium heran.

17 Im Bereich des **Scheidungsrechts** verweisen die Zuständigkeitsnormen gem Art 3 ff EuEheVO und das Kollisionsrecht gem Art 5 sowie Art 8 Rom III-VO auf den gewöhnlichen Aufenthalt. Im Bereich **elterlicher Verantwortung** sind die Zuständigkeitsnormen der Art 8 ff EuEheVO ausschlaggebend, sowie für das anwendbare Recht Art 17 Haager Kinderschutzübereinkommen. Im Bereich des **Unterhaltsrechts** sind Art 3 und 4 der EuUVO hinsichtlich der internationalen Zuständigkeit und die Art 3, 4, 5 und 8 des HUP für das Kollisionsrecht zur Begriffsauslegung analog heranzuziehen. Die Zuständigkeit im Bereich des **Ehegüterrechts** soll sich auf Art 3 EuGüVO iVm Art 3 EuEheVO stützen. Einerseits beziehen sich diese Regelungswerke auf **verschiedene Lebensbereiche** – wie etwa Familien- oder Erbrecht –, andererseits auf **schuldrechtliche Bestimmungen** bzw Normen zur ungerechtfertigten Bereicherung oder Geschäftsführung ohne Auftrag. Andererseits kann eine Kategorisierung danach erfolgen, ob es sich um **EU-VO** oder **EU-Sekundärrecht** handelt. Einzelne

---

21 Vgl auch *Wagner,* DNotZ 2010, 513.
22 IdS auch *Dörner,* ZEV 2010, 221 und *Mankowski,* IPRax 2015, 42 f.

Meinungen plädieren für eine Differenzierung nach den wirtschaftlich orientierten Bereichen – wie Rom I-, Rom II-, EuMahnVO und EuBagVO – und den familien- und erbrechtlichen Bereichen – wie Rom III-, EuEheVO, EuUVO und die EuErbVO.[23]

Die **EuUVO** verweist zwar in ihrem Art 15 deklaratorisch auf das **Haager Unterhaltsproto-** **18** **koll** (HUP), doch handelt es sich hier um eine eigenständige Konvention, die nach völker- rechtlichen Prinzipien auszulegen ist.[24] Sind beide Regelungswerke gleichzeitig anzuwenden, so muss zwangsläufig einheitlich ausgelegt werden. Sind allerdings grenzüberschreitende Sachverhalte der Vertragsstaaten des HUP, die nicht EU-Mitgliedstaaten sind, betroffen, so kann es zu anderen Auslegungsergebnissen kommen. Nur **innerhalb des Unionsrechts** kann es somit **einheitliche Auslegungsergebnisse** durch den EuGH geben. Sind aber – wie auch nach der Rom III-VO – andere Vertragsstaaten betroffen, so haben diese Entscheidungen keine Rechtsverbindlichkeit.[25]

Differenzierungen können sich aber auch hinsichtlich der **verschiedenen Personen** ergeben, **19** auf deren gewöhnlichen Aufenthalt verwiesen wird. Teils betreffen die diversen Regelungs- werke den gewöhnlichen Aufenthaltsort in einem **familiären Kontext.** So stellen etwa die EuEheKindVO iVm Rom III-VO auf den (letzten) gemeinsamen gewöhnlichen Aufenthalt der Ehegatten ab, die EuEheKindVO iVm Art 4 HUP 2001 auf den gewöhnlichen Aufenthalt von Kindern[26] bzw die EuUVO iVm HUP auf den von anderen Familienangehörigen.[27] Hier ergibt sich in einem rein personenbezogenen Kontext, dass zwischen Ehegatten, Einzelperso- nen bzw Kindern andere Maßstäbe anzulegen sind. Obwohl auch Kinder ihren gewöhnlichen Aufenthalt nicht per se vom betreuenden Elternteil ableiten, ist bei Kleinkindern dieser doch überwiegend mit jenem des betreuenden Elternteils deckungsgleich. Die EuGH-Rsp kann da- her schon zwischen diesen verschiedenen Personengruppen nicht unbesehen übernommen werden.[28]

Die unterschiedlichen Regelungswerke stellen auch auf **zeitlicher Ebene** in differenzierter **20** Weise auf den gewöhnlichen Aufenthaltsort ab. So stellen etwa Art 6 Abs 2, Art 8 lit a und lit b Rom III-VO, sowie Art 4 Abs 1 EuUVO auf den Zeitpunkt der **Anrufung des Ge-** **richts,**[29] Art 4 Abs 2 Rom II-VO auf den Zeitpunkt des **Schadenseintritts,** Art 3 EuGüVO auf den Zeitpunkt des **Todes eines Ehegatten** und schließlich Art 4 und Art 21 Abs 1 EuErbVO auf den **Todeszeitpunkt des Erblassers** ab. Art 4 Abs 1 iVm Art 19 Abs 3 Rom I-VO bezieht sich wiederum auf den **Zeitpunkt des Vertragsabschlusses.** Auch hier könnten sich nach rein sachlichen Kriterien andere Anhaltspunkte im Hinblick auf die zeit- liche Nähe zum Entscheidungszeitpunkt ergeben. Schon im Hinblick auf die Beweisbarkeit, werden bei länger zurückreichenden Zeiträumen eher objektive Kriterien maßgebend sein.[30]

---

23 *Kropholler/von Hein*[9] Art 3 EuMahnVO Rz 3; vgl dazu auch *Hilbig-Lugani,* GPR 2014, 9, die eine solche Zweiteilung ablehnt.
24 Vgl *Hilbig-Lugani,* GPR 2014, 11; aM *Andrae* in *Rauscher* Art 3 HUP 2007 Rz 8.
25 Vgl *Fucik* in *Fasching/Konecny* V/2[2] Art 15 EuUVO Rz 14.
26 Im Zeitpunkt der Antragstellung; vgl OGH 8 Ob 14/15 i.
27 Vgl dazu eingehend *Hilbig-Lugani,* GPR 2014, 11.
28 Der EuGH hat in seiner Entscheidung C-523/07 festgehalten, dass seine Rsp zum Begriff des ge- wöhnlichen Aufenthalts des Kindes im EU-Zivilverfahrensrecht nicht unmittelbar auf die Feststel- lung des gewöhnlichen Aufenthalts von Kindern iSd Art 8 Brüssel IIa-VO übertragen werden kann.
29 Vgl OGH 8 Ob 14/15 i.
30 Vgl dazu *Hilbig-Lugani,* GPR 2014, 12 mwN.

21 In erster Linie hat sich die Auslegung an der **Teleologie der Bestimmung(en)** zu orientieren, wie dies auch vom EuGH stets betont wird.[31] Die Gesetzesintention kann sich dabei etwa auf die **Stärkung der Privatautonomie** im Hinblick auf eine umfassendere Rechtswahlfreiheit beziehen – wie etwa gem Art 8 Abs 1 lit b HUP –, auf den **Schutz des schwächeren Rechtsteilnehmers** – wie etwa gem Art 6 Abs 1 und 2 bzw Art 11 Abs 4 Rom I-VO. Besonderer Zweck dieses Gesetzeswerks kann auch darin bestehen, das **Staatsbürgerschaftsprinzip zurückzudrängen** – wie nach Art 5 und 8 Rom III-VO – bzw die Kontinuität des anwendbaren Rechts in Bezug auf die daran orientierten **Lebensverhältnisse der Ehegatten** sicherzustellen, oder einen **Gleichlauf von forum und ius** zu erreichen – wie nach der Rom III-VO iVm EuEheVO und eben der EuErbVO.[32] Die primär verfolgte Gesetzesintention ist va den diversen ErwGr einer VO zu entnehmen. Aus den ErwGr wird sich auch ergeben, ob die VO eher zu einer weiteren oder restriktiveren Begriffsauslegung tendiert.

22 Obwohl es – wie oben aufgezeigt – je nach Regelungsgehalt bzw Lebensbereichen zwangsläufig zu Differenzierungen kommen muss bzw wird, ist mit *Hilbig-Lugani*[33] zu betonen, dass aus Gründen der Transparenz möglichst **einheitliche Auslegungsstandards anzustreben** sind, weil es sonst zu einer völligen Begriffszersplitterung kommt, worunter letztlich die Rechtsklarheit und Rechtssicherheit leiden. Va müssten zumindest für den **Begriffskern einheitliche Standards** geschaffen bzw festgelegt werden. Die Auslegung wird daher immer in einem Spannungsverhältnis zwischen möglichst einheitlicher Auslegung und den jeweiligen Differenzierungen im Einzelfall – wie es auch der EuGH betont – liegen.

2. Kriterien und Indizien nach der EuErbVO

23 ErwGr 23 der EuErbVO hebt hervor, dass bei der Bestimmung des gewöhnlichen Aufenthalts eine **Gesamtbeurteilung der Lebensumstände** des Erblassers in den letzten Jahren vor seinem Tod vorgenommen werden soll.[34] Dabei sind alle relevanten Tatsachen zu berücksichtigen, insb die Dauer und die Rechtmäßigkeit des Aufenthalts des Erblassers in den betreffenden Staaten und die damit zusammenhängenden Umstände und Gründe.[35] Die in ErwGr 23 und 24 angeführten Kriterien bilden bloß starke Indizien für die Feststellung des gewöhnlichen Aufenthalts und sind stets in einer Gesamtschau nach Lage des Einzelfalls anzuwenden. Der danach bestimmte gewöhnliche Aufenthalt sollte unter Berücksichtigung der spezifischen Ziele dieser VO eine besonders **enge und feste Bindung** zu dem betreffenden Staat erkennen lassen. Der Begriff der „besonders engen und festen Bindung des Erblassers" ist jedoch nicht in jedem Fall als Voraussetzung bei der Bestimmung des gewöhnlichen Aufenthaltsorts maßgebend, sondern soll nur in **Zweifelsfällen** ein zusätzliches Abgrenzungskriterium bilden. Zentrales Kriterium stellt va der Ort des **Lebensmittelpunkts** dar, wie der EuGH auch anderenorts stets betont.[36] Ein solcher Lebensmittelpunkt kann dann angenommen werden, wenn dort der Schwerpunkt des familiären, sozialen oder beruflichen Lebens angenommen werden kann. Nach der EuGH-Rsp kommt es **primär** auf **objektive Kriterien** an, wobei in Einzelfällen auch **subjektive Momente** heranzuziehen sind, wenn sich sonst ein

---

31 Vgl dazu *Stotz* in *Riesenhuber,* Europäische Methodenlehre[2] § 22 Rz 17.

32 *Hilbig-Lugani,* GPR 2014, 8.

33 *Hilbig-Lugani,* GPR 2014, 14.

34 *Mankowski,* IPRax 2015, 43; *Burandt,* EU-Erbrechtsverordnung 52.

35 *Müller-Lukoschek,* EU-Erbrechtsverordnung § 2 Rz 128; *Dörner,* ZEV 2012, 510; ebenso offenbar *Hess* in *Dutta/Herrler* Rz 9.

36 *Mankowski,* IPRax 2015, 42.

Ort des gewöhnlichen Aufenthalts nicht exakt bestimmen lässt. So ist etwa die Absicht des Erblassers, sich in einem bestimmten Land niederzulassen, um dort den Lebensmittelpunkt zu begründen, nur ein bzw ein weiteres Abgrenzungskriterium. Anders als nach der österr OGH-Rsp und L,[37] wonach eine Dauer von sechs Monaten als Faustregel für die Beurteilung eines gewöhnlichen Aufenthalts angenommen wird, gibt es eine solche exakte Abgrenzung im Unionsbereich nicht. Eine Mindestaufenthaltsdauer wurde zwar diskutiert, aber dann bewusst nicht in die EuErbVO aufgenommen.[38] Weil aber ErwGr 23 auch auf die **Aufenthaltsdauer** verweist, wird zumindest ein Aufenthalt von einem halben Jahr als grobe Orientierungshilfe herangezogen werden können. Eine gewisse **Stabilität** des Aufenthalts ist daher idZ geboten.[39] Dies kann allerdings nicht als Mindestaufenthaltsdauer gefordert sein. Stets ist hier auf die (zusätzlichen) Kriterien des Einzelfalls abzustellen. Die **Integration in das soziale** oder **kulturelle Leben** des Aufenthaltsstaats kann ebenfalls nicht als Voraussetzung für eine solche Festlegung verstanden werden,[40] zeigt doch schon die Realität, dass sich bestimmte Gruppen von Migranten gar nicht oder nur zögerlich in das soziale oder rechtliche Leben eines Staates integrieren (wollen) und teilweise auch nach jahrelangem Aufenthalt etwa noch fehlende **Sprachkenntnisse** aufweisen. Sprachkenntnisse werden daher auch ein wesentliches Kriterium bei der Beurteilung der Integration in das Sozialleben bilden. **Familiäre Bindungen** bieten neben den sozialen Bindungen allerdings idZ gem ErwGr 24 gewichtige Anhaltspunkte für die Feststellung eines gewöhnlichen Aufenthalts.[41] Auch iZm der EuEheVO wurde dieses Kriterium vom EuGH besonders herangezogen.[42]

Jedenfalls nicht ausreichend für die Begründung eines gewöhnlichen Aufenthalts ist es, wenn **24** sich der Erblasser nur **vorübergehend** im entsprechenden Staat **aufhält** – etwa weil er hier die Ankunft eines Verwandten erwartet, eine (Zusatz-)Ausbildung absolviert oder sich zu Zwecken einer bestimmten medizinischen Behandlung im Aufenthaltsstaat befindet. Diese Kriterien genügen bloß für den **schlichten Aufenthalt.**[43]

Andererseits schadet es für die Feststellung des gewöhnlichen Aufenthalts nicht, wenn der **25** Erblasser diesen vorübergehend verlässt und in einem anderen Staat zu eben diesen genannten Zwecken (schlichten) Aufenthalt nimmt. Als Abgrenzungskriterium wären hier aber auch **subjektive Momente** heranzuziehen – wie die Absicht nach Zweckerreichung wieder an den ursprünglichen Aufenthalt zurückzukehren.[44] Ebenso wenig kommt es auf die **Freiwilligkeit** oder **Rechtmäßigkeit** des Aufenthalts an.[45] Eine behördliche Meldung im Aufenthaltsstaat führt für sich allein ebenfalls nicht zur Feststellung des gewöhnlichen Aufenthalts, kann aber ein wichtiges Indiz darstellen.[46] Stets muss ein (Wechsel des) Aufenthalt(s) real, mithin **nicht vorgetäuscht** sein, um eine Effektivität zu erreichen.[47]

---

37 Vgl *Weber*, EF-Z 2012/3; *Mayr* in *Rechberger*, ZPO[4] § 110 JN Rz 9; RIS-Justiz RS0074198; *Simotta* in *Fasching/Konecny* V/2[2] Art 3 EuEheKindVO Rz 4.
38 *J. Schmidt* in BeckOGK BGB Art 4 EuErbVO Rz 17 mwN.
39 *Dutta*, FamRZ 2013, 5 f; *J. Schmidt* in BeckOGK BGB Art 4 EuErbVO Rz 19.
40 So auch *Müller-Lukoschek*, EU-Erbrechtsverordnung § 2 Rz 129; *Mankowski*, IPRax 2015, 42 f.
41 *J. Schmidt* in BeckOGK BGB Art 4 EuErbVO Rz 22 mwN; *Müller-Lukoschek*, EU-Erbrechtsverordnung § 2 Rz 127 ff.
42 EuGH C-523/07 Slg 2009, I-2805.
43 *Mankowski*, IPRax 2015, 43.
44 Ebenso *Weber*, EF-Z 2012/3, 16, vgl auch *Mäsch* in *Rauscher* Art 3 EG-InsVO Rz 30.
45 *Simotta* in *Fasching/Konecny* V/2[2] Art 3 EuEheKindVO Rz 71 mwN.
46 *Weber*, EF-Z 2012/3, 16.
47 *Mankowski*, IPRax 2015, 43.

26   Der **gewöhnliche Aufenthalt von Kindern** ist ein eigenständiger, daher nicht von den Obsorgeberechtigten abgeleiteter – obwohl diese ein Aufenthaltsbestimmungsrecht über die Kinder haben. Der gewöhnliche Aufenthalt ist also originär und nicht abhängig.[48] Ein Minderjähriger kann daher auch gegen den Willen der/des Sorgeberechtigten seinen gewöhnlichen Aufenthalt in einem Staat haben.[49] Offen ist – wie oben angeführt – die Frage, ob eine Person auch mehr als einen gewöhnlichen Aufenthalt haben kann. Obwohl *Hess*[50] darauf verweist, dass sich bereits aus logischen Aspekten ergibt, dass ein Mensch nur einen „Mittelpunkt der Lebensverhältnisse" haben kann, ist gerade diese Begründung mit tatsächlichen Gegebenheiten mE nicht stichhaltig. In der Praxis ergeben sich sicher Fälle, in denen eine Person **zwei gleichwertige Lebensmittelpunkte** haben kann – etwa indem sie das Winterhalbjahr im Herkunftsstaat – mit einer dortigen sozialen, kulturellen und rechtlichen Integration – verbringt, während sie sich im Sommerhalbjahr, mit einer ebensolchen Integration, in ihrem Ferienhaus in einem wärmeren Land aufhält. Es genügt also nicht, auf rein logische oder tatsächliche Momente abzustellen. Rein tatsächliche Gegebenheiten können auch schon deshalb keine Rolle spielen, weil zB der OGH bei grenzüberschreitenden Fällen davon ausgeht, dass eine Person auch an mehreren Orten ihren Wohnsitz nehmen kann.[51] Dennoch ist grundsätzlich davon auszugehen, dass nur ein Ort als gewöhnlicher Aufenthalt festgestellt werden kann.[52] Dies ergibt sich aber – wie oben angeführt – aus der Ideologie des Regelwerks, wonach etwa dadurch ein möglicher Wettlauf zu Gericht („forum shopping") verhindert werden soll bzw ein Gleichklang von forum und ius bezweckt wird. Auch der EuGH scheint sich hier nicht festzulegen, indem er im Hinblick auf Art 13 EuEheKindVO darauf verweist, dass es auf Grund der Zuständigkeit nach dem schlichten Aufenthalt keine Unmöglichkeit der Feststellung eines Aufenthaltsorts gibt.[53]

27   Für Personen, die **im Ausland arbeiten,** ist das Kriterium der engen und festen Bindung zu deren Herkunftsstaat für die Feststellung des dortigen gewöhnlichen Aufenthalts maßgebend. Befindet sich deren sozialer Lebensmittelpunkt in familiärer und sozialer Hinsicht auch im Herkunftsstaat, so ist danach der gewöhnliche Aufenthalt noch dort verankert. Weiters nennt ErwGr 24 Fälle, in denen der Erblasser in mehreren Staaten gelebt hat, oder von Staat zu Staat gereist ist, ohne sich in einem bestimmten Staat für eine längere Zeit niederzulassen. In diesen Fällen könne auch die **Staatsangehörigkeit,** oder der Ort an dem sich Nachlassgegenstände befinden, als **besonderer Faktor bei der Gesamtbeurteilung** aller tatsächlichen Umstände dienen. Unklar ist idZ allerdings, ob diese zuletzt genannten Kriterien nur in diesen besonderen Fällen Anwendung finden sollen, oder ob ein Umkehrschluss möglich ist. ME gilt dies jedenfalls für den Aspekt der Staatsangehörigkeit oder die Belegenheit der Vermögensgegenstände, weil die Staatsbürgerschaft in Regelfällen nämlich gerade kein Anknüpfungspunkt sein soll. In Sondervorschriften einer subsidiären Zuständigkeit bzw Notzuständigkeit wird ohnedies explizit auf die Belegenheit der Nachlassgegenstände verwiesen. Dagegen ist das Kriterium der Annahme eines Lebensmittelpunkts in Bezug auf familiäre und soziale Aspekte kein spezifisches Kriterium für solche „unsteten" Erblasser, sondern kann ganz

---

48 *Mankowski,* IPRax 2015, 41.

49 Vgl *Simotta* in *Fasching/Konecny* V/2[2] Art 8 EuEheKindVO Rz 28 mwN; vgl auch OGH 9 Ob 59/09 f Zak 2009/630.

50 *Hess* in *Dutta/Herrler* Rz 130; vgl auch *Dörner,* ZEV 2012, 510.

51 OGH 7 Ob 199/06 z iFamZ 2007/56 *(Fucik);* RIS-Justiz RS0046688.

52 *Mankowski,* IPRax 2015, 45.

53 EuGH C-523/07 Slg 2009, I-2805; vgl *Weber,* EF-Z 2012/3, 16; aM Zur Voraussetzung der besonders engen und verfestigten Bindung *Döbereiner,* MittBayNot 2013, 362.

allgemein auch in allen anderen Fällen der Feststellung des gewöhnlichen Aufenthalts herangezogen werden.[54]

Obwohl die EuErbVO, wie sich aus den ErwGr 23 und 24 ergibt, davon ausgeht, dass in Ein-   **28**
zelfällen eine individuelle Prüfung der Umstände erforderlich ist, kristallisiert sich für die
Feststellung des gewöhnlichen Aufenthalts als Begriffskern heraus, dass hier der **Lebensmittelpunkt** des Erblassers im Hinblick auf eine soziale, familiäre und kulturelle Integration heranzuziehen ist, so dass es primär für dessen Beurteilung auch darauf ankommt. Erst dann,
wenn sich ein solcher Lebensmittelpunkt nicht eindeutig festmachen lässt, sind in zweiter
Linie die Dauer, Regelmäßigkeit und die Gründe für diesen Aufenthalt zu beurteilen.

3. Einzelfälle

Im Folgenden soll versucht werden, bestimmte Gruppen innerhalb dieser möglich scheinen-   **29**
den Zweifelsfälle zu bilden.

a) Grenzpendler, Wanderarbeiter sowie Personen in Ausbildung

Als **Grenzpendler** sind Personen anzusehen, die ihren Lebensmittelpunkt in einem Mitglied-   **30**
staat haben und täglich oder in regelmäßigen Abständen zur Arbeit in einen anderen Mitgliedstaat pendeln, weil dort die Arbeitsbedingungen oder die Verdienstmöglichkeiten besser
sind. Für Österreich sind hier va Grenzpendler aus Vorarlberg zu nennen, die ihren Arbeitsplatz in Deutschland bzw der Schweiz haben. Obwohl der Arbeitsplatz in der EuGH-Rsp ein
wesentliches Kriterium für die Annahme eines gewöhnlichen Aufenthalts spielt,[55] bildet dieser Aspekt bloß eines von mehreren Indizien. Aus dem ErwGr 24 ist aber eindeutig ableitbar,
dass der gewöhnliche Aufenthalt regelmäßig in dem Mitgliedstaat anzunehmen ist, in dem
der Erblasser seine **familiären** und **sozialen Bindungen** hatte. Dies gilt selbst dann, wenn
Grenzpendler aus Zwecken der Bequemlichkeit eine Wohnstätte im Arbeitsstaat begründet
haben. Auch dann, wenn dieser ein Doppelleben geführt hat, indem er etwa dort eine außer-
eheliche Beziehung mit einer anderen Frau samt einem gemeinsamen Freundeskreis unter-
halten hat, wird man jedenfalls von einem Lebensmittelpunkt im Heimatstaat ausgehen müssen, weil er dort sicherlich – zumindest nach außen – besser verankert ist.

Als verdichtete Gruppe solcher Grenzpendler sind **Wanderarbeiter** anzusehen. Diese haben   **31**
zwar im Staat ihrer beruflichen Tätigkeit meist ein Wohnverhältnis begründet und arbeiten
dort während der Woche, kehren aber an Wochenenden oder zumindest in regelmäßigen
Abständen zur Familie im Heimatstaat zurück. Sollten hier in (vernachlässigbaren) Einzelfällen zwei gleichgewichtige Lebensmittelpunkte angenommen werden, so ist dennoch zufolge
des Verweises auf die Staatsangehörigkeit im ErwGr 24 der Heimatstaat als gewöhnlicher
Aufenthalt des Erblassers festzustellen.

Als solche Berufspendler sind etwa Angehörige des europäischen Parlaments anzunehmen,
die in regelmäßigen Abständen, sowie in der Urlaubszeit zu ihren Familien zurückkehren.
Auch Diplomaten, Soldaten und Montagearbeiter bzw Pflegekräfte, die eine gewisse Zeit bei
pflegebedürftigen Personen leben,[56] fallen in diese Gruppe.

---

54 Ebenso offenbar *Wilke*, RIW 2012, 603.
55 EuGH C-509/09; C-161/10.
56 *J. Schmidt* in BeckOGK BGB Art 4 EuErbVO Rz 29.

32   Auch **AuslandstudentInnen,** die Teile ihrer Ausbildung im Aufenthaltsstaat absolvieren, sind in diesem Zusammenhang zu nennen.[57] Solange eine Rückkehrabsicht in den Heimatstaat bestand, ist hier regelmäßig nicht von einem gewöhnlichen Aufenthalt auszugehen.

Entwickeln sich hier zum Aufenthaltsstaat aber **weitere engere Bindungen** – etwa durch eine Heirat oder regelmäßige Erwerbstätigkeit – so können diese Umstände auf einen Wechsel des gewöhnlichen Aufenthalts hindeuten.

33   Auch Personen, die sich aus Euthanasiegründen ins Ausland begeben (Stichwort: „begleiteter Suizid"), oder dort bereits im Vorfeld in einer Betreuungseinrichtung versorgt werden, fallen unter diese Gruppe. Hier wird man auch unterscheiden müssen, ob zu ihrem Heimatstaat noch enge Bindungen bestehen. Haben sie alle Kontakte zum Heimatstaat abgebrochen bzw haben sie dort ohnehin keine Angehörigen oder sonstige Bezugspunkte (Vermögensgegenstände, Konten usw), so wird man den Sterbestaat als neuen gewöhnlichen Aufenthaltsort annehmen müssen.

b) Personen mit wechselndem Aufenthalt

34   **Profisportler,** die häufig den Verein wechseln, oder **Künstler,** die in unterschiedlichen Staaten Engagements haben, sind hier anzuführen. Nur dann, wenn sie sich bereits – durch familiäre und freundschaftliche Verbindungen, sowie sonstige Umstände (vgl dazu Rz 4) – in einen bestimmten Staat integriert haben, ist von einem gewöhnlichen Aufenthaltsort auszugehen. Auch Berufssoldaten mit wechselnden Einsätzen oder Diplomaten fallen in diese Gruppe.[58]

35   Für eine kleine Gruppe von „**Jetsettern",** die ständig reisen und keinen familiären oder sozialen Lebensmittelpunkt haben, wird es entsprechend schwieriger sein, einen maßgebenden Aufenthaltsort zu bestimmen. Hier kommt man dennoch nicht herum, unter Einbeziehung aller Indizien **einen** gewöhnlichen Aufenthalt festzustellen. Ein wichtiger Anhaltspunkt kann hier auch das **überwiegende Vermögen** in einem Land sein – etwa eine Liegenschaft, auf der in Summe mehr Zeit verbracht wird, oder der Staat, in dem sich die meisten Vermögenswerte befinden.[59]

c) Personen, die in südlichen Ländern überwintern

36   Unter diesen Begriff sind Personen zu subsumieren, die nicht ihren beruflichen Lebensmittelpunkt in einem ausländischen Staat haben, sondern dort aus privaten Zwecken einen Großteil des Jahres verbringen. IdZ sind va **Pensionisten** zu nennen, die das Winterhalbjahr in klimatisch begünstigteren Ländern verbringen. Diese Personen haben entweder ein Langzeithotelarrangement gebucht, oder verbringen einen Großteil des Jahres in einem **Ferienhaus.** Im Gegensatz zu den Berufspendlern gibt es im ErwGr 24 keinen eindeutigen Anhaltspunkt dafür, dass für diese Gruppe eine Vermutung zu Gunsten der Heimatrechtsordnung besteht.[60] Bei der Feststellung des gewöhnlichen Aufenthalts sollte daher genau erhoben werden, welche sonstigen Umstände für einen gewöhnlichen Aufenthaltsort sprechen, wenn jeweils gleich viel Zeit in beiden Staaten verbracht wird und daher zwei unterschiedliche Lebensmittelpunkte bestehen. Hier ist zB zu erheben, zu welchem Staat diese Personen eine

---

57 *Solomon* in *Dutta/Herrler* Rz 18.
58 *Solomon* in *Dutta/Herrler* Rz 19 ff; *J. Schmidt* in BeckOGK BGB Art 4 EuErbVO Rz 30 f.
59 *Mankowski,* IPRax 2015, 40.
60 Ebenso *Lehmann,* DStR 2012, 2085; aM offenbar *Lorenz,* ErbR 2012, 44.

engere und festere Verbindung gehabt haben – etwa durch einen größeren Freundeskreis, wichtigere familiäre Bezugspersonen oder Integration in das kulturelle und politische Leben.[61] Auch subjektive Momente, wie der Bleibewille bis zum Tod können hier subsidiär zur Auslegung herangezogen werden.[62]

d) Personen, die ohne ihren Willen ins Ausland verbracht werden

Hauptanwendungsfall dieser Zielgruppe sind pflegebedürftige, oft geschäftsunfähige oder in ihrer Geschäftsfähigkeit stark beeinträchtigte Personen **(Demenzkranke),** die von ihren Angehörigen ins Ausland verbracht wurden. Gründe dafür können die günstigeren Pflegesätze im Ausland sein (Stichwort: Pflegeheime in Tschechien oder Polen) oder günstigere erbrechtliche Perspektiven in diesem Land (Stichwort: „keine Pflichtteilsrechte unliebsamer Verwandter"). **37**

Gerade idZ spielt das Moment des **Missbrauchs** eine große Rolle. Obwohl, wie bereits ausgeführt, idR kein Rechtsgeschäftswille erforderlich ist, um einen gewöhnlichen Aufenthalt zu begründen,[63] kann dieser Umstand hier doch bedeutsam sein, um diese Missbrauchsfälle einzudämmen. Ist aus den Äußerungen, oder zumindest Handlungen der verbrachten Personen ableitbar, dass sie lieber im Heimatstaat leben würden, so kann mE allein die Tatsache des Verbringens nicht maßgebend für die Feststellung eines gewöhnlichen Aufenthalts sein. Weitere Fälle sind **Strafgefangene,** die unfreiwillig ins Ausland überstellt worden sind. **38**

Es ist nicht leicht, für jeden dieser Einzelfälle exakte Regeln aufzustellen, doch ist grundsätzlich nicht von einem gewöhnlichen Aufenthalt auszugehen, wenn sich aus den Umständen des Falls ergibt, dass sich (noch) geschäftsfähige Personen nicht freiwillig bzw nur zu bestimmten Zwecken (Strafgefangene) ins Ausland begeben haben und nach wie vor die Verbindungen zum Heimatstaat nicht abbrechen wollten.[64] Für **geschäftsunfähige Personen** sind die Fälle nicht eindeutig beantwortbar: Sind etwa die nahen Bezugspersonen mit dem demenzkranken Erblasser mitgezogen und wurden dort – zumindest eingeschränkt – soziale Kontakte aufgebaut, so wird man eher von einem gewöhnlichen Aufenthaltsort im Verbringungsstaat ausgehen können, als wenn unlautere Motive der Erbprätendenten vorlagen und der Pflegebedürftige bloß „zum Sterben" in ein ausländisches Pflegeheim abgeschoben wurde. **39**

Gerichtsstandsvereinbarung

Art 5. **(1) Ist das vom Erblasser nach Artikel 22 zur Anwendung auf die Rechtsnachfolge von Todes wegen gewählte Recht das Recht eines Mitgliedstaats, so können die betroffenen Parteien vereinbaren, dass für Entscheidungen in Erbsachen ausschließlich ein Gericht oder die Gerichte dieses Mitgliedstaats zuständig sein sollen.**

(2) Eine solche Gerichtsstandsvereinbarung bedarf der Schriftform und ist zu datieren und von den betroffenen Parteien zu unterzeichnen. Elektronische Übermittlungen, die

---

61 Vgl auch das Beispiel „Mallorca-Rentner" bei *Burandt,* EU-Erbrechtsverordnung 53.
62 Vgl *Mankowski,* IPRax 2015, 43.
63 *Hau,* FamRZ 2000, 1333 f; *Lehmann,* DStR 2012, 2087.
64 Vgl dazu auch *Mankowski,* IPRax 2015, 45, der diese Fälle anführt, ohne freilich Lösungen anzubieten.

eine dauerhafte Aufzeichnung der Vereinbarung ermöglichen, sind der Schriftform gleichgestellt.

Stammfassung.

Literatur: *Burandt,* Die EuErbVO (Teil 2), FuR 2013, 377; *Dutta,* Das neue internationale Erbrecht der Europäischen Union – Eine erste Lektüre der Erbrechtsverordnung, FamRZ 2013, 4; *Kunz,* Die neue Europäische Erbrechtsverordnung – ein Überblick (Teil 1), GPR 2012, 208; *Janzen,* Die EU-Erbrechtsverordnung, DNotZ 2012, 484; *Lehmann,* Die EU-Erbrechtsverordnung zur Abwicklung grenzüberschreitender Nachlässe, DStR 2012, 2085; *Magnus,* Gerichtsstandsvereinbarungen im Erbrecht? IPRax 2013, 393; *Mankowski,* Die Lehre von den doppelrelevanten Tatsachen auf dem Prüfstand der internationalen Zuständigkeit, IPRax 2006, 454; *Schauer,* Die neue Erbrechts-VO der Europäischen Union, JEV 2012, 78; *Schoppe,* Die Übergangsbestimmungen zur Rechtswahl im internationalen Erbrecht: Anwendungsprobleme und Gestaltungspotential, IPRax 2014, 27; *Volmer,* Definitive Entscheidung von Vorfragen aufgrund der Gerichtszuständigkeit nach der EuErbVO, ZEV 2014/3, 129; *Wagner/Scholz,* Der Referentenentwurf eines Gesetzes zur Durchführung der EU-Erbrechtsverordnung, FamRZ 2014, 714.

Übersicht

		Rz
I.	Vorbemerkungen	1
II.	Zulässigkeitsvoraussetzungen	6
	A. Rechtswirksamkeit der Rechtswahl des Erblassers	7
	1. Recht des Heimatstaats des Erblassers	8
	B. Gerichtsstandsvereinbarung der „betroffenen Parteien"	10
	1. Parteibegriffe	10
	2. Gerichtstandvereinbarung durch den Erblasser?	13
	a) In der letztwilligen Verfügung	13
	b) Gerichtsstandsvereinbarung zwischen Erben und Erblasser?	14
III.	Umfang einer Gerichtsstandsvereinbarung	16
IV.	Materielle Wirksamkeitsvoraussetzungen	18
V.	Form der Gerichtsstandsvereinbarung	19

I. Vorbemerkungen

1   Wurde eine rechtswirksame Gerichtsstandsvereinbarung gem Art 5 getroffen, so greifen die Regelungen der Art 6 und 7. Damit werden zwei Möglichkeiten eröffnet: Wenn die Verfahrenspartei entgegen der Gerichtsstandsvereinbarung die an sich nach Art 4 oder 10 zuständigen Gerichte anrufen, so haben sich diese Gerichte gem Art 6 lit b für unzuständig zu erklären. Erst nach einer solchen **formellen Unzuständigkeitserklärung** ergibt sich gem Art 7 lit a die Zuständigkeit der Gerichte des gewählten Rechts.

2   Rufen die Verfahrensparteien hingegen primär die prorogierten Gerichte an, so ergibt sich deren Zuständigkeit aus Art 7 lit b.[1] Ausfluss dieser Möglichkeiten ist es, dass stets dasjenige Gericht zuerst über Gerichtsstandsvereinbarungen entscheidet, welches **zuerst in dieser Sache angerufen** wird.[2] Stellt sich erst im Lauf des Verfahrens heraus, dass nicht alle betroffenen Parteien die Gerichtsstandsvereinbarung abgeschlossen haben, so ist nach Art 9 vorzugehen, wonach das Gericht doch noch durch **rügelose Verfahrenseinlassung** zuständig gemacht werden kann. Schafft auch diese Vorgangsweise keine Abhilfe, so bleibt es bei den allgemeinen Zuständigkeitsvorschriften der Art 4 bzw 10.

---

1   Vgl dazu *Dutta* in MünchKommBGB[6] Art 5 EuErbVO Rz 21 f.
2   Vgl dazu eingehend Art 7 Rz 8.

Der Wortlaut des Art 5 Abs 1 legt nahe, dass die Parteien nicht nur die Zuständigkeit von **3** mitgliedstaatlichen Gerichten selbst, sondern auch die eines **bestimmten mitgliedstaatlichen Gerichts** vereinbaren können,[3] sodass sich die Gerichtsstandsvereinbarung auch auf die örtliche Zuständigkeit beziehen kann, für die allerdings die innerstaatlichen Normen Geltung haben. Entsprechend der Judikatur zu Art 23 Brüssel I-VO genügt mE hier auch die Bestimmbarkeit eines örtlich zuständigen Gerichts anhand objektiver Kriterien.[4]

Die Gerichtsstandsvereinbarung gem Art 5 Abs 1 ist – um dem Zweck des Gleichlaufs zwischen forum und ius zu dienen –, so konzipiert, dass sie als **ausschließliche Zuständigkeit** **4** gelten muss.[5] Überdies würde eine weitere Wahlzuständigkeit der allgemeinen Intention der EuErbVO, klare Zuständigkeitsregeln zu schaffen, widersprechen.[6] Eine solche Gerichtsstandsvereinbarung soll ja – wie bereits ausgeführt – nicht in erster Linie die **Privatautonomie der Parteien** fördern,[7] sondern die Grundregel des Art 4 und 10 dann verdrängen, wenn es bei einer Rechtswahl zu einem Auseinanderfallen von forum und ius kommt. Eine konkurrierende Gerichtsstandsvereinbarung, die eine besondere Zuständigkeit der Gerichte im Mitgliedstaat des gewählten Rechts begründen soll, findet mE weder im Wortlaut, noch im Zweck der Bestimmung Deckung und ist somit abzulehnen.[8]

Schon der Wortlaut des Art 5 deutet darauf hin, dass die Zuständigkeit nur durch eine Vereinbarung **mehrerer Parteien** begründet werden kann. Eine **einseitige Gerichtsstandswahl** **5** ist somit auch dann **ausgeschlossen,** wenn es sich um die einzige Verfahrenspartei handelt – etwa einen Alleinerben. Für diese Verfahrenspartei besteht allerdings die Möglichkeit, die Zuständigkeit im Mitgliedstaat des gewählten Rechts dadurch zu erreichen, dass sie diese gem Art 7 lit c **ausdrücklich anerkennt.**[9]

II. Zulässigkeitsvoraussetzungen

Einer Gerichtsstandsvereinbarung sind – im Gegensatz zu anderen EU-VO – nach der **6** EuErbVO Grenzen gesetzt. Primäre Zulässigkeitsvoraussetzung ist eine wirksame Rechtswahl seitens des Erblassers zu Gunsten des Rechts eines Mitgliedstaats gem Art 22.[10] Diese Gerichtsstandsvereinbarung kann nur zu Gunsten der Gerichte des Mitgliedstaats des gewählten Rechts erfolgen und muss von allen „betroffenen Parteien" abgeschlossen werden. Weiters muss die Gerichtsstandsvereinbarung den Formvorschriften des Art 5 Abs 2 entsprechen.

Im Vergleich zu Österreich stellt eine Zuständigkeitsvereinbarung in Erbsachen jedoch ein novum dar, weil im Außerstreitverfahren Zuständigkeitsvereinbarungen nur in Ehe- und Partnerschaftsangelegenheiten zulässig sind (§ 114 a Abs 2 JN).[11]

---

3 *J. Schmidt* in BeckOGK BGB Art 5 EuErbVO Rz 12; *Wagner/Scholz,* FamRZ 2014, 716.
4 EuGH C-387/98 Slg 2000, I-0362 Rz 15; *J. Schmidt* in BeckOGK BGB Art 5 EuErbVO Rz 12.
5 *J. Schmidt* in BeckOGK BGB Art 5 EuErbVO Rz 12 und 18 mwN.
6 *J. Schmidt* in BeckOGK BGB Art 5 EuErbVO Rz 12; *Volmer,* ZEV 2014/3, 130.
7 So aber offenbar *J. Schmidt* in BeckOGK BGB Art 5 EuErbVO Rz 2.
8 AM *Dutta* in MünchKommBGB[6] Art 5 EuErbVO Rz 16.
9 Vgl *Dutta* in MünchKommBGB[6] Art 5 EuErbVO Rz 10.
10 Vgl *Rechberger/Frodl* in *Rechberger/Zöchling-Jud* Rz 40 mwN.
11 *Höllwerth* in *Gitschthaler/Höllwerth* § 104 a JN Rz 12.

A. Rechtswirksamkeit der Rechtswahl des Erblassers

7 Nur unter bestimmten Voraussetzungen soll es durch eine Gerichtsstandsvereinbarung möglich sein, die internationale Zuständigkeit auf den Heimatstaat des Erblassers zu übertragen und damit die intendierte Parallelität von forum und ius wieder zu erreichen.[12]

1. Recht des Heimatstaats des Erblassers

8 Primäre Voraussetzung für eine Zuständigkeitsvereinbarung ist zunächst eine **wirksame Rechtswahl des Erblassers.** Diese ist nur dann möglich, wenn der Erblasser sämtliche Voraussetzungen für die Rechtswahl gem Art 22 erfüllt hat. Die **Testierfähigkeit** wird wohl in dem meisten Fällen nicht durch die nach der Grundregel zuständigen Gerichte geprüft werden können, weil diese eine materielle Wirksamkeitsvoraussetzung darstellt (Rz 18), die nach österr Recht erst im Zug eines Erbrechtsstreits gem § 162 AußStrG zu beurteilen ist. Dies ist regelmäßig dann der Fall, wenn divergierende Erbantrittserklärungen abgegeben werden. Dieses Verfahren liegt nicht in der funktionellen Zuständigkeit des Gerichtskommissärs, sondern des Verlassenschaftsgericht, welches dort von Amts wegen die Beweise zu diesem Beweisthema aufzunehmen hat. Deshalb muss es auch hingenommen werden, dass sich allenfalls erst dann herausstellt, dass auch die getroffene Rechtswahl unwirksam ist. In einem solchen Fall ist es aber verfahrensökonomisch sinnvoll, die Zuständigkeit dennoch weiter bei diesem Gericht zu belassen, zumal sich ja auch das ursprünglich zuständige Gericht bereits für unzuständig erklärt hat. Abhilfe schafft hier auch eine rügelose Streiteinlassung gem Art 9. Besitzt ein Erblasser **mehrere Staatsangehörigkeiten,** so kann er zwar diesbezüglich eine Auswahl treffen, doch kann sich die Gerichtsstandsvereinbarung stets bloß auf den Mitgliedstaat begründen, dessen Recht der Erblasser tatsächlich gewählt hat.[13] Gem Art 22 Abs 1 ist es für den Erblasser nur möglich, das Recht desjenigen Staates zu wählen, dem er **im Zeitpunkt der Rechtswahl** oder im **Zeitpunkt des Todes angehört.**

9 Eine Gerichtsstandsvereinbarung kann daher **hinsichtlich eines Drittstaats** de iure nicht getroffen werden,[14] weil dies weder dem Wortlaut des Art 22 entspricht, noch den von der VO beabsichtigten Gleichlauf zwischen ius und forum herstellt. IdZ stellt sich die Frage, ob bei einer Gerichtsstandsvereinbarung zu Gunsten eines dritten Staats – ähnlich wie nach Art 23 Brüssel I-VO – eine analoge Anwendung des Art 5 in Betracht kommt. Nach *Magnus*[15] könnte eine solche Gerichtsstandsvereinbarung auch dahingehend gedeutet werden, dass die dadurch derogierende Wirkung gem Art 5 für eine Zuständigkeit des gewöhnlichen Aufenthaltsortes anerkannt wird, weil durch eine solche Rechtswahl ohnehin ein Gleichlauf zwischen forum und ius nicht erreicht werden könne. Dadurch könnte die internationale Zuständigkeit im EU-Mitgliedstaat des gewöhnlichen Aufenthalts verweigert werden, wenn der Drittstaat eine solche Gerichtsstandsvereinbarung anerkennt.[16]

---

12 Vgl ErwGr 27.
13 Vgl *Dutta* in MünchKommBGB[6] Art 5 EuErbVO Rz 11 f.
14 *J. Schmidt* in BeckOGK BGB Art 5 EuErbVO Rz 3.
15 *Magnus,* IPRax 2013, 395.
16 IdS offenbar auch *Dutta* in MünchKommBGB[6] Art 5 EuErbVO Rz 12.

B. Gerichtsstandsvereinbarung der „betroffenen Parteien"

1. Parteibegriffe

Gem Art 5 Abs 1 2. HS können nur die **„betroffenen Parteien"** eine Gerichtsstandsvereinba- **10**
rung schließen. Va dieser Gesetzespassus sorgt nicht nur für Unklarheit, sondern stellt hinsichtlich der Anwendbarkeit der Norm erhebliche Herausforderungen. Die VO selbst bietet
hier **keine Legaldefinition,** doch lässt sich aus ErwGr 28 erschließen, dass es sich dabei um
eine Person handeln muss, die von einer **darauf bezogenen Entscheidung** dieses Gericht
hinsichtlich ihrer Rechte am Nachlass **berührt** wird.[17] Möglichen Erben kommt erst nach
Abgabe der Erberklärung volle Parteistellung zu; nur im Vorverfahren haben sie Parteirechte
gem §§ 153 ff AußStrG.[18] Ob auch Ersatz- und Nacherben stets volle Parteistellung genießen,
oder bloß bis zur Abgabe der Erberklärung des (der) Erben, ist umstritten.[19] Wie auch gem
§ 2 Abs 2 AußStrG muss es sich jedenfalls um **Erbprätendenten** handeln. Noterben, Vermächtnisnehmer oder Nachlassgläubiger können nach österr Recht keine umfassende Parteistellung iSd Art 5 erlangen,[20] weil ihnen bloße Forderungsrechte zustehen. Die Betroffenheit
eines Beteiligten ergibt sich aus der Perspektive des gewählten Rechts. So ist etwa in Italien
der Pflichtteilsberechtigte echter (Not-)Erbe und nicht bloß Geldgläubiger, Diesen Personen
kommen aber einzelne Parteirechte zu – etwa Verständigungsrechte gem § 176 AußStrG, das
Recht eine Inventarisierung gem § 810 ABGB, die Bestellung eines Verlassenschaftskurators
gem § 811 ABGB, oder eine Nachlassseparation gem § 812 ABGB zu beantragen. Auch hinsichtlich dieser „Zwischenverfahren" kann es dann zu Zuständigkeitsvereinbarungen zB von
Erben und Nachlassgläubiger kommen.

Für **streitige Erbverfahren** bereitet diese Gesetzesdiktion hingegen keine Schwierigkeiten, **11**
weil dieses ohnehin vom Zweiparteiensystem geprägt ist. Nach österr Recht ist das gesamte
Nachlassverfahren allerdings auf den außerstreitigen Rechtsweg verwiesen. Strikte Rollenver-
teilungen gibt es nur im Verfahren zur Feststellung des besseren Erbrechts bzw bei der Erb-
schafts-, Pflichtteils- oder Legatsklage, die im streitigen Verfahren zu behandeln ist. Hier
muss die Gerichtsstandsvereinbarung zwischen den jeweils betroffenen Personen abgeschlossen sein. Klagt daher zB nur einer der Legatare den Erben, so muss die Gerichtsstandsvereinbarung nur zwischen den beiden Personen getroffen werden.[21] Sind alle Beteiligten von
einer Entscheidung betroffen, so muss die Vereinbarung zwischen all diesen Personen geschlossen werden, weil die anderen betroffenen Personen durch eine solche Prorogation
nicht gebunden werden können.[22]

Im **nicht streitigen Verfahren** besteht neben dem förmlichen auch der **materielle Parteibe-** **12**
griff, wonach alle Personen, die – soweit sie dem Gericht bekannt sind – als Parteien zu
beteiligen sind, wenn sie durch die Entscheidung in ihrer Rechtsposition berührt werden.
Weil das österr **Verlassenschaftsverfahren** als **Amtsverfahren** ausgestaltet ist, besteht schon
aus diesem Grund gar kein Bedürfnis nach einer Gerichtsstandsvereinbarung im autonomen
Bereich. Handelt es sich daher um ein Nachlassverfahren, in dem sehr viele mögliche Erben

---

17 Vgl auch *Dutta* in MünchKommBGB[6] Art 5 EuErbVO Rz 6.
18 *Verweijen,* Verlassenschaftsverfahren 36 mwN.
19 *Verweijen,* Verlassenschaftsverfahren 38 mwN.
20 Vgl dazu *Schauer,* JEV 2012, 81 f; *Dutta* in MünchKommBGB[6] Art 5 EuErbVO Rz 6; aM offenbar
    Lehmann, DStR 2012, 2088.
21 *J. Schmidt* in BeckOGK BGB Art 5 EuErbVO Rz 6.
22 *J. Schmidt* in BeckOGK BGB Art 5 EuErbVO Rz 5.

auftreten bzw ist sogar zu befürchten, dass noch einzelne – derzeit nicht gerichtsbekannte Personen – auftauchen könnten, so ist eine Gerichtsstandsvereinbarung von geringem Nutzen. Durch die Möglichkeit einer **rügelosen Verfahrenseinlassung** gem Art 9 Abs 1 könnte hier noch eine Sanierung der sonst frustrierten Verfahrensaufwendungen erreicht werden. Der große Schwachpunkt der VO besteht aber darin, dass nicht durch andere Mechanismen dafür gesorgt wurde, den Gleichlauf zwischen ius und forum auf einfacheren Wegen zu erreichen. Stellt sich daher zB oft erst Jahre nach Verfahrensführung heraus, dass noch ein unbekannter Erbe – etwa ein aus einer zufälligen Verbindung entstandenes Kind des Erblassers – auftaucht, so sind die gesamten Kosten und Mühen des Verfahrens allenfalls frustriert, was dem Grundsatz der **Verfahrensökonomie** ja geradezu diametral **widerspricht.**

2. Gerichtstandvereinbarung durch den Erblasser?

a) In der letztwilligen Verfügung

13 Der Wortlaut des Art 5 lässt nur eine Gerichtsstandsvereinbarung zwischen den betroffenen Parteien zu. Auf den ersten Blick ist es nicht einleuchtend, warum der Erblasser nicht selbst die Gerichtszuständigkeit auf den Staat des gewählten Rechts verlagern kann.[23] Diese Befugnis will die EuErbVO nur den Erbprätendenten einräumen. Dies kann aber auch in Fällen problematisch sein, in denen die Parteien des Erbrechtsverfahrens **gegenläufige Rechtspositionen verfolgen** und sich schon von vornherein nicht auf eine internationale Zuständigkeit verständigen können. Dem Erblasser ist aber auch durch Art 5 die Möglichkeit genommen, seine durchdachten Überlegungen der Vermögensnachfolge gemeinsam mit verfahrensrechtlichen Aspekten zu regeln und eine sachgerechte Lösung als „Gesamtpaket" in eine letztwillige Verfügunge zu kleiden. Überdies sollte mE die Ingerenz schon deshalb beim Erblasser bleiben, weil es ja um die Weitergabe bzw den Erhalt seines zu Lebzeiten geschaffenen Vermögens geht. Der Nachteil, dass er durch eine solche Befugnis einseitig dritten Personen einen Gerichtsstand „aufzwingt", ist dem gegenüber weniger schlagend.[24] Dem Erblasser könnte daher besonders daran gelegen sein, durch eine Rechtswahl auch bestimmte verfahrensrechtliche Möglichkeiten zum Schutz des Nachlasses oder bestimmter Berechtigter zu installieren. Das Argument der **Benachteiligung der möglichen Erben** ist schon deshalb nicht tragend, weil eine solche Benachteiligungsabsicht auch gerade in einer Rechtswahl bestehen könnte, die man dem Erblasser dann ebenfalls versagen müsste. Dem Erblasser ist durch Art 22 ohnehin der Weg geebnet, durch die Wahl eines bestimmten Rechts Pflichtteilsberechtigte auszuschließen bzw zu begrenzen. Die Versagung der Möglichkeit einer Gerichtsstandsvereinbarung überzeugt auch schon deshalb nicht, weil gem Art 23 Abs 4 Brüssel I-VO auch beim Trust eine einseitige Gerichtsstandsbestimmung zulässig ist.[25] Der Erblasser könnte allerdings die Erbeinsetzung mit der Auflage verknüpfen, wonach der Erbantritt an die Bedingung einer Gerichtsstandsvereinbarung gebunden ist.

b) Gerichtsstandsvereinbarung zwischen Erben und Erblasser?

14 Nicht explizit aus der VO ableitbar ist die Frage, ob der Erblasser mit allfällig künftigen Verfahrensparteien **zu Lebzeiten** eine Gerichtsstandsvereinbarung treffen kann. Solche Konstel-

---

23 Krit auch *Burandt,* FuR 2013, 380; *Dutta,* FamRZ 2013, 7; *J. Schmidt* in BeckOGK BGB Art 5 EuErbVO Rz 3; *Hess* in *Dutta/Herrler* Rz 17.

24 Vgl auch *Hess* in *Dutta/Herrler* Rz 17; krit offenbar *Volmer,* ZEV 2014/3, 132.

25 Vgl *Dutta,* FamRZ 2013, 6, der auf die Vergleichbarkeit dieser Konstellation verweist; vgl auch *Hess* in *Dutta/Herrler* Rz 17; *J. Schmidt* in BeckOGK BGB Art 5 EuErbVO Rz 8.

lationen werden va bei sehr vermögenden Erblassern auftreten, die bereits zu Lebzeiten ihre **Vermögensübergabe regeln** wollen. So könnten sie etwa im Rahmen eines Erb- oder Übergabevertrags bzw durch einen Erb- oder Pflichtteilsverzicht auch gleichzeitig eine Gerichtsstandsvereinbarung unterzeichnen.[26] Eine Rechtswahl kann auch in letztwilligen Verfügungen (Art 24) bzw Erbverträgen (Art 25) getroffen werden, daher ist fraglich, ob sich Art 5 ausschließlich auf eine Rechtswahl nach Art 22 bezieht.[27] Da die VO nicht ausdrücklich den Zeitpunkt regelt, zu dem die Parteien eine Prorogation treffen können, kann dies mE auch bereits zu Lebzeiten des Erblassers geschehen,[28] doch kann der Erblasser schon nach dem Wortlaut des Art 5 Abs 1 selbst nicht Teil dieser Vereinbarung sein. Es spricht aber nichts dagegen, dass er eine solche anregt und auch eine bedingte letztwillige Verfügung in diese Richtung trifft, wonach bestimmte erbrechtliche Verfügungen dann nicht gelten sollen, wenn die Gerichtsstandsvereinbarung von einem Erbprätendenten widerrufen wird. Eine andere Möglichkeit, zu verhindern, dass die zukünftigen Verfahrensparteien die Gerichtsstandsvereinbarung nachträglich aufheben, besteht allerdings nicht, wie auch der Erblasser jederzeit seine Rechtswahl widerrufen bzw ändern kann. Somit besteht keine erhöhte Sicherheit für den Erblasser, sodass eine solche Vereinbarung von begrenztem Nutzen ist.

Jedenfalls möglich ist eine Gerichtsstandsvereinbarung **nach dem Erbfall,** jedenfalls ab Todesfallaufnahme. Wurde das Gericht allerdings bereits iSd Art 14 angerufen, so kommt nur mehr eine Gerichtsstandsanerkennung gem Art 7 lit c in Betracht.[29]		**15**

III. Umfang einer Gerichtsstandsvereinbarung

Den Verfahrensparteien steht es frei, eine Zuständigkeitsvereinbarung für sämtliche aus einem **Erbfall resultierenden „Streitigkeiten"** zu treffen oder eine solche nur auf eine konkrete Erbsache zu beziehen.[30] Erstreckt sich die Prorogation nur auf einen **sachlich abgegrenzten Umfang,** so bleibt es für alle anderen sich aus dem Erbfall ergebenden Rechtssachen bei der Grundregel der Art 4 und 10.[31] ErwGr 28 schließt nicht aus, dass sich die Gerichtsstandsvereinbarung auf eine spezifische Frage bezieht und somit eine Teilgerichtsstandswahl für einzelne Aspekte einer Erbsache anerkennt,[32] weil sonst die Litispendenzregeln eine Zuständigkeit der nach Art 4 oder 10 zuständigen Gerichte sperren würde. Dieser Argumentation ist zuzustimmen. Eine solche Beschränkung kann allerdings auch das Ziel der VO, eine Nachlasseinheit zu erreichen, dadurch unterlaufen, dass sich die Gerichtsstandsvereinbarung bloß auf einzelne Nachlassgegenstände bezieht.		**16**

Der Erblasser kann auch eine **beschränkte Teilrechtswahl** gem Art 24 Abs 2 bzw Art 25 Abs 3 treffen – etwa hinsichtlich der Zulässigkeit und der materiellen Wirksamkeit einer		**17**

---

26 IdS *Dutta* in MünchKommBGB[6] Art 5 EuErbVO Rz 9.

27 *J. Schmidt* in BeckOGK BGB Art 5 EuErbVO Rz 4 bezieht hier auch diese Fälle mit ein; aM aber *Janzen,* DNotZ 2012, 491; *Schoppe,* IPRax 2014, 32.

28 Ebenso *Dutta* in MünchKommBGB[6] Art 5 EuErbVO Rz 19; aM *Zöller/Geimer,* Art 5 EuErbVO Rz 1.

29 *Dutta* in MünchKommBGB[6] Art 5 EuErbVO Rz 19.

30 Vgl auch ErwGr 28.

31 *Dutta* in MünchKommBGB[6] Art 5 EuErbVO Rz 13, *Zöller/Geimer* Art 4 EuErbVO Rz 4; *Hess* in *Dutta/Herrler* Rz 22; *Dutta,* FamRZ 2013, 7.

32 *Dutta* in MünchKommBGB[6] Art 5 EuErbVO Rz 14; der allerdings die Teilgerichtsstandswahl auf solche Teilaspekte beschränken will, die einen eigenständigen Verfahrensgegenstand nach Art 17 Abs 1 betreffen.

letztwilligen Verfügung.[33] Auch dann, wenn der Erblasser vor dem Stichtag des 17. 8. 2015 eine Rechtswahl gem der intertemporalen Regelung des Art 83 Abs 2 und 4 getroffen hat, löst diese die Folge des Art 5 aus. Freilich muss die vorher getroffene Rechtswahl den Anforderungen des Art 22 entsprechen.

IV. Materielle Wirksamkeitsvoraussetzungen

18   Keine Auskünfte gibt Art 5 über die materiellen Wirksamkeitsvoraussetzungen einer Gerichtsstandsvereinbarung. Die materiellen Voraussetzungen betreffen etwa das gültige Zustandekommen der Vereinbarung, das Vorliegen von Willensmängel usw. Die materiellrechtliche Beurteilung der Gerichtsstandsvereinbarung kann daher **nicht autonom** beurteilt werden, sondern muss anhand **sachrechtlicher Regelungen** erfolgen, mithin einer existierenden Rechtsordnung unterstellt werden.[34] Umstritten ist allerdings deren Maßgeblichkeit. Die Beurteilung dieser Frage wird von einigen Autoren dem **Erbstatut** unterstellt.[35] Weil die Gerichtsstandsvereinbarung schuldrechtlich zu qualifizieren ist, wird teilweise auf Art 3 und 4 der **Rom I-VO** verwiesen.[36] In diesem Fall ist mE aber schon deshalb der **lex fori** der Vorzug zu geben, weil die Gerichtsstandsvereinbarung eine doppelfunktionale Parteihandlung darstellt, die auch eine prozessuale Seite aufweist. So ist etwa die **Geschäftsfähigkeit** nach dem Kollisionsrecht der lex fori – in Österreich somit nach § 12 IPRG – zu beurteilen. Zum anderen ist dies auch aus der Gesetzesteleologie, wonach ein Gleichlauf zwischen forum und ius angestrebt wird, erschließbar.[37] Wie *Dutta* richtig anführt, wäre sonst womöglich ein Gericht international zuständig, das dann nicht sein Recht anwenden könne. Somit wäre die praktische Wirksamkeit der Zuständigkeitsordnung in der EuErbVO bei unterschiedlichen prozessualen Anforderungen gefährdet.[38]

V. Form der Gerichtsstandsvereinbarung

19   Art 5 Abs 2 normiert die formellen Voraussetzungen einer Gerichtsstandsvereinbarung. Diese ist in **Schriftform** zu errichten, zu **datieren** und von den betroffenen Parteien zu **unterzeichnen.**

20   **Elektronische Übermittlungen,** die eine dauerhafte Aufzeichnung der Vereinbarungen ermöglichen, sind der Schriftform gleichzuhalten. Dies betrifft insb auch Vereinbarungen mittels E-Mail, sodass weder eine elektronische Signatur, noch eine Verschlüsselung erforderlich ist.[39] Damit entspricht Art 5 Abs 2 weitgehend Art 25 Abs 2 Brüssel Ia-VO sowie Art 4 Abs 2 EuUVO. Art 5 Abs 2 verschärft diese formalen Vorschriften – im Gegensatz zu den anderen VO – allerdings dadurch, dass sie eine Datierung sowie Unterzeichnung der Parteien verlangt. Die Frage, ob eine Gerichtsstandsvereinbarung in der gehörigen Form getrof-

---

33 Vgl dazu *Dutta* in MünchKommBGB[6] Art 5 EuErbVO Rz 5.
34 Vgl *Köhler* in *Kroiß/Horn/Solomon* Art 5 EuErbVO Rz 4; vgl *Kropholler/von Hein*[9] Art 23 EuGVO Rz 28; *Mankowski* in *Rauscher* Art 23 Brüssel I-VO Rz 41; *Schlosser,* EU-Zivilprozessrecht[3] Art 23 EuGVVO Rz 3.
35 So *Kunz*, GPR 2012, 210; *Dutta*, FamRZ 2013, 6; *J. Schmidt* in BeckOGK BGB Art 5 EuErbVO Rz 16.
36 So *Köhler,* in *Kroiß/Horn/Solomon* Art 5 EuErbVO Rz 4.
37 Vgl dazu auch *Dutta* in MünchKommBGB[6] Art 5 EuErbVO Rz 4.
38 Vgl zu den doppelrelevanten Tatsachen auch *Mankowski,* IPRax 2006, 454.
39 *J. Schmidt* in BeckOGK BGB Art 5 EuErbVO Rz 16; vgl auch *Mankowski* in *Rauscher* Art 23 Brüssel I-VO Rz 16 ff; *Gottwald* in MünchKommBGB[6] Art 23 EuGVVO Rz 27 ff.

fen wurde, ist nach **autonomem Recht** und nicht nach innerstaatlichem Recht zu prüfen.[40]
Die Frage der materiellen Wirksamkeit einer Gerichtsstandsvereinbarung richtet sich aber –
wie in Rz 18 ausgeführt – nach dem Recht des gewählten Gerichts.

Unzuständigerklärung bei Rechtswahl

**Art 6. Ist das Recht, das der Erblasser nach Artikel 22 zur Anwendung auf die Rechts-
nachfolge von Todes wegen gewählt hat, das Recht eines Mitgliedstaats, so verfährt das
nach Artikel 4 oder Artikel 10 angerufene Gericht wie folgt:**

**a) Es kann sich auf Antrag einer der Verfahrensparteien für unzuständig erklären, wenn
seines Erachtens die Gerichte des Mitgliedstaats des gewählten Rechts in der Erbsache
besser entscheiden können, wobei es die konkreten Umstände der Erbsache berücksichtigt, wie etwa den gewöhnlichen Aufenthalt der Parteien und den Ort, an dem die Vermögenswerte belegen sind, oder**

**b) es erklärt sich für unzuständig, wenn die Verfahrensparteien nach Artikel 5 die Zu-
ständigkeit eines Gerichts oder der Gerichte des Mitgliedstaats des gewählten Rechts vereinbart haben.**

Stammfassung.

Literatur: *Bajons,* Internationale Zuständigkeit und anwendbares Recht in Erbsachen, in *Schauer/Scheu-
ba* (Hrsg), Europäische Erbrechtsverordnung (2012) 29; *Kunz,* Die neue Europäische Erbrechtsverordnung – ein Überblick (Teil 1), GPR 2012, 208; *Wilke,* Das Internationale Erbrecht nach der neuen EU-
Erbrechtsverordnung, RIW 2012, 601.

Übersicht

	Rz
I. Allgemeines	1
II. Unzuständigkeitserklärung des gem Art 4 bzw 10 an sich zuständigen Ge- richts	3
A. Vorbemerkungen	3
B. Voraussetzungen	6
1. Rechtswahl des Erblassers	7
2. Antrag einer Verfahrenspartei	8
C. Ermessensentscheidung	9
D. Unzuständigkeitserklärung bei einer Gerichtsstandsvereinbarung	11
III. Folgen der Unzuständigkeitserklärung	12

I. Allgemeines

Art 6 enthält im Fall einer Rechtswahl neben den Vorschriften des Art 22 iVm Art 5 weitere **1**
Ausführungsbestimmungen, die den Gleichlauf zwischen forum und ius sicherstellen sollen.
Er regelt mithin, wann sich das gem Art 4 bzw 10 angerufene Gericht für unzuständig erklä-
ren muss bzw kann. Art 6 wird durch Art 7 lit a und b ergänzt.

In **zwei Fällen** kann sich das an sich zuständige Gericht gem Art 4 und 10 für **unzuständig** **2**
erklären, nämlich wenn

- die Gerichte des Mitgliedstaats des gewählten Rechts zur Entscheidung der Erbsache besser
  geeignet sind **(lit a)** bzw

---

40 Vgl *Simotta* in *Fasching/Konecny* V/1² Art 23 EuGVVO Rz 70 f.

• dieses Gericht bei einer Gerichtsstandsvereinbarung seine Unzuständigkeit erklärt (**lit b**).

Im ersten Fall besteht ein gerichtliches **Ermessen,** im zweiten Fall eine **Verpflichtung** des Gerichts zur Unzuständigkeitserklärung. Die Entscheidungsform der Unzuständigkeitserklärung richtet sich nach der lex fori; in Österreich erfolgt diese in Beschlussform. Mit der Unzuständigkeitserklärung **erlischt** die **Rechtshängigkeit** gem Art 17.[1] In diesem Fall können somit die Gerichte des gewählten Mitgliedstaats angerufen werden. Die Unzuständigkeitserklärung ist für diese gem Art 7 lit a **bindend** und begründet wiederum deren ausschließliche Zuständigkeit.[2]

Die **Form** der Unzuständigkeitserklärung richtet sich nach **nationalem Recht.** In Österreich wird der Antrag bzw die Klage gem § 42 JN zurückgewiesen. Nach österr Recht ist die Zuständigkeit in Amtsverfahren gem § 41 Abs 3 JN von Amts wegen zu ermitteln.[3] Die Unzuständigkeit ist während des gesamten Verfahrens von Amts wegen wahrzunehmen (vgl dazu auch Art 15 Rz 6–8). Eine Überweisung an das zuständige Gericht findet idZ nicht statt.

II. Unzuständigkeitserklärung des gem Art 4 bzw 10 an sich zuständigen Gerichts

A. Vorbemerkungen

3   Eine Unzuständigkeitserklärung gem Art 6 kommt schon aus Gründen der Logik oder der Gesetzesteleologie nur dann in Betracht, wenn es sich bei den Gerichten gem Art 4 und 10 nicht ohnehin um die Gerichte des Heimatstaats des Erblassers handelt, weil er dort im Todeszeitpunkt seinen gewöhnlichen Aufenthaltsort gehabt hat. Art 6 kann aber dann zur Anwendung gelangen, wenn der Erblasser eine **Doppelstaatsbürgerschaft** gehabt hat und gem Art 22 das Recht eines dieser Staatsangehörigkeiten gewählt hat. Eine Anwendung des Art 6 ist aber auch dann möglich, wenn ein **nachträglicher Wechsel der Staatsangehörigkeit** erfolgt.[4] Kurz gesagt kommt eine solche Unzuständigkeitserklärung nur dann in Betracht, wenn nicht ohnehin schon durch die Grundregeln forum und ius zusammenfallen.

4   Art 6 lit a entspricht im Grundsatz der im common law angesiedelten Regelung der „**forum non conveniens** – Doktrin", wonach den an sich zuständigen Gerichten die Möglichkeit offensteht, ihre Zuständigkeit nicht wahrzunehmen, wenn die **Gerichte eines anderen Staates** zur **Entscheidung** in der Sache **besser geeignet** sind und auch keine zwingenden Gründe dafür sprechen, die Rechtssache im Inland zu entscheiden.[5] Diese der **Einzelfallgerechtigkeit** dienende Idee ist auch den EU-VO nicht gänzlich fremd. Auch gem Art 15 EuEheVO kann das an sich zuständige Gericht auf Antrag einer Partei bzw eines anderen mitgliedstaatlichen Gerichts oder von Amts wegen die Rechtssache an ein anderes Gericht eines Mitgliedstaats verweisen, die den betreffenden Fall(teil) besser beurteilen kann. Dieses Gericht kann entweder von Amts wegen bzw durch einen Antrag der Parteien zur Übernahme der Rechtssache ersucht werden und dann gegebenenfalls den Fall an sich ziehen.

---

1 *J. Schmidt* in BeckOGK BGB Art 6 EuErbVO Rz 13.

2 *Wilke,* RIW 2012, 603; *Kunz,* GPR 2012, 209; *J. Schmidt* in BeckOGK BGB Art 6 EuErbVO Rz 15.

3 Vgl auch *Mayr* in *Czernich/Kodek/Mayr*[4] Art 28 Brüssel Ia-VO Rz 7.

4 Vgl *Dutta* in MünchKommBGB[6] Art 6 EuErbVO Rz 2; *Bajons* in *Schauer/Scheuba* 29 (FN 14).

5 *Dutta* in MünchKommBGB[6] Art 6 EuErbVO Rz 3; *J. Schmidt* in BeckOGK BGB Art 6 EuErbVO Rz 7; *Kunz,* GPR 2012, 209; *Rechberger/Frodl* in *Rechberger/Zöchling-Jud* Rz 59.

Wie *Dutta*[6] richtig ausführt, **unterscheidet sich Art 6** hingegen sowohl von der forum-non- **5** conveniens-Doktrin als auch von Art 15 EuEheVO. Danach wird bloß eine **gesetzliche Grundlage geschaffen,** die es den **Parteien** ermöglichen soll, **auf ihr Betreiben hin** einen Gleichlauf zwischen forum und ius herzustellen, wenn es sonst zu einem Auseinanderfallen zwischen zuständigem Gericht und anwendbarem Recht käme. Im Einzelfall kann es somit von den Parteien durchaus gewünscht sein, nicht in dieser Richtung tätig zu werden, damit sie die Rechtssache – aus welchen Gründen auch immer – von den Gerichten des Mitgliedstaats im Aufenthaltsort entscheiden lassen. Das könnte etwa dann der Fall sein, wenn diese Gerichte schneller oder voraussichtlich nach den Rechtsstandpunkten der Verfahrensparteien entscheiden könnten.

B. Voraussetzungen

Eine Unzuständigkeitserklärung im Fall des Art 6 lit a kommt nur unter **zwei Voraussetzun- 6 gen** in Betracht, nämlich einer Rechtswahl durch den Erblasser und dem Antrag einer Verfahrenspartei. Weiters kann es dazu erst dann kommen, wenn ein nach der Grundregel des Art 4 bzw 10 **zuständiges Gericht bereits angerufen** wurde.[7] Dieser Anrufungszeitpunkt richtet sich nach Art 14.

1. Rechtswahl des Erblassers

Primäre Voraussetzung beim Vorgehen nach Art 6 lit a ist, dass der Erblasser eine **wirksame 7 Rechtswahl** getroffen hat.[8] Diese Rechtswahl muss sich auf das Recht eines Mitgliedstaats beziehen und kann auch bloß einen Teilrechtsbereich betreffen.

2. Antrag einer Verfahrenspartei

Das Gericht kann sich in diesem Fall **nicht von Amts wegen** für unzuständig erklären, son- **8** dern muss einen Antrag einer Verfahrenspartei abwarten. Ein solcher Antrag ist selbst dann notwendig, wenn es sich um ein Amtsverfahren handelt – wie beim österr Nachlassverfahren gem §§ 143 ff AußStrG oder bei Nachlassverfahren der freiwilligen Gerichtsbarkeit gem § 28 FamFG. IdZ genügt es nicht, dass sich die **Verfahrensparteien** bloß für eine solche Vorgangsweise aussprechen, sie müssen vielmehr einen **formellen Antrag** stellen. Auch der Antrag nur einer der Parteien ist ausreichend, wobei die anderen Verfahrensparteien hierzu nicht ihr Einverständnis erklären müssen.[9]

Nicht erforderlich ist es allerdings idZ, dass die Partei ausdrücklich auf Art 6 Bezug nimmt; es genügt, dass aus dem Antrag eindeutig hervorgeht, dass eine Unzuständigkeitserklärung aufgrund der besseren Entscheidungskompetenz der Gerichte des gewählten Mitgliedstaats begehrt wird.[10]

C. Ermessensentscheidung

Das Gericht ist an einen solchen Antrag nicht gebunden. Gem Art 6 lit a trifft die Gerichte **9** in diesem Fall daher **keine Verpflichtung,** sich für unzuständig zu erklären, sondern räumt

---

6 *Dutta* in MünchKommBGB[6] Art 6 EuErbVO Rz 5.
7 *J. Schmidt* in BeckOGK BGB Art 6 EuErbVO Rz 4.
8 Vgl dazu Art 5 Rz 8.
9 *J. Schmidt* in BeckOGK BGB Art 6 EuErbVO Rz 5.
10 *J. Schmidt* in BeckOGK BGB Art 6 EuErbVO Rz 5.

ihnen bloß eine Befugnis zu einer solchen Unzuständigkeitserklärung ein.[11] IdZ ist jedoch bloß ein **Verfahrensermessen** anzunehmen, wonach die Gerichte begründen müssen, warum die Gerichte desjenigen Mitgliedstaats, dessen Rechte der Erblasser gewählt hat „in der Erbsache besser entscheiden zu können". Diese bessere Eignung ist nicht nach subjektiven, sondern nach objektiven Kriterien zu beurteilen, dh es müssen sachliche Aspekte dafür sprechen.[12] In Art 6 lit a selbst sind zwei dieser **objektiven Kriterien** genannt, nämlich der **gewöhnliche Aufenthalt** der Verfahrensparteien oder die **Belegenheit des Nachlasses**. Art 6 lit a wird va dann schlagend sein, wenn bloß der Erblasser einen gewöhnlichen Aufenthalt in einem anderen Mitgliedstaat hatte, in dem sich dann oft alle bzw die meisten Vermögenswerte befinden. Besteht der Nachlass va aus Liegenschaften im Heimatstaat, so ist offenbar dieser auf Grund der Sachnähe besser zur Entscheidung geeignet. Aber auch in Art 6 lit a **nicht genannte Umstände** können dabei eine Rolle spielen[13] – etwa wenn sich zwar nicht die Verfahrenspartei(en) im Mitgliedstaat des gewählten Rechts aufhalten, sich wohl aber nahezu alle für die Entscheidung notwendigen **Beweismittel** – etwa Zeugen, dort befinden. Aber auch dann, wenn **besonders komplexe Rechtsfragen** der gewählten Rechtsordnung aufgeworfen werden, oder es sich um ein der lex fori unbekanntes Rechtsinstitut handelt, liegt eine bessere Entscheidungskompetenz dieser gewählten Gerichte vor.[14] Im Rahmen der Ermessensentscheidung hat das Gericht daher die konkreten **Umstände des Einzelfalls** genau zu **überprüfen** und im Hinblick darauf seine Entscheidung sorgfältig zu begründen.

10 Weil Art 6 lit a von der *„Erbsache ..."* spricht, muss sich die Unzuständigkeitserklärung nicht zwangsläufig auf alle aus dem betreffenden Erbfall resultierenden Erbsachen ergeben. Es kommt auch eine **Teilunzuständigkeitserklärung** auf Teile der Erbsache bzw des Nachlasses in Betracht. Die bessere Sachnähe kann sich daher auch nur auf Teile der Erbsache bzw der Verlassenschaft beziehen[15] (vgl zum Begriff des Streitgegenstandes auch Art 17 Rz 3 f). Auch bei einer Teilgerichtsstandsvereinbarung kommt eine teilweise Unzuständigkeitserklärung in Betracht (vgl dazu Art 5 Rz 13 f).

D. Unzuständigkeitserklärung bei einer Gerichtsstandsvereinbarung

11 Haben die Parteien gem Art 5 eine **Prorogation** getroffen, so haben die Gerichte nach Art 6 lit b vorzugehen. Hier **müssen** sich die an sich gem Art 4 bzw 10 zuständigen Gerichte für unzuständig erklären, wenn sie entgegen einer solchen Zuständigkeitsvereinbarung angerufen werden. IdZ besteht daher **kein Verfahrensermessen** der Gerichte.[16] Dies ergibt sich auch schon daraus, dass die Gerichte in einem solchen Fall gem Art 5 ausschließlich zuständig sind.[17]

---

11 Zweifelnd offenbar *J. Schmidt* in BeckOGK BGB Art 6 EuErbVO Rz 9, die davon ausgeht, dass sich auch in diesem Fall die Gerichte für unzuständig erklären müssen.

12 *Müller-Lukoschek,* EU-Erbrechtsverordnung § 2 Rz 234; *J. Schmidt* in BeckOGK BGB Art 6 EuErbVO Rz 8.

13 *J. Schmidt* in BeckOGK BGB Art 6 EuErbVO Rz 8.3.

14 *J. Schmidt* in BeckOGK BGB Art 6 EuErbVO Rz 8.3.

15 Vgl *Dutta* in MünchKommBGB[6] Art 6 EuErbVO Rz 10; *Zöller/Geimer* Art 6 EuErbVO Rz 1 (Anh II J).

16 *Müller-Lukoschek,* EU-Erbrechtsverordnung § 2 Rz 234; *Wilke,* RIW 2012, 603.

17 *J. Schmidt* in BeckOGK BGB Art 6 EuErbVO Rz 11.

III. Folgen der Unzuständigkeitserklärung

Haben sich die Gerichte – etwa in einer Ermessensentscheidung gem Art 6 lit a oder zwin- **12** gend auf Grund einer Prorogation gem lit b – für unzuständig erklärt, so **erlischt** dadurch **eo ipso** die **Zuständigkeit** der gem Art 4 bzw 10 angerufenen Gerichte. Diese Unzuständigkeits- erklärung führt dann zu einer Verweisung der Erbsache an die Gerichte des Mitgliedstaats des gewählten Rechts. Diese Gerichte können sich nun nicht ihrerseits ebenfalls für unzu- ständig erklären, sondern müssen die Verweisung annehmen, weil Art 7 lit a in diesem Fall eine **Zwangszuständigkeit** dieser Gerichte begründen.[18] Auch durch diese Rechtsfolge unter- scheidet sich Art 6 EuErbVO von Art 15 EuEheVO. Danach besteht auch für das verwiesene Gericht noch Verfahrensermessen, ob es den Fall auf Grund einer Verweisung des an sich zuständigen Gerichts an sich ziehen möchte oder nicht.

Art 6 lit a kann va auf jene praktisch bedeutsamen Fälle angewendet werden, in denen nicht **13** alle betroffenen Parteien des Verlassenschaftsverfahrens der Zuständigkeitsvereinbarung zu- stimmen. Hier haben die nach Art 4 und 10 zuständigen Gerichte auf Grund der Umstände des Einzelfalls nach ihrem Ermessen zu entscheiden, ob das Heimatgericht des Erblassers für die Entscheidung der Erbsache besser geeignet ist.[19] Anders als Art 15 EuEheVO, die in sol- chen Fällen eine **unmittelbare Kommunikation** zwischen den Gerichten normiert, ist eine solche Vorgangsweise in der EuErbVO **nicht vorgesehen.** Da diese Kommunikation auch im Hinblick auf die Ermittlung des anwendbaren Rechts äußerst zweckmäßig ist, hätte die EuErbVO zumindest in den Erwägungsgründen einen derartigen Austausch zwischen den Gerichten ermöglichen können.[20]

Das gerichtliche Vorgehen gem Art 6 lit b ist **unnötig kompliziert** dh auch nicht verfahrens- **14** ökonomisch ausgestaltet. Bevor das prorogierte Gericht mit dem Verfahren beginnen kann, muss es nämlich die Unzuständigkeitserklärung des Gerichts am gewöhnlichen Aufenthalts- ort des Erblassers abwarten. Sachrichtiger wäre es idZ – wie es auch in anderen VO geregelt ist –, dass das Gericht am gewöhnlichen Aufenthaltsort, wenn es von einer Partei vorher an- gerufen wurde, das Verfahren aussetzt, bis das gem Art 7 lit zuständige Gericht mit dem Verfahren beginnt.[21] Auch im Fall einer parallelen Anrufung der Gerichte nach Art 31 Abs 1 Brüssel Ia-VO hat bloß das zuerst angerufene Gericht seine Zuständigkeit zu überprüfen.[22] Gem Art 31 Abs 2 Brüssel Ia-VO entscheidet nur das prorogierte Gericht über die Wirksam- keit einer Zuständigkeitsvereinbarung. Diese Vorgangsweise wäre auch bei der EuErbVO sinnvoll gewesen.

Durch eine einfachere Regelung des Art 7 lit b bzw Art 6 hätten auch die – in der Praxis **15** wohl häufiger auftretenden – Probleme einer Testamentsanfechtung gelöst werden können. Prozessieren die Parteien nämlich um die Gültigkeit eines Testament, in dem eine Rechts- wahlklausel enthalten ist, und gelangt das Gericht zur Auffassung, dass nicht nur das Testa- ment, sondern auch die Rechtswahlklausel unwirksam sind – etwa weil der Erblasser ge- schäftsunfähig war oder zwingende Formvorschriften nicht beachtet wurden –, so würde da-

---

18 Vgl *Dutta* in MünchKommBGB[6] Art 6 EuErbVO Rz 10.
19 Vgl dazu *Hess* in *Dutta/Herrler* Rz 25 (FN 51) unter Anführung eines einleuchtenden Beispiels: Wahl des finnischen Heimatrechts einer in Portugal lebenden Erblasserin, wonach der in Finnland lebende wahre Erbe den in Portugal befindlichen Scheinerben zunächst in Portugal klagen müsste.
20 Vgl dazu *Hess* in *Dutta/Herrler* Rz 25.
21 Ebenso *Hess* in *Dutta/Herrler* Rz 23.
22 EuGH C-185/07 Slg 2009, I–663; *Hess* in *Dutta/Herrler* Rz 23.

mit die Zuständigkeit gem Art 7 lit b erlöschen und das Verfahren müsste vor den an sich zuständigen Gerichten gem Art 4 bzw 10 neu verhandelt werden. Auch dies verursacht einen enormen und **nicht rechtfertigbaren Verfahrensaufwand.** *Hess*[23] schlägt idZ einen gangbaren Weg vor: Beantragt nämlich eine Partei die Fortführung des Verfahrens, so soll das Gericht auf Grund der Sachnähe über die Wirksamkeit des Testaments entscheiden.

Zuständigkeit bei Rechtswahl

Art 7. Die Gerichte eines Mitgliedstaats, dessen Recht der Erblasser nach Artikel 22 gewählt hat, sind für die Entscheidungen in einer Erbsache zuständig, wenn

a) sich ein zuvor angerufenes Gericht nach Artikel 6 in derselben Sache für unzuständig erklärt hat,

b) die Verfahrensparteien nach Artikel 5 die Zuständigkeit eines Gerichts oder der Gerichte dieses Mitgliedstaats vereinbart haben oder

c) die Verfahrensparteien die Zuständigkeit des angerufenen Gerichts ausdrücklich anerkannt haben.

Stammfassung.

Literatur: *Dutta,* Das neue internationale Erbrecht der Europäischen Union – Eine erste Lektüre der Erbrechtsverordnung, FamRZ 2013, 4.

Übersicht

	Rz
I. Vorbemerkungen	1
II. Zuständigkeit der Gerichte des gewählten Rechts im Mitgliedstaat	5
A. Voraussetzungen	5
1. Unzuständigkeitserklärung eines zuvor nach Art 6 angerufenen Gerichts	7
2. Gerichtsstandsvereinbarung	8
3. Gerichtsstandsanerkennung	9
a) Ausdrücklichkeit	10
b) Abgrenzung zu den Gerichtsstandsvereinbarungen und zur rügelosen Sacheinlassung	14
c) Rechtsfolgen der Gerichtsstandsanerkennung	18

I. Vorbemerkungen

1 Wenn der Erblasser ein mitgliedstaatliches Recht gewählt hat, so kann sich zufolge des Grundsatzes des Gleichlaufs von forum und ius die Zuständigkeit dieser Gerichte des Mitgliedstaats auf Art 7 stützen. Auch idZ ist darauf zu verweisen, dass Art 7 überhaupt nur dann zur Anwendung gelangen kann, wenn die Gerichte des Heimatstaats nicht bereits nach der Grundregel des Art 4 und 10 zuständig sind (vgl dazu Art 6 Rz 3). Auch in diesen Fällen wird eine **ausschließliche Zuständigkeit** der „gewählten" Gerichte begründet.[1]

2 Dabei lassen sich **drei Fälle** unterscheiden, in denen eine solche Zuständigkeit in Betracht kommt:

---

23 *Hess* in *Dutta/Herrler* Rz 24.

1 *J. Schmidt* in BeckOGK BGB Art 7 EuErbVO Rz 4.

- **Unzuständigkeitserklärung der Gerichte** die gem der Grundregel des Art 4 bzw 10 zuständig sind,
- eine **förmliche Gerichtsstandsvereinbarung** gem Art 5 zu Gunsten dieser Gerichte, oder
- eine **ausdrückliche Gerichtsstandsanerkennung.**

Gem Art 7 kommt – anders als nach Art 6 lit a – eine Zuständigkeitsbegründung der Gerich- **3** te des gewählten Rechts durch eigene Ermessensentscheidung nicht in Betracht. Sie können sich daher selbst dann nicht für zuständig erklären, wenn ihrer Auffassung nach die Gerichte im Mitgliedstaat über die Erbsache besser entscheiden können. Stets sind sie daher auf eine **explizite Unzuständigkeitserklärung** der nach der Grundregel zuständigen Gerichte gem Art 6 lit a angewiesen. Andererseits können die Gerichte des gewählten Mitgliedstaats aber ihre **Zuständigkeit** selbst dann **nicht ablehnen,** wenn die eigentlich zuständigen Gerichte die Rechtssache „weggewiesen" haben. Eine selbstständige Überprüfung ihrer Zuständigkeit gem Art 15 kommt dann nicht mehr in Betracht.[2]

Auch mit Art 7 hat der Unionsgesetzgeber ein sehr komplexes System geschaffen, das mE **4** auch nicht immer praxistauglich ist, weil es die Gerichte vor unnötige Herausforderungen stellt. Statt einer Gerichtsstandsanerkennung hätte man hier zB gleich die Regelung einer rügelosen Verfahrenseinlassung treffen können, womit man sich die zusätzliche Norm des Art 9 weitgehend erspart hätte. Weiters hätte man – wie auch gem § 104 Abs 3 JN – einen bestimmten Zeitpunkt normieren können, zu dem sämtliche Zuständigkeitsmängel heilen.

II. Zuständigkeit der Gerichte des gewählten Rechts im Mitgliedstaat

A. Voraussetzungen

Primäre Voraussetzung für eine Zuständigkeitsbegründung ist eine vorherige Unzuständig- **5** keitserklärung der nach der Grundregel zuständigen Gerichte.

Die Art 6 und 7 stellen jeweils das Spiegelbild der jeweils anderen Vorschrift dar und greifen **6** diesbezüglich ineinander. Während Art 6 negativ die Unzuständigkeit der an sich zuständigen Gerichte gem Art 4 und 10 **abgrenzt,** normiert **Art 7 positiv** die Zuständigkeit der Gerichte des gewählten Rechts. Eine solche Zuständigkeit gründet sich daher entweder auf eine vorherige Unzuständigkeitserklärung iSe Ermessensentscheidung des an sich zuständigen Gerichts (Art 6 lit a) oder **ohne vorherige Anrufung** des eigentlich zuständigen Gerichts im Fall einer Gerichtsstandsvereinbarung (Art 6 lit b). Der bereits in Art 6 lit b geregelte Fall einer Verschiebung der Zuständigkeit aufgrund einer Gerichtsstandsvereinbarung gem Art 5 wird in Art 7 lit b nochmals eigens normiert, erscheint daher auf den ersten Blick überflüssig. Anders als in Art 6 lit b wird hier allerdings explizit ausgesprochen, dass die getroffene Gerichtsstandsvereinbarung von den Gerichten des gewählten Rechts nicht mehr überprüft werden darf.[3] Dennoch hätten diese Normen insgesamt kompakter und einfacher formuliert werden können.

1. Unzuständigkeitserklärung eines zuvor nach Art 6 angerufenen Gerichts

Die Zuständigkeit nach Art 7 lit a wird dadurch begründet, dass sich ein nach Art 4 oder 10 **7** zuvor angerufenes Gericht gem Art 7 lit a oder b für unzuständig erklärt. Damit wird eo ipso die Zuständigkeit der mitgliedstaatlichen Gerichte der Rechtswahl begründet, wobei der Um-

---

2 *J. Schmidt* in BeckOGK BGB Art 7 EuErbVO Rz 5.
3 *J. Schmidt* in BeckOGK BGB Art 7 EuErbVO Rz 6.

fang dieser Zuständigkeit vom Ausmaß der Unzuständigkeitserklärung begrenzt wird. Es entsteht dadurch daher **keine allseitige Zuständigkeit** für sämtliche Erbsachen, sondern nur für Entscheidungen **„in derselben Sache".** An diese **Unzuständigkeitserklärung** sind die Gerichte **gebunden.**[4] Die Gerichte des Aufenthaltsstaats besitzen daher die Prüfungskompetenz. Diese Bindung stellt nach zutreffender Auffassung[5] eine **absolute Bindung** dar, weil sie ihre Zuständigkeit selbst dann nicht ablehnen dürfen, wenn sie von einer unwirksamen Rechtswahl bzw Gerichtsstandsvereinbarung ausgehen. Sie müssen diesen Tatbestand somit ungeprüft zur Kenntnis nehmen.[6] Eine solche Vorgangsweise ist nicht nur aus dem Gesetzeswortlaut ableitbar, sondern schon deshalb zweckmäßig, weil es ansonsten öfters zu negativen **Kompetenzkonflikten** kommen könnte, was aber nach der VO tunlichst vermieden werden soll. Um aber auch positive Kompetenzkonflikte zu vermeiden, wird man mit *Dutta*[7] annehmen müssen, dass die Zuständigkeit dieser Gerichte erst dann schlagend wird, wenn die ursprünglich zuständigen Gerichte endgültig über die Unzuständigkeit entschieden haben. Die Unzuständigkeit könnte ja auch nach der jeweiligen lex fori zunächst von den Parteien angefochten werden und befände sich dann noch in Schwebe. Hier wird man jedenfalls von der Rechtskraft der Unzuständigkeitserklärung ausgehen müssen.

2. Gerichtsstandsvereinbarung

8 Wurden die nach der Grundregel zuständigen Gerichte von den Parteien bislang noch nicht angerufen, weil sie eine Gerichtsstandsvereinbarung gem Art 5 geschlossen haben, so wird dadurch die Zuständigkeit der **Gerichte** des Mitgliedstaats **des gewählten Rechts** gem Art 7 lit b begründet. In diesem Fall kann es von den Parteien **auch direkt angerufen** werden, sodass sich schon daraus eine Prüfungskompetenz dieses Gerichts hinsichtlich der Rechtswirksamkeit der Prorogation ableiten lässt. Anders verhält es sich nur dann, wenn eine der Verfahrensparteien die **Gerichte im Aufenthaltsstaat des Erblassers angerufen** haben, weil sie eine rechtswirksame Zuständigkeitsvereinbarung verneint oder eine solche mit den anderen Parteien gar nicht geschlossen hat. In diesem Fall müssen die nach der Grundregel zuständigen Gerichte verbindlich über ihre Zuständigkeit entscheiden und binden damit die Gerichte im Mitgliedstaat des gewählten Rechts.[8] Eine solche Bindung ergibt sich aus Art 17 f sowie Art 6 lit a (vgl dazu Art 6 Rz 9 und 12). Eine **Nachprüfung der (Un-)Zuständigkeit** kommt auch schon deshalb **nicht** in Betracht, weil es sich hier um eine nach Art 39 Abs 1 unmittelbar anzuerkennende Entscheidung (iSd Art 3 Abs 1 lit g) eines mitgliedstaatlichen Gericht handelt.[9]

3. Gerichtsstandsanerkennung

9 Die Zuständigkeit iSd Art 7 lit c, wonach die Parteien diesen Gerichtsstand im Mitgliedstaat des gewählten Rechts ausdrücklich anerkennen, begründet ein **selbstständiges Tatbestandsmerkmal** für eine Abweichung von der Grundregel des Art 4 und 10. Aber auch dieser zuständigkeitsbegründende Tatbestand kommt nur dann zur Anwendung, wenn der Erblasser

---

4 *Dutta* in MünchKommBGB[6] Art 7 EuErbVO Rz 3 mwN.
5 *Dutta* in MünchKommBGB[6] Art 7 EuErbVO Rz 3.
6 *J. Schmidt* in BeckOGK BGB Art 7 EuErbVO Rz 8.
7 *Dutta* in MünchKommBGB[6] Art 7 EuErbVO Rz 4.
8 *Dutta* in MünchKommBGB[6] Art 7 EuErbVO Rz 5; aM offenbar *Müller-Lukoschek*, EU-Erbrechtsverordnung § 2 Rz 234.
9 So auch *Köhler* in *Kroiß/Horn/Solomon* Art 7 EuErbVO Rz 3; vgl dazu auch EuGH C-456/11 Rz 22–32.

eine **wirksame Rechtswahl** getroffen hat (vgl dazu Art 5 Rz 6, 8). Hinsichtlich der **„betroffenen Parteien"** – die den Gerichtsstand anerkennen müssen – gilt das für Gerichtsstandsvereinbarungen gem Art 5 Ausgeführte (vgl dazu Art 5 Rz 6).

a) Ausdrücklichkeit

Der Gesetzeswortlaut verlangt für die Begründung der Zuständigkeit bei den Gerichten des   **10**
gewählten Mitgliedstaats eine „ausdrückliche Gerichtsstandsanerkennung". Aus dem Gesetz selbst geht allerdings nicht hervor, wann eine solche anzunehmen ist. Zur **Begriffsauslegung** kann auch Art 12 Abs 1 und 3 EuEheVO analog herangezogen werden. Danach soll die Zuständigkeit „ausdrücklich oder auf andere eindeutige Weise" anerkannt werden.

Da aber hier **keine näheren Formvorschriften** geregelt sind,[10] ist davon auszugehen, dass jedes – mithin auch **konkludentes** – Verhalten ausreicht, wenn die Parteien dadurch eindeutig zu erkennen geben, dass sie mit der Zuständigkeit dieses Gerichts einverstanden sind.[11] Die Rechtsgültigkeit einer solchen Anerkennung ist – wie bei der Prorogation – **nach der lex fori** zu beurteilen, sodass im österr Recht für die Beurteilung dieser Frage § 863 ABGB heranzuziehen ist.

Von einer ausdrücklichen Anerkennung kann allerdings nur dann die Rede sein, wenn die   **11**
Parteien darüber Kenntnis haben, welches Gericht primär zuständig wäre, weil die Ausdrücklichkeit einen solchen Kenntnisstand ja impliziert. Auch wenn der Terminus ausdrücklich „landläufig" das Gegenteil von konkludent bedeutet, ist allein der **innere Wille des Erklärenden,** der objektiv nach außen tritt, ausschlaggebend, sodass auch konkludenten Willenserklärungen ein solcher Charakter der Ausdrücklichkeit zukommen kann.[12] Das Gericht darf daher an der maßgeblichen Erklärung **keinen vernünftigen Grund für Zweifel** haben. Das Gericht wird die Verfahrensparteien auf verständliche Weise – wenn notwendig auch durch Zuziehung eines Dolmetschers – über diesen Umstand zu informieren haben.

Die Gerichtsstandsanerkennung bezieht sich in erster Linie auf die konkret anhängende Erb-   **12**
sache, doch können die Parteien auch im Rahmen der Gerichtsstandsanerkennung – wie bei der Gerichtsstandsvereinbarung gem Art 5 (vgl dazu Art 5 Rz 13) – diese Anerkennung **auf einzelne Verfahrensgegenstände** iSd Art 17 Abs 1 bzw einzelne **Nachlassgegenstände** beschränken.[13] Eine prozessuale Beschränkung auf bestimmte Vermögenswerte ist unter den Voraussetzungen des Art 12 möglich.[14]

Werden hier **unterschiedliche Erklärungen** abgegeben, so beurteilt sich das Vorgehen wie-   **13**
derum nach der lex fori.[15] Nach österr Verfahrensrecht ist nach der hL des Günstigkeitsprinzips von der für den Prozessstandpunkt formell günstigeren Prozesshandlung auszugehen.[16]

---

10   *J. Schmidt* in BeckOGK BGB Art 7 EuErbVO Rz 11; *Müller-Lukoschek,* EU-Erbrechtsverordnung § 2
     Rz 234.
11   Vgl *Dutta* in MünchKommBGB[6] Art 7 EuErbVO Rz 7; *Dutta,* FamRZ 2013, 6.
12   Ebenso *Dutta* in MünchKommBGB[6] Art 7 EuErbVO Rz 12.
13   *Dutta* in MünchKommBGB[6] Art 7 EuErbVO Rz 13.
14   *Köhler* in *Kroiß/Horn/Solomon* Art 7 EuErbVO Rz 6.
15   Offenbar aM *Dutta* in MünchKommBGB[6] Art 7 EuErbVO Rz 13, der hier vom kleinsten gemeinsamen Nenner ausgeht.
16   Vgl *Fasching,* HB ZPR Rz 381; *Deixler-Hübner/Klicka,* Zivilverfahren[8] Rz 39 mwN; *Rechberger/Simotta,* ZPO[8] Rz 334.

b) Abgrenzung zu den Gerichtsstandsvereinbarungen und zur rügelosen Sacheinlassung

14 Anders als bei der Gerichtsstandsvereinbarung bzw bei der rügelosen Einlassen gem Art 9 Abs 1 bleibt ungeregelt, **zu welchem Zeitpunkt** eine Gerichtsstandsanerkennung (noch) möglich ist. Art 12 Abs 3 lit b EuEheVO regelt demgegenüber explizit, dass diese Vereinbarung im Zeitpunkt der Anrufung des Gerichts zu treffen ist. Schon aus der Semantik des Begriffs ergibt sich aber, dass eine Gerichtsstandsanerkennung **nicht vor der Anrufung** des Gerichts im Mitgliedstaat des gewählten Rechts erfolgen kann. Auch stellt eine solche Gerichtsstandanerkennung mE eine **Verfahrenshandlung** dar, die **verfahrensintern** zu erfolgen hat. Nach *Dutta*[17] bedeutet die Gerichtsstandsanerkennung nicht notwendigerweise eine Verfahrenshandlung, sondern kann von den Verfahrensparteien auch außerhalb des Verfahrens getroffen werden. Diese Auffassung überzeugt nicht ganz: Handelte es sich nämlich um vorprozessuale Erklärungen mehrerer Parteien, so wäre der Tatbestand einer Gerichtsstandsvereinbarung iSd Art 5 erfüllt, was aber eine Gerichtsstandsanerkennung obsolet machte. Erfolgt eine solche Vereinbarung vor Anrufung des Gerichts, so ist von einer Gerichtsstandsvereinbarung auszugehen, wird sie hingegen **im Zeitpunkt der Anrufung des Gerichts** getroffen, dann ist eine Gerichtsstandsanerkennung anzunehmen.

15 Eine exakte Abgrenzung ist schon deshalb erforderlich, weil **beide Erklärungen unterschiedlichen Voraussetzungen** unterliegen und auch unterschiedliche **Rechtsfolgen** zeitigen: Die Gerichtsstandsvereinbarung unterliegt den Formvorschriften des Art 5 Abs 2, die Gerichtsstandsanerkennung ist zwar formlos möglich, doch muss sie ausdrücklich erklärt werden.[18]

16 Die **Gerichtsstandsanerkennung** kann auch nur bis zu jenem Zeitpunkt erfolgen, zu dem das Gericht seine **Zuständigkeit wahrnimmt.** Dies erschließt sich aus Art 9 Abs 1, der implizit davon ausgeht, dass eine Gerichtsstandsanerkennung bis zu diesem Zeitpunkt möglich ist. Danach reicht nämlich für die Begründung der Zuständigkeit des Gerichts auch ein rügeloses Einlassen gem Art 9 Abs 1.[19]

17 Weil Art 7 lit c die Zuständigkeit des angerufenen Gerichts von einer Gerichtsstandsanerkennung „**der Verfahrensparteien**" abhängig macht, muss in einem solchen Fall eine übereinstimmende Erklärung der Verfahrensparteien vorliegen. Diese Anerkennung ist dem **Gericht gegenüber zu erklären,** sodass eine Vereinbarung zwischen den Parteien nicht gefordert ist.[20] Kommt eine solche eindeutige Erklärung nicht zustande, so ist von einer rügelosen Verfahrenseinlassung auszugehen, was aber gem Art 7 idZ gerade nicht ausreicht.[21] Existiert nur eine **einzige Verfahrenspartei,** so kann diese eine Zuständigkeit im Mitgliedstaat des gewählten Rechts zwar nicht durch eine Gerichtsstandsvereinbarung gem Art 5 begründen, wohl aber durch eine ausdrückliche Gerichtsstandsanerkennung nach Art 7 lit c.

c) Rechtsfolgen der Gerichtsstandsanerkennung

18 Weil eine Gerichtsstandsanerkennung erst nach Anrufung der Gerichte des Mitgliedstaats des gewählten Rechts erfolgen kann, ist die Begründung der Zuständigkeit nicht von der Un-

---

17 *Dutta* in MünchKommBGB[6] Art 7 EuErbVO Rz 8.
18 Vgl dazu *Dutta* in MünchKommBGB[6] Art 7 EuErbVO Rz 10.
19 Vgl *Dutta* in MünchKommBGB[6] Art 7 EuErbVO Rz 11.
20 *J. Schmidt* in BeckOGK BGB Art 7 EuErbVO Rz 5.
21 Vgl *Dutta* in MünchKommBGB[6] Art 7 EuErbVO Rz 8; vgl dazu auch *Rauscher* in *Rauscher* Art 12 EuEheVO Rz 21 mwN.

zuständigerklärung des nach der Grundregel zuständigen Gerichts abhängig, sondern erst durch die Anerkennung des Gerichts bedingt. Das **angerufene Gericht** hat daher **eigenständig zu prüfen,** ob die **Voraussetzungen für eine Gerichtsstandsanerkennung** vorliegen. Verneint es eine solche rechtskräftig, so bleiben die nach der Grundregel des Art 4 bzw 10 zuständigen Gerichte ipso iure auch weiter zuständig. Eine **Derogationswirkung** ist daher **nicht per se** mit einer Anerkennung verbunden, sondern resultiert aus der sich durch die Anrufung des Gerichts ergebenen Litispendenz gem Art 17. Das angerufene Gericht kann sich dann aber bei erstmaliger Anrufung immer noch auf Antrag einer der Verfahrensparteien gem Art 6 lit a für unzuständig erklären. Auch dann, wenn sich die Parteien wider Erwarten doch noch zu einer Zuständigkeitsvereinbarung durchringen können, hat es sich nach Art 6 lit b für unzuständig zu erklären. Auch in einem solchen Zusammenhang kommt es zu einer sehr komplizierten und unökonomischen Vorgangsweise!

Beendigung des Verfahrens von Amts wegen bei Rechtswahl

Art 8. Ein Gericht, das ein Verfahren in einer Erbsache von Amts wegen nach Artikel 4 oder nach Artikel 10 eingeleitet hat, beendet das Verfahren, wenn die Verfahrensparteien vereinbart haben, die Erbsache außergerichtlich in dem Mitgliedstaat, dessen Recht der Erblasser nach Artikel 22 gewählt hat, einvernehmlich zu regeln.

Stammfassung.

Literatur: *Dutta,* Das neue internationale Erbrecht der Europäischen Union – Eine erste Lektüre der Erbrechtsverordnung, FamRZ 2013, 4; *Magnus,* Gerichtsstandsvereinbarungen im Erbrecht? IPRax 2013, 393.

Übersicht

		Rz
I.	Allgemeines	1
II.	Voraussetzungen	2
	A. Rechtswahl	3
	B. Amtsverfahren	4
	C. Vereinbarung der Parteien	6

I. Allgemeines

Art 8 findet sich systematisch innerhalb der Normen der Zuständigkeit, obwohl es sich um **1** eine **allgemeine Verfahrensvorschrift** handelt.[1] Zwar soll auch diese Norm sicherstellen, dass es auch dann zu einem Gleichlauf zwischen Zuständigkeit und anwendbarem Recht kommt, wenn die Parteien auch in Amtsverfahren eine einvernehmliche Vereinbarung treffen wollen, doch rechtfertigt dies nicht einen so erheblichen Eingriff in die nationalen Verfahrensrechte der Mitgliedstaaten.[2]

II. Voraussetzungen

Eine Vereinbarung der Verfahrenspartei auf eine außergerichtliche Regelung im Mitglied- **2** staat des gewählten Rechts beendet das Verfahren nur dann, wenn bestimmte Voraussetzungen vorliegen.

---

1 *Dutta* in MünchKommBGB[6] Art 8 EuErbVO Rz 1; *Lübcke,* Nachlassverfahrensrecht 452.
2 Ebenso *Müller-Lukoschek,* EU-Erbrechtsverordnung § 2 Rz 245, 247.

A. Rechtswahl

3 Auch gem Art 8 ist die Verfahrensbeendigung durch den Antrag der Parteien primär daran geknüpft, dass der Erblasser eine **wirksame Rechtswahl** gem Art 22 getroffen hat (vgl dazu Art 5 Rz 8 f). Nur ein Gleichlauf zwischen forum und ius kann es überhaupt rechtfertigen, dass die Parteien in ein von Amts wegen eröffnetes Verfahren eines Mitgliedstaats eingreifen können.

B. Amtsverfahren

4 Art 8 findet nur Anwendung auf Erbsachen, die von Amts wegen gem Art 4 oder 10 eingeleitet wurden. Zahlreiche Mitgliedstaaten sehen solche Amtsverfahren in Erbsachen vor. So ist in Österreich das **gesamte außerstreitige Nachlassverfahren** von Amts wegen einzuleiten und abzuwickeln. Für das dt Recht betrifft dies das Nachlassverfahren zur Sicherung des Nachlasses gem § 342 Abs 1 Z 2 dFamFG nach § 1960 dBGB zur Eröffnung einer Verfügung von Todes wegen gem § 342 Abs 1 Z 3 FamFG und zur Ernennung eines Testamentsvollstreckers auf Ersuchen des Erblassers gem § 342 Abs 1 Z 7 dFamFG nach § 2200 dBGB.[3] Der Unionsgesetzgeber greift somit va dadurch in die verfahrensrechtliche Souveränität der Mitgliedstaaten ein, dass es selbst dann zu einer Verfahrensbeendigung kommt, wenn das **nationale Recht** eine solche **einvernehmliche Beendigung** des Verfahrens **nicht gestattet** – wie etwa nach den §§ 143 ff AußStrG.[4] *Dutta*[5] kritisiert diese verunglückte Vorschrift zu Recht aus verschiedenen Gründen: Zum einen ist das Erfordernis eines Amtsverfahrens schon deshalb obsolet, weil das Erfordernis einer **Nachlassübertragung** vertragsautonom – zB gem §§ 177 ff AußStrG durch die Einantwortung – als materiell-rechtliche Frage zu qualifizieren sei, die dem **Erbstatut unterliege** (vgl dazu Art 23 Rz 46 ff). Dann dürfe es aber zB zu Gunsten eines französischen Erben ohnehin nicht zu einer Verlassenschaftsabhandlung in diesem Punkt kommen. Zum anderen spreche auch eine praktische Erwägung gegen die Notwendigkeit des Art 8, der sich auf von Amts wegen einzuleitende Nachlassverfahren im Staat des letzten gewöhnlichen Aufenthalts des Erblassers beziehe, wenn das vom Erblasser gewählte Recht ein solches Verfahren gar nicht kennt. Eine solche **außergerichtliche einvernehmliche Nachlassübertragung** könne überdies auch durch eine **Gerichtsstandsvereinbarung** gem Art 5 erreicht werden, weil diese nach Art 6 lit b die Gerichte des Aufenthaltsorts von der Zuständigkeit ausschließe.

5 Wenn das Verfahren **nicht von Amts wegen** eingeleitet wird, bleibt es den Parteien gem ErwGr 29 unbenommen, die Erbsache außergerichtlich in einem Mitgliedstaat ihrer Wahl zu regeln, wenn eine solche Vorgangsweise nach dessen Recht zulässig ist.[6] Als solche außergerichtliche einvernehmliche Regelung ist als Beispiel va der Umstand anzuführen, dass der Übergang der Erbschaft vor einem Notar vollzogen wird.[7] In reinen Klage- bzw Antragsverfahren können die Parteien daher stets nur eine außergerichtliche, einvernehmliche erbrechtliche Regelung treffen.[8]

---

3 Vgl *Dutta*, in MünchKommBGB[6] Art 6 EuErbVO Rz 4.

4 Für das dt Recht führt *Dutta*, FamRZ 2013, 6 als Beispiel § 22 Abs 4 FamFG an, der ebenfalls keine einvernehmliche Regelung zulässt.

5 *Dutta* in MünchKommBGB[6] Art 6 EuErbVO Rz 4.

6 *J. Schmidt* in BeckOGK BGB Art 8 EuErbVO Rz 6; *Rechberger/Frodl* in *Rechberger/Zöchling-Jud* Rz 63.

7 *Köhler* in *Kroiß/Horn/Solomon* Art 8 EuErbVO Rz 2; *Dutta* in MünchKommBGB[6] Art 8 EuErbVO Rz 4; *J. Schmidt* in BeckOGK BGB Art 8 EuErbVO Rz 12.

8 *J. Schmidt* in BeckOGK BGB Art 8 EuErbVO Rz 6.

C. Vereinbarung der Parteien

Auch Art 8 enthält – wie Art 7 lit c – **keine Regelungen über Form** und **Inhalt** dieser Ver- **6**
einbarung. Wie auch *J. Schmidt* anführt, mutet dies sonderbar an, zumal es im Hinblick auf
die Formvorschriften einfacher sei, eine gerichtliche Zuständigkeit komplett auszuschließen,
als die Zuständigkeit der Gerichte eines Mitgliedstaats zu prorogieren.[9] Zu erklären ist dieser
Umstand nur dadurch, dass einer einvernehmlichen Streitbeilegung tunlichst der Vorzug vor
einer Verfahrensführung gegeben werden soll. Es handelt sich hier – wie bei der Gerichtsstandsvereinbarung – um eine vertragliche Vereinbarung, so dass in diesem Zusammenhang
bloße Absichtserklärungen der Parteien **nicht ausreichend** sind.[10] Die **Auslegung** richtet
sich auch hier nach dem **Erbstatut** der Vereinbarung (vgl näheres bei Art 5 Rz 18).[11] Wie
die Gerichtsstandsvereinbarung, kann auch die Vereinbarung auf eine außergerichtliche, einvernehmliche Einigung vor Verfahrensbeginn getroffen werden. Auch hinsichtlich des **Krei-
ses der Verfahrensparteien,** die an dieser Vereinbarung teilnehmen müssen, gilt das zur Gerichtsstandsvereinbarung Ausgeführte (Art 5 Rz 6). Das Gericht hat daher vor Verfahrensbeendigung zu überprüfen, ob alle ihm bekannten, von der Entscheidung in ihrer Rechtsposition berührten Personen sich einer solchen Vereinbarung angeschlossen haben. Sind nicht
alle Verfahrensparteien an dieser Vereinbarung beteiligt, so ist mit *Dutta*[12] davon auszugehen, dass eine analoge Anwendung des Art 9 schon deshalb ausscheidet, weil durch eine solche Vereinbarung die Zuständigkeit gem Art 4 bzw 10 nicht ausgeschlossen wird. Stellt sich
nämlich später heraus, dass das Verfahren zu Unrecht beendet wurde, weil es keine rechtswirksame Vereinbarung iSd Art 8 gibt, so führt dies einfach dazu, dass das Verfahren fortzusetzen ist.

Diese Vereinbarung gem Art 8 bezieht sich auf die **konkrete Erbsache,** die von den Gerich- **7**
ten des Aufenthaltsstaats eingeleitet wurde bzw eingeleitet wird. Wie bei der Gerichtsstandsanerkennung ist es den Parteien allerdings unbenommen, ihre Vereinbarung bloß auf **einzelne anhängige Verfahrensgegenstände**[13] iSd Art 17 Abs 1 zu beziehen. In diesem Fall
wird das Verfahren nur im Hinblick darauf beendet.[14]

Die Vereinbarung der Parteien muss sich darauf beziehen, dass die Erbsache einvernehmlich **8**
und außergerichtlich geregelt wird. In erster Linie zielt diese Vorschrift daher auf **Vergleiche**
ab. *Dutta*[15] lässt in diesem Zusammenhang auch die Vereinbarung einer **Mediation** genügen.[16] Weil aber eine solche Mediationsvereinbarung auf die Parteien keinen Zwang ausüben
kann, dann auch tatsächlich an einer Mediation teilzunehmen, handelt es sich hierbei mE
um eine bloße Absichtserklärung, die idZ nicht als ausreichend anzusehen ist. Auch eine
Schiedsvereinbarung wird nicht den Voraussetzungen des Art 8 entsprechen, weil eine solche zwar eine außergerichtliche Regelung darstellt, aber ein kontradiktorisches Verfahren eröffnet.[17]

---

9 *J. Schmidt* in BeckOGK BGB Art 8 EuErbVO Rz 9.
10 *Köhler,* in *Kroiß/Horn/Solomon* Art 8 EuErbVO Rz 1.
11 *J. Schmidt* in BeckOGK BGB Art 8 EuErbVO Rz 11.
12 *Dutta* in MünchKommBGB[6] Art 9 EuErbVO Rz 5.
13 *J. Schmidt* in BeckOGK BGB Art 8 EuErbVO Rz 4.
14 *Dutta* in MünchKommBGB[6] Art 8 EuErbVO Rz 9.
15 *Dutta* in MünchKommBGB[6] Art 8 EuErbVO Rz 10.
16 Vgl zur Definition Art 3 lit a RL 2008/52/EG.
17 Ebenso *Dutta* in MünchKommBGB[6] Art 8 EuErbVO Rz 11; *Magnus,* IPRax 2013, 398; aM *J. Schmidt*
   in BeckOGK BGB Art 8 EuErbVO Rz 13.

9 Die Vereinbarung gem Art 8 muss sich weiters darauf beziehen, dass eine außergerichtliche einvernehmliche Regelung im **Mitgliedstaat des gewählten Rechts** erzielt wird. Diese Erfordernis ist schon deshalb nicht praxistauglich, weil sich ja zB nicht immer exakt lokalisieren lässt, **wo die Vergleichsverhandlungen geführt** werden, wenn diese zB mittels E-Mail-Kontakten bzw einer Videokonferenz erfolgen.[18] Der gesetzliche Passus kann daher nur dahin verstanden werden, dass die Vereinbarung dem Statut des gewählten Rechts unterliegt. Dies setzt aber voraus, dass nach dem Recht des Erbstatuts dieses Mitgliedstaats eine solche einvernehmliche Regelung überhaupt zulässig ist.

Zuständigkeit aufgrund rügeloser Einlassung

Art 9. (1) **Stellt sich in einem Verfahren vor dem Gericht eines Mitgliedstaats, das seine Zuständigkeit nach Artikel 7 ausübt, heraus, dass nicht alle Parteien dieses Verfahrens der Gerichtsstandsvereinbarung angehören, so ist das Gericht weiterhin zuständig, wenn sich die Verfahrensparteien, die der Vereinbarung nicht angehören, auf das Verfahren einlassen, ohne den Mangel der Zuständigkeit des Gerichts zu rügen.**

(2) Wird der Mangel der Zuständigkeit des in Absatz 1 genannten Gerichts von Verfahrensparteien gerügt, die der Vereinbarung nicht angehören, so erklärt sich das Gericht für unzuständig.

In diesem Fall sind die nach Artikel 4 oder Artikel 10 zuständigen Gerichte für die Entscheidung in der Erbsache zuständig.

Stammfassung.

Literatur: *Bajons,* Internationale Zuständigkeit und anwendbares Recht in Erbsachen, in *Schauer/Scheuba* (Hrsg), Europäische Erbrechtsverordnung (2012) 29; *Burandt,* Die EuErbVO (Teil 2), FuR 2013, 377; *Dutta,* Das neue internationale Erbrecht der Europäischen Union – Eine erste Lektüre der Erbrechtsverordnung, FamRZ 2013, 4; *Magnus,* Gerichtsstandsvereinbarungen im Erbrecht? IPRax 2013, 393; *Rudolf,* Die Erbrechtsverordnung der Europäischen Union, NZ 2013/103, 225.

Übersicht

	Rz
I. Allgemeines	1
II. Abgrenzungsfragen	10
A. Voraussetzungen	10
B. Wahlmöglichkeit der neu auftretenden Partei	11
C. Wahrnehmung der Zuständigkeit	12
D. Zuständigkeitsrüge	14
III. Rechtsfolgen für das bisher durchgeführte Verfahren	15

I. Allgemeines

1 Art 9 dient als **Auffangtatbestand** für Fälle, in denen bei einer Rechtswahl des Erblassers die Verfahrensparteien zwar eine Gerichtsstandsvereinbarung getroffen haben, sich dann aber im Verfahren herausstellt, dass noch andere Verfahrensparteien vorhanden sind, die an dieser Gerichtsstandsvereinbarung nicht beteiligt waren. Durch Art 9 soll daher in diesen Fällen

---

18 So *Dutta* in MünchKommBGB[6] Art 8 EuErbVO Rz 12 f.

noch eine **Sanierung des Zuständigkeitsmangels** herbeigeführt werden.[1] Insoweit ist Art 9 mit Art 5 und 7 lit c verzahnt. Art 9 gelangt daher nur dann zur Anwendung, wenn der Erblasser gem Art 22 eine wirksame **Rechtswahl** getroffen hat und die Verfahrensparteien eine **Gerichtsstandsvereinbarung** auf die Gerichte im Mitgliedstaat des gewählten Rechts geschlossen haben (Art 7 lit b). Nicht ausschlaggebend kann es idZ sein, ob in diesem Verfahrensstadium eine gänzlich unbekannte Partei auftaucht, oder ob die Parteien der Gerichtsstandsvereinbarung eine weitere Partei verschwiegen haben.[2] Einer, auf welche Weise auch immer, **übergangenen Partei** muss die Option der rügelosen Einlassung stets offen stehen.

Auch der Terminus der rügelosen Verfahrenseinlassung ist **vertragsautonom** auszulegen **2** und orientiert sich an Art 26 Brüssel Ia-VO. Somit kann auch idZ auf die dort entwickelten Grundsätze zurückgegriffen werden.[3] Eine **Belehrungspflicht** für schwächere Parteien findet sich in Art 9 EuErbVO allerdings im Gegensatz zu Art 26 Brüssel Ia-VO **nicht**. Mit einer rügelosen Einlassung erklärt sich die Partei stillschweigend mit der Zuständigkeit dieses Gerichts einverstanden.[4]

Der Begriff der „**Einlassung**" ist auch in diesem Kontext **weit auszulegen**, sodass idZ **jede 3 Verfahrenshandlung** – mit Ausnahme der Unzuständigkeitseinrede – ausreicht, um zuständigkeitsbegründend zu wirken. Als solche Rüge gilt jeder Parteivortrag aus dem erkennbar ist, dass die neu hinzugetretene Partei das Gericht als nicht zuständig ansieht.[5] Ein ausdrückliches Bestreiten der internationalen Zuständigkeit ist somit nicht erforderlich.[6] Zeitpunkt und Wirksamkeit richten sich nach nationalem Verfahrensrecht.[7] **Reines Schweigen** ohne (implizite) konkludente Erklärung begründet zwar keine Rechtsfolgen, doch wäre es hier überschießend, wenn das Gericht gleich seine Unzuständigkeit zu erklären hätte.[8] Diese Rechtsfolge soll ja gem Abs 2 nur dann eintreten, wenn der Zuständigkeitsmangel gerügt wurde, was eher ein aktives Handeln erfordert. In diesem Fall wird es daher auf der Hand liegen, die Partei dahingehend zu befragen, ob sie sich in das Verfahren einlässt, oder die Unzuständigkeitseinrede erhebt. Erst wenn hier Klarheit besteht, sollte das Gericht – schon aus verfahrensökonomischen Gründen – seine Unzuständigkeit aussprechen.

Vgl zur Verfahrenseinlassung und den Folgen einer Säumigkeit Art 16 und 17.

Aber auch wenn die Zuständigkeit dieser Gerichte durch eine **Gerichtsstandsanerkennung 4** nach Art 7 lit c begründet wurden, kann Art 9 zur Anwendung gelangen. Art 9 Abs 1 Satz 1 spricht expressis verbis nur von einer „Gerichtsstandsvereinbarung", sodass nach einer reinen Wortinterpretation eine Gerichtsstandsanerkennung davon eigentlich nicht erfasst ist. Diese Bestimmung hat allerdings erst relativ spät in die Beratungen des Rats Eingang gefunden,[9] sodass man hier mit Unschärfen in der Formulierung rechnen muss.

---

1 *Rechberger/Frodl* in *Rechberger/Zöchling-Jud* Rz 54.
2 *J. Schmidt* in BeckOGK BGB Art 9 EuErbVO Rz 9.
3 *J. Schmidt* in BeckOGK BGB Art 9 EuErbVO Rz 11.
4 EuGH 48/84, *Spitzley/Sommer* Rz 15; *Wallner-Friedl* in *Czernich/Kodek/Mayr*⁴ Art 26 Brüssel Ia-VO Rz 1; vgl auch OGH 7 Ob 338/98 a ZfRV 2000/18.
5 EuGH C-150/80 Slg 1981, 1671 Rz 15 = NJW 1982, 507; *Wallner-Friedl* in *Czernich/Kodek/Mayr*⁴ Art 26 Brüssel Ia-VO Rz 18; *J. Schmidt* in BeckOGK BGB Art 9 EuErbVO Rz 13.
6 *Wallner-Friedl* in *Czernich/Kodek/Mayr*⁴ Art 26 Brüssel Ia-VO Rz 20.
7 RIS-Justiz RS0109437; OGH 2 Ob 111/03 t EvBl 2004/1; *Wallner-Friedl* in *Czernich/Kodek/Mayr*⁴ Art 26 Brüssel Ia-VO Rz 17.
8 IdS Art 16 Rz 8.
9 Vgl *J. Schmidt* in BeckOGK BGB Art 9 EuErbVO Rz 2.

5   *Dutta* geht indes davon aus, dass auch einer Gerichtsstandsanerkennung eine Vereinbarung zugrunde liegt[10] und daher auch bei Scheitern diese Vorgansweise Art 9 noch greifen kann. ME ist idZ zwar keine (förmliche) Vereinbarung anzunehmen, weil eine Gerichtsstandsanerkennung gem Art 7 lit c **bloß ad hoc** dem Gericht gegenüber zu erklären ist (vgl dazu Art 7 Rz 14). Da diese Erklärungen aber bei mehreren Parteien übereinstimmen müssen, ist in einem sehr weiten Sinn auch idZ von einer – wenngleich nachträglichen – „Vereinbarung" auszugehen.[11] Auch hier kann es sich erst im Nachhinein herausstellen, dass eine weitere Partei vorhanden ist, die sich gegen eine Anerkennung des Gerichts ausspricht. Weil somit die ratio des Art 9 auch diesbezüglich in die gleiche Richtung geht, kommt bei Scheitern einer Gerichtsstandanerkennung eine rügelose Einlassung gem Art 9 in Betracht.

6   **Art 9** passt jedoch **nicht** auf die Fälle des Art 7 lit a iVm Art 6 lit a, weil das Gericht hier wegen der besseren Entscheidungskompetenz eines andern Gericht seine **Unzuständigkeit von Amts wegen** ausspricht, womit gerade keine privatautonome Gestaltung der Partien vorliegt. Weil Art 9 ganz pauschal auf Art 7 verweist, ist diese Bestimmung idZ teleologisch zu reduzieren.[12]

7   **Keine Anwendung** findet Art 9 auch auf Vereinbarungen gem Art 8, weil sich diese Vorschrift auf die **Vereinbarung einer außergerichtlichen einvernehmlichen Regelung** der Erbsache bezieht.[13] Die nach Art 4 bzw 10 zuständigen Gerichte beenden ihr Verfahren ja nur dann, wenn eine solche außergerichtliche einvernehmliche Regelung tatsächlich erfolgt. Gelingt dies nicht, so wird das Verfahren einfach wieder aufgenommen.

8   Im Vergleich zu einer Gerichtsstandsvereinbarung ist die Zuständigkeitsbegründung durch eine rügelose Einlassung **formfreier** und **flexibler** ausgestaltet, weil sie auch noch in einem späteren Verfahrensstadium zur Zuständigkeit der angerufenen Gerichte führen kann. Freilich stellt sie **kein Gestaltungselement im Vorfeld** des Verfahrens dar, sondern kann nur im Nachhinein zu einer Sanierung einer allenfalls bestehenden Unzuständigkeit führen. Durch die fehlende Vorhersehbarkeit des Verhaltens der einzelnen Partei birgt diese Vorgangsweise daher auch eine große **Rechtsunsicherheit.**[14] Eine Sanierung der Unzuständigkeit durch eine rügelose Verfahrenseinlassung kann außerdem nur dann gelingen, wenn die Parteien in der Zuständigkeitsfrage an einem Strang ziehen, was aber oft nicht der Fall ist. Weil nämlich gerade in Erbsachen auf Grund der emotionalen Betroffenheit unter den Verfahrensparteien viel Streitpotenzial vorhanden ist, werden die einzelnen Verfahrensparteien oft nur ihren eigenen rechtlichen bzw persönlichen Standpunkt verfolgen und somit als später hinzukommende Partei versuchen, aus diesem Umstand einen Vorteil zu lukrieren.[15] Es wird für einzelne Parteien daher gerade keinen Vorteil bieten, die Erbsache vor den Gerichten der Mitgliedstaaten des gewählten Rechts auszutragen; dies va dann, wenn sich potenzielle Erben auf einen anderen Erbgrund berufen.

---

10 Vgl *Dutta* in MünchKommBGB[6] Art 9 EuErbVO Rz 4.

11 Ebenso offenbar *J. Schmidt* in BeckOGK BGB Art 9 EuErbVO Rz 5; *Burandt,* FuR 2013, 380; aM *Bonomi* in *Bonomi/Wautelet* Art 9 Rz 3; idS auch EuGH C-111/09 Slg 2010, I-4545 Rz 21.

12 Vgl *J. Schmidt* in BeckOGK BGB Art 9 EuErbVO Rz 6.

13 *Dutta* in MünchKommBGB[6] Art 9 EuErbVO Rz 5; aM offenbar *J. Schmidt* in BeckOGK BGB Art 9 EuErbVO Rz 19 f, die eine analoge Anwendung des Art 8 annimmt und dem nicht Beteiligten ein Wahlrecht zugesteht, sich der Vereinbarung anzuschließen oder die Unzuständigkeit zu rügen.

14 Vgl dazu auch *Magnus,* IPRax 2013, 396.

15 *Magnus,* IPRax, 2013, 396.

Eine bislang am Verfahren nicht beteiligte, betroffene Partei hat somit ein **Wahlrecht** a) die Zuständigkeit dieses Gerichts durch eine rügelose Verfahrenseinlassung zu erwirken, oder b) eine Unzuständigkeitseinrede zu erheben.[16]

Hess[17] hinterfragt Art 9 dahingehend, ob dafür **überhaupt** ein **praktisches Bedürfnis** beste- **9** he. Vor dem Erbfall würden nämlich potenzielle Erben wohl kaum eine förmliche Gerichtsstandsvereinbarung treffen und bestehe nach dem Erbfall Einigkeit über die Zuständigkeitsfrage, so wäre der einfachste Weg, ihnen eine Zuständigkeitsbegründung durch eine rügelose Verfahrenseinlassung zu ermöglichen. Dieser Argumentation ist grundsätzlich beizupflichten, doch ist nicht von der Hand zu weisen, dass eine rügelose Verfahrenseinlassung auch einen Schwebezustand der Rechtsunsicherheit schafft. In diesem Fall kann nämlich nie exakt vorausgesagt werden, ob sich tatsächlich alle Verfahrensparteien in das Verfahren vor den Gerichten des Mitgliedstaats des gewählten Rechts einlassen werden.

II. Abgrenzungsfragen

A. Voraussetzungen

Art 9 greift – wie oben ausgeführt – nur dann, wenn der Erblasser eine **Rechtswahl getrof-** **10** **fen** hat und auch die Verfahrensbeteiligten eine **Gerichtsstandsvereinbarung** auf die Mitgliedstaaten des gewählten Rechts geschlossen haben, wobei dieser Terminus „Einlassung" – wie in Rz 3 angeführt – weit auszulegen ist. In diesem Fall tritt die Zuständigkeit der prorogierten Gerichte dann ein, wenn sich die nach der Grundregel zuständigen Gerichte gem Art 4 bzw 10 für unzuständig erklärt haben (Art 6 lit b) oder die Parteien diese Gerichte gem Art 7 lit b unmittelbar angerufen haben. Aber auch dann, wenn diese Gerichte auf Grund einer **Gerichtsstandsanerkennung** nach Art 7 lit c ihre Zuständigkeit wahrgenommen haben, kann Art 9 für später auftauchende Verfahrensparteien noch greifen.

B. Wahlmöglichkeit der neu auftretenden Partei

IdZ stellt sich die Frage, ob die neu auftretenden Verfahrensparteien zwischen einer **Ge-** **11** **richtsstandsanerkennung** und einer **rügelosen Sacheinlassung wählen** können. In diesem Fall würde sich dann aber die Anwendung des Art 9 erübrigen. *Dutta*[18] weist hier zu Recht darauf hin, dass Art 9 auch bei einer mangelhaften Gerichtsstandsanerkennung durch eine neu hinzutretende Verfahrenspartei greifen kann, weil es bei einer Verneinung der Anwendbarkeit zum sachlich nicht gerechtfertigten Ergebnis käme, dass bei der formstrengeren Gerichtsstandsvereinbarung eine Sanierung der Unzuständigkeit durch formlose Verfahrenseinlassung erfolgen könnte, nicht aber bei einer Gerichtsstandsanerkennung, die weniger Anforderungen an die Formstrenge stelle.

C. Wahrnehmung der Zuständigkeit

Art 9 kann überdies nur dann greifen, wenn das Gericht im Mitgliedstaat des gewählten **12** Rechts seine **Zuständigkeit bereits wahrgenommen** hat. Die Zuständigkeit gem Art 7 lit b tritt ja nur dann ein, wenn eine rechtswirksame Gerichtsstandsvereinbarung getroffen wurde. Diese Voraussetzung muss das von den Verfahrensparteien angerufene Gericht prüfen. Es hat daher zu überprüfen, ob **alle** ihm **bekannten Verfahrensparteien** die **Gerichtsstandsver-**

---

16 *J. Schmidt* in BeckOGK BGB Art 9 EuErbVO Rz 10.
17 *Hess* in *Dutta/Herrler* Rz 21.
18 *Dutta* in MünchKommBGB[6] Art 9 EuErbVO Rz 4.

einbarung geschlossen haben. Würde sich in diesem Stadium nämlich bereits herausstellen, dass dies nicht der Fall ist, so könnte es seine Zuständigkeit ja auch nicht auf Art 7 lit b stützen, sodass die eigentlich zuständigen Gerichte gem Art 4 bzw 10 zuständig wären. Art 9 Abs 1 Satz 1 spricht davon, dass die Gerichte dieser Mitgliedstaaten ihre Zuständigkeit nach Art 7 bereits „ausüben". Die Gerichtsstandsvereinbarung selbst kann wiederum nur bis zur Anrufung des Gerichts getroffen werden (vgl Art 7 Rz 14). Danach kann das Gericht aber noch durch eine Gerichtsstandsanerkennung zuständig werden.

13   Der Begriff der **„Ausübung der Zuständigkeit"** wird in der VO **nicht explizit definiert,** kann aber nur als Zuständigkeitsprüfung verstanden werden. Stellt sich aber erst nach diesem Zeitpunkt, zu dem das Gericht seine Zuständigkeit (implizit) bejaht hat, heraus, dass noch weitere Parteien am Verfahren zu beteiligen sind, so bleibt die ursprünglich angenommene Zuständigkeit dann gewahrt, wenn sich diese später auftretenden Parteien in das Verfahren rügelos einlassen. *Dutta*[19] differenziert nach dem Zeitpunkt der Ausübung der Zuständigkeit zwischen der rügelosen Einlassung, die noch später erfolgen könne, und der Gerichtsstandsvereinbarung, die nur bis zu diesem Zeitpunkt möglich sei. Hier sei streng abzugrenzen, da die Rechtsfolgen unterschiedlich ausfielen: Mit der rügelosen Einlassung werde eine konkludente Anerkennung der Zuständigkeit durch Verfahrensbeteiligung ermöglicht, während die Gerichtsstandsanerkennung ausdrücklich zu erfolgen habe. Diese Unterscheidung scheint mE sehr spitzfindig und zeitigt zudem keine praktischen Konsequenzen. Richtig ist, dass ab diesem Zeitpunkt eine rügelose Einlassung für die fortbestehende Zuständigkeit jedenfalls ausreichend ist. Das verbietet jedoch der Partei nicht, die Zuständigkeit des Gerichts auch ausdrücklich anzuerkennen. Eine solche Vorgangsweise stellt einerseits ja kein formelles Defizit dar, sondern bietet dem Gericht nur ein „Mehr" an Information, zum anderen müssen ja auch konkludente Verhaltensweisen ohne Zweifel auf einen bestimmten Erklärungswert schließen lassen, sodass auch in dieser Hinsicht keine merkbaren graduellen Unterschiede ausgemacht werden können (vgl dazu auch Art 7 Rz 10 f).

D. Zuständigkeitsrüge

14   Das Gericht hat sich allerdings für unzuständig zu erklären, wenn die später auftretenden Verfahrensparteien den Mangel der Zuständigkeit rügen (Art 9 Abs 2). Nach einer solchen Zuständigkeitsrüge kommt es zu einem **„Wiederaufleben" der allgemeinen Zuständigkeitsregeln,** sodass wiederum die nach der Grundregel zuständigen Gerichte für die Entscheidung über die Erbsache zuständig werden.[20] Art 9 Abs 2 stellt nur die **Kehrseite der Grundregel** des Abs 1 dar. Lässt sich daher eine später auftretende Verfahrenspartei nicht rügelos in das Verfahren ein, so hat das Gericht von Amts wegen seine **Unzuständigkeit wahrzunehmen** und zu erklären. Auch die Unzuständigkeitseinrede kann konkludent[21] erfolgen, indem die Partei durch ihr Verhalten zweifelsfrei zu erkennen gibt, dass sie das Verfahren nicht vor den Gerichten des Mitgliedstaats des gewählten Rechts führen möchte (vgl Rz 3). Die gem Art 4 bzw 10 eigentlich zuständigen Gerichte erlangen selbst dann wieder ihre Zuständigkeit, wenn sie sich irrtümlich wegen einer vermeintlichen Gerichtsstandsvereinbarung gem Art 6 lit a auf Antrag einer Verfahrenspartei für unzuständig erklärt haben. Auf Grund des klaren Gesetzeswortlauts können diese Gerichte ihre Zuständigkeit nicht ablehnen, wenn diese Voraussetzungen vorliegen. Dennoch handelt es sich hier **nicht** um eine **endgültige Begrün-**

---

19 *Dutta* in MünchKommBGB[6] Art 9 EuErbVO Rz 10.
20 *J. Schmidt* in BeckOGK BGB Art 9 EuErbVO Rz 16.
21 *Dutta* in MünchKommBGB[6] Art 9 EuErbVO Rz 11.

dung von deren **Zuständigkeit.** Beantragt nämlich dort eine der Verfahrensparteien nunmehr gem Art 6 lit a die Unzuständigkeitserklärung dieses Gerichts, so kann es sich wiederum für unzuständig erklären, wenn die Gerichte des Mitgliedstaats des gewählten Rechts in der **Erbsache besser entscheiden** können. *Dutta*[22] moniert daher zu Recht, dass es sich hier offenbar um ein wenig durchdachtes System handle, indem es zu einem verfahrensunökonomischen **„Ping-Pong-Spiel" zwischen den Gerichten** komme. Weniger kompliziert und damit auch verfahrensökonomischer wäre es gewesen, in Art 9 einen Verweis auf Art 6 lit a aufzunehmen und damit auch dann eine einfachere Sanierungsmöglichkeit zu schaffen, wenn sich nachträglich auftretende Parteien nicht rügelos in das Verfahren einlassen wollen. Dieser Umstand wird nämlich in der Praxis wegen der oft konträr verlaufenden Verfahrensstandpunkte auftreten (vgl Rz 9). *Dutta* schlägt zur Vermeidung eines solch unnötigen Hin und Hers zwischen den Gerichten vor, dass sich das nach der Grundregel zuständige Gerichte schon von vornherein auch bei einer Gerichtsstandsvereinbarung nach Art 6 lit a auf Grund der Sachnähe der Gerichte des Mitgliedstaats des gewählten Rechts für unzuständig erklärt. Dafür würde es allerdings auch eines vorsorglichen Antrags einer Verfahrenspartei bedürfen.

III. Rechtsfolgen für das bisher durchgeführte Verfahren

Einen weiteren Schwachpunkt in der EuErbVO stellt die **fehlende Regelung der Rechtsfolgen** einer solchen Unzuständigkeitserklärung für die bisher gesetzten Verfahrensschritte dar. Streng genommen stellte eigentlich die (sich später herausstellende) fehlende Zuständigkeit eines Gerichts einen Nichtigkeitsgrund für das bislang von diesem geführte Verfahren dar. Sämtliche darin gesetzten Verfahrenshandlungen wären somit obsolet und müssten vom nunmehr zuständigen Gericht neu durchgeführt werden. Dies stellte nicht nur einen **verfahrensökonomischen „Supergau"** dar, sondern würde auch Rechtshandlungen betreffen, die sich nicht mehr (leicht) rückgängig machen lassen – etwa wenn Erben im Zug der Nachlassverwaltung Nachlassgegenstände veräußert hätten bzw eine Überlassung an Zahlung statt an Nachlassgläubiger angeordnet worden wäre. Auch ein bereits ausgestelltes ENZ würde Probleme aufwerfen.[23] In der Praxis wird es recht häufig vorkommen, dass solche bislang unbekannten Verfahrensparteien erst kurz vor Schluss der Verhandlung auftauchen. **15**

Weil nun die Gerichte des Mitgliedstaats ja grundsätzlich bis zum Auftauchen neuer Verfahrensparteien ihre Zuständigkeit zu Recht ausgeübt haben und auch eine rügelose Verfahrenseinlassung grundsätzlich möglich, ja sogar intendiert ist, wird man den Gesetzestenor so interpretieren müssen, dass die bisher gesetzten Verfahrenshandlungen zunächst ihre Gültigkeit behalten.[24] Mit *Dutta*[25] ist daher anzunehmen, dass die **Unzuständigkeitserklärung** daher grundsätzlich bloß **ex nunc** wirkt. Verschiebt sich die Zuständigkeit wieder zu den nach der Grundregel an sich zuständigen Gerichten, so kommt ihnen allerdings die Entscheidungskompetenz zu, ob sie die gesetzten und noch änderbaren Maßnahmen aufrechterhalten möchten.[26] Eine solche Aufhebung bzw Abänderung der gesetzten Verfahrensmaßnahmen wäre in analoger Anwendung von Art 20 Abs 2 EuEheVO möglich. **16**

---

22 *Dutta* in MünchKommBGB[6] Art 9 EuErbVO Rz 12; ebenso *Bajons* in *Schauer/Scheuba* 35.
23 *J. Schmidt* in BeckOGK BGB Art 9 EuErbVO Rz 17.
24 Ebenso *J. Schmidt* in BeckOGK BGB Art 9 EuErbVO Rz 17.
25 *Dutta* in MünchKommBGB[6] Art 9 Rz 13; *Dutta*, FamRZ 2013, 7; vgl auch *J. Schmidt* in BeckOGK BGB Art 9 EuErbVO Rz 18.
26 *Hess* in *Dutta/Herrler* Rz 20; *Rudolf,* NZ 2013/103, 230.

Hat somit ein Gericht bereits ein ENZ zu Gunsten einzelner Erben ausgestellt, so müsste es dieses gem Art 71 Abs 2 widerrufen.[27] Fraglich ist allerdings, wie vorzugehen ist, wenn dem (den) Erben der Nachlass bereits rechtskräftig eingeantwortet wurde. Da in diesem Fall kein contrarius actus mehr möglich ist, kommt hier nur eine **Erbschaftsklage** des neu aufgetauchten, vermeintlich besser ausgewiesenen Erben in Betracht.[28] Nach Rechtskraft des Einantwortungsbeschlusses können nämlich im Verlassenschaftsverfahren keine späteren Erbantrittserklärungen mehr abgegeben werden.[29]

Subsidiäre Zuständigkeit

Art 10. **(1) Hatte der Erblasser seinen gewöhnlichen Aufenthalt im Zeitpunkt seines Todes nicht in einem Mitgliedstaat, so sind die Gerichte eines Mitgliedstaats, in dem sich Nachlassvermögen befindet, für Entscheidungen in Erbsachen für den gesamten Nachlass zuständig, wenn**

a) der Erblasser die Staatsangehörigkeit dieses Mitgliedstaats im Zeitpunkt seines Todes besaß, oder, wenn dies nicht der Fall ist,

b) der Erblasser seinen vorhergehenden gewöhnlichen Aufenthalt in dem betreffenden Mitgliedstaat hatte, sofern die Änderung dieses gewöhnlichen Aufenthalts zum Zeitpunkt der Anrufung des Gerichts nicht länger als fünf Jahre zurückliegt.

(2) Ist kein Gericht in einem Mitgliedstaat nach Absatz 1 zuständig, so sind dennoch die Gerichte des Mitgliedstaats, in dem sich Nachlassvermögen befindet, für Entscheidungen über dieses Nachlassvermögen zuständig.

Stammfassung.

Literatur: _Bajons,_ Die Nachlassabwicklung in internationalen Erbsachen nach zukünftigem Recht, ecolex 2014, 204; _Bonomi/Öztürk,_ Auswirkungen der Europäischen Erbrechtsverordnung auf die Schweiz unter besonderer Berücksichtigung deutsch-schweizerischer Erbfälle, ZVglRWiss 114 (2015) 4; _Burandt,_ Die EU-ErbVO – das europäische Erbrecht im Wandel (Teil 2), FuR 2013, 377; _Dutta,_ Das internationale Erbrecht der Europäischen Union – Eine erste Lektüre der Erbrechtsverordnung, FamRZ 2013, 4; _Frodl,_ Einheit durch Aufgabe nationaler Rechtstraditionen? – EU-Erbrechtsverordnung kundgemacht, ÖJZ 2012/108, 950; _Hess,_ Die internationale Zuständigkeit nach der Erbrechtsverordnung, in _Dutta/Herrler,_ Erbrechtsverordnung 131; _Motal,_ EU-Erbrechtsverordnung: Anpassungsbedarf im IPRG und der JN, EF-Z 2014/151, 251; _Rudolf,_ Die Erbrechtsverordnung der Europäischen Union, NZ 2013/103, 225; _Süß,_ Das Europäische Nachlasszeugnis, ZEuP 2013, 725; _Wilke,_ Das internationale Erbrecht nach der neuen EU-Erbrechtsverordnung, RIW 2012, 601.

Übersicht

	Rz
I. Fehlender gewöhnlicher Aufenthalt	1
II. Nachlassvermögen	2
A. Umfang und Wert	2
B. Nachlassbelegenheit	5
1. Lokalisierung	5
2. Liegenschaften und bewegliche körperliche Sachen	8
3. Registrierte bewegliche körperliche Sachen	10
4. Anteilsrechte	12

---

27 _J. Schmidt_ in BeckOGK BGB Art 9 EuErbVO Rz 18.

28 Vgl OGH 3 Ob 44/11 h iFamZ 2011/176 _(Tschugguel); Verweijen,_ Verlassenschaftsverfahren 126.

29 OGH 5 Ob 24/09 d iFamZ 2009/172; 3 Ob 227/10 v iFamZ 2011/175; 7 Ob 182/12 h NZ 2013/65.

     5. Forderungen 13
     6. Immaterialgüterrechte 14
III. Nahebeziehung des Erblassers zum Mitgliedstaat 15
  A. Einleitung 15
  B. Zuständigkeit für den gesamten Nachlass (Abs 1) 17
    1. Staatsangehörigkeit (lit a) 17
    2. Vorhergehender gewöhnlicher Aufenthalt (lit b) 19
    3. Maßgeblicher Zeitpunkt der Nachlassbelegenheit 21
    4. Rechtsfolgen 22
  C. Zuständigkeit für inländischen Nachlass (Abs 2) 23
    1. Voraussetzungen 23
    2. Maßgeblicher Zeitpunkt der Nachlassbelegenheit 25
    3. Rechtsfolgen 27

I. Fehlender gewöhnlicher Aufenthalt

Die **Zuständigkeitsgrundregel** findet sich in Art 4, die allerdings einen gewöhnlichen Auf- **1**
enthalt[1] des Erblassers in einem Mitgliedstaat[2] im Zeitpunkt seines Todes[3] voraussetzt. Nur[4]
wenn ein solcher Aufenthalt in keinem Mitgliedstaat gegeben war (Negativvoraussetzung),
findet Art 10 Anwendung; insoweit ist diese Bestimmung daher **subsidiär,** was sich bereits
aus dem Paragrafentitel ergibt (das Ratsdokument 13730/11[5] spricht von „Auffangzuständigkeit").

Da die VO davon ausgeht, dass sich stets ein gewöhnlicher Aufenthalt des Erblassers ermitteln lässt,[6] geht einer Zuständigkeitsannahme nach Art 10 zwingend die Ermittlung des gewöhnlichen Aufenthalts (in einem Mitgliedstaat) voraus, auch wenn sich dieser nur mit
Schwierigkeiten feststellen lässt.[7] Für die Anwendbarkeit des Art 10 reicht es zwar nicht
aus, wenn sich ein gewöhnlicher Aufenthalt nicht feststellen lässt.[8] Allerdings genügt die
Feststellung, dass der Erblasser keinen gewöhnlichen Aufenthalt in einem Mitgliedstaat hatte;
der konkreten Feststellung, in welchem Drittstaat[9] ein solcher gegeben war, bedarf es nicht.[10]

II. Nachlassvermögen

A. Umfang und Wert

Art 10, dessen Intention darin liegt, dass kein Nachlassgegenstand innerhalb der Mitglied- **2**
staaten ohne Zuständigkeit bleiben soll,[11] setzt für die (subsidiäre) Zuständigkeit der Gerichte
eines Mitgliedstaats (dennoch oder gerade deshalb) **Nachlassbelegenheit** voraus (Positivvo-

---

1 Dazu Art 4 Rz 3 ff.
2 Siehe Art 4.
3 Dazu Art 4.
4 *Dutta* in MünchKommBGB[6] Art 10 EuErbVO Rz 3.
5 Seite 3; ebenso *Dutta* in MünchKommBGB[6] Art 10 EuErbVO Rz 1.
6 *Dutta,* FamRZ 2013, 6; *Dutta* in MünchKommBGB[6] Art 4 EuErbVO Rz 6, Art 10 EuErbVO Rz 1,
   Art 21 EuErbVO Rz 7.
7 *Dutta,* FamRZ 2013, 6; *Dutta* in MünchKommBGB[6] Art 10 EuErbVO Rz 3.
8 *Burandt* in *Burandt/Rojahn* Art 10 EuErbVO Rz 2; *Dutta* in MünchKommBGB[6] Art 10 EuErbVO
   Rz 3.
9 Einschließlich Dänemark, Irland und Vereinigtes Königreichs.
10 Möglicherweise aA *Dutta* in MünchKommBGB[6] Art 10 EuErbVO Rz 3.
11 *Burandt,* FuR 2013, 377.

raussetzung), dh zumindest ein Teil des Nachlassvermögens muss sich in diesem Mitgliedstaat „befinden". Damit stellt Art 10 letztlich einen Vermögensgerichtsstand dar.[12]

3 Art 10 spricht ohne nähere Präzisierung von „Nachlassvermögen" im subsidiär zuständigen Mitgliedstaat und meint damit auch einzelne Nachlassgegenstände. Eine maßgebliche Untergrenze für Umfang und Wert wird dabei zwar nicht genannt, das maßgebliche Nachlassvermögen im subsidiär zuständigen Mitgliedstaat darf aber doch **nicht völlig unbedeutend** (etwa eine Forderung von einigen wenigen Euros oder ein einzelner Gegenstand von solchem Wert) **oder gar wertlos** (bspw im Urlaubsdomizil zurückgelassenes Rasierzeug des Erblassers) sein.[13] Es kann nicht Zweck des Art 10 sein, lediglich aufgrund solcher (praktisch Nicht-)Vermögenswerte eine Zuständigkeit in einem Mitgliedstaat zu begründen, die es ansonsten gar nicht geben würde. Dies gilt va für den Anwendungsfall des Art 10 Abs 1 lit a, käme es doch hier trotz fehlenden gewöhnlichen Aufenthalts des Erblassers in irgendeinem Mitgliedstaat zu einer subsidiären Zuständigkeit des Mitgliedstaats für den gesamten Nachlass.

4 Ergibt sich allerdings die Wertlosigkeit bei einer Liegenschaft (als maßgeblichem Nachlassgegenstand) aufgrund darauf haftender Verbindlichkeiten oder sind in dem betreffenden Mitgliedstaat registerrechtliche Maßnahmen hinsichtlich dieses Gegenstands zu treffen (bspw Löschung einer vermögenslosen Gesellschaft des Erblassers), kann die Frage der Wertlosigkeit keine entscheidende Rolle spielen.

B. Nachlassbelegenheit

1. Lokalisierung

5 Während es etwa bei Liegenschaften regelmäßig kein Problem sein dürfte festzustellen, ob sich eine solche im subsidiär zuständigen Mitgliedstaat befindet oder nicht, ist das – für einen Binnenstaat wie Österreich – etwa bei einem hochseetauglichen Schiff nicht mehr so klar. Oder auch bei Forderungen und Immaterialgüterrechten.

6 Die VO äußert sich dazu nicht, mitgliedstaatliches Recht kann infolge autonomer Auslegung der VO aber nicht maßgeblich sein.[14] Eine solche Anknüpfung wäre außerdem gerade bei Art 10 problembehaftet, ist es doch nicht nur denkbar, sondern geradezu wahrscheinlich, dass die Lokalisierung von Nachlassgegenständen in den einzelnen Rechtsordnungen der Mitgliedstaaten unterschiedlich gehandhabt wird; dann könnte es aber uU zu Mehrfach- oder fehlenden Zuständigkeiten kommen.[15]

7 Tatsächlich bietet sich zur Lösung dieser Frage eine **rechtsaktübergreifende Auslegung** durch Heranziehung anderer Unionsrechtsakte an. Da es auch dort um die Belegenheit von Vermögen geht, bieten sich dabei in erster Linie die EuInsVO (insb Art 2 lit g), aber auch die VO zum Immaterialgüterrecht (etwa GemeinschaftsmarkenVO, GemeinschaftsgeschmacksmusterVO, GemeinschaftssortenVO) an.[16]

---

12 *Frodl,* ÖJZ 2012/108, 954.
13 Möglicherweise aA *Traar* in *Fasching/Konecny* I[3] § 106 JN Rz 63 („auf den Wert kommt es nicht an").
14 *Dutta* in MünchKommBGB[6] Art 10 EuErbVO Rz 5, Art 12 EuErbVO Rz 4.
15 Ebenso *Dutta* in MünchKommBGB[6] Art 10 EuErbVO Rz 5.
16 *Bonomi* in *Bonomi/Wautelet* Rz 12; *Dutta,* MünchKommBGB[6] Art 10 EuErbVO Rz 6.

2. Liegenschaften und bewegliche körperliche Sachen

Art 10 unterscheidet hinsichtlich des maßgeblichen Nachlassvermögens nicht zwischen un- **8** beweglichem und beweglichem Vermögen. Dass Liegenschaften (einschließlich Superädifikaten) jedenfalls (Rz 4) für die Begründung einer subsidiären Zuständigkeit ausreichen, wenn sie im Staatsgebiet des betreffenden Mitgliedstaats liegen, bedarf somit keiner weiteren Erörterung.

Auch bei beweglichen körperlichen Sachen, bei denen es hingegen im Einzelfall auf deren **9** Wert(losigkeit) ankommen kann (Rz 3), ist maßgeblich, ob sie in diesem Staatsgebiet belegen sind (Art 2 lit g Spiegelstrich 1 EuInsVO);[17] es sei denn, sie wären in einem öffentlichen Register eingetragen (Rz 11). Dies gilt auch für res in transitu, also Waren, die sich auf dem Transport befinden, und die Transportmittel; es kommt also auf den jeweiligen aktuellen Lageort zum maßgeblichen Zeitpunkt an.[18]

3. Registrierte bewegliche körperliche Sachen

Sind Sachen zwar beweglich und körperlich, jedoch ihre Eigentümer in einem öffentlichen **10** Register eingetragen (bspw Schiffe oder Luftfahrzeuge), kommt es darauf an, ob der subsidiär zuständige Mitgliedstaat die Aufsicht über das Register führt (Art 2 lit g Spiegelstrich 2 EuInsVO). Der tatsächliche Lageort der Sache ist hingegen unbeachtlich.[19]

Für die Qualifikation als öffentliches Register ist es nicht erforderlich, dass die Führung des **11** Registers in öffentlicher Hand liegt. Es ist lediglich notwendig, dass es der Öffentlichkeit zugänglich ist und dass die Eintragungen Wirkungen gegenüber Dritten zeitigen.[20]

4. Anteilsrechte

In öffentliche (Rz 11) Register (bspw in Österreich das Firmenbuch) **eingetragene** Gesell- **12** schaftsanteile sind jenem (Mitglied)Staat zuzuordnen, der die Aufsicht über das Register führt (Art 2 lit g Spiegelstrich 2 EuInsVO).[21] Bei nicht eingetragenen Anteilen kommt es auf den (Mitglied)Staat an, nach dessen Recht die Gesellschaft errichtet wurde.[22]

5. Forderungen

Auch **Wertpapiere, für die es öffentliche** (Rz 11) **Register gibt** (bspw Pfandbriefe), in die **13** die Rechteinhaber eingetragen sind, sind danach zu lokalisieren, welcher (Mitglied)Staat die Aufsicht über das Register führt (Art 2 lit g Spiegelstrich 2 EuInsVO).[23]

---

17 *Duursma-Kepplinger* in *Duursma/Duursma-Kepplinger/Chalupsky* Art 2 EuInsVO Rz 15; *Klauser* in *Konecny/Schubert* Art 2 EuInsVO Rz 8.
18 *Klauser* in *Konecny/Schubert* Art 2 EuInsVO Rz 9.
19 *Duursma-Kepplinger* in *Duursma/Duursma-Kepplinger/Chalupsky* Art 2 EuInsVO Rz 16; *Klauser* in *Konecny/Schubert* Art 2 EuInsVO Rz 10.
20 *Duursma-Kepplinger* in *Duursma/Duursma-Kepplinger/Chalupsky* Art 2 EuInsVO Rz 16; *Klauser* in *Konecny/Schubert* Art 2 EuInsVO Rz 10.
21 *Dutta* in MünchKommBGB[6] Art 10 EuErbVO Rz 8, der offensichtlich registrierbare und nicht „nichtregistrierbare" Gesellschaftsanteile meint; vgl auch *Burandt*, FuR 2013, 377, der auf den Verwaltungssitz von Kapitalgesellschaften abstellt.
22 Ausf *Dutta* in MünchKommBGB[6] Art 10 EuErbVO Rz 8 unter Hinweis auf die Rsp des EuGH zur Niederlassungsfreiheit (EuGH C-212/97 Slg 1999 I-1459, *Centros*; C-208/00 Slg 2002 I-9919, *Übersee-ring*; C-167/01 Slg 2003 I-10155, *Inspire Art*); aA *Klauser* in *Konecny/Schubert* Art 2 EuInsVO Rz 16 (Sitz der Gesellschaft).
23 *Duursma-Kepplinger* in *Duursma/Duursma-Kepplinger/Chalupsky* Art 2 EuInsVO Rz 16.

Bei **sonstigen Forderungen** kommt es darauf an, in welchem (Mitglied)Staat der zur Leistung verpflichtete Dritte den Mittelpunkt seiner hauptsächlichen Interessen iSd Art 3 Abs 1 EuInsVO hat (Art lit g Spiegelstrich 3 EuInsVO);[24] dies ist regelmäßig dessen Wohnsitz oder gewöhnlicher Aufenthaltsort.[25] Forderungen gegenüber Bürgen und Garanten sind am Ort der Hauptforderung zu lokalisieren.[26]

6. Immaterialgüterrechte

14 Sind Immaterialgüterrechte und deren Rechteinhaber in einem öffentlichen (Rz 11) **Register eingetragen** (bspw Patente), ist maßgeblich, unter der Aufsicht welchen (Mitglied)Staats dieses geführt wird (Art 2 lit g Spiegelstrich 2 EuInsVO). Dies gilt etwa auch für Marken und Geschmacksmuster (vgl Rz 7).

Bei **nichtregistrierten** Immaterialgüterrechten (bspw Urheberrecht) kommt es darauf an, ob sie für das Gebiet des subsidiär zuständigen Mitgliedstaats Schutz gewähren; sie wirken sich allein dort wirtschaftlich aus, indem sie widersprechende Handlungen Dritter untersagen.[27]

III. Nahebeziehung des Erblassers zum Mitgliedstaat

A. Einleitung

15 Hatte der Erblasser im Zeitpunkt seines Todes zwar keinen gewöhnlichen Aufenthalt in einem Mitgliedstaat, befindet sich jedoch Nachlassvermögen in einem solchen, dann ist subsidiäre Zuständigkeit dieses Mitgliedstaats jedenfalls gegeben. Deren Umfang hängt vom Ausmaß der **Nahebeziehung des Erblassers zu diesem Mitgliedstaat** ab. Diese richtet sich in den Fällen des Abs 1 nach persönlichen Merkmalen (Staatsangehörigkeit oder früherer gewöhnlicher Aufenthalt) und im Fall des Abs 2 nach dem objektiven Kriterium der Nachlassbelegenheit.

16 Art 10 stellt eine zwingende Rangfolge (Abs 1 lit a – lit b – Abs 2) auf.[28]

B. Zuständigkeit für den gesamten Nachlass (Abs 1)

1. Staatsangehörigkeit (lit a)

17 Die sehr enge Beziehung des Erblassers zum subsidiär zuständigen Mitgliedstaat seiner Staatsangehörigkeit muss im Zeitpunkt des Todes gegeben gewesen sein. Dieses Tatbestandselement wird somit regelmäßig einfach und klar feststellbar sein.[29]

18 War der Erblasser im Zeitpunkt des Todes allerdings **Angehöriger mehrerer Mitgliedstaaten** (auf eine solche eines Drittstaats[30] kommt es nicht an),[31] bestehen mehrere gleichwertige

---

24 *Duursma-Kepplinger* in *Duursma/Duursma-Kepplinger/Chalupsky* Art 2 EuInsVO Rz 17; *Klauser* in *Konecny/Schubert* Art 2 EuInsVO Rz 13; vgl auch OGH 8 Ob 135/04 t.

25 *Duursma-Kepplinger* in *Duursma/Duursma-Kepplinger/Chalupsky* Art 2 EuInsVO Rz 17.

26 *Klauser* in *Konecny/Schubert* Art 2 EuInsVO Rz 14.

27 *Duursma-Kepplinger* in *Duursma/Duursma-Kepplinger/Chalupsky* Art 2 EuInsVO Rz 16; *Klauser* in *Konecny/Schubert* Art 2 EuInsVO Rz 12; *Dutta* in MünchKommBGB[6] Art 10 EuErbVO Rz 8.

28 *Bajons* in *Schauer/Scheuba* 32; *Rudolf*, NZ 2013/103, 229 („Anknüpfungsleiter"); *Müller-Lukoschek*, EU-Erbrechtsverordnung Rz 217 unter Hinweis auf ErwGr 30; *Simotta* in *Fasching/Konecny* I³ § 77 JN Rz 138; *Dutta* in MünchKommBGB[6] Art 10 EuErbVO Rz 12.

29 *Burandt*, FuR 2013, 377; *Dutta* in MünchKommBGB[6] Art 10 EuErbVO Rz 11.

30 Einschließlich jener Dänemarks, Irlands und des Vereinigten Königreichs.

31 Ebenso wohl *Müller-Lukoschek*, EU-Erbrechtsverordnung Rz 219.

subsidiäre Zuständigkeiten nebeneinander; ein Vorrang der effektiven Staatsangehörigkeit gilt nicht.[32]

Diese Regelung kann zwar zu einem forum-shopping führen, das zuerst angerufene Gericht eines dieser Mitgliedstaaten behauptet dann aber seine Allzuständigkeit (Art 14, 17).[33] Werden in den mehreren Mitgliedstaaten gleichzeitig Gerichte angerufen, kommt wohl Priorität jenem Mitgliedstaat zu, in dem sich der überwiegende bzw der größere Teil des Nachlassvermögens befindet; sehr häufig wird diese Konstellation in der Praxis aber nicht vorkommen.[34]

2. Vorhergehender gewöhnlicher Aufenthalt (lit b)

Hatte der Erblasser zum Zeitpunkt seines Todes einen gewöhnlichen Aufenthalt in einem **19** Mitgliedstaat, gilt die Zuständigkeitsgrundregel des Art 4. Hatte er diesen Aufenthalt innerhalb der letzten fünf Jahre vor der Anrufung des Gerichts (Art 14) – es sind also nicht die letzten fünf Lebensjahre gemeint[35] – aufgegeben und ihn nicht in einen anderen Mitgliedstaat verlegt (andernfalls Zuständigkeitsgrundregel zugunsten dieses Mitgliedstaats), kommt es zur subsidiären Allzuständigkeit des Mitgliedstaats nach Abs 1 lit b. Dies gilt selbst dann, wenn der Erblasser im Zeitpunkt seines Todes Staatsangehöriger eines anderen Mitgliedstaats war, in dem sich Nachlassvermögen befindet.[36] Auch (Rz 18) bei dieser Konstellation kann es daher zu mehreren gleichwertigen subsidiären Zuständigkeiten kommen.

Im Gegensatz zur Frage der Staatsangehörigkeit nach lit a kann die Feststellung der Voraus- **20** setzung der lit b das Gericht vor **erhebliche Schwierigkeiten** stellen. Es muss nämlich unter anderem klären, ob der Erblasser im Zeitpunkt des Todes seinen gewöhnlichen Aufenthalt

- in diesem Mitgliedstaat hatte (Art 4); wenn nicht,
- ob er ihn in einem anderen Mitgliedstaat hatte (Art 10 Abs 1); wenn nicht,
- ob er ihn im Mitgliedstaat des angerufenen Gerichts innerhalb der vergangenen fünf Jahre gehabt hatte (Art 10 Abs 1 lit b), sofern sich dort Nachlassvermögen befindet; in diesem Fall muss das Gericht somit auch konkret feststellen, wann der Erblasser seinen vorletzten[37] (arg: „seinen" vorhergehenden, nicht „einen" vorhergehenden) gewöhnlichen Aufenthalt aufgegeben und diesen in einen Drittstaat verlegt hatte.

---

32 Vgl Art 22 Abs 1; EuGH C-168/08 Slg 2009, I-6871, *Hadadi,* zur Brüssel IIa-VO; *Grau* in *Zimmermann,* Anh zu Art 25, 26 EGBGB: ErbVO Rz 28; *Dutta* in MünchKommBGB[6] Art 10 EuErbVO Rz 12; ebenso *Müller-Lukoschek,* EU-Erbrechtsverordnung Rz 219; *Simotta* in *Fasching/Konecny* I[3] § 77 JN Rz 139.

33 Dazu *Dutta* in MünchKommBGB[6] Art 10 EuErbVO Rz 12; ebenso *Müller-Lukoschek,* EU-Erbrechtsverordnung Rz 219; *Simotta* in *Fasching/Konecny* I[3] § 77 JN Rz 140; *Bonomi/Öztürk,* ZVglRWiss 114 (2015) 4.

34 *Simotta* in *Fasching/Konecny* I[3] § 77 JN Rz 141.

35 *Dutta* in MünchKommBGB[6] Art 10 EuErbVO Rz 11.

36 Zutr *Dutta* in MünchKommBGB[6] Art 10 EuErbVO Rz 12; idS wohl auch *Bajons,* ecolex 2014, 205; aA *Wilke,* RIW 2012, 604; *Burandt* in *Burandt/Rojahn* Art 10 EuErbVO Rz 1, die zwar Praktikabilitätsüberlegungen für sich, den VO-Text jedoch gegen sich haben (Staatsangehörigkeit *dieses* Mitgliedstaats).

37 So auch *Bonomi* in *Bonomi/Wautelet* Rz 22; aA *Süß,* ZEuP 2013, 733; *Köhler* in *Kroiß/Horn/Solomon* Art 10 EuErbVO Rz 2; *Dutta* in MünchKommBGB[6] Art 10 EuErbVO Rz 12, die meinen, es genüge für eine Zuständigkeit nach Art 10 Abs 1, dass der Erblasser innerhalb der letzten fünf Jahre seinen gewöhnlichen Aufenthalt in diesem Staat begründet hatte, mögen zwischenzeitlich auch mehrere Aufenthaltswechsel eingetreten sein.

Diese Schwierigkeiten werden noch dadurch verstärkt, dass zum einen der Aufenthaltsbegriff relativ offen ist.[38] Zum anderen wird ein gewöhnlicher Aufenthalt häufig nicht schlagartig aufgegeben bzw begründet, sondern findet der Wechsel in einem fließenden Prozess (fließende Verlagerung des Lebensmittelpunkts)[39] statt; in einem solchen Fall konkret festzustellen, ob bzw dass der Erblasser zu einem bestimmten Zeitpunkt seinen vorletzten gewöhnlichen Aufenthalt aufgegeben hat, erscheint nahezu unmöglich.[40] Bejaht das angerufene Gericht allerdings seine subsidiäre Zuständigkeit nach Art 10 Abs 1 lit b, behauptet es auch (Rz 18) hier seine Allzuständigkeit gegenüber anderen Gerichten (Art 17).

3. Maßgeblicher Zeitpunkt der Nachlassbelegenheit

21 Die Textierung des Einleitungshalbsatzes des Art 10 Abs 1 („Hatte der Erblasser . . .") auf der einen und die Verwendung der Wortfolge „Nachlassvermögen befindet"[41] legt den Schluss nahe, dass in der Frage des maßgeblichen Zeitpunkts der Nachlassbelegenheit nicht (jedenfalls nicht nur) auf den Zeitpunkt des Todes des Erblassers abzustellen ist, wäre doch sonst die Differenzierung zwischen Imperfekts- und Gegenwartsform nicht recht verständlich.

Dutta[42] weist idZ auf den Grundsatz der Verfahrensautonomie hin und beurteilt deshalb die angesprochene Frage nach dem mitgliedstaatlichen Verfahrensrecht. Näher liegt allerdings – unter dem Gesichtspunkt der autonomen Auslegung der VO – ein Rückgriff auf den in Art 10 Abs 1 lit b selbst genannten Zeitpunkt der Anrufung des Gerichts (iSd Art 14).[43] Dies macht auch insofern Sinn, als ansonsten aufgrund mitgliedstaatlicher Besonderheiten (möglicherweise) eine Allzuständigkeit nach Art 10 Abs 1 lit a oder b begründet werden könnte, obwohl sich zu diesem Zeitpunkt keinerlei Nachlassvermögen in diesem Mitgliedstaat mehr befindet.

Da allerdings – umgekehrt – bei einem ausschließlichen Abstellen auf den Zeitpunkt der Anrufung des Gerichts eine subsidiäre Allzuständigkeit eines Mitgliedstaats dadurch willkürlich herbeigeführt werden könnte, dass Nachlassvermögen nach dem Todeszeitpunkt dorthin verbracht wird, ist Art 10 Abs 1 dahin zu verstehen, dass sich Nachlassvermögen im maßgeblichen Zeitpunkt **noch** im subsidiär zuständigen Mitgliedstaat befinden muss.

4. Rechtsfolgen

22 Die in Art 10 Abs 1 lit a und b genannten Umstände führen zu einer **zuständigkeitsrechtlichen Nachlasseinheit**,[44] also zur Allzuständigkeit dieses Mitgliedstaats für den gesamten, weltweiten Nachlass des Erblassers ohne Rücksicht darauf, wo dieser belegen ist.[45] So wie die Zuständigkeitsgrundregel des Art 4 begründen daher auch die Anwendungsfälle des

---

38 Dazu Art 4 Rz 13 ff.

39 Dazu Art 4 Rz 23 ff.

40 *Dutta* in MünchKommBGB[6] Art 10 EuErbVO Rz 11.

41 In der englischen Fassung „are located".

42 In MünchKommBGB[6] Art 10 EuErbVO Rz 9.

43 Vgl *Müller-Lukoschek,* EU-Erbrechtsverordnung Rz 220 („Anhängigkeit").

44 *Dutta* in MünchKommBGB[6] Art 10 EuErbVO Rz 10.

45 *Grau* in *Zimmermann,* Anh zu Art 25, 26 EGBGB: ErbVO Rz 29; *Bajons,* ecolex 2014, 205; *Köhler* in *Kroiß/Horn/Solomon* Art 10 EuErbVO Rz 3; *Hess* in *Dutta/Herrler* 131; *Dutta* in MünchKommBGB[6] Art 4 EuErbVO Rz 10.

Art 10 Abs 1 lit a und b die ausschließliche internationale Zuständigkeit des betreffenden Mitgliedstaats.[46]

C. Zuständigkeit für inländischen Nachlass (Abs 2)

1. Voraussetzungen

Hatte der Erblasser im Zeitpunkt seines Todes weder seinen gewöhnlichen Aufenthalt in ei- **23** nem Mitgliedstaat (Art 4) noch die Staatsangehörigkeit (Art 10 Abs 1 lit a) jenes Mitgliedstaats oder seinen vorhergehenden gewöhnlichen Aufenthalt (Art 10 Abs 1 lit b) in jenem Mitgliedstaat, in welchem sich Nachlassvermögen befindet, ist subsidiäre Zuständigkeit dieses Staats gegeben, soweit Entscheidungen über dieses belegene Nachlassvermögen zu treffen sind.[47]

Im Gegensatz zu Abs 1 tritt nach Abs 2 somit keine Allzuständigkeit dieses Mitgliedstaats **24** ein;[48] es fehlt hier an der entsprechenden Nahebeziehung des Erblassers zu diesem Mitgliedstaat. Eine de facto-Allzuständigkeit könnte sich nach Abs 2 nur (in dem wohl kaum relevanten Sonderfall) ergeben, dass sich das gesamte Nachlassvermögen in einem Mitgliedstaat befindet, der Erblasser jedoch Angehöriger eines Drittstaats war und weder zum Todeszeitpunkt seinen gewöhnlichen Aufenthalt in irgendeinem Mitgliedstaat noch in den fünf Jahren vor der Anrufung des Gerichts seinen vorhergehenden gewöhnlichen Aufenthalt in diesem Mitgliedstaat hatte.

2. Maßgeblicher Zeitpunkt der Nachlassbelegenheit

Im Gegensatz zu Art 10 Abs 1 erwähnt Abs 2 die Anrufung des Gerichts nicht ausdrücklich, **25** weshalb *Dutta*[49] auf den „Erlass der Entscheidung" (in Österreich wohl Schluss der Verhandlung erster Instanz im streitigen bzw Übergabe der Entscheidung an die Geschäftsstelle[50] im außerstreitigen Verfahren) abstellen will. Da allerdings die subsidiäre Zuständigkeit nach Abs 2 die Notwendigkeit einer Entscheidung über den Nachlassgegenstand voraussetzt, der regelmäßig eine Verfahrenseinleitung und ein Verfahren voranzugehen haben, und es sich bei der Zuständigkeit um eine Verfahrensvoraussetzung handelt, die bei **Einleitung des Verfahrens** zu prüfen ist (Art 15), muss der Nachlassgegenstand zu diesem Zeitpunkt im Mitgliedstaat belegen sein.

Eine spätere einseitige Verbringung des konkreten Nachlassgegenstands kann das Gericht **26** durch Maßnahmen nach Art 19 verhindern.[51] Wird der Gegenstand dennoch in einen anderen Mitgliedstaat verbracht, gilt für das bereits laufende Verfahren die perpetuatio fori (vgl auch Art 8); einem weiteren Verfahren im anderen Mitgliedstaat steht Art 17 entgegen.

3. Rechtsfolgen

Die **Nachlassspaltung** des Abs 2 ist eine der wenigen Ausnahmen vom Grundsatz der Nach- **27** lasseinheit des Art 4. Zu einem Konflikt zwischen den Gerichten mehrerer Mitgliedstaaten kann es dabei nicht kommen, weil der konkrete Nachlassgegenstand, um den es geht, jeweils nur in einem Mitgliedstaat belegen sein kann; einen anderen Mitgliedstaat, der infolge Allzu-

---

46 *Bajons*, ecolex 2014, 205.
47 Dazu auch *Simotta* in *Fasching/Konecny* I³ § 77 JN Rz 145.
48 *Müller-Lukoschek*, EU-Erbrechtsverordnung Rz 221.
49 In MünchKommBGB⁶ Art 10 EuErbVO Rz 14.
50 § 40 AußStrG.
51 So auch *Dutta* in MünchKommBGB⁶ Art 10 EuErbVO Rz 14.

ständigkeit auch hinsichtlich dieses Gegenstand zuständig wäre, kann es wiederum nicht geben, ansonsten dieser Staat nach Art 4 oder Art 10 Abs 1 vorgehen würde.[52] Die Entscheidungen der Gerichte, die sich auf eine Zuständigkeit nach Abs 2 gründen, dürfen sich immer nur konkret auf bestimmte Nachlassgegenstände, die sich bei Verfahrenseinleitung im Mitgliedstaat befanden, beziehen.[53]

28 Die in der Lit erörterte Möglichkeit einer Ausfolgung[54] von beweglichem Vermögen in einem bloß nach Art 10 Abs 2 zuständigen Mitgliedstaat an den Staat des gewöhnlichen Aufenthalts bzw der Staatsangehörigkeit des Erblassers im Zeitpunkt des Todes[55] ist im Verhältnis zu Drittstaaten zu verneinen; die VO sieht in Art 10 Abs 2 eine derartige Regelung nicht vor.[56]

Notzuständigkeit (forum necessitatis)

Art 11.   Ist kein Gericht eines Mitgliedstaats aufgrund anderer Vorschriften dieser Verordnung zuständig, so können die Gerichte eines Mitgliedstaats in Ausnahmefällen in einer Erbsache entscheiden, wenn es nicht zumutbar ist oder es sich als unmöglich erweist, ein Verfahren in einem Drittstaat, zu dem die Sache einen engen Bezug aufweist, einzuleiten oder zu führen.

Die Sache muss einen ausreichenden Bezug zu dem Mitgliedstaat des angerufenen Gerichts aufweisen.

Stammfassung.

Literatur: *Dutta,* Das internationale Erbrecht der Europäischen Union – Eine erste Lektüre der Erbrechtsverordnung, FamRZ 2013, 4; *Frodl,* Einheit durch Aufgabe nationaler Rechtstraditionen? – EU-Erbrechtsverordnung kundgemacht, ÖJZ 2012/108, 950; *Geimer,* Die europäische Erbrechtsverordnung im Überblick, in *Hager,* Erbrechtsverordnung 9; *Hau,* Grundlagen der internationalen Notzuständigkeit im Europäischen Zivilverfahrensrecht, FS Kaissis (2012) 355; *Motal,* EU-Erbrechtsverordnung: Anpassungsbedarf im IPRG und der JN, EF-Z 2014/151, 251; *Wilke,* Das internationale Erbrecht nach der neuen EU-Erbrechtsverordnung, RIW 2012, 601.

Übersicht

	Rz
I. Einleitung	1
II. Unmöglichkeit oder Unzumutbarkeit	2
III. Mitgliedstaatsbezug	8
IV. Rechtsfolgen	9

I. Einleitung

1 Art 11 sichert (nur) für den Fall eines **negativen Kompetenzkonflikts** den Justizgewährungsanspruch, der unionsrechtlich in Art 47 GRC und Art 6 EMRK garantiert wird.[1] Die

---

52 Ebenso *Simotta* in *Fasching/Konecny* I³ § 77 JN Rz 146.
53 *Simotta* in *Fasching/Konecny* I³ § 77 JN Rz 146; *Dutta* in MünchKommBGB⁶ Art 10 EuErbVO Rz 13.
54 § 150 AußStrG.
55 Dafür *Bajons* in *Schauer/Scheuba,* 40; ebenso *Traar* in *Fasching/Konecny* I³ § 107 JN Rz 16; dagegen *Motal,* EF-Z 2014/151, 254.
56 Näher *Motal,* EF-Z 2014/151, 254.

1 ErwGr 31; *Dutta* in MünchKommBGB⁶ Art 11 EuErbVO Rz 1; vgl auch *Bajons* in *Schauer/Scheuba* 33 („Grundidee internationalzivilprozessualer Gerechtigkeit"); *Geimer* in *Hager* 20 („für besonders

Notzuständigkeit setzt also voraus, dass keine (also nicht irgendeine) Zuständigkeit eines anderen Mitgliedstaats gegeben ist; auch die subsidiäre Zuständigkeit nach Art 10 geht der Notzuständigkeit vor.[2] Anwendbarkeit des Art 11 setzt demnach grundsätzlich voraus, dass der Erblasser weder im Zeitpunkt seines Todes einen gewöhnlichen Aufenthalt in einem Mitgliedstaat hatte noch sich bei Anrufung des Gerichts Nachlassvermögen in einem Mitgliedstaat befindet;[3] auch eine Gerichtsstandsvereinbarung nach Art 5 zugunsten eines Mitgliedstaats darf nicht vorliegen.

II. Unmöglichkeit oder Unzumutbarkeit

Dass eine Zuständigkeit („enger Bezug") eines Drittstaats[4] vorliegt, macht für sich allein **2** Art 11 noch nicht anwendbar. Voraussetzung für die Notzuständigkeit eines Mitgliedstaats ist vielmehr zusätzlich, dass Einleitung und/oder Führung eines Verfahrens in dieser Erbsache im Drittstaat unzumutbar oder unmöglich sind. Als Anwendungsfälle werden von ErwGr 31 Bürgerkrieg und Fälle genannt, in denen vernünftigerweise nicht erwartet werden kann, ein Verfahren in diesem Staat zu führen.[5]

Art 11 entspricht im Wesentlichen Art 7 EuUVO, sodass für die Auslegung der Begriffe Unzumutbarkeit und Unmöglichkeit, die autonom zu erfolgen hat,[6] auch zu Art 7 EuUVO ergangene Rsp und Lit heranzuziehen sind. Des Weiteren ist in Österreich Art 11 hinsichtlich der Voraussetzungen mit §§ 161 und 162 ZPO bzw § 25 Abs 1 Z 5 und Abs 2 Z 3 AußStrG vergleichbar, geht es doch zum einen um Umstände, die den Drittstaat (objektive Gründe), und zum anderen um Umstände, die die oder einzelne Parteien des Verfahrens betreffen (subjektive Gründe).[7] Und schließlich enthält auch § 28 Abs 1 Z 2 JN vergleichbare Voraussetzungen für eine Ordination.[8]

Art 11 kann somit zur Anwendung kommen, wenn in dem betreffenden Drittstaat etwa **3** **Krieg oder Bürgerkrieg,**[9] **Revolutionen,**[10] **Naturkatastrophen,**[11] **Epidemien** (bspw ein massiver Ebolaausbruch), **Aufruhr** oder (größere) **terroristische Aktionen bzw Bedrohungen** herrschen.[12]

---

extreme Situationen der Justizverweigerung all over the world"); ebenso *Köhler* in *Kroiß/Horn/Solomon* Art 11 EuErbVO Rz 1; *Simotta* in *Fasching/Konecny* I³ § 77 JN Rz 147 („Rechtsschutzverweigerung"); *Grau* in *Zimmermann,* Anh zu Art 25, 26 EGBGB: ErbVO Rz 37 („Rechtsverweigerung").

2 *Simotta* in *Fasching/Konecny* I³ § 77 JN Rz 148; *Köhler* in *Kroiß/Horn/Solomon* Art 11 EuErbVO Rz 2.

3 Vgl *Dutta* in MünchKommBGB⁶ Art 11 EuErbVO Rz 1.

4 Einschließlich Dänemark, Irland und Vereinigtes Königreichs.

5 ErwGr 31; so auch ohne weitere Nennung von Beispielen etwa *Müller-Lukoschek,* EU-Erbrechtsverordnung Rz 223; *Köhler* in *Kroiß/Horn/Solomon* Art 11 EuErbVO Rz 3.

6 *Dutta,* FamRZ 2013, 7; *Dutta* in MünchKommBGB⁶ Art 11 EuErbVO Rz 3.

7 Vgl auch *Hau,* FS Kaissis 362 zu „ungeschriebenen" Notzuständigkeiten.

8 Darauf hinweisend *Simotta* in *Fasching/Konecny* I³ § 77 JN Rz 149 FN 185.

9 Auf diesen Anwendungsfall besonders hinweisend *Wilke,* RIW 2012, 604; *Müller-Lukoschek,* EU-Erbrechtsverordnung Rz 222.

10 *Simotta* in *Fasching/Konecny* I³ § 77 JN Rz 149.

11 *Burandt* in *Burandt/Rojahn* Art 11 EuErbVO Rz 1; *Dutta* in MünchKommBGB⁶ Art 11 EuErbVO Rz 1 (unter Hinweis auf ErwGr 31).

12 Vgl etwa *Gitschthaler* in *Gitschthaler/Höllwerth* § 25 AußStrG Rz 35; *M. Andrae* in *Rauscher* Art 7 EG-UntVO Rz 8 ff.

Dass im Drittstaat Verfahren bekanntermaßen lange dauern, ist einem **Stillstand der Rechtspflege**[13] nicht vergleichbar, sofern noch von einem geordneten Rechtswesen gesprochen werden kann;[14] wohl aber, wenn die dortige Gerichtsbarkeit etwa (in beträchtlichem Ausmaß) korrupt ist oder aus sonstigen Gründen ein dort geführtes Verfahren nicht den in der EU anerkannten Rechtsstandards entsprechen würde.

4 Als **subjektive Umstände** können in Betracht kommen **politische Verfolgung**[15] oder **Diskriminierung,**[16] nicht aber Umstände, die es einer Partei unmöglich oder unzumutbar machen (sollen), zum Verfahren im Drittstaat zuzureisen. Hier ist Zurückhaltung geboten, um ein Arrogieren an sich nicht gegebener Zuständigkeiten in Mitgliedstaaten zu vermeiden.[17] So werden gesundheitliche oder finanzielle Gründe, aber etwa auch der Umstand, dass gegen die Partei in dem betreffenden Drittstaat ein Strafverfahren anhängig ist, in welchem gegen sie ein Haftbefehl erlassen wurde, nur in Ausnahmefällen zuständigkeitsbegründend sein können; immerhin ist in diesen Fällen ja auch an die Möglichkeit einer rechtsfreundlichen Vertretung der betroffenen Partei zu denken.

5 Kann die im Drittstaat zu erwirkende oder vom ASt/Kl bereits erwirkte Entscheidung im Mitgliedstaat nicht anerkannt oder vollstreckt werden, kann ebenfalls die Notzuständigkeit des Art 11 gegeben sein,[18] sofern nicht ohnehin ein sonstiger Zuständigkeitstatbestand nach Art 4 – 10 vorliegt.

6 **Unmöglichkeit** bzw **Unzumutbarkeit** iSd Art 11 müssen **erwiesen** (arg: erweislich) sein, zumindest aber bescheinigt sein;[19] ein Ermessen steht den Gerichten des betreffenden Mitgliedstaats nicht zu.[20] Die das Gericht anrufende Partei, die sich auf Art 11 stützen will, muss deshalb zunächst einmal die diesbezüglichen Voraussetzungen dartun. Da allerdings die internationale Zuständigkeit angesprochen ist, hat das Gericht die Frage **auch von Amts wegen zu prüfen.**

Keine Voraussetzung für die Annahme der Notzuständigkeit nach Art 11 ist allerdings, dass die Partei in dem betreffenden Drittstaat bereits einen konkreten Versuch unternommen hat, das Verfahren einzuleiten.[21]

---

13 Dazu *Dutta* in MünchKommBGB[6] Art 11 EuErbVO Rz 1; ebenso *Simotta* in *Fasching/Konecny* I[3] § 77 JN Rz 149.

14 *Müller-Lukoschek,* EU-Erbrechtsverordnung Rz 222; *M. Andrae* in *Rauscher* Art 7 EG-UntVO Rz 8; ebenso wohl *Simotta* in *Fasching/Konecny* I[3] § 77 JN Rz 149; aA *Burandt* in *Burandt/Rojahn* Art 11 EuErbVO Rz 1 („überlange Verfahrensdauern").

15 *Simotta* in *Fasching/Konecny* I[3] § 77 JN Rz 149; *Dutta* in MünchKommBGB[6] Art 11 EuErbVO Rz 1; ähnlich *Burandt* in *Burandt/Rojahn* Art 11 EuErbVO Rz 1 („persönliche Verfolgung").

16 *Burandt* in *Burandt/Rojahn* Art 11 EuErbVO Rz 1.

17 Vgl *Frodl,* ÖJZ 2012/108, 954, die insoweit grundsätzlich zutr für eine restriktive Handhabung des Art 11 eintritt; ebenso *Köhler* in *Kroiß/Horn/Solomon* Art 11 EuErbVO Rz 1, um keinen exorbitanten Gerichtsstand zu schaffen.

18 *Simotta* in *Fasching/Konecny* I[3] § 77 JN Rz 149 unter Hinweis auf Lit zu Art 7 EuUVO.

19 IdS wohl auch *Köhler* (in *Kroiß/Horn/Solomon* Art 11 EuErbVO Rz 3), der es aufgrund einer Einzelfallprüfung ausreichen lassen will, dass die im Drittstaat herrschenden Umstände festgestellt werden und diese eine Undurchführbarkeit des Verfahrens vor den Gerichten dieses Staats vermuten lassen.

20 *Dutta* in MünchKommBGB[6] Art 11 EuErbVO Rz 2.

21 *Köhler* in *Kroiß/Horn/Solomon* Art 11 EuErbVO Rz 3.

Liegen die Voraussetzungen vor, hat (kein Ermessen) das Gericht die Zuständigkeit anzu-   **7**
nehmen.[22]

III. Mitgliedstaatsbezug

Selbst bei Unmöglichkeit oder Unzumutbarkeit begründet Art 11 eine Zuständigkeit eines   **8**
Mitgliedstaats aber nur, wenn die Erbsache einen ausreichenden Bezug zu diesem Mitgliedstaat aufweist. Dieser Bezug kann zwar nicht im gewöhnlichen Aufenthalt des Erblassers zum
Zeitpunkt seines Todes oder in einer Nachlassbelegenheit[23] bei Anrufung des Gerichts liegen,[24] wären doch sonst ohnehin Zuständigkeiten nach Art 4 oder 10 begründet.[25] Denkbar
wären aber die **Staatsangehörigkeit**[26] des Erblassers oder (einer, jedenfalls aber der Mehrheit) der Parteien zu dem betreffenden Mitgliedstaat,[27] allenfalls auch **frühere gewöhnliche
Aufenthalte** des Erblassers dort.[28] Nach *Dutta*[29] soll auch die **Nähe der Verfahrensparteien**
zu diesem Staat maßgeblich sein, worunter wohl deren gewöhnlicher Aufenthalt im Mitgliedstaat gemeint ist.[30]

Grundsätzlich sollten an die Voraussetzung des ausreichenden Bezugs (anders als zur Frage
der Unmöglichkeit bzw Unzumutbarkeit) zwar **keine allzu strengen Anforderungen** gestellt
werden,[31] um den Justizgewährungsanspruch nicht auf diesem Weg zu unterlaufen. Allerdings ist die Notzuständigkeit zu verneinen, wenn absehbar ist, dass die im Mitgliedstaat zu
fällende Entscheidung im Drittstaat, in dem sich das Nachlassvermögen befindet, nicht anerkannt oder nicht vollstreckt werden würde.[32]

IV. Rechtsfolgen

Liegen die Voraussetzungen des Art 11 vor, wird dies regelmäßig zu einer Zuständigkeit in   **9**
einem konkreten Erbrechtsverfahren führen. Allerdings ist auch eine Allzuständigkeit des
Mitgliedstaats nicht ausgeschlossen,[33] sodass Art 11 insoweit sogar weiter geht als Art 10
Abs 2, der ja nur das im Mitgliedstaat belegene Vermögen erfasst.

---

22 *Wilke,* RIW 2012, 604; *Burandt* in *Burandt/Rojahn* Art 11 EuErbVO Rz 1; *Simotta* in *Fasching/Ko-*
    necny I[3] § 77 JN Rz 147; *Köhler* in *Kroiß/Horn/Solomon* Art 11 EuErbVO Rz 5; *Dutta* in Münch-
    KommBGB[6] Art 11 EuErbVO Rz 2.
23 Dazu Art 10 Rz 5 ff; ebenso *Köhler* in *Kroiß/Horn/Solomon* Art 11 EuErbVO Rz 4.
24 So aber offensichtlich *Dutta* in MünchKommBGB[6] Art 11 EuErbVO Rz 2.
25 Ebenso *Burandt* in *Burandt/Rojahn* Art 11 EuErbVO Rz 2.
26 *Bajons* in *Schauer/Scheuba* 41; *Burandt* in *Burandt/Rojahn* Art 11 EuErbVO Rz 1; *Simotta* in *Fa-*
    sching/Konecny I[3] § 77 JN Rz 151; *Motal,* EF-Z 2014/151, 255.
27 *Simotta* in *Fasching/Konecny* I[3] § 77 JN Rz 151; *Köhler* in *Kroiß/Horn/Solomon* Art 11 EuErbVO
    Rz 4.
28 *Burandt* in *Burandt/Rojahn* Art 11 EuErbVO Rz 2; *Köhler* in *Kroiß/Horn/Solomon* Art 11 EuErbVO
    Rz 4.
29 In MünchKommBGB[6] Art 11 EuErbVO Rz 2.
30 Vgl *Müller-Lukoschek,* EU-Erbrechtsverordnung Rz 222; ebenso *Simotta* in *Fasching/Konecny* I[3] § 77
    JN Rz 151 unter Hinweis auf Art 6 lit a.
31 *Burandt* in *Burandt/Rojahn* Art 11 EuErbVO Rz 2; aA *Frodl,* ÖJZ 2012/108, 954.
32 *Frodl,* ÖJZ 2012/108, 954; *Simotta* in *Fasching/Konecny* I[3] § 77 JN Rz 152 unter Hinweis auf Art 12
    Abs 2.
33 *Dutta* in MünchKommBGB[6] Art 11 EuErbVO Rz 1.

Beschränkung des Verfahrens

Art 12. (1) Umfasst der Nachlass des Erblassers Vermögenswerte, die in einem Dritt-staat belegen sind, so kann das in der Erbsache angerufene Gericht auf Antrag einer der Parteien beschließen, über einen oder mehrere dieser Vermögenswerte nicht zu befinden, wenn zu erwarten ist, dass seine Entscheidung in Bezug auf diese Vermögenswerte in dem betreffenden Drittstaat nicht anerkannt oder gegebenenfalls nicht für vollstreckbar erklärt wird.

(2) Absatz 1 berührt nicht das Recht der Parteien, den Gegenstand des Verfahrens nach dem Recht des Mitgliedstaats des angerufenen Gerichts zu beschränken.

Stammfassung.

Literatur: *Dutta,* Das internationale Erbrecht der Europäischen Union – Eine erste Lektüre der Erb-rechtsverordnung, FamRZ 2013, 4; *Motal,* EU-Erbrechtsverordnung: Anpassungsbedarf im IPRG und der JN, EF-Z 2014/151, 251.

Übersicht

		Rz
I.	Normzweck	1
II.	Voraussetzungen	3
	A. Allzuständigkeit des Mitgliedstaats	3
	B. Vermögen im Drittstaat	4
	C. Keine Anerkennung oder Vollstreckung	5
	D. Antrag einer Verfahrenspartei	7
III.	(Ermessens)Entscheidung	8

I. Normzweck

1   Art 12 Abs 1 ermöglicht die **Durchbrechung des Grundsatzes der Nachlasseinheit**[1] aus ver-fahrensökonomischen Gründen; es sollen Entscheidungen vermieden werden, die in Dritt-staaten[2] nicht anerkannt oder vollstreckt werden.[3] Dies erscheint auch insofern zweckmäßig, als dadurch Mehrfachentscheidungen (im Mitgliedstaat und im Drittstaat) hintangehalten werden, die – wenn sie einander widersprechen sollten – regelmäßig zu Komplikationen füh-ren würden.

Dass damit – wie *Bajons*[4] meint – die EuErbVO vom Prinzip der durchgängigen Gesamtab-wicklung des Erbes im Verhältnis zu Drittstaaten abgerückt wäre und deshalb die internatio-nal zuständigen Gerichte der Mitgliedstaaten lediglich eine unionsweite, nicht aber eine welt-weite Nachlassabwicklung vorzunehmen hätten, kann so aber nicht gesagt werden; Art 12 Abs 1 knüpft an enge Voraussetzungen an und dient auch der Vermeidung positiver Kom-petenzkonflikte zwischen Gerichten in Mitgliedstaaten und jenen in Drittstaaten.[5]

---

1   *Dutta* in MünchKommBGB[6] Art 12 EuErbVO Rz 1; vgl dazu Vor Art 4 Rz 21 ff.
2   Einschließlich Irland, Dänemark und Vereinigtes Königreich; *Dutta* in MünchKommBGB[6] Art 12 EuErbVO Rz 4.
3   *Bonomi* in *Bonomi/Wautelet* Rz 3; aA *Dutta* in MünchKommBGB[6] Art 12 EuErbVO Rz 1.
4   In *Schauer/Scheuba* 35; einschränkend nunmehr *Bajons,* ecolex 2014, 204 („weltweite Nachlassregulie-rung mit Ausnahmen").
5   *Simotta* in *Fasching/Konecny* I[3] § 77 JN Rz 143.

In **Art 12 Abs 2** wird allerdings klargestellt, dass durch diese Beschränkung weitergehende **2** oder andere Möglichkeiten der **Beschränkung des Verfahrensgegenstands** durch mitgliedstaatliche Rechte nicht berührt werden. Zu denken wäre dabei etwa an Rechtsstreitigkeiten zwischen präsumtiven Erben oder zwischen Erben und Noterben bzw Vermächtnisnehmern, die sich lediglich auf bestimmte Nachlassgegenstände beziehen; dies ergibt schon allein daraus, dass die Parteien als „Herren des Verfahrens" den Streitgegenstand bestimmen können.[6]

Darüber hinaus räumt Abs 2 dem **mitgliedstaatlichen Gesetzgeber** einen gewissen **Gestaltungsspielraum** dahin ein, das eigene Verfahren (im Hinblick auf im Ausland belegenes Nachlassvermögen) zu beschränken, ohne dass es der Voraussetzungen des Abs 1 (fehlende Anerkennung bzw Vollstreckung) bedürfte.[7]

II. Voraussetzungen

A. Allzuständigkeit des Mitgliedstaats

Grundvoraussetzung für ein Vorgehen eines Gerichts in einem Mitgliedstaat nach Art 12 **3** Abs 1 ist das Vorliegen dessen Allzuständigkeit nach Art 4, 10 Abs 1,[8] allenfalls nach Art 11.[9] Auch bei einer Verlagerung der Zuständigkeit in einen anderen Mitgliedstaat nach Art 5 ff kommt eine Anwendung des Art 12 Abs 1 in Betracht.

Nimmt der Mitgliedstaat seine Zuständigkeit hingegen lediglich aufgrund von Art 10 Abs 2 wahr oder erfasst das Verfahren bei abweichender Zuständigkeit der Gerichte im Mitgliedstaat des vom Erblasser gewählten Rechts sachlich die Vermögenswerte im Drittstaat nicht, scheidet eine Anwendung des Art 12 Abs 1 von vorneherein aus.

B. Vermögen im Drittstaat

Darüber hinaus müssen sich die betreffenden **Vermögenswerte** in einem Drittstaat befinden, **4** wobei auch hier die **autonomen Lokalisierungsregeln** des Unionsrechts wahrzunehmen sind.[10] Und die Entscheidung des Gerichts müsste sich auf dieses Nachlassvermögen beziehen, weil sie Rechte an diesem Nachlass betrifft.[11]

C. Keine Anerkennung oder Vollstreckung

Weitere Voraussetzung für eine Beschränkung nach Art 12 Abs 1 ist der Umstand, dass die **5** im Mitgliedstaat zu treffende Entscheidung im Drittstaat überhaupt anerkannt und/oder vollstreckt werden muss. Bezieht sich die Entscheidung zwar auf den Nachlass, der sich (zT) im Drittstaat befindet, betrifft sie aber etwa lediglich das **Rechtsverhältnis der Parteien zueinander** (etwa ein Verfahren über das Erbrecht nach §§ 160 ff AußStrG, eine Pflichtteilsklage, eine Erbschaftsklage nach § 823 ABGB udgl), ist Abs 1 nicht anzuwenden.[12] Dabei kommt es primär auf den **konkreten Verfahrensgegenstand** an, sodass etwa nach österr Recht Art 12 Abs 1 zwar in einem Verfahren über den Schenkungspflichtteil nach § 785

---

6 Vgl *Dutta* in MünchKommBGB[6] Art 12 EuErbVO Rz 9.

7 *Motal,* EF-Z 2014/151, 255; ebenso *Bajons* in *Schauer/Scheuba* 41.

8 *Dutta* in MünchKommBGB[6] Art 12 EuErbVO Rz 1, 3.

9 Vgl Art 11 Rz 8.

10 Vgl dazu Art 10 Rz 5 ff.

11 *Dutta* in MünchKommBGB[6] Art 12 EuErbVO Rz 5.

12 Vgl *Dutta* in MünchKommBGB[6] Art 12 EuErbVO Rz 7 unter Hinweis auf die dt Pflichtteilsklage.

ABGB (§ 782 ABGB idF ErbRÄG 2015) nicht anwendbar ist, wohl aber, wenn sich der verkürzte Pflichtteilsberechtigte gem § 951 ABGB (§ 789 ABGB idF ErbRÄG 2015) an den mit einer Liegenschaft Beschenkten wendet und sich diese Liegenschaft im Drittstaat befindet.[13]

6 Bedarf die Entscheidung im Mitgliedstaat einer Anerkennung und/oder Vollstreckung im Drittstaat, ist zu prüfen, ob und inwieweit dieser etwa aufgrund bestehender Übereinkommen mit der EU oder dem betreffenden Mitgliedstaat zu Anerkennung und/oder Vollstreckung verpflichtet ist bzw ob und inwieweit der Drittstaat de facto anerkennt und/oder vollstreckt. Die Weigerung des Drittstaats kann dabei eine umfängliche (grundsätzlich keine Anerkennung und/oder Vollstreckung von Entscheidungen von Mitgliedstaaten) oder auch eine nachlassgegenstandsbezogene sein[14] (denkbar etwa hinsichtlich Liegenschaften im Drittstaat).[15]

D. Antrag einer Verfahrenspartei

7 Ein amtswegiges Vorgehen des Gerichts im Mitgliedstaat nach Art 12 Abs 1 kommt nicht in Betracht. Es wird ausdrücklich der diesbezügliche Antrag einer der Verfahrensparteien gefordert; der Beschränkungsantrag kann somit auch von einer anderen als der verfahrenseinleitenden Partei (AG, Bekl) gestellt werden.

Angesichts des Charakters des Abs 1 als Ausnahmebestimmung[16] hat der ASt das **Vorliegen der Voraussetzungen zu behaupten und (zumindest) zu bescheinigen.**[17]

Der ASt kann den Antrag auch vor dessen rechtskräftiger Erledigung **wieder zurücknehmen,** womit die Allzuständigkeit des Gerichts im Mitgliedstaat erhalten bleibt. Hat das Gericht jedoch bereits rechtskräftig entschieden, setzt ein Abgehen hievon eine Änderung der Umstände voraus (etwa der Abschluss einer zwischenstaatlichen Vereinbarung, aufgrund welcher der Drittstaat nunmehr die Entscheidung anerkennt).

III. (Ermessens)Entscheidung

8 Da die Beschränkung des Verfahrens zu einer Nachlassspaltung führt, stellt Art 12 Abs 1 jedenfalls eine Ausnahmeregelung dar und ist deshalb **restriktiv anzuwenden.**[18] Darüber hinaus scheint Abs 1 dem Gericht einen Ermessensspielraum einzuräumen (arg: kann).[19] Auch wenn dies – schon allein aufgrund der Aufzählung zahlreicher Voraussetzungen in Art 12 Abs 1 – kein freies Ermessen sein wird, ist aber doch beachtlich, dass Nichtanerkennung oder Nichtvollstreckung der Entscheidung eines Gerichts des allzuständigen Mitgliedstaats

---

13 Das Klagebegehren hat diesfalls auf Zahlung des Ausfalls bei Exekution in die geschenkte Sache zu lauten (*Bollenberger* in KBB[4] § 951 ABGB Rz 3).

14 *Dutta* in MünchKommBGB[6] Art 12 EuErbVO Rz 6.

15 Nach *Bajons* (in *Schauer/Scheuba* 36, 41), *Rudolf* (NZ 2013/103, 229), *Simotta* (in *Fasching/Konecny* I[3] § 77 JN Rz 154) und *Motal* (EF-Z 2014/151, 255) werden im Drittstaat gelegene Liegenschaften der Hauptanwendungsfall des Art 12 Abs 1 sein.

16 Vgl Rz 8.

17 IdS wohl auch *Köhler* in *Kroiß/Horn/Solomon* Art 12 EuErbVO Rz 2 („nach den konkreten Umständen mit einer Anerkennung und Vollstreckbarerklärung einer über diese Nachlassgegenstände ergangen Entscheidung nicht zu rechnen").

18 *Dutta* in MünchKommBGB[6] Art 12 EuErbVO Rz 8 („Sollte sich das Gericht allgemein in Zurückhaltung üben").

19 So auch *Dutta* in MünchKommBGB[6] Art 12 EuErbVO Rz 8 unter Hinweis auf die von ihm gesehenen „teleologischen Unklarheiten" des Art 12 Abs 1; ebenso *Motal*, EF-Z 2014/151, 256.

im Drittstaat nicht zwangsläufig zu einer förmlichen Beschränkung dieser Zuständigkeit führen müssen; es bleibt ohnehin den Parteien überlassen, ob sie von der mitgliedstaatlichen Entscheidung im Drittstaat Gebrauch machen wollen.[20]

Ob deshalb – wie *Dutta*[21] meint – die Regelung des Art 12 Abs 1 tatsächlich „wenig einleuchtet",[22] könnte man doch die mangelnde Anerkennung und/oder Vollstreckbarkeit im Drittstaat auch als Faktum begreifen, das bei der Frage des Rechtsschutzbedürfnisses eine Rolle spielt, kann dahin gestellt bleiben: Zum einen findet sich Abs 1 im unionsrechtlichen Normenbestand; zum anderen bedürfte auch die Beurteilung des Rechtsschutzbedürfnisses einer Beurteilung von Anerkennung und/oder Vollstreckbarkeit im Drittstaat als Vorfrage.

Das Vorliegen der Voraussetzungen nach Abs 1 muss bescheinigt sein (**negative Anerkennungs- bzw Vollstreckungsprognose**); Mutmaßungen des Gerichts, im Drittstaat könnte die Entscheidung nicht anerkannt oder nicht vollstreckt werden, reichen nicht aus.[23] **9**

Das Gericht hat a) den Beschränkungsantrag abzuweisen (bei Fehlen der Voraussetzungen), was in weiterer Folge zu einer umfassenden meritorischen Entscheidung im Mitgliedstaat führen wird, oder b) mit eigenem Beschluss von der (weiteren) Durchführung des Verfahrens abzusehen, wenn sich die angestrebte Entscheidung ausschließlich auf Nachlassvermögen iSd Abs 1 beziehen sollte. Betrifft das Verfahren sowohl Vermögen iSd Abs 1 als auch andere Nachlassgegenstände, hat das Gericht c) seine meritorische Entscheidung auf letztere zu beschränken;[24] dies kann entweder durch **ausdrückliche Nennung** jener Nachlassgegenstände geschehen, die von seiner Entscheidung erfasst sein sollen, oder durch ausdrücklichen **Ausschluss** jener Gegenstände, hinsichtlich welcher die Voraussetzungen des Abs 1 vorliegen. **10**

Annahme oder Ausschlagung der Erbschaft, eines Vermächtnisses oder eines Pflichtteils

Art 13. Außer dem gemäß dieser Verordnung für die Rechtsnachfolge von Todes wegen zuständigen Gericht sind die Gerichte des Mitgliedstaats, in dem eine Person ihren gewöhnlichen Aufenthalt hat, die nach dem auf die Rechtsnachfolge von Todes wegen anzuwendenden Recht vor einem Gericht eine Erklärung über die Annahme oder Ausschlagung der Erbschaft, eines Vermächtnisses oder eines Pflichtteils oder eine Erklärung zur Begrenzung der Haftung der betreffenden Person für die Nachlassverbindlichkeiten abgeben kann, für die Entgegennahme solcher Erklärungen zuständig, wenn diese Erklärung nach dem Recht dieses Mitgliedstaats vor einem Gericht abgegeben werden können.

Stammfassung.

---

20 Insoweit zutr *Dutta* in MünchKommBGB[6] Art 12 EuErbVO Rz 8.
21 FamRZ 2013, 7.
22 Ebenso *Burandt* in *Burandt/Rojahn* Art 12 EuErbVO Rz 2 („zweifelhaft bleibt der Zweck"); *ders,* FuR 2013, 377.
23 *Dutta* in MünchKommBGB[6] Art 12 EuErbVO Rz 6 („höchstwahrscheinlich nicht anerkannt oder vollstreckt").
24 Vgl *Köhler* in *Kroiß/Horn/Solomon* Art 12 EuErbVO Rz 2; unklar *Dutta* in MünchKommBGB[6] Art 12 EuErbVO Rz 8, wonach das Gericht seine Entscheidung auf in der EU befindliches Vermögen beschränken soll. Tatsächlich kann sich sonstiges Nachlassvermögen aber auch in einem anderen Drittstaat befinden, für den die Voraussetzungen des Art 12 Abs 1 nicht vorliegen.

Literatur: *Dutta,* Das internationale Erbrecht der Europäischen Union – Eine erste Lektüre der Erbrechtsverordnung, FamRZ 2013, 4; *Geimer,* Die geplante Europäische Erbrechtsverordnung, in *Reichelt/Rechberger,* Europäisches Erbrecht (2011) 1; *Hess,* Die internationale Zuständigkeit nach der Erbrechtsverordnung, in *Dutta/Herrler,* Erbrechtsverordnung 131; *Höllwerth,* Die Rechtsprechung zum Verlassenschaftsverfahren im Überblick, EF-Z 2015/3, 5; *Motal,* EU-Erbrechtsverordnung: Anpassungsbedarf im IPRG und der JN, EF-Z 2014/151, 251; *Rudolf,* Die Erbrechtsverordnung der Europäischen Union, NZ 2013/103, 225; *Schmidt,* Der Erwerb der Erbschaft in grenzüberschreitenden Sachverhalten unter besonderer Berücksichtigung der EuErbVO, ZEV 2014, 455.

Übersicht

	Rz
I. Normzweck	1
II. Voraussetzungen	3
A. Zuständigkeit eines anderen Mitgliedstaats	3
B. Gewöhnlicher Aufenthalt	5
C. Erbrechtliche Erklärungen	6
D. Erklärende Person	10
III. Wirkung der Erklärung	11
IV. Annahmepflicht des Gerichts	12
V. Verständigungen	13

I. Normzweck

1 Art 13 setzt – im Gegensatz zu den Zuständigkeitsbestimmungen der Art 4 – 11 – nicht beim Erblasser (dessen gewöhnlichem Aufenthalt, Staatsangehörigkeit) oder bei der Nachlassbelegenheit an, sondern bei jener Person, die vor Gericht[1] bestimmte Erklärungen iZm der Rechtsnachfolge von Todes wegen abzugeben hat. Art 13 will dieser Person die Abgabe der Erklärung in einem grenzüberschreitenden Erbfall erleichtern, indem diese nicht vor dem Gericht im an sich zuständigen Mitgliedstaat, sondern **vor dem näher gelegenen Gericht abgegeben** werden kann.[2]

2 Aufgrund Art 28 lit b bewirkt Art 13 zudem, dass uU die **Formerfordernisse,** die an die abzugebende Erklärung gestellt werden, gegenüber jenen im an sich zuständigen Staat herabgesetzt sein können. Möglicherweise ist dies auch der einzige Vorteil der Sonderzuständigkeit des Art 13 (vgl Rz 11).

II. Voraussetzungen

A. Zuständigkeit eines anderen Mitgliedstaats

3 Art 13 stellt zunächst klar, dass seiner Anwendbarkeit die Frage vorgeht, ob überhaupt (All) Zuständigkeit eines anderen Mitgliedstaats nach Art 4 – 11 für die konkrete Erbsache vorliegt.[3] Sind der Mitgliedstaat, in dem der Erklärende seinen gewöhnlichen Aufenthalt hat, oder ein Drittstaat[4] zuständig, kommt eine konkurrierende Sonderzuständigkeit für Erklärungen nicht in Betracht; diese wäre in ersterem Fall mit der (All)Zuständigkeit

---

1 Für den österr Rechtsbereich ist unter „Gericht" auch der Gerichtskommissär zu verstehen, der als Beauftragter des Gerichts tätig wird (vgl den Titel des Gerichtskommissärsgesetzes BGBl 1970/343); ebenso ErlRV 688 BlgNR 25. GP zum ErbRÄG 2015, 48; idS auch *Schmidt,* ZEV 2014, 455.
2 *Dutta* in MünchKommBGB[6] Art 13 EuErbVO Rz 1.
3 *Dutta* in MünchKommBGB[6] Art 13 EuErbVO Rz 2.
4 Einschließlich Irland, Dänemark und Vereinigtes Königreich.

ident und in letzterem Fall sinnlos, würde sie doch vom Drittstaat nicht zwangsläufig anerkannt.[5]

Dass der andere Mitgliedstaat seine Zuständigkeit bereits wahrgenommen hat, ist für das Be- **4**
stehen der Sonderzuständigkeit des Art 13 nicht erforderlich. Das Gericht muss dann aber
vor Annahme der Erklärung die Frage der Zuständigkeit eines anderen Mitgliedstaats als
Vorfrage prüfen. Ist eine solche infolge Zuständigkeit eines Drittstaats nicht gegeben, ist
die Annahme zu verweigern, dh die an das Gericht gerichtete Erklärung mangels internationaler Zuständigkeit zurückzuweisen.

Dies gilt für den österr Rechtsbereich auch hinsichtlich der Abgabe von Erbantrittserklärungen. Seit der Außerstreitreform 2003 sieht das Gesetz zwar die Zurückweisung einer Erbantrittserklärung grundsätzlich nicht mehr vor;[6] die Rsp hat diesen Grundsatz aber dahin eingeschränkt, dass die **Erbantrittserklärung zurückzuweisen** ist, wenn feststeht, dass der Erbrechtstitel, auf den die Erbantrittserklärung gegründet wird, nie zu einer Einantwortung des
Nachlasses an den Erbantrittserklärten führen kann.[7] Mit dieser Konstellation ist das Fehlen
internationaler Zuständigkeit durchaus vergleichbar.

B. Gewöhnlicher Aufenthalt

Art 13 setzt voraus, dass jene Person, die eine bestimmte erbrechtliche Erklärung[8] abzugeben **5**
hat, ihren gewöhnlichen Aufenthalt in einem Mitgliedstaat hat. Angesichts des Normzwecks
(Erleichterung der Abgabe der Erklärung) kommt es dabei – anders als nach Art 4 oder 10
Abs 1 – nicht auf den Zeitpunkt des Todes des Erblassers, sondern auf den **Zeitpunkt der
Abgabe der Erklärung** an. Es wäre daher durchaus denkbar, dass eine Person durch Änderung ihres gewöhnlichen Aufenthalts während eines Verlassenschaftsverfahrens hintereinan-
der mehrere Sonderzuständigkeiten nach Art 13 begründet.

Für die Bestimmung des gewöhnlichen Aufenthalts des Erklärenden gelten dieselben Grundsätze, die auch beim Erblasser selbst anzuwenden sind.[9] Dass sich der Erklärende gerade in
einem Mitgliedstaat aufhält, der weder über die (All)Zuständigkeit nach Art 4 – 11 noch über
die Sonderzuständigkeit nach Art 13 verfügt, reicht somit nicht aus.[10]

C. Erbrechtliche Erklärungen

Die Sonderzuständigkeit wird nicht für alle erdenklichen Erklärungen, die in Erbsachen ab- **6**
gegeben werden können bzw erforderlich sind, begründet, sondern **nur für die in Art 13
ausdrücklich genannten**.[11]

---

5 *Dutta* in MünchKommBGB[6] Art 13 EuErbVO Rz 2.
6 OGH 4 Ob 110/14 a EF-Z 2014/166 *(A. Tschugguel)*; vgl auch *Höllwerth,* EF-Z 2015/3, 8.
7 OGH 3 Ob 141/12 z; 4 Ob 110/14 a EF-Z 2014/166 *(A. Tschugguel).*
8 Vgl Rz 6 ff.
9 *Dutta* in MünchKommBGB[6] Art 13 EuErbVO Rz 8.
10 *Müller-Lukoschek,* EU-Erbrechtsverordnung Rz 259. *Bajons* (in *Schauer/Scheuba* 41) hält eine mitgliedstaatliche Regelung für zulässig bzw notwendig, wonach Gerichte unabhängig von einem hier
durchzuführenden Verlassenschaftsverfahren auch dann (international) zuständig sein sollen, wenn
sich die betreffende Partei hier gewöhnlich aufhält. Einer solchen Regelung bedarf es allerdings nicht,
weil sich dies ohnehin aus Art 13 ergibt (ebenso *Motal,* EF-Z 2014/151, 256). § 105 Abs 4 JN idF
ErbRÄG 2015, der iSd Art 13 auf den gewöhnlichen Aufenthalt des Erklärenden abstellt, ordiniert
jenes Gericht, in dessen Sprengel dieser Aufenthalt gegeben ist.
11 *Dutta* in MünchKommBGB[6] Art 13 EuErbVO Rz 3.

Welche Erklärungen konkret und im Einzelnen erfasst sind, richtet sich zum einen nach dem **Recht des Erbstatutstaats** und zum anderen nach dem Recht jenes Staats, in dem der Erklärende seinen **gewöhnlichen Aufenthalt** hat; die Erklärung muss in beiden Rechtssystemen vorgesehen sein.[12] Dass ErwGr 32 („in der Form abzugeben, die nach dem Recht dieses Mitgliedstaats vorgesehen ist") offensichtlich nur auf den Erbstatusstaat abstellen will (es also ohne Bedeutung wäre, ob auch der Staat der Sonderzuständigkeit eine entsprechende Erklärung kennt), ändert angesichts des klaren Wortlauts des Art 13 nicht daran.[13]

7 Erklärungen iSd Art 13 können sowohl **gerichtsempfangsfähige** als auch **gerichtsempfangsbedürfte,** also Erklärungen, die gegenüber dem Gericht abgegeben werden müssen, sein,[14] nicht aber Erklärungen, an denen das Gericht mitwirkt, etwa um die Formgültigkeit der Erklärung zu wahren.[15]

- Zu den **gerichtsempfangsfähigen Erklärungen** gehören für den österr Rechtsbereich **Erbantrittserklärungen** (§ 157 AußStrG), Erklärungen des Erblassers, das Vermächtnis anzunehmen (iS von anerkennen), und Erklärungen des Vermächtnisnehmers hinsichtlich des Vermächtnisses (iSv dieses anzunehmen).[16] Erklärungen iZm dem Pflichtteil kennt das österr Recht hingegen nicht.[17] Inventarisierungen wiederum werden von Art 13 nicht erfasst.[18]
- Zu den **gerichtsempfangsbedürftigen Erklärungen** gehören auch **verfahrenseinleitende Anträge und Klagen,** auch wenn diese – als Voraussetzung für die Gerichtsanhängigkeit – gegenüber dem Gericht abzugeben sind. Zu denken wäre dabei etwa an Pflichtteils(ergänzungs)klagen und Klagen von Vermächtnisnehmern, ebenso an Erbschaftsklagen; ihnen allen ist gemein, dass sie sich auf die „Annahme einer Erbschaft, eines Vermächtnisses oder eines Pflichtteils" beziehen. Allerdings erfordern verfahrenseinleitende Anträge und Klagen naturgemäß eine gerichtliche Entscheidung, womit sie aus dem Anwendungsbereich des Art 13 herausfallen.[19] Sie sind bei den Gerichten des nach Art 4 – 11 zuständigen Mitgliedstaats einzubringen, was im Hinblick auf die Unklarheiten in der Frage der Weiterleitung der Erklärungen bzw Verständigung des (all)zuständigen Gerichts (Rz 13 f) durchaus Sinn macht; andernfalls wären Fristenversäumung oder zumindest diesbezügliche Streitfragen an der Tagesordnung.

8 Sachlich erfasst Art 13 **Erklärungen,**

a) die die erbrechtliche Berechtigung des Erklärenden, also eine Erklärung über die
  - **Annahme einer Erbschaft** (in Österreich: Erbantrittserklärung), eines Vermächtnisses oder eines Pflichtteils bzw die
  - **Ausschlagung** einer Erbschaft, eines Vermächtnisses oder eines Pflichtteils, oder

---

12 *Burandt* in *Burandt/Rojahn* Art 13 EuErbVO Rz 1; *Müller-Lukoschek,* EU-Erbrechtsverordnung Rz 258; *Dutta* in MünchKommBGB[6] Art 13 EuErbVO Rz 4.

13 Ebenso *Dutta* in MünchKommBGB[6] Art 13 EuErbVO Rz 4 FN 3.

14 *Lübcke,* Nachlassverfahrensrecht 422; *Dutta* in MünchKommBGB[6] Art 13 EuErbVO Rz 4.

15 *Dutta* in MünchKommBGB[6] Art 13 EuErbVO Rz 4 mit dem zutr Hinweis darauf, dass es in einem solchen Fall ohnehin an einer gerichtlichen Tätigkeit fehlen wird.

16 Dazu ausf und mit zahlreichen Nachweisen aus der Lit *Motal,* EF-Z 2014/151, 256.

17 *Motal,* EF-Z 2014/151, 256.

18 *Motal,* EF-Z 2014/151, 256 unter Hinweis auf ErwGr 33; ebenso *Rudolf,* NZ 2013/103, 230.

19 *Dutta,* FamRZ 2013, 8; *Hess* in *Dutta/Herrler* 131 („Eröffnungsanträge"); *Dutta* in MünchKommBGB[6] Art 13 EuErbVO Rz 9 unter Hinweis auf *Rauscher* in *Rauscher* Einf EG-ErbVO-E Rz 25.

b) die die **Haftung des Erklärenden für Nachlassverbindlichkeiten** betreffen; in Österreich wäre dies bspw die Umwandlung einer bedingten in eine unbedingte Erbantrittserklärung.[20]

Da das die Erklärung entgegennehmende Gericht sowohl seine internationale (Sonder)Zuständigkeit[21] als auch die Frage prüfen muss, ob die konkrete Erklärung von Art 13 erfasst ist, bedarf die Überreichung der Erklärung schlüssiger Behauptungen des Erklärenden zu diesen Voraussetzungen.[22] **9**

D. Erklärende Person

Da Art 13 nicht vom Erben oder Erbanwärter spricht, sondern von „Person", ist nicht maßgeblich, wer die Erklärung abgibt; es kommt lediglich darauf an, welche Erklärung abgegeben werden soll. Art 13 ist somit etwa auch auf **Vermächtnisnehmer,** Pflichtteilsberechtigte, **Verlassenschaftskuratoren** oder **Testamentsvollstrecker** anzuwenden.[23] **10**

III. Wirkung der Erklärung

Mit Art 13 wird eine **konkurrierende Sonderzuständigkeit**[24] der Gerichte am gewöhnlichen Aufenthalt des Erklärenden stipuliert, die zugleich die Erklärung gegenüber dem an sich zuständigen Gericht als gleichwertig ersetzt **(Substitutionswirkung).**[25] Widersprechende nationale Vorschriften, die eine Erklärung vor einem bestimmten Gericht erfordern, das sich nicht im nach Art 13 (auch) zuständigen Mitgliedstaat befindet, werden somit verdrängt.[26] Die Substitutionswirkung wiederum führt dazu, dass eine vom allgemeinen Erbstatut vorgesehene Erklärungsfrist auch gewahrt ist, wenn die Erklärung binnen dieser Frist gegenüber dem Gericht im nach Art 13 zuständigen Mitgliedstaat abgegeben wird.[27] **11**

IV. Annahmepflicht des Gerichts

Da andernfalls der **Effektivitätsgrundsatz** nicht gewahrt wäre, darf das Gericht im nach Art 13 zuständigen Mitgliedstaat bei Vorliegen der in der VO normierten Voraussetzungen die Annahme der Erklärung nicht ablehnen. Es kann sich dazu auch nicht auf mitgliedstaatliches Verfahrensrecht berufen, welches allenfalls eine solche Tätigkeit des Gerichts oder die abgegebene Erklärung als wesensfremd ansieht.[28] **12**

---

20 *Schmidt,* ZEV 2014, 455, schlägt idZ zwar vor, Erklärungen über Haftungsbeschränkungen generell vom Anwendungsbereich des Art 13 auszunehmen, schränkt dies dann aber insb hinsichtlich Österreich wieder mit dem zur Hinweis ein, dass die (wohl gemeint: bedingte) Erbantrittserklärung gleichzeitig einen Antrag auf Einantwortung darstellt.

21 Rz 3 – 5.

22 *Dutta* in MünchKommBGB⁶ Art 13 EuErbVO Rz 3; vgl auch *Geimer* in *Reichelt/Rechberger* 11.

23 *Geimer* in *Zöller* Art 13 EuErbVO Rz 1; *Dutta* in MünchKommBGB⁶ Art 13 EuErbVO Rz 5.

24 *Dutta* in MünchKommBGB⁶ Art 13 EuErbVO Rz 1, 8.

25 *Bonomi* in *Bonomi/Wautelet* Rz 13; *Rudolf,* NZ 2013/103, 230 FN 65; *Dutta,* FamRZ 2013, 8; *Dutta* in MünchKommBGB⁶ Art 13 EuErbVO Rz 10.

26 *Dutta* in MünchKommBGB⁶ Art 13 EuErbVO Rz 8.

27 *Dutta* in MünchKommBGB⁶ Art 13 EuErbVO Rz 10.

28 *Dutta* in MünchKommBGB⁶ Art 13 EuErbVO Rz 11; aA *Rauscher* in *Rauscher,* Einf EG-ErbVO-E Rz 24 mit dem Beispiel, dass eine österr Erbantrittserklärung in Deutschland abgegeben werden soll.

V. Verständigungen

13 Nicht klargestellt ist in der VO, wer das tatsächlich (all)zuständige Gericht von einer nach Art 13 abgegebenen Erklärung zu verständigen hat. ErwGr 32 meint, dass der Erklärende dazu selbst und von sich aus – allenfalls innerhalb einer vom Erbstatut vorgesehenen Frist[29] – verpflichtet ist.[30] Damit stellt sich aber die Frage, warum jemand, der das (all)zuständige Gericht ohnehin informieren muss, nicht gleich die Erklärung dort abgibt,[31] ausgenommen vielleicht den Fall, dass nach dem Erbstatut die Erklärung höchstpersönlich vor Gericht abgegeben werden muss.[32]

14 Die im Entstehungsstadium der VO ventilierte Idee einer **Weiterleitungsverpflichtung** des nach Art 13 zuständigen Gerichts wurde zwar nicht aufgegriffen, was nicht ganz verständlich ist, muss dieses Gericht doch ohnehin die Zuständigkeit irgendeines Mitgliedstaats prüfen.[33] Abgesehen davon, dass somit eine Weiterleitung der Erklärung durchaus im Bereich des Machbaren liegen würde, kommt auch ein Rückgriff auf die Rsp des EuGH[34] zu Art 20 Brüssel IIa-VO in Betracht, wonach das Maßnahmegericht[35] das Hauptsachegericht von der einstweiligen oder Sicherungsmaßnahme in Kenntnis zu setzen hat. Wieso dies nicht auch im Anwendungsbereich des Art 13 der Fall sein soll, ist nicht nachvollziehbar.

Anrufung eines Gerichts

Art 14. **Für die Zwecke dieses Kapitels gilt ein Gericht als angerufen**

a) zu dem Zeitpunkt, zu dem das verfahrenseinleitende Schriftstück oder ein gleichwertiges Schriftstück bei Gericht eingereicht worden ist, vorausgesetzt, dass der Kläger es in der Folge nicht versäumt hat, die ihm obliegenden Maßnahmen zu treffen, um die Zustellung des Schriftstücks an den Beklagten zu bewirken,

b) falls die Zustellung vor Einreichung des Schriftstücks bei Gericht zu bewirken ist, zu dem Zeitpunkt, zu dem die für die Zustellung verantwortliche Stelle das Schriftstück erhalten hat, vorausgesetzt, dass der Kläger es in der Folge nicht versäumt hat, die ihm obliegenden Maßnahmen zu treffen, um das Schriftstück bei Gericht einzureichen, oder

c) falls das Gericht das Verfahren von Amts wegen einleitet, zu dem Zeitpunkt, zu dem der Beschluss über die Einleitung des Verfahrens vom Gericht gefasst oder, wenn ein solcher Beschluss nicht erforderlich ist, zu dem Zeitpunkt, zu dem die Sache beim Gericht eingetragen wird.

Stammfassung.

---

29 Für den österr Rechtsbereich wäre etwa an die Frist des § 157 AußStrG zur Abgabe der Erbantrittserklärung bis zur Übergabe des Einantwortungsbeschlusses an die Geschäftsstelle (§ 40 AußStrG) zu denken (vgl OGH 6 Ob 3/09 y EF-Z 2010/19 *[Volgger]*; 5 Ob 24/09 d; 3 Ob 227/10 v; 4 Ob 224/12 p; *Höllwerth,* EF-Z 2015/3, 5).

30 Ebenso *Simotta* in *Fasching/Konecny* I³ § 77 JN Rz 158; *Burandt* in *Burandt/Rojahn,* Art 13 EuErbVO Rz 2; *Dutta,* FamRZ 2013, 8; *Müller-Lukoschek,* EU-Erbrechtsverordnung Rz 260; *Dutta* in MünchKommBGB⁶ Art 13 EuErbVO Rz 12.

31 *Schmidt,* ZEV 2014, 455; *Dutta* in MünchKommBGB⁶ Art 13 EuErbVO Rz 12.

32 Zur Frage der Formvorschrift vgl Rz 11.

33 Rz 3 f.

34 EuGH C-523/07 Slg 2009, I-2805, *Korkein hallinto-oikeus.*

35 Vgl auch Art 19 Rz 13.

Literatur: *Dutta,* Das neue internationale Erbrecht der Europäischen Union – Eine erste Lektüre der Erbrechtsverordnung, FamRZ 2013, 4.

Art 14 ist Art 32 Brüssel I-VO, Art 16 EuEheVO und Art 9 EuUVO nachgebildet und bestimmt den Zeitpunkt für die Anhängigkeit des Verfahrens. Neu ist lit c für von Amts wegen eingeleitete Verfahren. Relevanz hat die Norm nur für die Bestimmung der „Anhängigkeit" im Kapitel II der VO, insb für Art 17, 18, 7 lit a und Art 10 Abs 1 lit b. Darüber hinaus bleibt es bei der Anwendung von nationalem Recht.   **1**

Die **Begriffe „Kläger" und „Beklagter"** sind nicht iSd österr Begrifflichkeit zu verstehen, sondern umfassen iwS jene Person(en), die den Antrag auf Verfahrenseinleitung stellt (stellen), jene, gegen die der verfahrenseinleitende Antrag gestellt wird und jene Parteien, die am Verfahren zu beteiligen sind; auf die Bezeichnung kommt es nicht an. Dies ergibt sich schon aus den unterschiedlichen Sprachfassungen[1] und dem grundsätzlichen Gebot der autonomen Auslegung.[2] Schon im Rahmen der EuGVVO kommt es nicht auf die anzuwendende „Art der Gerichtsbarkeit" an und die EuErbVO erfasst unstrittig außerstreitige Verfahren[3] – umso mehr muss hier gelten, dass die Begriffe „Kläger" und „Beklagter" auch alle Fälle der am außerstreitigen Verfahren beteiligten Personen in „nichtstreitigen Angelegenheiten" – die „Parteien"[4] – erfasst.   **2**

Anrufung gem lit a liegt vor, wenn das **verfahrenseinleitende** oder gleichwertige **Schriftstück bei Gericht eingereicht** worden ist, sofern es die verfahrenseinleitende Partei in weiterer Folge nicht verabsäumt, die ihn treffenden Obliegenheiten zu erfüllen, damit das Schriftstück der „gegnerischen" Verfahrenspartei zugestellt werden kann. Die „Einreichung" kann auch auf **elektronischem Weg** erfolgen. Die Brüssel I-VO bestimmt in Art 32 Abs 2, dass das Gericht das Datum der Einreichung vermerkt; auch wenn dies in der EuErbVO nicht vorgesehen ist, empfiehlt sich diese Vorgehensweise zur Vermeidung von Unklarheiten und ist in § 102 f Geo sowie § 89 d GOG iVm § 4 ERV 2006 ohnehin vorgesehen.   **3**

Als **Mitwirkungsobliegenheiten** werden etwa die Angabe der richtigen Adresse und die Einzahlung notwendiger Kostenvorschüsse genannt; als nicht ausreichend wird die Einreichung eines Prozesskostenhilfeantrags mit dem Entwurf einer Klageschrift angesehen.[5] ME kann es nur darauf ankommen, dass die verfahrenseinleitende Partei die im jeweiligen Verfahrensstadium zur zweckentsprechenden Rechtsverfolgung notwendigen Schritte unternimmt, dh der verfahrenseinleitende Schriftsatz lege artis ausgefertigt ist und die Gerichtsgebühr bezahlt wird (§ 2 GGG); ein allenfalls erteilter Verbesserungsauftrag kann der wirksamen Anhängigmachung iSv Art 14 nicht schaden. Auch die Nennung einer Adresse des Verfahrensgegners im verfahrenseinleitenden Schriftsatz, die sich nachträglich als untaugliche Abgabestelle erweist, wird der verfahrenseinleitenden Partei nicht als Verletzung der Mitwirkungspflicht gem Art 14 angelastet werden können, sofern das Verfahren von der verfahrenseinleitenden Partei durch Nennung einer anderen Abgabestelle „gehörig fortgesetzt" wird.

---

1 Vgl *J. Schmidt* in BeckOGK BGB Art 14 EuErbVO Rz 5.
2 Vgl Art 1 Rz 1 f.
3 Vgl Art 2 Rz 6 f; Art 3 Rz 41.
4 IdS für die dt Rechtslage *Dutta,* FamRZ 2013, 13 und *Dutta* in MünchKommBGB[6] Art 14 EuErbVO Rz 3; vgl zu den Parteien des Verlassenschaftsverfahrens: *Bittner/Hawel* in *Gruber/Kalss/Müller/Schauer* § 10 Rz 11 ff; für die hier vorliegende Problematik sogl unten.
5 *Gottwald* in MünchKommZPO[4] Art 30 EuGVVO Rz 2.

In **Österreich** erfolgt die **Zustellung** des verfahrenseinleitenden Schriftstücks grundsätzlich **von Amts wegen,**[6] weshalb bei Einleitung des Verfahrens durch Antrag oder Klage, Anhängigkeit iSv Art 14 eintritt, sobald das **verfahrenseinleitende Schriftstück bei Gericht eingereicht** worden ist. Dieser Zeitpunkt deckt sich mit dem Zeitpunkt der österr „Gerichtsanhängigkeit" bzw **Anhängigkeit gem § 12 AußStrG.**[7]

Darüber hinaus sind für die durch (eine) Partei(en) eingeleitete Verlassenschaftsabhandlung insb § 143 Abs 2 AußStrG nF und § 2 Abs 1 GKG zu beachten:

§ 143 Abs 2 AußStrG idF ErbRÄG 2015 bestimmt, dass im Fall der ausschließlichen Verlassenschaftsbelegenheit im Ausland oder für den Fall, dass die Abhandlungszuständigkeit gem Art 10 Abs 2 oder Art 11 im Inland gegeben ist, die Abhandlung nur auf Antrag einer Partei einzuleiten ist, die ihre Erbenstellung bescheinigt. Im Anwendungsbereich der VO bedeutet dies, dass sich in diesen Fällen der Zeitpunkt der Anrufung des Gerichts gem Art 14 lit a bestimmt, auch wenn der Wortlaut der Bestimmung aufgrund seines Vorbilds auf „streitige" Verfahren hin ausgerichtet ist.[8] IdS wird daher in allen Fällen zu verfahren sein, in denen die internationale Abhandlungszuständigkeit eines österr Gerichts gegeben ist, aber eine **Einleitung des Verfahrens nicht von Amts wegen erfolgt,** weil dem Gericht keine öffentliche Urkunde über den Todesfall oder ein solcher sonst auf unzweifelhafte Weise bekannt wird (§ 143 Abs 1 AußStrG idF ErbRÄG 2015); dies kann etwa dann der Fall sein, wenn ein österr Gericht aufgrund einer **Gerichtsstandsvereinbarung** (Art 5) zur Durchführung des Verfahrens angerufen wird und die Verlassenschaft ausschließlich im Ausland belegen ist. Denkbar ist etwa, dass eine Person mit österr Staatsbürgerschaft in Deutschland gewöhnlichen Aufenthalt und Vermögen hat und dort verstirbt; für die Rechtsnachfolge wählt der Verstorbene österr Recht als anwendbar und die Erben treffen eine Gerichtsstandsvereinbarung auf österr Gerichte. Der ASt hat seine Erbenstellung zu bescheinigen.

Hinsichtlich des **ASt** ist unklar, ob nur ein **präsumtiver Erbe** oder auch eine dritte Person, etwa ein **Pflichtteilsberechtigter** oder ein **Gläubiger** den Antrag auf Einleitung des Verfahrens stellen kann. Dies ist bei Anwendbarkeit österr Rechts (trotz des Wortlautes) iS einer großzügigen Sichtweise angebracht.[9] Die Bescheinigung erfolgt etwa durch Vorlage von Standesurkunden oder Erbrechtstiteln.[10] Bei der Anwendung ausländischen Rechts wird es aufgrund des geltenden materiellen Parteibegriffs auf die Rechtsstellung des ASt nach dem anwendbaren Recht ankommen.

§ 2 Abs 1 GKG bestimmt darüber hinaus, dass für den Fall, dass sich die Angehörigen direkt an den Gerichtskommissär wenden, dieser ohne vorherigen gerichtlichen Auftrag tätig werden kann. Der Gerichtskommissär kann dann sofort die Todesfallaufnahme vornehmen. Der Gerichtskommissär hat das Gericht unverzüglich über die von ihm vorgenommenen Verfahrenshandlungen zu informieren. Es stellt sich die Frage, ob auch die direkte Anrufung des Gerichtskommissärs ganz grundsätzlich die Anrufung eines „Gerichts" iSv Art 14 ist. Dies ist mE zu bejahen, weil der Gerichtskommissär in Nachlasssachen für das Gericht tätig wird

---

6　*Frauenberger-Pfeiler* in *Frauenberger-Pfeiler/Raschauer/Sander/Wessely* § 87 ZPO Rz 4.

7　*Mayr* in *Fasching/Konecny* V/1² Art 30 EuGVVO Rz 4; zu § 12 AußStrG vgl *Kodek* in *Gitschthaler/Höllwerth* § 12 AußStrG Rz 4 ff.

8　Vgl für die dt Rechtslage *Dutta* in MünchKommBGB⁶ Art 14 EuErbVO Rz 3.

9　Vgl näher *Schatzl/Spruzina* in *Gitschthaler/Höllwerth* § 143 AußStrG Rz 8 f; vgl auch *Schatzl/Spruzina* in *Gitschthaler/Höllwerth* §§ 105 – 107 JN Rz 36; anders zum ENZ Art 64 Rz 18 mwN und Art 65 Rz 10 ff.

10　Vgl näher *Schatzl/Spruzina* in *Gitschthaler/Höllwerth* § 143 AußStrG Rz 10.

(§ 1 Abs 1 Z 1 GKG) und er gem § 2 Abs 1 befugt ist, vor Einleitung des Verlassenschaftsverfahrens bereits Verfahrenshandlungen zu setzen und diese vom Gericht überwacht werden.[11] Der Gerichtskommissär ist zur Registerführung und Aktenführung verpflichtet, weshalb auch die Dokumentation des Zeitpunktes der Anrufung gesichert ist.[12] In weiterer Folge
ist noch zu unterscheiden, ob das Verfahren gem § 143 Abs 1 AußStrG vom Gerichtskommissär von Amts wegen (dazu unten Rz 5) oder gem § 143 Abs 2 AußStrG idF ErbRÄG 2015
auf Parteiantrag zu eröffnen ist. Die "Anrufung eines Gerichts" in letzterem Fall ist gem lit a
mit der Aufnahme des Kontakts zum Gerichtskommissär unter Vorlage einer Urkunde einer
ausländischen Behörde, die das Ableben dokumentiert,[13] und der Bescheinigung der Erbenstellung zu bestimmen.

Für die **Anrufung gem lit b** kommt es auf jenen Zeitpunkt an, zu dem das verfahrenseinlei-   **4**
tende Schriftstück bei der für die Zustellung verantwortlichen Stelle eingelangt ist, wenn die
Zustellung vor Einreichung des Schriftstücks bei Gericht zu bewirken ist. Lit b ist in Österreich grundsätzlich nicht anwendbar, es sei denn, man subsumiert die Vorgehensweise, die
gem § 2 Abs 1 GKG vorgesehen ist, unter lit b, was mE jedoch abzulehnen ist (vgl oben Rz 3
und unten Rz 5).

Lit c bestimmt für die **Einleitung** des Verfahrens **von Amts wegen,** dass es für die Anhän-   **5**
gigkeit darauf ankommt, wann der **Beschluss** für die Einleitung des Verfahrens **gefasst** wird
oder, wenn ein solcher nach nationalem Recht nicht vorgesehen ist, wann das Verfahren bei
Gericht registriert ist. Sowohl umfasst der Begriff „Beschluss" jede gerichtliche Entscheidung
über die Verfahrenseinleitung als auch die „Eintragung" jede Art der Registrierung bei Gericht.[14]

§ 143 Abs 1 AußStrG bestimmt für die Einleitung des Verlassenschaftsverfahrens in Österreich grundsätzlich, dass ein Verfahren von Amts wegen einzuleiten ist, sobald ein Todesfall
durch eine öffentliche Urkunde oder sonst auf unzweifelhafte Weise bekannt wird. In Österreich erfolgt die Information des Gerichts durch die Behörden (Standesämter, Krankenan-
stalten) durch die Übermittlung einer öffentlichen Urkunde.[15] **Gem § 143 iVm § 12
AußStrG** kommt es für die Verfahrensanhängigkeit darauf an, wann das Gericht eine **erste
Verfahrenshandlung** gesetzt hat;[16] **demgegenüber hat Art 14 lit c Vorrang.** Nachdem in
Österreich **keine Beschlussfassung** über die Einleitung des Verfahrens vorgesehen ist,
kommt es darauf an, **wann die Sache „bei Gericht eingetragen" wird.**[17] Gem § 364 Geo
für die Gerichte der 1. und 2. Instanz sind für Verlassenschaftsabhandlungen Register „A"
zu führen. Gem § 361 Abs 2 Geo sind für die Gerichte der 1. und 2. Instanz „Eintragungen
in das Register, die eine neu angefallene Sache kennzeichnen sollen (Tag des Einlangens, Bezeichnung der Parteien und des Gegenstandes usw), . . . [sind] sogleich beim Einlangen des
ersten Geschäftsstückes zu machen, bevor das Stück dem Richter vorgelegt wird". Demnach
wird Anhängigkeit nach der VO bei amtswegig einzuleitenden Verfahren regelmäßig dann
vorliegen, wenn **die öffentliche Urkunde über den Todesfall bei Gericht einlangt und in
das Register eingetragen** wurde **oder der Todesfall aufgrund anderer unzweifelhafter**

---

11 Vgl Art 3 Rz 43 ff.
12 Vgl auch unten Rz 5.
13 Dazu näher *Schatzl/Spruzina* in *Gitschthaler/Höllwerth* § 143 AußStrG Rz 3.
14 Vgl *J. Schmidt* in BeckOGK BGB Art 14 EuErbVO Rz 18 und 20.
15 Vgl *Schatzl/Spruzina* in *Gitschthaler/Höllwerth* § 143 AußStrG Rz 3.
16 Dazu *Kodek* in *Gitschthaler/Höllwerth* § 12 AußStrG Rz 4 ff.
17 Zur dt Rechtslage vgl *Dutta* in MünchKommBGB[6] Art 14 EuErbVO Rz 5.

Weise dem Gericht bekannt geworden ist und in das Register eingetragen wurde. Als jener Zeitpunkt des Bekanntwerdens, der die Eintragung in das Register auslöst, wird etwa jener Zeitpunkt anzusehen sein, zu dem eine eidesstättige Erklärung eines Angehörigen unter gleichzeitiger Vorweisung der die Angehörigeneigenschaft dokumentierenden Urkunden bei Gericht einlangt. Die rein briefliche Mitteilung einer Partei, die bei Gericht oder dem Gerichtskommissär nicht anwesend ist, wird als nicht ausreichend für die amtswegige Einleitung angesehen.[18]

Wird ein Antrag gem § 2 Abs 1 GKG beim Gerichtskommissär gestellt und liegt ein Fall des § 143 Abs 1 AußStrG vor, ist von einer amtswegigen Einleitung des Verfahrens auszugehen, die unter lit c zu subsumieren ist.[19]

Prüfung der Zuständigkeit

Art 15. **Das Gericht eines Mitgliedstaats, das in einer Erbsache angerufen wird, für die es nach dieser Verordnung nicht zuständig ist, erklärt sich von Amts wegen für unzuständig.**

Stammfassung.

1 Nach dieser Vorschrift hat sich **das nach der VO unzuständige Gericht von Amts wegen** für **unzuständig** zu erklären; auf einen Antrag einer der Verfahrensparteien kommt es nicht an. Aus Art 15 iZm Art 16 ergibt sich, dass eine Pflicht des Gerichts, dem Verfahrensgegner die Möglichkeit zur Einlassung in das Verfahren zu geben, grundsätzlich – mit Ausnahme von Art 9[1] – nicht vorgesehen ist. Insofern unterscheidet sich die Rechtslage von Art 27 und 28 Abs 1 Brüssel Ia-VO, die die amtswegige Unzuständigerklärung a limine nur für den Fall der ausschließlichen Zuständigkeit eines anderen mitgliedstaatlichen Gerichts vorsehen. Sonst kann die Unzuständigkeit des Gerichts ja nur auf Antrag oder von Amts wegen nach gewährter Möglichkeit zur Einlassung in das Verfahren bei Untätigkeit/Säumigkeit der Partei wahrgenommen werden. Art 15 folgt in diesem Punkt Art 17 EuEheVO und Art 10 EuUVO.

2 **Leges speciales** zu Art 15 sind: Art 6 und 9 (vgl auch Art 17 Abs 2 und Art 18 Abs 2) sowie Art 8, die von der Erklärung der Unzuständigkeit eines grundsätzlich zuständigen Gerichts handeln.

3 Daraus ergibt sich **folgendes System der Zuständigkeit und Wahrnehmungsmöglichkeiten der Unzuständigkeit** des Gerichts:

Wird ein Gericht angerufen, hat es gem Art 15 grundsätzlich seine Zuständigkeit zu prüfen. Selbst wenn **keine Verfahrenspartei** die (Un-)Zuständigkeit des Gerichts **rügt,** hat das Gericht **von Amts wegen** seine **Unzuständigkeit wahrzunehmen** und die Klage oder den Antrag mit Beschluss zurückzuweisen. Ist eine der Parteien **untätig/säumig,** hat das Gericht ebenfalls **von Amts wegen seine Unzuständigkeit wahrzunehmen.**

---

18 Vgl *Schatzl/Spruzina* in *Gitschthaler/Höllwerth* § 143 AußStrG Rz 4.
19 Zur Qualifikation des Gerichtskommissärs als „Gericht" iSd Art 14 vgl oben Rz 3 und Art 3 Rz 43.

1 Zu den sich daraus ergebenden Unstimmigkeiten bei Säumnis einer Partei vgl Art 16 Rz 2.

Ein **gem Art 4 oder 10 angerufenes zuständiges Gericht kann** sich gem **Art 6 lit a** für unzuständig[2] erklären, wenn

- der Erblasser eine Rechtswahl auf das Recht eines Mitgliedstaats getroffen hat und
- eine der Verfahrensparteien einen diesbezüglichen Antrag stellt und
- das Gericht der Ansicht ist, dass die Gerichte des Mitgliedstaats des gewählten Rechts besser entscheiden können, weil konkrete Umstände dies nahe legen, wie etwa
  - der gewöhnlichen Aufenthalt der Parteien und/oder
  - der Ort der Vermögens sich dort befindet.

Ein **gem Art 4 oder 10 angerufenes zuständiges Gericht erklärt sich** gem **Art 6 lit b** für unzuständig,[3] wenn

- die Verfahrensparteien gem Art 5 eine Gerichtsstandsvereinbarung getroffen haben.
- Nicht geregelt ist der Fall, dass eine Gerichtsstandsvereinbarung getroffen wurde und schon beim gem Art 4 oder 10 angerufenen Gericht klar ist, dass die Gerichtsstandsvereinbarung nicht von allen Parteien geschlossen wurde. Hier kann das angerufene Gericht zwar nicht die Möglichkeit der Einlassung beim Gericht der Gerichtsstandsvereinbarung geben, aber auf eine ergänzende Gerichtsstandsvereinbarung durch die daran nicht beteiligten Parteien hinwirken, oder, wenn die Voraussetzungen erfüllt sind, nach Art 6 lit a vorgehen.

Ein **gem Art 7 angerufenes/tätiges Gericht** erklärt sich gem **Art 9 Abs 2** für unzuständig,[4] wenn

- nicht alle Verfahrensparteien der Gerichtsstandsvereinbarung angehören
- und von diesen die Unzuständigkeit des Gerichts gerügt wird[5]

oder

- eine der Verfahrensparteien, die der Gerichtsstandsvereinbarung nicht angehören, untätig/säumig ist.[6]

Ein Verstoß gegen die Zuständigkeitsregeln der VO und Art 15 wird weniger schwer geahndet, als in der Brüssel Ia-VO, weshalb ihnen ua der Charakter als **ausschließliche Zuständigkeiten,** abgesprochen wird.[7] Die Frage hinsichtlich des ausschließlichen Charakters[8] der Zuständigkeitsbestimmungen kann mE freilich dahingestellt bleiben, weil damit kein Erklä- **4**

---

2 Vgl Art 6 Rz 2 ff.

3 Vgl Art 6 Rz 11.

4 Vgl Art 9 Rz 14.

5 Zum dadurch möglichen unerfreulichen „Ping-Pong-Spiel" Art 9 Rz 14 mwN.

6 Zur Begründung vgl Art 16 Rz 2.

7 Vgl *Bonomi* in *Bonomi/Wautelet* Art 15 EuErbVO Rz 5. AA Vor Art 4 ff Rz 13 mwN. Unzutr ist die Begründung von *Volmer*, ZEV 2014/3, 130 f: Dieser Autor führt aus, dass sich aus der ausschließlichen Wirkung der Gerichtsstandsvereinbarung der ausschließliche Charakter von Art 4 ergibt, obwohl diese nicht angeordnet ist. Die mangelnde Tragfähigkeit dieser Begründung ergibt sich schon aus der Systematik der VO, die selbst – wohl nur im eingeschränkten Rahmen, aber immerhin – konkurrierende Zuständigkeiten zu Art 4 (vgl Art 7) eröffnet. Nachvollziehbar werden die missverständlichen Ausführungen *Volmers*, wenn man den von ihm verwendeten Begriff „ausschließlich", als die nationalen Zuständigkeitsbestimmungen ausschließend iSv verdrängend liest (so eindeutig ZEV 2014/3, 131 f).

8 Davon zu unterscheiden ist der das nationale Zuständigkeitsrecht verdrängende „ausschließende" Charakter, der nicht anzuzweifeln ist; vgl auch Vor Art 4 Rz 13 „zwingendes Zuständigkeitsregime".

rungswert verbunden ist. Zum einen trifft die VO in den Rechtsfolgeanordnungen keine Unterscheidung zwischen als ausschließlich zu qualifizierenden Gerichtsständen und anderen Gerichtsständen (zur Ausnahme der Wirkung einer Gerichtsstandsvereinbarung vgl Art 5 und sogl): Für die Zuständigkeitsprüfung von Amts wegen wird nicht hinsichtlich der „Ausschließlichkeit" wie etwa im Anwendungsbereich der Brüssel Ia-VO unterschieden. Auch die Entscheidung eines nach der VO unzuständigen Gerichts wird automatisch anerkannt; der Verstoß gegen die Zuständigkeitsregeln bewirkt keinen Anerkennungs- und Vollstreckungsverweigerungsgrund (vgl Art 39 f; dazu Art 43 Rz 34 und Art 50 Rz 8). Zum anderen zeichnet eine ausschließliche Zuständigkeit im EuZVR grundsätzlich aus, dass eine Gerichtsstandsvereinbarung und eine Heilung durch Einlassung ausgeschlossen ist;[9] gerade solches wird aber im Falle einer zulässigen Rechtswahl auf die Gerichte des Heimatstaats des Verstorbenen ermöglicht, was denklogisch eine von der VO anerkannte konkurrierende Zuständigkeit voraussetzt. Dies zeigt auch die Bestimmung des Art 6 lit a, der eine Verweisung auf die Heimatgerichte des Verstorbenen vorsieht. Eine die konkurrierende Zuständigkeit aktualisierende konzertierte Gerichtsstandsvereinbarung oder ein Parteiantrag samt Nahebeziehung gem Art 6 lit a ist nur deshalb notwendig, damit nicht ein Erbe/Erbprätendent einseitig für alle Parteien gegen deren Willen ohne sachlichen Grund die allgemeine Zuständigkeit verschieben kann. Daraus erhellt, dass es im Einzelfall von der Zulässigkeit einer Gerichtsstandsvereinbarung oder Vorliegen der Tatbestandsvoraussetzungen des Art 6 lit a abhängen würde, ob die Zuständigkeit gem Art 4 als ausschließlich zu qualifizieren ist oder nicht; wollte man eine Klassifizierung vornehmen, könnte man mE von einem „bedingt[10] ausschließlichen" Charakter des Art 4 sprechen.[11]

5 Die Unzuständigkeitserklärung erfolgt nach nationalem mitgliedstaatlichen Recht, dh die Klage oder der Antrag ist in Österreich gem § 42 JN zurückzuweisen; § 44 JN ist für Fälle der internationalen Zuständigkeit nicht anwendbar.[12] In Verfahren, die von Amts wegen eingeleitet werden, erfolgt die Einstellung des Verfahrens.

6 Die Unzuständigkeit kann in jeder Lage des Verfahrens, also auch noch im Rechtsmittelverfahren geltend gemacht werden, sofern dem nicht eine bindende Entscheidung eines Gerichts oder die Rechtskraft einer Entscheidung entgegensteht (§ 42 JN).

7 Die VO normiert keine Pflicht, dass das Gericht die zuständigkeitsrechtlich relevanten Tatsachen von Amts wegen zu ermitteln hätte. Diese Frage ist daher nach nationalem Recht zu beantworten. Gem § 41 Abs 3 JN hat das Gericht, ohne an die Angaben der Parteien gebunden zu sein, die für die Zuständigkeit maßgeblichen Verhältnisse von Amts wegen zu untersuchen. Es kann zu diesem Zwecke von den Beteiligten alle nötigen Aufklärungen fordern.[13]

---

9 Deshalb ist mit *Mayr*, EuZVR Rz II/166 auch eine Gerichtsstandsvereinbarung nach der EuGVVO nicht als eine ausschließliche Zuständigkeit im eigentlichen Sinn zu qualifizieren.
10 Vorbehaltlich einer Rechtswahl.
11 Vgl zum Charakter der Zuständigkeiten nach der EuEheVO *Mayr*, EuZVR Rz II/185.
12 Vgl auch *Mayr* in *Czernich/Kodek/Mayr*[4] Art 28 EuGVVO Rz 10 mwN; zur Frage der Verjährungsunterbrechung nach Zurückweisung der Klage mangels Überweisung(santrag) OGH 10 Ob 113/07 a IPRax 2009, 430 *(Jud/Kogler)*.
13 Zur materiellen Prüfpflicht nach der Brüssel Ia-VO vgl *Mayr* in *Czernich/Kodek/Mayr*[4] Art 28 EuGVVO Rz 7 mwN.

Die Zurückweisung wegen Unzuständigkeit bindet nach neuerer Judikatur des EuGH[14] – zu- **8** mindest im Fall einer Gerichtsstandsvereinbarung – die anderen mitgliedstaatlichen Gerich-te.[15] Freilich sind neue Tatsachen, wie etwa die Wahrnehmung der Unzuständigkeit auf-grund der Einrede einer Partei, die nicht durch eine Gerichtsstandsvereinbarung gebunden ist (Art 9), bei neuerlicher Anrufung des sich vormals für unzuständig erklärten Gerichts zu berücksichtigen.

Nach dem Ausspruch der Unzuständigkeit ist eine **Überweisung** an das zuständige Gericht **9** **nicht vorgesehen.**[16]

Prüfung der Zulässigkeit

Art 16. (1) **Lässt sich der Beklagte, der seinen gewöhnlichen Aufenthalt im Hoheitsge-biet eines anderen Staates als des Mitgliedstaats hat, in dem das Verfahren eingeleitet wurde, auf das Verfahren nicht ein, so setzt das zuständige Gericht das Verfahren so lan-ge aus, bis festgestellt ist, dass es dem Beklagten möglich war, das verfahrenseinleitende Schriftstück oder ein gleichwertiges Schriftstück so rechtzeitig zu empfangen, dass er sich verteidigen konnte oder dass alle hierzu erforderlichen Maßnahmen getroffen wurden.**

(2) Anstelle des Absatzes 1 des vorliegenden Artikels findet Artikel 19 der Verordnung (EG) Nr. 1393/2007 des Europäischen Parlaments und des Rates vom 13. November 2007 über die Zustellung gerichtlicher und außergerichtlicher Schriftstücke in Zivil- oder Han-delssachen in den Mitgliedstaaten (Zustellung von Schriftstücken) Anwendung, wenn das verfahrenseinleitende Schriftstück oder ein gleichwertiges Schriftstück nach der genann-ten Verordnung von einem Mitgliedstaat in einen anderen zu übermitteln war.

(3) Ist die Verordnung (EG) Nr. 1393/2007 nicht anwendbar, so gilt Artikel 15 des Haa-ger Übereinkommens vom 15. November 1965 über die Zustellung gerichtlicher und au-ßergerichtlicher Schriftstücke im Ausland in Zivil- und Handelssachen, wenn das verfah-renseinleitende Schriftstück oder ein gleichwertiges Schriftstück nach Maßgabe dieses Übereinkommens ins Ausland zu übermitteln war.

Stammfassung.

Aus der VO (EG) 1393/2007:

Verordnung (EG) 1393/2007 des Europäischen Parlaments und des Rates v 13. 11. 2007 über die Zustellung gerichtlicher und außergerichtlicher Schriftstücke in Zivil- oder Handelssachen in den Mitgliedstaaten („Zustellung von Schriftstücken") und zur Aufhebung der Verordnung (EG) Nr. 1348/2000 des Rates

Anwendungsbereich

Art 1. (1) Diese Verordnung ist in Zivil- oder Handelssachen anzuwenden, in denen ein ge-richtliches oder außergerichtliches Schriftstück von einem in einen anderen Mitgliedstaat zum Zwecke der Zustellung zu übermitteln ist. Sie erfasst insbesondere nicht Steuer- und Zollsachen, verwaltungsrechtliche Angelegenheiten sowie die Haftung des Staates für Hand-

---

14 EuGH C-456/11 Slg 2012, *Gothaer Allgemeine Versicherung/Samskip;* dazu *Kodek* in *Czernich/Kodek/ Mayr*[4] Art 36 EuGVVO Rz 17 und *Mayr* in *Czernich/Kodek/Mayr*[4] Art 28 EuGVVO Rz 11.
15 Anders *Dutta* in MünchKommBGB[6] Art 15 EuErbVO Rz 3.
16 *J. Schmidt* in BeckOGK BGB Art 15 EuErbVO Rz 11.

lungen oder Unterlassungen im Rahmen der Ausübung hoheitlicher Rechte („acta iure imperii").

(2) Diese Verordnung findet keine Anwendung, wenn die Anschrift des Empfängers des Schriftstücks unbekannt ist.

(3) Im Sinne dieser Verordnung bezeichnet der Begriff „Mitgliedstaat" alle Mitgliedstaaten mit Ausnahme Dänemarks.

Nichteinlassung des Beklagten

Art 19. (1) War ein verfahrenseinleitendes Schriftstück oder ein gleichwertiges Schriftstück nach dieser Verordnung zum Zweck der Zustellung in einen anderen Mitgliedstaat zu übermitteln und hat sich der Beklagte nicht auf das Verfahren eingelassen, so hat das Gericht das Verfahren auszusetzen, bis festgestellt ist,

a) dass das Schriftstück in einem Verfahren zugestellt worden ist, das das Recht des Empfangsmitgliedstaats für die Zustellung der in seinem Hoheitsgebiet ausgestellten Schriftstücke an dort befindliche Personen vorschreibt, oder

b) dass das Schriftstück tatsächlich entweder dem Beklagten persönlich ausgehändigt oder nach einem anderen in dieser Verordnung vorgesehenen Verfahren in seiner Wohnung abgegeben worden ist,

und dass in jedem dieser Fälle das Schriftstück so rechtzeitig zugestellt oder ausgehändigt bzw. abgegeben worden ist, dass der Beklagte sich hätte verteidigen können.

(2) Jeder Mitgliedstaat kann nach Artikel 23 Absatz 1 mitteilen, dass seine Gerichte ungeachtet des Absatzes 1 den Rechtsstreit entscheiden können, auch wenn keine Bescheinigung über die Zustellung oder die Aushändigung bzw. Abgabe eingegangen ist, sofern folgende Voraussetzungen gegeben sind:

a) Das Schriftstück ist nach einem in dieser Verordnung vorgesehenen Verfahren übermittelt worden.

b) Seit der Absendung des Schriftstücks ist eine Frist von mindestens sechs Monaten verstrichen, die das Gericht nach den Umständen des Falles als angemessen erachtet.

c) Trotz aller zumutbaren Schritte bei den zuständigen Behörden oder Stellen des Empfangsmitgliedstaats war eine Bescheinigung nicht zu erlangen.

(3) Unbeschadet der Absätze 1 und 2 kann das Gericht in dringenden Fällen einstweilige Maßnahmen oder Sicherungsmaßnahmen anordnen.

(4) War ein verfahrenseinleitendes Schriftstück oder ein gleichwertiges Schriftstück nach dieser Verordnung zum Zweck der Zustellung in einen anderen Mitgliedstaat zu übermitteln und ist eine Entscheidung gegen einen Beklagten ergangen, der sich nicht auf das Verfahren eingelassen hat, so kann ihm das Gericht in Bezug auf Rechtsmittelfristen die Wiedereinsetzung in den vorigen Stand bewilligen, sofern

a) der Beklagte ohne sein Verschulden nicht so rechtzeitig Kenntnis von dem Schriftstück erlangt hat, dass er sich hätte verteidigen können, und nicht so rechtzeitig Kenntnis von der Entscheidung erlangt hat, dass er sie hätte anfechten können, und

b) die Verteidigung des Beklagten nicht von vornherein aussichtslos scheint.

Ein Antrag auf Wiedereinsetzung in den vorigen Stand kann nur innerhalb einer angemessenen Frist, nachdem der Beklagte von der Entscheidung Kenntnis erhalten hat, gestellt werden.

Jeder Mitgliedstaat kann nach Artikel 23 Absatz 1 erklären, dass dieser Antrag nach Ablauf einer in seiner Mitteilung anzugebenden Frist unzulässig ist; diese Frist muss jedoch mindestens ein Jahr ab Erlass der Entscheidung betragen.

(5) Absatz 4 gilt nicht für Entscheidungen, die den Personenstand betreffen.

Verhältnis zu von den Mitgliedstaaten geschlossenen Übereinkünften oder Vereinbarungen

Art 20. (1) Die Verordnung hat in ihrem Anwendungsbereich Vorrang vor den Bestimmungen, die in den von den Mitgliedstaaten geschlossenen bilateralen oder multilateralen Übereinkünften oder Vereinbarungen enthalten sind, insbesondere vor Artikel IV des Protokolls zum Brüsseler Übereinkommen von 1968 und vor dem Haager Übereinkommen vom 15. November 1965.

(2) Die Verordnung hindert einzelne Mitgliedstaaten nicht daran, Übereinkünfte oder Vereinbarungen zur weiteren Beschleunigung oder Vereinfachung der Übermittlung von Schriftstücken beizubehalten oder zu schließen, sofern sie mit dieser Verordnung vereinbar sind.

Aus dem Haager Übereinkommen:

Übereinkommen vom 15. November 1965 über die Zustellung gerichtlicher und außergerichtlicher Schriftstücke im Ausland in Zivil- oder Handelssachen

Art 1. Dieses Übereinkommen ist in Zivil- oder Handelssachen in allen Fällen anzuwenden, in denen ein gerichtliches oder außergerichtliches Schriftstück zum Zweck der Zustellung in das Ausland zu übermitteln ist.

Das Übereinkommen gilt nicht, wenn die Anschrift des Empfängers des Schriftstücks unbekannt ist.

Art 15. War zur Einleitung eines gerichtlichen Verfahrens eine Ladung oder ein entsprechendes Schriftstück nach diesem Übereinkommen zum Zweck der Zustellung in das Ausland zu übermitteln und hat sich der Beklagte nicht auf das Verfahren eingelassen, so hat der Richter das Verfahren auszusetzen, bis festgestellt ist,

a) daß das Schriftstück in einer der Formen zugestellt worden ist, die das Recht des ersuchten Staates für die Zustellung der in seinem Hoheitsgebiet ausgestellten Schriftstücke an dort befindliche Personen vorschreibt, oder

b) daß das Schriftstück entweder dem Beklagten selbst oder aber in seiner Wohnung nach einem anderen in diesem Übereinkommen vorgesehenen Verfahren übergeben worden ist

und daß in jedem dieser Fälle das Schriftstück so rechtzeitig zugestellt oder übergeben worden ist, daß der Beklagte sich hätte verteidigen können.

Jedem Vertragsstaat steht es frei zu erklären, daß seine Richter ungeachtet des Absatzes 1 den Rechtsstreit entscheiden können, auch wenn ein Zeugnis über die Zustellung oder die Übergabe nicht eingegangen ist, vorausgesetzt,

a) daß das Schriftstück nach einem in diesem Übereinkommen vorgesehenen Verfahren übermittelt worden ist,

b) daß seit der Absendung des Schriftstücks eine Frist verstrichen ist, die der Richter nach den Umständen des Falles als angemessen erachtet und die mindestens sechs Monate betragen muß, und

c) daß trotz aller zumutbaren Schritte bei den zuständigen Behörden des ersuchten Staates ein Zeugnis nicht zu erlangen war.

Dieser Artikel hindert nicht, daß der Richter in dringenden Fällen vorläufige Maßnahmen einschließlich solcher, die auf eine Sicherung gerichtet sind, anordnet.

1 **Art 16 stellt,** ebenso wie Art 28 Abs 2 – 4 Brüssel Ia-VO, Art 18 EuEheVO und Art 11 EuU-VO, **sicher,** dass **Parteien,** die sich nicht am Verfahren beteiligen – „sich nicht einlassen",[1] die Möglichkeit haben, ihr **rechtliches Gehör zu wahren.** Das zuständige Gericht hat dazu das Verfahren so lange auszusetzen, bis festgestellt ist, dass es der Verfahrenspartei möglich war, jenes Schriftstück, das über das Verfahren und dessen Einleitung informierte, so rechtzeitig zu empfangen, dass sie am Verfahren teilnehmen konnte, oder dass alle hierzu erforderlichen Maßnahmen getroffen worden waren.

2 **Abs 1 ist gegenüber Abs 2 und Abs 3 subsidiär.** Dh, kommt für die Übermittlung weder die EuZustVO noch das Haager Übereinkommen v 15. 11. 1965 über die Zustellung gerichtlicher und außergerichtlicher Schriftstücke im Ausland in Zivil- und Handelssachen (HZÜ 1965) zur Anwendung, sondern andere Übereinkommen, wie etwa das Haager Prozessübereinkommen 1954[2] (HPÜ 1954) oder bilaterale Rechtshilfeabkommen, gilt Abs 1.

3 Der **Wortlaut** des Art 16 ist, wie auch jener von Art 14, 17 und 18 am **streitigen Verfahren orientiert** und greift daher im Hinblick auf den Anwendungsbereich der EuErbVO zu kurz. Es kann kein Zweifel daran bestehen, dass Art 16 **jede Art der Verfahrenseinleitung** und **jedes Verfahren im Anwendungsbereich der VO** erfassen will, weshalb die Bestimmung sinngemäß weit zu lesen ist und sich der Anwendungsbereich daher nicht nur auf **streitige, sondern auch auf außerstreitige Verfahren** erstreckt. Erfasst werden vom Wortlaut daher nicht nur auf Antrag einzuleitende Verfahren, sondern auch Verfahren, die von Amts wegen eingeleitet werden und nicht nur **„Antragsgegner",** sondern auch **von Amts wegen beizuladende Personen.**[3] Kommen solche erst im Laufe des Verfahrens hervor, ist die Bestimmung auch für jene anwendbar, sobald sie dem Gericht bekannt werden.

4 Für die grundsätzliche Anwendung der Bestimmung kommt es nicht darauf an, ob die Verfahrensparteien ihren gewöhnlichen Aufenthalt in einem (anderen) Mitgliedstaat der EU haben. Auch Personen, die ihren gewöhnlichen Aufenthalt nicht in einem Mitgliedstaat haben, werden erfasst (vgl auch Art 18 EuEheVO und Art 11 EuUVO). Der Unterschied besteht darin, dass hinsichtlich jener **Verfahrensparteien,** die ihren **gewöhnlichen Aufenthalt in einem EU-Mitgliedstaat** haben, anstelle des Abs 1 Art 19 **EuZustVO** Anwendung findet.

Abs 3 bestimmt für jene **Verfahrensparteien,** die **nicht ihren gewöhnlichen Aufenthalt in einem Mitgliedstaat haben,** und die EuZustVO daher nicht zur Anwendung kommt, dass Art 15 des **Haager Übereinkommens v 15. 11. 1965** über die Zustellung gerichtlicher und außergerichtlicher Schriftstücke im Ausland in Zivil- und Handelssachen anwendbar ist, wenn das verfahrenseinleitende Schriftstück oder ein gleichwertiges Schriftstück nach Maßgabe dieses Übereinkommens ins Ausland zu übermitteln war. **Österreich** hat, ebenso wie Malta, im Gegensatz zu allen anderen Mitgliedstaaten der EU, dieses Übereinkommen noch **nicht ratifiziert.**[4] Derzeit ist ein Verfahren für einen „Beschluss

---

1 Vgl zur Zuständigkeitsbegründung durch Einlassung Art 9.
2 BGBl 1957/91.
3 *Dutta* in MünchKommBGB[6] Art 16 EuErbVO Rz 4 f.
4 Vgl zu den Vertragsstaaten des Übereinkommens die Homepage der Haager Konferenz (www.hcch. net [1. 6. 2015]).

des Rates zur Ermächtigung Österreichs und Maltas, dem Haager Übereinkommen vom 15. November 1965 über die Zustellung gerichtlicher und außergerichtlicher Schriftstücke im Ausland in Zivil- oder Handelssachen im Interesse der Europäischen Union beizutreten"[5] anhängig.

Nicht anwendbar ist die Bestimmung auf Parteien, die ihren gewöhnlichen Aufenthalt im Land des zuständigen Gerichts haben; diesfalls kommt nationales Recht zur Anwendung.[6]

Kommt weder die **EuZustVO** noch das **HZÜ 1965** zur Anwendung (**Abs 1**), prüft das angerufene Gericht nach Maßgabe des **Sorgfaltsgrundsatzes** und des **Grundsatzes von Treu und Glauben,**[7] ob der Gegner ausfindig gemacht werden konnte. Kann der **Aufenthalt** der säumigen Partei **nicht ermittelt** werden, kann **wirksam nach nationalem Recht öffentlich zugestellt** werden,[8] wodurch **Säumnisfolgen eintreten.**[9] **5**

Bei der „**Aussetzung**" handelt es sich um einen, dem autonomen österr Recht unbekannten Unterbrechungstatbestand;[10] es soll jedoch nicht zum Verfahrensstillstand kommen, sondern das **Gericht** hat die **geeigneten Maßnahmen zu ergreifen,** um die gem Abs 1 erforderlichen **Feststellungen treffen** zu können.[11] **6**

Der Schutz, den Art 16 gewährleistet, wird durch den Anerkennungsverweigerungsgrund des **Art 40 lit b**[12] verstärkt, wobei es aber auf die Ordnungsmäßigkeit der Zustellung[13] des „verfahrenseinleitenden Schriftstücks" nicht ankommt, sondern nur darauf, dass „dem Beklagten, [. . .] das [. . .] Schriftstück nicht so rechtzeitig und in einer Weise zugestellt worden ist, dass er sich verteidigen konnte [. . .]".[14] **7**

Im Gegensatz zu Art 28 Brüssel Ia-VO entfällt in Art 16 jene Bestimmung (Art 28 Abs 1 Brüssel Ia-VO), die vorsieht, dass sich das Gericht von Amts wegen für unzuständig zu erklären hat, wenn sich der Bekl nicht auf das Verfahren einlässt und das Gericht nicht zuständig ist. An dieser Stelle kann grundsätzlich eine entsprechende Vorschrift entfallen, weil Art 15 ohnehin eine uneingeschränkte amtswegige Zuständigkeitsprüfung des Gerichts vorsieht.[15] Art 28 Abs 1 Brüssel Ia-VO ist ja deshalb notwendig, weil das Gericht a limine nur dann seine Unzuständigkeit von Amts wegen wahrnehmen darf, wenn ein anderes Gericht eines Mitgliedstaats ausschließlich zuständig ist. Liegt ein solcher Fall nicht vor, hat es dem Beklagten die Möglichkeit der Zuständigkeitsbegründung durch Einlassung in das Verfahren zu geben. Dieser Mechanismus macht eine Bestimmung notwendig, die vorsieht, dass bei Säumnis der beklagten Partei das Gericht seine Unzuständigkeit von Amts wegen aufzugreifen hat, weil eben keine Einlassung des Bekl erfolgt ist. **8**

---

5 KOM(2013) 338 endg.
6 *Bonomi* in *Bonomi/Wautelet* Art 16 Rz 3; *J. Schmidt* in BeckOGK BGB Art 16 EuErbVO Rz 8.
7 Vgl *Kropholler/von Hein*[9] Art 26 EuGVO Rz 9; EuGH C-327/10 Slg 2011, I-11543, *Hypotecny banka/ Lindner* Rz 52.
8 EuGH C-292/10 Slg 2012, *G/Visser* Rz 56 ff.
9 *Mayr* in *Czernich/Kodek/Mayr*[4] Art 28 EuGVVO Rz 15.
10 *Schoibl* in *Fasching/Konecny* V/1[2] Art 26 EuGVVO Rz 49 (Unterbrechungstatbestand „sui generis"); *Mayr* in *Czernich/Kodek/Mayr*[4] Art 28 EuGVVO Rz 16.
11 *Mayr* in *Czernich/Kodek/Mayr*[4] Art 28 EuGVVO Rz 16.
12 Siehe dazu dort Rz 11 ff.
13 So aber ohne Begründung *J. Schmidt* in BeckOGK BGB Art 16 EuErbVO Rz 15.
14 Vgl auch *Bonomi* in *Bonomi/Wautelet* Art 16 Rz 7.
15 *J. Schmidt* in BeckOGK BGB Art 16 EuErbVO Rz 2.

Im Rahmen der EuErbVO ist mit **einer Ausnahme** eine zuständigkeitsbegründende Einlassung in das Verfahren nicht vorgesehen: **Art 9** sieht vor, dass Parteien, die nicht durch eine Gerichtsstandsvereinbarung gebunden sind, die Unzuständigkeit des durch Vereinbarung angerufenen Gerichts rügen können, was zur Unzuständigkeit des Gerichts hinsichtlich aller Verfahrensparteien führt, dieses sich für unzuständig zu erklären hat und das gem Art 4 oder 10 zuständige Gericht das Verfahren zu führen hat. Art 9 Abs 1 bestimmt weiters, dass „das Gericht weiterhin zuständig [ist], wenn sich die Verfahrensparteien, die der Vereinbarung nicht angehören, auf das Verfahren einlassen, ohne den Mangel der Zuständigkeit des Gerichts zu rügen". **Ungeregelt** bleibt (daher) der Fall, was zu gelten hat, wenn **Parteien** vor dem durch Vereinbarung zuständigen Gericht zu laden sind und geladen werden, diese aber weder die Unzuständigkeit des Gerichts rügen, noch sich auf das Verfahren einlassen, weil sie untätig/**säumig** sind. ME ergibt sich aus der **systematischen Interpretation** von Art 9, 15 und 16, dass in diesem Fall das angerufene Gericht gem Art 15 seine **Unzuständigkeit** auszusprechen hat. „Schweigen" begründet eben keine Einlassung in das Verfahren, wodurch das Gericht folglich zur Durchführung des Verfahrens in der Sache hinsichtlich der säumigen Partei unzuständig ist. Die weitere **Vorgehensweise** ergibt sich sinngemäß aus **Art 9 Abs 2,** wonach bei „teilweiser" Unzuständigkeit sich das Gericht hinsichtlich aller Verfahrensparteien für unzuständig zu erklären hat. Dieses Ergebnis ist wenig erfreulich, weil eine säumige Partei eine Gerichtsstandsvereinbarung einer Parteienmehrheit (Art 5) zu Fall bringen kann, womit dieses Instrument, das zur Herstellung des Gleichlaufs von forum und ius dienen sollte, entwertet wird. Denkbar ist es, bei Teilbarkeit des Verfahrens und entsprechender Interessenabwägung zwischen der Wirksamkeit der Vereinbarung und den Interessen der säumigen Partei eine Zweiteilung des Verfahrens in Kauf zu nehmen.[16] Darüber wird der EuGH zu befinden haben.

Rechtshängigkeit

Art 17. (1) **Werden bei Gerichten verschiedener Mitgliedstaaten Verfahren wegen desselben Anspruchs zwischen denselben Parteien anhängig gemacht, so setzt das später angerufene Gericht das Verfahren von Amts wegen aus, bis die Zuständigkeit des zuerst angerufenen Gerichts feststeht.**

(2) **Sobald die Zuständigkeit des zuerst angerufenen Gerichts feststeht, erklärt sich das später angerufene Gericht zugunsten dieses Gerichts für unzuständig.**

Stammfassung.

Literatur: *Mansel,* Vereinheitlichung des internationalen Erbrechts in der Europäischen Gemeinschaft – Kompetenzfragen und Regelungsgrundsätze, in *Arkan/Yongalik/Sit* (Hrsg), FS Tugrul Ansay´a Armagan (2006) 204 f; *Rudolf,* Die Erbrechtsverordnung der Europäischen Union, NZ 2013/103; *Seyfarth,* Wandel der internationalen Zuständigkeit im Erbrecht (2012); *S. M. Weber,* Das Internationale Zivilprozessrecht erbrechtlicher Streitigkeiten (2012) 263 f.

---

16 In ErwGr 28 zur Gerichtsstandsvereinbarung wird ausgeführt, dass abhängig insb vom Gegenstand der Gerichtsstandsvereinbarung von Fall zu Fall bestimmt werden müsste, ob die Vereinbarung zwischen sämtlichen von dem Nachlass betroffenen Parteien geschossen werden müsste oder ob einige von ihnen sich darauf einigen könnten, eine spezifische Frage bei dem gewählten Gericht anhängig zu machen, sofern die diesbezügliche Entscheidung dieses Gerichts die Rechte der anderen Parteien am Nachlass nicht berühren würde.

Art 17 regelt die internationale Rechtshängigkeit in der Tradition von Art 29 Brüssel Ia-VO, **1**
Art 19 EuEheVO[1] und Art 12 EuUVO. Rechtshängigkeit liegt vor, wenn bei Gerichten verschiedener Mitgliedstaaten **Verfahren wegen desselben Anspruchs zwischen denselben Parteien** anhängig gemacht werden. In diesem Fall hat das später angerufene Gericht[2] das Verfahren von Amts wegen auszusetzen, bis die Zuständigkeit des zuerst angerufenen Gerichts feststeht. Sobald die Zuständigkeit des zuerst angerufenen Gerichts feststeht, erklärt sich das später angerufene Gericht für unzuständig.

Diese Vorschrift ergänzt Art 40 lit c, wonach eine Entscheidung nicht anerkannt wird, wenn sie mit einer Entscheidung unvereinbar ist, die in einem Verfahren zwischen denselben Parteien in dem Mitgliedstaat, in dem die Anerkennung geltend gemacht wird, ergangen ist. Weiters ergänzt sie Art 40 lit d, wonach eine Entscheidung nicht anerkannt wird, wenn sie mit einer früheren Entscheidung unvereinbar ist, die in einem anderen Mitgliedstaat oder in einem Drittstaat in einem Verfahren zwischen denselben Parteien wegen desselben Anspruchs ergangen ist, sofern die frühere Entscheidung die notwendigen Voraussetzungen für ihre Anerkennung in dem Mitgliedstaat, in dem die Anerkennung geltend gemacht wird, erfüllt. Art 17 soll also verhindern, dass es zu Situationen des Art 40 lit c oder d überhaupt kommt. Die Begriffe „desselben Anspruchs" und „denselben Parteien" sind daher in Art 17 und Art 40 gleich – autonom – auszulegen.

Die Begriffe „derselbe Anspruch" und **„dieselben Parteien"** sind dem **kontradiktorischen** **2**
Zweiparteiensystem entnommen und bedürfen in den außerstreitigen erbrechtlichen Konstellationen einer anderen, weiteren Auslegung. Daran, dass von dieser sowohl streitige als auch außerstreitige Verfahren erfasst werden sollen, kann kein Zweifel bestehen.[3] Es wurde auch schon erwähnt, dass es besser gewesen wäre, wie in Art 19 Abs 2 EuEheVO auf die Voraussetzung der Parteienidentität zu verzichten und in außerstreitigen Verfahren die Identität der Person des Erblassers als Abgrenzungskriterium heranzuziehen.[4] ME erscheint es idS in den außerstreitigen Verfahren sachgerecht, dass hinsichtlich „derselben Parteien" – sinngemäß – nicht auf den (nach österr Diktion) „formellen Parteibegriff" abgestellt wird, sondern hinsichtlich all jener Parteien das Verfahren als anhängig zu erachten sein wird, deren **Rechtssphäre vom Verfahren materiell (iSd anwendbaren Rechts) betroffen ist** („materieller Parteibegriff"), **auch wenn sich die materielle Parteistellung im konkreten Verfahren noch nicht aktualisiert hat,** weil die materielle Partei am Verfahren formell noch nicht beteiligt ist. Dies **entspricht** auch der **Systematik** der VO: Art 5 ermöglicht die Gerichtsstandsvereinbarung auf ein Gericht eines Mitgliedstaats, wenn der Erblasser das Recht dieses Landes als anwendbar gewählt hat. Stellt sich in einem solchen Verfahren heraus, dass nicht alle Parteien dieses Verfahrens der Gerichtsstandsvereinbarung angehören, so ist das Gericht weiterhin zuständig, wenn sich die der Vereinbarung nicht angehörenden Parteien auf das Verfahren einlassen, ohne die Zuständigkeit zu rügen. Wird die Zuständigkeit gerügt, erklärt sich das Gericht für unzuständig (Art 9 Abs 2); zuständig sind sodann die Gerichte gem Art 4 und 10. Dies wird aus österr Sicht etwa dann der Fall sein, wenn es im Zuge der Ver-

---

1 Zum weiteren Rechtshängigkeitsbegriff der EuEheVO vgl *Hess*, Europäisches Zivilprozessrecht § 7 Rz 40.
2 Zum verordnungsautonom bestimmten Zeitpunkt der Anrufung des Gerichts vgl Art 14.
3 Vor Art 4 Rz 24; *Dutta* in MünchKommBGB[6] Art 17 EuErbVO Rz 4; vgl noch zum Kommissionsvorschlag Art 13, der von „Klagen" handelte und dazu *Rauscher* in *Rauscher* Einf EG-ErbVO-E Rz 33.
4 *Dutta* in MünchKommBGB[6] Art 17 EuErbVO Rz 4.

lassenschaftsabhandlung um den (Nicht-) Bestand eines Erbrechts einer Partei und/oder die Gültigkeit eines Testaments geht und ein entsprechendes Verfahren in einem Mitgliedsland seitens des potentiellen Erben erhoben wird.

Über die **Reichweite des Begriffs** „dieselbe Partei" und die **Verknüpfung des Begriffsinhalts mit dem anwendbaren materiellen Recht** wird der EuGH im Vorabentscheidungsverfahren zu entscheiden haben. Wird der Begriff der „selben Partei" nicht entsprechend weit ausgelegt oder liegt nicht der „selbe Anspruch" vor, so liegen zumindest Verfahren vor, die im Zusammenhang stehen, weshalb sodann gem Art 18 vorzugehen wäre.

3 Ähnlich problematisch wie die Auslegung des Begriffs „derselben Partei" gestaltet sich jene des Begriffs **„derselbe Anspruch"**, womit in österr Begrifflichkeit derselbe „Verfahrensgegenstand" gemeint ist. Schon im Anwendungsbereich der EuGVVO erwies sich der EuGH bei der autonomen Interpretation „desselben Anspruchs" gem Art 27 EuGVVO mit seiner **Kernpunkttheorie**[5] als sehr großzügig. Im Wesentlichen zeichnet sich diese dadurch aus, dass zu prüfen ist, ob „Gegenstand" und „Grund" der Verfahren ident sind[6].

Unter **„Grund"** versteht der EuGH ursprünglich „den **Sachverhalt** und das Vertragsverhältnis, auf die die Klage gestützt wird".[7] In *Tatry*[8] und *Mærsk*[9] wird in der deutschen Sprachfassung auf die gleiche „Rechtsvorschrift" abgestellt; die dt Übersetzung[10] ist jedoch in ihrer Begrifflichkeit mE zu eng gewählt, weil nicht die gleiche Rechtsvorschrift – iSv Norm – gemeint ist, sondern dieselbe **„rechtliche Verpflichtung"**[11] („règle juridique" in der französischen Fassung), die als Grundlage des Verfahrens herangezogen wurde oder deren Vorliegen als solche verneint werden soll.

Als **„Gegenstand"** des Verfahrens sieht der EuGH den Zweck, das Ziel, die Absicht („le but") der „Klage" an; auf das Begehren und dessen Formulierung kommt es nicht an.

IdS ist hier etwa an die Gültigkeit und den Bestand eines Testaments oder dessen (implizite) Verneinung durch Berufung auf das gesetzliche Erbrecht als Grund für die Erbenstellung zu denken.[12]

Grundsätzlich wird den Begriff des **„selben Anspruchs"** der EuErbVO auch wiederum der **EuGH autonom auszulegen** haben. Ob dabei wegen des von der VO angestrebten Gleichlaufs von *forum* und *ius* auf das anwendbare Recht zurückgegriffen werden wird,[13] bleibt abzuwarten.

4 Setzt man nun die, bislang isoliert, im Lichte ihres Ursprungs dargestellte Bestimmung in den systematischen Kontext der vorliegenden VO, so zeigt sich, dass ihre Bedeutung iZm dem **„zuständigkeitsrechtlichen Streitgegenstandsbegriff"**, wie er in der **Brüssel Ia-VO**

---

5 Vgl nur *Kropholler/von Hein*[9] Art 27 EuGVO Rz 7 mwN.
6 Vgl nur *Kropholler/von Hein*[9] Art 27 EuGVO Rz 6 mwN.
7 EuGH C-144/86 Slg 1987, I-4861, *Gubisch Maschinenfabrik/Palumbo*.
8 EuGH C-406/92 Slg 1994, I-5439, *Tatry/Maciej Rataj*.
9 EuGH C-39/02 Slg 2004, I-9657, *Mærsk Olie & Gas*.
10 Die interne Arbeitssprache des EuGH ist Französisch; vgl Sprachenregelung des Gerichtshofs der Europäischen Union, Abs 4 und 9; http://curia.europa.eu/jcms/jcms/Jo2_10739/?hlText=Sprachenregelung (30. 3. 2015).
11 Die dt Übersetzung des U EuGH C-406/92 Slg 1994, I-5439, *Tatry/Maciej Rataj* erweist sich als zu eng.
12 Vgl das Bsp oben Rz 2.
13 Vgl zum Fehlen eines einheitlichen Erbrechts Art 3 insb Art 7.

aufgrund der konkurrierenden Zuständigkeiten entwickelt wurde, hier nur eine **untergeordnete Rolle** spielt: Das Zuständigkeitssystem der EuErbVO normiert grundsätzlich eine **Verfahrenskonzentration**[14] – erfasst sind „alle Entscheidungen in Erbsachen für den gesamten Nachlass" – bei den Gerichten jenes Mitgliedslandes, in dem der Erblasser seinen letzten gewöhnlichen Aufenthalt hatte. Diese kann allenfalls infolge einer Rechtswahl des Erblassers durch **Verweisung vor ein sachnäheres Gericht auf Antrag** (Art 6 lit a) oder eine **Gerichtsstandsvereinbarung** (Art 6 lit b) oder durch **ausdrückliche Anerkennung der Zuständigkeit** (Art 7 lit c) in ein anderes Mitgliedsland verlagert werden. Die Zuständigkeitsbegründung durch **rügelose Einlassung** auf das Verfahren ist nur im Ausnahmefall der Verschiebung der Zuständigkeit durch Gerichtsstandvereinbarung durch jene Partei(en), die durch die Vereinbarung nicht gebunden ist (sind), vorgesehen (Art 9). Der Fall von konkurrierenden zuständigen Gerichten in derselben Erbsache soll danach also grundsätzlich ausgeschlossen sein, weil ja alle Verfahren, eine Erbsache betreffend, in einem Mitgliedsland stattfinden. Die rein innerstaatliche Zuständigkeitsordnung bleibt unberührt.

Dennoch kann es auch im Rahmen der EuErbVO zu **konkurrierender Zuständigkeit** der **5** Gerichte kommen: Denkbar ist etwa jener Fall, dass die **Gerichte** zweier oder **mehrerer Mitgliedstaaten** die **Zuständigkeit für sich in Anspruch nehmen,** weil sie den **letzten gewöhnlichen Aufenthalt**[15] des Erblassers **in ihrem Land verorten.**[16] Maßgebliche Bedeutung auch für die Beurteilung der Rechtshängigkeit wird also die **Auslegung** des „letzten gewöhnlichen Aufenthalts" erlangen, von dem es nach dem Willen des Europäischen Gesetzgebers nur einen in den Mitgliedstaaten geben soll.[17] Diese Frage der „endgültigen" Zuständigkeit wird durch das in Art 17 angeordnete **Prioritätsprinzip** nach dem Zeitpunkt der Anhängigkeit (Art 14) eindeutig gelöst.

Beispiel: Ein Erblasser verbringt seinen Lebensabend gleichteilig in Österreich und Spanien.[18] Es gibt Liegenschaften in beiden Ländern; in Österreich befindet sich ein Erbe (etwa der Sohn) und in Spanien die testamentarisch bedachte Lebensgefährtin. Der Sohn veranlasst mit der Sterbeurkunde die Verlassenschaftsabhandlung in Österreich, bevor in Spanien das Verfahren eröffnet wird. Grundsätzlich wird man in dieser Situation davon ausgehen müssen, dass das später angerufene spanische Gericht das Verfahren auszusetzen hat, bis das österr Gericht über seine Zuständigkeit – insb das Vorliegen des letzten gewöhnlichen Aufenthalts – entschieden hat. Nur wenn es eine Rechtswahl auf spanisches Recht gibt, kann sich das österr Gericht auf Antrag, etwa der in Spanien ansässigen Lebensgefährtin, bei entsprechender Nahebeziehung der spanischen Gerichte (Art 6 lit a) zugunsten dieser für unzuständig erklären. Dies wird selbst dann gelten müssen, wenn die Erbenstellung der Lebensgefährtin wegen Bestreitung des Testaments durch den Sohn strittig ist.

Weitere **Konkurrenzen** können in Fällen der **subsidiären Zuständigkeit (Art 10)** entstehen. **6** Die Gerichte eines Mitgliedstaates, wo sich Nachlassvermögen befindet, sind für Entscheidungen in Erbsachen für den gesamten Nachlass zuständig, wenn der Erblasser seinen gewöhnlichen Aufenthalt im Zeitpunkt des Todes nicht in einem Mitgliedstaat hatte, aber die

---

14 Vgl auch Vor Art 4 Rz 24 f.
15 Vgl dazu Art 4 Rz 3 ff.
16 Vgl dazu auch *Seyfarth,* Wandel 165 ff (Diss Konstanz http://nbn-resolving.de/urn:nbn:de: bsz:352 – 192990 [31. 3. 2015]).
17 Vgl dazu ErwGr 23 f; *Rudolf,* NZ 2013/103, 234 und Art 4 Rz 9 ff.
18 Zur Problematik der „Rentnerkolonien" ua Phänomenen vgl etwa *Hess* in *Dutta/Herrler* Rz 8 ff mwN.

Staatsangehörigkeit des betreffenden Mitgliedstaats besaß. Befindet sich in einer solchen Situation Nachlassvermögen in mehreren Mitgliedstaaten, deren Staatsbürgerschaft der Erblasser besaß (etwa bei **Doppelstaatsbürgerschaft**), kann eine konkurrierende Zuständigkeit von Mitgliedstaaten bestehen, die gem Art 17 zu lösen ist.

Kann an eine Staatsangehörigkeit nicht angeknüpft werden, kommt es gem **Art 10 lit b** darauf an, dass der Erblasser seinen vorhergehenden gewöhnlichen Aufenthalt in dem betreffenden Mitgliedstaat hatte, sofern die Änderung dieses gewöhnlichen Aufenthalts zum Zeitpunkt der Anrufung des Gerichts nicht länger als fünf Jahre zurückliegt. Zu einer Konkurrenz kann es hier kommen, wenn es, wegen unterschiedlicher Ansicht der mitgliedstaatlichen Gerichte, **mehrere „gewöhnliche Aufenthalte"**[19] in Mitgliedstaaten in den letzten fünf Jahren gab. Zu einer positiven Zuständigkeitskonkurrenz kann es schließlich noch nach dem Zuständigkeitstatbestand des **Art 10 Abs 2** kommen, wenn **Nachlassvermögen in verschiedenen Mitgliedstaaten** belegen ist und eine Zuständigkeit nach Abs 1 in keinem Mitgliedstaat gegeben ist.

7 Ebenfalls Raum für konkurrierende Zuständigkeit bietet **Art 11,** wonach mitgliedstaatliche Gerichte zuständig sind, wenn es nicht zumutbar ist oder es sich als unmöglich erweist, ein Verfahren in einem Drittstaat, zu dem die Sache einen engen Bezug aufweist, einzuleiten oder zu führen. Die Sache muss einen **ausreichenden Bezug zu dem Mitgliedstaat des angerufenen Gerichts** aufweisen. Ein solcher kann auch in **mehreren Mitgliedstaaten** gegeben sein.

8 Ein **„forum running"** ist – in einem eingeschränkten Rahmen – daher dennoch möglich, wenn ein Erbe oder Erbprätendent ein Interesse daran hat, dass vor einem bestimmten Gericht das Verfahren zuerst eröffnet wird und dadurch ein ihm günstigeres Recht zur Anwendung kommt. Freilich wird sich dies nur dann auszahlen, wenn die Verfahrenseröffnung in diesem Land aufgrund einer entsprechenden Nahebeziehung des Erblassers zu diesem Mitgliedstaat argumentierbar ist; die Zuständigkeit wird ja von Amts wegen geprüft.

9 **Offen** bleibt bei all dem aber die Frage, was zu geltend hat, wenn es um die **Koordinierung von (strittigen) Einzelansprüchen,** etwa Vermächtnisnehmern, **mit Abhandlungsverfahren,** an denen alle potentiellen Erben und Berechtigten beteiligt sind oder zu beteiligen sind,[20] in verschiedenen Mitgliedsländern geht. Geht man von der Anhängigkeit der Sache und Parteiidentität aus, hat das später angerufene Gericht das Verfahren auszusetzen, bis die Zuständigkeit des erstangerufenen Gerichts feststeht. Indes will das **Prioritätsprinzip nicht** recht **passen,**[21] weil es nicht um die Lösung einer Zuständigkeitskonkurrenz geht, sondern darum, dass/ob der geltend gemachte Einzelanspruch am Verlassenschaftsverfahren teilzunehmen hat oder nicht.[22] Hier wäre die Lösung über eine **Anordnung der Kooperation der Gerichte**[23] zielführender gewesen. *Hess* schlägt daher vor, dass dies durch die nationalen Gesetzgeber ergänzt werden sollte; es wurde dem jedoch insofern widersprochen,[24] als eine einseitig angeordnete „Koordination" kaum zielführend sein könne. Eine konzertierte nationale Aus-

---

19 Vgl dazu Art 4 Rz 10 und 23 ff.
20 Vgl Rz 2.
21 AA offenbar *Seyfarth,* Wandel 231.
22 Vgl zu Fällen nach dt Rechtslage *S. M. Weber,* Das Internationale Zivilprozessrecht 263 f.
23 Vgl *Hess* in *Dutta/Herrler* Rz 26.
24 Diskussionsbericht zu *Hess/Geimer/Lange* in *Dutta/Herrler* Rz 6.

führungsgesetzgebung aller Mitgliedstaaten wird kaum zu erwarten sein.[25] Dem Vorschlag von *Hess,* an das proaktive Vorgehen der nationalen Gesetzgeber zu appellieren, ist mE der Vorzug vor resignativer Inaktivität oder Zweckminimalismus zu geben; der Grundstein für ein solches Vorgehen ist in Art 18 Abs 2 gelegt (vgl dazu dort). Was für im Zusammenhang stehende Verfahren möglich ist, sollte erst Recht für das Schicksal einzelner Ansprüche im Rahmen eines als Einheit zu betrachtenden Nachlassverfahrens gelten.

Als sinnvoll wird die Bestimmung bezeichnet, wenn es um die **Abgrenzung zum Streitver- 10 fahren** geht, weil das Gericht nicht zu entscheiden habe, ob einen Aussetzung des Verfahrens nach den Bestimmungen der Brüssel Ia-VO oder der EuErbVO erfolgt.[26] Dies ist in der Tat praktisch, solange eine klare Abgrenzung des Anwendungsbereiches der EuErbVO noch nicht erfolgt ist.[27] Nicht ausdrücklich geregelt ist etwa, bei welchem Gericht **Gläubiger des Erblassers strittige Ansprüche gegen den Nachlass** geltend zu machen haben. Art 23 regelt zwar, dass sich die Befriedigung der Gläubiger nach dem Erbstatut richtet; Bestand, Umfang und Durchsetzbarkeit der Verbindlichkeiten richten sich allerdings nach dem jeweiligen Forderungsstatut.[28] Die entsprechenden Klagen zur Durchsetzung des Anspruchs werden daher auch **nicht** der **EuErbVO** unterliegen.[29] Diesem Ergebnis entspricht die vergleichbare Lage nach der **EuInsVO;** Klagen über den Bestand einer Forderung unterfallen nicht der EuInsVO, auch wenn es dabei letzten Endes um die Beteiligungsberechtigung am Insolvenzverfahren geht.[30]

Die Bestimmung wird sich weiters **auch dann bewähren,** wenn die Frage der **Rechtshängig- 11 keit zwischen streitigen Verfahren** im Anwendungsbereich der EuErbVO zu klären ist.

Schließlich ist zu erwähnen, dass Art 17 jene Konstellation nicht berücksichtigt, in der ein 12 gerichtliches Verfahren anhängig ist und in „derselben Sache" in einem anderen Mitgliedstaaten eine **außergerichtliche Erledigung,** etwa bei einem Notar – sofern dieser nicht als Gericht nach Art 3 Abs 2 tätig wird –, erfolgt (vgl aber auch Art 8). ErwGr 36 Satz 2 führt dazu aus, dass sich die Beteiligten über die Beilegung des positiven Kompetenzkonflikts einigen sollten; kann eine solche nicht erfolgen, soll das nach Art 4 ff zuständige Gericht über die Erbsache entscheiden.

Im Zusammenhang stehende Verfahren

Art 18. (1) **Sind bei Gerichten verschiedener Mitgliedstaaten Verfahren, die im Zusammenhang stehen, anhängig, so kann jedes später angerufene Gericht das Verfahren aussetzen.**

(2) **Sind diese Verfahren in erster Instanz anhängig, so kann sich jedes später angerufene Gericht auf Antrag einer Partei auch für unzuständig erklären, wenn das zuerst angerufene Gericht für die betreffenden Verfahren zuständig ist und die Verbindung der Verfahren nach seinem Recht zulässig ist.**

---

25 Vgl auch Art 18 Abs 2, der eine Verbindung der Verfahren nach Maßgabe des nationalen Rechts erlaubt.
26 Vgl *Hess* in *Dutta/Herrler* Rz 26.
27 Zum Anwendungsbereich vgl Art 3; *S. M. Weber,* Das Internationale Zivilprozessrecht 263.
28 *Dutta* in MünchKommBGB[6] Art 23 Rz 25.
29 Vgl schon *Mansel,* Vereinheitlichung 204 f und insb FN 52.
30 *Paulus*[4] Art 25 EuInsVO Rz 8; vgl zur internationalen Zuständigkeit für insolvenznahe Prozesse *Dellinger/Oberhammer/Koller,* Insolvenzrecht[3] Rz 555 mwN.

(3) Verfahren stehen im Sinne dieses Artikels im Zusammenhang, wenn zwischen ihnen eine so enge Beziehung gegeben ist, dass eine gemeinsame Verhandlung und Entscheidung geboten erscheint, um zu vermeiden, dass in getrennten Verfahren widersprechende Entscheidungen ergehen.

Stammfassung.

1   Art 18 hat Art 30 Brüssel Ia-VO und Art 13 EuUVO zum Vorbild. Die EuEheVO enthält keine entsprechende Vorschrift. Danach kann das später angerufene Gericht gem Abs 1 das Verfahren aussetzen und die Entscheidung des erstangerufenen Gerichts abwarten, oder auf Antrag sich für unzuständig erklären, wenn das zuerst angerufene Gericht das Verfahren des später angerufenen Gerichts mit dem beim erstangerufenen Gericht anhängigen Verfahren verbinden kann (Abs 2).

Ebenso wie die Bestimmungen der Art 14 – 17 ist **Art 18** auf das kontradiktorische, streitige Verfahren hin ausgerichtet[1] und im gegebenen Zusammenhang **schlecht geeignet, eine effektive Verfahrenskoordination zu bewirken.** Insb die schlichte Aussetzung des später eingeleiteten Verfahrens wird den Anforderungen oft wenig gerecht;[2] schon eher scheint die Verbindung der Verfahren hier zielführend. Diese ist jedoch leider nur für den Fall vorgesehen, dass das nationale Recht die Verbindung vorsieht. Diese Möglichkeit sollten die nationalen Gesetzgeber eröffnen, um eine zügige und effiziente Nachlassabwicklung zu ermöglichen.[3]

Es liegt, wie schon nach der Brüssel Ia-VO, auf der Hand, dass, je weiter die Bestimmung der Anhängigkeit nach der VO zu definieren ist,[4] der Anwendungsbereich von Art 18 umso kleiner ist.

2   Als **im Zusammenhang stehend** sind jedenfalls alle Verfahren anzusehen, die **denselben Erbfall**[5] und **das Vermögen des Nachlasses betreffen,** sofern nicht ohnehin derselbe Verfahrensgegenstand vorliegt. Dies wäre etwa der Fall, wenn ein (potenzieller) Erbe auf Herausgabe eines Nachlassgegenstands in einem anderen Land, als jenem, wo das Verlassenschaftsverfahren geführt wird, klagt.[6] Insb hier ist das Prioritätsprinzip unpassend; wird das Verlassenschaftsverfahren später als die Herausgabeklage anhängig, wird es kaum Sinn machen, wenn das später angerufene Gericht das Verfahren aussetzt; denkbar ist allenfalls eine teilweise Aussetzung, sofern eine Teilung des Verfahrensgegenstandes möglich ist. Dass es sich

---

1   Vgl dazu Rz 2.
2   Vgl auch *Rauscher* in *Rauscher,* Einf EG-ErbVO-E Rz 34 noch im Hinblick auf den Kommissionsentwurf.
3   Vgl schon Art 17 Rz 9.
4   Vgl Art 17 Rz 4.
5   Vgl *Dutta* in MünchKommBGB[6] Art 18 EuErbVO Rz 2. Der von *Dutta* unter Berufung auf *Rauscher* angesprochene Fall, dass zwei mitgliedstaatliche Gerichte den letzten gewöhnlichen Aufenthalt bei konkurrierenden Erbscheinanträgen unterschiedlich beurteilen, betrifft eindeutig denselben Erbfall und mE auch denselben Verfahrensgegenstand; dies war, anders als dies *Dutta* offenbar annimmt, wohl auch von *Rauscher* so gemeint, der hinsichtlich der Situation nach dem Kommissionsvorschlag davon ausging, dass Art 13 über die Anhängigkeit nur auf Erbprozesse anzuwenden sei; Anhängigkeitskonflikte der rechtsfürsorgenden Verfahren hätten selbst dann über Art 14 gelöst werden müssen, wenn „Identität" der Verfahrensgegenstände bestanden hätte (s *Rauscher* in *Rauscher,* Einf EG-Erb-VO-E Rz 34).
6   Siehe auch *Hess* in *Dutta/Herrler* Rz 26.

um eine Ermessensentscheidung des Gerichts handelt, erleichtert die Handhabe, unterstützt aber nicht bei einer effizienten Verfahrenskoordination.[7]

Einstweilige Maßnahmen einschließlich Sicherungsmaßnahmen

Art 19. Die im Recht eines Mitgliedstaats vorgesehenen einstweiligen Maßnahmen einschließlich Sicherungsmaßnahmen können bei den Gerichten dieses Staates auch dann beantragt werden, wenn für die Entscheidung in der Hauptsache nach dieser Verordnung die Gerichte eines anderen Mitgliedstaats zuständig sind.

Stammfassung.

Literatur: *Margonski,* Grenzüberschreitende Tätigkeit des Nachlasspflegers in deutsch-polnischen Nachlasssachen (2012).

Übersicht

		Rz
I.	Normzweck	1
II.	Parallelbestimmungen im Unionsrecht	2
III.	Anwendungsvoraussetzungen	4
IV.	Maßnahmen	9
V.	Verständigungen	13
VI.	Außerkrafttreten der Maßnahme	14

I. Normzweck

Art 19 dient zum einen dem Schutz der gefährdeten Partei und zum anderen der Sicherung **1** des Nachlassvermögens. Eine Person, deren Anspruch (auf Nachlassvermögen oder einzelne -Gegenstände) gefährdet oder verletzt ist und die daher möglichst rasch gerichtliche Hilfe in Form einstweiliger Maßnahmen benötigt, soll nicht gezwungen werden, sich an ein uU weit entferntes Hauptsachegericht zu wenden, mit dessen Verfahrenssprache und -bestimmungen sie nicht vertraut ist.[1]

II. Parallelbestimmungen im Unionsrecht

Art 19 ist nahezu wortident mit **Art 35 Brüssel Ia-VO**[2] und mit **Art 14 EuUVO;** außerdem **2** entspricht die Bestimmung im Wesentlichen Art 20 Abs 1 Brüssel IIa-VO. Somit können die zu diesen unionrechtlichen Regelungen ergangenen Entscheidungen und die dazu vorliegende Lit[3] auch zur Interpretation des Art 19 herangezogen werden.[4]

Darüber hinaus bietet sich auch eine **analoge Anwendung des Art 20 Abs 2 Brüssel IIa-VO** **3** zur Frage der Koordination von Hauptsache- und Maßnahmegericht an.[5]

---

7 Vgl dazu schon Art 17 Rz 9.

1 *Simotta* in *Fasching/Konecny* V/1[2] Art 31 EuGVVO Rz 51.
2 Bzw dessen Vorgängerbestimmung Art 31 Brüssel I-VO.
3 Siehe va die umfangreichen Ausführungen von *Simotta* in *Fasching/Konecny* V/1[2] Art 31 EuGVVO und V/2[2] Art 20 EuEheKindVO und die dort angeführte weiterführende Lit.
4 *Simotta* in *Fasching/Konecny* I[3] § 77 JN Rz 159; *Dutta* in MünchKommBGB[6] Art 19 EuErbVO Rz 2.
5 Vgl Rz 13.

III. Anwendungsvoraussetzungen

4 Ähnlich dem Art 13 setzt auch Art 19 grundsätzlich **Allzuständigkeit eines anderen Mitgliedstaats** nach Art 4–11 voraus,[6] iSd Art 35 Brüssel Ia-VO somit einen Auslandsbezug.[7] Ist deshalb jener Mitgliedstaat, in dem die einstweilige Maßnahme oder Sicherungsmaßnahme erlassen werden soll, ohnehin allzuständig, erübrigt sich ein Rückgriff auf Art 19; das Hauptsachegericht kann alle einstweiligen oder sichernden Maßnahmen setzen, die erforderlich sind[8] und im Rahmen des mitgliedstaatlichen Verfahrensrechts zur Verfügung stehen.[9]

Ist hingegen ein Drittstaat international zuständig, bleibt Art 19 unanwendbar.[10] Dies ist schon allein deshalb naheliegend, weil ein Drittstaat regelmäßig in Rechtsordnungen von Mitgliedstaaten vorgesehene einstweilige Maßnahmen oder Sicherungsmaßnahmen nicht anerkennen wird.

5 Im Gegensatz etwa zu Art 10, 11 und 13 kommt es für eine Maßnahmezuständigkeit eines Mitgliedstaats nach Art 19 nach deren Wortlaut nicht darauf an, dass zu diesem Staat irgendeine Nahebeziehung des Erblassers oder einer Partei (gewöhnlicher Aufenthalt, Staatsangehörigkeit) oder dortige Nachlassbelegenheit besteht. Jedoch ist auch hier[11] eine **reale Verknüpfung** zwischen dem Gegenstand der beantragten Maßnahme und der gebietsbezogenen Zuständigkeit der Gerichte des Mitgliedstaats erforderlich;[12] dadurch soll gewährleistet werden, dass kein sachfernes Gericht über einen Maßnahmenantrag entscheiden kann.[13] Eine reale Verknüpfung besteht nur zu den Gerichten jenes Mitgliedstaats, in dessen Hoheitsgebiet die Maßnahme vollzogen werden soll,[14] womit sich Art 19 regelmäßig auf unbewegliches Vermögen oder registrierte (Inhaber)Rechte beschränken wird.[15]

6 Es ist – im Gegensatz zu Art 13[16] – nicht Voraussetzung, dass das Recht des allzuständigen Mitgliedstaats die in einem anderen Mitgliedstaat **angestrebte Maßnahme ebenfalls kennt.** Dies kann uU zu einem forum-shopping führen, indem die gefährdete Partei sich jenen Mitgliedstaat aussucht, der ihr bestmöglichen Schutz bietet oder dessen Verfahrensrecht die geringsten Anforderungen im Provisorialverfahren stellt.[17] Allerdings muss die gefährdete Partei jeweils eine reale Verknüpfung zu diesen (mehreren) Staaten haben.[18]

7 Art 19 spricht nur von **beantragten Maßnahmen.**[19] Zwar will ein Teil der Lit[20] unter Hinweis auf Ratsdokument 5811/10 die Bestimmung auch auf **von Amts wegen** zu treffende

---

6 *Dutta* in MünchKommBGB[6] Art 13 EuErbVO Rz 1.
7 Dazu *Simotta* in *Fasching/Konecny* V/1² Art 31 EuGVVO Rz 13 ff.
8 EuGH C-391/95 Slg 1998, I-7091, *Van Uden/Deco-Line; Köhler* in *Kroiß/Horn/Solomon* Art 19 EuErbVO Rz 3.
9 *Köhler* in *Kroiß/Horn/Solomon* Art 19 EuErbVO Rz 3.
10 Unklar, möglicherweise aA *Köhler* in *Kroiß/Horn/Solomon* Art 19 EuErbVO Rz 1.
11 *Köhler* in *Kroiß/Horn/Solomon* Art 19 EuErbVO Rz 2.
12 Vgl zu Art 35 Brüssel Ia-VO EuGH C-391/95 Slg 1998, I-7091, *Van Uden/Deco-Line* IPRax 1999, 240 (*Heß/Vollkommer* 220).
13 *Simotta* in *Fasching/Konecny* V/1² Art 31 EuGVVO Rz 126.
14 Vgl die Lit-Nachweise bei *Simotta* in *Fasching/Konecny* V/1² Art 31 EuGVVO Rz 127.
15 IdS wohl auch *Köhler* in *Kroiß/Horn/Solomon* Art 19 EuErbVO Rz 2.
16 Siehe dort Rz 6.
17 Ausf *Simotta* in *Fasching/Konecny* V/1² Art 31 EuGVVO Rz 54.
18 Rz 5.
19 So auch *Simotta* in *Fasching/Konecny* I³ § 77 JN Rz 159, insb § 107 JN Rz 15.
20 *Margonski* 182; *Dutta* in MünchKommBGB[6] Art 13 EuErbVO Rz 4.

Maßnahmen anwenden. Dies widerspricht aber zum einen deren klarem Wortlaut, zum anderen scheidet auch eine teleologische Interpretation in diese Richtung aus, differenzieren doch auch die einschlägigen Parallelnormen des Unionsrechts: Während Art 35 Brüssel Ia-VO[21] und Art 14 EuUVO ausdrücklich von Anträgen sprechen, verzichtet Art 20 Abs 1 Brüssel IIa-VO auf dieses Erfordernis, was sich durchaus mit dem Charakter der zT von dieser VO betroffenen Verfahren erklären lässt (Rechtsfürsorgeverfahren, Pflegschaftsverfahren). Jene Verfahren, die von der EuErbVO erfasst werden, liegen jedoch näher bei der Brüssel Ia-VO und der EuUVO als bei der Brüssel IIa-VO.

Dass das Hauptverfahren in einem anderen Mitgliedstaat bereits anhängig sein muss, verlangt Art 19 nicht. Es bleibt deshalb bei der nach österr Recht bestehenden Möglichkeit, eine Provisorialmaßnahme auch schon vor Einleitung des Hauptverfahrens zu beantragen (vgl § 391 EO).[22]   **8**

IV. Maßnahmen

Art 19 sieht – wie auch die unionsrechtlichen Parallelbestimmungen – keine eigenen einst-   **9** weiligen oder Sicherungsmaßnahmen vor, sondern **verweist ausschließlich auf das mitgliedstaatliche Recht**.[23] Die Frage, was alles eine einstweilige Maßnahme bzw eine Sicherungsmaßnahme iSd Art 19 ist, ist allerdings **autonom auszulegen;** der EuGH,[24] dessen Rsp zu Art 35 Brüssel Ia-VO insoweit auch auf Art 19 anzuwenden ist,[25] versteht darunter Entscheidungen, die für die Zeit bis zur Erlassung der Entscheidung des in der Hauptsache zuständigen Gerichts eine Veränderung der Sach- oder Rechtslage verhindern sollen, um Rechte zu sichern.[26] Maßgeblich ist somit, dass die Maßnahme der **vorläufigen Sicherung von – im Rahmen der Hauptsache abschließend zu klärenden – Rechtspositionen** dient.[27]

Dabei kann es im Einzelfall zu **schwierigen Abgrenzungsfragen** zwischen Sachrecht und   **10** Verfahrensrecht kommen.[28] Für den österr Rechtsbereich fallen – soweit es sich bei der Hauptsache etwa um Streitverfahren wie Erbschafts- oder Pflichtteilsklagen udgl handelt [29] – die **einstweiligen Verfügungen nach §§ 378 ff EO** in den Anwendungsbereich des Art 19.[30]

Im **Verlassenschaftsverfahren** selbst ist zu denken etwa an   **11**

- Sicherstellung oder Befriedigung der Gläubiger nach § 811 ABGB
- Sicherung der Verlassenschaft nach § 147 AußStrG

---

21 Ebenso *Simotta* in *Fasching/Konecny* V/1² Art 31 EuGVVO Rz 125.
22 Vgl *Simotta* in *Fasching/Konecny* V/1² Art 31 EuGVVO Rz 91.
23 *Köhler* in *Kroiß/Horn/Solomon* Art 19 EuErbVO Rz 1; vgl auch die Lit-Nachweise zu Art 35 Brüssel Ia-VO bei *Simotta* in *Fasching/Konecny* V/1² Art 31 EuGVVO Rz 64; ebenso *Simotta* in *Fasching/Konecny* V/1² Art 31 EuGVVO Rz 66.
24 Statt vieler s EuGH C-104/03 Slg 2005, I-3481, *St. Paul Dairy/Unibel Exser* IPRax 2007, 208 (*Heß/ Zhou* 183); weitere Nachweise bei *Simotta* in *Fasching/Konecny* V/1² Art 31 EuGVVO Rz 90.
25 *Köhler* in *Kroiß/Horn/Solomon* Art 19 EuErbVO Rz 2.
26 Ausf dazu *Simotta* in *Fasching/Konecny* V/1² Art 31 EuGVVO Rz 92–100.
27 *Köhler* in *Kroiß/Horn/Solomon* Art 19 EuErbVO Rz 2.
28 *Dutta* in MünchKommBGB⁶ Art 13 EuErbVO Rz 3.
29 Dazu Vor Art 4 Rz 24 f.
30 Für den dt Rechtsbereich *Köhler* in *Kroiß/Horn/Solomon* Art 19 EuErbVO Rz 2.

- Absonderung der Verlassenschaft vom Vermögen des Erben nach § 812 ABGB, § 175 AußStrG[31]
- Erhebungen nach § 146 AußStrG
- Erbenaufruf nach § 158 AußStrG und
- Gläubigerkonvokation nach §§ 813 ABGB, § 174 AußStrG.

12 Die **Bestellung eines Verlassenschaftskurators** dient weniger der Nachlasssicherung als der Nachlassverwaltung; als solche ist sie nach Art 23 Abs 2 lit f dem allgemeinen Erbstatut zugewiesen und unterliegt nicht Art 19.[32] Es wäre auch kaum als praktisch anzusehen, wenn etwa in mehreren Mitgliedstaaten verschiedene Verlassenschaftskuratoren nach Art 19 bestellt würden, die dann alle zusammen im Hauptverfahren den Nachlass vertreten.

V. Verständigungen

13 Das Maßnahmegericht muss das Hauptsachegericht von der Maßnahme in Kenntnis setzen.[33]

VI. Außerkrafttreten der Maßnahme

14 Art 19 enthält zwar keine dem Art 20 Abs 2 Brüssel IIa-VO vergleichbare Regelung, wonach die Maßnahmen außer Kraft treten, wenn das Gericht des Mitgliedstaats, das für die Entscheidung in der Hauptsache zuständig ist, die Maßnahmen getroffen hat, die es für angemessen hält. Allerdings spricht nichts dagegen, diese Regelung auch auf nach Art 19 ergriffene Maßnahmen anzuwenden.[34]

15 Daraus folgt aber auch, dass nach Art 19 immer nur Maßnahmen getroffen werden können, die die Entscheidung in der Hauptsache nicht vorweg nehmen; in einem solchen Fall würden nämlich die Zuständigkeitsnormen der VO umgangen werden.[35] Das Maßnahmegericht muss immer dafür Sorge tragen, dass die Maßnahme **wieder rückgängig gemacht** werden kann.[36]

16 Aufgrund eines Größenschlusses tritt eine nach Art 19 erlassene Maßnahme nicht nur außer Kraft, wenn das Hauptsachegericht eine andere – also inhaltlich gegenläufige – Maßnahme trifft; vielmehr kann das Hauptsachegericht die Maßnahme auch ablehnen (aufheben), dh selbst und ausdrücklich außer Kraft setzen.[37]

---

31 Für den dt Rechtsbereich *Dutta* in MünchKommBGB[6] Art 13 EuErbVO Rz 3; ebenso *Margonski*, Grenzüberschreitende Tätigkeit 186 f.

32 Für den dt Rechtsbereich *Dutta* in MünchKommBGB[6] Art 13 EuErbVO Rz 3.

33 *Margonski*, Grenzüberschreitende Tätigkeit 185; *Dutta* in MünchKommBGB[6] Art 13 EuErbVO Rz 5; vgl auch EuGH C-523/07 Slg 2009, I-2805, *Korkein hallinto-oikeus*.

34 *Martiny* in *Frieser*[3] EuErbVO Rz 87; *Dutta* in MünchKommBGB[6] Art 13 EuErbVO Rz 2.

35 *Köhler* in *Kroiß/Horn/Solomon* Art 19 EuErbVO Rz 2; vgl auch EuGH C-391/95 Slg 1998, I-7091, *Van Uden/Deco-Line*.

36 *Köhler* in *Kroiß/Horn/Solomon* Art 19 EuErbVO Rz 2, der die Auferlegung von Sicherheitsleistungen verlangt.

37 *Simotta* in *Fasching/Konecny* V/2[2] Art 20 EuEheKindVO Rz 49.

Kapitel III
Anzuwendendes Recht

Universelle Anwendung

Art 20. Das nach dieser Verordnung bezeichnete Recht ist auch dann anzuwenden, wenn es nicht das Recht eines Mitgliedstaats ist.

Stammfassung.

Literatur: *Buschbaum/Kohler,* Vereinheitlichung des Erbkollisionsrechts in Europa – Eine kritische Würdigung des Kommissionsvorschlags zur Erbrechtsverordnung, GPR 2010, 106, 162; *Majer,* Die Geltung der EU-Erbrechtsverordnung für reine Drittstaatensachverhalte, ZEV 2011, 445; *Richters,* Anwendungsprobleme der EuErbVO im deutsch-britischen Rechtsverkehr, ZEV 2012, 576.

Übersicht

		Rz
I.	Grundlagen	1
II.	Tatbestand	5
III.	Rechtsfolge	7

I. Grundlagen

Art 20 enthält das **Prinzip der universellen Anwendung.** Die in der VO vorgesehenen Verweisungen können zur Anwendung des Rechts eines jeden Staates führen. Es muss sich dabei nicht um das Recht eines Mitgliedstaats handeln. Gleichartige Bestimmungen sind auch anderen Rechtsakten des unionsrechtlichen Kollisionsrechts enthalten, namentlich in Art 2 Rom I-VO, Art 3 Rom II-VO und Art 4 Rom III-VO. Ähnliche Bestimmungen finden sich in den Haager Konventionen,[1] die ebenfalls eine universelle Anwendung erheischen, ohne dass es dabei auf die Gegenseitigkeit im Verhältnis zum Staat des verwiesenen Rechts ankommt.[2] Die früher umstrittene Kompetenz der EU zur Schaffung eines auch im Verhältnis zu Drittstaaten relevanten Kollisionsrechts wird heute auf Art 81 AEUV gestützt.[3]   **1**

Die Bestimmung war wortgleich bereits im **Kommissionsvorschlag aus 2009** enthalten   **2** (Art 25 des Vorschlags).

Zweck der Bestimmung ist die **Verhinderung eines gespaltenen Kollisionsrechts.** Ohne   **3** Art 20 bedürfte es einer Metakollisionsnorm mit dem Inhalt, dass das Kollisionsrecht nach der VO nur dann angewendet wird, wenn sie auf die Rechtsordnung eines Mitgliedstaats verweist. Für die übrigen Fälle verbliebe ein nicht harmonisierter Bereich, der weiterhin in die autonome Gesetzgebungszuständigkeit der Mitgliedstaaten fiele. Diese Spaltung des Kol-

---

1 ZB Art 8 Haager Testamentsübereinkommen; Art 11 Haager Übereinkommen auf das auf Straßenverkehrsunfälle anzuwendende Recht; Art 3 Haager Übereinkommen über das auf Unterhaltspflichten anzuwendende Recht.

2 *Martiny* in MünchKommBGB[6] Art 2 Rom I-VO Rz 1; *von Hein* in *Rauscher* Art 2 Rom I-VO Rz 1; vgl auch *Unberath/Cziupka* in *Rauscher* Art 2 Rom II-VO Rz 2; *Dutta* in MünchKommBGB[6] Art 20 EuErbVO Rz 2 spricht von einem allgemeinen Grundsatz des europäischen Kollisionsrechts.

3 Näher dazu *von Hein* in *Rauscher* Art 2 Rom I-VO Rz 3; *Unberath/Cziupka* in *Rauscher* Art 2 Rom II-VO Rz 3 f; im Ergebnis ebenso *Dutta* in MünchKommBGB[6] Art 20 EuErbVO Rz 2; *Buschbaum/Kohler,* GPR 2010, 107.

lisionsrechts wird durch Art 20 verhindert.[4] Die Anwendung der VO setzt auch keinerlei Bezug zu einem Mitgliedstaat voraus.[5]

4 Das Prinzip der universellen Rechtsanwendung bezieht sich nicht nur auf die anwendbare Rechtsordnung, sondern reicht noch weiter. Es wird ergänzt durch eine universelle Rechtsanwendung **in subjektiver Hinsicht:** Die VO ist auf jede Rechtsnachfolge von Todes wegen anzuwenden. Dies gilt ohne Rücksicht darauf, ob der Erblasser, der Erbe oder ein anderer Beteiligter ein Naheverhältnis zu einem Mitgliedstaat der EU aufweist. Es kommt also weder auf die Staatsangehörigkeit noch auf den gewöhnlichen Aufenthalt oder irgendein anderes Merkmal eines Beteiligten an. Der Universalität der VO hinsichtlich des anwendbaren Rechts steht also eine Universalität bezüglich der Normadressaten gegenüber. Diese wird lediglich faktisch dadurch eingeschränkt, dass ihre Anwendung nur dann gewährleistet ist, wenn ein Gericht eines Mitgliedstaats für eine Erbsache zuständig ist. Auch ohne eine solche Zuständigkeit könnte sich die Anwendung der VO und deshalb auch ihre universelle Anwendung aus dem Umstand ergeben, dass das Kollisionsrecht eines Drittstaats qua Gesamtverweisung auf das Recht eines Mitgliedstaats verweist.

II. Tatbestand

5 Das zentrale Tatbestandsmerkmal des Art 20 ist **das nach dieser VO bezeichnete Recht.** Gemeint sind also die Verweisungen, die sich aus der VO ergeben. Dabei ist jedoch Vorsicht geboten, weil sich aus der VO zahlreiche Verweisungen unterschiedlicher Art ergeben. Die VO regelt zunächst das Erbstatut, womit die Normen gemeint sind, die der Ermittlung des anwendbaren Erbrechts in materiellem Sinn dienen. Durch die Regelung der internationalen Zuständigkeit der Gerichte in Erbsachen wird implizit auf die verfahrensrechtliche *lex fori* verwiesen.[6] Und schließlich enthält die VO spezifische Verweisungsnormen, nach denen das Recht des in der Erbsache zuständigen Gerichts heranzuziehen ist (zB Art 44: „[...], so wendet das befasste Gericht sein eigenes Recht an.“; Art 66 Abs 1 und 3). Mit Blick auf die verschiedenen Arten von Verweisungsnormen ist Art 20 überschießend formuliert. Gemeint sind nämlich lediglich die sachrechtlichen Verweisungsnormen; also jene Normen, die der Ermittlung des anwendbaren Erbrechts im materiellen Sinn dienen. Dies ergibt sich bereits aus der systematischen Stellung des Art 20, der – anders als etwa die gleichartigen Bestimmungen in den anderen Rom-VO – nicht unter den einleitenden Bestimmungen des Rechtsaktes steht, sondern zu Beginn des Kapitels III, der sich mit dem Erbkollisionsrecht befasst.

6 Mit dem in der VO bezeichneten Recht sind also die **Verweisungsnormen des Kapitels III** gemeint[7]. Diesbezüglich ist aber keine Einschränkung zu machen. Das Prinzip der universellen Anwendung gilt somit sowohl für die allgemeine Kollisionsnorm in Art 21 als auch für die Möglichkeit, das Recht eines Drittstaats nach Maßgabe des Art 22 zu vereinbaren. Schließlich ist Art 20 auch für die zahlreichen Sonderanknüpfungen in Art 24 – 37 maßgeb-

---

4 So auch (iZm Art 2 Rom I-VO) *Martiny* in MünchKommBGB[6] Art 2 Rom I-VO Rz 1; ebenso iZm Art 3 Rom II-VO *Junker* in MünchKommBGB[6] Art 3 Rom II-VO Rz 1, 3.

5 Ebenso (zu Art 2 Rom I-VO) *von Hein* in *Rauscher* Art 2 Rom I-VO Rz 1; ähnlich *Dutta* in MünchKommBGB[6] Art 20 EuErbVO Rz 1; zur Rom II-VO *Junker* in MünchKommBGB[6] Art 3 Rom II-VO Rz 2; *Unberath/Cziupka* in *Rauscher* Art 2 Rom II-VO Rz 2; de lege ferenda befürwortend *Buschbaum/Kohler,* GPR 2010, 107; aA *Majer,* ZEV 2011, 449 f.

6 Zum lex-fori-Prinzip des internationalen Verfahrensrechts ausf *v. Bar/Mankowski,* IPR[2] I § 5 Rz 75 ff.

7 Wohl ebenso *Dutta* in MünchKommBGB[6] Art 20 EuErbVO Rz 1.

lich. Dagegen bezieht sich Art 20 nicht auf Art 38, der sich lediglich auf Mitgliedstaaten bezieht und überdies keine Kollisionsnorm enthält, sondern den Mitgliedstaaten Freiraum bei der Gestaltung ihres interlokalen Kollisionsrechts belässt. Durch Art 20 unberührt bleibt dagegen das Prinzip der lex fori im Verfahrensrecht, wonach das für eine Erbsache zuständige Gericht eines Mitgliedstaats stets sein eigenes Verfahrensrecht anwendet. Und offenkundig geht Art 20 auch in jenen Fällen ins Leere, in denen dem Gericht ausdrücklich aufgetragen wird, sein eigenes Recht anzuwenden (soeben Rz 5). Ferner ist Art 20 nicht relevant für Art 12; freilich nicht, weil es sich dabei um eine Ausnahme von der Bestimmung handelt,[8] sondern weil Art 12 keine Verweisungsnorm enthält, sondern lediglich dem Gericht gestattet, in bestimmten Fällen seine Zuständigkeit auf das in den Mitgliedstaaten belegene Vermögen zu beschränken. Schließlich spielt Art 20 auch keine Rolle für die Anwendung des Art 59, der hinsichtlich der Beweiskraft öffentlicher Urkunden auf ausländisches Verfahrensrecht verweist, aber dabei ausdrücklich auf das Recht der Mitgliedstaaten beschränkt ist[9].

III. Rechtsfolge

Art 20 sieht vor, dass das nach der VO anzuwendende Recht **auch dann anzuwenden** ist,   **7** wenn es **nicht das Recht eines Mitgliedstaats** ist. Die Bestimmung hat insofern nur eine klarstellende Funktion, die bei der Anwendung sämtlicher Verweisungsnormen, für die sie maßgeblich ist (soeben Rz 6), mitzubedenken ist: Das anwendbare Recht kann das eines Mitgliedstaats oder irgendeines Drittstaats sein. Dies gilt auch für die Rechtsordnungen des Vereinigten Königreichs, Irland und Dänemarks, die sich an der VO nicht beteiligen (ErwGr 82 und 83): Auch wenn sie für die Zwecke der VO nicht als Mitgliedstaaten zu betrachten sind,[10] kann selbstverständlich bei entsprechender Verweisung auch ihr Recht anwendbar sein. Nicht geregelt wird an dieser Stelle die Rechtsnatur der Verweisung; namentlich, ob es sich um eine Gesamt- oder Sachnormverweisung handelt. Sedes materiae ist diesbezüglich Art 34.

Allgemeine Kollisionsnorm

Art 21. **(1) Sofern in dieser Verordnung nichts anderes vorgesehen ist, unterliegt die gesamte Rechtsnachfolge von Todes wegen dem Recht des Staates, in dem der Erblasser im Zeitpunkt seines Todes seinen gewöhnlichen Aufenthalt hatte.**

(2) Ergibt sich ausnahmsweise aus der Gesamtheit der Umstände, dass der Erblasser im Zeitpunkt seines Todes eine offensichtlich engere Verbindung zu einem anderen als dem Staat hatte, dessen Recht nach Absatz 1 anzuwenden wäre, so ist auf die Rechtsnachfolge von Todes wegen das Recht dieses anderen Staates anzuwenden.

Stammfassung.

Literatur: *Baetge,* Auf dem Weg zu einem gemeinsamen europäischen Verständnis des gewöhnlichen Aufenthalts, FS Kropholler (2008) 77; *Bajons,* Internationale Zuständigkeit und anwendbares Recht in Erbsachen nach der EuErbVO, in *Schauer/Scheuba* (Hrsg), Europäische Erbrechtsverordnung (2012) 29; *Bajons,* Die Nachlassabwicklung in internationalen Erbsachen nach zukünftigem Recht, ecolex 2012, 204; *Bonomi/Öztürk,* Auswirkungen der Europäischen Erbrechtsverordnung auf die Schweiz unter besonderer Berücksichtigung deutsch-schweizerischer Erbfälle, ZvglRWiss 114 (2015) 4; *Buschbaum,* Die

---

8 So aber *Dutta* in MünchKommBGB[6] Art 20 EuErbVO Rz 3.
9 Im Ergebnis ebenso *Dutta* in MünchKommBGB[6] Art 20 EuErbVO Rz 3.
10 So auch *Richters,* ZEV 2012, 577.

künftige Erbrechtsverordnung, GS Hübner (2012) 589; *F. Bydlinski,* Juristische Methodenlehre und Rechtsbegriff[2] (1991); *Cach/Weber,* Das Kriterium der Staatsangehörigkeit bei der Bestimmung des Erbstatuts, EF-Z 2014/102, 163; *Deutsches Notarinstitut,* Rechtsvergleichende Studie der erbrechtlichen Regelungen des Internationalen Verfahrensrechts und Internationalen Privatrechts der Mitgliedstaaten der Europäischen Union (2002); *Döbereiner,* Das internationale Erbrecht nach der EU-Erbrechtsverordnung, MittBayNot 2013, 358, 437; *Dörner,* EuErbVO: Die Verordnung zum Internationalen Erb- und Erbverfahrensrecht ist in Kraft! ZEV 2012, 505; *Dutta,* Die europäische Erbrechtsverordnung vor ihrem Anwendungsbeginn: Zehn ausgewählte Streitstandsminiaturen, IPRax 2015, 32; *Faber/Grünberger,* Vorschlag der EU-Kommission zu einer Erbrechts-Verordnung, NZ 2011/55, 97; *Fischer-Czermak,* Anwendbares Recht, in *Schauer/Scheuba* (Hrsg), Europäische Erbrechtsverordnung (2012) 43; *Geimer,* Gedanken zur europäischen Rechtsentwicklung. Von der Donaumonarchie zur Europäischen Union, NZ 2012/16, 70; *Heinig,* Rechtswahlen in Verfügungen von Todes wegen nach der EU-Erbrechts-Verordnung, RNotZ 2014, 197; *Kanzleiter,* Die Reform des Internationalen Erbrechts in der Europäischen Union, FS S. Zimmermann (2010) 165; *L. Kunz,* Die neue Europäische Erbrechtsverordnung – ein Überblick, GPR 2012, 208, 253; *Larenz,* Methodenlehre der Rechtswissenschaft[6] (1991) 218 ff; *Lehmann,* Die EU-Erbrechtsverordnung zur Abwicklung grenzüberschreitender Nachlässe, DStR 2012, 2085; *Lokin,* Choice-of-Law-Rules in the European Regulation on Succession: A Familiar System for the Netherlands, ZVglRWiss 114 (2015) 75; *Max Planck Institute for Comparative and International Private Law (MPI),* Comments on the European Commission's Proposal for a Regulation of the European Parliament and of the Council on Jurisdiction, Applicable Law, Recognition and Enforcement of Decisions and Authentic Instruments in Matters of Succession and the Creation of a European Certificate of Succession, RabelsZ 74 (2010) 522; *Mankowski,* Der gewöhnliche Aufenthalt des Erblassers unter Art. 21 Abs. 1 EuErbVO, IPRax 2015, 39; *Odersky,* Die Europäische Erbrechtsverordnung in der Gestaltungspraxis, notar 2013, 3; *Reymann,* Auswirkungen der EU-Erbrechtsverordnung auf das Fürstentum Liechtenstein, ZVglRWiss 114 (2015) 40; *Rudolf,* Die Erbrechtsverordnung der Europäischen Union, NZ 2013/103, 225; *Rudolf/Zöchling-Jud/Kogler,* Kollisionsrecht, in *Rechberger/Zöchling-Jud* (Hrsg), Die EU-Erbrechtsverordnung in Österreich (2015) 115; *Schaub,* Die EU-Erbrechtsverordnung, Hereditare 3 (2013) 91; *Schauer,* Das heitere Erbrechtsraten aus Brüssel – Neues zur Erbrechts-Verordnung, ecolex 2012, 575; *Schauer,* Die neue Erbrechts-VO der Europäischen Union, JEV 2012, 78; *Schauer,* Erbrecht goes Europe: Ausgewählte Fragen der EU-Erbrechtsverordnung, in *Deixler-Hübner/Schauer* (Hrsg), Migration, Familie und Vermögen (2014) 45; *Scheuba,* Aus der Praxis: Die Rechtswahl im Erbrecht wirft ihre Schatten voraus, ecolex 2014, 210; *Solomon,* Die allgemeine Kollisionsnorm (Art. 21, 22 EuErbVO), in *Dutta/Herrler* (Hrsg), Die Europäische Erbrechtsverordnung (2014) 19; *Sonnentag,* Das Europäische Internationale Erbrecht im Spannungsfeld zwischen der Anknüpfung an die Staatsangehörigkeit und den gewöhnlichen Aufenthalt, EWS 2012, 457; *Vollmer,* Die neue europäische Erbrechtsverordnung – ein Überblick, ZErb 2012, 227; *Volmer,* Die EU-Erbrechtsverordnung – erste Fragen an Dogmatik und Forensik, Rpfleger 2013, 421; *Weller,* Der „gewöhnliche Aufenthalt" – Plädoyer für einen willenszentrierten Aufenthaltsbegriff, in *Leible/Unberath* (Hrsg), Brauchen wir eine Rom 0-Verordnung? (2013) 291; *Wilke,* Das internationale Erbrecht nach der neuen EU-Erbrechtsverordnung, RIW 2012, 601.

Übersicht

	Rz
I. Allgemeines	1
II. Gewöhnlicher Aufenthalt (Abs 1)	7
III. Ausweichklausel (Abs 2)	14

I. Allgemeines

1   Art 21 regelt die **objektive Anknüpfung** des Erbstatuts. Sie greift stets dann ein, wenn der Erblasser keine Rechtswahl getroffen hat. Im Mittelpunkt der kollisionsrechtlichen Beurteilung steht die Person des Erblassers und nicht etwa die eines Erbberechtigten oder die Belegenheit des Nachlassvermögens.[1] Gleichwohl stellt Art 21 aus der Sicht des österr Rechts ei-

---

1   Vgl *Dutta* in MünchKommBGB[6] Art 21 EuErbVO Rz 1.

nen fundamentalen Paradigmenwechsel im Internationalen Erbrecht dar. Nicht mehr an die durch das Personalstatut vermittelte Staatsbürgerschaft knüpft das Erbstatut an, sondern an den gewöhnlichen Aufenthalt des Erblassers im Zeitpunkt seines Todes. Die Rechtslage in den Mitgliedstaaten war zuvor unterschiedlich.[2] Unter den Staaten, deren Erbkollisionsrecht sich am Prinzip der Nachlasseinheit orientierte, knüpften viele an die Staatsbürgerschaft an; andere an den letzten Wohnsitz des Erblassers. Jene Staaten, die dem System der Nachlassspaltung folgten, knüpften hinsichtlich des beweglichen Vermögens überwiegend an den Wohnsitz des Erblassers an; hinsichtlich des unbeweglichen Vermögens an das Belegenheitsstatut.

Das in der VO vorgesehene System des Erbkollisionsrechts beruht auf der Verbindung **2** zweier Elemente – der **Nachlasseinheit** und bezüglich der objektiven Anknüpfung dem **gewöhnlichen Aufenthalt** des Erblassers im Zeitpunkt seines Todes.[3] Diese beiden Elemente prägen nicht nur das Internationale Erbrecht, sondern auch die Internationale Zuständigkeit (Art 4 ff). Die VO verwirklicht insofern einen weitgehenden Gleichlauf zwischen Zuständigkeit und anwendbarem Recht. Dies hat erhebliche Vorteile für die Rechtsanwendung: Die Kosten für die Ermittlung des Inhalts eines fremden Erbrechts entfallen ebenso wie die gesteigerte Fehleranfälligkeit, die mit seiner Anwendung verbunden sein kann.[4]

Die Entscheidung gegen die Anknüpfung an die Staatsbürgerschaft hatte sich bei der **Entste** **3** **hung der VO** bereits frühzeitig abgezeichnet. Bereits das Haager Erbrechtsübereinkommen, das vielfach als Vorbild für die EuErbVO gedient hatte, knüpfte an den gewöhnlichen Aufenthalt des Erblassers an; freilich nur unter zusätzlichen Voraussetzungen (Staatsbürgerschaft, Mindestaufenthaltsdauer).[5] Auch in der Studie des Deutschen Notarinstituts aus 2002 war die Anknüpfung an den letzten Wohnsitz bzw des letzten gewöhnlichen Aufenthalts des Erblassers empfohlen worden.[6] Dafür spreche, dass dieser Begriff in allen Staaten der EU bekannt sei. Es handle sich um einen „tatsächlichen Begriff", der außer in seltenen Ausnahmefällen einfach zu überprüfen sei. Im Vorschlag der Kommission zur EuErbVO war bereits die Anknüpfung an den gewöhnlichen Aufenthalt enthalten. Zur Begründung wurde angeführt, dass diese Anknüpfung die Integration im Mitgliedstaat des gewöhnlichen Aufenthalts begünstige und jede Diskriminierung von Personen ausschließe, die in einem Staat wohnen, ohne dessen Staatsangehörigkeit zu besitzen. Diese Anknüpfung fand schließlich in die EuErbVO Eingang. In den ErwGr wird in ähnlicher Weise ausgeführt, dass die VO in Anbetracht der Mobilität der Bürger zur Gewährleistung einer ordnungsgemäßen Rechtspflege in der Union und einer wirklichen Verbindung zwischen dem Nachlass und dem Mitgliedstaat, in dem die Erbsache abgewickelt wird, den gewöhnlichen Aufenthalt als allgemeinen Anknüpfungspunkt für die Bestimmung der Zuständigkeit und des anzuwendenden Rechts vorsehen soll (ErwGr 23).

---

2 Zum Folgenden ausf *Deutsches Notarinstitut,* Studie 232 ff; vgl auch *MPI,* RabelsZ 74 (2010) 600 f (Rz 125 f); *Bonomi* in *Bonomi/Wautelet* Art 21 Rz 2 f; *Sonnentag,* EWS 2012, 458 f.
3 Vgl *Solomon* in *Dutta/Herrler* Rz 2.
4 Vgl auch *Mankowski,* IPRax 2015, 39 f, 41; *Solomon* in *Dutta/Herrler* Rz 3, 5; *Bonomi* in *Bonomi/Wautelet* Art 21 Rz 10; *Greeske* 48 f; *Geimer,* NZ 2012/16, 76; *Wilke,* RIW 2012, 604 f; *Sonnentag,* EWS 2012, 460; vgl auch *Rudolf/Zöchling-Jud/Kogler* in *Rechberger/Zöchling-Jud* 122.
5 Art 3 Convention on the Law Applicable to Succession to the Estates of Deceased Persons vom 1. 8. 1989 (abrufbar über www.hcch.net/upload/conventions/txt32de.pdf; [22. 6. 2015]).
6 *Deutsches Notarinstitut,* Studie 261 ff.

4 **Rechtspolitische Bewertung:** Die – aus österr Sicht erfolgte – Ersetzung der Anknüpfung an die Staatsbürgerschaft durch eine solche an den gewöhnlichen Aufenthalt war heftig umstritten.[7] Die Gegner des neuen Modells machten geltend, die Bestimmung des gewöhnlichen Aufenthalts sei mit erheblicher Rechtsunsicherheit verbunden. ZT wurde sogar darauf hingewiesen, dass nahe Angehörige iZm Pflege und Betreuung darauf Einfluss nehmen könnten, dass dessen gewöhnlicher Aufenthalt in ein Land verlegt wird, dessen Recht für ihre Erbaussichten günstiger ist. Gelegentlich ist sogar von der Gefahr eines „Demenz-Tourismus" die Rede.[8] Zugunsten des neuen Modells lässt sich jedoch ins Treffen führen, dass die Anknüpfung an den gewöhnlichen Aufenthalt der wachsenden Mobilität der Menschen Rechnung trägt, die – im Binnenmarkt, aber nicht nur beschränkt auf diesen – den Mittelpunkt ihrer Lebensinteressen aus beruflichen oder familiären Gründen in einen anderen Staat verlegen, ohne dabei auch die Staatsbürgerschaft zu ändern.[9] Beim Mittelpunkt der Lebensinteressen handelt es sich zumeist auch um den Ort, an dem sich die am Nachlass berechtigten Personen aufhalten und wo sich das Nachlassvermögen befindet.[10] Damit geht einher, dass die Staatsbürgerschaft gerade im Verhältnis zwischen den Mitgliedstaaten immer stärker an Bedeutung verliert.[11] Wer viele Jahre oder Jahrzehnte in einem anderen Staat als dem seiner Staatsbürgerschaft gelebt hat, wird kaum noch damit rechnen, dass auf seine Erbfolge das Recht seines ursprünglichen Heimatstaats angewendet wird, zu dem vielleicht nur noch schwache oder gar keine Verbindungen mehr bestehen.[12] Dieser Gedanke relativiert zugleich jene Bedenken, durch die geltend gemacht wird, dass ein Ortwechsel des Erblassers keineswegs mit einer bewussten Entscheidung zugunsten einer neuen Erbrechtsordnung verbunden sein müsse.[13] Deshalb sprechen gute Gründe für das neue Modell. Der Kritik ist jedoch insoweit zuzustimmen, als der gewöhnliche Aufenthalt in der Tat ein Merkmal ist, das nicht stets so zweifelsfrei bestimmt werden kann wie die Staatsbürgerschaft.[14] Deshalb muss mit einer Zunahme von Konfliktfällen über das anwendbare Recht gerechnet werden. Allerdings soll-

---

7 ZB *Kanzleiter,* FS S. Zimmermann 167 ff, 173 ff; *Geimer,* NZ 2012/16, 76 f; ebenso die Stellungnahme des Österreichischen Rechtsanwaltskammertages v 25. 8. 2008, 4 ff (abrufbar über www.rechtsanwaelte.at/index.php?eID=tx_nawsecuredl&u=0&g=0&t=1435522024&hash=f5fa0f1c244d3ede-ba1eaafb9704f   34389137196&file=uploads/tx_wxstellungnahmen/21_07_254_Vorentwurf_VO_Erbrecht1.pdf; [27. 6. 2015]); vgl auch *Faber/Grünberger,* NZ 2011/55, 106; ferner *MPI,* RabelsZ 74 (2010) 600 f (Rz 125 f); vgl auch *Sonnentag,* EWS 2012, 465 ff.

8 *Geimer,* NZ 2012/16, 77; *Scheuba,* ecolex 2014, 214; in der Stellungnahme des Deutschen Notarvereins v 10. 1. 2010 zum Entwurf der VO hieß es gar: „Der Kampf um die Betreuung wird so zum Vorhutgefecht des Kampfes über das Erbstatut." (abrufbar über www.dnotv.de/Dokumente/Stellungnahmen.html; [23 6. 2015]).

9 Ähnlich *MPI,* RabelsZ 74 (2010) 604 f (Rz 132); *Schauer* in *Deixler-Hübner/Schauer* 48; vgl auch *Mankowski,* IPRax 2015, 40; *Bonomi* in *Bonomi/Wautelet* Art 21 Rz 11; *Volmer,* Rpfleger 2013, 422.

10 *MPI,* RabelsZ 74 (2010) 604 (Rz 132); *Bonomi* in *Bonomi/Wautelet* Art 21 Rz 8; *Bonomi/Öztürk,* ZVglRWiss 114 (2015) 8; *Rudolf/Zöchling-Jud/Kogler* in *Rechberger/Zöchling-Jud* 121; *Mankowski,* IPRax 2015, 40 f; *Volmer,* Rpfleger 2013, 422; *Wilke,* RIW 2012, 603; *Sonnentag,* EWS 2012, 460; *Greeske* 43.

11 *Wilke,* RIW 2012, 605; *Volmer,* Rpfleger 2013, 422.

12 Vgl *Buschbaum,* GS Hübner 593.

13 So aber *Scheuba,* ecolex 2014, 214; *Müller-Lukoschek,* EU-Erbverordnung § 2 Rz 123; ähnlich *Sonnentag,* EWS 2012, 462.

14 Ebenso *Solomon* in *Dutta/Herrler* Rz 16; *Mankowski,* IPRax 2015, 40; *Müller-Lukoschek,* EU-Erbverordnung § 2 Rz 122; sehr krit auch *Scheuba,* ecolex 2014, 211 f; vgl auch *Greeske* 35 f.

ten die damit verbundenen Probleme nicht überschätzt werden.[15] In den allermeisten Fällen wird sich über den gewöhnlichen Aufenthalt des Erblassers nicht ernsthaft diskutieren lassen. Richtig ist aber auch, dass mit Konflikten va bei größeren Nachlässen zu rechnen ist. Dies beruht nicht allein auf dem Umstand, dass dort, wo es sich mehr zu streiten lohnt, auch tatsächlich mehr gestritten wird. Vielfach verhält es sich so, dass gerade sehr vermögende Menschen tatsächlich über Wohnungen und Anwesen in unterschiedlichen Ländern verfügen und sich da und dort aufhalten. Gerade bei ihnen könnte die Bestimmung des gewöhnlichen Aufenthalts im Einzelfall schwierig sein. Ein Instrument zur Vermeidung der damit verbundenen Rechtsunsicherheit ist die Rechtswahl gem Art 22.[16]

Beim gewöhnlichen Aufenthalt handelt es sich um die Regelanknüpfung in Ermangelung einer Rechtswahl. Sie kann allerdings zur Gänze verdrängt werden durch die sog **Ausweichklausel** (Art 21 Abs 2). Diese im Kommissionsvorschlag aus 2009 noch nicht enthaltene Bestimmung besagt, dass das Recht eines anderen Staats als jenem des gewöhnlichen Aufenthalts anzuwenden ist, wenn der Erblasser zu diesem anderen Staat eine noch engere Beziehung hatte als zum Aufenthaltsstaat. Trifft dies zu, so ist das Aufenthaltsstatut zur Gänze verdrängt. Prüfungstechnisch ist so vorzugehen, dass zunächst der Staat des gewöhnlichen Aufenthalts ermittelt werden muss und erst dann geprüft werden kann, ob die Ausweichklausel greift[17] (Rz 16). Wenngleich sie nach dem Wortlaut des Art 21 Abs 2 nur ausnahmsweise angewendet werden soll, so ist dennoch zu befürchten, dass von ihr eine erhebliche Rechtsunsicherheit ausgehen wird:[18] Wenn einmal der Staat des gewöhnlichen Aufenthalts ermittelt worden ist – was in Konfliktfällen schon mühsam genug sein kann –, dann könnte ein Beteiligter immer noch versuchen, das Ergebnis mithilfe der Ausweichklausel zu korrigieren.[19]   **5**

Sowohl die Ausweichklausel als auch die Regelanknüpfung werden teilweise durch **Sonderanknüpfungen** verdrängt. Dies gilt namentlich für die Zulässigkeit und materielle Wirksamkeit von Verfügungen von Todes wegen; beim Erbvertrag auch der Bindungswirkung (Art 24 f). Weitere Sonderanknüpfungen bestehen für die Formgültigkeit letztwilliger Verfügungen (Art 27) sowie einer Annahme- und Ausschlagungserklärung (Art 28); ferner für die Bestellung und die Befugnisse eines Nachlassverwalters (Art 30) und für bestimmte Vermögenswerte (Art 30). Diese Anknüpfungen haben somit – ihrem Charakter als lex specialis entsprechend – Anwendungsvorrang gegenüber der allgemeinen Kollisionsnorm in Art 21.   **6**

II. Gewöhnlicher Aufenthalt (Abs 1)

Der gewöhnliche Aufenthalt wird in der VO nicht definiert. Insoweit stimmt die EuErbVO mit anderen Rechtsakten der EU überein, wo der Begriff zwar ebenfalls verwendet wird,[20]   **7**

---

15 So auch *Solomon* in *Dutta/Herrler* Rz 16; *Mankowski,* IPRax 2015, 44; vgl bereits *Dörner,* ZEV 2012, 510; *Odersky,* notar 2013, 4.

16 Vgl auch *Dutta* in *MünchKommBGB*[6] Art 21 EuErbVO Rz 2; *Köhler* in *Kroiß/Horn/Solomon* Art 21 EuErbVO Rz 16; *Mankowski,* IPRax 2015, 45.

17 *Rudolf/Zöchling-Jud/Kogler* in *Rechberger/Zöchling-Jud* 126; *Rudolf,* NZ 2013/103, 234.

18 Krit *Schauer,* ecolex 2012, 575; *Scheuba,* ecolex 2014, 213; *Rudolf,* NZ 2013/103, 234; *Solomon* in *Dutta/Herrler* Rz 42; *Wilke,* RIW 2012, 605; *Geimer,* NZ 2012/16, 76, spricht von einer „Gummiklausel"; vgl auch *Bonomi* in *Bonomi/Wautelet* Art 21 Rz 22.

19 Vgl bereits *Schauer* in *Deixler-Hübner/Schauer* 49.

20 Vgl *Dutta* in *MünchKommBGB*[6] Art 21 EuErbVO Rz 3, der insoweit von einem „kollisionsrechtlichen Trend" spricht; ebenso *Rudolf/Zöchling-Jud/Kogler* in *Rechberger/Zöchling-Jud* 121; ferner *Wel-*

ohne dass dafür eine Definition bereitgestellt wird (vgl Art 4 Abs 1, Art 5, 6, 7 Rom I-VO; Art 4 Abs 2, Art 5, 10 Rom II-VO; Art 5, 6, 7, 8 Rom III-VO; Art 15, 19 Brüssel Ia-VO; Art 3, 6 ff Brüssel IIa-VO etc). Er stimmt nicht mit dem Wohnsitz des innerstaatlichen Rechts oder dem im angloamerikanischen Recht verbreiteten Konzept des domicile überein.[21] Wie auch bei den übrigen Begriffen der VO muss eine autonome Auslegung vorgenommen werden.[22] Daraus folgt freilich nicht, dass der Begriff des gewöhnlichen Aufenthalts in der EuErbVO in derselben Weise verstanden werden muss wie in anderen Rechtsakten des Unionsrechts. Für die Möglichkeit eines differenzierenden Verständnisses spricht ErwGr 23, wonach der gewöhnliche Aufenthalt „unter Berücksichtigung der Ziele dieser Verordnung" zu ermitteln ist.[23] Hierfür können den Erwägungsgründen einige Anhaltspunkte zur Konkretisierung entnommen werden: Als entscheidend kann wohl die Formulierung angesehen werden, dass es für die Bestimmung des gewöhnlichen Aufenthalts darauf ankommt, wo der Erblasser in familiärer und sozialer Hinsicht seinen **Lebensmittelpunkt** hatte (so ErwGr 24 iZm Personen, die in einem anderen Staat als dem ihres Lebensmittelpunktes ihre Berufstätigkeit ausüben).[24] Dabei sollen eine Gesamtbeurteilung der Lebensumstände des Erblassers in den Jahren vor seinem Tod und im Zeitpunkt seines Todes vorgenommen und alle relevanten Tatsachen berücksichtigt werden, insb die Dauer und die Regelmäßigkeit des Aufenthalts des Erblassers in dem betreffenden Staat sowie die damit zusammenhängenden Umstände und Gründe. Der gewöhnliche Aufenthalt solle eine besonders enge und feste Bindung zum betreffenden Staat erkennen lassen (ErwGr 23). Es sei möglich, dass der Erblasser, der sich beruflichen und wirtschaftlichen Gründen in einen anderen Staat begeben hat, um dort zu arbeiten, weiterhin eine enge und feste Bindung zu seinem Herkunftsstaat aufrechterhalten hat. Besondere Probleme könnten sich ergeben, wenn der Erblasser abwechselnd in mehreren Staaten gelebt hat oder auch von Staat zu Staat gereist ist, ohne sich in einem Staat für längere Zeit niederzulassen. In solchen „komplexe[n] Fälle[n]" können seine Staatsangehörigkeit oder der Ort, an dem sich die Vermögensgegenstände befinden, ein besonderer Faktor bei der Gesamtbeurteilung aller tatsächlichen Umstände sein (ErwGr 24).

8 Bei genauerer Reflexion zeigt sich, dass der den gewöhnlichen Aufenthalt begründende Lebensmittelpunkt auf dem Zusammenspiel zweier Elemente beruht – auf dem **tatsächlichen Aufenthalt,** also der physischen Präsenz der Person **an einem Ort,**[25] und auf den **Beziehungen, die zu diesem Ort bestehen.** Der Begriff „Ort" ist idZ nicht iS einer bestimmten Ge-

---

ler in *Leible/Unberath* 298 ff; *Mankowski,* IPRax 2015, 42; de lege ferenda krit *Sonnentag,* EWS 2012, 460.

21 Vgl dazu *Mankowski,* IPRax 2015, 41; ferner *Rudolf/Zöchling-Jud/Kogler* in *Rechberger/Zöchling-Jud* 121.

22 *Fischer-Czermak* in *Schauer/Scheuba* 44; *Rudolf/Zöchling-Jud/Kogler* in *Rechberger/Zöchling-Jud* 122; *Scheuba,* ecolex 2014, 212; *Bonomi* in *Bonomi/Wautelet* Art 21 Rz 6; *Solomon* in *Dutta/Herrler* Rz 7; *Köhler* in *Kroiß/Horn/Solomon* Art 21 EuErbVO Rz 4; *Rudolf,* NZ 2013/103, 234; *Schaub,* Hereditare 3 (2013) 112; *Buschbaum,* GS Hübner 593; *Heinig,* RNotZ 2014, 199; *Odersky,* notar 2013, 4; *Wilke,* RIW 2012, 603; vgl auch *Weller* in *Leible/Unberath* 306.

23 *Weller* in *Leible/Unberath* 312; *Köhler* in *Kroiß/Horn/Solomon* Art 21 EuErbVO Rz 5; *Schaub,* Hereditare 3 (2013) 112; vgl auch *Odersky,* notar 2013, 4; aA wohl *Solomon* in *Dutta/Herrler* Rz 7; *Rudolf/Zöchling-Jud/Kogler* in *Rechberger/Zöchling-Jud* 124 f; *Dörner,* ZEV 2012, 510.

24 Vgl auch *Fischer-Czermak* in *Schauer/Scheuba* 45; *Scheuba,* ecolex 2014, 212; *Bonomi* in *Bonomi/Wautelet* Art 21 Rz 8; *Solomon* in *Dutta/Herrler* Rz 11; *Köhler* in *Kroiß/Horn/Solomon* Art 21 EuErbVO Rz 7; *L. Kunz,* GPR 2012, 209 f.

25 Dies betonen auch *Solomon* in *Dutta/Herrler* Rz 12, sowie *Köhler* in *Kroiß/Horn/Solomon* Art 21 EuErbVO Rz 8.

meinde oder einer anderen innerstaatlichen Gebietseinheit zu verstehen, sondern iS eines Staats. Dies ergibt sich aus der Überlegung, dass Art 21 der Anknüpfung an die Rechtsordnung eines bestimmten Staats dient. Wer sich stets oder fast ausschließlich an einem bestimmten Ort aufhält, hat dort auch seinen gewöhnlichen Aufenthalt. Auf die weitere Prüfung der Beziehungen zu diesem Ort kommt es dann für den Zweck der Aufenthaltsbestimmung nicht mehr an. Umgekehrt gilt aber auch: An einem Ort, an dem sich eine Person niemals aufhält, kann sie keinen gewöhnlichen Aufenthalt begründen. Auf beide Gedanken wird iZm der Ausweichklausel nochmals zurückgekommen.

Überhaupt können bei der Prüfung des gewöhnlichen Aufenthalts nur solche Orte berücksichtigt werden, an denen sich die betreffende Person mit einer gewissen Dauerhaftigkeit oder zumindest Regelmäßigkeit aufhält (ErwGr 23). **Beständigkeit** und eine gewisse **Stabilität** sind Merkmale des gewöhnlichen Aufenthalts. Hierdurch unterscheidet er sich vom einfachen oder schlichten Aufenthalt.[26] **9**

Je häufiger sich eine Person mit der erforderlichen Dauerhaftigkeit oder Regelmäßigkeit abwechselnd an mehreren Orten aufhält, desto mehr kommen die Beziehungen ins Spiel, die zu einem oder mehreren dieser Orte bestehen. Auf dieser Grundlage lässt sich sagen, dass es sich beim gewöhnlichen Aufenthalt um einen **Typusbegriff**[27] handelt, dessen Verwirklichung **aufgrund eines kombinatorischen Zusammenwirkens der beiden** soeben genannten **Elemente** (Rz 8) von tatsächlichem Aufenthalt und Beziehungen zu diesem Ort zu prüfen ist. Dabei gilt, dass die schwächere Ausprägung des einen Elements durch die stärkere Verwirklichung des anderen ausgeglichen werden kann. Stets bedarf es dabei einer wertenden Abwägung aller Umstände des Einzelfalls. Dabei wird der Dauer des Aufenthalts an einem der in Betracht kommenden Orte eine gewisse Indizwirkung zukommen: Wer sich an einem Ort idR deutlich länger aufhält als an einem anderem Ort, wird dort vielfach seinen Lebensmittelpunkt haben. Allerdings ist dabei erhebliche Vorsicht geboten, weil stets auch die Gründe für das längere oder kürzere Verweilen an einem Ort zu berücksichtigen sind.[28] Ein Beispiel hierfür ist der Arbeitspendler, der jeweils Montag bis Freitag an seinem Arbeitsplatz in Frankfurt und die Wochenenden bei seiner in Wien lebenden Familie verbringt. Auch wenn sich die betreffende Person weit mehr als die Hälfte ihrer Zeit am Arbeitsort aufhält, ist es möglich oder gar wahrscheinlich, dass sie wegen der sozialen und familiären Beziehungen ihren gewöhnlichen Aufenthalt in Wien hat. **10**

Die Beurteilung wird freilich umso schwieriger, je stärker sich die **Anknüpfungspunkte zu zwei oder mehreren Orten ähneln.** Zur Illustration muss man sich nur das bekannte Beispiel des „Mallorca-Rentners" (vgl Art 4 Rz 36) in zugespitzter Weise vorstellen: Der Rentner ist Eigentümer einer Wohnung in Wien und in Mallorca, wo jeweils etwa sechs Monate im Jahr verbringt. Er hat sowohl in Wien als auch in Mallorca ein lokal zugelassenes Kraftfahrzeug sowie ein österr und ein spanisches Mobiltelefon. Ferner verfügt er sowohl bei einer österr als auch bei einer spanischen Bank über ein Konto mit Kreditkarte. Wenn sich auch noch sein Freundeskreis ungefähr gleichmäßig auf beide Orte verteilt, kann die Bestimmung des gewöhnlichen Aufenthalts tatsächlich schwer fallen. Entgegen einer in der L vertretenen Ansicht sollte in solchen Fällen kein zwischen den beiden Orten ständig konsekutiv wech- **11**

---

26 Dazu näher *Mankowski,* IPRax 2015, 44.
27 Zum Typusbegriff *Larenz,* Methodenlehre[6] 218 ff; *F. Bydlinski,* Methodenlehre[2] 543 ff.
28 Vgl dazu auch *Baetge,* FS Kropholler 81.

selnder gewöhnlicher Aufenthalt angenommen werden,[29] weil sonst dem eher zufällig eintretenden Zeitpunkt des Todes das entscheidende Gewicht beigemessen würde. Vielmehr bleibt dann nur übrig, in Anlehnung an die Erwägungsgründe auf den – überwiegenden – Ort der Belegenheit des Vermögens abzustellen, hilfsweise auf die Staatsbürgerschaft.[30] UU könnte auch anderen Merkmalen des öffentlichen Rechts, bspw einer behördlichen Meldung oder auch der Entrichtung von Steuern, eine – freilich nur sehr schwache – Indizwirkung zukommen.[31] Schließlich sollte – auch wenn das Recht des gewöhnlichen Aufenthalts kein tauglicher Gegenstand der Rechtswahl ist (Art 22 Rz 2) – in zweifelhaften Fällen erwogen werden, auch den Erklärungen des Erblassers selbst Beachtung zu schenken, wo er selbst seinen gewöhnlichen Aufenthalt erblickt.[32]

12 Ergänzend ist darauf hinzuweisen, welche Merkmale **nicht relevant** sind: Wenngleich die Dauer des Aufenthalts an einem bestimmten Ort eine Indizwirkung haben kann (oben Rz 9 f), so ist doch eine Mindestdauer für die Begründung eines gewöhnlichen Aufenthalts nicht vorgesehen.[33] Auch die Rechtmäßigkeit des Aufenthalts spielt keine Rolle.[34] Vorsicht ist bei der Berücksichtigung subjektiver Elemente geboten: Zwar ist ein Wille des Erblassers, sich langfristig oder auf Dauer an diesem Ort aufzuhalten (Bleibewille) oder regelmäßig an diesen Ort zurückzukehren, nach umstrittener, aber wohl zutreffender Ansicht für die Begründung des gewöhnlichen Aufenthalts nicht zwingend erforderlich.[35] Allerdings kann eine solche Absicht ein gewichtiges Indiz für die Annahme des Lebensmittelpunkts sein.[36] Nicht von Bedeutung ist der Ort des Todes:[37] Dieser kann auch ganz zufällig an einem anderen Ort als dem des gewöhnlichen Aufenthalts eingetreten sein; bspw während einer Reise.

---

29 So aber *Mankowski*, IPRax 2015, 45.

30 Vgl auch *Cach/Weber*, EF-Z 2014/102, 165; *Lokin*, ZVglRWiss 114 (2015) 86 f; *Odersky*, notar 2013, 5; *Müller-Lukoschek*, EU-Erbverordnung § 2 Rz 133.

31 Sehr vorsichtig in Bezug auf die steuerrechtliche Anknüpfung *Bonomi* in *Bonomi/Wautelet* Art 21 Rz 13; auf die mögliche Koinzidenz von gewöhnlichem Aufenthalt und dem Anknüpfungspunkt des Steuerrechts verweist auch *Mankowski*, IPRax 2015, 40.

32 Dies mit Recht befürwortend *Solomon* in *Dutta/Herrler* Rz 47; skeptisch gegenüber einer „Selbstauskunft" des Erblassers *Mankowski*, IPRax 2015, 45.

33 *Bonomi* in *Bonomi/Wautelet* Art 21 Rz 9, 17; *Solomon* in *Dutta/Herrler* Rz 14; *Köhler* in *Kroiß/Horn/Solomon* Art 21 EuErbVO Rz 8; *Rudolf/Zöchling-Jud/Kogler* in *Rechberger/Zöchling-Jud* 123, 125; *Cach/Weber*, EF-Z 2014/102, 165; *Mankowski*, IPRax 2015, 44; *Reymann*, ZVglRWiss 114 (2015) 44; *Rudolf*, NZ 2013/103, 234; *Döbereiner*, MittBayNot 2013, 362; *Odersky*, notar 2013, 4; *Wilke*, RIW 2012, 603; *Sonnentag*, EWS 2012, 458; *Lehmann*, DStR 2012, 2085 f; *Greeske* 58; rechtspolitisch befürwortend *MPI*, RabelsZ 74 (2010) 605 f (Rz 133); vgl anders Art 3 Abs 2 Haager Übereinkommen über das auf die Rechtsnachfolge von Todes wegen anzuwendende Recht.

34 *Köhler* in *Kroiß/Horn/Solomon* Art 21 EuErbVO Rz 8; *Greeske* 61 ff; allgemein dazu auch *Baetge*, FS Kropholler 83.

35 Dazu näher *Solomon* in *Dutta/Herrler* Rz 13 ff; ebenso *Odersky*, notar 2013, 5; *Greeske* 69 ff; gegen das Erfordernis eines rechtsgeschäftlichen Willens auch *Dörner*, ZEV 2012, 510; aA *Köhler* in *Kroiß/Horn/Solomon* Art 21 EuErbVO Rz 8; wohl auch *Mankowski*, IPRax 2015, 43; *Lehmann*, DStR 2012, 2087; vgl auch *Döbereiner*, MittBayNot 2013, 362; *Schaub*, Hereditare 3 (2013) 112 f; allgemein für das Erfordernis des Bleibewillens zur Begründung des gewöhnlichen Aufenthalts *Weller* in *Leible/Unberath* 317 ff.

36 *Rudolf/Zöchling-Jud/Kogler* in *Rechberger/Zöchling-Jud* 123, 125; *Rudolf*, NZ 2013/103, 234; *L. Kunz*, GPR 2012, 210; *Greeske* 61 f.

37 Ebenso *Fischer-Czermak* in *Schauer/Scheuba* 45; vgl auch *Rudolf/Zöchling-Jud/Kogler* in *Rechberger/Zöchling-Jud* 118.

Der Begriff des gewöhnlichen Aufenthalts in Art 21 Abs 1 **stimmt mit** jenem in **Art 4 über-** **13** **ein.**[38] Für nähere Ausführungen und zu zahlreichen Grenzfällen kann auf die Kommentierung zu dieser Bestimmung verwiesen werden. Im Anschluss an die Ausführungen dort (Art 4 Rz 10) ist auch für Art 21 festzuhalten, dass ein Erblasser stets nur **einen einzigen Ort des gewöhnlichen Aufenthalts** haben kann.[39] Eine kollisionsrechtliche Nachlassspaltung durch die Annahme mehrerer gewöhnlicher Aufenthalte ist somit nicht möglich. Dem Gedanken der universellen Rechtsanwendung (Art 20) entsprechend, kommt es nicht darauf an, ob sich der gewöhnliche Aufenthalt in einem **Mitgliedstaat** oder in einem **Drittstaat** befindet.

III. Ausweichklausel (Abs 2)

Die Ausweichklausel ist für die Anknüpfung anderer Gegenstände im Kollisionsrecht ver- **14** breitet (vgl zB Art 4 Abs 3 Rom I-VO; Art 4 Abs 3 Rom II-VO). Im Internationalen Erbrecht verfügt eine derartige Regelung jedoch über keine ausgeprägte Tradition. Zwar sind vergleichbare Bestimmungen im Haager Übereinkommen über das auf die Rechtsnachfolge von Todes wegen anzuwendende Recht enthalten (Art 3 Abs 2 Satz 2 und Abs 3 leg cit);[40] doch war eine Ausweichklausel weder in der Studie des Deutschen Notarinstituts noch im Kommissionsvorschlag aus 2009 vorgesehen. Erst in der **endgültigen Fassung** wurde sie in den Text der VO **eingefügt.** Maßgeblich war offenbar die Befürchtung, dass die schematische Anknüpfung an den gewöhnlichen Aufenthalt manchmal zu einem als sachwidrig empfundenen Ergebnis führen könnte.

Gleichwohl bereitet die **Anwendung** der Ausweichklausel erhebliche **Probleme.** Sie lassen **15** sich in der Weise beschreiben, dass zwischen dem gewöhnlichen Aufenthalt, der durch den Lebensmittelpunkt geprägt wird (Rz 7), und der Ausweichklausel ein Spannungsverhältnis besteht. Dabei wird zu Recht hervorgehoben, dass bereits bei der Bestimmung des gewöhnlichen Aufenthalts ein so hohes Maß an Flexibilität besteht, weshalb man bezweifeln kann, dass die Ausweichklausel zusätzliche Einzelfallgerechtigkeit herbeiführen könne.[41] Gelegentlich wird gefragt: Wenn es richtig ist, dass der Lebensmittelpunkt durch die familiären und sozialen Beziehungen an einem Ort bestimmt wird, wie ist es dann möglich, dass zu einem anderen Staat noch engere Beziehungen bestehen?[42] Man könnte deshalb die Meinung vertreten, dass die Ausweichklausel ins Leere zielt und keinen eigenen Anwendungsbereich hat.[43] Damit würde freilich gegen den Grundsatz verstoßen, dass eine Rechtsnorm nicht so

---

38 Vgl nur *Köhler* in *Kroiß/Horn/Solomon* Art 21 EuErbVO Rz 6; *Rudolf/Zöchling-Jud/Kogler* in *Rechberger/Zöchling-Jud* 122; für eine differenzierende Auslegung dagegen *Schaub,* Hereditare 3 (2013) 113.
39 *Rudolf/Zöchling-Jud/Kogler* in *Rechberger/Zöchling-Jud* 121; *Cach/Weber,* EF-Z 2014/102, 165; *Mankowski,* IPRax 2015, 45; *Bonomi/Öztürk,* ZVglRWiss 114 (2015) 9; *Lokin,* ZVglRWiss 114 (2015) 87; *Müller-Lukoschek,* EU-Erbverordnung § 2 Rz 130; *Döbereiner,* MittBayNot 2013, 362; *Odersky,* notar 2013, 4; *Dörner,* ZEV 2012, 510; *Greeske* 44, 79 ff; wohl ebenso *Lehmann,* DStR 2012, 2086; aA *Köhler* in *Kroiß/Horn/Solomon* Art 21 EuErbVO Rz 11.
40 Hierauf verweisen auch *Bonomi* in *Bonomi/Wautelet* Art 21 Rz 20, *Dutta* in MünchKommBGB[6] Art 21 EuErbVO Rz 5 sowie *Rudolf/Zöchling-Jud/Kogler* in *Rechberger/Zöchling-Jud* 126.
41 So *Dutta* in MünchKommBGB[6] Art 21 EuErbVO Rz 6 vgl auch *Greeske* 147.
42 So ausdrücklich *Fischer-Czermak* in *Schauer/Scheuba* 45; *Solomon* in *Dutta/Herrler* Rz 40; ähnlich *Vollmer,* ZErb 2012, 231; *Lehmann,* DStR 2012, 2086.
43 Dies erwägt ausdrücklich *Volmer,* Rpfleger 2013, 423; möglicherweise ebenso *Fischer-Czermak* in *Schauer/Scheuba* 45 f.

ausgelegt werden darf, dass sie jede Bedeutung verliert, weshalb einer so radikalen Lösung nicht gefolgt werden sollte. Freilich helfen auch die Erwägungsgründe bei der Bestimmung des Anwendungsbereichs kaum weiter. Als Beispiele für die Ausweichklausel wird der Fall genannt, dass „der Erblasser beispielsweise erst kurz vor seinem Tod in den Staat seines gewöhnlichen Aufenthalts umgezogen ist und sich aus der Gesamtheit der Umstände ergibt, dass er eine offensichtlich engere Verbindung zu einem anderen Staat hatte" (ErwGr 25). Selbst dieses Beispiel ist nicht zwingend: Denn auch bereits kurz nach einer Übersiedlung ist es möglich, dass zum Herkunftsstaat keine besonderen Beziehungen mehr bestehen.[44] Ohne ergänzende Reflexionen über die Dogmatik der Ausweichklausel trägt das Beispiel somit nicht zu ihrer Erhellung bei.

16 Den Erwägungsgründen lässt sich ein wesentlicher Gedanke für die Anwendung der Ausweichklausel entnehmen: Sie dürfe **„nicht als subsidiärer Anknüpfungspunkt gebraucht werden, wenn sich die Feststellung des gewöhnlichen Aufenthaltsorts** des Erblassers im Zeitpunkt seines Todes **als schwierig erweist"** (ErwGr 25).[45] Daraus folgt, dass die Ausweichklausel niemals die Ermittlung des gewöhnlichen Aufenthalts überflüssig macht. Erst wenn dieser feststeht, kann im nächsten Schritt hilfsweise geprüft werden, ob zu einem anderen Staat eine noch engere Verbindung besteht (Rz 5).

17 In jedem Fall sollte der Wortlaut des Art 21 Abs 2 ernst genommen und die Ausweichklausel nur **ausnahmsweise** angewendet werden. In der Tat empfiehlt es sich, ihre Anwendung auf seltene Ausnahmefälle zu beschränken.[46] Eine Grundlage für die Lösung könnte der oben aufgezeigte Gedanke darstellen, dass ein gewöhnlicher Aufenthalt nur an einem Ort bestehen kann, an dem sich die betreffende Person zumindest zeitweise aufhält (Rz 8 ff). Es lassen sich dann Konstellationen denken, in denen sich eine Person nur im Staat A aufhält, aber ihre Beziehungen gänzlich oder zumindest so überwiegend zum Staat B bestehen, dass allfällige Beziehungen zum Staat A, die über den physischen Aufenthalt hinausgehen, keine ins Gewicht fallende Rolle spielen. In einem solchen Fall ist anzunehmen, dass der gewöhnliche Aufenthalt an diesem Ort besteht, weil mangels physischer Präsenz anderswo kein anderer Ort hierfür in Betracht kommt. Gleichwohl könnten in diesem Fall die ausschließlich oder ganz überwiegend zum Staat B bestehenden Beziehungen für die Anknüpfung des Erbstatuts prävalieren.

18 **Praktische Anwendungsfälle** werden dennoch überaus selten sein: Vorstellbar wäre ein Fall, in dem der Erblasser im Staat A gelebt hat und dort verwurzelt war, aber die letzten Jahre seines Lebens in einem knapp hinter der Grenze gelegenen Pflegeheim im Staat B verbringt.[47] Wenn weiterhin seine Beziehungen ganz oder weit überwiegend zum Staat A bestehen, dann dürfte ein Fall der Ausweichklausel vorliegen. In ganz ähnlicher Weise könnte die

---

44 Darauf verweisen auch *Fischer-Czermak* in *Schauer/Scheuba* 45, sowie *Dutta* in MünchKommBGB[6] Art 21 EuErbVO Rz 6.

45 Hervorhebung nicht im Original.

46 Ebenso *Dutta* in MünchKommBGB[6] Art 21 EuErbVO Rz 7; *Solomon* in *Dutta/Herrler* Rz 45; *Bonomi* in *Bonomi/Wautelet* Art 21 Rz 25; *Cach/Weber*, EF-Z 2014/102, 165; für eine enge Auslegung auch *Rudolf/Zöchling-Jud/Kogler* in *Rechberger/Zöchling-Jud* 127; vgl dagegen *Bajons*, ecolex 2014, 207 mit dem Bild „kommunizierender Gefäße" im Verhältnis zwischen der Ausweichklausel und dem gewöhnlichen Aufenthalt.

47 Vgl *Müller-Lukoschek*, EU-Erbverordnung § 2 Rz 136; einen ähnlichen Fall erwähnt auch *Bonomi* in *Bonomi/Wautelet* Art 21 Rz 33; vgl auch *Rudolf/Zöchling-Jud/Kogler* in *Rechberger/Zöchling-Jud* 128; zT anders *Köhler* in *Kroiß/Horn/Solomon* Art 21 EuErbVO Rz 10.

Klausel angewendet werden, wenn der Erblasser von einer betreuenden Person in einen anderen Staat gebracht wurde, zu dem jedoch außer seiner physischen Präsenz keine Beziehungen bestehen.[48] Damit könnte den Problemen eines „Demenz-Tourismus" (oben Rz 4) begegnet werden. Ein Fall der Ausweichklausel liegt wohl auch vor, wenn ein Strafgefangener in einem Strafvollzugsanstalt im Staat A einsitzt und seine Beziehungen weiterhin ausschließlich zum Staat B bestehen, wo seine Familie lebt und wo sich sein Vermögen befindet.[49] UU könnte auch ein Diplomat einen Anwendungsfall für die Ausweichklausel begründen, der sich mehrere Jahre an seinem Dienstort im Staat A befindet, aber seine Beziehungen weiterhin lediglich oder ganz überwiegend zum Staat B unterhält.[50] Auch das in Erwägungsgründen genannte Beispiel des übersiedelnden Erblassers lässt sich auf diese Weise in das Konzept einfügen: Ist der Erblasser vor kurzem übersiedelt und hält sich nicht mehr im Herkunftsstaat auf, so könnte die Ausweichklausel anwendbar sein, solange alle für die Herstellung der Beziehung maßgeblichen Elemente gleichwohl noch auf den Herkunftsstaat zielen und im Zuzugsstaat noch keine nennenswerten neuen Anknüpfungspunkte entstanden sind. Im Schrifttum wird auch der umgekehrte Fall für die Anwendung der Ausweichklausel erwähnt: Der Erblasser plant den Umzug in einen anderen Staat und hat zum bisherigen Aufenthaltsstaat außer seiner tatsächlichen Anwesenheit keine Beziehung mehr. Stirbt er vor der Übersiedlung, so könnte eventuell auch hier die Ausweichklausel zugunsten des Rechts des Zuzugsstaats angewendet werden.[51]

Zu einem restriktiven Umgang mit der Ausweichklausel sollte auch beitragen, dass sie nur **19** angewendet werden kann, wenn die engere Verbindung zum anderen Staat als zu jenem des gewöhnlichen Aufenthalts **offensichtlich** ist. Dies ist nicht iS eines liquiden Beweises zu verstehen, sondern als besonders hohes Maß an Evidenz. Dies schließt – entgegen einer Ansicht im Schrifttum[52] – auch private Lebensverhältnisse ein. Sollte auch nur der geringste Zweifel am Überwiegen der Beziehungen zu dem anderen Staat bestehen, dann bleibt es bei der Regelanknüpfung an den gewöhnlichen Aufenthalt.

Hingegen bietet die Ausweichklausel **keine Grundlage** für eine allgemeine **Billigkeitskorrek- 20 tur** des aufgrund der Anknüpfung an den gewöhnlichen Aufenthalt gewonnenen Ergebnisses. Die Merkmale der Ausweichklausel sind objektiv zu verstehen und sollten – wie bereits erwähnt (Rz 17) – nur ausnahmsweise angewendet werden. Es ist deshalb zumindest missverständlich, wenn gesagt wird, sie ermögliche den Gerichten des Aufenthaltsstaats die Anwendung fremden Rechts, ohne dass diese gleich ihre internationale Zuständigkeit auf das Spiel setzen:[53] So lässt sich bestenfalls das Ergebnis der Anwendung, aber nicht der Zweck der Ausweichklausel beschreiben. Ebenso wenig kann die Ausweichklausel als allgemeines Hilfsmittel herangezogen werden, um eine fehlgeschlagene Rechtswahl zu sanieren:[54] Die geschei-

---

48 *Dutta* in MünchKommBGB[6] Art 21 EuErbVO Rz 6; *Döbereiner,* MittBayNot 2013, 263; vgl auch *Odersky,* notar 2013, 5; *Rudolf/Zöchling-Jud/Kogler* in *Rechberger/Zöchling-Jud* 132.

49 AA offenbar *Köhler* in *Kroiß/Horn/Solomon* Art 21 EuErbVO Rz 9 f, der in diesem Fall wohl bereits die Annahme des gewöhnlichen Aufenthalts am Ort des Strafvollzugs verneint (aufbauend auf der – hier freilich abgelehnten [Rz 12] – Prämisse, es bedürfe zur Begründung eines gewöhnlichen Aufenthalts eines Bleibewillens); ebenso *Döbereiner,* MittBayNot 2013, 362.

50 Ebenso *Bonomi* in *Bonomi/Wautelet* Art 21 Rz 35.

51 Beispiel nach *Bonomi* in *Bonomi/Wautelet* Art 21 Rz 34.

52 *Volmer,* Rpfleger 2013, 423.

53 *Dörner,* ZEV 2012, 511; *Dutta* in MünchKommBGB[6] Art 21 EuErbVO Rz 6.

54 So aber *Rudolf/Zöchling-Jud/Kogler* in *Rechberger/Zöchling-Jud* 128, 136 f; dies erwägt auch *Dutta* in MünchKommBGB[6] Art 21 EuErbVO Rz 6.

terte Rechtswahl kann lediglich ein Element einer Beziehung zu dem betreffenden Staat sein; sie entbindet den Rechtsanwender jedoch nicht davon, die Voraussetzungen für die Anwendung der Ausweichklausel in einem solchen Fall genauso streng zu prüfen wie auch sonst.

21 **Rechtsfolge:** Wie auch sonst bei kollisionsrechtlicher Anknüpfung ist die Ausweichklausel von Amts wegen anzuwenden.[55] Sie verdrängt die Anknüpfung an den gewöhnlichen Aufenthalt zur Gänze (vgl bereits oben Rz 5).[56] Sie verdrängt aber nicht die diversen Sonderanknüpfungen (zB Art 24 f; vgl oben Rz 6), die auch gegenüber der Ausweichklausel Anwendungsvorrang haben. Hingegen ist für ihre Anwendung bei wirksamer Rechtswahl kein Raum.[57] Bei der durch die Ausweichklausel gewonnenen Verweisung handelt es sich stets um eine Sachnormverweisung; Rück- und Weiterverweisungen sind ausgeschlossen (Art 34 Abs 2).[58] Sie kann nur zur Anwendung des Rechts eines einzigen Staats führen und bildet nicht die Grundlage für eine Nachlassspaltung.[59] Ebenso wie bei der Rechtswahl (Art 22) kommt es bei der Ausweichklausel zu einem Auseinanderfallen von internationaler Zuständigkeit und anwendbarem Recht. Denn auch wenn die Ausweichklausel anwendbar ist, bleiben die Gerichte jenes Staats international zuständig, in dem der Erblasser im Zeitpunkt seines Todes seinen gewöhnlichen Aufenthalt hatte. Hingegen ist die Ausweichklausel für die internationale Zuständigkeit nicht relevant. Sie verlagert nicht die Zuständigkeit in den Staat, zu dem die engen Beziehungen bestehen, sodass die Gerichte des Staats des gewöhnlichen Aufenthalts zuständig bleiben. Dadurch kommt es – abweichend vom Grundkonzept der EuErbVO – zu einer Durchbrechung des Gleichlaufprinzips.[60] Anders als bei der Rechtswahlklausel besteht nicht einmal die Möglichkeit einer von der den Beteiligten herbeigeführten Zuständigkeitsverlagerung: Weder durch eine Zuständigkeitsvereinbarung der betroffenen Parteien (Art 5) noch durch den Antrag einer Verfahrenspartei (Art 6 lit a) können die Gerichte des Staats des gewöhnlichen Aufenthalts sich zugunsten der Gerichte des Staats des aufgrund der Ausweichklausel anwendbaren Rechts nach hA für unzuständig erklären.[61]

Rechtswahl

Art 22. **(1) Eine Person kann für die Rechtsnachfolge von Todes wegen das Recht des Staates wählen, dem sie im Zeitpunkt der Rechtswahl oder im Zeitpunkt ihres Todes angehört.**

Eine Person, die mehrere Staatsangehörigkeiten besitzt, kann das Recht eines der Staaten wählen, denen sie im Zeitpunkt der Rechtswahl oder im Zeitpunkt ihres Todes angehört.

(2) Die Rechtswahl muss ausdrücklich in einer Erklärung in Form einer Verfügung von Todes wegen erfolgen oder sich aus den Bestimmungen einer solchen Verfügung ergeben.

---

55 *Bonomi* in *Bonomi/Wautelet* Art 21 Rz 28.
56 Vgl auch *Rudolf/Zöchling-Jud/Kogler* in *Rechberger/Zöchling-Jud* 119.
57 *Bonomi* in *Bonomi/Wautelet* Art 21 Rz 29.
58 *Dutta* in MünchKommBGB[6] Art 21 EuErbVO Rz 8; *Bajons*, ecolex 2014, 207; *Heinig*, RNotZ 2014, 199; *Rudolf/Zöchling-Jud/Kogler* in *Rechberger/Zöchling-Jud* 118, 127; krit *Solomon* in *Dutta/Herrler* Rz 44; *Köhler* in *Kroiß/Horn/Solomon* Art 21 EuErbVO Rz 14.
59 Hierauf verweist mit Recht *Solomon* in *Dutta/Herrler* Rz 43.
60 Vgl auch *Fischer-Czermak* in *Schauer/Scheuba* 45; *Rudolf/Zöchling-Jud/Kogler* in *Rechberger/Zöchling-Jud* 127.
61 Vgl auch *Bonomi* in *Bonomi/Wautelet* Art 21 Rz 24; zu Art 5 auch *Bajons* in *Schauer/Scheuba* 32 (FN 9); *Dutta*, IPRax 2015, 36; aA *Schauer*, JEV 2012, 81.

(3) Die materielle Wirksamkeit der Rechtshandlung, durch die die Rechtswahl vorgenommen wird, unterliegt dem gewählten Recht.

(4) Die Änderung oder der Widerruf der Rechtswahl muss den Formvorschriften für die Änderung oder den Widerruf einer Verfügung von Todes wegen entsprechen.

Stammfassung.

Literatur: *Bajons,* Die Nachlassabwicklung in internationalen Erbsachen nach zukünftigem Recht, ecolex 2014, 204; *Bonomi/Öztürk,* Auswirkungen der Europäischen Erbrechtsverordnung auf die Schweiz unter besonderer Berücksichtigung deutsch-schweizerischer Erbfälle, ZVglRWiss 114 (2015) 4; *Cach/Weber,* Privatautonomie im Internationalen Erbrecht, ZfRV 2013/33, 263; *Cach/Weber,* Rechtswahl im internationalen Erbrecht – Novum oder zu erwartender Entwicklungsschritt, JEV 2013, 90; *Cach/Weber,* Das Kriterium der Staatsangehörigkeit bei der Bestimmung des Erbstatuts, EF-Z 2014/102, 163; *Deutsches Notarinstitut,* Rechtsvergleichende Studie der erbrechtlichen Regelungen des Internationalen Verfahrensrechts und Internationalen Privatrechts der Mitgliedstaaten der Europäischen Union (2002); *Döbereiner,* Das internationale Erbrecht nach der EU-Erbrechtsverordnung, MittBayNot 2013, 358, 437; *Dörner,* EuErbVO: Die Verordnung zum Internationalen Erb- und Erbverfahrensrecht ist in Kraft! ZEV 2012, 505; *Dutta,* Die europäische Erbrechtsverordnung vor ihrem Anwendungsbeginn: Zehn ausgewählte Streitstandsminiaturen, IPRax 2015, 32; *Everts,* Neue Perspektiven zur Pflichtteilsdämpfung aufgrund der EuErbVO? ZEV 2013, 124; *Fischer-Czermak,* Anwendbares Recht, in *Schauer/Scheuba* (Hrsg), Europäische Erbrechtsverordnung (2012) 43; *Fischer-Czermak,* Gestaltungen der Erbfolge durch Rechtswahl, EF-Z 2013/38, 55; *Frodl,* Einheit durch Aufgabe nationaler Rechtstraditionen? – EU-Erbrechtsverordnung kundgemacht, ÖJZ 2012/108, 950; *Heinig,* Rechtswahlen in Verfügungen von Todes wegen nach der EU-Erbrechts-Verordnung, RNotZ 2014, 197; *Janzen,* Die EU-Erbrechtsverordnung, DNotZ 2012, 484; *Kalss/Probst,* Familienunternehmen (2013); *Leitzen,* Die Rechtswahl nach der EuErbVO, ZEV 2013, 128; *Max Planck Institute for Comparative and International Private Law (MPI),* Comments on the European Commission's Proposal for a Regulation of the European Parliament and of the Council on Jurisdiction, Applicable Law, Recognition and Enforcement of Decisions and Authentic Instruments in Matters of Succession and the Creation of a European Certificate of Succession, RabelsZ 74 (2010) 522; *Nordmeier,* Grundfragen der Rechtswahl in der neuen EU-Erbrechtsverordnung, GPR 2013, 148; *Odersky,* Die Europäische Erbrechtsverordnung in der Gestaltungspraxis, notar 2013, 3; *Rudolf/Zöchling-Jud/Kogler,* Kollisionsrecht, in *Rechberger/Zöchling-Jud* (Hrsg), Die EU-Erbrechtsverordnung in Österreich (2015) 115; *Pazdan,* Rechtswahl im internationalen Erbrecht, FS Martiny (2014) 489; *Rudolf,* Die Erbrechtsverordnung der Europäischen Union, NZ 2013/103, 225; *Schaub,* Die EU-Erbrechtsverordnung, Hereditare 3 (2013) 91; *Scheuba,* Die Rechtswahl wirft ihre Schatten voraus, ecolex 2014, 210; *Solomon,* Die allgemeinen Kollisionsnormen, in *Dutta/Herrler* (Hrsg), Die Europäische Erbrechtsverordnung (2014) 19; *Vollmer,* Die neue europäische Erbrechtsverordnung – ein Überblick, ZErb 2012, 227; *Volmer,* Die EU-Erbrechtsverordnung – erste Fragen an Dogmatik und Forensik, Rpfleger 2013, 421; *Wilke,* Das internationale Erbrecht nach der neuen EU-Erbrechtsverordnung, RIW 2012, 601.

Übersicht

	Rz
I. Grundlagen	1
II. Rechtswahl	7
A. Grundlagen	7
B. Form	10
C. Arten	11
D. Materielle Wirksamkeit	13
E. Änderung und Widerruf	17
F. Materiell-rechtliche Verweisung	21
III. Das gewählte Recht	22

I. Grundlagen

1   Das **Erbkollisionsrecht** steht der **Rechtswahl** in der Regel **restriktiv** gegenüber. Dies hat va damit zu tun, dass der Erblasser nicht die Möglichkeit haben soll, durch die Wahl eines ihm genehmen Rechts die geschützten Interessen dritter Personen, namentlich der Pflichtteilsberechtigten und der Gläubiger zu unterlaufen. Im österr Internationalen Privatrecht war vor der EuErbVO jegliche Rechtswahl ausgeschlossen.[1] Das dt Recht gestattete eine Rechtswahl nur beschränkt in der Weise, dass für das im Inland belegene unbewegliche Vermögen deutsches Recht gewählt werden konnte (Art 25 Abs 2 EGBGB aF). Auch die Rechtsordnungen anderer Staaten ließen die Rechtswahl nicht[2] oder nur beschränkt[3] zu.[4]

2   Im Anschluss an jene Rechtsordnungen, die bereits bisher einer Rechtswahl nicht gänzlich ablehnend gegenüber standen, ermöglicht auch die EuErbVO eine **beschränkte Rechtswahl.**[5] Derartige Vorschläge waren bereits in der rechtsvergleichenden Studie des Deutschen Notarinstituts[6] und im Entwurf der VO aus 2009[7] vorgesehen. Durch die Rechtswahl kann der Erblasser vom gewöhnlichen Aufenthalt im Zeitpunkt seines Todes als Regelanknüpfung abweichen. Als Grund für die Beschränkung der Rechtswahl erwähnt der Verordnungsgeber ein Argument, das auch sonst vielfach hierfür angeführt wird:[8] Es solle sichergestellt werden, dass eine Verbindung zwischen dem Erblasser und dem gewählten Recht besteht und damit vermieden werden, dass ein Recht mit der Absicht gewählt wird, die berechtigten Erwartungen der Pflichtteilsberechtigten zu vereiteln (ErwGr 38). Zur Auswahl steht freilich nur das Recht seiner Staatsbürgerschaft, wobei er zwischen der Staatsbürgerschaft im Zeitpunkt der Rechtswahl und der im Zeitpunkt des Todes wählen kann. Mehrstaater können zugunsten jeder Staatsbürgerschaft optieren. Weitere Wahlmöglichkeiten haben in die VO keinen Eingang gefunden. Dies wird zu Recht kritisiert: Eine Wahlmöglichkeit zugunsten des gewöhnlichen Aufenthalts im Zeitpunkt der Rechtswahl wäre sinnvoll gewesen[9] und hätte sich ohne relevantes Missbrauchspotenzial verwirklichen lassen.

3   Der Erblasser kann mit einer Rechtswahl verschiedene **Zwecke** verfolgen: Erstens kann er sich für ein Erbrecht entscheiden, dass seinen Vorstellungen besser entspricht als das Erbrecht des Staates seines gewöhnlichen Aufenthalts. Dieses Ziel lässt sich aber nur bedingt verwirklichen; nämlich dann, wenn das Erbrecht des Staates der Staatsangehörigkeit des Erblassers dessen Gestaltungszielen tatsächlich besser gerecht wird. Viel wichtiger ist ein anderer

---

1   Zu § 28 IPRG aF *Verschraegen* in *Rummel*³ § 28 IPRG Rz 1; zur historischen Entwicklung in Österreich *Cach/Weber*, JEV 2013, 91 ff.
2   So zB das französische Recht (*Döbereiner* in *Süß*² 613 Rz 2); vgl auch die Übersicht bei *Deutsches Notarinstitut*, Studie 241 f.
3   ZB Belgien (*Hustedt* in *Süß*² 312 Rz 22 ff); Niederlande (*van Maas de Bie* in *Süß*² 1052 Rz 7 ff); Finnland (*v. Knorre/Mincke* in *Süß*² 592 Rz 34 ff); vgl auch die Übersicht bei *Deutsches Notarinstitut*, Studie 242 f; *Greeske* 100 ff.
4   Zur historischen Entwicklung der Rechtswahl auf internationaler Ebene *Pazdan*, FS Martiny 489 ff.
5   Wegen der starken Beschränkungen will *Dutta* in MünchKommBGB⁶ Art 22 EuErbVO Rz 2, statt von einer Rechtswahl lieber von einer Option des Erblassers sprechen; ähnlich *Solomon* in *Dutta/Herrler* Rz 48.
6   *Deutsches Notarinstitut*, Studie 266 ff.
7   Art 17 (mit der irreführenden Überschrift „Freie Rechtswahl") des Kommissionsvorschlags v 14. 10. 2009, 2009/0157 (COD).
8   Vgl soeben Rz 1.
9   *Wilke*, RIW 2012, 606; vgl auch *Cach/Weber*, ZfRV 2013/33, 266 f; aA *Rudolf/Zöchling-Jud/Kogler* in *Rechberger/Zöchling-Jud* 135.

Zweck, der mit der Rechtswahl angestrebt werden kann: Der Erblasser sichert seine Verfügung von Todes wegen gegen einen Statutenwechsel, der ohne eine Rechtswahl bei der Verlegung des gewöhnlichen Aufenthalts in einen anderen Staat einträte.[10] Die Rechtswahl wird sich deshalb umso eher empfehlen, je mehr mit einer grenzüberschreitenden Übersiedlung zu rechnen ist. Schließlich kann der Erblasser durch die Rechtswahl Zweifel über das anwendbare Recht vermeiden, die sich sonst aus der Unsicherheit in Bezug auf den gewöhnlichen Aufenthalt (Art 21 Abs 1) oder das Eingreifen der Ausweichklausel ergeben könnten.[11]

Um die Gestaltungsmöglichkeiten der VO hinsichtlich des anwendbaren Erbrechts voll zu **4** erfassen, ist freilich zu bedenken, dass dem Erblasser nicht nur die Rechtswahl durch Rechtsgeschäft offensteht, sondern auch die **faktische Rechtswahl** durch die Verlegung des gewöhnlichen Aufenthalts in den Staat des gewünschten Erbrechts.[12] Wenngleich die Fälle selten sein mögen, in denen jemand lediglich deshalb den gewöhnlichen Aufenthalt verlegt, um zugunsten eines günstigeren Erbrechts zu optieren, so kann dieser Gesichtspunkt uU eine Rolle spielen, wenn ohnehin über eine Übersiedlung nachgedacht wird. Im Unterschied zur Rechtswahl des Art 22 sind bei einer solchen Rechtswahl keinerlei erbrechtliche Schranken gegeben; lediglich das Aufenthaltsrecht des angestrebten Ziellandes könnte dem Zuzug Hindernisse in den Weg legen.

Die Rechtswahl bezieht sich unmittelbar auf die **Rechtsnachfolge von Todes wegen.** Dabei **5** ist jedoch zu beachten, dass iZm den **Sonderanknüpfungen** auch eigene Möglichkeiten für eine Rechtswahl bestehen. Dies gilt für das Errichtungsstatut; namentlich für die Zulässigkeit und Wirksamkeit von Verfügungen von Todes wegen (außer Erbverträgen, Art 24) sowie für die Zulässigkeit, die materielle Wirksamkeit und die Bindungswirkungen von Erbverträgen (Art 25): Diese Anknüpfungen bestimmen sich zwar grundsätzlich nach dem Recht des Staates, das auf die Erbfolge anzuwenden gewesen wäre, wenn der Erblasser im Zeitpunkt der Vornahme des Rechtsgeschäfts verstorben wäre; dem Erblasser steht aber in diesen Fällen die nach Art 22 mögliche Rechtswahl offen.[13] Ferner kann die Rechtswahl iZm der Formgültigkeit von Annahme- oder Ausschlagungserklärungen relevant sein (Art 28 lit a). Schließlich strahlt die Rechtswahl auf die **internationale Zuständigkeit** in Erbsachen aus: Die Rechtswahl – freilich nur zugunsten des Rechts eines Mitgliedstaats – ist eine Voraussetzung für die Übertragung der Zuständigkeit zu den Gerichten des Mitgliedstaats des gewählten Rechts (Art 5 ff).[14]

Zur Wirksamkeit einer **Rechtswahl,** die **vor dem Anwendungsbeginn der EuErbVO** getrof- **6** fen wurde, siehe Art 83 Abs 2 und die Kommentierung dort.

---

10 *Bonomi* in *Bonomi/Wautelet* Art 22 Rz 9; *Fischer-Czermak* in *Schauer/Scheuba* 47; *Fischer-Czermak,* EF-Z 2013/38, 53; vgl auch *Rudolf/Zöchling-Jud/Kogler* in *Rechberger/Zöchling-Jud* 134; *Heinig,* RNotZ 2014, 202; *Leitzen,* ZEV 2013, 131; *Volmer,* Rpfleger 2013, 423; *Cach/Weber,* JEV 2013, 99 f; *Schaub,* Hereditare 3 (2013) 115; *Wilke,* RIW 2012, 605.

11 *Dutta* in MünchKommBGB[6] Art 22 EuErbVO Rz 1; ähnlich *Köhler* in *Kroiß/Horn/Solomon* Art 3 EuErbVO Rz 1; *Heinig,* RNotZ 2014, 202; *Leitzen,* ZEV 2013, 131; *Rudolf/Zöchling-Jud/Kogler* in *Rechberger/Zöchling-Jud* 119, 134.

12 Hierzu krit *Scheuba,* ecolex 2014, 213 ff; *Everts,* ZEV 2013, 126 f spricht iZm Strategien zur Pflichtteilsvermeidung treffend von „‚Verlagerung' des Erblassers statt des Vermögens"; vgl auch *Wilke,* RIW 2012, 606.

13 Zum Verhältnis zwischen der Wahl des Erbstatuts und des Errichtungsstatuts *Dutta,* IPRax 2015, 37; *Leitzen,* ZEV 2013, 128; *Döbereiner,* MittBayNot 2013, 358 f.

14 Vgl auch *Köhler* in *Kroiß/Horn/Solomon* Art 3 EuErbVO Rz 19; *Nordmeier,* GPR 2013, 154; *Odersky,* notar 2013, 6; *Cach/Weber,* ZfRV 2013/33, 269.

II. Rechtswahl

A. Grundlagen

7 Die Rechtswahl ist ein **Rechtsgeschäft,** das **kollisionsrechtlicher Gestaltung** dient. Seine Aufgabe ist es, auf privatautonomer Grundlage eine Verweisungsnorm zu schaffen, die ein bestimmtes Rechtsverhältnis beherrscht.[15] Die Rechtswahl steht häufig in einer funktionalen Verbindung zu einem anderen Rechtsgeschäft, bspw zu einem Vertrag; sie ist aber ein eigenständiger, von diesem rechtsdogmatisch zu trennender Akt. Die Rechtswahl kann auch ohne Bezug auf ein anderes Rechtsgeschäft Bestand haben, wie das Beispiel der Rom II-VO, die die Rechtswahl bei außervertraglichen Schuldverhältnissen gestattet (Art 14 Rom II-VO). Da es sich bei der Rechtswahl um ein eigenständiges Rechtsgeschäft handelt, sind spezifische Maßstäbe für die Voraussetzungen seiner Wirksamkeit erforderlich. Sie sind grundsätzlich dem Kollisionsrecht selbst zu entnehmen. Dieses kann eigene Maßstäbe definieren oder sie durch Verweisung einem bestimmten Sachrecht entnehmen. Zumeist geschieht dies durch Verweisung auf die lex causae[16], also nach jenem Recht, das auf das Rechtsgeschäft anzuwenden wäre, wenn die Rechtswahl wirksam wäre (Art 3 Abs 5 iVm Art 10, 11 und 13 Rom I-VO; Art 5 f Rom III-VO).

8 Diese allgemeinen Merkmale gelten auch für die Rechtswahl aufgrund der EuErbVO. Da erbrechtliche Gestaltung idR auf einseitigen Rechtsgeschäften beruht, ist auch die erbrechtliche Rechtswahl zumeist ein **einseitiges Rechtsgeschäft.**[17] Sie wird zumeist in einem Testament oder einem gemeinschaftlichen Testament vorgenommen werden. Beruht die erbrechtliche Gestaltung auf einem zwei- oder mehrseitigen Rechtsgeschäft, namentlich auf einem Erbvertrag, so hat auch die Rechtswahl eine vertragliche Grundlage.[18] Die Rechtswahl als solche ist aber **keine Verfügung von Todes wegen.**[19] Dies ergibt sich zum einen aus dem Umstand, dass sie nicht unmittelbar auf die Gestaltung der Rechtsnachfolge von Todes wegen gerichtet ist; zum anderen aus Art 22 Abs 2, wonach die Rechtswahl in Form einer Verfügung von Todes wegen vorgenommen werden muss. Diese Anordnung wäre überflüssig, wenn der Verordnungsgeber die Rechtswahl selbst als Verfügung von Todes wegen betrachtet hätte. Nicht einmal eine Verbindung mit einer Verfügung von Todes wegen ist eine zwingende Voraussetzung für die Rechtswahl. Der Erblasser kann sich mit der Wahl eines bestimmten Rechts begnügen und es bezüglich der Rechtsnachfolge bei der gesetzlichen Erbfolge belassen.[20] Ebenso kann der Erblasser, der bereits ein Testament errichtet hat, später das auf die Rechtsnachfolge anwendbare Recht wählen. Da die Rechtswahl als solche keine Verfügung von Todes wegen darstellt, hat sie auf den Bestand des früher

---

15 Vgl dazu etwa *Martiny* in MünchKommBGB[6] Art 3 Rom I-VO Rz 14.

16 Vgl *Verschraegen,* IPR Rz 405.

17 *Dutta* in MünchKommBGB[6] Art 22 EuErbVO Rz 10 spricht schlechthin von einer einseitigen Willenserklärung des Erblassers, was mit Blick auf erbvertragliche Gestaltungen zu eng erscheint (dazu sogleich im Text).

18 Vgl freilich zur Frage der Bindungswirkung *Dutta,* IRPax 2015, 37; *Heinig,* RNotZ 2014, 211 ff; *Leitzen,* ZEV 2013, 130.

19 So auch *Döbereiner,* MittBayNot 2013, 364; aA offenbar *Cach/Weber,* ZfRV 2013/33, 264, entgegen deren Meinung Art 22 Abs 2 nicht anordnet, dass eine Rechtswahl „in einer ‚Verfügung von Todes wegen'" getroffen werden muss; ganz ähnlich *Cach/Weber,* EF-Z 2013/102, 164.

20 *Dutta* in MünchKommBGB[6] Art 22 EuErbVO Rz 15 aE und *Solomon* in *Dutta/Herrler* Rz 49 sprechen diesbezüglich von einer „isolierte[n] Rechtswahl"; ebenso *Rudolf/Zöchling-Jud/Kogler* in *Rechberger/Zöchling-Jud* 139; *Leitzen,* ZEV 2013, 129; *Heinig,* RNotZ 2014, 203; *Döbereiner,* MittBayNot 2013, 364; *Cach/Weber,* ZfRV 2013/33, 264; *Frodl,* ÖJZ 2012/108, 955.

errichteten Testaments grundsätzlich keinen Einfluss. Lediglich die Wirksamkeit des Testaments könnte beeinträchtigt werden, wenn die auf der Grundlage eines anderen Rechts errichtete Verfügung mit den zwingenden Bestimmungen des gewählten Rechts nicht vereinbar ist.

Die Rechtswahl kann lediglich durch den **Erblasser** getroffen werden. Eine spätere Rechtswahl durch die Erben ist nicht möglich.[21] Umgekehrt können die Erben auch nicht von einer wirksamen Rechtswahl des Erblassers abweichen. Freilich steht es ihnen frei, im Rahmen der Erbteilung eine Rechtslage nachzubilden, die jener in dem von ihnen gewünschten Recht entspricht. Dabei sind jedoch die zwingenden Grenzen des nach dem Erbstatut maßgeblichen Rechts zu beachten. **9**

B. Form

Die Rechtswahl muss ausdrücklich in Form einer **Verfügung von Todes wegen** erfolgen oder sich aus den Bestimmungen einer solchen Verfügung ergeben (Abs 2). Die Bestimmung sagt nicht ausdrücklich, welchen Regeln die Anforderungen an die Form zu entnehmen sind. Richtigerweise ist dabei an Art 27 oder – für die jeweiligen Mitgliedstaaten – an das HTÜ anzuknüpfen.[22] Dies ergibt sich schon aus dem Umstand, dass sich die Rechtswahl auch aus den Bestimmungen einer Verfügung von Todes wegen ergeben kann. Damit wird schlüssig vorausgesetzt, dass die Rechtswahl wirksam ist, wenn auch die Verfügung von Todes wegen formgültig ist. Nichts anderes kann dann aber für die ausdrückliche Rechtswahl gelten, die auch außerhalb und unabhängig von einer Verfügung von Todes wegen angeordnet werden kann. **10**

C. Arten

Die Rechtswahl kann **ausdrücklich** erfolgen oder sich **aus den Bestimmungen einer Verfügung von Todes wegen ergeben** (Abs 2). Angesprochen ist dabei die Deutlichkeit der Bestimmung. Eine ausdrückliche Rechtswahl liegt vor, wenn sich der entsprechende Wille des Erblassers klar aus dem Wortlaut der Anordnung ergibt[23] (zB: „Meine Rechtsnachfolge von Todes wegen soll dem österreichischen Recht unterliegen."). Aus Gründen der Rechtssicherheit wird sich die Ausdrücklichkeit bei der Rechtswahl stets empfehlen. Hinreichend ist aber auch eine schlüssige Rechtswahl, die sich lediglich aus den Bestimmungen einer Verfügung von Todes wegen ergibt.[24] Eine schlüssige Rechtswahl kann nur in einer Verfügung von Todes wegen getroffen werden und ist – im Gegensatz zur ausdrücklichen Rechtswahl – ohne eine solche gar nicht denkbar.[25] Die Anforderungen an eine schlüssige Rechtswahl sollten eher niedrig angesetzt werden.[26] Dafür spricht nämlich, dass der Erblasser eine Verfügung von Todes wegen vielfach in Hinblick auf das Regelwerk eines be- **11**

---

21 *Dutta* in MünchKommBGB[6] Vor Art 20 EuErbVO Rz 22 und Art 22 EuErbVO Rz 2; *Rudolf/Zöchling-Jud/Kogler* in *Rechberger/Zöchling-Jud* 134.

22 So auch *Dutta* in MünchKommBGB[6] Art 22 EuErbVO Rz 15; *Köhler* in *Kroiß/Horn/Solomon* Art 3 EuErbVO Rz 8; *Bonomi* in *Bonomi/Wautelet* Art 22 Rz 55; *Solomon* in *Dutta/Herrler* Rz 61; *Heinig*, RNotZ 2014, 204; *Rudolf/Zöchling-Jud/Kogler* in *Rechberger/Zöchling-Jud* 141; vgl auch *Nordmeier*, GPR 2013, 152 f; offenbar aA *Schaub*, Hereditare 3 (2013) 115, die an das hypothetische Erbstatut anknüpfen will.

23 Vgl *Rudolf/Zöchling-Jud/Kogler* in *Rechberger/Zöchling-Jud* 140; *Cach/Weber*, ZfRV 2013/33, 265.

24 De lege ferenda befürwortend *Dörner*, JEV 2012, 511.

25 Vgl bereits Rz 10; so auch *Dutta* in MünchKommBGB[6] Art 22 EuErbVO Rz 13.

26 Ähnlich wie hier *Dutta* in MünchKommBGB[6] Art 22 EuErbVO Rz 14.

stimmten Rechts trifft. Er wird bspw bei der Verteilung des Nachlasses die Pflichteile im Auge behalten, die nach der von ihm als maßgeblich angenommenen Rechtsordnung gelten. Das Vertrauen auf dieses rechtliche Umfeld würde enttäuscht, wenn es als Folge einer grenzüberschreitenden Verlegung des gewöhnlichen Aufenthalts zu einem unerwarteten Statutenwechsel käme. Deshalb wird in den Erwägungsgründen zu Recht ausgeführt, dass es für die Rechtswahl genügen soll, wenn der Erblasser zB „in seiner Verfügung Bezug auf spezifische Bestimmungen des Rechts des Staates, dem er angehört, genommen hat oder das Recht dieses Staates in anderer Weise erwähnt hat" (ErwGr 39). Auch die Verwendung spezifischer Begriffe einer Rechtsordnung kann unter Umständen als schlüssige Rechtswahl verstanden werden.[27] Je stärker der Erblasser in seiner Verfügung das erbrechtliche Umfeld einer bestimmten Rechtsordnung beachtet hat, desto eher wird eine schlüssige Rechtswahl anzunehmen sein.[28] Sehr pauschal gehaltene Verfügungen (zB: „Mein Ehegatte soll Erbe sein; meine Schwester erhält 10.000 Euro.") können demgegenüber nicht als schlüssige Rechtswahl verstanden werden. Hingegen kann selbst der favor testamenti für eine schlüssige Rechtswahl sprechen: Wäre das Testament nach dem durch objektive Anknüpfung ermittelten Recht unwirksam, aber nach dem Recht des Staates der Staatsangehörigkeit wirksam, so spricht dies für die Annahme einer Rechtswahl zugunsten des Staatsbürgerschaftsrechts.[29]

12   **Sonderfälle:** Der Erblasser kann in seiner Verfügung auch klarstellen, dass er keine Rechtswahl treffen wollte.[30] Schließlich ist auch eine negative Rechtswahl vorstellbar:[31] Der Erblasser erklärt, dass eine bestimmte Rechtsordnung nicht angewendet werden soll. Freilich wird in einem solchen Fall stets zu prüfen sein, welche Rechtsfolge sich daraus ergeben soll. Schließt der Erblasser das Recht seiner Staatsbürgerschaft aus – was freilich ohnehin nur deklaratorische Wirkung hätte –, dann ist nach Art 21 anzuknüpfen. Schließt ein Doppelstaatsbürger das Recht einer seiner beiden Staatsbürgerschaften aus, dann kann darin möglicherweise – allerdings nur bei Vorliegen hinreichender Anhaltspunkte – die Wahl des Rechts der anderen Staatsbürgerschaft erblickt werden.

D. Materielle Wirksamkeit

13   Die materielle Wirksamkeit der Rechtshandlung, durch die die Rechtswahl vorgenommen wird, unterliegt dem gewählten Recht (Abs 3). Die VO definiert iZm der Rechtswahl nicht, was unter der materiellen Wirksamkeit zu verstehen ist. Wohl aber gibt es eine Definition in **Art 26;** diese bezieht sich jedoch – qua Verweisung auf Art 24 und Art 25 – explizit nur auf **Verfügungen von Todes wegen** (einschließlich Erbverträgen), für die in Bezug auf die ma-

---

27 Vgl das Beispiel bei *MPI,* RabelsZ 74 (2010) 613 f, wonach die Verwendung der Begriffe „Einantwortung" und „Verlassenschaft" (statt Nachlass) im Testament eines österr Erblassers als Wahl zugunsten des österr Rechts verstanden werden könne; zust *Fischer-Czermak* in *Schauer/Scheuba* 48; *Fischer-Czermak,* EF-Z 2013/38, 53; *Wilke,* RIW 2012, 606; *Rudolf/Zöchling-Jud/Kogler* in *Rechberger/ Zöchling-Jud* 140; differenzierend *Solomon* in *Dutta/Herrler* Rz 57 ff; vgl auch *Bonomi/Öztürk,* ZVglRWiss 114 (2015) 19; *Nordmeier,* GPR 2013, 152; *Schaub,* Hereditare 3 (2013) 115; *Odersky,* notar 2013, 5.

28 Vgl etwa den Kriterienkatalog bei *Cach/Weber,* ZfRV 2013/33, 265; ähnlich *Nordmeier,* GPR 2013, 152.

29 *Dutta* in MünchKommBGB⁶ Art 22 EuErbVO Rz 14.

30 *Dutta* in MünchKommBGB⁶ Art 22 EuErbVO Rz 14; *Odersky,* notar 2013, 5.

31 Näher dazu *Cach/Weber,* ZfRV 2013/33, 265.

terielle Wirksamkeit eine Sonderanknüpfung besteht. Es liegt freilich nahe, das in Art 26 enthaltene Verständnis der materiellen Wirksamkeit **auf die Rechtswahl zu übertragen.**[32] Dafür spricht va, dass die Rechtswahl in den meisten Fällen in Verbindung mit einer Verfügung von Todes wegen getroffen und in derselben Urkunde enthalten sein wird, sodass es nahe liegt, auf dieselben Kriterien für die materielle Wirksamkeit abzustellen. Umgekehrt sind keine Gründe ersichtlich, die für eine unterschiedliche Auslegung des Begriffs in Art 22 Abs 3 sprechen.

Folgt man dieser Ansicht, dann sind die Elemente des Art 26 zumindest sinngemäß auf **14** die materielle Wirksamkeit des die Rechtswahl begründenden Rechtgeschäfts heranzuziehen. Dies gilt zunächst für die **Testierfähigkeit:** Die für die Errichtung einer Verfügung von Todes wegen erforderliche Geschäftsfähigkeit ist somit notwendige, aber auch hinreichende Voraussetzung für eine wirksame Rechtwahl (Art 26 Abs 1 lit a). Dasselbe gilt für die **Zulässigkeit der Stellvertretung** (Art 26 Abs 1 lit c): Wenn das anwendbare Recht die Vertretung bei der Errichtung der Verfügung von Todes wegen gestattet, dann kann sich der Erblasser auch bezüglich der Rechtswahl vertreten lassen. Dies gilt auch umgekehrt: Die formelle Höchstpersönlichkeit bei der Errichtung der Verfügung von Todes wegen schließt Stellvertretung bei der Rechtswahl aus. Auch die **Auslegung** der Rechtswahl (Art 26 Abs 1 lit d) und die **Relevanz von Willensmängeln und des fehlenden Geschäftswillens** (Art 26 Abs 1 lit e) gehören zur materiellen Wirksamkeit (vgl auch ErwGr 40).[33] Hingegen ist die Frage, ob überhaupt eine konkludente Rechtswahl vorliegt,[34] nicht auf der Grundlage des gewählten Rechts, sondern gem Abs 2 einheitlich-autonom zu beurteilen.[35] Lediglich das in Art 26 Abs 1 lit b enthaltene Element, wonach auch die besonderen Gründe, weshalb nicht zugunsten einer bestimmten Person verfügt werden darf oder weshalb eine Person kein Nachlassvermögen vom Erblasser erhalten darf, ist derart auf die Verfügung von Todes wegen zugeschnitten, dass sie bei der materiellen Wirksamkeit einer der Rechtshandlung, durch die die Rechtswahl vorgenommen wird, keine Rolle spielen kann.[36]

Für die materielle Wirksamkeit der die Rechtswahl begründenden Rechtshandlung verweist **15** Art 26 auf das **gewählte Recht.** In dieser Verweisung liegt somit eine kollisionsrechtliche Sonderanknüpfung. Das gewählte Recht ist für die Beurteilung selbst dann maßgeblich, wenn es zur Unwirksamkeit der Rechtshandlung führt, weil diese an Anforderungen an die materielle Wirksamkeit nicht genügt. Die Verweisung ist als Sachnormverweisung zu verstehen (Art 34 Abs 2 iVm Art 22).

---

32 Ebenso für eine analoge Anwendung des Art 26 *Dutta* in MünchKommBGB[6] Art 22 EuErbVO Rz 16; *Rudolf/Zöchling-Jud/Kogler* in *Rechberger/Zöchling-Jud* 142; *Döbereiner,* MittBayNot 2013, 364; ähnlich *Nordmeier,* GPR 2013, 153.

33 Vgl auch *Köhler* in *Kroiß/Horn/Solomon* Art 3 EuErbVO Rz 10.

34 Dazu Rz 11.

35 *Solomon* in *Dutta/Herrler* Rz 56; *Nordmeier,* GPR 2013, 151; *Cach/Weber,* ZfRV 2013/33, 265; wohl ebenso *Rudolf/Zöchling-Jud/Kogler* in *Rechberger/Zöchling-Jud* 142; daraus folgt freilich nicht, dass die Verweisung auf Auslegung in Art 26 Abs 1 lit d überhaupt verdrängt ist (so aber offenbar *Dutta* in MünchKommBGB[6] Art 22 EuErbVO Rz 16); aA *Schaub,* Hereditare 3 (2013) 115, die auf das hypothetische Erbstatut abstellen will.

36 Vgl auch *Dutta* in MünchKommBGB[6] Art 22 EuErbVO Rz 16.

16   **Nicht zur materiellen Wirksamkeit** gehört die **Zulässigkeit** der Rechtswahl. Sie ist nicht nach dem gewählten Recht, sondern ausschließlich nach Art 22 zu beurteilen (vgl auch unten Rz 29).[37]

E. Änderung und Widerruf

17   Die Änderung oder der Widerruf der Rechtswahl muss den **Formvorschriften** für die Änderung oder den Widerruf einer Verfügung von Todes wegen entsprechen (Abs 4). Auch hierbei wird nicht gesagt, nach welchem Recht die Einhaltung der Formvorschriften zu beurteilen ist. Ebenso wie bei Vornahme der Rechtswahl (Rz 10) empfiehlt es sich jedoch, auf das nach Art 27 oder nach dem HTÜ anwendbare Recht abzustellen.[38] Dabei ist jedoch zu beachten, dass das HTÜ nur für letztwillige Verfügungen und Art 27 nur für schriftliche Verfügungen von Todes wegen gilt. Dieses Erfordernis ist erfüllt, wenn eine Verfügung von Todes wegen durch eine spätere Verfügung von Todes wegen widerrufen wird; dabei kommt es nicht darauf an, ob die spätere Verfügung von Todes wegen neue Zuwendungen enthält oder sich lediglich auf den Widerruf der älteren Verfügung beschränkt. Verschiedene Rechtsordnungen lassen jedoch auch einen schlüssigen Widerruf einer Verfügung von Todes wegen zu; wie bspw das österr Recht durch die Vernichtung der Urkunde (§ 721 ABGB). Solche Rechtshandlungen stellen, auch wenn sie von einem Widerrufswillen getragen sind, keine Verfügung von Todes wegen dar, sodass auf sie weder Art 27 (vgl dort Rz 28) noch das HTÜ anwendbar ist. Wegen des Fehlens anderer Anknüpfungselemente ist die förmliche Wirksamkeit eines stillschweigenden Widerrufs nach dem Erbstatut zu beurteilen.[39] Dieses Anknüpfungselement ist dann auch für die Beurteilung der Frage heranzuziehen, ob der stillschweigende Widerruf einer Rechtswahl wirksam ist. Das Erbstatut, das für die Beurteilung maßgeblich ist, ist das in der früheren Rechtshandlung gewählte Recht.[40] Nimmt man bspw an, dass ein österr Staatsbürger mit dem gewöhnlichen Aufenthalt in Deutschland in seinem eigenhändig geschriebenen Testament österr Recht gewählt hat, so kann er das Testament durch Vernichtung stillschweigend widerrufen. Der Widerruf der getroffenen Rechtswahl ist in derselben Weise möglich.

18   Der Grad an Deutlichkeit, den die Änderung oder der Widerruf der Rechtswahl aufweisen müssen, wird in der EuErbVO nicht geregelt. Richtigerweise ist anzunehmen, dass auch hierbei eine **ausdrückliche** oder eine **schlüssige** Rechtshandlung genügt[41]. Hat der Erblasser bspw in einem früheren Testament eine Rechtswahl vorgenommen und will er die Rechtswahl in einer späteren Verfügung ändern, so genügt es auch für die Änderung, wenn sich diese aus den Bestimmungen der neuen Verfügung von Todes wegen ergibt.[42]

19   Die Anforderungen an die **materielle Wirksamkeit** der Änderung oder des Widerrufs der Rechtswahl ist nicht ausdrücklich geregelt. Da kein Grund für eine Verschiedenbehandlung

---

37   Vgl auch *Dutta* in MünchKommBGB[6] Art 22 EuErbVO Rz 14, 16; *Solomon* in *Dutta/Herrler* Rz 62; *Bonomi/Öztürk*, ZVglRWiss 114 (2015) 19; *Nordmeier*, GPR 2013, 153; *Rudolf*, NZ 2013/103, 235; *Rudolf/Zöchling-Jud/Kogler* in *Rechberger/Zöchling-Jud* 142.

38   *Köhler* in *Kroiß/Horn/Solomon* Art 3 EuErbVO Rz 12; *Heinig*, RNotZ 2014, 206; *Rudolf/Zöchling-Jud/Kogler* in *Rechberger/Zöchling-Jud* 143 f.

39   So zu Art 2 HTÜ *Dutta* in MünchKommBGB[6] Art 26 EGBGB Rz 63; aA offenbar *Nordmeier*, GPR 2013, 154.

40   Wohl ebenso *Dutta* in MünchKommBGB[6] Art 22 EuErbVO Rz 20.

41   *Rudolf/Zöchling-Jud/Kogler* in *Rechberger/Zöchling-Jud* 143.

42   *Fischer-Czermak* in *Schauer/Scheuba* 48; *Fischer-Czermak*, EF-Z 2013/38, 53; *Leitzen*, ZEV 2013, 129.

besteht, empfiehlt es sich, Art 22 Abs 3 analog heranzuziehen. Maßgeblich ist dann wieder das gewählte Recht (vgl auch ErwGr 40 Satz 3). Dessen Anwendung bereitet beim Widerruf keine Schwierigkeiten; abzustellen ist diesbezüglich auf das ursprünglich gewählte Recht, dessen Maßgeblichkeit nunmehr beseitigt werden soll. Komplizierter verhält es sich bei der Änderung, die den Widerruf der früheren Rechtswahl und die Wahl eines neuen Rechts in sich vereint. Die hA empfiehlt dabei eine einheitliche Anknüpfung auf der Grundlage des neu gewählten Rechts.[43] Bezüglich der Elemente der materiellen Wirksamkeit ist auch hierbei eine analoge Anwendung des Art 26 angebracht. Diesbezüglich kann auf die Ausführungen in Rz 14 verwiesen werden.

Ergänzende Bemerkungen erscheinen bezüglich des **Widerrufswillens** angebracht. Bei der   **20** Verfügung von Todes wegen und der Rechtswahl handelt es sich um zwei eigenständige Rechtsgeschäfte (Rz 7). Dies gilt auch dann, wenn – wie zumeist – beide in derselben Urkunde enthalten sind. Es ist also grundsätzlich möglich, dass der Erblasser die Verfügung von Todes wegen widerruft und die Rechtswahl belässt[44] (die sich dann in Ermangelung einer neuen Verfügung von Todes wegen auf die gesetzliche Erbfolge bezieht) oder umgekehrt die Rechtswahl widerruft und die Verfügung von Todes wegen aufrecht hält (mit der Wirkung, dass die Rechtsnachfolge von Todes wegen dann nach dem nach Art 21 ermittelten Recht zu beurteilen wäre). Sind aber sowohl die Verfügung von Todes wegen als auch die Rechtswahl in derselben Urkunde enthalten, so wird der Erblasser sie idR als zusammengehörige Rechtsakte betrachten. Deshalb wird sich sein Wille, die Verfügung von Todes wegen zu widerrufen, zumeist auch auf die in derselben Urkunde enthaltene Rechtswahl erstrecken. Dies sei an folgendem Beispiel gezeigt: Der Erblasser hat in einem Testament eine wirksame Wahl zugunsten des österr Rechts getroffen. Später errichtet er ein neues Testament, ohne darin eine Anordnung über das gewählte Recht zu treffen. Nach dem gewählten Recht hebt das spätere Testament das frühere auf (§ 713 ABGB). In Hinblick auf die mit dem späteren Testament vermutete Bereinigungswirkung der Rechtslage ist eher davon auszugehen, dass auch die im früheren Testament enthaltene Rechtswahl dahinfällt. Anderes würde dann gelten, wenn das spätere Testament eine erneute – ausdrückliche oder schlüssige – Rechtswahl zugunsten des österr Rechts enthält. Ebenso dürfte richtigerweise von einem Widerruf der Rechtswahl auszugehen sein, wenn der Erblasser sein Testament durch Vernichtung der Urkunde widerruft (§ 721 ABGB), ohne eine neue Verfügung von Todes wegen zu errichten. Eine Klarstellung, ob durch den Widerruf einer Verfügung von Todes wegen auch die Rechtswahl widerrufen sein soll oder ob die früher getroffene Rechtswahl auch für eine neue Verfügung von Todes wegen gelten soll, dürfte sich in jedem Fall empfehlen.[45]

F. Materiell-rechtliche Verweisung

Anstelle einer kollisionsrechtlichen Rechtswahl kann der Erblasser auch eine materiell-recht-   **21** liche Verweisung vornehmen. Sie unterscheidet sich von der kollisionsrechtlichen Rechts-

---

43 *Köhler* in *Kroiß/Horn/Solomon* Art 3 EuErbVO Rz 13; *Solomon* in *Dutta/Herrler* Rz 65; *Heinig*, RNotZ 2014, 206; *Döbereiner*, MittBayNot 2013, 364; aA *Dutta* in MünchKommBGB[6] Art 22 Rz 21; *Dutta*, IPRax 2015, 37, der für die Prävalenz des strengeren Rechts plädiert; wieder anders *Leitzen*, ZEV 2013, 129, der in der Änderung zwei getrennt zu beurteilende Rechtsakte, nämlich einen Widerruf und eine neue Rechtswahl erblickt, die getrennt zu beurteilen seien; nach *Rudolf/Zöchling-Jud/ Kogler* in *Rechberger/Zöchling-Jud* 144 ff, soll offenbar das ursprünglich gewählte Recht entscheiden.
44 Vgl *Heinig*, RNotZ 2014, 206; *Leitzen*, ZEV 2013, 129.
45 So auch *Leitzen*, ZEV 2013, 129.

wahl dadurch, dass sie nicht das kraft objektiver Anknüpfung anwendbare Recht durch ein anderes Erbstatut ersetzt, sondern dass sie das fremde Recht lediglich wie ein standardisiertes Regelwerk nach Art von Allgemeinen Geschäftsbedingungen in das eigene Rechtsgeschäft zu inkorporieren sucht. Da das durch objektive Anknüpfung ermittelte Recht weiterhin anwendbar bleibt, ist eine solche Verweisung **nur innerhalb der Grenzen der zwingenden Bestimmungen dieses Rechts wirksam.** Da es sich bei der materiell-rechtlichen Verweisung nicht um eine kollisionsrechtliche Rechtshandlung handelt, ist sie kein Thema der EuErbVO. Sie dürfte bei Verfügungen von Todes wegen wohl nur geringe Bedeutung erlangen, weil der Erblasser, der sich für ein fremdes Recht entscheidet, das sonst anwendbare Recht zur Gänze vermeiden und durch das gewählte Recht ersetzen will. UU könnte sie bei einer gescheiterten Rechtswahl relevant sein, weil diese in eine materiell-rechtliche Verweisung umgedeutet werden kann.[46]

III. Das gewählte Recht

22 Der Erblasser kann das Recht seiner **Staatsangehörigkeit** wählen. Er kann sich dabei für das Recht jenes Staates entscheiden, dem er im Zeitpunkt der Rechtswahl angehört oder für das Recht des Staates, dem er im Zeitpunkt seines Todes angehören wird (Abs 1 UAbs 1). Praktische Erwägungen werden zum Ergebnis führen, dass sich der Erblasser in der überwiegenden Zahl der Fälle für das Recht jenes Staates entscheiden wird, dem er im Zeitpunkt der Rechtswahl angehört. Diese Rechtsordnung ist dem Erblasser bekannt, sodass er die Konsequenzen seiner Wahl – va in Hinblick auf die Gestaltung einer Verfügung von Todes wegen – einschätzen kann. Dagegen dürfte die Wahl des Rechts der Staatsbürgerschaft im Zeitpunkt des Todes nur geringe praktische Bedeutung erlangen: Welcher Erblasser sollte das Recht dieses Staates wählen, wenn er nicht weiß, welchem Staat er im Zeitpunkt seines Todes angehören wird?[47] Eine Nachfrage nach dieser Art der Rechtswahl könnte uU dann bestehen, wenn der Erblasser – bspw wegen eines bereits anhängigen Verfahrens zum Erwerb einer Staatsbürgerschaft – mit dem Erwerb einer neuen Staatsbürgerschaft rechnet, die er bis zu seinem Tod behalten möchte. Will er mit der Errichtung der Verfügung von Todes wegen nicht bis zur Verleihung der Staatsbürgerschaft zuwarten, so könnte er bereits jetzt das Recht dieses Staates wählen.[48]

23 **Mehrstaater** können das Recht eines jeden Staates wählen, dem sie angehören (Abs 1 UAbs 2). Die Wahlmöglichkeit bezieht sich sowohl auf das Recht der Staaten, dem der Erblasser zum Zeitpunkt der Rechtswahl angehört hat, als auch auf das Recht jener Staaten, der er im Zeitpunkt des Todes angehört. Wer also bei Rechtswahl Bürger der Staaten A und B ist und im Zeitpunkt des Todes den Staaten A und C angehört, kann zwischen den Rechten von

---

46 Vgl auch *Dutta* in MünchKommBGB[6] Art 22 EuErbVO Rz 22; *Rudolf/Zöchling-Jud/Kogler* in *Rechberger/Zöchling-Jud* 137.

47 Von „gestalterische[m] Unfug" spricht *Volmer*, Rpfleger 2013, 423; vgl auch *Fischer-Czermak* in *Schauer/Scheuba* 67; *Fischer-Czermak*, EF-Z 2013/38, 53; *Döbereiner*, MittBayNot 2013, 364; *Wilke*, RIW 2012, 605 f.

48 Vgl ähnlich *Dutta* in MünchKommBGB[6] Art 22 EuErbVO Rz 11; *Solomon* in *Dutta/Herrler* Rz 51; *Fischer-Czermak* in *Schauer/Scheuba* 67; *Fischer-Czermak*, EF-Z 2013/38, 53; *Rudolf/Zöchling-Jud/Kogler* in *Rechberger/Zöchling-Jud* 138; *Heinig*, RNotZ 2014, 204; *Cach/Weber*, ZfRV 2013/33, 266; *Döbereiner*, MittBayNot 2013, 364.

A, B und C wählen. Das Wahlrecht kann frei ausgeübt werden; ein Vorrang einer „effektiven" Staatsbürgerschaft, bspw des Staates des gewöhnlichen Aufenthalts, besteht nicht.[49]

Die **Anknüpfung der Staatsbürgerschaft** unterliegt nicht der VO. Sie ist nach dem innerstaatlichen Recht und gegebenenfalls auch nach internationalen Übereinkommen zu beurteilen, wobei die allgemeinen Grundsätze der EU zu achten sind (ErwGr 41).[50]   **24**

Für **staatenlose Personen** ist keine Rechtswahl vorgesehen. Freilich könnte auch ein Erblasser, der bei der Rechtswahl staatenlos ist, das Recht des Staates der Staatsangehörigkeit im Zeitpunkt seines Todes wählen;[51] die Rechtswahl wäre gültig, wenn der Erblasser bei seinem Tod tatsächlich Staatsbürger dieses Staates ist. Da das Personalstatut staatenloser Personen vielfach an ihren gewöhnlichen Aufenthalt angeknüpft wird (vgl § 9 Abs 2 IPRG, Art 5 Abs 2 dEGBGB), ist jener L zu folgen, die Staatenlosen auch eine Rechtswahl zugunsten des Rechts des Staates ihres gewöhnlichen Aufenthalts bei Vornahme der Rechtswahl einräumen möchte.[52]   **25**

Andere Wahlmöglichkeiten als jene, die in Art 22 ausdrücklich genannt sind, bestehen **nicht.** Der Erblasser kann nicht das Recht des Staates einer früheren Staatsbürgerschaft wählen[53]; ebenso wenig kann er sich auf das Recht eines Staates beziehen, dem er zwischen der Rechtswahl und seinem Tod vorübergehend angehört hat.[54] Noch weniger kommt die Staatsbürgerschaft eines Ehegatten oder Verwandten in Betracht. Auch ein spezifischer Vertrauensschutz ist nicht vorgesehen: Sollte der Erblasser in irriger Weise der Meinung gewesen sein, dem Staat des gewählten Rechts anzugehören, so ist die Rechtswahl gleichwohl als unwirksam zu betrachten. Schließlich kann auch nicht das Recht des gewöhnlichen Aufenthalts im Zeitpunkt der Rechtswahl oder zu einem anderen Zeitpunkt gewählt werden (vgl bereits Rz 2).[55]   **26**

Der Staat, dessen Recht gewählt wird, muss **namentlich** oder zumindest **in hinreichend bestimmbarer Weise bezeichnet** werden.[56] Der Erblasser könnte bspw anordnen: „Für meine Rechtsnachfolge von Todes wegen soll österr Recht maßgeblich sein". Diese Rechtswahl ist wirksam unter der Voraussetzung, dass der Erblasser im Zeitpunkt der Rechtswahl oder im Zeitpunkt des Todes österr Staatsbürger ist. Zur Vermeidung von Rechtsunsicherheit ist es in   **27**

---

49 So auch *Dutta* in MünchKommBGB⁶ Art 22 EuErbVO Rz 3; *Köhler* in *Kroiß/Horn/Solomon* Art 3 EuErbVO Rz 6; *Solomon* in *Dutta/Herrler* Rz 52; *Bonomi/Öztürk,* ZVglRWiss 114 (2015) 19; *Heinig,* RNotZ 2014, 203; *Leitzen,* ZEV 2013, 128; *Nordmeier,* GPR 2013, 149; *Rudolf/Zöchling-Jud/Kogler* in *Rechberger/Zöchling-Jud* 138; *Cach/Weber,* ZfRV 2013/33, 268; *Döbereiner,* MittBayNot 2013, 363; *Odersky,* notar 2013, 5; *Vollmer,* ZErb 2012, 231; *Frodl,* ÖJZ 2012/108, 955.

50 Für eine einheitliche Anknüpfung innerhalb der EU *Dutta* in MünchKommBGB⁶ Art 22 EuErbVO Rz 4; vgl dazu auch *Köhler* in *Kroiß/Horn/Solomon* Art 3 EuErbVO Rz 7; *Nordmeier,* GPR 2013, 149.

51 Die Rechtswahl staatenloser Personen auf diesen Fall beschränkend *Leitzen,* ZEV 2013, 128.

52 *Dutta* in MünchKommBGB⁶ Art 22 EuErbVO Rz 5; *Rudolf/Zöchling-Jud/Kogler* in *Rechberger/Zöchling-Jud* 138; ähnlich *Köhler* in *Kroiß/Horn/Solomon* Art 3 EuErbVO Rz 6; *Solomon* in *Dutta/Herrler* Rz 53; *Nordmeier,* GPR 2013, 149 f; *Döbereiner,* MittBayNot 2013, 363 f; aA *Schaub,* Hereditare 3 (2013) 115, die bei Staatenlosen keine Rechtswahl zulassen will.

53 *Rudolf/Zöchling-Jud/Kogler* in *Rechberger/Zöchling-Jud* 137 f.

54 So auch *Dutta* in MünchKommBGB⁶ Art 22 EuErbVO Rz 3; *Leitzen,* ZEV 2013, 128.

55 Ausf *Bonomi* in *Bonomi/Wautelet* Art 22 Rz 32 ff; *Greeske* 138 ff; vgl auch *Solomon* in *Dutta/Herrler* Rz 48; *Heinig,* RNotZ 2014, 203; *Bajons,* ecolex 2014, 206; *Nordmeier,* GPR 2013, 149; *Odersky,* notar 2013, 5; *Volmer,* Rpfleger 2013, 423; *Rudolf,* NZ 2013/103, 235.

56 *Dutta* in MünchKommBGB⁶ Art 22 EuErbVO Rz 11, spricht idZ von „konkreter und abstrakter Bezeichnung" der gewählten Rechtsordnung.

jedem Fall empfehlenswert, den Staat des gewählten Rechts möglichst präzise – also namentlich – zu bezeichnen.[57] Gleichwohl muss es im Regelfall auch hinreichend sein, wenn der Erblasser bestimmt: „Für meine Rechtsnachfolge von Todes wegen soll das Recht des Staates zur Anwendung gelangen, dem ich im Zeitpunkt dieser Rechtswahl angehöre." Eine solche – gelegentlich als „abstrakte"[58], „dynamische"[59] oder „ergebnisoffene"[60] Rechtswahl bezeichnete – Anordnung ist in Hinblick auf die Bestimmbarkeit des gewählten Rechts ebenfalls als ausreichend zu betrachten;[61] allerdings überlässt es der Erblasser den Erben zu ermitteln, welchem Staat er im Zeitpunkt der Rechtswahl angehört hat. Ebenso muss es wirksam sein, wenn der Erblasser verfügt: „Für meine Rechtsnachfolge von Todes wegen wähle ich das Recht des Staates, dem ich im Zeitpunkt meines Todes angehören werde." Auch diese Anordnung bezeichnet den Staat des gewählten Rechts in hinreichend bestimmbarer Weise; freilich offenbart gerade eine solche Art der Rechtswahl die mangelnde Praktikabilität (oben Rz 22) besonders deutlich, weil der Erblasser gleichsam eine Blankoverweisung vornimmt. Da Mehrstaater das Recht eines jeden Staates wählen können, dem sie im Zeitpunkt der Rechtswahl oder des Todes angehören, wird von ihnen zu verlangen sein, dass sie den Staat des gewählten Rechts stets bestimmt bezeichnen.[62] Eine pauschale Verweisung auf das Recht der Staatsangehörigkeit im Zeitpunkt der Rechtswahl könnte nur dann als ausreichend angesehen werden, wenn sich durch Auslegung klar ermitteln lässt, welche Staatsbürgerschaft der Erblasser gemeint hat. Dies könnte bspw durch den Nachweis möglich sein, dass ihm von einer zweiten Staatsbürgerschaft nichts bekannt war, weil er sich lediglich für den Staatsbürger eines Staates hielt. In ähnlicher Weise ist es problematisch, wenn ein Erblasser, der nur einem Staat angehört, anordnet, dass für seine Rechtsnachfolge von Todes wegen das Recht seiner Staatsbürgerschaft maßgeblich sein soll. In einem solchen Fall bleibt offen, ob sich die Wahl auf das Recht des Staates der Staatsbürgerschaft im Zeitpunkt der Rechtswahl oder des Todes bezieht. Die Rechtswahl würde an mangelnder Bestimmtheit scheitern; es sei denn, dass durch Auslegung ermittelt werden kann, welche Staatsbürgerschaft der Erblasser gemeint hat.

28 Die Rechtswahl kann auch unter einer **Bedingung** oder **befristet** getroffen werden.[63] Sie könnte bspw davon abhängig gemacht werden, dass ein bestimmtes Rechtsinstitut, das für den Erblasser bei der Nachfolgeplanung besonders wichtig ist, im Zeitpunkt seines Todes immer noch in der gewählten Rechtsordnung vorgesehen ist.

---

57 Vgl auch *Vollmer*, ZErb 2012, 231.
58 ZB von *Dutta* in MünchKommBGB[6] Art 22 EuErbVO Rz 1; *Rudolf/Zöchling-Jud/Kogler* in *Rechberger/Zöchling-Jud* 140; *Nordmeier*, GPR 2013, 151; *Cach/Weber*, ZfRV 2013/33, 266; vgl auch *Fischer-Czermak* in *Schauer/Scheuba* 67.
59 ZB von *Solomon* in *Dutta/Herrler* Rz 50; *Leitzen*, ZEV 2013, 128.
60 *Volmer*, Rpfleger 2013, 423.
61 Für die Zulässigkeit einer solchen Rechtswahl auch *Dutta* in MünchKommBGB[6] Art 22 EuErbVO Rz 11; *Köhler* in *Kroiß/Horn/Solomon* Art 3 EuErbVO Rz 5; *Solomon* in *Dutta/Herrler* Rz 50; *Fischer-Czermak* in *Schauer/Scheuba* 67; *Fischer-Czermak*, EF-Z 2013/38, 53; *Cach/Weber*, ZfRV 2013/33, 266; *Volmer*, Rpfleger 2014, 423; *Rudolf/Zöchling-Jud/Kogler* in *Rechberger/Zöchling-Jud* 140; aA *Dörner*, JEV 2012, 511; *Janzen*, DNotZ 2012, 486; *Leitzen*, ZEV 2013, 128; *Döbereiner*, MittBayNot 2013, 364; *Heinig*, RNotZ 2014, 204.
62 Ähnlich *Dutta* in MünchKommBGB[6] Art 22 EuErbVO Rz 11; *Cach/Weber*, ZfRV 2013/33, 266.
63 So auch *Dutta* in MünchKommBGB[6] Art 22 EuErbVO Rz 12; *Heinig*, RNotZ 2014, 202; *Leitzen*, ZEV 2013, 129; *Döbereiner*, MittBayNot 2013, 364; *Nordmeier*, GPR 2013, 153; *Rudolf/Zöchling-Jud/Kogler* in *Rechberger/Zöchling-Jud* 143.

Wählbar ist nur das **Recht eines Staates.** Der Regel des Art 20 entsprechend muss es sich **29** nicht um das Recht eines Mitgliedstaates handeln.[64] Es kommt auch nicht darauf an, ob der Staat des gewählten Rechts seinerseits eine Rechtswahl zulässt (ErwGr 40). Besteht ein Staat aus mehreren Gebietseinheiten, für die unterschiedliche Regeln für die Rechtsnachfolge von Todes wegen bestehen, so bietet Art 22 jedoch keine Grundlage für die Wahl zwischen den Rechten dieser Gebietseinheiten zu wählen (vgl auch Art 36 Rz 11 f).[65] Ob in diesem Verhältnis eine Rechtswahl zulässig ist, bestimmt sich nach dem jeweiligen Interlokalen Kollisionsrecht, das nach Art 36 zur Anwendung berufen ist, oder – in Ermangelung eines solchen Kollisionsrechts – nach den in Art 36 Abs 2 und 3 angeführten Kriterien.[66] Wählbar ist auch allein staatliches Recht. Eine kollisionsrechtliche Verweisung auf Hausgesetze, wie sie früher in adeligen Familien vorkamen, die nicht die Qualität einer staatlichen Rechtsnorm haben, oder auf eine sogenannte Familienverfassung[67] ist nicht möglich.[68]

Wählbar ist nur das Recht **eines einzigen Staates.** Die Rechtswahl bietet also keine Möglich- **30** keit, das Prinzip der Nachlasseinheit zu unterlaufen und durch die Wahl mehrerer Rechtsordnungen eine kollisionsrechtliche Nachlassspaltung herbeizuführen.[69] Dies gilt zunächst für den Erblasser, der nur eine Staatsbürgerschaft hat: Er kann bspw nicht die Anwendbarkeit des Rechts des Staates seiner Staatsangehörigkeit auf das in diesem Staat belegene Vermögen beschränken.[70] Dasselbe gilt auch für den Mehrstaater: Er kann sich nur für das Recht eines einzigen Staates der in Betracht kommenden Staatsbürgerschaften entscheiden und nicht anordnen, dass für bestimmte Vermögensteile das Recht des Staates A und für andere das Recht des Staates B gelten soll.

Das gewählte Recht gilt für die **gesamte Rechtsnachfolge von Todes wegen.**[71] Dies schließt **31** auch Ansprüche zwischen verkürzten Pflichtteilsberechtigten (Art 23 Abs 2 lit h) und die Teilung des Nachlasses (Art 23 Abs 2 lit j)[72] mit ein. Der Erblasser hat nicht die Möglichkeit, die Anwendung des gewählten Rechts auf bestimmte Elemente des Erbstatuts zu beschränken[73] und im Übrigen beim Recht des Staates des gewöhnlichen Aufenthalts zu belassen.

---

64 Vgl auch *Bonomi* in *Bonomi/Wautelet* Art 22 Rz 16; *Bonomi/Öztürk*, ZVglRWiss 114 (2015) 19; *Leitzen*, ZEV 2013, 128; *Döbereiner*, MittBayNot 2013, 363; *Nordmeier*, GPR 2013, 149; *Volmer*, Rpfleger 2013, 423.

65 *Köhler* in *Kroiß/Horn/Solomon* Art 3 EuErbVO Rz 4; vgl auch *Rudolf/Zöchling-Jud/Kogler* in *Rechberger/Zöchling-Jud* 139; *Leitzen*, ZEV 2013, 128; aA offenbar *Janzen*, DNotZ 2012, 486.

66 Vgl *Bonomi* in *Bonomi/Wautelet* Art 22 Rz 18; *Solomon* in *Dutta/Herrler* Rz 54 f; *Heinig*, RNotZ 2014, 203; *Nordmeier*, GPR 2013, 150; zum Problem der Rechtswahl bei späterer Staatssukzession *Dutta* in MünchKommBGB[6] Art 22 EuErbVO Rz 7; *Nordmeier*, GPR 2013, 150.

67 Zur Familienverfassung vgl *Kalss/Probst*, Familienunternehmen Rz 3/1 ff.

68 Im Wesentlichen auch *Dutta* in MünchKommBGB[6] Art 22 EuErbVO Rz 9.

69 So auch – mit ausführlicherer Begründung – *Dutta* in MünchKommBGB[6] Art 22 EuErbVO Rz 8; vgl auch *Solomon* in *Dutta/Herrler* Rz 49; *Rudolf/Zöchling-Jud/Kogler* in *Rechberger/Zöchling-Jud* 137; *Heinig*, RNotZ 2014, 206; *Leitzen*, ZEV 2013, 129; *Döbereiner*, MittBayNot 2013, 364; *Schaub*, Hereditare 3 (2013) 114; *Cach/Weber*, ZfRV 2013/33, 264; *Rudolf*, NZ 2013/103, 235; *Frodl*, ÖJZ 2012/108, 955.

70 Vgl auch *Bonomi* in *Bonomi/Wautelet* Art 22 Rz 42 ff; *Köhler* in *Kroiß/Horn/Solomon* Art 3 EuErbVO Rz 3; *Bonomi/Öztürk*, ZVglRWiss 114 (2015) 18 f; *Heinig*, RNotZ 2014, 203, 206; *Leitzen*, ZEV 2013, 129; *Cach/Weber*, ZfRV 2013/33, 264; *Schaub*, Hereditare 3 (2015) 114.

71 *Bonomi* in *Bonomi/Wautelet* Art 22 Rz 45 ff; *Köhler* in *Kroiß/Horn/Solomon* Art 3 EuErbVO Rz 1; *Heinig*, RNotZ 2014, 203; *Nordmeier*, GPR 2013, 153; *Cach/Weber*, ZfRV 2013/33, 264.

72 Zur Nachlassteilung *Cach/Weber*, EF-Z 2014/102, 164.

73 *Leitzen*, ZEV 2013, 129.

32 Die Verweisung auf das gewählte Recht ist regelmäßig als **Sachnormverweisung** zu verstehen (Art 34 Abs 2; vgl die Kommentierung zu diesem Art Rz 19).[74]

Reichweite des anzuwendenden Rechts

Art 23. (1) Dem nach Artikel 21 oder Artikel 22 bezeichneten Recht unterliegt die gesamte Rechtsnachfolge von Todes wegen.

(2) Diesem Recht unterliegen insbesondere:

a) die Gründe für den Eintritt des Erbfalls sowie dessen Zeitpunkt und Ort;

b) die Berufung der Berechtigten, die Bestimmung ihrer jeweiligen Anteile und etwaiger ihnen vom Erblasser auferlegter Pflichten sowie die Bestimmung sonstiger Rechte an dem Nachlass, einschließlich der Nachlassansprüche des überlebenden Lebenspartners;

c) die Erbfähigkeit;

d) die Enterbung und die Erbunwürdigkeit;

e) der Übergang der zum Nachlass gehörenden Vermögenswerte, Rechte und Pflichten auf die Erben und gegebenenfalls die Vermächtnisnehmer, einschließlich der Bedingungen für die Annahme oder die Ausschlagung der Erbschaft oder eines Vermächtnisses und deren Wirkungen;

f) die Rechte der Erben, Testamentsvollstrecker und anderer Nachlassverwalter, insbesondere im Hinblick auf die Veräußerung von Vermögen und die Befriedigung der Gläubiger, unbeschadet der Befugnisse nach Artikel 29 Absätze 2 und 3;

g) die Haftung für die Nachlassverbindlichkeiten;

h) der verfügbare Teil des Nachlasses, die Pflichtteile und andere Beschränkungen der Testierfreiheit sowie etwaige Ansprüche von Personen, die dem Erblasser nahe stehen, gegen den Nachlass oder gegen den Erben;

i) die Ausgleichung und Anrechnung unentgeltlicher Zuwendungen bei der Bestimmung der Anteile der einzelnen Berechtigten;

j) die Teilung des Nachlasses.

Stammfassung.

Literatur: *Barnich,* Présentation du Règlement successoral européen, in *Nuyts* (coord), Actualités en droit international privé (2013) 7; *Buschbaum,* Die künftige Erbrechtsverordnung, GS Ulrich Hübner (2012) 589; *Davì/Zanobetti,* I nuovo diritto internazionale privato delle successioni nell'Unione Europe, CDT 5 (2013) 5; *Döbereiner,* Das internationale Erbrecht nach der EU-Erbrechtsverordnung, MittBayNot 2013, 358; *Dörner,* Der Entwurf einer europäischen Verordnung zum Internationalen Erb- und Erbverfahrensrecht – Überblick und ausgewählte Probleme, ZEV 2010, 221; *Dörner,* EuErbVO: Die Verordnung zum Internationalen Erb- und Erbverfahrensrecht ist in Kraft! ZEV 2012, 505; *Dutta,* Succession and Wills in the Conflict of Laws on the Eve of Europeanization, RabelsZ 73 (2009) 547; *Dutta,* Das neue Internationale Erbrecht der Europäischen Union – Eine erste Lektüre der Erbrechtsverordnung, FamRZ 2013, 4; *Dutta,* Die europäische Erbrechtsverordnung vor ihrem Anwendungsbeginn: Zehn ausgewählte Streitstandsminiaturen, IPRax 2015, 32; *Everts,* Neue Perspektiven zur Pflichtteilsdämpfung aufgrund der EuErbVO? ZEV 2013, 124; *Faber/Stefan Grünberger,* Vorschlag der EU-Kommission zu

---

74 So auch *Dutta* in MünchKommBGB[6] Art 22 EuErbVO Rz 17; *Bonomi* in *Bonomi/Wautelet* Art 22 Rz 17; *Köhler* in *Kroiß/Horn/Solomon* Art 3 EuErbVO Rz 18; *Bonomi/Öztürk,* ZVglRWiss 114 (2015) 19; *Heinig,* RNotZ 2014, 202; *Leitzen,* ZEV 2013, 128; *Bajons,* ecolex 2014, 208; *Cach/Weber,* ZfRV 2013/33, 267; *Nordmeier,* GPR 2013, 153; vgl auch *Dörner,* JEV 2012, 511 f.

einer Erbrechts-Verordnung, NZ 2011/25, 97; *Franzina/Leandro,* Il nuovo diritto internazionale privato delle successioni per causa di morte in Europa, NLCC 2013, 275; *Frohn,* De rechtskeuze in de Europese Erfrechtsverordening: einige opmerkingen, in IPR in de spiegel van Paul Vlas (2012) 65; *Geimer,* Gedanken zur europäischen Rechtsentwicklung – Von der Donaumonarchie zur Europäischen Union, NZ 2012/16, 70; *Geimer,* Die europäische Erbrechtsverordnung im Überblick, in *Hager* (Hrsg), Die neue europäische Erbrechtsverordnung (2013) 9; *J. Harris,* The Proposed EU Regulation on Succession and Wills: Prospects and Challenges (2008) 22 Trust L. Int. 181; *Heijning,* Uit de praktijk van het Notarieel Juridisch Bureau, WPNR 6956 (2012) 963; *Janzen,* Die EU-Erbrechtsverordnung, DNotZ 2012, 484; *Jayme,* Zur Reichweite des Erbstatuts, in *Reichelt/Rechberger* (Hrsg), Europäisches Erb- und Erbverfahrensrecht (2011) 27; *L. Kunz,* Die neue Europäische Erbrechtsverordnung – ein Überblick, GPR 2012, 208 u 253; *Lagarde,* Les principes de base du nouveau règlement européen sur les successions, RCDIP 101 (2012) 691; *Lokin,* Grensoverschrijdende erpofvolging (2012); *Lagarde,* De Erfrechtverordening, NIPR 2013, 329; *Mansel,* Vereinheitlichung des Internationalen Erbrechts in der Europäischen Gemeinschaft – Kompetenzfragen und Regelungsgrundsätze, FS Tuğrul Ansay'a Armağan (2006) 185; *Mellema-Kranenburg/van der Plas,* In hoeverre lost de Erfrechtsverordening praktische problemene voor he notariaat bij internationale nalatenschapen op? WPNR 7024 (2014) 607; *Nordmeier,* Erbenlose Nachlässe im Internationalen Privatrecht – versteckte Rückverweisung, § 29 öst. IPRG und Art. 33 EuErbVO, IPRax 2013, 418; *Remde,* Die Europäische Erbrechtsverordnung nach dem Vorschlag der Kommission vom 14. Oktober 2009, RNotZ 2012, 65; *Revillard,* Portée de la loi applicable, in *Khairallah/Revillard* (dir), Droit européen des successions internationales (2013) 67; *Sauvage,* L'option et la transmission du passif dans les successions internationales au regard du règlement européen du 4 juillet 2012, in *Khairallah/Revillard* (dir), Droit européen des successions internationales (2013) 105; *J. P. Schmidt,* Der Erwerb der Erbschaft in grenzüberschreitenden Sachverhalten unter besonderer Berücksichtigung der EuErbVO, ZEV 2014, 455; *Trombetta-Panigadi,* Osservazioni sulla futura disciplina comunitaria in materia di successioni per causa di morte, Liber Fausto Pocar, vol II (2009) 951; *Vollmer,* Die neue europäische Erbrechtsverordnung – ein Überblick, ZErb 2012, 227; *Volmer,* Die EU-Erbrechtsverordnung – erste Fragen zu Dogmatik und Forensik, RPfleger 2013, 421; *Wachter,* Europäische Erbrechtsverordnung in der Gestaltungspraxis, ZNotP 2014, 2.

Übersicht

		Rz
I.	Grundsätzliches	1
II.	Prinzip der Nachlasseinheit	6
III.	Katalog des Art 23 Abs 2 EuErbVO	8
	A. Erbfall	9
	B. Berechtigte	12
	1. Erben	16
	a) Intestaterbfolge	16
	b) Gewillkürte Erbfolge	23
	2. Vermächtnisnehmer	25
	3. Pflichten der Berechtigten	26
	C. Passive Erbfähigkeit	28
	D. Enterbung und Erbunwürdigkeit	35
	1. Erbunwürdigkeit	35
	2. Enterbung	41
	E. Übergang des Nachlasses sowie von Rechten und Pflichten	44
	1. Übergang des Nachlasses	46
	2. Annahme und Ausschlagung	55
	F. Rechte der Beteiligten	59
	G. Haftung für Nachlassverbindlichkeiten	69
	H. Pflichtteil, Noterbrecht, reservierter Nachlassteil und andere	80
	1. Zwingende Nachlassberechtigungen	80
	2. Andere Beschränkungen der Testierfreiheit	86
	I. Ausgleichung und Anrechnung	87
	J. Teilung des Nachlasses	93

IV. Materien jenseits des Art 23 Abs 2 EuErbVO   96
V. Abgrenzung zum Erbverfahrensstatut 101

I. Grundsätzliches

1 Die große **positive Qualifikationsnorm**[1] in der EuErbVO ist Art 23. Er ist **unselbstständige Kollisionsnorm**[2] und füllt die sachliche Reichweite der allgemeinen Kollisionsnormen in Art 21 und 22 aus, bestimmt also deren Anknüpfungsgegenstand näher. Für die speziellen Kollisionsnormen in Art 24 ff gilt er dagegen nicht. Diese umreißen ihren jeweiligen, engen Anknüpfungsgegenstand selber. Wie weit dieser reicht, ist jeweils durch Auslegung der einzelnen Spezialnorm zu gewinnen. Die Spezialnormen genießen Spezialitätsvorrang auch vor Art 23. Allerdings sind Anknüpfungsbegriffe, die sowohl in ihnen als auch in Art 23 Abs 2 auftreten, grundsätzlich so auszulegen, dass keine Auslegungsfriktionen und keine unterschiedlichen Auslegungen auftreten. Art 29 – 33 ergänzen Art 23 für besondere Sachlagen.[3] Art 23 kann nur dann zum Zuge kommen, wenn der Anwendungsbereich der EuErbVO insgesamt über Art 1 eröffnet ist, also insb nicht in dessen durch Art 1 Abs 2 festgeschriebenen Ausnahmebereichen.[4]

2 Subsumtionstechnisch setzt Art 23 den Obersatz und unterwirft zudem die eigentliche Conclusio europäischen Maßstäben. Den jeweiligen Untersatz müssen dagegen die jeweils betroffenen Sachrechte zuliefern.[5]

3 Art 23 Abs 2 bestimmt positiv, was jedenfalls als erbrechtlich zu qualifizieren ist. Allerdings misst er sich selbst keinen vollständig abschließenden Charakter bei,[6] sondern legt nur fest, dass insb die ausdrücklich aufgezählten Materien dem Erbstatut unterfallen. Er folgt einem **Prinzip der offenen Liste.**[7] Dabei lehnt er sich eng an die entsprechenden Kataloge erbrechtlicher Materien aus Art 7 HErbÜ. und aus Art 80 – 82 Code DIP belge an,[8] über die er allerdings hinausgreift.[9] Darüber hinaus gehend stellt Art 23 Abs 1 den Grundsatz auf, dass die *gesamte* Rechtsnachfolge von Todes wegen dem Erbstatut unterliegen soll. Dahinter steht die angestrebte Einheit von Nachlass und Verfahren. Dies spricht für eine im Zweifel großzügige erbrechtliche Qualifikation. ErwGr 42 Satz 1 unterstreicht diesen weit ausgreifenden Ansatz, indem er die Rechtsnachfolge von Todes wegen vom Eintritt des Erbfalls an bis zum Übergang des Eigentums an den zum Nachlass gehörenden Vermögenswerten auf die nach diesem Recht bestimmten Berechtigten dem Erbstatut unterwerfen will. ErwGr 42 Satz 2 fügt dem Fragen iZm der Nachlassverwaltung und der Haftung für die Nachlassverbindlichkeiten, einschließlich einer etwaigen Rangfolge der Gläubiger (ErwGr 42 Satz 3), hin-

---

1 Siehe nur *Dutta* in MünchKommBGB[6] Art 23 EuErbVO Rz 1.
2 *A. Köhler* in *Kroiß/Horn/Salomon* Art 23 EuErbVO Rz 1.
3 *Hohloch* in *Erman*[14] Art 23 EuErbVO Rz 1.
4 Siehe nur *Hohloch* in *Erman*[14] Art 23 EuErbVO Rz 1.
5 Ähnlich *A. Köhler* in *Kroiß/Horn/Salomon* Art 23 EuErbVO Rz 1 unter Bezugnahme auf Vor Art 20 – 38 EuErbVO Rz 6 – 9, 12.
6 Siehe nur *Janzen,* DNotZ 2012, 485; *Müller-Lukoschek,* EU-Erbverordnung § 2 Rz 40; *Franzina/Leandro,* NLCC 2013, 326; *Volmer,* RPfleger 2013, 424; *Döbereiner,* MittBayNot 2013, 363.
7 *R. Wagner,* DNotZ 2010, 516.
8 *Lagarde,* RCDIP 101 (2012) 707; *Revillard* in *Khairallah/Revillard* 69.
9 *Revillard* in *Khairallah/Revillard* 71.

zu. Art 23 greift so weit aus, dass er zu einem der Hauptgründe gegen ein Opt-in im Vereinigten Königreich wurde.[10]

Art 23 Abs 1 EuErbVO ist in seinem Grundansatz noch immer sehr weit.[11] Er wurde indes **4** im Verlauf des Legislativverfahrens etwas verengt. Art 19 Abs 1 Vorschlag EuErbVO sah noch explizit (und nicht nur interpretativ im Wege eines Erwägungsgrundes) vor, die Rechtsnachfolge von Todes wegen vom Eintritt des Erbfalls bis zum endgültigen Übergang des Nachlasses auf die Berechtigten dem Erbstatut zu unterstellen. Die heutige Konturierung und Einengung der Erbfolge von Todes wegen auf den erstmaligen Rechtsübergang hat Bedeutung insb für Vindikationslegate.[12] ErwGr 11 belegt den restriktiver gewordenen Ansatz. Dies ist Teil des Kompromisses im Streit um die Abgrenzung zwischen Erbstatut und Sachstatut der lex rei sitae.[13]

Mittelbar hat Art 23 über seinen eigentlichen, auf das IPR begrenzten Anspruch hinaus Be- **5** deutung für den sachlichen Anwendungsbereich der EuErbVO insgesamt, also auch für IZPR und ENZ.[14] Was Art 23 dem Erbstatut zuschlägt, ist im Zweifel erbrechtlich zu qualifizieren, wofür Voraussetzung ist, dass der Anwendungsbereich der EuErbVO überhaupt eröffnet ist. Bevor man zu Art 23 schreiten kann, ist allerdings logisch Art 1 zu passieren. Indes hat Art 23 ausfüllende Indizfunktion für Art 1.

II. Prinzip der Nachlasseinheit

Das **Prinzip der Nachlasseinheit** wird in drei aufeinanderfolgenden zentralen Art, nämlich **6** Art 21, 22 und 23 EuErbVO, wie ein Leitmotiv wiederholt.[15] Art 23 Abs 1 beruft das Erbstatut für die gesamte Rechtsnachfolge von Todes wegen und für den gesamten Nachlass.[16] Dementsprechend gibt es bei der objektiven Anknüpfung auch nur für den gesamten Nachlass einheitlich einen einzigen Anknüpfungspunkt.[17] Es erfolgt – entgegen der Alt-IPR-Lage in vielen Mitgliedstaaten[18] – keine Trennung nach Mobilien und Immobilien.[19] ErwGr 37 Satz 4 unterstellt, um Rechtssicherheit zu gewährleisten und eine Nachlassspaltung zu vermeiden, den gesamten Nachlass (dh das gesamte zum Nachlass gehörende Vermögen) dem Erbstatut, unabhängig von der Art der Vermögenswerte und unabhängig davon, ob diese in einem Mitgliedstaat oder in einem Drittstaat belegen sind.[20] Dies gewährleistet **gegenständliche Nachlasseinheit.**[21]

Das Prinzip der Nachlasseinheit gilt auch in sachlicher Hinsicht als Einheit von materiellem **7** Recht und Verfahrensrecht, von Nachlassberechtigung und Nachlassabwicklung: Das Nach-

---

10 *Bonomi* 75.
11 *Barnich* in *Nuyts* 21.
12 *Buschbaum,* GS Ulrich Hübner 596 f.
13 *Buschbaum,* GS Ulrich Hübner 597.
14 *Dutta* in MünchKommBGB[6] Art 23 EuErbVO Rz 1.
15 *Lagarde,* RCDIP 101 (2012) 707.
16 Siehe nur *Janzen,* DNotZ 2012, 487; *Lokin,* Erpofvolging 196; *Hohloch* in *Erman*[14] Art 23 EuErbVO Rz 1.
17 Siehe nur *Trombetta-Panigadi,* Liber Fausto Pocar II (2009) 957 f; *Dörner,* ZEV 2012, 510.
18 Übersicht bei *Dutta,* RabelsZ 73 (2009) 554 f.
19 Siehe nur *Remde,* RNotZ 2012, 74; *Dörner,* ZEV 2012, 510; *Dutta,* FamRZ 2013, 9; *Bonomi* in *Bonomi/Wautelet* Art 23 Rz 4.
20 Siehe nur *Everts,* ZEV 2013, 126.
21 *Dutta* in MünchKommBGB[6] Art 23 EuErbVO Rz 3.

lassverfahrensrecht ist kein eigenständiger Anknüpfungsgegenstand. Es wird vielmehr dem Erbstatut unterstellt. Erbfolge und Erbgang unterstehen demselben Recht. Die lex fori spielt auch für den Erbgang und das Verfahrensrecht keine prominente Rolle. Nur in Art 29 erleidet dies eine partielle Durchbrechung. Der Grundsatz aber gewährleistet **inhaltliche Nachlasseinheit.**[22]

III. Katalog des Art 23 Abs 2 EuErbVO

8 Art 23 Abs 2 EuErbVO enthält eine wichtige, aber ausweislich des „insbesondere" nicht abschließende[23] Auflistung erbrechtlich zu qualifizierender Materien.

A. Erbfall

9 Nach Art 23 Abs 2 lit a EuErbVO entscheidet das Erbstatut über die Gründe für den **Eintritt des Erbfalls** sowie dessen **Zeitpunkt** und **Ort.** Die Formulierung hat Art 80 § 1er-1 Code DIP belge zum Vorbild.[24] Regelfall des Erbfalls ist der Tod des Erblassers.[25] Welche Ereignisse den Tod des Erblassers begründen, insb ob der Hirntod als Tod ausreicht, ist dagegen eine allgemein die Persönlichkeit betreffende Frage und sollte daher das statut personnel des Erblassers besagen.[26] Ein Gegenansatz ginge dahin, Hirntod oder gerichtliche Todesfeststellung jedenfalls für erbrechtliche Zwecke dem Erbstatut zu unterstellen.[27] Ein weiterer Gegenansatz verweist für Todesfeststellung und Todeszeitpunkt auf das öffentliche Recht des Ortsrechts.[28] Dies kann aber allenfalls für das Verfahrensrecht gelten.

10 Das Erbstatut besagt indes auch, ob es **Todeserklärung** oder **Verschollenheit** dem Tod gleichstellt.[29] Tatbestandlich freilich fallen Verschollenheit und Abwesenheit über Art 1 Abs 2 lit c aus der EuErbVO als Vorfrage heraus.[30] Allerdings steht insoweit wiederum die rechtliche Existenz der Person schlechthin in Rede, so dass eine Abstimmung mit dem Statut der Verschollenheit oder der Todeserklärung nach einem bestimmten Zeitraum der Abwesenheit geboten ist.[31] Dieses Statut stellt das statut personnel. Weiterer Grund des Erbfalls kann der Nacherbfall sein.[32]

11 Das Erbstatut bestimmt auch den Zeitpunkt des Erbfalls, idR also des Todes des Erblassers. Für Kommorienten stellt Art 32 eine eigene Regel auf. Soweit es auf den Ort des Erbfalls ankommt, gibt ebenfalls das Erbstatut maß.

---

22 *Dutta* in MünchKommBGB[6] Art 23 EuErbVO Rz 3.
23 Siehe nur *Janzen,* DNotZ 2012, 485; *Müller-Lukoschek,* EU-Erbverordnung § 2 Rz 40; *Frohn* in IPR in de spiegel van Paul Vlas 70; *Revillard* in *Khairallah/Revillard* 70.
24 *Revillard* in *Khairallah/Revillard* 71.
25 Siehe nur *Revillard* in *Khairallah/Revillard* 71; *Bonomi* in *Bonomi/Wautelet* Art 23 Rz 22.
26 *Bonomi* in *Bonomi/Wautelet* Art 23 Rz 22; vor der EuErbVO *Bogdan,* Liber memorialis Petar Šarčević 31 f; *Dörner* in *Staudinger* Art 25 EGBGB Rz 78.
27 *A. Köhler* in *Kroiß/Horn/Salomon* Art 23 EuErbVO Rz 2.
28 *Hohloch* in *Erman*[14] Art 23 EuErbVO Rz 2.
29 *Revillard* in *Khairallah/Revillard* 71; *Bonomi* in *Bonomi/Wautelet* Art 23 Rz 23.
30 *Dutta* in MünchKommBGB[6] Art 23 EuErbVO Rz 6.
31 *Revillard* in *Khairallah/Revillard* 72; *Bonomi* in *Bonomi/Wautelet* Art 23 Rz 23.
32 *Hohloch* in *Erman*[14] Art 23 EuErbVO Rz 2.

B. Berechtigte

Gem Art 23 Abs 2 lit b EuErbVO ist es Sache des Erbstatuts, den **Kreis der Berechtigten** zu **12** bestimmen. Diese Norm schlägt dem Erbstatut die Berufung der Berechtigten, die Bestimmung ihrer jeweiligen Anteile und etwaiger ihnen vom Erblasser auferlegter Pflichten sowie die Bestimmung sonstiger Rechte am Nachlass, einschließlich der Nachlassansprüche des überlebenden Ehegatten oder Lebenspartners, zu. Dies gilt für die Testat- wie die Intestaterbfolge gleichermaßen.[33] **„Berechtigte"** ist bewusst als weiter Sammelbegriff ausgestaltet,[34] funktionell und nicht technisch angelehnt an die Ausgestaltung in einzelnen (Sach-)Rechten.

Art 19 Abs 2 lit b Vorschlag EuErbVO nannte anstelle der Berechtigten nur Erben und Vermächtnisnehmer. Die neue Formulierung ist präziser und tendiert zu einer Ausdehnung zumindest auf Pflichtteilsberechtigte,[35] obwohl insoweit eine Abgrenzung zu Art 23 Abs 2 lit h notwendig erscheint. ErwGr 47 Satz 2 erwähnt ohne eigenen Kommentar, dass in den meisten Rechtsordnungen Erben, Vermächtnisnehmer und Pflichtteilsberechtigte als „Berechtigte" angesehen würden. Eine Einschränkung eines Begriffs „Berechtigte" auf Erben und Vermächtnisnehmer qua europäischer Vorgabe[36] würde der gewollten Offenheit nicht gerecht. Dass „Berechtigte" eine Übertragung des englischen „beneficiaries" ist,[37] steht jedenfalls nicht im Wege. ErwGr 47 Satz 1 könnte man vielmehr entnehmen, dass eine Qualifikationsverweisung auf das Begriffsverständnis des Erbstatuts gewollt sein dürfte. **13**

Zu den Berechtigungen als solchen sind die für deren Durchsetzung nötigen Maßnahmen, insb Klagen zu schlagen. Daher unterfallen **Erbschaftsklagen** der Erben gegen bloße Erbschaftsbesitzer, Herausgabeklagen der Vermächtnisnehmer gegen den Nachlass oder **Teilungsklagen** dem Erbstatut.[38] **14**

Lebzeitige Berechtigungen, etwa aufgrund lebzeitiger Schenkungen des Erblassers, unterstehen nicht dem Erbstatut,[39] sondern richten sich nach dem Statut des jeweiligen Übertragungsvorgangs, ihre Berechtigung nach dem Statut ihrer jeweiligen causa. **15**

1. Erben

a) Intestaterbfolge

Bei gesetzlicher Erbfolge bestimmt das Erbstatut, welche **Ordnungen von Erben** es gibt[40] und ob das **Stammes-, Repräsentations- oder Linienprinzip** innerhalb der Ordnungen gilt.[41] Es gibt auch Maß für eine etwaige gesetzliche **Ersatzerbschaft**.[42] **16**

Erfasst sind auch die **Erbrechte überlebender Ehegatten und Lebenspartner.** Der Begriff der Ehe ist weit zu verstehen. Er erfasst auch gleichgeschlechtliche Ehen, soweit diese nach dem für sie maßgeblichen Eheschließungsstatut echte Ehen und nicht nur Lebenspartner- **17**

---

33 *Bonomi* in *Bonomi/Wautelet* Art 23 Rz 25.
34 *Dutta* in MünchKommBGB[6] Art 23 EuErbVO Rz 9.
35 *Revillard* in *Khairallah/Revillard* 72.
36 Dafür *Müller-Lukoschek,* EU-Erbverordnung § 2 Rz 41.
37 *Janzen,* DNotZ 2012, 485 (FN 10); *Müller-Lukoschek,* EU-Erbverordnung § 2 Rz 41 (FN 21).
38 *Bonomi* in *Bonomi/Wautelet* Art 23 Rz 30.
39 *Dutta* in MünchKommBGB[6] Art 23 EuErbVO Rz 17.
40 *Bonomi* in *Bonomi/Wautelet* Art 23 Rz 26; *Hohloch* in *Erman*[14] Art 23 EuErbVO Rz 3.
41 *Bonomi* in *Bonomi/Wautelet* Art 23 Rz 26; *Hohloch* in *Erman*[14] Art 23 EuErbVO Rz 3.
42 *Bonomi* in *Bonomi/Wautelet* Art 23 Rz 26.

schaften sind.[43] Ob der Erblasser zum Zeitpunkt des Erbfalls verheiratet ist, ist eine Vorfrage, die nach dem Eheschließungsstatut der in Rede stehenden möglichen Ehe zu beantworten ist. Ob der ursprünglich verheiratete Erblasser zum Zeitpunkt des Erbfalls noch verheiratet ist, ist eine weitere Vorfrage. Sie beantwortet sich nach dem Statut einer potenziellen Scheidung bzw prozessual danach, ob eine in einem anderen Staat als dem Forumstaat ausgesprochene gerichtliche Scheidung im Forumstaat anzuerkennen ist. Bei gerichtlichen Scheidungsaussprüchen aus Mitgliedstaaten der Brüssel IIa-VO richtet sich dies nach Art 21 – 26 Brüssel IIa-VO. Der Scheidung nicht gleichgestellt ist die Trennung ohne Auflösung des Ehebandes. Ob eine Scheidung oder eine Trennung von Tisch und Bett ausgesprochen ist, beantwortet die lex fori desjenigen Spruchkörpers, von welchem der Ausspruch stammt, nicht etwa das Recht des Anerkennungsstaats.

18 Bei Ehegatten bleibt das große Problem, die richtige Grenzlinie zum Ehegüterrecht zu finden. Güterrechtliche Fragen grenzt Art 1 Abs 2 lit d aus dem sachlichen Anwendungsbereich der EuErbVO insgesamt aus.[44] Normen über den sachlichen Anwendungsbereich haben Vorrang vor der internen Qualifikationsnorm, weil sie auch dieser Grenzen ziehen. Besondere Bedeutung hat die Qualifikationsgrenze zum Güterrecht aus dt Sicht für das erbrechtliche Viertel aus § 1371 Abs 1 dBGB.[45]

19 Die dt Fassung des Art 23 Abs 2 lit b EuErbVO ist missverständlich, indem sie auf „Ansprüche" des überlebenden Ehegatten abstellt. Andere Fassungen sind präziser: „inheritances rights", „droits successoraux", „diritti (successori)", „derechos sucesorios", „direitos sucessórios", „erfrechten", „arvsrätt". Gemeint sind auch und zuvörderst direkte Nachlassquoten[46] und gesetzliche Nießbrauchsrechte.[47]

20 Lebenspartner sind die Partner aus eingetragenen Lebensgemeinschaften, gleich ob sie gleich- oder verschiedengeschlechtlicher Natur sind. Die dt Lebenspartnerschaft (rein gleichgeschlechtlich) und der französische PACS (Pacte de Action de Solidarité Civile, sowohl gleich- als auch verschiedengeschlechtlich denkbar und im Rechtsleben idR verschiedengeschlechtlich) sind gleichermaßen umfasst.

21 Gesetzliche Erbrechte bloßer Lebensgefährten oder Partner einer nichtehelichen Lebensgemeinschaft sind dagegen von Art 23 Abs 2 lit b in fine EuErbVO nicht erfasst.[48] Deren testamentarische Berechtigungen dagegen unterliegen wieder dem Erbstatut.

22 Das Erbstatut entscheidet auch, ob eine öffentliche Stelle aufgrund eines Staatserbrechts zum Erben berufen ist.[49] Gleichermaßen gibt es dafür Maß, ob bei einem erbenlosen Nachlass ein Heimfallrecht zugunsten des Fiskus besteht.[50]

b) Gewillkürte Erbfolge

23 Das Erbstatut legt Zulässigkeit, Ausgestaltung, Bedingungen und Folgen einer **Vor- und Nacherbschaft** fest. Gleichermaßen ist es maßgeblich für Substitution und Ersatzerbschaft

---

43 Vgl aber auch *Davì/Zanobetti,* CDT 5 (2013) 21.
44 Art 1 Rz 20 f.
45 Dazu Art 1 Rz 25 ff.
46 *Jayme* in *Reichelt/Rechberger* 34.
47 *Kunz,* GPR 2012, 253.
48 *Revillard* in *Khairallah/Revillard* 73.
49 *Nordmeier,* IPRax 2013, 419.
50 *Nordmeier,* IPRax 2013, 419.

bei testamentarischer Erbfolge.[51] Es entscheidet auch über die Abgrenzung zwischen Erben und Vermächtnisnehmern bei testamentarischer Erbfolge.[52]

Allerdings ist eine Abgrenzung zwischen allgemeinem Erbstatut und Errichtungsstatut der **24** Art 24 und 25 erforderlich: Ob und auf welche Weise jemand gewillkürter Erbe wird, unterliegt dem Erbstatut; die Wirksamkeit und Zulässigkeit der betreffenden Verfügung unterliegt dagegen dem Errichtungsstatut.[53] Soweit sich ein Konflikt nicht auflösen lässt, gebührt dem Erbstatut der Vorrang, denn es muss die Anordnung umsetzen können: Sieht etwa das Errichtungsstatut eine dem Erbstatut unbekannte Art der gewillkürten Erbberechtigung vor, so wird nicht die Erbberechtigungsart des Errichtungsstatuts in das Erbstatut implementiert.[54] Kein Konflikt besteht dagegen, wenn das Errichtungsstatut die Art der Verfügung von Todes wegen nicht kennt, wie es bei Erbvertrag oder gemeinschaftlichem Testament der Fall sein kann: Diese Frage regiert allein das Errichtungsstatut.[55]

2. Vermächtnisnehmer

Die Stellung der **Vermächtnisnehmer** ist in den verschiedenen Sachrechten unterschiedlich **25** geregelt (direkte dingliche Beteiligung am Nachlass oder an bestimmten Nachlassgegenständen vs bloßer Anspruch gegen die Erben: **Vindikationslegat vs Damnationslegat**), weshalb es angebracht erscheint, sie einheitlich dem Erbstatut zu unterwerfen.[56] ErwGr 47 Satz 2 und 3 unterstreicht dies in beiden Aspekten. Damnations- und Vindikationslegatar sind gleichermaßen Vermächtnisnehmer für die Zwecke der EuErbVO.[57]

3. Pflichten der Berechtigten

Etwaige **Pflichten,** welche der Erblasser den Berechtigten auferlegt, unterstellt Art 23 Abs 2 **26** lit a ebenfalls dem Erbstatut. Dies meint die abstrakte Macht des Erblassers, die Erbberechtigten mit erbrechtlichen Mitteln zu beschweren, insb einer Auflage, einem Vermächtnis oder einer Bedingung zu unterwerfen,[58] einer **Teilungsanordnung** oder einer **Vorausteilungsregelung.**[59] Ob dies wirksam angeordnet wurde, richtet sich dagegen nach dem Errichtungsstatut der Verfügung von Todes wegen.[60]

Von Gesetzes wegen auferlegte Belastungen und Pflichten der Erben unterfallen nicht Art 23 **27** Abs 2 lit a. Sie sind aber dem Erbstatut zu entnehmen. Ob und in welcher Höhe ein Erbe als Rechtsnachfolger des Erblassers – einem Dritten wegen einer Verbindlichkeit des Erblassers haftet, richtet sich nach dem Statut dieser Verbindlichkeit; die Frage nach einer etwaigen Haftungsbeschränkung oder Beschränkungsmöglichkeit für den Erben dagegen wieder nach dem Erbstatut.

---

51 *Bonomi* in *Bonomi/Wautelet* Art 23 Rz 29.
52 *Bonomi* in *Bonomi/Wautelet* Art 23 Rz 28.
53 *Dutta* in MünchKommBGB[6] Art 23 EuErbVO Rz 13; *Bonomi* in *Bonomi/Wautelet* Art 23 Rz 27 f und Art 24 Rz 6 f, 15 f.
54 *Odersky,* notar 2014, 140; *Dutta* in MünchKommBGB[6] Art 23 EuErbVO Rz 14.
55 *Dutta* in MünchKommBGB[6] Art 23 EuErbVO Rz 14.
56 *Revillard* in *Khairallah/Revillard* 72 f.
57 *Müller-Lukoschek,* EU-Erbverordnung § 2 Rz 41.
58 *Dutta* in MünchKommBGB[6] Art 23 EuErbVO Rz 15.
59 *Hohloch* in *Erman*[14] Art 23 EuErbVO Rz 3.
60 *Dutta* in MünchKommBGB[6] Art 23 EuErbVO Rz 15.

C. Passive Erbfähigkeit

28   Art 23 Abs 2 lit c schlägt dem Erbstatut die **Erbfähigkeit** zu. Gemeint ist die passive Erbfähigkeit, die Fähigkeit, Erbe zu werden. Dies steht in einem Spannungsverhältnis zum Ausschluss der Rechts-, Geschäfts- und Handlungsfähigkeit aus dem sachlichen Anwendungsbereich der EuErbVO durch Art 1 Abs 2 lit b.[61] Den Konflikt kann man allerdings vermeiden, wenn man Art 23 Abs 2 lit c eng versteht und wirklich nur die Fähigkeit, Erbberechtigter zu werden, erfasst sieht.[62] Die allgemeine Rechts-, Geschäfts- und Handlungsfähigkeit ist demnach nicht gemeint.[63] Gemeint sind dagegen erbrechtliche Regelungen, die eine besondere Rechtsfähigkeit in Erbsachen statuieren.

29   Insb erfasst sind Regeln über die passive Erbfähigkeit des **nasciturus**[64] (also des Embryos im Mutterleib) oder gar des **nondum conceptus** (des zum Zeitpunkt des Erbfalls noch nicht einmal gezeugten zukünftigen Erben).[65] Das Erbstatut entscheidet über das Ob einer etwaigen Berechtigung und über deren Voraussetzungen, zB das rechtlich relevante Datum der Zeugung,[66] der Nidation oder über das Erfordernis einer Lebendgeburt.

30   Gleichermaßen erfasst ist die passive Erbfähigkeit von Gesellschaften, Vereinen oder Stiftungen einschließlich Vor-Gesellschaften, Vor-Vereinen und Vor-Stiftungen, also zum Zeitpunkt des Erbfalls noch nicht abschließend errichteter, sondern in der Entstehung befindlicher Rechtsgebilde.[67] Wann eine Gesellschaft, ein Verein oder eine Stiftung entsteht, richtet sich dagegen nach dem Statut des jeweiligen Gebildes.[68] Fordert das Erbstatut allgemeine Rechtsfähigkeit, so ist dies eine Vorfrage, die nach dem Statut des jeweiligen Gebildes zu beantworten ist.[69]

31   Nicht erfasst ist dagegen die Fähigkeit eines Berechtigten, eine Erbschaft oder ein Vermächtnis anzunehmen oder auszuschlagen. Anregungen, Art 19 Abs 2 lit c Vorschlag EuErbVO entsprechend zu erweitern und auf Art 20 Vorschlag EuErbVO (heute Art 28 EuErbVO) abzustimmen,[70] hat der europäische Gesetzgeber nicht aufgegriffen.[71] Daher bleibt es insoweit bei der allgemeinen Geschäftsfähigkeit und damit beim Ausschluss aus dem sachlichen Anwendungsbereich der EuErbVO durch Art 1 Abs 2 lit b Var 2.[72]

32   Sofern man indes auch die Fähigkeit, eine Erbschaft auszuschlagen, erfasst sieht, gelangt man in das Reich der Wirksamkeit rechtsgeschäftlicher Erklärungen und des Minderjährigenschutzes. In diesem weist das KSÜ durch bewusste Ausklammerung[73] den gesamten Komplex dem Erbstatut zu, wenn dieses denn zugreifen will.[74]

---

61 *Lagarde*, RCDIP 101 (2012) 707 f; *Godechot-Patris*, D. 2012, 2466.

62 *Sauvage* in *Khairallah/Revillard* 103 f.

63 *Revillard* in *Khairallah/Revillard* 73; *Bonomi* in *Bonomi/Wautelet* Art 23 Rz 36.

64 *Revillard* in *Khairallah/Revillard* 73; *Bonomi* in *Bonomi/Wautelet* Art 23 Rz 33, 37.

65 *A. Köhler* in *Kroiß/Horn/Salomon* Art 23 EuErbVO Rz 4; *Hohloch* in *Erman*[14] Art 23 EuErbVO Rz 4.

66 *Revillard* in *Khairallah/Revillard* 73 mit FN 10; aA *Bonomi* in *Bonomi/Wautelet* Art 23 Rz 37.

67 *Dutta* in MünchKommBGB[6] Art 23 EuErbVO Rz 18.

68 *Dutta* in MünchKommBGB[6] Art 23 EuErbVO Rz 18.

69 *A. Köhler* in *Kroiß/Horn/Salomon* Art 23 EuErbVO Rz 4; *Hohloch* in *Erman*[14] Art 23 EuErbVO Rz 4; *Dutta* in MünchKommBGB[6] Art 23 EuErbVO Rz 18.

70 *Revillard* in *Khairallah/Revillard* 74.

71 *Revillard* in *Khairallah/Revillard* 75.

72 *Revillard* in *Khairallah/Revillard* 75.

73 Rapport explicatif, Actes et documents de la 18e session (1996) vol II 550 Nr 32.

74 *Lagarde*, RCDIP 101 (2012) 708.

Erbunwürdigkeit schließt zwar letztlich aus dem Kreis der Erben aus, fällt aber nicht unter **33** Art 23 Abs 2 lit c, sondern unter Art 23 Abs 2 lit d.[75]

Ein Ausschluss bestimmter Personen aus dem Kreis der möglichen testamentarischen Erben, **34** zB des Testamentsvollstreckers, würde zwar im Prinzip auch dem Erbstatut unterliegen, fällt aber als Wirksamkeit einer testamentarischen Verfügung unter Art 26 EuErbVO als abdrängende Sonderregel und unterliegt dem Errichtungsstatut des Testaments.[76]

D. Enterbung und Erbunwürdigkeit
1. Erbunwürdigkeit

Nach Art 23 Abs 2 lit d ist das Erbstatut maßgeblich für **Enterbung** und **Erbunwürdigkeit.** **35** Es entscheidet über den Kreis der Erbunwürdigkeitsgründe und über die Art und Weise, wie diese eingebracht werden,[77] also darüber, ob sie ex lege und von Amts wegen berücksichtigt werden oder ob – wie nach §§ 2339 ff dBGB – eine Gestaltungsklage notwendig ist und erst eine rechtskräftige Gerichtsentscheidung die Erbunwürdigkeit endgültig festschreibt. Das Erbstatut entscheidet damit auch, ob Erbunwürdigkeit als gesetzlicher Ausschluss der passiven Erbfähigkeit ausgestaltet ist.[78]

Damit ist jeglicher Ansatz[79] verworfen, die Erbunwürdigkeit als eine persönliche Eigenschaft **36** des betreffenden Erbprätendenten einzuordnen und dessen **Personalstatut** zu unterstellen.[80] Gleichermaßen ist ein Ansatz verworfen, die Erbunwürdigkeit jeder normalen Anknüpfung zu entziehen und sie unmittelbar als Frage des ordre public einzuordnen.[81] Ob das Erbstatut die Erbunwürdigkeit als eigenständiges Rechtsinstitut kennt oder ob es sie als relative Erbunwürdigkeit ex lege eintreten lässt, spielt keine Rolle.[82] Ist nach dem Erbstatut eine Gestaltungs- oder Feststellungsklage erforderlich, so bestimmt sich die Anerkennung einschlägiger ausländischer Entscheidungen nach den Anerkennungsvorschriften der EuErbVO bzw für vor deren Wirksamwerden liegende Erbfälle nach §§ 343 ff dFamFG. Das Erbstatut entscheidet, welche Klageart es verlangt, nicht die lex fori des nachfolgenden Prozesses.[83]

Gleichermaßen gibt das Erbstatut dafür Maß, welchen Einfluss es hat, wenn der Erblasser **37** Kenntnis von dem Erbunwürdigkeitsgrund hatte oder hätte haben müssen oder wann eine Verzeihung durch den Erblasser vorliegt.[84]

Denkbare **Erbunwürdigkeitsgründe** nach dem Erbstatut können zB sein: Tötungsdelikt oder **38** versuchtes Tötungsdelikt gegen den Erblasser; Körperverletzungsdelikt oder versuchtes Körperverletzungsdelikt gegen den Erblasser; Betrug oder Untreue zum Nachteil des Erblassers; unberechtigte Inbesitznahme des Nachlasses oder von Nachlassteilen; Nichterfüllung von Unterhaltspflichten gegen den Erblasser; Tötungsdelikt oder versuchtes Tötungsdelikt gegen

---

75 *Bonomi* in *Bonomi/Wautelet* Art 23 Rz 35.
76 *Bonomi* in *Bonomi/Wautelet* Art 23 Rz 38.
77 Siehe nur *Hohloch* in *Erman*[14] Art 23 EuErbVO Rz 5.
78 Vgl *Bonomi* in *Bonomi/Wautelet* Art 23 Rz 41.
79 Wie ihn namentlich *Schwind,* Österreichisches Internationales Privatrecht 261 verfolgte.
80 *Jayme* in *Reichelt/Rechberger* 35.
81 *Jayme* in *Reichelt/Rechberger* 35.
82 *Jayme* in *Reichelt/Rechberger* 35.
83 Unentschieden *Jayme* in *Reichelt/Rechberger* 36.
84 Vgl *Bonomi* in *Bonomi/Wautelet* Art 23 Rz 43.

einen in der Erbfolge vorrangigen Erbprätendenten. Ob Unterhaltspflichten bestehen und, wenn ja, ob sie verletzt wurden, sind Vorfragen und nach dem HUP anzuknüpfen.[85]

39 Soweit die Erbunwürdigkeitsgründe des Erbstatuts rechtskräftige oder vorläufige **strafrecht-liche Verurteilungen** voraussetzen,[86] handelt es sich um strafprozessuale Vorfragen, die nach den Regeln des Internationalen Strafprozessrechts der lex fori zu beantworten sind.[87] Insb muss die lex fori besagen, ob und, wenn ja, in welchem Umfang und in welchem Grade sie ausländische, dh aus einem anderen Staat als jenem des Nachlassverfahrens stammende Strafentscheidungen, anerkennt.[88]

40 Erbunwürdigkeitsgründe und gesetzliche Erbausschlüsse können besonderen Anlass geben, über einen Einsatz des ordre public aus Art 35 nachzudenken. Dies betrifft insb den **Erbaus-schluss für Nicht-Muslime,** wie ihn manche islamisch geprägten Rechtsordnungen[89] ken-nen.[90] Ordre public-widrig kann umgekehrt auch sein, wenn das Erbstatut selbst schwere Verfehlungen gegen den Erblasser komplett und abstrakt sanktionslos stellt.[91]

2. Enterbung

41 **Enterbung** (disinheritance, exhérédition, diseredazione, desheredación, deserdação, onter-ving, arvlöshetsförklaring, wydziedziczenie, vydedenie, razdedinjenje, dezmoștenirea, pavel-dejimo teises ateminimas palikejo valia) meint die testamentarische Enterbung durch letzt-willige Verfügung des Erblassers, wie insb aus der schwedischen und der rumänischen Fas-sung deutlich wird. Das Erbstatut bestimmt, ob eine solche Enterbung möglich ist und, wenn ja, wessen, unter welchen Voraussetzungen und in welchem Umfang.[92] Trotz der testamen-tarischen Grundlage gilt das Erbstatut, nicht das Errichtungsstatut der enterbenden Verfü-gung,[93] weil es sich nicht um eine Wirksamkeitsfrage handelt.

42 Das Erbstatut regiert auch, ob sich der Enterbte gegen die Enterbung wehren und die zu-grundeliegende testamentarische Verfügung angreifen kann.[94]

43 Enterbung meint funktionell nicht nur die testamentarische Entziehung ansonsten anfallen-der gesetzlicher Erbteile im engeren Sinne, sondern auch die testamentarische Entziehung von Pflichtteilen oder gesetzlichen Noterbrechten. Inwieweit eine solche Entziehung möglich ist, bestimmt das Erbstatut.[95] Ob man dies über Art 23 Abs 2 lit d oder lit h ins Werk setzt,[96] steht sich im Ergebnis gleich.

---

85 Vgl *Jayme* in *Reichelt/Rechberger* 35 f.
86 Siehe *Bonomi* in *Bonomi/Wautelet* Art 23 Rz 40.
87 Unsicher dagegen *Jayme* in *Reichelt/Rechberger* 35.
88 Siehe *Revillard* in *Khairallah/Revillard* 73.
89 ZB das marokkanische Recht.
90 *Revillard* in *Khairallah/Revillard* 73; *Barnich* in *Nuyts* 19.
91 *Bonomi* in *Bonomi/Wautelet* Art 23 Rz 41.
92 Vgl *Bonomi* in *Bonomi/Wautelet* Art 23 Rz 43.
93 *Bonomi* in *Bonomi/Wautelet* Art 23 Rz 44.
94 *Bonomi* in *Bonomi/Wautelet* Art 23 Rz 43.
95 *Bonomi* in *Bonomi/Wautelet* Art 23 Rz 45.
96 Für letzteres *Dutta* in MünchKommBGB[6] Art 23 EuErbVO Rz 19.

E. Übergang des Nachlasses sowie von Rechten und Pflichten

Die **Nachlassabwicklung,** der **Erbgang,** untersteht insgesamt dem Erbstatut.[97] Dies ist ein **44**
Vorteil gegenüber dem HErbÜ[98] das so weit nicht ging[99] und deshalb eine Kombination
von vereinheitlichten Kollisionsregeln für den Erbgang einerseits und nationalem IPR[100] für
die Nachlassabwicklung andererseits nötig machte.[101] Titulus und modus sind unter einem
Statut vereint[102] und unterliegen demselben Recht, was eine Abgrenzung unnötig macht
und Abstimmungs-, Koordinierungs- oder gar Anpassungsfragen vermeidet. Der Nachlassabwicklung wenden sich Art 23 Abs 2 lit e – j zu. Vorbild sind insofern in besonderem Maße
Art 80 – 82 Code DIP belge.[103] Die sachliche Universalität und Unitarität des Erbstatuts unter
Einschluss der Nachlassabwicklung folgt romanischen Traditionen.[104] Der unitaristische Ansatz an dieser Stelle hat allerdings einen Preis: Er ist wesentlicher Grund dafür, dass das Vereinigte Königreich und Irland nicht in die EuErbVO hineinoptieren.[105]

Den Anfang macht Art 23 Abs 2 lit e. Er unterwirft dem Erbstatut den Übergang der zum **45**
Nachlass gehörenden Vermögenswerte, Rechte und Pflichten auf die Erben und gegebenen-
falls die Vermächtnisnehmer, einschließlich der Bedingungen für die Annahme oder die
Ausschlagung der Erbschaft oder eines Vermächtnisses und deren Wirkungen.

1. Übergang des Nachlasses

„**Übergang**" (transfer, transfert, trasferimento, transmisión, transmissão, överföring, trans- **46**
ferul, prehod) kann dabei sowohl den sachrechtlichen Übergang meinen als auch den Prozess der Übertragung, also mehr verfahrensrechtlich orientiert sein.[106] In der niederländischen Fassung (de overgang op en de overdracht aan) steht beides nebeneinander. Sie macht
besonders deutlich, dass beides gemeint ist.

Fraglich bleibt, ein wie tiefer Einbruch des Erbrechts in das Sachenrecht erfolgt und ob im **47**
Lichte von Art 19 Abs 2 lit f Vorschlag EuErbVO jeglicher Übergang auf Erben und Vermächtnisnehmer gemeint ist, einschließlich des Übergangs unter Lebenden.[107] Die EuErbVO
macht hier keinen generellen Vorbehalt zugunsten der lex rei sitae, sondern reklamiert im
Gegenteil eine grundsätzliche Anwendung des Erbstatuts.[108] Der Zuordnungsvorgang unterliegt dem Erbstatut.[109] Selbst Art 31 kommt insoweit nicht zum Zuge.[110]

---

97 Siehe nur *Jayme* in *Reichelt/Rechberger* 32; *Lokin,* Erpofvolging 197 f; *Bonomi* in *Bonomi/Wautelet*
    Art 23 Rz 12.
98 *Revillard* in *Khairallah/Revillard* 74.
99 Wesentlich aus Rücksicht auf die Hague Convention concerning the International Administration
    of the Estate of Deceased Persons of 2 October 1973.
100 Bzw in den einzigen Vertragsstaaten Portugal, Slowakei und Tschechische Republik des Haager
    Nachlassverwaltungsübereinkommens von 1973.
101 *Heijning,* WPNR 6956 (2012) 965; s auch *Frohn* in IPR in de spiegel van Paul Vlas 70.
102 *Mansel,* FS Tuğrul Ansay'a Armağán 208.
103 *Revillard* in *Khairallah/Revillard* 74.
104 *Franzina/Leandro,* NLCC 2013, 313.
105 *Wautelet* in *Bonomi/Wautelet* Art 23 Rz 12.
106 In letzterem Sinn Document de réflexion, Réunion experts nationaux 30 juin 2008, 11 No. 34.
107 Vgl *Geimer* in *Reichelt/Rechberger* 21 f.
108 *Wautelet* in *Bonomi/Wautelet* Art 23 Rz 52.
109 *Dutta* in MünchKommBGB[6] Art 23 EuErbVO Rz 20.
110 *Dutta* in MünchKommBGB[6] Art 23 EuErbVO Rz 20.

48 Zum Übergang des Nachlasses gehört auch, ob der Nachlass den Erben direkt anfällt oder einer expliziten **Annahme** durch den Erben oder einer gerichtlichen oder behördlichen Zuweisung bedarf, mit vorheriger **Schwebezeit (hereditas iacens)** oder ob die Erben durch einen persönlichen **representative** vertreten werden, auf welchen der Nachlass treuhänderisch für die Erben übergeht.[111] Trennt das Erbstatut Anfall und persönlichen Eigentumserwerb der Erben, so regiert das Erbstatut beide Elemente.[112] Das Erbstatut gibt auch Maß für Rechtsfragen während der Schwebezeit,[113] vorbehaltlich Art 28.

49 In der Anwendung des Erbstatuts auf den Übergang, also der materiell-, nicht prozessrechtlichen Qualifikation, liegt ein tiefer Konflikt mit solchen Rechtssystemen begründet, die zwingend den Übergang auf einen treuhänderischen personal representative vorsehen. Im Kern handelt es sich dabei um das probate-Verfahren des common law. Das Zusammenspiel zwischen dem **probate-System** und dem Nachlasswesen eines civil law-Staates ist ein intrikates und delikates Problem,[114] dessen Lösung sich Art 29 verschrieben hat.

50 Ob ein Vermächtnis bloßes **Damnationsvermächtnis** ist (also nur einen Anspruch gegen den Nachlass begründet) oder ein **Vindikationslegat** (also unmittelbares Eigentum des Vermächtnisnehmers begründet), entscheidet das Erbstatut.[115] Jedoch muss sich die Umsetzung eines Vindikationslegats der lex rei sitae und einer etwaigen Anpassung nach Art 31 EuErbVO stellen.[116] Sind nach dem Erbstatut Vollzugsakte erforderlich, so richten sich jene Vollzugsakte selber nach dem Statut des jeweils betroffenen Vermögensrechts.[117]

51 Was übergeht, bestimmt auch das Erbstatut. Es umschreibt Umfang und Ausmaß des Übergangsobjekts. Es bestimmt, was zum Nachlass gehört und was nicht. Es weist dem Nachlass Vermögenswerte (Aktiva) und Verbindlichkeiten (Passiva) zu. Der Übergang umfasst als Vorgang auch das Eintreten in die Passiva des Nachlasses, also die noch vom Erblasser herrührenden, nicht bereinigten Verbindlichkeiten. Das Erbstatut entscheidet, ob Aktiva und Passiva unbereinigt übergehen oder ob nur ein von einem Nachlassverwalter bereinigter Reinnachlass übergeht.[118]

52 Welche Verbindlichkeiten bestehen und wie diese ausgestaltet sind, müssen dagegen als Vorfrage die Statuten der betreffenden Verbindlichkeiten besagen.[119] Gleichermaßen entscheidet das Statut des einzelnen Vermögenswerts über Zuschnitt und Umfang des einzelnen Vermögenswertes.[120] Ob der Vermögenswert dem Erblasser gehörte, bestimmt ebenfalls das Statut des einzelnen Vermögenswertes, also zB bei Sachen deren Belegenheitsrecht.[121] Das Erbstatut greift gleichsam nicht in die Zeit vor dem Erbfall zurück[122] und übernimmt die Rechtsverhältnisse des Erblassers so, wie diese vor dem Erbfall begründet wurden.

---

111 *Wautelet* in *Bonomi/Wautelet* Art 23 Rz 48; *J. P. Schmidt,* ZEV 2014, 457; *Hohloch* in *Erman*[14] Art 23 EuErbVO Rz 6; *Dutta* in MünchKommBGB[6] Art 23 EuErbVO Rz 20.
112 *Wautelet* in *Bonomi/Wautelet* Art 23 Rz 49.
113 *Dutta* in MünchKommBGB[6] Art 23 EuErbVO Rz 21.
114 *Wautelet* in *Bonomi/Wautelet* Art 23 Rz 50.
115 Siehe nur *Wautelet* in *Bonomi/Wautelet* Art 23 Rz 51.
116 Vgl *Müller-Lukoschek,* EU-Erbverordnung § 2 Rz 108.
117 *Dutta* in MünchKommBGB[6] Art 23 EuErbVO Rz 20.
118 *Hohloch* in *Erman*[14] Art 23 EuErbVO Rz 6.
119 *Bonomi* in *Bonomi/Wautelet* Art 1 Rz 10.
120 *Dutta* in MünchKommBGB[6] Art 23 EuErbVO Rz 22.
121 *Bonomi* in *Bonomi/Wautelet* Art 1 Rz 10.
122 *Wautelet* in *Bonomi/Wautelet* Art 23 Rz 53.

War eine Forderung des Erblassers nach ihrem Forderungsstatut eine **höchstpersönliche** **53** **Forderung,** so fällt sie nicht in den Nachlass, sondern ist mit dem Tod des Erblassers erloschen; das Erbstatut wird insoweit nicht befragt.[123]

Das Erbstatut sollte auch die Wirkungen des Übergangs im **Verhältnis zu Dritten** beherrschen. Zwar sind sämtliche registermäßigen Übergänge durch Art 1 Abs 2 lit l aus dem sachlichen Anwendungsbereich der EuErbVO insgesamt und in der Folge auch des Art 23 Abs 2 lit e ausgegrenzt.[124] Jedoch kann man Art 1 Abs 2 lit l mit seiner klar abgegrenzten Zielsetzung, Rücksicht auf nationale Registersysteme zu nehmen, nicht verallgemeinern zu einer umfassenden Regel, dass die EuErbVO Drittwirkungen nie regieren wolle.[125] **54**

2. Annahme und Ausschlagung

Annahme oder **Ausschlagung einer Erbschaft** oder eines Vermächtnisses unterfallen nach **55** Art 23 Abs 2 lit e Var 2 dem Erbstatut. Dies meint positive oder negative Stellungnahme des Erben oder Vermächtnisnehmers in allen denkbaren Spielarten:[126] bedingungslose Annahme; Annahme unter Bedingungen; Annahme unter Vorbehalten; bedingungslose Ausschlagung; Ausschlagung unter Bedingungen. Das Erbstatut bestimmt auch, ob der Erbe sich überhaupt positiv oder negativ verhalten kann, ob also überhaupt eine Möglichkeit zu Annahme oder Ausschlagung besteht.[127] Gleichermaßen besagt es, ob eine stillschweigende, eine imputierte oder eine fingierte Ausschlagung (zB kraft Fristablaufs) möglich und konkret anzunehmen ist.[128] Dies gilt auch für Vermutungen einer Annahme oder Ausschlagung.[129]

Die im Text des Art 23 Abs 2 lit e Var 2 apostrophierten Bedingungen für Annahme oder **56** Ausschlagung meinen zB, ob eine **Teilausschlagung** möglich ist[130] oder ob eine **Inventarerrichtung** vorangegangen sein muss.[131] Die Form einer Annahme- oder Ausschlagungserklärung unterliegt der alternativen Anknüpfung nach Art 28 EuErbVO. Das Erbstatut wiederum bestimmt über Ausschlagungs- und Annahmefrist, Folgen einer Fristversäumung, Möglichkeiten zur Behebung oder Heilung einer Fristversäumung, Widerruflichkeit oder Anfechtbarkeit sowie Widerruf oder Anfechtung einer erklärten Annahme oder Ausschlagung.[132]

Wie die Voraussetzungen regiert das Erbstatut auch die Folgen und Wirkungen von Annahme oder Ausschlagung. In zeitlicher Hinsicht meint dies **Rückwirkung** oder **Wirkung ex** **nunc.**[133] Sachlich meint dies die Rechtsposition des Erben oder Vermächtnisnehmers nach erklärter Annahme[134] bzw erklärter Ausschlagung. **57**

Ob ein Erbe oder Vermächtnisnehmer die für Annahme oder Ausschlagung nötige Rechts- **58** und Geschäftsfähigkeit besitzt, bestimmt nicht das Erbstatut.[135] Insoweit hilft auch Art 23

---

123 *Dutta* in MünchKommBGB[6] Art 23 EuErbVO Rz 22; *Wautelet* in *Bonomi/Wautelet* Art 23 Rz 68.
124 Art 1 Rz 89 ff.
125 So aber *Wautelet* in *Bonomi/Wautelet* Art 23 Rz 53.
126 Vgl *Wautelet* in *Bonomi/Wautelet* Art 23 Rz 54.
127 *Wautelet* in *Bonomi/Wautelet* Art 23 Rz 55.
128 *Wautelet* in *Bonomi/Wautelet* Art 23 Rz 57.
129 *Wautelet* in *Bonomi/Wautelet* Art 23 Rz 58.
130 *Wautelet* in *Bonomi/Wautelet* Art 23 Rz 56.
131 *Hohloch* in *Erman*[14] Art 23 EuErbVO Rz 6.
132 *Wautelet* in *Bonomi/Wautelet* Art 23 Rz 56, 58; *Hohloch* in *Erman*[14] Art 23 EuErbVO Rz 6.
133 *Wautelet* in *Bonomi/Wautelet* Art 23 Rz 56.
134 *Wautelet* in *Bonomi/Wautelet* Art 23 Rz 61.
135 So aber *Savage* in *Khairallah/Revillard* 110 – 112.

Abs 2 lit c nicht, weil es nicht um die passive Erbfähigkeit geht.[136] Vielmehr handelt es sich um einen von Art 1 Abs 2 lit b aus dem sachlichen Anwendungsbereich der EuErbVO insgesamt ausgeklammerten Aspekt.[137] Dieser ist im Wege der Vorfrage zu beantworten. Art 1 Abs 2 lit b beschränkt sich nicht etwa auf Rechts- und Geschäftsfähigkeit des Erblassers.

F. Rechte der Beteiligten

59 Unter das Erbstatut fallen nach Art 23 Abs 2 lit f (auf den Spuren von Art 82 Code DIP belge)[138] die Rechte der Erben, Testamentsvollstrecker und anderer Nachlassverwalter, insb im Hinblick auf die Veräußerung von Vermögen und die Befriedigung der Gläubiger, unbeschadet der Befugnisse nach Art 29 Abs 2 und 3. Der Vorbehalt zugunsten des Art 29 Abs 2 und 3 weist auf das dort geregelte Zusammenspiel mit Nachlassverwaltung nach Maßgabe der lex fori hin.

60 Ausdrücklich zu bestimmen, dass sich die Rechte der Erben nach dem Erbstatut richten, ist sinnvoll, um jegliche Ansicht von vornherein auszuschließen, dass sich diese Rechte nach den Belegenheitsrechten der Nachlasswerte richteten.[139] Insb reflektiert dies das Modell des **Vonselbstanfalls** der Erbschaft an die Erben.[140] Das Erbstatut entscheidet auch über die **Verfügungs- und Verwaltungsbefugnisse** der einzelnen Miterben.[141] Ob und wann die Erben Eigentum erwerben, bestimmt das Erbstatut. Welche Befugnisse das erworbene Eigentum gegenüber Dritten gewährt, besagt dann das Belegenheitsstatut des jeweiligen Vermögensgegenstands. Kommt es zu einer hereditas iacens mit einem Schwebezustand und einer Zwischenperiode zwischen Erbfall und Übergang des Nachlasses auf die Erben, so steht im Raum, ob sich die Position Dritter nach dem Erbstatut bestimmt oder ob daneben alternativ aus Vertrauensschutzaspekten ein Rückgriff auf die lex rei sitae denkbar ist.[142] Erbschaftsansprüche gegen Besitzer von Erbschaftsgegenständen, bloß vorläufige Erben oder Scheinerben unterfallen Art 23 Abs 2 lit f,[143] ebenso die vorbereitenden Auskunftsansprüche gegen Dritte.[144]

61 **Nachlassverwalter** iS von Art 23 Abs 2 lit f ist auch ein **administrator** angloamerikanischer Provenienz.[145] Ein Nachlassverwalter kann gesetzlich, gerichtlich oder testamentarisch berufen sein, ohne dass der Berufungsgrund für die Zwecke des Art 23 Abs 2 lit f eine Rolle spielen würde. Ebenso wenig spielt insoweit eine Rolle, wie stark oder schwach seine Stellung ist. Eine bestimmter Mindest- oder Höchstgrad an Befugnissen ist als Ein- oder Austrittsschwelle nicht vorgesehen. Vielmehr ist die Formulierung bewusst weit, um alle denkbaren Gestaltungen zu erfassen.

62 **Testamentsvollstrecker** ordnet Art 23 Abs 2 lit f als besonderen Unterfall der Nachlassverwalter ein. Andere vom Erblasser eingesetzte Nachlassverwalter können Beauftragte mit post-

---

136 *Wautelet* in *Bonomi/Wautelet* Art 23 Rz 62.
137 *Wautelet* in *Bonomi/Wautelet* Art 23 Rz 62.
138 *Revillard* in *Khairallah/Revillard* 75.
139 Vgl *Wautelet* in *Bonomi/Wautelet* Art 23 Rz 64.
140 *Wautelet* in *Bonomi/Wautelet* Art 23 Rz 65.
141 *Hohloch* in *Erman*[14] Art 23 EuErbVO Rz 7.
142 *Wautelet* in *Bonomi/Wautelet* Art 23 Rz 67.
143 *Hohloch* in *Erman*[14] Art 23 EuErbVO Rz 7; *Dutta* in MünchKommBGB[6] Art 23 EuErbVO Rz 23.
144 *Hohloch* in *Erman*[14] Art 23 EuErbVO Rz 7.
145 *Leitzen*, ZEV 2012, 523.

hum fortgeltenden Befugnissen und posthum fortgeltender Vertretungsmacht sein.[146] Hinzu treten Supervisoren einer Verwaltungsauflage.[147]

Zwei Beispiele für mögliche Rechte und Befugnisse sind in Art 23 Abs 2 lit f ausdrücklich **63** genannt: die Veräußerung von Vermögen und die Befriedigung der Nachlassgläubiger. Diese kurze Liste ist nicht abschließend.[148] Über sie hinaus regiert das Erbstatut etwa, ob ein Gericht einen vorläufigen Nachlassverwalter einsetzen kann und ob und in welchem Umfang der Erblasser testamentarisch wie außertestamentarisch Verwalter benennen und betrauen darf.[149]

Dem Erbstatut unterliegt die gesamte Ausgestaltung der Position des Nachlassverwalters, so- **64** wohl hinsichtlich der Befugnisse als auch hinsichtlich der Verpflichtungen, zB welche Maßnahme der Nachlassverwalter zur Erhaltung und ordnungsgemäßen Verwaltung der Nachlasswerte ergreifen muss.[150] Dies meint auch, ob bei Versterben eines vom Erblasser eingesetzten Testamentsvollstreckers eine Nachfolge stattfindet, ob der Erblasser einen Ersatztestamentsvollstrecker benennen darf oder inwiefern die Erben des Testamentsvollstreckers nachrücken.[151] Gleichermaßen ist die Frage erfasst, ob und, wenn ja, in welcher Höhe dem Nachlassverwalter eine Vergütung zusteht.[152]

Wer Testamentsvollstrecker werden kann und welche **persönliche Qualifikationen** insoweit **65** zu erfüllen sind oder ob Hinderungsgründe bestehen, bestimmt ebenfalls das Erbstatut. Das Erbstatut kann auch Altersgrenzen oder Geschäftsfähigkeit vorschreiben.[153] Ob jemand geschäftsfähig ist, wäre allerdings eine aus der EuErbVO herausfallende Vorfrage.

Zum Anwendungsbereich des Art 23 Abs 2 lit f gehören auch alle denkbaren **Legitimations-** **66** **nachweise** für Erben und Nachlassverwalter, zB Erbschein, acte de notiriété, Testamentsvollstreckerzeugnis, Bestellungsnachweis, einschließlich der zu diesen führenden Verfahren.[154] Dies gilt allerdings nicht für das Europäische Nachlasszeugnis, denn dieses ist direkt durch eigene Sach- und Verfahrensnormen der EuErbVO geregelt.[155] Über die Wirkungsweise eines Testamentsvollstreckerzeugnisses, das auf Grundlage des Erbstatuts nach Maßgabe der lex fori erteilt wurde (zB den öffentlichen Glauben nach § 2368 dBGB), entscheidet das Recht, auf welchem ein etwaiger guter Glaube beruht.[156]

Des Weiteren erfasst Art 23 Abs 2 lit f jegliche Art des Verzichts auf eine Berechtigung.[157] **67** Hierher gehören **Erb- und Pflichtteilsverzicht.**[158] Allerdings unterliegt die Wirksamkeit eines vertraglichen Verzichts in einem Erbvertrag dem nach Art 25 zu bestimmenden Errich-

---

146 *Wautelet* in *Bonomi/Wautelet* Art 23 Rz 69; *Dutta* in MünchKommBGB[6] Art 23 EuErbVO Rz 24.
147 *Dutta* in MünchKommBGB[6] Art 23 EuErbVO Rz 24.
148 *Wautelet* in *Bonomi/Wautelet* Art 23 Rz 70.
149 *Wautelet* in *Bonomi/Wautelet* Art 23 Rz 70.
150 *Wautelet* in *Bonomi/Wautelet* Art 23 Rz 70.
151 *Wautelet* in *Bonomi/Wautelet* Art 23 Rz 70.
152 *Wautelet* in *Bonomi/Wautelet* Art 23 Rz 70.
153 Vgl *Wautelet* in *Bonomi/Wautelet* Art 23 Rz 70.
154 *Wautelet* in *Bonomi/Wautelet* Art 23 Rz 72.
155 *Wautelet* in *Bonomi/Wautelet* Art 23 Rz 72.
156 *Hohloch* in *Erman*[14] Art 23 EuErbVO Rz 7.
157 *Dutta* in MünchKommBGB[6] Art 23 EuErbVO Rz 23.
158 *Wachter*, ZNotP 2014, 13; für Art 23 Abs 1 dagegen *Hohloch* in *Erman*[14] Art 23 EuErbVO Rz 11.

tungsstatut dieses Erbvertrags.[159] Die Abfindungskomponente eines entgeltlichen Verzichtsvertrags unterliegt dem Vertrags-, nicht dem Erbstatut.[160]

68 Zur Rechtsposition eines Berechtigten gehört schließlich die Frage nach deren **Übertragbarkeit** und nach möglichen erbrechtlichen Folgen einer Übertragung.[161] Dies betrifft namentlich den Erbteilsverkauf[162] oder die Übertragung von Miterbenanteilen. Betroffen ist aber nur die dingliche Seite, während die schuldrechtlichen Grundlagen und Verpflichtungen dem Statut des jeweiligen Verpflichtungsgeschäfts unterstehen.[163]

G. Haftung für Nachlassverbindlichkeiten

69 Die **Haftung für Nachlassverbindlichkeiten** gehört ausweislich Art 23 Abs 2 lit g zum Erbstatut. Insoweit gibt es ein Vorbild weder im HErbÜ. noch im Code DIP belge.[164] Bereits das Grünbuch stellte aber Überlegungen an, ob man in diesem Punkt nicht über das HErbÜ hinausgehen sollte.[165]

70 Welche **Verbindlichkeiten** des Erblassers zum Zeitpunkt des Erbfalls bestehen und unter welchen Voraussetzungen sie jeweils fällig sind, ist eine **Vorfrage**.[166] Diese Vorfrage beantwortet in selbstständiger Anknüpfung das Statut der jeweils in Rede stehenden Forderung; bei einer Forderung aus Vertrag also das Statut des betreffenden Vertrags, angeknüpft über die Rom I-VO, und bei einer Forderung aus Delikt das Statut des betreffenden Delikts, angeknüpft über die Rom II-VO. Das jeweilige Forderungsstatut entscheidet auch, ob die Forderung überhaupt übergehen kann oder ob sie die Verpflichtung höchstpersönlicher Natur war und nur den Erblasser traf.[167]

71 Nachlassverbindlichkeiten sind indes nicht nur übergehende Verbindlichkeiten des Erblassers, sondern auch solche Verbindlichkeiten, die **aus Anlass des Erbfalls** entstehen, also erst in der Person des Nachlassberechtigten, nicht schon zuvor in der Person des Erblassers.[168] Hinzu treten eigene Verbindlichkeiten des Nachlasses nach dem Erbfall, die aus der Nachlassmasse zu begleichen sind.[169] Die spanische Fassung „las deudas y cargas de la herencia" erscheint zu eng, zumal angesichts der weiten dt und niederländischen („schulden van de nalatenschap") Fassung. Maßgeblich sollte sein, was funktionell zur Passivmasse des Nachlasses zählt.[170] Hierher gehört indes nicht das Erbschaftsteuerrecht samt den durch es begründeten Steuerpflichten, denn es ist durch Art 1 Abs 1 und ErwGr 10 aus der EuErbVO insgesamt ausgeschlossen.[171]

---

159 *Dutta* in MünchKommBGB⁶ Art 23 EuErbVO Rz 23.
160 *Hohloch* in *Erman*¹⁴ Art 23 EuErbVO Rz 13.
161 *Dutta* in MünchKommBGB⁶ Art 23 EuErbVO Rz 24.
162 *Dutta* in MünchKommBGB⁶ Art 23 EuErbVO Rz 24; anders *Hohloch* in *Erman*¹⁴ Art 23 EuErbVO Rz 13: Anwendung des Art 23 Abs 1.
163 *Dutta* in MünchKommBGB⁶ Art 23 EuErbVO Rz 24.
164 *Revillard* in *Khairallah/Revillard* 75.
165 Grünbuch Erb- und Testamentsrecht, von der Kommission vorgelegt am 1. 3. 2005, KOM(2005) 65 endg 8.
166 Ebenso *Wautelet* in *Bonomi/Wautelet* Art 23 Rz 77.
167 *Revillard* in *Khairallah/Revillard* 76 unter Hinweis auf *Lagarde,* Successions, in Répertoire de droit international II 189, 191.
168 *Wautelet* in *Bonomi/Wautelet* Art 23 Rz 73.
169 *Wautelet* in *Bonomi/Wautelet* Art 23 Rz 73.
170 *Wautelet* in *Bonomi/Wautelet* Art 23 Rz 74.
171 *Wautelet* in *Bonomi/Wautelet* Art 23 Rz 80.

„**Haftung**" meint zunächst, wer in welchem Umfang haftet:[172] Alle Erben oder nur einzelne? **72**
Nur Erben oder auch sonstige Berechtigte und Nachlassbegünstigte, insbesondere Vermächtnisnehmer? A priori beschränkt auf den Nachlass, beschränkbar auf den Nachlass, unbeschränkt und voll auch mit dem eigenen persönlichen Vermögen jenseits des Nachlasses?

In der Praxis sind viele Nachlassverbindlichkeiten durch **dingliche Sicherheiten** an be- **73**
stimmten Nachlassgegenständen gesichert. Dies gilt insb für eine grundpfandrechtliche Sicherung durch Hypothek an zum Nachlass gehörenden Immobilien. Die Haftung wird dann
realisiert, indem die gesicherten Gläubiger ihre Sicherheiten realisieren; die anderen Nachlassgegenstände, an denen sie keine Sicherungsrechte haben, oder das persönliche Vermögen
der Erben jenseits des Nachlasses fangen erst an, die gesicherten Gläubiger zu interessieren,
wenn deren Sicherheiten sich als nicht werthaltig oder nicht ausreichend erweisen.[173]

Zur Haftung gehört auch die **Haftungsverteilung** zwischen mehreren Erben im Außenver- **74**
hältnis:[174] **Teilschuld** nach Bruchteilen oder Gesamtschuld?[175] **Haftung nach Köpfen** oder
nach Erbschaftsanteil? Gleichermaßen gehört hier die Verantwortlichkeit für das Begleichen
von Verbindlichkeiten dazu, selbst wenn diese von der Schuldnerstellung getrennt sein sollte.
In einem probate-System trifft sie den Nachlassverwalter.[176]

Richtigerweise gehört zum Anknüpfungsgegenstand „Haftung" auch die **Haftung im Innen-** **75**
verhältnis zwischen mehreren Verpflichteten, insb mehreren Erben, einschließlich eines etwaigen **Regresses.**[177]

Dagegen ist fraglich, ob „Haftung" auch **Haftungs- und Rangkonflikte** zwischen Gläubigern **76**
meint.[178] ErwGr 42 Satz 3 besagt, dass bei der Begleichung der Nachlassverbindlichkeiten abhängig *insb* von dem auf die Rechtsnachfolge von Todes wegen anzuwendenden Recht eine
spezifische Rangfolge der Gläubiger berücksichtigt werden kann. Sinnvollerweise kann nur
das Erbstatut die Funktion eines zusammenführenden Gesamtstatuts übernehmen, kein Statut einer einzelnen Verbindlichkeit.

Wie Haftung realisiert wird, liegt jenseits des Erbstatuts. Insb gibt das Erbstatut nicht Maß **77**
für Verfahren und Möglichkeiten einer klagweisen Durchsetzung, insb nicht für die bei der
einzelnen Forderung bestehenden Zuständigkeiten.[179] Erfordert die **Haftungsbeschränkung**
ein besonderes Verfahren, zB eine **Inventarerrichtung,** so ist diese Voraussetzung zwar materiell-rechtlich zu qualifizieren; die verfahrensmäßige Durchführung richtet sich aber trotzdem nach der lex fori des betreffenden Verfahrens.[180]

Laut ErwGr 45 soll die EuErbVO nicht ausschließen, dass Nachlassgläubiger, bspw durch ei- **78**
nen Vertreter, weitere nach dem innerstaatlichen Recht der lex fori zur Verfügung stehende

---

172 *Wautelet* in *Bonomi/Wautelet* Art 23 Rz 75.
173 Siehe *Revillard* in *Khairallah/Revillard* 76 unter Hinweis auf *Revillard,* Droit international privé et
    communautaire: pratique notariale (2006) Rz 840; *Droz/Revillard,* Juris-Classeur du droit interna-
    tional, Fasc. 557–10, Rz 222; *Savage* in *Khairallah/Revillard* 268; *Wautelet* in *Bonomi/Wautelet*
    Art 23 Rz 75.
174 *Wautelet* in *Bonomi/Wautelet* Art 23 Rz 76.
175 *Hohloch* in *Erman*[14] Art 23 EuErbVO Rz 8.
176 *Wautelet* in *Bonomi/Wautelet* Art 23 Rz 76.
177 *Wautelet* in *Bonomi/Wautelet* Art 23 Rz 78; *Dutta* in MünchKommBGB[6] Art 23 EuErbVO Rz 25.
178 *Wautelet* in *Bonomi/Wautelet* Art 23 Rz 79.
179 *Wautelet* in *Bonomi/Wautelet* Art 23 Rz 79.
180 *A. Köhler* in *Kroiß/Horn/Salomon* Art 23 EuErbVO Rz 8.

Maßnahmen im Einklang mit den einschlägigen Rechtsinstrumenten der EU ergreifen, um ihre Rechte zu sichern. Dies dürfte auf den allgemeinen einstweiligen Rechtsschutz (einschließlich Art 31 Brüssel I-VO; Art 35 Brüssel Ia-VO) zielen.[181] Richtig betrachtet liegen diese Fragen aber generell außerhalb des Anwendungsbereichs der EuErbVO.[182]

79 Haftung realisieren zu können, setzt faktisch Informiertheit voraus. Nur wer weiß, wer ihm haftet, kann gegen den Haftenden vorgehen. ErwGr 46 zufolge soll die EuErbVO die Unterrichtung potenzieller Nachlassgläubiger in anderen Mitgliedstaaten als dem Forumstaat über den Eintritt des Erbfalls informieren, sofern dort Nachlassgegenstände belegen sind. Daher solle in Erwägung gezogen werden, einen Mechanismus einzurichten, gegebenenfalls über das Europäische Justizportal, um potenziellen Nachlassgläubigern in anderen Mitgliedstaaten Zugang zu einschlägigen Informationen zu eröffnen, damit diese ihre Ansprüche geltend machen können. Indes sind dieser programmatischen Ankündigung keine Taten gefolgt. In der EuErbVO fehlt es an einschlägigen Regeln.[183] Denkbar erscheint allenfalls eine analoge Anwendung der Art 40 ff EuInsVO.

H. Pflichtteil, Noterbrecht, reservierter Nachlassteil und andere

1. Zwingende Nachlassberechtigungen

80 Von großer Bedeutung ist Art 23 Abs 2 lit h: Der verfügbare Teil des Nachlasses, die Pflichtteile und andere Beschränkungen der Testierfreiheit sowie etwaige Ansprüche von Personen, welche dem Erblasser nahe stehen, gegen den Nachlass oder gegen die Erben, richten sich nach dem Erbstatut. Gemeint sind alle zwingenden, nicht durch Verfügung von Todes wegen entziehbaren Nachlassberechtigungen.[184] Ob ein bloßer Zahlungsanspruch gewährt wird oder eine dinglich wirkende Nachlassberechtigung, ist unerheblich;[185] alle denkbaren und weltweit praktizierten Modelle sind gleichermaßen erfasst, natürlich einschließlich **réserve héréditaire** und **family provision,**[186] auch von Todes wegen entstehende Unterhaltsansprüche[187] und Zugriffsrechte auf bestimmte Nachlasswerte (**family allowance,** homestead allowance, exempt property allowance)[188] oder auf Nachlasswerte bis zu einer Obergrenze nach Wahl des Begünstigten (elective share).[189] Gemeinsames verbindendes Band und Charakteristikum ist vielmehr die fehlende Dispositionsmöglichkeit des Erblassers.[190] Gesetzliche Vorbehalte zugunsten bestimmter Berechtigter dienen deren gesetzlichem Schutz und bilden Schranken für die Testierfreiheit des Erblassers.[191]

81 Das Erbstatut entscheidet, ob ein Vorbehalt zugunsten bestimmter Berechtigter besteht und, wenn ja, wie dieser ausgestaltet ist, ob also als **Pflichtteilsanspruch,** als dingliches **Noterbrecht** oder als reservierter Nachlassteil.[192] Es entscheidet auch, wer zum Kreis der so Begüns-

---

181 *Dutta* in MünchKommBGB[6] Art 23 EuErbVO Rz 26.
182 *Dutta* in MünchKommBGB[6] Art 23 EuErbVO Rz 26.
183 *Dutta* in MünchKommBGB[6] Art 23 EuErbVO Rz 26.
184 Siehe *Dutta* in MünchKommBGB[6] Art 23 EuErbVO Rz 27.
185 *Müller-Lukoschek,* EU-Erbverordnung § 2 Rz 43.
186 *Bonomi* in *Bonomi/Wautelet* Art 23 Rz 89 f.
187 *Bonomi* in *Bonomi/Wautelet* Art 23 Rz 92.
188 *Bonomi* in *Bonomi/Wautelet* Art 23 Rz 93.
189 *Bonomi* in *Bonomi/Wautelet* Art 23 Rz 94.
190 *Müller-Lukoschek,* EU-Erbverordnung § 2 Rz 43.
191 *Bonomi* in *Bonomi/Wautelet* Art 23 Rz 81.
192 *Bonomi* in *Bonomi/Wautelet* Art 23 Rz 87.

tigten zählt.[193] Gerade in diesem Punkt bestehen gewichtige Unterschiede zwischen den verschiedenen Rechtsordnungen, etwa beim geforderten Verwandtschaftsgrad oder bei der Einbeziehung außerehelicher Kinder, auch wenn letztere unter dem Einfluss der EMRK schwinden.[194] Unterschiede bestehen auch bei der Einbeziehung von Ehegatten und erst recht von Lebenspartnern, registrierten wie nichtregistrierten.

Dem Erbstatut unterfallen auch alle Fragen nach Umfang, Quote oder Berechnung der Begünstigung bzw ihres Wertes.[195] Von besonderer Bedeutung ist idZ auch die Berechnungsgrundlage: Sind Schenkungen des Erblassers zu Lebzeiten dem Nachlass noch hinzuzurechnen oder nicht?[196] Gibt es insoweit einen Ausgleich, etwa nach Art des dt Pflichtteilsergänzungsanspruchs? Richtet sich ein etwaiger Ausgleichsanspruch gegen die Erben oder gegen die Beschenkten, seien diese auch Dritte?[197] Die Schenkung zu Lebzeiten steht zwar an sich nach Art 1 Abs 2 lit g außerhalb der EuErbVO; dies gilt aber nicht für ihre etwaigen erbrechtlichen Folgen und Konsequenzen.[198]   **82**

Sofern das Erbstatut eine bestimmte Nahebeziehung zum Forum zur Voraussetzung erhebt oder vom Bestehen einer Zuständigkeit abhängig macht, kann man darin eine Selbstbeschränkung der einschlägigen Sachnormen sehen.[199] Eine prozessuale Qualifikation solcher Voraussetzungen erscheint nicht angebracht; vielmehr sind diese wie „normale" Tatbestandsmerkmale materiell-rechtlich zu qualifizieren.   **83**

Das Erbstatut, nicht das Errichtungsstatut, regiert auch die Wirksamkeit einer Verfügung von Todes wegen, die einer zwingenden Nachlassberechtigung nicht entspricht.[200] Dies trifft insb **Herabsetzungsklagen.**[201]   **84**

Die grundsätzliche Zuweisung der zwingenden Nachlassberechtigungen zum Erbstatut durch Art 23 Abs 2 lit h ließe sich durch eine großzügige Anwendung des Art 35 durchbrechen, indem man die zwingenden Nachlassberechtigungen der lex fori pauschal zum ordre public der lex fori schlägt.[202] Dies würde jedoch den Begriff des ordre public sprengen und das Regel-Ausnahme-Verhältnis zwischen Regelstatut und ordre public umkehren.[203]   **85**

2. Andere Beschränkungen der Testierfreiheit

Art 23 Abs 2 lit h schlägt auch andere Beschränkungen der Testierfreiheit dem Erbstatut zu. Dies erfordert eine Abgrenzung zum Errichtungsstatut der Art 24 und 25. Was bereits in Art 26 Abs 1 geregelt ist, sollte nach dem Spezialitätsgrundsatz Vorrang haben und hier ausgeklammert sein.[204] Jenseits dessen stehen allgemeine **Sitten- oder Gesetzeswidrigkeit,** materielle Höchstpersönlichkeit und zeitliche Höchstgrenzen für eine postmortale Vermögensbindung etwa durch Teilungsverbote, Vor-/Nacherbschaft, **Dauertestamentsvollstreckung** in   **86**

---

193 *Hohloch* in *Erman*[14] Art 23 EuErbVO Rz 9.
194 *Bonomi* in *Bonomi/Wautelet* Art 23 Rz 82.
195 *Bonomi* in *Bonomi/Wautelet* Art 23 Rz 88.
196 *Dutta* in MünchKommBGB[6] Art 23 EuErbVO Rz 28.
197 *Hohloch* in *Erman*[14] Art 23 EuErbVO Rz 9.
198 *Dutta* in MünchKommBGB[6] Art 23 EuErbVO Rz 28.
199 *Bonomi* in *Bonomi/Wautelet* Art 23 Rz 91.
200 *Dutta* in MünchKommBGB[6] Art 23 EuErbVO Rz 27.
201 *Dutta* in MünchKommBGB[6] Art 23 EuErbVO Rz 27.
202 Dafür *Grimaldi,* D. 2012, 755.
203 Siehe *Mellema-Kranenburg/van der Plas,* WPNR 7024 (2014) 609 f.
204 *L. Kunz,* GPR 2012, 254 (FN 67); *Dutta* in MünchKommBGB[6] Art 23 EuErbVO Rz 29.

Rede.[205] Für eine Zuordnung dieser Aspekte zum Errichtungsstatut spricht der Schutz gegen einen Statutenwechsel beim Erbstatut.[206] Dem Errichtungsstatut verbliebe sonst nur, was ohnehin in Art 26 Abs 1 geregelt ist, während das Erbstatut jedenfalls alle den Pflichtteilsrechten funktionell entsprechenden Rechtsinstitute regiert.[207]

I. Ausgleichung und Anrechnung

87   Art 23 Abs 2 lit i schlägt die Ausgleichung und Anrechnung unentgeltlicher Verfügungen bei der Bestimmung der Anteile der einzelnen Berechtigten zum Erbstatut. Die dt Fassung verwendet hier als Termini scheinbar die Schlüsselbegriffe aus §§ 2050, 2315 dBGB. Ausgleichung beträfe danach das Verhältnis von Miterben untereinander; Anrechnung erfolgt dagegen auf einen Pflichtteil. Aus der terminologischen Anlehnung der dt Fassung an das dBGB darf man indes keine voreiligen Schlüsse ziehen, dass auch die Gedankenwelt des dBGB zu übertragen wäre.[208] Eine Anrechnung auf einen Pflichtteil nach BGB-Modell würde nicht zusammenpassen mit einem Erbstatut, das nahen Verwandten deren Mindestbeteiligung am Nachlass nicht wie den Pflichtteil dt Konstruktion als Geldanspruch, sondern vielmehr als dingliche Beteiligung, als sogenanntes **Noterbrecht**, gewährt.[209] Um beides zusammenzuführen bedürfte es einiger gestalterischer Phantasie, insb über Teilungsanordnungen und Vorausvermächtnisse.[210] Jedenfalls ist aber klar, dass Art 23 Abs 2 lit i nicht nur den Ausgleich bei echten Erbberechtigungen, sondern auch jenen bei Rechten nach Art des dt Pflichtteils trifft.[211]

88   Die Zuweisung von Anrechnung und Ausgleichung zum Erbstatut gehörte zu den großen Streitpunkten in der Entstehung der EuErbVO. Insb weckte sie den Widerstand der jedem *clawback* abholden Common Law-Staaten Vereinigtes Königreich und Irland.[212] Beide sahen Rechtsunsicherheit für Beschenkte. Diese könnten im Hinblick auf einen denkbaren Statutenwechsel des Erbstatuts durch Aufenthaltswechsel des Erblassers nach der Schenkung nicht vorhersehen, ob die Schenkung Bestand habe oder ob die gemachten Zuwendungen nach dem Tod des Erblassers zurückgefordert werden könnten oder auszugleichen wären.[213] Ein Kompromissvorschlag der seinerzeitigen polnischen Präsidentschaft, für die Ausgleichspflicht auf das hypothetische Erbstatut zum Zeitpunkt der unentgeltlichen Zuwendung abzustellen, scheiterte.[214] Art 23 Abs 2 lit i enthält de facto eine echte **Rückwirkung** und entfaltet damit erhebliche Sprengkraft.[215]

89   Klargestellt sei, dass der Bestand einer vom Erblasser zu dessen Lebzeiten begründeten oder gar vollzogenen Schenkung nicht dem Erbstatut unterfällt und nicht in Abrede gestellt

---

205 *Dutta* in MünchKommBGB[6] Art 23 EuErbVO Rz 29.
206 *Dutta* in MünchKommBGB[6] Art 23 EuErbVO Rz 29.
207 *Dutta* in MünchKommBGB[6] Art 23 EuErbVO Rz 29.
208 *Volmer*, RPfleger 2013, 424.
209 *Volmer*, RPfleger 2013, 424.
210 *Volmer*, RPfleger 2013, 424.
211 *Dutta* in MünchKommBGB[6] Art 23 EuErbVO Rz 30.
212 Siehe nur *Davi/Zanobetti*, CDT 5 (2013) 15 f.
213 Vgl *Geimer*, NZ 2012/16, 76; *Geimer* in *Hager* 29.
214 *Geimer* in *Hager* 29.
215 *Vossius*, notar 2014, 65.

wird.[216] Ausgleichung betrifft nicht nur Nachlassberechtigte, sondern auch Dritte, wie sich aus dem englischen Wortlaut („any obligation to restore") deutlich ergibt.[217]

Das Erbstatut bestimmt, wann eine Anrechnung oder Angleichung stattfindet, unter welchen **90** Voraussetzungen, in welchem Umfang, zu wessen Gunsten und gegebenenfalls zu wessen Ungunsten. Insb entscheidet das Erbstatut also, ob es überhaupt einen *clawback* vorsieht. Insoweit wird nicht etwa das Statut der jeweiligen Zuwendung durch den Erblasser befragt.[218] Es kann sich also ergeben, dass eine nach ihrem Statut vollkommen wirksame Schenkung trotzdem wertmäßig einen vollständigen oder partiellen Rückvollzug erleidet, ohne dass ihr Bestand leiden würde.[219] Diese Trennung zwischen Wirksamkeit der Zuwendung und Ausgleichung ist all jenen Rechtsordnungen geläufig, welche Vorbehalte zugunsten bestimmter Begünstigter kennen, dagegen nicht jenen Rechtsordnungen, die keine solche Vorbehalte kennen, namentlich viele *common law*-Rechtsordnungen.[220]

Die Genese der EuErbVO kennt Kompromissvorschläge, die dafür plädierten, insoweit nicht **91** das Erbstatut, ermittelt zum Todeszeitpunkt des Erblassers, zu berufen, sondern das hypothetische Erbstatut, wie es sich ergeben hätte, wenn der Erblasser zum Zeitpunkt der Zuwendung verstorben wäre.[221] In der EuErbVO könnte sich dies immerhin auf Parallelwertungen zu Art 24 Abs 1, Art 25 Abs 1 und 2 EuErbVO stützen. Außerdem würde man so dem Zuwendungsempfänger eine sichere und nicht mehr durch zukünftige Entwicklungen gefährdete Informationsmöglichkeit eröffnen, inwieweit er damit rechnen muss, dass die empfangene Zuwendung rechnerisch zumindest teilweise rückabzuwickeln sei.[222] Solche Vorschläge haben sich indes nicht durchzusetzen vermocht. Art 23 Abs 2 lit i ist eindeutig: Maßgeblich ist das Erbstatut zum Zeitpunkt des Erbfalls.

Ein **güterrechtlicher Ausgleichsmechanismus** steht Art 23 Abs 2 lit i voran.[223] Das Erbrecht **92** entscheidet aber über erbrechtliche Folgen unentgeltlicher Zuwendungen, die auf einer güterrechtlichen Basis erfolgt sind.[224] Gleichermaßen kommt es zum Zug für den Ausgleich einer etwaigen gesellschaftsrechtlichen Sondernachfolge in Gesellschaftsanteile.[225]

J. Teilung des Nachlasses

Letzter Punkt im Katalog des Art 23 Abs 2 ist die **Teilung des Nachlasses.** Sie gehört nach **93** Art 23 Abs 2 lit j zum Erbstatut. Es geht um sämtliche Mechanismen zur Aufteilung des Nachlasses unter den Berechtigten, seien es gerichtliche, behördliche oder sonstige Mechanismen,[226] letztere zB vor Notaren oder auf freiwillig-vertraglicher Grundlage. Die Bedeutung

---

216 Vgl *Bonomi* in *Bonomi/Wautelet* Art 23 Rz 95.
217 *Dutta* in MünchKommBGB[6] Art 23 EuErbVO Rz 30.
218 *Bonomi* in *Bonomi/Wautelet* Art 23 Rz 98.
219 *Bonomi* in *Bonomi/Wautelet* Art 23 Rz 98.
220 *Bonomi* in *Bonomi/Wautelet* Art 23 Rz 98.
221 *J. Harris,* Trust L. Int. 22 (2008) 199; *Dutta,* RabelsZ 73 (2009) 583; Max Planck Institute for Comparative and Private International Law, Comments on the European Commission's Proposal for a Regulation of the European Parliament and of the Council on jurisdiction, applicable law, recognition and enforcement of decisions and authentic instruments in matters of succession and the creation of a European Certificate of Succession, RabelsZ 74 (2010) 522, Rz 78 ff.
222 *Bonomi* in *Bonomi/Wautelet* Art 23 Rz 98.
223 *Hohloch* in *Erman*[14] Art 23 EuErbVO Rz 10.
224 *Hohloch* in *Erman*[14] Art 23 EuErbVO Rz 10.
225 *Hohloch* in *Erman*[14] Art 23 EuErbVO Rz 10.
226 *Hohloch* in *Erman*[14] Art 23 EuErbVO Rz 11.

des Art 23 Abs 2 lit j liegt darin, eine materiell-rechtliche Qualifikation festzuschreiben und eine prozessuale Qualifikation abzuwehren, wie sie in einigen Rechtsordnungen obwaltet.[227]

94 Welche Anteile, dh Anteile in welcher Höhe, die einzelnen Berechtigten bekommen, unterfällt allerdings nicht Art 23 Abs 2 lit j, sondern Art 23 Abs 2 lit b Var 2. Dagegen gehören Teilungsanordnungen mit Zuweisung bezeichneter Nachlassgegenstände zu individuell benannten Berechtigten durch den Erblasser zu Art 23 Abs 2 lit j.[228] Gleichermaßen gilt dies für den konstitutiven oder bloße deklaratorischen Charakter einer Teilung oder die Rückforderung bzw Anrechnung einzelner Nachlassgegenstände, welche Berechtigte bereits vor der Teilung in Besitz genommen haben,[229] sowie für Zusammenstellung und endgültige Zuweisung bei der Umwandlung der Berechtigung am Gesamtnachlass in eine Berechtigung an einzelnen Nachlassgegenständen.[230] Weder die lex fori hat insoweit ein Mitspracherecht[231], noch die lex rei sitae.[232]

95 Die Teilung betrifft nur das Verhältnis der Berechtigten untereinander und berührt den Erblasser nicht mehr. Man könnte daher daran denken, den Berechtigten insoweit Parteiautonomie zu eröffnen und eine vom Erbstatut abweichende Rechtswahl durch die Erben bzw Berechtigten zuzulassen.[233]

IV. Materien jenseits des Art 23 Abs 2 EuErbVO

96 Da der Katalog des Art 23 Abs 2 nicht abschließend ist, kann es Materien jenseits des Art 23 Abs 2 geben, die zwar dort nicht aufgeführt sind, aber trotzdem dem Erbstatut unterfallen. Grundlage für die Zuweisung zum Erbstatut ist Art 23 Abs 1, der insoweit General- und Auffangregel gleichermaßen ist.

97 Betroffen ist insb das **Innenverhältnis einer Erbengemeinschaft.** Ob auch das Außenverhältnis einer Erbengemeinschaft dem Erbstatut zu unterstellen ist, bedarf besonderer Überlegungen. Insoweit kann die Ausgliederung der Rechtsfähigkeit aus der EuErbVO durch Art 1 Abs 2 lit b Var 1 keine Rolle spielen, denn diese Norm betrifft nur die Rechtsfähigkeit natürlicher Personen.

98 Die **Zulässigkeit eines Erbschaftskaufs** unterliegt Art 23 Abs 1.[234]

99 **Erbrechtliche Erwerbsverbote oder -beschränkungen** zulasten bestimmter Personen (zB des testierenden Notars nach § 27 dBeurkG) werden zwar von keinem Tatbestand des Art 23 Abs 2 erfasst, lassen sich aber über Art 23 Abs 1 auffangen.[235]

100 Nach dem Grundgedanken der kollisionsrechtlichen **fraus legis** (das Recht zur Anwendung zu bringen, dessen Anwendung umgangen werden soll, und so die beabsichtigte Umgehung zu durchkreuzen) sind Geschäfte zur Umgehung des Erbrechts nicht nur ihrem eigenen Statut, sondern auch dem Erbstatut zu unterwerfen.[236] Allerdings werden die hiervon betroffe-

---

227 Siehe *Wautelet* in *Bonomi/Wautelet* Art 23 Rz 100.
228 *Dutta* in MünchKommBGB[6] Art 23 EuErbVO Rz 31.
229 *Wautelet* in *Bonomi/Wautelet* Art 23 Rz 101.
230 *Wautelet* in *Bonomi/Wautelet* Art 23 Rz 103.
231 Entgegen *Revillard* in *Khairallah/Revillard* 78.
232 *Wautelet* in *Bonomi/Wautelet* Art 23 Rz 103.
233 Offen *Wautelet* in *Bonomi/Wautelet* Art 23 Rz 102.
234 *Hohloch* in *Erman*[14] Art 23 EuErbVO Rz 13.
235 Ähnlich, aber letztlich für Art 23 Abs 2 lit e *Hohloch* in *Erman*[14] Art 23 EuErbVO Rz 6.
236 *A. Köhler* in *Kroiß/Horn/Salomon* Art 23 EuErbVO Rz 11.

nen Geschäfte unter Lebenden zumeist wirksam sein und auch vom Erbstatut nicht mit einem Nichtigkeitsverdikt wegen Umgehung belegt werden, weil die lebzeitige Freiheit des Erblassers zur Disposition über sein eigenes Vermögen nicht beschnitten werden soll. Aus ErwGr 26 lässt sich nichts anderes ableiten.[237]

V. Abgrenzung zum Erbverfahrensstatut

Das **Erbverfahrensrecht** unterliegt nicht dem Erbstatut, sondern ist der lex fori zu entnehmen.[238] Zwar strebt die EuErbVO einen Gleichlauf von forum und ius an, ordnet einen solchen Gleichlauf aber nirgends ausdrücklich an. Vielmehr steuert sie nur ihre Regelungen über die internationale Zuständigkeit in Art 4 ff bei. Dies bedingt gegebenenfalls eine qualifikatorische Abgrenzung zwischen Erbstatut und lex fori, zwischen materiellem Erbrecht und formellem Erbverfahrensrecht.[239] Nachlasssicherungsmaßnahmen fallen auf die verfahrensrechtliche Seite,[240] gleichermaßen mitgliedstaatliche Erbnachweise wie zB Erbscheine.[241] Das ENZ ist zwar verfahrensrechtlicher Natur, wird aber in der EuErbVO grundsätzlich selber geregelt und nicht der lex fori überlassen. **101**

Die Verjährung ist nach den zu übertragenden Wertungen aus Art 12 Abs 1 lit d Rom I-VO; Art 15 lit h Rom II-VO materiell-rechtlich zu qualifizieren und dem Erbstatut zuzuschlagen.[242] Die Abgrenzung beim Beweis sollte sich analog Art 18 Rom I-VO und Art 22 Rom II-VO vollziehen, zumal Art 59 die Beweiswirkungen einer öffentlichen Urkunde dem Erbstatut ausdrücklich entzieht.[243]

Verfügungen von Todes wegen außer Erbverträgen

Art 24. (1) **Die Zulässigkeit und die materielle Wirksamkeit einer Verfügung von Todes wegen mit Ausnahme eines Erbvertrags unterliegen dem Recht, das nach dieser Verordnung auf die Rechtsnachfolge von Todes wegen anzuwenden wäre, wenn die Person, die die Verfügung errichtet hat, zu diesem Zeitpunkt verstorben wäre.**

(2) **Ungeachtet des Absatzes 1 kann eine Person für die Zulässigkeit und die materielle Wirksamkeit ihrer Verfügung von Todes wegen das Recht wählen, das sie nach Artikel 22 unter den darin genannten Bedingungen hätte wählen können.**

(3) **Absatz 1 gilt für die Änderung oder den Widerruf einer Verfügung von Todes wegen mit Ausnahme eines Erbvertrags entsprechend. Bei Rechtswahl nach Absatz 2 unterliegt die Änderung oder der Widerruf dem gewählten Recht.**

Stammfassung.

Literatur: *Bonomi/Öztürk,* Das Statut der Verfügung von Todes wegen (Art. 24 ff. EuErbVO), in *Dutta/Herrler* (Hrsg), Die Europäische Erbrechtsverordnung (2014) 47; *Burandt,* Die EU-ErbVO. Das europäische Erbrecht im Wandel (Teil 2), FuR 2013, 377; *Cach/Weber,* Rechtswahl im Internationalen Erbrecht – Novum oder zu erwartender Entwicklungsschritt? JEV 2013, 90; *Döbereiner,* Das interna-

---

237 Vgl *Wachter,* ZNotP 2014, 15.
238 *Dutta* in MünchKommBGB[6] Art 23 EuErbVO Rz 32.
239 *Dutta* in MünchKommBGB[6] Art 23 EuErbVO Rz 32.
240 *Dutta* in MünchKommBGB[6] Art 23 EuErbVO Rz 33.
241 *Dutta* in MünchKommBGB[6] Art 23 EuErbVO Rz 33.
242 *Dutta* in MünchKommBGB[6] Art 23 EuErbVO Rz 34.
243 *Dutta* in MünchKommBGB[6] Art 23 EuErbVO Rz 34.

tionale Erbrecht nach der EU-Erbrechtsverordnung, MittBayNot 2013, 358, 437; *Döbereiner,* (Bindende?) Rechtswahlen nach der EU-Erbrechtsverordnung, DNotZ 214, 323; *Dutta,* Das neue internationale Erbrecht der Europäischen Union – Eine erste Lektüre der Erbrechtsverordnung, FamRZ 2013, 4; *Fischer-Czermak,* Mehrseitige Planung der Nachfolge von Todes wegen, in *Gruber/Kalss/Müller/Schauer* (Hrsg), Erbrecht und Vermögensnachfolge (2010) 599; *Fischer-Czermak,* Anwendbares Recht, in *Schauer/Scheuba* (Hrsg), Europäische Erbrechtsverordnung (2012) 43; *Fischer-Czermak,* Gestaltung der Erbfolge durch Rechtswahl – Vorwirkungen der Europäischen Erbrechtsverordnung, EF-Z 2013/38, 52; *Heinig,* Rechtswahlen in Verfügungen von Todes wegen nach der EU-Erbrechtsverordnung, RNotZ 2014, 197; *Janzen,* Die EU-Erbrechtsverordnung, DNotZ 2012, 484; *Kunz,* Die neue Europäische Erbrechtsverordnung – ein Überblick (Teil II), GPR 2012, 253; *Lechner,* Erbverträge und gemeinschaftliche Testamente in der neuen EU-Erbrechtsverordnung, NJW 2013, 26; *Lehmann,* Die EU-Erb-VO: Babylon in Brüssel und Berlin, ZErb 2013, 25; *Leipold,* Das Europäische Erbrecht (EuErbVO) und das deutsche gemeinschaftliche Testament, ZEV 2014, 139; *Leitzen,* Die Rechtswahl nach der EuErb-VO, ZEV 2013, 128; *Nordmeier,* EuErbVO: Neues Kollisionsrecht für gemeinschaftliche Testamente, ZEV 2012, 513; *Nordmeier,* Erbverträge und nachlassbezogene Rechtsgeschäfte in der EuErbVO – eine Begriffsklärung, ZEV 2013, 117; *Nordmeier,* Erbverträge in der neuen EU-Erbrechtsverordnung: zur Ermittlung des hypothetischen Erbstatuts nach Art. 25 ErbRVO, ZErb 2013, 112; *Odersky,* Die Europäische Erbrechtsverordnung in der Gestaltungspraxis, notar 2013, 3; *Rudolf,* Vorschlag einer EU-Verordnung zum Internationalen Erb- und Erbverfahrensrecht, NZ 2010/99, 353; *Rudolf,* Die Erbrechtsverordnung in der Europäischen Union. VO zum Internationalen Erb- und Erbverfahrensrecht in Kraft – ein Überblick, NZ 2013/103, 225; *Schauer,* Die neue Erbrechts-VO der Europäischen Union – eine Annäherung, JEV 2012, 78; *Simon/Buschbaum,* Die neue EU-Erbrechtsverordnung, NJW 2012, 2393; *Steiner,* EU-Verordnung in Erbsachen sowie zur Einführung eines europäischen Nachlasszeugnisses, NZ 2012/26, 104; *Vollmer,* Die neue europäische Erbrechtsverordnung – ein Überblick, ZErb 2012, 227; *Wilke,* Das internationale Erbrecht nach der neuen EU-Erbrechtsverordnung, RIW 2012, 601.

Übersicht

	Rz
I. Entstehungsgeschichte und Normzweck	1
II. Anknüpfungsgegenstand	3
III. Umfang des Errichtungsstatuts	6
A. Zulässigkeit	6
1. Begriffsbestimmung	6
2. Inhaltliche Zulässigkeit	8
B. Materielle Wirksamkeit	10
C. Bindungswirkung	12
IV. Anknüpfungsmoment	13
A. Hypothetisches Erbstatut	13
B. Wahl des Errichtungsstatuts	18
1. Teilrechtswahl	18
2. Verhältnis zur Wahl des Erbstatuts	23
V. Widerruf und Änderung	25
VI. Ältere letztwillige Verfügungen	29

I. Entstehungsgeschichte und Normzweck

1 Der Kommissionsvorschlag sah nur für die Gültigkeit von Erbverträgen eine Kollisionsnorm mit alternativen Anknüpfungskriterien vor.[1] Die Endfassung der VO enthält hingegen detail-

---

1 Näheres Art 18 des Vorschlags der Kommission für eine Verordnung des Europäischen Parlaments und des Rates über die Zuständigkeit, das anzuwendende Recht, die Anerkennung und die Vollstreckung von Entscheidungen und öffentlichen Urkunden in Erbsachen sowie zur Einführung eines Europäischen Nachlasszeugnisses, KOM(2009) 154 endg; s auch *Rudolf,* NZ 2010/99, 360.

lierte Regelungen für die Zulässigkeit und materielle Wirksamkeit aller Verfügungen von Todes wegen (Art 24 bis 26), die sich nach dem hypothetischen Erbstatut im Zeitpunkt der Errichtung bestimmen **(Errichtungsstatut)**.[2] Dadurch sollte die **Rechtssicherheit** für Personen
erhöht werden, die ihren Nachlass im Voraus regeln wollen.[3] Da das Errichtungsstatut unwandelbar ist,[4] wird die Wirksamkeit einer Verfügung von Todes wegen durch einen späteren Statutenwechsel nicht berührt.[5] Das kann freilich dazu führen, dass die mit der Erbsache
befasste Behörde ein fremdes Recht anwenden muss.[6] Die mit Art 24 ff angestrebte Rechtssicherheit steht daher im **Spannungsverhältnis** zu dem in ErwGr 27 erklärten Ziel der VO,
einen weitgehenden Gleichlauf von forum und ius zu erreichen.

Für Erbverträge enthält die EuErbVO wegen der unterschiedlichen Anerkennung in den **2**
Mitgliedstaaten eine eigene Kollisionsnorm[7] (Art 25); die anderen Verfügungen von Todes
wegen sind in Art 24 geregelt. Art 26 bestimmt, welche Fragen zur materiellen Wirksamkeit
iSd 24 und 25 gehören; für die formelle Wirksamkeit findet sich in Art 27 eine eigene Kollisionsnorm. Dem Normzweck entsprechend beschränkt sich der Anwendungsbereich des Errichtungsstatuts auf die **Gültigkeit der Verfügung von Todes** wegen (ausgenommen die formellen Voraussetzungen) und beim Erbvertrag ausdrücklich auch auf die Bindungswirkung.
Pflichtteilsrechte und andere Rechte, die der Erblasser nicht entziehen kann, richten sich
hingegen gem Art 23 Abs 2 lit h nach dem Erbstatut im Todeszeitpunkt und können daher
durch das nach dem Errichtungsstatut zu bestimmende Recht nicht eingeschränkt werden.[8]
Dieses entscheidet auch nicht über die Frage der Zulässigkeit der in einer letztwilligen Verfügung getroffenen Anordnungen (s Rz 8f). Das Errichtungsstatut bietet daher nur eine beschränkte Rechtssicherheit für die letztwillige Regelung der Vermögensnachfolge.

II. Anknüpfungsgegenstand

Art 24 regelt die Frage, welches Recht über die Zulässigkeit und die materielle Wirksamkeit **3**
einer **Verfügung von Todes wegen** entscheidet, gilt aber ausdrücklich **nicht** für den **Erbver-**
trag (zu diesem s Art 25). Der Anknüpfungsgegenstand des Art 24 folgt aus der Begriffsbestimmung des Art 3 Abs 1 lit d, der zur Verfügung von Todes wegen neben dem Erbvertrag
das Testament und das gemeinschaftliche Testament zählt.

Für das **Testament** findet sich keine Legaldefinition, autonome Auslegung ergibt aber, dass **4**
darunter eine einseitige Willenserklärung des Erblassers zu verstehen ist, in der er die
Rechtsnachfolge von Todes wegen zumindest teilweise regelt.[9] Auch sonstigen letztwilligen
Verfügungen nach § 552 Abs 2 Satz 2 ABGB idF ErbRÄG 2015 (Kodizill gem § 553 ABGB
aF) ist daher ein Testament iSd EuErbVO.[10] Nicht erforderlich ist, dass der Erblasser die
Rechtslage abändern will, es genügt eine inhaltliche Wiedergabe der Erbfolge nach dem Erb-

---

2 *Rudolf,* NZ 2013/103, 236.
3 ErwGr 48; s auch *Bonomi/Öztürk* in *Dutta/Herrler* Rz 12 ff.
4 *Dutta* in MünchKommBGB[6] Art 24 EuErbVO Rz 1; *Köhler* in *Kroiß/Horn/Solomon* Art 24 EuErbVO
   Rz 1.
5 *Simon/Buschbaum,* NJW 2012, 2396; *Döbereiner,* MittBayNot 2013, 365; das übersehen offenbar
   Cach/Weber, JEV 2013, 100.
6 *Bonomi* in *Bonomi/Wautelet* Art 24 Rz 34.
7 Siehe ErwGr 49.
8 Vgl ErwGr 50.
9 Vgl *Dutta* in MünchKommBGB[6] Art 3 EuErbVO Rz 4.
10 *Dutta* in MünchKommBGB[6] Art 3 EuErbVO Rz 4.

statut im Errichtungszeitpunkt, zB die Einsetzung der Personen, die im Zeitpunkt der Errichtung die gesetzlichen Erben wären.[11] Das könnte wegen der beschränkten Rechtswahlmöglichkeit (Art 22 Rz 22 ff) im Hinblick auf einen späteren Wechsel des Erbstatuts interessant sein, um so die gesetzliche Erbfolge des gewöhnlichen Aufenthaltes bei Errichtung der Verfügung beizubehalten.

5 Art 3 Abs 1 lit c definiert das **gemeinschaftliche Testament** als ein von zwei oder mehreren Personen in einer einzigen Urkunde errichtetes Testament, stellt also nur auf formale Kriterien ab.[12] Das entspricht dem österr Verständnis vom gemeinschaftlichen Testament, für das charakteristisch ist, dass mehrere Personen zur Erklärung ihres letzten Willens ein und denselben Aufsatz verwenden, also ein gemeinsamer Text vorliegt.[13] Das gemeinschaftliche Testament nach § 586 ABGB idF ErbRÄG 2015 (§ 1248 ABGB aF) unterliegt daher Art 24 und zwar auch dann, wenn es wechselbezüglich ist,[14] weil das an der Widerruflichkeit nichts ändert.[15] Umstritten ist hingegen die Einordnung des gemeinschaftlichen Testaments nach dt Recht. Manche Autoren unterstellen es generell Art 24,[16] andere wenden Art 25 an.[17] Überwiegend wird differenziert – gemeinschaftliche Testamente ohne Bindungswirkung werden unter Art 24 subsumiert,[18] das wechselbezügliche Testament nach § 2270 dBGB wegen der Bindung nach dem Tod eines Ehegatten aber Art 25 zugeordnet.[19] Für diese Unterscheidung spricht, dass die Definitionen der VO autonom auszulegen sind[20] und es daher nicht auf die Einordnung durch das nationale Recht ankommt.[21] Eine von diesem als gemeinschaftliches Testament bezeichnete Verfügung von Todes wegen kann daher ein Erbvertrag iSd EuErbVO sein.[22]

III. Umfang des Errichtungsstatuts

A. Zulässigkeit

1. Begriffsbestimmung

6 Was unter der **Zulässigkeit** einer Verfügung von Todes wegen zu verstehen ist, wird in der EuErbVO nicht näher definiert. Die Zulässigkeit betrifft einen besonderen Aspekt der mate-

---

11 ZB: „Meinen Nachlass sollen meine derzeitigen gesetzlichen Erben erhalten. . . ." Die bloße Anordnung, dass die Rechtsnachfolge von Todes wegen nach dem Erbstatut im Errichtungszeitpunkt geregelt werden soll, wäre allerdings eine unzulässige Rechtswahl (dazu Art 22 Rz 2 und 26).

12 *Dutta* in MünchKomm BGB[6] Art 3 EuErbVO Rz 5.

13 *Fischer-Czermak* in *Gruber/Kalss/Müller/Schauer* § 20 Rz 80 mwN.

14 Siehe schon *Fischer-Czermak* in *Schauer/Scheuba* 24 f; ebenso *Rudolf,* NZ 2013/103, 235; aA *Steiner,* NZ 2012/26, 107.

15 *Fischer-Czermak* in *Gruber/Kalss/Müller/Schauer* § 20 Rz 86 und 88.

16 *Müller-Lukoschek,* EU-Erbverordnung § 2 Rz 183; *Burandt,* FuR 2013, 385.

17 *Vollmer,* ZErB 2012, 232; vgl auch *Thorn* in Palandt[73] Art 25 EuErbVO Rz 3.

18 *Lechner,* NJW 2013, 27; *Bonomi/Öztürk* in *Dutta/Herrler* Rz 66; *Dutta* in MünchKommBGB[6] Art 24 EuErbVO Rz 3.

19 *Döbereiner,* MittBayNot 2013, 438; *Lechner,* NJW 2013, 27; *Lehmann,* ZErB 2013, 29; *Bonomi/Öztürk* in *Dutta/Herrler* Rz 68 ff; *Dutta* in MünchKommBGB[6] Art 3 EuErbVO Rz 9 und Art 25 EuErbVO Rz 2; *Odersky,* notar 2013, 8; *Heinig,* RNotZ 2014, 200; aA *Nordmeier,* ZEV 2013, 120; *Simon/Buschbaum,* NJW 2012, 2396; vgl auch *Leipold,* ZEV 2014, 143 f.

20 *Dutta,* FamRZ 2013, 9 (FN 50).

21 *Lechner,* ZErb 2013, 26.

22 *Döbereiner,* MittBayNot 2013, 438.

riellen Wirksamkeit,[23] da eine unzulässige letztwillige Verfügung nicht wirksam ist. Es geht nicht um die Frage der formellen Wirksamkeit,[24] weil Art 27 eine eigene Kollisionsnorm für die Formgültigkeit schriftlicher Verfügungen von Todes wegen enthält oder gem Art 75 das HTÜ anzuwenden ist. Wenn daher ein Erblasser mit gewöhnlichem Aufenthalt in Österreich ein schriftliches Testament unter Hinzuziehung von nur zwei Zeugen errichtet,[25] bestimmt sich das für die Beurteilung der Formgültigkeit maßgebende Recht nicht nach Art 24, sondern nach dem Formstatut.[26] Von der Frage der **formellen Wirksamkeit** muss daher jene der Zulässigkeit **abgegrenzt** werden. Bei dieser geht es darum, welche Verfügungen von Todes wegen eine Rechtsordnung gestattet[27] und nicht wie sie zu ihrer Wirksamkeit formal ausgestaltet sein müssen.

Gem Art 27 Abs 3 gehören zur Form auch Rechtsvorschriften, „welche die für Verfügungen von Todes wegen zugelassenen Formen" aufgrund **persönlicher Eigenschaften des Erblassers** beschränken. Gemeint ist damit, dass eine Person zB wegen ihrer Minderjährigkeit von der Errichtung einer letztwilligen Verfügung in einer bestimmten Form ausgeschlossen ist.[28] Aus österr Sicht betrifft das § 569 ABGB, wonach mündige Minderjährige, außer im Fall eines Nottestaments, nur mündlich vor Gericht oder Notar testieren können. Gleiches gilt derzeit noch für Personen unter Sachwalterschaft, wenn diese Beschränkung im Bestellungsbeschluss angeordnet ist (§ 568 ABGB aF, die durch das ErbRÄG 2015 jedoch aufgehoben wird). In diesen Fällen wäre die Wirksamkeit einer in anderer Form (zB als holographes Testament nach § 578 ABGB) errichteten letztwilligen Verfügung nicht nach dem Errichtungsstatut, sondern nach dem Formstatut zu beurteilen. Keine bloße Beschränkung bei der Wahl der Form, in der ein Testament errichtet werden kann, liegt aber vor, wenn eine Rechtsordnung bestimmte **Arten letztwilliger Verfügungen** nur für Personen zulässt, die besondere Eigenschaften aufweisen. Wiederum aus österr Sicht sind hier das gemeinschaftliche Testament und der Erbvertrag angesprochen, die beide nur Ehegatten (Brautleuten unter der Bedingung der Eheschließung) und eingetragenen Partnern zugänglich sind.[29] Die vom Rat gebilligte überarbeitete Fassung des Kommissionsvorschlags sah noch ausdrücklich vor, dass die Zulässigkeit von gemeinschaftlichen Testamenten und Erbverträgen zur materiellen Wirksamkeit gehört.[30] Obwohl der endgültige Wortlaut des Art 27 diese Klarstellung nicht mehr enthält, kann man aber von einer entsprechenden Absicht des historischen Gesetzgebers ausgehen,[31] zumal auch ErwGr 53 betont, dass das auf die Formgültigkeit anzuwendende Recht nicht über die Fähigkeit zur Errichtung einer Verfügung von Todes wegen bestimmen soll. Die Zulässigkeit eines gemeinschaftlichen Testaments ist daher gem Art 24 nach dem Errichtungsstatut zu beurteilen,[32] also nach dem gewöhnlichen Aufenthalt der Erblasser

7

---

23 *Bonomi/Öztürk* in *Dutta/Herrler* Rz 40.
24 *Heinig,* RNotZ 2014, 208.
25 § 579 ABGB verlangt drei Zeugen.
26 Art 27 oder HTÜ (Art 75), wenn der Mitgliedstaat, dessen Gericht international zuständig ist, dieses unterzeichnet hat.
27 *Döbereiner,* MittBayNot 2013, 365; *Bonomi/Öztürk* in *Dutta/Herrler* Rz 40.
28 ErwGr 53.
29 *Fischer-Czermak* in *Gruber/Kalss/Müller/Schauer* § 20 Rz 48 und 78.
30 Ratsdokument 11870/11 S 23.
31 *Dutta* in MünchKommBGB[6] Art 24 EuErbVO Rz 3.
32 *Bonomi/Öztürk* in *Dutta/Herrler* Rz 94; *Dutta* in MünchKommBGB[6] Art 24 EuErbVO Rz 3; differenzierend *Simon/Buschbaum,* NJW 2012, 2397; *Nordmeier,* ZEV 2012, 517; *Thorn* in *Palandt*[73] Art 25 EuErbVO Rz 4; *Köhler* in *Kroiß/Horn/Solomon* Art 26 EuErbVO Rz 3.

im Zeitpunkt der Errichtung (unten Rz 13 ff). Somit können Geschwister, die in Österreich ihren Lebensmittelpunkt haben (zu diesem s Art 21 Rz 7 f), grundsätzlich kein gemeinschaftliches Testament errichten,[33] weil es sich bei der österr Verbotsvorschrift um ein materielles Hindernis handelt.[34] Das gilt auch, wenn das gemeinschaftliche Testament nach dem Recht ihrer Staatsangehörigkeit zulässig ist[35] und keine Rechtswahl getroffen wurde. In diesem Fall kann die Wirksamkeit aber durch die gleichzeitige Wahl des Heimatrechts nach Art 22 oder Art 24 Abs 2 (dazu Rz 18 ff) erreicht werden, was in der Beratungspraxis zu beachten sein wird.

2. Inhaltliche Zulässigkeit

8 Fraglich ist, **nach welchem Recht** die in einer Verfügung von Todes wegen **getroffenen Anordnungen** auf ihre Zulässigkeit geprüft werden sollen. Das Problem kann sich stellen, wenn der Erblasser nach der Errichtung der letztwilligen Verfügung den gewöhnlichen Aufenthalt verlegt und eine in ihr enthaltene Anordnung zwar nach dem Errichtungsstatut, nicht aber nach dem Erbstatut zulässig ist. Als illustratives Beispiel wird in dem Zusammenhang die Vor- und Nacherbschaft genannt,[36] die manche Mitgliedstaaten verbieten.[37] Setzt daher ein in Österreich lebender Erblasser einen Vor- und einen Nacherben ein und stirbt er später in Tschechien, wo er nunmehr seinen gewöhnlichen Aufenthalt hat, ist die Einsetzung des Nacherben unwirksam, wenn sie nach tschechischem Recht zu beurteilen ist,[38] obwohl sie nach österr Recht zulässig wäre (§ 608 ABGB). Die Lösung hängt von der **Reichweite des Erbstatuts** ab, die aus Art 23 folgt und jene **des Errichtungsstatuts** begrenzt und umgekehrt. Die Abgrenzung kann deshalb schwierig sein, weil sich die Frage der Zulässigkeit einer letztwilligen Verfügung oft nur schwer von ihrer inhaltlichen Gestaltung trennen lässt, insb wenn gerade diese zur Unzulässigkeit führt. Die mit Art 24 ff angestrebte Rechtssicherheit würde zwar dafür sprechen, das Errichtungsstatut auch für die in der letztwilligen Verfügung getroffenen Anordnungen heranzuziehen,[39] im obigen Beispiel also für die Frage der Zulässigkeit der Nacherbeneinsetzung. Gegen dieses weite Verständnis des Errichtungsstatuts sprechen aber folgende Überlegungen: Nach Art 23 unterliegen dem Erbstatut auch vom Erblasser auferlegte Pflichten (Art 23 Abs 2 lit b), die Enterbung (lit d), verfügbare Teile des Nachlasses, Pflichtteile und andere Beschränkungen der Testierfreiheit (lit h). All diese Rechtsfragen betreffen die inhaltliche Gestaltung der letztwilligen Verfügung. Die Anordnung einer Nacherbschaft könnte als auferlegte Pflicht des Vorerben iSd lit b verstanden werden. Der demonstrativen Aufzählung des Art 23 steht die taxative des Art 26 gegenüber (Art 26 Rz 1), die den Anwendungsbereich des Errichtungsstatuts begrenzen soll, der daher nicht zu Lasten des Erbstatuts erweitert werden kann.[40] Die Zulässigkeit der in einer letztwil-

---

33 *Welser* in *Rummel/Lukas*[4] § 583 Rz 2.

34 Vgl *Simon/Buschbaum*, NJW 2012, 2396.

35 ZB nach dänischem Recht: *Ring/Olsen-Ring* in *Süß*[2] 436 Rz 84.

36 *Bonomi/Öztürk* in *Dutta/Herrler* Rz 47.

37 ZB Italien (*Cubeddu Wiedemann/Wiedemann* in *Süß*[2] 851 Rz 74), Kroatien (*Süß* in *Süß*[2] 942 Rz 29), Serbien (*Süß* in *Süß*[2] 1387 Rz 13), Tschechien (*Rombach* in *Süß*[2] 1495 Rz 47). In Belgien (*Hustedt* in *Süß*[2] 324 Rz 73) und in Luxemburg (*Frank* in *Süß*[2] 1001 Rz 81 f) ist die Nacherbeneinsetzung nur mit Einschränkungen möglich.

38 Siehe *Rombach* in *Süß*[2] 495 Rz 47.

39 So *Bonomi/Öztürk* in *Dutta/Herrler* Rz 46.

40 Siehe *Bonomi/Öztürk* in *Dutta/Herrler* Rz 45; aA *Dutta* in MünchKommBGB[6] Art 26 EuErbVO Rz 2; *Köhler* in *Kroiß/Horn/Solomon* Art 26 EuErbVO Rz 1.

ligen Verfügung getroffenen Anordnungen ist somit nach dem **Erbstatut** zu beurteilen.[41] Dem steht nicht entgegen, dass nach Art 26 Abs 1 lit d die Auslegung zur materiellen Wirksamkeit gehört.[42] Sie betrifft nämlich die Frage, was der Erblasser wollte, die der Prüfung, ob das Gewollte zulässig ist, vorangeht.

Dass Art 24 nicht für die inhaltliche Zulässigkeit einer letztwilligen Verfügung gilt (Rz 8), **9** schwächt seine Bedeutung für die Rechtssicherheit. Abhilfe könnte aber eine **Rechtswahl** nach Art 22 schaffen, wobei der Erblasser das Recht seines gewöhnlichen Aufenthaltes im Errichtungszeitpunkt aber nur dann wählen kann, wenn dieses zugleich sein Heimatrecht ist. Eine Rechtswahl nach Art 24 Abs 2 würde die Rechtsunsicherheit nicht beseitigen, weil sie den Anwendungsbereich des Errichtungsstatuts gerade nicht erweitert (Rz 18).

B. Materielle Wirksamkeit

Art 26 legt den Umfang des Errichtungsstatuts fest, indem er aufzählt, was zur materiellen **10** Wirksamkeit iSd Art 24 und 25 gehört. Strittig ist, ob es sich dabei um eine demonstrative oder eine taxative Aufzählung handelt.[43] Wortlaut und Zweck der Bestimmung sprechen für eine **abschließende Aufzählung** (genauer Art 26 Rz 1).

Im Einzelnen gehören zur materiellen Wirksamkeit (genauer Art 26 Rz 2 ff) die Testierfähig- **11** keit (lit a), die Zulässigkeit der Stellvertretung bei der Errichtung einer Verfügung von Todes wegen (lit c), deren Auslegung (lit d) sowie Willensmängel und Testierwille der Person, die die Verfügung errichtet (lit e). Auch Gründe, aus denen der Erblasser nicht zugunsten bestimmter Personen verfügen darf oder aufgrund deren eine Person kein Nachlassvermögen vom Erblasser erhalten darf, zählt die VO zur Wirksamkeit (lit b). Das betrifft nach österr Terminologie die relative Erbunfähigkeit. Hingegen geht es nicht darum, ob die Verfügung zugunsten einer Person wegen Befangenheit eines Testamentszeugen unwirksam ist. Diese Frage ist nämlich nach dem Formstatut zu lösen (Art 27 Abs 3).

C. Bindungswirkung

Art 24 bezieht sich nicht ausdrücklich auf die Bindungswirkung, weil sich diese Frage für **12** den Unionsgesetzgeber nur beim Erbvertrag stellte.[44] Das entspricht der österr Rechtslage, nach der auch das gemeinschaftliche Testament widerrufen werden kann. Einfache Testamente entfalten idR ohnedies keine Bindungswirkung. Das Problem der Bindung kann aber zB auftreten, wenn ein in Österreich lebendes Ehepaar ein wechselbezügliches Testament errichtet und später nach Deutschland übersiedelt, wo dieses nur unter den strengen Voraussetzungen des § 2271 dBGB widerrufen werden kann.[45] Da die Bindungswirkung die Zulässigkeit des Widerrufs einer letztwilligen Verfügung betrifft, läge es nahe Art 24 Abs 3 heranzuziehen (Rz 25 ff). Dieser ordnet an, dass für Änderung und Widerruf einer Verfügung von Todes wegen, wenn keine Rechtswahl vorliegt, Abs 1 entsprechend gilt. Das ist nach ErwGr 51 so zu verstehen, dass auf das hypothetische Erbstatut am Tag des Widerrufs der Verfü-

41 AA *Bonomi/Öztürk* in *Dutta/Herrler* Rz 48.

42 AA *Bonomi/Öztürk* in *Dutta/Herrler* Rz 49.

43 Für eine abschließende Aufzählung *Bonomi/Öztürk* in *Dutta/Herrler* Rz 46; dagegen *Dutta* in MünchKommBGB[6] Art 26 EuErbVO Rz 2; *Nordmeier*, ZEV 2013, 118; *Köhler* in *Kroiß/Horn/Solomon* Art 26 EuErbVO Rz 1; *Thorn* in *Palandt*[73] Art 26 EuErbVO Rz 1.

44 *Dutta* in MünchKommBGB[6] Art 24 EuErbVO Rz 5; s auch ErwGr 49 und 50.

45 *Nordmeier*, ZEV 2012, 517 (FN 52).

gung abzustellen ist.[46] Im angeführten Beispiel würde daher die Übersiedlung nach Deutschland zu einer Bindung führen, die bei Errichtung des wechselbezüglichen Testaments noch nicht bestand. Aus Gründen der Rechtssicherheit und um die Verlegung des gewöhnlichen Aufenthalts im Hinblick auf die Bindung an eine bereits errichtete letztwillige Verfügung nicht zu sanktionieren oder zu prämieren, wird allerdings Art 24 Abs 3 nicht auf die **Widerruflichkeit** angewendet und diese nach dem hypothetischen Erbstatut im Zeitpunkt der ursprünglichen Testamentserrichtung beurteilt.[47] Das lässt sich auch mit dem Wortlaut des Art 24 Abs 3 in Einklang bringen, nach dem Art 24 Abs 1 bloß „entsprechend" anzuwenden ist.[48] Außerdem stimmt die Beurteilung der Widerruflichkeit nach dem Zeitpunkt der Errichtung der ursprünglichen Verfügung mit der Regelung für den Erbvertrag in Art 25 Abs 1 überein.[49] Im obigen Beispiel bleibt daher das wechselbezügliche Testament widerruflich.

IV. Anknüpfungsmoment

A. Hypothetisches Erbstatut

13 Zur Bestimmung des Rechts, das über Zulässigkeit und materielle Wirksamkeit eines Testaments entscheidet, muss auf den **Errichtungszeitpunkt** abgestellt werden. Es ist zu fragen, welches Recht auf den Erbfall anwendbar wäre, wenn der Erblasser im Zeitpunkt der Testamentserrichtung verstorben wäre (Art 24 Abs 1). Das Errichtungsstatut bestimmt sich daher nach dem hypothetischen Erbstatut,[50] das aus Art 21 und 22 folgt. Die Festlegung des maßgebenden Zeitpunktes könnte problematisch sein, wenn sich die Errichtung der letztwilligen Verfügung über einen gewissen Zeitraum erstreckt und währenddessen ein Statutenwechsel erfolgt. Das zeigt folgendes Beispiel: Zwei Geschwister mit gewöhnlichem Aufenthalt in Schweden errichten ein gemeinschaftliches schriftliches Testament unter Beiziehung von zwei Zeugen. Später übersiedeln sie nach Österreich und lassen dort, um das Formerfordernis des § 579 ABGB zu wahren, das Testament von einem dritten Zeugen unterfertigen. Stellt man auf diesen Zeitpunkt ab, wäre die letztwillige Verfügung unwirksam, weil nach österr Recht Geschwister kein gemeinschaftliches Testament errichten können.[51] Dieses ist allerdings schon in Schweden gültig zustande gekommen, weil das schwedische Recht Geschwistern ein gemeinschaftliches Testament erlaubt,[52] für das zwei Zeugen genügen.[53] Der maßgebliche Errichtungszeitpunkt ist daher jener, in dem die Verfügung von Todes wegen erstmals wirksam zustande kommt. Dies ist bei einem zwischenzeitigen Statutenwechsel nach dem hypothetischen Erbstatut zur Zeit der einzelnen Errichtungsschritte zu prüfen.[54]

14 Ohne Rechtswahl ist das hypothetische Erbstatut durch **objektive Anknüpfung** nach Art 21 zu ermitteln. Da dessen Abs 1 auf den **gewöhnlichen Aufenthalt** des Erblassers abstellt, muss dieser für den Zeitpunkt der Errichtung der letztwilligen Verfügung festgestellt wer-

---

46 *Nordmeier*, ZEV 2012, 517; *Dutta*, FamRZ 2013, 10; *Bonomi/Öztürk* in *Dutta/Herrler* Rz 52.

47 *Nordmeier*, ZEV 2012, 517 f; *Bonomi/Öztürk* in *Dutta/Herrler* Rz 53; *Dutta* in MünchKommBGB[6] Art 24 EuErbVO Rz 5; *Thorn* in *Palandt*[73] Art 24 EuErbVO Rz 5.

48 *Nordmeier*, ZEV 2012, 518.

49 *Bonomi/Öztürk* in *Dutta/Herrler* Rz 54.

50 *Janzen*, DNotZ 2012, 489; *Schauer*, JEV 2012, 86; *Rudolf*, NZ 2013/103, 236.

51 *Welser* in *Rummel/Lukas*[4] § 583 Rz 2.

52 *Johansson* in *Süß*[2] 1299 Rz 85.

53 *Johansson* in *Süß*[2] 1297 Rz 78 und 1299 Rz 85.

54 Siehe auch *Dutta* in MünchKommBGB[6] Art 24 EuErbVO Rz 10.

den.[55] Mangels Legaldefinition kann schon für den Todeszeitpunkt die Bestimmung des gewöhnlichen Aufenthalts Probleme aufwerfen (vgl Art 21 Rz 7 ff). Dessen Feststellung wird umso schwieriger sein, wenn die Testamentserrichtung viele Jahre zurückliegt.[56] Überdies ist bei der Ermittlung des hypothetischen Erbstatuts nach Art 21 Abs 1 eine **Rück- oder Weiterverweisung** zu berücksichtigen.[57] Nach Art 21 Abs 2 muss ferner geprüft werden, ob der Erblasser damals zu einem anderen Staat als dem des Aufenthaltsortes eine noch **engere Verbindung** hatte, dessen Recht bejahendenfalls zur Anwendung kommt.[58] Ein Renvoi ist hier gem Art 34 Abs 2 ausgeschlossen. Ob der engeren Verbindung neben dem gewöhnlichen Aufenthalt große Bedeutung zukommt, ist allerdings fraglich.[59]

Zur **subjektiven Anknüpfung** kommt es, wenn der Erblasser in der letztwilligen Verfügung   **15** oder vor dieser gem Art 22 eine **Rechtswahl für die Rechtsnachfolge von Todes wegen** getroffen hat. Das gewählte Recht ist auch für das Errichtungsstatut maßgebend, weil es das hypothetische Erbstatut wäre, wenn der Erblasser unmittelbar nach Errichtung des Testaments versterben würde, in dem die Rechtswahl erfolgte.[60] Außerdem bestimmt sich nach Art 22 Abs 3 die materielle Wirksamkeit einer Rechtshandlung, durch die eine Rechtswahl vorgenommen wird, nach dem gewählten Recht. Ein Renvoi ist gem Art 34 Abs 2 ausgeschlossen.[61] Nach Art 22 Abs 1 kann der Erblasser das Recht seiner Staatsangehörigkeit im Zeitpunkt der Rechtswahl oder im Zeitpunkt seines Todes wählen. Letzteres ist nur bei einem unmittelbar bevorstehenden Wechsel der Staatsangehörigkeit von praktischer Bedeutung.[62] Eine derartige Rechtswahl beeinflusst das Errichtungsstatut aber nicht. Stellt man nämlich auf das Recht ab, das gelten würde, wenn der Erblasser im Zeitpunkt der Testamentserrichtung gestorben wäre, kann das nur das Recht der aktuellen Staatsangehörigkeit sein, sofern diese gewählt wurde.[63] Hat der Erblasser hingegen das Recht eines Staates gewählt, dem er bei Errichtung der letztwilligen Verfügung noch gar nicht angehörte, liegt für den hypothetisch vorverlegten Todeszeitpunkt keine Rechtswahl vor, sodass der gewöhnliche Aufenthalt maßgebend ist.[64] Zum Problem einer späteren Teilrechtswahl Rz 20.

Da auch das **gemeinschaftliche Testament** iSd § 586 ABGB idF ErbRÄG 2015 (§ 1248   **16** ABGB aF) unter Art 24 fällt (Rz 5), stellt sich die Frage, nach welchem Recht seine Gültigkeit zu beurteilen ist, wenn die Rechtsnachfolge von Todes wegen beider Erblasser im Errichtungszeitpunkt einem anderen Recht unterliegen würde. Das Problem zeigt sich im folgenden Beispiel: Von zwei Schwestern hat eine ihren gewöhnlichen Aufenthalt in Österreich, die

---

55 ErwGr 51.
56 *Döbereiner,* MittBayNot 2013, 365.
57 *Dutta* in MünchKommBGB[6] Art 24 EuErbVO Rz 7; zB: Ein österr Staatsangehöriger errichtete in der Türkei, wo er seinen gewöhnlichen Aufenthalt hatte, eine letztwillige Verfügung. Bei seinem Tod lebte er wieder in Österreich. Die Gültigkeit der letztwilligen Verfügung ist gem Art 24 Abs 1 nach türkischem Recht zu prüfen, das aber auf das Heimatrecht des Erblassers zurückverweist (*Kılıç* in *Süß*[2] 1526 Rz 1; Art 20 des türkischen Gesetzes über das internationale Privatrecht und Zivilverfahrensrecht v 27. 11. 2007).
58 *Nordmeier,* ZErb 2013, 113 f; *Dutta* in MünchKommBGB[6] Art 24 EuErbVO Rz 7 mwN (FN 7).
59 *Fischer-Czermak* in *Schauer/Scheuba* 45.
60 Vgl ErwGr 51; *Bonomi/Öztürk* in *Dutta/Herrler* Rz 26 (FN 20); *Döbereiner,* DNotZ 2014, 327;
61 *Dutta* in MünchKommBGB[6] Art 24 EuErbVO Rz 8.
62 *Fischer-Czermak* in *Schauer/Scheuba* 47; krit zu dieser Wahlmöglichkeit auch *Wilke,* RIW 2012, 605.
63 *Fischer-Czermak* in *Schauer/Scheuba* 47; s auch *Döbereiner,* MittBayNot 2013, 366; *Dutta* in MünchKommBGB[6] Art 24 EuErbVO Rz 8.
64 *Fischer-Czermak* in *Schauer/Scheuba* 47 (FN 53).

andere in Schweden. Diese besucht ihre in Österreich lebende Schwester und bei der Gelegenheit errichten die beiden ein gemeinschaftliches Testament (fremdhändig), in dem sie einen Dritten zum Erben einsetzen. Nach österr Recht sind gemeinsame Testamente von Geschwistern ungültig,[65] nach schwedischem Recht hingegen zulässig[66]. Die österr Verbotsvorschrift stellt ein materielles Hindernis dar, sodass die Beurteilung nach Art 24 zu erfolgen hat (Rz 7). Drei Lösungen sind denkbar:[67] Man stellt für jede der beiden Erblasserinnen auf das eigene Erbstatut ab,[68] sodass die Verfügung für die in Österreich lebende Schwester ungültig wäre, für die in Schweden lebende hingegen gültig. Die zweite Möglichkeit wäre, dass es für beide Erblasserinnen genügt, wenn die Verfügung nach einer der beiden Rechtsordnungen zulässig ist. Schließlich könnte man auch die Zulässigkeit nach beiden Rechtsordnungen verlangen. Für diese Lösung spricht, dass sie für das vergleichbare Problem beim Erbvertrag vorgesehen ist (Art 25 Abs 2) und diese Regelung mangels klarstellender Vorschrift für das gemeinschaftliche Testament herangezogen werden kann.[69]

17 Durch das Abstellen auf den hypothetischen Tod des Erblassers im Zeitpunkt der Errichtung der letztwilligen Verfügung ist das **Errichtungsstatut unwandelbar.** Ein nachträglicher Wechsel des gewöhnlichen Aufenthalts heilt weder eine nach dem Errichtungsstatut ungültige letztwillige Verfügung[70] noch wird eine gültige Verfügung unwirksam. Das muss konsequenterweise auch für das **maßgebende Recht** selbst gelten, dessen nachträgliche Änderung durch Reformen daher unbeachtlich ist. Nur der ordre public-Vorbehalt (Art 35) könnte dazu führen, dass eine nach dem Errichtungsstatut zulässige Verfügung von Todes wegen aufgrund eines Statutenwechsels nicht durchgesetzt werden kann.[71] Dazu muss sie allerdings als solche gegen die öffentliche Ordnung des Forummitgliedstaats verstoßen,[72] mit dieser also unvereinbar sein.[73] Aus österr Sicht ist das mE beim gemeinschaftlichen Testament von anderen Personen als Ehegatten oder eingetragenen Partnern nicht der Fall. Dazu folgendes Beispiel: Zwei Lebensgefährten, die in Schweden leben, errichten ein gemeinschaftliches Testament und verlegen später ihren gewöhnlichen Aufenthalt nach Österreich, wo einer stirbt. Nach Art 21 kommt österr Erbrecht zur Anwendung. Dem Verlassenschaftsverfahren in Österreich ist aber das gemeinschaftliche Testament zugrunde zu legen, weil es nach schwedischem Recht auch von nicht miteinander verheirateten Personen errichtet werden kann.[74]

B. Wahl des Errichtungsstatuts

1. Teilrechtswahl

18 Art 24 Abs 2 eröffnet dem Erblasser die Möglichkeit einer Teilrechtswahl: Er kann das für die Beurteilung der **Zulässigkeit** und der **materiellen Wirksamkeit** maßgebende Recht wäh-

---

65 *Welser* in *Rummel/Lukas*[4] § 583 Rz 2.
66 *Johansson* in *Süß*[2] 1299 Rz 85.
67 Siehe schon *Fischer-Czermak* in *Schauer/Scheuba* 51.
68 So *Dutta* in MünchKommBGB[6] Art 24 EuErbVO Rz 14.
69 *Rudolf*, NZ 2013/103, 236; *Simon/Buschbaum*, NJW 2012, 2396; aA *Dutta* in MünchKommBGB[6] Art 24 EuErbVO Rz 14.
70 *Bonomi* in *Bonomi/Wautelet* Art 24 Rz 32.
71 *Dutta* in MünchKommBGB[6] Art 24 EuErbVO Rz 3.
72 *Dutta* in MünchKommBGB[6] Art 24 EuErbVO Rz 3 (FN 5).
73 ErwGr 58.
74 *Johansson* in *Süß*[2] 1299 Rz 85.

len, sofern er dieses Recht für die gesamte Rechtsnachfolge von Todes wegen nach Art 22 unter den dort vorgesehenen Bedingungen hätte wählen können. Die Rechtswahl nach Art 24 Abs 2 kann nur für alle dem Errichtungsstatut unterliegenden Fragen erfolgen[75] und nicht für einzelne Aspekte wie zB die Testierfähigkeit. Wenn der Erblasser nur eine Teilrechtswahl getroffen hat, richtet sich seine Rechtsnachfolge von Todes wegen im Übrigen nach dem allgemeinen Erbstatut, also zB die Pflichtteilsrechte nach seinem gewöhnlichen Aufenthalt im Todeszeitpunkt.[76] Gleiches gilt für die inhaltliche Zulässigkeit der letztwilligen Verfügung (Rz 8 f). Eine Teilrechtswahl könnte dann von praktischer Bedeutung sein, wenn die letztwillige Verfügung nach dem Heimatrecht, nicht aber nach dem Recht des gewöhnlichen Aufenthalts zulässig ist, dieses allerdings für sonstige Fragen der Erbfolge (zB das Pflichtteilsrecht) maßgebend sein soll.[77] Sie führt auch ohne Aufenthaltsänderung zu einer Spaltung des Erbstatuts.

Die **Voraussetzungen** einer gültigen Teilrechtswahl bestimmen sich nach Art 22. Sie muss **19** daher nach dessen Abs 2 in einer Verfügung von Todes wegen erfolgen oder sich aus dieser ergeben (dazu Art 22 Rz 10 f). Gem Art 22 Abs 1 kann der Erblasser nur das Recht einer Staatsangehörigkeit wählen, die er im Zeitpunkt der Rechtswahl oder seines Todes hat. Die Wahl des Heimatrechts im Todeszeitpunkt scheidet aber für das Errichtungsstatut aus, weil dieses unwandelbar ist. Das hypothetische Erbstatut im Errichtungszeitpunkt kann sich logischerweise nur auf eine Staatsangehörigkeit beziehen, die der Erblasser damals hatte[78] (Rz 15). Vgl aber zur vorweggenommenen Teilrechtswahl Rz 21.

Fraglich ist, ob der Erblasser auch nachträglich, also nach Errichtung der letztwilligen Verfügung, eine Teilrechtswahl treffen kann. Dagegen könnte man einwenden, dass auf den hypothetischen Tod im Errichtungszeitpunkt abzustellen ist, in dem noch keine Rechtswahl vorgelegen ist. Würde man die Gültigkeit der Verfügung von Todes wegen nicht nach dem damaligen Erbstatut beurteilen, sondern nach einem später gewählten Recht, liefe das auf einen Wandel des Errichtungsstatuts hinaus. Für die Möglichkeit einer **nachträglichen Teilrechtswahl** spricht aber, dass der Erblasser ebenso gut die letztwillige Verfügung nochmals errichten und gleichzeitig für deren Zulässigkeit und materielle Wirksamkeit seine aktuelle Staatsangehörigkeit wählen könnte.[79] Durch diese Ergänzung wird die Verfügung von Todes wegen geändert. Gleichermaßen liegt eine **Änderung der letztwilligen Verfügung** vor, wenn sie der Erblasser durch eine Rechtswahl ergänzt, ohne sie inhaltlich zu wiederholen. Eine isolierte nachträgliche Teilrechtswahl bedarf einer Erklärung in Form einer Verfügung von Todes wegen (Art 24 Abs 2 iVm Art 22 Abs 2).[80] Deren Gültigkeit ist nach dem gewählten Recht, also dem Heimatrecht des Erblassers am Tag der Änderung, zu beurteilen.[81] Da das Recht einer früheren Staatsangehörigkeit nach Art 22 Abs 1 nicht wählbar ist, kann der Erb-

20

---

75 *Döbereiner*, MittBayNot 2013, 366; *Döbereiner*, DNotZ 2014, 327; *Dutta* in MünchKommBGB[6] Art 24 EuErbVO Rz 12; *Köhler* in *Kroiß/Horn/Solomon* Art 24 EuErbVO Rz 3.
76 *Fischer-Czermak* in *Schauer/Scheuba* 51; *Fischer-Czermak*, EF-Z 2013/38, 54; *Müller-Lukoschek*, EU-Erbverordnung § 2 Rz 165.
77 *Bonomi/Öztürk* in *Dutta/Herrler* Rz 32 ff.
78 *Döbereiner*, MittBayNot 2013, 366; *Döbereiner*, DNotZ 2014, 327; *Heinig*, RNotZ 2014, 209; aA *Dutta* in MünchKommBGB[6] Art 24 EuErbVO Rz 12.
79 *Dutta* in MünchKommBGB[6] Art 24 EuErbVO Rz 12.
80 Unklar *Dutta* in MünchKommBGB[6] Art 24 EuErbVO Rz 12, der dem Erblasser durch eine isolierte nachträgliche Teilrechtswahl den Formalismus und die Kosten einer wiederholenden Verfügung von Todes wegen ersparen will.
81 ErwGr 51.

lasser bei einem Wechsel der Staatsangehörigkeit zwischen Errichtung der letztwilligen Verfügung und der späteren Teilrechtswahl aber nicht sein früheres Heimatrecht wählen und so das Errichtungsstatut nicht rückwirkend ändern.

Eine nachträgliche Teilrechtswahl könnte von **praktischer Relevanz** sein, wenn dem Erblasser unbekannt war, dass die letztwillige Verfügung zwar nach seinem Heimatrecht, nicht aber nach dem Recht seines gewöhnlichen Aufenthaltes zulässig ist, oder sich seine Staatsangehörigkeit ändert. Haben zB zwei Geschwister österr Staatsangehörigkeit und mit gewöhnlichem Aufenthalt in Österreich ein gemeinschaftliches Testament errichtet, ist dieses nach § 586 ABGB idF ErbRÄG 2015 (§ 1248 ABGB aF) unwirksam. Übersiedeln sie später nach Schweden und erwerben die schwedische Staatsbürgerschaft, könnten sie diese Verfügung von Todes wegen wiederholen oder sie dadurch sanieren, dass sie nur eine Rechtswahl treffen und für die Frage der Zulässigkeit schwedisches Recht bestimmen, weil nach diesem ein gemeinsames Testament von Geschwistern möglich ist.[82]

21 Ebenso wie eine nachträgliche Wahl des Errichtungsstatuts zulässig ist (Rz 20), muss ein Widerruf der Teilrechtswahl oder deren Änderung in Form einer letztwilligen Verfügung möglich sein.[83] Umgekehrt kann der Erblasser vorweg bestimmen, welches Recht für die Beurteilung von Zulässigkeit und materieller Wirksamkeit künftiger letztwilliger Verfügungen maßgebend sein soll.[84] Fraglich ist, ob durch eine **vorweggenommene Teilrechtswahl** außer dem aktuellen Heimatrecht auch das Recht des Staates gewählt werden kann, dem der Erblasser im Zeitpunkt der Errichtung der Verfügung von Todes wegen angehören wird, was bei einem unmittelbar bevorstehenden Wechsel der Staatsangehörigkeit praktisch relevant sein mag. Nach dem Wortlaut des Art 22 Abs 1 kann zwar nur das Heimatrecht im Zeitpunkt der Rechtswahl oder des Todes gewählt werden. Dadurch sollte aber bloß sichergestellt werden, dass der Erblasser zu dem gewählten Recht eine Verbindung hat, um die Wahl eines beliebigen Rechts zum Nachteil der Pflichtteilsberechtigten zu vermeiden.[85] Es spricht daher nichts dagegen, schon vorweg das Heimatrecht zu wählen, das der Erblasser bei der späteren Errichtung einer letztwilligen Verfügung hat,[86] zumal er in dieser die Rechtswahl wiederholen könnte.

22 Eine Teilrechtswahl ist auch beim **gemeinschaftlichen Testament** nach § 586 ABGB idF ErbRÄG 2015 (§ 1248 ABGB aF) möglich. Sie ist unproblematisch, wenn die Erblasser dieselbe Staatsangehörigkeit besitzen. Ist das nicht der Fall, können sie mangels einer Art 25 Abs 3 entsprechenden Bestimmung aber nicht eines der beiden Heimatrechte gemeinsam wählen. Jeder Erblasser kann allerdings das Recht seiner Staatsangehörigkeit für die Zulässigkeit und die materielle Wirksamkeit des gemeinsamen Testaments festlegen. Das könnte im folgenden Beispiel von praktischer Relevanz sein: Eine schwedische Staatsangehörige mit gewöhnlichem Aufenthalt in Österreich und ihre in Schweden lebende Schwester errichten ein gemeinsames Testament, das nach schwedischem Recht auch Geschwistern möglich ist.[87] Da nach österr Recht diese Personen kein gemeinschaftliches Testament errichten können

---

82 *Johansson* in *Süß*[2] 1299 Rz 85.

83 Siehe *Bonomi/Öztürk* in *Dutta/Herrler* Rz 30; aA *Döbereiner*, MittBayNot 2013, 366; *Döbereiner*, DNotZ 2014, 327; *Köhler* in *Kroiß/Horn/Solomon* Art 24 EuErbVO Rz 5.

84 *Dutta* in MünchKommBGB[6] Art 24 EuErbVO Rz 12.

85 ErwGr 38.

86 Zur Frage, ob nur das Recht eines konkreten Staates gewählt werden kann oder abstrakt das zukünftige Heimatrecht *Fischer-Czermak* in *Schauer/Scheuba* 47 mwN und Art 22 Rz 27.

87 *Johansson* in *Süß*[2] 1299 Rz 85.

(§ 586 Abs 1 ABGB idF ErbRÄG 2015 [§ 583 ABGB aF]), wählt die in Österreich lebende Schwester gem Art 24 Abs 2 ihr Heimatrecht.

2. Verhältnis zur Wahl des Erbstatuts

Wenn der Erblasser in der letztwilligen Verfügung eine Rechtswahl nach Art 22 vornimmt, **23** ist diese auch für das Errichtungsstatut maßgebend (Rz 15).[88] Ob eine **umfassende Rechtswahl** oder nur eine **Teilrechtswahl** nach Art 24 Abs 2 vorliegt, ist eine Frage der **Auslegung**.[89] Manche Autoren nehmen im Zweifel ersteres an,[90] in jedem Fall empfiehlt sich aber eine ausdrückliche Klarstellung.[91] Unklar kann auch sein, ob eine **spätere isolierte Rechtswahl,** deren Änderung oder Widerruf auch das Errichtungsstatut einer früheren letztwilligen Verfügung erfasst. Die Frage stellt sich natürlich nur, wenn man eine nachträgliche Wahl des Errichtungsstatuts – wie hier (Rz 20) – für zulässig hält. Dann muss es nämlich auch möglich sein, eine spätere Rechtswahl nicht nur für das Erbstatut zu treffen oder zu widerrufen, sondern in diese auch das Errichtungsstatut einzubeziehen.[92] Ob das der Fall ist, ist wiederum eine Frage der Auslegung. Wenn der Erblasser ausdrücklich nur das Erbstatut nach Art 22 wählt, wirkt sich das nicht auf das Errichtungsstatut einer früheren Verfügung von Todes wegen aus.[93] Überhaupt kann man ohne besondere Anhaltspunkte nicht davon ausgehen, dass eine spätere isolierte Rechtswahl auch das Errichtungsstatut erfassen soll, va, wenn dadurch die letztwillige Verfügung unwirksam würde.[94] Gleiches gilt für den Widerruf einer Rechtswahl.[95]

Der Erblasser kann gleichzeitig nach Art 24 Abs 2 und nach Art 22 verschiedene Rechte **24** wählen, wenn er mehrere Staatsangehörigkeiten besitzt und daher gem Art 22 Abs 1 die Wahl zwischen den Heimatrechten hat.[96] Gegen eine **differenzierte Rechtswahl** spricht nicht, dass dann auf die Rechtsnachfolge von Todes wegen ein anderes Recht zur Anwendung kommt als für die Zulässigkeit und materielle Wirksamkeit der letztwilligen Verfügung, weil das Errichtungstatut bei einem nachträglichen Statutenwechsel vom allgemeinen Erbstatut auch ohne Rechtswahl abweicht.

V. Widerruf und Änderung

Liegt keine Rechtswahl vor, gilt Art 24 Abs 1 entsprechend für den Widerruf und die Änderung **25** rung einer Verfügung von Todes wegen mit Ausnahme des Erbvertrages (Art 24 Abs 3). Da-

---

88 *Müller-Lukoschek,* EU-Erbverordnung § 2 Rz 164; aA *Leitzen,* ZEV 2013, 128.
89 *Dutta* in MünchKommBGB[6] Art 24 EuErbVO Rz 13; *Köhler* in *Kroiß/Horn/Solomon* Art 24 EuErbVO Rz 3.
90 *Döbereiner,* MittBayNot 2013, 366; *Döbereiner,* DNotZ 2014, 327; *Bonomi/Öztürk* in *Dutta/Herrler* Rz 37; *Dutta* in MünchKommBGB[6] Art 24 EuErbVO Rz 13.
91 *Döbereiner,* MittBayNot 2013, 365; *Döbereiner,* DNotZ 2014, 326; *Thorn* in *Palandt*[73] Art 24 EuErbVO Rz 4; *Odersky,* notar 2013, 6.
92 *Bonomi/Öztürk* in *Dutta/Herrler* Rz 30; *Dutta* in MünchKommBGB[6] Art 24 EuErbVO Rz 8; aA *Heinig,* RNotZ 2014, 208, die eine rückwirkende Änderung des Errichtungsstatuts durch spätere Rechtswahl generell ausschließt.
93 *Dutta* in MünchKommBGB[6] Art 24 EuErbVO Rz 8.
94 *Dutta* in MünchKommBGB[6] Art 24 EuErbVO Rz 12.
95 Vgl *Bonomi/Öztürk* in *Dutta/Herrler* Rz 28.
96 *Bonomi/Öztürk* in *Dutta/Herrler* Rz 42; *Dutta* in MünchKommBGB[6] Art 24 EuErbVO Rz 12; *Leitzen,* ZEV 2013, 128.

durch kann es zu einem Statutenwechsel kommen,[97] weil nach dem **hypothetischen Erbstatut am Tag des Widerrufs** der Verfügung oder deren **Änderung** zu prüfen ist, ob die letztwillige Verfügung wirksam widerrufen oder abgeändert wurde.[98] Die formelle Gültigkeit einer neuen Verfügung von Todes wegen richtet sich hingegen nach dem Recht, das gem Art 27 oder nach dem HTÜ zur Anwendung kommt (Art 75 Abs 1). Die Bindungswirkung, also die Frage, **ob** die Verfügung von Todes wegen überhaupt widerruflich ist, bestimmt sich nach dem ursprünglichen Errichtungsstatut (Rz 12).[99] **Wie** sie widerrufen werden kann – zB durch eine neuerliche letztwillige Verfügung oder durch Einwirken auf die Urkunde – ist aber nach dem hypothetischen Erbstatut am Tag der Widerrufshandlung zu beurteilen. Hat daher der Erblasser seinen gewöhnlichen Aufenthalt in Österreich und zerreißt er sein Testament, liegt darin ein Widerruf nach § 721 ABGB unabhängig davon, wo er bei dessen Errichtung lebte. Ob durch eine neue letztwillige Verfügung die alte widerrufen wird, ohne dass dies der Erblasser ausdrücklich anordnet, ist eine Frage der **Auslegung,** die nach Art 26 Abs 1 lit d ebenfalls zur materiellen Wirksamkeit gehört (Art 26 Rz 9 f) und daher nach dem Errichtungsstatut der neuen Verfügung zu beurteilen ist.

26 Eine abweichende Regelung enthält Art 26 Abs 2 für die **Testierfähigkeit** (s auch Art 26 Rz 14 f). War diese nach dem Recht im Zeitpunkt der Testamentserrichtung bereits erlangt, bleibt sie für Widerruf und Änderung auch bei einem späteren Statutenwechsel erhalten. Maßgebend ist daher das ursprüngliche Errichtungsstatut. Damit kann wohl nur eine Änderung der Testierfähigkeit infolge unterschiedlicher Altersgrenzen in verschiedenen Rechtsordnungen gemeint sein, nicht aber der nachträgliche Verlust infolge geistiger Beeinträchtigung.[100] So wird in Deutschland die volle Testierfähigkeit mit Vollendung des 16. Lebensjahres erreicht (§ 2229 dBGB). Hat daher ein 16-jähriger Erblasser mit gewöhnlichem Aufenthalt in Deutschland ein Testament errichtet, kann er dieses vor Vollendung des 18. Lebensjahres auch dann ändern, wenn er nach Bulgarien übersiedelt ist, obwohl dort die Testierfähigkeit erst mit 18 Jahren gegeben ist.[101]

27 Wenn der Erblasser in der letztwilligen Verfügung eine **Rechtswahl nach Art 22** getroffen hat, ist das gewählte Recht auch für den Widerruf und die Änderung maßgebend, weil es beim Tod des Erblassers an diesem Tag das Erbstatut wäre (Rz 15). Bei einer **Teilrechtswahl** nach Art 24 Abs 2 (Wahl des Errichtungsstatuts, Rz 18 ff) unterliegen Widerruf und Änderung ebenfalls dem gewählten Recht (Art 24 Abs 3 Satz 2), das aber vom hypothetischen Erbstatut im Widerrufs- bzw Änderungszeitpunkt abweichen kann. Wählt zB ein österr Staatsangehöriger für Fragen der Zulässigkeit und der materiellen Wirksamkeit seines Testaments österr Recht, bleibt dieses für einen Widerruf oder eine Änderung maßgebend, gleichgültig wo er in diesem Zeitpunkt seinen gewöhnlichen Aufenthalt hat. Der Erblasser könnte aber in einer neuerlichen letztwilligen Verfügung die Rechtswahl widerrufen oder, wenn sich in der Zwischenzeit seine Staatsangehörigkeit geändert hat, sein neues Heimatrecht wählen,

---

97 *Dutta* in MünchKommBGB[6] Art 24 EuErbVO Rz 16.

98 ErwGr 51; *Nordmeier,* ZEV 2012, 517; *Dutta,* FamRZ 2013, 10; *Bonomi/Öztürk* in *Dutta/Herrler* Rz 52; *Müller-Lukoschek,* EU-Erbverordnung § 2 Rz 167; aA *Döbereiner,* MittBayNot 2013, 365; *Heinig,* RNotZ 2014, 200, die eine rein widerrufende Verfügung nach dem ursprünglichen Errichtungsstatut beurteilen.

99 *Dutta* in MünchKommBGB[6] Art 24 EuErbVO Rz 15; *Döbereiner,* MittBayNot 2013, 365.

100 Dazu schon *Fischer-Czermak* in *Schauer/Scheuba* 50; *Kunz,* GPR 2012, 256.

101 *Ivanova* in *Süß*[2] 398 Rz 40.

das dann auch für die Wirksamkeit eines gleichzeitigen oder späteren Widerrufs maßgebend wäre.[102]

Fraglich ist, ob ein Widerruf iSd Art 24 Abs 3 auch dann vorliegt, wenn eine letztwillige Ver- **28** fügung **von Gesetzes wegen außer Kraft** tritt, zB nach englischem Recht bei nachträglicher Eheschließung[103] oder umgekehrt das Testament zugunsten des Ehegatten im Fall der Scheidung (§ 725 ABGB idF ErbRÄG 2015). Aus Gründen der Rechtssicherheit soll es hier nicht auf das hypothetische Erbstatut im Zeitpunkt des den Widerruf auslösenden Ereignisses ankommen, sondern auf das ursprüngliche Errichtungsstatut.[104] Dahinter steht offenbar die Überlegung, dass die gesetzlich vorgesehenen Aufhebungsgründe die Bindungswirkung betreffen, die nach dem hypothetischen Erbstatut im Errichtungszeitpunkt beurteilt wird, wenngleich Art 24 zu dieser schweigt (Rz 12). Die Heranziehung des ursprünglichen Errichtungsstatuts lässt sich auch mit dessen ausdrücklich angeordnetem Anwendungsbereich begründen. Dieser umfasst die Auslegung und einen Irrtum des Erblassers bei Errichtung der Verfügung von Todes wegen (Art 26 Abs 1 lit d und e). Nationale Rechtsvorschriften, die das Außerkrafttreten einer letztwilligen Verfügung anordnen, wollen nämlich häufig nur dem mutmaßlichen Willen des Erblassers gerecht werden. So wird nach § 775 Abs 2 ABGB idF ErbRÄG 2015 (§ 778 ABGB aF) eine letztwillige Verfügung entkräftet, wenn ein kinderloser Erblasser später ein Kind bekommt. Nach nationalem Verständnis wird dabei von einem Irrtum über Zukünftiges ausgegangen.[105] Auch iSd EuErbVO kann man hier von einem Willensmangel sprechen, dessen Rechtsfolgen nach Art 26 Abs 1 lit e dem ursprünglichen Errichtungsstatut unterliegen. Dieses gilt auch für eine gesetzliche Bestimmung, nach der eine letztwillige Verfügung zugunsten des Ehegatten bei der Scheidung aufgehoben wird. Eine derartige Regelung beruht nämlich auf der Annahme, dass die Begünstigung nach dem Erblasserwillen vom Bestand der Ehe abhängen soll[106] und ist somit eine Auslegungsvorschrift nach Art 26 Abs 1 lit d.

VI. Ältere letztwillige Verfügungen

Gem Art 83 Abs 3 behalten Verfügungen von Todes wegen, die **vor dem 17. 8. 2015** errich- **29** tet wurden, unter bestimmten Voraussetzungen ihre Wirksamkeit. Es kommt darauf an, ob sie im Zeitpunkt der Errichtung nach den damals geltenden Vorschriften des internationalen Privatrechts des Staates des gewöhnlichen Aufenthalts des Erblassers oder nach jenen seines damaligen Heimatrechts zulässig und wirksam waren. Alternativ kann die Wirksamkeit auch mit dem Recht begründet werden, das nach Art 24 ff EuErbVO anzuwenden wäre.[107] Diesen drei Fällen wurde nachträglich im Wege eines Korrigendums[108] ein vierter hinzugefügt: Eine vor dem 17. 8. 2015 errichtete Verfügung von Todes wegen entfaltet auch dann Rechtswirkungen für die Zeit danach, wenn sie in einem Mitgliedstaat, dessen Behörde mit der Erbsache befasst ist, zulässig und wirksam ist.[109]

102　Vgl auch *Dutta* in MünchKommBGB[6] Art 24 EuErbVO Rz 16.
103　*Odersky* in *Süß*[2] 737 Rz 48.
104　*Bonomi/Öztürk* in *Dutta/Herrler* Rz 55; *Dutta* in MünchKommBGB[6] Art 24 EuErbVO Rz 16.
105　*Welser* in *Rummel/Lukas*[4] § 778 Rz 6.
106　Zu § 725 ABGB idF ErbRÄG 2015 s ErlRV 688 BlgNR 25. GP 20.
107　*Dutta* in MünchKommBGB[6] Art 83 EuErbVO Rz 9.
108　ABL L 2013/41, 16.
109　*Rudolf*, NZ 2013/103, 226; *Dutta* in MünchKommBGB[6] Art 83 EuErbVO Rz 12.

Erbverträge

Art 25. (1) Die Zulässigkeit, die materielle Wirksamkeit und die Bindungswirkungen eines Erbvertrags, der den Nachlass einer einzigen Person betrifft, einschließlich der Voraussetzungen für seine Auflösung, unterliegen dem Recht, das nach dieser Verordnung auf die Rechtsnachfolge von Todes wegen anzuwenden wäre, wenn diese Person zu dem Zeitpunkt verstorben wäre, in dem der Erbvertrag geschlossen wurde.

(2) Ein Erbvertrag, der den Nachlass mehrerer Personen betrifft, ist nur zulässig, wenn er nach jedem der Rechte zulässig ist, die nach dieser Verordnung auf die Rechtsnachfolge der einzelnen beteiligten Personen anzuwenden wären, wenn sie zu dem Zeitpunkt verstorben wären, in dem der Erbvertrag geschlossen wurde.

Die materielle Wirksamkeit und die Bindungswirkungen eines Erbvertrags, der nach Unterabsatz 1 zulässig ist, einschließlich der Voraussetzungen für seine Auflösung, unterliegen demjenigen unter den in Unterabsatz 1 genannten Rechten, zu dem er die engste Verbindung hat.

(3) Ungeachtet der Absätze 1 und 2 können die Parteien für die Zulässigkeit, die materielle Wirksamkeit und die Bindungswirkungen ihres Erbvertrags, einschließlich der Voraussetzungen für seine Auflösung, das Recht wählen, das die Person oder eine der Personen, deren Nachlass betroffen ist, nach Artikel 22 unter den darin genannten Bedingungen hätte wählen können.

Stammfassung.

Literatur: *Buschbaum/Kohler,* Vereinheitlichung des Erbkollisionsrechts in Europa (2. Teil), GPR 2010, 162; *Bonomi/Öztürk,* Das Statut der Verfügung von Todes wegen (Art. 24 ff. EuErbVO), in *Dutta/Herrler* (Hrsg), Die Europäische Erbrechtsverordnung (2014) 47; *Döbereiner,* Das internationale Erbrecht nach der EU-Erbrechtsverordnung, MittBayNot 2013, 358, 437; *Dörner,* EuErbVO: Die Verordnung zum Internationalen Erb- und Erbverfahrensrecht ist in Kraft! ZEV 2012, 505; *Dutta,* Das neue internationale Erbrecht der Europäischen Union – Eine erste Lektüre der Erbrechtsverordnung, FamRZ 2013, 4; *Fischer-Czermak,* Mehrseitige Planung der Nachfolge von Todes wegen, in *Gruber/Kalss/Müller/Schauer* (Hrsg), Erbrecht und Vermögensnachfolge (2010) 599; *Fischer-Czermak,* Vermächtnisvertrag und Schenkung auf den Todesfall, FS Binder (2010) 79; *Fischer-Czermak,* Anwendungsbereich, in *Schauer/Scheuba* (Hrsg), Europäische Erbrechtsverordnung (2012) 23; *Fischer-Czermak,* Anwendbares Recht, in *Schauer/Scheuba* (Hrsg), Europäische Erbrechtsverordnung (2012) 43; *Fischer-Czermak,* Gestaltung der Erbfolge durch Rechtswahl – Vorwirkungen der Europäischen Erbrechtsverordnung, EF-Z 2013/38, 52; *Heinig,* Rechtswahlen in Verfügungen von Todes wegen nach der EU-Erbrechts-Verordnung, RNotZ 2014, 197; *Koziol – Welser/Kletečka,* Bürgerliches Recht I[14] (2014); *Lehmann,* Die EU-ErbVO: Babylon in Brüssel und Berlin, ZErb 2013, 25; *Leitzen,* Die Rechtswahl nach der EuErbVO, ZEV 2013, 128; *Nordmeier,* Erbverträge und nachlassbezogene Rechtsgeschäfte in der EuErbVO – eine Begriffsklärung, ZEV 2013, 117; *Nordmeier,* Erbverträge in der neuen EU-Erbrechts-Verordnung: zur Ermittlung des hypothetischen Erbstatuts nach Art. 25 ErbRVO, ZErb 2013, 112; *Muscheler,* Erbrecht I (2010); *Odersky,* Die Europäische Erbrechtsverordnung in der Gestaltungspraxis, notar 2013, 3; *Rudolf,* Vorschlag einer EU-Verordnung zum Internationalen Erb- und Erbverfahrensrecht, NZ 2010/99, 353; *Rudolf,* Die Erbrechts-verordnung in der Europäischen Union. VO zum Internationalen Erb- und Erbverfahrensrecht in Kraft – ein Überblick, NZ 2013/103, 225; *Rudolf/Zöchling-Jud/Kogler,* Kollisionsrecht, in *Rechberger/Zöchling-Jud* (Hrsg), Die EU-Erbrechtsverordnung in Österreich (2015) 115; *Simon/Buschbaum,* Die neue EU-Erbrechtsverordnung, NJW 2012, 2393; *Vollmer,* Die neue europäische Erbrechtsverordnung – ein Überblick, ZErb 2012, 227; *Volmer,* Die EU-Erbrechtsverordnung – erste Fragen an Dogmatik und Forensik, RPfleger 2013, 421.

Übersicht

		Rz
I.	Kommissionsvorschlag und Endfassung	1
II.	Anknüpfungsgegenstand	3
III.	Umfang des Erbvertragsstatuts	11
	A. Zulässigkeit	11
	B. Materielle Wirksamkeit	16
	C. Bindungswirkung	17
IV.	Anknüpfungsmoment	20
	A. Einseitig verfügende Erbverträge	20
	B. Mehrseitig verfügende Erbverträge	21
V.	Rechtswahl	25
	A. Wahl des Erbstatuts	25
	B. Teilrechtswahl	27
VI.	Widerruf und Änderung	30

I. Kommissionsvorschlag und Endfassung

Da sich die Regelung der Zulässigkeit des Erbvertrags in den Mitgliedstaaten stark unter- **1** scheidet, soll eine eigene Kollisionsnorm die Anerkennung von Ansprüchen aus einem solchen Vertrag erleichtern.[1] Der **Vorschlag der Europäischen Kommission** für eine Erbrechtsverordnung[2] enthielt in Art 18 Regelungen über das auf Erbverträge anzuwendende Recht. Wie in der Endfassung wurde zwischen dem Erbvertrag über den Nachlass einer einzigen Person und jenem, der die Nachlässe mehrerer Personen betrifft, differenziert. Für den ersten Fall sah der Kommissionsvorschlag eine **subsidiäre Anknüpfung** vor:[3] Zunächst sollte der Erbvertrag dem Recht unterliegen, das anwendbar gewesen wäre, wenn der Erblasser am Tag der Errichtung verstorben wäre (hypothetisches Erbstatut). Bei Unwirksamkeit nach diesem sollte es genügen, wenn der Erbvertrag nach dem tatsächlichen Erbstatut im Todeszeitpunkt gültig war. Ein Statutenwechsel konnte sich daher zugunsten der Wirksamkeit des Erbvertrags auswirken. Für Erbverträge, die den Nachlass mehrerer Personen betreffen, war eine **alternative Anknüpfung** vorgesehen:[4] Es sollte genügen, wenn der Erbvertrag nach dem hypothetischen Erbstatut einer der beteiligten Personen am Tag der Errichtung wirksam war. Für den Fall, dass danach die Wirksamkeit nach mehreren Rechtsordnungen bestand, sollte der Erbvertrag dem Recht unterliegen, zu dem er die engste Verbindung aufwies. Der Wortlaut des Art 18 erfasste nicht das gemeinschaftliche Testament,[5] obwohl nach der Begründung des Kommissionsvorschlags auch für dieses eine Vorschrift geschaffen werden sollte.[6]

Gegenüber dem Kommissionsvorschlag legt die **Endfassung** den Anwendungsbereich der **2** Sonderkollisionsnorm deutlicher fest:[7] Art 25 gilt nur für die Zulässigkeit, materielle Wirksamkeit und Bindungswirkung eines Erbvertrags, einschließlich der Voraussetzungen für sei-

---

1 ErwGr 49.
2 Vorschlag der Kommission für eine Verordnung des Europäischen Parlaments und des Rates über die Zuständigkeit, das anzuwendende Recht, die Anerkennung und die Vollstreckung von Entscheidungen und öffentlichen Urkunden in Erbsachen sowie zur Einführung eines Europäischen Nachlasszeugnisses, KOM(2009) 154 endg.
3 *Rudolf,* NZ 2010/99, 360; krit dazu *Buschbaum/Kohler,* GPR 2010, 163.
4 *Rudolf,* NZ 2010/99, 360.
5 *Rudolf,* NZ 2010/99, 360.
6 KOM(2009) 154 endg 7; s aber ErwGr 20 des Vorschlags, der sich nur auf den Erbvertrag bezieht.
7 Zur Kritik am unklaren Anwendungsbereich des Art 18 KOM(2009) 154 endg s *Rudolf,* NZ 2010/99, 360 mwN.

ne Auflösung. Für den Erbvertrag über den Nachlass einer Person ist die subsidiäre Anknüpfung entfallen und wie in Art 24 ein **unwandelbares Errichtungsstatut** festgelegt, indem nur mehr auf das hypothetische Erbstatut im Errichtungszeitpunkt abgestellt wird (Art 25 Abs 1). Ein Erbvertrag, der die Nachlässe mehrerer Personen betrifft, muss im Unterschied zum Kommissionsvorschlag nach dem hypothetischen Erbstatut aller beteiligten Personen zulässig sein. Materielle Wirksamkeit und Bindungswirkung bestimmen sich dann nach jenem Recht, zu dem der Erbvertrag die engste Verbindung hat (Art 25 Abs 2). Die Rechtswahlmöglichkeit in Art 25 Abs 3 entspricht dem Kommissionsvorschlag.

II. Anknüpfungsgegenstand

3 Für welche Verfügungen von Todes wegen Art 25 gilt, bestimmt sich nach dem **Erbvertragsbegriff des Art 3 Abs 1 lit b** (vgl auch Art 3 Rz 14 ff), der sehr weit formuliert ist und über das österreichische Verständnis des Erbvertrags hinausgeht.[8] Erfasst sind alle Vereinbarungen, die mit oder ohne Gegenleistung Rechte am künftigen Nachlass einer beteiligten Person oder an den künftigen Nachlässen mehrerer beteiligter Personen begründen, ändern oder entziehen. Die EuErbVO macht keine Einschränkung für den zugelassenen Personenkreis.[9] Art 3 Abs 1 lit b erwähnt ausdrücklich auch „Vereinbarungen aufgrund gegenseitiger Testamente". Diese weite Definition geht über den Verordnungsentwurf hinaus.[10] Durch diese Ergänzung fallen auch sogenannte *„mutual wills"* unter den Erbvertragsbegriff. Darunter versteht man wechselseitige Testamente, die durch eine zusätzliche Vereinbarung Bindung erlangen können.[11]

4 Der Erbvertragsbegriff ist **autonom auszulegen** (s Art 3 Rz 1) und darf nicht mit dem Erbvertrag nach nationalem Verständnis gleichgesetzt werden.[12] Es muss eine Vereinbarung vorliegen, die im weiten Sinn eine Bindung entfaltet, aber nicht strikt unwiderruflich sein muss.[13] Denn die EuErbVO regelt nur den **Mindeststandard,** den ein Erbvertrag erfüllen muss, und verweist zur Prüfung der Bindungswirkung im konkreten Fall auf das durch Art 25 berufene nationale Recht.[14] Daher liegt ein Erbvertrag nach der EuErbVO schon dann vor, wenn der einseitige Widerruf an bestimmte Voraussetzungen geknüpft ist, zB an die Verständigung des anderen Vertragsteils.[15] Im Einzelfall kann aber die Abgrenzung zwischen der Bindungswirkung und der für einen Erbvertrag notwendigen Minimalbindung Probleme bereiten, weil auch diese nicht gänzlich ohne Rückgriff auf das nationale Recht festgestellt werden kann. So ermöglicht § 1941 dBGB die Begünstigung eines Dritten in einem Erbvertrag, während nach österr Recht strittig ist, ob in einem Erbvertrag ein Dritter überhaupt mit bindender Wirkung gegenüber dem Vertragspartner eingesetzt werden kann oder diese Verfügung einseitig widerruflich ist.[16] Geht man mit der überwiegenden Meinung von der einseitigen Widerruflichkeit aus, entfaltet eine derartige Vereinbarung gar keine Bindung. Einen Erbvertrag im unionsrechtlichen Sinn könnte man aber annehmen, wenn es genügt, dass ei-

---

8 *Fischer-Czermak* in *Schauer/Scheuba* 24.
9 *Lehmann,* ZErb 2013, 28.
10 Siehe Art 2 lit c KOM(2009) 154 endg.
11 Siehe *Odersky* in *Süß*[2] 747 Rz 82 f; *Worthmann* in *Süß*[2] 796 f Rz 40 ff.
12 *Bonomi/Öztürk* in *Dutta/Herrler* Rz 59; *Döbereiner,* MittBayNot 2013, 437; *Dutta* in MünchKommBGB[6] Art 25 EuErbVO Rz 2: *Nordmeier,* ZEV 2013, 118; *Rudolf,* NZ 2013/103, 235.
13 *Döbereiner,* MittBayNot 2013, 437 f.
14 *Lehmann,* ZErb 2013, 28.
15 *Döbereiner,* MittBayNot 2013, 437.
16 *Fischer-Czermak* in *Gruber/Kalss/Müller/Schauer* § 20 Rz 53.

ne Vereinbarung vorliegt, mit der eine Bindung *angestrebt* wird, auch wenn sie das anzuwendende Recht versagt.

Beispiele: Außer den Erbverträgen nach deutschem und österr Recht lassen sich zB *„dona-* 5 *tion-partage", „institution contractuelle" und „renonciation anticipée à l'action en réduction"* des französischen Rechts als Erbverträge qualifizieren.[17] Manche subsumieren darunter auch die in einigen Rechtsordnungen zulässigen Testierverträge, in denen sich der Erblasser zur Errichtung oder Unterlassung einer letztwilligen Verfügung verpflichtet oder dazu, diese nicht zu widerrufen oder nicht zu ändern.[18] Aus österr Sicht ist nicht nur der Erbvertrag nach §§ 1249 ff ABGB ein Erbvertrag iSd EuErbVO, sondern auch der Vermächtnisvertrag,[19] die Schenkung auf den Todesfall (Rz 8) sowie der Erb- und der Pflichtteilsverzicht (Rz 9). Das gemeinschaftliche Testament nach § 586 Abs 2 ABGB idF ErbRÄG 2015 (§ 1248 ABGB aF) ist hingegen, da es den Erblasser nicht bindet, kein Erbvertrag iSd Art 3 Abs 1 lit b (s Art 24 Rz 5) und zwar auch dann nicht, wenn es gegenseitig ist.[20] Wegen seiner Bindungswirkung wird aber das gemeinschaftliche Testament nach dt Recht mit wechselbezüglichen Verfügungen unter Art 3 Abs 1 lit b subsumiert[21] (Art 24 Rz 5).

Nur Rechtsgeschäfte, die in den Anwendungsbereich der EuErbVO fallen, sind Erbverträge 6 iSd Art 3 Abs 1 lit b. Damit scheiden Vereinbarungen des Ehegüterrechts nach Art 1 Abs 2 lit d aus. Das wird in ErwGr 12 allerdings dahingehend präzisiert, dass dies nur gilt, soweit Eheverträge keine erbrechtlichen Fragen regeln. Da die **Gütergemeinschaft auf den Todesfall** nach § 1234 ABGB die Versorgung des überlebenden Ehegatten bezweckt,[22] betrifft sie die Rechtsnachfolge von Todes wegen und fällt daher in den Anwendungsbereich der EuErbVO.[23] Dagegen spricht nicht, dass nach Art 1 Abs 2 lit g Anwachsungsrechte des überlebenden Miteigentümers ausgenommen sind, weil das Miteigentum erst mit dem Tod eines Ehegatten entsteht.[24] Auch die Gütergemeinschaft auf den Todesfall nach § 1234 ABGB ist somit ein Erbvertrag iSd EuErbVO, weil sie die Höhe des Nachlasses des Verstorbenen in verbindlicher Weise beeinflusst.

Die Vereinbarung muss Rechte am Nachlass zumindest einer der beteiligten Parteien be- 7 gründen. Der Wortlaut des Art 3 Abs 1 lit b schließt zwar nicht aus, dass einem Dritten Rechte eingeräumt werden. Allerdings wird aus Art 1 Abs 2 lit g abgeleitet, dass **Verträge zugunsten Dritter auf den Todesfall** nicht in den Anwendungsbereich der EuErbVO fallen.[25] Sie sind daher auch keine Erbverträge iSd Art 3 Abs 1 lit b.[26]

Nach seinem Wortlaut erfasst Art 3 Abs 1 lit b auch die **Schenkung auf den Todesfall** (vgl 8 auch Art 3 Rz 13, 17) gem § 603 ABGB idF ErbRÄG 2015 (§ 956 Satz 2 ABGB aF). Art 1

---

17 *Bonomi/Öztürk* in *Dutta/Herrler* Rz 60.
18 *Bonomi/Öztürk* in *Dutta/Herrler* Rz 60; *Dutta* in MünchKommBGB[6] Art 3 EuErbVO Rz 9 mwN; aA *Nordmeier,* ZEV 2013, 123.
19 Dazu *Fischer-Czermak,* FS Binder 83 ff.
20 *Fischer-Czermak* in *Schauer/Scheuba* 24 f.
21 *Dutta* in MünchKommBGB[6] Art 3 EuErbVO Rz 9 mwN.
22 *Fischer-Czermak* in *Gruber/Kalss/Müller/Schauer* § 20 Rz 91.
23 *Fischer-Czermak* in *Schauer/Scheuba* 26; s auch Art 1 Rz 31.
24 *Koziol* – *Welser/Kletečka* I[14] Rz 1552 f.
25 *Nordmeier,* ZEV 2013, 122 f; *Dutta* in MünchKommBGB[6] Art 1 EuErbVO Rz 24 und Art 3 EuErbVO Rz 9; aA *Vollmer,* ZErb 2012, 229 im Anschluss an die bisherige dt Rechtslage: *Birk* in MünchKommBGB[5] Art 26 EGBGB Rz 158 ff; diff *Döbereiner,* MittBayNot 2013, 439.
26 *Nordmeier,* ZEV 2013, 122 f; *Dutta* in MünchKommBGB[6] Art 3 EuErbVO Rz 9.

Abs 2 lit g schließt allerdings unentgeltliche Zuwendungen unter Lebenden vom Anwendungsbereich der EuErbVO aus.[27] Die Einordnung der Schenkung auf den Todesfall ist in Österreich strittig: Nach einer Meinung handelt es sich um eine befristete Schenkung unter Lebenden, nach anderer Ansicht ist sie nach dem Tod des Erblassers wie ein Vermächtnis zu beurteilen.[28] Für die Anwendung der EuErbVO kommt es aber nicht auf das nationale Verständnis an,[29] sondern darauf, ob bei autonomer Auslegung des Art 1 Abs 2 lit g die Schenkung auf den Todesfall ausgeschlossen ist. Dagegen spricht ErwGr 14, nach dem nur unentgeltliche Verfügungen mit dinglicher Wirkung vor dem Tod ausgenommen sein sollen.[30] Da die Schenkung auf den Todesfall auf eine Vermögensverteilung nach dem Tod gerichtet ist, wird sie daher als Erbvertrag iSd EuErbVO beurteilt.[31] Eine Schenkung unter Lebenden, bei der sich der Geschenkgeber ein Fruchtgenussrecht vorbehält, ist dagegen zu Lebzeiten des Erblassers vollzogen, weil die Eigentumsübertragung bereits stattgefunden hat, und fällt daher nicht in den Anwendungsbereich der EuErbVO.

9 Der **Erbverzicht** und der **Pflichtteilsverzicht** nach § 551 ABGB lassen sich unter Art 3 Abs 1 lit b subsumieren (s Art 3 Rz 20), unabhängig davon, ob sie gegen Entgelt oder unentgeltlich erfolgen, weil sie Rechte des Verzichtenden am künftigen Nachlass des Erblassers entziehen. Auch wenn dieser den Verzichtenden bedenken kann, liegt ein Erbvertrag iSd EuErbVO vor.[32] Zulässigkeit, materielle Wirksamkeit eines Pflichtteilsverzichts und die Bindung an diesen sind daher gem Art 25 nach dem Errichtungsstatut zu beurteilen (Rz 20). Das steht im Spannungsverhältnis zu Art 23 Abs 1 lit h, nach dem Pflichtteilsrechte dem Erbstatut unterliegen und nicht durch das auf Erbverträge nach Art 25 anwendbare Recht berührt werden sollen.[33] Wenn nach dem Errichtungsstatut ein Verzicht auf den Pflichtteil zulässig ist, kann der Pflichtteil aber nicht unter Berufung auf das für die Erbfolge gem Art 21 f maßgebliche Recht eingefordert werden, selbst wenn der Verzicht nach diesem Recht ungültig wäre.[34] Die Wirkungen des Verzichts auf die übrige Erbfolge richten sich hingegen nach dem Erbstatut.[35] Hat daher der Erblasser im Todeszeitpunkt seinen gewöhnlichen Aufenthalt in Österreich, kommt § 760 Abs 1 ABGB idF ErbRÄG 2015 (§ 767 ABGB aF) zur Anwendung, wenn ein nach dem Errichtungsstatut gültiger Erbverzicht vorliegt.

10 Umstritten ist die Behandlung von Erbverträgen, die auch **schuld- oder familienrechtliche Elemente** enthalten, zB die Kombination von Erb- und Eheverträgen. Manche unterscheiden zwischen zusammengesetzten Verträgen und unselbstständigen Bestandteilen eines Erbvertrags und beurteilen nur im zweiten Fall die Vereinbarung einheitlich nach Art 25, im ersten

---

27 ErwGr 14.
28 Zum Meinungsstand *Fischer-Czermak* in *Gruber/Kalss/Müller/Schauer* § 20 Rz 12 ff.
29 Siehe aber *Rudolf/Zöchling-Jud/Kogler* in *Rechberger/Zöchling-Jud* Rz 124 und noch *Fischer-Czermak* in *Schauer/Scheuba* 26 f.
30 *Dörner*, ZEV 2012, 508; *Fischer-Czermak* in *Schauer/Scheuba* 27.
31 *Dörner*, ZEV 2012, 508; *Vollmer*, ZErb 2012, 229; *Dutta*, FamRZ 2013, 5; *Nordmeier*, ZEV 2013, 121; *Rudolf*, NZ 2013/103, 227, 235; *Döbereiner*, MittBayNot 2013, 438 f; *Dutta* in MünchKommBGB[6] Art 3 EuErbVO Rz 9; offen *Simon/Buschbaum*, NJW 2012, 2394; s auch Art 3 Rz 44 ff.
32 *Rudolf/Zöchling-Jud/Kogler* in *Rechberger/Zöchling-Jud* Rz 121; *Dutta* in MünchKommBGB[6] Art 3 EuErbVO Rz 8 verlangt hingegen eine Bindung des Erblassers.
33 ErwGr 50.
34 *Bonomi* in *Bonomi/Wautelet* Art 25 Rz 17.
35 *Nordmeier*, ZEV 2013, 121.

hingegen den Ehevertrag getrennt nach dem Güterrechtsstatut.[36] Andere knüpfen nicht-erbrechtliche Rechtsgeschäfte generell selbstständig an, auch wenn sie mit dem Erbvertrag eine Einheit bilden.[37]

III. Umfang des Erbvertragsstatuts

A. Zulässigkeit

Art 25 bestimmt, welches Recht über die Zulässigkeit, materielle Wirksamkeit und Bindungswirkung einschließlich der Voraussetzungen für die Auflösung eines Erbvertrags entscheidet. Durch die EuErbVO wird der Erbvertrag als Instrument der Regelung der Rechtsnachfolge von Todes wegen anerkannt, womit ein Verstoß gegen den **ordre public** eines Mitgliedstaats ausscheidet, obwohl in vielen Rechtsordnungen Erbverträge verboten oder nur beschränkt zulässig sind.[38]   **11**

Die Zulässigkeit betrifft die Fragen, **ob eine Rechtsordnung Erbverträge gestattet** und **welche Personen** diese abschließen können.[39] Da es nicht auf das nationale Verständnis des Erbvertrags ankommt (Rz 4), ist zunächst zu prüfen, ob ein solcher iSd Art 3 Abs 1 lit b vorliegt und dann, ob ein derartiges Rechtsgeschäft nach der berufenen Rechtsordnung zulässig ist. Erst beim zweiten Schritt kommt es auf die Einordnung nach dem anwendbaren Recht an. Macht daher ein in Österreich lebender Erblasser seiner Tochter in einer Schenkung auf den Todesfall gem § 603 ABGB idF ErbRÄG 2015 (§ 956 Satz 2 ABGB aF) eine Zuwendung, liegt nach der EuErbVO ein Erbvertrag vor (Rz 8), auf den Art 25 zur Anwendung kommt, der auf österr Recht verweist (Rz 20). Obwohl nach diesem ein Erbvertrag zwischen Vater und Tochter ungültig wäre, ist das Rechtsgeschäft zulässig, weil es nach den Regeln der Schenkung auf den Todesfall zu beurteilen ist, die keine personelle Beschränkung vorsehen. Umgekehrt kann die Einordnung eines Erbvertrags iSd EuErbVO in das berufene Recht auch zur Ungültigkeit führen. Das lässt sich am Beispiel des gemeinschaftlichen Testaments nach § 2270 dBGB zeigen: Dessen Zulässigkeit ist nach der von Art 25 bestimmten Rechtsordnung zu beurteilen (Art 24 Rz 5). Verfassen daher zwei Lebensgefährten mit gewöhnlichem Aufenthalt in Deutschland ein wechselbezügliches Testament, kommt dt Recht zur Anwendung (Rz 23 f). Nach diesem wird die letztwillige Verfügung aber nicht wie ein Erbvertrag behandelt, für den es keine personellen Schranken gibt,[40] sondern als gemeinschaftliches Testament, das zwischen Lebensgefährten unzulässig ist (§ 2265 dBGB).   **12**

Das nach Art 25 berufene Recht entscheidet auch, ob eine nichtige in eine gültige Verfügung umgedeutet werden kann (**Konversion**).[41] Wenn zB ein Erbvertrag, der nach österr Recht zu beurteilen ist, ohne gerichtliche Genehmigung von einem beschränkt geschäftsfähigen Ehegatten abgeschlossen wurde, ist nach § 1250 Halbsatz 2 ABGB aF (entfällt mit ErbRÄG 2015) eine Umdeutung in ein Testament zu prüfen.[42]   **13**

---

36 So *Döbereiner,* MittBayNot 2013, 444 f; vgl auch *Köhler* in *Kroiß/Horn/Solomon* Art 25 EuErbVO Rz 4; aA *Thorn* in *Palandt*[73] Art 25 EuErbVO Rz 2.

37 *Dutta* in MünchKommBGB[6] Art 25 EuErbVO Rz 2; ähnlich *Nordmeier,* ZEV 2013, 119, der aber für Gegenleistungen von geringer Bedeutung über die Anwendung von Ausweichklauseln eine Ausnahme macht.

38 *Döbereiner,* MittBayNot 2013, 437.

39 *Bonomi* in *Bonomi/Wautelet* Art 25 Rz 10.

40 *Muscheler,* Erbrecht I Rz 2182.

41 *Döbereiner,* MittBayNot 2013, 440; *Bonomi* in *Bonomi/Wautelet* Art 25 Rz 11.

42 Dazu *Fischer-Czermak* in *Gruber/Kalss/Müller/Schauer* § 20 Rz 49 und 51.

14 Von der materiellen ist die **formelle Zulässigkeit** abzugrenzen.[43] Nach welchem Recht die Formgültigkeit eines Erbvertrags zu beurteilen ist, bestimmt Art 27, sodass die Reichweite des Errichtungsstatuts von jener des Formstatuts abzugrenzen ist. Rechtsvorschriften, die die zugelassenen Formen im Hinblick auf persönliche Eigenschaften der Person, deren Rechtsnachfolge von Todes wegen durch einen Erbvertrag betroffen ist, beschränken, gehören nach Art 27 Abs 3 zur Form. Davon zu unterscheiden sind aber Vorschriften, die bestimmte Rechtsgeschäfte von Todes wegen nur einem eingeschränkten Personenkreis zugänglich machen. Wenn daher eine Rechtsordnung – wie die österr – den Erbvertrag nur zwischen Ehegatten und eingetragenen Partnern erlaubt,[44] ist das keine Frage der formellen Gültigkeit, sondern der Zulässigkeit iSd Art 25 (vgl genauer Art 24 Rz 6 f).

15 Auch bei Art 25 stellt sich die Frage, ob die **inhaltliche Zulässigkeit** eines Erbvertrags nach dem Erbstatut oder dem Errichtungsstatut zu beurteilen ist (s ebenso bei Art 24 Rz 8). Dass sich inhaltliche Gestaltung und Zulässigkeit oft schwer trennen lassen, zeigt § 1253 ABGB, wonach ein Erbvertrag nur über drei Viertel des Nachlasses zulässig ist und darüber hinausgehende Bindungen unwirksam sind, sodass der Erbvertrag teilweise ungültig ist. Ein Erbvertrag zwischen Lebensgefährten ist nach österr Recht überhaupt unzulässig. Im ersten Fall folgt die (teilweise) Ungültigkeit aus der inhaltlichen Gestaltung, im zweiten aus dem Verbot des Erbvertrags für andere Personen als Ehegatten/eingetragene Partner und ist daher nach dem Errichtungsstatut zu beurteilen (Rz 13). Es würde zwar der Rechtssicherheit dienen, dieses Statut auch zur Prüfung der Regelungen im Erbvertrag heranzuziehen.[45] Dagegen spricht aber, dass nach Art 23 Abs 2 die inhaltliche Gestaltung einer letztwilligen Verfügung nach dem Erbstatut zu beurteilen ist (Art 24 Rz 8), das zB nach lit h darüber bestimmt, über welche Teile des Nachlasses der Erblasser verfügen kann und inwieweit seine Testierfreiheit beschränkt ist. Darunter kann das Erfordernis des freien Viertels nach § 1253 ABGB subsumiert werden. Wenn daher ein Erblasser mit gewöhnlichem Aufenthalt in Deutschland seine Lebensgefährtin vertraglich zur Alleinerbin einsetzt, ist dieser Erbvertrag nach dt Recht sowohl im Hinblick auf die Vertragsparteien als auch umfänglich zulässig. Verlegt der Erblasser seinen gewöhnlichen Aufenthalt nach Österreich und stirbt er hier, ist der Inhalt des Erbvertrags nach dem Erbstatut im Todeszeitpunkt zu beurteilen, sodass die drei Viertel übersteigende Bedenkung der Lebensgefährtin unwirksam ist.[46] Der Erbvertrag als solcher bleibt aber aufrecht, weil er nach dem Errichtungsstatut auch zwischen Lebensgefährten zulässig ist. Wenn der Erblasser dt Staatsangehöriger ist, könnte er in dem Beispiel aber den gesamten Erbvertrag absichern, indem er für seine Rechtsnachfolge von Todes wegen gem Art 22 sein Heimatrecht wählt (s auch Art 24 Rz 9).

B. Materielle Wirksamkeit

16 Welche Fragen die materielle Wirksamkeit eines Erbvertrags betreffen, ergibt sich aus Art 26, der den Umfang des Errichtungsstatuts näher festlegt (s Art 24 Rz 10 f und bei Art 26). So gehört nach Art 26 Abs 1 lit a die **Testierfähigkeit** der Person, die die Verfügung von Todes wegen errichtet, zur materiellen Wirksamkeit. Auch beim einseitig verfügenden Erbvertrag bezieht sich diese Bestimmung nicht nur auf jene Person, deren Nachlass betroffen ist, son-

---

43 Dazu *Döbereiner*, MittBayNot 2013, 440.
44 § 602 ABGB idF ErbRÄG 2015 (§§ 602, 537 a ABGB aF).
45 So *Bonomi/Öztürk* in *Dutta/Herrler* Rz 46.
46 Auch eine Umdeutung in eine testamentarische Berufung auf das reine Viertel scheidet gem § 1253 letzter Satz ABGB aus.

dern auch auf den bloß begünstigten Vertragsteil.[47] Ob und wieweit dieser fähig sein muss, einen Erbvertrag abzuschließen und welche Folgen die fehlende Geschäftsfähigkeit einer Partei für die Vereinbarung hat, beurteilt sich daher nach dem Errichtungsstatut. Da aber die allgemeine Geschäftsfähigkeit vom Anwendungsbereich der EuErbVO ausgenommen ist (Art 1 Abs 2 lit b), entscheidet über deren Vorliegen die vom jeweiligen Kollisionsrecht berufene Rechtsordnung, nach § 12 IPRG das Personalstatut.

C. Bindungswirkung

Die Bindungswirkung betrifft die Frage der **Widerruflichkeit** und – nach der ausdrücklichen Anordnung in Art 25 – die Voraussetzungen für die **Auflösung** eines Erbvertrags, umfasst aber auch dessen Abänderbarkeit. Damit ein Erbvertrag iSd EuErbVO vorliegt, muss eine letztwillige Verfügung ein Mindestmaß an Bindung entfalten (Rz 4), andernfalls ist sie ein Testament und unterliegt Art 24. Die Bindungswirkung spielt daher schon für die Einordnung als Erbvertrag eine Rolle. Wie sie konkret beschaffen ist und welche Rechtsfolgen sie auslöst, ist aber nach dem berufenen Recht zu beurteilen, das nach dem hypothetischen Erbstatut im Zeitpunkt des Vertragsabschlusses zu bestimmen ist. Dieses entscheidet auch über die Voraussetzungen für die einvernehmliche Auflösung eines Erbvertrags.[48] Wenn nach dem Errichtungsstatut zwischen bindenden und widerruflichen Verfügungen im Erbvertrag zu unterscheiden ist, muss durch Auslegung ermittelt werden, welche Verfügung vorliegt.[49] Da die Auslegung zur materiellen Wirksamkeit zählt (Art 26 Abs 1 lit d), ist auch sie nach den Regeln des Errichtungsstatuts vorzunehmen. **17**

Wie sich eine **Scheidung** auf den Erbvertrag auswirkt, bedarf einer zweistufigen Prüfung: Zunächst ist nach dem Scheidungsstatut zu untersuchen, ob die Ehe wirksam aufgelöst wurde. Welche Rechtsfolgen eine Eheauflösung für den Erbvertrag hat, richtet sich dann nach dem Errichtungsstatut.[50] Das kann von Bedeutung sein, wenn in einer Rechtsordnung die Wirkungen der Ehescheidung auf den Erbvertrag vom Verschulden abhängen, die andere Rechtsordnung aber keine Verschuldensscheidung kennt.[51] **Beispiel:** Ein österr Ehepaar hat seinen gewöhnlichen Aufenthalt in Deutschland. Dort schließen sie einen Erbvertrag, in dem der Ehemann seine Frau zur Erbin einsetzt. Später übersiedelt das Ehepaar wieder nach Österreich, wo die Ehe aus dem Alleinverschulden des Mannes geschieden wird. Nach § 1266 ABGB könnte die Frau zwar die Rechte aus dem Erbvertrag geltend machen, nach dem hier maßgebenden dt Recht ist der Erbvertrag aber gem § 2279 Abs 1 iVm § 2077 dBGB unwirksam.[52] Die Beurteilung der Scheidungswirkungen nach dem Errichtungsstatut bereitet aber Schwierigkeiten, wenn man das Beispiel modifiziert und die Ehepartner dt Staatsbürger sind, die in Österreich leben und hier einen Erbvertrag abschließen. Dessen Auflösung ist dann gem Art 25 nach österr Recht zu beurteilen, nach dem der Erbvertrag aufrecht bleibt, wenn die begünstigte Ehegattin an der Scheidung schuldlos oder minder schuldig ist. Im dt Recht gibt es aber keine Verschuldensscheidung.[53] Man wird daher auch bei einer Beurteilung des **18**

---

47 *Dutta* in MünchKommBGB[6] Art 26 EuErbVO Rz 4.

48 *Döbereiner*, MittBayNot 2013, 441; *Bonomi* in *Bonomi/Wautelet* Art 25 Rz 14.

49 *Döbereiner*, MittBayNot 2013, 441.

50 Krit dazu *Döbereiner*, MittBayNot 2013, 441, allerdings ist nach seiner Ansicht nur diese Lösung mit dem Wortlaut des Art 25 vereinbar.

51 *Döbereiner*, MittBayNot 2013, 441.

52 *Leipold* in MünchKomm BGB[6] § 2077 Rz 33.

53 *Neumann* in BeckOGK BGB[35] § 1564 Rz 1 f; *Ey* in MünchKommBGB[6] Vorbem zu §§ 1564 – 1568 Rz 16.

Erbvertrags nach dem Errichtungsstatut von dessen Aufhebung durch die Scheidung ausgehen müssen.[54]

19 Nach dem Errichtungsstatut ist weiters zu beurteilen, ob der Erbvertrag einer **Verfügung unter Lebenden** entgegensteht oder den Erblasser insofern nicht bindet.[55] Das hängt wiederum von der Einordnung des Erbvertrags in die berufene Rechtsordnung ab. So beschränkt ein Erbvertrag nach § 1249 ABGB die Verfügungsfreiheit durch Rechtsgeschäfte unter Lebenden nicht,[56] während der Erblasser eine auf den Todesfall geschenkte Sache weder veräußern noch belasten darf,[57] obwohl beide Rechtsgeschäfte Erbverträge iSd EuErbVO sind (Rz 5). Die Bindungswirkung betrifft überdies das Verhältnis zu anderen **letztwilligen Verfügungen,** was bei einem Wechsel des Aufenthaltsortes von Bedeutung sein kann. **Beispiel:** Ein Erblasser mit gewöhnlichem Aufenthalt in Österreich setzt in einem Erbvertrag seine Ehefrau ein. Später übersiedelt er nach Italien und errichtet dort ein Testament zugunsten einer anderen Person. Die materielle Wirksamkeit dieser letztwilligen Verfügung ist nach italienischem Recht zu beurteilen (Art 24). Ob das Testament gegenüber dem Erbvertrag Widerrufswirkung entfaltet, richtet sich hingegen nach dem Errichtungsstatut des Erbvertrags,[58] also nach österr Recht, obwohl das italienische Recht Erbverträge verbietet.[59]

IV. Anknüpfungsmoment

A. Einseitig verfügende Erbverträge

20 Die Gültigkeit eines Erbvertrags, der den Nachlass einer Person betrifft, richtet sich nach dem **hypothetischen Erbstatut** dieser Person im Errichtungszeitpunkt. Das Errichtungsstatut ist unwandelbar, damit sich der Erblasser nicht seiner Bindung durch Änderung des gewöhnlichen Aufenthaltes entledigen kann.[60] Zu seiner Bestimmung ist wie nach Art 24 zu fragen, welches Recht gem Art 21 f auf die Rechtsnachfolge von Todes wegen der verfügenden Person anzuwenden wäre, wenn sie in dem Zeitpunkt verstorben wäre, in dem der Erbvertrag geschlossen wurde (genauer unter Art 24 Rz 13 ff). Erstreckt sich der Abschluss über einen Zeitraum, ist jenes hypothetische Erbstatut maßgebend, nach dem der Erbvertrag erstmals wirksam wäre (zur vergleichbaren Problematik s Art 24 Rz 13).

B. Mehrseitig verfügende Erbverträge

21 Ein mehrseitig verfügender Erbvertrag liegt vor, wenn die **Nachlässe mehrerer Personen betroffen** sind, indem sie sich gegenseitig begünstigen oder gemeinsam einen Dritten bedenken, zB die Eltern ihr Kind. Ein Erbvertrag nach § 25 Abs 2 muss Bindungswirkungen zwischen den Personen entfalten, deren Nachlässe betroffen sind, und nicht nur gegenüber begünstigten Dritten.[61]

---

54 Vgl *Döbereiner,* MittBayNot 2013, 441.
55 *Döbereiner,* MittBayNot 2013, 441.
56 *Fischer-Czermak* in *Gruber/Kalss/Müller/Schauer* § 20 Rz 69.
57 *Fischer-Czermak* in *Gruber/Kalss/Müller/Schauer* § 20 Rz 34 mwN.
58 *Döbereiner,* MittBayNot 2013, 441.
59 Art 458 c.c.; *Cubeddu Wiedemann/Wiedemann* in *Süß*[2] 837 Rz 22, 861 f Rz 111 f; *Bonomi* in *Bonomi/ Wautelet* Art 25 Rz 3 (FN 2).
60 *Dutta* in MünchKommBGB[6] Art 25 EuErbVO Rz 1; *Lehmann,* ZEV 2007, 197 f.
61 *Döbereiner,* MittBayNot 2013, 442.

Auch die Anwendung des Art 25 Abs 2 bedarf der **Vorprüfung,** ob ein Erbvertrag nach **22** Art 3 Abs 1 lit b vorliegt, was ein Minimum an Bindung voraussetzt (Rz 4). Das festzustellen kann beim mehrseitigen Erbvertrag Probleme bereiten, wenn die beteiligten Personen unterschiedliche hypothetische Erbstatute haben. Dann ist nicht klar, nach welchem Recht die Qualifikation der Verfügung von Todes wegen vorzunehmen ist.[62] Art 25 Abs 2 UAbs 2 stellt zwar für die Bindungswirkung auf die engste Verbindung ab (unten Rz 24). Ob überhaupt ein Erbvertrag iSd EuErbVO vorliegt, ist aber unter analoger Anwendung des Art 25 Abs 2 Unterabs 1 für jeden Vertragsteil gesondert zu ermitteln.[63] **Beispiel:** Die Eheleute A und B sind dt Staatsangehörige mit gewöhnlichem Aufenthalt in Österreich. A hat für die Rechtsnachfolge von Todes wegen sein Heimatrecht gewählt, B hat keine Rechtswahl getroffen. A und B errichten in einer Urkunde (fremdhändig) ein gemeinschaftliches Testament, in dem sie sich gegenseitig zu Erben einsetzen mit der Wirkung, dass die Verfügung des A von der Wirksamkeit der Verfügung der B abhängen soll und umgekehrt. Für A kommt aufgrund der Rechtswahl dt Recht zur Anwendung (unten Rz 25), nach dem ein Erbvertrag iSd EuErbVO vorliegt (Rz 5). Für B ist hingegen auf österr Recht abzustellen und die Vereinbarung daher als gemeinschaftliches Testament nach § 586 ABGB idF ErbRÄG 2015 (§ 1248 ABGB aF) zu beurteilen, das wegen der freien Widerruflichkeit kein Erbvertrag nach Art 3 Abs 1 lit b ist (s Art 24 Rz 5). Die Vereinbarung unterliegt daher nicht Art 25, weil sie dazu für beide Vertragsteile ein Erbvertrag sein müsste (vgl Rz 23).

Art 25 Abs 2 unterscheidet zwischen der Zulässigkeit einerseits und der materiellen Wirk- **23** samkeit sowie der Bindungswirkung andererseits. Die **Zulässigkeit** wird nach UAbs 1 **kumulativ** angeknüpft.[64] Ein Erbvertrag, der den Nachlass mehrerer Personen betrifft, muss nach dem **hypothetischen Erbstatut aller Beteiligten** im Zeitpunkt des Vertragsabschlusses zulässig sein. Die hypothetischen Erbstatute sind wiederum nach Art 21 f zu bestimmen (s dazu Art 24 Rz 14 f). Beteiligte Personen sind aber nur die Vertragspartner, an deren Nachlass Rechte begründet, geändert oder entzogen werden.[65] Unerheblich ist das hypothetische Erbstatut der bloß Begünstigten, zB des von beiden Eltern bedachten Kindes.[66] Verbietet das Errichtungsstatut eines Beteiligten den Erbvertrag, so ist dieser als solcher nicht wirksam.[67] Für jeden Erblasser ist dann nach seinem Errichtungsstatut zu prüfen, ob der Erbvertrag in ein einseitiges Testament umgedeutet werden kann.[68]

Wenn der Erbvertrag nach UAbs 1 zulässig ist, sind seine materielle Wirksamkeit und die **24** Bindungswirkung, einschließlich der Voraussetzungen für seine Auflösung, nach dem hypothetischen Erbstatut des Erblassers zu beurteilen, zu dem der Erbvertrag die **engste Verbindung** hat (Art 25 Abs 2 UAbs 2). Dadurch wird bei unterschiedlichen Errichtungsstatuten eine einheitliche Anknüpfung erreicht.[69] Weder der Wortlaut der EuErbVO noch die Erwä-

---

62 Dazu *Döbereiner*, MittBayNot 2013, 441 f; *Dutta* in MünchKommBGB[6] Art 25 Rz 8.
63 *Dutta* in MünchKommBGB[6] Art 25 EuErbVO Rz 8.
64 *Dutta* in MünchKommBGB[6] Art 25 EuErbVO Rz 9.
65 *Nordmeier*, ZErb 2013, 113 weist auf die diesbezügliche Ungenauigkeit einiger Sprachfassungen hin; *Dutta*, FamRZ 2013, 10; *Dutta* in MünchKommBGB[6] Art 25 EuErbVO Rz 9.
66 *Nordmeier*, ZErb 2013, 113.
67 *Döbereiner*, MittBayNot 2013, 442.
68 *Dutta* in MünchKommBGB[6] Art 25 EuErbVO Rz 9; vgl auch *Döbereiner*, MittBayNot 2013, 442, der aber nur für den anderen Vertragsteil eine Umdeutung in Betracht zieht.
69 *Döbereiner*, MittBayNot 2013, 442.

gungsgründe enthalten Kriterien, nach denen die engste Verbindung zu beurteilen ist.[70] Diese ist daher durch eine Gesamtschau aller relevanten Umstände im Einzelfall zu ermitteln.[71] Es geht dabei um die engste Verbindung des Erbvertrags, nicht um jene der Parteien, zu einem bestimmten Recht.[72] Maßgebende Kriterien können sein: der Abschlussort,[73] insb bei Mitwirkung eines Notars,[74] der Belegenheitsort des vom Erbvertrag erfassten Vermögens,[75] der gewöhnliche Aufenthalt oder die Staatsangehörigkeit der beteiligten Personen,[76] die Vertragssprache und etwaige Steuerpflichten[77] oder die Bezugnahme auf Rechtsvorschriften einer bestimmten Rechtsordnung im Text.[78] Entscheidend sind die Umstände zum Abschlusszeitpunkt.[79] Die „engste Verbindung" unterliegt nicht der Parteiendisposition; dies wäre eine unzulässige mittelbare Rechtswahl.[80] Die Angabe der relevanten Umstände im Erbvertrag kann aber die nachträgliche Bestimmung erleichtern.[81]

V. Rechtswahl

A. Wahl des Erbstatuts

25 Wenn der Erblasser für seine Rechtsnachfolge von Todes wegen keine Rechtswahl vorgenommen hat, bestimmt sich das Errichtungsstatut gem Art 21 nach seinem gewöhnlichen Aufenthalt im Zeitpunkt des Vertragsabschlusses. Hat er schon vorher eine **Rechtswahl nach Art 22** getroffen, gilt sie auch für den Erbvertrag. Wurde das Recht der aktuellen Staatsangehörigkeit gewählt, ist dieses das hypothetische Erbstatut im Errichtungszeitpunkt. Die Wahl der Staatsangehörigkeit im Todeszeitpunkt berührt das Errichtungsstatut hingegen nicht (genauer unter Art 24 Rz 15). Alle an einem Erbvertrag beteiligten Personen können schon vorher ihr Erbstatut gewählt haben. Eine Rechtswahl nach Art 22 kann aber ebenso im Erbvertrag erfolgen, wobei auch nur ein Vertragsteil sein Erbstatut wählen kann.[82] Wenn die Beteiligten unterschiedliche Staatsangehörigkeiten besitzen, können sie nicht dasselbe Recht bestimmen. Mitunter führt aber die Rechtswahl durch eine Vertragspartei zu einer gemeinsamen Rechtsordnung für den Erbvertrag, wie folgendes Beispiel zeigt: Eine dt Staatsangehörige mit gewöhnlichem Aufenthalt in Österreich besucht ihre in Deutschland lebende Schwester. Bei dieser Gelegenheit schließen die Schwestern einen Erbvertrag ab, in dem sie sich gegenseitig einsetzen und die in Österreich lebende Schwester ihr Heimatrecht als ihr Erbstatut wählt. Damit ist der Erb-

---

70 *Müller-Lukoschek,* EU-Erbverordnung § 2 Rz 172; *Dutta* in MünchKommBGB[6] Art 25 EuErbVO Rz 10.

71 *Nordmeier,* ZErb 2013, 115; *Dutta* in MünchKommBGB[6] Art 25 EuErbVO Rz 10.

72 *Nordmeier,* ZErb 2013, 115.

73 *Fischer-Czermak* in *Schauer/Scheuba* 52; *Simon/Buschbaum,* NJW 2012, 2396; *Döbereiner,* MittBayNot 2013, 442; *Müller-Lukoschek,* EU-Erbverordnung § 2 Rz 172; *Nordmeier,* ZErb 2013, 115.

74 *Simon/Buschbaum,* NJW 2012, 2396; *Bonomi* in *Bonomi/Wautelet,* Art 25 Rz 30; *Thorn* in *Palandt*[73] Art 25 EuErbVO Rz 6.

75 *Fischer-Czermak* in *Schauer/Scheuba* 52; *Döbereiner,* MittBayNot 2013, 442; *Nordmeier,* ZErb 2013, 115; *Bonomi* in *Bonomi/Wautelet* Art 25 Rz 31.

76 *Döbereiner,* MittBayNot 2013, 442; *Nordmeier,* ZErb 2013, 115; *Bonomi* in *Bonomi/Wautelet* Art 25 Rz 31.

77 *Nordmeier,* ZErb 2013, 115.

78 *Döbereiner,* MittBayNot 2013, 442; *Müller-Lukoschek,* EU-Erbverordnung § 2 Rz 172.

79 *Döbereiner,* MittBayNot 2013, 442; *Dutta* in MünchKommBGB[6] Art 25 EuErbVO Rz 10; für eine eingeschränkte Berücksichtigung späterer Umstände *Bonomi* in *Bonomi/Wautelet* Art 25 Rz 32.

80 *Döbereiner,* MittBayNot 2013, 442; *Nordmeier,* ZErb 2013, 115 f.

81 *Döbereiner,* MittBayNot 2013, 442.

82 *Döbereiner,* MittBayNot 2013, 443.

vertrag für beide Erblasserinnen nach dt Recht zu beurteilen. So wird seine Unwirksamkeit verhindert, weil er nach österr Recht zwischen Schwestern nicht möglich ist, dieses aber ohne Rechtswahl das Erbstatut der in Österreich lebenden Schwester wäre.

Das gewählte Recht entscheidet auch darüber, ob die Rechtswahl von der **Bindungswirkung**   **26** des Erbvertrags erfasst ist.[83] Das betrifft aber nur die Frage, ob ein Vertragsteil die Wahl seines Erbstatuts widerrufen oder – bei einem Wechsel der Staatsangehörigkeit – abändern kann. Eine spätere einseitige Änderung des Erbstatuts wirkt hingegen nicht auf den Vertragsabschlusszeitpunkt zurück und kann daher das Errichtungsstatut nicht mehr beeinlussen.[84]

B. Teilrechtswahl

Art 25 Abs 3 enthält die Möglichkeit, eine **Rechtswahl** nur **für das Errichtungsstatut** zu   **27** treffen. Die Parteien können für die Zulässigkeit des Erbvertrags, seine materielle Wirksamkeit und die Bindungswirkung, einschließlich der Voraussetzungen für seine Auflösung, beim einseitigen Erbvertrag das Recht der Staatsangehörigkeit des Erblassers, beim mehrseitigen Erbvertrag das Recht der Staatsangehörigkeit einer der beteiligten Personen wählen. Auch hier scheidet die Wahl einer künftigen Staatsangehörigkeit aus (vgl Art 24 Rz 19). Die Rechtswahl nach Art 25 Abs 3 gilt für alle dem Errichtungsstatut unterliegenden Fragen und kann zB nicht nur für die Zulässigkeit getroffen werden.[85] Die Parteien können die Rechtswahl nur gemeinsam abändern oder aufheben.[86]

Fraglich ist, ob eine **Änderung** oder der **Widerruf** einer Rechtswahl nach Art 25 Abs 3 mög-   **28** lich ist.[87] Nach einigen Autoren kann die Wahl des Errichtungsstatuts überhaupt nicht mehr geändert oder widerrufen werden, weil dieses unwandelbar ist.[88] Das wird auch damit begründet, dass ansonsten ein Erbvertrag nachträglich ungültig oder seine Bindungswirkung beseitigt werden könnte, indem man ein Recht wählt, das Erbverträge verbietet oder weniger bindend gestaltet.[89] Andere lassen eine Änderung oder den Widerruf einer Rechtswahl nach Art 25 Abs 3 zu, allerdings nur mit Zustimmung aller Parteien des Erbvertrags.[90] Richtiger Ansicht nach entscheidet das gewählte Recht über eine Änderung oder einen Widerruf der Rechtswahl, da dieses auch sonst die Reichweite der Bindungswirkung absteckt.[91] Ist nach dem gewählten Recht zB eine einvernehmliche Auflösung des Erbvertrags möglich, können die Parteien durch Aufhebung und Neuabschluss auch die Rechtswahl abändern.

Die Teilrechtswahl eröffnet aus österr Sicht neue **Gestaltungsmöglichkeiten** für Erbverträge,   **29** wie folgendes Beispiel zeigt: Zwei Lebensgefährten haben ihren gewöhnlichen Aufenthalt in Österreich und wollen sich gegenseitig in einem Erbvertrag einsetzen. A ist österr Staatsan-

83 *Döbereiner,* MittBayNot 2013, 443; *Odersky,* notar 2013, 8.
84 *Bonomi* in *Bonomi/Wautelet* Art 25 Rz 22.
85 *Döbereiner,* MittBayNot 2013, 444.
86 *Döbereiner,* MittBayNot 2013, 444; *Nordmeier,* ZErb 2013, 117 f; vgl auch *Heinig,* RNotZ 2014, 212.
87 Zum Meinungsstand in Deutschland: *Müller-Lukoschek,* EU-Erbverordnung § 2 Rz 176 f mwN; *Heinig,* RNotZ 2014, 212 mwN.
88 *Köhler* in *Kroiß/Horn/Solomon* Art 25 EuErbVO Rz 10; *Döbereiner,* MittBayNot 2013, 444; *Heinig,* RNotZ 2014, 212.
89 *Müller-Lukoschek,* EU-Erbverordnung § 2 Rz 176; *Köhler* in *Kroiß/Horn/Solomon* Art 25 EuErbVO Rz 10; *Nordmeier,* ZErb 2013, 117.
90 *Nordmeier,* ZErb 2013, 117 f; *Dutta* in MünchKommBGB[6] Art 25 EuErbVO Rz 6; *Bonomi* in *Bonomi/Wautelet* Art 25 Rz 23; vgl auch *Döbereiner,* MittBayNot 2013, 444.
91 *Leitzen,* ZEV 2013, 130; *Odersky,* notar 2013, 8; ähnlich *Volmer,* RPfleger 2013, 425 (FN 53).

gehörige, B hat die dt Staatsbürgerschaft. Diese können die Lebensgefährten nach Art 25 Abs 3 wählen, um so die Wirksamkeit ihres Erbvertrags zu erreichen.[92]

VI. Widerruf und Änderung

30 Art 25 enthält keine Art 24 Abs 3 entsprechende Sonderregelung für Änderung und Widerruf des Erbvertrags. Da die Bindungswirkung und die Voraussetzungen für die Auflösung des Erbvertrags nach dem Errichtungsstatut zu beurteilen sind (Rz 17), entscheidet dieses über Abänderbarkeit und Widerruflichkeit. Die **Widerrufswirkung** einer späteren Rechtshandlung richtet sich daher nach dem hypothetischen Erbstatut bei Abschluss des ursprünglichen Erbvertrags.[93] Die **Wirksamkeit der Abänderungs- oder Widerrufshandlung** ist hingegen nach dem maßgeblichen Errichtungsstatut im Widerrufs- oder Abänderungszeitpunkt zu beurteilen.[94]

Materielle Wirksamkeit einer Verfügung von Todes wegen

Art 26. (1) **Zur materiellen Wirksamkeit im Sinne der Artikel 24 und 25 gehören:**

a) **die Testierfähigkeit der Person, die die Verfügung von Todes wegen errichtet;**

b) **die besonderen Gründe, aufgrund deren die Person, die die Verfügung errichtet, nicht zugunsten bestimmter Personen verfügen darf oder aufgrund deren eine Person kein Nachlassvermögen vom Erblasser erhalten darf;**

c) **die Zulässigkeit der Stellvertretung bei der Errichtung einer Verfügung von Todes wegen;**

d) **die Auslegung der Verfügung;**

e) **Täuschung, Nötigung, Irrtum und alle sonstigen Fragen in Bezug auf Willensmängel oder Testierwillen der Person, die die Verfügung errichtet.**

(2) **Hat eine Person nach dem nach Artikel 24 oder 25 anzuwendenden Recht die Testierfähigkeit erlangt, so beeinträchtigt ein späterer Wechsel des anzuwendenden Rechts nicht ihre Fähigkeit zur Änderung oder zum Widerruf der Verfügung.**

Stammfassung.

Literatur: *Bonomi/Öztürk,* Das Statut der Verfügung von Todes wegen (Art. 24 ff. EuErbVO), in *Dutta/Herrler* (Hrsg), Die Europäische Erbrechtsverordnung (2014) 47; *Döbereiner,* Das internationale Erbrecht nach der EU-Erbrechtsverordnung (Teil II), MittBayNot 2013, 437; *Fischer-Czermak,* Anwendbares Recht, in *Schauer/Scheuba* (Hrsg), Europäische Erbrechtsverordnung (2012) 43; *Kunz,* Die neue Europäische Erbrechtsverordnung – ein Überblick (Teil II), GPR 2012, 253; *Nordmeier,* Erbverträge und nachlassbezogene Rechtsgeschäfte in der EuErbVO – eine Begriffsklärung, ZEV 2013, 117; *Rudolf/Zöchling-Jud/Kogler,* Kollisionsrecht, in *Rechberger/Zöchling-Jud* (Hrsg), Die EU-Erbrechtsverordnung in Österreich (2015) 115.

Übersicht

	Rz
I. Normzweck	1
II. Umfang der materiellen Wirksamkeit	2
A. Testierfähigkeit	2

---

92 *Fischer-Czermak,* EF-Z 2013/38, 54.
93 *Döbereiner,* MittBayNot 2013, 441.
94 *Dutta* in MünchKommBGB[6] Art 25 EuErbVO Rz 12.

	B.	Zuwendungsverbote	5
	C.	Stellvertretung	7
	D.	Auslegung	9
	E.	Willensmängel und Testierwille	11
	F.	Abgrenzung zum Erbstatut	13
III.		Testierfähigkeit bei Statutenwechsel	14

I. Normzweck

Art 26 ist eine **unselbstständige Kollisionsnorm,**[1] die Art 24 und Art 25 ergänzt, indem die **1** Elemente, die zur materiellen Wirksamkeit gehören, aufgelistet werden. Strittig ist, ob es sich dabei um eine taxative oder demonstrative Aufzählung handelt. Überwiegend wird Letzteres angenommen.[2] Dagegen spricht aber der Wortlaut der Bestimmung,[3] die im Gegensatz zu Art 23 nicht mit „insbesondere" beginnt,[4] und ihr Zweck. Die Auflistung der Elemente, die zur materiellen Wirksamkeit gehören, sollen nämlich nach ErwGr 48 eine einheitliche Anwendung der Art 24 und 25 gewährleisten, was durch eine **abschließende Aufzählung** leichter erreicht wird. Diese hindert aber nicht, die in Art 26 genannten Elementen in einem weiten Sinn zu verstehen, wenn die autonome Auslegung das nahe legt.

II. Umfang der materiellen Wirksamkeit

A. Testierfähigkeit

Die Testierfähigkeit gehört nach Abs 1 lit a zur materiellen Wirksamkeit einer Verfügung **2** von Todes wegen und fällt daher unter die EuErbVO, obwohl die allgemeine Rechts- und Geschäftsfähigkeit gem Art 1 Abs 2 lit b von ihrem Anwendungsbereich ausgenommen sind. Die Erbfähigkeit bestimmt sich nach dem Erbstatut im Todeszeitpunkt (Art 23 Abs 2 lit c), die Testierfähigkeit hingegen nach dem Errichtungsstatut. Sie kann durch **Rechtswahl** beeinflusst werden.[5] Lebt zB ein 16-jähriger dt Staatsangehöriger in Bulgarien und will eine letztwillige Verfügung errichten, wird er sein Heimatrecht wählen, weil er nach diesem bereits testierfähig ist (§ 2229 dBGB), während nach bulgarischem Recht die Testierfähigkeit erst mit 18 Jahren erreicht wird.[6]

Testierfähigkeit ist die Fähigkeit, ein Testament zu errichten, aber auch jene, als Erblasser **3** oder weitere Partei einen Erbvertrag abzuschließen.[7] Der Begriff der Testierfähigkeit ist daher **in einem weiten Sinn** zu verstehen. Er umfasst auch die allgemeine Geschäftsfähigkeit des Verfügenden, wenn sie – wie in Österreich – neben der Testierfähigkeit zum Abschluss eines Erbvertrages notwendig ist.[8] Ebenso ist nach dem Errichtungsstatut zu beurteilen, ob und wieweit beim einseitigen Erbvertrag der bloß begünstigte Vertragsteil geschäftsfähig

---

1 *Köhler* in *Kroiß/Horn/Solomon* Art 26 EuErbVO Rz 1.
2 *Dutta* in MünchKommBGB[6] Art 26 EuErbVO Rz 2; *Nordmeier,* ZEV 2013, 118; *Köhler* in *Kroiß/Horn/Solomon* Art 26 EuErbVO Rz 1; *Thorn* in Palandt[73] Art 26 EuErbVO Rz 1; ebenso *Rudolf/Zöchling-Jud/Kogler* in *Rechberger/Zöchling-Jud* Rz 159; aA *Bonomi/Öztürk* in *Dutta/Herrler* Rz 45; im Ergebnis jedoch für eine demonstrative Aufzählung *Bonomi* in *Bonomi/Wautelet* Art 26 Rz 2.
3 In der englischen („following") und in der französischen („ci-après") Fassung kommt der Unterschied zu Art 23 noch besser zum Ausdruck.
4 *Bonomi* in *Bonomi/Wautelet* Art 26 Rz 2; vgl auch *Bonomi/Öztürk* in *Dutta/Herrler* Rz 45.
5 *Bonomi* in *Bonomi/Wautelet* Art 26 Rz 6.
6 *Ivanova* in *Süß*[2] 398 Rz 40.
7 *Dutta* in MünchKommBGB[6] Art 26 EuErbVO Rz 4; *Döbereiner,* MittBayNot 2013, 440.
8 *Rudolf/Zöchling-Jud/Kogler* in *Rechberger/Zöchling-Jud* Rz 149.

sein muss und welche Folgen die fehlende Geschäftsfähigkeit einer Partei für die Vereinbarung hat.[9] Das Vorliegen der Geschäftsfähigkeit der Vertragspartei, die keine Verfügungen über ihren Nachlass trifft, ist aber eine Vorfrage,[10] die sich nicht nach der EuErbVO richtet,[11] weil sie von ihrem Anwendungsbereich ausgenommen ist (Art 1 Abs 2 lit b). Für die Beantwortung ist die vom jeweiligen Kollisionsrecht berufene Rechtsordnung heranzuziehen, nach § 12 IPRG jene des Personalstatuts. Wegen des weiten Begriffs des Erbvertrags nach Art 3 Abs 1 lit b gehört zur Testierfähigkeit auch die Fähigkeit einen Erb- oder Pflichtteilsverzicht abzuschließen. Das gilt nicht nur für den Erblasser, sondern auch für die andere Partei.[12]

4 Wenn für **letztwillige Verfügungen Minderjähriger** eine bestimmte Form verlangt wird, richtet sich das Formerfordernis nach Art 27.[13] Davon zu unterscheiden ist die Frage der Testierfähigkeit, die nach dem Errichtungsstatut zu beurteilen ist.[14] ZB können nach § 569 ABGB Minderjährige nur mündlich vor Gericht oder dem Notar testieren. Diese Vorschrift gehört nach Art 27 Abs 3 zur Form. Nach dem Errichtungsstatut ist hingegen zu beurteilen, ob aufgrund des Alters überhaupt schon Testierfähigkeit besteht, die zB nach österr Recht Mündigkeit voraussetzt.

B. Zuwendungsverbote

5 Nach Abs 1 lit b gehören zur materiellen Wirksamkeit auch Vorschriften, aufgrund derer der Testierende nicht zugunsten bestimmter Personen verfügen darf oder eine Person kein Nachlassvermögen erhalten darf. Zuwendungsverbote sind daher nach dem Errichtungsstatut zu beurteilen und sind **keine Eingriffsnormen** des sie aufstellenden Staates.[15] **Beispiele** sind Verbote von Zuwendungen an Pflegepersonal,[16] im französischen und italienischen Recht an den Notar, der ein Testament errichtet hat, oder an den Arzt, der den Verstorbenen behandelt hat.[17]

6 Zuwendungsverbote iSd Art 26 Abs 1 lit b müssen von der **Erbunfähigkeit,** die dem allgemeinen Erbstatut unterliegt (Art 23 Abs 2 lit c), abgegrenzt werden. Erbunfähigkeit bedeutet ein allgemeines Empfangsverbot aus einem bestimmten oder aus niemandes Nachlass unabhängig vom Erbrechtstitel, also auch durch Ausschluss von der gesetzlichen Erbfolge. Art 26 Abs 1 lit b bezieht sich hingegen auf letztwillige Zuwendungen.[18]

C. Stellvertretung

7 Die Zulässigkeit der Stellvertretung bei Errichtung einer letztwilligen Verfügung unterliegt ebenfalls als materielles Wirksamkeitserfordernis dem Errichtungsstatut (Abs 1 lit c). Das gilt nicht nur für die Stellvertretung des Erblassers, sondern auch für dessen Vertragspartner beim Erbvertrag, selbst wenn dieser bloß begünstigt wird, und wegen des weiten Erbvertragsbegriffs

---

9 *Döbereiner,* MittBayNot 2013, 440.
10 *Dutta* in MünchKommBGB[6] Art 26 EuErbVO Rz 4; *Döbereiner,* MittBayNot 2013, 440.
11 *Bonomi* in *Bonomi/Wautelet* Art 26 Rz 11.
12 *Dutta* in MünchKommBGB[6] Art 26 EuErbVO Rz 4.
13 *Bonomi* in *Bonomi/Wautelet* Art 26 Rz 8 f; *Dutta* in MünchKommBGB[6] Art 26 EuErbVO Rz 5.
14 *Bonomi* in *Bonomi/Wautelet* Art 26 Rz 8.
15 *Dutta* in MünchKommBGB[6] Art 26 EuErbVO Rz 7.
16 *Dutta* in MünchKommBGB[6] Art 26 EuErbVO Rz 7.
17 *Bonomi* in *Bonomi/Wautelet* Art 26 Rz 15.
18 *Dutta* in MünchKommBGB[6] Art 26 EuErbVO Rz 8.

auch für einen Erb- und Pflichtteilsverzicht.[19] Art 26 Abs 1 lit c betrifft die Frage der **formellen Höchstpersönlichkeit,**[20] ob also gesetzliche oder gewillkürte Stellvertretung zulässig ist.[21]

Fraglich ist, ob auch das Erfordernis der **materiellen Höchstpersönlichkeit** nach dem Errichtungsstatut zu beurteilen ist.[22] Darunter versteht man, dass der Inhalt der letztwilligen Verfügung auf einem selbstständigen Entschluss des Erblassers beruhen muss.[23] ZB kann er nach § 564 ABGB die Bestimmung des Erben nicht einem Dritten überlassen. Die materielle Höchstpersönlichkeit kann aber nicht mit dem Verbot der Stellvertretung bei Vornahme der letztwilligen Verfügung gleichgesetzt werden, weil sie auch ohne Stellvertretung verletzt werden kann und umgekehrt der Erblasser einem Stellvertreter inhaltliche Vorgaben machen könnte. Eine Subsumtion unter Art 26 Abs 1 lit c scheidet daher aus. Die materielle Höchstpersönlichkeit betrifft vielmehr die inhaltliche Zulässigkeit der Verfügung von Todes wegen, die nach dem Erbstatut zu beurteilen ist (s Rz 13 und Art 24 Rz 8).

8

D. Auslegung

Die Auslegung scheint nicht zu den anderen Elementen der materiellen Wirksamkeit zu passen, weil sie den **Inhalt der letztwilligen Verfügung** betrifft.[24] Allerdings geht es nur darum, was der Erblasser wollte, und nicht darum, ob das Gewollte inhaltlich zulässig ist (s Art 24 Rz 8). Da auch Willensmängel dem Errichtungsstatut unterliegen (Art 26 Abs 1 lit e), ist es aber nur konsequent, wenn die Auslegung nach derselben Rechtsordnung vorzunehmen ist, weil sie mit der Frage eines Willensmangels in engem Zusammenhang steht (s auch Rz 12). ZB hat sich nach österr Recht die Interpretation eines Testaments am subjektiven Erblasserwillen zu orientieren, der allerdings einen Anhalt im Wortlaut der letztwilligen Verfügung haben muss.[25] Die Auslegung geht daher der Feststellung von Willensmängeln voraus.

9

Der **Begriff der Auslegung** iSd Art 26 Abs 1 lit d ist autonom auszulegen. Er umfasst daher nicht nur gesetzliche Bestimmungen, die vom nationalen Recht explizit als Auslegungsregeln bezeichnet werden, sondern auch Zweifels- und Ergänzungsregeln.[26] Es gelten die **Auslegungsgrundsätze** der berufenen Rechtsordnung. Sie wurden in Österreich von L und Rsp entwickelt[27] und werden erst mit dem ErbRÄG 2015 in § 553 ABGB positiviert.[28] Die ergänzende Auslegung kann durch das Formstatut begrenzt sein, zB wenn in der berufenen Rechtsordnung die Andeutungstheorie gilt.[29] So muss nach österr Recht die Auslegung in der letztwilligen Verfügung irgendeinen, wenn auch noch so geringen Anhaltspunkt haben.[30]

10

---

19 *Dutta* in MünchKommBGB[6] Art 26 EuErbVO Rz 9.
20 *Dutta* in MünchKommBGB[6] Art 26 EuErbVO Rz 9.
21 *Bonomi* in *Bonomi/Wautelet* Art 26 Rz 16.
22 So *Dutta* in MünchKommBGB[6] Art 26 EuErbVO Rz 13.
23 *Weiß/Likar-Peer* in *Ferrari/Likar-Peer* 110 mwN.
24 *Dutta* in MünchKommBGB[6] Art 26 EuErbVO Rz 10; vgl *Kralik,* Erbrecht 120; *Welser* in *Rummel/Lukas*[4] §§ 552, 553 Rz 8 ff.
25 *Welser* in *Rummel/Lukas*[4] §§ 552, 553 Rz 8, 10.
26 Vgl *Dutta* in MünchKommBGB[6] Art 26 EuErbVO Rz 11; für ein eingeschränktes Verständnis aber *Rudolf/Zöchling-Jud/Kogler* in *Rechberger/Zöchling-Jud* Rz 157.
27 Siehe RIS-Justiz RS0012348; RS0012342; RS0012372.
28 ErlRV 688 BlgNR 25. GP 7.
29 *Dutta* in MünchKommBGB[6] Art 26 EuErbVO Rz 11.
30 *Welser* in *Rummel/Lukas*[4] §§ 552, 553 Rz 10 mwN; RIS-Justiz RS0012372.

E. Willensmängel und Testierwille

11 Testierwille und Willensmängel der Person, die eine letztwillige Verfügung errichtet, betreffen die **subjektive Seite** und gehören nach Abs 1 lit e ebenfalls zur materiellen Wirksamkeit. Somit sind die Anforderungen an die Testierabsicht ebenso nach dem Errichtungsstatut zu beurteilen wie die Voraussetzungen für beachtliche Willensmängel und ihre Rechtsfolgen.[31]

12 Ein Sachverhalt kann in der einen Rechtsordnung unter dem Aspekt eines Willensmangels zu prüfen sein, in einer anderen aber eine Frage der Auslegung darstellen. Das kann sich sogar innerhalb eines nationalen Rechts ändern. Eine **Abgrenzung zur Auslegung** ist aber nicht notwendig, weil auch diese nach Art 26 Abs 1 lit d zur materiellen Wirksamkeit gehört (s Rz 10). Beispiel: Ein dt Erblasser mit gewöhnlichem Aufenthalt in Österreich setzt seine Ehegattin zur Alleinerbin ein. Vor seinem Tod wird die Ehe geschieden. Nach derzeitigem österr Recht muss geprüft werden, ob die letztwillige Verfügung gem § 572 ABGB wegen eines Motivirrtums angefochten werden kann.[32] Das ErbRÄG 2015 sieht hingegen in § 725 ABGB eine Bestimmung vor, nach der eine letztwillige Verfügung zugunsten des Ehegatten mit Auflösung der Ehe aufgehoben wird. Dabei handelt es sich um eine mit § 2077 dBGB vergleichbare Auslegungsvorschrift. Die Gültigkeit der letztwilligen Verfügung ist daher in beiden Fällen nach dem Errichtungsstatut, also nach österr Recht zu prüfen.

F. Abgrenzung zum Erbstatut

13 Manche zählen außer den in Art 26 genannten Elementen sämtliche Fragen des Zustandekommens einer Verfügung von Todes wegen zur materiellen Wirksamkeit.[33] Dadurch werden auch inhaltliche Hindernisse erfasst, wie Sittenwidrigkeit, Verstoß gegen gesetzliche Verbote (zB übermäßig lange Vermögensbindung durch Nichteinhaltung von Substitutionsbeschränkungen) oder Verletzung der materiellen Höchstpersönlichkeit (zB § 564 ABGB).[34] Gegen ein derart weites Verständnis der materiellen Wirksamkeit spricht aber, dass es die **Reichweite des Erbstatuts** einschränkt, für die Art 23 eine beispielhafte Aufzählung („insbesondere") enthält. Diese umfasst auch die inhaltliche Gestaltung einer letztwilligen Verfügung (s Art 24 Rz 8), indem zB Beschränkungen der Testierfreiheit nach dem Erbstatut zu beurteilen sind (Art 23 Abs 2 lit h). Wenn man daher die Aufzählung in Art 26 um weitere Elemente ergänzt, die sich auch unter Art 23 subsumieren lassen, führt das zu Abgrenzungsschwierigkeiten, die eine einheitliche Anwendung der EuErbVO gefährden (s auch Rz 1).

III. Testierfähigkeit bei Statutenwechsel

14 Nach Art 24 Abs 3 unterliegen die Änderung und der Widerruf einer letztwilligen Verfügung dem in diesem Zeitpunkt maßgebenden Errichtungsstatut (genauer unter Art 24 Rz 25). Davon macht Art 26 Abs 2 eine Ausnahme für die **Testierfähigkeit:** Sie **bleibt** für einen Widerruf oder eine Änderung der letztwilligen Verfügung auch bei einem späteren Statutenwechsel **erhalten,** wenn sie im Zeitpunkt der Testamentserrichtung bereits erlangt war. Die Testier-

---

31 *Dutta* in MünchKommBGB[6] Art 26 EuErbVO Rz 12.
32 *Welser* in *Rummel/Lukas*[4] §§ 570 – 572 Rz 5.
33 *Dutta* in MünchKommBGB[6] Art 26 EuErbVO Rz 13; s auch *Rudolf/Zöchling-Jud/Kogler* in *Rechberger/Zöchling-Jud* Rz 159.
34 Vgl *Dutta* in MünchKommBGB[6] Art 26 EuErbVO Rz 13.

fähigkeit geht daher nicht verloren, selbst wenn sie nach dem Errichtungsstatut im Zeitpunkt des Widerrufs oder der Änderung nicht mehr gegeben ist.[35] Das gilt freilich nur für einen Verlust der Testierfähigkeit aufgrund eines Statutenwechsels, nicht aber durch Änderung der tatsächlichen Umstände, die für die Beurteilung der Testierfähigkeit maßgebend sind, zB eine gravierende Verschlechterung des Geisteszustandes (s Art 24 Rz 26).[36] Art 26 Abs 2 gilt auch für den Fall, dass durch einen Statutenwechsel die Testierfähigkeit zwar nicht verloren geht, ihre Ausübung aber an eine bestimmte Form gebunden ist (zB § 569 ABGB). Sie muss daher für eine Änderung oder einen Widerruf der letztwilligen Verfügung nicht eingehalten werden, wenn das ursprüngliche Errichtungsstatut diese Voraussetzung nicht verlangte.[37]

Voraussetzung für die Beibehaltung der Testierfähigkeit nach Art 26 Abs 2 ist aber, dass eine **15** letztwillige Verfügung wirksam errichtet wurde. Eine nicht ausgeübte, bloß **abstrakt erlangte Testierfähigkeit** kann daher durch einen Statutenwechsel verloren gehen.[38]

Formgültigkeit einer schriftlichen Verfügung von Todes wegen

Art 27. (1) Eine schriftliche Verfügung von Todes wegen ist hinsichtlich ihrer Form wirksam, wenn diese:

a) dem Recht des Staates entspricht, in dem die Verfügung errichtet oder der Erbvertrag geschlossen wurde,

b) dem Recht eines Staates entspricht, dem der Erblasser oder mindestens eine der Personen, deren Rechtsnachfolge von Todes wegen durch einen Erbvertrag betroffen ist, entweder im Zeitpunkt der Errichtung der Verfügung bzw. des Abschlusses des Erbvertrags oder im Zeitpunkt des Todes angehörte,

c) dem Recht eines Staates entspricht, in dem der Erblasser oder mindestens eine der Personen, deren Rechtsnachfolge von Todes wegen durch einen Erbvertrag betroffen ist, entweder im Zeitpunkt der Errichtung der Verfügung oder des Abschlusses des Erbvertrags oder im Zeitpunkt des Todes den Wohnsitz hatte,

d) dem Recht des Staates entspricht, in dem der Erblasser oder mindestens eine der Personen, deren Rechtsnachfolge von Todes wegen durch einen Erbvertrag betroffen ist, entweder im Zeitpunkt der Errichtung der Verfügung oder des Abschlusses des Erbvertrags oder im Zeitpunkt des Todes seinen/ihren gewöhnlichen Aufenthalt hatte, oder

e) dem Recht des Staates entspricht, in dem sich unbewegliches Vermögen befindet, soweit es sich um dieses handelt.

Ob der Erblasser oder eine der Personen, deren Rechtsnachfolge von Todes wegen durch einen Erbvertrag betroffen ist, in einem bestimmten Staat ihren Wohnsitz hatte, regelt das in diesem Staat geltende Recht.

(2) Absatz 1 ist auch auf Verfügungen von Todes wegen anzuwenden, durch die eine frühere Verfügung geändert oder widerrufen wird. Die Änderung oder der Widerruf ist hinsichtlich ihrer Form auch dann gültig, wenn sie den Formerfordernissen einer der

---

35 *Bonomi* in *Bonomi/Wautelet* Art 26 Rz 12.
36 *Fischer-Czermak* in *Schauer/Scheuba* 50; *Kunz*, GPR 2012, 256; *Dutta* in MünchKommBGB[6] Art 26 EuErbVO Rz 17.
37 *Dutta* in MünchKommBGB[6] Art 26 EuErbVO Rz 17.
38 *Dutta* in MünchKommBGB[6] Art 26 EuErbVO Rz 18; *Bonomi* in *Bonomi/Wautelet* Art 26 Rz 5.

Rechtsordnungen entsprechen, nach denen die geänderte oder widerrufene Verfügung von Todes wegen nach Absatz 1 gültig war.

(3) Für die Zwecke dieses Artikels werden Rechtsvorschriften, welche die für Verfügungen von Todes wegen zugelassenen Formen mit Beziehung auf das Alter, die Staatsangehörigkeit oder andere persönliche Eigenschaften des Erblassers oder der Personen, deren Rechtsnachfolge von Todes wegen durch einen Erbvertrag betroffen ist, beschränken, als zur Form gehörend angesehen. Das Gleiche gilt für Eigenschaften, welche die für die Gültigkeit einer Verfügung von Todes wegen erforderlichen Zeugen besitzen müssen.

Abs 2 lit d idF der Berichtigung ABl L 2014/363, 186.

Literatur: *Bonomi/Öztürk* in *Dutta/Herrler,* Die Europäische Erbrechtsverordnung (2014) 48; *Rudolf,* Die Erbrechtsverordnung der Europäischen Union, NZ 2013/103, 225; *Rudolf,* Die Formanknüpfung letztwilliger Verfügungen im Internationalen Erbrecht, FS Fenyves (2013) 293; *Süß,* Der unnichtige Erbvertrag nach der Europäischen Erbrechtsverordnung, ZErb 2014, 225.

Übersicht

		Rz
I.	Primat des HTÜ	1
II.	Begriffe	3
	A. Form	3
	B. Verfügungen von Todes wegen	6
	1. Begriffsinhalt	6
	2. Testament	7
	3. Gemeinschaftliches Testament	8
	4. Erbvertrag	9
	C. Schriftlichkeit	13
III.	Die Regelungen im Einzelnen	16
	1. Art 27 Abs 1	16
	2. Art 27 Abs 2	26
	3. Art 27 Abs 3	29
IV.	Rück- und Weiterverweisungen	32
V.	Übergangsrecht	33
VI.	Inkrafttreten/Mitglieder des HTÜ	36

I. Primat des HTÜ

1 Gem Art 75 Abs 1 gehen für die Mitgliedstaaten, die Vertragsparteien des **Haager Übereinkommens** v 5. 10. 1961 **über das auf die Form letztwilliger Verfügungen anzuwendende Recht**[1] (HTÜ) sind, die Regeln des HTÜ dieser VO vor.

2 **Österreich** ist ein **Signatarstaat** des HTÜ. Somit wendet es weiter dieses Übk an. Bedeutung hat Art 27 aus österr Sicht derzeit daher nur für die Bereiche, die vom HTÜ nicht erfasst werden. Das sind die Erbverträge iSd Art 3 Abs 1 lit b (dazu Rz 9), wenn sie schriftlich errichtet wurden.

---

1 BGBl 1963/295 (s Anh zu diesem Art).

II. Begriffe

A. Form

Dieser Art regelt die Wirksamkeit **schriftlicher** Verfügungen von Todes wegen aufgrund ih- **3**
rer Form. Zum Begriff der Verfügung von Todes wegen s Rz 6.

Die VO unterscheidet die materielle Wirksamkeit einer Verfügung von Todes wegen und
deren Formgültigkeit.

Die Kriterien der **materiellen Wirksamkeit** sind im Interesse der Rechtssicherheit (ErwGr **4**
48) in Art 24 – 26 geregelt. Dazu gehören ua auch die Testierfähigkeit, Zulässigkeit der Stellvertretung und Willensmängel.

Zu den **Abgrenzungsfragen** des Art 27 Abs 3 s ab Rz 29. **5**

B. Verfügungen von Todes wegen

1. Begriffsinhalt

Art 3 Abs 1 lit d bezeichnet als „Verfügung von Todes wegen" **6**

1. ein **Testament** (Rz 7),
2. ein **gemeinschaftliches Testament** (Rz 8),
3. einen **Erbvertrag** (Rz 9).

2. Testament

Die EuErbVO enthält keine eigene Definition des Begriffes „Testament". **7**

In der englischen Fassung der VO ist in Art 3 Abs 1 lit d von *„will"* und *„joint will"* die Rede.

ErwGr 52 postuliert, dass die Regeln der VO im Einklang mit dem HTÜ stehen sollen.

ErwGr 73 spricht davon, dass die Mitgliedstaaten, die Vertragsparteien des HTÜ sind, in Bezug auf die Formgültigkeit von Testamenten und gemeinschaftlichen Testamenten anstelle
der Bestimmungen dieser VO weiterhin die Bestimmungen jenes Übk anwenden können
sollten.

Im HTÜ ist in der dt Übersetzung von letztwilliger Verfügung, im verbindlichen Text auf
Französisch von *„disposition testamentaire"* und auf Englisch von *„testamentary disposition"*
die Rede. Für das HTÜ ist in der Judikatur anerkannt, dass es neben Testamenten auch für
Kodizille gilt.[2]

Es ist daher davon auszugehen, dass der Begriff „Testament" alle letztwilligen Anordnungen,
also **Testamente und sonstige letztwillige Verfügungen** (§ 552 Abs 1 ABGB idF ErbRÄG
2015; Testamente und Kodizille iSd § 553 ABGB aF) umfasst.

3. Gemeinschaftliches Testament

Ein gemeinschaftliches Testament ist nach Art 3 Abs 1 lit c ein von zwei oder mehr Perso- **8**
nen in einer einzigen Urkunde errichtetes Testament (dazu Rz 7).

Die VO erfordert keinerlei besonderes Verhältnis zwischen den Personen, die das gemeinschaftliche Testament errichten. Einziges Erfordernis ist eine **einzige Urkunde,** in der das
Testament aller Testatoren errichtet wird. (Art 3 Rz 23).

---

2 OGH 10 Ob 2335/96 x NZ 1997, 365; *Rudolf,* FS Fenyves 300.

4. Erbvertrag

9 Gem Art 3 Abs 1 lit b ist ein Erbvertrag eine **Vereinbarung,** einschließlich einer Vereinbarung aufgrund gegenseitiger Testamente, die mit oder ohne Gegenleistung Rechte am künftigen Nachlass oder künftigen Nachlässen einer oder mehrerer an dieser Vereinbarung beteiligter Personen begründet, ändert oder entzieht.

Aus österr Sicht fallen darunter **Erbverträge iSd §§ 602, 1249 ff ABGB** und **Vermächtnisverträge,**[3] **Erbverzichtsverträge,** vollständige und partielle **Pflichtteilsverzichtsverträge** und **Schenkungsverträge auf den Todesfall.**[4] Gemeinschaftliche Testamente (§ 586 ABGB idF ErbRÄG 2015, § 1248 ABGB aF) sind mangels Bindungswirkung keine Erbverträge iSd VO und zwar unabhängig davon, ob es sich um gemeinsame, wechselseitige oder wechselbezügliche Testamente handelt[5] (näher Art 3 Rz 14 ff).

10 *Bonomi/Öztürk*[6] stellen die Subsumtion der **Schenkung von Todes wegen** unter den Begriff der Erbverträge gem Art 3 Abs 1 lit b als fraglich dar. Sie weisen dabei auf Art 1 Abs 2 lit g hin, wonach ua unentgeltliche Zuwendungen vom Anwendungsbereich der VO ausgenommen sind. Sie halten aber die Ansicht für zulässig, dass dieser Ausschluss nur für Schenkungen unter Lebenden und nicht für Schenkungen von Todes wegen gelte, da letztere erbrechtlich einzuordnen seien.

11 **ME** ist davon auszugehen, dass Schenkungsverträge auf den Todesfall auch unter den Begriff des Erbvertrags fallen. Sie begründen nur Rechte an einzelnen Bestandteilen eines zukünftigen Nachlasses, nicht aber am Nachlass als Ganzes. Dennoch gebietet der Gedanke des effektiven Rechtsschutzes der Erben und Vermächtnisnehmer und der Möglichkeit, den Nachlass in einem europäischen Rechtsraum im Voraus wirksam zu regeln (ErwGr 7) eine Gleichbehandlung dieses doch stark erbrechtlich beeinflussten Vertragstypus mit den übrigen im österr Recht bekannten Verträgen von Todes wegen. Eine enge Auslegung des Begriffs des Erbvertrags würde dazu führen, dass es uU für Verträge von Todes wegen verschiedene Anknüpfungen für die Formgültigkeit gäbe, was den Erwägungen in ErwGr 7 zuwider liefe. Auch die Ausführungen von *Verschraegen*[7] führen letztlich zu diesem Ergebnis.

12 Auch **Vermächtnisverträge** begründen nur Rechte an einzelnen Bestandteilen eines zukünftigen Nachlasses. Doch auch für sie gelten die Überlegungen zum Schenkungsvertrag auf den Todesfall (Rz 11).

C. Schriftlichkeit

13 Der Art regelt die **Formgültigkeit schriftlicher letztwilliger Verfügungen,** nicht aber die mündlicher.

Die Fragen der Formgültigkeit mündlicher Verfügungen von Todes wegen sind ausdrücklich vom Anwendungsbereich der VO ausgenommen (Art 1 Abs 2 lit f).

Im Gegensatz dazu regelt das HTÜ auch die Formgültigkeit mündlicher letztwilliger Verfügungen, wobei jedoch der Begriff der letztwilligen Verfügungen dort nur einseitige letztwillige Anordnungen, also Testamente und Kodizille, erfasst. Dazu Rz 7.

---

3 *Fucik* in *Kletečka/Schauer,* ABGB-ON[1.02] § 1249 Rz 2.
4 *Rudolf,* NZ 2013/103, 235.
5 *Rudolf,* NZ 2013/103, 235.
6 *Bonomi/Öztürk* in *Dutta/Herrler* Rz 61.
7 *Verschraegen,* IPR Rz 294.

Für **mündlich geschlossene Erbverträge** gelten weder die begünstigenden Regeln des HTÜ **14** noch des Art 27. Diese werden daher nach den Erl zu Art 8 ErbRÄG 2015 nach dem Wegfall der §§ 28 – 30 IPRG nach § 8 IPRG zu beurteilen sein.

Die Frage, ob das **mündliche öffentliche Testament** vor Gericht (§ 581 f ABGB idF ErbRÄG **15** 2015; § 587 ABGB aF) oder einem Notar (§ 583 ABGB idF ErbRÄG 2015; § 70 NO) eine schriftliche letztwillige Verfügung iSd Art ist, ist aufgrund des Primats des HTÜ (Rz 2) solange Österreich Mitglied des HTÜ bleibt, nur von akademischem Interesse.

Ein Bezug auf das HTÜ gem ErwGr 52 ergibt bei dieser Frage kein Ergebnis. Das HTÜ unterscheidet im Allgemeinen nicht zwischen mündlichen und schriftlichen Testamenten und Österreich hat keinen Vorbehalt gem Art 10 HTÜ erklärt.

Zum Zustandekommen eines öffentlichen mündlichen Testaments vor Gericht oder einem Notar ist aber die Aufnahme eines Protokolls, als die Errichtung eines Schriftstücks, essentiell. Der Bearbeiter geht daher davon aus, dass diese letztwilligen Verfügungen schriftlich iSd Art 27 Abs 1 sind.

III. Die Regelungen im Einzelnen

1. Art 27 Abs 1

Art 27 Abs 1 lit a entspricht textlich beinahe Art 1 lit a HTÜ. Es handelt sich um den **16** Grundsatz **„locus regit actum"**. Art 27 spricht vom Recht des Staates, in dem die Verfügung errichtet oder der Erbvertrag abgeschlossen wurde; Art 1 lit a HTÜ lautet: „Eine letztwillige Verfügung ist hinsichtlich ihrer Form gültig, wenn diese dem innerstaatlichen Recht entspricht: a) des Ortes, an dem der Erblasser letztwillig verfügt hat."

Bei Mehrrechtsstaaten, also Staaten mit **innerstaatlichen Partikularrechten,** stellt sich die **17** Frage, ob das Recht des Staates, in dem die Verfügung errichtet wurde, gleichbedeutend ist mit dem innerstaatlichen Recht des Ortes, an dem der Erblasser verfügt hat.

Dutta[8] weist auf folgenden Widerspruch hin: Art 1 HTÜ spricht vom Recht „des Ortes", an dem der Erblasser verfügt hat, seinen Wohnsitz gehabt hat etc. Für Mehrrechtsstaaten verweist das HTÜ also direkt auf das Partikularrecht dieses Ortes. Art 27 verweist hingegen auf das Recht „des Staates", in dem der Erblasser verfügt hat, seinen Wohnsitz gehabt hat etc. Art 36 Abs 1 ordnet für Mehrrechtsstaaten an, dass die internen Kollisionsvorschriften dieses Staates die Gebietseinheit bestimmen, deren Rechtsvorschriften anzuwenden sind. Erst im Fall, dass solche internen Kollisionsvorschriften nicht bestehen (Art 27 Abs 2), kommt man zu Regeln, die dem HTÜ nahe kommen. *Dutta* sieht die Unsicherheit, dass ein Testator nicht sicher sein kann, dass das innerstaatliche Kollisionsrecht zum gleichen Ergebnis bei der Beurteilung der Anknüpfung wie das HTÜ komme.

Im Hinblick auf die ErwGr 7 und 52 ist das ein schmerzliches Ergebnis. Diese ErwGr gebieten, Art 27 konsistent zum HTÜ auszulegen (arg „in Einklang stehen"), sodass auch im Falle des Art 27 auf innerstaatliches Partikularrecht im Hinblick auf den Ort der Urkundenerrichtung etc Rücksicht zu nehmen sein wird. Der vom favor testamenti getragene Gedanke des ErwGr 52 gebietet mE, Art 36 notfalls entsprechend korrigierend auszulegen.

Der Grundsatz locus regit actum führt dazu, dass für den Fall, dass zB ein Erb- oder Pflicht- **18** teilsverzichtsvertrag nach Ortsrecht gültig in einfacher Schriftform errichtet wurde, er als

---

8 *Dutta* in MünchKommBGB[6] Art 27 EuErbVO Rz 8.

formgültig bei einer Verlassenschaftsabhandlung in Österreich zu berücksichtigen wäre. Der **favor testamenti** erfasst also auch **Verträge von Todes wegen**.

Köhler[9] geht davon aus, dass im Falle der Abgabe der Vertragserklärungen der Parteien eines Erbvertrages in verschiedenen Staaten der Erbvertrag bereits dann als formwirksam zu betrachten sei, wenn er den Formerfordernissen einer der beteiligten Rechtsordnungen genüge. Er weist aber[10] auf andere Ansichten, die zu Art 26 dEGBGB geäußert wurden, hin.

19   Die Bestimmungen in **Art 27 Abs 1 lit b – d** entsprechen, mit den durch den unterschiedlichen Anwendungsbereich der Normen bedingten Unterschieden, Art 1 lit b – d HTÜ.

20   Hingewiesen sei iZm lit b und d auf die Genfer UN-Konvention über die Rechtsstellung der **Flüchtlinge** v 28. 7. 1951[11] und das New Yorker UN-Übereinkommen über die Rechtsstellung der **Staatenlosen** v 28. 9. 1954,[12] deren Art 12 Abs 1 jeweils wie folgt lauten: „Die personenrechtliche Stellung eines Flüchtlings *(resp Staatenlosen)* wird vom Gesetz seines Wohnsitzlandes oder, wenn er keinen Wohnsitz hat, vom Gesetz seines Aufenthaltslandes bestimmt." Hieraus kann abgeleitet werden, dass in diesen Fällen aufgrund des favor testamenti der **schlichte Aufenthalt** einen weiteren Anknüpfungspunkt darstellt.[13]

21   Für die Anwendung in Österreich haben diese Bestimmungen Bedeutung für die **Erbverträge** (Rz 9). Die Staatsbürgerschaft, der Wohnsitz und der gewöhnliche Aufenthalt

- des Erblassers,
- eines Vertragspartners eines Erb- oder Vermächtnisvertrags (§§ 602, 1249 ABGB),
- jener Personen, denen gegenüber – in Ansehung ihres zukünftigen Nachlasses in einem Erb- oder Pflichtteilsverzicht – ein Verzicht erklärt wird und
- Geschenkgeber in einem Schenkungsvertrag auf den Todesfall

sind hier von Bedeutung und zwar entweder im Zeitpunkt des Vertragsabschlusses oder im Zeitpunkt des Todes.

Staatsbürgerschaft, Wohnsitz oder gewöhnlicher Aufenthalt weiterer Vertragsparteien, deren Rechtsnachfolge von Todes wegen durch einen solchen Erbvertrag nicht betroffen ist, genügt nicht zur Formgültigkeit eines derartigen Erbvertrags.

22   *Süß*[14] geht zum Begriff **„Zeitpunkt des Todes"** davon aus, dass es sich um die Zeitpunkte des Todes aller am Erbvertrag beteiligten Personen, deren Rechtsnachfolge von Todes wegen durch den Erbvertrag betroffen ist, handelt. Dies würde dazu führen, dass durch Wohnsitz- oder Aufenthaltswechsel überlebender Parteien des Erbvertrages formungültige Verträge nach dem Tod formgültig und auch noch viele Jahre nach dem Tod einer Vertragspartei auch für die Regelung von deren Nachlass beachtlich würden. Dem kann nicht gefolgt werden. Eine Auslegung, die nicht auf den Zeitpunkt des Todes der Personen, deren Nachlass zu beurteilen ist, abstellt, würde hohe Rechtsunsicherheit in allen Fällen, in denen lit b – d eine Rolle spielen, bedeuten. In ErwGr 48 ist vom Interesse der Rechtssicherheit von Personen, die ihren Nachlass im Voraus regeln möchten, die Rede. Dieses Interesse besteht nicht nur iZm der materiellen Wirksamkeit von Verfügungen von Todes wegen, sondern auch hin-

---

9 *Köhler* in *Kroiß/Horn/Solomon* Art 27 EuErbVO Rz 6.
10 Siehe *Köhler* in *Kroiß/Horn/Solomon* Art 27 EuErbVO Rz 6 (FN 7, 8).
11 BGBl 1955/55, für Österreich in Kraft getreten am 30. 1. 1955.
12 BGBl III 2008/81, für Österreich in Kraft getreten am 8. 5. 2008.
13 *Köhler* in *Kroiß/Horn/Solomon* Art 27 EuErbVO Rz 6.
14 *Süß*, ZErb 2014, 228.

sichtlich der Rechtssicherheit der Rechtsnachfolge von Todes wegen nach dem Tod eines Menschen. Wenn diese Rechtsnachfolge von Todes wegen durch einseitiges Handels einer Vertragspartei nach dem Tod willkürlich verändert werden kann, steht dies dem Gedanken von Rechtssicherheit, wie er zu einer anderen Frage in ErwGr 48 angezogen wird, entgegen.

Für die Frage der **Formgültigkeit eines Erbvertrages** iSd Art 3 Abs 1 lit b reicht es für die **23** Heranziehung der Anknüpfungspunkte, wenn nur hinsichtlich einer Person, deren Rechtsnachfolge von Todes wegen durch den Erbvertrag betroffen ist, einer der Anknüpfungspunkte gegeben ist. Die materiell-rechtlich zu beurteilende Zulässigkeit eines Erbvertrags, der den Nachlass mehrerer Personen betrifft, ist aber nach Art 25 Abs 2 nur dann gegeben ist, wenn der Erbvertrag nach jedem der Rechte zulässig ist, die für die Rechtsnachfolge der einzelnen beteiligten Personen anzuwenden wären, wenn sie zu dem Zeitpunkt verstorben wären, in dem der Erbvertrag geschlossen wurde (Näheres s bei Art 25).

Art 27 Abs 1 lit e entspricht mit den durch den unterschiedlichen Anwendungsbereich der **24** Normen bedingten Unterschieden dem Art 1 lit e HTÜ.

Auch **Art 27 Abs 1 letzter Satz** („Ob der Erblasser oder eine der Personen, deren Rechts- **25** nachfolge von Todes wegen durch einen Erbvertrag betroffen ist, in einem bestimmten Staat ihren Wohnsitz hatte, regelt das in diesem Staat geltende Recht") hat eine Entsprechung im HTÜ, dessen Art 1 letzter Satz normiert, dass die Frage, ob der Erblasser an einem bestimmten Ort einen Wohnsitz gehabt hat, durch das an diesem Orte geltende Recht geregelt wird. Auch hier gilt das zu Partikularrechten Gesagte (Rz 17).

2. Art 27 Abs 2

Diese Norm ordnet an, dass Art 27 Abs 1 auch auf Verfügungen von Todes wegen anzuwen- **26** den ist, durch die eine **frühere Verfügung von Todes wegen geändert oder widerrufen** wird.

Es genügt darüber hinaus, wenn die Änderung oder der Widerruf einer der Rechtsordnungen entspricht, nach denen die geänderte oder widerrufene Verfügung von Todes wegen gem Art 27 Abs 1 gültig war.

Die Wortwahl der Bestimmung orientiert sich, mit den durch den unterschiedlichen Anwendungsbereich der Normen bedingten Unterschieden, an Art 2 HTÜ.

Da der Begriff der Verfügung von Todes wegen (s oben II. B.) nicht nur einseitige letztwillige **27** Anordnungen sondern auch Verträge umfasst, ist diese Norm nicht nur auf einseitige Widerrufe, sondern auch auf **Vertragsaufhebungen** anzuwenden.

Faktische Handlungen, wie zum Beispiel das Zerreißen eines Testament in Widerrufsab- **28** sicht, stellen keine Verfügung von Todes wegen, durch die eine frühere Verfügung widerrufen wird, dar, und werden nicht von Art 27 erfasst.

3. Art 27 Abs 3

Art 27 Abs 3 entspricht dem Art 5 HTÜ und regelt in Ausführung des ErwGr 53, dass **ge-** **29** **setzliche Beschränkungen der für Verfügungen von Todes wegen zulässigen Formen,** die unter Bezug auf persönliche Eigenschaften wie zB Alter oder Staatsangehörigkeit des Verstorbenen oder der Personen, deren Rechtsnachfolge von Todes wegen durch einen Erbvertrag betroffen ist, angeordnet werden, als zur Form gehörend angesehen werden. Gleiches gilt für **Eigenschaften,** die die **Zeugen,** die für die Gültigkeit einer Verfügung von Todes wegen erforderlich sind, besitzen müssen.

30 Dies bedeutet, dass zB bei **Minderjährigen** die Frage der Testierfähigkeit an sich eine Frage des materiellen Rechts ist und somit die Anknüpfung in den Art 24 und 25 geregelt ist. Die zur Verfügung stehenden Formen für eine gültige Verfügung von Todes wegen Minderjähriger ist eine Frage der Form und somit für die Anknüpfung von Art 27 maßgebend. Gleiches gilt für Vorschriften für blinde, taube, stumme oder gehörlose Erblasser (§ 72 NO).[15]

31 Auch das **HTÜ** normiert nur Anknüpfungspunkte, nach denen die Form letztwilliger Verfügungen (Art 1) und Widerrufserklärungen (Art 2) zu beurteilen sind; es regelt also nur die Frage der anzuwendenden Form, nicht aber die Beurteilung materiell-rechtlicher Wirkungen.[16] *Köhler*[17] führt aus, dass die konkrete Frage, ob es sich um Form- oder materielle Vorschriften handle, regelmäßig mit einer teleologischen, den Sinn und Zweck der fraglichen Sachnorm berücksichtigenden kollisionsrechtlichen Interessenanalyse beantwortet werden müsse. Als Formvorschriften seien demnach regelmäßig solche Bestimmungen zu qualifizieren, die eine bestimmte äußere Gestaltung des Rechtsgeschäftes vorschreiben und mit dieser äußeren Gestaltung insb eine Warn-, Beweis-, Beratungs- oder Kontrollfunktion verfolgten. Diese Bestimmungen seien samt ihrer konkreten Rechtsfolgen anzuwenden. Art 27 Abs 3 konkretisiere, dass die in diesem Abs genannten Bestimmungen grundsätzlich als Formvorschriften qualifiziert werden können.

Verbote gemeinschaftlicher Testamente oder Erbverträge fallen laut *Köhler* unter das Formstatut, soweit sie überwiegend Formzwecke verfolgen. Richtet sich das Verbot indes gegen die materielle Bindungswirkung als solche (so insb im romanischen Rechtskreis), handle es sich um eine Frage der materiellen Wirksamkeit, welche dem gem Art 25 und 26 (richtig wohl Art 24 und 25) zu bestimmenden Errichtungsstatut unterliege.

IV. Rück- und Weiterverweisungen

32 Art 34 Abs 2 ordnet an, dass Rück- und Weiterverweisungen durch die ua in Art 27 genannten Rechtsordnungen nicht zu beachten sind. Der Renvoi ist also ausgeschlossen. Es handelt sich um eine **Sachnormverweisung.**[18]

V. Übergangsrecht

33 Die übergangsrechtlichen Bestimmungen in Art 83 Abs 3 sind als Ausdruck des **favor testamenti** zu sehen. Durch die Änderung der Rechtslage mit 17. 8. 2015 (Inkrafttreten der VO) sollen bis dahin errichtete Verfügungen von Todes wegen nicht unwirksam werden.

34 Art 83 Abs 3 enthält Regeln, die gewährleisten, dass vor dem 17. 8. 2015 errichtete Verfügungen von Todes wegen zulässig sowie materiell und formell wirksam sind, wenn sie entweder die **Voraussetzungen der Art 20 – 38** erfüllen oder nach dem **im Errichtungszeitpunkt geltenden Vorschriften des IPR des Staates des gewöhnlichen Aufenthalts,** des **Heimatstaates des Erblassers** oder des **Mitgliedstaats, dessen Behörde mit der Erbsache befasst ist,**[19] zulässig sowie materiell und formell wirksam waren.

---

15 *Rudolf,* FS Fenyves 300 zu Art 5 HTÜ.
16 OGH 6 Ob 571/77 SZ 50/71 = EvBl 1978/129.
17 *Köhler* in *Kroiß/Horn/Solomon* Art 27 EuErbVO Rz 11.
18 *Rudolf,* FS Fenyves 309.
19 Hier sei der Hinweis auf die Berichtigung ABl L 2013/41, 16 erlaubt.

Bonomi/Öztürk[20] schränken die Norm dahingehend ein, dass sie meinen, dass darin kein Verweis auf Kollisionsregeln von Drittstaaten gesehen werden könne, sondern nur die zum Errichtungszeitpunkt geltenden Kollisionsregeln der an die VO gebundenen Mitgliedstaaten darunter zu verstehen seien. Die Begründung dafür überzeugt nicht. Art 20 deutet eher zum Gegenteil.

Nach Art 83 Abs 4 wird für den Fall, dass der Erblasser vor dem 17. 8. 2015 eine Verfügung von **35** Todes wegen nach dem Recht errichtet hat, das er gem Art 22 hätte wählen können, fingiert, dass der Erblasser eine Rechtswahl iSd Art 22 getroffen hat. Dieses Recht gilt für die gesamte Rechtsnachfolge von Todes wegen. Eine tatsächliche Rechtswahl ist nicht erforderlich.[21]

VI. Inkrafttreten/Mitglieder des HTÜ

Das HTÜ ist **für Österreich am 5. 1. 1964 in Kraft getreten.**   **36**

Österreich hat den **Vorbehalt gem Art 12** in Anspruch genommen. Damit ist das Überein- **37** kommen nicht auf jene Anordnungen in letztwilligen Verfügungen anzuwenden, die nach österr Recht nicht erbrechtlicher Natur sind.

Nach dem Rechtsinformationssystem des Bundes sind folgende Staaten **Vertragsparteien:**[22] **38**

Albanien, Antigua/Barbuda, Armenien, Australien, Belgien, Bosnien-Herzegowina, Botsuana, Brunei, China,[23] Dänemark, Deutschland (BRD und ehem DDR), Estland, Fidschi, Finnland, Frankreich, Grenada, Griechenland, Irland, Israel, Japan, ehem. Jugoslawien, Kroatien, Lesotho, Luxemburg, Mauritius, Mazedonien, Moldau, Montenegro, Niederlande, Norwegen, Polen, Schweden, Schweiz, Serbien, Slowenien, Spanien, Südafrika, Swasiland, Tonga, Türkei, Ukraine, Vereinigtes Königreich.

Italien[24] und Portugal[25] haben das Übereinkommen zwar unterzeichnet, aber bislang nicht ratifiziert.[26]

Anhang

Übereinkommen über das auf die Form letztwilliger Verfügungen anzuwendende Recht, BGBl 1963/295[27] (Haager TestamentsrechtsÜbk – HTÜ)

Die Unterzeichnerstaaten dieses Übereinkommens,

In dem Wunsche, gemeinsame Regeln zur Lösung der Frage des auf die Form letztwilliger Verfügungen anzuwendenden Rechtes aufzustellen,

Haben beschlossen, zu diesem Zweck ein Übereinkommen zu schließen, und haben die folgenden Bestimmungen vereinbart:

Art 1. Eine letztwillige Verfügung ist hinsichtlich ihrer Form gültig, wenn diese dem innerstaatlichen Recht entspricht:

a) des Ortes, an dem der Erblasser letztwillig verfügt hat, oder

---

20 *Bonomi/Öztürk* in *Dutta/Herrler* Rz 102.
21 *Bonomi/Öztürk* in *Dutta/Herrler* Rz 104 ff.
22 Stichtag 31. 1. 2015.
23 Volksrepublik.
24 Am 15. 12. 1961.
25 Am 29. 9. 1967.
26 Statustabelle der Haager Konferenz für Internationales Privatrecht abrufbar unter: www.hcch.net/index_de.php?act=conventions.status&cid=40 (5. 6. 2015).
27 Die hier abgedruckte Fassung ist die im BGBl verlautbarte dt Übersetzung der verbindlichen französischen und englischen Textfassung.

b) eines Staates, dessen Staatszugehörigkeit der Erblasser im Zeitpunkt, in dem er letztwillig verfügt hat, oder im Zeitpunkt seines Todes besessen hat, oder

c) eines Ortes, an dem der Erblasser im Zeitpunkt, in dem er letztwillig verfügt hat, oder im Zeitpunkt seines Todes seinen Wohnsitz gehabt hat, oder

d) des Ortes, an dem der Erblasser im Zeitpunkt, in dem er letztwillig verfügt hat, oder im Zeitpunkt seines Todes seinen gewöhnlichen Aufenthalt gehabt hat, oder

e) soweit es sich um unbewegliches Vermögen handelt, des Ortes, an dem sich dieses befindet.

Ist die Rechtsordnung, die auf Grund der Staatsangehörigkeit anzuwenden ist, nicht vereinheitlicht, so wird für den Bereich dieses Übereinkommens das anzuwendende Recht durch die innerhalb dieser Rechtsordnung geltenden Vorschriften, mangels solcher Vorschriften durch die engste Bindung bestimmt, die der Erblasser zu einer der Teilrechtsordnungen gehabt hat, aus denen sich die Rechtsordnung zusammensetzt.

Die Frage, ob der Erblasser an einem bestimmten Ort einen Wohnsitz gehabt hat, wird durch das an diesem Orte geltende Recht geregelt.

Art 2. Artikel 1 ist auch auf letztwillige Verfügungen anzuwenden, durch die eine frühere letztwillige Verfügung widerrufen wird.

Der Widerruf ist hinsichtlich seiner Form auch dann gültig, wenn diese einer der Rechtsordnungen entspricht, nach denen die widerrufene letztwillige Verfügung gemäß Artikel 1 gültig gewesen ist.

Art 3. Dieses Übereinkommen berührt bestehende oder künftige Vorschriften der Vertragsstaaten nicht, wodurch letztwillige Verfügungen anerkannt werden, die der Form nach entsprechend einer in den vorangehenden Artikeln nicht vorgesehenen Rechtsordnung errichtet worden sind.

Art 4. Dieses Übereinkommen ist auch auf die Form letztwilliger Verfügungen anzuwenden, die zwei oder mehrere Personen in derselben Urkunde errichtet haben.

Art 5. Für den Bereich dieses Übereinkommens werden die Vorschriften, welche die für letztwillige Verfügungen zugelassenen Formen mit Beziehung auf das Alter, die Staatsangehörigkeit oder andere persönliche Eigenschaften des Erblassers beschränken, als zur Form gehörend angesehen. Das gleiche gilt für Eigenschaften, welche die für die Gültigkeit einer letztwilligen Verfügung erforderlichen Zeugen besitzen müssen.

Art 6. Die Anwendung der in diesem Übereinkommen aufgestellten Regeln über das anzuwendende Recht hängt nicht von der Gegenseitigkeit ab. Das Übereinkommen ist auch dann anzuwenden, wenn die Beteiligten nicht Staatsangehörige eines Vertragsstaates sind oder das auf Grund der vorangehenden Artikel anzuwendende Recht nicht das eines Vertragsstaates ist.

Art 7. Die Anwendung eines durch dieses Übereinkommen für maßgebend erklärten Rechtes darf nur abgelehnt werden, wenn sie mit der öffentlichen Ordnung offensichtlich unvereinbar ist.

Art 8. Dieses Übereinkommen ist in allen Fällen anzuwenden, in denen der Erblasser nach dem Inkrafttreten des Übereinkommens gestorben ist.

Art 9. Jeder Vertragsstaat kann sich, abweichend von Artikel 1 Absatz 3, das Recht vorbehalten, den Ort, an dem der Erblasser seinen Wohnsitz gehabt hat, nach dem am Gerichtsort geltenden Recht zu bestimmen.

Art 10. Jeder Vertragsstaat kann sich das Recht vorbehalten, letztwillige Verfügungen nicht anzuerkennen, die einer seiner Staatsangehörigen, der keine andere Staatsangehörigkeit besaß, ausgenommen den Fall außergewöhnlicher Umstände, in mündlicher Form errichtet hat.

Art 11. Jeder Vertragsstaat kann sich das Recht vorbehalten, bestimmte Formen im Ausland errichteter letztwilliger Verfügungen auf Grund der einschlägigen Vorschriften seines Rechtes nicht anzuerkennen, wenn sämtliche der folgenden Voraussetzungen erfüllt sind:

a) Die letztwillige Verfügung ist hinsichtlich ihrer Form nur nach einem Rechte gültig, das ausschließlich auf Grund des Ortes anzuwenden ist, an dem der Erblasser sie errichtet hat,

b) der Erblasser war Staatsangehöriger des Staates, der den Vorbehalt erklärt hat,

c) der Erblasser hatte in diesem Staat einen Wohnsitz oder seinen gewöhnlichen Aufenthalt und

d) der Erblasser ist in einem anderen Staate gestorben als in dem, wo er letztwillig verfügt hatte.

Dieser Vorbehalt ist nur für das Vermögen wirksam, das sich in dem Staate befindet, der den Vorbehalt erklärt hat.

Art 12. Jeder Vertragsstaat kann sich das Recht vorbehalten, die Anwendung dieses Übereinkommens auf Anordnungen in einer letztwilligen Verfügung auszuschließen, die nach seinem Rechte nicht erbrechtlicher Art sind.

Art 13. Jeder Vertragsstaat kann sich, abweichend von Artikel 8, das Recht vorbehalten, dieses Übereinkommen nur auf letztwillige Verfügungen anzuwenden, die nach dessen Inkrafttreten errichtet worden sind.

Art 14. Dieses Übereinkommen liegt für die bei der Neunten Tagung der Haager Konferenz für Internationales Privatrecht vertretenen Staaten zur Unterzeichnung auf.

Es bedarf der Ratifizierung; die Ratifikationsurkunden sind beim Ministerium für Auswärtige Angelegenheiten der Niederlande zu hinterlegen.

Art 15. Dieses Übereinkommen tritt am sechzigsten Tage nach der in Artikel 14 Absatz 2 vorgesehenen Hinterlegung der dritten Ratifikationsurkunde in Kraft.

Das Übereinkommen tritt für jeden Unterzeichnerstaat, der es später ratifiziert, am sechzigsten Tage nach Hinterlegung seiner Ratifikationsurkunde in Kraft.

Art 16. Jeder bei der Neunten Tagung der Haager Konferenz für Internationales Privatrecht nicht vertretene Staat kann diesem Übereinkommen beitreten, nachdem es gemäß Artikel 15 Absatz 1 in Kraft getreten ist. Die Beitrittsurkunde ist beim Ministerium für Auswärtige Angelegenheiten der Niederlande zu hinterlegen.

Das Übereinkommen tritt für den beitretenden Staat am sechzigsten Tage nach Hinterlegung seiner Beitrittsurkunde in Kraft.

Art 17. Jeder Staat kann bei der Unterzeichnung, bei der Ratifizierung oder beim Beitritt erklären, daß dieses Übereinkommen auf alle oder auf einzelne der Gebiete ausgedehnt werde, deren internationale Beziehungen er wahrnimmt. Eine solche Erklärung wird wirksam, sobald das Übereinkommen für den Staat, der sie abgegeben hat, in Kraft tritt.

Später kann dieses Übereinkommen auf solche Gebiete durch eine an das Ministerium für Auswärtige Angelegenheiten der Niederlande gerichtete Notifikation ausgedehnt werden.

Das Übereinkommen tritt für die Gebiete, auf die sich die Ausdehnung erstreckt, am sechzigsten Tage nach der in Absatz 2 vorgesehenen Notifikation in Kraft.

Art 18. Jeder Staat kann spätestens bei der Ratifizierung oder beim Beitritt einen oder mehrere der in den Artikeln 9, 10, 11, 12 und 13 vorgesehenen Vorbehalte erklären. Andere Vorbehalte sind nicht zulässig.

Ebenso kann jeder Vertragsstaat bei der Notifikation einer Ausdehnung des Übereinkommens gemäß Artikel 17 einen oder mehrere dieser Vorbehalte für alle oder einzelne der Gebiete, auf die sich die Ausdehnung erstreckt, erklären.

Jeder Vertragsstaat kann einen Vorbehalt, den er erklärt hat, jederzeit zurückziehen. Diese Zurückziehung ist dem Ministerium für Auswärtige Angelegenheiten der Niederlande zu notifizieren.

Die Wirkung des Vorbehalts erlischt am sechzigsten Tage nach der in Absatz 3 vorgesehenen Notifikation.

Art 19. Dieses Übereinkommen gilt für die Dauer von fünf Jahren, gerechnet von seinem Inkrafttreten gemäß Artikel 15 Absatz 1, und zwar auch für Staaten, die es später ratifiziert haben oder ihm später beigetreten sind.

Die Geltungsdauer des Übereinkommens verlängert sich, außer im Falle der Kündigung, stillschweigend um jeweils fünf Jahre.

Die Kündigung ist spätestens sechs Monate, bevor der Zeitraum von fünf Jahren jeweils abläuft, dem Ministerium für Auswärtige Angelegenheiten der Niederlande zu notifizieren.

Sie kann sich auf bestimmte Gebiete, auf die das Übereinkommen anzuwenden ist, beschränken.

Die Kündigung wirkt nur für den Staat, der sie notifiziert hat. Für die anderen Vertragsstaaten bleibt das Übereinkommen in Kraft.

Art 20. Das Ministerium für Auswärtige Angelegenheiten der Niederlande notifiziert den in Artikel 14 bezeichneten Staaten sowie den Staaten, die gemäß Artikel 16 beigetreten sind:

a) die Unterzeichnungen und Ratifikationen gemäß Artikel 14;

b) den Tag, an dem dieses Übereinkommen gemäß Artikel 15 Absatz 1 in Kraft tritt;

c) die Beitrittserklärungen gemäß Artikel 16 sowie den Tag, an dem sie wirksam werden;

d) die Erklärungen über die Ausdehnung gemäß Artikel 17 sowie den Tag, an dem sie wirksam werden;

e) die Vorbehalte und Zurückziehungen von Vorbehalten gemäß Artikel 18;

f) die Kündigungen gemäß Artikel 19 Absatz 3.

Zu Urkund dessen haben die gehörig bevollmächtigten Unterzeichneten dieses Übereinkommen unterschrieben.

Geschehen in Den Haag, am 5. Oktober 1961, in französischer und englischer Sprache, wobei im Falle von Abweichungen der französische Wortlaut maßgebend ist, in einer Urschrift, die im Archiv der Regierung der Niederlande hinterlegt und von der jedem bei der Neunten

Tagung der Haager Konferenz für Internationales Privatrecht vertretenen Staat eine beglaubigte Abschrift auf diplomatischem Weg übermittelt wird.

Formgültigkeit einer Annahme- oder Ausschlagungserklärung

Art 28. **Eine Erklärung über die Annahme oder die Ausschlagung der Erbschaft, eines Vermächtnisses oder eines Pflichtteils oder eine Erklärung zur Begrenzung der Haftung des Erklärenden ist hinsichtlich ihrer Form wirksam, wenn diese den Formerfordernissen entspricht**

a) des nach den Artikeln 21 oder 22 auf die Rechtsnachfolge von Todes wegen anzuwendenden Rechts oder

b) des Rechts des Staates, in dem der Erklärende seinen gewöhnlichen Aufenthalt hat.

Stammfassung.

Literatur: *Fischer-Czermak,* Anwendungsbereich, in *Schauer/Scheuba* (Hrsg), Europäische Erbrechtsverordnung (2013) 23; *Rudolf,* Die Erbrechtsverordnung der Europäischen Union, NZ 2013/103, 225; *Rudolf,* Die Formanknüpfung letztwilliger Verfügungen im Internationalen Erbrecht, FS Fenyves (2013) 293.

Übersicht

		Rz
I.	Allgemeines	1
II.	Die Regelungen im Einzelnen	6
III.	Rück- und Weiterverweisungen	9

I. Allgemeines

Die Regelungen dieses Art erfolgen, soweit sie über die Anwendung des allgemeinen Erbstatuts hinausgehen, in Ausführung des ErwGr 32. Nach diesem soll es **Erben und Vermächtnisnehmern,** die ihren gewöhnlichen Aufenthalt in einem anderen als dem Mitgliedstaat haben, in dem der Nachlass abgewickelt wird oder werden soll, und die nach dem auf die Rechtsnachfolge von Todes wegen anzuwendenden Recht dazu berechtigt sind, ermöglicht werden, **Erklärungen** über die Annahme oder Ausschlagung einer Erbschaft, eines Vermächtnisses oder eines Pflichtteils oder zur Begrenzung ihrer Haftung für Nachlassverbindlichkeiten **vor den Gerichten des Mitgliedstaats ihres gewöhnlichen Aufenthalts** in der Form abzugeben, die nach dem Recht dieses Mitgliedstaats vorgesehen ist. **1**

Art 13 schafft für diese Erklärungen einen **besonderen Gerichtsstand** in Mitgliedstaaten, soweit diese vor einem Gericht abgegeben werden können. **2**

Eine Person, die ihre **Haftung für die Nachlassverbindlichkeiten begrenzen** möchte, sollte dies nicht durch eine entsprechende einfache Erklärung vor den Gerichten oder anderen zuständigen Behörden des Mitgliedstaats ihres gewöhnlichen Aufenthalts tun können, wenn das auf die Rechtsnachfolge von Todes wegen anzuwendende Recht von ihr verlangt, vor dem zuständigen Gericht ein **besonderes Verfahren,** bspw ein Verfahren zur Inventarerrichtung, zu veranlassen (ErwGr 33). Eine solche einfache Erklärung wäre ungültig. **3**

Verfahrenseinleitende Schriftstücke sollen für die Zwecke dieser VO **nicht** als Erklärung angesehen werden (ErwGr 33 letzter Satz). **4**

5 Die Regelungen dieses Art erfassen die Wirksamkeit einer Erklärung **nur** hinsichtlich ihrer **Form**. Gem Art 23 Abs 1 lit e und g unterliegen Fragen der Bedingungen für die Annahme oder Ausschlagung der Erbschaft oder eines Vermächtnisses, deren Wirkungen und der Haftung für Nachlassverbindlichkeiten dem nach Art 21 oder 22 anzuwendenden Recht und nicht Art 28.

II. Die Regelungen im Einzelnen

6 Eine Erklärung über die Annahme oder die Ausschlagung einer Erbschaft, eines Vermächtnisses oder eines Pflichtteils, oder eine Erklärung zur Begrenzung der Haftung des Erklärenden ist hinsichtlich ihrer Form wirksam, wenn diese den Formerfordernissen entspricht:

a) des nach den Art 21 oder 22 auf die Rechtsnachfolge von Todes wegen anzuwendenden Rechts: Die genannten Erklärungen sind formwirksam, wenn sie den Formerfordernissen des Rechts, das aufgrund des letzten gewöhnlichen Aufenthalts oder einer zulässigen Rechtswahl anzuwenden ist **(allgemeines Erbstatut),** entsprechen.

7 **b) des Rechts des Staates, in dem der Erklärende seinen gewöhnlichen Aufenthalt hat:** Die genannten Erklärungen sind zusätzlich auch dann formwirksam, wenn sie den Formerfordernissen des Staates, in dem der Erklärende seinen gewöhnlichen Aufenthalt hat, entsprechen. Diese Regelung führt die Gedanken des ErwGr 32 aus, der auf die Interessen der Erben und Vermächtnisnehmer, die ihren gewöhnlichen Aufenthalt in einem anderen Mitgliedstaat haben als dem, in dem der Nachlass abgewickelt wird. Über diesen begünstigenden Gedanken hinaus ist aber die Anwendung des Rechtes des Staates des gewöhnlichen Aufenthalts des Erklärenden **nicht auf das Recht von Mitgliedstaaten beschränkt,** da in Art 28 nicht vom Recht des Mitgliedstaats sondern vom Recht des Staates des gewöhnlichen Aufenthalts die Rede ist (Art 20).

ErwGr 32 letzter Satz ordnet an: „Die Personen, die von der Möglichkeit Gebrauch machen möchten, Erklärungen im Mitgliedstaat ihres gewöhnlichen Aufenthalts abzugeben, sollten **das Gericht** oder die Behörde, die mit der Erbsache befasst ist oder sein wird, innerhalb einer Frist, die in dem auf die Rechtsnachfolge von Todes wegen anzuwendenden Recht vorgesehen ist, **selbst** davon **in Kenntnis** setzen, dass derartige Erklärungen abgegeben wurden."

8 Ein **Beispiel** für eine dem ErwGr 32 entsprechende Erleichterung, das sich auf Art 28 lit b gründet, ist folgendes: Der Verstorbene hatte seinen letzten gewöhnlichen Aufenthalt in der Bundesrepublik Deutschland, eine letztwillige andere Rechtswahl wurde nicht getroffen. Der berufene Erbe, der die Erbschaft ausschlagen möchte, hat seinen gewöhnlichen Aufenthalt in Österreich. Nach Art 28 lit a ist bei der Beurteilung der Formgültigkeit dt Recht anzuwenden (Art 21). Gem § 1945 Abs 1 dBGB wäre die Ausschlagungserklärung gegenüber dem Nachlassgericht zur Niederschrift des Nachlassgerichts zu erklären oder in öffentlich beglaubigter Form abzugeben. Dadurch, dass in diesem Beispiel der Erbe aber auch die Form gem Art 28 lit b, also die österr Form wählen kann, sind für ihn keine besonderen Formerfordernisse an die Erklärung gegenüber dem Nachlassgericht notwendig, weil das österr Recht an die Form der Entschlagungserklärung keine erhöhten Anforderungen stellt. Neben der der Niederschrift des Nachlassgerichts entsprechenden Protokollierung durch den Gerichtskommissär reicht die einfache Schriftform der Erklärung an das Nachlassgericht aus.

Die Fristen des § 1944 dBGB sind keine Frage der Form. Auch im Fall des Art 28 lit b sind die Fristen des anzuwendenden materiellen Rechts, in diesem Beispiel § 1944 dBGB, als Bedingung für die Ausschlagung der Erbschaft einzuhalten (Art 23 Abs 2 lit e).

III. Rück- und Weiterverweisungen

Art 34 Abs 2 ordnet an, dass Rück- und Weiterverweisungen durch die ua in Art 28 lit b ge- **9** nannten Rechtsordnungen nicht zu beachten sind. Der Renvoi ist also im Fall, dass das Recht des Staates des gewöhnlichen Aufenthaltes des Erklärenden herangezogen wird, ausgeschlossen. Es handelt sich um eine **Sachnormverweisung**.[1]

Im Falle des Art 28 lit a (allgemeines Erbstatut) handelt es sich dagegen um einen **Gesamt-** **10** **normverweis** (Art 34 Abs 1).[2]

Näheres für den Fall **innerstaatlichen Partikularrechts** bei Art 36 und 37. **11**

Besondere Regelungen für die Bestellung und die Befugnisse eines Nachlassverwalters in bestimmten Situationen

Art 29. (1) Ist die Bestellung eines Verwalters nach dem Recht des Mitgliedstaats, dessen Gerichte nach dieser Verordnung für die Entscheidungen in der Erbsache zuständig sind, verpflichtend oder auf Antrag verpflichtend und ist das auf die Rechtsnachfolge von Todes wegen anzuwendende Recht ausländisches Recht, können die Gerichte dieses Mitgliedstaats, wenn sie angerufen werden, einen oder mehrere Nachlassverwalter nach ihrem eigenen Recht unter den in diesem Artikel festgelegten Bedingungen bestellen.

Der/die nach diesem Absatz bestellte(n) Verwalter ist/sind berechtigt, das Testament des Erblassers zu vollstrecken und/oder den Nachlass nach dem auf die Rechtsnachfolge von Todes wegen anzuwendenden Recht zu verwalten. Sieht dieses Recht nicht vor, dass eine Person Nachlassverwalter ist, die kein Berechtigter ist, können die Gerichte des Mitgliedstaats, in dem der Verwalter bestellt werden muss, einen Fremdverwalter nach ihrem eigenen Recht bestellen, wenn dieses Recht dies so vorsieht und es einen schwerwiegenden Interessenskonflikt zwischen den Berechtigten oder zwischen den Berechtigten und den Nachlassgläubigern oder anderen Personen, die für die Verbindlichkeiten des Erblassers gebürgt haben, oder Uneinigkeit zwischen den Berechtigten über die Verwaltung des Nachlasses gibt oder wenn es sich um einen aufgrund der Art der Vermögenswerte schwer zu verwaltenden Nachlasses handelt.

Der/die nach diesem Absatz bestellte(n) Verwalter ist/sind die einzige(n) Person(en), die befugt ist/sind, die in den Absätzen 2 oder 3 genannten Befugnisse auszuüben.

(2) Die nach Absatz 1 bestellte(n) Person(en) üben die Befugnisse zur Verwaltung des Nachlasses aus, die sie nach dem auf die Rechtsnachfolge von Todes wegen anzuwendenden Recht ausüben dürfen. Das bestellende Gericht kann in seiner Entscheidung besondere Bedingungen für die Ausübung dieser Befugnisse im Einklang mit dem auf die Rechtsnachfolge von Todes wegen anzuwendenden Recht festlegen.

Sieht das auf die Rechtsnachfolge von Todes wegen anzuwendende Recht keine hinreichenden Befugnisse vor, um das Nachlassvermögen zu erhalten oder die Rechte der Nachlassgläubiger oder anderer Personen zu schützen, die für die Verbindlichkeiten des Erblassers gebürgt haben, so kann das bestellende Gericht beschließen, es dem/den Nachlassverwalter(n) zu gestatten, ergänzend diejenigen Befugnisse, die hierfür in seinem eigenen Recht vorgesehen sind, auszuüben und in seiner Entscheidung besondere Bedingungen für die Ausübung dieser Befugnisse im Einklang mit diesem Recht festlegen.

---

1 *Rudolf*, FS Fenyves 309.
2 *Dutta* in MünchKommBGB[6] Art 28 EuErbVO Rz 8.

Bei der Ausübung solcher ergänzenden Befugnisse hält/halten der/die Verwalter das auf die Rechtsnachfolge von Todes wegen anzuwendende Recht in Bezug auf den Übergang des Eigentums an dem Nachlassvermögen, die Haftung für die Nachlassverbindlichkeiten, die Rechte der Berechtigten, gegebenenfalls einschließlich des Rechts, die Erbschaft anzunehmen oder auszuschlagen, und gegebenenfalls die Befugnisse des Vollstreckers des Testaments des Erblassers ein.

(3) Ungeachtet des Absatzes 2 kann das nach Absatz 1 einen oder mehrere Verwalter bestellende Gericht ausnahmsweise, wenn das auf die Rechtsnachfolge von Todes wegen anzuwendende Recht das Recht eines Drittstaats ist, beschließen, diesen Verwaltern alle Verwaltungsbefugnisse zu übertragen, die in dem Recht des Mitgliedstaats vorgesehen sind, in dem sie bestellt werden.

Bei der Ausübung dieser Befugnisse respektieren die Nachlassverwalter jedoch insbesondere die Bestimmung der Berechtigten und ihrer Nachlassansprüche, einschließlich ihres Anspruchs auf einen Pflichtteil oder ihres Anspruchs gegen den Nachlass oder gegenüber den Erben nach dem auf die Rechtsnachfolge von Todes wegen anzuwendenden Recht.

Stammfassung.

Literatur: *Bajons,* Die Nachlassabwicklung in internationalen Erbsachen nach zukünftigem Recht, ecolex 2014, 204; *Buschbaum/Simon,* EuErbVO: Das Europäische Nachlasszeugnis ZEV 2012, 525; *F. Bydlinski,* Letztwillige Verwaltungsanordnungen, JBl 1981, 72; *De Waal,* Comparative Succession Law, in *Reimann/Zimmermann* (Hrsg), The Oxford Handbook of Comparative Law (2006) 1071; *Dutta,* Succession and Wills in the Conflict of Laws on the Eve of Europeanisation, RabelsZ 73 (2009) 547; *Frodl,* Zum Beschluss der EU-Verordnung über die Zuständigkeit, das anzuwendende Recht, die Anerkennung und Vollstreckung von Entscheidungen und öffentlichen Urkunden in Erbsachen sowie zur Einführung eines Europäischen Nachlasszeugnisses, ÖJZ 2012/108, 950; *Hertel,* Nachweis der Erbfolge im Grundbuchverfahren – bisher und nach der EuErbVO, ZEV 2013, 539; *Hilbig-Lugani,* Divergenz und Transparenz: Der Begriff des gewöhnlichen Aufenthalts der privat handelnden natürlichen Personen im jüngeren EuIPR und EuZVR, GPR 2014, 8; *J. Kleinschmidt,* Optionales Erbrecht: Das Europäische Nachlasszeugnis als Herausforderung an das Kollisionsrecht, RabelsZ 77 (2013) 723; *Magnus,* Gerichtsstandsvereinbarungen im Erbrecht? IPRax 2013, 393; *Mondel,* Die praktische Handhabung der Benützung, Verwaltung und Vertretung des Nachlasses, NZ 2006/54, 225; *Motal,* EU-Erbrechtsverordnung: Anpassungsbedarf im IPRG und der JN, EF-Z 2014/151, 251; *Motal,* EU-Erbrechtsverordnung: Anpassungsbedarf im Außerstreitgesetz, EF-Z 2015/39, 62; *Rudolf,* Die Erbrechtsverordnung der Europäischen Union, NZ 2013/103, 225; *Rudolf/Zöchling-Jud/Kogler,* Kollisionsrecht, in *Rechberger/Zöchling-Jud* (Hrsg), Die EU-Erbrechtsverordnung in Österreich (2015) 115; *Schauer,* Europäisches Nachlasszeugnis, EF-Z 2012/154, 245; *Scheuba,* Aus der Praxis: Die Rechtswahl im Erbrecht wirft ihre Schatten voraus, ecolex 2014, 210; *J. Schmidt,* Der Erbnachweis in Deutschland ab 2015: Erbschein vs. Europäisches Nachlasszeugnis, ZEV 2014, 389; *J. P. Schmidt,* Ausländische Vindikationslegate über im Inland belegene Immobilien – zur Bedeutung des Art. 1 Abs. 2 lit. l EuErbVO, ZEV 2014, 133; *Spitzer,* Benützung, Verwaltung und Vertretung des Nachlasses (§ 810 ABGB neu), NZ 2006/8, 33; *A-Z. Steiner,* EU-Verordnung in Erbsachen sowie zur Einführung eines europäischen Nachlasszeugnisses, NZ 2012/26, 104; *Süß,* Das Europäische Nachlasszeugnis, ZEuP 2013, 725; *Vollmer,* Die neue europäische Erbrechtsverordnung – ein Überblick, ZErb 2012, 227; *Zankl,* Testamentsvollstreckung und Nachlaßverwaltung, NZ 1998, 71; *Zillmann,* Die Haftung der Erben im internationalen Erbrecht – Eine rechtsvergleichende Untersuchung zum deutschen und französischen Recht (1998).

Übersicht

	Rz
I. Grundlagen	1
A. Ausgangspunkt und Normzweck	1
B. Hintergrund	3

    C. Überblick 8
    D. Schnittstelle zum Verfahrensrecht 11
 II. Anwendungsbereich 13
    A. Internationale Zuständigkeit 13
      1. Zuständigkeitsfälle 13
      2. Außergerichtliche Einigung 15
      3. Unzuständigkeit 17
    B. Auseinanderfallen von forum und ius 18
      1. Ausgangsfall im Allgemeinen 18
      2. Zuständigkeit nach Art 10 oder Art 11 19
      3. Ausweichklausel (Art 4, 21 Abs 2) 20
      4. (Teil-)Rechtswahl 22
    C. Zwingende Nachlassverwalterbestellung nach der lex fori ... 24
      1. „Nachlassverwaltung" iSd Art 29 24
      2. Verpflichtende oder auf Antrag verpflichtende Bestellung 27
        a) Verständnis nach der EuErbVO 27
          aa) Adressat 27
          bb) Verpflichtende Bestellung 28
          cc) Auf Antrag verpflichtende Bestellung 30
        b) Anwendungsfälle im österreichischen Erb- und Erbverfahrensrecht? 32
          aa) Testamentsvollstrecker (§ 816 ABGB) 32
          bb) Verlassenschaftskurator (§ 157 Abs 4 AußStrG) 35
          cc) Separationskurator (§ 812 ABGB, § 175 AußStrG) 36
          dd) Erbenstreit (§ 173 AußStrG) 38
          ee) Vertretungsvorsorge (§ 156 AußStrG) 41
III. Tätigwerden des Nachlassverwalters 42
    A. Bestellung des Nachlassverwalters 42
      1. Lex fori („ob"?) 42
      2. Person des Nachlassverwalters („wer"?) 43
        a) Grundsatz: Beachtung des allgemeinen Erbstatuts 43
        b) Abweichung: Fremdverwalterbestellung 44
    B. Rechte und Pflichten des Nachlassverwalters 45
      1. Anwendungsbereich 45
      2. „Berechtigte" iSd Art 29 46
      3. Befugnisse im Anwendungsbereich der EuErbVO 47
        a) Grundsatz: Maßgeblichkeit der lex causae (Abs 2 UAbs 1) 47
          aa) Allgemeine Befugnisse 47
          bb) Besondere Bedingungen 51
          cc) Fremdverwalterbestellung und Erbenhaftung 54
        b) Abweichung: Ergänzung durch die lex fori (Abs 2 UAbs 2) 55
          aa) Zweck: Nachlassgläubiger- und Pflichtteilschutz 55
          bb) Befugniserweiterung und Befugnisbeschränkung 56
        c) Unantastbare Bereiche der lex causae (Abs 2 UAbs 3) 58
      4. Befugnisse bei Anwendbarkeit eines Drittstaatenrechts (Abs 3) 60
      5. Entlohnung und Haftung 62
    C. Tätigwerden im In- und Ausland 64
      1. Bestellungsbeschluss 64
      2. Europäisches Nachlasszeugnis 65
      3. Kompetenz(grenz)en im Ausland? 68
 IV. Maßnahmen zum Gläubigerschutz 71
    A. Stärkung der Gläubigerrechte 71
    B. Schutzmaßnahmen 72
    C. Informationsbeschaffung 73

I. Grundlagen

A. Ausgangspunkt und Normzweck

1 Die VO zielt darauf ab, einen Gleichlauf von forum und ius zu verwirklichen.[1] Abweichend davon ist Ausgangspunkt des Art 29 ein **Auseinanderfallen von forum und ius:**[2] Die Bestimmung erfasst internationale Erbrechtsfälle, in denen die internationale Zuständigkeit und das anwendbare Recht (Erbstatut) auseinanderfallen. Voraussetzung von Art 29 ist also, dass das international zuständige Gericht ausländisches Recht anwenden muss (näher Rz 18 ff).

2 Diese Ausgangssituation kann für die Nachlassabwicklung problematisch sein, wenn das Recht des Mitgliedstaats, dessen Gerichte international zuständig sind (lex fori), eine zwingende Nachlassverwaltung vorsieht.[3] Der **Normzweck** von Art 29 liegt darin, solchen Rechtsordnungen die Bestellung eines oder mehrerer **Nachlassverwalter nach innerstaatlichem Recht** zu ermöglichen.[4] In dem Fall darf das angerufene Gericht somit unter bestimmten Voraussetzungen einen Verwalter nach der lex fori bestellen, obwohl ausländisches Recht anzuwenden ist.[5] Art 29 ist somit keine Zuständigkeits-, sondern eine Kollisionsnorm.[6] Ihre Rechtsfolge liegt in der Maßgeblichkeit einer bestimmten Rechtsordnung.[7] Da, abgesehen von der Verwalterbestellung, sonst grundsätzlich ausländisches Erb- und Erbverfahrensrecht (lex causae) anzuwenden ist, versucht Art 29, lex causae und lex fori miteinander abzustimmen[8] (näher Rz 42 ff, 47 ff).

B. Hintergrund

3 Art 29 beruht auf Art 21 des Kommissionsvorschlags,[9] der bereits in seiner damaligen Fassung „den Besonderheiten der Rechtssysteme des **Common Law** – zB in England – Rechnung" tragen sollte.[10] Das angloamerikanische Rechtssystem sieht, anders als die meisten kontinentaleuropäischen Rechtsordnungen die zwingende Bestellung eines Nachlassverwalters vor (Rz 4). Art 29 sollte dieser Besonderheit dadurch entsprechen, indem weitestgehend die Bestellung eines Nachlassverwalters nach der lex fori zugelassen wurde. Dabei versuchte

---

1 Vgl etwa *Bajons,* ecolex 2014, 204, 208; *Geimer* in *Hager* 17; *Kroiß* in NomosKommentar BGB Art 29 EuErbVO Rz 5.

2 Ratsdokument Nr 9677/11, 8; vgl *Rudolf,* NZ 2013/103, 237; näher *Dutta* in MünchKommBGB[6] Art 29 EuErbVO Rz 4; bereits *Dutta,* RabelsZ 73 (2009) 601 ff, vgl auch *Rudolf/Zöchling-Jud/Kogler* in *Rechberger/Zöchling-Jud* Rz 217; noch de lege ferenda zu Vor- und Nachteilen eines Verweises auf die lex fori, mit dem Vorschlag – nach dem Vorbild des belgischen Rechts – Rechtsordnungen, die eine zwingende Nachlassverwaltung vorsehen, den Rückgriff auf die lex fori zu erlauben.

3 Auf dieses Problem wird schon im Ratsdokument Nr 8452/11, 4 hingewiesen.

4 Vgl *Bajons* in *Schauer/Scheuba* 38 f; *Dutta* in MünchKommBGB[6] Art 29 EuErbVO Rz 1; *Frodl,* ÖJZ 2012/108, 955; *Greeske,* EU-Erbrechtsverordnung 173 ff; *Köhler* in *Kroiß/Horn/Solomon* Art 21 EuErbVO Rz 1; *Thorn* in *Palandt*[73] Art 29 EuErbVO Rz 1; krit noch zum unklar formulierten Kommissionsentwurf (Art 21) *Lübcke,* Nachlassverfahrensrecht 284 ff.

5 Siehe Ratsdokument Nr 9677/11, 8.

6 Vgl auch *Dutta* in MünchKommBGB[6] Art 29 EuErbVO Rz 1; *Rudolf/Zöchling-Jud/Kogler* in *Rechberger/Zöchling-Jud* Rz 216.

7 Allgemein dazu *Kropholler,* IPR[6] 105.

8 Vgl auch *Dutta* in MünchKommBGB[6] Art 29 EuErbVO Rz 1.

9 Siehe Ratsdokumente Nr 8452/11, 4 ff und Nr 9677/11, 7 ff; zum Hintergrund s auch *Lein* in *Dutta/Herrler* 202 f.

10 So die Erläuterung zu Art 21 im Kommissionsvorschlag 2009/0157 (COD) 7.

---

der Unionsgesetzgeber, das anwendbare ausländische Recht gleichermaßen zu berücksichtigen. So ergeben sich die Länge des Art und sein komplizierter Eindruck aus dem Bestreben, die verschiedenen Systeme der Nachlassabwicklung aus den Mitgliedstaaten miteinander zu koordinieren.

Überblicksartig lassen sich drei **Regelungskonzepte der Nachlassabwicklung** unterscheiden. **4** Während der Nachlass nach dem Tod des Erblassers in manchen Rechtsordnungen direkt auf die Erben übergeht (zB Deutschland,[11] in leicht abgewandelter Form Frankreich[12] und Belgien:[13] *„le mort saisit le vif"*), wird der Nachlass in anderen Rechtsordnungen von den potenziell Erbberechtigten verwaltet und vertreten, bis die Erbschaft durch einen Hoheitsakt oder eine Annahmehandlung den Erben zukommt (zB Österreich, Spanien und Italien).[14] Häufig wird bis dahin auch ein Notar tätig, wie etwa in den Staaten der früheren Donaumonarchie (Österreich, Ungarn, Tschechien, Slowakei, Slowenien)[15] und Belgien.[16] Demgegenüber beruht Art 29 auf dem Nachlassverwaltungskonzept des common law:[17] In England und Wales werden solvente Nachlässe[18] zwingend von einem vom Erblasser bestimmten *executor* oder von einem vom Gericht bestellten *administrator* abgewickelt.[19] Dabei tritt im gesamten Abwicklungsstadium ein Vertreter zwischen den Nachlass und die Erben (*„the executive or representive [. . .] acts as an intermediary"*[20]). Ähnliche Konzepte finden sich in Schottland,[21] Irland[22] und Zypern.[23]

---

11 Besonders deutlich § 1922 Abs 1 dBGB: „Mit dem Tode einer Person (Erbfall) geht deren Vermögen (Erbschaft) als Ganzes auf eine oder mehrere andere Personen (Erben) über" und zwar nach § 1942 BGB „unbeschadet des Rechts [. . .], sie auszuschlagen"; vgl *Leipold* in MünchKommBGB[6] § 1942 Rz 1; *Greeske,* EU-Erbrechtsverordnung 162.

12 In Frankreich erfolgt zwar auch eine Annahmeerklärung, mit dieser wird der Nachlass aber als unmittelbar übergegangen fingiert; Art 724 Abs 1 Code Civile: *„Heirs designated by legislation have seizin* (sic!) *by operation of law of the assets, rights, and actions of the deceased"* (Quelle: www.legifrance. gouv.fr/Traductions/en-English/Legifrance-translations [3. 6. 2015]); zur Annahme und Ausschlagung der Erbschaft vgl Art 768 ff Code Civile; dazu *Döbereiner* in *Süß*[2] 663 Rz 149 ff; *Greeske,* EU-Erbrechtsverordnung 163.

13 Vgl Art 724 ZGB; *Husted* in *Süß*[2] 315 Rz 33.

14 Umfassend dazu *Lübcke,* Nachlassverfahrensrecht 49 ff; vgl auch *De Waal* in *Reimann/Zimmermann* 1094 f.

15 Dazu etwa *Hertel* in *Dutta/Herrler* 102.

16 Vgl *Husted* in *Süß*[2] 331 Rz 101.

17 Vgl auch *Dutta* in MünchKommBGB[6] Art 29 EuErbVO Rz 1.

18 Ist der Nachlass insolvent, so gelten für Wales und England spezielle Regelungen nach der Administration of Insolvent Estates of Deceased Persons Order 1986, S I 1986/1999 idF der Administration of Insolvent Estates of Deceased Persons (Amendments) Order 2002, S I 2002/1309; vgl *Probert,* Succession 246.

19 Vgl Art 1, 5, 21, 33 Administration of Estates Acts 1925 (UK), abrufbar unter www.legislation.gov. uk/ukpga/Geo5/15-16/23 (3. 6. 2015); House of Lords, The EU's Regulation on Succession, 9 (point 56) unter Bezug auf das Memorandum von *Matthews;* dazu *De Waal* in *Reimann/Zimmermann* 1094 ff; *Lein* in *Dutta/Herrler* 207 f; *Odersky* in *Süß*[2] 741 Rz 60 ff; *Lübcke,* Nachlassverfahrensrecht 52 ff, 67 ff; *Probert,* Succession 27, 206, 246; im Überblick *Hellner* in *Dutta/Herrler* 109; *Köhler* in *Kroiß/Horn/Solomon* Art 21 EuErbVO Rz 1.

20 *De Waal* in *Reimann/Zimmermann* 1095.

21 Vgl dazu *Odersky* in *Süß*[2] 734 Rz 41.

22 Vgl dazu *Worthmann* in *Süß*[2] 814 Rz 119 ff.

23 Darauf hinweisend *Dutta* in MünchKommBGB[6] Art 29 EuErbVO Rz 6; *Köhler* in *Kroiß/Horn/Solomon* Art 29 EuErbVO Rz 1; *Thorn* in *Palandt*[73] Art 29 EuErbVO Rz 1; dazu *Süß* in *Süß*[2] 1620 Rz 13.

5 Die Nachlassabwicklung ist mit der **Haftung für die Nachlassverbindlichkeiten** verknüpft.[24] Um die „innere Kohärenz der verschiedenen Erbrechtsregelungen der Staaten nicht zu gefährden", erschien es dem Unionsgesetzgeber zweckmäßig, die Haftung dem Erbstatut zu unterstellen.[25] Im Wesentlichen können, wie zur Nachlassabwicklung (Rz 4) ähnliche Regelungskonzepte unterschieden werden: Ein Haftungskonzept tendiert zum Schutz der Gläubiger zur persönlichen Haftung der Erben,[26] während andere es den Erben ermöglichen, die Haftung auf den Nachlass oder die Höhe der Aktiven zu beschränken (vgl § 802 ABGB, §§ 1975 ff dBGB, Art 793 ff Code Civile).[27] Im letzten Fall haben Gläubiger idR ein Interesse an der Publizität der Nachlassabwicklung in Form der Inventarserrichtung.[28] Dazwischen findet sich das common law, in dem der Nachlassvertreter die Verbindlichkeiten begleicht.

6 Teilweise wird im common law betont, dass den *„beneficiaries"*[29] keine Haftungsgefahr drohe;[30] wie etwa in der **Stellungnahme des House of Lords** zur EuErbVO: *„It follows that the beneficiaries are never required to pay the deceased's debts. At worst they receive nothing".*[31] Bemerkenswert daran ist, dass diese Aussage dem civil law scheinbar in der Annahme gegenübergestellt wird, dass die Erben stets unbeschränkt haften würden. In eine solche Gefahr wollte man sich aber nicht begeben. Schließlich riet der zuständige Berater, *Paul Matthews,* der britischen Regierung auf Grund möglicher Differenzen im Hinblick auf die Nachlassabwicklung, die Haftung und den Eigentumsübergang,[32] von einem „opt-in" in die EuErbVO ab, um den Verhandlungsspielraum für die EU-Beratungen zu vergrößern.[33] Vor diesem Hintergrund wird die Annäherung an das common law umso verständlicher.[34] Kritisch hebt *Geimer* den politischen Druck hervor, unter dem die Kommission „fast jeden britischen Wunsch" akzeptierte.[35]

7 Insgesamt enthält Art 29 daher ein **Gesamtkonzept** der Nachlassabwicklung, das versucht, die spezifischen Anordnungen des common law mit den Kernbestimmungen der kontinentaleuropäischen Erbrechtsordnungen in Einklang zu bringen. Bedauerlich für die Ziele der Rechtsharmonisierung ist aber, dass gerade England und Wales sowie Irland letztlich nicht der VO beigetreten und daher – zumindest bis dato – keine Mitgliedstaaten iSd EuErbVO

---

24 Siehe auch Ratsdokument Nr 8452/11, 5.

25 Ratsdokument Nr 8452/11, 6.

26 Rechtsvergleichend dazu *De Waal* in *Reimann/Zimmermann* 1095.

27 Dazu *Zillmann,* Haftung 18 ff; rechtsvergleichend *De Waal* in *Reimann/Zimmermann* 1095.

28 Eingehend *Zillmann,* Haftung 59.

29 Zur näheren Bestimmung, wer *„beneficiary"* sein kann, *Probert,* Succession 207 ff.

30 So etwa *De Waal* in *Reimann/Zimmermann* 1095; ebenso *House of Lords,* The EU's Regulation on Succession, 10 (point 58); vgl auch die ausführliche Darstellung bei *Lübcke,* Nachlassverfahrensrecht 266.

31 *House of Lords,* The EU's Regulation on Succession, 10 (point 58) unter Bezug auf das Memorandum von *Matthews;* fast wortgleich bereits *De Waal* in *Reimann/Zimmermann* 1095.

32 Siehe seine Ausführungen in der Diskussion: in House of Lords, The EU's Regulation on Succession, 13 ff.

33 *Lord Wright of Richmond:* „[. . .] *do you think that the British Governement should opt in or not?"* *Matthews:* „*At this stage no.* [. . .] *There is plenty to be gained by not sitting on the sidelines but joining in the negotiations and seeing what results, perhaps having a shopping list of points that would have to be put right before it would be in the interests of the United Kingdom to opt in.";* s in *House of Lords,* The EU's Regulation on Succession, 17. Diese internen Beratungen des House of Lords wurden am 24. 3. 2010 veröffentlicht.

34 Siehe Ratsdokument Nr 8452/11, 5.

35 *Geimer* in *Hager* 28.

sind.[36] Aus der Sicht Englands blieb insb offen, inwieweit Art 29 den Gläubigerschutz sichern würde.[37]

C. Überblick

Ist nach der **lex fori** die **Bestellung** eines Nachlassverwalters verpflichtend oder auf Antrag **8** verpflichtend, so kann das international zuständige Gericht nach Art 29 Abs 1 UAbs 1 einen oder mehrere Nachlassverwalter nach seinem eigenen Recht bestellen (Rz 27 ff).

Die **Befugnisse** des nach Abs 1 bestellten Nachlassverwalters richten sich grundsätzlich **9** nach dem **Erbstatut** (Abs 2 UAbs 1, näher Rz 47 ff). Ausnahmsweise kann das bestellende Gericht nach Abs 2 UAbs 2 aber auf die lex fori zurückgreifen. Im Kern geht es dabei um Fälle, in denen das Erbstatut die Sicherung des Nachlassvermögens und die Rechte der Beteiligten nicht ausreichend gewährleistet. Selbst in diesen Fällen muss der Verwalter aber nach Abs 2 UAbs 4 die Kernbestimmungen des anwendbaren ausländischen Rechts einhalten (Rz 58).

Ist das Recht eines **Drittstaates** auf die Rechtsnachfolge von Todes wegen anzuwenden, so **10** kann das bestellende Gericht nach Abs 3 UAbs 1 dem – nach Abs 1 – bestellten Verwalter ausnahmsweise **alle Befugnisse nach der lex fori** übertragen. Jedoch hat der Verwalter nach Abs 3 UAbs 2 auch hier die Kernbestimmungen des Erbstatuts zu respektieren (Rz 60 f).

D. Schnittstelle zum Verfahrensrecht

Die Bestellung eines Nachlassverwalters spielt regelmäßig in einem Nachlassverfahren eine **11** Rolle. Die verfahrensrechtliche Seite der Nachlassabwicklung ist kaum von seiner materiell-erbrechtlichen Seite trennbar.[38] So entfaltet etwa die Erbantrittserklärung auch prozessuale Wirkungen.[39] Insoweit **kombiniert** Art 29 **verfahrensrechtliche und materiell-rechtliche Aspekte.**

Während die materiell-rechtliche Seite, wie der Erbgang und die Nachlasshaftung, dem Erb- **12** statut unterliegt (Rz 49), enthält die VO kein Verfahrenskollisionsrecht für die Nachlassver-walterbestellung. Soweit sich verfahrensrechtliche Bestimmungen daher nicht direkt aus Art 29 ergeben (vgl Rz 51), findet mE das **Verfahrensrecht der lex fori** Anwendung.[40] Da dem Richter Entscheidungskompetenz über die Parteien und Hoheitsgewalt im Verfahren zukommt, soll er durch kein „fremdes" Verfahrensrecht gebunden sein.[41] Potenziell werden

---

36 Vgl auch *Dutta* in MünchKommBGB[6] Art 29 EuErbVO Rz 6; plastisch *Geimer* in *Hager* 29: „*Der Brückenschlag zum Common Law ist misslungen*".

37 Siehe die Erwägungen im Bericht des House of Lords, The EU's Regulation on Succession, 17; zum hohen Rang des Gläubigerschutzes in der *administration* im common law: *Lübcke,* Nachlassverfah-rensrecht 279; außerdem weisen *Geimer* (in *Hager* 28 f) und *Lein* (in *Dutta/Herrler* 203) als weiteren Grund für die Nichtteilnahme Englands auf die *clawback*-Problematik hin, die sich aus der rückwir-kenden Anwendbarkeit des Art 23 Abs 2 lit i (iVm Art 83) zur Anrechenbarkeit unentgeltlicher Ver-fügungen ergibt; zu dieser Problematik bereits de lege ferenda *Dutta,* RabelsZ 73 (2009) 582 f.

38 Vgl auch zum Grünpapier der Kommission *Dutta,* RabelsZ 73 (2009) 601: „*Even if administration and succession is separated by some states, they are two sides of the same coin*".

39 Siehe bereits *Bajons* in *Schauer/Scheuba* 38.

40 So auch *Lübcke,* Nachlassverfahrensrecht 48; *Meyer,* Gerichtsstände 6.

41 Grundlegend dazu *von Bar/Mankowski,* IPR[2] § 5 Rz 75 ff, welche die Anwendbarkeit der lex fori im Verfahrensrecht in engem Zusammenhang mit der Staatssouveränität und der „Verfahrensgerech-tigkeit" sehen.

Rechtssicherheit im Forumsstaat sowie **ein faires und effizientes Verfahrens** dadurch besser gewährleistet.[42] Ist etwa ein österr Gericht – im Anwendungsbereich des Art 29 – zuständig, so richten sich die verfahrensrechtlichen Vorgaben und der Rechtsschutz nach österr Recht.[43]

II. Anwendungsbereich

A. Internationale Zuständigkeit

1. Zuständigkeitsfälle

13 Grundvoraussetzung für die Anwendbarkeit von Art 29 ist die internationale Zuständigkeit des bestellenden Gerichts. Ergibt sich diese aus einer **Gerichtsstandsvereinbarung** (vgl Art 5, 7), so ist das Gericht – bei Vorliegen der Voraussetzungen des Art 29 – auch für die Bestellung eines Nachlassverwalters **zuständig**.[44] Gleiches gilt, wenn nicht alle Parteien an der Vereinbarung beteiligt waren, sofern sie sich rügelos auf das Verfahren einlassen (vgl Art 9). Andernfalls ist das angerufene Gericht – auch zur Bestellung nach Art 29 – nicht zuständig.

14 Liegt keine Gerichtsstandsvereinbarung vor, sind die Gerichte jenes Mitgliedstaats zuständig, in dessen Hoheitsgebiet der Erblasser im Todeszeitpunkt seinen **gewöhnlichen Aufenthalt** hatte (Art 4).[45] Subsidiär kommt eine Zuständigkeit nach Art 10,[46] oder eine Notzuständigkeit nach Art 11 in Betracht.[47] Letzteres ist im Wesentlichen der Fall, wenn es unzumutbar oder unmöglich ist, ein Verfahren im Drittstaat zu führen und die Erbsache einen ausreichenden Bezug zum angerufenen Gericht aufweist.[48] Ist in diesen Fällen nach der lex fori eine zwingende Verwalterbestellung vorgesehen, so kann das international zuständige Gericht nach Art 29 vorgehen.

2. Außergerichtliche Einigung

15 Beschließen die Parteien, die Erbsache **einvernehmlich und außergerichtlich** zu regeln, so „beendet" das Gericht das Verfahren (vgl Art 8).[49] Fraglich ist, ob diese Folge verpflichtend

---

42　Ausf *von Bar/Mankowski,* IPR² § 5 Rz 78; vgl auch *Meyer,* Gerichtsstände 6.

43　Demgegenüber sind die Anerkennung, Vollstreckbarkeit und Vollstreckung der in einem Mitgliedstaat getroffenen Entscheidungen in den Art 39 ff (dazu bei Art 39) geregelt; zu allgemeinen Voraussetzungen für die Anerkennung und Vollstreckbarkeit, wie der Gewähr von rechtlichem Gehör (ordre public), *von Bar/Mankowski,* IPR² § 5 Rz 119 ff.

44　Vgl *Dutta* in MünchKommBGB⁶ Art 29 EuErbVO Rz 3; zu den Kriterien der Vereinbarung *Hess* in *Dutta/Herrler* 133, 137 ff; *Köhler* in *Kroiß/Horn/Solomon* Art 5 EuErbVO Rz 3 f; krit zu den engen Grenzen *Magnus,* IPRax, 2013, 394 ff; zu möglichem Anpassungsbedarf *Motal,* EF-Z 2014/151, 254.

45　Vgl *Dutta* in MünchKommBGB⁶ Art 29 EuErbVO Rz 3; allgemein *Hess* in *Dutta/Herrler* 132, 134 f; *Köhler* in *Kroiß/Horn/Solomon* Vor Art 4 – 19 Rz 8; zur Auslegung des „gewöhnlichen Aufenthalts" vgl *Fischer-Czermak* in *Schauer/Scheuba* 44 f; *Hilbig-Lugani,* GPR 2014, 9 ff.

46　Vgl nur *Kroiß* in NomosKommentar BGB Art 29 EuErbVO Rz 7; für die Beibehaltung einer Möglichkeit zur Ausfolgung beweglichen Vermögens entsprechend § 150 AußStrG, *Bajons* in *Schauer/Scheuba* 40; als abschließende Zuständigkeitsregel auslegend *Motal,* EF-Z 2014/151, 254 f.

47　Vgl auch Ratsdokument Nr 8452/11, 3; *Dutta* in MünchKommBGB⁶ Art 29 EuErbVO Rz 3; diesen Gerichtsstand bezeichnet *Hess* in *Dutta/Herrler* 133 daher als „*Gerichtsstand der Fürsorge".*

48　Zu Jurisdiktionskonflikten in Erbfällen mit Drittstaatbezug ausf *Lein* in *Dutta/Herrler* 215 ff, mit praktischen Anwendungsbeispielen.

49　Vgl auch *Dutta* in MünchKommBGB⁶ Art 29 EuErbVO Rz 3; allgemein *Frodl,* ÖJZ 2012/108, 954, die anmerkt, dass unklar sei, in welcher Form die Beendigung nach österr Recht zu erfolgen hat.

ist.[50] Jedenfalls wäre dadurch ein Gleichlauf von forum und ius eher sicherzustellen, was im Rahmen der Nachlassabwicklung auch für die Parteien zweckmäßig erscheint. Missachtet das Gericht eine Einigung der Parteien, wird ihre Rechtsmittellegitimation zu bejahen sein.

Setzen die Parteien in verschiedenen Mitgliedstaaten parallel außergerichtliche Schritte, ha- **16** ben sie sich auch im Hinblick auf die Nachlassverwaltung abzusprechen.[51] **Misslingt** eine **Einigung,** so „müsste" das nach dieser VO zuständige Gericht „darüber befinden".[52] Sieht dessen lex fori verpflichtend eine Nachlassverwaltung vor, so kann das Gericht nach Art 29 vorgehen.

3. Unzuständigkeit

Denkbar ist auch, dass das international zuständige Gericht auf seine Unzuständigkeit hin- **17** wirkt. Grund dafür können mögliche **Komplikationen in der Nachlassabwicklung** wegen des Auseinanderfallens von forum und ius sein. Daher könnte das Gericht der Verwalterbestellung nach Art 29 „entgehen"[53] wollen. Ein Hinwirken auf die eigene Unzuständigkeit erscheint mE dann zweckmäßig, wenn zu erwarten ist, dass die Interessen der Nachlassparteien bei einem Gleichlauf von forum und ius besser gewahrt bleiben.[54] Das Gericht kann die Parteien zu einer Gerichtsstandsvereinbarung zugunsten der Gerichte des „Erbstatutstaates" (Art 5, 6 b) anregen oder auf Antrag seine Unzuständigkeit erklären (Art 6 a).[55] Dann kommt es im Regelfall zur Zuständigkeit der Gerichte jenes Staates, dessen Recht der Erblasser gewählt hatte (Art 7 lit a).[56]

B. Auseinanderfallen von forum und ius

1. Ausgangsfall im Allgemeinen

Im Idealfall richten sich sowohl die internationale Zuständigkeit (Art 4) als auch das an- **18** wendbare Recht (Art 21) nach dem gewöhnlichen Aufenthalt des Erblassers im Todeszeitpunkt. Hingegen setzt Art 29 voraus, dass das zuständige Gericht **ausländisches Recht** anwenden muss (Rz 1). Wenngleich die VO bestrebt ist, diese Situation zu vermeiden,[57] sind Fälle denkbar:

2. Zuständigkeit nach Art 10 oder Art 11

Ein Auseinanderfallen von forum und ius ist zB im Rahmen des Art 10 möglich, der die **19** Zuständigkeit an die Vermögensbelegenheit in einem Mitgliedstaat, sowie alternativ an die

---

50 Nach ErwGr 29 „sollte" („*should*") das Gericht das Verfahren beenden.

51 Siehe ErwGr 36.

52 ErwGr 36.

53 So *Dutta* in MünchKommBGB[6] Art 29 EuErbVO Rz 4; vgl auch allgemein *Kroiß* in NomosKommentar BGB Art 29 EuErbVO Rz 6.

54 So bezeichnet allgemein das Ratsdokument Nr 8452/11, 3 den Gleichlauf von forum und ius auch in Hinblick auf die Nachlassverwaltung als das „übergeordnete Ziel" der VO.

55 Zu diesen Fällen auch *Dutta* in MünchKommBGB[6] Art 29 Rz 4; allgemein *Frodl*, ÖJZ 2012/108, 953 f; weiterführend *Köhler* in Kroiß/Horn/Solomon Art 6 EuErbVO Rz 1 ff.

56 Vgl auch *Motal*, EF-Z 2014/151, 253 f.

57 *Dutta* in MünchKommBGB[6] Art 29 EuErbVO Rz 4 schätzt diesen Ausgangsfall als selten ein.

Staatsangehörigkeit oder den **vorletzten gewöhnlichen Aufenthalt** anknüpft.[58] Ein weiterer Fall betrifft die **Notzuständigkeit** nach Art 11. Wählte der Erblasser das Recht eines anderen Mitgliedstaats, so hat das zuständige Gericht ausländisches Recht anzuwenden. Sieht die lex fori aber eine zwingende Nachlassverwaltung vor, kann das Gericht nach Art 29 vorgehen.

3. Ausweichklausel (Art 4, 21 Abs 2)

20 Ein Auseinanderfallen von forum und ius kann sich weiters aus einer Zuständigkeit nach Art 4 ergeben, wenn gem Art 21 Abs 2 die **Ausweichklausel** zur Anwendung kommt.[59] Dies setzt voraus, dass eine offensichtlich **engere Beziehung zu einem anderen Mitgliedstaat** bestand, als zu jenem, in dem der Erblasser im Todeszeitpunkt seinen gewöhnlichen Aufenthalt hatte.[60]

21 Hatte zum **Beispiel** der Erblasser im Todeszeitpunkt seinen gewöhnlichen Aufenthalt in Zypern, ist das zypriotische Gericht international zuständig (Art 4). Grundsätzlich würde sich das Erbstatut nach zypriotischem Erbrecht richten (Art 21 Abs 1); da der Erblasser aber nur einen Verwandten in Zypern pflegte und sonst eine „offensichtlich engere Beziehung" zu Österreich hatte, ist nach der Ausweichklausel österr Erbrecht anzuwenden. Nun fallen forum (Zypern) und ius (Österreich) auseinander. Das zypriotische Gericht hat grundsätzlich österr Erbrecht anzuwenden. Da aber die lex fori (Zypern) eine zwingende Nachlassverwaltung vorsieht (Rz 4, 28), darf das Gericht nach eigenem Recht einen Nachlassverwalter bestellen. Dessen Befugnisse unterliegen aber grundsätzlich dem österr Recht (dazu Rz 47 ff).

4. (Teil-)Rechtswahl

22 Traf der Erblasser zwar eine Rechtswahl (Art 22),[61] gelingt aber **keine Gerichtsstandsvereinbarung** (Art 5 ff) zugunsten der Gerichte dieses Mitgliedstaats,[62] so richtet sich die Zuständigkeit nach dem gewöhnlichen Aufenthalt des Erblassers im Todeszeitpunkt (Art 4). Lag dieser aber in einem anderen Mitgliedstaat als dem des gewählten Rechts, so muss das international zuständige Gericht ausländisches Recht anwenden. Dasselbe gilt für eine Teilrechtswahl[63] nach Art 23 Abs 2 (Verfügung von Todes wegen) und Art 25 Abs 3 (Erbvertrag).[64]

23 Traf der Erblasser zum **Beispiel** eine Rechtswahl zugunsten österr Rechts, ist (und bleibt) aber ein zypriotisches Gericht zuständig, so muss dieses österr Recht anwenden. Da die lex fori (Zypern) aber eine zwingende Nachlassverwaltung vorsieht (Rz 4, 28), darf das zypriotische Gericht nach eigenem Recht einen Nachlassverwalter bestellen (Art 29).

---

58 Dazu *Bajons*, ecolex 2014, 205.

59 Vgl auch *Dutta* in MünchKommBGB[6] Art 29 EuErbVO Rz 4; *Fischer-Czermak* in *Schauer/Scheuba* 45; ausf zur Ausweichklausel etwa *Solomon* in *Dutta/Herrler* 34 ff.

60 Im Überblick *Kroiß* in NomosKommentar BGB Art 29 EuErbVO Rz 10 f; krit dazu etwa *Bajons*, ecolex 2014, 207; *Scheuba*, ecolex 2014, 212 f.

61 Umfassend zu dieser *Greeske*, EU-Erbrechtsverordnung 98 ff.

62 Vgl auch Ratsdokument Nr 8452/11, 3; diesen Fall schätzt *Dutta* in MünchKommBGB[6] Art 29 EuErbVO Rz 4 zu Recht als sehr selten ein; zum ähnlichen Problem bei Wahl des Rechts eines Drittstaats *Magnus*, IPRax, 2013, 394 ff.

63 Zu dieser näher *Dutta* in MünchKommBGB[6] Vor Art 4 EuErbVO Rz 10.

64 *Dutta* in MünchKommBGB[6] Art 29 EuErbVO Rz 4.

C. Zwingende Nachlassverwalterbestellung nach der lex fori

1. „Nachlassverwaltung" iSd Art 29

Art 29 bezieht sich auf die Verwaltung und Abwicklung eines **solventen Nachlasses** in einem **24** Verlassenschaftsverfahren mit internationalem Bezug. Implizit ist damit auch die Nachlassvertretung umfasst. Hingegen unterliegen internationale Nachlassinsolvenzen der EuInsVO.[65]

Art 29 setzt voraus, dass die **lex fori** „verpflichtend oder auf Antrag verpflichtend" die Be- **25** stellung eines Nachlassverwalters oder die Anordnung einer Nachlassverwaltung vorsieht. Diese Begriffe sind mangels Legaldefinition **autonom auszulegen.**[66] Einerseits erwähnen die Ratsdokumente zwar Rechtsordnungen, die eine formelle Verwalterbestellung anstatt eine gemeinschaftliche Verwaltung durch die Erben vorsehen;[67] erwähnt wird ein „formalisiertes Nachlassverwaltungssystem".[68] Andererseits wird betont, dass auf Grund unterschiedlicher Regelungen in den Mitgliedstaaten eine starre Definition vermieden werde, wobei das Ratsdokument berücksichtigt, dass in einigen Rechtsordnungen die Erben die Verwaltung übernehmen würden.[69]

Dies lässt darauf schließen, „Nachlassverwaltung" grundsätzlich **weit auszulegen.** Erfasst ist **26** jede Verwaltung des vom Erblasser hinterlassenen Vermögens in der Phase zwischen seinem Tod und dem endgültigen Übergang auf die Berechtigten.[70] Darunter fallen alle Personen, die als „Verwalter" tätig werden, wie ein Erbe oder Fremdverwalter, ebenso wie die Anordnung einer Nachlassverwaltung.[71] Voraussetzung ist jedoch eine zwingende Bestellung (s Rz 27 ff).

2. Verpflichtende oder auf Antrag verpflichtende Bestellung

a) Verständnis nach der EuErbVO

aa) Adressat

Adressat der Verpflichtung ist das **international zuständige Gericht.**[72] Zu prüfen ist also, ob **27** das zuständige Gericht nach der lex fori einen Verwalter bestellen muss. Dies gilt sowohl für die von Amts wegen als auch auf Antrag zwingend angeordnete Nachlassverwaltung:[73]

bb) Verpflichtende Bestellung

Gemeint ist die **von Amts wegen zwingende** Bestellung.[74] Dem Gericht darf also in der Fra- **28** ge, **ob** ein Verwalter zu bestellen ist, kein Ermessensspielraum eingeräumt sein. Dabei

---

65 Zur Abgrenzung *Lübcke,* Nachlassverfahrensrecht 380 ff.
66 *Dutta* in MünchKommBGB[6] Art 29 EuErbVO Rz 5; methodisch zur autonomen Auslegung *Dutta* in MünchKommBGB[6] Vor Art 1 EuErbVO Rz 11 ff; *Köhler* in *Kroiß/Horn/Solomon* Einf Rz 6 f.
67 Ratsdokument Nr 8452/11, 4.
68 Ratsdokument Nr 9677/11, 8.
69 Vgl Ratsdokument Nr 8452/11, 2.
70 Ratsdokument Nr 8452/11, 2; s auch *Dutta* in MünchKommBGB[6] Art 29 EuErbVO Rz 5, nach dem die „Nachlassverwaltung" jede Verwaltung im Zwischenstadium vor der Übertragung an die Berechtigten umfasse.
71 Vgl die unterschiedlichen Sachverhalte im Ratsdokument Nr 8452/11, 2.
72 Überzeugend *Dutta* in MünchKommBGB[6] Art 29 EuErbVO Rz 5.
73 Vgl auch *Dutta* in MünchKommBGB[6] Art 29 EuErbVO Rz 5.
74 *Dutta* in MünchKommBGB[6] Art 29 EuErbVO Rz 6.

scheint es sich va um Fälle zu handeln, in denen eine Verwalterbestellung allein wegen der Eröffnung des Verlassenschaftsverfahrens ohne weitere Gründe vorgesehen ist.

29 Eine verpflichtende Nachlassverwalterbestellung kennen etwa **England und Wales, Schottland** und **Irland** (Rz 4). Da diese Rechtsordnungen jedoch (bis dato) keine Mitgliedstaaten iSd VO sind, ist Art 29 auf sie nicht anwendbar. Relevant ist aber **Zypern,** wo ebenfalls das angloamerikanische Verwaltersystem gilt: Der Nachlass wird entweder von dem vom Erblasser ernannten *executor* oder von den vom Gericht bestellten *administrator* verwaltet.[75]

cc) Auf Antrag verpflichtende Bestellung

30 Wann eine „auf Antrag verpflichtende" Bestellung anzunehmen ist, lässt sich schon schwieriger beantworten. Nach *Dutta*[76] betreffe dies etwa die Bestellung eines Nachlassverwalters auf Antrag des Erben oder der Nachlassgläubiger nach § 1981 BGB. In den meisten Rechtsordnungen wird die antragsmäßige, allgemeine Nachlassverwaltung darunter fallen.[77] Es sind auch Fälle nach österr Recht denkbar (dazu Rz 32 ff).[78] Die Frage, ob Art 33 auf den Sachverhalt anwendbar ist, stellt sich erst, wenn der **Antrag im Verfahren konkret gestellt** worden ist.

31 Bis zu welchem **Verfahrenszeitpunkt** ein Verwalter bestellt werden darf, lässt sich mE nicht allgemein festlegen. Das gilt va für die Frage, bis wann der Antrag gestellt sein muss. Die Beurteilung kommt stark darauf an, ob sich im Zuge der Nachlassabwicklung nach ausländischem Sachrecht eine Situation ergibt, die nach der lex fori zur Verwalterbestellung führen würde, zB wenn die Erben nicht über die gemeinsame Verwaltung übereinkommen (Rz 38). Im Zweifel ist dann mE die Verwalterbestellung auch während des Verfahrens zulässig.

b) Anwendungsfälle im österreichischen Erb- und Erbverfahrensrecht?

aa) Testamentsvollstrecker (§ 816 ABGB)

32 Fraglich ist, wann sich nach österr Recht eine **„zwingende Bestellung"** iSd Art 29 ergeben kann. Zum einen stellt sich diese Frage in Hinblick auf den Testamentsvollstrecker (§ 816 ABGB). Auf den ersten Blick spricht dagegen, dass dieser kraft testamentarischer Anordnung des Erblassers tätig wird.[79] Das Verlassenschaftsgericht macht ihm bloß seine Ernennung bekannt.[80] Zwar fällt nach dem Verständnis, das Art 29 zugrunde liegt, auch der vom Erblasser ernannte *executor* in den Anwendungsbereich und ist zu berücksichtigen, dass dieser nach common law ebenfalls kraft seiner Ernennung im Testament tätig wird.[81]

33 Jedoch spricht gegen die Anwendbarkeit des Art 29 mE die **„schwache" Rechtsposition des Testamentsvollstreckers,** die ihm das ABGB verleiht. Jener *executor,* der Vorbild des Art 29

---

75 Vgl Administration of Estates, Chapter 189; auf Zypern hinweisend auch *Dutta* in MünchKommBGB[6] Art 29 EuErbVO Rz 6; *Köhler* in *Kroiß/Horn/Solomon* Art 29 EuErbVO Rz 1; *Thorn* in *Palandt*[73] Art 29 EuErbVO Rz 1; dazu *Süß* in *Süß*[2] 1620 Rz 13.
76 *Dutta* in MünchKommBGB[6] Art 29 EuErbVO Rz 7.
77 Siehe bereits *Dutta* in MünchKommBGB[6] Art 29 EuErbVO Rz 7.
78 Vgl aber *Thorn* in *Palandt*[73] Art 29 EuErbVO Rz 1, nach dem sich Art 29 nur auf Rechtskreise des common law beziehe.
79 *Welser* in *Rummel/Lukas*[4] § 816 Rz 1.
80 *Sailer* in *KBB*[4] § 816 Rz 2; *Welser* in *Rummel/Lukas*[4] § 816 Rz 3.
81 Vgl *Odersky* in *Süß*[2] 742 Rz 61.

war, verdrängt nicht nur die Erben aus der Verwaltung, sondern wird er sogar Rechtsträger des Nachlasses.[82] Dagegen können dem Testamentsvollstrecker zwar einzelne Verwaltungsaufgaben zukommen, von diesen abgesehen tritt er aber hinter die Rechte der Erben zurück.[83] Neben diesen in § 810 ABGB geregelten Rechten – zur Verwaltung, Vertretung und Veräußerung des Nachlasses[84] – verbleiben dem Testamentsvollstrecker nur wenige Befugnisse; am ehesten noch die Unterstützung und Überwachung der Verwaltung durch die Erben.[85] Zudem kann ein Erbe nach üA Verwalterbefugnisse widerrufen und sein Amt aus wichtigem Grund durch das Gericht beendet werden.[86] Eine derart unsichere Rechtsposition war nicht Regelungshintergrund von Art 29, sodass der Testamentsvollstrecker mE **keinen Fall des Art 29** bildet.

Unabhängig davon ist aber ein **nebeneinander Tätigwerden** beider Verwalter möglich: Neben dem nach Art 29 zu bestellenden Nachlassverwalter kann auch ein vom Erblasser ernannter Testamentsvollstrecker tätig werden. Dem Testamentsvollstrecker können die Befugnisse „nicht entzogen werden, es sei denn, das Erbstatut *„ermöglicht das Erlöschen seines Amtes".*[87]   **34**

bb) Verlassenschaftskurator (§ 157 Abs 4 AußStrG)

Gibt kein Erbe eine Erbantrittserklärung ab, ist die Bestellung eines Kurators erforderlich, damit der Nachlass vertreten wird (vgl § 157 Abs 4 AußStrG).[88] Dies beinhaltet im Zweifel auch dessen Verwaltung.[89] Dieser Fall liegt mE im **Graubereich** des Art 29. Im Unterschied zum „Normalfall", den Art 29 regeln sollte, handelt es sich nicht um ein formalisiertes Verfahren wie nach dem common law, sondern ist die Nachlassverwalterbestellung hier wegen der besonderen Situation erforderlich. Es erscheint aber sachgerecht, den Verlassenschaftskurator in dem Fall als Verwalter iSd Art 29 anzusehen, ebenso wie im Fall des „Erbenstreits" (§ 173 AußStrG: Rz 38).[90] Denn Art 29 geht davon aus, dass durch die Verwalterbestellung nach eigenem Recht die Interessen der Parteien, wie der Gläubiger, besser gewahrt werden können. Dies ist im konkreten Fall anzunehmen, weil erst die Verwalterbestellung die Nachlassabwicklung möglich macht.   **35**

---

82 Vgl *Greeske*, EU-Erbrechtsverordnung 166; *Odersky* in *Süß*[2] 724 Rz 12.
83 Vgl die hA, zB *Nemeth* in *Schwimann/Kodek*[4] § 816 Rz 6; *Spruzina* in *Kletečka/Schauer*[1.01] § 816 Rz 10; *Weiß* in *Klang* III[2] 1040; *Welser* in *Rummel/Lukas*[4] § 816 Rz 12; OGH 1 Ob 3/13t EF-Z 2013/149.
84 Konkret dazu etwa *Mondel*, NZ 2006/54, 226 ff; *Spitzer*, NZ 2006/8, 33 ff.
85 Siehe bereits *Zeiler*, Commentar II/2, 859; eingehend *F. Bydlinski*, JBl 1981, 73; *Gruber/Sprohar-Heimlich/Scheuba* in *Gruber/Kalss/Müller/Schauer* Rz 49 f; *Weiß* in *Klang* III[2] 1038; *Nemeth* in *Schwimann/Kodek*[4] § 816 Rz 5; allgemein zur Überwachungsfunktion *Spruzina* in *Kletečka/Schauer*[1.01] § 816 Rz 4; OGH 2 Ob 105/98z NZ 1999, 26; 2 Ob 1/08y NZ 2008, 270 *(Mondel)*; 1 Ob 3/13t iFamZ 2013, 256 (*W. Tschuggel*).
86 Siehe *F. Bydlinski*, JBl 1981, 77; *Nemeth* in *Schwimann/Kodek*[4] § 816 Rz 9; *Strasser* in *Rummel*[3] §§ 1020–1026 Rz 27; OGH 2 Ob 105/98z EFSlg 87.260; 1 Ob 3/13t EF-Z 2013/149; RIS-Justiz RS0123356; RS0013115; krit zum Widerrufsrecht *Zankl*, NZ 1998, 72 f.
87 So ErwGr 43 (letzter Satz); vgl dazu auch *Dutta* in *MünchKommBGB*[6] Art 29 EuErbVO Rz 17; *Rudolf/Zöchling-Jud/Kogler* in *Rechberger/Zöchling-Jud* Rz 237.
88 Vgl dazu ausf *Sailer* in *Gitschthaler/Höllwerth* § 156 Rz 2 ff; im Überblick *Maurer/Schrott/Schütz* § 156 AußStrG Rz 4.
89 Siehe OGH 9 Ob 35/14h EF-Z 2014/139 (in diesem Punkt zust *A. Tschuggel*).
90 Siehe auch *Rudolf/Zöchling-Jud/Kogler* in *Rechberger/Zöchling-Jud* Rz 223.

cc) Separationskurator (§ 812 ABGB, § 175 AußStrG)

36 Die Bestellung eines Separationskurators kann mE ein **Anwendungsfall des Art 29** sein.[91] Eine Nachlassseparation wird auf **Antrag** eines Gläubigers, Legatars oder Noterben angeordnet, wenn dieser besorgt, *„daß er durch Vermengung der Verlassenschaft mit dem Vermögen des Erben für seine Forderung Gefahr laufen könne"* (§ 812 ABGB, § 175 AußStrG).[92] Dieses Antragsrecht besteht bei Vorliegen einer solchen Gefahr bis zur rechtskräftigen Einantwortung.[93] Können die Gläubiger eine „subjektive Besorgnis" bescheinigen,[94] so *hat* das Gericht einen Separationskurator zu bestellen. Um den Haftungsfonds zu sichern, verwaltet dieser vom Erbenvermögen separiertes Nachlassvermögen.[95] Insofern ist das Gericht im Gläubigerinteresse zur Bestellung eines Separationskurators verpflichtet, weshalb Art 29 mE anwendbar ist.

37 Ein **Beispiel** ist vorstellbar, wenn ein österr Gericht international zuständig ist und italienisches Recht anzuwenden hat. Der Nachlass wird als selbstständige Masse ohne Rechtsträger von dem zur Erbschaft Berufenen vertreten und verwaltet.[96] Nach Art 460 Codice Civile geht die Verwaltungsbefugnis auf die Erben über.[97] Stellt sich im Zuge der Verwaltung eine § 812 ABGB entsprechende Gefahr für die Gläubigerforderungen heraus, so wäre das österr Gericht auf Antrag eines Gläubigers nach der lex fori dazu verpflichtet, einen Separationskurator zu bestellen. In dieser Ausgangssituation kann es daher mE nach Art 29 vorgehen.

dd) Erbenstreit (§ 173 AußStrG)

38 Können sich die **gemeinschaftlich verwaltenden Erben** (§ 810 ABGB) nicht über die Art der Vertretung oder einzelne Rechtshandlungen einigen oder widersprechen einander die Erbantrittserklärungen (§§ 160 ff AußStrG), so *„hat* das Verlassenschaftsgericht erforderlichenfalls einen Verlassenschaftskurator zu bestellen"* (§ 173 Abs 1 AußStrG).[98]

39 Auch diese Situation **kann zur Anwendbarkeit des Art 29 führen.** Auf den ersten Blick scheint zwar der eingeräumte Ermessensspielraum dagegen zu sprechen (§ 173 AußStrG: „erforderlichenfalls"). Wann dies der Fall ist, hat das Gericht anhand des anwendbaren Rechts zu beurteilen.[99] Sobald nach Ansicht des Gerichts eine Verwalterbestellung erforderlich wird, wäre diese zugleich verpflichtend. Wie auch im Fall der Nachlassseparation, ist es mE nicht notwendig, dass sich die Verpflichtung zur Bestellung eines Nachlassverwalters schon zu Beginn des Verfahrens herausstellt, sondern kann das Gericht auch während des Nachlassverfahrens nach Art 29 vorgehen, wenn ein solcher Fall eintritt (vgl schon Rz 31).

---

91 Eindeutig dafür *Rudolf/Zöchling-Jud/Kogler* in *Rechberger/Zöchling-Jud* Rz 223.

92 Eine amtswegige Separation ist ausgeschlossen: *Spruzina* in *Kletečka/Schauer*[1.01] § 812 Rz 10 mwN.

93 *Welser* in *Rummel/Lukas*[4] § 812 Rz 8; *Spruzina* in *Kletečka/Schauer*[1.01] § 812 Rz 11; OGH 6 Ob 691/87 EFSlg 54.155; 10 Ob 28/11 g JBl 2011, 656; nach *Nemeth* in *Schwimann/Kodek*[4] § 812 Rz 10 ist dies bis zur Zustellung des Einantwortungsbeschlusses möglich.

94 Vgl *Welser* in *Rummel/Lukas*[4] § 812 Rz 13; OGH 2 Ob 226/06 h EFSlg 114.060; 10 Ob 35/13 i EF-Z 2013/179.

95 Vgl zB *Spruzina* in *Kletečka/Schauer*[1.01] § 812 Rz 1 f; *Fucik/Kloiber,* AußStrG § 175 Rz 2; OGH 3 Ob 229/09 m EFSlg 123.614; bloß abstrakte Gefahr reicht aber nicht: zuletzt OGH 1 Ob 1/13 y EF-Z 2013/150.

96 Dazu *Cubeddu Wiedemann/Wiedemann* in *Süß*[2] 876 Rz 155, 157.

97 Auch schon vor Annahme der Erbschaft: *Cubeddu Wiedemann/Wiedemann* in *Süß*[2] 876 Rz 155, 157.

98 Vgl etwa *Sailer* in *KBB*[4] § 810 Rz 4; näher *Mondel,* NZ 2006/54, 229 f; *Spitzer,* NZ 2006/8, 37 f.

99 *Rudolf/Zöchling-Jud/Kogler* in *Rechberger/Zöchling-Jud* Rz 223.

Hat zum **Beispiel** ein international zuständiges österr Gericht italienisches Erbrecht anzu- **40**
wenden, so kommen den Erben bis zur Erbschaftsannahme gem Art 460 Codice Civile im
Wesentlichen jene Vertretungs- Verwaltungs- und Veräußerungsbefugnisse zu, die auch
§ 810 ABGB vorsieht. Wird nun eine gemeinschaftliche Nachlassverwaltung durch die Erben
aufgrund von Meinungsverschiedenheiten unmöglich, so ergibt sich dieselbe Ausgangssituation, die § 173 AußStrG zugrunde liegt. Da nach dieser Norm (lex fori) verpflichtend ein
Nachlassverwalter zu bestellen wäre, darf das österr Gericht mE nach Art 29 vorgehen.

ee) Vertretungsvorsorge (§ 156 AußStrG)

Grundsätzlich ist die Vertretungsvorsorge nach § 156 AußStrG **kein Anwendungsfall des** **41**
Art 29.[100] Demnach kann in bestimmten Fällen ein Kurator bestellt werden, unter anderem
für die noch ungeborene Partei (§ 2 Z 1 lit a AußStrG) oder wenn dem gesetzlichen Vertreter einer Partei die **Vertretung** wegen eines Interessenwiderspruchs untersagt ist. Der Normzweck liegt demnach nicht – wie Art 29 voraussetzt – in der Übertragung von Verwalterbe-
fugnissen auf eine Person, sondern soll gewährleisten, dass die Partei (zB der nasciturus)
überhaupt vertreten wird. Daraus ist umgekehrt zu schließen, dass Art 29 dann Anwendung
findet, wenn sich herausstellt, dass die betroffene Partei nach dem anwendbaren ausländischen Recht unvertreten ist, obwohl sie nach der lex causae zur Wahrnehmung ihrer Rechte
eines Vertreters bedarf. In diesem Fall „muss" das Gericht nach eigenem Recht reagieren und
einen Vertreter bestellen.

III. Tätigwerden des Nachlassverwalters

A. Bestellung des Nachlassverwalters

1. Lex fori („ob"?)

Die Bestellung des Nachlassverwalters erfolgt gem Art 29 Abs 1 UAbs 1 nach der **lex fori,** dh **42**
nach dem Recht des Mitgliedstaats, dessen Gerichte international zuständig sind. Demnach
hat das Gericht jedenfalls die Frage, **„ob"** ein Verwalter zu bestellen ist, nach der lex fori zu
beurteilen.[101] In Hinblick auf die Frage, **„wer"** als Verwalter zu bestellen ist, kommt aber
auch dem allgemeinen Erbstatut (der lex causae) eine gewisse Bedeutung zu:

2. Person des Nachlassverwalters („wer"?)

a) Grundsatz: Beachtung des allgemeinen Erbstatuts

Das Gericht „sollte" die Person(en) bestellen, die berechtigt wäre(n), den Nachlass nach der **43**
lex causae zu verwalten, wie etwa den Testamentsvollstrecker, die Erben oder, wenn es die
lex causae vorsieht, einen Fremdverwalter.[102] Demnach sollte das Gericht die Person des Verwalters mE **primär in Einklang mit der lex causae** bestimmen.[103] Vorrang haben also jene
Personen, die nach dem Erbstatut zur Verwaltung berechtigt wären. Dahinter steht das Ziel,

---

100 Für eine Anwendbarkeit des Art 29 auf die Vertretungsvorsorge *Rudolf/Zöchling-Jud/Kogler* in
  Rechberger/Zöchling-Jud Rz 223.
101 Vgl auch *Dutta* in MünchKommBGB[6] Art 29 EuErbVO Rz 8.
102 ErwGr 43; ausf *Rudolf/Zöchling-Jud/Kogler* in *Rechberger/Zöchling-Jud* Rz 227.
103 *Dutta* in MünchKommBGB[6] Art 29 EuErbVO Rz 8 meint zwar zunächst, dass sich auch die Bestimmung der Person des Verwalters nach der lex fori richte, anschließend aber ebenfalls aufwei-
  chend (aaO Rz 9). Der bei ihm erwähnte Fall der Fremdverwaltung, der sich nach der lex fori richtet, ist mE nur eine Ausnahme, dazu auch Rz 43 f.

lex fori (Bestellung) und lex causae (Person) soweit wie möglich zu koordinieren. Denn dadurch werde der „Gewährleistung einer reibungslosen Abstimmung zwischen dem auf die Rechtsnachfolge von Todes wegen anwendbaren Recht und dem Recht des Mitgliedstaats" gedient.[104] In Österreich ist dies nach § 156 Abs 2 AußStrG der vom Erblasser letztwillig zur Nachlassverwaltung bestimmte Erbe oder Testamentsvollstrecker, andernfalls ein Gerichtskommissär. In Einklang damit richten sich auch die Befugnisse des Verwalters primär nach dem Erbstatut (Rz 47 ff).

b) Abweichung: Fremdverwalterbestellung

44 Sieht jedoch die lex causae vor, dass sich der Nachlassverwalter stets aus dem Kreis der „Berechtigten" – also etwa Erben oder Testamentsvollstrecker – ergibt, so darf das Gericht unter bestimmten Voraussetzungen nach der lex fori ausnahmsweise einen **Fremden („Dritten")**[105] zum Nachlassverwalter bestellen (Art 29 Abs 1 UAbs 2 Satz 2).[106] E contrario betrifft dies Personen, die grundsätzlich nach der lex causae nicht zur Nachlassverwaltung berechtigt sind.

Art 29 Abs 1 UAbs 2 Satz 2 nennt die **Voraussetzungen**[107] für die Bestellung eines Fremdverwalters nach eigenem Recht: Diese ist dann zulässig, wenn es die lex fori *„so vorsieht und es einen* **schwerwiegenden Interessenskonflikt** *zwischen den Berechtigten oder zwischen den Berechtigten und den Nachlassgläubigern oder anderen Personen, die für die Verbindlichkeiten des Erblassers gebürgt haben, oder Uneinigkeit zwischen den Berechtigten über die Verwaltung des Nachlasses gibt oder wenn es sich um einen aufgrund der Art der Vermögenswerte schwer zu verwaltenden Nachlasses handelt".* Zusammenfassend ermöglicht diese Ausweichregelung im Fall von Interessenkonflikten zwischen am Nachlass beteiligten Personen die Bestellung eines Dritten zum Verwalter. Dies scheint plausibel, da ansonsten die ordnungsgemäße Abwicklung, die Befriedigung der Gläubigerforderungen sowie die Verteilung auf die Erbberechtigten gefährdet sein könnten.[108] Verändert die Fremdverwaltung zugleich die Erbenhaftung nach der lex causae, so ist eine solche Änderung der Haftung von Gericht und Verwalter zu beachten.[109]

B. Rechte und Pflichten des Nachlassverwalters
1. Anwendungsbereich

45 Die in Art 29 Abs 2 und Abs 3 normierten Befugnisse sind ausschließlich auf den **nach Art 29 Abs 1 bestellten Verwalter** anwendbar.[110] Hingegen richten sich die Befugnisse eines Verwalters, der nach einem Drittstaatrecht bestellt wird, zB ein von einem englischen

---

104 ErwGr 43; wie hier *Rudolf/Zöchling-Jud/Kogler* in *Rechberger/Zöchling-Jud* Rz 227.
105 So ErwGr 43.
106 Vgl auch *Dutta* in MünchKommBGB[6] Art 29 EuErbVO Rz 9.
107 Diese sind autonom auszulegen: *Dutta* in MünchKommBGB[6] Art 29 EuErbVO Rz 9, Vor Art 1 EuErbVO Rz 11; methodisch zur autonomen Auslegung auch *Köhler* in *Kroiß/Horn/Solomon* Einf Rz 6 f.
108 Zu diversen Ausgestaltungen des Erbschaftserwerbs rechtsvergleichend *J. P. Schmidt*, ZEV 2014, 456 ff.
109 Vgl ErwGr 44.
110 Klarstellend Art 29 Abs 1 UAbs 3; vgl auch *Dutta* in MünchKommBGB[6] Art 29 EuErbVO Rz 10.

Gericht nach der lex fori bestellter *personal representative,* nach dem allgemeinen Erbstatut.[111]

2. „Berechtigte" iSd Art 29

IdZ ist vorweg auf den Begriff der „Berechtigten" oder „am Nachlass berechtigten Personen" **46** einzugehen. Diesem Begriff scheint nach der VO ein eher **weites Verständnis** zugrunde zu liegen. Nach ErwGr 47 sollte sich die Beurteilung, wer in einer Erbsache „Berechtigter" ist, „jeweils nach dem auf die Rechtsnachfolge von Todes wegen anzuwendenden Erbrecht bestimmen. „Berechtigte" wären nach den meisten Rechtsordnungen Erben und Vermächtnisnehmer sowie Pflichtteilsberechtigte.[112] Hingewiesen wird auch darauf, dass die Rechtsstellung eines Vermächtnisnehmers – zwischen dinglicher Berechtigung am Nachlass und schuldrechtlichem Anspruch – unterschiedlich ausgestaltet sei. Dies lässt darauf schließen, dass auch ein weiter Begriff des „Vermächtnisnehmers" angestrebt wurde. ME ist davon auch ein Berechtigter aus einer Schenkung auf den Todesfall erfasst, sofern diese nach der betreffenden Rechtsordnung wie ein Vermächtnis aus dem Nachlass zu entrichten ist.

3. Befugnisse im Anwendungsbereich der EuErbVO

a) Grundsatz: Maßgeblichkeit der lex causae (Abs 2 UAbs 1)

aa) Allgemeine Befugnisse

Das allgemeine **Regelungsziel** von Art 29 liegt darin, die Bestellung eines Verwalters nach **47** der **lex fori mit** den materiell-rechtlichen Erbrechtsbestimmungen der **lex causae abzustimmen.**[113]

Art 29 Abs 1 UAbs 2 normiert die **allgemeine Befugnis** des Nachlassverwalters, das Testa- **48** ment des Erblassers zu vollstrecken und/oder den Nachlass nach dem anwendbaren Recht zu verwalten. „Testament" ist jede Verfügung von Todes wegen iS dieser VO.[114] Dass der Verwalter dieses vollstrecken muss, ist angesichts des Zwecks einer Nachlassverwaltung keine Besonderheit. Wesentlich ist, dass er dabei das anwendbare ausländische Recht (lex causae) beachten muss.[115] Diesen Grundsatz bekräftigt Art 29 Abs 2, nach dem Verwalter primär (nur) jene Befugnisse ausüben darf, welche einem **solchen Verwalter nach der lex causae** zustehen.

Im Hinblick auf das anwendbare Recht ist **Art 23 zu beachten.** Nach Art 23 Abs 2 lit e un- **49** terliegen dem Erbstatut der Übergang des Nachlassvermögens, der Rechte und Pflichten auf die Erben und Vermächtnisnehmer, einschließlich der Bedingungen für die Ausschlagung

---

111 Treffend *Lein* in *Dutta/Herrler* 215; ebenso *Dutta* in MünchKommBGB[6] Art 29 EuErbVO Rz 11.
112 ErwGr 47.
113 Dieses Vorhaben hält *Dutta* in MünchKommBGB[6] Art 29 EuErbVO Rz 10 angesichts recht vage formulierter Regelungen und der Länge der Bestimmung mit 65 Zeilen im Amtsblatt für nicht sehr gelungen.
114 Für eine weite Auslegung zu Recht schon *Dutta* in MünchKommBGB[6] Art 29 EuErbVO Rz 12 (FN 9).
115 Vgl ErwGr 44; vgl auch *Bajons* in *Schauer/Scheuba* 39; *Dutta* in MünchKommBGB[6] Art 29 EuErbVO Rz 12; *Hellner* in *Dutta/Herrler* 109; *Lein* in *Dutta/Herrler* 203; *Frodl,* ÖJZ 2012/108, 955; *Kroiß* in NomosKommentar BGB Art 29 EuErbVO Rz 18.

der Erbschaft oder eines Vermächtnisses und deren Wirkungen.[116] Weiters sind nach Art 23 Abs 2 lit f die Rechte der Erben, Testamentsvollstrecker und anderer Nachlassverwalter, insb im Hinblick auf die Vermögensveräußerung und die Gläubigerbefriedigung erfasst. Somit muss der Nachlassverwalter va was den **Erbgang,** die **Nachlasshaftung**[117] und die **Pflichtteilsansprüche** betrifft, grundsätzlich das auf die Rechtsnachfolge anwendbare Recht befolgen.[118]

50 Ist zum **Beispiel** ein zypriotisches Gericht (forum) zuständig, jedoch österr Recht (ius) auf die Erbsache anwendbar und bestellt das Gericht nach zypriotischem Recht einen Erben zum Nachlassverwalter, so hat dieser Erbe jene Verwaltungsbefugnisse, die einem Erben nach österr Recht zukommen.[119] Insoweit hat er die Verpflichtungen, die sich aus dem österr Sachrecht ableiten, zu befolgen, insb muss er die Gläubigerforderungen befriedigen und die nach dem ABGB errechneten Pflichtteilsansprüche aus der Masse begleichen.

bb) Besondere Bedingungen

51 Gem Art 29 Abs 1 Satz 2 kann das bestellende Gericht „in seiner Entscheidung **besondere Bedingungen** für die Ausübung" der Befugnisse im Einklang mit der lex causae festlegen.[120] Welche Bedingungen gemeint sind, geht weder aus dem Verordnungstext noch aus den Erwägungsgründen hervor. Vorstellbar sind mE va gesetzliche Beschränkungen der Vertretungs-, Verwaltungs- und Veräußerungsbefugnis, aber auch Gläubigerschutzmaßnahmen. Der Normzweck könnte darin zu sehen sein, dass Besonderheiten des anwendbaren Rechts gewahrt bleiben, die Teil eines Gesamtkonzepts sind. So ist zB in Österreich die Inventarisierung des Nachlassvermögens untrennbar mit der beschränkten Erbenhaftung verknüpft.

52 Ist also zum Beispiel nach der lex causae eine **Inventarisierung** vorgesehen (vgl §§ 800, 802, 810 Abs 3 ABGB), existiert so eine Maßnahme aber in der Rechtsordnung des Forumsstaats nicht, so wäre das zuständige Gericht angehalten, die Inventarisierung ausdrücklich festzulegen.

53 Ein weiteres Beispiel ist der Genehmigungsvorbehalt nach § 810 Abs 2 ABGB: Dieser bindet Verwaltungs-, Vertretungs- und Veräußerungshandlungen an die **gerichtliche Genehmigung,** solange der Erbe keine Erbantrittserklärung zum ganzen Nachlass abgegeben hat oder Rechtsgeschäfte tätigt, die „zum außerordentlichen Wirtschaftsbetrieb" gehören; dies betrifft etwa den Verkauf oder die Verpfändung einer zum Nachlass gehörigen Liegenschaft, weil

---

116 Dass Art 23 Abs 2 lit e den Erbgang erbrechtlich qualifiziert, hält *Hellner* in *Dutta/Herrler* 109 aus der Sicht jener Staaten, die nur einen mittelbaren Erwerb kennen, für problematisch, was ein wesentlicher Grund für die Einführung von Art 29 gewesen sei.

117 Ausf zu den Rechtsfolgen des Erbgangs und der Erbenhaftung unter Anwendung nach Maßgabe von Art 23 EuErbVO: *J. P. Schmidt,* ZEV 2014, 457 f.

118 Zur denkbaren Berufung auf den ordre-public-Vorbehalt, wenn Pflichtteilsansprüche völlig umgangen würden, zB *Fischer-Czermak* in *Schauer/Scheuba* 54; *Lein* in *Dutta/Herrler* 213 ff; *Lorenz* in *Dutta/Herrler* 120 ff, 124; zu den verschiedenen Ausgestaltungen des Pflichtteilsrechts *Greeske,* EU-Erbrechtsverordnung 114 ff; vgl bereits zum VO-Vorschlag *A.-Z. Steiner,* NZ 2012/26, 111.

119 Vgl auch ErwGr 44.

120 Dies werde nach *Dutta* in MünchKommBGB[6] Art 29 EuErbVO Rz 12 in Abs 2 UAbs 1 klargestellt; mE ergibt sich dies zwar nicht klar aus dem Verordnungstext oder den Erwägungsgründen, es macht aber Sinn, darunter die Bedingungen der lex causae zu verstehen, weil die Erweiterung der Befugnisse nach der lex fori an strengere Kriterien geknüpft ist.

darin stets eine potenzielle Gefahr für die Erhaltung der Nachlassmasse liegt.[121] Ist österr Recht anwendbar, müsste eine solche Handlung zuerst vom zuständigen Gericht genehmigt werden.

cc) Fremdverwalterbestellung und Erbenhaftung

Führt die Bestellung eines Fremdverwalters zu einer Änderung der **Erbenhaftung** nach der **54** lex causae, so *„sollte eine solche Änderung der Haftung respektiert werden".*[122] Somit sind diese Rechtsfolgen der Haftung auch vom zuständigen Gericht und dem bestellten Fremdverwalter zu beachten. Dies muss das Gericht mE gegebenenfalls im Bestellungsbeschluss als Befugnisbeschränkung anführen. Missachtet der Verwalter schuldhaft diese Verpflichtung, ist eine Haftung denkbar, wenn den Erben oder Dritten dadurch ein (Vermögens-)Schaden verursacht wird.

b) Abweichung: Ergänzung durch die lex fori (Abs 2 UAbs 2)

aa) Zweck: Nachlassgläubiger- und Pflichtteilsschutz

Abweichend vom Grundsatz, dass sich die Befugnisse des Verwalters nach dem Erbstatut **55** richten (Rz 47 ff), kann ihm das Gericht unter bestimmten Voraussetzungen **ergänzende Befugnisse nach der lex fori** einräumen (Abs 2 UAbs 2):[123] Erfüllt sind diese, wenn die Befugnisse nach dem Erbstatut nicht ausreichen, um das Nachlassvermögen zu erhalten oder die Rechte der Nachlassgläubiger, sowie der Bürgen des Erblassers zu schützen. Dies gilt mE auch für gleichwertige persönliche Sicherheiten. Im Vordergrund steht das Ziel, den Nachlass als Haftungsfonds für die Gläubigerforderungen zu erhalten. Gleiches trifft daher mE auf Pflichtteilsansprüche zu, die sich auf Basis des Nachlasses berechnen und aus diesem zu erfüllen sind.

bb) Befugniserweiterung und Befugnisbeschränkung

Zu den ergänzenden Befugnissen zählt ErwGr 44 **demonstrativ** die Inventarisierung („Erstel- **56** lung einer Liste des Nachlassvermögens und der Nachlassverbindlichkeiten"), die Gläubigerkonvokation („die Nachlassgläubiger vom Eintritt des Erbfalls zu unterrichten und sie aufzufordern, ihre Ansprüche geltend zu machen"), sowie Sicherungsmaßnahmen („einstweilige Maßnahmen [. . .] zum Erhalt des Nachlassvermögens"). Darunter fallen zB die Sicherung der Verlassenschaft (§ 147 AußStrG) oder die Nachlassseparation (§ 812 ABGB, § 175 AußStrG).

Geregelt ist aber nur die Ergänzung von Befugnissen, nicht hingegen die Anordnung von **57** **Beschränkungen nach der lex fori.** Teleologische Gründe sprechen mE dafür, unter den

---

121 Für eine erweiterte Auslegung einschließlich der Verpfändung mit überzeugenden, teleologischen Argumenten *Spitzer,* NZ 2006/8, 36 f, weil der *Zweck* des § 810 dem sonst entstehenden Schutzdefizit gerade vorbeugen solle; *Spitzer,* EvBl 2009/8, 77; zust *Mondel,* NZ 2006/54, 230 f; aA *Fischer-Czermak,* EF-Z 2008/65, 110, welche die Genehmigungspflicht unter Bezug auf den Gesetzeswortlaut und die Materialien auf Veräußerungsgeschäfte im Rahmen des ao Wirtschaftsbetriebs beschränkt; dies befürwortend auch *Sailer* in KBB[4] § 810 Rz 6.

122 ErwGr 44.

123 Dieser Fall wird als „Normmangel" beschrieben, der durch Rückgriff auf die lex fori kollisionsrechtlich angepasst wird: *Dutta* in MünchKommBGB[6] Vor Art 20 EuErbVO Rz 32 f, Art 29 EuErbVO Rz 14; *Köhler* in *Kroiß/Horn/Solomon* Vor Art 20 – 38 EuErbVO, Einl Rz 27; vgl ferner *Lein* in *Dutta/Herrler* 203.

gleichen Voraussetzungen Beschränkungen zuzulassen, wenn sie der Verhinderung einer Gefahr für den Nachlass oder Berechtigte dienen. Dafür spricht auch Abs 2 UAbs 2, wonach das Gericht unter Bezug auf die lex fori besondere „Bedingungen" festlegen kann. So wäre etwa der gerichtliche Genehmigungsvorbehalt für die Veräußerung wertvoller Nachlassgegenstände (§ 810 Abs 2 ABGB) denkbar,[124] wenn eine solche nach der lex causae nicht vorgesehen ist und dieser Umstand eine Gefahr für die Zwecke der Nachlasserhaltung und des Gläubigerschutzes bildet.

c) Unantastbare Bereiche der lex causae (Abs 2 UAbs 3)

58   Selbst wenn dem Verwalter ergänzende Befugnisse eingeräumt werden (s soeben), ist er darin nicht ganz frei. Er muss bestimmte Normen der lex causae jedenfalls befolgen; ihnen widersprechende Handlungen sind unzulässig.[125] Dabei geht es um **Kernbereiche des Erbstatuts,** die sich auf die **Erbenrechte,** die **Nachlasshaftung** und den **Eigentumsübergang** beziehen: Konkret betrifft dies etwa den Erbgang, die Haftung für Nachlassverbindlichkeiten, die Rechte der Erbberechtigten[126] und gegebenenfalls die Kompetenzen eines Testamentsvollstreckers (Abs 2 UAbs 3).[127] Auch eine – durch eine Fremdverwalterbestellung bewirkte – Änderung der Erbenhaftung ist einzuhalten (s auch Rz 54).[128] Ebenso bleiben gegebenenfalls die Rechte zur Annahme und Ausschlagung der Erbschaft[129] sowie mE zur Ausschlagung eines Vermächtnisses unberührt. In diese Bereiche darf auch das bestellende Gericht nicht eingreifen.

59   Außerdem bleiben **Rechtsgeschäfte wirksam,** welche die Erben **vor der Verwalterbestellung** abschlossen.[130] Dies könnte zwar unbefriedigend sein, wenn das Geschäft nachteilig für den Nachlass war. Dahinter scheint mE aber die Überlegung zu stehen, dass im internationalen Erbfall dem **Schutz des Rechtsverkehrs** große Bedeutung zukommt. Dritte sollen darauf vertrauen dürfen, dass die mit den Erben wirksam getätigten Rechtsgeschäfte auch nach der Verwalterbestellung wirksam bleiben. Daher bleiben diese Rechtsgeschäfte gültig, wenn sie nach der lex causae wirksam geschlossen wurden; davon ausgenommen sind Missbrauchsfälle, die aber idR schon nach der lex causae zur Unwirksamkeit führen werden.

4. Befugnisse bei Anwendbarkeit eines Drittstaatenrechts (Abs 3)

60   Ist das Recht eines Drittstaates anwendbar, so ist das zuständige Gericht grundsätzlich sehr frei: Es kann dem Nachlassverwalter **alle Verwaltungsbefugnisse** übertragen, die „nach dem Recht, in dem sie bestellt wurden" vorgesehen und möglich sind (Abs 3 UAbs 1).[131] „Dritt-

---

124   In ähnlichem Zusammenhang auch *Schauer,* EF-Z 2012/154, 247, nach dem der Genehmigungsvorbehalt in das Europäische Nachlasszeugnis aufzunehmen ist (zu diesem Rz 65 ff).

125   Dies betont nochmals ErwGr 44.

126   Zu den Rechtsfolgen des Erbgangs *J. P. Schmidt,* ZEV 2014, 457 f.

127   Dies betont nochmals ErwGr 44.

128   Vgl ErwGr 44 Satz 5 und 6; vgl auch *Dutta* in MünchKommBGB[6] Art 29 EuErbVO Rz 14.

129   Dazu *J. P. Schmidt,* ZEV 2014, 459 f.

130   So ErwGr 44.

131   Für eine zurückhaltende Auslegung dieser Befugnis *Köhler* in *Kroiß/Horn/Solomon* Art 29 EuErbVO Rz 3; krit auch *Bajons* in *Schauer/Scheuba* 39 im Hinblick auf Rechtsordnungen, die sich faktisch gerierenden oder bei Gericht als Erben meldenden Personen weitgespannte Befugnisse einräumen.

staat" ist jeder Staat, der nicht der EuErbVO unterfällt, wie zB England und Wales oder die USA.[132]

Aber auch in diesem Fall gibt es **Begrenzungen:** Art 29 Abs 3 UAbs 2 proklamiert, dass der **61** Nachlassverwalter im Zuge seiner Tätigkeit die Regelungen des Erbstatuts „respektieren" muss. Dies gilt insb für die Erbberechtigung, ob intestaterbrechtlich, gewillkürt oder zwingend.[133] Der Verwalter darf nicht selbst bestimmen, „wer" Berechtigter ist, sondern dies richtet sich allein nach dem Erbstatut. Ebenso bleiben in der lex causae geregelte Pflichtteilsansprüche sowie Ansprüche gegenüber Nachlass oder Erben unberührt. Somit muss die Begleichung von Verbindlichkeiten gegenüber Nachlassgläubigern nach dem anwendbaren ausländischen Recht erfolgen.

5. Entlohnung und Haftung

Im Einklang mit Art 29 und 23 richtet sich mE die Entlohnung des Nachlassverwalters nach **62** dem Erbstatut, in Österreich nach dem **Gerichtskommissionstarifgesetz.** Nach der Rsp des OGH sind die mit der Nachlassverwaltung verbundenen Kosten Passiven der Verlassenschaft.[134]

Ebenso richtet sich die Haftung des Nachlassverwalters gegenüber dem Nachlass, Erbberech- **63** tigten und Nachlassgläubigern nach dem Erbstatut;[135] im österr Recht somit nach der **allgemeinen Verschuldenshaftung** (§§ 1293 ff ABGB).

C. Tätigwerden im In- und Ausland
1. Bestellungsbeschluss

Das zuständige Gericht sollte mE im Bestellungsbeschluss festlegen, welche Befugnisse dem **64** Nachlassverwalter im Rahmen der Nachlassabwicklung zukommen und welche Beschränkungen oder Bedingungen (Rz 51 ff) ihn treffen. Man könnte sich an der Bestellung eines Sachwalters orientieren, dessen **„Wirkungskreis" im Bestellungsbeschluss** festgelegt wird.[136] Gleiches gilt für nachträgliche Erweiterungen und Beschränkungen.[137] Dieser Beschluss ist eine Entscheidung iSd Art 3 Abs 1 lit g, deren Anerkennung, Vollstreckbarkeit und Vollstreckung in anderen Mitgliedstaaten sich nach Art 39 ff richtet (s Art 43 Rz 6).[138]

---

132 Zum Begriff des Drittstaats s *Dutta* in MünchKommBGB[6] Vor Art 1 EuErbVO Rz 15 f; zu Einzelfragen im Verhältnis zu Drittstaaten und bilateralen Abkommen *Süß* in *Dutta/Herrler* 181 ff, 186 ff; *Lein* in *Dutta/Herrler* 199 ff, 210 ff.

133 *Dutta* in MünchKommBGB[6] Art 29 EuErbVO Rz 15; das gilt nicht für die verfahrensrechtlichen Aspekte, so muss das Gericht nicht die Grundsätze der englischen *administration* sichern: *Lein* in *Dutta/Herrler* 215.

134 ZB OGH 9 Ob 57/07 h iFamZ 2009/92; RIS-Justiz RS0012217; dasselbe gelte für Prozesskosten, die im Zuge der Vertretung des Nachlasses entstehen; jedoch seien nach OGH 7 Ob 56/10a JBl 2010, 703 *(Riss)* Prozesskosten aus einem Verfahren auf Bezahlung des Pflichtteils keine Kosten der Verwaltung und mindern den Nachlass nicht.

135 So bereits *Vollmer*, ZErb 2012, 232; ebenso *Dutta* in MünchKommBGB[6] Art 29 EuErbVO Rz 16.

136 Näher zur Umschreibung des Wirkungskreises eines Sachwalters im Sachwalterbestellungsbeschluss: *Schauer* in *Gitschthaler/Höllwerth* § 123 Rz 9 ff; nachdrücklich für eine präzise Auflistung der Handlungsbefugnisse im Europäischen Nachlasszeugnis eintretend: *Lübcke*, Nachlassverfahrensrecht 613.

137 Zum Sachwalter *Schauer* in *Gitschthaler/Höllwerth* § 128 Rz 20; OGH 7 Ob 36/11 m iFamZ 2011/200.

138 *Dutta* in MünchKommBGB[6] Art 29 EuErbVO Rz 18.

2. Europäisches Nachlasszeugnis

65 Damit der Nachlassverwalter seine Befugnisse unionsweit ausüben kann, darf er sich durch das Europäische Nachlasszeugnis (ENZ) auf seine **Rechtsposition berufen** (Art 63 Abs 1).[139] Dieses schafft einen „Rechtsnachweis" für Erben, Vindikationslegatare,[140] Testamentsvollstrecker und Nachlassverwalter, der im Geltungsraum der EuErbVO gültig ist (Art 62 – 73).[141]

66 Fraglich ist das **Verhältnis zwischen Bestellungsbeschluss und Nachlasszeugnis.** Nach *Dutta* richten sich die Befugnisse alternativ nach dem Bestellungsbeschluss oder dem Nachlasszeugnis.[142] Problematisch könnte es sein, wenn sich das ENZ nicht mit dem Beschluss deckt. Dies sollte zwar nicht geschehen, da die auszustellende Behörde den Antrag genau prüfen muss[143] und mE an die präzise Wiedergabe der – mit der Bestellungsentscheidung – eingeräumten Befugnisse gebunden ist. Ergibt sich dennoch ein Widerspruch, hat mE die Entscheidung Vorrang, weil anzunehmen ist, dass das Nachlasszeugnis die rechtskräftig festgelegten Befugnisse nur deklarativ wiedergeben kann. Seine wesentliche Funktion liegt in der Beweis- und Legitimationswirkung im Ausland.[144] Erleidet ein Dritter im Vertrauen auf die Richtigkeit des ENZ (vgl Art 62 Abs 2 und 3)[145] einen Schaden, ist die Haftung des ausstellenden Mitgliedstaats denkbar.

67 Der Zweck des Nachlasszeugnisses liegt in der **Erleichterung der grenzüberschreitenden Nachlassabwicklung** (s Art 62 Rz 5).[146] Ganz entscheidend ist das für das Tätigwerden im Ausland. Denn nur durch einen solchen allgemein gültigen Rechtsnachweis darf der Nachlassverwalter auch auf dem Hoheitsgebiet anderer Mitgliedstaaten tätig werden. Erst diese Befugnis ermöglicht es, ein einheitliches Nachlassverfahren in einem Mitgliedstaat zu führen.[147] Es ist daher auch in Hinblick auf öffentliche Register, wie zB Handels- oder Grundbuchsregister, anzuerkennen.[148]

3. Kompetenz(grenz)en im Ausland?

68 Die Einführung eines Europäischen Nachlasszeugnisses, das die Befugnisse des Verwalters unionsweit ausweist (s soeben), hängt eng mit dem **Prinzip der Nachlasseinheit** zusammen,

---

139 Ausf *Schauer*, EF-Z 2012/154, 247; vgl auch *Dutta* in MünchKommBGB[6] Art 29 EuErbVO Rz 18; mit Bezug zum Testamentsvollstrecker *Buschbaum/Simon*, ZEV 2012, 527.

140 Denn nur bei direkter Teilhabe am Nachlass wird ein ENZ nötig: vgl *J. Schmidt*, ZEV 2014, 391 mwN; ausf zur Einordnung der Vindikationslegate und den Rechtsfolgen *J. P. Schmidt*, ZEV 2014, 133 ff.

141 Dazu etwa *Lange* in *Dutta/Herrler* 162 ff, 168; *Motal*, EF-Z 2015/39, 62; *Schauer*, EF-Z 2012/154, 245 f; *A.-Z. Steiner*, NZ 2012/26, 112 f; zu Einzelfragen *Geimer* in *Hager* 46 ff, 57 ff; *Süß*, ZEuP 2013, 731 ff; zu Drittstaaten *Süß* in *Dutta/Herrler* 181 ff, 186 ff.

142 *Dutta* in MünchKommBGB[6] Art 29 EuErbVO Rz 18; vgl zum Verhältnis auch allgemein *Kroiß* in NomosKommentar BGB Überblick Rz 25.

143 *Lange* in *Dutta/Herrler* 164 f; *Schauer*, EF-Z 2012/154, 248.

144 Dazu etwa *Lange* in *Dutta/Herrler* 171 f; *Lübcke*, Nachlassverfahrensrecht 531 ff; *Süß*, ZEuP 2013, 745 ff.

145 Zu diesen „Vermutungs- und Gutglaubenswirkungen" und damit verbundenen Problemen näher *J. Kleinschmidt*, RabelsZ 77 (2013) 775 ff; *Buschbaum/Simon*, ZEV 2012, 527 f; *Geimer* in *Hager* 46 f; *Lange* in *Dutta/Herrler* 168 f; zur Notwendigkeit europäischen Entscheidungseinklangs *Dutta* in *Dutta/Herrler* 226 f.

146 ErwGr 67; zum Regelungshintergrund etwa *J. Kleinschmidt*, RabelsZ 77 (2013) 727 ff; *Lange* in *Dutta/Herrler* 162; *J. Schmidt*, ZEV 2014, 390.

147 Zu dem Zusammenhang auch *Lange* in *Dutta/Herrler* 162; *Süß*, ZEuP 2013, 727.

148 Vgl *J. Schmidt*, ZEV 2014, 393 f; für das deutsche Grundbuchverfahren *Hertel*, ZEV 2013, 540 f.

das die VO verwirklicht. Seine Bedeutung liegt darin, dass ein einziges Erbrecht für das gesamte bewegliche und unbewegliche Nachlassvermögen gilt.[149] Begründet wird das unter anderem mit „Gründen der Rechtssicherheit und um eine Nachlassspaltung zu vermeiden".[150] Daraus ist mE zu schließen, dass der nach Art 29 bestellte Nachlassverwalter grundsätzlich im gesamten **Geltungsbereich der EuErbVO,** somit in allen Mitgliedstaaten, tätig werden darf.[151]

Fraglich ist jedoch, wie der Verwalter seine **Befugnisse grenzüberschreitend** wahrnehmen **69** kann und darf. Welche Kompetenzen kommen ihm auf fremdem Hoheitsgebiet zu und welche Grenzen hat er zu achten? Diese Frage stellt sich, wenn nicht das gesamte Nachlassvermögen im Forumsstaat, sondern teilweise auch im Ausland belegen ist. Die VO enthält keine diesbezüglichen Konkretisierungen. *Hertel* geht grundsätzlich davon aus, dass sich die Verfügungsbefugnis des Nachlassverwalters kraft des anwendbaren Erbrechts auch auf in einem anderen Mitgliedstaat befindliches bewegliches sowie unbewegliches Vermögen erstrecke.[152]

Dem ist zwar allgemein zuzustimmen. Gerade die Beweisaufnahme erfordert Informations- **70** beschaffungs- und Betretungsbefugnisse.[153] Somit erscheint es sinnvoll, dass sich die Befugnisse des Verwalters auf andere Mitgliedstaaten erstrecken. Sie werden daher grundsätzlich auch gegenüber Behörden[154] und privaten Unternehmen, wie einem Kreditinstitut oder einer Versicherungsgesellschaft gelten. Dennoch wäre es mE bedenklich, dürfte der **Verwalter auf fremdem Hoheitsgebiet** jede Rechtshandlung vornehmen, die ihm nach dem Erbstatut (Rz 48) oder der lex fori (Rz 55 ff) erlaubt ist. Unklar ist etwa, inwieweit der Verwalter befugt ist, Nachlassvermögen aus fremdem Gebiet zu entfernen oder etwa Bankforderungen einzuziehen. Näher zu überlegen ist auch, wie die Befugnisse mehrerer Verwalter in Parallelverfahren zu koordinieren wären, was etwa beim erbenlosen Nachlass eine Rolle spielt (s dazu Art 33). Man könnte sich mE an den Befugnissen des Insolvenzverwalters nach der EuInsVO orientieren (vgl Art 18 EuInsVO).[155] An diese Problematik könnte sich in zukünftigen internationalen Erbrechtsfällen der EuGH annähern und die Befugnisse des Nachlassverwalters konkretisieren.[156]

---

149 ErwGr 37; zum Zusammenhang zwischen Art 29 und der Notwendigkeit einer Nachlasseinheit: *Lübcke,* Nachlassverfahrensrecht 61 ff; ausf zum Grundsatz der Nachlasseinheit *Dutta* in Münch-KommBGB[6] Vor Art 20 EuErbVO Rz 6; *Köhler* in *Kroiß/Horn/Solomon* Art 21 EuErbVO Rz 2; *Schatzl/Spruzina* in *Gitschthaler/Höllwerth* §§ 105 – 107 JN Rz 30; vgl auch *Fischer-Czermak* in *Schauer/Scheuba* 48; rechtsvergleichend *Dutta,* RabelsZ 73 (2009) 554 ff.

150 ErwGr 37 Satz 4.

151 Allgemein zum Anwendungsbereich des Nachlasszeugnisses näher *J. Kleinschmidt,* RabelsZ 77 (2013) 746.

152 *Hertel* in *Dutta/Herrler* 103 behandelt diese Frage zwar nicht allgemein, aber laut seinem konkreten Beispiel habe ein in England bestellter *personal representative* oder ein in Österreich bestellter Gerichtskommissär auch Verfügungsbefugnis über in Deutschland befindliches bewegliches Vermögen und Grundstücke; zu grundbuchsrechtlichen Schwierigkeiten siehe aber: *J. Kleinschmidt,* RabelsZ 77 (2013) 731 f.

153 Zu möglichem Anpassungsbedarf im österr Recht *Motal,* EF-Z 2015/39, 62.

154 IZm dem Nachlasszeugnis vgl ErwGr 69; *Schauer,* EF-Z 2012/154, 249 f.

155 Zu den Befugnissen und Beschränkungen eines Insolvenzverwalters bei grenzüberschreitenden Insolvenzen siehe etwa *Paulus,* EuInsVO[4] Art 18 Rz 4 ff mwN.

156 Zur Auslegungskompetenz des EuGH vgl nur *Köhler* in *Kroiß/Horn/Solomon* Einf EuErbVO Rz 8 ff.

IV. Maßnahmen zum Gläubigerschutz

A. Stärkung der Gläubigerrechte

71 Leider nicht im Verordnungstext selbst geregelt, sondern nur in den ErwGr 45 und 46 erwähnt, sind **weitergehende Rechte und Maßnahmen** im Interesse der Gläubiger. Aufgrund der systematischen Nähe zu den Erwägungsgründen, die sich unmittelbar auf Art 29 beziehen (ErwGr 42 – 44) und der ähnlich ausgerichteten Ziele ist mE anzunehmen, dass sie mit der Nachlassverwaltung- und Nachlassabwicklung in Zusammenhang stehen.

B. Schutzmaßnahmen

72 ErwGr 45 stellt klar, dass Nachlassgläubiger weitere nach dem innerstaatlichen Recht zur Verfügung stehende Maßnahmen treffen dürfen, um ihre Rechte zu sichern. Adressat sind mE die international zuständigen Gerichte. Nicht ganz klar erscheint, welches „innerstaatliche Recht" gemeint ist. Nach dem Zweck dieser Erwägung könnte es um **zwingende Schutzvorkehrungen der lex fori** gehen, die den Nachlassgläubigern gewahrt bleiben müssen, zB das Recht zur Nachlassseparation. Diese Maßnahmen müssen aber mit den „Rechtsinstrumenten der Union" konform sein. Dies erfordert eine genaue Koordination zwischen lex causae, lex fori und Art 29.

C. Informationsbeschaffung

73 Fraglich ist, wie die Nachlassgläubiger von einer Verfahrenseröffnung erfahren. Das Gericht ist nicht in der Lage, alle Umstände, die im Ausland ansässige Gläubiger betreffen, zu überblicken und diese zu verständigen. Wenngleich die VO keine Regelung dazu enthält, hat ErwGr 46 diese Situation vor Augen: Demnach „sollte" es die VO ermöglichen, dass die **Nachlassgläubiger über den Eintritt des Erbfalls unterrichtet** werden. Gefordert wird also eine Bereitstellung von Informationen über internationale Erbfälle. Adressat sind die Mitgliedstaaten als solche, sowie als gemeinsam interagierende Union. Mit Konkretisierungen übt sich der Unionsgesetzgeber aber zurückhaltend: Es „sollte" im Rahmen der Anwendung dieser VO „die Möglichkeit in Erwägung gezogen werden, einen Mechanismus einzurichten, gegebenenfalls über das Europäische Justizportal, um es potenziellen Nachlassgläubigern in anderen Mitgliedstaaten zu ermöglichen, Zugang zu den einschlägigen Informationen zu erhalten, damit sie ihre Ansprüche anmelden können." Der Hintergrund dieser Erwägung liegt auf der Hand. Die Nachlassgläubiger brauchen eine **zuverlässige Informationsquelle,** um überhaupt von der Eröffnung eines Nachlassverfahrens zu erfahren und ihre Ansprüche geltend machen zu können.

74 De lege ferenda ist daher die Einrichtung eines Internetportals überlegenswert, in dem **internationale Verlassenschaftsverfahren registriert und öffentlich einsehbar** werden. Über dieses Portal könnten Gläubiger ihre Forderungen anmelden. Eine entsprechende Gläubigerinformation- und Forderungsanmeldung sehen bereits die Art 21 f EuInsVO für internationale Insolvenzen vor (s Art 33 Rz 25).[157] Die Informationen sind auch für den Nachlassverwalter von Bedeutung, weil er die Gläubigerrechte wahren muss (Rz 49, 55, 58). Ebenso könnten diese Informationen dem international zuständigen Gericht zur genaueren Konkretisierung der Verwalterbefugnisse dienen.

---

157 Dazu etwa *Paulus,* EuInsVO[4] Art 21 Rz 287 ff, Art 22 Rz 1; vgl zu möglichen Problemen der Forderungsanmeldung nach der EuInsVO: *Koller,* ecolex 2013, 216 ff mwN.

Besondere Regelungen mit Beschränkungen, die die Rechtsnachfolge von Todes wegen in Bezug auf bestimmte Vermögenswerte betreffen oder Auswirkungen auf sie haben

Art 30. Besondere Regelungen im Recht eines Staates, in dem sich bestimmte unbewegliche Sachen, Unternehmen oder andere besondere Arten von Vermögenswerten befinden, die die Rechtsnachfolge von Todes wegen in Bezug auf jene Vermögenswerte aus wirtschaftlichen, familiären oder sozialen Erwägungen beschränken oder berühren, finden auf die Rechtsnachfolge von Todes wegen Anwendung, soweit sie nach dem Recht dieses Staates unabhängig von dem auf die Rechtsnachfolge von Todes wegen anzuwendenden Recht anzuwenden sind.

Stammfassung.

Literatur: *Damascelli,* Diritto internazionale privato delle successioni a causa di morte (2013); *Deutsches Notarinstitut,* Rechtsvergleichende Studie der erbrechtlichen Regelungen des Internationalen Verfahrensrechtes und Internationalen Privatrechts der Mitgliedsstaaten der Europäischen Union (2002); *Döbereiner,* Das internationale Erbrecht nach der EU-Erbrechtsverordnung (Teil I), MittBayNot 2013, 358; *Everts,* Fälle und Formulierungsbeispiele zur EU-Erbrechtsverordnung (Teil 1), NotBZ 2014, 441; *Faber/Grünberger,* Vorschlag der EU-Kommission zu einer Erbrechts-Verordnung, NZ 2011/25, 97; *Janzen,* Die EU-Erbrechtsverordnung, DNotZ 2012, 488; *Kroll-Ludwigs,* Die Rolle der Parteiautonomie im europäischen Kollisionsrecht (2013); *Kuckein,* Die ‚Berücksichtigung' von Eingriffsnormen im deutschen und englischen internationalen Vertragsrecht (2008); *Kunz,* Die neue Europäische Erbrechtsverordnung – ein Überblick (Teil II), GPR 2012, 253; *Lageder,* Das Höferecht im Bundesland Tirol und in Südtirol, in *Hilpold/Steinmair/Perathoner,* Rechtsvergleichung an der Sprachgrenze (2011) 311 ff; *Laimer,* Rechtsfolgen eines Verstoßes gegen ausländisches Vergaberecht (zu OGH 2 Ob 122/11 x), ZRB 2012, 139, 142; *Leitzen,* EuErbVO: Praxisfragen an der Schnittstelle zwischen Erb- und Gesellschaftsrecht, ZEV 2012, 520; *Martiny,* Lex rei sitae as a connecting factor in EU Private International Law, IPRax 2012, 119; *Max Planck Institute for Comparative and International Private Law,* Comments on the European Commission's Proposal for a Regulation of the European Parliament and of the Council on jurisdiction, applicable law, recognition and enforcement of decisions and authentic instruments in matters of succession and the creation of a European Certificate of Succession, RabelsZ 74 (2010) 522; *Rudolf/Zöchling-Jud/Kogler,* Kollisionsrecht, in *Rechberger/Zöchling-Jud* (Hrsg), Die EU-Erbrechtsverordnung in Österreich (2015) 115; *Rühl,* Statut und Effizienz (2011); *Schennach,* Geschichte des bäuerlichen Besitz- und Erbrechts in Tirol – ein Überblick, in Hofgeschichten der 2002 und 2003 verliehenen Erbhöfe/Tiroler Erbhöfe 21 (2003) 9 ff; *Waters,* Explanatory Report on the 1989 Hague Succession Convention (1990); *Wegan,* Landwirtschaftliches Sondererbrecht in der Schweiz, in Frankreich und in Österreich, FS Wilburg (1975) 423; *Weiss/Bigler,* Die EU-Erbrechtsverordnung – Neue Herausforderungen für die internationale Nachlassplanung aus Schweizer Sicht, successio 2014, 163; *Wilke,* Das internationale Erbrecht nach der neuen EU-Erbrechtsverordnung, RIW 2012, 601.

Übersicht

	Rz
I. Allgemeines	1
A. Zweck der Norm	2
B. Entstehungsgeschichte	5
C. Anwendungsbereich	6
II. Inhalt der Norm	7
A. Besondere Regelungen über die Rechtsnachfolge von Todes wegen im Sinne der Norm	9
1. Nachfolgeregelungen bezüglich bestimmter Vermögensgegenstände	11
2. Nachfolgeregelungen aufgrund spezifischer ordnungspolitischer Erwägungen	12

3. Anwendung der Nachfolgeregelungen unabhängig vom Erbstatut be-
absichtigt   13
4. Nachfolgeregelungen für Vermögensgegenstände im Forumstaat sowie
im mitgliedstaatlichen und im drittstaatlichen Ausland   15
5. Beispiele   17
B. Rechtsfolgen   21

I. Allgemeines

1   Durch Art 30 werden nationale Bestimmungen, die die **Erbfolge für** in diesen Staaten belegene **bestimmte Vermögensgegenstände** in besonderer Weise regeln, für anwendbar erklärt,
sodass diese Bestandteile der Erbmasse nicht dem nach Art 21 bzw 22 anwendbaren Erbrecht
unterliegen. Bei derartigen sich gegenüber dem allgemeinen Erbstatut durchsetzenden Regelungen handelt es sich somit um **Eingriffsnormen**[1].

A. Zweck der Norm

2   In zahlreichen Rechtsordnungen, wie etwa auch in Dänemark, Finnland und Schweden,[2]
wird der Erbgang einzelner Arten von Vermögenswerten durch **Sonderregeln** den allgemeinen erbrechtlichen Vorschriften entzogen, in den meisten Fällen um **öffentliche Interessen**
zu wahren. In der Praxis geht es dabei va um landwirtschaftliches bzw **bäuerliches Sondererbrecht**,[3] ansonsten etwa um die Nachfolge in Mietverhältnisse, um qualifizierte Nachfolgeklauseln im Gesellschaftsrecht sowie um spezielle arbeitsrechtliche, versicherungsvertragliche
sowie sozialversicherungsrechtliche Ansprüche.[4] Damit innerhalb des auf individuelle Interessen abstellenden Kollisionsrechts **zentralen Anliegen des Gemeinwohls** Rechnung getragen werden kann,[5] müssen sich Regelungen mit ordnungspolitischer Zielsetzung gegenüber
dem anzuwendenden Recht, welches entsprechende Bestimmungen nicht kennt, durchsetzen.
Dies wird in diesem Fall durch eine **Sonderanknüpfung an das Recht des Belegenheits-
taats** der Vermögensgegenstände erreicht, der allerdings nur **ein Teil dieser** auf die Nachfolge von Todes wegen bezogenen **Eingriffsnormen unterliegt.**[6] Von Art 30 erfasste erbrechtliche Spezialnormen sind somit bezüglich der ihnen unterliegenden Vermögenswerte
unabhängig von dem den Erbfall im Übrigen bestimmenden Recht zur Anwendung zu
bringen.

3   Die Anwendung von Art 30 kann somit dazu führen, dass der Erbgang bestimmter Gegenstände der Erbmasse der vom Erbstatut verschiedenen *lex rei sitae* unterliegt, sodass es in
diesen Fällen zu einer **kollisionsrechtlichen Nachlassspaltung** kommt.[7] Es handelt sich daher – neben der durch die Gesamtverweisung gem Art 34 hervorgerufenen Nachlassspaltung[8]
– um eine weitere **Ausnahme vom Grundsatz der Nachlasseinheit,** wie er durch Art 21 bzw
22 vorgesehen ist. Dadurch wird die Vorhersehbarkeit des anwendbaren Rechts beeinträch-

---

1 *Fischer-Czermak* in *Schauer/Scheuba* 48; *Rudolf/Zöchling-Jud/Kogler* in *Rechberger/Zöchling-Jud*
 Rz 238; *Thorn* in *Palandt*[73] Art 30 EuErbVO Rz 1; *Wilke,* RIW 2012, 607.
2 *Deutsches Notarinstitut,* Studie 234.
3 *Dutta* in MünchKommBGB[6] Art 30 EuErbVO Rz 8; inhaltlich dazu etwa *Wegan,* FS Wilburg 423 ff.
4 Vgl für Österreich *Eccher,* Erbrecht[5] § 3 Rz 21.
5 Ähnlich *Köhler* in *Kroiß/Horn/Solomon* Art 30 EuErbVO Rz 2.
6 *Köhler* in *Kroiß/Horn/Solomon* Art 30 EuErbVO Rz 1, 3; näher unter I. C. Rz 6.
7 *Köhler* in *Kroiß/Horn/Solomon* Art 30 EuErbVO Rz 1.
8 Dazu näher bei Art 34.

tigt, was generell aus ökonomischer Sicht als bedeutender **Nachteil der Berücksichtigung von Eingriffsnormen** gilt.[9]

Art 30 entspricht, auch in der Zielsetzung, im Wesentlichen[10] **Art 15** des, mangels einer aus-   **4**
reichenden Zahl von Beitrittsstaaten nicht in Kraft getretenen, **Haager Erbrechtsüberein-kommens** (HErbÜ) von 1989.[11] Eine ähnliche Bestimmung,[12] die allerdings **erheblich um-fassender**[13] sämtliche Sonderregelungen bezüglich nicht näher bezeichneter Gegenstände durch die Staaten, in denen diese sich befinden, vom anzuwendenden Recht ausnimmt, ent-hält **in Deutschland** Art 3 a Abs 2 dEGBGB, der zudem nicht nur – derzeit noch[14] – für das Erbkollisionsrecht, sondern auch im Internationalen Familienrecht gilt. Im **IPRG** ist dagegen **keine derartige Norm** vorhanden, gleichwohl wendet die Rsp besondere Erbteilungsvor-schriften an, wenn diese nach ihrem eigenen Anwendungswillen[15] „Eingriffscharakter" ha-ben.[16]

B. Entstehungsgeschichte

Eine **Ausnahme von der Anknüpfung an das Erbstatut,** in der die Anwendung des Bele-   **5**
genheitsrechts für nationale Sonderregeln vorbehalten wird, sofern diese ihre Anwendung fordern, wurde bereits in der vorbereitenden **rechtsvergleichenden Studie** des Deutschen Notarinstituts von 2002 verlangt.[17] Die Kommission nahm diese Anregung in Art 22 ihres **Verordnungsvorschlags**[18] auf, dessen **Überschrift** noch sehr viel **einfacher gefasst** („Beson-dere Regelungen über die Rechtsnachfolge von Todes wegen"), aber dadurch erheblich ver-ständlicher[19] war. Im **Standpunkt des Europäischen Parlaments** (EP)[20] wurde dieser **Titel** nur durch „die [diese] in Bezug auf bestimmte Vermögenswerte beschränken oder berüh-ren" **ergänzt,** wodurch der Gegenstand der Vorschrift gegenüber der Endfassung immer noch viel klarer beschrieben wurde. Die einzige wesentliche **inhaltliche Entwicklung** im Entstehungsverfahren besteht darin, dass der Kommissionsvorschlag noch allein **Sonderer-bregelungen der Mitgliedstaaten** hat erfassen wollen, was durch das EP dann auf die Rech-te eines jeden Staates ausgedehnt wurde.[21] Ansonsten gab es nur eine marginale Änderung

---

9 *Rühl,* Statut 412.
10 So auch *Dutta* in MünchKommBGB[6] Art 30 EuErbVO Rz 1; *Damascelli,* Diritto internazionale pri-vato 78.
11 Deutscher Text unter www.hcch.net/upload/text32 d.pdf (7. 6. 2015).
12 *Kunz,* GPR 2012, 255: „vergleichbar". Die Unterschiede hervorhebend *Döbereiner,* MittBayNot 2013, 364.
13 *Thorn* in *Palandt*[73] Art 30 EuErbVO Rz 1.
14 Nach dem Regierungsentwurf für ein „Gesetz zum Internationalen Erbrecht" v 3. 12. 2014, www.bmjv.de/SharedDocs/Downloads/DE/pdfs/Gesetze/GE_Internationales_Erbrecht.html, 33 (7. 6. 2015), wird der Verweis auf das Internationale Erbrecht gestrichen.
15 *Verschraegen* in *Rummel*[3] Vor § 1 IPRG Rz 25.
16 OGH 6 Ob 54/03 i SZ 2003/44; vgl *Verschraegen,* IPR Rz 318.
17 *Deutsches Notarinstitut,* Studie 264.
18 Vorschlag der Kommission für eine Verordnung des Europäischen Parlaments und des Rates über die Zuständigkeit, das anzuwendende Recht, die Anerkennung und die Vollstreckung von Entschei-dungen und öffentlichen Urkunden in Erbsachen sowie zur Einführung eines Europäischen Nach-lasszeugnisses, KOM(2009) 154 endg.
19 Als „missglückt" kritisiert *Dutta* in MünchKommBGB[6] Art 30 EuErbVO Rz 1 die endgültige Über-schrift.
20 Vom 13. 3. 2012, ABl C 2013/251, 123.
21 Dazu unten Rz 16.

bei der **Formulierung der Rechtsfolge,** die im Vorschlag der Kommission („lässt [. . .] unberührt") noch stark an Art 9 Abs 2 Rom I-VO bzw Art 16 Rom II-VO (jeweils „berührt nicht") angelehnt gewesen ist und erst durch das EP in „finden [. . .] Anwendung" geändert wurde.[22]

C. Anwendungsbereich

6 Der sachliche Anwendungsbereich der EuErbVO gem Art 1 gilt auch für Art 30, weshalb **manche besonderen Nachfolgeregelungen nicht erfasst** werden. So sind Bestimmungen zur **Sondernachfolge in Gesellschaftsanteile**[23] als „Fragen des Gesellschaftsrechts" nach Art 1 Abs 2 lit h ausgenommen[24] und unterliegen dem Gesellschaftsstatut,[25] welches auch bestimmt, ob der Gesellschaftsanteil vererblich ist.[26] Ebenso unterliegen besondere Regelungen der Nachfolge von Todes wegen für **Immaterialgüterrechte** dem auf diese anzuwendenden Recht.[27] Der **Eintritt in ein Mietverhältnis** nach Tod des Mieters[28] ist nach überwiegender Meinung als vertragsrechtliche Frage zu qualifizieren, weshalb spezielle Nachfolgeregelungen in diesem Bereich, wie in Österreich § 14 MRG, dem nach der Rom I-VO zu bestimmenden Vertragsstatut unterfallen[29] und ebenfalls nicht nach Art 30 zu behandeln sind. Für die Übertragung **arbeitsrechtlicher Ansprüche**[30] dürfte, da diese idR auf dem Arbeitsvertrag beruhen, das Gleiche gelten. Sofern Vermögensgegenstände **außerhalb des Erbrechts übertragen** werden, wie etwa durch Bezugsrechte aus Versicherungsverträgen,[31] aufgrund von Anwachsungsrechten bei Miteigentum oder auch mittels Schenkung, ist die EuErbVO nach Art 1 Abs 2 lit g gleichfalls ausdrücklich nicht einschlägig.[32]

II. Inhalt der Norm

7 Wie jede kollisionsrechtliche Verweisungsnorm enthält Art 30 in seinem **Tatbestand** die Beschreibung der rechtlichen Situation, für die das anzuwendende Recht gesucht wird: Hier handelt es sich um die Frage nach dem **Bestehen von sondererbrechtlichen Regelungen.**[33] Als **Anknüpfungspunkt** für die Bestimmung der heranzuziehenden Rechtsordnung wird auf den Ort abgestellt, wo sich die von einer Sondererbfolge betroffenen Vermögensgegenstände befinden **(Belegenheitsort).**[34] Somit wird als **Rechtsfolge** die Anwendung der dort geltenden Rechtsordnung *(lex rei sitae)*[35] zur Bestimmung der Rechtsnachfolge von Todes wegen in diese Vermögenswerte angeordnet.

---

22 Zu den Rechtsfolgen unten II.B. Rz 21.
23 Dazu oben Rz 2.
24 *Dutta* in MünchKommBGB[6] Art 30 EuErbVO Rz 2.
25 *Lurger/Melcher,* IPR § 3/14; *Köhler* in *Kroiß/Horn/Solomon* Art 30 EuErbVO Rz 13; *Thorn* in *Palandt*[73] Art 30 EuErbVO Rz 2; im Einzelnen dazu *Leitzen,* ZEV 2012, 520 ff.
26 *Everts,* NotBZ 2014, 450.
27 *Dutta* in MünchKommBGB[6] Art 30 EuErbVO Rz 2, Art 1 EuErbVO Rz 43.
28 Dazu oben Rz 2.
29 *Köhler* in *Kroiß/Horn/Solomon* Art 30 EuErbVO Rz 13; aA anscheinend *Lurger/Melcher,* IPR § 3/13.
30 Oben Rz 2.
31 Oben Rz 2.
32 *Dutta* in MünchKommBGB[6] Art 30 EuErbVO Rz 2; *Rudolf/Zöchling-Jud/Kogler* in *Rechberger/Zöchling-Jud* Rz 239.
33 Oben Rz 2; vgl etwa *Janzen,* DNotZ 2012, 488.
34 Vgl auch *Köhler* in *Kroiß/Horn/Solomon* Art 30 EuErbVO Rz 8.
35 Vgl *Kunz,* GPR 2012, 255.

Als **Ausnahme** vom Erbstatut[36] ist Art 30 **eng auszulegen,**[37] was durch ErwGr 54 Satz 3 be-   **8**
kräftigt wird. Das entspricht der allgemein geforderten **restriktiven Interpretation** einer
Sonderanknüpfung **von Eingriffsnormen,** etwa des Art 9 Rom I-VO.[38]

A. Besondere Regelungen über die Rechtsnachfolge von Todes wegen im Sinne der Norm

Art 30 bezieht sich auf besondere Regelungen für die Rechtsnachfolge von Todes wegen, also   **9**
gem der Definition in Art 3 Abs 1 lit a **für jede Form des Übergangs von Vermögenswerten aufgrund des Versterbens einer Person.** Es muss sich daher um Regelungen zu **mit der
Erbfolge verbundenen Fragen** handeln,[39] die ansonsten vom Erbstatut erfasst werden.[40] Dabei genügt es, wenn derartige Sonderregeln den Erbgang „beschränken oder berühren". Nach
diesem weitgefassten Wortlaut werden nicht nur Vorschriften erfasst, welche ein **Sondervermögen konstituieren** und dieses dem allgemeinen Erbrecht entziehen, sondern ebenfalls solche, die **zusätzliche Voraussetzungen** für die Rechtsnachfolge von Todes wegen **aufstellen.**[41]
Sonderbestimmungen, die sich nicht auf einzelne Gegenstände beziehen, sondern allgemein
gehalten sind, unterstehen dagegen nicht Art 30, was durch ErwGr 54 Satz 4 für **Abweichungen hinsichtlich der Pflichtteilsansprüche** ausdrücklich bestätigt wird,[42] sodass letztere allenfalls nach Art 35 über den **ordre public** durchgesetzt werden können.[43]

Hinsichtlich derartiger erbrechtlicher Sonderregelungen stellt Art 30 **drei wesentliche Vo-   **10**
raussetzungen** auf: Es muss sich erstens um Regelungen handeln, die sich auf **bestimmte
ausdrücklich bezeichnete inländische Vermögenswerte** beziehen; zweitens müssen diese
Regelungen **gesondert aufgeführte Zwecke des Gemeinwohls** verfolgen; und drittens müssen sie aus der Sicht des Staates, in dem sich die betroffenen Gegenstände befinden, **in jedem
Fall anzuwenden** sein, egal welches nationale Erbrecht heranzuziehen ist. Dabei unterscheidet Art 30 nicht zwischen Regelungen des Forumstaats und ausländischen Nachfolgeregelungen, unter letzteren auch nicht zwischen in **EU-Mitgliedstaaten** und in nicht der Union angehörigen **Drittstaaten.**

1. Nachfolgeregelungen bezüglich bestimmter Vermögensgegenstände

Die Bestimmungen des Sondererbrechts müssen sich auf bestimmte Vermögensgegenstände   **11**
beschränken und dürfen **nicht potenziell jeden Nachlassgegenstand** erfassen.[44] Zwar werden unbewegliche Sachen, also Liegenschaften sowie uU mit ihnen verbundene Sachen, und
Unternehmen, als Personengemeinschaft mit durch die Gruppe vermitteltem Eigentum,[45]
ausdrücklich erwähnt, aber die Ausdehnung auf „andere besondere Arten von Vermögenswerten" zeigt, dass es sich dabei um Regelbeispiele handelt, durch die **keinerlei Nachlassgü-

---

36 Siehe oben Rz 5.
37 *Fischer-Czermak* in *Schauer/Scheuba* 48; *Müller-Lukoschek,* EU-Erbverordnung § 2 Rz 114; *Martiny,*
    IPRax 2012, 129.
38 So etwa *Spickhoff* in BeckOGK BGB[33] Art 9 Rom I-VO Rz 8.
39 Ebenso zu Art 15 HErbÜ *Waters,* Report 589.
40 *Dutta* in MünchKommBGB[6] Art 30 EuErbVO Rz 4.
41 *Köhler* in *Kroiß/Horn/Solomon* Art 30 EuErbVO Rz 5.
42 *Dutta* in MünchKommBGB[6] Art 30 EuErbVO Rz 9.
43 *Thorn* in *Palandt*[73] Art 30 EuErbVO Rz 2; siehe Art 35 Rz 12.
44 *Dutta* in MünchKommBGB[6] Art 30 EuErbVO Rz 4; *Rudolf/Zöchling-Jud/Kogler* in *Rechberger/Zöch-
    ling-Jud* Rz 241.
45 So die Beschreibung zu Art 15 HErbÜ *Waters,* Report 589.

ter ausgeschlossen werden[46]. Damit können auch **Gesamtheiten von Gegenständen** einbezogen werden, wie sie etwa bäuerliche Anwesen darstellen.[47]

2. Nachfolgeregelungen aufgrund spezifischer ordnungspolitischer Erwägungen

12   Nach dem Wortlaut von Art 30 sollen nur solche Bestimmungen des Sondererbrechts erfasst werden, die **„wirtschaftlichen, familiären oder sozialen" Zielen** dienen. Damit soll anscheinend eine den individuellen Interessen der am Erbfall beteiligten Personen **übergeordnete Zielsetzung** beschrieben werden, welche die Anwendung der betreffenden Regelungen als Eingriffsnormen gegenüber dem ansonsten einschlägigen Erbstatut rechtfertigt. Die allgemeinen erbrechtlichen Bestimmungen dienen zwar ebenfalls teilweise den genannten Gemeininteressen,[48] allerdings eher indirekt und reflexhaft, während diese Funktion bei erbrechtlichen Sonderregelungen **im Vordergrund** steht. Ähnlich wie bei Eingriffsnormen generell behandelnden unionsrechtlichen Vorgaben muss es sich bei den Nachfolgeregelungen um Vorschriften handeln, die **in erster Linie**[49] **öffentliche Interessen** (so die Definition in Art 9 Abs 1 Rom I-VO) wahren sollen. Dabei handelt es sich zumeist um ökonomische und soziale, wie ausdrücklich in Art 9 Abs 1 Rom I-VO erwähnt, selten um familiäre Gesichtspunkte, die allenfalls indirekt einen Gemeinwohlbezug aufweisen,[50] sodass durch die etwas engere Formulierung in Art 30 in dieser Hinsicht **kaum Eingriffsnormen ausgeschlossen** sein dürften.[51]

3. Anwendung der Nachfolgeregelungen unabhängig vom Erbstatut beabsichtigt

13   Der letzte Halbsatz in Art 30 verlangt schließlich, dass der Staat, welcher das Sondererbrecht für bestimmte in seinem Hoheitsbereich befindliche Gegenstände erlassen hat, diese **Regelungen in jedem Falle,** auch im Widerspruch zum anzuwendenden Erbrecht eines anderen Staates, **zur Geltung bringen** will. Ganz ähnlich wird dieser **internationale Geltungsanspruch**[52] im Unionsrecht **allgemein für Eingriffsnormen** etwa in Art 9 Abs 1 Rom I-VO („ungeachtet des [. . .] anzuwendenden Rechts auf alle Sachverhalte anzuwenden ist") verlangt. Ein derartiger Anwendungswille kann daraus entnommen werden, dass der die Regelung setzende Staat dieser auch **nach seinem eigenen Kollisionsrecht den Vorrang** vor einem fremden Erbstatut geben würde.[53] Letztlich kommt es jedoch auf die **Auslegung** der jeweiligen Sondererbrechtsbestimmungen an.[54]

14   **Kollisionsrechtliche Regelungen,** welche nach dem Prinzip der Nachlassspaltung die Rechtsnachfolge von Todes wegen va in unbewegliches Vermögen gesondert an das Recht

---

46   *Dutta* in MünchKommBGB[6] Art 30 EuErbVO Rz 4.
47   *Dutta* in MünchKommBGB[6] Art 30 EuErbVO Rz 4.
48   *Dutta* in MünchKommBGB[6] Art 30 EuErbVO Rz 5.
49   So zu Art 9 Rom I-VO etwa *Doehner* in NomosKommentar BGB Art 9 Rom I-VO Rz 19, 20; vgl auch *Laimer,* ZRB 2012, 139, 142.
50   *Kroll-Ludwigs,* Parteiautonomie 557 verweist insoweit auf die geringe Bedeutung von Eingriffsnormen im Familien- und Erbrecht.
51   Zum Anwendungsbereich oben Rz 6.
52   So *Thorn* in *Palandt*[73] Art 30 EuErbVO Rz 1.
53   *Köhler* in *Kroiß/Horn/Solomon* Art 30 EuErbVO Rz 11.
54   *Köhler* in *Kroiß/Horn/Solomon* Art 30 EuErbVO Rz 6; *Rudolf/Zöchling-Jud/Kogler* in *Rechberger/ Zöchling-Jud* Rz 243; vgl auch *Doehner* in NomosKommentar BGB Art 9 Rom I-VO Rz 23.

des Lageortes anknüpfen, **bestimmen** dagegen **das Erbstatut** und gelangen somit nicht unabhängig von diesem zur Anwendung.[55] Sie werden von Art 30 daher **nicht erfasst,**[56] was in ErwGr 54 Satz 4 klargestellt wird,[57] sondern von den Art 20 ff verdrängt und sind allenfalls über eine Gesamtverweisung nach Art 34 heranzuziehen. Auch in dieser Hinsicht ist der Anwendungsbereich von Art 30 erheblich enger begrenzt als etwa der von Art 3a Abs 2 dEGBGB, der sich auch auf kollisionsrechtliche Nachlassspaltungen erstreckt.[58] Wie allgemein im Kollisionsrecht[59] kommen als Eingriffsnormen iSd Art 30 **allein Sachnormen,**[60] in diesem Fall spezifisch erbrechtlicher Art, in Betracht;[61] es handelt sich also um eine Sachnormverweisung[62] mit einer sehr überschaubaren Bedeutung.[63] Während das im Verhältnis zwischen den der EuErbVO unterliegenden Mitgliedstaaten, also gem ErwGr 82 und 83 mit Ausnahme von Dänemark, dem Vereinigten Königreich und Irland,[64] die von dieser VO vorgenommene Vereinheitlichung der Kollisionsnormen mit dem Ausschluss von Nachlassspaltungen unproblematisch ist, kann es **gegenüber nicht einbezogenen Drittstaaten** zu **hinkenden Rechtsverhältnissen** führen, sofern deren Rechtsordnungen die Nachlasseinheit nicht anerkennen und gleichwohl auf einem getrennten Erbstatut für bestimmte Vermögensgegenstände beharren.[65]

4. Nachfolgeregelungen für Vermögensgegenstände im Forumstaat sowie im mitgliedstaatlichen und im drittstaatlichen Ausland

Bei Art 30 handelt es sich um eine **allseitige Kollisionsnorm,** durch die sowohl **inländisches als auch ausländisches Sondererbrecht** zur Anwendung gebracht werden kann.[66] Auch dadurch unterscheidet sie sich von den **bisherigen Bestimmungen** über Eingriffsnormen im unionsrechtlichen IPR, die entweder **ausländische Regelungen nur sehr eingeschränkt** einbeziehen, wie Art 9 Abs 3 Rom I-VO, oder, wie Art 16 Rom II-VO, jedenfalls nach Wortlaut und ursprünglichem Regelungszweck,[67] **allein solche des Forumstaats** erfassen. Da somit **forumsfremde Eingriffsnormen** durch Art 30 **abschließend geregelt** sind,[68] dürfen sie allein über diese Vorschrift berücksichtigt werden, während am Gerichtsort geltende Eingriffsnormen außerdem entweder aufgrund ihres eigenen Anwendungsbefehls oder im Rahmen der ordre public-Überprüfung nach Art 35 herangezogen werden können.   **15**

---

55 *Dutta* in MünchKommBGB[6] Art 30 EuErbVO Rz 9.

56 *Fischer-Czermak* in *Schauer/Scheuba* 48 f; *Rudolf/Zöchling-Jud/Kogler* in *Rechberger/Zöchling-Jud* Rz 244; *Thorn* in *Palandt*[73] Art 30 EuErbVO Rz 2; *Weiss/Bigler,* successio 2014, 179; den unklaren Wortlaut der insofern gleichlautenden Entwurffassung kritisiert *Max Planck Institute for Comparative and International Private Law,* RabelsZ 74 (2010) 645.

57 Vgl zum Verordnungsentwurf *Martiny,* IPRax 2012, 129.

58 *von Hein* in MünchKommBGB[6] Art 3a EGBGB Rz 48.

59 Vgl etwa *Kuckein,* Eingriffsnormen 41; *Heiss* in *Gruber/Kalss/Müller/Schauer* § 40 Rz 36.

60 *Köhler* in *Kroiß/Horn/Solomon* Art 30 EuErbVO Rz 2; ebenso generell *Verschraegen* in *Rummel*[3] Vor § 1 IPRG Rz 25.

61 *Köhler* in *Kroiß/Horn/Solomon* Art 30 EuErbVO Rz 5.

62 *Janzen,* DNotZ 2012, 490.

63 *Müller-Lukoschek,* EU-Erbverordnung § 2 Rz 115.

64 *Dutta* in MünchKommBGB[6] Vor Art 1 EuErbVO Rz 14; dazu näher Vor Art 1.

65 *Thorn* in *Palandt*[73] Art 30 EuErbVO Rz 2.

66 *Köhler* in *Kroiß/Horn/Solomon* Art 30 EuErbVO Rz 3.

67 *Knöfel* in NomosKommentar BGB[2] Art 16 Rom II-VO Rz 6.

68 *Dutta* in MünchKommBGB[6] Art 30 EuErbVO Rz 11.

16   In Art 30 werden außerdem schon nach dem Wortlaut („im Recht eines Staates") **mitglied-staatliche und drittstaatliche Nachfolgeregelungen** – ebenso wie in Art 9 Rom I-VO bzw Art 16 Rom II-VO – **nicht unterschieden,** was dadurch bestätigt wird, dass Art 22 des Kommissionsvorschlages sich noch ausdrücklich auf Bestimmungen im Recht eines Mitgliedstaats beschränkte.[69] Daher werden **auch besondere Nachfolgeregelungen in Nicht-EU-Staaten,** wie etwa der Schweiz, durch Art 30 erfasst.[70]

5. Beispiele

17   Die wichtigsten nach Art 30 zu berücksichtigenden Regelungen dürften dem **landwirtschaftlichen Erbrecht** entstammen, welches dafür sorgen soll, dass traditionelle agrarische Betriebe bei der Erbfolge als **wirtschaftliche Einheiten nicht zerschlagen** werden, sondern weiter als leistungsfähige Höfe zu einer funktionsfähigen Landwirtschaft beitragen.[71] In Österreich zählen dazu bisher aus der Sicht des heimischen IPR das **Anerbengesetz, das Kärntner Erbhöfegesetz** sowie das **Tiroler Höfegesetz,**[72] welche jeweils eine Sondererbteilung vorsehen. Aufgrund der **Zersplitterung in regionale Rechtsordnungen** muss die konkret anzuwendende Bestimmung über Art 36 Abs 2 lit c ermittelt werden.[73] Ein österr Gericht muss diese Vorschriften nach Art 30 als **Eingriffsnormen des Forums**[74] auch dann heranziehen, wenn es im Übrigen auf den Nachlass eine ausländische Rechtsordnung anzuwenden hat.

18   Das **deutsche Recht** kennt entsprechende Regelungen in der **Höfeordnung**[75] sowie den Anerbengesetzen einiger Bundesländer,[76] die auch bisher nach dt Internationalen Erbrecht vorrangig anzuwenden waren.[77] Ähnliche Bestimmungen finden sich etwa in **Italien,**[78] dort insb auch in der Provinz Bozen/Südtirol.[79] Die **interlokale Aufspaltung** führt auch hier zur Anwendung von Art 36 Abs 2 lit c.[80] Ein österr Gericht hat diese **Sondererbrechte einer ausländischen Rechtsordnung**[81] gem Art 30 anzuwenden, selbst wenn als Erbstatut österr Recht zugrunde liegt. In der **Schweiz** enthält das **Bundesgesetz über das bäuerliche Bodenrecht**

---

69   Siehe oben Rz 5; vgl auch *Dutta* in *MünchKommBGB*[6] Art 30 EuErbVO Rz 7; *Köhler* in *Kroiß/Horn/Solomon* Art 30 EuErbVO Rz 3.

70   *Weiss/Bigler,* successio 2014, 179 f halten dies dagegen für noch nicht geklärt.

71   *Heiss* in *Gruber/Kalss/Müller/Schauer* § 40 Rz 38; *von Hein* in *MünchKommBGB*[6] Art 3a EGBGB Rz 36; *Müller-Lukoschek,* EU-Erbverordnung § 2 Rz 112; ausf zu den Funktionen derartiger Regelungen *Dutta,* Warum Erbrecht? 509 f.

72   *Schwimann* in *Rummel*[3] §§ 28, 29 IPRG Rz 11; *Heiss* in *Gruber/Kalss/Müller/Schauer* § 40 Rz 38; *Köhler* in *Kroiß/Horn/Solomon* Art 30 EuErbVO Rz 5; rechtshistorisch etwa *Schennach,* Tiroler Erbhöfe 21 (2003) 9 ff.

73   Vgl *Dutta* in *MünchKommBGB*[6] Art 30 EuErbVO Rz 8; näher dazu bei Art 36.

74   Dazu oben Rz 15.

75   *Köhler* in *Kroiß/Horn/Solomon* Art 30 EuErbVO Rz 5; diese gilt in Hamburg, Niedersachsen, Nordrhein-Westfalen und Schleswig-Holstein; *Müller-Lukoschek,* EU-Erbverordnung § 2 Rz 113. Zu den anderen Bundesländern *Leipold* in *MünchKommBGB*[6] Erbrecht-Einleitung Rz 152 ff.

76   *Dutta* in *MünchKommBGB*[6] Art 30 EuErbVO Rz 8.

77   *von Hein* in *MünchKommBGB*[6] § 3a EGBGB Rz 37 ff.

78   Art 5-bis Decreto legislativo v 18. 5. 2001, Nr 228; zu weiteren Staaten *Rudolf/Zöchling-Jud/Kogler* in *Rechberger/Zöchling-Jud* Rz 245.

79   Landesgesetz v 28. 11. 2001, Nr 17 (Höfegesetz); dazu etwa *Lageder* in *Hilpold/Steinmair/Perathoner* 311 ff.

80   *Dutta* in *MünchKommBGB*[6] Art 30 EuErbVO Rz 8.

81   Siehe oben Rz 15.

von 1991 gleichartige Regelungen, welche von der dortigen Rechtsprechung als Eingriffsnormen iSd Art 18 chIPRG angesehen werden.[82] Von einem österr Richter sind diese Bestimmungen, obwohl sie dem **Recht eines Nicht-Mitgliedstaats der EU** entstammen,[83] ebenfalls vorrangig anzuwenden.

Sofern die **Rechtsnachfolge in Wohnungseigentum** bei einem Erbfall besonders geregelt ist, **19** wird sie ebenfalls von Art 30 erfasst.[84] In Österreich ist davon **§ 14 WEG**[85] betroffen, der geteiltes Wohnungseigentum verhindern soll, und schon bisher aufgrund dieser ordnungspolitischen Zielsetzung gesondert angeknüpft wurde.[86] Mietrechtliche Nachfolgeregelungen werden dagegen vertraglich qualifiziert und fallen daher von vornherein nicht unter die EuErbVO.[87]

Schließlich dürfte Art 30 ebenso für **Beschränkungen des erbrechtlichen Erwerbs durch** **20** **Ausländer** gelten, von denen insb der Eigentumsübergang bei Liegenschaften betroffen ist, auch wenn dies für die Vorbildregelung des Art 15 HErbÜ nach den Beratungsprotokollen zumindest sehr zweifelhaft ist.[88] Üblicherweise sollen sich derartige Bestimmungen unabhängig vom auf den Erbfall anzuwendenden Recht durchsetzen, sollen an den Ort anknüpfen, wo sich die Sache befindet, und sollen im **öffentlichen Interesse** eine Überfremdung des Grundeigentums verhindern.[89] Daher wären etwa die entsprechenden Vorschriften des **Schweizer** Bundesgesetzes über den Erwerb von Grundstücken durch Personen im Ausland, die als Eingriffsnormen iSd Art 18 chIPRG gelten,[90] über Art 30 anzuwenden.[91]

B. Rechtsfolgen

Art 30 sieht lapidar die **Anwendung** der in seinen Anwendungsbereich fallenden besonderen **21** Regelungen über die Nachfolge von Todes wegen vor, während der als Vorbild dienende Art 15 HErbÜ wie auch noch der Kommissionsvorschlag[92] und ebenso Art 9 Abs 2 Rom I-VO sowie Art 16 Rom II-VO zurückhaltender formulieren, das Erbstatut berühre nicht die Anwendung der Sonderregelungen. Art 30 räumt also anders als die übrigen genannten Bestimmungen **nicht nur** einen **Vorbehalt** bezüglich der einschlägigen Eingriffsnormen ein, die dann erst kraft ihres eigenen Anwendungsbefehls Geltung erlangen, sondern schreibt den jeweiligen nationalen Gerichten **direkt** vor, sie **heranzuziehen.**[93] Auf das Ergebnis, nämlich letztlich die den besonderen Regelungen zu entnehmende Rechtsnachfolge, wirkt sich die eindeutigere Formulierung nicht aus; allerdings wird auf diese Weise klargestellt, dass es sich

---

82 Vgl etwa *Breitschmid/Künzle,* Länderbericht Schweiz, in DACH Schriftenreihe, Grenzenloses Erbrecht – Grenzen des Erbrechts (2004) 71 f; *Mächler-Erne/Wolf-Mettier* in Basler Kommentar[3] Art 18 IPRG Rz 16.

83 Siehe oben Rz 16.

84 *Dutta* in MünchKommBGB[6] Art 30 EuErbVO Rz 8.

85 *Faber/Grünberger,* NZ 2011/25, 110; *Schwimann* in *Rummel*[3] §§ 28, 29 IPRG Rz 10; *Heiss* in *Gruber/ Kalss/Müller/Schauer* § 40 Rz 37; *Everts,* NotBZ 2014, 448.

86 OGH 5 Ob 86/91 ZfRV 1992, 20 (zu § 10 WEG 1975); vgl *Verschraegen,* IPR Rz 316 f.

87 Oben Rz 6.

88 *Waters,* Report 589.

89 *Dutta* in MünchKommBGB[6] Art 30 EuErbVO Rz 8.

90 *Vischer* in Zürcher Kommentar[2] Art 18 IPRG Rz 13.

91 AaO; *Weiss/Bigler,* successio 2014, 180, die allein wegen des fehlenden EU-Bezuges zweifeln.

92 Dazu oben Rz 5.

93 *Dutta* in MünchKommBGB[6] Art 30 EuErbVO Rz 10; krit *Fischer-Czermak* in *Schauer/Scheuba* 53 (FN 63); *Wilke,* RIW 2012, 608.

vollständig um einen **unionsrechtlichen Anwendungsbefehl** handelt, für den der **EuGH die Auslegungshoheit** besitzt.[94]

Anpassung dinglicher Rechte

Art 31. **Macht eine Person ein dingliches Recht geltend, das ihr nach dem auf die Rechtsnachfolge von Todes wegen anzuwendenden Recht zusteht, und kennt das Recht des Mitgliedstaats, in dem das Recht geltend gemacht wird, das betreffende dingliche Recht nicht, so ist dieses Recht soweit erforderlich und möglich, an das in der Rechtsordnung dieses Mitgliedstaats am ehesten vergleichbare Recht anzupassen, wobei die mit dem besagten dinglichen Recht verfolgten Ziele und Interessen und die mit ihm verbundenen Wirkungen zu berücksichtigen sind.**

Stammfassung.

Literatur: *Dörner,* Der Entwurf einer europäischen Verordnung zum Internationalen Erb- und Erbverfahrensrecht, ZEV 2012, 505; *Dörner,* EuErbVO: Die Verordnung zum Internationalen Erb- und Erbverfahrensrecht ist in Kraft! ZEV 2012, 505; *Drömann,* Die Integration ausländischer Sachenrechte im deutschen internationalen Privatrecht (2013); *Dutta,* Das neue internationale Erbrecht der Europäischen Union – Eine erste Lektüre der Erbrechtsverordnung, FamRZ 2013, 4; *Jayme,* Kodifikation und Allgemeiner Teil im IPR, in *Leible/Unberath* (Hrsg), Brauchen wir eine Rom 0-Verordnung? (2013) 33; *Kunz,* Die neue Europäische Erbrechtsverordnung – ein Überblick (Teil II), GPR 2012, 253; *Lange,* Die geplante Harmonisierung des Internationalen Erbrechts in Europa, ZVglRWiss 2011, 427; *Laukemann,* Die Lex Rei Sitae in der Europäischen Erbrechtsverordnung, MPILux Working Paper 2 (2014); *Ludwig,* Anmerkung zum Beschluss des Notariats Villingen vom 12. 09. 2012 (II NG 801; ZEV 2013, 150) – Zur Frage der internationalen Zuständigkeit deutscher Gerichte, ZEV 2013, 151; *Odersky,* Die Abwicklung deutschenglischer Erbfälle (2001); *Odersky,* Die Europäische Erbrechtsverordnung in der Gestaltungspraxis, notar 2013, 3; *Rudolf,* Die Erbrechtsverordnung der Europäischen Union, NZ 2013/103, 225; *Rudolf/Zöchling-Jud/Kogler,* Kollisionsrecht, in *Rechberger/Zöchling-Jud* (Hrsg), Die EU-Erbrechtsverordnung in Österreich (2015) 115; *Simon/Buschbaum,* Die neue EU-Erbrechtsverordnung, NJW 2012, 2393; *J. P. Schmidt,* Die kollisionsrechtliche Behandlung dinglich wirkender Vermächtnisse, RabelsZ 77 (2013) 1; *J. P. Schmidt,* Ausländische Vindikationslegate über im Inland belegene Immobilien, ZEV 2014, 133; *Riesenhuber,* § 10 – Die Auslegung, in *Riesenhuber* (Hrsg), Europäische Methodenlehre[3] (2015) 200; *Schurr,* Der Trust im Fürstentum Liechtenstein – Rechtsdogmatische und rechtsvergleichende Überlegungen, FS Roth (2011) 766; *Wühl,* Der Trust im österreichischen Internationalen Privatrecht, ZfRV 2013, 20.

Übersicht

	Rz
I. Allgemeines	1
A. Zweck der Norm	2
B. Entstehungsgeschichte	4
C. Anwendungsbereich	5
II. Inhalt der Norm	6
A. Durch die Rechtsnachfolge von Todes wegen erworbene dingliche Rechte, welche am Ort ihrer Durchsetzung unbekannt sind	7
1. Erbrechtlich begründetes dingliches Recht	8
2. Erbstatut unterscheidet sich von der *lex fori*	10
3. *Lex fori* kennt Typ des dinglichen Rechts nicht	11
B. Rechtsfolgen	15

---

[94] *Köhler* in *Kroiß/Horn/Solomon* Art 30 EuErbVO Rz 12.

I. Allgemeines

Art 31 fordert für **vom Erbstatut erzeugte dingliche Rechte**, die **im Belegenheitsstaat nicht   1
vorhanden** sind, die **Anpassung an dortige vergleichbare Rechte**, damit der Rechtsnachfolger von Todes wegen seine fremdartige Rechtsposition trotz ihres Verstoßes gegen den heimischen sachenrechtlichen *numerus clausus* durchsetzen kann.[1] Daher wird für den Regelfall
die **Transposition** oder Überleitung eines ausländischen Rechtsinstituts in eine inländische
Entsprechung angeordnet[2], wie sie **grundsätzlich im Sachenrecht** bei einem Statutenwechsel
erforderlich werden kann[3]. Nach anderer Ansicht erfolgt dagegen umgekehrt eine **Substitution**,[4] bei der ein ausländischer Rechtsbegriff einem inländischen Tatbestandsmerkmal funktionell gleichgestellt wird.[5]

A. Zweck der Norm

Die erbrechtlichen Bestimmungen verschiedener Staaten unterscheiden sich nur ausnahmswei-   2
se[6] durch die **Art der dinglichen Rechte,** die sie den Erben sowie anderen Rechtsnachfolgern
von Todes wegen zuordnen – unbekannt ist etwa den Rechtsordnungen des kontinentaleuropäischen Civil Law, mit Ausnahme von Liechtenstein,[7] bisher[8] ganz überwiegend va die Konstruktion des trusts[9] mit der **Einsetzung eines trustee**[10] sowie die **joint tenancy**[11] mit einem
speziellen Anwachsungsrecht.[12] Häufiger unterscheiden sich dagegen nationale Erbrechte in
den **Erwerbsgründen für die Nachlassgegenstände,** also bezüglich des Modus, durch den die
Zuordnung der Rechtsposition bewirkt wird – für den mitteleuropäisch-deutsch(sprachig)en
Rechtskreis ungewohnt sind diesbezüglich insb **dinglich wirkende Teilungsanordnungen** sowie **Vindikationslegate**.[13] Es ist jedoch sehr **zweifelhaft**, ob **Art 31** auch für die letztgenannten
Bestimmungen gilt, die sich allein auf den **Zuordnungsvorgang** auswirken.[14]

Von der Anwendung der EuErbVO **ausgenommen** ist gem Art 1 Abs 2 lit k die **Art der**   3
dinglichen Rechte[15]: Diese unterliegen daher dem jeweiligen **Sachenrechtsstatut**,[16] mithin
regelmäßig dem Recht an dem Ort, wo sich die Sache befindet, sodass – wie ErwGr 15 Satz 2
verdeutlicht – die dortige **Begrenzung der Arten von dinglichen Rechten** *(numerus clausus)*
zu beachten ist.[17] Es besteht somit die Möglichkeit, dass sich eine **dingliche Rechtsposition,**

---

1 *Dutta* in MünchKommBGB[6] Art 31 EuErbVO Rz 1.
2 *Köhler* in *Kroiß/Horn/Solomon* Art 31 EuErbVO Rz 1; *Thorn* in *Palandt*[73] Art 31 EuErbVO Rz 3.
3 Vgl schon *Schwimann*, IPR[3] 139; *Verschraegen* in *Rummel*[3] § 31 IPRG Rz 23; *von Hein* in Münch-
    KommBGB[6] Einl IPR Rz 220 ff. Näher dazu unten Rz 16.
4 *Jayme* in *Leible/Unberath* 44.
5 Zum Begriff der Substitution etwa *Verschraegen*, IPR Rz 1363; *Rauscher*, IPR[4] Rz 536 ff.
6 Vgl *Thorn* in *Palandt*[73] Art 31 EuErbVO Rz 2.
7 Dazu etwa *Schurr*, FS Roth 766–789.
8 Aufgenommen jedoch in Book X, Draft Common Frame of Reference (2009).
9 Generell dazu *Wühl*, ZfRV 2013, 20 ff.
10 *Köhler* in *Kroiß/Horn/Solomon* Art 31 EuErbVO Rz 7 f; *Dutta* in MünchKommBGB[6] Art 31 EuErb-
    VO Rz 7.
11 *Köhler* in *Kroiß/Horn/Solomon* Art 31 EuErbVO Rz 8.
12 Zu dieser Rechtsfigur im englischen Recht *Odersky* in *Süß*[2] 749 Rz 86.
13 *Köhler* in *Kroiß/Horn/Solomon* Art 31 EuErbVO Rz 10; *Dutta* in MünchKommBGB[6] Art 31 EuErb-
    VO Rz 8; vgl auch *Thorn* in *Palandt*[73] Art 31 EuErbVO Rz 2.
14 Siehe unten Rz 13 f.
15 Dazu näher bei Art 1.
16 *Dutta* in MünchKommBGB[6] Art 1 EuErbVO Rz 31; *Müller-Lukoschek*, EU-Erbverordnung § 2 Rz 98.
17 Vgl etwa *Fischer-Czermak* in *Schauer/Scheuba* 27; *Kunz*, GPR 2012, 255.

welche durch ein fremdes Erbrecht begründet wurde,[18] **nicht** in die am Belegenheitsort vorhandenen Sachenrechte **einordnen lässt.**[19] Auf diese Weise würde die **Durchsetzung** eines derartigen unbekannten dinglichen Rechts **verhindert,** weil nach ErwGr 15 Satz 3 kein Mitgliedstaat gezwungen wird, es anzuerkennen und damit seinen sachenrechtlichen Typenzwang aufzugeben. Um auch in diesen Fällen eine grenzüberschreitende Durchsetzung erbrechtlich erworbener Rechtspositionen zu ermöglichen,[20] wie es ErwGr 16 Satz 1 verlangt, werden die **Mitgliedstaaten** durch Art 31 **verpflichtet,** das dingliche Recht, welches die Konsistenz ihres sachenrechtlichen Systems stört, **an ein vergleichbares heimisches Recht anzupassen**[21] und ihm dadurch zur Geltung zu verhelfen.[22]

B. Entstehungsgeschichte

4   Die Regelung wurde erstmals als **Art 22 a** mit dem Wortlaut der Endfassung durch den **Bericht des Rechtsausschusses** des Europäischen Parlaments (EP)[23] eingefügt,[24] nachdem zuvor ein spezielles Anpassungsverfahren für registrierte Vermögensgegenstände erwogen worden war.[25] Parallel dazu wurde ebenfalls der spätere ErwGr 16 als ErwGr 10 a aufgenommen. Noch im vorangehenden **Berichtsentwurf** des Rechtsausschusses[26] war dagegen allein im ErwGr 10 Satz 2 (in der Endfassung: ErwGr 15) – nach dem Vorbehalt für die in einer Rechtsordnung jeweils zulässigen dinglichen Rechte sehr allgemein – eine **Adaption** „entsprechend den anerkannten Grundsätzen des Internationalen Privatrechts" verlangt worden.

C. Anwendungsbereich

5   Art 31 bezieht sich auf die nach Art 1 Abs 2 lit k[27] vom Anwendungsbereich der EuErbVO ausgenommene und stattdessen dem Sachenrechtsstatut unterstehende **„Art der dinglichen Rechte".** Darunter wird nach überwiegender Meinung allein die **Wirkung solcher Rechtsfiguren** verstanden,[28] während die **Modalitäten ihres Erwerbs** bzw der Vorgang ihrer Zuordnung als Frage des Nachlassübergangs gem Art 23 Abs 2 lit e dem **Erbstatut** unterliegen.[29] Daher kann über Art 31 auch nur die **Rechtswirkung der** nach ausländischem Erbrecht begründeten **dinglichen Rechtsstellung** an das Sachenrecht des Staates **angepasst** werden, in dem diese geltend gemacht werden soll. Somit ist etwa die **Wirkung** der Einsetzung eines *trustee* oder des speziellen Anwachsungsrechts der *joint tenancy* gem Art 31 **sachenrechtlich entspre-**

18 *Köhler* in *Kroiß/Horn/Solomon* Art 1 EuErbVO Rz 19.
19 *Müller-Lukoschek,* EU-Erbverordnung § 2 Rz 99.
20 *Dutta* in MünchKommBGB[6] Art 31 EuErbVO Rz 1.
21 *Köhler* in *Kroiß/Horn/Solomon* Art 31 EuErbVO Rz 1; *Rudolf/Zöchling-Jud/Kogler* in *Rechberger/Zöchling-Jud* Rz 249
22 *Dutta* in MünchKommBGB[6] Art 31 EuErbVO Rz 1.
23 Vom 6. 3. 2012 EPDok A7–0045/2012, nach dem Berichtsentwurf *Lechner* v 27. 2. 2012, PE441.200v02.-00
24 Für die Aufnahme einer entsprechenden Regelung etwa *Lange,* ZVglRWiss 2011, 437 f.
25 *Dutta* in MünchKommBGB[6] Art 31 EuErbVO Rz 1.
26 Vom 27. 2. 2011, PE441.200v02–00, 7.
27 *Schmidt,* RabelsZ 77 (2013) 17, plädiert für eine gemeinsame Auslegung mit Art 31.
28 *Köhler* in *Kroiß/Horn/Solomon* Art 31 EuErbVO Rz 1 mwN; *Thorn* in *Palandt*[73] Art 1 EuErbVO Rz 15.
29 *Köhler* in *Kroiß/Horn/Solomon* Art 1 EuErbVO Rz 19; *Dutta* in MünchKommBGB[6] Art 30 EuErbVO Rz 2; aA *Dörner,* ZEV 2012, 509.

chend nachzuvollziehen, dagegen bleibt es bei einer allein **erbrechtlichen Beurteilung der Erwerbsvorgänge** für dinglich wirkende Teilungsanordnungen oder Vindikationslegate.[30]

II. Inhalt der Norm

Durch Art 31 wird allenfalls **indirekt** auf eine anzuwendende Rechtsordnung **verwiesen,** denn das unbekannte ausländische dingliche Recht soll zum Zweck seiner Durchsetzung einem vergleichbaren **inländischen Recht** zugeordnet werden. Die dafür erforderliche **Methode der Anpassung** ist den allgemeinen Regelungen des IPR zuzuordnen,[31] allerdings wird sie hier allein auf dingliche Rechte bezogen, wodurch eine Anpassung **in anderen Bereichen keinesfalls ausgeschlossen** wird, wie ErwGr 17 klarstellt. Der **Tatbestand** der Norm setzt ein nach Erb-statut erworbenes, jedoch im Belegenheitsstaat unbekanntes Recht voraus.[32] In diesem Fall wird als **Rechtsfolge** eine **Anpassung des ausländischen dinglichen Rechts an** ein möglichst weitgehend **ähnliches inländisches Recht** angeordnet,[33] um zu vergleichbaren Wirkungen zu gelangen. **6**

A. Durch die Rechtsnachfolge von Todes wegen erworbene dingliche Rechte, welche am Ort ihrer Durchsetzung unbekannt sind

Art 31 erfasst allein **dingliche Rechte,** ohne dass diese jedoch definiert werden, sofern sie **durch Erbfolge erworben** wurden.[34] Vorausgesetzt wird weiterhin, dass der Vermögensgegenstand, auf den sich ein derartiges dingliches Recht bezieht, sich nicht in dem Staat befindet, nach dessen Erbrecht es an dem Nachlass geschaffen wurde, sodass eine **Diskrepanz zwischen** der Zuordnung von Todes wegen nach dem **Erbstatut und** deren Durchsetzung nach dem **Sachenrechtsstatut** entstehen kann[35]. Dazu kommt es dann, wenn das dingliche Recht dort, wo es den Nachlassgegenstand betrifft, **im numerus clausus** der Rechtspositionen **nicht enthalten** ist.[36] **7**

1. Erbrechtlich begründetes dingliches Recht

Was unter dem **Begriff „dingliches Recht"** in Art 31 zu verstehen ist, muss – wie grundsätzlich im Unionsrecht[37] – **autonom,** also aus der EuErbVO selbst, **bestimmt** werden.[38] Dabei kann jedoch auf die **Verwendung** dieses Begriffs **in anderen Rechtsakten** der Union, wie etwa in Art 4 Abs 1 lit c sowie Art 11 Abs 5 Rom I-VO oder in Art 5 EuInsVO,[39] zurückgegriffen werden. So ergeben sich Anhaltspunkte aus der **Rsp des EuGH zur internationalen Zuständigkeit** nach Art 22 Nr 1 Brüssel I-VO, durch den für **dingliche Rechte an unbeweglichen Sachen** ein besonderer Gerichtsstand begründet wird.[40] Danach sind dingliche Rechte als **absolute Rechte gegenüber jeder Person wirksam,** im Gegensatz zu persönlichen An- **8**

---

30 Siehe oben Rz 2; im Einzelnen dazu unten Rz 14.
31 *Dutta,* FamRZ 2013, 12.
32 *Köhler* in *Kroiß/Horn/Solomon* Art 31 EuErbVO Rz 1; *Thorn* in *Palandt*[73] Art 31 EuErbVO Rz 1.
33 Näher unten Rz 15 ff.
34 *Dutta* in MünchKommBGB[6] Art 31 EuErbVO Rz 4. Näher unten Rz 9.
35 *Dutta* in MünchKommBGB[6] Art 31 EuErbVO Rz 4. Näher unten Rz 10.
36 Näher unten Rz 11 ff.
37 Generell dazu etwa *Riesenhuber* in *Riesenhuber* Rz 4 – 7; mit Blick auf die Rom I-VO *von Hein* in *Rauscher* Einl Rom I-VO Rz 54 – 56.
38 *Dutta* in MünchKommBGB[6] Vor Art 1 EuErbVO Rz 11.
39 VO (EG) 1346/2000 des Rates v 29. 5. 2000, ABl L 2000/160, 1.
40 *Dutta* in MünchKommBGB[6] Art 31 EuErbVO Rz 6.

sprüchen, die nur gegenüber dem jeweiligen Schuldner geltend gemacht werden können.[41] Allein derartige absolute Rechtspositionen werden der Anpassung nach Art 31 unterworfen.

9 Soll das dingliche Recht von Art 31 erfasst werden, so muss es einer Person „nach dem auf die die Rechtsnachfolge von Todes wegen anzuwendenden Recht" zustehen, also **vom Erbstatut begründet** worden sein.[42] Es geht daher um die **erbrechtliche Rechtsposition am Nachlass,** nicht um das davon betroffene Vermögensrecht selbst.[43] Somit entscheidet das **Erbstatut** über die **Zuordnung des Nachlassgegenstandes,** indem es ein dingliches Recht des Erbberechtigten schafft.[44]

2. Erbstatut unterscheidet sich von der *lex fori*

10 Sofern das dingliche Recht an einem Vermögenswert **dort geltend gemacht** wird, **wo es erbrechtlich begründet** worden ist, treten **keine Schwierigkeiten** auf,[45] weil ein und dieselbe Rechtsordnung zur Anwendung gelangt. Es kann erst dann zu Beeinträchtigungen der Rechtsdurchsetzung kommen, wenn eine nach den Erbrechtsregeln eines Staates erworbene Rechtsposition **in einem anderen Staat geltend gemacht** werden soll. Während das rechtsbegründende **Erbstatut** aufgrund der universellen Anwendung gem Art 20 auch **das eines Nicht-EU-Staates** sein kann,[46] beschränkt sich Art 31 ausdrücklich auf die **Durchsetzung in einem Mitgliedstaat** der EU, genauer: in einem **von der EuErbVO erfassten** Mitgliedstaat unter Ausschluss Dänemarks, Irlands und des Vereinigten Königreichs,[47] denn dort muss das dingliche Recht geltend gemacht werden. Bei einer **Rechtsdurchsetzung in einem Drittstaat** außerhalb der EU ist daher auf das **dortige IPR** abzustellen – wie etwa in der Schweiz, wo ebenfalls soweit wie möglich eine Transposition unbekannter dinglicher Wirkungen erfolgen soll –,[48] ohne dass auf die EuErbVO zurückgegriffen werden kann.

3. *Lex fori* kennt Typ des dinglichen Rechts nicht

11 Der Wortlaut des Art 31 setzt voraus, dass das durch Erbgang erworbene **dingliche Recht** in dem Mitgliedstaat, in dem es geltend gemacht wird, **nicht bekannt** ist. Das würde dazu führen, dass der Rechtsinhaber seine **Rechtsposition** dort **nicht ausüben** kann, indem er etwa die Herausgabe eines Vermögensgegenstandes einfordert, Verwertungsrechte anmeldet oder Registereintragungen verlangt.[49] Um das dingliche Recht in dieser Weise wirksam werden zu lassen, ist daher die von Art 31 angeordnete **Anpassung** an ein vergleichbares dingliches Recht der lex fori **erforderlich.**[50]

12 Den meisten **Civil Law-Staaten unbekannt** ist etwa die Begründung eines **anglo-amerikanischen trusts,** der gem ErwGr 13 nach Art 1 Abs 2 lit j nicht in Bezug auf den Übergang der

---

41 EuGH C-292/93 Slg 1994, I-2535 Rz 14, *Lieber/Göbel;* vgl etwa *Rauscher,* IPR[4] Rz 1838; ebenso zur Rom I-VO *Leible* in NomosKommentar BGB Art 4 Rom I-VO Rz 38.

42 *Köhler* in *Kroiß/Horn/Solomon* Art 31 EuErbVO Rz 1.

43 *Dutta* in MünchKommBGB[6] Art 31 EuErbVO Rz 5; *Rudolf/Zöchling-Jud/Kogler* in *Rechberger/Zöchling-Jud* Rz 250.

44 *Dutta* in MünchKommBGB[6] Art 31 EuErbVO Rz 3.

45 *Wautelet* in *Bonomi/Wautelet* Art 31 Rz 3.

46 *Wautelet* in *Bonomi/Wautelet* Art 31 Rz 3.

47 *Dutta* in MünchKommBGB[6] Vor Art 1 EuErbVO Rz 15.

48 *Fisch* in Basler Kommentar[3] Vor Art 97 – 108 IPRG Rz 15.

49 *Köhler* in *Kroiß/Horn/Solomon* Art 31 EuErbVO Rz 2.

50 Dazu näher unten Rz 15 ff.

Vermögenswerte ausgenommen ist[51] und gegenüber Dritten dingliche Rechte entfaltet,[52] an Vermögenswerten in diesen Rechtsordnungen.[53] Soll ein **trustee** eingesetzt werden, so wird daher darunter schon bisher ein **Treuhänder**[54] bzw ein **Testamentsvollstrecker** verstanden.[55] Nur wenn dem **überlebenden Ehegatten** durch einen trust ein lebenslanges Nutzungsrecht am verbliebenen Nachlass in Form eines **life interest**[56] gewährt wird,[57] liegt eine Umdeutung in eine **Vor- und Nacherbschaft** näher.[58] Ähnlich liegt es bei dem **automatischen Anwachsungsrecht zugunsten des Überlebenden** bei einer **joint tenancy** des common law,[59] die allenfalls als Gesamthand anerkannt wird.[60] Außerhalb des numerus clausus kontinentaleuropäischer Sachenrechte liegt auch das englische **equitable right to trace**[61] des Erben.[62] Aus **dt Sicht** kann zB die **Fiktion des Besitzes am ruhenden Nachlass** durch den Verstorbenen gem § 546 ABGB idF ErbRÄG 2015 (§ 547 Satz 3 ABGB aF) als unbekanntes dingliches Recht betrachtet werden.[63]

Es genügt dagegen **nicht,** dass der **Erwerbsgrund**[64] des dinglichen Rechts in dem Staat, in **13** dem die Rechtsdurchsetzung erfolgen soll, **unbekannt** ist:[65] Die **Art und Weise der Übertragung** des dinglichen Rechts wird in Art 31 **nicht erwähnt,**[66] fällt nicht unter die von der EuErbVO gem Art 1 Abs 2 lit k ausgenommene Art der dinglichen Rechte und **unterliegt – anders** als vielfach **nach autonomem Kollisionsrecht,** wie etwa in Österreich für Liegenschaften[67] sowie in Deutschland generell[68] – nach Art 23 Abs 2 lit a dem **Erbstatut.**[69]

---

51 Siehe Art 1 Rz 63; *Köhler* in *Kroiß/Horn/Solomon* Art 31 EuErbVO Rz 8; *Dutta* in MünchKommBGB[6] Art 1 EuErbVO Rz 29; vgl auch *Fischer-Czermak* in *Schauer/Scheuba* 27.

52 Anders als im Innenverhältnis nach EuGH C-294/92 Slg 1994, I-1717, *Webb/Webb*; *Dutta* in MünchKommBGB[6] Art 31 EuErbVO Rz 7.

53 *Köhler* in *Kroiß/Horn/Solomon* Art 31 EuErbVO Rz 8 mwN; *Wautelet* in *Bonomi/Wautelet* Art 31 Rz 16.

54 Vgl *Dörner,* ZEV 2010, 228.

55 So zum dt Recht *Köhler* in *Kroiß/Horn/Solomon* Art 31 EuErbVO Rz 8; *Müller-Lukoschek,* EU-Erbverordnung § 2 Rz 96.

56 Dazu etwa *Odersky* in *Süß*[2] 732, 736 Rz 31, 44.

57 *Dutta* in MünchKommBGB[6] Art 31 EuErbVO Rz 7.

58 *Dutta,* FamRZ 2013, 12; *Dutta* in MünchKommBGB[6] Art 31 EuErbVO Rz 10; *Rudolf/Zöchling-Jud/Kogler* in *Rechberger/Zöchling-Jud* Rz 263.

59 *Köhler* in *Kroiß/Horn/Solomon* Art 31 EuErbVO Rz 8.

60 An einer wirksamen Bestellung zweifelnd dagegen *Pawlytta/Pfeiffer* in *Scherer*[4] § 33 Rz 67.

61 Vgl etwa *Odersky,* Abwicklung deutsch-englischer Erbfälle 111 f.

62 *Thorn* in *Palandt*[73] Art 31 EuErbVO Rz 2.

63 So *Thorn* in *Palandt*[73] Art 31 EuErbVO Rz 2.

64 Siehe oben Rz 2.

65 *Fischer-Czermak* in *Schauer/Scheuba* 27; *Dutta* in MünchKommBGB[6] Art 31 EuErbVO Rz 8; *Köhler* in *Kroiß/Horn/Solomon* Art 31 EuErbVO Rz 9; *Rudolf/Zöchling-Jud/Kogler* in *Rechberger/Zöchling-Jud* Rz 252; *Dutta,* FamRZ 2013, 12; *J. P. Schmidt,* ZEV 2014, 137; *Thorn* in *Palandt*[73] Art 31 EuErbVO Rz 2; aA *Dörner,* ZEV 2012, 509; *Kunz,* GPR 2012, 255; *Odersky,* notar 2013, 4; *Simon/Buschbaum,* NJW 2012, 2394; *Müller-Lukoschek,* EU-Erbverordnung § 2 Rz 99, 105; befürwortend auch *Lange,* ZVglRWiss 2011, 438.

66 *Dutta* in MünchKommBGB[6] Art 31 EuErbVO Rz 8; *Dutta,* FamRZ 2013, 12.

67 Vgl etwa *Schwimann* in *Rummel*[3] §§ 28, 29 IPRG Rz 9.

68 Vgl etwa *Lorenz* in BeckOGK BGB Art 25 EGBGB Rz 32.

69 Vgl oben Rz 5; *Köhler* in *Kroiß/Horn/Solomon* Art 31 EuErbVO Rz 9.

14 Wenn der eben genannten **Ansicht nicht gefolgt** wird, **erweitert sich der Anwendungsbereich von Art 31** beträchtlich,[70] denn dann würden zB auch die va in romanischen Rechtsordnungen üblichen **Vindikationslegate,**[71] zB nach Art 649 itCodCiv[72] die dem Vermächtnisnehmer einen dinglichen statt eines schuldrechtlichen Anspruchs verschaffen,[73] sowie **dinglich wirkende Teilungsanordnungen,** zB nach Art 734 itCodCiv[74] erfasst.[75] Ebenso wären **gesonderte Nachlassverfahren,** durch welche den Erben ihr Erbteil verschafft wird, so das österr Verlassenschaftsverfahren, in manchen Rechtsordnungen, wie etwa in Deutschland, über Art 31 anzupassen.[76]

B. Rechtsfolgen

15 Soll ein fremdes dingliches **Recht in einem Mitgliedstaat durchgesetzt** werden, der eine solche Rechtsposition nicht kennt, dann ist es nach Art 31 **an ein vergleichbares Recht dieses Staates anzupassen.** Nach dem Wortlaut ist daher eine Überleitung des **der lex fori** unbekannten dinglichen Rechts in ein der dortigen Rechtsordnung[77] bekanntes Pendant vorzunehmen. Damit würde Art 31 jedoch auf die Fälle reduziert, in denen der **Vermögensgegenstand,** auf den sich das dingliche Recht bezieht, dem **Recht am Ort der Rechtsdurchsetzung unterliegt** – was bei körperlichen Gegenständen aufgrund des Prinzips der *lex rei sitae* regelmäßig ihre **Belegenheit im Forumstaat** erfordert. Befindet sich die Sache dagegen nicht in dem Mitgliedstaat, wo das auf sie bezogene dingliche Recht geltend gemacht wird, und ist damit ein **ausländisches Sachenrechtsstatut** anzuwenden, dann verpflichtet Art 31 **nicht** zur **Transposition.**[78] Teilweise wird **stattdessen** eine **Gesamtverweisung** zunächst auf das **Kollisionsrecht der lex fori** angenommen[79], so dass über Art 31 auch eine **Anpassung an ein ausländisches Sachenrechtsstatut** erfolgen kann. Dabei ist jedoch **nicht immer gewährleistet,** dass unter Anwendung dieser – der lex fori ebenfalls fremden –Rechtsordnung eine **Durchsetzung des dinglichen Rechts im Forumstaat** ohne eine weitere Anpassung möglich ist.

16 Die **Transposition** in ein – der lex fori vertrautes – dingliches Recht wird als Rechtsfolge zwar **zwingend** angeordnet[80] („ist [. . .] anzupassen"), steht jedoch unter dem **Vorbehalt, soweit** dies **möglich** sei, wodurch sie zumindest in Ausnahmefällen scheitern kann. Außerdem

---

70 *Thorn* in *Palandt*[73] Art 31 EuErbVO Rz 2.

71 Befürwortend *Kunz,* GPR 2012, 255; *Pawlytta/Pfeiffer* in *Scherer*[4] § 33 Rz 66; abl *Fischer-Czermak* in *Schauer/Scheuba* 27 (FN 19); *Rudolf/Zöchling-Jud/Kogler* in *Rechberger/Zöchling-Jud* Rz 257; *J. P. Schmidt,* ZEV 2014, 133 ff; *Laukemann,* Lex Rei Sitae 24; *Wautelet* in *Bonomi/Wautelet* Art 31 Rz 14.

72 Dazu etwa *Eccher* in *Eccher/Schurr/Christandl* Rz 6/147.

73 Zur kollisionsrechtlichen Beurteilung nach autonomen österr IPR *Heiss* in *Gruber/Kalss/Müller/Schauer* § 40 Rz 35; zum *legs particulier* in Frankreich *Döbereiner* in *Süß*[2] 642 Rz 89; zur spanischen Rechtslage *Löber/Huzel* in *Süß*[2] 1436 Rz 75.

74 Dazu etwa *Eccher* in *Eccher/Schurr/Christandl* Rz 6/162.

75 Beide befürwortend *Müller-Lukoschek,* EU-Erbverordnung § 2 Rz 100 ff, 104 f; abl *Dutta* in MünchKommBGB[6] Art 31 EuErbVO Rz 8; *Köhler* in *Kroiß/Horn/Solomon* Art 31 EuErbVO Rz 10; *Rudolf/Zöchling-Jud/Kogler* in *Rechberger/Zöchling-Jud* Rz 261.

76 So aber *Ludwig,* ZEV 2013, 152; abl *Wautelet* in *Bonomi/Wautelet* Art 31 Rz 6.

77 *Rudolf,* NZ 2013/103, 227; *Dutta* in MünchKommBGB[6] Art 31 EuErbVO Rz 3.

78 *Köhler* in *Kroiß/Horn/Solomon* Art 31 EuErbVO Rz 2.

79 *Dutta* in MünchKommBGB[6] Art 31 EuErbVO Rz 3; *Thorn* in *Palandt*[73] Art 31 EuErbVO Rz 1; *Rudolf/Zöchling-Jud/Kogler* in *Rechberger/Zöchling-Jud* Rz 251.

80 *Köhler* in *Kroiß/Horn/Solomon* Art 31 EuErbVO Rz 3; ebenso wohl wegen seiner Überschrift zu „III"; *Dutta* in MünchKommBGB[6] Art 31 EuErbVO Rz 10.

hat die **Anpassung** nur in dem Maße zu erfolgen, wie sie **erforderlich** ist, wobei es idR, jedenfalls bei beweglichen Sachen, ausreicht, wenn die **Wirkung des fremden Rechts hingenommen** wird, ohne dass es formell in ein inländisches Recht übergeleitet werden muss.[81]

Eine **Anpassung an** das „am ehesten vergleichbare Recht" als **das weitestgehend inhaltsähn-** **17** **lichste Rechtsinstitut**[82] erscheint selbstverständlich, denn es entspricht dem verwandten Grundsatz der **analogen Anwendung** von Rechtssätzen.[83] Ebenso naheliegend[84] ist der Verweis auf die **Berücksichtigung der Ziele und Wirkungen** des anzupassenden dinglichen Rechts, womit eine **funktionale Betrachtungsweise** in den Vordergrund gerückt wird. Um die Zielsetzung des fremden dinglichen Rechts besser ermitteln zu können, verweist ErwGr 16 Satz 3 darauf, dass das zur Anpassung verpflichtete angerufene Gericht **im Staat des Erbstatuts Auskünfte** darüber **einholen** kann[85]. Die in ErwGr 16 Satz 4 Halbsatz 1 erwähnte Nutzung des Netzes im Bereich der justiziellen Zusammenarbeit in Zivil- und Handelssachen sowie die damit verbundene **Kooperationspflicht** besteht jedoch **nur im Verhältnis zu anderen Mitgliedstaaten.**[86] Gegenüber **Drittstaaten,** aus deren Erbrecht das unbekannte dingliche Recht stammt, sind die **üblichen Mittel zur Ermittlung ausländischen Rechts** zu verwenden, wie ErwGr 16 Satz 4 Halbsatz 2 klarstellt, die sich in Österreich etwa aus § 4 Abs 1 Satz 2 IPRG ergeben.[87]

Zu der Frage, **welche Gerichte** für die Überleitung des unbekannten dinglichen Rechts **zu-** **18** **ständig** sind, äußert sich Art 31 nicht ausdrücklich. Eine **Anpassung** an die lex fori wird jedoch dem Wortlaut nach immer dann als **erforderlich** angesehen, **wenn das fremde Recht geltend gemacht** wird. Dies muss aber nicht in einem Erbverfahren nach den Regeln der Art 4 ff geschehen, sondern kann **in jedem Prozess** erfolgen, in dem die besagte **Rechtsposition,** wenn auch nur als Vorfrage, **eine Rolle spielt.**[88] Ist das der Fall, dann hat das jeweilige Gericht eine Anpassung nach Art 31 vorzunehmen.

Kommorienten

Art 32. **Sterben zwei oder mehr Personen, deren jeweilige Rechtsnachfolge von Todes wegen verschiedenen Rechten unterliegt, unter Umständen, unter denen die Reihenfolge ihres Todes ungewiss ist, und regeln diese Rechte diesen Sachverhalt unterschiedlich oder gar nicht, so hat keine der verstorbenen Personen Anspruch auf den Nachlass des oder der anderen.**

Literatur: *Dutta,* Succession and Wills in the Conflict of Laws on the Eve of Europeanisation, RabelsZ 73 (2009) 547; *Dutta,* Das neue internationale Erbrecht der Europäischen Union – Eine erste Lektüre der Erbrechtsverordnung, FamRZ 2013, 4; *Geimer,* Die europäische Erbrechtsverordnung im Überblick, in *Hager* (Hrsg), Die neue europäische Erbrechtsverordnung (2013) 9; *Max-Planck-Institut,* Comments on the European Commission's Proposal for a Regulation of the European Parliament and of the Council on jurisdiction, applicable law, recognition and enforcement of decisions and authentic instruments in matters of succession and the creation of a European Certificate of Succession, RabelsZ 74 (2010) 522;

---

81 *Köhler* in *Kroiß/Horn/Solomon* Art 31 EuErbVO Rz 3.
82 *Thorn* in *Palandt*[73] Art 31 EuErbVO Rz 3.
83 Zu dieser Parallele etwa *Drömann,* Integration ausländischer Sachenrechte 41 f.
84 *Köhler* in *Kroiß/Horn/Solomon* Art 31 EuErbVO Rz 4.
85 Vgl *Wautelet* in *Bonomi/Wautelet* Art 31 Rz 21.
86 *Dutta* in MünchKommBGB[6] Art 31 EuErbVO Rz 10.
87 Dazu etwa *Verschraegen,* IPR Rz 1093.
88 *Dutta* in MünchKommBGB[6] Art 31 EuErbVO Rz 11.

Rudolf, Die Erbrechtsverordnung in der Europäischen Union. VO zum Internationalen Erb- und Erbverfahrensrecht in Kraft – ein Überblick, NZ 2013/103, 225; *Rudolf/Zöchling-Jud/Kogler,* Kollisionsrecht, in *Rechberger/Zöchling-Jud* (Hrsg), Die EU-Erbrechtsverordnung in Österreich (2015) 115; *Wilke,* Das internationale Erbrecht nach der neuen EU-Erbrechtsverordnung, RIW 2012, 601.

Übersicht

		Rz
I.	Normzweck	1
II.	Anwendungsvoraussetzungen	3
III.	Rechtsfolgen	7

I. Normzweck

1 Art 32 ist eine **Vorschrift des materiellen Rechts,**[1] sodass sich die Frage nach der Gesetzgebungskompetenz der EU stellt.[2] Sie wird entweder mit einer Annexkompetenz gem Art 81 Abs 2 lit c AEUV begründet[3] oder damit, dass die Sachnorm notwendig ist, um Normwidersprüche aufzulösen[4] und das Kollisionsrecht zu harmonisieren, sodass die EU noch nicht ihre Kompetenzen überschreitet.[5] Art 32 wurde unverändert aus dem Verordnungsvorschlag übernommen und von Art 13 HErbÜ beeinflusst.[6]

2 Nach den meisten Rechtsordnungen muss der Erbe den Erblasser überleben. Es kann aber Fälle geben, in denen die **Reihenfolge des Ablebens unklar** ist. Der Zweck des Art 32 wird darin gesehen, Normwidersprüche zu beseitigen, die eintreten können, wenn die Frage des Überlebens in einzelnen nationalen Rechtsordnungen unterschiedlich geregelt wird.[7] Insb iZm Kriegen, Terroranschlägen, Flugzeugabstürzen, Naturkatastrophen oder anderen Unfällen ist es oft unmöglich, festzustellen, welche von mehreren Personen zuerst gestorben ist,[8] was zu Unsicherheiten führt, wenn diese einander beerben könnten, zB als Verwandte.[9] Das Kommorientenproblem wird auf verschiedene Arten gelöst,[10] zB durch die Vermutung, dass alle gleichzeitig gestorben sind (so § 11 TEG), dass die jüngere Person die ältere überlebt hat oder umgekehrt. Art 32 betrifft daher sowohl die Erbfähigkeit iSd Art 23 Abs 2 lit c[11] als auch den Zeitpunkt des Erbfalls (dazu Art 23 Rz 9 ff).[12]

II. Anwendungsvoraussetzungen

3 Das Kommorientenproblem stellt sich, wenn **mehrere Erbfälle** vorliegen: Mindestens zwei Personen sterben, die gegenseitig als gesetzliche Erben in Betracht kommen oder einander

---

1 Ua *Max-Planck-Institut,* RabelsZ 74 (2010) 650 (Rz 215); *Wilke,* RIW 2012, 607; *Wautelet* in *Bonomi/Wautelet* Art 32 Rz 16; *Rudolf,* NZ 2013/103, 238.
2 Für Fragen des materiellen Erbrechts hätte die EU gem Art 81 AEUV grundsätzlich keine Kompetenz: *Geimer* in *Hager* 34.
3 *Wilke,* RIW 2012, 607.
4 *Köhler* in *Kroiß/Horn/Solomon* Art 32 EuErbVO Rz 2.
5 *Wautelet* in *Bonomi/Wautelet* Art 32 Rz 16.
6 *Wautelet* in *Bonomi/Wautelet* Art 32 Rz 3; *Dutta,* FamRZ 2013, 11; *Burandt* in *Burandt/Rojahn*[2] Art 32 EuErbVO Rz 1.
7 *Köhler* in *Kroiß/Horn/Solomon* Art 32 EuErbVO Rz 2.
8 *Dutta* in MünchKommBGB[6] Art 32 EuErbVO Rz 4; *Wautelet* in *Bonomi/Wautelet* Art 32 Rz 5.
9 *Dutta,* RabelsZ 73 (2009) 598.
10 *Wautelet* in *Bonomi/Wautelet* Art 32 Rz 1; *Dutta,* RabelsZ 73 (2009) 598 f.
11 *Dutta* in MünchKommBGB[6] Art 32 EuErbVO Rz 1; *Dutta,* RabelsZ 73 (2009) 598.
12 *Wautelet* in *Bonomi/Wautelet,* Art 32 Rz 2.

letztwillig berufen haben. Zudem muss die **Reihenfolge des Todes ungewiss** sein. Welche Anforderungen an die diesbezüglichen Beweise gestellt werden, bestimmt sich nach der lex fori.[13] Wenn nur einer der Verstorbenen ein Erbrecht gegenüber dem anderen haben könnte, zB aufgrund einer einseitigen letztwilligen Verfügung, spielt die Reihenfolge des Todes zwar auch eine Rolle, allerdings nur für die Erbfolge nach einem von ihnen. Dessen Erbstatut regelt sowohl den Zeitpunkt des Erbfalls (Art 23 Abs 2 lit a) als auch die Frage der Erbfähigkeit des potenziellen Erben (Art 23 Abs 2 lit c). Hier handelt es sich daher um keinen Anwendungsfall des Art 32.

Art 32 verlangt weiters, dass die jeweilige Rechtsnachfolge von Todes wegen der Verstorbenen verschiedenen Rechten unterliegt, sie also **unterschiedliche Erbstatute** haben und diese die Reihenfolge des Todes voneinander abweichend oder gar nicht regeln. Der unterschiedlichen Regelung ist es gleichzuhalten, wenn nur eine der berufenen Rechtsordnungen eine Lösung bereitstellt, die andere aber schweigt.[14] Zur Anwendung des Art 32 bei gleichen Erbstatuten s Rz 6. **4**

Fraglich ist, ob Art 32 voraussetzt, dass die jeweiligen Rechte unterschiedliche und **miteinander unvereinbare Ergebnisse** liefern. Das wäre nur dann der Fall, wenn das eine Recht den einen als Überlebenden ansieht und das andere Recht den anderen, sodass jeder Verstorbene Erbe des jeweils anderen wäre. Hier kommt es zu einem logischen Widerspruch.[15] Häufiger sind unterschiedliche Regelungen aber miteinander vereinbar. Wenn nach jedem Erbstatut der jeweilige Erblasser als Überlebender angesehen wird, kann keiner den anderen beerben. So ist es zB, wenn das Erbstatut des Vaters bestimmt, dass der Jüngere vorverstorben ist, und das Erbstatut des Sohnes das Gegenteil anordnet. Vereinbar sind die Regelungen auch, wenn eine Rechtsordnung gleichzeitiges Versterben annimmt und die andere eine Reihenfolge festlegt.[16] Der Wortlaut des Art 32 legt zwar nahe, dass eine Normdiskrepanz bereits dann vorliegt, wenn unterschiedliche Regelungen bestehen.[17] Nach ErwGr 55 sollte die Bestimmung aber nur eine einheitliche Vorgehensweise sicherstellen, die nicht gefährdet ist, wenn die Regelungen zu keinen widersprechenden Ergebnissen führen. Da für diese Fälle keine Sachnorm notwendig ist, sprechen auch Kompetenzgründe (oben Rz 1) dafür, Art 32 nur anzuwenden, wenn die beteiligten Rechtsordnungen zu Ergebnissen kommen, die nicht miteinander zu vereinbaren sind.[18] **5**

Das Kommorientenproblem kann Personen betreffen, die nachweislich gestorben sind und bei denen nur die Reihenfolge des Ablebens unbekannt ist (zB Verkehrsunfall), aber auch solche, deren Tod durch Todesvermutung festgestellt werden muss. Im ersten Fall bestimmt sich der Erbfall nach dem jeweiligen Erbstatut der Verstorbenen, dessen Bestimmungen daher für den Todeszeitpunkt maßgebend sind (Art 23 Abs 2 lit a). Ein logischer Widerspruch **6**

---

13 *Dutta* in MünchKommBGB[6] Art 32 EuErbVO Rz 4.
14 AA *Wautelet* in *Bonomi/Wautelet* Art 32 Rz 13; für eine subsidiäre Anwendung des Art 32, sofern sich aus den allgemeinen Rechtsgrundsätzen der schweigenden Rechtsordnung nichts ableiten lässt, *Köhler* in *Kroiß/Horn/Solomon* Art 32 EuErbVO Rz 3.
15 *Wautelet* in *Bonomi/Wautelet* Art 32 Rz 10; *Max-Planck-Institut,* RabelsZ 74 (2010) 652 (Rz 222); *Dutta,* RabelsZ 73 (2009) 599.
16 So auch *Dutta,* RabelsZ 73 (2009) 599; *Max-Planck-Institut,* RabelsZ 74 (2010) 651 f (Rz 220); *Wautelet* in *Bonomi/Wautelet* Art 32 Rz 11.
17 So *Burandt* in *Burandt/Rojahn*[2] Art 32 EuErbVO Rz 1; *Dutta,* FamRZ 2013, 11; *Dutta* in MünchKommBGB[6] Art 32 EuErbVO Rz 6; *Rudolf,* NZ 2013/103, 238.
18 Im Ergebnis ebenso *Wautelet* in *Bonomi/Wautelet* Art 32 Rz 11; *Thorn* in *Palandt*[73] Art 32 EuErbVO Rz 2; *Rudolf/Zöchling-Jud/Kogler* in *Rechberger/Zöchling-Jud* 212 f (Rz 269).

zwischen den berufenen Rechtsordnungen kann hier nur dann eintreten, wenn sie dazu führen, dass jeder Verstorbene Erbe des jeweils anderen wäre[19] (s oben Rz 5). Eine **Todesvermutung** ist hingegen notwendig, wenn zB bei einem Schiffsunglück mehrere Personen ums Leben kommen, deren Leichname nicht geborgen werden können. Fragen der Todesvermutung sind aber nach Art 1 Abs 2 lit c vom Anwendungsbereich der EuErbVO ausgenommen und unterliegen daher dem nationalen Kollisionsrecht.[20] So verweist in Österreich § 14 IPRG für Voraussetzungen und Wirkungen einer Todeserklärung auf das Personalstatut des Verschollenen. Für österr Staatsangehörige kommt daher das TEG zur Anwendung, nach dem die Todeserklärung die Vermutung begründet, dass der Verschollene in dem im Beschluss festgestellten Zeitpunkt verstorben ist (§ 9 Abs 1 TEG). Damit bestimmt sich der Zeitpunkt des Ablebens nach dem Personalstatut und nicht nach dem Erbstatut. Geht man davon aus, dass Art 1 Abs 2 lit c gegenüber Art 23 Abs 2 lit a Vorrang hat, weil sich der Todeszeitpunkt nicht von der Todesvermutung trennen lässt, kann das dazu führen, dass das Kommorientenproblem auch bei **gleichem Erbstatut** auftritt. Das zeigt folgendes Beispiel: Die Freunde A und B mit gewöhnlichem Aufenthalt in Österreich, aber unterschiedlicher Staatsangehörigkeit, haben sich durch letztwillige Verfügungen gegenseitig zu Erben eingesetzt. Nach einem Schiffsunglück bleiben sie verschollen. Die Erbfolge nach beiden unterliegt zwar österr Recht (Art 21), die Frage der Todesvermutung ist aber gem § 14 IPRG nach dem jeweiligen Personalstatut zu beurteilen. Wenn die gesetzlichen Vermutungsregeln des Heimatrechts des A den B als Überlebenden ansehen und jene von Bs Heimatrecht umgekehrt den A, so liegt wiederum der logische Widerspruch vor, dass jeder Verstorbene Erbe des jeweils anderen wäre (s oben Rz 5). Diese Diskrepanz könnte man dadurch verhindern, dass man gesetzliche Vermutungsregeln über die Reihenfolge des Todes entgegen Art 1 Abs 2 lit c dem Erbstatut unterstellt,[21] sodass es bei gleichem Erbstatut zu keinem Widerspruch kommen kann. Eine andere Lösung wäre es, Art 32 auch auf die Fälle zu erstrecken, in denen nur die Todesvermutung verschiedenen Rechtsordnungen unterliegt, die widersprechende Regelungen enthalten.[22]

III. Rechtsfolgen

7 Wenn eine Normdiskrepanz vorliegt oder die beteiligten Rechtsordnungen keine Überlebensregelung enthalten, kommt die **Sachnorm** des Art 32 zur Anwendung, nach der keine der betroffenen Personen die andere beerben kann. Das gilt nicht nur für gesetzliche oder gewillkürte Berufungsgründe, sondern für jede Berechtigung iSd Art 23 Abs 2 am Nachlass des anderen.[23] Wenngleich Art 32 keine Todesvermutung enthält,[24] entspricht das Ergebnis der Kommorientenpräsumtion des § 11 TEG, die gleichzeitiges Ableben vermutet, wenn nicht bewiesen werden kann, dass von mehreren Verstorbenen einer den anderen überlebt hat.

---

19 *Wautelet* in *Bonomi/Wautelet* Art 32 Rz 10.

20 *Köhler* in *Kroiß/Horn/Solomon* Art 1 EuErbVO Rz 9.

21 So *Dutta* in MünchKommBGB[6] Art 23 EuErbVO Rz 7.

22 So *Thorn* in *Palandt*[73] Art 32 EuErbVO Rz 2 und *Köhler* in *Kroiß/Horn/Solomon* Art 32 EuErbVO Rz 3, der Art 32 aber nur auf diese Fälle anwenden will.

23 *Dutta* in MünchKommBGB[6] Art 32 EuErbVO Rz 7.

24 Etwas abweichend *Dutta* in MünchKommBGB[6] Art 32 EuErbVO Rz 7; vgl auch *Dutta*, FamRZ 2013, 11.

Erbenloser Nachlass

Art 33. Ist nach dem nach dieser Verordnung auf die Rechtsnachfolge von Todes wegen anzuwendenden Recht weder ein durch Verfügung von Todes wegen eingesetzter Erbe oder Vermächtnisnehmer für die Nachlassgegenstände noch eine natürliche Person als gesetzlicher Erbe vorhanden, so berührt die Anwendung dieses Rechts nicht das Recht eines Mitgliedstaates oder einer von diesem Mitgliedstaat für diesen Zweck bestimmten Einrichtung, sich das im Hoheitsgebiet dieses Mitgliedstaates belegene Nachlassvermögen anzueignen, vorausgesetzt, die Gläubiger sind berechtigt, aus dem gesamten Nachlass Befriedigung ihrer Forderungen zu suchen.

Stammfassung.

Literatur: *Apathy,* Heimfall und Transmission, JBl 1990, 399; *Bajons,* Die Nachlassabwicklung in internationalen Erbsachen nach zukünftigem Recht, ecolex 2014, 204; *Baldus,* Erbe und Vermächtnisnehmer nach der Erbrechtsverordnung, GPR 2012, 312; *Firsching,* Das Erbrecht des Fiskus im deutschen und österreichischen internationalen Privatrecht, FS Kralik (1986) 371; *Heckel,* Das Fiskuserbrecht im Internationalen Privatrecht (2006); *Koller,* Gläubigerinformation und Forderungsanmeldung, ecolex 2013, 216; *Motal,* EU-Erbrechtsverordnung: Anpassungsbedarf im IPRG und der JN, EF-Z 2014/151, 251; *Motal,* EU-Erbrechtsverordnung: Anpassungsbedarf im Außerstreitgesetz, EF-Z 2015/39, 62; *Neumayr,* Die Parteistellung in familienrechtlichen Außerstreitverfahren, in *Fucik/Konecny/Lovrek/Oberhammer* (Hrsg), Jahrbuch Zivilverfahrensrecht (2009) 117; *Nordmeier,* Erbenlose Nachlässe im Internationalen Privatrecht – versteckte Rückverweisung, § 29 öst. IPRG und Art. 33 EuErbVO – zu OLG München, 26. 5. 2011 – 31 Wx 78/11, IPRax 2013, 418; *Potyka,* Die inländische Gerichtsbarkeit und die Zuständigkeit in Verlassenschaftssachen nach dem Außerstreit-Begleitgesetz unter besonderer Berücksichtigung des Verhältnisses zu Deutschland, RZ 2005, 6; *Rabl,* Verwendungsanspruch des wahren Erben gegen den Fiskus – ist der Heimfall gegenüber dem wahren Erben gerechtfertigt? NZ 1997, 141; *Rudolf/Zöchling-Jud/Kogler,* Kollisionsrecht, in *Rechberger/Zöchling-Jud* (Hrsg), Die EU-Erbrechtsverordnung in Österreich (2015) 115; *Schauer,* Bemerkungen zum heimfälligen Nachlass im österreichischen Internationalen Privatrecht, FS Max-Planck-Institut (2001) 557; *Windisch,* Zur Durchsetzbarkeit des staatlichen Heimfallsrechtes gegen behauptete Erbrechte, FS Finanzprokuratur (1995) 309.

Übersicht

		Rz
I.	Grundlagen	1
	A. Hintergrund	1
	B. Normzweck	2
II.	Anwendungsbereich	4
III.	Zuständigkeit	8
IV.	Erbenloser Nachlass	10
	A. Tatbestand	10
	1. Formelle Tatbestandselemente	10
	2. Widerstreitende staatliche Zugriffsrechte	11
	3. Nachlassbelegenheit	12
	a) Begriffsklärung in Anlehnung an die EuInsVO	12
	b) Zeitpunkt?	13
	B. Rechtsfolgen	15
	1. Vorrang territorial begrenzter Aneignungsrechte	15
	2. Nachlassspaltung	17
	3. Schutz der Nachlassgläubiger	18
	a) Normzweck	18
	b) Gläubigerrechte	19
	aa) Problematik	19
	bb) Gesamtrechtsnachfolge des Aneignungsstaates	20

cc) Keine Gesamtrechtsnachfolge des Aneignungsstaates 22
dd) Rechtsmittellegitimation und Haftung 23
c) Informationswebportal de lege ferenda 25
C. Übergehung von Erben 26

I. Grundlagen

A. Hintergrund

1 Art 33 bezieht sich auf internationale Erbschaften ohne Erbberechtigte (Erbe oder Vermächtnisnehmer). Der internationale Regelungsbedarf resultiert aus den unterschiedlichen Ausgestaltungen staatlicher Zugriffsrechte auf Nachlassvermögen.[1] Im Wesentlichen „konkurrieren"[2] zwei Regelungsmodelle: Manche Rechtsordnungen verleihen dem Staat einen Erbanspruch auf das gesamte Nachlassvermögen, unabhängig davon, wo es sich befindet, so zB Deutschland[3] und Italien[4] (**Fiskuserbrecht**). Andere Rechtsordnungen, wie Österreich (Rz 8), Belgien,[5] England und einige Bundesstaaten der USA[6] beschränken sich auf ein staatliches Recht zur Übernahme des im Hoheitsgebiet belegenen Vermögens (**Aneignungsrecht**). Anders als das Fiskuserbrecht (Art 23 Abs 2 lit b) unterliegt das Aneignungsrecht nicht dem Erbstatut nach der EuErbVO.[7]

B. Normzweck

2 Sieht das Erbstatut ein Fiskuserbrecht vor, befindet sich Nachlassvermögen aber (auch) in einem oder mehreren Staaten mit Aneignungsrecht, entsteht eine **Kollision staatlicher Zugriffsrechte**. Mehrere Staaten wollen auf Grund ihres Erb- oder Aneignungsrechts denselben Nachlass(-anteil) in Anspruch nehmen.[8] Eine solche Situation ist etwa möglich, wenn ein Erblasser mit letztem gewöhnlichen Aufenthalt in Berlin Vermögen in Salzburg hinterlässt (vgl Rz 15 f).

3 Das Ziel des Art 33 liegt darin, die **Normdiskrepanz** zwischen Fiskus- und Aneignungsrecht **kollisionsrechtlich aufzulösen**.[9] Zu diesem Zweck räumt Art 33 dem Aneignungsstaat – in Anlehnung an Art 16 Haager ErbrechtsÜbk – ein Vorrangrecht ein: Das Erbstatut sollte „nicht verhindern [. . .], dass ein Mitgliedstaat sich das in seinem Hoheitsgebiet belegene Nachlassvermögen nach seinem eigenen Recht aneignet".[10] Österreich dürfte sich also das in Salzburg belegene Vermögen (s soeben) nach § 750 ABGB idF des ErbRÄG 2015 (§ 760 ABGB aF) zuwenden. Voraussetzung dafür ist jedoch, dass die Rechte der Gläubiger gewahrt bleiben(zum Gläubigerschutz Rz 18 ff).

---

1 Vgl ErwGr 56.
2 *Nordmeier,* IPRax 2013, 418.
3 Vgl § 1936 BGB; dazu *Dörner* in *Staudinger* Art 25 EGBGB Rz 203, 205; *Leipold* in MünchKommBGB[6] § 1936 Rz 1 f.
4 Vgl Art 586, 565 Codice Civile; dazu *Cubeddu Wiedemann/Wiedemann* in *Süß*[2] 845 Rz 46 f.
5 Art 811 ff ZGB und Art 1228 ff GBG: dazu *Heckel,* Fiskuserbrecht 13.
6 Zum anglo-amerikanischen Recht: *Heckel,* Fiskuserbrecht 25 ff; zur Anwendbarkeit des Art 33 auf Drittstaaten Rz 7.
7 *Dutta* in MünchKommBGB[6] Art 1 EuErbVO Rz 9, Art 33 EuErbVO Rz 1.
8 Vgl ErwGr 56.
9 ErwGr 56; *Dutta* in MünchKommBGB[6] Art 33 EuErbVO Rz 1, 8; *Thorn* in *Palandt*[73] Art 33 EuErbVO Rz 2 f.
10 ErwGr 56; vgl auch *Köhler* in *Kroiß/Horn/Solomon* Art 33 EuErbVO Rz 1.

II. Anwendungsbereich

Art 33 geht vom **erbenlosen Nachlass** aus. Nach dem Normzweck, Staaten ihre Aneignungs-   **4** befugnis zu bewahren, gilt dies auch für bloß teilweise erblose Nachlasse.[11] Hier greift Art 33 hinsichtlich des erbenlosen Anteils. Wie die Erbenlosigkeit ermittelt wird, bestimmt sich nach der lex fori.[12] Zudem geht Art 33 davon aus, dass Erbstatut eine Rechtsordnung mit Fiskuserbrecht ist, während Vermögen zumindest auch in einem Staat mit Aneignungsrecht liegt (Rz 2).

Das **Aneignungsrecht** iSd Art 33 wird zT als öffentliches (hoheitliches) Recht iSd Art 1   **5** Abs 1 verstanden.[13] Es sind auch Zwischenbereiche, wie etwa ein privatrechtliches Aneig-nungsrecht, denkbar.[14] Naheliegend erscheint daher eine erweiterte Auslegung als „sachen-rechtliches Aneignungsrecht"[15] oder mE schlicht als Aneignungsrecht, mag es nach inner-staatlichem Recht hoheitlich oder privatrechtlich ausgestaltet sein. Wesentlich für die Ein-ordnung unter Art 33 ist in inhaltlicher Hinsicht, dass dieses Recht dem Staat – im Unter-schied zum Fiskuserbrecht – nur einen Zugriff auf jene **Vermögenswerte** erlaubt, die sich **in seinem Hoheitsgebiet** befinden.

Über seinen Wortlaut hinaus ist Art 33 auch auf Aneignungsrechte von **Drittstaaten** an-   **6** zuwenden.[16] Befindet sich Nachlassvermögen in einem Drittstaat, das ein territorial be-grenztes Aneignungsrecht vorsieht, würde dieses ohnehin ein Fiskuserbrecht anderer Staa-ten verdrängen. Die Gewährleistung von Rechtssicherheit spricht dafür, Art 33 auch idS auszulegen.

Art 33 regelt nicht den Fall, in dem das **Erbstatut** ein **Aneignungsrecht** vorsieht, Nachlass-   **7** teile aber auch in einem Staat mit Fiskuserbrecht belegen sind. *Dutta*[17] tritt dafür ein, das Erbstatut zu erweitern und die Aneignung einschließlich jener Gegenstände außerhalb des Hoheitsgebiets zu gestatten. Hingegen hält *Nordmeier*[18] eine Nachlassspaltung für vorzugs-würdig, damit jeder Belegenheitsstaat in seinem Territorium nach eigenem Sachrecht auf das Vermögen greifen könne. *Rudolf/Zöchling-Jud/Kogler* denken zwar eine sachrechtliche Anpassung an, wonach der Aneignungsstaat, dessen Recht das Erbstatut ist, sich auch außer-halb seines Territoriums belegenes Nachlassvermögen aneignen könne, ziehen letztlich aber *Nordmeiers* These vor.[19]

---

11 Vgl bereits *Nordmeier,* IPRax 2013, 423 f; so auch *Rudolf/Zöchling-Jud/Kogler* in *Rechberger/Zöchling-Jud* Rz 274.

12 Ebenso *Nordmeier,* IPRax 2013, 419.

13 So *Dutta* in MünchKommBGB[6] Art 1 EuErbVO Rz 9, Art 33 EuErbVO Rz 1, nach dem an das öf-fentlich-rechtliche Statut anzuknüpfen sei. Diese Auslegung scheint verständlicherweise auf der Qua-lifikation des Heimfallsrechts nach dt IPR zu beruhen: s zur Diskussion im dt IPR bereits *Firsching,* FS Kralik 374 ff.

14 So etwa zum österr Heimfallsrecht *Windisch,* FS Finanzprokuratur 311; anders aber *Weiß* in *Klang* III[3] 794, der von einem öffentlichen (Heimfalls-)Recht ausgeht; die heute hA spricht von einem Aneignungsrecht „sui generis": vgl *Eccher* in *Schwimann/Kodek*[4] § 760 Rz 1.

15 *Köhler* in *Kroiß/Horn/Solomon* Art 33 EuErbVO Rz 1.

16 *Dutta* in MünchKommBGB[6] Art 33 EuErbVO Rz 8.

17 *Dutta* in MünchKommBGB[6] Art 33 EuErbVO Rz 8 (treffend beschrieben als „negativer Kompetenz-konflikt").

18 *Nordmeier,* IPRax 2013, 423.

19 *Rudolf/Zöchling-Jud/Kogler* in *Rechberger/Zöchling-Jud* Rz 279.

III. Zuständigkeit

8 Das **österr Recht** kennt in der geltenden Fassung mit § 760 ABGB ein Heimfallsrecht, das als Aneignungsrecht iSd Art 33 zu qualifizieren ist (*„fällt [. . .] als erbloses Gut dem Staate anheim")*.[20] Diese Qualifikation wird man auch § 750 ABGB idF des ErbRÄG 2015 (BGBl I 2015/87) entnehmen können, der mit 1. 1. 2017 in Kraft tritt. Nach § 750 Abs 1 idF des ErbRÄG 2015 hat der Bund das Recht, sich eine Verlassenschaft anzueignen, wenn kein Berechtigter vorhanden ist. § 750 Abs 2 präzisiert, dass dieses Recht soweit besteht, als sich die Verlassenschaft in Österreich befindet und weder auf einen letztwillig eingesetzten Erben oder Vermächtnisnehmer noch auf eine natürliche Person als gesetzlicher Erbe übergeht und zwar auch dann, „wenn sich die Erbfolge nicht nach österreichischem Recht richtet".[21] Der Bund darf sich somit – anders als bei einem Fiskuserbrecht – nur das in Österreich belegene Vermögen aneignen. Den erbenlosen Nachlass vertritt ein Kurator (§ 157 Abs 4 AußStrG), das Vermögen wird inventarisiert[22] und auf Antrag der Finanzprokuratur mittels Beschluss übergeben (§ 184 AußStrG).[23] Für dieses Aneignungsrecht des Bundes **schafft Art 33 eine internationale Zuständigkeit** österr Gerichte.[24]

9 **Sachlich** zuständig sind die Bezirksgerichte (§ 104 a JN).[25] Ausgehend von der Einordnung als Aneignungsrecht iSd EuErbVO, erscheint die sachliche Zuständigkeit für das Verfahren nach § 184 AußStrG weiterhin nicht prorogabel (anders Art 5).[26] Hinsichtlich der **örtlichen** Zuständigkeit ist mE auf § 105 JN abzustellen:[27] Hatte der Verstorbene seinen letzten gewöhnlichen Aufenthalt im Ausland, so ist jenes Gericht zuständig, in dessen Sprengel sich der größte Teil des Inlandsvermögens befindet,[28] sonst das Bezirksgericht Innere Stadt Wien. Wäre ein Sprengelwechsel zweckmäßig, so ist auf Antrag eine Delegation durch den OGH möglich (§ 31 JN).[29]

---

20 Zur Einordnung als Heimfallsrecht OGH 5 Ob 116/12 p JBl 2013, 175 *(Holzner)*; RIS-Justiz RS0008104; *Bittner* in *Rechberger*, AußStrG[4] § 184 Rz 3; *Heckel,* Fiskuserbrecht 98; *Scheuba* in *Kletečka/Schauer*[1.02] § 760 Rz 2; *Welser* in *Rummel/Lukas*[4] § 760 Rz 2; zur Bedeutung für die Transmission *Apathy*, JBl 1990, 400 f, mit teleologischen Argumenten dafür, dass erbrechtliche Anweisungen einer Transmission an den Fiskus vorgehen.

21 Die ErlRV 688 BlgNR 25. GP, 22 heben hervor, dass die Rechtslage in Österreich im Hinblick auf Art 33 gleich bleibe und § 750 Abs 2 nF klarstelle, dass das Aneignungsrecht des Bundes unabhängig vom Erbstatut besteht.

22 Vgl dazu nur *Sailer* in *Gitschthaler/Höllwerth* § 184 Rz 9; zur Notwendigkeit der Inventarisierung in Hinblick auf den Gläubigerschutz im internationalen Erbrechtsfall: *Motal*, EF-Z 2015/39, 62.

23 *Schauer*, FS Max-Planck-Institut 563 f; *Windisch*, FS Finanzprokuratur 311; vgl auch *Eccher* in *Schwimann/Kodek*[4] § 760 Rz 3; *Scheuba* in *Kletečka/Schauer*[1.02] § 760 Rz 4; zu Einzelheiten des Verfahrens: *Sailer* in *Gitschthaler/Höllwerth* § 184 Rz 3 ff, 12 ff; de lege ferenda für die Einführung einer Frist, innerhalb der sich die Finanzprokuratur zu erklären habe: *Motal*, EF-Z 2015/39, 62.

24 Treffend *Motal*, EF-Z 2014/151, 257; während des ganzen Verlassenschaftsverfahrens kommt dem Staat aufgrund seines Aneignungsinteresses Parteistellung zu: ausf dazu bereits *Windisch*, FS Finanzprokuratur 311 ff.

25 Dazu *Schatzl/Spruzina* in *Gitschthaler/Höllwerth* § 104 a JN Rz 4, 10 f; *Potyka*, RZ 2005, 8.

26 Allgemein *Schatzl/Spruzina* in *Gitschthaler/Höllwerth* § 104 a JN Rz 12 mwN zur hL und Rsp.

27 Vgl allgemein für das Verlassenschaftsverfahren etwa *Maurer/Schrott/Schütz* § 143 Rz 8; de lege ferenda für die Einführung einer eigenen, örtlichen Zuständigkeitsnorm: *Motal*, EF-Z 2014/151, 257.

28 Abzustellen ist auf die Aktiven: *Potyka*, RZ 2005, 9; *Maurer/Schrott/Schütz* § 143 Rz 8.

29 § 7 Abs 1 Z 2 OGHG; vgl *Schatzl/Spruzina* in *Gitschthaler/Höllwerth* §§ 105 – 107 JN Rz 6; *Rechberger/Simotta*, Zivilprozessrecht[7] Rz 283.

IV. Erbenloser Nachlass

A. Tatbestand

1. Formelle Tatbestandselemente

Art 33 setzt voraus, dass alternativ weder ein durch Verfügung von Todes wegen eingesetzter **10** Erbe oder Vermächtnisnehmer noch eine natürliche Person als gesetzlicher Erbe vorhanden ist. Die **willkürliche Erbfolge** ist weit auszulegen.[30] Vermächtnisnehmer könnte sowohl ein Damnationslegatar als auch ein Vindikationslegatar sein. Nach österr Recht trifft dies etwa auf das außerordentliche Erbrecht der Legatare zu (§ 749 ABGB idF ErbRÄG 2015 [§ 726 ABGB aF]).[31] Wesentlich für Art 33 ist, dass keine Privatperson berechtigt ist, das Nachlassvermögen oder einzelne Nachlasswerte zu übernehmen.[32] Der zweite Fall betrifft die **gesetzliche Erbfolge** und setzt voraus, dass keine natürliche Person nach dem Erbrecht des Erbstatuts zum Zug kommt.

2. Widerstreitende staatliche Zugriffsrechte

Ausgangspunkt des Art 33 ist weiters die **Kollision diametraler Heimfallsrechte:** Es geht **11** um Erbrechtsfälle, in denen nach dem Erbstatut ein Fiskuserbrecht zugunsten des gesamten Vermögens zur Geltung gelangt, während einem Staat, in dem sich Nachlassvermögen befindet, ein Aneignungsrecht im Hinblick auf das territorial belegene Vermögen zukommt.[33] Dieser Konflikt soll durch Art 33 vermieden werden (s schon Rz 2 f und noch 15 f).

3. Nachlassbelegenheit

a) Begriffsklärung in Anlehnung an die EuInsVO

Für die Anwendbarkeit des Art 33 ist es entscheidend, dass Nachlassvermögen in einem Mit **12** gliedstaat mit Aneignungsbefugnis „belegen" ist. Der Begriff der „Nachlassbelegenheit" ist **autonom** zu bestimmen.[34] Da die EuErbVO keine Definition enthält, könnten die Kriterien in **Anlehnung an die europäische Insolvenzverordnung** (Art 2 lit g EuInsVO) konkretisiert werden:[35] Demnach gehören körperliche Gegenstände dem Mitgliedstaat an, in dem sie sich befinden, Gegenstände oder Rechte (einschließlich Immaterialgüterrechte), bei denen das Eigentum oder die Rechtsinhaberschaft in ein öffentliches Register einzutragen ist, in dem Mitgliedstaat, unter dessen Aufsicht das Register geführt wird, und Forderungen vom oder gegen den Nachlass dem Mitgliedstaat, in dessen Gebiet der Leistungspflichtige den Mittelpunkt seiner Hauptinteressen (vgl Art 3 Abs 1 EuInsVO) hat. Nicht registrierbare Immaterialgüterrechte ortet *Dutta*[36] aus teleologischen Gründen jenem Mitgliedstaat zu, für dessen

---

30 *Dutta* in MünchKommBGB[6] Art 33 EuErbVO Rz 3; zu Erben und Vermächtnisnehmern *Baldus*, GPR 2012, 312 ff.
31 BGBl I 2015/87; vgl dazu bereits *Schauer*, FS Max-Planck-Institut 562.
32 Vgl dazu auch der Referentenentwurf für ein dt Ausführungsgesetz zur VO (§ 32 IntErbR VG-E); dazu *Dutta* in MünchKommBGB[6] Vor Art 1 EuErbVO Rz 21, Art 33 EuErbVO Rz 3 (FN 2) und Rz 9.
33 ErwGr 56; vgl auch *Dutta* in MünchKommBGB[6] Art 33 EuErbVO Rz 1, 5; *Köhler* in *Kroiß/Horn/Solomon* Art 33 EuErbVO Rz 1.
34 *Dutta* in MünchKommBGB[6] Art 10 EuErbVO Rz 5; methodisch zur autonomen Auslegung *Dutta* in MünchKommBGB[6] Vor Art 1 Rz 11 ff; *Köhler* in *Kroiß/Horn/Solomon* Einf EuErbVO Rz 6 f.
35 Ausf zu diesem Vorschlag und den Kriterien *Dutta* in MünchKommBGB[6] Art 10 EuErbVO Rz 5 ff.
36 *Dutta* in MünchKommBGB[6] Art 10 EuErbVO Rz 8

Gebiet sie Schutz gewähren und nicht registrierbare Gesellschaftsanteile jenem Staat, in dem die Gesellschaft registriert ist.

b) Zeitpunkt?

13 Fraglich ist, auf welchen Zeitpunkt für die Zuordnung der Nachlassbelegenheit von Vermögen abzustellen ist. Dies hängt eng mit der zeitlichen Zäsur für das Vorliegen der Voraussetzungen für die internationale Zuständigkeit zusammen. Da sich diese Frage regelmäßig in einem Verlassenschaftsverfahren stellen wird, ist das **innerstaatliche Verfahrensrecht** maßgeblich.[37]

14 ME erscheint es zweckmäßig, auf die **Rechtskraft der Entscheidung** des zuständigen Gerichts abzustellen. Auf den Schluss der letzten mündlichen Verhandlung abzustellen[38] könnte problematisch sein, wenn sich nachträglich herausstellt, dass sich entgegen der Annahme des Gerichts doch Nachlassvermögen in einem Mitgliedstaat mit Aneignungsbefugnis befindet, oder vorhandenes Vermögen „unrichtig" zugeordnet wurde. In dem Fall wäre ein betroffener „Aneignungsstaat" von der Entscheidung beschwert. Der Normzweck des Art 33, Aneignungsrechte bestmöglich zu wahren, spricht daher mE eher dafür, auf die Rechtskraft der Entscheidung des zuständigen Gerichts abzustellen. Bis zu diesem Zeitpunkt könnte ein beschwerter Mitgliedstaat noch ein Rechtsmittel gegen die Entscheidung erheben und die darin angenommene Zuständigkeit oder Belegenheitsqualifikation bekämpfen. Seine Rechtsstellung richtet sich nach der lex fori des Forumsstaates, also des Staates, dessen Gerichte für die Entscheidung zuständig waren.

B. Rechtsfolgen

1. Vorrang territorial begrenzter Aneignungsrechte

15 Art 33 vermeidet die erwähnten Konfliktfälle (Rz 3) durch einen **Vorrang der Aneignung:** Befindet sich **Nachlassvermögen im Hoheitsgebiet** eines Mitgliedstaats mit Aneignungsbefugnis, so darf sich dieser Staat dieses Vermögen aneignen.[39] Diese Rechtsfolge tritt unabhängig vom anwendbaren Erb- und Erbverfahrensrecht ein. Somit berührt ein Fiskuserbrecht das Aneignungsrecht nicht. Art 33 drängt also das Erbstatut insoweit zurück, als ein territorial begrenztes Aneignungsrecht besteht.[40] Dem Staat mit Fiskuserbrecht bleibt nur jenes Vermögen, das außerhalb des Aneignungsstaats liegt.[41] Macht ein Aneignungsstaat von seinem Aneignungsrecht aber keinen Gebrauch,[42] kommt ein Herausgabeanspruch des Fiskuserben in Betracht.[43]

---

37 So ganz allgemein *Dutta* in MünchKommBGB[6] Art 10 EuErbVO Rz 9.

38 Für das dt Recht reiche es nach *Dutta* grds aus, wenn die Voraussetzungen für die internationale Zuständigkeit zum Zeitpunkt der letzten mündlichen Verhandlung vorliegen, wobei perpetuatio fori eintrete; widersprechende Entscheidungen seien durch einheitliche Auslegung zu vermeiden: *Dutta* in MünchKommBGB[6] Art 10 EuErbVO Rz 5, 9.

39 Vgl auch *Dutta* in MünchKommBGB[6] Art 33 EuErbVO Rz 5; *Köhler* in *Kroiß/Horn/Solomon* Art 33 EuErbVO Rz 1; *Motal,* EF-Z 2014/151, 257.

40 *Dutta* in MünchKommBGB[6] Art 33 EuErbVO Rz 5.

41 Vgl auch *Thorn* in *Palandt*[73] Art 33 EuErbVO Rz 2.

42 In Österreich besteht keine Aneignungspflicht: vgl nur *Welser* in *Rummel/Lukas*[4] § 760 Rz 2 mwN; *Eccher* in *Schwimann/Kodek*[4] § 760 Rz 1.

43 Nach *Motal,* EF-Z 2015/39, 62 käme außerdem ein Herausgabeanspruch des Aneignungsberechtigten in Frage, de lege ferenda schlägt *Motal* die Einführung einer Frist ein, binnen derer sich der Fiskus erklären müsse.

Hatte der Erblasser zum **Beispiel** seinen letzten gewöhnlichen Aufenthalt in Berlin, so ist der **16** deutsche Staat grundsätzlich als Erbe zur Nachfolge in sein gesamtes Nachlassvermögen berufen (§ 1936 dBGB). Hatte der Erblasser aber auch eine Liegenschaft in Salzburg, so darf sich der österr Staat diese nach Art 33 aneignen. In diesem Umfang wird das Erbstatut zurückgedrängt. Somit erbt Deutschland nur das verbleibende Vermögen außerhalb Österreichs.

2. Nachlassspaltung

Grundsätzlich verwirklicht die EuErbVO das Prinzip der Nachlasseinheit: Demnach sollte **17** das gesamte bewegliche und unbewegliche Nachlassvermögen dem Erbstatut unterliegen, unabhängig davon, wo es gelegen ist.[44] Für dieses sollte ein einziges Erbrecht gelten.[45] Abweichend davon führt der erbenlose Nachlass zur **Nachlassspaltung:**[46] Denn im Anwendungsbereich des Art 33 kommt es zur Geltung unterschiedlicher Erbrechte, weil unabhängig vom Fiskuserbrecht des einen Staates das Aneignungsrecht eines anderen Staates bestehen bleibt (oben, Rz 15 f), uU kommt es sogar zur parallelen Eröffnung mehrerer Nachlassverfahren.

3. Schutz der Nachlassgläubiger

a) Normzweck

Ergänzend sieht Art 33 eine Bestimmung zum Schutz der Nachlassgläubiger vor. Um deren **18** **Befriedigungsrechte zu wahren,** setzt die Anwendbarkeit des Art 33 voraus, dass *„die Gläubiger [. . .] berechtigt [sind], aus dem gesamten Nachlass Befriedigung ihrer Forderungen zu suchen“.*[47] Demnach gilt die Nachlassspaltung (Rz 17) nicht für die Gläubiger.[48] Ihnen gegenüber wird die Nachlasseinheit fingiert. Sie dürfen sich weiterhin aus dem gesamten – auch im Aneignungsstaat belegenen – Nachlassvermögen befriedigen. Die Haftung des Aneignungsstaats gegenüber den Gläubigern ist auf den Wert des im Inland belegenen Vermögens beschränkt.[49]

b) Gläubigerrechte

aa) Problematik

Grundsätzlich ist die Aufteilung des Haftungsfonds auf verschiedene Staaten (aus der Sicht **19** der Gläubiger) keine Besonderheit. Auch vor dem Tod eines Schuldners sind seine Gläubiger

---

44 ErwGr 37 Satz 4.
45 Ausf zum Grundsatz der Nachlasseinheit: *Dutta* in MünchKommBGB[6] Vor Art 20 EuErbVO Rz 6; *Schatzl/Spruzina* in *Gitschthaler/Höllwerth* §§ 105–107 JN Rz 30; vgl auch *Fischer-Czermak* in *Schauer/Scheuba* 48; rechtsvergleichend *Dutta,* RabelsZ 73 (2009) 554 ff.
46 Vgl *Bajons,* ecolex 2014, 206; *Rudolf/Zöchling-Jud/Kogler* in *Rechberger/Zöchling-Jud* Rz 275; die Zweckmäßigkeit der Nachlassspaltung betont *Heckel,* Fiskuserbrecht 208 ff (bereits nach alter Rechtslage) mit dem überzeugenden Argument, dass auf diese Weise die unterschiedlichen Zugriffsrechte der Staaten besser gewährleistet werden.
47 Bekräftigend ErwGr 56 (aE).
48 *Dutta* in MünchKommBGB[6] Art 33 EuErbVO Rz 7; vgl auch *Bajons,* ecolex 2014, 206 f; *Rudolf/Zöchling-Jud/Kogler* in *Rechberger/Zöchling-Jud* Rz 276; *Thorn* in *Palandt*[73] Art 33 EuErbVO Rz 2; nach *Motal,* EF-Z 2015/39, 62 stehe das Aneignungsrecht nach Art 33 unter der Bedingung, dass der Staat Vorkehrungen zum Gläubigerschutz treffe, de lege ferenda schlägt *Motal* eine klarstellende Bestimmung – ähnlich § 32 Abs 5 dt Referentenentwurf – vor, dass die Ansprüche der Gläubiger unberührt bleiben.
49 Vgl bereits *Motal,* EF-Z 2015/39, 62.

darauf angewiesen, auf das „ausländische" Schuldnervermögen zu greifen, wenn das „inländische" Vermögen nicht zur Befriedigung ausreicht. Dabei besagt Art 33 bloß, dass die Gläubiger sich aus dem Gesamtvermögen befriedigen dürfen, nicht aber, wie.[50] Solange die VO keine grenzüberschreitenden Rechtsbehelfe vorsieht, ist das zuständige Gericht im „Hauptnachlassverfahren" mE nicht befugt, Sicherungsmaßnahmen auf fremdem Hoheitsgebiet zu erlassen. Naheliegender erscheint es daher vielmehr, dass sich die **Sicherungsrechte der Nachlassgläubiger unmittelbar nach dem Recht des Aneignungsstaates** richten (zu Österreich Rz 21).

bb) Gesamtrechtsnachfolge des Aneignungsstaates

20 Fraglich ist, ob aus Art 33 folgt, dass der Aneignungsakt unzulässig ist, wenn die Forderungen der Gläubiger nicht vorher befriedigt oder gesichert wurden. ME kommt es darauf an, ob die Aneignung etwas an der Haftungssituation ändert. Unterscheiden könnte man danach, ob die Aneignung nach innerstaatlichem Recht zur **haftungsrechtlichen Gesamtrechtsnachfolge** des Staates führt oder der Staat nicht weiter haftet. Nach hA wird die Republik Österreich nach hA[51] Gesamtrechtsnachfolger des Erblassers. Unter dieser Prämisse können sich die Gläubiger auch nach der Aneignung aus dem österr Teil der Verlassenschaft befriedigen.

21 Selbst bei Gesamtrechtsnachfolge ist aber uU ein Sicherungsbedürfnis denkbar. Ein Staat muss nicht liquide sein. Es könnte die Gefahr der Vermengung bestehen. Ausländischen Gläubigern, die sich aus einem in Österreich belegenen Nachlassvermögen befriedigen wollen, kommt mE nach Art 33 iVm § 2 Abs 1 Z 3 AußStrG Parteistellung vor dem österr Gericht zu, da sie der Übergabeschluss unmittelbar in ihrer Rechtsstellung berühren würde.[52] Daher wäre die Berufung auf **österr Sicherungsrechte** zulässig, in erster Linie das Antragsrecht zur Nachlassseparation (§ 812 ABGB, § 175 AußStrG).[53] Gehen bereits im Vorfeld Gefahren von Dritten aus, so ist nach § 147 AußStrG die Sicherung der Verlassenschaft möglich.[54] Jedenfalls ist das Verlassenschaftsvermögen zu inventarisieren (vgl auch jetzt schon § 184 AußStrG).[55]

cc) Keine Gesamtrechtsnachfolge des Aneignungsstaates

22 Verringert die Aneignung mangels Gesamtrechtsnachfolge den Haftungsfonds, ist die Aneignung mE in teleologischer Reduktion des Art 33 nur zulässig, sofern die **Nachlassforderungen befriedigt** oder gesichert wurden. Die Ausgleichszahlung kann der Aneignungsstaat di-

---

50 *Bajons* in *Schauer/Scheuba* 40 kritisiert, dass unklar bleibe, wie das Zusammenwirken zwischen dem zur Abwicklung zuständigen Mitgliedstaat und dem Aneignungsstaat erfolgen soll.

51 Vgl *Welser* in *Rummel/Lukas*⁴ § 760 Rz 2; *Sailer* in *Gitschthaler/Höllwerth* § 184 Rz 1; *Scheuba* in *Kletečka/Schauer*¹·⁰² § 760 Rz 2 mwN; *Schauer*, FS Max-Planck-Institut 563; *Windisch*, FS Finanzprokuratur 311; OGH 3 Ob 523/95 JBl 1997, 241 (*Auckenthaler*).

52 § 2 Abs 1 Z 3 AußStrG ErlRV 224 BlgNR 22. GP 22; zu den Kriterien näher *Neumayr* in *Fucik/Konecny/Lovrek/Oberhammer* 123 f; *Kodek* in *Gitschthaler/Höllwerth* § 2 Rz 48 ff.

53 Vgl zu den Kriterien für die Nachlassseparation – wie der Bescheinigung einer Gläubigerverkürzung – *Spruzina* in *Kletečka/Schauer*¹·⁰¹ § 812 Rz 12 ff mwN; *Welser* in *Rummel/Lukas*⁴ § 812 Rz 13 ff mwN.

54 Vgl dazu etwa *Schatzl/Spruzina* in *Gitschthaler/Höllwerth* § 147 Rz 1 ff.

55 So auch *Motal*, EF-Z 2015/39, 62; vgl zur österr Rechtslage *Sailer* in *Gitschthaler/Höllwerth* § 184 Rz 9.

rekt aus dem Nachlassvermögen – zB durch Verkauf von Verlassenschaftsvermögen – aufwenden.

dd) Rechtsmittellegitimation und Haftung

Wird der Gläubigerschutz vom zuständigen Gericht im Aneignungsstaat nicht beachtet, obwohl eine Gläubigerverkürzung zu befürchten war, kommt den Nachlassgläubigern mE **Rechtsmittellegitimation** gegen die Entscheidung zu, da diese ihre Rechtsstellung unmittelbar berührt.[56] **23**

Realisiert sich die Gläubigerbeeinträchtigung nach Rechtskraft der Entscheidung, so scheint **24** ein **staatlicher Haftungsanspruch** nach der lex fori denkbar, sofern das zuständige Gericht den Gläubigerschutz **schuldhaft** vernachlässigt hat (für Österreich §§ 1 ff AHG). Man könnte sich auch überlegen, die Haftungsgrundlage direkt aus der europäischen Staatshaftung abzuleiten.

c) Informationswebportal de lege ferenda

Fraglich ist, ob das zuständige Gericht eine potenzielle Gläubigerverkürzung prüfen muss. **25** Nach derzeitiger Rechtslage würde dies mE die Pflichten des Gerichts überspannen, da es nicht allen Forderungen gegen den Nachlass nachgehen kann. De lege ferenda ist die Einrichtung eines Internetportals überlegenswert, in dem **internationale Verlassenschaftsverfahren öffentlich registriert** und einsehbar werden. Eine solche Informationsmöglichkeit für Gläubiger schlägt der Unionsgesetzgeber – iZm der Nachlassabwicklung – vor.[57] Man könnte das Portal mE auch für eine **Forderungsanmeldung** fruchtbar machen. Geht daraus hervor, dass Gläubiger auf das im Inland belegene Vermögen Exekution führen werden, ist damit eine Signalwirkung für die Gerichte der Aneignungsstaaten verbunden, das Nachlassvermögen erforderlichenfalls zu sichern. Vorbilder für entsprechende Vorkehrungen zur Gläubigerinformation- und Forderungsanmeldung enthalten die Art 21 f EuInsVO für internationale Insolvenzen.[58]

C. Übergehung von Erben

Ungeregelt sind die Rechtsfolgen der Übergehung von Erben. In Betracht kommt eine Behandlung nach dem Erbstatut oder eine **Trennung der Rechtsfolgen.** Für das Erbstatut spricht zwar, dass dieses schon für das Hauptnachlassverfahren maßgeblich war. Andererseits führt gerade im Rahmen des Art 33 die Nachlassspaltung (Rz 17) zur Geltung unterschiedlicher staatlicher Erbrechte hinsichtlich des Heimfallsrechte. Dies spricht mE dafür, dasselbe für deren „Rückabwicklung" anzunehmen, wenn nachträglich ein Erbe auftaucht. Eine Trennung der Sachrechte erscheint sachgerecht, solange die VO keine eigenen Rechtsfolgen vorsieht. Demnach gilt hinsichtlich des Vermögens, das ein Staat mit Fiskuserbrecht erwarb, das Erbstatut und hinsichtlich jenes Vermögens, das sich Mitgliedstaaten aneigneten, das jeweilige innerstaatliche Recht. Somit müsste der Erbe in Österreich mit der Erbschaftsklage gegen den Fiskus vorgehen.[59] **26**

---

56 Zur Parteistellung des Staates *Windisch,* FS Finanzprokuratur 311 ff; RIS-Justiz RS0006641; s auch FN 50.
57 Siehe dazu auch Art 29 Rz 73 f.
58 Dazu etwa *Paulus,* EuInsVO⁴ Art 21 Rz 287 ff und Art 22 Rz 1; vgl zu möglichen Problemen der Forderungsanmeldung nach der EuInsVO *Koller,* ecolex 2013, 216 ff mwN.
59 Ausf *Rabl,* NZ 1997, 141 ff; *Schauer,* FS 75 Jahre Max-Planck-Institut für Privatrecht 568 f.

Rück- und Weiterverweisung

Art 34. (1) Unter dem nach dieser Verordnung anzuwendenden Recht eines Drittstaats sind die in diesem Staat geltenden Rechtsvorschriften einschließlich derjenigen seines Internationalen Privatrechts zu verstehen, soweit diese zurück- oder weiterverweisen auf:

a) das Recht eines Mitgliedstaats oder

b) das Recht eines anderen Drittstaats, der sein eigenes Recht anwenden würde.

(2) Rück- und Weiterverweisungen durch die in Artikel 21 Absatz 2, Artikel 22, Artikel 27, Artikel 28 Buchstabe b und Artikel 30 genannten Rechtsordnungen sind nicht zu beachten.

Stammfassung.

Literatur: *Deutsches Notarinstitut,* Rechtsvergleichende Studie der erbrechtlichen Regelungen des Internationalen Verfahrensrechtes und Internationalen Privatrechts der Mitgliedsstaaten der Europäischen Union (2002); *Dörner,* EuErbVO: Die Verordnung zum Internationalen Erb- und Erbverfahrensrecht ist in Kraft! ZEV 2012, 505; *Dutta,* Succession and Wills in the Conflict of Laws on the Eve of Europeanisation, RabelsZ 73 (2009) 547; *Kindler,* Vom Staatsangehörigkeits- zum Domizilprinzip, IPRax 2010, 44; *Lehmann,* Die Reform der internationalen Erb- und Erbprozessrechts im Rahmen der geplanten Brüssel-IV Verordnung (2006); *Lokin,* Choice-of-Law Rules in the European Regulation on Succession: A Familiar System for the Netherlands? ZVglRWiss 2015, 75; *Ludwig,* Anmerkung zum Beschluss des Notariats Villingen vom 12. 09. 2012 (II NG 801; ZEV 2013, 150) – Zur Frage der internationalen Zuständigkeit deutscher Gerichte, ZEV 2013, 151; *Max Planck Institute for Comparative and International Private Law,* Comments on the European Commission's Proposal for a Regulation of the European Parliament and of the Council on jurisdiction, applicable law, recognition and enforcement of decisions and authentic instruments in matters of succession and the creation of a European Certificate of Succession, RabelsZ 74 (2010) 522; *Odersky,* Die Europäische Erbrechtsverordnung in der Gestaltungspraxis, notar 2013, 3; *Rudolf/Zöchling-Jud/Kogler,* Kollisionsrecht, in *Rechberger/Zöchling-Jud* (Hrsg), Die EU-Erbrechtsverordnung in Österreich (2015) 115; *Rühl,* Statut und Effizienz (2011); *Sachsen Gessaphe,* Die Verweisung auf einen Mehrrechtsstaat: vom autonomen deutschen IPR zur EuErbVO, in *Deinert,* Internationales Recht im Wandel. Symposium für Peter Winkler von Mohrenfels (2013) 163; *Schack,* Was bleibt vom renvoi? IPRax 2013, 315; *Schauer,* Die neue Erbrechts-VO der Europäischen Union – eine Annäherung, JEV 2012, 78; *Solomon,* Die Renaissance des Renvoi im Europäischen Internationalen Privatrecht, FS Schurig (2012) 237; *Sonnentag,* Der Renvoi im Internationalen Privatrecht (2001); *von Hein,* Der Renvoi im europäischen Kollisionsrecht, in *Leible/Unberath,* Brauchen wir eine Rom 0-Verordnung? (2013) 341; *Waters,* Explanatory Report on the 1989 Hague Succession Convention (1990); *Weiss/Bigler,* Die EU-Erbrechtsverordnung – Neue Herausforderungen für die internationale Nachlassplanung aus Schweizer Sicht, successio 2014, 163; *Wilke,* Das internationale Erbrecht nach der neuen EU-Erbrechtsverordnung, RIW 2012, 601.

Übersicht

	Rz
I. Allgemeines	1
A. Zweck der Norm	3
B. Entstehungsgeschichte	5
II. Inhalt der Norm	7
A. Begrenzte Gesamtverweisung (Abs 1)	8
1. Rück- oder Weiterverweisung auf das Recht eines Mitgliedstaats (lit a)	10
2. Weiterverweisung auf das Recht eines die Verweisung annehmenden zweiten Drittstaats (lit b)	13
3. Einzelfragen der Gesamtverweisung	16
B. Rechtsfolgen	19

I. Allgemeines

Durch Art 34 wird eine **begrenzte Gesamtverweisung**[1] auf das anzuwendende Recht und damit die primäre Anwendung des dortigen IPR statt des unmittelbaren Einsatzes der materiellen Sachnormen **zugelassen.** Diese **Berücksichtigung der Kollisionsnormen** der erstberufenen Rechtsordnung kann dazu führen, dass die Verweisung nicht angenommen und somit das dortige Sachrecht nicht angewendet wird, sondern auf die lex fori **zurück oder** auf eine andere, zweite Rechtsordnung **weiter verwiesen** wird **(renvoi).**[2]

1

Die EuErbVO sieht eine **Gesamtverweisung,** in Abweichung von den umfassender anzuwendenden Bestimmungen zahlreicher autonomer Kollisionsrechte wie in Österreich (§ 5 IPRG), in Deutschland (Art 4 Abs 1 EGBGB) und seit der IPR-Reform 1995, wenn auch etwas limitierter, in Italien (Art 13 Abs 1 itIPRG),[3] grundsätzlich allein dann vor, wenn nach ihren Regelungen das **Recht eines Drittstaats heranzuziehen** ist, aber auch dann nur beschränkt auf **zwei Fallkonstellationen:**[4] Zum einen, wenn die Kollisionsnormen dieser zuerst berufenen Rechtsordnung **auf das Recht eines Mitgliedstaats zurück- oder weiterverweisen** (Art 34 Abs 1 lit a)[5] und zum anderen, wenn sie **auf das Recht eines anderen Drittstaates verweisen, sofern** dieser die **Verweisung annimmt** (Art 34 Abs 1 lit b).[6] **Zusätzlich** wird die fallgruppenbeschränkte Gesamtverweisung dadurch eingegrenzt, dass Art 34 Abs 2 sie **für die meisten Verweisungsgrundlagen ausschließt.**[7] Daher wird die **praktische Bedeutung** der Vorschrift **gering** eingeschätzt,[8] zumal bei dem erforderlichen gewöhnlichen Aufenthalt des Erblassers in einem Drittstaat nur Nachlassverfahren unter der subsidiären oder der Notzuständigkeit nach Art 10 bzw Art 11 in Betracht kommen.[9] Trotzdem steht Art 34 im deutlichen **Gegensatz** zu den übrigen unionsrechtlichen Regelungen zur **Vereinheitlichung der Kollisionsrechte** der Mitgliedstaaten,[10] die einen solchen *renvoi* gänzlich ausschließen (Art 20 Rom I-VO, Art 24 Rom II-VO, Art 11 Rom III-VO, Art 15 EuUVO iVm Art 12 HUP).

2

A. Zweck der Norm

Mit einer **Gesamtverweisung** wird dem Internationalen Privatrecht des zur Anwendung berufenen Rechts Rechnung getragen (ErwGr 57 Satz 2). Auf diese Weise soll dafür gesorgt werden, dass die Bestimmung des anzuwendenden Rechts nach dem Kollisionsrecht der jeweiligen *lex fori* mit der nach dem IPR der Rechtsordnung, auf die verwiesen wird, übereinstimmt, sodass **internationaler Entscheidungseinklang** (ErwGr 57 Satz 3) hergestellt wird.[11]

3

---

1 *Köhler* in *Kroiß/Horn/Solomon* Art 34 EuErbVO Rz 1; *Fischer-Czermak* in *Schauer/Scheuba* 53: eingeschränkt.
2 Allgemein dazu etwa *Lurger/Melcher,* IPR § 1/60; *Verschraegen,* IPR Rz 1270 f; *Rauscher,* IPR[4] Rz 343 ff.
3 Rechtsvergleichend etwa *Deutsches Notarinstitut,* Studie 254 f; *Sonnentag,* Renvoi 49 ff.
4 Eine Anerkennung des renvoi ohne diese Beschränkung befürwortet *Kindler,* IPRax 2010, 49.
5 Im Einzelnen dazu unten Rz 10 ff.
6 Im Einzelnen dazu unten Rz 13 ff.
7 *Dutta* in MünchKommBGB[6] Art 34 EuErbVO Rz 10. Näher dazu unten Rz 19.
8 *Thorn* in *Palandt*[73] Art 34 EuErbVO Rz 1.
9 *Köhler* in *Kroiß/Horn/Solomon* Art 34 EuErbVO Rz 2; *Dörner,* ZEV 2012, 511 f; *Rudolf/Zöchling-Jud/Kogler* in *Rechberger/Zöchling-Jud* Rz 283.
10 *Dutta* in MünchKommBGB[6] Art 34 EuErbVO Rz 1.
11 *Thorn* in *Palandt*[73] Art 34 EuErbVO Rz 1; *Köhler* in *Kroiß/Horn/Solomon* Art 34 EuErbVO Rz 1; allgemein dazu etwa *Verschraegen,* IPR Rz 1272; *Rauscher,* IPR[4] Rz 341.

Eine **Vereinheitlichung von Kollisionsnormen** verschiedener Staaten soll jedoch in erster Linie durch deren uniforme Anwendung für den **internen,** hier: europäischen,[12] **Entscheidungseinklang** im Verhältnis zwischen den am Einheitskollisionsrecht beteiligten Staaten sorgen,[13] weshalb eine – die unterschiedslose Bestimmung des anzuwendenden Rechts durchbrechende – **Rück- oder Weiterverweisung** dort **regelmäßig ausgeschlossen** wird.[14]

4 Eine **Gesamtverweisung** hat **keine Auswirkung,** wenn die Kollisionsnormen des berufenen Rechts sich nicht von denen der *lex fori* unterscheiden, wie **unter den Mitgliedstaaten,** denn dann wird ihre Berücksichtigung nicht zu einem anderen anwendbaren Recht führen, sodass auch keine Rück- oder Weiterverweisung eintreten kann.[15] Deswegen regelt Art 34 Abs 1 diese Frage zutreffenderweise **allein** bei der Anwendung eines **Drittstaatenrechts.**[16] Wird das dortige IPR miteinbezogen, dann erhöhen sich die Chancen auf einen **äußeren Entscheidungseinklang.**[17] Dem wird durch Art 34 Abs 1 jedoch nur dann Rechnung getragen, wenn dadurch die **Rechtsfindung erleichtert** wird, wie unter Art 34 Abs 1 lit a bei der Anwendung eines Mitgliedstaatenrechts,[18] **oder** zumindest **nicht allzu sehr erschwert** wird, wie unter Art 34 Abs 1 lit b bei der Verweisungsannahme durch die zweite Drittstaatsrechtsordnung.[19]

B. Entstehungsgeschichte

5 Bereits in der vorbereitenden **rechtsvergleichenden Studie** des Deutschen Notarinstituts von 2002 wurde eine **Zulassung des renvoi** entsprechend Art 4 **Haager Erbrechtsübereinkommen** (HErbÜ) von 1989[20] vorgeschlagen, nämlich nur sofern es sich um eine Weiterverweisung von einem Drittstaat **auf das Recht eines anderen Drittstaates** handelt, welcher die **Verweisung annimmt**[21] (wie Art 34 Abs 1 lit b). Gleichwohl wurde dann in Art 26 des **Verordnungsvorschlags** der Kommission[22] die Beachtung einer **Rück- oder Weiterverweisung** mit dem gleichen Wortlaut wie in Art 24 Rom II-VO und Art 11 Rom III-VO bzw wie in Art 20 Rom I-VO ohne den letzten Halbsatz vollkommen **ausgeschlossen.**[23]

---

12 *Köhler* in *Kroiß/Horn/Solomon* Art 34 EuErbVO Rz 22.

13 *Dutta* in MünchKommBGB[6] Vor Art 20 EuErbVO Rz 2.

14 So etwa *Kieninger* in *Ferrari/Kieninger/Mankowski*[2] Art 20 Rom I-VO Rz 5; ebenso schon zum staatsvertraglich vereinheitlichten IPR *Schwimann,* IPR[3] 38.

15 So auch *MPI,* RabelsZ 74 (2010) 658.

16 Ähnlich *Köhler* in *Kroiß/Horn/Solomon* Art 34 EuErbVO Rz 4: gegenüber anderen Mitgliedstaaten keine Notwendigkeit; ebenso der Vorschlag *MPI,* RabelsZ 74 (2010) 657.

17 *MPI,* RabelsZ 74 (2010) 660; ähnlich Stellungnahme EWS-Ausschuss v 14. 7. 2010, INT/511, 4.3.10: verbesserte Abstimmung der Entscheidungen.

18 *Dutta* in MünchKommBGB[6] Art 34 EuErbVO Rz 3; *MPI,* RabelsZ 74 (2010) 660.

19 *Köhler* in *Kroiß/Horn/Solomon* Art 34 EuErbVO Rz 1.

20 Deutscher Text unter www.hcch.net/upload/text32 d.pdf (9. 6. 2015).

21 *Deutsches Notarinstitut,* Studie 255, 273 f.

22 Vorschlag der Kommission für eine Verordnung des Europäischen Parlaments und des Rates über die Zuständigkeit, das anzuwendende Recht, die Anerkennung und die Vollstreckung von Entscheidungen und öffentlichen Urkunden in Erbsachen sowie zur Einführung eines Europäischen Nachlasszeugnisses, KOM(2009) 154 endg.

23 *Fischer-Czermak* in *Schauer/Scheuba* 53; *Rudolf/Zöchling-Jud/Kogler* in *Rechberger/Zöchling-Jud* Rz 251; harsch kritisiert von *Schack,* IPRax 2013, 319.

Nachdem die **Stellungnahme des Max-PlanckInstituts (MPI)** in Hamburg 2010 zu diesem **6** Vorschlag in einem Art 26 Abs 2 die Annahme einer andersartigen **Rück- oder Weiterverweisung,** nämlich **auf das Recht eines Mitgliedstaats,** befürwortet hat[24] (wie Art 34 Abs 1 lit a), kombinierte der **Europäische Wirtschafts- und Sozialausschuss** noch im gleichen Jahr[25] diesen Vorschlag mit der oben genannten Regelung durch Art 4 HErbÜ und empfahl eine im Text etwas abweichende, aber **inhaltlich der Endfassung** von Art 34 **entsprechende Formulierung.** Diese erhielt den **jetzigen Wortlaut** ebenfalls noch als Art 26 im **Bericht des Rechtsausschusses** des Europäischen Parlaments (EP).[26] Die **Rückausnahme** in Art 34 Abs 2 **für spezielle Verweisungsnormen** wurde bereits vom **MPI** in seiner Stellungnahme als Art 26 Abs 3 vorgeschlagen[27] und dann vom **EP** übernommen.

II. Inhalt der Norm

Bei Art 34 handelt es sich um eine **Hilfsnorm,** die die **Art der Verweisung** – entweder Ge- **7** samtverweisung oder Sachnormverweisung – auf eine Rechtsordnung **klären** soll. Dies geschieht einerseits in Bezug auf **bestimmte Verweisungsnormen,** die nicht durch Art 34 Abs 2 ausgeschlossen sein dürfen, und andererseits **hinsichtlich ausgewählter Verweisungsergebnisse,** dh allein für den Verweis auf Drittstaatenrechte bei den in Art 34 Abs 1 lit a und lit b aufgeführten zwei Formen des *renvoi*. Als **Tatbestand** setzt Art 34 Abs 1 damit zunächst voraus, dass die EuErbVO auf das **Recht eines Staates außerhalb** ihres räumlichen **Anwendungsbereichs** verweist,[28] sofern dies nicht aufgrund der in Art 34 Abs 2 erwähnten Bestimmungen geschieht.[29] Gelangt man mit den IPR-Regelungen dieses Erststaats dann zur **Anwendung** entweder eines **Mitgliedstaatenrechts** (Art 34 Abs 1 lit a)[30] **oder** eines **weiteren Drittstaatenrechts,** dessen Kollisionsrecht zum eigenen **Sachrecht** führt (Art 34 Abs 1 lit b),[31] dann wird als **Rechtsfolge** die **Berücksichtigung des Internationalen Privatrechts des Erststaats,** mithin eine Gesamtverweisung, angeordnet. Liegen die **genannten Voraussetzungen nicht** vor, dann kann es sich nur um die **andere Art der Verweisung** handeln, sodass unmittelbar die **Sachnormen** des verwiesenen Rechts **heranzuziehen** sind.[32] Grundsätzlich geht die EuErbVO damit von Sachnormverweisungen aus, was auch aus ökonomischer Sicht aufgrund tendenziell geringerer Transaktionskosten befürwortet wird,[33] während die **Gesamtverweisung** aufgrund der durch Art 34 gesetzten engen Voraussetzungen eine **Ausnahme**[34] darstellt.

---

24 *MPI,* RabelsZ 74 (2010) 656, 659 f.
25 Stellungnahme EWS-Ausschuss v 14. 7. 2010, INT/511, 1.4.v. sowie 4.3.10.
26 Vom 6. 3. 2012 EPDok A7 – 0045/2012, nach dem Berichtsentwurf *Lechner* v 27. 2. 2012, PE441.200v02 – 00, 35.
27 *MPI,* RabelsZ 74 (2010) 656, 661.
28 Dazu näher unten Rz 8.
29 Dazu näher unten Rz 19.
30 Im Einzelnen unten Rz 10 ff.
31 Im Einzelnen unten Rz 13 ff.
32 *Dutta* in MünchKommBGB[6] Art 34 EuErbVO Rz 5.
33 Vgl *Rühl,* Statut 400.
34 *Thorn* in *Palandt*[73] Art 34 EuErbVO Rz 1, 3; *Dutta* in MünchKommBGB[6] Art 34 EuErbVO Rz 12; *Weiss/Bigler,* successio 2014, 178; *Rudolf/Zöchling-Jud/Kogler* in *Rechberger/Zöchling-Jud* Rz 286; ebenso wohl *Müller-Lukoschek,* EU-Erbverordnung § 2 Rz 192: Rück- und Weiterverweisungen grundsätzlich ausgeschlossen; unsicher dagegen *Köhler* in *Kroiß/Horn/Solomon* Art 34 EuErbVO Rz 2: Gesamtverweisung suggeriert.

A. Begrenzte Gesamtverweisung (Abs 1)

8 Gem Art 34 Abs 1 Halbsatz 1 wird eine Rück- oder Weiterverweisung nur dann berücksichtigt, wenn **zuerst** nach der EuErbVO das **Recht eines Drittstaats** zur Anwendung kommen soll. Als Drittstaaten idS sind **auch** hier die Mitgliedstaaten der Union anzusehen, die von der EuErbVO nicht erfasst werden,[35] also **Dänemark, Irland und das Vereinigte Königreich,**[36] denn diese wenden weiterhin ihr autonomes IPR an, sodass ein *renvoi* möglich ist.[37] Zum Erstverweis auf das **Recht eines Mitgliedstaats** findet sich in Art 34 zwar keinerlei Hinweis, aber dieses **Schweigen** in einer Ausnahmeregelung[38] ist im Wege eines Umkehrschlusses **als Ausschluss der Gesamtverweisung** zu verstehen.[39] Überdies macht es **keinen Unterschied,** ob zunächst auf das Kollisionsrecht oder sofort auf das Sachrecht eines Mitgliedstaates verwiesen wird, **solange sämtliche** an der EuErbVO beteiligten **Mitgliedstaaten** deren **vereinheitlichte Verweisungsnormen anwenden** und damit zum gleichen Erbstatut gelangen.[40]

9 **Von Bedeutung** wäre eine Gesamtverweisung daher **nur** in den eher seltenen Fällen, in denen der Mitgliedstaat, dessen Recht zur Anwendung gebracht wird, durch einen nach Art 75 **vorrangig zu berücksichtigenden Staatsvertrag** verpflichtet ist, eine von der EuErbVO **abweichende Verweisungsnorm** zu beachten,[41] weil damit die unionsweit einheitlichen Anknüpfungen verdrängt würden. Soll **innerhalb der Union der Entscheidungseinklang gewahrt** werden, dann muss auch bei einer Verweisung aus einem anderen Mitgliedstaat die staatsvertragliche Kollisionsnorm über eine **Gesamtverweisung** berücksichtigt werden, was eine analoge Anwendung von Art 34 Abs 1 und eine teleologische Reduktion von Art 34 Abs 2 erfordert.[42] Stellt man dagegen den **Schutz der einheitlichen Kollisionsnormen** der EuErbVO und deren harmonisierende Wirkung in den Vordergrund, dann hat es bei dem **Ausschluss** eines durch einen Mitgliedstaat ausgelösten *renvoi* zu bleiben.[43]

1. Rück- oder Weiterverweisung auf das Recht eines Mitgliedstaats (lit a)

10 Der erste von zwei Fällen einer **anzuerkennenden Gesamtverweisung** liegt nach Art 34 Abs 1 lit a dann vor, wenn das durch die EuErbVO zunächst für anwendbar erklärte **Recht eines Drittstaats**[44] bei Berücksichtigung seiner IPR-Bestimmungen **auf das Recht eines Mit-**

---

35 Oben Rz 7.

36 *Thorn* in *Palandt*[73] Art 34 EuErbVO Rz 3; *Köhler* in *Kroiß/Horn/Solomon* Art 34 EuErbVO Rz 4; *Dutta* in MünchKommBGB[6] Vor Art 1 EuErbVO Rz 15; *Müller-Lukoschek,* EU-Erbverordnung § 2 Rz 194.

37 Vgl oben Rz 4.

38 Dazu oben Rz 7.

39 *Dutta* in MünchKommBGB[6] Art 34 EuErbVO Rz 12; *Schauer,* JEV 2012, 87; *Solomon,* FS Schurig 241 f; *Ludwig,* ZEV 2013, 152; mit abweichender Begründung ebenso *Köhler* in *Kroiß/Horn/Solomon* Art 34 EuErbVO Rz 4, 21.

40 *Köhler* in *Kroiß/Horn/Solomon* Art 34 EuErbVO Rz 21.

41 *Dutta* in MünchKommBGB[6] Art 34 EuErbVO Rz 11; *Rudolf/Zöchling-Jud/Kogler* in *Rechberger/Zöchling-Jud* Rz 285; s auch Art 75 Rz 2 ff.

42 *Köhler* in *Kroiß/Horn/Solomon* Art 34 EuErbVO Rz 22.

43 *Dutta* in MünchKommBGB[6] Art 34 EuErbVO Rz 12.

44 Oben Rz 8.

gliedstaats (iSd EuErbVO, also unter Ausschluss der drei nicht teilnehmenden Staaten)[45] **verweist,** wie es vom MPI vorgeschlagen[46] worden war. Dabei kann es sich sowohl um eine **Rückverweisung** auf den Mitgliedstaat, in dem sich das Forum befindet, als auch um eine **Weiterverweisung** auf einen anderen Mitgliedstaat handeln.[47]

Wendet man nach Art 34 Abs 1 das **Internationale Privatrecht des Drittstaats** an, dann **11** kann es sich bei dessen Verweisungen **wiederum** um eine **Gesamtverweisung oder** um eine **Sachnormverweisung** handeln.[48] Letztere ist unproblematisch, denn sie führt zu einer Anwendung des Sachrechts des jeweiligen Mitgliedstaats. Bei einer **Gesamtverweisung durch den Drittstaat** sind dagegen regelmäßig – ausgenommen es gilt dort vorrangig staatsvertragliches Kollisionsrecht[49] – erneut die in allen Mitgliedstaaten geltenden **einheitlichen Verweisungsnormen** der EuErbVO anzuwenden, welche wiederum zum **Recht des zuerst berührten Drittstaates** führen. Diese sinnlos immer weiterführende **Schleife muss abgebrochen werden,** obwohl dafür im europäischen Kollisionsrecht, anders als etwa in Österreich mit § 5 Abs 2 IPRG oder in Deutschland mit Art 4 Abs 1 Satz 2 dEGBGB, **keine Regelung vorgesehen** ist.[50] Diese Frage ist jedenfalls **aus der EuErbVO heraus zu klären,** sodass eine Anwendung der Abbruchregeln des Drittstaates („foreign-court-Prinzip")[51] nicht in Frage kommt.

Va ist zu entscheiden, an welcher Stelle der **Verweisungszirkel beendet** und das entspre- **12** chende Sachrecht angewendet werden soll: Schon **bei der ersten Rück- oder Weiterverweisung auf einen Mitgliedstaat** oder erst **bei der erneuten Verweisung auf den Drittstaat?**[52] Der Zweck von Art 34 spricht eindeutig für den **Abbruch bei der mitgliedstaatlichen Rechtsordnung,**[53] denn die Anwendung des heimischen Rechts bei einer Rückverweisung auf den Forumstaat und in geringerem Maße die Anwendung des relativ einfach zu ermittelnden Rechts bei der Weiterverweisung auf einen anderen Mitgliedstaat[54] **erleichtert** die **Rechtsanwendung** erheblich.[55] Außerdem wird von der EuErbVO allein bei der Verweisung auf das Recht eines Drittstaats dessen IPR berücksichtigt, während eine **Erstverweisung auf das Recht eines Mitgliedstaats** allein dessen **Sachnormen** zur Anwendung bringt,[56] was konsequenterweise **ebenfalls** für eine **weitere Verweisung** gelten müsste.

---

45 Vgl oben bei FN 36.
46 Oben Rz 6.
47 *Bajons* in *Schauer/Scheuba* 37; *Dutta* in MünchKommBGB[6] Art 34 EuErbVO Rz 3; zur Differenzierung auch *Köhler* in *Kroiß/Horn/Solomon* Art 34 EuErbVO Rz 7.
48 *Köhler* in *Kroiß/Horn/Solomon* Art 34 EuErbVO Rz 6.
49 Oben Rz 9.
50 *Köhler* in *Kroiß/Horn/Solomon* Art 34 EuErbVO Rz 6.
51 Diese Alternative berücksichtigend, im Ergebnis jedoch abl *Köhler* in *Kroiß/Horn/Solomon* Art 34 EuErbVO Rz 6 f.
52 So im Ergebnis *Sonnentag*, Renvoi 311.
53 So etwa *Solomon*, FS Schurig 242.
54 Abl *Köhler* in *Kroiß/Horn/Solomon* Art 34 EuErbVO Rz 7.
55 *Bajons* in *Schauer/Scheuba* 37; *MPI*, RabelsZ 74 (2010) 660; *Dutta* in MünchKommBGB[6] Art 34 EuErbVO Rz 12; *Rudolf/Zöchling-Jud/Kogler* in *Rechberger/Zöchling-Jud* Rz 288; *Wautelet* in *Bonomi/Wautelet*, Art 31 Rz 3; skeptischer *von Hein* in *Leible/Unberath* 380. Zu dieser Zielsetzung der Norm bereits oben Rz 4.
56 Vgl oben Rz 8.

2. Weiterverweisung auf das Recht eines die Verweisung annehmenden zweiten Drittstaats (lit b)

13 Die zweite Fallkonstellation, bei der **im Recht des Drittstaats,** auf den die EuErbVO zuerst verweist, auch **das Kollisionsrecht herangezogen** werden muss, liegt gemäß Art 34 Abs 1 lit b dann vor, wenn dieses **zu einem weiteren Drittstaat führt,** dessen IPR außerdem diese **zweite Verweisung annimmt,**[57] wie es auch in Art 4 HErbÜ geregelt ist.[58] Damit wird, vom Wortlaut unterstützt ("[. . .] der sein eigenes Recht anwenden würde [. . .]"), bei der Verweisung vom ersten auf den zweiten Drittstaat grundsätzlich von einer **Gesamtverweisung** ausgegangen. Ordnet das IPR des **Erststaats** jedoch eine **Sachnormverweisung** an, welche ebenfalls zur Anwendung des Rechts des zweiten Staates führt, sollte diese **Verweisung gleichermaßen beachtet** werden. Ebenso sollte eine **versteckte Kollisionsnorm** des Zweitstaates, wie der lex fori-Grundsatz, beachtet werden,[59] sodass dessen Rechtsordnung zur Anwendung gebracht wird, statt über eine hypothetische Rückverweisung diejenige des Forumstaats.[60] Verweist dagegen der **zweite Drittstaat zurück auf den ersten,** dann ergibt sich die Anwendung des Sachrechts des ersten Drittstaats bereits aus der **ersten Verweisung** nach der EuErbVO, welche dann eine **Sachnormverweisung** darstellt.[61]

14 Anscheinend bezweckt die Vorgabe der **Anwendung des Sachrechts nach der zweiten Verweisung** wiederum eine Erleichterung der Rechtsermittlung, indem **weitere Verweisungen verhindert** werden, obwohl diese **Gefahr** im Internationalen Erbrecht aufgrund der beschränkten Anknüpfungsmöglichkeiten **gering** sein dürfte[62]. Wird die **Verweisung** also **fortgesetzt,** indem der zweite Drittstaat die Verweisung nicht annimmt, sondern auf das **Recht eines dritten Drittstaats** weiterverweist oder auf den ersten Drittstaat zurückverweist, dann fehlt grundsätzlich die von Art 34 Abs 1 lit b geforderte Voraussetzung für eine Gesamtverweisung auf den **ersten Drittstaat,** sodass **dessen Sachrecht** aufgrund einer Sachnormverweisung anzuwenden ist.[63]

15 Bei der **Weiterverweisung durch den zweiten Drittstaat,** die nach dem Wortlaut des Art 34 Abs 1 lit b nicht beachtet werden soll,[64] sind jedoch **zwei Ausnahmen** zuzulassen: Führt das Kollisionsrecht des **zweiten Drittstaates** zum **Recht eines Mitgliedstaats,** dann wird im Ergebnis Art 34 Abs 1 lit a Genüge getan, obwohl unter lit b keine Gesamtverweisung anerkannt wird und damit aufgrund einer Sachnormverweisung durch die EuErbVO das Recht des ersten Drittstaats zur Anwendung käme: Hier liegt offensichtlich eine Regelungslücke vor, sodass auch in diesem Fall von einer **Beachtung des renvoi** ausgegangen werden sollte,[65] am besten wohl durch eine teleologische Extension der Alternative lit a. Die zweite Ausnah-

---

57 *Thorn* in *Palandt*[73] Art 34 EuErbVO Rz 3; *Dutta* in MünchKommBGB[6] Art 34 EuErbVO Rz 4.

58 Oben Rz 4.

59 So *Dutta* in MünchKommBGB[6] Art 34 EuErbVO Rz 7.

60 So aber *Köhler* in *Kroiß/Horn/Solomon* Art 34 EuErbVO Rz 16.

61 *Dutta* in MünchKommBGB[6] Art 34 EuErbVO Rz 5; *Rudolf/Zöchling-Jud/Kogler* in *Rechberger/Zöchling-Jud* Rz 289.

62 *Köhler* in *Kroiß/Horn/Solomon* Art 34 EuErbVO Rz 9.

63 *Köhler* in *Kroiß/Horn/Solomon* Art 34 EuErbVO Rz 10; *Dutta* in MünchKommBGB[6] Art 34 EuErbVO Rz 5; *von Hein* in *Leible/Unberath* 341, 374; *Sachsen Gessaphe* in *Deinert* 187; ebenso zu Art 4 HErbÜ *Waters,* Report 551 f Rz 57 f.

64 Oben Rz 14.

65 *Köhler* in *Kroiß/Horn/Solomon* Art 34 EuErbVO Rz 11; *Dutta* in MünchKommBGB[6] Art 34 EuErbVO Rz 5; *Rudolf/Zöchling-Jud/Kogler* in *Rechberger/Zöchling-Jud* Rz 291; *Solomon,* FS Schurig 255 f; *von Hein* in *Leible/Unberath* 341, 375; *Bonomi* in *Bonomi/Wautelet* Art 34 Rz 18.

me betrifft die **Rückverweisung durch den zweiten Drittstaat auf den ersten Drittstaat,** wenn dieser aufgrund seiner Regel für den **Abbruch** des nun entstandenen Verweisungszirkels[66] das **Recht des zweiten Drittstaats** anwendet und damit im Ergebnis Art 34 Abs 1 lit b verwirklicht, weil das Sachrecht des zweiten Drittstaats, wenn auch nicht durch diesen selbst veranlasst, zum Zuge kommt – hier ist ebenfalls der **renvoi zu beachten,**[67] diesmal allerdings eher aufgrund einer dem Zweck dienenden Ausweitung von lit b.

3. Einzelfragen der Gesamtverweisung

Liegen die Voraussetzungen des Art 34 vor, dann sind die **Verweisungen im IPR des ersten Drittstaats** auch dann zu beachten, wenn diese **bestimmte Nachlassgegenstände,** idR **unbewegliches Vermögen** bei Rechtsordnungen des common law, **einem anderen Recht zuordnen,** als die übrige Erbmasse, also kollisionsrechtlich eine **Nachlassspaltung** vornehmen.[68] Das ergibt sich schon aus dem Wortlaut, der eine Beachtung des *renvoi* verlangt, **„soweit"** dieser **vom Drittstaat angeordnet** wird (noch deutlicher Art 4 HErbÜ: „für die gesamte oder einen Teil der Rechtsnachfolge"), sodass auch ein **Teilrenvoi berücksichtigt** werden muss.[69] Die **gespaltene Verweisung widerspricht** zwar dem von der EuErbVO nach Art 21 verfolgten **Grundsatz des einheitlichen Erbstatuts** und erscheint damit unerwünscht,[70] aber da auch in anderen Bereichen eine Nachlassspaltung zugelassen wird, wie etwa durch die Eingriffsnormen gem Art 30,[71] kann daraus **keine einschränkende Auslegung**[72] abgeleitet werden,[73] zumal entsprechende Vorschläge[74] nicht berücksichtigt worden sind.   **16**

Überlässt das IPR des ersten Drittstaats die **Einordnung bestimmter Rechtsfragen,** wie etwa die Abgrenzung zwischen beweglichen und unbeweglichen Gegenständen, einer **anderen Rechtsordnung,** zB der am Lageort der Sache, dann ist unter Art 34 auch diese **Qualifikationsverweisung** zu beachten.[75] Bei einer derartigen Verweisung auf das Recht eines Mitgliedstaats ist nach dem dortigen Recht zu qualifizieren und nicht nach autonomen unionsrechtlichen Kriterien[76].   **17**

In der EuErbVO fehlt eine Regelung zu der Frage, wie zu verfahren ist, wenn bei der Untersuchung des drittstaatlichen Kollisionsrechts aus Gründen **unzureichender Information nicht festgestellt** werden kann, **ob** dieses **weiter- bzw rückverweist** oder aber die Verweisung annimmt. Dieses Problem kann bereits **beim ersten Drittstaat** gem Art 34 Abs 1 Halbsatz 1 auftreten,[77] mit der Konsequenz, dass entweder offen bleibt, **ob überhaupt ein renvoi** vorliegt, oder ob dieser **auf einen Mitgliedstaat oder auf einen zweiten Drittstaat** verweist. Die Frage kann sich aber auch erst **bei dem zweiten Drittstaat** unter Art 34 Abs 1 lit b stel-   **18**

---

66 Vgl auch oben Rz 11 f.
67 Ebenso *Köhler* in *Kroiß/Horn/Solomon* Art 34 EuErbVO Rz 11.
68 *Köhler* in *Kroiß/Horn/Solomon* Art 34 EuErbVO Rz 12; *Odersky,* notar 2013, 4; *Weiss/Bigler,* successio 2014, 178.
69 *Dutta* in MünchKommBGB[6] Art 34 EuErbVO Rz 8; *Rudolf/Zöchling-Jud/Kogler* in *Rechberger/Zöchling-Jud* Rz 292; *Bonomi* in *Bonomi/Wautelet* Art 34 Rz 27.
70 *Thorn* in *Palandt*[73] Art 34 EuErbVO Rz 1; vgl auch *Deutsches Notarinstitut,* Studie 255, 274.
71 Dazu Art 30 Rz 3.
72 Letztlich abgelehnte Erwägungen bei *von Hein* in *Leible/Unberath* 341, 378 f.
73 *Köhler* in *Kroiß/Horn/Solomon* Art 34 EuErbVO Rz 12.
74 *Dutta,* RabelsZ 73 (2009) 558 f; *Lehmann,* Reform 110.
75 *Köhler* in *Kroiß/Horn/Solomon* Art 34 EuErbVO Rz 14.
76 *Dutta* in MünchKommBGB[6] Art 34 EuErbVO Rz 8.
77 Oben Rz 8.

len, sodass unklar ist, ob dieser die **Verweisung annimmt oder nicht.** Im ersten Fall sollte es bei einer **Sachnormverweisung** bleiben,[78] von der in der EuErbVO grundsätzlich ausgegangen wird,[79] sodass das **materielle Recht des ersten Drittstaats** zur Anwendung kommt. Die **Grundsätze zur Nichtermittelbarkeit ausländischen materiellen Rechts,** wie in Österreich der Verweis auf die *lex fori* nach § 4 Abs 2 IPRG, können auf diese ganz anders gelagerte Fallkonstellation dagegen **nicht übertragen** werden.[80] Im zweiten Fall würde diese Lösung nach Art 34 Abs 1 lit b zu einer Anwendung des **materiellen Rechts des zweiten Drittstaats** führen, was dem Ziel, **weitere Verweisungen zu verhindern,**[81] dient und somit auch hier zu bevorzugen ist.

B. Rechtsfolgen

19 Der Anwendungsbereich der **Gesamtverweisung** wird noch weitergehend dadurch **eingeschränkt,**[82] dass diese – auch bei Vorliegen der oben genannten Voraussetzungen gem Art 34 Abs 1[83] – **allein bei der objektiven Anknüpfung nach Art 21 Abs 1** in Betracht kommt. Bei den übrigen Verweisungsarten werden durch Art 34 Abs 2 Rück- und Weiterverweisungen **ausdrücklich ausgeschlossen**[84] und zwar nicht nur für die **engere Verbindung nach Art 21 Abs 2**[85] sowie, ähnlich wie die Zweifelsregel in § 11 Abs 1 IPRG, für die **subjektive Anknüpfung über die Rechtswahl nach Art 22**[86] (einschließlich der nicht erwähnten Teilrechtswahl gem Art 24 Abs 2 und Art 25 Abs 3[87] sowie der ebenfalls nicht aufgeführten unvollständigen Kollisionsnormen Art 24 Abs 1, Art 25 Abs 1 iVm Art 22),[88] sondern auch für die **alternativen Verweisungen des Art 27 sowie des Art 28 lit b in Bezug auf Formerfordernisse,** obwohl dort ein *renvoi* die anwendbaren Rechte erweitern und damit die Formgültigkeit zusätzlich begünstigen[89] würde. Außerdem wird die Gesamtverweisung für **Art 30** ausgeschlossen, obwohl das **nicht erforderlich** wäre, weil die dort behandelten **Eingriffsnormen immer unmittelbar anzuwenden** sind.[90]

Öffentliche Ordnung (ordre public)

Art 35. Die Anwendung einer Vorschrift des nach dieser Verordnung bezeichneten Rechts eines Staates darf nur versagt werden, wenn ihre Anwendung mit der öffentlichen

---

78 *Verschraegen* in *Rummel*[3] Art 4 IPRG Rz 4; ebenso die überwiegende Meinung zum dt IPR, vgl etwa *von Hein* in MünchKommBGB[6] Art 4 EGBGB Rz 92.

79 Oben Rz 7.

80 *Lorenz* in BeckOGK BGB Art 4 EGBGB Rz 17; aA *Köhler* in *Kroiß/Horn/Solomon* Art 34 EuErbVO Rz 19.

81 Oben Rz 14.

82 Ausführliche Bedenken äußert etwa *Solomon,* FS Schurig 237, 256 ff.

83 Oben Rz 8 ff.

84 Allgemein zu derartigen Ausnahmen *Schack,* IPRax 2013, 317.

85 Abl *Lokin,* ZVglRWiss 2015, 88.

86 Krit dazu etwa *Wilke,* RIW 2012, 608. Dagegen will *Kindler,* IPRax 2010, 49 allein die Rechtswahl ausnehmen.

87 *Thorn* in *Palandt*[73] Art 34 EuErbVO Rz 2; *Bonomi* in *Bonomi/Wautelet* Art 34 Rz 25; *Rudolf/Zöchling-Jud/Kogler* in *Rechberger/Zöchling-Jud* Rz 284; *Dutta,* FamRZ 2013, 12.

88 *Dutta* in MünchKommBGB[6] Art 34 EuErbVO Rz 10.

89 *Dutta* in MünchKommBGB[6] Art 34 EuErbVO Rz 10; *Rudolf/Zöchling-Jud/Kogler* in *Rechberger/Zöchling-Jud* Rz 284.

90 Näher dazu Art 30 Rz 14; vgl auch *Dutta* in MünchKommBGB[6] Art 34 EuErbVO Rz 10; *Wilke,* RIW 2012, 608.

Ordnung (ordre public) des Staates des angerufenen Gerichts offensichtlich unvereinbar ist.

Stammfassung.

Literatur: *Bonomi/Öztürk,* Auswirkungen der Europäischen Erbrechtsverordnung auf die Schweiz unter besonderer Berücksichtigung deutsch-schweizerischer Erbfälle, ZVglRWiss 2015, 4; *Cach,* Strategien zur Vermeidung des Pflichtteilrechts, JEV 2014, 90; *Coester,* Das Erbrecht registrierter Lebenspartner unter der EuErbVO, ZEV 2013, 115; *Deutsches Notarinstitut,* Rechtsvergleichende Studie der erbrechtlichen Regelungen des Internationalen Verfahrensrechtes und Internationalen Privatrechts der Mitgliedsstaaten der Europäischen Union (2002); *Dethloff,* Zusammenspiel der Rechtsquellen aus privatrechtlicher Sicht, in *Paulus* ua, Internationales, nationales und privates Recht: Hybridisierung der Rechtsordnung (2014) 47; *Dörner,* EuErbVO: Die Verordnung zum Internationalen Erb- und Erbverfahrensrecht ist in Kraft! ZEV 2012, 505; *Dörner,* Der Entwurf einer europäischen Verordnung zum Internationalen Erb- und Erbverfahrensrecht, ZEV 2012, 505; *Elwan,* Ausgewählte praxisrelevante Fragen in deutsch-algerischen Erbrechtsfällen, FS Kaissis (2012) 167; *Frodl,* Einheit durch Aufgabe nationaler Rechtstraditionen? – EU-Erbrechtsverordnung kundgemacht, ÖJZ 2012/108, 950; *Lange,* Die geplante Harmonisierung des Internationalen Erbrechts in Europa, ZVglRWiss 2011, 426; *Max Planck Institute for Comparative and International Private Law,* Comments on the European Commission's Proposal for a Regulation of the European Parliament and of the Council on jurisdiction, applicable law, recognition and enforcement of decisions and authentic instruments in matters of succession and the creation of a European Certificate of Succession, RabelsZ 74 (2010) 522; *Odersky,* Die Europäische Erbrechtsverordnung in der Gestaltungspraxis, notar 2013, 3; *Remde,* Die Europäische Erbrechtsverordnung nach dem Vorschlag der Kommission vom 14. Oktober 2009, RNotZ 2012, 65; *Rudolf,* Die Erbrechtsverordnung der Europäischen Union, NZ 2013/103, 225; *Rudolf/Zöchling-Jud/Kogler,* Kollisionsrecht, in *Rechberger/Zöchling-Jud* (Hrsg), Die EU-Erbrechtsverordnung in Österreich (2015) 115; *Stürner,* Die Bedeutung des ordre public in der EuERbVO, GPR 2014, 317; *Verbeke/Leleu,* Harmonization of the Law of Succession in Europe, in *Hartkamp/Hesselink et al,* Towards a European Civil Code⁴ (2011) 459; *Weiss/Bigler,* Die EU-Erbrechtsverordnung – Neue Herausforderungen für die internationale Nachlassplanung aus Schweizer Sicht, successio 2014, 163; *Wilke,* Das internationale Erbrecht nach der neuen EU-Erbrechtsverordnung, RIW 2012, 601.

Übersicht

	Rz
I. Allgemeines	1
A. Zweck der Norm	3
B. Entstehungsgeschichte	4
II. Inhalt der Norm	6
A. Verstoß einer ausländischen Rechtsnorm gegen den inländischen ordre public	8
1. Inhaltliche Bestimmung des ordre public	9
2. Offensichtliche Unvereinbarkeit	11
3. Das Beispiel der Pflichtteilsregelungen	12
4. Weitere Beispiele für mögliche Unvereinbarkeiten mit der öffentlichen Ordnung	14
B. Rechtsfolgen	15

I. Allgemeines

Art 35 **ermöglicht**[1] es (so ErwGr 58 Satz 1) dem **angerufenen Gericht** eines Mitgliedstaats, **1** eine **ausländische Rechtsregel,** egal ob diese dem Recht eines Mitgliedstaats oder dem eines Drittstaats entstammt, die es aufgrund der EuErbVO anzuwenden hätte, **nicht zu be-**

---

1 *Köhler* in *Kroiß/Horn/Solomon,* Art 35 EuErbVO Rz 1: „gestattet".

achten, wenn deren Anwendung **deutlich gegen wesentliche Grundsätze der** *lex fori* **verstößt.** Damit korrigiert dieser heimische *ordre public* das Ergebnis des eigentlich anzuwendenden fremden Rechts,[2] indem er dessen unerwünschte Wirkungen abwehrt.[3] Eine nahezu **identische Bestimmung** sehen die anderen **unionsrechtlich vereinheitlichten IPR-Instrumente** vor, so Art 21 Rom I-VO und gleichlautend Art 26 Rom II-VO sowie Art 12 Rom III-VO, ebenso das internationale Einheitskollisionsrecht, wie in Art 13 HUP und Art 18 HErbÜ.

2   Parallel zum *ordre public*-Vorbehalt im Bereich des anzuwendenden Rechts **verhindert** die EuErbVO die **Durchsetzung von Entscheidungen,** welche **im Widerspruch zur öffentlichen Ordnung** stehen, wie etwa bei der Anerkennung von Urteilen (Art 40 lit a), bei der Annahme öffentlicher Urkunden (Art 59 Abs 1) oder bei der Vollstreckbarerklärung öffentlicher Urkunden und gerichtlicher Vergleiche (Art 60 Abs 3 und Art 61 Abs 3). Grundsätzlich ist von einer **einheitlichen Auslegung** des Begriffs der öffentlichen Ordnung im Unions-IPR sowie -IZPR auszugehen, allerdings sind in die anerkennungsrechtlichen ordre public-Bestimmungen zusätzlich die **verfahrensrechtlichen Grundprinzipien** miteinzubeziehen.[4] Die Wirkungserstreckung des **Europäischen Nachlasszeugnisses** sieht zwar **keine entsprechende Regelung** vor,[5] allerdings können sich Beteiligte sowohl im Ausstellungsverfahren (Art 67 Abs 1) als auch bei Rechtsmitteln (Art 72) auf einen Verstoß gegen die öffentliche Ordnung berufen.[6]

A. Zweck der Norm

3   Durch Art 35 sollen die **herausragenden Grundprinzipien der Rechtsordnung des Forumsmitgliedstaats** bei der Anwendung eines ausländischen Erbrechts **gewahrt werden,**[7] die durch die neutral gehaltenen allgemeinen Kollisionsnormen nicht berücksichtigt werden können. Dabei geht es zwar in erster Linie um deutlich abweichende Rechte von Drittstaaten,[8] aber die öffentliche Ordnung kann **auch bei Binnenmarktsachverhalten** verletzt werden,[9] weil das Erbrecht in den Mitgliedstaaten nicht vereinheitlicht ist.[10] Zu den geschützten grundlegenden inländischen Gerechtigkeitsvorstellungen zählen **va die Grundrechte,**[11] seien sie national oder übernational, etwa durch die EMRK oder die Grundrechtecharta der EU, verankert, aber auch andere über dem einfachen materiellen Recht stehende Rechtssätze, wie etwa die Grundfreiheiten des europäischen Binnenmarkts.[12]

---

2 *Stürner,* GPR 2014, 318.

3 So zur entsprechenden Regelung in der Rom I-VO *Doehner* in NomosKommentar BGB Art 21 Rom I-VO Rz 9; *Martiny* in MünchKommBGB[6] Art 21 Rom I-VO Rz 2.

4 *Thorn* in *Rauscher* Art 21 Rom I-VO Rz 3.

5 *Dutta* in MünchKommBGB[6] Art 35 EuErbVO Rz 1.

6 So *Dörner,* ZEV 2012, 512.

7 *Dutta* in MünchKommBGB[6] Art 35 EuErbVO Rz 1.

8 Vgl etwa *Dethloff* in *Paulus* 68.

9 *Thorn* in *Palandt*[73] Art 35 EuErbVO Rz 1; *Rudolf/Zöchling-Jud/Kogler* in *Rechberger/Zöchling-Jud* Rz 295; vgl auch *Junker* in MünchKommBGB[6] Art 26 Rom II-VO Rz 1; dazu auch unten Rz 10.

10 Vgl *Süß* in *Süß*[2] § 9 Rz 42 f; zu den diesbezüglichen Bestrebungen etwa *Verbeke/Leleu* in *Hartkamp/Hesselink* 459 ff.

11 Dazu *Hausmann* in *Staudinger* Art 21 Rom I-VO Rz 10, 13 f; s näher unten Rz 10.

12 *Köhler* in *Kroiß/Horn/Solomon* Art 35 EuErbVO Rz 3; vgl auch *Schwartze* in unalex Compendium Art 21 Rom I-VO Rz 6 www.unalex.eu/Compendium (10. 3. 2015).

B. Entstehungsgeschichte

Von Anfang an **orientierte sich** die Regelung des *ordre public* in der EuErbVO an den ent- **4**
sprechenden Bestimmungen in **anderen vereinheitlichten Kollisionsnormen.**[13] An diese
vollständig im Wortlaut angepasst wurde Art 27 Abs 1 des Vorschlags der Kommission
durch die Änderungsvorschläge des Rechtsausschusses des Europäischen Parlaments: Erstens
wurde klargestellt, dass es sich bei dem anzuwendenden ausländischen Recht um das eines
Staates handelt, und zweitens ist die Regelung durch das Erfordernis einer **„offensichtlichen"**[14] **Unvereinbarkeit** mit der öffentlichen Ordnung beschränkt worden. Zudem wurde
die dem Unions-IPR entsprechende ursprüngliche Formulierung **„kann** nur versagt werden"
durch „darf nur versagt werden" **ersetzt** (in der englischen Fassung unverändert zum Kommissionsvorschlag „may", entsprechend Art 18 HErbÜ), was anscheinend **keine inhaltliche
Änderung** darstellen soll.[15]

Zusätzlich sah der Kommissionsvorschlag in Art 27 Abs 2 **ursprünglich** vor, dass eine **ab-** **5**
weichende Regelung des Pflichtteilsanspruchs allein noch **nicht** zu einem **ordre public-
Verstoß** führt,[16] obwohl dies bei der Nachlassverteilung einen Verstoß gegen den Grundsatz
der Gleichberechtigung der Geschlechter darstellen oder eine Beeinträchtigung von nichtehelichen Kindern bewirken könnte.[17] Ebenfalls durch den Rechtsausschuss des Parlaments wurde Abs 2 **gestrichen,**[18] sodass grundsätzlich auch in diesem Bereich die öffentliche Ordnung
am Gerichtsort berücksichtigt werden kann.[19]

II. Inhalt der Norm

Die **Aufrechterhaltung fundamentaler Rechtsprinzipien** erfolgt nach überwiegender Mei- **6**
nung durch eine **unselbstständige Kollisionsnorm,** mit der jede Verweisung auf ein ausländisches Recht davon abhängig gemacht werden kann, dass dessen Ergebnis mit den wesentlichen Grundsätzen des Rechts am Gerichtsort übereinstimmt – ist das nicht der Fall, dann
entfällt der kollisionsrechtliche Anwendungsbefehl, der auf die ausländische Norm verweist[20]. Der Wortlaut von Art 35, der davon spricht, dass die **Anwendung „versagt"** werden
darf, stützt diese Einordnung. Nach anderer Ansicht setzen sich dagegen kollisionsrechtlich
die Grundsätze der öffentlichen Ordnung der *lex fori* durch, die auf diese Weise zur Anwendung gebracht werden.[21]

Der **Tatbestand** von Art 35 setzt voraus, dass nach den Bestimmungen der EuErbVO eine **7**
Regelung eines staatlichen Rechts anzuwenden ist, deren Anwendung zu einem Ergebnis

---

13 Oben Rz 1.
14 Dazu näher unten Rz 11.
15 Ebenso *Wilke,* RIW 2012, 607.
16 Vorschlag der Kommission für eine Verordnung des Europäischen Parlaments und des Rates über
   die Zuständigkeit, das anzuwendende Recht, die Anerkennung und die Vollstreckung von Entscheidungen und öffentlichen Urkunden in Erbsachen sowie zur Einführung eines Europäischen Nachlasszeugnisses, KOM(2009) 154 endg, 24; vgl *Fischer-Czermak* in *Schauer/Scheuba* 54; befürwortend
   MPI, RabelsZ 74 (2010) 664.
17 *Deutsches Notarinstitut,* Studie 213; krit etwa auch *Lange,* ZVglRWiss 2011, 439.
18 Bericht vom 6. 3. 2012 EPDok A7–0045/2012, nach dem Berichtsentwurf *Lechner* v 27. 2. 2012,
   PE441.200v02–00, 14, 47.
19 *Müller-Lukoschek,* EU-Erbverordnung § 2 Rz 198; näher dazu unten Rz 12.
20 Vgl etwa *von Hein* in MünchKommBGB[6] Art 6 EGBGB Rz 6.
21 *Köhler* in *Kroiß/Horn/Solomon* Art 35 EuErbVO Rz 4.

führt, welches **mit den Grundprinzipien des Gerichtsstaates**[22] **offensichtlich nicht vereinbar**[23] ist. Unter diesen Voraussetzungen kann das Gericht davon absehen, diese Regelung anzuwenden.[24]

A. Verstoß einer ausländischen Rechtsnorm gegen den inländischen ordre public

8 Der Vorbehalt der öffentlichen Ordnung im Staat des Forums gilt für **jedes staatliche Recht,** welches **durch irgendeine Verweisungsnorm der EuErbVO zur Anwendung** gebracht werden soll, egal ob eine **Rechtswahl nach Art 22** erfolgt ist oder stattdessen **objektiv gem Art 21 Abs 1 bzw 2 angeknüpft** wird. Auch das hinsichtlich der **Formgültigkeit nach Art 27** berufene ausländische Recht kann nach dem ordre public überprüft werden,[25] gleiches muss dann auch für die **Verweisung durch Art 28 lit b** gelten. Schließlich unterliegen ausländische **Eingriffsnormen iSd Art 30** ebenfalls dem *ordre public* der *lex fori*,[26] sodass ihre Wirkung im Staat des angerufenen Gerichts verhindert werden kann.

1. Inhaltliche Bestimmung des ordre public

9 Wie die übrigen unionsrechtlichen Kollisionsregelungen,[27] sofern man Art 10 und Art 13 Rom III-VO nicht als *ordre public* Bestimmungen ansieht,[28] enthält Art 35 **keine Aussagen zum Inhalt** der öffentlichen Ordnung. Die Ausfüllung dieses Begriffs wird damit jeweils dem **Recht des Mitgliedstaats überlassen,** in dem sich das zur Entscheidung berufene Gericht befindet,[29] allerdings sind – wie auch ErwGr 58 Satz 2 erkennen lässt – die **Vorgaben des Unionsrechts,** auch über die Grundfreiheiten oder aufgrund sekundärer Rechtsakte, **zu beachten,**[30] sodass insoweit der EuGH befasst werden kann oder sogar muss.[31] Art 35 soll überdies einer in dem Maße europarechtlichen Einschränkung unterliegen, als seine Anwendung **nicht zu einem Verstoß gegen die Europäische Grundrechtecharta,** insb gegen das in Art 21 enthaltene Diskriminierungsverbot, führen darf,[32] was ErwGr 58 Satz 2 klarstellt – allerdings sind diese Normen gerade auch Teil der öffentlichen Ordnung aller Mitgliedstaaten,[33] sodass ein Widerspruch kaum auftreten dürfte.[34]

10 Die Rsp in Österreich wird sich somit, ähnlich wie bei Art 16 EVÜ,[35] an den eigenen **Entscheidungen zu Art 6 IPRG,** der heimischen ordre-public-Klausel, orientieren,[36] die bisher

---

22 Im Einzelnen unten Rz 10.
23 Im Einzelnen unten Rz 11.
24 *Remde,* RNotZ 2012, 77.
25 *Köhler* in *Kroiß/Horn/Solomon* Art 27 EuErbVO Rz 12.
26 So zur Rom I-VO *Thorn* in *Rauscher* Art 9 Rom I-VO Rz 31.
27 Oben Rz 1.
28 So offensichtlich *Dutta* in MünchKommBGB[6] Art 35 EuErbVO Rz 2; dazu etwa *Winkler von Mohrenfels* in MünchKommBGB[6] Art 10 Rom III-VO Rz 1 ff, Art 13 Rom III-VO Rz 3.
29 *Dutta* in MünchKommBGB[6] Art 35 EuErbVO Rz 3.
30 *Köhler* in *Kroiß/Horn/Solomon* Art 35 EuErbVO Rz 13; zur Rom I-VO etwa *Hausmann* in *Staudinger* Art 21 Rom I-VO Rz 12.
31 *Thorn* in *Rauscher* Art 21 Rom I-VO Rz 5.
32 *Frodl,* ÖJZ 2012/108, 956.
33 Unten Rz 10.
34 Vgl die Kritik von *Thorn* in *Palandt*[73] Art 35 EuErbVO Rz 1 an ErwGr 58 Satz 2.
35 *Verschraegen* in *Rummel*[3] Art 16 EVÜ Rz 4.
36 *Rudolf/Zöchling-Jud/Kogler* in *Rechberger/Zöchling-Jud* Rz 296; so für die dt Gerichtspraxis unter Verweis auf Art 6 EGBGB *Dutta* in MünchKommBGB[6] Art 35 EuErbVO Rz 5.

allein bei erbrechtlichen Sachverhalten zum Zuge kam. In Betracht kommen daher wie schon bisher allein **unverzichtbare Grundwertungen der eigenen Rechtsordnung,**[37] va verfassungsrechtlich geschützte Rechtsgüter, wie die persönliche Freiheit, Gleichberechtigung oder das Verbot abstammungsmäßiger, rassischer und konfessioneller Diskriminierung.[38] Die genannten Grundrechte sind jedoch **durch die EMRK sowie die EU-Grundrechtecharta europäisiert,** was einen ordre-public-Verstoß durch Bestimmungen von Mitgliedstaaten unwahrscheinlich macht.[39] Andere **Vorgaben des Unionsrechts,** wie etwa die Wettbewerbsregeln der Art 101 ff AEUV oder Harmonisierungs-RL, werden teilweise zwar ebenfalls dem gemeinsamen ordre public aller Mitgliedstaaten zugeordnet,[40] spielen jedoch **in Erbfällen keine Rolle.**

2. Offensichtliche Unvereinbarkeit

Eine Durchsetzung der öffentlichen Ordnung des Forumstaats darf **nur im Ausnahmefall** **11** erfolgen, wie ErwGr 58 Satz 1 betont.[41] Das ergibt sich bereits aus dem Wortlaut, denn Art 35 verlangt einen **offensichtlichen Widerspruch** zwischen der Anwendung der fremden Rechtsregel und dem inländischen *ordre public.* Es entspricht nicht nur den **Parallelregelungen im Unionskollisionsrecht,**[42] sondern ebenso der höchstrichterlichen Auslegung des autonomen österr Pendants, nach der **von § 6 IPRG höchst sparsamer Gebrauch** zu machen ist,[43] und auch der herrschenden Ansicht zum dt Art 6 EGBGB („schlechthin untragbar").[44] Damit genügt nicht schon eine starke Abweichung der beiden Rechtsordnungen, sondern die Anwendung der ausländischen Bestimmung muss in einem **nicht hinnehmbaren Gegensatz zur inländischen Rechtsordnung** stehen,[45] wie der EuGH zur gleichlautenden Bestimmungen Art 34 Nr 1 Brüssel I-VO entschieden hat.[46]

3. Das Beispiel der Pflichtteilsregelungen

Obwohl der spezielle **Ausschluss von abweichenden Pflichtteilsregelungen** in Art 27 Abs 2 **12** des **Entwurfs** gestrichen wurde,[47] kann nicht im Umkehrschluss davon ausgegangen werden, dass nun eine andersartige Pflichtteilsregelung bereits einen ordre-public-Verstoß darstellt.[48] Die öffentliche Ordnung in den **beteiligten Mitgliedstaaten,** welche sämtlich Pflichtteil-

---

37 *Schwartze* in unalex Compendium Art 21 Rom I-VO Rz 1, www.unalex.eu/Compendium (10. 3. 2015).
38 *Verschraegen* in *Rummel*[3] § 6 IPRG Rz 2.
39 *Stürner,* GPR 2014, 322.
40 Für eine Einordnung als Eingriffsnormen dagegen *von Hein* in MünchKommBGB[6] Art 6 EGBGB Rz 159.
41 *Dutta* in MünchKommBGB[6] Art 35 EuErbVO Rz 2; *Rudolf/Zöchling-Jud/Kogler* in *Rechberger/Zöchling-Jud* Rz 296.
42 Oben Rz 1.
43 Zuletzt OGH 9 Ob 34/10 f iFamZ 2011, 180 *(Fucik);* vgl *Verschraegen,* IPR Rz 1310.
44 *Lorenz* in BeckOGK BGB Art 6 EGBGB Rz 14.
45 So etwa BGH II ZR 182/98 IPRax 2001, 586 f zu Art 16 EVÜ.
46 EuGH C-7/98 Slg 2000, I-1935 Rz 36, *Krombach/Bamberski;* C-38/98 Slg 2000, I-2973 Rz 30, *Renault SA/Maxicar SpA and Orazio Formento;* C-394/07 Slg 2009, I-2563 Rz 27, *Gambazzi/DaimlerChrysler;* C-420/07 Slg I-2009, I-3571 Rz 59, *Apostolides/Orams;* C-619/10 ECLI:EU:C:2012:531 Rz 51, *Trade Agency/Seramico Investments;* vgl *Dutta* in MünchKommBGB[6] Art 35 EuErbVO Rz 2.
47 Oben Rz 4.
48 Vgl *Weiss/Bigler,* successio 2014, 179.

oder Noterbrecht naher Angehöriger kennen[49] (dagegen nicht England als außenstehender Mitgliedstaat),[50] dürfte dann verletzt sein, wenn im Erbstatut **überhaupt keine zwingende Beteiligung der Abkömmlinge** vorgesehen ist[51] – so sieht etwa das dt BVerfG dadurch die Erbrechtsgarantie des GG verletzt,[52] während in Österreich durch Art 5 StGG nur das Eigentum und nicht auch das Erbrecht geschützt wird.[53] Dagegen ergibt sich aus der Entstehungsgeschichte im Übrigen nur, dass eine **abweichende Bestimmung des Pflichtteils** grundsätzlich als **Verletzung des ordre public gewertet werden kann**.[54]

13   Eine vom österr Recht bloß **abweichende Pflichtteilsregelung**, die etwa die Höhe oder die Art des Pflichtteils betrifft, führt noch **nicht** zu einem **Verstoß gegen die öffentliche Ordnung**.[55] Das Fehlen eines Pflichtteilsanspruchs kann auch dadurch **kompensiert** werden, dass andere Mechanismen, wie etwa **Noterbrechte oder erweiterte Unterhaltsansprüche,** vorgesehen sind, welche das finanzielle Defizit ausgleichen oder zumindest mildern.[56]

4. Weitere Beispiele für mögliche Unvereinbarkeiten mit der öffentlichen Ordnung

14   Ein Verstoß gegen den mitgliedstaatlichen ordre public dürfte mittlerweile ebenfalls beim **fehlenden gesetzlichen Erbrecht eines gleichgeschlechtlichen Lebenspartners** vorliegen,[57] vor allem weil dabei das Diskriminierungsverbot in Art 21 EU-Grundrechtecharta verletzt wird[58]. Gleiches muss für den **Ausschluss des Erbrechts von nichtehelichen Abkömmlingen**[59] oder **aufgrund einer Religionsverschiedenheit,** wie in arabischen Rechtsordnungen, etwa nach Art 6 des ägyptischen Gesetzes Nr 77/1943[60] bzw nach algerischem Erbrecht,[61] die keine Erbfolge zwischen Muslim und Nichtmuslim vorsehen, gelten.[62] Auch eine **geringere gesetzliche Erbquote für weibliche Erben** kann wesentlichen Grundsätzen des Forumstaats zuwider laufen.[63] Sieht das ausländische Recht für **entfernte Verwandte kein gesetz-**

---

49 *Odersky,* notar 2013, 6; zum österr Recht vgl etwa *Eccher,* Erbrecht[5] § 11.

50 *Odersky* in *Süß*[2] 730 Rz 28.

51 *Stürner,* GPR 2014, 323.

52 BVerfG 1 BvR 1644/00 / 1 BvR 188/03 NJW 2005, 1561; dazu *Dörner,* ZEV 2010, 227; *Frodl,* ÖJZ 2012/108, 956; vgl *Köhler* in *Kroiß/Horn/Solomon* Art 35 EuErbVO Rz 8.

53 *Fischer-Czermak* in *Schauer/Scheuba* 54.

54 IdS *Dutta* in MünchKommBGB[6] Art 35 EuErbVO Rz 2; *Rudolf/Zöchling-Jud/Kogler* in *Rechberger/ Zöchling-Jud* Rz 300; *Müller-Lukoschek,* EU-Erbverordnung § 2 Rz 198; vgl auch *Bonomi/Öztürk,* ZVglRWiss 2015, 23.

55 *Rudolf/Zöchling-Jud/Kogler* in *Rechberger/Zöchling-Jud* Rz 301; *Rudolf,* NZ 2012/103, 233; *Cach,* JEV 2014, 100.

56 *Stürner,* GPR 2014, 323; *Coester,* ZEV 2013, 117. Selbst ohne einen ausgleichenden Anspruch wird in Österreich kein Verstoß gegen den ordre public gesehen, *Rudolf/Zöchling-Jud/Kogler* in *Rechberger/ Zöchling-Jud* Rz 302.

57 *Thorn* in *Palandt*[73] Art 35 EuErbVO Rz 2; mit Bezug auf das dt Recht *Köhler* in *Kroiß/Horn/Solomon* Art 35 EuErbVO Rz 8.

58 *Stürner,* GPR 2014, 323 f.

59 *Stürner,* GPR 2014, 324.

60 Dazu OLG Frankfurt 20 W 3/10 bzw 20 W 4/10 ZEV 2011, 135.

61 *Elwan,* FS Kaissis 171.

62 *Köhler* in *Kroiß/Horn/Solomon* Art 35 EuErbVO Rz 8; *Stürner,* GPR 2014, 323.

63 *Köhler* in *Kroiß/Horn/Solomon* Art 35 EuErbVO Rz 8; *Stürner,* GPR 2014, 323.

liches Erbrecht vor[64] oder steht andererseits **nichtehelichen Lebensgefährten ein Erban-spruch** zu,[65] so wird dadurch noch nicht der ordre public verletzt.[66]

B. Rechtsfolgen

Wird durch die Anwendung einer ausländischen Rechtsnorm die heimische öffentliche Ord- **15** nung verletzt, dann ist die **fremde Norm nicht anzuwenden.**[67] Dabei gilt der Grundsatz, **möglichst geringfügig,** nur soweit es erforderlich ist, in das ansonsten weiterhin anzuwendende ausländische Recht **einzugreifen.**[68] So ist bei einer religiösen Diskriminierung der Erbausschließungsgrund aufgrund Religionsverschiedenheit nicht anzuwenden.[69] **Lücken** sind zunächst unter **Zuhilfenahme des ausländischen Rechts,** also der lex causae, zu schließen.[70] Den Wertungen des ausländischen Rechts sollte zB dadurch gefolgt werden, dass ein unzulässiges Ausmaß **bis zur zulässigen Höhe korrigiert** wird,[71] also etwa die diskriminierend niedrige Erbquote entsprechend erhöht wird.[72] Erst wenn dies nicht möglich ist, muss ein **Ersatzrecht, meist die lex fori,**[73] wie in § 6 IPRG unmittelbar angeordnet, angewendet werden.[74]

Die **Bedeutung** des Art 35 wird **eher gering** sein, denn nach ErwGr 27 Satz 1 sind Vor- **16** schriften dieser VO so angelegt, dass sichergestellt wird, dass die mit der Erbsache befassten Gerichte und Behörden **meist ihr eigenes Recht anwenden.**[75] In der Praxis wird eine Verletzung des ordre public daher schon aufgrund des **Gleichlaufs von forum und ius** kaum in Betracht kommen,[76] weil ausländisches Recht nur noch in jenen Fällen anzuwenden sein wird, in denen der Erblasser eine **Rechtswahl** nach Art 22 **zugunsten seines Heimatrechts** getroffen hat,[77] die **Ausweichklausel** des Art 21 Abs 2 zutrifft und deshalb das Recht des Staates der engeren Verbindung angewandt wird, oder eine **Anwendung fremden Rechts** durch die gem Art 10 oder Art 11 zuständigen Gerichte[78] vorgenommen wird.[79]

Staaten mit mehr als einem Rechtssystem – Interlokale Kollisionsvorschriften

Art 36. (1) **Verweist diese Verordnung auf das Recht eines Staates, der mehrere Gebietseinheiten umfasst, von denen jede eigene Rechtsvorschriften für die Rechtsnachfolge**

---

64 Dazu etwa KG Berlin 1 W 45/09 IPRax 2012, 255.

65 Dazu etwa BayOLG BReg 1 Z 96/74 NJW 1976, 2076.

66 *Köhler* in *Kroiß/Horn/Solomon* Art 35 EuErbVO Rz 8.

67 *Stürner,* GPR 2014, 324; *Rudolf/Zöchling-Jud/Kogler* in *Rechberger/Zöchling-Jud* Rz 305.

68 Vgl etwa *Hausmann* in *Staudinger* Art 21 Rom I-VO Rz 30.

69 *Stürner,* GPR 2014, 323.

70 *Rudolf/Zöchling-Jud/Kogler* in *Rechberger/Zöchling-Jud* Rz 305; vgl auch *Verschraegen* in *Rummel*[3] Art 16 EVÜ Rz 9; *Martiny* in MünchKommBGB[6] Art 21 Rom I-VO Rz 6; *Thorn* in *Rauscher* Art 21 Rom I-VO Rz 16; *Stürner,* GPR 2014, 324.

71 *Hausmann* in *Staudinger* Art 21 Rom I-VO Rz 32.

72 *Stürner,* GPR 2014, 324.

73 *Stürner,* GPR 2014, 324.

74 *Verschraegen* in *Rummel*[3] Art 16 EVÜ Rz 9; *Junker* in MünchKommBGB[6] Art 26 Rom II-VO Rz 26.

75 *Stürner,* GPR 2014, 321; *Dörner,* ZEV 2010, 226.

76 *Fischer-Czermak* in *Schauer/Scheuba* 54; *Dutta* in MünchKommBGB[6] Art 35 EuErbVO Rz 4.

77 *Rudolf,* NZ 2013/103, 233.

78 *Wilke,* RIW 2012, 607.

79 *Müller-Lukoschek,* EU-Erbverordnung § 2 Rz 197; *Dörner,* ZEV 2012, 512.

von Todes wegen hat, so bestimmen die internen Kollisionsvorschriften dieses Staates die Gebietseinheit, deren Rechtsvorschriften anzuwenden sind.

(2) In Ermangelung solcher internen Kollisionsvorschriften gilt:

a) jede Bezugnahme auf das Recht des in Absatz 1 genannten Staates ist für die Bestimmung des anzuwendenden Rechts aufgrund von Vorschriften, die sich auf den gewöhnlichen Aufenthalt des Erblassers beziehen, als Bezugnahme auf das Recht der Gebietseinheit zu verstehen, in der der Erblasser im Zeitpunkt seines Todes seinen gewöhnlichen Aufenthalt hatte;

b) jede Bezugnahme auf das Recht des in Absatz 1 genannten Staates ist für die Bestimmung des anzuwendenden Rechts aufgrund von Bestimmungen, die sich auf die Staatsangehörigkeit des Erblassers beziehen, als Bezugnahme auf das Recht der Gebietseinheit zu verstehen, zu der der Erblasser die engste Verbindung hatte;

c) jede Bezugnahme auf das Recht des in Absatz 1 genannten Staates ist für die Bestimmung des anzuwendenden Rechts aufgrund sonstiger Bestimmungen, die sich auf andere Anknüpfungspunkte beziehen, als Bezugnahme auf das Recht der Gebietseinheit zu verstehen, in der sich der einschlägige Anknüpfungspunkt befindet.

(3) Ungeachtet des Absatzes 2 ist jede Bezugnahme auf das Recht des in Absatz 1 genannten Staates für die Bestimmung des anzuwendenden Rechts nach Artikel 27 in Ermangelung interner Kollisionsvorschriften dieses Staates als Bezugnahme auf das Recht der Gebietseinheit zu verstehen, zu der der Erblasser oder die Personen, deren Rechtsnachfolge von Todes wegen durch den Erbvertrag betroffen ist, die engste Verbindung hatte.

Stammfassung.

Literatur: *Christandl,* Multi-Unit States in European Union Private International Law, Journal of Private International Law 9 (2013) 219; *Deutsches Notarinstitut,* Rechtsvergleichende Studie der erbrechtlichen Regelungen des Internationalen Verfahrensrechtes und Internationalen Privatrechts der Mitgliedsstaaten der Europäischen Union (2002); *Döbereiner,* Das internationale Erbrecht nach der EU-Erbrechtsverordnung (Teil I), MittBayNot 2013, 358; *Ferrari/Kieninger/Mankowski,* Internationales Vertragsrecht[2] (2011); *Frank/Leithold,* Die Ermittlung des anwendbaren Erbrechts im deutsch/US-amerikanischen Erbfall nach der EuErbVO, ZEV 2014, 462; *Nordmeier,* Grundfragen der Rechtswahl in der neuen EU-Erbrechtsverordnung – eine Untersuchung des Art. 22 ErbRVO, GPR 2013, 148; *Heinig,* Rechtswahlen in Verfügungen von Todes wegen nach der EU-Erbrechts-Verordnung, RNotZ 2014, 197; *Rudolf/Zöchling-Jud/Kogler,* Kollisionsrecht, in *Rechberger/Zöchling-Jud* (Hrsg), Die EU-Erbrechtsverordnung in Österreich (2015) 115; *Schömmer/Gebel,* Internationales Erbrecht – Spanien (2003); *V. Schröder,* Die Verweisung auf Mehrrechtsstaaten im deutschen Internationalen Privatrecht (2007); *Steinmetz/Löber/G. Alcázar,* EU-Erbrechtsverordnung: Voraussichtliche Rechtsänderungen für den Erbfall von in Spanien ansässigen, deutschen Staatsangehörigen, ZEV 2010, 234; *Steinmetz/Löber/G. Alcázar,* Die EuErbVO und ihre Anwendbarkeit im Mehrrechtsstaat Spanien, ZEV 2013, 535; *v. Hoffmann/Thorn,* Internationales Privatrecht[9] (2007); *von Sachsen Gessaphe,* Die Verweisung auf einen Mehrrechtsstaat, vom autonomen deutschen IPR zur EuErbVO, in *Deinert,* Internationales Recht im Wandel (2013).

Übersicht

                                                                                                    Rz
I. Allgemeines   1
   A. Zweck der Norm   3
   B. Entstehungsgeschichte   4
   C. Anwendungsbereich   5
II. Inhalt der Norm   6
   A. Indirekte Verweisung über das jeweilige interlokale Privatrecht (Art 36
      Abs 1)   7
   B. Direkte Verweisung durch Konkretisierung der Anknüpfungspunkte
      (Art 36 Abs 2)   8
      1. Gewöhnlicher Aufenthalt (lit a)   9
      2. Staatsangehörigkeit (lit b)   11
      3. Auffangtatbestand (lit c)   13
   B. Sonderregel Abs 3   14

I. Allgemeines

Art 36 behandelt – zusammen mit den Art 37 und 38[1] – Sachverhalte, in denen auf das **Recht**   **1**
eines Mehrrechtsstaats, nach der Überschrift „Staaten mit mehr als einem Rechtssystem",
verwiesen wird. Darunter sind Staaten zu verstehen, in denen keine einheitliche Rechtsordnung existiert,[2] sondern in lokal abgegrenzten Gebietseinheiten **unterschiedliche Teilrecht-**
sordnungen gelten. Im Rahmen der EuErbVO ist allein von Bedeutung, ob sich die **Bestim-**
mungen des Erbrechts territorial unterscheiden. So gilt etwa **in Spanien kein einheitliches**
Erbrecht, vielmehr sind dort neben den erbrechtlichen Vorschriften des Código Civil die Er-
bregelungen einzelner Gebiete, auch Foralrechtsregionen genannt, anzuwenden[3] (dazu zählen
Aragonien, die Balearen, Galizien, Navarra, das Baskenland sowie Katalonien).[4]

Gem Art 20 ist Art 36 sowohl für **Verweise auf Mitgliedstaaten als auch auf Drittstaaten**   **2**
heranzuziehen. Während der vorliegende Artikel die maßgebende Teilrechtsordnung bei der
interlokalen oder örtlichen Rechtsspaltung erfasst,[5] findet sich die Kollisionsnorm für die
interpersonale Rechtsspaltung in Art 37.[6] Zur **interlokalen Zuständigkeit** findet sich in der
EuErbVO keine Bestimmung, was gemäß Art 2 zu den innerstaatlichen Zuständigkeiten in
den Mitgliedstaaten führt, wodurch der beabsichtigte Gleichlauf von Forum und anwendbarem Recht durchbrochen werden kann.[7]

A. Zweck der Norm

Führen die Kollisionsnormen der EuErbVO zur **Anwendung des Rechts eines in Bezug auf**   **3**
das Erbrecht gespaltenen Mehrrechtsstaates,[8] dann sollen nach Art 36 Abs 1 **vorrangig die**
jeweiligen „internen Kollisionsvorschriften" dieses Mehrrechtsstaates die anzuwendenden

---

1 Dazu näher bei der Kommentierung dieser Art.
2 Vgl etwa *Verschraegen,* IPR Rz 1279; *von Hoffmann/Thorn,* IPR[9] § 6 E.
3 *Steinmetz/Löber/G. Alcázar,* EU-Erbrechtsverordnung, ZEV 2010, 234; *Löber/Huzel* in *Süß*[2] 1423
   Rz 37 f.
4 Zum Inhalt der erbrechtlichen Sonderbestimmungen in diesen Gebieten vgl etwa *Schömmer/Gebel,*
   Internationales Erbrecht 141 – 209.
5 *Thorn* in *Palandt*[73] Art 36 EuErbVO Rz 1.
6 *Köhler* in *Kroiß/Horn/Solomon* Art 36 EuErbVO Rz 1.
7 *Dutta* in MünchKommBGB[6] Art 36 EuErbVO Rz 1.
8 Siehe oben Rz 1, unten Rz 5.

lokalen erbrechtlichen Regelungen bestimmen,[9] wie es generell auch im österr Kollisionsrecht in § 5 Abs 3 Satz 1 IPRG geregelt ist. Damit wird, ebenso wie bei der teilweisen Zulassung der Gesamtverweisung durch Art 34,[10] zwar dem **fremden Kollisionsrecht Rechnung getragen,**[11] jedoch in Bezug auf die fremden interlokalen Verweisungsnormen **zusätzlicher Ermittlungsaufwand** verursacht.[12] **Anwendungsfreundlicher** wäre daher eine **unmittelbare Verweisung** durch die EuErbVO in die jeweilige Teilrechtsordnung, die jedoch nach Art 36 Abs 2 nur dann zulässig ist, wenn in dem Mehrrechtsstaat **kein interlokales Kollisionsrecht** existiert.[13]

B. Entstehungsgeschichte

4   **Ursprünglich** sah der **Kommissionsvorschlag** in seinem Art 28 Abs 1 eine gleichlautende Regelung wie Art 22 Abs 1 Rom I-VO und Art 25 Abs 1 Rom II-VO vor, die im Ergebnis auch mit Art 14 lit a Rom III-VO übereinstimmt:[14] Danach wäre dem **interlokalen Kollisionsrecht eines Mehrrechtsstaats kein Vorrang** gewährt worden,[15] weil jede Gebietseinheit mit eigenem Erbrecht als Staat gegolten hätte,[16] auf den die **EuErbVO unmittelbar verweist.**[17] Dies ist bei **raum- oder ortsbezogenen Anknüpfungen,** die im Kollisionsrecht der vertraglichen und außervertraglichen Schuldverhältnisse regelmäßig verwendet werden ohne weiteres möglich, stößt jedoch bei der **Staatsangehörigkeit als Anknüpfungspunkt** auf Schwierigkeiten.[18] Mit dem endgültigen **Bericht des Rechtsausschusses** des Europäischen Parlaments (EP)[19] wurde dann die später in Geltung gelangte Formulierung eingefügt: In Art 28 Abs 1 wurde auf Vorschlag Spaniens und des Vereinigten Königreichs[20] die **Verweisung auf die internen Kollisionsvorschriften des Mehrrechtsstaats** an die erste Stelle gesetzt, während nach dem neuen Art 28 Abs 2 allein für den Fall, dass diese fehlen, die **Bezugnahmen der EuErbVO in die Teilrechtsgebiete hinein zu verlängern** waren. Die **Differenzierung bei den Anknüpfungspunkten** der Staatsangehörigkeit sowie des gewöhnlichen Aufenthalts folgt dabei der Einteilung in Art 14 lit b und lit c Rom III-VO[21] und ähnelt Art 19 Abs 3 HErbÜ sowie Art 16 Abs 1 lit c und lit e HUP.[22]

---

9 *Thorn* in *Palandt*[73] Art 36 EuErbVO Rz 1.

10 Dazu Art 34 Rz 3.

11 Kritisch *Bonomi* in *Bonomi/Wautelet* Art 36 Rz 11, 12.

12 Ähnlich *v. Bar/Mankowski,* IPR[2] § 4 Rz 154.

13 Naher dazu unten Rz 6.

14 *Dutta* in MünchKommBGB[6] Art 36 EuErbVO Rz 2; diese Lösung befürwortet auch *Deutsches Notarinstitut,* Studie 274.

15 *Dutta* in MünchKommBGB[6] Art 36 EuErbVO Rz 2.

16 Vorschlag der Kommission für eine Verordnung des Europäischen Parlaments und des Rates über die Zuständigkeit, das anzuwendende Recht, die Anerkennung und die Vollstreckung von Entscheidungen und öffentlichen Urkunden in Erbsachen sowie zur Einführung eines Europäischen Nachlasszeugnisses, KOM(2009) 154 endg 24.

17 Vgl etwa *Hausmann* in *Staudinger* Art 22 Rom I-VO Rz 6; *Martiny* in MünchKommBGB[6] Art 22 Rom I-VO Rz 1.

18 Dazu *Rauscher,* IPR[4] Rz 403; *Hausmann* in *Staudinger* Art 22 Rom I-VO Rz 1, 3; *v. Bar/Mankowski,* IPR[2] § 4 Rz 157.

19 Vom 6. 3. 2012, EPDok A7 – 0045/2012; noch nicht enthalten im Berichtsentwurf *Lechner* v 27. 2. 2012, PE441.200v0242 f.

20 *von Sachsen Gessaphe* in *Deinert* 190.

21 *Dutta* in MünchKommBGB[6] Art 36 EuErbVO Rz 2.

22 *Dutta* in MünchKommBGB[6] Art 36 EuErbVO Rz 7.

C. Anwendungsbereich

Art 36 ist nur dann anzuwenden, wenn der Staat, auf den die EuErbVO verweist, ein **Mehr-** **5** **rechtsstaat** ist, in dem für mehrere Gebietseinheiten eigene Regelungen zur Rechtsnachfolge von Todes wegen vorgesehen sind.[23] Das gilt nicht nur für **Spanien,**[24] sondern auch für Bundesstaaten mit starker privatrechtlicher Autonomie wie **Australien, Kanada,** das **Vereinigte Königreich**[25] oder die **Vereinigten Staaten,**[26] aber etwa auch für **Mexiko.**[27] Dabei genügt die Existenz jeweils eigener „**Rechtsvorschriften**" (in der englischen Fassung: „rules of law"), bei denen es sich also nicht um Gesetze handeln muss, vielmehr **genügt,** va in Common Law-Rechtsordnungen, auch **Richterrecht**[28] oder **Gewohnheitsrecht.**[29] Als Gebietseinheit reicht eine **territorial abgegrenzte Region** innerhalb eines Staates aus, ohne dass besondere Anforderungen an deren Autonomie zu stellen sind.[30] Darüber hinaus kann Art 36 aber auch bei **erbrechtlichen Sondermaterien** Anwendung finden, sofern diese, wie etwa das **landwirtschaftliche Erbrecht** in Österreich, Deutschland und Italien, **regional unterschiedlich** geregelt ist.[31]

II. Inhalt der Norm

Vorrangig wird gem **Art 36 Abs 1** dem Mehrrechtsstaat, auf den die EuErbVO verweist, die **6** weitere Zuordnung zu einer seiner **Teilrechtsordnungen nach** seinen **internen Kollisionsnormen** im Wege einer kollisionsrechtlichen Unteranknüpfung[32] überlassen.[33] Nur wenn in dem Mehrrechtsstaat, auf den verwiesen wurde, **kein interlokales Kollisionsrecht** existiert (und auch nicht rechtsfortbildend entwickelt werden kann),[34] wird anhand von **Art 36 Abs 2** das Recht der maßgeblichen Gebietseinheit **unmittelbar**[35] **und autonom**[36] bestimmt,[37] ähnlich wie in Österreich gem § 5 Abs 3 Satz 2 IPRG. Dabei muss die Bezugnahme auf die Teilrechtsordnungen innerhalb des Mehrrechtsstaats **nach dem Anknüpfungspunkt,**[38] auf den sich die Verweisungsnorm der EuErbVO jeweils bezieht, **unterschieden** werden (Art 36 Abs 2 lit a – c). Das **Formstatut schriftlicher Verfügungen von Todes wegen** iSd Art 27

---

23 Oben Rz 1.

24 Oben Rz 1.

25 Vgl *Deutsches Notariinstitut*, Studie 255.

26 *Dutta* in MünchKommBGB[6] Art 36 EuErbVO Rz 3; *Spickhoff* in BeckOGK BGB Art 22 Rom I-VO Rz 2.

27 *Lorenz* in BeckOGK BGB EGBGB Einl IPR Rz 8; *von Sachsen Gessaphe* in *Deinert* 163 f; konkret zu Mexiko etwa *V. Schröder*, Mehrrechtsstaaten 180 ff.

28 *Martiny* in MünchKommBGB[6] Art 22 Rom I-VO Rz 7.

29 *Kieninger* in *Ferrari/Kieninger/Mankowski*[2] Art 22 Rom I-VO Rz 3.

30 *Martiny* in MünchKommBGB[6] Art 22 Rom I-VO Rz 8.

31 *Dutta* in MünchKommBGB[6] Art 36 EuErbVO Rz 3; *Rudolf/Zöchling-Jud/Kogler* in *Rechberger/Zöchling-Jud* Rz 306; dazu auch Art 30 Rz 17 f.

32 *Winkler von Mohrenfels* in MünchKommBGB[6] Art 14 Rom III-VO Rz 1.

33 Oben Rz 3; näher dazu unten Rz 7.

34 *Köhler* in *Kroiß/Horn/Solomon* Art 36 EuErbVO Rz 3.

35 *Thorn* in *Palandt*[73] Art 36 EuErbVO Rz 2.

36 *Dutta* in MünchKommBGB[6] Art 36 EuErbVO Rz 1.

37 *Pawlytta/Pfeiffer* in *Scherer*[4] § 33 Rz 207; *Döbereiner*, MittBayNot 2013, 364; diese Art der Regelung kann als subsidiäre Verweisung bezeichnet werden, vgl *Christandl*, JPIL 2013, 224, 232; näher dazu unten Rz 8 – 13.

38 Allgemein dazu etwa *Lurger/Melcher*, IPR § 1/22, 24.

wird mangels interlokaler Kollisionsnormen demgegenüber **speziell** durch Art 36 Abs 3 bestimmt,[39] der sich, wie Art 27 generell,[40] **am HTÜ orientiert.**[41]

A. Indirekte Verweisung über das jeweilige interlokale Privatrecht (Art 36 Abs 1)

7 **Art 36 Abs 1** überlässt, ebenso wie Art 19 Abs 2 HErbÜ, dem **interlokalen Privatrecht des** in Rede stehenden **Mehrrechtsstaats** den **Vorrang,** sofern dieses das anzuwendende Partikularrecht bestimmt. Dies ist etwa in Spanien[42] oder Mexiko[43] der Fall, dagegen nicht im Vereinigten Königreich, Kanada[44] sowie in den USA.[45] Allerdings muss die **interlokale Regelung** auch **auf eine konkrete Teilrechtsordnung verweisen,** was zB in Spanien aufgrund einer fehlenden zivilrechtlichen Gebietszugehörigkeit ausländischer Personen iSd der *„vecindad civil"* gem Art 14 Codigo Civil[46] zumindest zweifelhaft erscheint,[47] ansonsten ist nach Art 36 Abs 2 bzw Abs 3 zu verfahren. **Abs 1** gelangt nach dem eindeutigen Wortlaut ebenfalls **nicht** zur Anwendung, wenn nur die **Teilrechtsordnungen selbst ein interlokales Kollisionsrecht kennen,** wie etwa in den USA.[48]

B. Direkte Verweisung durch Konkretisierung der Anknüpfungspunkte (Art 36 Abs 2)

8 **Fehlt** es in dem Mehrrechtsstaat, dessen Recht nach der EuErbVO anzuwenden ist, an einem **interlokalen Kollisionsrecht,** dann bleibt es bei der **Verweisung durch das Unionsrecht,** die allerdings durch Art 36 Abs 2 autonom in die maßgebliche Teilrechtsordnung hinein **verlängert** werden muss. Das geschieht durch **Unter- oder Hilfsanknüpfungen,**[49] welche die ursprünglichen Anknüpfungen nicht nur auslegen,[50] sondern im Wege einer Fiktion (Art 36 Abs 2 Halbsatz 1: „gilt") ersetzen. Dabei werden zwei der von der EuErbVO verwendeten Anknüpfungsmomente, nämlich der **gewöhnliche Aufenthalt** unter lit a sowie die **Staatsangehörigkeit** unter lit b, gegenüber der Grundregel für **„andere Anknüpfungspunkte"** unter lit c gesondert behandelt,[51] ähnlich der Differenzierung in Art 14 Rom III-VO.[52]

---

39 Näher dazu unten Rz 14.
40 Dazu näher Art 27.
41 *Köhler* in *Kroiß/Horn/Solomon* Art 36 EuErbVO Rz 4.
42 *Dutta* in MünchKommBGB[6] Art 36 EuErbVO Rz 4; *V. Schröder,* Mehrrechtsstaaten 179.
43 *V. Schröder,* Mehrrechtsstaaten 180; vgl auch *Rauscher,* IPR[4] Rz 395.
44 *von Sachsen Gessaphe* in *Deinert* 192.
45 *Winkler von Mohrenfels* in MünchKommBGB[6] Art 14 Rom III-VO Rz 3 mwN; *V. Schröder,* Mehrrechtsstaaten 219; *Frank/Leithold,* ZEV 2014, 467; vgl auch *Rauscher,* IPR[4] Rz 393.
46 *Steinmetz/Löber/G. Alcázar,* ZEV 2010, 234 f; *Steinmetz/Löber/G. Alcázar,* ZEV 2013, 536 f; *V. Schröder,* Mehrrechtsstaaten 179 f.
47 *Dutta* in MünchKommBGB[6] Art 36 EuErbVO Rz 4; *von Sachsen Gessaphe* in *Deinert* 194 f; für die Anwendung einer analogen interlokalen Kollisionsregel *Rudolf/Zöchling-Jud/Kogler* in *Rechberger/Zöchling-Jud* Rz 311.
48 *Dutta* in MünchKommBGB[6] Art 36 EuErbVO Rz 4; *Rudolf/Zöchling-Jud/Kogler* in *Rechberger/Zöchling-Jud* Rz 309, wollen anscheinend auch bei diesen Staaten ohne interlokales Privatrecht Art 36 Abs 1 anwenden; ebenso zum autonomen deutschen IPR *von Hein* in MünchKommBGB[6] Art 4 EGBGB Rz 167.
49 *Köhler* in *Kroiß/Horn/Solomon* Art 36 EuErbVO Rz 3.
50 So aber *Dutta* in MünchKommBGB[6] Art 36 EuErbVO Rz 5.
51 *Köhler* in *Kroiß/Horn/Solomon* Art 36 EuErbVO Rz 3.
52 Dazu etwa *Nordmeier* in NomosKommentar BGB Art 14 Rom III Rz 10.

1. Gewöhnlicher Aufenthalt (lit a)

Art 36 **Abs 2 lit a** bezieht sich auf Verweisungsnormen der EuErbVO, welche an den **ge-** **9**
wöhnlichen Aufenthalt des Erblassers anknüpfen. In erster Linie betrifft dies die allgemeine
Kollisionsnorm des Art 21 Abs 1, welche auf den Zeitpunkt des Todes abstellt, während die
darauf bezogenen Bestimmungen über die Zulässigkeit und die materielle Wirksamkeit von
Verfügungen von Todes wegen gem Art 24 Abs 1 und für Erbverträge gem Art 25 Abs 1,
Abs 2 UAbs 1 vom gewöhnlichen Aufenthalt zu Lebzeiten ausgehen (ebenso das alternative
Formstatut für Verfügungen von Todes wegen nach Art 27 lit d Halbsatz 2 Alt 1, welches
jedoch der Sonderregel in Art 36 Abs 3 untersteht).[53] Demgegenüber wird in **Art 28 lit b**
nicht auf den **gewöhnlichen Aufenthalt** des Erblassers, sondern **des** die Annahme oder Ausschlagung einer Erbschaft **Erklärenden** abgestellt, so dass insoweit allein die **Grundregel**
gem Art 36 **Abs 2 lit c** herangezogen werden kann.[54]

Wird somit durch **Art 21 Abs 1** auf den gewöhnlichen Aufenthalt des Erblassers in einem **10**
Mehrrechtsstaat ohne interlokale Kollisionsnorm verwiesen, dann gelangt gem Art 36 Abs 2
lit a – in Übereinstimmung mit Art 19 Abs 3 lit a HErbÜ – die **Teilrechtsordnung** jener Gebietseinheit zur Anwendung, in der der Erblasser **zum Todeszeitpunkt** seinen **gewöhnlichen**
Aufenthalt hatte.[55] Nur bei einer **Gesamtverweisung** nach Art 34 Abs 1 ist das **ausländische**
IPR heranzuziehen, sofern dieses die Teilrechtsordnung bestimmt[56] und es – bei einer Ge-
samtverweisung in einen Mehrrechtsstaat – nicht erst auf der Ebene einer Teilrechtsordnung
geregelt ist.[57] Der **gewöhnliche Aufenthalt zu Lebzeiten** kann dagegen aufgrund der auf den
Todeszeitpunkt beschränkten Unteranknüpfung in Art 36 Abs 2 lit a **nicht gemeint** sein, so-
dass die speziellen Verweisungen in Bezug auf Verfügungen von Todes wegen durch **Art 24**
Abs 1, Art 25 Abs 1, Abs 2 UAbs 1 nicht erfasst werden und auch hier die **Grundregel** in
Art 36 Abs 2 lit c **anzuwenden** ist.[58]

2. Staatsangehörigkeit (lit b)

Die Anknüpfung an die **Staatsangehörigkeit des Erblassers** kann im Gegensatz zum ge- **11**
wöhnlichen Aufenthalt nicht einfach in eine Gebietseinheit hinein verlängert werden, da sie
allein auf den Gesamtstaat verweist[59] und daher **nicht geeignet** ist, **unmittelbar eine Teil-**
rechtsordnung zu bestimmen.[60] Deshalb zieht Art 36 **Abs 2 lit b** in diesen Fällen, va bei
der **Rechtswahl gem Art 22,** auch iVm Art 24 Abs 2 bzw Art 25 Abs 3[61] (Art 27 lit c Halbsatz 2 Alt 1 wird wiederum speziell von Art 36 Abs 3 erfasst), jene **Gebietseinheit** heran, zu

---

53 Dazu näher unten Rz 14.
54 *Dutta* in MünchKommBGB[6] Art 36 EuErbVO Rz 7; *Rudolf/Zöchling-Jud/Kogler* in *Rechberger/Zöch-*
    ling-Jud Rz 314; anders offensichtlich *Köhler* in *Kroiß/Horn/Solomon* Art 36 EuErbVO Rz 3.
55 *Döbereiner,* MittBayNot 2013, 364; *Dutta* in MünchKommBGB[6] Art 36 EuErbVO Rz 7; *Christandl,*
    JPIL 2013, 241, hätte in diesen Fällen immer, auch bei Vorliegen interlokaler Verweisungsnormen,
    eine direkte Verweisung bevorzugt.
56 *Köhler* in *Kroiß/Horn/Solomon* Art 36 EuErbVO Rz 2.
57 *Dutta* in MünchKommBGB[6] Art 36 EuErbVO Rz 12.
58 *Dutta* in MünchKommBGB[6] Art 36 EuErbVO Rz 7; im Ergebnis ebenso *Rudolf/Zöchling-Jud/Kogler*
    in *Rechberger/Zöchling-Jud* Rz 315; anders *von Sachsen Gessaphe* in *Deinert* 192.
59 *Dutta* in MünchKommBGB[6] Art 36 EuErbVO Rz 8.
60 *Köhler* in *Kroiß/Horn/Solomon* Art 36 EuErbVO Rz 3; dazu schon oben Rz 4 *Christandl,* JPIL 2013,
    241, hätte nur in diesen Fällen die interlokalen Kollisionsregeln des Mehrrechtsstaates angewendet.
61 *von Sachsen Gessaphe* in *Deinert* 193.

der der **Erblasser** die **engste Verbindung** hatte.[62] Um diese zu ermitteln, sind zwar grundsätzlich, wie bei Art 21 Abs 2, sämtliche Umstände des Einzelfalls zu berücksichtigen,[63] aber idR ist insb auf den **gewöhnlichen Aufenthalt** – so die Erstanknüpfung in Art 19 Abs 3 lit b HErbÜ – (bei den USA auf das domicile,[64] an welches nach ErwGr 32 des Kommissionsvorschlags regelmäßig angeknüpft werden sollte) bzw auf Dauer und Art des schlichten Aufenthalts, auf familiäre Bindungen oder auf den Lageort des Vermögens abzustellen.[65]

12   Auf diese Weise wird allerdings die nach Art 22 Abs 1 auf das Recht der Staatsangehörigkeit abstellende **Rechtswahl eines Mehrrechtsstaats** auf den Gesamtstaat **beschränkt, ohne** dass unmittelbar eine **Teilrechtsordnung bestimmt** werden kann.[66] Vielmehr muss nun das Gericht die engste Verbindung zu einer Gebietseinheit innerhalb des Mehrrechtsstaates feststellen, was – im Gegensatz zum gewöhnlichen Aufenthalt nach Art 19 Abs 3 lit b iVm Art 19 Abs 5 HErbÜ – nur schwer zu prognostizieren ist und damit zu **Rechtsunsicherheit** führt.[67] Daher sollte die **Benennung einer Teilrechtsordnung** zumindest als **Indiz**[68] **oder** sogar als **Vermutung** für die engste Verbindung zu dieser Gebietseinheit angesehen werden.[69]

3. Auffangtatbestand (lit c)

13   Die **Reserveregel** in Art 36 **Abs 2 lit c** kommt nur dann zum Tragen, wenn die Verweisungsnorm der EuErbVO weder an den gewöhnlichen Aufenthalt noch an die Staatsangehörigkeit anknüpft und damit nicht nach Abs 2 lit a oder Abs 2 lit b konkretisiert werden kann, sondern an **„andere Anknüpfungspunkte"**, etwa bei der Ausweichklausel in Art 21 Abs 2[70] an eine **offensichtlich engere Verbindung** oder bei den Eingriffsnormen gem Art 30 an den **Ort der Belegenheit,**[71] welchen Art 19 Abs 6 HErbÜ gesondert behandelt. In diesen eher selteneren Fällen ist das **Teilrecht der Gebietseinheit** anzuwenden, in dem sich der **jeweilige Anknüpfungspunkt befindet.**[72]

B. Sonderregel Abs 3

14   Art 36 **Abs 3** ergänzt Art 36 Abs 2, denn er regelt speziell die **Verweisungen** auf das Formstatut für schriftliche Verfügungen von Todes wegen **gem Art 27** bei fehlendem interlokalen Kollisionsrecht des Mehrrechtsstaats. Wie grundsätzlich in Art 27[73] wurde auch insoweit das Haager Testamentsformübereinkommen (HTÜ), hier: Art 1 Abs 2, übernommen.[74] Ähnlich

---

62   *Pawlytta/Pfeiffer* in *Scherer*[4] § 33 Rz 207.

63   *Dutta* in MünchKommBGB[6] Art 36 EuErbVO Rz 8; ähnlich zu Art 14 lit c Alt 3 Rom III-VO *Nordmeier* in NomosKommentar BGB Art 14 Rom III Rz 23.

64   *Thorn* in *Palandt*[73] Art 36 EuErbVO Rz 2; *Rudolf/Zöchling-Jud/Kogler* in *Rechberger/Zöchling-Jud* Rz 316.

65   *Köhler* in *Kroiß/Horn/Solomon* Art 36 EuErbVO Rz 3.

66   Zur Wählbarkeit einer Teilrechtsordnung auch *Nordmeier*, GPR 2013, 150 f; *Heinig*, RNotZ 2014, 204; näher dazu Art 22.

67   *Dutta* in MünchKommBGB[6] Art 36 EuErbVO Rz 9 iVm Art 22 EuErbVO Rz 6.

68   *Heinig*, RNotZ 2014, 204.

69   *Dutta* in MünchKommBGB[6] Art 36 EuErbVO Rz 9.

70   *Dutta* in MünchKommBGB[6] Art 36 EuErbVO Rz 6; *von Sachsen Gessaphe* in *Deinert* 193.

71   *Köhler* in *Kroiß/Horn/Solomon* Art 36 EuErbVO Rz 3. Dazu näher Art 30 Rz 7.

72   *Köhler* in *Kroiß/Horn/Solomon* Art 36 EuErbVO Rz 3.

73   Siehe Art 27.

74   *Köhler* in *Kroiß/Horn/Solomon* Art 36 EuErbVO Rz 4; zur Abweichung „Recht des Staates" statt „Recht des Ortes"; *Dutta* in MünchKommBGB[6] Art 36 EuErbVO Rz 10 iVm Art 27 EuErbVO Rz 8 f.

wie nach Art 36 Abs 2 lit b ist die **engste Verbindung**[75] ausschlaggebend, in diesem Fall allerdings nicht nur **bezogen auf den Erblasser,** sondern auch auf **die von der letztwilligen Verfügung betroffenen Personen.** Betrifft ein Erbvertrag **mehrere Erblasser,** dann ist die Teilrechtsordnung anzuwenden, zu der sämtliche Erblasser **gemeinsam die engste Verbindung** hatten.[76]

Staaten mit mehr als einem Rechtssystem – Interpersonale Kollisionsvorschriften

Art 37. **Gelten in einem Staat für die Rechtsnachfolge von Todes wegen zwei oder mehr Rechtssysteme oder Regelwerke für verschiedene Personengruppen, so ist jede Bezugnahme auf das Recht dieses Staates als Bezugnahme auf das Rechtssystem oder das Regelwerk zu verstehen, das die in diesem Staat geltenden Vorschriften zur Anwendung berufen. In Ermangelung solcher Vorschriften ist das Rechtssystem oder das Regelwerk anzuwenden, zu dem der Erblasser die engste Verbindung hatte.**

Stammfassung.

Literatur: *Deutsches Notarinstitut,* Rechtsvergleichende Studie der erbrechtlichen Regelungen des Internationalen Verfahrensrechtes und Internationalen Privatrechts der Mitgliedsstaaten der Europäischen Union (2002); *Rudolf/Zöchling-Jud/Kogler,* Kollisionsrecht, in *Rechberger/Zöchling-Jud* (Hrsg), Die EU-Erbrechtsverordnung in Österreich (2015) 115.

Übersicht

	Rz
I. Allgemeines	1
II. Inhalt der Norm	2

I. Allgemeines

Art 37 ergänzt für **personell gespaltene Mehrrechtsstaaten** den für räumliche Rechtsspal-   **1** tungen geltenden Art 36 und entspricht Art 20 HErbÜ, im Wesentlichen auch Art 15 Rom III-VO und Art 17 HUP.[1] Hier geht es ebenfalls allein darum, dass sich bezüglich bestimmter Bevölkerungsgruppen die **auf die Rechtsnachfolge von Todes wegen anzuwendenden Regelungen** unterscheiden.[2] Wie Art 36 gilt die Vorschrift gem Art 20 **auch für Verweise auf Drittstaaten.** Derartige interpersonale Rechtsspaltungen werden entweder **aus religiösen Gründen** vorgenommen, wie etwa in den überwiegend islamischen Staaten des Nahen Ostens, Nordafrikas und Asiens sowie in Israel und Indien, oder **aus ethnischen Gründen,** wie etwa aufgrund der Stammesrechte im mittleren und südlichen Afrika.[3] In Europa werden in Thrazien/Griechenland sowie in Frankreichs Überseegebieten den Moslems

---

75 Vgl die Kriterien oben Rz 11.
76 *Dutta* in MünchKommBGB[6] Art 36 EuErbVO Rz 10 f; *Rudolf/Zöchling-Jud/Kogler* in *Rechberger/Zöchling-Jud* Rz 320; krit zu den negativen Auswirkungen auf den favor negotii *Christandl,* JPIL 2013, 235 f.

1 *Dutta* in MünchKommBGB[6] Art 37 EuErbVO Rz 1.
2 Vgl Art 36 Rz 1.
3 Vgl etwa *Rauscher,* IPR[4] Rz 15.

teilweise eigene Rechte gewährt.[4] Auch auf noch in Geltung stehende Sondererbrechte in Familiendynastien, sogenannte Hausgesetze, soll Art 37 Anwendung finden.[5]

II. Inhalt der Norm

2 Liegt eine **Verweisung** der EuErbVO auf das **Recht eines Staates** vor, in dem für **verschiedene Personengruppen unterschiedliche erbrechtliche Regelungen** gelten, dann ist gem Art 37 Satz 1, wie nach Art 36 Abs 1 für interlokale Konflikte, **vorrangig das interpersonale Kollisionsrecht des Mehrrechtsstaats** heranzuziehen.[6] Nur wenn **derartige Bestimmungen fehlen,** was kaum vorkommen dürfte,[7] ist gem Art 37 Satz 2 jene Teilrechtsordnung anzuwenden, zu der der **Erblasser** die **engste Verbindung** hatte. Wie bei der gleichartigen Anknüpfung nach Art 36 Abs 2 lit b sind bei deren Ermittlung durch das Gericht die Umstände des Einzelfalls zu berücksichtigen.[8] Mit dieser allgemein gehaltenen Unteranknüpfung werden die zur Ermittlung der anzuwendenden Teilrechtsordnung untauglichen Kriterien des gewöhnlichen Aufenthalts oder der Staatsangehörigkeit ersetzt.[9]

Nichtanwendung dieser Verordnung auf innerstaatliche Kollisionen

Art 38. Ein Mitgliedstaat, der mehrere Gebietseinheiten umfasst, von denen jede ihre eigenen Rechtsvorschriften für die Rechtsnachfolge von Todes wegen hat, ist nicht verpflichtet, diese Verordnung auf Kollisionen zwischen den Rechtsordnungen dieser Gebietseinheiten anzuwenden.

Stammfassung.

1 Durch Art 38 wird deutlich zum Ausdruck gebracht, dass **Mitgliedstaaten mit mehreren Rechtsordnungen,** also etwa Spanien oder das Vereinigte Königreich,[1] **bei Sachverhalten ohne Auslandsbezug** nicht gezwungen sind, die Vorschriften der Erbrechtsverordnung zur Klärung interlokaler Kollisionen anzuwenden.[2] Vielmehr kann der jeweilige Mitgliedstaat **selbst bestimmen, wie** er seine **interlokalen Rechtsanwendungsprobleme löst,**[3] also sein interregionales Kollisionsrecht autonom festlegen.[4] Ganz ähnlich wird dies auch in Art 22 Abs 2 Rom I-VO, Art 25 Abs 2 Rom II-VO, Art 16 Rom III-VO, Art 21 HErbÜ und Art 15 Abs 1 HUP geregelt.[5]

---

4 *Deutsches Notarinstitut,* Studie 255 f.

5 *Dutta* in MünchKommBGB[6] Art 37 EuErbVO Rz 2; *Rudolf/Zöchling-Jud/Kogler* in *Rechberger/Zöchling-Jud* Rz 324.

6 *Thorn* in *Palandt*[73] Art 37 EuErbVO Rz 1; *Dutta* in MünchKommBGB[6] Art 37 EuErbVO Rz 1.

7 *Köhler* in *Kroiß/Horn/Solomon* Art 37 EuErbVO Rz 1.

8 Näher dazu Art 36 Rz 11.

9 So zum gleichartigen Art 15 Satz 2 Rom III-VO *Winkler von Mohrenfels* in MünchKommBGB[6] Art 15 Rom III-VO Rz 1.

1 Siehe Art 36 Rz 5.

2 *Köhler* in *Kroiß/Horn/Solomon* Art 38 EuErbVO Rz 1.

3 *Martiny* in MünchKommBGB[6] Art 22 Rom I-VO Rz 10.

4 *Winkler von Mohrenfels* in MünchKommBGB[6] Art 16 Rom III-VO Rz 1.

5 *Dutta* in MünchKommBGB[6] Art 38 EuErbVO Rz 1 f.

Art 38 dient jedoch nur der **Klarstellung,** denn die **EuErbVO** enthält, wenn dies auch nicht **2** ausdrücklich zum Ausdruck gebracht wird[6], **ausschließlich Regelungen des internationalen Kollisionsrechts,** für interlokales Kollisionsrecht wäre die EU gar nicht zuständig.[7] Im Übrigen erscheint Art 38 auch deshalb **kaum von Bedeutung,** weil Art 36 Abs 1 bzw Abs 3 bereits einen **Vorrang des jeweiligen interlokalen Kollisionsrechts** anordnen[8] – allerdings gilt dies nicht in den Fällen, in denen entsprechende Regelungen nicht vorhanden sind.[9]

Kapitel IV
Anerkennung, Vollstreckbarkeit und Vollstreckung von Entscheidungen

Anerkennung

Art 39. **(1) Die in einem Mitgliedstaat ergangenen Entscheidungen werden in den anderen Mitgliedstaaten anerkannt, ohne dass es hierfür eines besonderen Verfahrens bedarf.**

(2) Bildet die Frage, ob eine Entscheidung anzuerkennen ist, als solche den Gegenstand eines Streites, so kann jede Partei, welche die Anerkennung geltend macht, in dem Verfahren nach den Artikeln 45 bis 58 die Feststellung beantragen, dass die Entscheidung anzuerkennen ist.

(3) Wird die Anerkennung in einem Rechtsstreit vor dem Gericht eines Mitgliedstaats, dessen Entscheidung von der Anerkennung abhängt, verlangt, so kann dieses Gericht über die Anerkennung entscheiden.

Stammfassung.

Literatur: *Althammer/Löhing,* Zwischen Realität und Utopie: Der Vertrauensgrundsatz in der Rechtsprechung des EuGH zum europäischen Zivilprozessrecht, ZZPInt 2004, 23; *Bajons,* Die Nachlassabwicklung in internationalen Erbsachen nach zukünftigem Recht – Unionsrechtliche Neuordnung, ecolex 2014, 204; *K. Binder,* Conflict of Principles in European Civil Procedural Law, euvr 2012, 164; *K. Binder,* Kollision von Prinzipien im Europäischen Zivilverfahrensrecht (2014); *Burandt,* Die EU-ErbVO. Das europäische Erbrecht im Wandel (Teil 2), FuR 2013, 377; *Dörner,* EuErbVO: Die Verordnung zum Internationalen Erb- und Erbverfahrensrecht ist in Kraft! ZEV 2012, 505; *Dutta,* Das neue internationale Erbrecht der Europäischen Union – Eine erste Lektüre der Erbrechtsverordnung, FamRZ 2013, 4; *Efstratiou,* Richterrechtliche Vorgaben zum Grundsatz der Verfahrensautonomie der Mitgliedstaaten beim indirekten Vollzug des Unionsrechts, in *Karakostas/Riesenhuber* (Hrsg), Methoden- und Verfassungsfragen der Europäischen Rechtsangleichung (2011) 99; *Faber,* Der aktuelle Vorschlag einer EU-Verordnung für Erbsachen – ein Überblick, JEV 2010, 42; *Faber/Grünberger,* Vorschlag der EU-Kommission zu einer Erbrechts-Verordnung, NZ 2011/25, 97; *Fischer-Czermak,* Anwendungsbereich, in *Schauer/Scheuba* (Hrsg), Europäische Erbrechtsverordnung (2012) 23; *Frauenberger-Pfeiler,* Lugano-Abkommen: Anerkennung und Vollstreckung ausländischer Entscheidungen, ecolex 1996, 735; *Frodl,* Einheit durch Aufgabe nationaler Rechtstraditionen? – EU-Erbrechtsverordnung kundgemacht, ÖJZ 2012/108, 950; *Fucik,* Anerkennung und Vollstreckung, in *Schauer/Scheuba* (Hrsg), Europäische Erbrechtsverordnung (2012) 57; *Fucik,* Anerkennung, Vollstreckbarerklärung und Vollstreckung, in *Rechberger/Zöchling-Jud* (Hrsg),

---

6 *Dutta* in MünchKommBGB[6] Art 38 EuErbVO Rz 2.
7 *Köhler* in *Kroiß/Horn/Solomon* Art 38 EuErbVO Rz 2.
8 *Dutta* in MünchKommBGB[6] Art 38 EuErbVO Rz 2.
9 Vgl Art 36 Rz 7.

Die EU-Erbrechtsverordnung in Österreich (2015) 239; *Galetta,* Procedural Autonomy of EU Member States: Paradise Lost? (2010); *Galetta,* Begriff und Grenzen der Verfahrensautonomie der Mitgliedstaaten der Europäischen Union, EuR-Beiheft 1/2012, 37; *Geimer,* Die geplante Europäische Erbrechtsverordnung, in *Reichelt/Rechberger* (Hrsg), Europäisches Erb- und Erbverfahrensrecht (2011) 1; *Hess,* Urteilsfreizügigkeit und ordre public-Vorbehalt bei Verstößen gegen Verfahrensgrundrechte und Marktfreiheiten, IPRax 2001, 301; *Huber,* The Unitary Effect of the Community's Fundamental rights: The *ERT*-Doctrine Needs to be Reviewed, European Public Law 2008, 323; *Jayme/Kohler,* Europäisches Kollisionsrecht 2001: Anerkennungsprinzip statt IPR? IPRax 2001, 501; *Jayme/Kohler,* Europäisches Kollisionsrecht 2004: Territoriale Erweiterung und methodische Rückgriffe, IPRax 2004, 481; *G. Kodek,* Das Europäische Zivilverfahren im Spannungsfeld zwischen Gemeinschaftsrecht und nationalem Recht, in *Kengyel/Rechberger* (Hrsg), Europäisches Zivilverfahrensrecht. Bestandsaufnahme und Zukunftsperspektiven nach der EU-Erweiterung (2007) 13; *Kohler,* Herkunftslandprinzip und Anerkennung gerichtlicher Entscheidungen im europäischen Justizraum, in *Reichelt* (Hrsg), Das Herkunftslandprinzip im Europäischen Gemeinschaftsrecht (2006) 71; *König,* Bedarf die EO einer LGVÜ-/EuGVÜ-Nachbesserung? ecolex 1999, 310; *J. König,* Der Äquivalenz- und Effektivitätsgrundsatz in der Rechtsprechung des Europäischen Gerichtshofs (2011); *Krönke,* Verfahrensautonomie der EU-Mitgliedstaaten? Ritsumeikan Law Review 28/2011, 307; *Krönke,* Die Verfahrensautonomie der Mitgliedstaaten der Europäischen Union (2013); *Kulms,* Der Effektivitätsgrundsatz (2013); *Lecheler,* Der Europäische Gerichtshof und die allgemeinen Rechtsgrundsätze (1971); *Lehmann,* Die EU-ErbVO: Babylon in Brüssel und Berlin, ZErb 2013, 25; *Leitner,* Die EU-Erbrechtsverordnung Nr. 650/2012 und deren Auswirkungen auf diverse Länder, in *DACH Europäische Anwaltsvereinigung* (Hrsg), Die EU-Erbrechtsverordnung Nr. 650/2012 und deren Auswirkungen auf diverse Länder (2014) 1; *Matscher,* Zur Theorie der Anerkennung ausländischer Entscheidungen nach österreichischem Recht, FS Schima (1969) 65; *Matscher,* Die Neuregelung der inländischen Gerichtsbarkeit durch die WGN 1997, JBl 1998, 488; *Motal,* EU-Erbrechtsverordnung: Anpassungsbedarf im Außerstreitgesetz, EF-Z 2015/39, 62; *Niehof,* Der Grundsatz der gegenseitigen Anerkennung im Gemeinschaftsrecht (Diss FU Berlin 1989); *Nunner-Krautgasser,* Die Anerkennung ausländischer Entscheidungen – Rechtsentwicklung im Überblick, ÖJZ 2009/60, 533; *Nunner-Krautgasser,* Die Anerkennung ausländischer Entscheidungen – Dogmatische Grundfragen, ÖJZ 2009/87, 793; *Odersky,* Vertrauen in die Rechtsordnungen der Europäischen Union und ihrer Mitgliedstaaten, FS Everling II (1995) 1001; *Pfeiler,* Die Anerkennung ausländischer Titel in Österreich, JAP 1995/96, 275; *Reichelt,* Europarecht. Einführung und Grundsatzjudikatur (2002); *Richters,* Anwendungsprobleme der EuErbVO im deutsch-britischen Rechtsverkehr, ZEV 2012, 576; *Rudolf,* Die Erbrechtsverordnung der Europäischen Union. VO zum Internationalen Erb- und Erbverfahrensrecht in Kraft – ein Überblick, NZ 2013/103, 225; *Schack,* Widersprechende Urteile: Vorbeugen ist besser als Heilen, IPRax 1989, 139; *Scheuba,* Anmerkungen zur Entstehungsgeschichte, in *Schauer/Scheuba* (Hrsg), Europäisches Erbrechtsverordnung (2012) 1; *Schima,* Das Subsidiaritätsprinzip im Europäischen Gemeinschaftsrecht (1994); *Schwab,* Der Europäische Gerichtshof und der Verhältnismäßigkeitsgrundsatz (2002); *Seyr,* Der effet utile in der Rechtsprechung des EuGH (2008); *Simon/Buschbaum,* Die neue EU-Erbrechtsverordnung, NJW 2012, 2393; *Skouris,* Stellung und Bedeutung des Vorabentscheidungsverfahrens im europäischen Rechtsschutzsystem, EuGRZ 2008, 343; *Steiner,* EU-Verordnung in Erbsachen sowie zur Einführung eines europäischen Nachlasszeugnisses, NZ 2012/26, 104; *Stix-Hackl,* Aspekte der Verfahrensautonomie von Mitgliedstaaten, AnwBl 1999, 413; *Tomasic,* Effet utile (2013); *Wagner,* Der Kommissionsvorschlag vom 14. 10. 2009 zum internationalen Erbrecht: Stand und Perspektiven des Gesetzgebungsverfahrens, DNotZ 2010, 506; *Wall,* Vermeidung negativer Kompetenzkonflikte im Zuständigkeitsrecht der Art. 4 ff EU-ErbVO. Lässt sich die Entscheidung EuGH, Urt. v. 15. 11. 2012 – Rs. C-456/11 zur Bindungswirkung ausländischer Prozessurteile auf die EU-ErbVO übertragen? ZErb 10/2014, 272; *Weller,* Mutual trust: in search of the future of European Union private international law, Journal of Private International Law 2015, 64.

Übersicht

	Rz
I. Genese und Anwendungsbereich	1
II. Normzweck	7
A. Freizügigkeit von Entscheidungen	7
B. Grundsatz der gegenseitigen Anerkennung	8
C. Grundsatz des gegenseitigen Vertrauens	11

III. Anerkennung ipso iure (Abs 1) 20
IV. Fakultatives Anerkennungsverfahren (Abs 2) 25
 V. Inzidentanerkennung (Abs 3) 30

I. Genese und Anwendungsbereich

Das **Gebiet des Erbrechts** blieb bei den bisher erlassenen (Begleitenden)[1] Gemeinschafts-[2] **1**
bzw Unionsrechtsakten[3] zur Verbesserung der justiziellen Zusammenarbeit in Zivilsachen
stets unberücksichtigt. Aufgrund dieser **Bereichsausnahme** in Art 1 Abs 2 Nr 1 EuGVÜ
bzw Art 1 Abs 2 lit a Brüssel I-VO (nunmehr Art 1 Abs 2 lit f Brüssel Ia-VO) war eine
unionsweite Anerkennung und Vollstreckung erbrechtlicher Entscheidungen im europäischen Justizraum bislang nicht eröffnet.[4] Vielmehr war die bisherige Rechtslandschaft
weniger durch multilaterale Staatsverträge als durch ein verhältnismäßig unübersichtliches
Netz von bilateralen Anerkennungs- und Vollstreckungsabkommen geprägt, welche entweder ausdrücklich oder zumindest implizit über ihren allgemein definierten Anwendungsbereich erbrechtliche Entscheidungen (mit-)erfassen.[5] Doch bereits im **Wiener Aktionsplan**[6] v 3. 12. 1998 war in Pkt 41 lit c ein gesonderter Rechtsakt betreffend die
internationale Zuständigkeit, das anwendbare Recht sowie die Anerkennung und Vollstreckung gerichtlicher Entscheidungen in Erbschaftssachen als prioritäre Maßnahme der
Union angelegt. Rat und Kommission kündigten infolgedessen im **Maßnahmenprogramm**[7] v 24. 11. 2000 in Vorschlag A.1. die Ausarbeitung eines Rechtsinstruments im
Bereich des Erbrechts an.[8]

In Entsprechung von Pkt 3.4.2. des **Haager Programms**[9] legte die Kommission am 1. 3. 2005 **2**
ein **Grünbuch**[10] mit 39 Fragen, davon zwei zur Anerkennung und Vollstreckung gerichtlicher Entscheidungen iZm der Abschaffung des Exequaturverfahrens, zur Konsultation vor.
Der **Kommissionsvorschlag**[11] v 14. 10. 2009 sah in **Art 29** grundsätzlich die automatische

---

1 Zur ursprünglich (völker-)vertraglichen Rechtsvereinheitlichung im Rahmen des sog „Begleitenden
   Gemeinschaftsrechts" (*Kodek* in *Kengyel/Rechberger* 15; *Reichelt,* Europarecht 45) s noch Art 220
   SpS 4 EWGV bzw Art 293 SpS 4 EGV, der mit dem Vertrag von Lissabon angesichts des fortschrei-
   tenden Integrationsprozesses überhaupt fallen gelassen worden ist.
2 Kompetenzgrundlage: Art 65 EGV.
3 Kompetenzgrundlage: Art 81 AEUV.
4 Vgl auch Art 1 Abs 2 Nr 1 LGVÜ bzw Art 1 Abs 2 lit a LGVÜ II.
5 Siehe dazu ausf *DNotI,* Rechtsvergleichende Studie der erbrechtlichen Regelungen des Internationalen Verfahrensrechtes und Internationalen Privatrechts der Mitgliedstaaten der Europäischen Union
   (2002) 209 f, abrufbar unter http://ec.europa.eu/civiljustice/publications/docs/testaments_succes-
   sions_ de.pdf (31. 3. 2015).
6 Aktionsplan des Rates und der Kommission zur bestmöglichen Umsetzung der Bestimmungen des
   Amsterdamer Vertrags über den Aufbau eines Raums der Freiheit, der Sicherheit und des Rechts,
   ABl C 1999/19, 1, 10.
7 Maßnahmenprogramm zur Umsetzung des Grundsatzes der gegenseitigen Anerkennung gerichtlicher Entscheidungen in Zivil- und Handelssachen, ABl C 2001/12, 1, 3.
8 Ausf zur Entstehungsgeschichte der EuErbVO *Scheuba* in *Schauer/Scheuba* 1 ff.
9 Haager Programm zur Stärkung von Freiheit, Sicherheit und Recht in der Europäischen Union, ABl
   C 2005/53, 1, 13.
10 Grünbuch Erb- und Testamentsrecht, KOM (2005) 65 endg.
11 Vorschlag für eine Verordnung des Europäischen Parlaments und des Rates über die Zuständigkeit,
   das anzuwendende Recht, die Anerkennung und die Vollstreckung von Entscheidungen und öffentlichen Urkunden in Erbsachen sowie zur Einführung eines Europäischen Nachlasszeugnisses, KOM
   (2009) 154 endg.

Anerkennung ausländischer Entscheidungen vor und enthielt für das fakultative selbständige Anerkennungsverfahren noch einen dynamischen Verweis auf die Vorschriften über das Exequaturverfahren gem Art 38 – 56 Brüssel I-VO, welcher gewissermaßen aufgrund der ungewissen Neufassung der Brüssel I-VO im weiteren Verlauf des Legislativverfahrens allerdings fallen gelassen wurde.[12] Um eigentlich auch erbrechtlichen Spezifika gerecht zu werden, entschied man sich letztlich für die Aufnahme eigenständiger Regeln zum Exequaturverfahren, welche am bisherigen Konzept einer erforderlichen Vollstreckbarerklärung festhielten. Legistisch fasste der Kommissionsentwurf die beiden Abs 2 und 3 noch in einem Absatz zusammen.[13]

3 Die am 4. 7. 2012 verabschiedete **EuErbVO** enthält in **Kapitel IV** (Art 39 – 58) nunmehr einheitliche Regelungen zur **Anerkennung, Vollstreckbarkeit und Vollstreckung von Entscheidungen,** die iSd Legaldefinition des **Art 3 Abs 1 lit g** von einem **Gericht** eines Mitgliedstaats, welches seinerseits in Art 3 Abs 2 definiert wird und grds auch Akte der Notare in ihrer Funktion als Gerichtskommissäre umfassen kann,[14] in **Erbsachen** unabhängig ihrer Bezeichnung gefällt worden sind.[15] Wie ErwGr 59 klarstellt, macht es keinen Unterschied, ob die betreffende Entscheidung iZm der Rechtsnachfolge von Todes wegen im **streitigen** (Pflichtteilsklage, Pflichtteilsergänzungsklage, Erbteilungsklage, Erbschaftsklage, Vermächtnisklage) oder **nichtstreitigen Verfahren** (Verlassenschaftsverfahren nach §§ 143 ff AußStrG) ergangen ist.[16] Aufgrund der Vorbildfunktion der Brüssel I-VO[17] passt das in die EuErbVO übernommene Anerkennungs- und Vollstreckungsregime gleichwohl besser zu den streitigen Erbrechtssachen,[18] unterdessen drohen bei den außerstreitigen Erbrechtsangelegenheiten – vornehmlich iZm den Anerkennungsversagungsgründen – Friktionen.[19] Während gerichtliche Entscheidungen rechtsgestaltender oder feststellender Natur grundsätzlich automatisch anerkannt werden (Art 39 Abs 1), bedarf es zur Vollstreckung eines auf Leistung gerichteten Titels eines eigenen Verfahrens zur Vollstreckbarerklärung (Art 43 ff).[20]

---

12 *Hess/Jayme/Pfeiffer,* Stellungnahme zum Vorschlag für eine Europäische Erbrechtsverordnung 42, abrufbar unter www.europarl.europa.eu/RegData/etudes/note/join/2012/462430/IPOL-JURI_NT% 282012%29462430_DE.pdf (31. 3. 2015); *J. Schmidt* in BeckOGK BGB Art 39 EuErbVO Rz 3; *Simon/Buschbaum,* NJW 2012, 2397.

13 *J. Schmidt* in BeckOGK BGB Art 39 EuErbVO Rz 3.

14 *Fucik* in *Schauer/Scheuba* 62 FN 16; *Motal,* EF-Z 2015/39, 68; *Rudolf,* NZ 2013/103, 228; *Faber,* JEV 2010, 44; *Faber/Grünberger,* NZ 2011/25, 100; *Steiner,* NZ 2012/26, 108; s Art 3 Rz 36, 38 ff.

15 *Dutta* in MünchKommBGB[6] Vor Art 39 EuErbVO Rz 1; *J. Schmidt* in BeckOGK BGB Art 39 EuErbVO Rz 5.

16 Siehe für Österreich *Fucik* in *Schauer/Scheuba* 59 und in *Rechberger/Zöchling-Jud* 240 Rz 4.3, für Deutschland *Dutta* in MünchKommBGB[6] Vor Art 39 EuErbVO Rz 3: Entscheidungen aus streitigen Erbverfahren nach §§ 328, 722, 723 dZPO und Entscheidungen aus Nachlassverfahren der freiwilligen Gerichtsbarkeit nach §§ 108 ff FamFG.

17 Krit *Hess/Jayme/Pfeiffer,* Stellungnahme zum Vorschlag für eine Europäische Erbrechtsverordnung 42.

18 *Bajons,* ecolex 2014, 210 FN 15; *Fucik* in *Schauer/Scheuba* 61; *Fucik* in *Rechberger/Zöchling-Jud* 243 Rz 4.13, 247 Rz 4.23; *Geimer* in *Reichelt/Rechberger* 13 f; *Verweijen,* Verlassenschaftsverfahren 60.

19 *Dutta* in MünchKommBGB[6] Vor zu Art 39 EuErbVO Rz 2; *Dutta,* FamRZ 2013, 13; *Köhler* in *Kroiß/ Horn/Solomon* Vor Art 39 – 58 EuErbVO Rz 1; *Müller-Lukoschek,* EU-Erbrechtsverordnung § 2 Rz 261; *Rauscher* in *Rauscher* Einf EG-ErbVO-E Rz 36; *Rudolf,* NZ 2013/103, 231.

20 *Bajons,* ecolex 2014, 210.

Soweit **mitgliedstaatliche Erbnachweise** in Gestalt einer Entscheidung iSd Art 3 Abs 1 lit g   **4**
ergehen, soll für deren Anerkennung Art 39 einschlägig sein.[21] Die automatische Anerkennung des **Europäischen Nachlasszeugnisses** richtet sich dagegen nach Art 69.[22] Die Praxis-
relevanz der Anerkennung und Vollstreckung erbrechtlicher Entscheidungen wird insb davon abhängen, inwieweit das mit der EuErbVO geschaffene System mit dem Europäischen
Nachlasszeugnis funktioniert.[23]

Weder das **Vereinigte Königreich** (GB) und **Irland** (IE),[24] für welche gem Art 4 des dem   **5**
EUV und dem AEUV beigefügten Protokolls Nr 21[25] zumindest die Möglichkeit zum Opt-
in besteht,[26] noch **Dänemark** (DK)[27] beteiligen sich an der Annahme der VO,[28] weshalb hinsichtlich des räumlichen Anwendungsbereichs der Terminus **„Mitgliedstaat"** verordnungsautonom einschränkend auf die teilnehmenden Mitgliedstaaten auszulegen ist.[29]

Für **Art 39,** der „Grund- und Kernnorm"[30] zur Anerkennung von in einem anderen Mit-   **6**
gliedstaat gefällten Entscheidungen, stand noch **Art 33 Brüssel I-VO** (vormals Art 26 EuG-
VÜ; nunmehr Art 36 Brüssel Ia-VO) Pate, weshalb die dort entwickelten Grundsätze auch
im Anwendungsbereich der EuErbVO *mutatis mutandis* nutzbar gemacht werden können.[31]
Eine entsprechende Vorschrift zur Anerkennung findet sich auch in Art 23 EuUVO sowie
weitgehend in Art 21 Brüssel IIa-VO.[32]

II. Normzweck

A. Freizügigkeit von Entscheidungen

Die in Art 39 Abs 1 normierte automatische Anerkennung iSe **Freizügigkeit von Entschei-**   **7**
dungen zählt zu den vorrangigen Instrumenten zur Verwirklichung der zivilverfahrensrecht-

---

21 Siehe *Fucik* in *Rechberger/Zöchling-Jud* 249 Rz 4.30; *Rauscher* in *Rauscher* Einf EG-ErbVO-E Rz 38;
    Dutta in MünchKommBGB[6] Art 39 EuErbVO Rz 2, der für eine Erstreckung etwaiger Vermutungs-,
    Gutglaubens- und Legitimationswirkungen eintritt; zweifelnd *Martiny* in *Prütting/Wegen/Weinreich*[9]
    Art 26 Anh I EGBGB Rz 106 mwN.
22 *Dutta* in MünchKommBGB[6] Art 39 EuErbVO Rz 2.
23 *Fucik* in *Rechberger/Zöchling-Jud* 242 Rz 4.12.
24 ErwGr 82.
25 Protokoll Nr 21 über die Position des Vereinigten Königreichs und Irlands hinsichtlich des Raums
    der Freiheit, der Sicherheit und des Rechts, ABl C 2012/326, 295.
26 *Wagner*, DNotZ 2010, 511; laut *Adolphsen*, Europäisches Zivilverfahrensrecht[2] 307 f werden GB und
    IE von ihrer Möglichkeit zum Opt-in *pro futuro* wohl keinen Gebrauch machen.
27 ErwGr 83; Protokoll Nr 22 über die Position Dänemarks, ABl C 2012/326, 299. Näheres zur Sonder-
    stellung DK s *Hess* in *Grabitz/Hilf/Nettesheim* Art 81 AEUV Rz 59 ff (EL 42); *Kropholler/von Hein*[9]
    EuGVO Einl Rz 42.
28 *Fischer-Czermak* in *Schauer/Scheuba* 23; *Richters*, ZEV 2012, 576 f; *Simon/Buschbaum*, NJW 2012,
    2393.
29 *Lehmann*, ZErb 2013, 25; *Schwab* in BeckFormularbuch Erbrecht[3] VI.1; vgl idZ auch im deutschen
    Gesetz zum Internationalen Erbrecht und zur Änderung von Vorschriften zum Erbschein sowie zur
    Änderung sonstiger Vorschriften § 1 Abs 2 IntErbRVG, dBGBl I 2015, 1042.
30 *J. Schmidt* in BeckOGK BGB Art 39 EuErbVO Rz 1.
31 *Burandt* in *Burandt/Rojahn*[2] Art 39 EuErbVO Rz 1; *Fucik* in *Rechberger/Zöchling-Jud* 243 Rz 4.14;
    Martiny in *Prütting/Wegen/Weinreich*[9] Art 26 Anh I EGBGB Rz 106; *Pawlytta/Pfeiffer* in MünchAn-
    waltsHB Erbrecht[4] § 33 Rz 217; vgl auch ErwGr 59, der für Kapitel IV der EuErbVO die Vorbild-
    funktion anderer Rechtsinstrumente im Politikbereich der Justiziellen Zusammenarbeit in Zivilsa-
    chen (Art 81 AEUV) hervorhebt.
32 *Dutta* in MünchKommBGB[6] Art 39 EuErbVO Rz 4.

lichen Aspekte eines Raums der Freiheit, der Sicherheit und des Rechts, um den Zugang zum Recht zu erleichtern.[33] Ziel des Abbaus der Schranken bei der gegenseitigen Anerkennung und Vollstreckung von gerichtlichen Entscheidungen anderer Mitgliedstaaten ist primär die Verwirklichung des Binnenmarktkonzepts, welches sich von der ursprünglich marktbezogenen Freizügigkeit kontinuierlich zu einer allgemeinen Freizügigkeit – insb im Rahmen der durch die Unionsbürgerschaft gewährleisteten Rechte[34] – weiterentwickelt hat.[35] Ohne eine verfahrensrechtliche Absicherung drohten die für den Einzelnen aus den Grundfreiheiten gewonnenen materiell-rechtlichen Ansprüche ins Leere zu laufen. Die Abschaffung der die Grundfreiheiten beeinträchtigenden Formalitäten fanden sich folglich als klares Ziel schon im Gründungsvertrag (Art 220 EWGV).[36] Mit dem Konzept von der Freizügigkeit gerichtlicher Entscheidungen soll den in der Union gewährten Freizügigkeitsrechten – im Zeichen des dienenden Charakters des Verfahrensrechts – schließlich zum Durchbruch verholfen werden.[37] Zur Erleichterung des reibungslosen Funktionierens des Binnenmarkts bezweckt die EuErbVO den Abbau von Hindernissen für den freien Verkehr von Personen, denen die Durchsetzung ihrer Rechte iZm einem Erbfall mit grenzüberschreitendem Bezug bislang Schwierigkeiten bereitet hat.[38]

B. Grundsatz der gegenseitigen Anerkennung

8 Eng verknüpft mit der Freizügigkeit von Entscheidungen ist der **Grundsatz der gegenseitigen Anerkennung** von Entscheidungen, der seit dem Vertrag von Lissabon primärrechtlich in **Art 67 Abs 4** und **Art 81 Abs 1 AEUV** als wesentliche Grundlage der grenzüberschreitenden justiziellen Zusammenarbeit in Zivilsachen fest verankert ist und als **Allgemeiner Rechtsgrundsatz mit grundfreiheitlicher Prägung** qualifiziert werden kann.[39]

9 Ausgehend vom Urteil des EuGH in der Rs „*Cassis de Dijon*"[40] wurde der Grundsatz der gegenseitigen Anerkennung[41] ursprünglich in der Warenverkehrsfreiheit entwickelt. Ziel dieses Konzepts ist es, die unterschiedlichen Produkt- bzw Qualifikationsstandards nicht über eine Harmonisierung zu beseitigen, sondern über den Weg der gegenseitigen Anerkennung. Grundsätzlich sind Waren aus dem Herkunftsland – vorbehaltlich nationaler Schutzmaßnahmen[42] – im Empfangsstaat wie inländische Produkte zu behandeln.[43] In den bereits harmonisierten Bereichen reicht die Wirkung des Anerkennungsgrundsatzes insofern noch weiter, als durch die Festlegung von einheitlichen Zulassungsvoraussetzungen für Waren oder

---

33 Siehe Art 67 Abs 4 AEUV; ErwGr 1.

34 Siehe dazu eingehend Bericht über die Unionsbürgerschaft 2010 – Weniger Hindernisse für die Ausübung von Unionsbürgerrechten, KOM (2010) 603 endg.

35 Vgl *Huber*, European Public Law 2008, 327; *Skouris*, EuGRZ 2008, 344.

36 Vgl *Hess*, Europäisches Zivilprozessrecht 87 Rz 12.

37 Vgl *K. Binder* in *Rauscher* IV⁴ EU-SchutzMVO Rz 57; *K. Binder*, Kollision von Prinzipien (im Druck).

38 Siehe ErwGr 7 und ErwGr 80.

39 Siehe bereits *K. Binder*, euvr 2012, 166; *K. Binder* in *Rauscher* IV⁴ EU-SchutzMVO Rz 58; *K. Binder*, Kollision von Prinzipien (im Druck).

40 EuGH C-120/78 Slg 1979, I-649, *Rewe/Brundesmonopolverwaltung für Branntwein* NJW 1979, 1766.

41 Allg dazu *Niehof*, Grundsatz der gegenseitigen Anerkennung.

42 Entsprechend der „*Cassis de Dijon*-Formel" dürfen Kontrollen nur zum Schutz anerkannter Rechtsgüter durchgeführt werden, Vorschriften des Zweitstaates dürfen weder diskriminierend noch unverhältnismäßig angewendet werden.

43 Siehe *Streinz*, Europarecht⁹ Rz 959 f.

Dienstleistungen die Zulassung im Erststaat Kontrollen im Zweitstaat ausschließt. Dieses Konzept des **Herkunftslandprinzips**[44] findet sich im Europäischen Zivilverfahrensrecht wieder.[45]

Das bereits in Art 220 SpS 4 EWGV angelegte Ziel einer erleichterten Anerkennung und **10** Vollstreckung von gerichtlichen Entscheidungen wurde bereits mit dem EuGVÜ entsprechend umgesetzt und hat durch die (spätere) Vergemeinschaftung infolge des Vertrags von Amsterdam eine neue Dynamik durch die Beseitigung weiterer Anerkennungshindernisse erlangt. Auslöser für diese weitreichende Entwicklung sind die **Schlussfolgerungen des Europäischen Rates von Tampere** am 15./16. 10. 1999,[46] in denen dieser den Grundsatz der gegenseitigen Anerkennung zum „Eckstein der grenzüberschreitenden justiziellen Zusammenarbeit" erklärt. Für die Umsetzung des Anerkennungsgrundsatzes wird der **Abbau von Zwischenverfahren** vorerst bei Bagatellsachen und bestimmten familienrechtlichen Entscheidungen mit dem Ziel einer unionsweiten automatischen Anerkennung gefordert. Als Ausgleich für die Abschaffung des Exequaturs können dabei prozessuale Mindeststandards dienen. Diese Vorgaben werden in der Folge im **Entwurf eines Maßnahmenprogramms** zur Umsetzung des Grundsatzes der gegenseitigen Anerkennung[47] ausgeführt, in dem bereits die endgültige Abschaffung des Exequaturs für sämtliche grenzüberschreitende Zivilverfahren angelegt ist, und die im **Haager Programm**[48] weiter verfolgt wird. Der Europäische Rat hat sich auf seiner Tagung in Brüssel am 10./11. 12. 2009 im **Stockholmer Programm**[49] für eine Ausweitung des Grundsatzes der gegenseitigen Anerkennung auf bisher noch nicht abgedeckte Gebiete – wie zB das **Erb- und Testamentsrecht** – unter Berücksichtigung der Rechtssysteme einschließlich des *ordre public* und der nationalen Traditionen der Mitgliedstaaten in diesem Bereich ausgesprochen. Während in zahlreichen Unionsrechtsakten der weitergehende Integrationsschritt eines radikalen Abbaus von Zwischenverfahren bereits vollzogen worden ist, wird im Anwendungsbereich der EuErbVO[50] iSe ersten Schrittes zwar die ex-lege-Anerkennung von in einem Mitgliedstaat ergangenen Entscheidungen übernommen, am bisherigen Konzept der Vollstreckbarerklärung jedoch festgehalten.

C. Grundsatz des gegenseitigen Vertrauens

Der Grundsatz der gegenseitigen Anerkennung von Entscheidungen beruht seinerseits auf **11** dem umstrittenen[51] **Grundsatz des gegenseitigen Vertrauens** in die Rechtsschutzsysteme und Rechtspflegeorgane der Mitgliedstaaten der Europäischen Union. Ohne gegenseitiges Vertrauen (en: *mutual trust;* es: *confianza mutua;* fr: *confiance mutuelle;* it: *fiducia reciproca;*

---

44 *Kohler* in *Reichelt* 71 sieht in dem Begriff weniger eine Gleichstellung mit dem Grundsatz der gegenseitigen Anerkennung, sondern eher eine unionspolitische Orientierung, die mit unterschiedlichen Rechtstechniken verwirklicht werden kann; aA noch *Jayme/Kohler,* IPRax 2001, 501 ff; *Jayme/Kohler,* IPRax 2004, 481 ff.

45 Vgl *Hess,* IPRax 2001, 301; *Hess,* Europäisches Zivilprozessrecht 91 ff Rz 19 f.

46 www.consilium.europa.eu/ueDocs/cms_Data/docs/pressData/de/ec/00200-r1.d9.htm (31. 3. 2015).

47 ABl C 2001/12, 1.

48 ABl C 2005/53, 1.

49 Das Stockholmer Programm – Ein offenes und sicheres Europa im Dienste und zum Schutz der Bürger, ABl C 2010/115, 1, 13.

50 Siehe ErwGr 59, der für die gegenseitige Anerkennung von Entscheidungen in Erbsachen zur allgemeinen Zielsetzung der EuErbVO erklärt.

51 *Fucik* in *Schauer/Scheuba* 64 sowie in *Rechberger/Zöchling-Jud* 254 Rz 4.45 spricht von einem „(mehr propagierten als gelebten) mutual trust".

nl: *wederzijds vertrouwen*; pt: *confiança mútua*) wäre das ehrgeizige Konzept eines europäischen Justizraums nicht zu verwirklichen gewesen. Im Gegensatz zum Grundsatz der gegenseitigen Anerkennung von Entscheidungen, der seit dem Vertrag von Lissabon in Art 67 Abs 4 und Art 81 Abs 1 AEUV primärrechtlich verankert ist, gestaltet sich die **dogmatische Einordnung** des Grundsatzes gegenseitigen Vertrauens mangels einer verbindlichen Festschreibung weder in den Gründungsverträgen oder in irgendeinem Sekundärrechtsakt noch im einstigen Begleitenden Gemeinschaftsrecht als bedeutend schwieriger.[52]

12 Gleichwohl nimmt bereits der *Jenard*-Bericht zum EuGVÜ auf das gegenseitige Vertrauen insofern Bezug, als es eine gerichtliche Nachprüfung *(révision au fond)* sowohl in der Sach- als auch in der Zuständigkeitsfrage ausschließt und damit dieses Vertrauen geradezu erzwingt.[53] Außerdem heben die Begründungserwägungen zur Brüssel Ia-VO (ErwGr 26) [bzw ErwGr 16f Brüssel I-VO], EuVTVO (ErwGr 18), EuMahnVO (ErwGr 27), EuSchMaVO (ErwGr 4) und EuMediations-RL (ErwGr 16) das gegenseitige Vertrauen der Mitgliedstaaten in die Rechtspflege der jeweils anderen Mitgliedstaaten hervor. ErwGr 21 Brüssel IIa-VO und ErwGr 22 EuInsVO verwenden sogar ausdrücklich die Diktion „Grundsatz des gegenseitigen Vertrauens". Nach stRsp verknüpft der EuGH die Präambel eines Rechtsaktes inhaltlich mit deren materiellem Teil, welcher erforderlichenfalls unter ihrer Berücksichtigung auszulegen ist.[54] In den Begründungserwägungen zur EuErbVO findet sich dagegen kein dezidierter Hinweis auf das gegenseitige Vertrauen; ungeachtet dessen kann jedoch kein Zweifel bestehen, dass jener Rechtsakt ebenso von diesem Grundsatz (implizit) getragen wird.[55]

13 Die Kommission misst der Rechtssicherheit und dem wechselseitigen Vertrauen in die Justizsysteme wesentliche Bedeutung für die Entwicklung und die Durchführung eines grenzfreien Binnenraums bei.[56] Zur Stärkung des gegenseitigen Vertrauens in die Justizsysteme der Mitgliedstaaten hält sie zu Recht die Festsetzung von prozeduralen Mindeststandards für erforderlich, die zugleich eine Garantie für ein faires Verfahren bieten.[57] Zudem soll die Einrichtung eines Europäischen Justiziellen Netzes zur gegenseitigen Vertrauensbildung beitragen.[58] Der Aktionsplan des Rates und der Europäischen Kommission sieht als vertrauensbildende Maßnahmen (i) eine systematische, objektive und unparteiische Bewertung der Durchführung der EU-Maßnahmen im Rechtsbereich, (ii) die Forcierung der Juristenausbildung sowie

---

52 Siehe dazu eingehend bereits *K. Binder* in *Rauscher* IV⁴ EU-SchutzMVO Rz 61 ff.

53 *Jenard*-Bericht zum EuGVÜ, ABl C 1979/59, 1, 46 ad Art 28.

54 EuGH C-402/07 und C-432/07 Slg 2009, I-10923, *Sturgeon ea/Condor Flugdienst* Rz 42 ZVR 2010/98, 207 *(Michitsch)* unter Verweis auf EuGH C-298/00 P Slg 2004, I-4087, *Italien/Kommission* Rz 97 BeckRS 2004, 76116; C-355/95 P Slg 1997, I-2549, *TWD/Kommission* Rz 21; C-404/97 Slg 2000, I-4897, *Kommission/Portugal* Rz 41.

55 Ebenso *Müller-Lukoschek*, EU-Erbrechtsverordnung § 2 Rz 263; *J. Schmidt* in BeckOGK BGB Art 39 EuErbVO Rz 4.

56 Mitteilung der Kommission an den Rat und an das Europäische Parlament zur effizienteren Vollstreckung, ABl C 1998/33, 7.

57 Entwurf eines Maßnahmenprogramms zur Umsetzung des Grundsatzes des gegenseitigen Vertrauens, ABl C 2001/12, 5 f iVm ABl C 2001/115, 4; Mitteilung der Kommission an den Rat und an das Europäische Parlament zur Bilanz des Tampere-Programms, KOM (2004) 401 endg, 10 f.

58 Bericht der Kommission an den Rat, das Europäische Parlament und an den Europäischen Wirtschafts- und Sozialausschuss über die Anwendung der Entscheidung des Rates über die Einrichtung eines Europäischen Justiziellen Netzes, KOM (2006) 203 endg, 10 f.

des Pilotprojekts „Richteraustausch",[59] (iii) die Einrichtung eines effizienten europäischen Justizausbildungsnetzes und (iv) EU-Workshops zur Förderung der Zusammenarbeit vor.[60]

In Art I-42 EVV hätte sich die Europäische Union ausdrücklich zu einem „Raum der Frei- **14** heit, der Sicherheit und des Rechts" unter anderem „durch Förderung des gegenseitigen Vertrauens zwischen den zuständigen Behörden der Mitgliedstaaten, insb auf der Grundlage der gegenseitigen Anerkennung der gerichtlichen und außergerichtlichen Entscheidungen" bekannt. Im Vertrag von Lissabon findet sich zwar nur noch der Art III-257 Abs 1 EVV nachgebildete Art 67 Abs 1 AEUV, demzufolge die Europäische Union einen „Raum der Freiheit, der Sicherheit und des Rechts" bildet, „in dem die Grundrechte und die verschiedenen Rechtsordnungen und -traditionen der Mitgliedstaaten geachtet werden";[61] dennoch lässt sich mE daraus auch wechselseitig die Achtung der Justizsysteme ableiten. Zum einen ist die Rechtspflege integraler Bestandteil einer jeden Rechtsordnung und auch -tradition und zum anderen weist die Kommission dezidiert darauf hin, dass mit dem Aufbau eines europäischen Rechtsraums, der die Rechtsordnungen und -traditionen der Mitgliedstaaten achtet, nicht die Rechts- und Gerichtssysteme der Mitgliedstaaten *per se* infrage gestellt werden sollen, sondern dieser Ansatz selbst auf dem Grundsatz der Verhältnismäßigkeit und der Subsidiarität beruht.[62] Die Achtung der Justizsysteme der Mitgliedstaaten bezieht sich dabei mE nicht nur auf das vertikale Verhältnis der Europäischen Union zu den Mitgliedstaaten, sondern auch auf das horizontale Verhältnis der Mitgliedstaaten zueinander, deren nationale Gerichte beim Vollzug von Unionsrecht funktionell als Unionsgerichte[63] tätig werden. Die Achtung der Justizsysteme der Mitgliedstaaten impliziert auch ein entsprechendes Vertrauen in ihre Rechtspflege, das den Aufbau eines Raums der Freiheit, der Sicherheit und des Rechts überhaupt erst ermöglicht hat. Auch wenn folglich die Unionsverträge eine explizite Festschreibung des gegenseitigen Vertrauens vermissen lassen, ist es mE in **Art 67 Abs 1 AEUV** zumindest **implizit** enthalten.[64]

Eine ausführliche Analyse der **stRsp des EuGH**[65] zum gegenseitigen Vertrauen der Mitglied- **15** staaten verdeutlicht, dass es sich dabei nicht bloß um die Umschreibung einer rechtspolitischen Ideologie[66] handelt, die unter Umständen in der Auslegung Berücksichtigung finden kann, sondern vielmehr um einen die Behörden und Gerichte bindenden Rechtsgrundsatz.[67] ISv *Lecheler*[68] zeichnet sich ein **Allgemeiner Rechtsgrundsatz** dadurch aus, dass man ihn

---

59 Siehe dazu Mitteilung der Kommission an das Europäische Parlament und an den Rat über die Fortbildung von Vertretern der Juristenberufe, KOM (2006) 356 endg.
60 Aktionsplan des Rates und der Kommission zur Umsetzung des Haager Programms (ABl C 2005/53, 11 f), ABl C 2005/198, 17.
61 Zum Vertrauen in die Rechtsordnungen s *Odersky*, FS Everling II 1001.
62 Vgl Mitteilung der Kommission an den Rat und an das Europäische Parlament zur Bilanz des Tampere-Programms, KOM (2004) 401 endg, 10.
63 Vgl *Pechstein*, EU-Prozessrecht[4] Rz 36 mwN.
64 Ausf dazu *K. Binder*, Kollision von Prinzipien.
65 Grundlegend EuGH C-116/02 Slg 2003, I-14693, *Gasser/MISAT* Rz 72 EWiR 2004, 439 *(Mankowski)* = ZZPInt 2003, 510 *(Otte)*; C-159/02 Slg 2004, I-3565, *Turner/Grovit, Harada, Changepoint* Rz 24 ff EuZW 2004, 468 *(Schroeder)* = ZZPInt 2004, 186 *(Hau)*; weitere Nachweise bei *K. Binder*, euvr 2012, 167 FN 28.
66 *Lecheler*, Der Europäische Gerichtshof 41 weist mahnend darauf hin, dass es keinen Bereich gibt, in dem Recht und politisches Wunschdenken so nahe beieinander liegen wie bei den Allgemeinen Rechtsgrundsätzen.
67 Siehe dazu *K. Binder*, euvr 2012, 167.
68 Vgl *Lecheler*, Der Europäische Gerichtshof 47.

„nicht außer acht lassen kann, ohne damit gleichzeitig [. . .] die Grundlagen des Zusammenlebens in der (Völker-)Gemeinschaft in Frage zu stellen". Im übertragenen Sinn können demzufolge Allgemeine Rechtsgrundsätze nicht aus der Unionsrechtsordnung weggedacht werden, ohne damit das Unionsgefüge insgesamt zu stören. Sie fungieren als eine Art Bindeglied, das die unionsspezifische Ordnung in ihren Grundfesten zusammenhält und das Unionsrecht zu einer in sich geschlossenen Rechtsordnung zu vervollkommnen sucht. Es liegt auf der Hand, dass ohne gegenseitiges Vertrauen der Mitgliedstaaten in ihre jeweiligen Rechtssysteme und Rechtspflegeorgane dem europäischen Justizraum insgesamt seine Existenzberechtigung entzogen würde.[69]

16   Der Grundsatz des gegenseitigen Vertrauens in die Justizsysteme und Rechtspflegeorgane der Mitgliedstaaten der Europäischen Union ist das tragende Fundament, auf dem der europäische Justizraum aufbaut. Ohne dieses gegenseitige Vertrauen hätten die einzelnen Mitgliedstaaten niemals auf ihre nationalen Rechtsvorschriften zugunsten eines im europäischen Justizraum einheitlich geltenden Zuständigkeits-, Anerkennungs- und Vollstreckungssystems verzichtet. Zudem wäre die später erfolgte Einräumung einer Gemeinschaftskompetenz (Unionskompetenz) für den schrittweisen Aufbau eines Raums der Freiheit, der Sicherheit und des Rechts zu keiner Zeit realisierbar gewesen.

17   Rechtliche Konsequenz des Grundsatzes des gegenseitigen Vertrauens ist zum einen, dass die Gerichte des Ursprungsmitgliedstaats über ihre Zuständigkeit nach der im europäischen Justizraum homogen anwendbaren Zuständigkeitsordnung selbst entscheiden können. Zum anderen folgt aus dem gegenseitigen Vertrauen, dass die Gerichte im Anerkennungs- und Vollstreckungsmitgliedstaat grundsätzlich an die Entscheidung des Gerichts im Ursprungsmitgliedstaat gebunden sind und jene weder in rechtlicher noch in tatsächlicher Hinsicht sachlich nachgeprüft werden darf (Verbot der *révision au fond*). Das europäische Justizsystem geht davon aus, dass die Gerichte der Mitgliedstaaten die jeweiligen Sekundärrechtsakte mit der gleichen Sachkenntnis gleichförmig anwenden und auslegen,[70] was die Rechtspraxis gewiss vor eine harte Probe stellt.

18   Generalanwältin *Sharpston* ist beizupflichten, dass der Grundsatz des gegenseitigen Vertrauens freilich kein „blindes Vertrauen" verlangt, sondern von den Gerichten lediglich fordert, „die Integrität, Objektivität und Unabhängigkeit" der jeweils anderen anzuerkennen und zu respektieren, und zwar in der gleichen Weise wie dies bei den eigenen Gerichten der Fall ist.[71] Die durch den Grundsatz des gegenseitigen Vertrauens im europäischen Justizraum weitgehend ermöglichte Freizügigkeit von Entscheidungen sollte jedoch dort ihre Grenzen finden, wo wesentliche Verfahrensgarantien, die ein faires Verfahren erfordert, verletzt worden sind. Inwieweit eine Einschränkung der in Art 6 EMRK bzw Art 47 GRC statuierten verfahrensrechtlichen Grundrechte gerechtfertigt sein kann, bedarf freilich einer sorgfältigen Prüfung im Einzelfall.[72]

19   Damit der Grundsatz des gegenseitigen Vertrauens in den einzelnen Mitgliedstaaten nicht bloß *nolens volens* hingenommen wird,[73] ist ua ein funktionierendes grenzüberschreitendes

---

69   *K. Binder,* Kollision von Prinzipien.
70   Vgl *Wall,* ZErb 10/2014, 277.
71   Stellungnahme Generalanwältin *Sharpston* EuGH C-195/08 PPU Slg 2008, I-5271, *Rinau* Rz 96: „Das ist letzten Endes nicht zu viel verlangt."
72   Ausf dazu *K. Binder,* Kollision von Prinzipien; *Weller,* Journal of Private International Law 2015, 90 ff.
73   Krit etwa *Althammer/Löhing,* ZZPInt 2004, 23 ff.

Netzwerk zwischen den Behörden und Gerichten der einzelnen Mitgliedstaaten entscheidend. Den Grundstein für die Förderung des gegenseitigen Vertrauens hat der Rat jedenfalls mit seiner Entscheidung über die Einrichtung eines **Europäischen Justiziellen Netzes für Zivil- und Handelssachen** gelegt.[74] Unverändert verfolgt die Kommission in ihrer Vision der Zukunft der EU-Justizpolitik die **Stärkung des gegenseitigen Vertrauens,**[75] die der Europäische Rat im **Stockholmer Programm**[76] als eine der wichtigsten Aufgaben in der Zukunft veranschlagt. In seinen Schlussfolgerungen der Tagung v 26./27. 6. 2014 bekräftigt der Europäische Rat, dass iZm dem reibungslosen Funktionieren eines europäischen Rechtsraums unter Achtung der verschiedenen Rechtsordnungen und -traditionen der Mitgliedstaaten die Festigung eines solchen gegenseitigen Vertrauens geradezu unverzichtbar ist.[77]

III. Anerkennung ipso iure (Abs 1)

Art 39 Abs 1 verankert im Bereich des Erbrechts den **Grundsatz der ex-lege-Anerkennung**   **20** von in einem Mitgliedstaat iSd EuErbVO ergangenen gerichtlichen Entscheidungen.[78] Soweit kein Versagungsgrund iSv Art 40 vorliegt, erfolgt die Anerkennung **automatisch (ipso iure)**, ohne dass es hierfür eines besonderen Verfahrens bedarf.[79] Die ausländische Entscheidung wird somit in den anderen Mitgliedstaaten zum selben Zeitpunkt wirksam wie im Ursprungsmitgliedstaat.[80]

Der Begriff der Anerkennung wird weder in der EuErbVO noch in einem verwandten Unions-   **21** rechtsakt eigens definiert.[81] Im Einklang mit der hM[82] vertritt der EuGH[83] ganz im Zeichen der Freizügigkeit von Entscheidungen die Theorie der **Wirkungserstreckung,** derzufolge eine ausländische Entscheidung im Inland die gleichen rechtlichen Wirkungen wie im Ur-

---

74 ABl L 2001/174, 25.
75 Europäische Kommission, Pressemitteilung 11. 3. 2014: Auf dem Weg zu einem wahrhaft europäischen Rechtsraum: Stärkung von Vertrauen, Mobilität und Wachstum, http://europa.eu/rapid/press-release_IP-14–233_de.htm (31. 3. 2015).
76 ABl C 2010/115, 1, 5.
77 www.consilium.europa.eu/uedocs/cms_data/docs/pressdata/de/ec/143498.pdf (31. 3. 2015).
78 *Fucik* in *Schauer/Scheuba* 62; *Leitner* in *DACH Europäische Anwaltsvereinigung* 10.
79 Siehe *Adolphsen*, Europäisches Zivilverfahrensrecht[2] 310; *Burandt* in *Burandt/Rojahn*[2] Art 39 EuErbVO Rz 2; *Dutta* in MünchKommBGB[6] Art 39 EuErbVO Rz 2; *Fucik* in *Rechberger/Zöchling-Jud* 247 Rz 4.24; *Köhler* in *Kroiß/Horn/Solomon* Art 39 EuErbVO Rz 1; *Buchegger/Markowetz*, Exekutionsrecht 423; *Martiny* in *Prütting/Wegen/Weinreich*[9] Art 26 Anh I EGBGB Rz 106; *Pawlytta/Pfeiffer* in MünchAnwaltsHB Erbrecht[4] § 33 Rz 217; *J. Schmidt* in BeckOGK BGB Art 39 EuErbVO Rz 6; *Verweijen*, Verlassenschaftsverfahren 60.
80 *J. Schmidt* in BeckOGK BGB Art 39 EuErbVO Rz 7.
81 Ausf zur Rechtsentwicklung und den dogmatischen Grundlagen *Nunner-Krautgasser*, ÖJZ 2009/60, 533 und ÖJZ 2009/87, 793.
82 *Dutta* in MünchKommBGB[6] Art 39 EuErbVO Rz 2; *Köhler* in *Kroiß/Horn/Solomon* Art 39 EuErbVO Rz 2; *Martiny* in *Prütting/Wegen/Weinreich*[9] Art 26 Anh I EGBGB Rz 106; *J. Schmidt* in BeckOGK BGB Art 39 EuErbVO Rz 9; vgl *Jenard*-Bericht zum EuGVÜ, ABl C 1979/59, 1, 43 ad Art 26; *Kodek* in *Czernich/Kodek/Mayr*[4] Art 36 EuGVVO Rz 32; *Gottwald* in MünchKommZPO III[4] Art 33 EuGVVO Rz 3 f; *Kropholler/von Hein*[9] Art 33 EuGVO Rz 9; *Leible* in *Rauscher* Art 33 Brüssel I-VO Rz 3 a; *Mäsch* in *Kindl/Meller-Hannich/Wolf*[2] Art 33 EuGVVO Rz 2; *Schlosser*[3] Art 33 EuGVVO Rz 2; *Rassi* in *Fasching/Konecny* V/1[2] Art 33 EuGVVO Rz 5; *Stadler* in *Musielak/Voit*[12] Art 33 EuGVVO Rz 2.
83 EuGH C-145/86 Slg 1988, I-645, *Hoffmann/Krieg*, NJW 1989, 663 Rz 10 f; C-456/11 ECLI:EU:C:2012:719, *Gothaer Allgemeine Versicherung ea/Samskip* Rz 34, 41 f LMK 2013, 341521 *(Hau)* = wbl 2013/28.

sprungsmitgliedstaat entfaltet, auch wenn eine dieser Rechtswirkungen im Anerkennungs-mitgliedstaat unbekannt ist. Freilich gehen die Wirkungen im Zweitstaat nicht über jene im Erststaat hinaus.

22   Weniger weit gehen jedoch die Theorie der Wirkungsgleichstellung[84] und die sog Kumula-tionstheorie.[85] Während erstere der ausländischen Entscheidung nur die gleichen Wirkungen wie einer entsprechenden inländischen Entscheidung zubilligen möchte, geht zweitere zwar von einer grundsätzlichen Wirkungserstreckung aus, zieht jedoch mit den Wirkungen einer entsprechenden inländischen Entscheidung eine Obergrenze für die Wirkungen der auslän-dischen Entscheidung im Anerkennungsstaat ein.

23   Im Einzelnen erfassen die Anerkennungsfolgen iSd Wirkungserstreckungstheorie die **materi-elle Rechtskraft,** die **Präklusionswirkung,** die **Gestaltungswirkung** sowie **prozessuale Drittwirkungen,** im Besonderen die Interventions- und Streitverkündungswirkung, nicht da-gegen die Vollstreckungswirkung.[86]

24   Sind von mehreren Ansprüchen einige nicht vom Anwendungsbereich der VO erfasst oder liegt ihretwegen ein Anerkennungsversagungsgrund iSv Art 40 vor, ist auch mangels explizi-ter Regelung[87] aufgrund eines Größenschlusses *(argumentum a maiore ad minus)* eine bloße **Teilanerkennung** möglich.[88]

IV. Fakultatives Anerkennungsverfahren (Abs 2)

25   Den Parteien steht es jedoch frei, die Anerkennungsfähigkeit der Entscheidung in einem selbständigen Verfahren **deklarativ** feststellen zu lassen. Das **selbständige fakultative Aner-kennungsverfahren** dient der verbindlichen Klärung der Anerkennung mit Rechtskraftwir-kung.[89] Dem klaren Wortlaut zufolge erfasst Art 39 Abs 2 nur das **positive Feststellungsbe-gehren.**[90] Eine analoge Anwendung des Abs 2 auf negative Feststellungsbegehren ist umstrit-ten, aber eher zu verneinen.[91] Sehr wohl steht (nur) in diesem Fall in Österreich eine Fest-stellungsklage gem § 228 ZPO offen, die allerdings ein rechtliches Interesse fordert.[92] In

---

84 Siehe etwa *Matscher,* FS Schima 278 f; vgl BGH IVb ZR 729/80 NJW 1983, 514.

85 Siehe etwa *Burgstaller/Neumayr* in *Burgstaller/Neumayr/Geroldinger/Schmaranzer* Art 33 Rz 11 (2. Lfg); *Schack,* IPRax 1989, 139, 142; *Schack,* Internationales Zivilverfahrensrecht[6] Rz 886 mwN.

86 *Fucik* in *Rechberger/Zöchling-Jud* 248 Rz 4.28; *J. Schmidt* in BeckOGK BGB Art 39 EuErbVO Rz 10 ff; vgl *Gottwald* in MünchKommZPO III[4] Art 33 EuGVO Rz 7; *Kodek* in *Czernich/Kodek/Mayr*[4] Art 36 EuGVVO Rz 33 f; *Mäsch* in *Kindl/Meller-Hannich/Wolf*[2] Art 33 EuGVVO Rz 4 ff; *Stadler* in *Musie-lak/Voit,* ZPO[12] Art 33 EuGVVO Rz 2.

87 Vgl zur Möglichkeit der Teilvollstreckbarerklärung Art 55.

88 Siehe *J. Schmidt* in BeckOGK BGB Art 39 EuErbVO Rz 16; vgl *Geimer* in *Geimer/Schütze*[3] Art 33 Rz 66; *Kropholler/von Hein*[9] vor Art 33 EuGVO Rz 10; *Leible* in *Rauscher* Art 33 Brüssel I-VO Rz 11; *Mäsch* in *Kindl/Meller-Hannich/Wolf*[2] Art 33 EuGVVO Rz 3; *Stadler* in *Musielak/Voit*[12] Art 33 EuGVVO Rz 2.

89 Vgl *Lipp* in MünchKommFamFG[2] Art 23 EG-UntVO Rz 5.

90 Vgl *Andrae/Schimrick* in *Rauscher* IV[4] Art 23 EG-UntVO Rz 2; *Gebauer* in *Gebauer/Wiedmann*[2] EuGVVO Rz 167. Siehe im Gegensatz dazu Art 21 Abs 3 Brüssel IIa-VO, der ausdrücklich die Fest-stellung der Nichtanerkennung einer Entscheidung zulässt; *Frank* in *Gebauer/Wiedmann*[2] EuEheVO Rz 65; *Rauscher* in *Rauscher*[4] Art 21 Brüssel IIa-VO Rz 31.

91 Vgl *Lipp* in MünchKommFamFG[2] Art 23 EG-UntVO Rz 7; aA *Fucik* in *Rechberger/Zöchling-Jud* 248 Rz 4.27; *Schlosser*[3] Art 33 EuGVVO Rz 4.

92 Vgl *Rassi* in *Fasching/Konecny* V/1[2] Art 33 EuGVVO Rz 15.

Deutschland kann eine Partei eine negative Feststellungsklage gem § 256 Abs 1 dZPO erheben, sofern ein konkretes Bedürfnis dafür besteht.[93]

Art 39 Abs 2 verweist hinsichtlich des **selbständigen fakultativen Anerkennungsverfahrens**   **26** explizit auf die Vorschriften über das vereinfachte Exequaturverfahren gem **Art 45 – 58**. Infolgedessen findet für die Aussetzung von Feststellungsverfahren, in denen nach Art 39 Abs 2 die Anerkennung selbst den Streitgegenstand bildet, nicht Art 42, sondern **Art 53** als **lex specialis** entsprechend Anwendung.[94] Der wesentliche Unterschied zwischen den beiden Aussetzungsgrundlagen besteht darin, dass nach Art 53 die Aussetzung bzw – nach österr Terminologie – die Unterbrechung des Verfahrens gerade nicht von Amts wegen, sondern nur auf Antrag einer Partei zu prüfen ist.[95] Nur soweit das unionsrechtliche Anerkennungsverfahren nicht durch die Art 45 – 58 geregelt ist, greifen die Gerichte ergänzend auf ihr nationales Verfahrensrecht zurück (sog „*Soweit*-Formel"[96]).

Nach dem dualen Vollzugskonzept sind für die Durchführung des Unionsrechts grundsätz-   **27** lich die Mitgliedstaaten zuständig, die zu diesem Zweck alle erforderlichen Maßnahmen zu ergreifen haben.[97] Art 291 Abs 1 AEUV ist jedoch nicht nur als wiederholte Ausprägung der mitgliedstaatlichen **Loyalitätspflicht** zu sehen, sondern wird teils in der Literatur auch als positivrechtliche Verankerung des vom EuGH in stRsp[98] judizierten **Grundsatzes der Verfahrensautonomie der Mitgliedstaaten**[99] gesehen.[100] Zur Herleitung dieses **Allgemeinen Rechtsgrundsatzes** ist vielmehr auf die vertikale Gewaltenteilung zwischen den Mitgliedstaaten und der Union im Lichte des Prinzips der begrenzten Einzelermächtigung gem Art 5 Abs 2 EUV zurückzugreifen.[101] Für konkret definierte Teile des Zivilverfahrensrechts besteht iSv Art 4 Abs 2 lit j iVm Art 81 AEUV eine geteilte Kompetenz zwischen der Union und den Mitgliedstaaten, bei deren Ausübung das Subsidiaritätsprinzip gem Art 5 Abs 3 EUV und das Verhältnismäßigkeitsprinzip gem Art 5 Abs 4 EUV Anwendung finden.[102] Den verfahrensrechtlichen Befugnissen der Mitgliedstaaten sind jedoch durch die bis heute vom EuGH[103] formelhaft judizierte „Doppelschranke"[104] von **Äquivalenz-**[105] und **Effektivitätsgrundsatz**[106] Grenzen gesetzt.

---

93 Vgl *Gottwald* in MünchKommZPO III[4] Art 33 EuGVO Rz 13.
94 Siehe Art 42 Rz 3.
95 Vgl *Kropholler/von Hein*[9] Art 37 EuGVO Rz 2.
96 Zum Vorbehalt unionsrechtlicher Vorgaben *Efstratiou* in *Karakostas/Riesenhuber* 99, 106 f.
97 Näheres dazu *Gärding* in *Rengeling/Middeke/Gellermann*[3] § 35 Rz 25.
98 Richtungsweisend EuGH C-33/76 Slg 1976, I-1989, *Rewe-Zentralfinanz/Landwirtschaftskammer für das Saarland* NJW 1977, 495; C-45/76 Slg 1976, I-1989, *Comet/Produktschap voor Siergewassen;* C-205 bis C-215/82 Slg 1983, I-2633, *Deutsche Milchkontor/Bundesrepublik Deutschland* NJW 1984, 2024.
99 Ausf zum Grundsatz der Verfahrensautonomie der Mitgliedstaaten etwa *Galetta,* Procedural Autonomy; *Galetta,* EuR-Beiheft 1/2012, 37 ff; *Krönke,* Die Verfahrensautonomie.
100 Vgl *Nettesheim* in *Grabitz/Hilf/Nettesheim,* Art 291 AEUV Rz 4 ff (EL 47).
101 IdS *Galetta,* Procedural Autonomy 9 ff; *Galetta,* EuR-Beiheft 1/2012, 38 f.
102 Vgl *Krönke,* Die Verfahrensautonomie 69 ff.
103 Grundlegend zur *Soweit*-Rsp EuGH C-205 bis C-215/82 Slg 1983, I-2633, *Deutsche Milchkontor/ Bundesrepublik Deutschland* NJW 1984, 2024.
104 Siehe *Krönke,* Ritsumeikan Law Review 28/2011, 307 f.
105 Teilweise wird auch vom „Grundsatz der Nichtdiskriminierung" bzw vom „Diskriminierungsverbot" gesprochen; so etwa *Krönke,* Ritsumeikan Law Review 28/2011, 307 f; *Stix-Hackl,* AnwBl 1999, 413.
106 Ausf dazu etwa *J. König,* Der Äquivalenz- und Effektivitätsgrundsatz; *Kulms,* Der Effektivitätsgrundsatz; *Seyr,* Der effet utile; *Tomasic,* Effet utile.

28 In **Österreich** sieht das **ErbRÄG 2015**[107] für das Verfahren über einen Antrag auf Feststellung, dass eine Entscheidung iSd Art 3 Abs 1 lit g anzuerkennen ist, im neu eingefügten **§ 184 a AußStrG,** der gem § 207 k Abs 3 AußStrG zeitgleich mit dem Geltungszeitpunkt der EuErbVO am 17. 8. 2015 in Kraft getreten ist, einen subsidiären Verweis auf die Bestimmungen des AußStrG vor. In den Materialien wird auf die erforderliche Ergänzungsfunktion des AußStrG bei der Anerkennung von Entscheidungen nach der EuErbVO hingewiesen.[108] Wie schon das Deutsche Notarinstitut[109] hervorgehoben hat, fehlt es im AußStrG an einer besonderen Regelung über die Anerkennung erbrechtlicher Entscheidungen. Das AußStrG enthält lediglich Regelungen über die Anerkennung ausländischer Entscheidungen über die Adoption (§§ 91 a ff AußStrG), über den Bestand einer Ehe (§§ 97 ff AußStrG), in Obsorge- und Kontaktrechtssachen (§§ 112 ff AußStrG) sowie zum Schutz der Personen oder des Vermögens Erwachsener (§§ 131 a ff AußStrG). Schließlich gelangt man über § 80 AußStrG zur Anerkennung nach § 85 EO,[110] die kein besonderes Feststellungsinteresse voraussetzt.[111] Auf das Verfahren sind wiederum die Bestimmungen zur Vollstreckbarerklärung (§§ 79 ff EO) sinngemäß anzuwenden.[112]

29 In **Deutschland** normiert der § 55 AUG[113] nachgebildete **§ 21 Abs 1 IntErbRVG**[114] hinsichtlich des Verfahrens über die Feststellung der Anerkennung einer Entscheidung aus einem anderen Mitgliedstaat eine entsprechende Anwendung bestimmter Vorschriften über das Exequaturverfahren: §§ 3 – 5 (Zuständigkeit, Antragstellung und Verfahren), § 7 Abs 2 (Entscheidung), §§ 9 – 11 Abs 1 – 3 (Bekanntgabe der Entscheidung, Beschwerdegericht, Einlegung der Beschwerde, Beschwerdeverfahren und Entscheidung über die Beschwerde), §§ 12, 13 sowie 14 Abs 1 IntErbRVG (Statthaftigkeit und Frist der Rechtsbeschwerde, Einlegung und Begründung der Rechtsbeschwerde, Verfahren und Entscheidung über die Rechtsbeschwerde). Ist der Feststellungsantrag begründet, soll das Gericht nach § 21 Abs 2 IntErbRVG beschlussmäßig aussprechen, dass die Entscheidung anzuerkennen ist.[115]

V. Inzidentanerkennung (Abs 3)

30 Art 39 Abs 3 stellt klar, dass das mit der Hauptsache befasste Gericht über die präjudizielle **Vorfrage** der strittigen Anerkennung der Entscheidung eines Mitgliedstaats iSd EuErbVO im Rahmen des konkret anhängigen Rechtsstreits auch **inzident entscheiden** kann, solange

---

107 BGBl I 2015/87.

108 Siehe ErlRV 688 BlgNR 25. GP 45.

109 *DNotI*, Rechtsvergleichende Studie der erbrechtlichen Regelungen des Internationalen Verfahrensrechtes und Internationalen Privatrechts der Mitgliedstaaten der Europäischen Union (2002) 209 f.

110 Eingeführt mit EO-Nov 1995, BGBl 1995/519 aus Anlass der bevorstehenden Ratifikation von LGVÜ und EuGVÜ; krit hinsichtlich der systematischen Einordnung *Matscher*, JBl 1998, 488.

111 Siehe ErlRV 195 BlgNR 19. GP 38; *Burgstaller/Höllwerth* in *Burgstaller/Deixler-Hübner* § 85 EO Rz 16 (5. Lfg).

112 Vgl *Potyka/Traar* in *Burgstaller/Neumayr/Geroldinger/Schmaranzer* Verl Rz 118 (17. Lfg).

113 § 55 AUG (Gesetz zur Geltendmachung von Unterhaltsansprüchen im Verkehr mit ausländischen Staaten, dBGBl I 2011, 898 idF dBGBl I 2013, 3533) ist die deutsche Ausführungsbestimmung zu Art 23 Abs 2 EuUntVO.

114 Art 1 (Internationales Erbrechtsverfahrensgesetz – IntErbRVG) Gesetz zum Internationalen Erbrecht und zur Änderung von Vorschriften zum Erbschein sowie zur Änderung sonstiger Vorschriften, dBGBl I 2015, 1042.

115 Siehe *J. Schmidt* in BeckOGK BGB Art 39 EuErbVO Rz 22.

noch keine förmliche unanfechtbare Anerkennung gem Art 39 Abs 2 vorliegt, was sich an und für sich schon aus Abs 1 ergeben würde.[116]

Grundsätzlich erwächst die Beurteilung einer präjudiziellen Vorfrage vornehmlich in den Entscheidungsgründen nicht in Rechtskraft und entfaltet somit keine über den konkreten Rechtsstreit hinausgehende **Bindungswirkung.** Eine solche ließe sich in Österreich nur über einen **Zwischenfeststellungsantrag** gem § 236 Abs 3 ZPO erreichen, über welchen entweder in einem Zwischenurteil oder im Urteilstenor des Endurteils über die Hauptsache rechtskräftig (mit-)entschieden wird.[117] In Deutschland würde § 256 Abs 2 dZPO eine rechtskraftfähige Zwischenfeststellung eröffnen. Um Art 39 Abs 3 einen isolierten Sinn zu entnehmen, werden nach der hier vertretenen Ansicht gerade auch diese umstrittenen **„unselbständigen"** **Anerkennungsverfahren** („kann ... entscheiden") erfasst, wenngleich das Gericht hierfür nach Art 39 Abs 2 nicht zuständig ist.[118] Aufgrund der sachlichen Nähe der unselbständigen Anerkennungsverfahren nach Art 39 Abs 3 zu den selbständigen Anerkennungsverfahren nach Art 39 Abs 2 wäre es konsequent, dass sich die **Aussetzung des Verfahrens** in diesem Fall nicht nach Art 42 richten würde, sondern analog zu Art 39 Abs 2 über den dort enthaltenen Verweis auf Art 45–58 nach Art 53 als *lex specialis,*[119] demzufolge die Aussetzung bzw – nach österr Terminologie – die Unterbrechung des Verfahrens gerade nicht von Amts wegen, sondern nur auf Antrag einer Partei zu prüfen ist.[120]

Gründe für die Nichtanerkennung einer Entscheidung

Art 40. Eine Entscheidung wird nicht anerkannt, wenn

a) die Anerkennung der öffentlichen Ordnung (ordre public) des Mitgliedstaats, in dem sie geltend gemacht wird, offensichtlich widersprechen würde;

b) dem Beklagten, der sich auf das Verfahren nicht eingelassen hat, das verfahrenseinleitende Schriftstück oder ein gleichwertiges Schriftstück nicht so rechtzeitig und in einer Weise zugestellt worden ist, dass er sich verteidigen konnte, es sei denn, der Beklagte hat die Entscheidung nicht angefochten, obwohl er die Möglichkeit dazu hatte;

c) sie mit einer Entscheidung unvereinbar ist, die in einem Verfahren zwischen denselben Parteien in dem Mitgliedstaat, in dem die Anerkennung geltend gemacht wird, ergangen ist;

d) sie mit einer früheren Entscheidung unvereinbar ist, die in einem anderen Mitgliedstaat oder in einem Drittstaat in einem Verfahren zwischen denselben Parteien wegen desselben Anspruchs ergangen ist, sofern die frühere Entscheidung die notwendigen Vo-

---

116 Siehe *J. Schmidt* in BeckOGK BGB Art 39 EuErbVO Rz 24.
117 Vgl *Kodek* in *Czernich/Kodek/Mayr*[4] Art 36 EuGVVO Rz 45 ff.
118 Siehe *J. Schmidt* in BeckOGK BGB Art 39 EuErbVO Rz 24; vgl *Gottwald* in MünchKommZPO III[4] Art 33 EuGVO Rz 24; *Leible* in *Rauscher* Art 33 Brüssel I-VO Rz 17; *Mäsch* in *Kindl/Meller-Hannich/Wolf*[2] Art 33 EuGVVO Rz 20; *Schlosser*[3] Art 33 EuGVVO Rz 5; *Stadler* in *Musielak/Voit*[12] Art 33 EuGVVO Rz 5; aA im Anwendungsbereich von EuGVÜ/LGVÜ und Brüssel I-VO *Deixler-Hübner* in *Fasching/Konecny* III[2] § 236 ZPO Rz 24; *König,* ecolex 1999, 310; *Kropholler/von Hein*[9] Art 33 EuGVO Rz 10 f; krit auch *Frauenberger-Pfeiler,* ecolex 1996, 736; *Pfeiler,* JAP 1995/96, 279.
119 Vgl *Mäsch* in *Kindl/Meller-Hannich/Wolf*[2] Art 37 EuGVVO Rz 2.
120 Siehe oben Rz 26.

raussetzungen für ihre Anerkennung in dem Mitgliedstaat, in dem die Anerkennung geltend gemacht wird, erfüllt.

Stammfassung.

Literatur: *Dutta,* Das neue internationale Erbrecht der Europäischen Union – Eine erste Lektüre der Erbrechtsverordnung, FamRZ 2013, 4; *Fucik,* Anerkennung und Vollstreckung, in *Schauer/Scheuba* (Hrsg), Europäische Erbrechtsverordnung (2012) 57; *Fucik,* Anerkennung, Vollstreckbarerklärung und Vollstreckung, in *Rechberger/Zöchling-Jud* (Hrsg), Die EU-Erbrechtsverordnung in Österreich (2015) 239; *Leitner,* Die EU-Erbrechtsverordnung Nr. 650/2012 und deren Auswirkungen auf diverse Länder, in *DACH Europäische Anwaltsvereinigung* (Hrsg), Die EU-Erbrechtsverordnung Nr. 650/2012 und deren Auswirkungen auf diverse Länder (2014) 1; *Nunner-Krautgasser,* Die Anerkennung ausländischer Entscheidungen – Rechtsentwicklung im Überblick, ÖJZ 2009/60, 533; *Nunner-Krautgasser,* Die Anerkennung ausländischer Entscheidungen – Dogmatische Grundfragen, ÖJZ 2009/87, 793; *Rudolf,* Die Erbrechtsverordnung der Europäischen Union. VO zum Internationalen Erb- und Erbverfahrensrecht in Kraft – ein Überblick, NZ 2013/103, 225; *Simon/Buschbaum,* Die neue EU-Erbrechtsverordnung, NJW 2012, 2393.

Übersicht

		Rz
I.	Genese und Anwendungsbereich	1
II.	Normzweck	3
III.	Versagungsgründe	4
	A. Allgemeines	4
	B. Ordre public (lit a)	8
	C. Verletzung des rechtlichen Gehörs (lit b)	11
	D. Unvereinbarkeit mit einer nationalen Entscheidung (lit c)	14
	E. Unvereinbarkeit mit einer früheren ausländischen Entscheidung (lit d) .	16

I. Genese und Anwendungsbereich

1 Art 40 lit a – d hat mit lediglich sprachlichen Modifikationen die Anerkennungsversagungsgründe in Art 34 Nr 1 – 4 Brüssel I-VO übernommen, wie sie auch in Art 34 Nr 1 – 4 LGVÜ II normiert sind, die wiederum weitgehend auf Art 27 EuGVÜ/LGVÜ zurückgehen, welche in Nr 4 zusätzlich noch einen Versagungsgrund hinsichtlich der Anwendbarkeit der Kollisionsnormen des Anerkennungsstaates enthielten. Der **Kommissionsvorschlag** für eine EuErbVO[1] sah in **Art 30** eine entsprechende Bestimmung vor, welche im Laufe des Legislativverfahrens semantisch noch entsprechend angepasst wurde; so hat etwa der in Art 30 lit a enthaltene Hinweis, dass „die Vorschriften über die Zuständigkeit nicht zur öffentlichen Ordnung gehören", wie er auch in Art 35 Abs 3 Satz 2 Brüssel I-VO, Art 24 Satz 2 Brüssel IIa-VO und Art 24 Abs 1 lit a EuUVO enthalten ist, bemerkenswerterweise nicht Eingang in den Verordnungstext gefunden. Auch der neue Art 45 Brüssel Ia-VO verfügt in Abs 3 über eine entsprechende Regelung, wobei die Anerkennung nur auf Antrag eines Berechtigten versagt wird. Vergleichbare Anerkennungsversagungsgründe finden sich auch in Art 22 und 23 Brüssel IIa-VO und Art 24 EuUVO. **ErwGr 59** hebt für Kapitel IV der EuErbVO die **Vorbildfunktion anderer Rechtsinstrumente** im Politikbereich der Justiziellen Zusammenarbeit in Zivilsachen (Art 81 AEUV) explizit hervor, weshalb die dort entwickelten Grundsätze auch im Anwendungsbereich der EuErbVO *mutatis mutandis* nutzbar gemacht werden können.

---

1 KOM(2009) 154 endg.

Art 40 ist – als Teil des Kapitel IV (Art 39–58): Anerkennung, Vollstreckbarkeit und Voll- **2**
streckung von Entscheidungen – (nur) auf **Entscheidungen** anzuwenden, die in **Art 3 Abs 1**
lit g legaldefiniert sind, somit jede Entscheidung, die in Erbsachen unabhängig ihrer Bezeichnung von einem Gericht eines Mitgliedstaats iSd EuErbVO,[2] welches seinerseits in Art 3
Abs 2 definiert wird,[3] erlassen wurde.[4] Wie ErwGr 59 klarstellt, macht es keinen Unterschied,
ob die betreffende Entscheidung iZm der Rechtsnachfolge von Todes wegen im streitigen
(Pflichtteilsklage, Pflichtteilsergänzungsklage, Erbteilungsklage, Erbschaftsklage, Vermächtnisklage) oder nichtstreitigen Verfahren (Verlassenschaftsverfahren nach §§ 143 ff AußStrG)
ergangen ist.[5] Aufgrund der Vorbildfunktion der Brüssel I-VO[6] passt das in die EuErbVO
übernommene Anerkennungs- und Vollstreckungsregime gleichwohl weitaus besser zu den
streitigen Erbrechtssachen,[7] unterdessen drohen bei den außerstreitigen Erbrechtsangelegenheiten – vornehmlich iZm den Anerkennungsversagungsgründen – Friktionen, welche im
Wege der Auslegung erst kompensiert werden müssen.[8]

II. Normzweck

Aus den tragenden Eckpfeilern des mit Art 39 verfolgten Konzepts von der automatischen **3**
Anerkennung[9] von Entscheidungen aus einem Mitgliedstaat iSd EuErbVO – die **Freizügig-**
keit von Entscheidungen, der **Grundsatz der gegenseitigen Anerkennung** von Entscheidungen und der **Grundsatz des gegenseitigen Vertrauens** in die Rechtsschutzsysteme und
Rechtspflegeorgane der Mitgliedstaaten der Europäischen Union (s eingehend bereits Art 39
Rz 7 ff) – lässt sich auch in Erbsachen die klare **Einschränkung** der als „Hindernis"[10] wahr-
genommenen **Anerkennungsversagungsgründe** ableiten.[11]

III. Versagungsgründe

A. Allgemeines

Art 40 enthält in lit a–d einen **taxativen Katalog** von Gründen, bei deren Vorliegen die An- **4**
erkennung einer in einem Mitgliedstaat iSd EuErbVO ergangenen Entscheidung zu versagen

---

2 Der räumliche Anwendungsbereich der EuErbVO bezieht sich bis dato nur auf 25 Mitgliedstaaten
  und schließt, anders als es Art 84 Satz 3 indiziert, Dänemark (DK), das Vereinigte Königreich (GB)
  und Irland (IE) nicht ein (vgl ErwGr 82 f); daher ist der Terminus „Mitgliedstaat" hier verordnungsautonom auszulegen; *J. Schmidt* in BeckOGK BGB Art 1 EuErbVO Rz 7 ff; vgl auch im deutschen
  Gesetz zum Internationalen Erbrecht und zur Änderung von Vorschriften zum Erbschein sowie zur
  Änderung sonstiger Vorschriften § 1 Abs 2 IntErbRVG, dBGBl I 2015, 1042.
3 Art 2 verwendet demgegenüber den Begriff der „Behörden der Mitgliedstaaten"; s Art 2 Rz 3.
4 *J. Schmidt* in BeckOGK BGB Art 3 EuErbVO Rz 22 ff; s Art 3 Rz 32 ff.
5 Siehe für Österreich *Fucik* in *Schauer/Scheuba* 59, für Deutschland *Dutta* in MünchKommBGB[6] Vor
  Art 39 EuErbVO Rz 3: Entscheidungen aus streitigen Erbverfahren nach §§ 328, 722, 723 dZPO und
  Entscheidungen aus Nachlassverfahren der freiwilligen Gerichtsbarkeit nach §§ 108 ff dFamFG.
6 Krit *Hess/Jayme/Pfeiffer*, Stellungnahme zum Vorschlag für eine Europäische Erbrechtsverordnung 42.
7 *Bajons,* ecolex 2014, 210 FN 15; *Fucik* in *Schauer/Scheuba* 61.
8 *Dutta* in MünchKommBGB[6] Vor Art 39 EuErbVO Rz 2 und Art 40 Rz 2 („wahrlich kein Glanz-
  stück"); *Dutta,* FamRZ 2013, 13; *Köhler* in *Kroiß/Horn/Solomon* Vor Art 39–58 EuErbVO Rz 1;
  Müller-Lukoschek, EU-Erbrechtsverordnung § 2 Rz 261; *Rauscher* in *Rauscher* Einf EG-ErbVO-E
  Rz 36; *Rudolf,* NZ 2013/103, 231.
9 Ausf zur Rechtsentwicklung und den dogmatischen Grundlagen *Nunner-Krautgasser,* ÖJZ 2009/60,
  533 und ÖJZ 2009/87, 793.
10 Grundlegend EuGH C-414/92 Slg 1994, I-2237, *Solo Kleinmotoren/Boch* Rz 20 NJW 1995, 38.
11 Vgl *J. Schmidt* in BeckOGK BGB Art 40 EuErbVO Rz 4.

ist:[12] Verstoß gegen den *ordre public* (lit a), Zustellmängel beim verfahrenseinleitenden Schriftstück als grundlegende Verletzung des rechtlichen Gehörs (lit b), Unvereinbarkeit mit einer bereits im Anerkennungsmitgliedstaat ergangenen Entscheidung (lit c) und Unvereinbarkeit mit einer bereits im Ausland *in idem* ergangenen Entscheidung (lit d). In diesem Katalog findet sich gerade nicht ein Versagungsgrund hinsichtlich der Anwendbarkeit der Kollisionsnormen,[13] ebenso nicht hinsichtlich der Zuständigkeitsnormen der VO.[14]

5 Die abschließend aufgezählten **Anerkennungsversagungsgründe** stellen eine Ausnahme vom mit Art 39 verfolgten Konzept der automatischen Anerkennung von Entscheidungen in Erbsachen dar und sind als solche mithin jeweils **eng auszulegen.**[15]

6 Wie sich aus Art 48 Satz 1 ergibt, sind die **Anerkennungsversagungsgründe** allerdings nicht von Amts wegen, sondern erst **auf Einrede** hin zu prüfen.[16] In Extremfällen, in denen sich etwa ein massiver *ordre public*-Verstoß geradezu aufdrängt, erscheint jedoch eine Ausnahme vom Grundsatz, dass die Anerkennungsversagungsgründe nur auf Einrede hin geprüft werden, vertretbar.[17] Sehr wohl **von Amts wegen** zu prüfen ist das Vorliegen der **positiven Anerkennungsvoraussetzungen,** ob also überhaupt der Anwendungsbereich der EuErbVO eröffnet ist sowie im Hinblick auf die Entscheidungsqualifikation.[18]

7 Aus der in Art 39 Abs 1 aufgestellten Vermutung zugunsten der Anerkennung einer Entscheidung folgt, dass derjenige, der sie bestreitet, auch die **Beweislast** für das Vorliegen eines Anerkennungsversagungsgrundes trägt.[19]

B. Ordre public (lit a)

8 Der erste Anerkennungsversagungsgrund betrifft in Art 40 lit a einen **offensichtlichen Widerspruch** mit der öffentlichen Ordnung *(ordre public)* des Anerkennungsmitgliedstaats. Wie ErwGr 58 Satz 1 hervorhebt, soll der *ordre public*-Vorbehalt nur „in Ausnahmefällen" zum Tragen kommen, was der vom EuGH in stRsp judizierten **engen Auslegung** der *ordre public*-Klau-

---

12 *Fucik* in *Rechberger/Zöchling-Jud* 249 f Rz 4.32; *Köhler* in *Kroiß/Horn/Solomon* Art 40 Rz 1; *Leitner* in *DACH Europäische Anwaltsvereinigung* 11; *Müller-Lukoschek*, EU-Erbrechtsverordnung § 2 Rz 265; *J. Schmidt* in BeckOGK BGB Art 40 EuErbVO Rz 6; vgl EuGH C-139/10 Slg 2011, I-9511, *Prism Investments/van der Meer* Rz 33 EuZW 2011, 869 *(Bach)*; C-157/12 ECLI:EU:C:2013:597, *Salzgitter Mannesmann Handel/SC Laminorul* Rz 28, 39 EuZW 2013, 903 *(Mäsch)*; für eine demonstrative Aufzählung („zum Beispiel") offenbar *Verweijen*, Verlassenschaftsverfahren 60 f.

13 Vgl aber noch Art 27 Nr 4 EGVÜ/LGVÜ; *J. Schmidt* in BeckOGK BGB Art 41 EuErbVO Rz 6.

14 Siehe *Dutta* in MünchKommBGB⁶ Art 40 EuErbVO Rz 8.

15 *J. Schmidt* in BeckOGK BGB Art 40 EuErbVO Rz 6 f; vgl EuGH C-414/92 Slg 1994, I-2237, *Solo Kleinmotoren/Boch* Rz 20 NJW 1995, 38; C-7/98 Slg 2000, I-1935, *Krombach/Bamberski* Rz 21 EWiR 2000, 441 *(Hau)*; C-38/98 Slg 2000, I-2973, *Renault/Maxicar und Formento* Rz 26 EWiR 2000, 627 *(Geimer)*; C-420/07 Slg 2009, I-3571, *Apostolides/Orams* Rz 55 EuGRZ 2009, 2010; C-139/10 Slg 2011, I-9511, *Prism Investments/van der Meer* Rz 33 EuZW 2011, 869 *(Bach)*; C-157/12 ECLI:EU: C:2013:597, *Salzgitter Mannesmann Handel/SC Laminorul* Rz 28, 39 EuZW 2013, 903 *(Mäsch)*.

16 *J. Schmidt* in BeckOGK BGB Art 40 EuErbVO Rz 8; vgl *Gebauer* in *Gebauer/Wiedmann*² EuGVVO Rz 171; *Gottwald* in MünchKommZPO III⁴ Art 34 EuGVO Rz 5; *Kropholler/von Hein*⁹ Vor Art 33 EuGVO Rz 6; *Mäsch* in *Kindl/Meller-Hannich/Wolf*, Zwangsvollstreckung² Art 34 EuGVVO Rz 2; *Stadler* in *Musielak/Voit*, ZPO¹² Art 34 EuGVVO Rz 1.

17 Vgl *Gebauer* in *Gebauer/Wiedmann*² EuGVVO Rz 171; *Kodek* in *Czernich/Kodek/Mayr*⁴ Art 45 EuGVVO Rz 4; *Leible* in *Rauscher* Art 34 Brüssel I-VO Rz 3.

18 Vgl *Rassi* in *Fasching/Konecny* V/1² Art 34 EuGVVO Rz 5; *Stadler* in *Musielak/Voit*, ZPO¹² Art 34 EuGVVO Rz 1.

19 *Fucik* in *Rechberger/Zöchling-Jud* 250 Rz 4.32; vgl *Gottwald* in MünchKommZPO III⁴ Art 34 EuGVO Rz 8; *Kropholler/von Hein*⁹ Vor Art 33 EuGVO Rz 7.

seln in anderen Unionsrechtsakten entspricht.[20] Wenngleich der EuGH im Rahmen der Abgrenzung des Begriffs zur Auslegung der VO nicht den Inhalt der öffentlichen Ordnung eines Mitgliedstaats bestimmen kann, hat er doch über die Grenzen zu wachen, innerhalb derer sich das Gericht eines Mitgliedstaats auf den *ordre public* stützen darf.[21] Bei dem Verstoß gegen die öffentliche Ordnung muss es sich um eine offensichtliche Verletzung einer in der Rechtsordnung des Anerkennungsmitgliedstaats als wesentlich geltenden Rechtsnorm oder eines dort als grundlegend anerkannten Rechts handeln.[22] Jedenfalls darf die Versagung der Anwendung des ausländischen Rechts seinerseits nicht zu einem Verstoß gegen die EU-Grundrechtecharta, insb gegen das Diskriminierungsverbot in deren Art 21, führen (ErwGr 58 Satz 2).

Der Begriff der öffentlichen Ordnung ist weiter als jener des Kollisionsrechts in Art 35, zumal Art 40 lit a nicht nur den **materiell-rechtlichen ordre public** umfasst[23], sondern gerade auch den **verfahrensrechtlichen ordre public,** sodass die Anerkennung einer Entscheidung auch dann zu versagen ist, wenn diese unter Verletzung fundamentaler Verfahrensgarantien – wie etwa der Anspruch auf ein faires Verfahren iSv Art 47 EU-Grundrechtecharta und Art 6 EMRK (jenseits der Verfahrenseinleitung [lit b]) – zustande gekommen ist.[24] Da sämtliche Mitgliedstaaten der EU durch die EU-Grundrechtecharta und die EMRK gebunden sind, wird sich die Bedeutung von Art 40 lit a wohl auf jene vermeintlichen Extremfälle wie etwa den dramatischen *Krombach*-Fall beschränken.[25]   **9**

Bemerkenswerterweise hat der im Kommissionsvorschlag in Art 30 lit a noch enthaltene Hinweis, dass „die Vorschriften über die Zuständigkeit nicht zur öffentlichen Ordnung gehören", wie er auch in Art 35 Abs 3 Satz 2 Brüssel I-VO (nunmehr Art 45 Abs 3 Brüssel Ia-VO), Art 24 Satz 2 Brüssel IIa-VO und Art 24 Abs 1 lit a EuUVO enthalten ist, nicht Eingang in den Verordnungstext gefunden. Wie *Dutta* anmerkt, dürfte es sich dabei wohl um einen „Kopierfehler" handeln, der sich über eine verordnungsübergreifende Auslegung entsprechend beheben lässt.[26]   **10**

C. Verletzung des rechtlichen Gehörs (lit b)

Art 40 lit b ist **lex specialis** zur verfahrensrechtlichen *ordre-public*-Klausel in Art 40 lit a betreffend den einem fairen Verfahren immanenten Anspruch auf rechtliches Gehör.[27] *Telos*   **11**

20 EuGH C-145/86 Slg 1986, I-645, *Hoffmann/Krieg* Rz 21 NJW 1989, 663; C-7/98 Slg 2000, I-1935, *Krombach/Bamberski* Rz 21 EWiR 2000, 441 *(Hau)*; C-38/98 Slg 2000, I-2973, *Renault/Maxicar und Formento* Rz 26 EWiR 2000, 627 *(Geimer)*; C-420/07 Slg 2009, I-3571, *Apostolides/Orams* Rz 55 EuGRZ 2009, 2010.

21 Vgl EuGH C-7/98 Slg 2000, I-1935, *Krombach/Bamberski* Rz 37 EWiR 2000, 441 *(Hau)*; C-38/98 Slg 2000, I-2973, *Renault/Maxicar und Formento* Rz 30 EWiR 2000, 627 *(Geimer)*; C-394/07 Slg 2009, I-2563, *Gambazzi/DaimlerChrysler Canada ea* Rz 26 EuZW 2009, 422 *(Sujecki)*; C-420/07 Slg 2009, I-3571, *Apostolides/Orams* Rz 56 f EuGRZ 2009, 2010.

22 Vgl EuGH C-7/98 Slg 2000, I-1935, *Krombach/Bamberski* Rz 22 f EWiR 2000, 441 *(Hau)*; C-38/98 Slg 2000, I-2973, *Renault/Maxicar und Formento* Rz 27 f EWiR 2000, 627 *(Geimer)*; C-394/07 Slg 2009, I-2563, *Gambazzi/DaimlerChrysler Canada ea* Rz 27 EuZW 2009, 422 *(Sujecki)*; C-420/07 Slg 2009, I-3571, *Apostolides/Orams* Rz 59 EuGRZ 2009, 2010.

23 Zu denkbaren Einzelfällen s *Köhler* in *Kroiß/Horn/Solomon* Art 35 Rz 8 ff; *J. Schmidt* in BeckOGK BGB Art 35 Rz 20 ff; s Art 35 Rz 12 ff.

24 *Fucik* in *Rechberger/Zöchling-Jud* 250 Rz 4.34 f; *Köhler* in *Kroiß/Horn/Solomon* Art 40 Rz 2; *J. Schmidt* in BeckOGK BGB Art 40 EuErbVO Rz 18.

25 Vgl *Köhler* in *Kroiß/Horn/Solomon* Art 40 Rz 2.

26 *Dutta* in MünchKommBGB⁶ Art 40 EuErbVO Rz 3.

27 Vgl EuGH C-78/95 Slg 1996, I-4943, *Hendrikman und Feyen/Magenta Druck & Verlag* Rz 23 NJW 1997, 1061.

des Anerkennungsversagungsgrundes ist es, die Beteiligung desjenigen im ursprünglichen Verfahren sicherzustellen, der in der daraus resultierenden und nun anzuerkennenden Entscheidung unterlegen ist, verpflichtet wurde oder auch nur als Adressat einer Aufforderung beteiligt war.[28] In der EuErbVO wird diese Partei untechnisch und unpräzise als **„Beklagter"** bezeichnet, der er aber weder im ursprünglichen Verfahren noch im Anerkennungsverfahren zu sein hat.[29] Würde man Art 40 lit b wörtlich nehmen, käme die betreffende Vorschrift nur in streitigen Erbprozessen zur Anwendung und liefe in nichtstreitigen Nachlasssachen mangels eines Bekl oder AG leer. Mit *Dutta* wird man daher den Beklagtenbegriff wohl **weit auslegen** müssen und auf sämtliche von der Entscheidung betroffene Personen ausdehnen, die nach mitgliedstaatlichem Verfahrensrecht auf Antrag oder von Amts wegen zu beteiligen sind.[30] *Rauscher* weist dagegen hinsichtlich Gehörsverletzungen in nichtstreitigen Nachlasssachen mangels einer vorgeschriebenen Zustellung stattdessen auf die Auffangfunktion der verfahrensrechtlichen *ordre public*-Klausel in Art 40 lit a hin.[31]

12 Die betroffene Partei darf sich auf das Verfahren, in welchem die anzuerkennende Entscheidung ergangen ist, **nicht eingelassen** haben (vgl Art 9 Abs 1, Art 16 Abs 1). Zusätzlich wird eine **nicht** so **rechtzeitige Zustellung** des verfahrenseinleitenden oder gleichwertigen Schriftstücks in einer Weise gefordert, dass sich der Betroffene nicht verteidigen konnte. Eine rein formal fehlerhafte Zustellung reicht nach der Rsp zu Art 34 Nr 2 Brüssel I-VO (im Vergleich zu Art 27 Nr 2 EuGVÜ)[32] dagegen nicht aus, die Anerkennung zu versagen, sofern nur der Betroffene vom Inhalt der Entscheidung in einer Weise Kenntnis erlangt hatte, dass er noch rechtzeitig seine Verteidigungsrechte effektiv hätte geltend machen können.[33] Wie der OGH zu Art 34 Nr 2 Brüssel I-VO hervorhebt, kommt es (im Gegensatz zu Art 27 Nr 2 EuGVÜ) nur mehr auf die (bloß) tatsächliche Wahrung der Verteidigungsrechte an.[34]

13 Der Versagungsgrund der Verletzung des rechtlichen Gehörs im Stadium der Verfahrenseinleitung ist jedoch ausgeschlossen, wenn der „Beklagte" eine **Anfechtungsmöglichkeit** trotz Kenntnis vom Inhalt der Entscheidung nicht wahrnimmt.[35] *Fucik* wirft idZ noch die (potenzielle Vorabentscheidungs-)Frage auf, ob etwa die österr Erbschaftsklage ein solcher Rechtsbehelf ist, den der übergangene Erbe an Stelle der Geltendmachung des Versagungsgrundes ergreifen hätte müssen.[36]

---

28 *Dutta* in MünchKommBGB[6] Art 40 EuErbVO Rz 5: Ausschließungsbeschluss im Aufgebotsverfahren (§ 7 Abs 2 Nr 1 FamFG).

29 Vgl in Art 22 lit b Brüssel IIa-VO sowie in Art 23 lit b EuUVO: „Antragsgegner"; vgl auch Art 23 lit d Brüssel IIa-VO: „Person, in deren elterliche Verantwortung die Entscheidung eingreift".

30 *Dutta*, FamRZ 2013, 13; *Dutta* in MünchKommBGB[6] Art 40 EuErbVO Rz 5; zust *Müller-Lukoschek*, EU-Erbrechtsverordnung § 2 Rz 261; *Pawlytta/Pfeiffer* in MünchAnwaltsHB Erbrecht[4] § 33 Rz 217.

31 *Rauscher* Art 34 Brüssel I-VO Rz 41; zum außerstreitigen Verlassenschaftsverfahren s *Fucik* in *Schauer/Scheuba* 63; *Fucik* in *Rechberger/Zöchling-Jud* 251 Rz 4.37.

32 Art 27 Nr 2 EuGVÜ verlangte noch, dass „nicht ordnungsgemäß und nicht so rechtzeitig zugestellt" worden sei.

33 EuGH C-283/05 Slg 2006, I-2041, *ASML/SEMIS* Rz 47 f; C-420/07 Slg 2009, I-3571, *Apostolides/Orams* Rz 75 ff EuGRZ 2009, 2010.

34 OGH 3 Ob 232/14k RS0123592 [T2]: Zustellung durch öffentliche Bekanntmachung in Deutschland birgt keine Wahrung der Verteidigungsrechte; OGH 3 Ob 34/08h SZ 2008/61.

35 *J. Schmidt* in BeckOGK BGB Art 40 EuErbVO Rz 33.

36 *Fucik* in *Schauer/Scheuba* 63; *Fucik* in *Rechberger/Zöchling-Jud* 252 Rz 4.40.

D. Unvereinbarkeit mit einer nationalen Entscheidung (lit c)

Die in Art 17 normierte Rechtshängigkeitsregel soll im Interesse einer geordneten Rechts- **14**
pflege der Gefahr begegnen, dass in verschiedenen Mitgliedstaaten in Verfahren wegen „desselben Anspruchs" zwischen „denselben Parteien" Entscheidungen in Erbsachen ergehen, die
miteinander **unvereinbar** sind (ErwGr 34 f). Ergehen dessen ungeachtet in „Verfahren zwischen denselben Parteien"[37] jeweils Entscheidungen, deren „Rechtsfolgen [. . .] sich gegenseitig ausschließen"[38], normiert Art 40 lit c ein Anerkennungshindernis zugunsten der **Entscheidung im Anerkennungsmitgliedstaat,** und zwar unabhängig davon welche Entscheidung zuerst ergangen ist.[39] Die Anerkennung der ausländischen Entscheidung ist selbst dann
zu versagen, wenn die inländische Entscheidung unter Missachtung der Rechtshängigkeits-
sperre zustande gekommen ist.[40]

Allerdings ist der in Art 40 lit c (wie auch in lit d) enthaltene Hinweis auf **„dieselben Par-** **15**
teien" wiederum eher auf streitige Erbprozesse zugeschnitten, wobei *Rauscher* hier auf die
Problematik widersprüchlicher Entscheidungen in Streitigkeiten zwischen unterschiedlichen
Erbprätendenten hinweist.[41] Gerade für nichtstreitige Nachlasssachen bedarf es insoweit eines **weiten Verfahrensparteienbegriffs,** als die betreffenden Entscheidungen Rechte von
identen Personen im Hinblick auf den Nachlass berühren und insoweit unvereinbar miteinander sind.[42]

E. Unvereinbarkeit mit einer früheren ausländischen Entscheidung (lit d)

Art 40 lit d hat die Versagung der Anerkennung von Entscheidungen zum Ziel, die mit einer **16**
früheren **anerkennungsfähigen Entscheidung aus** einem anderen **Mitgliedstaat** oder aus einem **Drittstaat unvereinbar** sind, wobei wiederum auf ein Verfahren zwischen **„denselben
Parteien"** (s dazu oben Rz 15) abgestellt wird sowie – zusätzlich zu lit c – wegen **„desselben
Anspruchs",** was gerade bei nichtstreitigen Nachlasssachen wiederum zu Ungereimtheiten
führt, zumal dort Entscheidungen regelmäßig nicht auf „Ansprüchen" beruhen. Vielmehr
wird „derselbe Anspruch" wohl eher **weit iSv „Identität des Verfahrensgegenstands"** zu interpretieren sein.[43]

Anders als für kollidierende inländische Entscheidungen (s oben Rz 14) gilt für andere mit- **17**
gliedstaatliche oder drittstaatliche Entscheidungen gem lit d das **Prioritätsprinzip,** demzufolge ausschließlich eine zeitlich früher ergangene ausländische Entscheidung zur Versagung

---

37 Auf denselben Streit- bzw Verfahrensgegenstand soll es im Anwendungsbereich des Art 40 lit c da-
    gegen nicht ankommen; vgl *Jenard*-Bericht zum EuGVÜ, ABl C 1979/59, 45 ad Art 27.
38 Vgl EuGH C-145/86 Slg 1988, I-645, *Hoffmann/Krieg* Rz 22 NJW 1989, 663; C-80/00 Slg 2002, I-
    4995, *Italian Leather/WECO Polstermöbel* Rz 40 EuZW 2002, 441, wobei sich die Unvereinbarkeit
    bei den Wirkungen der gerichtlichen Entscheidung zeigen muss.
39 Siehe *Köhler* in *Kroiß/Horn/Solomon* Art 40 Rz 8; *J. Schmidt* in BeckOGK BGB Art 40 EuErbVO
    Rz 36.
40 Zu Recht krit zum unbedingten Vorrang der inländischen Entscheidung etwa *Hess,* EuZPR § 6
    Rz 212; *Leible* in *Rauscher* Art 34 Brüssel I-VO Rz 43; *Schack,* Internationales Zivilverfahrensrecht[6]
    Rz 945.
41 *Rauscher* Art 34 Brüssel I-VO Rz 42; ebenso *Fucik* in *Schauer/Scheuba* 63.
42 Siehe *Dutta* in MünchKommBGB[6] Art 40 EuErbVO Rz 6; vgl auch bereits *Hess/Jayme/Pfeiffer,* Stel-
    lungnahme zum Vorschlag für eine Europäische Erbrechtsverordnung 43.
43 Siehe *Dutta* in MünchKommBGB[6] Art 40 EuErbVO Rz 7.

der Anerkennung führt, sofern sie die notwendigen Voraussetzungen für ihre Anerkennung im Anerkennungsmitgliedstaat erfüllt.[44]

18　Ob der Anerkennungsversagungsgrund nach lit d auch den Fall zweier unvereinbarer Entscheidungen aus **demselben Mitgliedstaat** erfasst, hat der EuGH[45] im Anwendungsbereich der Brüssel I-VO mit folgenden Gründen verneint: Neben dem klaren Wortlaut sprechen insb Systematik und Konzeption der VO gegen eine Erstreckung auf derartige inländische Konflikte. Vielmehr setzt die Funktionsweise dieses auf dem Grundsatz des gegenseitigen Vertrauens (s eingehend dazu bereits Art 39 Rz 11 ff) beruhenden Systems voraus, „dass die Gerichte des Ursprungsmitgliedstaats dafür zuständig bleiben, im Rahmen der von der Rechtsordnung dieses Mitgliedstaats vorgesehen Rechtsbehelfsverfahren die Rechtmäßigkeit der zu vollstreckenden Entscheidung zu beurteilen – während dies den Gerichten des ersuchten Mitgliedstaats grundsätzlich verwehrt ist – und dass das endgültige Ergebnis der Prüfung der Rechtmäßigkeit dieser Entscheidung nicht in Frage gestellt wird."[46]

Ausschluss einer Nachprüfung in der Sache

Art 41. Die in einem Mitgliedstaat ergangene Entscheidung darf keinesfalls in der Sache selbst nachgeprüft werden.

Stammfassung.

Literatur: *Frodl,* Einheit durch Aufgabe nationaler Rechtstraditionen? – EU-Erbrechtsverordnung kundgemacht, ÖJZ 2012/108, 950; *Fucik,* Anerkennung und Vollstreckung, in *Schauer/Scheuba* (Hrsg), Europäische Erbrechtsverordnung (2012) 57; *Fucik,* Anerkennung, Vollstreckbarerklärung und Vollstreckung, in *Rechberger/Zöchling-Jud* (Hrsg), Die EU-Erbrechtsverordnung in Österreich (2015) 239; *Nunner-Krautgasser,* Die Anerkennung ausländischer Entscheidungen – Rechtsentwicklung im Überblick, ÖJZ 2009/60, 533; *Nunner-Krautgasser,* Die Anerkennung ausländischer Entscheidungen – Dogmatische Grundfragen, ÖJZ 2009/87, 793; *Leitner,* Die EU-Erbrechtsverordnung Nr. 650/2012 und deren Auswirkungen auf diverse Länder, in *DACH Europäische Anwaltsvereinigung* (Hrsg), Die EU-Erbrechtsverordnung Nr. 650/2012 und deren Auswirkungen auf diverse Länder (2014) 1; *Wall,* Vermeidung negativer Kompetenzkonflikte im Zuständigkeitsrecht der Art. 4 ff EU-ErbVO. Lässt sich die Entscheidung EuGH, Urt. v. 15. 11. 2012 – Rs. C-456/11 zur Bindungswirkung ausländischer Prozessurteile auf die EU-ErbVO übertragen? ZErb 10/2014, 272.

Übersicht

　　　　　　　　　　　　　　　　　　　　　　　　　　　　　　Rz
I. Genese und Anwendungsbereich 1
II. Normzweck 4
III. Verbot der révision au fond 5

I. Genese und Anwendungsbereich

1　Bereits in Art 29 EuGVÜ/LGVÜ – sekundärrechtlich übernommen in Art 36 Brüssel I-VO – fand sich eine fast gleichlautende Bestimmung, wie sie auch in Art 36 LGVÜ II normiert ist,

---

44　Siehe *Köhler* in *Kroiß/Horn/Solomon* Art 40 Rz 10; *J. Schmidt* in BeckOGK BGB Art 40 EuErbVO Rz 42, 44.

45　EuGH C-157/12 ECLI:EU:C:2013:597, *Salzgitter Mannesmann Handel/SC Laminorul* EuZW 2013, 903 *(Mäsch).*

46　EuGH C-157/12 ECLI:EU:C:2013:597, *Salzgitter Mannesmann Handel/SC Laminorul* Rz 33 EuZW 2013, 903 *(Mäsch).*

dass die Richtigkeit der – aufgrund der ursprünglich völkerrechtlichen Quelle – „ausländische(n) Entscheidung" nicht in Frage gestellt werden kann.[1] Eine gleichlautende Bestimmung beinhaltete bereits der **Kommissionsvorschlag** für eine EuErbVO[2] in **Art 31.** Auch im neuen Art 52 Brüssel Ia-VO findet sich eine entsprechende Regelung, die im Unterschied zu Art 41 konkret eine Nachprüfung im für die Vollstreckung ersuchten Mitgliedstaat verbietet (vgl Art 2 lit e Brüssel Ia-VO). Art 26 Brüssel IIa-VO verbietet ebenso eine Nachprüfung in der Sache selbst, ohne dezidiert auf den Ursprung der Entscheidung Bezug zu nehmen;[3] weitergehend enthält Art 42 EuUVO in Bezug auf eine in einem (anderen) Mitgliedstaat bereits ergangene Entscheidung ein Nachprüfungsverbot in jenem Mitgliedstaat, in welchem die Anerkennung, die Vollstreckbarkeit oder die Vollstreckung beantragt wird.[4] Ferner ordnet Art 12 EuSchMaVO einen Ausschluss der Nachprüfung in der Sache für im Ursprungsmitgliedstaat angeordnete Schutzmaßnahmen an.[5] **ErwGr 59** hebt für Kapitel IV der EuErbVO die **Vorbildfunktion anderer Rechtsinstrumente** im Politikbereich der Justiziellen Zusammenarbeit in Zivilsachen (Art 81 AEUV) explizit hervor, weshalb die dort entwickelten Grundsätze auch im Anwendungsbereich der EuErbVO *mutatis mutandis* nutzbar gemacht werden können.

Art 41 ist – als Teil des Kapitel IV (Art 39 – 58): Anerkennung, Vollstreckbarkeit und Vollstreckung von Entscheidungen – (nur) auf **Entscheidungen** anzuwenden, die in **Art 3 Abs 1 lit g** legaldefiniert sind, somit jede Entscheidung, die in Erbsachen unabhängig ihrer Bezeichnung von einem Gericht eines Mitgliedstaats iSd EuErbVO,[6] welches seinerseits in Art 3 Abs 2 definiert wird,[7] im streitigen oder nichtstreitigen Verfahren (ErwGr 59) erlassen wurde.[8] Dies gilt grundsätzlich auch für **einstweilige Maßnahmen** nach Art 19, es sei denn diese wurden ohne vorherige Anhörung des Gegners angeordnet (sog ex-parte-Maßnahmen).[9]   **2**

Art 41 ist nicht nur im Anerkennungsstadium anzuwenden, sondern gilt auch im **Vollstreckbarerklärungsverfahren,**[10] obwohl in Art 52 – anders als noch in Art 45 Abs 2 neben   **3**

1 Vgl *Gebauer* in *Gebauer/Wiedmann*[2] EuGVVO Rz 192; *Geimer* in *Geimer/Schütze*[3] Art 36 EuGVVO Rz 1; *Gottwald* in MünchKommZPO III[4] Art 36 EuGVO Rz 1 f; *Kropholler/von Hein*[9] Art 36 EuGVO Rz 2; *Leible* in *Rauscher* Art 36 Brüssel I-VO Rz 1; *Mäsch* in *Kindl/Meller-Hannich/Wolf,* Zwangsvollstreckung[2] Art 36 EuGVVO Rz 1 f; *Nunner-Krautgasser,* ÖJZ 2009/60, 536; *Rassi* in *Fasching/Konecny* V/1[2] Art 36 EuGVVO Rz 4; *Stadler* in *Musielak/Voit,* ZPO[12] Art 36 EuGVVO Rz 1.

2 KOM(2009) 154 endg.

3 *Rassi* in *Fasching/Konecny* V/2[2] Art 26 EuEheKindVO Rz 3; *Rauscher* in *Rauscher* IV[4] Art 26 Brüssel IIa-VO Rz 1.

4 *Andrae/Schimrick* in *Rauscher* IV[4] Art 42 EG-UntVO Rz 1; *Fucik* in *Fasching/Konecny* V/2[2] Art 42 EuUVO Rz 1; *Weber* in *Burgstaller/Neumayr/Geroldinger/Schmaranzer* Art 42 EuUntVO Rz 1 (12. Lfg).

5 *K. Binder* in *Rauscher* IV[4] EU-SchutzMVO Rz 113.

6 Der räumliche Anwendungsbereich der EuErbVO bezieht sich bis dato nur auf 25 Mitgliedstaaten und schließt, anders als es Art 84 Satz 3 indiziert, Dänemark (DK), das Vereinigte Königreich (GB) und Irland (IE) nicht ein (vgl ErwGr 82 f); daher ist der Terminus „Mitgliedstaat" hier verordnungsautonom auszulegen; *J. Schmidt* in BeckOGK BGB Art 1 EuErbVO Rz 7 ff; vgl auch im deutschen Gesetz zum Internationalen Erbrecht und zur Änderung von Vorschriften zum Erbschein sowie zur Änderung sonstiger Vorschriften § 1 Abs 2 IntErbRVG, dBGBl I 2015, 1042.

7 Art 2 verwendet demgegenüber den Begriff der „Behörden der Mitgliedstaaten"; s Art 2 Rz 3.

8 *J. Schmidt* in BeckOGK BGB Art 3 EuErbVO Rz 22 ff; s Art 3 Rz 32 ff.

9 Siehe dazu *J. Schmidt* in BeckOGK BGB Art 19 EuErbVO Rz 20 f; Näheres zur umstrittenen Anerkennungsfähigkeit einstweiliger Maßnahmen *Nunner-Krautgasser,* ÖJZ 2009/87, 794 f.

10 *Dutta* in MünchKommBGB[6] Art 41 EuErbVO Rz 1.

Art 36 Brüssel I-VO – kein selbständiges Verbot dafür normiert ist; das ergibt sich bereits aus dem Verweis auf Art 40 in Art 52 und aus der systematischen Stellung des Art 41.

II. Normzweck

4 Der in Art 41 normierte Ausschluss der Nachprüfung in der Sache[11] ist wesentliches „Kennzeichen des europäischen Justizraums"[12] und dient als „essentieller Baustein des gesamten Anerkennungssystems"[13] der Erleichterung der **Freizügigkeit von Entscheidungen** und der Verwirklichung des **Grundsatzes der gegenseitigen Anerkennung** von Entscheidungen. Zudem ist die verbotene Nachprüfung einer Entscheidung auf ihre sachliche Richtigkeit logische Konsequenz des umstrittenen[14] **Grundsatzes des gegenseitigen Vertrauens**[15] in die Rechtsschutzsysteme und Rechtspflegeorgane der Mitgliedstaaten der Europäischen Union. Diese tragenden Eckpfeiler liegen allesamt auch Art 39 zugrunde (siehe daher eingehend bereits Art 39 Rz 7 ff).

III. Verbot der révision au fond

5 Art 41 normiert ein **Verbot der Nachprüfung in der Sache** (*révision au fond*[16]),[17] selbst wenn aus Sicht des Zweitgerichts „in sachlicher oder rechtlicher Hinsicht ein Fehlurteil vorliegt".[18] Eine Nachprüfung jeder in einem Mitgliedstaat bereits ergangenen Entscheidung, sei es in (materiell-/verfahrens-)rechtlicher oder tatsächlicher Weise,[19] würde das Prinzip der wechselseitigen Anerkennung von Entscheidungen konterkarieren, weshalb ein solches Verbot ein wesentliches Fundament für ein funktionierendes Anerkennungssystem im europäischen Justizraum darstellt.[20]

6 Mit dem Verbot der *révision au fond* soll die Ausschließlichkeit der **Anerkennungsversagungsgründe** gesichert und eine erneute Entscheidung über die Tatsachen und die Rechtsanwendung vermieden werden.[21] Einen taxativen Katalog von Gründen für die Nichtanerkennung zählt ausschließlich Art 40 auf (s Art 40 Rz 4 ff): Verstoß gegen den *ordre public*

---

11 *J. Schmidt* in BeckOGK BGB Art 41 EuErbVO Rz 1, 4; vgl in negativer Formulierung auch § 328 dZPO: *Bach* in Beck-OK[15] § 328 ZPO Rz 10 f sowie § 723 dZPO: *Netzer* in *Kindl/Meller-Hannich/Wolf*, Zwangsvollstreckung[2] § 723 ZPO Rz 2.

12 *Fucik* in *Schauer/Scheuba* 64; vgl *Fucik* in *Rechberger/Zöchling-Jud* 254 Rz 4.45: „einheitlichen"; ebenso *Verweijen*, Verlassenschaftsverfahren 60.

13 *J. Schmidt* in BeckOGK BGB Art 41 EuErbVO Rz 4.

14 *Fucik* in *Schauer/Scheuba* 64 sowie in *Rechberger/Zöchling-Jud* 254 Rz 4.45 spricht von einem „(mehr propagierten als gelebten) mutual trust".

15 Vgl *Wall*, ZErb 10/2014, 277.

16 Das System der sog *révision au fond* iSe inhaltlichen Überprüfung von ausländischen Entscheidungen sowohl in Rechts- als auch in Tatfragen geht namentlich auf das französische Recht des 19. Jahrhunderts zurück; s dazu *Kropholler/von Hein*[9] Art 36 EuGVO Rz 1; *Rassi* in *Fasching/Konecny* V/1[2] Art 36 EuGVVO Rz 1; *Rassi* in *Fasching/Konecny* V/2[2] Art 26 EuEheKindVO Rz 1.

17 *Burandt* in *Burandt/Rojahn*[2] Art 41 EuErbVO Rz 1; *Frodl*, ÖJZ 2012/108, 956; *Dutta* in MünchKommBGB[6] Art 41 EuErbVO Rz 1; *Fucik* in *Schauer/Scheuba* 64; *Fucik* in *Rechberger/Zöchling-Jud* 254 Rz 4.45; *Köhler* in *Kroiß/Horn/Solomon* Art 41 EuErbVO Rz 1; *Leitner* in *DACH Europäische Anwaltsvereinigung* 11; *Pawlytta/Pfeiffer* in MünchAnwaltsHB Erbrecht[4] § 33 Rz 217; *Verweijen*, Verlassenschaftsverfahren 60.

18 *Jenard*-Bericht ad Art 29 EuGVÜ, ABl C 1979/59, 46.

19 *Köhler* in *Kroiß/Horn/Solomon* Art 41 EuErbVO Rz 1.

20 Vgl *J. Schmidt* in BeckOGK BGB Art 41 EuErbVO Rz 4.

21 Vgl *Rauscher* in *Rauscher* IV[4] Art 26 Brüssel IIa-VO Rz 1.

(lit a), Zustellmängel beim verfahrenseinleitenden Schriftstück als grundlegende Verletzung des rechtlichen Gehörs (lit b), Unvereinbarkeit mit einer bereits im Anerkennungsmitgliedstaat ergangenen Entscheidung (lit c) und Unvereinbarkeit mit einer bereits im Ausland *in idem* ergangenen Entscheidung (lit d). In diesem Katalog findet sich gerade nicht ein Versagungsgrund hinsichtlich der Anwendbarkeit der Kollisionsnormen,[22] ebenso nicht hinsichtlich der Zuständigkeitsnormen der VO.[23] Zuvor sind jedoch die **positiven Anerkennungsvoraussetzungen,** somit der Anwendungsbereich sowie die Entscheidungsqualifikation iSd EuErbVO, zu prüfen.[24]

Die verbotene Nachprüfung in der Sache selbst meint, eine Anerkennung nach Art 39 darf   **7** nicht aus Gründen abweichender Rechtsvorschriften zwischen Entscheidungs- und Anerkennungsstaat oder Zweifel an der rechtlich und tatsächlich fehlerfreien rechtlichen Würdigung versagt werden.[25] Liegen keine Versagensgründe (Art 40) vor, so sind behauptete verfahrensrechtliche Fehler einer ausländischen Entscheidung ebenso wie Fragen der Tatsachenfeststellung nicht mehr zu prüfen.[26] Eine ausländische Entscheidung entfaltet – im Anwendungsbereich *(in casu)* der Brüssel I-VO – in Österreich grundsätzlich dieselben Rechtswirkungen wie im Entscheidungsstaat[27] und es soll ihr die selben Wirkungen beigelegt werden wie in jenem Staat, in dem sie ergangen ist (zur Theorie der **Wirkungserstreckung** siehe Art 39 Rz 21).[28] Für einen österr Richter macht es demnach keinen Unterschied, ob eine anerkannte ausländische Entscheidung oder eine inländische Entscheidung vorliegt, weil erstere ebenso viel wert ist, wie die Entscheidung eines österr Gerichts.[29]

Aussetzung des Anerkennungsverfahrens

Art 42.   **Das Gericht eines Mitgliedstaats, vor dem die Anerkennung einer in einem anderen Mitgliedstaat ergangenen Entscheidung geltend gemacht wird, kann das Verfahren aussetzen, wenn im Ursprungsmitgliedstaat gegen die Entscheidung ein ordentlicher Rechtsbehelf eingelegt worden ist.**

Stammfassung.

Literatur: *Frauenberger-Pfeiler,* Lugano-Abkommen: Anerkennung und Vollstreckung ausländischer Entscheidungen, ecolex 1996, 735; *Fucik,* Anerkennung und Vollstreckung, in *Schauer/Scheuba* (Hrsg), Europäische Erbrechtsverordnung (2012) 57; *Fucik,* Anerkennung, Vollstreckbarerklärung und Vollstre-

---

22 Vgl aber noch Art 27 Nr 4 EGVÜ/LGVÜ; *J. Schmidt* in BeckOGK BGB Art 41 EuErbVO Rz 6.

23 Siehe *Dutta* in MünchKommBGB⁶ Art 40 EuErbVO Rz 8.

24 Vgl *Gebauer* in *Gebauer/Wiedmann²* EuGVVO Rz 192; *Leible* in *Rauscher* Art 36 Brüssel I-VO Rz 2; *Mäsch* in *Kindl/Meller-Hannich/Wolf,* Zwangsvollstreckung² Art 36 EuGVVO Rz 4; *Rassi* in *Fasching/Konecny* V/1² Art 36 EuGVVO Rz 2.

25 EuGH C-7/98 Slg 2000, I-1935, *Krombach/Bamberski* Rz 36 EWiR 2000, 441 *(Hau)* = ZIP 2000, 859 *(Geimer);* Schlussanträge Generalanwalt *Saggio* C-7/98 Slg 2000, I-1935, *Krombach/Bamberski* Rz 16 f; EuGH C-38/98 Slg 2000, I-2973, *Renault/Maxicar und Formento* Rz 29 f EWiR 2000, 627 *(Geimer)* = wbl 2000/199; Schlussanträge Generalanwalt *Alber* C-38/98 Slg 2000, I-2973, *Renault/Maxicar und Formento* Rz 43 ad Art 29 EuGVÜ.

26 Siehe OGH 9 Ob 88/10 x ad Art 36 Brüssel I-VO RS0126607 = ecolex 2011/207.

27 Siehe OGH 3 Ob 212/06 g RS0117940 (T1) = ZfRV 2007/29 *(Pröbsting).*

28 EuGH C-145/86 Slg 1988, I-645, *Hoffmann/Krieg* Rz 10 f NJW 1989, 663; C-456/11 ECLI:EU:C:2012:719, *Gothaer Allgemeine Versicherung ea/Samskip* Rz 34, 41 f LMK 2013, 341521 *(Hau)* = wbl 2013/28.

29 Siehe OGH 3 Ob 127/12 s RS0117940 = EvBl 2013/31 *(Brenn, Schneider)* = JBl 2013, 53 *(König).*

ckung, in *Rechberger/Zöchling-Jud* (Hrsg), Die EU-Erbrechtsverordnung in Österreich (2015) 239; *Leitner,* Die EU-Erbrechtsverordnung Nr. 650/2012 und deren Auswirkungen auf diverse Länder, in *DACH Europäische Anwaltsvereinigung* (Hrsg), Die EU-Erbrechtsverordnung Nr. 650/2012 und deren Auswirkungen auf diverse Länder (2014) 1; *Mankowski,* Erbrechtliche Schiedsgerichte in Fällen mit Auslandsbezug und die EuErbVO, ZEV 2014, 395; *Nueber,* Schiedsverfahren von Todes wegen – Gedanken zur testamentarischen Schiedsklausel, JEV 2013, 118; *Pfeiler,* Die Anerkennung ausländischer Titel in Österreich, JAP 1995/96, 275; *Zöchling-Jud/Kogler,* Letztwillige Schiedsklauseln, GesRZ 2012, 79.

Übersicht

                                                                                        Rz
I. Genese und Anwendungsbereich 1
II. Normzweck 4
III. Aussetzung des Verfahrens 5

I. Genese und Anwendungsbereich

1 Bereits in Art 30 Abs 1 EuGVÜ/LGVÜ, sekundärrechtlich übernommen in Art 37 Abs 1 Brüssel I-VO, fand sich eine fast gleichlautende Bestimmung (aufgrund des völkervertraglichen Hintergrunds Vertragsstaat statt Mitgliedstaat), wie sie auch in Art 37 Abs 1 LGVÜ II (durch dieses Übereinkommen gebundener Staat) normiert ist. Eine nur semantisch abweichende Bestimmung („beantragt" statt „geltend gemacht", keine Nennung von „Ursprungsstaat") beinhaltete der Kommissionsvorschlag für eine EuErbVO[1] in Art 32 (betitelt mit „Aussetzung des Verfahrens"), ebenso Art 27 Abs 1 Brüssel IIa-VO („eingelegt wurde" statt „eingelegt worden ist"). Auch im neuen Art 38 lit a Brüssel Ia-VO findet sich eine entsprechende Regelung, die im Unterschied zu Art 42 ein „Anfechten" der Entscheidung im Ursprungsmitgliedstaat fordert, aber ein Aussetzen „ganz oder teilweise" ermöglicht. Mangels der Beteiligung Irlands (IE) und des Vereinigten Königreichs (GB) an der Annahme der EuErbVO hat sich die Übernahme der Sonderregelung in Art 37 Abs 2 Brüssel I-VO, des Art 27 Abs 2 Brüssel IIa-VO und des Art 25 EuUVO erübrigt.[2] **ErwGr 59** hebt für Kapitel IV der EuErbVO die **Vorbildfunktion anderer Rechtsinstrumente** im Politikbereich der Justiziellen Zusammenarbeit in Zivilsachen (Art 81 AEUV) explizit hervor, weshalb die dort entwickelten Grundsätze auch im Anwendungsbereich der EuErbVO *mutatis mutandis* nutzbar gemacht werden können.

2 Art 42 ist – als Teil des Kapitel IV (Art 39 – 58): Anerkennung, Vollstreckbarkeit und Vollstreckung von Entscheidungen – (nur) auf **Entscheidungen** anzuwenden, die in **Art 3 Abs 1 lit g** legaldefiniert sind, somit jede Entscheidung, die in Erbsachen unabhängig ihrer Bezeichnung von einem Gericht eines Mitgliedstaats iSd EuErbVO,[3] welches seinerseits in Art 3 Abs 2 definiert wird,[4] im streitigen oder nichtstreitigen Verfahren (ErwGr 59) erlassen wurde.[5]

---

1 KOM(2009) 154 endg.

2 *Dutta* in MünchKommBGB[6] Art 42 EuErbVO Rz 1.

3 Der räumliche Anwendungsbereich der EuErbVO bezieht sich bis dato nur auf 25 Mitgliedstaaten und schließt, anders als es Art 84 Satz 3 indiziert, Dänemark (DK), GB und IE nicht ein (vgl ErwGr 82 f); daher ist der Terminus „Mitgliedstaat" hier verordnungsautonom auszulegen; *J. Schmidt* in Beck-OGK Art 1 EuErbVO Rz 7 ff; vgl auch im deutschen Gesetz zum Internationalen Erbrecht und zur Änderung von Vorschriften zum Erbschein sowie zur Änderung sonstiger Vorschriften § 1 Abs 2 IntErbRVG, dBGBl I 2015, 1042

4 Art 2 verwendet demgegenüber den Begriff der „Behörden der Mitgliedstaaten"; s Art 2 Rz 3.

5 *J. Schmidt* in BeckOGK BGB Art 3 EuErbVO Rz 22 ff; s Art 3 Rz 32 ff.

In Art 53 findet sich eine korrespondierende Bestimmung für das Verfahren auf Vollstreck- **3**
barerklärung in erster Instanz (Art 50) und im Rechtsmittelverfahren (Art 51). Da in **Feststellungsverfahren,** in denen **nach Art 39 Abs 2** die Anerkennung einer Entscheidung selbst
den Streitgegenstand bildet (zum selbständigen fakultativen Anerkennungsverfahren s Art 39
Rz 25 ff), explizit auf Art 45 – 58 verwiesen wird, findet auf jene **Art 53** als *lex specialis* entsprechend Anwendung. Aus systematischen Gründen ist **Art 42** folglich **nur** in **Verfahren
gem Art 39 Abs 3** einschlägig,[6] in denen die Anerkennungsfähigkeit als entscheidungserhebliche Vorfrage im beim Hauptsachegericht anhängigen Rechtsstreit eine Rolle spielt (zur Inzidentanerkennung s Art 39 Rz 30 f). Aufgrund der sachlichen Nähe der umstrittenen **unselbständigen Anerkennungsverfahren** nach Art 39 Abs 3, bei denen das Gericht im Rahmen des bei ihm geführten Rechtsstreits über die entscheidungserhebliche Frage der Anerkennungsfähigkeit auf Antrag auch förmlich und mit bindender Wirkung entscheiden kann,
zu den selbständigen Anerkennungsverfahren nach Art 39 Abs 2 wäre es konsequent, dass
sich die Aussetzung des Verfahrens in diesem Fall nicht nach Art 42 richten würde, sondern
analog zu Art 39 Abs 2 über den dort enthaltenen Verweis auf Art 45 – 58 ebenso nach
Art 53 als *lex specialis*.[7] Der wesentliche Unterschied zwischen den beiden Aussetzungsgrundlagen besteht darin, dass nach Art 53 die Aussetzung bzw – nach österr Terminologie
– die Unterbrechung des Verfahrens gerade nicht von Amts wegen, sondern nur auf Antrag
einer Partei zu prüfen ist.[8]

II. Normzweck

Gemeinsamer *Telos* beider Aussetzungsgrundlagen – Art 42 für Verfahren gem Art 39 Abs 3 **4**
und verweisungsbedingt Art 53 für Verfahren gem Art 39 Abs 2 – ist es quasi als „Ausgleich
für den [. . .] Grundsatz der automatischen Anerkennung"[9] zu **verhindern,** dass eine aus
dem Ausland stammende Entscheidung anerkannt bzw vollstreckt wird, bevor diese rechtskräftig geworden ist und damit das Risiko birgt, im Ursprungsmitgliedstaat revidiert oder
kassiert zu werden und letztlich infolge der erfolgreichen Einlegung eines ordentlichen
Rechtsbehelfs zu **widersprüchlichen Entscheidungen** führt.[10]

III. Aussetzung des Verfahrens

Art 42 räumt dem Gericht im Anerkennungsmitgliedstaat **von Amts wegen** die Möglichkeit **5**
ein, das bei ihm anhängige **Verfahren,** in welchem die Anerkennungsfähigkeit der ausländischen Entscheidung als präjudizielle Vorfrage inzident zu entscheiden ist, im Falle der Erhebung eines ordentlichen Rechtsbehelfs im Ursprungsmitgliedstaat **auszusetzen** bzw – nach

---

6 *J. Schmidt* in BeckOGK BGB Art 42 EuErbVO Rz 5; vgl *Gebauer* in *Gebauer/Wiedmann*[2] EuGVVO
   Rz 193; *Geimer* in *Geimer/Schütze*[3] Art 37 EuGVVO Rz 1; *Kodek* in *Czernich/Kodek/Mayr*[4] Art 38
   EuGVVO Rz 1; *Kropholler/von Hein*[9] Art 37 EuGVO Rz 2; *Leible* in *Rauscher* Art 37 Brüssel I-VO
   Rz 2; *Mäsch* in *Kindl/Meller-Hannich/Wolf*[2] Art 37 EuGVVO Rz 2; *Schlosser*[3] Art 37 EuGVVO Rz 1;
   Stadler in *Musielak/Voit,* ZPO[12] Art 37 EuGVVO Rz 2; differenzierend *Gottwald* in MünchKomm-
   ZPO III[4] Art 37 EuGVO Rz 3, der iZm selbständigen Anerkennungsverfahren von „ebenfalls Art 46"
   (Aussetzung des Vollstreckbarerklärungsverfahren nach der Brüssel I-VO) spricht.
7 Vgl *Mäsch* in *Kindl/Meller-Hannich/Wolf,* Zwangsvollstreckung[2] Art 37 EuGVVO Rz 2; s Art 39
   Rz 31.
8 Vgl *Kropholler/von Hein*[9] Art 37 EuGVO Rz 2.
9 *Stadler* in *Musielak/Voit,* ZPO[12] Art 37 EuGVVO Rz 1.
10 Vgl *Kropholler/von Hein*[9] Art 37 EuGVO Rz 1.

österr Terminologie – zu unterbrechen,[11] um die Erschöpfung des Instanzenzuges im Ursprungsmitgliedstaat abzuwarten und keine widersprechenden Ergebnisse zu provozieren (zur Eingrenzung auf Verfahren gem Art 39 Abs 3 s oben Rz 3).

6 Eine Verpflichtung zur Aussetzung ergibt sich daraus für das Anerkennungsgericht nicht, daher ist eine hinlänglich **weite Auslegung** der hier beachtenswerten Rechtsbehelfe geboten.[12] Die Aussetzung liegt vielmehr im pflichtgemäßen **Ermessen** des Anerkennungsgerichts und bedarf auch keines Antrags einer Partei;[13] ein Anspruch auf Aussetzung besteht nicht, eine solche kann aber freilich angeregt werden. Das Gericht kann auch bereits das Vorliegen von Anerkennungsversagungsgründen prüfen,[14] zumal sich im bejahenden Fall eine Aussetzung ohnedies erübrigen wird.[15]

7 Was als **ordentlicher Rechtsbehelf**[16] qualifiziert werden kann, ist **verordnungsautonom**[17] und nicht nach nationalem Verständnis zu interpretieren, wobei Anleihen bei den vergleichbaren Tatbeständen verwandter Rechtsakte (s oben Rz 1) genommen werden können. Noch zu Art 30 und 38 EuGVÜ hat der **EuGH** entschieden, dass das Gericht seine Entscheidung immer dann aussetzen können muss, wenn am endgültigen Schicksal der Entscheidung im Ursprungsstaat **vernünftige Zweifel** bestehen können und über einen Antrag auf Anerkennung (oder Vollstreckung) einer Entscheidung befindet, die im Ursprungsstaat „bereits mit einem Rechtsbehelf angefochten ist, der zur Aufhebung oder Änderung der fraglichen Entscheidung führen kann".[18] IdZ ist der Begriff „ordentlicher Rechtsbehelf" dahingehend zu verstehen, „dass er jeden Behelf bezeichnet, der Teil des gewöhnlichen Verlaufs eines Rechtsstreits ist und als solcher eine verfahrensrechtliche Entwicklung darstellt, mit deren Eintritt jede Partei vernünftigerweise zu rechnen hat" und der „an eine bestimmte Frist gebunden ist, welche durch die Entscheidung selbst, um deren Vollstreckung nachgesucht wird, in Gang gesetzt wird".[19] Keine ordentlichen Rechtsbehelfe sind solche, die von Ereignissen, die im Zeitpunkt der Entscheidung unvorhersehbar waren, oder von einem Tätigwerden Dritter abhängen, das nicht an die Rechtsbehelfsfrist gebunden ist.[20]

---

11 Siehe *Fucik* in *Schauer/Scheuba* 64; *Fucik* in *Rechberger/Zöchling-Jud* 254 Rz 4.46; *Leitner* in *DACH Europäische Anwaltsvereinigung* 11; *Pawlytta/Pfeiffer* in MünchAnwaltsHB Erbrecht⁴ § 33 Rz 217; *Verweijen,* Verlassenschaftsverfahren 61.

12 EuGH C-43/77 Slg 1977, I-2175, *Industrial Diamond Supplies/Riva* Rz 32/34 Satz 1 f (32 f) ad Art 30 EuGVÜ; *Geimer* in *Geimer/Schütze*³ Art 37 EuGVVO Rz 12; *Kropholler/von Hein*⁹ Art 37 EuGVO Rz 4.

13 *J. Schmidt* in BeckOGK BGB Art 42 EuErbVO Rz 14; vgl *Kropholler/von Hein*⁹ Art 37 EuGVO Rz 5; *Geimer* in *Geimer/Schütze*³ Art 37 EuGVVO Rz 5.

14 Vgl *Jenard*-Bericht zum EuGVÜ, ABl C 1979/59, 47 ad Art 30.

15 Vgl *Leible* in *Rauscher* Art 37 Brüssel I-VO Rz 5; *Rassi* in *Fasching/Konecny*² VI Art 37 EuGVVO Rz 13.

16 Vgl zu dieser Frage bei der Vorlagepflicht im Rahmen eines Vorabentscheidungsverfahren gem Art 267 AEUV („Rechtsmittel") EuGH C-99/00 Slg 2002, I-4839, *Lyckeskog* Rz 14 ff; Schlussanträge Generalanwältin *Kokott* C-175/06 Slg 2007, I-7929, *Tedesco/Tomasoni Fittings und RWO Marine Equipment* Rz 21 f.

17 Vgl EuGH C-43/77 Slg 1977, I-2175, *Industrial Diamond Supplies/Riva* Rz 28 ad Art 30 und 38 EuGVÜ.

18 EuGH C-43/77 Slg 1977, I-2175, *Industrial Diamond Supplies/Riva* Rz 32/34.

19 EuGH C-43/77 Slg 1977, I-2175, *Industrial Diamond Supplies/Riva* Rz 35/41 Satz 3 f (nicht fälschlich 35/48).

20 EuGH C-43/77 Slg 1977, I-2175, *Industrial Diamond Supplies/Riva* Rz 35/41 Satz 5 (39).

In der Lit zu Art 37 Brüssel I-VO werden als wiederholte Beispiele für **ordentliche Rechts-** **8** **behelfe** in Österreich etwa der Rekurs oder die außerordentliche Revision hervorgehoben,[21] in Deutschland der Einspruch gegen ein Versäumungsurteil sowie in den romanischen Rechtskreisen die Kassationsbeschwerde.[22] Gegenbeispiele, bei denen die Qualifikation als ordentliche Rechtsbehelfe abgelehnt wird, sind Wiederaufnahmeverfahren, die Einleitung eines Schiedsverfahrens[23] oder die Vollstreckungsgegenklage,[24] dem deutschen Pendant zur/zum österr Oppositionsklage/Oppositionsantrag.

Der Wortlaut „eingelegt worden ist" (en: *has been lodged*; it: *è stata impugnata*; vgl aber fr: **9** *fait l'objet*; es: *es objeto*) im Tempus des Perfekt passiv legt nahe, dass der **Rechtsbehelf tatsächlich** auch **eingebracht wurde** und nicht nur ein solcher (noch) zulässig wäre. Die (noch) offene Rechtsbehelfsfrist alleine ist gerade nicht ausreichend.[25]

Das **Verfahren der Aussetzung** richtet sich im Übrigen nach nationalem Verfahrensrecht, in **10** Österreich nach § 190 ZPO[26] und in Deutschland nach § 148 dZPO.[27]

Vollstreckbarkeit

Art 43. Die in einem Mitgliedstaat ergangenen und in diesem Staat vollstreckbaren Entscheidungen sind in einem anderen Mitgliedstaat vollstreckbar, wenn sie auf Antrag eines Berechtigten dort nach dem Verfahren der Artikel 45 bis 58 für vollstreckbar erklärt worden sind.

Stammfassung.

Literatur: *Fucik,* Anerkennung und Vollstreckung, in *Schauer/Scheuba,* Europäische Erbrechtsverordnung (2012) 57; *Fucik,* Anerkennung, Vollstreckbarerklärung und Vollstreckung, in *Rechberger/Zöchling-Jud* (Hrsg), Die EU-Erbrechtsverordnung in Österreich (2015) 239; *Mohr,* Neues im internationalen Exekutionsrecht – die Europäische Erbrechtsverordnung, ÖRPfl 2013 H 2, 27; *Rudolf,* Die Erbrechtsverordnung der Europäischen Union, NZ 2013, 225.

21 *Kodek* in *Czernich/Tiefenthaler/Kodek*[3] Art 37 EuGVVO Rz 3; ebenso *Leible* in *Rauscher* Art 37 Brüssel I-VO Rz 4; *J. Schmidt* in BeckOGK BGB Art 42 EuErbVO Rz 10.1; *Burgstaller/Neumayr* in *Burgstaller/Neumayr/Geroldinger/Schmaranzer* Art 37 EuGVO Rz 3 (2. Lfg) führen noch Berufung, (außer-)ordentliche Revision sowie den Abänderungsantrag gem § 508 ZPO und *Rassi* in *Fasching/Konecny* V/1[2] Art 37 EuGVVO Rz 11 ergänzend noch (außer-)ordentlichen Revisionsrekurs und Widerspruch gegen ein Versäumungsurteil an.

22 *Gottwald* in MünchKommZPO III[4] Art 37 EuGVO Rz 4; *Leible* in *Rauscher* Art 37 Brüssel I-VO Rz 4; *Mäsch* in *Kindl/Meller-Hannich/Wolf,* Zwangsvollstreckung[2] Art 37 EuGVVO Rz 3; *Stadler* in *Musielak/Voit,* ZPO[12] Art 37 EuGVVO Rz 3.

23 Zu Schiedsverfahren im Erbrecht s etwa *Zöchling-Jud/Kogler,* GesRZ 2012, 79; *Nueber,* JEV 2013, 118; *Mankowski,* ZEV 2014, 395.

24 *J. Schmidt* in BeckOGK BGB Art 42 EuErbVO Rz 10.2.; vgl *Leible* in *Rauscher* Art 37 Brüssel I-VO Rz 4; *Wautelet* in *Magnus/Mankowski* Art 37 Brussels I Regulation Rz 13.

25 *J. Schmidt* in BeckOGK BGB Art 42 EuErbVO Rz 11 unter Berufung auf *Weller* in *Simons/Hausmann,* Brüssel I-VO Art 37 Rz 9; vgl im Gegensatz dazu noch Art 46 Abs 1 Brüssel I-VO unter Hinweis auf eine noch offene Rechtsbehelfsfrist.

26 Vgl *Burgstaller/Neumayr* in *Burgstaller/Neumayr/Geroldinger/Schmaranzer* Art 37 EuGVO Rz 4 (2. Lfg); *Pfeiler,* JAP 1995/96, 279; *Frauenberger-Pfeiler,* ecolex 1996, 736; *Rassi* in *Fasching/Konecny* V/1[2] Art 37 EuGVVO Rz 14.

27 Vgl *Gebauer* in *Gebauer/Wiedmann*[2] EuGVVO Rz 193; *Geimer* im *Geimer/Schütze*[3] Art 37 EuGVVO Rz 4; *Leible* in *Rauscher* Art 37 Brüssel I-VO Rz 5; *Mäsch* in *Kindl/Meller-Hannich/Wolf,* Zwangsvollstreckung[2] Art 37 EuGVVO Rz 5; *Stadler* in *Musielak/Voit,* ZPO[12] Art 37 EuGVVO Rz 2.

Übersicht

Rz

I. Anerkennung und Vollstreckung 1
   A. Grundlegendes zur Vollstreckbarerklärung 1
II. Vollstreckbarerklärungsverfahren nach der EuErbVO 5
   A. Normzweck des Art 43 5
   B. Voraussetzungen der Vollstreckbarerklärung 6
      1. Gerichtliche Entscheidung 6
      2. Vollstreckbarkeit im Ursprungsmitgliedstaat 9
      3. Antrag 14
      4. Nicht relevante Umstände 16
   C. Der grundsätzliche Gang des Verfahrens bis zur Vollstreckbarerklärung
      nach der EuErbVO 19
   D. Vollstreckbarerklärungsverfahren erster Instanz in Österreich 25
III. Entscheidung über den Antrag auf Vollstreckbarerklärung 32
   A. Prüfungsumfang des Erstgerichts 32
   B. Beschlussfassung durch den Richter 35
   C. Wirkung der Vollstreckbarerklärung 36
   D. Inhaltlicher Transfer und Anpassung 37
IV. Vollstreckbarerklärung drittstaatlicher Entscheidungen 38

I. Anerkennung und Vollstreckung

A. Grundlegendes zur Vollstreckbarerklärung

1 In **Kapitel IV** (Art 39 – 58) beziehen sich die Art 39 – 42 auf die **Anerkennung** der in einem (teilnehmenden) Mitgliedstaat ergangenen vollstreckbaren Entscheidungen in den anderen (teilnehmenden) Mitgliedstaaten und die Art 43 – 58 auf die **Vollstreckbarerklärung.** Die beiden Bereiche sind mehrfach miteinander verwoben: So setzt die Vollstreckbarerklärung einer ausländischen Entscheidung begrifflich deren Anerkennung im Vollstreckungsmitgliedstaat voraus, weshalb die in Art 40 aufgezählten Anerkennungsversagungsgründe im Vollstreckbarerklärungsverfahren wahrzunehmen sind, sofern gegen die Vollstreckbarerklärung ein Rechtsmittel eingelegt wird (Art 48 iVm Art 50). Weiters gelten für das **selbstständige Anerkennungsverfahren** nach Art 39 Abs 2 die für das Vollstreckbarerklärungsverfahren aufgestellten Regeln.

Während für das Vollstreckbarerklärungsverfahren in Österreich subsidiär die EO heranzuziehen ist, ist in § 184a AußStrG[1] vorgesehen, dass im selbstständigen Anerkennungsverfahren nach Art 39 Abs 2 subsidiär die Regelungen des AußStrG gelten.

2 In Erbsachen ergehende Entscheidungen haben häufig **keinen vollstreckbaren Inhalt,**[2] wie die typischen Beispiele des Einantwortungsbeschlusses, der gesonderten Entscheidung über das Erbrecht (§ 161 Abs 1 AußStrG) oder des Erbscheins[3] zeigen; hier steht die Anerkennung nach den Art 39 – 42 im Vordergrund. **Vollstreckbare Entscheidungen** ergehen etwa über Pflichtteilsklagen, Pflichtteilsergänzungsklagen, Vermächtnisklagen, Erbteilungsklagen oder Erbschaftsklagen, wenn sie bspw auf Herausgabe bestimmter Gegenstände gerichtet sind.[4] Für die Vollstreckbarerklärung ist ohne Bedeutung, ob die ausländische Entscheidung aus dem Bereich der **streitigen oder der nichtstreitigen** (außerstreitigen) Gerichtsbarkeit

---

1 IdF ErbRÄG 2015, BGBl I 2015/87. Dazu ErlRV 688 BlgNR 25. GP 45.
2 *Dutta* in MünchKommBGB[6] Art 43 EuErbVO Rz 2.
3 *Müller-Lukoschek,* EU-Erbrechtsverordnung § 2 Rz 262.
4 *Fucik* in *Rechberger/Zöchling-Jud* Kap IV Rz 3.

stammt (ErwGr 59); zugeschnitten sind die Regeln aber ganz eindeutig auf die streitigen Erbsachen.[5]

Die Art 43 – 58 folgen den **Art 38 ff Brüssel I-VO/LGVÜ 2007**[6] bzw Art 26 ff EuUVO, in ge- **3** wisser Weise auch den Art 28 ff Brüssel IIa-VO. Die inhaltliche **Parallelität** zu den Art 38 ff Brüssel I-VO/LGVÜ 2007 fördert die europaweite Einheitlichkeit des Vollstreckbarerklärungsverfahrens; die Art 43 ff sind entsprechend den Art 38 ff Brüssel I-VO/LGVÜ 2007 **auszulegen.**[7]

Das Konzept der **Brüssel Ia-VO,** die keine Vollstreckbarerklärung mehr kennt (Art 39 Brüssel Ia-VO), gilt für die EuErbVO nicht. Das mag man als wenig ambitioniert bedauern;[8] der Vorteil ist jedenfalls, dass die Transmissionsfunktion des Vollstreckbarerklärungsverfahrens[9] genützt werden kann (Rz 37).

Die Art 43 – 58 regeln einerseits die Voraussetzungen für die Vollstreckbarkeit und geben an- **4** dererseits einen gewissen **Rahmen für das Vollstreckbarerklärungsverfahren** vor. Soweit dies geschieht, werden entgegenstehende Bestimmungen des mitgliedstaatlichen Rechts (in Österreich va solche der EO) **verdrängt.** Die Zwangsvollstreckung selbst richtet sich hingegen größtenteils nach innerstaatlichem Recht.

II. Vollstreckbarerklärungsverfahren nach der EuErbVO

A. Normzweck des Art 43

Die Vollstreckung einer aus einem anderen teilnehmenden Mitgliedstaat stammenden voll- **5** streckbaren Entscheidung setzt – so wie bei Art 38 Brüssel I-VO/LGVÜ 2007, Art 28 Brüssel IIa-VO und Art 26 EuUVO – eine **Vollstreckbarerklärung** voraus.

Eine Übernahme des Art 38 Abs 2 Brüssel I-VO/LGVÜ 2007 (bzw Art 28 Abs 2 Brüssel IIa-VO) war mangels Teilnahme des Vereinigten Königreichs an der EuErbVO nicht notwendig. Art 38 Abs 2 Brüssel I-VO/LGVÜ 2007 trägt nämlich dem Umstand Rechnung, dass im Vereinigten Königreich die Vollstreckbarerklärung durch die Registrierung der Entscheidung ersetzt wird.

B. Voraussetzungen der Vollstreckbarerklärung

1. Gerichtliche Entscheidung

Nach den Art 43 ff für vollstreckbar erklärt werden kann eine (in einem Mitgliedstaat ergan- **6** gene und in diesem Staat vollstreckbare) „Entscheidung". Dieser Begriff wird in Art 3 Abs 1 lit g definiert und umfasst – unabhängig von der Bezeichnung – jede von einem **Gericht** eines (teilnehmenden) Mitgliedstaats erlassene Entscheidung „einschließlich des Kostenfestsetzungsbeschlusses eines Gerichtsbediensteten". Art 32 Brüssel I-VO/LGVÜ 2007 zählt idZ beispielhaft Urteile, Beschlüsse, Zahlungsbefehle und Vollstreckungsbescheide auf.

---

5 *Fucik* in *Schauer/Scheuba* 61.
6 Im Kommissionsvorschlag KOM(2009) 154 endg v 14. 10. 2009 war ein Art 33 mit einem generellen Verweis auf die Art 38 – 56 und 58 EuGVVO vorgesehen gewesen.
7 *Köhler* in *Kroiß/Horn/Solomon* Einf Rz 6; *Fucik* in *Rechberger/Zöchling-Jud* Kap IV Rz 14.
8 Etwa *Dutta* in MünchKommBGB[6] Art 43 EuErbVO Rz 9; tw zust *Fucik* in *Rechberger/Zöchling-Jud* Kap IV Rz 15.
9 *Fucik* in *Schauer/Scheuba* 61 f, 68 f.

7   In Art 3 Abs 2 wiederum wird der Begriff „Gericht" definiert. Er ist vor dem Hintergrund, dass die funktionelle Zuständigkeit in Erbsachen in den einzelnen Mitgliedstaaten sehr unterschiedlich ausgestaltet ist (ErwGr 20) und daher den vielfältigen Erscheinungsformen Rechnung getragen werden muss, weit zu verstehen. Der Begriff erfasst nicht nur Gerichte im eigentlichen Sinn (also staatliche Institutionen mit garantierter Unabhängigkeit ihrer Organe), sondern auch Behörden und Angehörige von Rechtsberufen (etwa Notare und Registerbehörden), denen nach dem mitgliedstaatlichen Recht Zuständigkeiten in Erbsachen zugewiesen sind und die insoweit Gerichtstätigkeit im materiellen Sinne ausüben.

8   Bei Maßnahmen des vorläufigen Rechtsschutzes (Art 19) ist zu beachten, dass *ex parte,* also **ohne Anhörung** des AG ergangene Eilmaßnahmen vom EuGH[10] nicht als der Vollsteckbarerklärung zugängliche Entscheidungen qualifiziert wurden.

2. Vollstreckbarkeit im Ursprungsmitgliedstaat

9   Die Vollstreckbarerklärung **setzt voraus** (Art 43), dass die Entscheidung im Ursprungsmitgliedstaat **vollstreckbar** ist. Die Entscheidung muss daher einen **der Vollstreckung zugänglichen Inhalt** haben, was nur bei Leistungsverpflichtungen (einschließlich Kostenersatzverpflichtungen) der Fall ist, darunter auch Handlungs-, Duldungs- und Unterlassungsverpflichtungen.

10   Entscheidend ist die – auf dem Formblatt nach Art 46 Abs 3 lit b bescheinigte – **formelle Vollstreckbarkeit** der Entscheidung im Ursprungsmitgliedstaat, dessen Recht für die Beurteilung der formellen Vollstreckbarkeit maßgeblich ist.[11]

Die Entscheidung muss im Ursprungsmitgliedstaat **nicht** unbedingt **rechtskräftig** sein. **Vorläufige Vollstreckbarkeit** ist ausreichend, wobei aber im Hinblick auf die Wirkungserstreckung zu beachten ist, dass nur derjenige Umfang der Vollstreckungswirkung, den die Entscheidung im Ursprungsmitgliedstaat hat, in den Vollstreckungsmitgliedstaat übertragen wird.[12] Den sich für den Schuldner ergebenden möglichen Gefahren einer Vollstreckung einer **noch nicht rechtskräftigen** Entscheidung trägt die EuErbVO durch die Möglichkeit der Aussetzung des Verfahrens (Art 53) Rechnung.

11   Wird die Vollstreckbarkeit im Ursprungsmitgliedstaat formell ausgesetzt oder **aufgehoben** (oder überhaupt die Titelentscheidung im Ursprungsmitgliedstaat beseitigt), fällt eine Voraussetzung für die Vollstreckbarerklärung im Zweitstaat weg. IdS ist auch dann, wenn eine Zwangsvollstreckung im Ursprungsmitgliedstaat – in Form einer aufschiebenden Bedingung für die Vollstreckbarkeit – vom Erlag einer Sicherheitsleistung des Gläubigers abhängig gemacht wurde, die Vollstreckbarkeit erst dann gegeben, wenn diese Sicherheitsleistung im Ursprungsmitgliedstaat erlegt wurde.

12   Wenn sich der zwangsweisen Durchsetzung im Ursprungsmitgliedstaat **konkrete Hindernisse** wie hohe Pfändungsfreigrenzen oder besondere Schuldnerschutzvorschriften entgegen stellen, spielt dies für die Vollstreckbarerklärung im Zweitstaat keine Rolle.[13]

---

10   EuGH C-125/79 Slg 1980, 1553, *Denilauler/Couchet;* s auch OGH 3 Ob 123/12 b EvBl 2013/30, 220 *(Garber).*

11   *Althammer* in unalex Komm Art 38 Brüssel I-VO Rz 24.

12   *Althammer* in unalex Komm Art 38 Brüssel I-VO Rz 28.

13   *Mankowski* in *Rauscher* Art 38 Brüssel I-VO Rz 12; *Althammer* in unalex Komm Art 38 Brüssel I-VO Rz 26.

Irrelevant ist auch, ob das Recht des Vollstreckungsmitgliedstaats den Erlass vergleichbarer **13** Entscheidungen **kennt.** Häufig genanntes Beispiel im Anwendungsbereich der Brüssel I-VO ist das ausländische **Garantieurteil,** das in Österreich und Deutschland für vollstreckbar zu erklären ist.[14]

3. Antrag

Der aus dem vollstreckbaren ausländischen Titel Berechtigte muss im Vollstreckungsmit- **14** gliedstaat bei dem nach Art 45 iVm Art 44 zuständigen Gericht einen **Antrag** auf Vollstreckbarerklärung stellen (Art 46). Mit diesem Antrag hat er **bestimmte Unterlagen** (Art 46) vorzulegen, darunter ein Formblatt, mit dem insb die Vollstreckbarkeit der für vollstreckbar zu erklärenden Entscheidung im Ursprungsmitgliedstaat **bescheinigt** wird (Art 46 Abs 3 lit b). Der Richter im Vollstreckungsmitgliedstaat kann das Formblatt in seiner eigenen Sprache neben die aus dem Ursprungsmitgliedstaat stammende Bescheinigung legen und weiß dann aufgrund der einheitlichen Bezeichnung der einzelnen Rubriken (tendenziell) vom Inhalt Bescheid.

Eine Vollstreckbarerklärung kann **gleichzeitig in mehreren Mitgliedstaaten** beantragt und **15** erteilt werden,[15] falls dort jeweils eine örtliche Zuständigkeit begründet ist.

4. Nicht relevante Umstände

Keine Voraussetzung für die Vollstreckbarerklärung ist, dass das Gericht im Ursprungsmit- **16** gliedstaat seine **Zuständigkeit** auf eine Zuständigkeitsnorm der EuErbVO gestützt hat; vielmehr ist jede Entscheidung eines Gerichts eines teilnehmenden Mitgliedstaats innerhalb des Anwendungsbereichs der EuErbVO der Vollstreckbarerklärung nach den Art 43 ff zugänglich, auch wenn die Zuständigkeit des Gerichts im Ursprungsmitgliedstaat bspw auf einem vorrangigen Staatsvertrag (Art 75) beruht. Aus der Unzulässigkeit einer Überprüfung der Zuständigkeit des Gerichts im Ursprungsmitgliedstaat (Rz 34) folgt, dass selbst eine unrichtige Inanspruchnahme der Zuständigkeit im Vollstreckungsmitgliedstaat nicht mehr aufgegriffen werden darf.

Ob der Titelschaffung im Ausland **ein grenzüberschreitender Bezug** zugrunde lag oder **17** nicht, ist für das Vollstreckbarerklärungsverfahren irrelevant.

Auch eine besondere **Nahebeziehung** des Verpflichteten zum Vollstreckungsmitgliedstaat ist **18** im Vollstreckbarerklärungsverfahren nicht erforderlich; es reicht aus, dass im Inland eine **örtliche Zuständigkeit** (Art 45 Abs 2) begründet ist.

C. Der grundsätzliche Gang des Verfahrens bis zur Vollstreckbarerklärung nach der EuErbVO

Das Verfahren zur Vollstreckbarerklärung folgt dem **Modell der Art 38 ff Brüssel I-VO/** **19** **LGVÜ 2007** für Entscheidungen in Zivil- und Handelssachen sowie den Art 26 ff EuUntVO für Entscheidungen in Unterhaltssachen aus Mitgliedstaaten, die nicht durch das Haager Unterhaltsprotokoll gebunden sind (ErwGr 59). Anders als nach § 81 EO und Art 31 Abs 2 Brüssel IIa-VO sind daher **Anerkennungsverweigerungsgründe** (Art 40), die auch zur Ablehnung der Vollstreckbarerklärung führen müssen, erst in einem vom Schuldner initiierten

---

14 *Althammer* in unalex Komm Art 38 Brüssel I-VO Rz 25.
15 *Schlosser*[3] Art 38 EuGVVO Rz 1; *Althammer* in unalex Komm Art 38 Brüssel I-VO Rz 2.

Rechtsbehelfsverfahren gegen die Vollstreckbarerklärung (Art 50) wahrzunehmen und **nicht im erstinstanzlichen Verfahren** (Art 48 Satz 1).

20 Wurde von dem aus dem vollstreckbaren ausländischen Titel berechtigten Gläubiger ein formgemäßer Antrag (Art 46) gestellt und fällt die für vollstreckbar zu erklärende Entscheidung in den **Anwendungsbereich** der EuErbVO, was vom angerufenen Gericht von Amts wegen zu prüfen ist, ist die Entscheidung in einem **einseitigen** Verfahren **unverzüglich für vollstreckbar** zu erklären (Art 48). Die Vollstreckbarerklärung ist dem ASt mitzuteilen und dem Schuldner zuzustellen (Art 49), der damit erst Kenntnis vom Antrag auf Vollstreckbarerklärung erhält.

21 Gegen die Vollstreckbarerklärung kann sich der Schuldner mit einem Rechtsbehelf – in Österreich mit **Rekurs** – zur Wehr setzen (Art 50); das **Rechtsmittelverfahren** ist **zweiseitig** (Art 49 Abs 3). Soweit nach der Aktenlage entsprechendes Tatsachensubstrat vorhanden ist, sind Anerkennungsverweigerungsgründe (Art 40) vom Rechtsmittelgericht von Amts wegen aufzugreifen. Gegen die Rechtsmittelentscheidung kann **Revisionsrekurs** erhoben werden (Art 51).

22 Wurde im Ursprungsmitgliedstaat **gegen die Titelentscheidung** ein Rechtsbehelf eingelegt und ist die Entscheidung aus diesem Grund „vorläufig nicht vollstreckbar", hat das Rechtsmittelgericht im Vollstreckungsmitgliedstaat das Verfahren auf Antrag des Schuldners **auszusetzen** (Art 53).

23 Auf der Grundlage einer nach den Art 38 ff anerkennungsfähigen Entscheidung kann der aus dem Titel Berechtigte im Vollstreckungsmitgliedstaat jederzeit – auch ohne Antrag auf Vollstreckbarerklärung – **einstweilige Maßnahmen** beantragen. Auch eine **Teilvollstreckbarkeitserklärung** ist möglich (Art 55). Eine im Ursprungsmitgliedstaat gewährte **Verfahrenshilfe** oder Kosten- und Gebührenbefreiung wird in das Vollstreckbarerklärungsverfahren im Vollstreckungsmitgliedstaat übernommen (Art 56). Eine **Sicherheitsleistung** darf einem ASt im Hinblick auf seine Ausländereigenschaft oder das Fehlen eines inländischen Wohnsitzes nicht aufgetragen werden (Art 57). Streitwertabhängige Stempelabgaben oder Gebühren dürfen im Vollstreckbarerklärungsverfahren nicht erhoben werden (Art 58).

24 So wie in der EuUVO fehlt in der EuErbVO eine dem Art 49 Brüssel I-VO/LGVÜ 2007 bzw nun Art 55 Brüssel Ia-VO entsprechende Regelung, wonach ausländische Entscheidungen, die auf **Zahlung eines Zwangsgelds** (an den Gläubiger) lauten, im Vollstreckungsmitgliedstaat nur vollstreckbar sind, wenn die Höhe des Zwangsgelds durch die Gerichte des Ursprungsmitgliedstaats endgültig festgesetzt wurde. Es ist relativ unwahrscheinlich, dass es in einer Erbsache zur Anordnung eines Zwangsgelds kommt; ist dies der Fall, ist die Lücke durch analoge Anwendung des Art 55 Brüssel Ia-VO (früher Art 49 Brüssel I-VO/LGVÜ 2007) zu schließen.[16]

D. Vollstreckbarerklärungsverfahren erster Instanz in Österreich

25 Da für das Verfahren über den **Antrag auf Vollstreckbarerklärung** gem Art 46 Abs 1 das Recht des Vollstreckungsmitgliedstaats maßgebend ist, gelten die **§§ 79 ff EO** über die Vollstreckbarerklärung ausländischer Exekutionstitel.[17]

---

16 Überzeugend *Dutta* in MünchKommBGB[6] Art 43 EuErbVO Rz 7.

17 Der mit „Anerkennung von Entscheidungen nach der EuErbVO" überschriebene § 184a AußStrG (idF ErbRÄG 2015) betrifft nur das selbstständige Anerkennungsverfahren nach Art 39 Abs 2, in dem subsidiär die Regelungen des AußStrG anzuwenden sind.

Vorschriften in Rechtsakten der EU (und damit auch solche in der EuErbVO) genießen allerdings **Vorrang** (insofern hat § 86 Abs 1 EO klarstellenden Charakter). Dies führt dazu, dass im Vollstreckbarerklärungsverfahren die Bestimmungen der EO weitgehend verdrängt werden.

Der Antrag auf Vollstreckbarerklärung ist in Österreich an das – in örtlicher Hinsicht – gem **26** Art 45 Abs 2 zu bestimmende **Bezirksgericht** zu richten (vgl § 82 EO). Zur internationalen Zuständigkeit s Art 45 Rz 4.

Aus dem in Art 46 Abs 1 enthaltenen Verweis auf das Recht des Vollstreckungsmitgliedstaats **27** sowie aus dem in § 83 Abs 2 EO enthaltenen Verweis auf die Bestimmungen zum Exekutionsantrag ist zu schließen, dass für den Antrag auf Vollstreckbarerklärung grundsätzlich § 54 EO gilt.[18] Insb sind die genaue Bezeichnung des ASt und des AG sowie die bestimmte Angabe aller für die Ermittlung des zuständigen Gerichts wesentlichen Umstände, des Anspruchs, dessentwegen die Vollstreckbarkeitserklärung erteilt werden soll, und des dafür vorhandenen Exekutionstitels erforderlich. § 54 Abs 2 EO, wonach dem Antrag auch eine Ausfertigung des Exekutionstitels anzuschließen ist, wird durch Art 46 Abs 3 überlagert und ergänzt. Danach sind dem Antrag eine **Ausfertigung der Entscheidung,** die die für ihre Beweiskraft erforderlichen Voraussetzungen erfüllt, anzuschließen und die Bescheinigung über den Exekutionstitel und dessen Vollstreckbarkeit, die von dem Gericht oder der zuständigen Behörde des Ursprungsmitgliedstaats unter Verwendung des Formblatts im Anh zur DurchführungsVO (EU) 1329/2014 der Kommission v 9. 12. 2014 ausgestellt wurde.

Art 47 Abs 1 ermöglicht – thematisch eingeschränkt – eine **Verbesserung** des Antrags. Wird **28** die **Bescheinigung** nach Art 46 Abs 3 lit b nicht vorgelegt, so kann das Gericht nach Art 47 Abs 1 eine Frist zur Vorlage der Bescheinigung setzen (oder sich alternativ mit einer gleichwertigen Urkunde begnügen oder von der Vorlage der Bescheinigung absehen, wenn kein weiterer Klärungsbedarf besteht). Bei Fehlen der Bescheinigung nach Art 46 Abs 3 lit b ist in diesem Fall eine Abweisung des Antrags ohne Verbesserungsversuch nicht zulässig.

Die Bezugnahme allein auf die Verbesserung iZm der Bescheinigung heißt aber nicht, dass ansonsten keine Verbesserung möglich wäre. Grundsätzlich gilt für das Verbesserungsverfahren das mitgliedstaatliche Recht, sodass der Antragsschriftsatz **zur Verbesserung zurückzustellen ist,** wenn im Antrag das gesetzlich vorgeschriebene Vorbringen fehlt oder ihm nicht alle vorgeschriebenen Urkunden angeschlossen sind (§ 54 Abs 3 EO). Dies korreliert mit dem Grundgedanken des Vollstreckbarerklärungsverfahrens, das darauf ausgerichtet ist, eine Vollstreckbarerklärung zu fördern und nicht zu verhindern. Die Verbesserung nach dem österr Recht ist nicht – wie nach Art 47 Abs 1 – in das Ermessen des Gerichts gelegt, sondern obligatorisch.

Der Antrag auf Vollstreckbarerklärung kann **mit dem Exekutionsantrag verbunden** werden **29** (§ 84 a Abs 1 EO). Über den Exekutionsantrag ist nicht im vereinfachten Bewilligungsverfahren zu entscheiden (§ 54 b Abs 1 Z 4 EO). Vollzugsschritte können zwar gesetzt werden, dürfen aber nicht über Maßnahmen zur Sicherung (= Pfändung) hinausgehen, solange die Frist für den Rechtsbehelf gegen die Vollstreckbarerklärung läuft und solange über den Rechtsbehelf nicht entschieden ist (Art 54 Abs 3).[19] Da § 84 a Abs 2 EO, wonach das Exekutionsgericht von Amts wegen mit dem weiteren Vollzug sogar bis zum Eintritt der Rechtskraft der Vollstreckbarerklärung innezuhalten hat, wenn bis zur Vornahme von Verwertungshandlun-

---

18 *Mohr,* ÖRPfl 2013 H 2, 28.
19 *Mohr,* ÖRPfl 2013 H 2, 28.

gen über den Antrag auf Vollstreckbarerklärung nicht rechtskräftig entschieden ist, über Art 54 Abs 3 hinausgeht, ist die Bestimmung nicht anzuwenden.[20]

30 Das Vollstreckbarerklärungsverfahren erster Instanz ist **einseitig** (Art 48; idS auch § 83 Abs 1 EO). Ob Versagungsgründe (Art 40) vorliegen, ist in erster Instanz nicht zu entscheiden (anders § 81 EO und Art 31 Abs 2 Brüssel IIa-VO). Zum **Prüfungsumfang** des Gerichts erster Instanz s Rz 32 ff und Art 48 Rz 4 ff. Eine Teilvollstreckbarerklärung kann sowohl auf Antrag als auch von Amts wegen erteilt werden (Art 55).

31 Zur **Beschlussfassung** über den Antrag auf Vollstreckbarerklärung s Rz 35 und Art 48 Rz 11, zum **Rechtsbehelfsverfahren** s Art 50 Rz 25.

III. Entscheidung über den Antrag auf Vollstreckbarerklärung

A. Prüfungsumfang des Erstgerichts

32 Ein wesentliches Merkmal des Vollstreckbarerklärungsverfahrens ist der grundsätzliche **Ausschluss einer materiellen Prüfung** durch das Gericht erster Instanz: In einem einseitigen erstinstanzlichen Verfahren soll ohne Prüfung in Richtung allfälliger Verweigerungsgründe im Wesentlichen nur auf die Erfüllung der formalen Voraussetzungen für die Vollstreckbarerklärung geachtet werden; die Vollstreckbarerklärung soll in erster Instanz mehr oder weniger „automatisch" erteilt werden.[21]

33 Das angerufene Gericht erster Instanz hat von Amts wegen folgende Punkte zu prüfen (näher Art 48 Rz 4 ff):[22]

- ob der Antrag den **formalen Anforderungen** gerecht wird und die vorgeschriebenen Beilagen aufweist (Art 46) und sich daraus auch die **Vollstreckbarkeit** des Titels ergibt;
- ob in Bezug auf die Entscheidung, deren Vollstreckbarerklärung beantragt wird, der **Anwendungsbereich** der EuErbVO eröffnet ist und einer Vollstreckbarerklärung keine **völkerrechtlichen** Ablehnungsgründe (zB Immunität) entgegenstehen und
- ob die für vollstreckbar zu erklärende Entscheidung eine **gerichtliche Entscheidung** iSd Art 3 Abs 1 lit g iVm Art 3 Abs 2 ist (Rz 6).

Ein **Anerkennungsverweigerungsgrund** (Art 40) ist nur aufgrund eines Rechtsbehelfs zu prüfen (Art 48 iVm Art 6).

34 Eine **Nachprüfung** des Titels **in der Sache** ist ausgeschlossen (Art 41). Auch wenn eine dem Art 35 Abs 3 Brüssel I-VO/LGVÜ 2007 entsprechende Bestimmung fehlt, ergibt sich aus Art 40 implizit, dass auch die **Zuständigkeit** des Ursprungsgerichts im Vollstreckungsmitgliedstaat nicht überprüft werden darf. Selbst eine unrichtige Inanspruchnahme der Zuständigkeit durch das Gericht im Ursprungsmitgliedstaat darf im Vollstreckungsmitgliedstaat nicht mehr aufgegriffen werden.

B. Beschlussfassung durch den Richter

35 Im Gegensatz zu der prinzipiell ipso iure erfolgenden Anerkennung ist für die Vollstreckbarerklärung eine **ausdrückliche (Gestaltungs-)Entscheidung**[23] auf der Grundlage eines besonderen

---

20 *Mohr*, ÖRPfl 2013 H 2, 28.
21 *Rassi* in *Fasching/Konecny* V/1² Art 40 EuGVVO Rz 9 f.
22 *Rassi* in *Fasching/Konecny* V/1² Art 40 EuGVVO Rz 11 ff.
23 *Mankowski* in *Rauscher*, Art 38 Brüssel I-VO Rz 4 a.

Erkenntnisverfahrens erforderlich, in Österreich ein **Beschluss** eines Richters (§ 17 Abs 3 RpflG). Trotz rechtspolitischer Bedenken an der Sinnhaftigkeit des Richtervorbehalts, insb seit Geltung der Brüssel Ia-VO,[24] ist im ErbRÄG 2015[25] keine entsprechende Änderung vorgesehen.

C. Wirkung der Vollstreckbarerklärung

Mit der Vollstreckbarerklärung wird die Vollstreckungswirkung der ausländischen Entschei-   **36** dung auf den inländischen Rechtsbereich – und nur auf diesen – **erstreckt**; die Vollstreckbarerklärung stellt – (wohl) gemeinsam mit der ausländischen Entscheidung[26] – den Exekutionstitel iSd § 1 EO dar. Beim Vollstreckbarerklärungsverfahren handelt es sich also inhaltlich um ein **titelschaffendes Verfahren**,[27] das den jeweiligen Staat betrifft, für den die Vollstreckbarerklärung beantragt wird. Die Vollstreckbarerklärung im Mitgliedstaat A hat keine rechtlichen Auswirkungen auf den Mitgliedstaat B.[28] Soll in mehreren Mitgliedstaaten vollstreckt werden können, muss für jeden Staat eine eigene Vollstreckbarerklärung beantragt und erteilt werden.

D. Inhaltlicher Transfer und Anpassung

An die **Bestimmtheit** des ausländischen Titels sind geringere Anforderungen zu stellen als   **37** an eine aus dem Vollstreckungsmitgliedstaat stammende Entscheidung;[29] insofern ist bei der Vollstreckbarerklärung – auf der Grundlage des dahin gehenden Vollstreckbarerklärungsantrags des Gläubigers – eine entsprechende **Anpassung und Präzisierung** geboten, etwa bei der Konkretisierung von Zinssätzen oder Wertsicherungen oder bei Verweisen auf normative Vorgaben.[30] Die Vollstreckbarerklärung kann aber auch darüber hinausgehen, selbst unter Bedachtnahme darauf, dass nach dem Konzept der EuErbVO (vgl Art 31) alle kollisionsrechtlichen Anpassungen bereits im Titelverfahren bedacht werden sollen: Um der grenzüberschreitenden Durchsetzung zum Durchbruch zu verhelfen, sind dann, wenn das Recht des Ursprungsmitgliedstaats mit der für vollstreckbar zu erklärenden Entscheidung Maßnahmen verbinden würde, die dem Recht des Vollstreckungsmitgliedstaats **fremd** sind, im Rahmen der Vollstreckbarerklärung ungefähr passende **„Umsetzungsmaßnahmen"** für den Inhalt der für vollstreckbar erklärten Maßnahme zu treffen.[31]

IV. Vollstreckbarerklärung drittstaatlicher Entscheidungen

Soweit eine drittstaatliche Entscheidung – darunter fallen auch Entscheidungen aus den an   **38** der VO nicht teilnehmenden EU-Mitgliedstaaten Dänemark, Irland und Vereinigtes Könige-

---

24 *Mohr,* ÖRPfl 2013 H 2, 31; ihm zust *Fucik* in *Rechberger/Zöchling-Jud* Kap IV Rz 55.

25 ErlRV 688 BlgNR 25. GP 49.

26 *G. Kodek* in *Czernich/Kodek/Mayr*[4] Art 38 LGVÜ 2007 Rz 13 mit Erwähnung der an § 84 c EO ansetzenden Kritik an dieser Ansicht; anders die hA in Deutschland, nach der nur die Vollstreckbarerklärung als Titel anzusehen ist: s etwa *Mankowski* in *Rauscher* Art 38 Brüssel I-VO Rz 3 und *Althammer* in unalex Komm Art 38 Brüssel I-VO Rz 4.

27 *Mankowski* in *Rauscher* Art 38 Brüssel I-VO Rz 3.

28 IdS auch *Mankowski* in *Rauscher* Art 38 Brüssel I-VO Rz 6.

29 OGH 1 Ob 1/05 m SZ 2005/36; RIS-Justiz RS0118680; näher etwa *Althammer* in unalex Komm Art 38 Brüssel I-VO Rz 17 ff.

30 Ausf *Schlosser*[3] Art 38 EuGVVO Rz 13.

31 *Mankowski* in *Rauscher* Art 38 Brüssel I-VO Rz 3; näher *Fucik* in *Schauer/Scheuba* 69, der von „Transmissionspotential" spricht; ebenso *Fucik* in *Rechberger/Zöchling-Jud* Kap IV Rz 16 ff. Zust *Mohr,* ÖRPfl 2013 H 2, 29 und *Rudolf,* NZ 2013, 231.

reich – zu vollstrecken ist, sind grundsätzlich die (restriktiven) **nationalen Vorschriften** (§§ 79 ff EO) anzuwenden; diesen gehen allerdings **staatsvertragliche Regelungen** vor (§ 86 Abs 1 EO).

39 Da Österreich keinem multilateralen Vertrag über die Anerkennung und Vollstreckung von Entscheidungen in Erbsachen angehört,[32] spielen in diesem Bereich bilaterale Vollstreckungsverträge nach wie vor eine wichtige Rolle,[33] wie etwa der österr-britische Vollstreckungsvertrag v 14. 7. 1961,[34] der österr-schweizerische Vollstreckungsvertrag v 16. 12. 1960[35] oder der österr-türkische Vollstreckungsvertrag v 23. 5. 1989.[36] Diese Verträge enthalten häufig keine spezifisch erbrechtlichen Regelungen: Überhaupt nehmen viele bilaterale Verträge Erbsachen vom sachlichen Anwendungsbereich ganz oder teilweise aus.

Bestimmung des Wohnsitzes

Art 44. Ist zu entscheiden, ob eine Partei für die Zwecke des Verfahrens nach den Artikeln 45 bis 58 im Hoheitsgebiet des Vollstreckungsmitgliedstaats einen Wohnsitz hat, so wendet das befasste Gericht sein eigenes Recht an.

Stammfassung.

1 Art 44 entspricht inhaltlich dem Art 59 Abs 1 Brüssel I-VO/LGVÜ 2007 und nunmehr dem Art 62 Brüssel Ia-VO. Die Bestimmung ist va iZm Art 45 zu sehen, in dessen Abs 2 – für die Begründung der örtlichen Zuständigkeit – explizit auf den Wohnsitz des Schuldners Bezug genommen wird. Auch für die Länge der Rechtsbehelfsfrist nach Art 50 Abs 5 ist Art 44 von Bedeutung.

2 Für die Beurteilung durch ein österr Gericht, ob eine Partei in Österreich einen Wohnsitz hat, ist damit **§ 66 JN** maßgeblich: Nach dieser Bestimmung ist der Wohnsitz einer Person an dem Ort begründet, an dem sie sich in der erweislichen oder aus den Umständen hervorgehenden Absicht niedergelassen hat, ihren bleibenden Aufenthalt zu nehmen.

3 Offen bleibt, nach welchem Recht sich der Wohnsitzbegriff richtet, wenn **kein Wohnsitz** im Vollstreckungsmitgliedstaat, wohl aber (möglicherweise) in einem anderen Staat besteht. Der diese Situation berücksichtigende Art 59 Abs 2 Brüssel I-VO/LGVÜ 2007 (nun Art 62 Abs 2 Brüssel Ia-VO) wurde nicht in die EuErbVO übernommen, ohne dass ein rechtlicher Grund ersichtlich wäre. Zweifellos wird sich die quantitative Bedeutung relevanter Fälle in Grenzen halten (in Betracht kommt va Art 50 Abs 5). Die dadurch entstandene Lücke ist zweckmäßigerweise durch analoge Heranziehung des Art 62 Abs 2 Brüssel Ia-VO (früher Art 59 Abs 2 Brüssel I-VO) zu schließen, wie es auch dem letzten Satz in der kollisionsrechtlichen Bestimmung des Art 27 Abs 1 entspricht.[1]

---

32 *Czernich* in *Gruber/Kalss/Müller/Schauer* § 41 Rz 56.
33 *Potyka/Traar* in *Burgstaller/Neumayr/Geroldinger/Schmaranzer*, Verlassenschaftssachen Rz 119.
34 BGBl 1962/224.
35 BGBl 1962/125 (Art 5).
36 BGBl 1992/571, ergänzt durch BGBl 1994/949 (mit Verweis auf BGBl 1932/90).

1 IdS auch *Dutta* in MünchKommBGB[6] Art 44 EuErbVO Rz 1.

Örtlich zuständiges Gericht

Art 45. (1) Der Antrag auf Vollstreckbarerklärung ist an das Gericht oder die zuständige Behörde des Vollstreckungsmitgliedstaats zu richten, die der Kommission von diesem Mitgliedstaat nach Artikel 78 mitgeteilt wurden.

(2) Die örtliche Zuständigkeit wird durch den Ort des Wohnsitzes der Partei, gegen die die Vollstreckung erwirkt werden soll, oder durch den Ort, an dem die Vollstreckung durchgeführt werden soll, bestimmt.

Stammfassung.

Art 45 entspricht inhaltlich weitgehend Art 39 Brüssel I-VO/LGVÜ 2007 und Art 27 EuUnt- **1** VO. In Österreich ist der Antrag auf Vollstreckbarerklärung (sachlich) an das **Bezirksgericht** zu stellen. Hinsichtlich der **örtlichen** Zuständigkeit, die im Übrigen von der EuErbVO nicht geregelt wird (Art 2), gewährt Abs 2 dem Gläubiger ein **Wahlrecht** zwischen zwei Alternativen,[1] nämlich dem Bezirksgericht am Wohnsitz des Schuldners oder dem Bezirksgericht des Ortes, an dem die Vollstreckung durchgeführt werden soll. Hat der Gläubiger die Wahl durch seine Antragstellung getroffen, bleibt das angerufene Gericht auch dann zuständig, wenn sich der zuständigkeitsbegründende Sachverhalt wie der Schuldnerwohnsitz zu einem späteren Zeitpunkt ändert (perpetuatio fori).[2] Eine Zuständigkeitsvereinbarung ist nicht möglich.

Die erste Alternative (**Wohnsitz**) wird durch den Verweis auf das mitgliedstaatliche Recht in **2** Art 44 konkretisiert. Bei **mehreren Schuldnern,** die ihren Wohnsitz im selben Staat, aber in verschiedenen Gerichtssprengeln haben, hat der Gläubiger nach hA zu Art 39 Brüssel I-VO/ LGVÜ 2007 ein Wahlrecht, eines der Wohnsitzgerichte anzurufen. Auch wenn eine dem Art 6 Z 1 Brüssel I-VO/LGVÜ 2007 (nun: Art 8 Z 1 Brüssel Ia-VO) entsprechende Regelung in der EuErbVO fehlt, ist diese Wertung auch für die Vollstreckbarerklärung nach der EuErbVO zu übernehmen.

Der Ort, an dem die **Vollstreckung durchgeführt** werden soll, hängt vom – zu artikulieren- **3** den – Willen des Gläubigers ab. Dieser hat die Möglichkeit, auch eine „isolierte" Vollstreckbarerklärung (ohne gleichzeitigen Exekutionsantrag[3]) einzuholen, ggf auch in mehreren Mitgliedstaaten (Art 43 Rz 15). In diesem Fall muss aber das geplante Exekutionsmittel angegeben werden, damit die in Anspruch genommene Zuständigkeit auch – von Amts wegen – geprüft werden kann.[4] Entscheidend ist die **Vollstreckungsabsicht** des Gläubigers, nicht die Erfolgsaussicht: Ob die in Aussicht genommene Vollstreckung an dem vom Gläubiger genannten Ort voraussichtlich erfolgreich sein wird, ist für die Frage der Zuständigkeit ohne Bedeutung. Insb muss zum Zeitpunkt der Vollstreckbarerklärung noch nicht Vermögen des Schuldners am geplanten Vollstreckungsort vorhanden sein; insofern ist in gewissem Maß eine „Vollstreckbarerklärung auf Vorrat" zulässig,[5] wenn der Gläubiger erst später die Zwangsvollstreckung in dem Bezirk des angerufenen Gerichts durchführen will.

---

1 *Rassi* in *Fasching/Konecny* V/1[2] Art 39 EuGVVO Rz 5.
2 *Mankowski* in *Rauscher* Art 39 Brüssel I-VO Rz 6.
3 „Vorratsvollstreckbarerklärung".
4 *Rassi* in *Fasching/Konecny* V/1[2] Art 39 EuGVVO Rz 11; *Althammer* in unalex Komm Art 39 Brüssel I-VO Rz 8.
5 *Althammer* in unalex Komm Art 39 Brüssel I-VO Rz 8.

Auch wenn Art 45 Abs 2 den nationalen Regeln vorgeht, bietet doch § 82 EO mit seinem Verweis auf das nach §§ 18 und 19 EO zuständige Exekutionsgericht einen Anhaltspunkt dafür, wo nach den nationalen Regeln „die Vollstreckung durchgeführt werden soll".[6]

4 Art 45 regelt unmittelbar nur die örtliche und mittelbar die sachliche Zuständigkeit, nicht aber die **internationale Zuständigkeit.** Diese ergibt sich aus dem Umstand, dass die Gerichte des Staates, in dem die Vollstreckbarerklärung einer ausländischen Entscheidung genau für diesen Staat angestrebt wird, dafür auch international zuständig sind.

5 Ein an ein unzuständiges Gericht gerichteter Antrag ist von diesem (unter Anwendung des nationalen Verfahrensrechts) **zurückzuweisen;** eine Zuständigkeitsbegründung durch rügeloses Einlassen gibt es nicht. Nimmt das Erstgericht seine Zuständigkeit an und erteilt die Vollstreckbarerklärung, muss dem Schuldner, der im erstinstanzlichen Verfahren nicht gehört wird (Art 48 Satz 2), die Möglichkeit eingeräumt werden, die Unzuständigkeit in seinem Rechtsmittel gegen die Vollstreckbarerklärung geltend zu machen.

Verfahren

Art 46. (1) **Für das Verfahren der Antragstellung ist das Recht des Vollstreckungsmitgliedstaats maßgebend.**

(2) **Von dem Antragsteller kann nicht verlangt werden, dass er im Vollstreckungsmitgliedstaat über eine Postanschrift oder einen bevollmächtigten Vertreter verfügt.**

(3) **Dem Antrag sind die folgenden Schriftstücke beizufügen:**

a) eine Ausfertigung der Entscheidung, die die für ihre Beweiskraft erforderlichen Voraussetzungen erfüllt;

b) die Bescheinigung, die von dem Gericht oder der zuständigen Behörde des Ursprungsmitgliedstaats unter Verwendung des nach dem Beratungsverfahren nach Artikel 81 Absatz 2 erstellten Formblatts ausgestellt wurde, unbeschadet des Artikels 47.

Stammfassung.

Übersicht

	Rz
I. Antragstellung	1
II. Antragslegitimation, Antragsgegner	6
III. Beilagen (Abs 3)	8

I. Antragstellung

1 Art 46 **Abs 1** entspricht inhaltlich dem Art 40 Abs 1 Brüssel I-VO/LGVÜ 2007; **Abs 3** beruht im Wesentlichen auf Art 40 Abs 3 Brüssel I-VO/LGVÜ 2007 sowie Art 53 und 54 Brüssel I-VO/LGVÜ 2007.[1] **Abs 2** bringt im Vergleich zum bisherigen Stand des Europäischen Zivilverfahrensrechts eine Neuerung: Während Art 40 Abs 2 Brüssel I-VO/LGVÜ 2007 und Art 30 Abs 2 Brüssel IIa-VO die Begründung eines Wahldomizils im Bezirk des angerufenen Gerichts bzw die Benennung eines (inländischen) Zustellungsbevollmächtigten verlangen, kann gerade dies von einem ASt nach Art 46 Abs 2 nicht verlangt werden.

---

6 *Rassi* in *Fasching/Konecny* V/1² Art 39 EuGVVO Rz 10.

1 Vgl auch Art 28 Abs 1 EuUVO.

Art 46 **Abs 1** verweist zwar hinsichtlich der Stellung des Antrags[2] auf Vollstreckbarerklärung   **2**
auf das **Recht des Vollstreckungsmitgliedstaats;** dieser Verweis gilt aber nur insoweit, als
die EuErbVO nicht eigenständige Regeln enthält (wie in Abs 3 und in Art 47). Generell sollte
Beachtung finden, dass die Vorschriften über die Vollstreckbarerklärung bezwecken wollen,
die Durchsetzung des Titels zu erleichtern. In diesem Licht steht Art 46 großzügigeren innerstaatlichen Vorschriften (zugunsten des Gläubigers) nicht entgegen.

Nach österr Recht ist das Verfahren in aller Regel nur **schriftlich.**[3] Es gelten die allgemeinen   **3**
Regeln der §§ 74 ff ZPO über **Schriftsätze. Anwaltspflicht** besteht keine (§ 52 EO). Nicht
anwaltlich vertretene Parteien können den Antrag auch mündlich **zu Protokoll** geben (§ 53
EO). **Fremdsprachige** Anträge sind nicht zulässig.[4] Der Antrag auf Vollstreckbarerklärung
(nicht der Exekutionsantrag) ist von **Gerichtsgebühren befreit.** Für das Kostenersatzregime
gelten die „normalen" österr Regeln.

Da es sich beim Vollstreckbarerklärungsverfahren nicht um ein Exekutionsverfahren, son-   **4**
dern um ein **besonderes Erkenntnisverfahren** handelt, ist die **Wiedereinsetzung** in den vorigen Stand zulässig.[5] Ein **Insolvenzverfahren** wirkt sich auf das Vollstreckbarerklärungsverfahren nicht aus, weil das Titelverfahren bereits beendet ist und im Vollstreckbarerklärungsverfahren kein richterliches Pfand- oder Befriedigungsrecht erworben wird.[6]

Mit dem Antrag auf Vollstreckbarerklärung kann in Österreich der Antrag auf Exekutions-   **5**
bewilligung **verbunden** werden (§ 84 a Abs 1 EO); zuständig für die Entscheidung über beide
Anträge ist der **Richter** (§ 17 Abs 3 Z 1 RpflG).

II. Antragslegitimation, Antragsgegner

Antragslegitimiert sind in erster Linie die **aus dem Titel berechtigte** Person und deren   **6**
Rechtsnachfolger, ggf ein Insolvenzverwalter. Ob eine wirksame **Rechtsnachfolge** nach dem
Titelgläubiger stattgefunden hat, richtet sich nach dem Recht des Ursprungsmitgliedstaats
(ggf unter Einbeziehung seines IPR),[7] und zwar bezogen auf den Zeitpunkt der Stellung des
Antrags auf Vollstreckbarerklärung.[8] Für die verfahrensrechtliche Prüfung im Vollstreck-
ungsmitgliedstaat sind in Österreich die §§ 9, 10 EO einschlägig.[9]

Denkbar ist auch die Antragsberechtigung einer Person, die nach dem Recht des Ursprungsmitgliedstaats **unmittelbar Rechte** aus der Titelentscheidung ableiten kann, ohne darin als

---

2 Art 46 Abs 1 spricht vom „Verfahren der Antragstellung", Art 40 Abs 1 Brüssel I-VO/LGVÜ 2007 da-
    gegen von der „Stellung des Antrags". Diese Divergenzen zeigen sich auch in anderen Sprachfassun-
    gen, etwa in der englischen („The application procedure . . ." bzw „The procedure for making the ap-
    plication . . .") und in der französischen („La procédure de dépôt de la demande . . ." bzw „Les mo-
    dalités du dépôt de la requite . . ."). Gemeint ist aber immer die „Antragstellung".
3 *Mankowski* in *Rauscher* Art 41 Brüssel I-VO Rz 6 und 10.
4 *G. Kodek* in *Czernich/Kodek/Mayr*[4] Art 40 LGVÜ 2007 Rz 2; *Rassi* in *Fasching/Konecny* V/1[2] Art 40
    EuGVVO Rz 16.
5 OGH 3 Ob 175/03 m SZ 2004/43; RIS-Justiz RS0118764; zust *Rassi* in *Fasching/Konecny* V/1[2] Art 43
    EuGVVO Rz 23 ff.
6 *Rassi* in *Fasching/Konecny* V/1[2] Art 40 EuGVVO Rz 15; vgl auch EuGH C-267/97, *Coursier,* Slg 1999,
    I-2543 mit Verweis auf das Recht des Vollstreckungsmitgliedstaats.
7 *Schlosser*[3] Art 38 EuGVVO Rz 10 und Art 43 EuGVVO Rz 17; *Althammer* in unalex Komm Art 38
    Brüssel I-VO Rz 16.
8 *Althammer* in unalex Komm Art 38 Brüssel I-VO Rz 16.
9 *Rassi* in *Fasching/Konecny* V/1[2] Art 40 EuGVVO Rz 5.

Titelgläubiger genannt zu sein,[10] wie insgesamt die materielle Berechtigung aus dem Titel aus dem Recht des Ursprungsmitgliedstaats abzuleiten ist.

7 **AG** im Vollstreckbarerklärungsverfahren ist die aus dem Titel verpflichtete Person; für eine Rechtsnachfolge auf **Schuldnerseite** gilt das unter Rz 6 Gesagte.

III. Beilagen (Abs 3)

8 Dem Antrag sind nach Abs 3 sowohl eine **Ausfertigung der Entscheidung** des Ursprungsmitgliedstaats (oder eine beglaubigte Kopie)[11] als auch eine **Bescheinigung** entsprechend dem – durchaus nicht unkomplizierten – Formblatt I in Anh I der DurchführungsVO (EU) 1329/ 2014 v 9. 12. 2014 („Bescheinigung über eine Entscheidung in einer Erbsache") beizufügen. Beide Urkunden hat das jeweils nach dem nationalen Recht zuständige Gericht des Ursprungsmitgliedstaats nach seinem Recht *(„locus regit actum")* auszustellen, in Österreich das Gericht (und das Organ), das für die Erteilung der Vollstreckbarkeitsbestätigung zuständig ist, nach den innerstaatlichen Vorschriften.[12] Eine **Beglaubigung** der Urkunden iS einer Legalisation oder ähnlichen Förmlichkeit ist nicht erforderlich (Art 74). Zur **Übersetzung** s Art 47 Abs 2.

Die Entscheidungsausfertigung ist nach der Erteilung der Vollstreckbarerklärung dem ASt zu retournieren.[13] Wird die Bescheinigung **nicht vorgelegt** (die Ausfertigung der Entscheidung ist immer vorzulegen!), verfährt das Gericht im Vollstreckungsmitgliedstaat nach Art 47.

9 Anders als nach Art 22 Abs 2 EuVTVO besteht **keine Bindung** der Gerichte des Vollstreckungsmitgliedstaats an den Inhalt der Bescheinigung.[14] Allerdings darf das Gericht erster Instanz im Hinblick auf Art 48 keine inhaltliche Prüfung vornehmen (Art 43 Rz 32);[15] eine solche ist dem mit einem Rechtsbehelf angerufenen Gericht vorbehalten.

Nichtvorlage der Bescheinigung

Art 47. **(1) Wird die Bescheinigung nach Artikel 46 Absatz 3 Buchstabe b nicht vorgelegt, so kann das Gericht oder die sonst befugte Stelle eine Frist bestimmen, innerhalb deren die Bescheinigung vorzulegen ist, oder sich mit einer gleichwertigen Urkunde begnügen oder von der Vorlage der Bescheinigung absehen, wenn kein weiterer Klärungsbedarf besteht.**

(2) Auf Verlangen des Gerichts oder der zuständigen Behörde ist eine Übersetzung der Schriftstücke vorzulegen. Die Übersetzung ist von einer Person zu erstellen, die zur Anfertigung von Übersetzungen in einem der Mitgliedstaaten befugt ist.

Stammfassung.

Übersicht

		Rz
I.	Allgemeines	1
II.	Fehlen der Bescheinigung (Abs 1)	2
III.	Übersetzung (Abs 2)	6

---

10 *Mankowski* in *Rauscher* Art 38 Brüssel I-VO Rz 10 a; *Althammer* in unalex Komm Art 38 Brüssel I-VO Rz 15.

11 *Rassi* in *Fasching/Konecny* V/1[2] Art 53 EuGVVO Rz 3.

12 *G. Kodek* in *Czernich/Kodek/Mayr*[4] Art 53 EuGVVO 2012 Rz 5.

13 *Rassi* in *Fasching/Konecny* V/1[2] Art 53 EuGVVO Rz 4.

14 *G. Kodek* in *Czernich/Kodek/Mayr*[4] Art 53 EuGVVO 2012 Rz 3.

15 *Rassi* in *Fasching/Konecny* V/1[2] Art 54 EuGVVO Rz 12.

I. Allgemeines

Art 47 entspricht im Wesentlichen dem Art 55 Brüssel I-VO/LGVÜ 2007.[1] **Abs 1** betrifft **1** (nur) die Bescheinigung nach Art 46 Abs 3 lit b, **Abs 2** dagegen auch die Entscheidungsausfertigung nach Art 46 Abs 3 lit a.[2]

II. Fehlen der Bescheinigung (Abs 1)

Während die **Vorlage einer Ausfertigung** der Titelentscheidung **zwingend** vorgeschrieben **2** ist (bei Fehlen ist ggf das obligatorische Verbesserungsverfahren nach den innerstaatlichen Vorschriften einzuleiten; s Art 43 Rz 28),[3] bietet Art 47 Abs 1 dem Gericht im Vollstreckungsmitgliedstaat eine breitere Palette an Möglichkeiten an, wenn die **Bescheinigung** nach Art 46 Abs 3 lit b nicht vorgelegt wird. Die von Abs 1 eingeräumten, vom Gericht nach seinem Ermessen heranzuziehenden Alternativen sind grds **gleichwertig.** Da sogar die Möglichkeit besteht, von der Vorlage ganz abzusehen, gibt es in aller Regel keinen Platz für eine **sofortige Zurückweisung** des Antrags wegen Nichtvorlage der Bescheinigung.[4] Mehr als von Art 46 Abs 3, Art 47 verlangt, darf vom Gericht im Vollstreckungsmitgliedstaat vom ASt jedenfalls nicht gefordert werden.

Als erste Möglichkeit erwähnt Abs 1 die Setzung einer – nach österr Recht erstreckbaren – **3** **richterlichen Frist** zur Verbesserung durch Vorlage der fehlenden Bescheinigung (zur Versäumung der Frist s Rz 5). **Gleichwertige Urkunden** sind etwa sonstige Bestätigungen aus dem Ursprungsmitgliedstaat, die zwar nicht dem Formblatt entsprechen, aber vergleichbare Informationen enthalten. Ein **Absehen** von der Vorlage kommt va dann in Betracht, wenn die – gem Art 46 Abs 3 lit a jedenfalls vorzulegende – Ausfertigung der Entscheidung alle wesentlichen Informationen enthält,[5] nicht aber dann, wenn die Bescheinigung verloren gegangen ist (in diesem Fall kann jederzeit eine neuerliche Bescheinigung angefordert werden).[6] Art 47 Abs 1 ist kein Freibrief für die Gerichte im Vollstreckungsmitgliedstaat, von den formellen Voraussetzungen des Art 46 Abs 3 lit b absehen zu können.

Art 47 Abs 1 schließt nicht aus, dass daneben Vorschriften des nationalen Rechts herangezogen werden. Diese können zwar den ASt nicht von der Vorlage der zwingend erforderlichen Urkunden entbinden, aber die Möglichkeiten der **Verbesserung** durch den ASt **erweitern,**[7] wie in Bezug auf die Vorlage einer Ausfertigung der Titelentscheidung (Rz 2). **4**

Bleibt ein Verbesserungsversuch erfolglos, ist der Antrag **zurückzuweisen;** dieser Umstand **5** steht einer neuerlichen Antragstellung mit Vorlage der erforderlichen Urkunden nicht entgegen.[8] Die Verbesserung kann bis zum Zurückweisungsbeschluss vorgenommen werden; dass eine allfällige Verbesserungsfrist bereits abgelaufen war, spielt keine Rolle.[9] Eine Vorlage

---

1 Vgl auch Art 38 Brüssel IIa-VO und Art 29 EuUntVO.
2 *Mankowski* in *Rauscher* Art 55 Brüssel I-VO Rz 1.
3 *Mankowski* in *Rauscher* Art 38 Brüssel I-VO Rz 1.
4 *Rassi* in *Fasching/Konecny* V/1[2] Art 55 EuGVVO Rz 1.
5 *Köhler* in *Kroiß/Horn/Solomon* Art 47 EuErbVO Rz 1.
6 *G. Kodek* in *Czernich/Kodek/Mayr*[4] Art 55 LGVÜ 2007 Rz 5; *Rassi* in *Fasching/Konecny* V/1[2] Art 55 EuGVVO Rz 12.
7 *G. Kodek* in *Czernich/Kodek/Mayr*[4] Art 55 LGVÜ 2007 Rz 1.
8 *G. Kodek* in *Czernich/Kodek/Mayr*[4] Art 55 LGVÜ 2007 Rz 2; *Mankowski* in *Rauscher* Art 38 Brüssel I-VO Rz 2.
9 *Rassi* in *Fasching/Konecny* V/1[2] Art 55 EuGVVO Rz 2.

erst im Rechtsmittelverfahren ist dem ASt in Österreich durch das Neuerungsverbot verwehrt.[10]

III. Übersetzung (Abs 2)

6 Den vorzulegenden Schriftstücken nach Art 46 Abs 3 – Entscheidungsausfertigung und Bescheinigung – müssen zunächst **keine Übersetzungen** in die Amtssprache des Gerichts im Vollstreckungsmitgliedstaat beigeschlossen werden.[11] Art 47 Abs 2 legt fest, dass Übersetzungen **nur auf Verlangen** des Gerichts im Vollstreckungsmitgliedstaat vorzulegen sind, wenn dieses – aufgrund des Fehlens ausreichender Sprachkenntnisse – eine Übersetzung benötigt. Wird die Vollstreckbarerklärung in Österreich beantragt, muss nicht unbedingt eine Übersetzung in die dt Sprache verlangt werden; für das Gericht kann bspw ausreichen, dass eine Übersetzung in die englische Sprache vorgelegt wurde.[12] Zum Erfordernis der Verwendung der dt Sprache beim Antrag s Art 46 Rz 3.

7 Fordert das Gericht eine Übersetzung an, ist diese von einer Person zu erstellen, die zur Anfertigung von Übersetzungen in einem der Mitgliedstaaten (also nicht unbedingt im Ursprungs- oder im Vollstreckungsmitgliedstaat[13]) „befugt" ist. Gemeint ist damit die Befugnis zur Herstellung einer **beglaubigten** Übersetzung.[14] Zum Ausschluss der Legalisation s Art 74.

8 Fraglich ist, ob eine ohne Verlangen des Gerichts vorgelegte Übersetzung ebenfalls **beglaubigt** sein muss. Sie muss es nicht sein, kann doch das Gericht von der Vorlage einer beglaubigten Übersetzung auch absehen und somit auch eine unbeglaubigte Übersetzung akzeptieren.[15] Allerdings kann das Gericht im Vollstreckungsmitgliedstaat jederzeit eine beglaubigte Übersetzung verlangen.[16]

9 In Österreich hat der ASt die **Kosten der Übersetzung** vorerst selbst zu tragen; dringt er mit seinem Antrag auf Vollstreckbarerklärung durch, muss ihm der AG in entsprechender Anwendung des § 74 EO die Kosten ersetzen.[17]

Vollstreckbarerklärung

Art 48.   **Sobald die in Artikel 46 vorgesehenen Förmlichkeiten erfüllt sind, wird die Entscheidung unverzüglich für vollstreckbar erklärt, ohne dass eine Prüfung nach Artikel 40 erfolgt. Die Partei, gegen die die Vollstreckung erwirkt werden soll, erhält in diesem Abschnitt des Verfahrens keine Gelegenheit, eine Erklärung abzugeben.**

Stammfassung.

---

10   *Rassi* in *Fasching/Konecny* V/1² Art 55 EuGVVO Rz 7; dagegen hält *G. Kodek* in *Czernich/Kodek/Mayr*⁴ Art 43 LGVÜ 2007 Rz 7 die Bestimmung des § 84 Abs 3 EO für unanwendbar, weil unionsrechtswidrig.

11   *Mankowski* in *Rauscher* Art 38 Brüssel I-VO Rz 3.

12   *G. Kodek* in *Czernich/Kodek/Mayr*⁴ Art 37 EuGVVO 2012 Rz 6.

13   *Fucik* in *Rechberger/Zöchling-Jud* Kap IV Rz 61.

14   *Dutta* in *MünchKommBGB*⁶ Art 47 EuErbVO Rz 2;

15   *Rassi* in *Fasching/Konecny* V/1² Art 55 EuGVVO Rz 15; *Mankowski* in *Rauscher* Art 38 Brüssel I-VO Rz 3.

16   *G. Kodek* in *Czernich/Kodek/Mayr*⁴ Art 55 LGVÜ 2007 Rz 7.

17   *Rassi* in *Fasching/Konecny* V/1² Art 55 EuGVVO Rz 19; zur Anwendung des Rechts des Vollstreckungsmitgliedstaats *Mankowski* in *Rauscher* Art 38 Brüssel I-VO Rz 3.

Übersicht

	Rz
I. Grundkonzept	1
II. Prüfung durch das Erstgericht	4
A. Formale Anforderungen	5
B. Vollsteckbarkeit des Titels	6
C. Völkerrechtliche Versagungsgründe	7
D. Anwendungsbereich der EuErbVO	8
E. „Gerichtliche Entscheidung"	10
III. Entscheidung des Erstgerichts	11

I. Grundkonzept

Die Vorschrift entspricht Art 41 Brüssel I-VO/LGVÜ 2007.[1]   **1**

Sind die in Art 46 genannten Förmlichkeiten erfüllt und fällt die unter Art 43 Rz 32 ff (s **2**
auch unten Rz 4 ff) angeführte eingeschränkte Prüfung (va in Bezug auf den Anwendungsbereich der EuErbVO) positiv für den ASt aus, ist die Entscheidung vom Gericht erster Instanz
„unverzüglich" für vollstreckbar zu erklären. Dieser normative Appell geht in zwei Richtun-
gen: Zum einen ist über den Antrag **besonders rasch** zu entscheiden. Zum anderen wird
möglichst eine **positive** erstinstanzliche Entscheidung über den Antrag angestrebt. Idealer-
weise soll also die Titelentscheidung vom Gericht erster Instanz im Vollstreckungsmitgliedstaat gleichsam „automatisch" für vollstreckbar erklärt werden.

Um den Überraschungseffekt gegenüber dem Schuldner zu wahren, wird dieser **ausnahms-** **3**
los nicht in das erstinstanzliche Verfahren bis zur Erteilung der Vollstreckbarerklärung **ein-**
bezogen;[2] eine vorzeitige Verständigung könnte Amtshaftungsansprüche auslösen.[3] Im Fall
der Erteilung der Vollstreckbarerklärung erfährt der Schuldner erst durch deren Zustellung
von dem gegen ihn gerichteten Verfahren. **Kontradiktorisch** wird das Verfahren dadurch,
dass eine Partei ein Rechtsmittel gegen die Entscheidung über den Antrag auf Vollstreckbarerklärung erhebt; auch im Fall eines Rechtsmittels des Gläubigers wird der Schuldner in das
kontradiktorische Rechtsmittelverfahren eingebunden (Art 50 Abs 3). Erst dadurch wird
auch eine Prüfung von Anerkennungsverweigerungsgründen nach Art 40 möglich (Art 52).

II. Prüfung durch das Erstgericht

Zum Zweck der Beschleunigung des Vollstreckbarerklärungsverfahrens ist die materielle **4**
Prüfungsbefugnis des angerufenen Gerichts erster Instanz nach dem, dem Vollstreckbarer-
klärungsverfahren nach der EuErbVO zugrunde liegenden, Konzept stark eingeschränkt; die
Prüfung ist weitgehend **formeller Natur.** Die materielle Prüfung ist weitgehend in das
Rechtsbehelfsverfahren verlagert.

Das angerufene Gericht erster Instanz hat folgende Punkte – von Amts wegen – zu prüfen (s
bereits Art 43 Rz 32 ff):[4]

---

1 Siehe auch Art 30 EuUVO; demgegenüber ist nach dem Konzept der Brüssel IIa-VO das Gericht *ers-*
   ter Instanz im Vollstreckungsmitgliedstaat befugt, Anerkennungsversagungsgründe wahrzunehmen
   (Art 31 Abs 2 Brüssel IIa-VO).
2 Zum Teil wird vertreten, dass eine Benachrichtigung zwar nicht erforderlich, aber auch nicht kategorisch verboten sei, etwa: *Althammer* in unalex Komm Art 41 Brüssel I-VO Rz 12.
3 *Schlosser*[3] Art 41 EuGVVO Rz 1.
4 Siehe bereits Art 43 Rz 32 ff; *Rassi* in *Fasching/Konecny* V/1[2] Art 40 EuGVVO Rz 11 ff.

- ob der Antrag den **formalen Anforderungen** gerecht wird und die vorgeschriebenen Beilagen aufweist (Rz 5) und sich daraus auch die **Vollstreckbarkeit** des Titels (Rz 6) ergibt;
- ob in Bezug auf die Entscheidung, deren Vollstreckbarerklärung beantragt wird, der **Anwendungsbereich** der EuErbVO eröffnet ist (Rz 8 f) und einer Vollstreckbarerklärung keine **völkerrechtlichen** Ablehnungsgründe entgegenstehen (Rz 7) und
- ob die für vollstreckbar zu erklärende Entscheidung eine **gerichtliche Entscheidung** iSd Art 3 Abs 1 lit g iVm Art 3 Abs 2 ist (Rz 10).

A. Formale Anforderungen

5 Die **formalen Anforderungen** ergeben sich aus Art 46 Abs 3 sowie aus dem in Art 46 Abs 1 enthaltenen Verweis auf das Recht des Vollstreckungsmitgliedstaats.

B. Vollsteckbarkeit des Titels

6 Ob der Titel **vollstreckbar** ist, ist anhand der **Bescheinigung** nach Art 46 Abs 3 lit b zu prüfen. Auch wenn das Gericht im Vollstreckungsmitgliedstaat nicht an den Inhalt der Bescheinigung gebunden ist (Art 46 Rz 9), werden sich im Hinblick auf die Einseitigkeit des erstinstanzlichen Verfahrens kaum Hinweise ergeben, die Anlass zu einer **Prüfung der Richtigkeit** geben. Denkbar ist dies im Wesentlichen bei einer in sich nicht konsistenten Erklärung. In diesem Fall muss ggf ein Verbesserungsverfahren entsprechend Art 47 eingeleitet werden; es ist nicht zulässig, in diesem Stadium den Schuldner in das Verfahren einzubinden.

C. Völkerrechtliche Versagungsgründe

7 Ungeachtet der Nichterwähnung in den europäischen VO zum Zivilverfahrensrecht ist von dem mit einem Vollstreckbarerklärungsantrag befassten Gericht von Amts wegen das **Fehlen der Gerichtsbarkeit** im völkerrechtlichen Sinn – aufgrund von prozessualer Immunität und Exemtion ausländischer Staaten, Staatsoberhäupter, internationaler Organisationen etc – wahrzunehmen.[5]

D. Anwendungsbereich der EuErbVO

8 Damit die Art 43 ff auf die für vollstreckbar zu erklärende Entscheidung anwendbar sind, muss die EuErbVO überhaupt anwendbar sein. **Sachlich** muss der Streitgegenstand der Entscheidung die Rechtsnachfolge von Todes wegen betreffen (Art 1 Abs 1 Satz 1) und es darf kein Ausnahmetatbestand nach Art 1 Abs 1 Satz 2 oder Abs 2 vorliegen.[6] In **zeitlicher** Hinsicht ist die VO anzuwenden, wenn es um die Rechtsnachfolge nach Personen geht, die nach dem 16. 8. 2015 verstorben sind. **Räumlich** muss die für vollstreckbar zu erklärende Entscheidung aus einem teilnehmenden Mitgliedstaat (sprich aus einem EU-Mitgliedstaat, mit Ausnahme von Dänemark, Irland und dem Vereinigten Königreich) stammen.

9 Ist der Anwendungsbereich der EuErbVO **nicht eröffnet,** etwa weil es um eine Entscheidung aus einem Drittstaat geht, gilt das Vollstreckbarerklärungsrecht der EO.

---

5 *G. Kodek* in *Czernich/Kodek/Mayr*⁴ Art 45 EuGVVO 2012 Rz 67.

6 *Fucik* in *Rechberger/Zöchling-Jud* Kap IV Rz 4 weist etwa darauf hin, dass Klagen der Gläubiger des Erblassers gegen die nun dafür haftenden Rechtsnachfolger nicht dem sachlichen Anwendungsbereich der EuErbVO, sondern demjenigen der Brüssel Ia-VO unterliegen.

E. „Gerichtliche Entscheidung"

Zum Entscheidungsbegriff s Art 43 Rz 6.   **10**

III. Entscheidung des Erstgerichts

Liegen auf der Grundlage der Prüfung durch das Erstgericht die Voraussetzungen für die   **11**
Vollstreckbarerklärung vor, ist diese vom Gericht zu erteilen (s Art 43 Rz 20). Das Gericht
hat keinerlei Ermessen.[7] Dem Schuldner ist der **Ersatz der Kosten** des ASt aufzuerlegen.

Zur Unverzüglichkeit der Entscheidung s Rz 2. Die die Vollstreckbarerklärung erteilende
Entscheidung ist wegen der Einseitigkeit des Verfahrens im Hinblick auf § 428 Abs 1 ZPO
nicht mit einer **Begründung** zu versehen, sehr wohl aber eine den Antrag zurück- oder abweisende Entscheidung.

Die Vollstreckbarerklärung selbst darf **nicht** vom Erlag einer **Sicherheitsleistung** abhängig   **12**
gemacht werden.[8]

Zum Zweck und zu den Wirkungen der Vollstreckbarerklärung s Art 43 Rz 36.   **13**

Mitteilung der Entscheidung über den Antrag auf Vollstreckbarerklärung

Art 49. **(1) Die Entscheidung über den Antrag auf Vollstreckbarerklärung wird dem
Antragsteller unverzüglich in der Form mitgeteilt, die das Recht des Vollstreckungsmitgliedstaats vorsieht.**

**(2) Die Vollstreckbarerklärung und, soweit dies noch nicht geschehen ist, die Entschei-
dung werden der Partei, gegen die die Vollstreckung erwirkt werden soll, zugestellt.**

Stammfassung.

Übersicht

	Rz
I. Entsprechung	1
II. Zustellung der Entscheidung über den Vollstreckbarerklärungsantrag	2
III. Zustellung der Titelentscheidung	5

I. Entsprechung

Art 49 entspricht Art 42 Brüssel I-VO/LGVÜ 2007.[1]   **1**

II. Zustellung der Entscheidung über den Vollstreckbarerklärungsantrag

Der **ASt** ist von der Entscheidung über seinen Antrag auf Vollstreckbarerklärung selbstver-   **2**
ständlich zu informieren, egal ob der Antrag zurück- oder abgewiesen, oder ob ihm stattgegeben wird. Ist Österreich der Vollstreckungsmitgliedstaat, geschieht dies durch Zustellung
einer Ausfertigung der Entscheidung über den Vollstreckbarerklärungsantrag (an sich wäre
nach der EuErbVO auch eine formlose Mitteilung ausreichend).

---

7 *Mankowski* in *Rauscher* Art 41 Brüssel I-VO Rz 1.
8 *Rassi* in *Fasching/Konecny* V/1[2] Art 41 EuGVVO Rz 7.

1 Siehe auch Art 32 Brüssel IIa-VO und Art 31 EuUVO.

3 Der **Schuldner** erhält die Entscheidung immer dann zugestellt, wenn dem Antrag auf Vollstreckbarerklärung (zu seinen Lasten) stattgegeben wird, nicht aber bei Antragsab- oder -zurückweisung. Legt der Gläubiger einen Rechtsbehelf gegen eine abweisende Entscheidung ein[2] (anders wohl bei einer Zurückweisung seines Antrags, schon zur Gewährleistung des Überraschungseffekts),[3] wird dem Schuldner im Rechtsbehelfsverfahren rechtliches Gehör eingeräumt (Art 50 Abs 3).

Zweifellos wird durch die Zustellung an den Schuldner der **Überraschungseffekt** konterkariert; dies wird aber zugunsten des als höherwertig eingestuften rechtlichen Gehörs in Kauf genommen.

4 Die **Form der Mitteilung bzw Zustellung** (in Österreich besteht hier kein Unterschied) richtet sich nach dem innerstaatlichen Recht des Vollstreckungsmitgliedstaats. In Österreich sind dazu ZPO, EO und ZustG bzw – bei grenzüberschreitenden Zustellungen – die EuZustVO sowie bi- und multilaterale Verträge heranzuziehen. Zum Zweck der Klärung des Beginns der Rechtsmittelfrist hat in Österreich die Zustellung an eine Partei, der ein Rechtsmittel gegen die Entscheidung zusteht, mit Rückschein (RSb) zu erfolgen. Eigenhändige Zustellung an den Schuldner ist nicht erforderlich.[4] Art 46 Abs 2 schließt einen Auftrag zur Namhaftmachung eines inländischen Zustellungsbevollmächtigten aus.

III. Zustellung der Titelentscheidung

5 Art 42 Abs 2 ermöglicht es, dass die für vollstreckbar zu erklärende Entscheidung erst mit der Vollstreckbarerklärung zugestellt wird. Damit wird jenen Rechtsordnungen Rechnung getragen, in denen die Zustellung der Entscheidung nicht Voraussetzung für ihre Vollstreckbarkeit ist.[5] Eine kombinierte Zustellung von ausländischer Titelentscheidung und Vollstreckbarerklärung kommt wohl nur in Rechtsordnungen in Betracht, die die Zustellung nicht – wie in Österreich – als Aufgabe des Gerichts sehen, sondern sie den Parteien überlassen.[6]

6 Durchaus gewisser Sinn ist dem pragmatischen Vorschlag beizumessen, routinemäßig eine Kopie des Titels zur Information mitzuschicken.[7]

Rechtsbehelf gegen die Entscheidung über den Antrag auf Vollstreckbarerklärung

Art 50. **(1) Gegen die Entscheidung über den Antrag auf Vollstreckbarerklärung kann jede Partei einen Rechtsbehelf einlegen.**

(2) Der Rechtsbehelf wird bei dem Gericht eingelegt, das der betreffende Mitgliedstaat der Kommission nach Artikel 78 mitgeteilt hat.

(3) Über den Rechtsbehelf wird nach den Vorschriften entschieden, die für Verfahren mit beiderseitigem rechtlichem Gehör maßgebend sind.

---

2 *Rassi* in *Fasching/Konecny* V/1[2] Art 42 EuGVVO Rz 4.
3 Demgegenüber meint *Althammer* in unalex Komm Art 43 Brüssel I-VO Rz 10, dass in diesem Fall der Überraschungseffekt entfallen kann, weil eine Zurückweisung vom ASt zu vertreten ist.
4 *G. Kodek* in *Czernich/Kodek/Mayr*[4] Art 42 LGVÜ 2007 Rz 2.
5 *G. Kodek* in *Czernich/Kodek/Mayr*[4] Art 42 LGVÜ 2007 Rz 1.
6 *Rassi* in *Fasching/Konecny* V/1[2] Art 42 EuGVVO Rz 7.
7 *Fucik* in *Rechberger/Zöchling-Jud* Kap IV Rz 68.

(4) Lässt sich die Partei, gegen die die Vollstreckung erwirkt werden soll, auf das Verfahren vor dem mit dem Rechtsbehelf des Antragstellers befassten Gericht nicht ein, so ist Artikel 16 auch dann anzuwenden, wenn die Partei, gegen die die Vollstreckung erwirkt werden soll, ihren Wohnsitz nicht im Hoheitsgebiet eines Mitgliedstaats hat.

(5) Der Rechtsbehelf gegen die Vollstreckbarerklärung ist innerhalb von 30 Tagen nach ihrer Zustellung einzulegen. Hat die Partei, gegen die die Vollstreckung erwirkt werden soll, ihren Wohnsitz im Hoheitsgebiet eines anderen Mitgliedstaats als dem, in dem die Vollstreckbarerklärung ergangen ist, so beträgt die Frist für den Rechtsbehelf 60 Tage und beginnt mit dem Tag, an dem die Vollstreckbarerklärung ihr entweder in Person oder in ihrer Wohnung zugestellt worden ist. Eine Verlängerung dieser Frist wegen weiter Entfernung ist ausgeschlossen.

Stammfassung.

Literatur: *Meller-Hannich,* Materiell-rechtliche Einwendungen bei der grenzüberschreitenden Vollstreckung und die Konsequenzen von „Prism Investment", GPR 2012, 90 (Teil 1) und 153 (Teil 2).

Übersicht

		Rz
I.	Grundsätzliches zum Rechtsbehelfsverfahren	1
II.	Rechtsbehelf des Schuldners	6
	A. Zulässige Rechtsbehelfsgründe	7
	1. Fehlende Voraussetzungen für die Vollstreckbarerklärung	7
	2. Anerkennungsversagungsgründe	9
	B. Materielle Einwendungen des Schuldners (nova producta)	10
III.	Rechtsbehelf des Gläubigers	11
IV.	Fristen	16
	A. Fristen für den Schuldner	16
	B. Fristen für den Antragsteller	23
	C. Wiedereinsetzung bei Versäumung von Fristen	24
V.	Rechtsbehelfsverfahren in Österreich	25

I. Grundsätzliches zum Rechtsbehelfsverfahren

Art 50 entspricht im Wesentlichen Art 43 Brüssel I-VO/LGVÜ 2007.[1] **Jede** (durch die Entscheidung beschwerte)[2] **Partei** kann gegen die Entscheidung über den Antrag auf Vollstreckbarerklärung einen **Rechtsbehelf** einlegen; das Rechtsbehelfsverfahren richtet sich grds nach den in Art 50 festgelegten Regeln. Ausgehend von der Rsp des EuGH[3] stellt das von Brüssel I-VO bzw LGVÜ 2007 vorgesehene Rechtsschutzsystem ein eigenständiges und **geschlossenes System** dar, das keinen Raum für erweiterte innerstaatliche Regelungen in Bezug auf die Rechtsschutzmöglichkeiten (etwa des Schuldners oder auch von Dritten[4]) offen lässt. Es gibt nur einen umfassenden, auf Überprüfung der Tat- und Rechtsfrage gerichteten Rechtsbehelf. Zusätzlich eröffnet Art 51 den Mitgliedstaaten die Möglichkeit, einen „Rechtsbehelf gegen die Entscheidung über den Rechtsbehelf" vorzusehen (Art 51).

1

---

1 Siehe auch Art 33 Brüssel IIa-VO und Art 32 EuUVO.
2 *Mankowski* in *Rauscher* Art 43 Brüssel I-VO Rz 2.
3 EuGH C-432/93 Slg 1995, I-2269, *SISRO/Ampersand Software;* C-167/08 Slg 2009, I-3477, *Draka NK Cables ua.*
4 *Althammer* in unalex Komm Art 43 Brüssel I-VO Rz 4.

Nichtsdestotrotz ist auch Art 50 in einer Reihe von Punkten offen oder lückenhaft. In diesem Raum haben die Mitgliedstaaten iSd Art 46 Abs 1 die Möglichkeit, eigene Regelungen zu schaffen, die allerdings nicht dem Geist der VO – Förderung eines einheitlichen Justizraums, Beschleunigung des Vollstreckbarerklärungsverfahrens – zuwiderlaufen dürfen.[5] Die vollstreckungsmitgliedstaatlichen Regelungen betreffen va die **Form** der Schriftsätze, die Anwaltspflicht und den Kostenersatz.

2   Außer in Bezug auf die Frist differenziert Art 50 nicht zwischen einem Rechtsbehelf des Gläubigers und des Schuldners. Ein Rechtsbehelf gegen die Entscheidung über die Vollstreckbarerklärung steht **nur den Parteien** des erstinstanzlichen Verfahrens zu, nicht Dritten.[6]

3   Sowohl im Fall der Vollstreckbarerklärung als auch im Fall der Abweisung des Antrags ist das Rechtsbehelfsverfahren **kontradiktorisch,** sodass beiden Parteien rechtliches Gehör zu gewähren ist. Der Schuldner ist daher auch dann in das Rechtsbehelfsverfahren einzubinden, wenn er in erster Instanz nicht gehört und der Antrag auf Vollstreckbarerklärung in erster Instanz **abgewiesen** wurde. Anders wird es bei der von Art 50 nicht explizit angesprochenen **Zurückweisung** des Antrags in erster Instanz sein, weil in diesem Fall im Rechtsbehelfsverfahren keine Sachentscheidung über den Vollstreckbarerklärungsantrag ergehen kann.

4   Weil das Rechtsbehelfsverfahren für den Schuldner die einzige Form der Gehörsgewährung darstellt, kann er – sowohl in seinem Rechtsbehelf, als auch in einer Beantwortung – neue Tatsachen und Beweismittel vorbringen: Sozusagen als logische Konsequenz der Einseitigkeit des erstinstanzlichen Verfahrens[7] besteht für den Schuldner im Rechtsbehelfsverfahren **kein Neuerungsverbot.**

5   Die Einzelheiten des Verfahrens richten sich gem Art 46 Abs 1 nach **innerstaatlichem Recht** (s Rz 1, Art 43 Rz 25 ff und Art 46 Rz 2).

II. Rechtsbehelf des Schuldners

6   Ein Rechtsbehelf des Schuldners gegen die Vollstreckbarerklärung bewirkt, dass eine Zwangsvollstreckung in das Vermögen des Schuldners **nicht über Maßnahmen zur Sicherung** hinausgehen darf, solange die Rechtsbehelfsfrist noch offen ist bzw über einen eingelegten Rechtsbehelf nicht entschieden ist (Art 54 Abs 3).

A. Zulässige Rechtsbehelfsgründe

1. Fehlende Voraussetzungen für die Vollstreckbarerklärung

7   Über den nicht umfassend zu verstehenden Wortlaut des Art 52 hinaus kann der Schuldner in seinem Rechtsbehelf – typischerweise unter Zuhilfenahme von Neuerungen – geltend machen, dass die **Voraussetzungen der Vollstreckbarerklärung** (s Art 43 Rz 6 ff und Art 48 Rz 4 ff) nicht vorliegen,[8] etwa weil der Anwendungsbereich der EuErbVO nicht eröffnet ist,

---

5 *Rassi* in *Fasching/Konecny* V/1² Art 43 EuGVVO Rz 3.
6 EuGH C-148/84 Slg 1985, 1981, *Deutsche Genossenschaftsbank/Brasserie du Pêcheur;* C-172/91 Slg 1993, I-1963, *Sonntag/Waidmann;* C-167/08 Slg 2009, I-3477, *Draka NK Cables ua; Schlosser*³ Art 43 EuGVVO Rz 1.
7 *Rassi* in *Fasching/Konecny* V/1² Art 43 EuGVVO Rz 29.
8 Ausf *Rassi* in *Fasching/Konecny* V/1² Art 43 EuGVVO Rz 35.

keine vollstreckbare Entscheidung vorliegt, der Inhalt der Bescheinigung nach Art 46 Abs 3 lit b unrichtig ist, oder die erforderlichen Urkunden iSd Art 46 Abs 3 fehlen.

Außerhalb der Anerkennungsversagungsgründe (Rz 9) kann weder die **Unrichtigkeit** der **8** ausländischen Titelentscheidung (Art 41) noch die fehlende **Zuständigkeit** des Titelgerichts mit einem Rechtsbehelf geltend gemacht werden (s Art 43 Rz 34).

2. Anerkennungsversagungsgründe

Der Schuldner kann in seinem Rechtsbehelf das Vorliegen von Anerkennungsversagungs- **9** gründen iSd Art 40 aufwerfen. Nach innerstaatlichem Recht hat er im Rechtsbehelf alles vorzubringen, was seiner Ansicht nach gegen die Anerkennung spricht (**Eventualmaxime,** § 84 Abs 2 Z 2 Satz 2 EO). Das aufgrund des Rechtsbehelfs angerufene Gericht ist bei seiner Entscheidung allerdings **nicht** auf die im Rechtsbehelf angesprochenen Gründe **beschränkt,** sondern kann und muss auch weitere Versagungsgründe prüfen, soweit sich Anhaltspunkte dafür aus den Akten ergeben (was idR wohl nur bei einer Verletzung des *ordre public* denkbar ist).[9]

B. Materielle Einwendungen des Schuldners (nova producta)

Bis vor wenigen Jahren war zu Art 43 Brüssel I-VO in der österr Lit mehrheitlich vertreten **10** worden, dass der Schuldner seinen Rechtsbehelf auch darauf stützen kann, dass zwischen dem Erlass der Titelentscheidung im Ursprungsmitgliedstaat und der Vollstreckbarerklärung im Vollstreckungsmitgliedstaat (materielle) Umstände eingetreten sind, die einer Vollstreckbarerklärung entgegenstehen, insb Zahlung der Schuld oder Eröffnung des Insolvenzverfahrens. Allerdings hat der EuGH diese Ansicht abgelehnt und zu C-139/10 entschieden, dass die Vollstreckbarerklärung nicht mit Berufung darauf verweigert werden könne, dass der Titelanspruch erfüllt worden sei.[10] Rechtsvernichtende und rechtshemmende Einwendungen, die in Österreich einen Oppositionsgrund, allenfalls einen Impugnationsgrund bilden, sind demnach nicht mit dem Rechtsbehelf gegen die Vollstreckbarerklärung geltend zu machen, sondern mit Klage nach §§ 35, 36 EO oder mit Antrag nach § 40 EO.[11]

III. Rechtsbehelf des Gläubigers

Wurde der Antrag des Gläubigers auf Vollstreckbarerklärung in erster Instanz zurück- oder **11** abgewiesen, kann er in seinem Rechtsbehelf darlegen, dass die Voraussetzungen für eine Vollstreckbarerklärung – entgegen der Ansicht des Erstgerichts – **doch vorliegen.** Vom Gläubiger kann auch die unzutreffende Verweigerung eines Verbesserungsverfahrens geltend gemacht werden, wenn er im Verfahren erster Instanz nicht alle nötigen Urkunden vorgelegt hat.[12]

Da der Gläubiger – anders als der Schuldner – in erster Instanz rechtliches Gehör hatte, be- **12** darf es auf seiner Seite **keiner Neuerungserlaubnis** für seinen Rechtsbehelf. Daran anschließend hat der österr Gesetzgeber für den Gläubiger das Neuerungsverbot aufrecht gelassen

---

9 Näher *G. Kodek* in *Czernich/Kodek/Mayr*[4] Art 45 EuGVVO 2012 Rz 3 ff.
10 EuGH C-139/10 Slg 2011, I-9511, *Prism Investments* ecolex 2012/59, 142 (*Slonina* 134) = EuZW 2011, 869 (*Bach*) = IPRax 2012/20, 357 (*R. Wagner* 326); dazu *Meller-Hannich,* GPR 2012, 90 (Teil 1) und 153 (Teil 2).
11 Vgl OGH 3 Ob 149/13 b JBl 2014, 330.
12 *Rassi* in *Fasching/Konecny* V/1[2] Art 43 EuGVVO Rz 33.

(vgl § 84 Abs 2 Z 2 Satz 1 EO).[13] Daraus ergibt sich aber ein **Gehörsdefizit** des Gläubigers, wenn der AG in einer Rekursbeantwortung gegen einen Rekurs des ASt – zulässigerweise (§ 84 Abs 3 EO) – Neuerungen vorbringt. In diesem Fall ist dem ASt die Möglichkeit einzuräumen, dazu Stellung zu nehmen.[14]

13 Auch wenn es nahe liegt, dass Anerkennungsversagungsgründe nur auf der Grundlage eines Rechtsbehelfs des Schuldners zu prüfen sind, stellt sich im Hinblick auf die Möglichkeit der amtswegigen Wahrnehmung von Anerkennungsversagungsgründen durch das Rechtsbehelfsgericht die Frage, ob solche Gründe auch **aus Anlass eines Rechtsbehelfs des Gläubigers** gegen eine Abweisung seines Vollstreckbarerklärungsantrags aufgegriffen werden können, wofür der Wortlaut des Art 52 sprechen könnte. Wenn der Schuldner in seiner Rechtsbehelfsbeantwortung Anerkennungsversagungsgründe darlegt, sind diese vom Rechtsbehelfsgericht zu prüfen, wobei dem Gläubiger die Möglichkeit zur Stellungnahme zu bieten ist.[15] Ein amtswegiges Aufgreifen durch das Rechtsbehelfsgericht würde voraussetzen, dass dem Gläubiger in gleicher Weise rechtliches Gehör eingeräumt wird. – Indes widerspräche eine Möglichkeit, Anerkennungsversagungsgründe aus Anlass eines (alleinigen) Rechtsbehelfs des Gläubigers wahrzunehmen, doch der gläubigerfreundlichen, die positive Entscheidung über den Vollstreckbarerklärungsantrag fördernden Konzeption der Art 43 ff, wonach sich der Schuldner gegen die Vollstreckbarerklärung zur Wehr setzen muss; tut er das nicht, soll nicht das Rechtsbehelfsgericht – zu seinen Gunsten – an seine Stelle treten.

14 Zur Rechtsbehelfsfrist für den ASt s Rz 23.

15 Lässt sich die Partei, gegen welche die Vollstreckung erwirkt werden soll, nicht auf das Verfahren vor dem mit dem Rechtsbehelf des ASt befassten Gericht ein, sind gem Abs 4 die Prüfungsregeln des Art 16 anzuwenden, selbst wenn der Schuldner seinen Wohnsitz nicht in einem Mitgliedstaat hat. Das Verfahren ist also so lange **auszusetzen,** bis geklärt ist, dass die Verteidigungsrechte des Schuldners gewahrt wurden, sprich die für eine effektive Verteidigung rechtzeitige Zustellung des Antrags und der notwendigen Urkunden festgestellt ist.

IV. Fristen

A. Fristen für den Schuldner

16 Die in Abs 5 genannten Fristen beziehen sich nur auf den **ersten Rechtsbehelf des Schuldners** gegen die Vollstreckbarerklärung, nicht aber auf die Frist für die Einlegung des (zweiten) Rechtsbehelfs nach Art 51 sowie für Beantwortungsfristen und Fristen des ASt; für diese Fristen gilt das mitgliedstaatliche Recht.

17 Die Fristen nach Abs 5 sind – leicht abweichend von der Brüssel I-VO/LGVÜ 2007 – ebenso wie in der EuUntVO gestaltet:

Hat die Partei, gegen die die Vollstreckung erwirkt werden soll, ihren gewöhnlichen Aufenthalt in **dem Mitgliedstaat,** in dem die Vollstreckbarkeitsentscheidung ergangen ist, oder in einem Drittstaat, so beträgt die Frist **30 Tage** ab ordnungsgemäßer Zustellung der Vollstreckbarerklärung (Brüssel I-VO/LGVÜ 2007: 1 Monat).

---

13 Krit zur Zulässigkeit *G. Kodek* in *Czernich/Kodek/Mayr*[4] Art 43 LGVÜ 2007 Rz 7; die Zulässigkeit der Normierung eines Neuerungsverbots für den ASt bejahend *Rassi* in *Fasching/Konecny* V/1[2] Art 43 EuGVVO Rz 30.

14 *G. Kodek* in *Czernich/Kodek/Mayr*[4] Art 43 LGVÜ 2007 Rz 5.

15 Rz 12.

Hat sie ihren gewöhnlichen Aufenthalt in einem anderen (teilnehmenden) **Mitgliedstaat,** beträgt die Frist **45 Tage** (Brüssel I-VO/LGVÜ 2007: 2 Monate).

Die Divergenzen sind insofern misslich, als das nationale Recht (§ 84 EO) der Brüssel I-VO **18** bzw dem LGVÜ 2007 folgt und **Monatsfristen** vorsieht. Damit kommt es zu möglichen Kollisionen in den Fällen, in denen nicht klar ist, ob sich eine Frist nach der EuErbVO oder nach dem Recht des Vollstreckungsmitgliedstaats richtet, wie etwa im Fall der Rechtsbehelfsfrist des ASt (s Rz 23).

Wurde der Vollstreckbarerklärungsantrag abgewiesen und legt der ASt einen Rechtsbehelf **19** ein, gegen den der Schuldner eine **Beantwortung** einbringt, gilt für diese das nationale Recht. In Österreich differenziert die EO in § 84 Abs 3 iVm § 84 Abs 2 Z 1 Satz 1 nach dem Wohnsitz oder Sitz des AG: Befindet sich dieser **nicht im Inland** (also sowohl in einem anderen teilnehmenden Mitgliedstaat, in einem nichtteilnehmenden Mitgliedstaat oder in einem Drittstaat), gilt eine Beantwortungsfrist von **zwei Monaten.** Befindet sich der Wohnsitz oder Sitz des Schuldners dagegen **im Inland,** beträgt die Beantwortungsfrist **einen Monat** (§ 84 Abs 1 EO).

Die Frist **beginnt mit dem Tag,** an dem die Entscheidung erster Instanz dem Empfänger **20** zugestellt wurde.

In Bezug auf die Zustellung an den Schuldner differenziert Art 50 Abs 5: Befindet sich der Schuldner im Vollstreckungsmitgliedstaat, richtet sich die Zustellung nach dessen Recht; faktische Kenntnisnahme reicht nicht aus.[16] Ist der Schuldner in einem **anderen Mitgliedstaat** als dem Vollstreckungsmitgliedstaat ansässig und ist deshalb eine grenzüberschreitende Zustellung notwendig, ist grds die EuZustVO anzuwenden.[17] Zu beachten ist allerdings die schuldnerschützende Einschränkung des Zustellungsmodus auf „in Person oder in der Wohnung": Damit wird klargestellt, dass **öffentliche Zustellungen** oder fiktive Zustellungen ohne realen Zustellversuch den Lauf der Frist nicht auslösen.[18] Eine Eigenhandzustellung der Vollstreckbarerklärung an den Schuldner ist nicht erforderlich (s Art 49 Rz 4); der Passus „in der Wohnung" ermöglicht auch eine Ersatzzustellung an eine andere Person als den Empfänger in dessen Wohnung.[19]

Diese Schutzklausel gilt nicht, wenn der Schuldner in einem Drittstaat (einschließlich nichtteilnehmender EU-Mitgliedstaaten) ansässig ist. In diesem Fall ist das nationale Recht des Vollstreckungsmitgliedstaats (unter Einbeziehung von Staatsverträgen) anzuwenden.[20]

Die Möglichkeit einer Fristverlängerung wegen **weiter Entfernung** wird in Abs 5 letzter Satz **21** ausgeschlossen, allerdings nur in Bezug auf die 60-tägige Frist und nicht die 30-tägige Frist. Daraus kann der Schluss gezogen werden, dass das innerstaatliche Recht eine Verlängerung der 30-tägigen Frist vorsehen könnte. Denkbar wäre weiters, dass nach dem innerstaatlichen Recht eine Fristverlängerung für andere Fälle als wegen weiter Entfernung zulässig wäre.[21] Das österr Recht sieht allerdings eine Fristverlängerung ausnahmslos nicht vor.[22]

---

16 EuGH C-3/05 Slg 2006, I-1579, *Verdoliva* IPRax 2007/19, 215 (*Heiderhoff* 202).
17 *Rassi* in *Fasching/Konecny* V/1² Art 43 EuGVVO Rz 18.
18 *Mankowski* in *Rauscher* Art 43 Brüssel I-VO Rz 16; *Althammer* in unalex Komm Art 42 Brüssel I-VO Rz 4.
19 *Rassi* in *Fasching/Konecny* V/1² Art 43 EuGVVO Rz 19.
20 *Rassi* in *Fasching/Konecny* V/1² Art 43 EuGVVO Rz 20.
21 *Mankowski* in *Rauscher* Art 43 Brüssel I-VO Rz 16.
22 *G. Kodek* in *Czernich/Kodek/Mayr*⁴ Art 43 LGVÜ 2007 Rz 19 ff.

22 Auf welcher Grundlage die **Fristen berechnet** werden sollen, geht aus der EuErbVO nicht hervor. Aus ErwGr 59 könnte abgeleitet werden, dass so wie in anderen Rechtsakten für die Fristberechnung die VO (EWG, Euratom) 1182/71 des Rates v 3. 6. 1971 zur Festlegung der Regeln für die Fristen, Daten und Termine maßgebend sein soll.[23] Alternativ kommt das jeweilige mitgliedstaatliche Recht in Betracht.[24] Für Österreich gibt es keinen Unterschied: Auch nach Art 3 der genannten VO ist der Tag, auf den das fristauslösende Ereignis fällt, nicht miteinzurechnen. Die Frist endet um 24 Uhr des letzten Tages der Frist. Falls die Frist auf einen Samstag, Sonn- oder Feiertag fällt, endet die Frist um 24 Uhr des folgenden Arbeitstages.

B. Fristen für den Antragsteller

23 Nach hM zur Brüssel I-VO[25] und zur EuUntVO[26] wird der Rechtsbehelf des ASt gegen die Ablehnung der Vollstreckbarerklärung von der jeweiligen VO nicht an eine Frist gebunden. Auch wenn dies bewusst geschehen sein dürfte, handelt es sich um einen von der VO offengelassenen Bereich, weil diese (mögliche) Absicht des Normsetzers keinen Niederschlag in den Verordnungstexten gefunden hat.[27] Daher kann die Lücke vom nationalen Recht ausgefüllt werden. Insofern ist die österr Regelung, die auch für den ASt eine Frist vorsieht – nämlich eine solche in der Dauer von einem Monat (§ 84 Abs 1 EO) – mit der EuErbVO vereinbar.[28]

C. Wiedereinsetzung bei Versäumung von Fristen

24 Im Vollstreckbarerklärungsverfahren ist gegen die Versäumung einer Frist die Wiedereinsetzung in den vorigen Stand zulässig[29] (s Art 46 Rz 4).

V. Rechtsbehelfsverfahren in Österreich

25 Der Rechtsbehelf ist in Österreich beim Gericht erster Instanz **einzubringen.** Da § 52 Satz 2 EO nicht für das Rekursverfahren gilt,[30] müssen schriftliche Rekurse mit der Unterschrift eines Rechtsanwalts versehen sein. Die Möglichkeit, dass eine anwaltlich nicht vertretene Partei den Rekurs beim Erstgericht mündlich zu Protokoll erklärt, wurde mit dem Budgetbegleitgesetz 2011[31] beseitigt.

Zuständig für die Entscheidung über den Rechtsbehelf gegen die erstinstanzliche Entscheidung ist (in Österreich) das **Landesgericht** (Abs 2).

26 Wesentliche Verfahrensbestimmungen enthält § 84 EO, wobei zu beachten ist, dass Fristenregelungen in der EuErbVO – soweit vorhanden – den österr Regelungen vorgehen. Der Rekurs sowohl gegen die Bewilligung der Vollstreckbarerklärung als auch gegen die Abweisung des Antrags ist zweiseitig. Für den Rekurs des Schuldners besteht **kein Neuerungsverbot;** für

---

23 Dafür – betreffend die EuUVO – *Garber* in *Kindl/Meller-Hannich/Wolf,* Zwangsvollstreckung[3] Art 19 EuUntVO Rz 17.

24 Dafür etwa *Schlosser*[3] Art 43 EuGVVO Rz 9; *Althammer* in unalex Komm Art 43 Brüssel I-VO Rz 16; und *Köhler* in *Kroiß/Horn/Solomon* Art 50 EuErbVO Rz 2.

25 Etwa *Mankowski* in *Rauscher* Art 43 Brüssel I-VO Rz 20.

26 Etwa *Neumayr* in *Kindl/Meller-Hannich/Wolf,* Zwangsvollstreckung[3] Art 32 EuUntVO Rz 3.

27 *G. Kodek* in *Czernich/Kodek/Mayr*[4] Art 43 LGVÜ 2007 Rz 6.

28 *Rassi* in *Fasching/Konecny* V/1[2] Art 43 EuGVVO Rz 15.

29 OGH 3 Ob 175/03 m SZ 2004/43; RIS-Justiz RS0118764; zust *Rassi* in *Fasching/Konecny* V/1[2] Art 43 EuGVVO Rz 23 ff.

30 *Jakusch* in *Angst*[2] § 52 EO Rz 1.

31 BGBl I 2010/111.

den Schuldner gilt sowohl in Bezug auf Rekurs als auch Rekursbeantwortung die **Eventual-maxime** (§ 84 Abs 2 Z 2 Satz 2, Abs 3 EO).

Der **Kostenersatz** im Rechtsbehelfsverfahren richtet sich nach § 78 EO.   **27**

Rechtsbehelf gegen die Entscheidung über den Rechtsbehelf

Art 51. Gegen die über den Rechtsbehelf ergangene Entscheidung kann nur der Rechtsbehelf eingelegt werden, den der betreffende Mitgliedstaat der Kommission nach Artikel 78 mitgeteilt hat.

Stammfassung.

Art 51 entspricht Art 44 Brüssel I-VO.[1] Die Bestimmung regelt die Zulässigkeit eines **weiteren Rechtsbehelfs** gegen die Entscheidung zweiter Instanz über den vom Schuldner oder vom Gläubiger eingelegten Rechtsbehelf gegen die Entscheidung über den Antrag auf Vollstreckbarerklärung. Dieser Rechtsbehelf kann optional durch mitgliedstaatliches Recht zur Verfügung gestellt werden. In Österreich ist es der **Revisionsrekurs** an den OGH (vgl § 84 Abs 4 EO).   **1**

Art 51 bezieht sich explizit auf einen „Rechtsbehelf gegen die Entscheidung über den Rechtsbehelf" (nach Art 50). Daraus ist zu schließen, dass Art 51 nur für die **endgültige Entscheidung** über den Rechtsbehelf, nicht aber für andere Beschlüsse des Gerichts zweiter Instanz gilt.[2] Die hA geht hier von Unanfechtbarkeit aus[3] und zieht nicht das nationale Recht heran.   **2**

Da Art 51 keine näheren Regelungen über die **Ausgestaltung** des Rechtsbehelfs enthält, ist der mitgliedstaatliche Gesetzgeber insofern frei, muss aber System und Ziel der VO berücksichtigen, va die Effizienz des Vollstreckbarerklärungsverfahrens;[4] insb muss der weitere Rechtsbehelf mit dem Rechtsbehelf gegen die erstinstanzliche Entscheidung nach Art 50 **koordiniert** sein, sodass bspw die Rechtsmittellegitimation nicht weiter sein darf (s Art 50 Rz 2).   **3**

Auch wenn diese Eigenschaft nicht aus dem Text des Art 51 hervorgeht, muss sich der Rechtsbehelf auf **Rechtsfragen** beschränken.[5] Er darf im Hinblick auf Art 54 Abs 3 auch nicht aufschiebend wirken (Rz 4). Anders als beim Rechtsbehelf nach Art 50 ist eine Neuerungserlaubnis für den Schuldner nicht notwendig, weil dieser bereits im zweitinstanzlichen Verfahren Gelegenheit hatte, Neuerungen zu erstatten (s Rz 5).

Aus Art 54 Abs 3 ist zu schließen, dass der Rechtsbehelf gegen die Instanzentscheidung **keine aufschiebende Wirkung** hat; ab der zweitinstanzlichen Entscheidung über die Vollstreckbarerklärung sind bereits Maßnahmen zur Befriedigung zulässig.[6]   **4**

In Österreich ist der Revisionsrekurs **zweiseitig**. Die **Frist** beträgt sowohl für Revisionsrekurs als auch Revisionsrekursbeantwortung einen Monat (§ 84 Abs 1 EO). Gem § 84 Abs 4 EO   **5**

---

1 Vgl auch Art 34 Brüssel IIa-VO und Art 33 EuUVO.
2 *G. Kodek* in *Czernich/Kodek/Mayr*[4] Art 44 LGVÜ 2007 Rz 2; *Rassi* in *Fasching/Konecny* V/1[2] Art 44 EuGVVO Rz 4.
3 *Rassi* in *Fasching/Konecny* V/1[2] Art 44 EuGVVO Rz 5 mit Nachweisen aus der österr Rsp.
4 *Rassi* in *Fasching/Konecny* V/1[2] Art 44 EuGVVO Rz 1; *Althammer* in unalex Komm Art 44 Brüssel I-VO Rz 1.
5 RIS-Justiz RS0118737 [T2].
6 *G. Kodek* in *Czernich/Kodek/Mayr*[4] Art 44 LGVÜ 2007 Rz 2.

gilt für den Revisionsrekurs der Rechtsmittelausschluss nach § 528 Abs 2 Z 2 ZPO (konforme Entscheidungen) nicht, wohl aber die anderen in § 528 ZPO vorgesehenen Beschränkungen der Anrufbarkeit des OGH.[7] Insb muss eine Rechtsfrage von **erheblicher Bedeutung** vorliegen. Das österr Revisionsrekursverfahren ist auch im Bereich der Vollstreckbarerklärung vom **Neuerungsverbot** geprägt.[8]

Versagung oder Aufhebung einer Vollstreckbarerklärung

Art 52. Die Vollstreckbarerklärung darf von dem mit einem Rechtsbehelf nach Artikel 50 oder Artikel 51 befassten Gericht nur aus einem der in Artikel 40 aufgeführten Gründe versagt oder aufgehoben werden. Das Gericht erlässt seine Entscheidung unverzüglich.

Stammfassung.

1 Art 52 entspricht Art 45 Abs 1 Brüssel I-VO.[1] Die Bestimmung transferiert in ihrem Satz 1 die Geltung der **Anerkennungsversagungsgründe** auf das Vollstreckbarerklärungsverfahren, allerdings mit der bedeutenden Abweichung, dass die Berücksichtigung dieser Gründe im Vollstreckbarerklärungsverfahren einen Rechtsbehelf des Schuldners voraussetzt.

2 Art 52 erfasst die Gründe, die zu einer Versagung oder Aufhebung der Vollstreckbarerklärung führen, nicht umfassend, sondern **nur punktuell** und unvollständig. Über den Wortlaut hinaus kann der Schuldner in seinem Rechtsbehelf nicht nur das Vorliegen von Anerkennungsversagungsgründen nach Art 40 geltend machen, sondern auch alle Gründe, die bereits einer Prüfung in erster Instanz unterliegen, nämlich dass die **Voraussetzungen der Vollstreckbarerklärung** (s Art 43 Rz 32 ff und Art 48 Rz 4 ff) nicht vorliegen,[2] etwa weil der Anwendungsbereich der EuErbVO nicht eröffnet ist, keine vollstreckbare Entscheidung vorliegt, der Inhalt der Bescheinigung nach Art 46 Abs 3 lit b unrichtig ist oder die erforderlichen Urkunden iSd Art 46 Abs 3 fehlen (s Art 50 Rz 7).

3 Satz 1 bezieht sich sowohl auf einen Rechtsbehelf des Gläubigers als auch auf einen solchen des Schuldners. Hat das Gericht erster Instanz die Vollstreckbarerklärung zutreffend verweigert, ist sie auch in zweiter und dritter Instanz zu „versagen". Der Ausdruck „aufgehoben" nimmt offenbar auf einen erfolgreichen Rechtsbehelf des Schuldners Bezug.[3]

Aussetzung des Verfahrens

Art 53. Das nach Artikel 50 oder Artikel 51 mit dem Rechtsbehelf befasste Gericht setzt das Verfahren auf Antrag des Schuldners aus, wenn die Entscheidung im Ursprungsmitgliedstaat wegen der Einlegung eines Rechtsbehelfs vorläufig nicht vollstreckbar ist.

Stammfassung.

---

7 RIS-Justiz RS0116242.
8 *Rassi* in *Fasching/Konecny* V/1[2] Art 44 EuGVVO Rz 11.

1 IdS auch Art 34 Abs 1 EuUVO; anders dagegen die Brüssel IIa-VO, die eine Prüfung von Anerkennungsversagungsgründen bereits in erster Instanz vorsieht.
2 Ausf *Rassi* in *Fasching/Konecny* V/1[2] Art 43 EuGVVO Rz 35.
3 IdS auch *Rassi* in *Fasching/Konecny* V/1[2] Art 45 EuGVVO Rz 1.

Die Vorschrift entspricht Art 35 EuUVO.[1] So wie in Art 35 EuUVO ist – im Gegensatz zu   **1**
Art 46 Abs 3 Brüssel I-VO – nicht vorgesehen, dass das Gericht die Aussetzung von einer
Sicherheitsleistung abhängig machen kann.[2]

Aufgrund des in Art 39 Abs 2 vorgesehenen Verweises auf die Art 45–58 ist Art 53 auch im
Rahmen des **selbstständigen Anerkennungsverfahrens** nach Art 39 Abs 2 sinngemäß anzuwenden.

Die Bestimmung stellt einen Ausgleich dafür her, dass auch – im Ursprungsmitgliedstaat –   **2**
noch **nicht rechtskräftige,** wohl aber bereits vollstreckbare Entscheidungen im Vollstreckungsmitgliedstaat für vollstreckbar erklärt werden können;[3] mittels Art 35 soll die Schaffung
unumkehrbarer Zustände vermieden werden.[4]

Formelle Voraussetzungen für die Aussetzung sind (wie nach Art 46 Abs 1 und 2 Brüssel I-VO)

• die Einlegung eines (rechtzeitigen und den Eintritt der Rechtskraft verhindernden) Rechtsbehelfs gegen die zu vollstreckende Entscheidung im Ursprungsmitgliedstaat,
• die Erhebung eines Rechtsbehelfs (des Gläubigers oder des Schuldners)[5] gegen die Entscheidung über den Vollstreckbarerklärungsantrag und
• ein Antrag des Schuldners auf Aussetzung des Verfahrens, sowie (über Art 46 Abs 1 und 2
  Brüssel I-VO hinausgehend)
• die Nicht-(mehr-)Vollstreckbarkeit der Titelentscheidung im Ursprungsmitgliedstaat.

Während die Parallelnorm in **Art 42** Inzidentanerkennungen betrifft, greift Art 53 dann ein,   **3**
wenn ein Rechtsbehelf gegen die Vollstreckbarerklärung (oder gegen die Anerkennung in einem selbstständigen Anerkennungsverfahren) eingelegt wird. Die unterschiedlichen verba le-
galia zeigen auch (geringfügig) unterschiedliche Voraussetzungen und Zielrichtungen. Art 53
ist – anders als Art 46 Abs 1 Brüssel I-VO und Art 42 EuErbVO – nicht als „Kann-Bestim-
mung" formuliert; bei Vorliegen der Voraussetzungen ist die Aussetzung vom Rechtsbehelfsgericht (niemals vom Erstgericht[6]) **zwingend** auszusprechen.[7] Die Entscheidung des Rechts-
behelfsgerichts über die Aussetzung ist unanfechtbar (s Art 51 Rz 2). Zum Fehlen der Möglichkeit der Auferlegung einer Sicherheitsleistung s Rz 1.

Art 53 stellt auf die **vorläufige Beseitigung der Vollstreckbarkeit** der Titelentscheidung im   **4**
Ursprungsmitgliedstaat ab; diese wiederum muss **kausal** auf der Einlegung eines Rechtsbehelfs im Ursprungsmitgliedstaat beruhen.[8] Eine Differenzierung zwischen ordentlichen und
sonstigen Rechtsbehelfen wird nicht vorgenommen: Jeder statthafte Rechtsbehelf, der zur
Aufhebung oder Änderung der Entscheidung führen kann, führt zur Aussetzung.[9]

Im Fall der Aussetzung wird das Verfahren über die Vollstreckbarerklärung nicht fortgesetzt;   **5**
es ist unterbrochen, bis der Ausgang des Rechtsbehelfsverfahrens im Ursprungsmitgliedstaat

---

1 Siehe auch Art 46 EuGVVO und Art 35 Brüssel IIa-VO.
2 *Hilbig* in *Geimer/Schütze*, Internationaler Rechtsverkehr (42. EL 2011) Art 35 VO 4/2009 Rz 3.
3 *G. Kodek* in *Czernich/Kodek/Mayr*[4] Art 46 LGVÜ 2007 Rz 1.
4 *Bittmann* in *Gebauer/Wiedmann*[2] Kap 36 Rz 173; in Bezug auf den Zweck der Vorschrift aA *Lipp* in
   MünchKommBGB[6] Art 35 EG-UntVO Rz 2: Gläubigerschutz, nicht Schuldnerschutz.
5 *Mankowski* in *Rauscher* Art 46 Brüssel I-VO Rz 2.
6 *Mankowski* in *Rauscher* Art 46 Brüssel I-VO Rz 1.
7 *Andrae/Schimrick* in *Rauscher* Art 35 EG-UntVO Rz 3.
8 *Hilbig* in *Geimer/Schütze*, Internationaler Rechtsverkehr (42. EL 2011) Art 25 VO 4/2009 Rz 4.
9 *Lipp* in MünchKommBGB[6] Art 35 EG-UntVO Rz 6.

bekannt ist; dann ist das Rechtsbehelfsverfahren im Vollstreckungsmitgliedstaat unter Bedachtnahme auf die Entscheidung im Ursprungsmitgliedstaat fortzuführen, was bedeutet, dass in diesem Fall auch auf nova producta Rücksicht zu nehmen ist; andernfalls hätte die Aussetzung keinen Sinn.

6 Eine **Exekution zur Befriedigung** kommt während der Unterbrechung **nicht** in Betracht. Art 54 Abs 3 erlaubt allerdings das Setzen von Maßnahmen der **Sicherung.**

Einstweilige Maßnahmen einschließlich Sicherungsmaßnahmen

Art 54. **(1) Ist eine Entscheidung nach diesem Abschnitt anzuerkennen, so ist der Antragsteller nicht daran gehindert, einstweilige Maßnahmen einschließlich Sicherungsmaßnahmen nach dem Recht des Vollstreckungsmitgliedstaats in Anspruch zu nehmen, ohne dass es einer Vollstreckbarerklärung nach Artikel 48 bedarf.**

(2) Die Vollstreckbarerklärung umfasst von Rechts wegen die Befugnis, Maßnahmen zur Sicherung zu veranlassen.

(3) Solange die in Artikel 50 Absatz 5 vorgesehene Frist für den Rechtsbehelf gegen die Vollstreckbarerklärung läuft und solange über den Rechtsbehelf nicht entschieden ist, darf die Zwangsvollstreckung in das Vermögen des Schuldners nicht über Maßnahmen zur Sicherung hinausgehen.

Stammfassung.

Literatur: *Mohr,* Neues im internationalen Exekutionsrecht – die Europäische Erbrechtsverordnung (EuErbVO), ÖRPfl 2013/2, 27.

1 Art 33 VO-Vorschlag KOM(2009) 154 endg beschränkte sich auf einen Verweis auf die Art 38–56 und Art 58 Brüssel I-VO. Art 54 orientiert sich an **Art 47 Brüssel I-VO;**[1] s auch Art 36 EuUVO.[2] In Ermangelung eines Exequaturverfahrens enthält die Brüssel Ia-VO keine vergleichbare Bestimmung.

2 Die in einem Mitgliedstaat („Ursprungsmitgliedstaat", Art 3 Abs 1 lit e) ergangenen und in diesem Mitgliedstaat vollstreckbaren Entscheidungen in Erbsachen sind in einem anderen Mitgliedstaat („Vollstreckungsmitgliedstaat", Art 3 Abs 1 lit f) erst vollstreckbar, wenn sie auf Antrag eines Berechtigten im Vollstreckungsmitgliedstaat für vollstreckbar erklärt werden (Art 43). Art 54 regelt die Zulässigkeit einstweiliger Maßnahmen einschließlich Sicherungsmaßnahmen vor und während des laufenden Vollstreckbarerklärungsverfahrens bis zur zweitinstanzlichen Entscheidung über die Vollstreckbarerklärung. Die Vorschrift des Art 54 bezweckt einen sachgerechten Ausgleich[3] zwischen den Interessen des ASt an der Sicherung der Vollstreckbarkeit der Entscheidung und jenen des Schuldners vor vorschnellen, endgültigen Vollstreckungshandlungen. Art 54 **Abs 1** bezieht sich auf einstweilige Maßnah-

---

1 Daher wird auch auf Kommentierungen zu dieser Bestimmung Bezug genommen; vgl dazu *Fucik* in *Rechberger/Zöchling-Jud* Rz 4.14 (FN 21); *Fucik* in *Schauer/Scheuba* 61 (FN 11); *Mohr,* ÖRPfl 2013/ 2, 27.

2 ErwGr 59 weist für die Anerkennung, Vollstreckbarkeit und Vollstreckung von Entscheidungen auf die Vorbildwirkung anderer Rechtsinstrumente im Bereich der justiziellen Zusammenarbeit in Zivilsachen hin.

3 *Mankowski* in *Rauscher* Art 47 Brüssel I-VO Rz 1; *G. Kodek* in *Czernich/Tiefenthaler/Kodek*[3] Art 47 EuGVVO Rz 1; *Rassi* in *Fasching/Konecny* V/1[2] Art 47 EuGVVO Rz 1.

men einschließlich Sicherungsmaßnahmen **vor einer Vollstreckbarerklärung, Abs 2** und **3** auf jene **nach der Vollstreckbarerklärung.** Voraussetzung ist das Vorliegen einer vollstreckungsfähigen[4] Entscheidung in Erbsachen iSd Art 3 Abs 1 lit g, die in den sachlichen (und zeitlichen) Anwendungsbereich der EuErbVO fällt. Eine Zustellung der Bewilligung der Maßnahmen ist hingegen nicht erforderlich, um den Überraschungseffekt zugunsten des Gläubigers zu wahren.[5]

Die EuErbVO definiert den **Begriff** der **einstweiligen Maßnahmen einschließlich Sicherungsmaßnahmen** weder im Text der VO (Art 19,[6] Art 54) noch in den Erwägungsgründen. Der Begriff ist grundsätzlich verordnungsautonom zu interpretieren. Nach der Rsp des EuGH zu Art 24 EuGVÜ,[7] die zur Begriffsbestimmung herangezogen werden kann, soll die Maßnahme nur vorläufigen Rechtsschutz gewähren. Art 54 erfasst somit nicht endgültige Maßnahmen der Zwangsvollstreckung in das Vermögen des Schuldners.[8]   **3**

Nach **Art 54 Abs 1** können auch **ohne Vollstreckbarerklärung** einer Entscheidung auf diese Entscheidung gestützte einstweilige Maßnahmen einschließlich Sicherungsmaßnahmen beantragt werden, sofern die Entscheidung nach Art 39 anzuerkennen ist.[9] Art 54 Abs 1 setzt somit lediglich das Bestehen einer in einem anderen Mitgliedstaat bereits ergangenen Entscheidung voraus,[10] nicht jedoch notwendigerweise einen (zeitgleichen) Antrag auf Vollstreckbarerklärung derselben.[11] Der Umstand, dass die Entscheidung im Ursprungsmitgliedstaat noch nicht rechtskräftig ist oder gegen sie ein Rechtsbehelf eingebracht worden ist, ist unerheblich.[12] Zudem hat gem Art 54 Abs 1 das Gericht des Vollstreckungsmitgliedstaats zu beurteilen, ob die Entscheidung anzuerkennen ist. Dies erfordert insb eine **Überprüfung der Versagungsgründe** nach Art 40.[13]   **4**

Art 54 Abs 1 verweist für die einstweiligen Maßnahmen einschließlich Sicherungsmaßnahmen auf die im **nationalen Recht** des Vollstreckungsmitgliedstaats vorgesehenen Maßnahmen des einstweiligen Rechtsschutzes. Weder normiert Art 54 Abs 1 selbst neue Maßnahmen, noch enthält er eine Garantie[14] von einstweiligen Maßnahmen. Auch die Voraussetzun-   **5**

---

4 *Kropholler/von Hein,* Zivilprozessrecht[9] Art 47 EuGVO Rz 3, 4.
5 *G. Kodek* in *Czernich/Tiefenthaler/Kodek*[3] Art 47 EuGVVO Rz 1; *Rassi* in *Fasching/Konecny* V/1[2] Art 47 EuGVVO Rz 2.
6 Siehe Art 19 Rz 9.
7 EuGH C-104/03, *St. Paul Dairy/Unibel Exser* IPRax 2007, 208 (*Heß/Zhou* 183).
8 *Kropholler/von Hein,* Zivilprozessrecht[9] Art 47 EuGVO Rz 2.
9 *Fucik* in *Rechberger/Zöchling-Jud* Rz 4.79.
10 Für einstweilige Maßnahmen einschließlich Sicherungsmaßnahmen vor der Entscheidung ist Art 19 maßgebend.
11 *Kropholler/von Hein,* Zivilprozessrecht[9] Art 47 EuGVO Rz 2; *Mankowski* in *Rauscher* Art 47 Brüssel I-VO Rz 8; *Rassi* in *Fasching/Konecny* V/1[2] Art 47 EuGVVO Rz 3 f.
12 *Kropholler/von Hein,* Zivilprozessrecht[9] Art 47 EuGVO Rz 3; *Mankowski* in *Rauscher* Art 47 Brüssel I-VO Rz 6; *G. Kodek* in *Czernich/Tiefenthaler/Kodek*[3] Art 47 EuGVVO Rz 1.
13 ÜA; *Mohr,* ÖRPfl 2013/2, 31; *Köhler* in *Kroiß/Horn/Solomon* Art 54 EuErbVO Rz 1; *Kropholler/von Hein,* Zivilprozessrecht[9] Art 47 EuGVO Rz 5; *Mankowski* in *Rauscher* Art 47 Brüssel I-VO Rz 7; *Rassi* in *Fasching/Konecny* V/1[2] Art 47 EuGVVO Rz 3 jeweils mN des Meinungsstandes; *G. Kodek* in *Czernich/Tiefenthaler/Kodek*[3] Art 47 EuGVVO Rz 2.
14 *Mankowski* in *Rauscher* Art 47 Brüssel I-VO Rz 5; *G. Kodek* in *Czernich/Tiefenthaler/Kodek*[3] Art 47 EuGVVO Rz 2; *Rassi* in *Fasching/Konecny* V/1[2] Art 47 EuGVVO Rz 5.

gen für deren Erlass unterliegen dem nationalen Recht des Vollstreckungsmitgliedstaats,[15] wobei die Prinzipien der EuErbVO und insb Art 54 zu beachten sind.[16]

6 Verfügt der Schuldner über **Vermögen in mehreren Mitgliedstaaten,** kann der Gläubiger in jedem Mitgliedstaat die jeweils nationalen einstweiligen Maßnahmen beantragen und erst nach der erfolgten Sicherung entscheiden, in welchem Mitgliedstaat er das Vollstreckbarerklärungsverfahren und die Vollstreckung durchführen möchte.[17]

7 Nach österr Recht fallen unter die Maßnahmen nach Art 54 Abs 1 unstrittig einstweilige Verfügungen,[18] nach üA[19] auch eine Sicherstellungsexekution.

8 Art 54 Abs 2 und 3 betreffen die einstweiligen Maßnahmen **nach der Vollstreckbarerklärung** einer Entscheidung des Ursprungsmitgliedstaats. Aus Art 54 Abs 2 und 3 folgt, dass die Rechtskraft der Vollstreckbarerklärung keine Voraussetzung für die Bewilligung einstweiliger Maßnahmen darstellt. Im Gegensatz zu Art 54 Abs 1[20] ergibt sich die Befugnis des Gläubigers, Sicherungsmaßnahmen zu beantragen, unmittelbar (ex lege) aus der Vollstreckbarerklärung nach der EuErbVO[21] und somit unmittelbar aus dem Unionsrecht.[22] Insb ist die Befugnis des Gläubigers unabhängig vom Nachweis eines Sicherungsbedürfnisses des Gläubigers.[23] Welche Sicherungsmaßnahmen unter welchen Voraussetzungen in Betracht kommen, folgt wiederum aus dem nationalen Recht des Vollstreckungsmitgliedstaats, wobei diese allerdings mit Art 54 Abs 2 und 3 vereinbar sein müssen.[24] Beispielsweise setzt Art 54 Abs 2 lediglich eine Vollstreckbarerklärung, nicht jedoch deren vorangehende Zustellung[25] für die Befugnis zu Sicherungsmaßnahmen voraus. Zudem darf gem Art 54 Abs 3 keine über Sicherungsmaßnahmen hinausgehende Zwangsvollstreckung in das Vermögen des Schuldners betrieben werden, solange die Rechtsbehelfsfrist gegen die Vollstreckbarerklärung (Art 50 Abs 5) läuft und über den Rechtsbehelf nicht entschieden ist. Aufgrund der Einseitigkeit des Vollstreckbarerklärungsverfahrens erster Instanz dürfen zum Schutz des Schuld-

15 *Köhler* in *Kroiß/Horn/Solomon* Art 54 EuErbVO Rz 1; *G. Kodek* in *Czernich/Tiefenthaler/Kodek*³ Art 47 EuGVVO Rz 2; *Rassi* in *Fasching/Konecny* V/1² Art 47 EuGVVO Rz 5.

16 *Kropholler/von Hein*, Zivilprozessrecht⁹ Art 47 EuGVO Rz 4, 10 f; *Mankowski* in *Rauscher* Art 47 Brüssel I-VO Rz 2.

17 *Kropholler/von Hein*, Zivilprozessrecht⁹ Art 47 EuGVO Rz 6; *Mankowski* in *Rauscher* Art 47 Brüssel I-VO Rz 11; *Rassi* in *Fasching/Konecny* V/1² Art 47 EuGVVO Rz 6.

18 *Mohr*, ÖRPfl 2013/2, 31; *Burgstaller/Neumayr* in *Burgstaller/Neumayr/Geroldinger/Schmaranzer* Art 47 EuGVVO Rz 2.

19 *G. Kodek* in *Czernich/Tiefenthaler/Kodek*³ Art 47 EuGVVO Rz 2, 10; *Rassi* in *Fasching/*Konecny V/1² Art 47 EuGVVO Rz 7 mwN.

20 Die Befugnis ergibt sich aus dem nationalen Recht des Vollstreckungsmitgliedstaats.

21 *Fucik* in *Rechberger/Zöchling-Jud* Rz 4.80.

22 *Köhler* in *Kroiß/Horn/Solomon* Art 54 EuErbVO Rz 2.

23 *Kropholler/von Hein*, Zivilprozessrecht⁹ Art 47 EuGVO Rz 9; *Mankowski* in *Rauscher* Art 47 Brüssel I-VO Rz 12; *Rassi* in *Fasching/Konecny* V/1² Art 47 EuGVVO Rz 12; *G. Kodek* in *Czernich/Tiefenthaler/Kodek*³ Art 47 EuGVVO Rz 7.

24 *Kropholler/von Hein*, Zivilprozessrecht⁹ Art 47 EuGVO Rz 12; *Mankowski* in *Rauscher* Art 47 Brüssel I-VO Rz 12 a, 17; *G. Kodek* in *Czernich/Tiefenthaler/Kodek*³ Art 47 EuGVVO Rz 7; *Rassi* in *Fasching/Konecny* V/1² Art 47 EuGVVO Rz 16.

25 Strittig; *G. Kodek* in *Czernich/Tiefenthaler/Kodek*³ Art 47 EuGVVO Rz 1; *Kropholler/von Hein*, Zivilprozessrecht⁹ Art 47 EuGVO Rz 13; *Mankowski* in *Rauscher* Art 47 Brüssel I-VO Rz 12 b jeweils mwN; aA *Rassi* in *Fasching/Konecny* V/1² Art 47 EuGVVO Rz 12.

ners bis zur zweitinstanzlichen Entscheidung über die Vollstreckbarerklärung keine irreversiblen Maßnahmen zur Sicherung erfolgen.[26]

Art 54 Abs 3 enthält nur einen Verweis auf die Frist für den Rechtsbehelf nach Art 50 Abs 5, **9** berücksichtigt jedoch nicht die von der EuErbVO vorgesehene Möglichkeit, dass auch gegen die zweitinstanzliche Entscheidung über den Rechtsbehelf grundsätzlich ein Rechtsbehelf eingelegt werden kann (Art 51). Daraus ist der Schluss zu ziehen, dass nach der zweitinstanzlichen Entscheidung über den Rechtsbehelf gegen die Entscheidung über den Antrag auf Vollstreckbarerklärung (Art 50) Befriedigungsexekution geführt werden kann. Einem Rechtsbehelf (in Österreich: Revisionsrekurs) gegen die zweitinstanzliche Entscheidung über den Rechtsbehelf (Art 51) kommt somit keine aufschiebende Wirkung zu. Diese Ansicht ist jedoch umstritten.[27]

Nach österr Recht hat der ASt nach hA die Wahl zwischen der Sicherstellungsexekution und **10** der Exekution nach § 84 a EO.[28] Der Gläubiger kann gem § 84 a Abs 1 EO mit dem Antrag auf Vollstreckbarerklärung den Antrag auf Bewilligung der Exekution verbinden.[29] Über beide Anträge hat das Gericht zugleich zu entscheiden. Bis zur Rechtskraft der Vollstreckbarerklärung ist gem § 84 a Abs 2 EO jedoch von Amts wegen mit Verwertungshandlungen innezuhalten.[30] Folgt man der Ansicht, dass (bereits) nach dem Ergehen der zweitinstanzlichen Entscheidung über die Vollstreckbarerklärung Verwertungshandlungen möglich sind,[31] so wird die Vorschrift des § 84 a Abs 2 EO insoweit von Art 54 Abs 3 verdrängt, als sie auf die Rechtskraft der Vollstreckbarerklärung abstellt.[32]

Teilvollstreckbarkeit

Art 55. **(1) Ist durch die Entscheidung über mehrere Ansprüche erkannt worden und kann die Vollstreckbarerklärung nicht für alle Ansprüche erteilt werden, so erteilt das Gericht oder die zuständige Behörde sie für einen oder mehrere dieser Ansprüche.**
(2) Der Antragsteller kann beantragen, dass die Vollstreckbarerklärung nur für einen Teil des Gegenstands der Entscheidung erteilt wird.

Stammfassung.

Art 33 VO-Vorschlag KOM(2009) 154 endg enthielt lediglich einen Verweis auf die **1** Art 38 – 56 und Art 58 Brüssel I-VO. Art 55 orientiert sich an **Art 48 Brüssel I-VO**.[1] Siehe

---

26 *Mankowski* in *Rauscher* Art 47 Brüssel I-VO Rz 13.

27 Für eine Befriedigungsexekution nach der zweitinstanzlichen Entscheidung *G. Kodek* in *Czernich/Tiefenthaler/Kodek*[3] Art 47 EuGVVO Rz 4 f, 13; *Rassi* in *Fasching/Konecny* V/1[2] Art 47 EuGVVO Rz 14 jeweils mN der Gegenmeinung; *Mankowski* in *Rauscher* Art 47 Brüssel I-VO Rz 17, 17 a (s auch Rz 22).

28 *G. Kodek* in *Czernich/Tiefenthaler/Kodek*[3] Art 47 EuGVVO Rz 14; *Rassi* in *Fasching/Konecny* V/1[2] Art 47 EuGVVO Rz 18; *Burgstaller/Neumayr* in *Burgstaller/Neumayr/Geroldinger/Schmaranzer* Art 47 EuGVVO Rz 8.

29 *Mohr*, ÖRPfl 2013/2, 31.

30 Ausf *Burgstaller/Neumayr* in *Burgstaller/Neumayr/Geroldinger/Schmaranzer* Art 47 EuGVVO Rz 4 ff; *G. Kodek* in *Czernich/Tiefenthaler/Kodek*[3] Art 47 EuGVVO Rz 11 f, der die Vereinbarkeit von § 84 a Abs 2 EO mit Art 47 Abs 3 thematisiert, aufgrund der ratio des Art 47 Abs 3 jedoch bejaht; *Rassi* in *Fasching/Konecny* V/1[2] Art 47 EuGVVO Rz 18 ff.

31 Siehe Rz 9.

32 *G. Kodek* in *Czernich/Tiefenthaler/Kodek*[3] Art 47 EuGVVO Rz 5, 13.

1 Daher wird auch auf Kommentierungen zu dieser Bestimmung Bezug genommen; vgl dazu *Fucik* in *Rechberger/Zöchling-Jud* Rz 4.14 (FN 21); *Fucik* in *Schauer/Scheuba* 61 (FN 11).

auch Art 36 EuEheVO und Art 37 EuUVO.[2] Mangels Exequatur findet sich in der Brüssel Ia-VO keine entsprechende Vorschrift.

2 Art 55 ermöglicht die sog „Teilvollstreckbarerklärung" durch das Gericht oder die zuständige Behörde[3] des Vollstreckungsmitgliedstaats und unterscheidet zwei Fallgruppen: Art 55 Abs 1 setzt voraus, dass **mehrere selbstständige[4] Ansprüche[5]** den Gegenstand einer Entscheidung in Erbsachen[6] bilden. Kann in solchen Fällen entgegen dem Antrag[7] eine Vollstreckbarerklärung nicht für alle Ansprüche erteilt werden („Gesamtvollstreckbarerklärung"), so erfolgt diese **von Amts wegen[8]** für einen oder einzelne Ansprüche.

3 Hingegen hat nach Art 55 Abs 2 der ASt die Möglichkeit, die Vollstreckbarerklärung nur für einen Teil des Entscheidungsgegenstandes zu **beantragen,** obwohl die Entscheidung des Ursprungsmitgliedstaats zur Gänze[9] für vollstreckbar erklärt werden könnte. Dabei kann es sich sowohl um **einen (teilbaren) Anspruch** als auch um **mehrere Ansprüche[10]** handeln.[11]

Prozesskostenhilfe

Art 56. Ist dem Antragsteller im Ursprungsmitgliedstaat ganz oder teilweise Prozesskostenhilfe oder Kosten- und Gebührenbefreiung gewährt worden, so genießt er im Vollstreckbarerklärungsverfahren hinsichtlich der Prozesskostenhilfe oder der Kosten- und Gebührenbefreiung die günstigste Behandlung, die das Recht des Vollstreckungsmitgliedstaats vorsieht.

Stammfassung.

Literatur: *Fucik,* Verfahrenshilfe bei grenzüberschreitendem Bezug, ÖJZ 2012/30, 293; *Schoibl,* Gemeinsame Mindestvorschriften für die Prozesskostenhilfe in Zivilsachen, JBl 2006, 142 (1. Teil), 233 (2. Teil).

1 Art 33 VO-Vorschlag KOM(2009) 154 endg beschränkte sich auf einen Verweis auf die Art 38 – 56 und Art 58 Brüssel I-VO. Art 56 orientiert sich an **Art 50 Brüssel I-VO;**[1] s auch

---

2 ErwGr 59 weist für die Anerkennung, Vollstreckbarkeit und Vollstreckung von Entscheidungen auf die Vorbildwirkung anderer Rechtsinstrumente im Bereich der justiziellen Zusammenarbeit in Zivilsachen hin.

3 Gem Art 79 Abs 1 erstellt die Kommission anhand der Mitteilungen der MS (s Art 3 Abs 2 UAbs 2, Art 77) ua eine Liste der „sonstigen Behörden" (Begriffsbestimmung in Art 3 Abs 2 UAbs 1).

4 *Kropholler/von* Hein, Zivilprozessrecht[9] Art 48 EuGVO Rz 1.

5 Vgl zum Begriff „Anspruch" iSv „Streitgegenstand" in Bezug auf die Brüssel I-VO *Mankowski* in *Rauscher* Art 48 Brüssel I-VO Rz 1.

6 Dieser Begriff ist nicht legaldefiniert.

7 *G. Kodek* in *Czernich/Tiefenthaler/Kodek*[3] Art 48 EuGVVO Rz 1; *Rassi* in *Fasching/Konecny* V/1[2] Art 48 EuGVVO Rz 3.

8 *Mankowski* in *Rauscher* Art 48 Brüssel I-VO Rz 3.

9 *Burgstaller/Neumayr* in *Burgstaller/Neumayr/Geroldinger/Schmaranzer* Art 48 EuGVVO Rz 3.

10 Nach *Köhler* in *Kroiß/Horn/Solomon* Art 55 EuErbVO Rz 1 müssen wohl auch für Art 55 Abs 2 mehrere Ansprüche vorliegen.

11 *Kropholler/von Hein,* Zivilprozessrecht[9] Art 48 EuGVO Rz 2; *G. Kodek* in *Czernich/Tiefenthaler/Kodek*[3] Art 48 EuGVVO Rz 1, 2; *Rassi* in *Fasching/Konecny* V/1[2] Art 48 EuGVVO Rz 6.

---

1 Daher wird auch auf Kommentierungen zu dieser Bestimmung Bezug genommen; vgl dazu *Fucik* in *Rechberger/Zöchling-Jud* Rz 4.14 (FN 21); *Fucik* in *Schauer/Scheuba* 61 (FN 11).

Art 50 EuEheVO und Art 44 EuUVO.[2] In Ermangelung eines Exequaturverfahrens enthält die Brüssel Ia-VO keine vergleichbare Bestimmung.

Entsprechend dem Prinzip der „Kontinuität der Prozesskostenhilfe"[3] ist dem ASt gem Art 56 **2** im Vollstreckbarerklärungsverfahren in Bezug auf die Prozesskostenhilfe oder Kosten- und Gebührenbefreiung (in Österreich: Verfahrenshilfe)[4] die günstigste Behandlung, die das Recht des Vollstreckungsmitgliedstaates kennt, zu gewähren, sofern er **bereits im Ursprungsmitgliedstaat** eine solche erhalten hat (**„Prozesskostenhilfeerstreckung"**). Eine Überprüfung[5] der Berechtigung der Prozesskostenhilfe oder Kosten- und Gebührenbefreiung durch den Vollstreckungsstaat oder des Fortbestehens der ursprünglich gegebenen Gründe[6] bzw ein Verfahren auf Anerkennung findet nicht statt; eben so wenig ist ein neuerlicher Antrag erforderlich.[7] Der ASt hat jedoch von sich aus einen **Nachweis** über die im Ursprungsmitgliedstaat zugesprochene Verfahrenshilfe oder Kosten- und Gebührenbefreiung zu erbringen;[8] es besteht insoweit keine Ermittlungspflicht[9] des Vollstreckungsgerichts. Dieser Nachweis wird im Wege der vom Gericht des Ursprungsmitgliedstaats auszustellenden Bescheinigung nach Art 46 Abs 3 lit b, die der ASt für den Antrag auf Vollstreckbarerklärung benötigt, erbracht werden können.[10] Diese Bescheinigung (Formblatt) wurde von der Kommission durch einen Durchführungsrechtsakt im Beratungsverfahren nach Art 4 VO (EU) 182/2011 beschlossen (s Art 80, 81 Abs 2).[11]

Die Verfahrenshilfe ist hinsichtlich Umfang und Ausgestaltung nach Maßgabe der inner- **3** staatlichen Vorschriften des Vollstreckungsmitgliedstaats zu gewähren.[12] Da dem ASt die **günstigste Behandlung** zu gewähren ist („Meistbegünstigung"), kann ihm im Vollstreckungsmitgliedstaat eine umfänglichere Prozesskostenhilfe oder Kosten- und Gebührenbefreiung[13] als im Ursprungsmitgliedstaat zustehen.[14] Vgl idZ die Prozesskostenhilfe-RL,[15] die eine gemeinschaftsweite Vereinheitlichung der Prozesskostenhilfe im grenzüberschreitenden Verfahren bewirkt.[16]

---

2 ErwGr 59 weist für die Anerkennung, Vollstreckbarkeit und Vollstreckung von Entscheidungen auf die Vorbildwirkung anderer Rechtsinstrumente im Bereich der justiziellen Zusammenarbeit in Zivilsachen hin.

3 *Fucik* in *Rechberger/Zöchling-Jud* Rz 4.20; *Fucik* in *Schauer/Scheuba* 68.

4 Nach *G. Kodek* in *Czernich/Tiefenthaler/Kodek*[3] Art 50 EuGVVO Rz 1 sind dies einheitlich zu beurteilende Arten von Begünstigungen; dh eine Gebührenbefreiung im Ausland umfasst in Österreich als Vollstreckungsstaat die Verfahrenshilfe in vollem Umfang gem § 63 ZPO.

5 *Köhler* in *Kroiß/Horn/Solomon* Art 56 EuErbVO Rz 1.

6 *Mankowski* in *Rauscher* Art 50 Brüssel I-VO Rz 3.

7 *Rassi* in *Fasching/Konecny* V/1[2] Art 50 EuGVVO Rz 3; *Burgstaller/Neumayr* in *Burgstaller/Neumayr/Geroldinger/Schmaranzer* Art 50 EuGVVO Rz 2.

8 *Rassi* in *Fasching/Konecny* V/1[2] Art 50 EuGVVO Rz 3; *Burgstaller/Neumayr* in *Burgstaller/Neumayr/Geroldinger/Schmaranzer* Art 50 EuGVVO Rz 2.

9 *Mankowski* in *Rauscher* Art 50 Brüssel I-VO Rz 3.

10 Nach Art 47 Abs 1 kann das Gericht oder die sonst befugte Stelle von der Vorlage einer Bescheinigung absehen, wenn kein weiterer Erklärungsbedarf besteht.

11 Vgl Formblatt I im Anh 1 zur DurchführungsVO (EU) 1329/2014 der Kommission v 9. 12. 2014, ABl L 2014/359, 30.

12 *Kropholler/von Hein*, Zivilprozessrecht[9] Art 50 EuGVO Rz 2.

13 ZB für die Befreiung von Gebühren für die Übersetzung der Schriftstücke gem Art 47 Abs 2.

14 *Köhler* in *Kroiß/Horn/Solomon* Art 56 EuErbVO Rz 1.

15 RL 2002/8/EG des Rates v 27. 1. 2003 zur Verbesserung des Zugangs zum Recht bei Streitsachen mit grenzüberschreitendem Bezug durch Festlegung gemeinsamer Mindestvorschriften für die Prozesskostenhilfe in derartigen Streitsachen, ABl L 2003/26, 41.

16 *Fucik*, ÖJZ 2012/30, 294 f; *Schoibl*, JBl 2006, 146 ff, 233 ff.

4   Art 56 schließt eine Prozesskostenhilfe oder Kosten- und Gebührenbefreiung nach den **innerstaatlichen Vorschriften des Vollstreckungsmitgliedstaats** – in Österreich §§ 63 – 73 ZPO iVm § 78 EO unter Berücksichtigung des Inländergleichbehandlungsgebots gem Art 20 HPÜ und des Diskriminierungsverbots nach Art 18 AEUV– nicht aus.[17] Hat der ASt im Ursprungsmitgliedstaat beispielsweise keine Prozesskostenhilfe genossen, kann er eine solche nach dem autonomen Recht des Vollstreckungsmitgliedstaats beantragen.[18]

5   Art 56 bezieht sich auf das **gesamte Vollstreckbarerklärungsverfahren,** somit auch auf das zweit- und drittinstanzliche Rechtsbehelfsverfahren (Art 50 und 51). Findet ein **Anerkennungsverfahren** nach Art 39 Abs 2 statt, kommt die Prozesskostenhilfe oder Kosten- und Gebührenbefreiung aufgrund des Verweises auf die Art 45 – 58 auch der Partei zugute, welche die Anerkennung geltend macht.

6   Fraglich ist, ob die Prozesskostenhilfe gem Art 56 auch die **einstweiligen Maßnahmen einschließlich Sicherungsmaßnahmen** nach Art 54 umfasst.[19] Art 56 bezieht sich dem Wortlaut nach auf das „Vollstreckbarerklärungsverfahren". Nach Art 54 Abs 1 ist es jedoch möglich, einstweilige Maßnahmen einschließlich Sicherungsmaßnahmen unabhängig von einem Antrag auf Vollstreckbarerklärung zu beantragen.[20]

Keine Sicherheitsleistung oder Hinterlegung

Art 57.   **Der Partei, die in einem Mitgliedstaat die Anerkennung, Vollstreckbarerklärung oder Vollstreckung einer in einem anderen Mitgliedstaat ergangenen Entscheidung beantragt, darf wegen ihrer Eigenschaft als Ausländer oder wegen Fehlens eines inländischen Wohnsitzes oder Aufenthalts im Vollstreckungsmitgliedstaat eine Sicherheitsleistung oder Hinterlegung, unter welcher Bezeichnung es auch sei, nicht auferlegt werden.**

Stammfassung.

Literatur: *Bajons,* Aktorische Kaution und gemeinschaftsrechtliches Diskriminierungsverbot, ÖJZ 2002, 581.

1   Art 33 VO-Vorschlag KOM(2009) 154 endg enthielt nur einen Verweis auf die Art 38 – 56 und Art 58 Brüssel I-VO. Art 57 orientiert sich an **Art 51 Brüssel I-VO;**[1] s auch Art 56 Brüssel Ia-VO sowie Art 51 EuEheVO und Art 44 Abs 5 EuUVO.[2]

---

17   *Kropholler/von Hein,* Zivilprozessrecht[9] Art 50 EuGVO Rz 6; *Mankowski* in *Rauscher* Art 50 Brüssel I-VO Rz 6; *G. Kodek* in *Czernich/Tiefenthaler/Kodek*[3] Art 50 EuGVVO Rz 4.
18   *Rassi* in *Fasching/Konecny* V/1[2] Art 50 EuGVVO Rz 4; *Burgstaller/Neumayr* in *Burgstaller/Neumayr/ Geroldinger/Schmaranzer* Art 50 EuGVVO Rz 2.
19   Strittig im Rahmen der Brüssel I-VO; dafür *Burgstaller/Neumayr* in *Burgstaller/Neumayr/Geroldinger/Schmaranzer* Art 50 EuGVVO Rz 3; dagegen *Rassi* in *Fasching/Konecny* V/1[2] Art 50 EuGVVO Rz 8.
20   Vgl Art 54 Rz 4.

1   Daher wird auch auf Kommentierungen zu dieser Bestimmung Bezug genommen; vgl dazu *Fucik* in *Rechberger/Zöchling-Jud* Rz 4.14 (FN 21); *Fucik* in *Schauer/Scheuba* 61 (FN 11).
2   ErwGr 59 weist für die Anerkennung, Vollstreckbarkeit und Vollstreckung von Entscheidungen auf die Vorbildwirkung anderer Rechtsinstrumente im Bereich der justiziellen Zusammenarbeit in Zivilsachen hin.

Diese Bestimmung ist Ausdruck des allgemeinen Diskriminierungsverbots.[3] Art 57 verbietet **2** eine nach dem nationalen Recht bestehende Pflicht zur Sicherheitsleistung für die **Kosten** des Verfahrens zur **Anerkennung, Vollstreckbarerklärung** und **Vollstreckung** einer in einem anderen Mitgliedstaat ergangenen Entscheidung, die darauf beruht, dass der ASt nicht Staatsangehöriger des Vollstreckungsmitgliedstaats (Art 3 Abs 1 lit f) ist oder seinen Wohnsitz[4] oder gewöhnlichen Aufenthalt nicht in diesem hat. Durch das Verbot der Sicherheitsleistung soll eine Verzögerung des Vollstreckbarerklärungsverfahrens verhindert werden.[5]

Die Befreiung von einer Sicherheitsleistung nach Art 57 gilt für **alle mitgliedstaatlichen Ent-** **3** **scheidungen,** die in den **Anwendungsbereich der EuErbVO fallen.** Sie ist unabhängig von der Staatsangehörigkeit, vom Wohnsitz oder gewöhnlichen Aufenthalt des ASt.[6] Somit kann auch von **Staatsangehörigen von Drittstaaten,**[7] die eine in einem Mitgliedstaat[8] ergangene Entscheidung in einem anderen Mitgliedstaat[9] vollstrecken wollen, keine Sicherheitsleistung verlangt werden.

Art 57 schließt die Anordnung einer **Sicherheitsleistung aus anderen Gründen** als den ge- **4** nannten nicht aus.[10]

Die Befreiung von einer Sicherheitsleistung nach Art 57 gilt **nicht** für das **Verfahren im Ur-** **5** **sprungsmitgliedstaat,** in dem die Entscheidung ergangen ist.[11] Die EuErbVO gilt grundsätzlich sowohl für streitige (kontradiktorische) Verfahren als auch für „rechtsfürsorgende Abhandlungsverfahren mit ihrem Mehrparteiensystem"[12] (ErwGr 59). Ergeht die in einem anderen Mitgliedstaat zu vollstreckende Entscheidung in Erbsachen in **Österreich als Ursprungsmitgliedstaat** (Art 3 Abs 1 lit e), so ist zunächst zwischen streitigen und außerstreitigen Verfahren zu unterscheiden. Im **Zivilprozess** ist unter Berücksichtigung des Diskriminierungsverbots gem Art 18 AEUV jeder Kl, der (auch) Staatsangehöriger eines Mitgliedstaats[13] ist, vom Erlag einer Prozesskostensicherheit (§ 57 ZPO[14]) für die Kosten des Verfahrens in Österreich befreit.[15] Greift im konkreten Fall kein vorrangig[16] zu berücksichtigender bi- oder multilateraler Staatsvertrag (s Art 17 ff HPÜ), ist weiters die Befreiung nach § 57 Abs 2 Z 1 a ZPO zu beachten,[17] sofern der (ausländische) Aufenthaltsstaat des Kl eine unbeschränkte Vollstreckung der Prozesskostenentscheidung gegen den Kl ermöglicht.[18] Ergeht

---

3 *Fucik* in *Rechberger/Zöchling-Jud* Rz 4.21; *Fucik* in *Schauer/Scheuba* 68.
4 Nach Art 44 ist der „Wohnsitzbegriff" für die Zwecke des Verfahrens nach den Art 45 – 58 nach dem Recht des Vollstreckungsmitgliedstaats zu bestimmen; in Österreich somit nach § 66 JN.
5 *Mankowski* in *Rauscher* Art 51 Brüssel I-VO Rz 1.
6 *Kropholler/von Hein,* Zivilprozessrecht⁹ Art 51 EuGVO Rz 2; *Burgstaller/Neumayr* in *Burgstaller/Neumayr/Geroldinger/Schmaranzer* Art 51 EuGVVO Rz 3.
7 *Köhler* in *Kroiß/Horn/Solomon* Art 57 EuErbVO Rz 1.
8 „Ursprungsmitgliedstaat" iSd Art 3 Abs 1 lit e.
9 „Vollstreckungsmitgliedstaat" iSd Art 3 Abs 1 lit f.
10 *Rassi* in *Fasching/Konecny* V/1² Art 51 EuGVVO Rz 7.
11 *Köhler* in *Kroiß/Horn/Solomon* Art 57 EuErbVO Rz 1.
12 *Fucik* in *Schauer/Scheuba* 61.
13 EuGH C-122/96, *Saldanha/Hiross Holding* ecolex 1998, 18 *(Zeiler).*
14 Österr Staatsangehörigen kann gem § 57 ZPO keine Sicherheitsleistung aufgetragen werden.
15 Ausf *Mosser* in *Fasching/Konecny* II/1³ § 57 ZPO Rz 16 ff; *Bajons,* ÖJZ 2002, 586 f.
16 § 57 Abs 1 ZPO.
17 *Kodek* in *Czernich/Kodek/Mayr*⁴ Art 56 EuGVVO Rz 2; *Rassi* in *Fasching/Konecny* V/1² Art 51 EuGVVO Rz 3 f.
18 *Mosser* in *Fasching/Konecny* II/1³ § 57 ZPO Rz 54.

die Entscheidung im **außerstreitigen Verfahren,** so findet ein Kostenersatz nach Maßgabe des § 185 AußStrG statt.[19] Der Ersatz der Kosten (Barauslagen) ist iVm der allgemeinen Kostenersatzregelung des § 78 AußStrG zu beurteilen. Eine Sicherheitsleistung ist im „Allgemeinen Teil" bzw in den Vorschriften über das „Verlassenschaftsverfahren" weder durch eine selbstständige Regelung noch durch einen Verweis auf die ZPO[20] vorgesehen. Das Außerstreitverfahren stellt ein eigenständiges und gleichberechtigtes Erkenntnisverfahren dar,[21] ein subsidiärer Rückgriff auf die ZPO ist nur bei einer Lücke geboten. Mangels Vorliegens einer Lücke ist eine analoge Anwendung des § 57 ZPO zu verneinen.

Keine Stempelabgaben oder Gebühren

Art 58. **Im Vollstreckungsmitgliedstaat dürfen in Vollstreckbarerklärungsverfahren keine nach dem Streitwert abgestuften Stempelabgaben oder Gebühren erhoben werden.**

Stammfassung.

1 Art 33 VO-Vorschlag KOM(2009) 154 endg begnügte sich mit einem Verweis auf die Art 38–56 und Art 58 Brüssel I-VO. Art 58 orientiert sich an **Art 52 Brüssel I-VO;**[1] s auch Art 38 EuUVO.[2] Da die Brüssel Ia-VO eine grenzüberschreitende Vollstreckung ohne Exequatur vorsieht, erübrigt sich eine Art 58 entsprechende Vorschrift.

2 Art 58 untersagt das Einheben von **streitwertabhängigen Gerichtsgebühren** im **Vollstreckbarerklärungsverfahren,**[3] nicht jedoch das Einheben von festen (fixen) Stempelabgaben oder Gebühren. Damit sollen Verfahrenskosten, die mit der Vollstreckbarerklärung einer Entscheidung verbunden sind, minimiert[4] und eine Ungleichbehandlung durch unterschiedliche Kostenberechnungssysteme in den einzelnen Mitgliedstaaten (feste Gebühr einerseits, nach Streitwert gestaffelte Gebühr andererseits) vermieden[5] werden. Art 58 gilt nicht für den Exekutionsantrag und das anschließende Exekutionsverfahren.[6] In Österreich ist für den Antrag auf Vollstreckbarerklärung mangels Anführung im GGG – anders als für das Exekutionsverfahren – keine Gebühr zu entrichten.[7]

3 **Honorare von Anwälten** oder **Barauslagen** werden vom Verbot des Art 58 nicht erfasst.[8]

---

19 Ausf _Obermaier_ in _Gitschthaler/Höllwerth_ § 185 Rz 10 ff.
20 Vgl § 78 Abs 4 AußStrG für die Verzeichnung der Kosten und ihre Verzinsung.
21 ErlRV 224 BlgNR 22. GP 6, 9.

1 Daher wird auch auf Kommentierungen zu dieser Bestimmung Bezug genommen; vgl dazu _Fucik_ in _Schauer/Scheuba_ 61 (FN 11); _Fucik_ in _Rechberger/Zöchling-Jud_ Rz 4.14 (FN 21).
2 ErwGr 59 weist für die Anerkennung, Vollstreckbarkeit und Vollstreckung von Entscheidungen auf die Vorbildwirkung anderer Rechtsinstrumente im Bereich der justiziellen Zusammenarbeit in Zivilsachen hin.
3 _Köhler_ in _Kroiß/Horn/Solomon_ Art 58 EuErbVO Rz 1.
4 _Fucik_ in _Rechberger/Zöchling-Jud_ Rz 4.22; _Fucik_ in _Schauer/Scheuba_ 68; _Rassi_ in _Fasching/Konecny_ V/1² Art 52 EuGVVO Rz 1; _Burgstaller/Neumayr_ in _Burgstaller/Neumayr/Geroldinger/Schmaranzer_ Art 52 EuGVVO Rz 2.
5 _Kropholler/von Hein_[9] Art 52 EuGVO Rz 1; _Mankowski_ in _Rauscher_ Art 52 Brüssel I-VO Rz 1.
6 _Burgstaller/Neumayr_ in _Burgstaller/Neumayr/Geroldinger/Schmaranzer_ Art 52 EuGVVO Rz 3.
7 _G. Kodek_ in _Czernich/Tiefenthaler/Kodek_³ Art 52 EuGVVO Rz 1.
8 _Kropholler/von Hein,_ Zivilprozessrecht[9] Art 52 EuGVO Rz 1; _Mankowski_ in _Rauscher_ Art 52 Brüssel I-VO Rz 3; _Rassi_ in _Fasching/Konecny_ V/1² Art 52 EuGVVO Rz 4; _Burgstaller/Neumayr_ in _Burgstaller/Neumayr/Geroldinger/Schmaranzer_ Art 52 EuGVVO Rz 3.

Vor Kapitel V

Das Kapitel V beinhaltet Bestimmungen über den **formellen Beweiswert und die Voll-** **1**
streckbarkeit öffentlicher Urkunden (Art 59, 60) sowie über die **Vollstreckbarkeit gericht-**
licher Vergleiche (Art 61), die in einem anderen Mitgliedstaat in Erbsachen errichtet oder
geschlossen wurden.

Art 59 regelt die „Annahme" öffentlicher Urkunden und normiert die Erstreckung der ver- **2**
fahrensrechtlichen Beweiswirkungen einer ausländischen öffentlichen Urkunde auf Verfahren, die in anderen Mitgliedstaaten geführt werden. Damit führt die EuErbVO ein bisher unbekanntes Konzept in das internationale Privatrecht der EU ein.[1]

Art 60 und 61 enthalten Bestimmungen über die Vollstreckbarkeit öffentlicher Urkunden so- **3**
wie gerichtlicher Vergleiche. Die EuErbVO übernimmt hier im Wesentlichen die Regelungen
der VO (EG) 44/2001 des Rates v 22. 12. 2000 über die gerichtliche Zuständigkeit und die
Anerkennung und Vollstreckung von Entscheidungen in Zivil- und Handelssachen (EuGV-
VO, Brüssel I-VO).[2]

Ein ausdrückliches **Ziel der EuErbVO** ist es, die Annahme und Vollstreckbarkeit öffentlicher **4**
Urkunden in einer Erbsache sowie die Vollstreckbarkeit gerichtlicher Vergleiche in sämtlichen Mitgliedstaaten zu gewährleisten. Damit soll den verschiedenen Systemen zur Regelung
von Erbsachen in den Mitgliedstaaten Rechnung getragen werden (ErwGr 60). Öffentlichen
– insb notariellen – Urkunden kommt im Erbrecht und bei der Nachlassabwicklung große
Bedeutung zu. Daher sollten nach ErwGr 22 die in den Mitgliedstaaten von Notaren in Erbsachen errichteten Urkunden nach dieser VO „verkehren"; und zwar, wenn die Notare keine
gerichtliche Zuständigkeit ausüben (vgl dazu Art 59 Rz 10), nach den Bestimmungen über
öffentliche Urkunden. Der freie Verkehr erbrechtsbezogener öffentlicher Urkunden in den
Mitgliedstaaten soll daher gefördert werden.

Kapitel V
Öffentliche Urkunden und gerichtliche Vergleiche

Annahme öffentlicher Urkunden

Art 59. **(1)** **Eine in einem Mitgliedstaat errichtete öffentliche Urkunde hat in einem an-**
deren Mitgliedstaat die gleiche formelle Beweiskraft wie im Ursprungsmitgliedstaat oder
die damit am ehesten vergleichbare Wirkung, sofern dies der öffentlichen Ordnung (ord-
re public) des betreffenden Mitgliedstaats nicht offensichtlich widersprechen würde.

Eine Person, die eine öffentliche Urkunde in einem anderen Mitgliedstaat verwenden
möchte, kann die Behörde, die die öffentliche Urkunde im Ursprungsmitgliedstaat er-
richtet, ersuchen, das nach dem Beratungsverfahren nach Artikel 81 Absatz 2 erstellte
Formblatt auszufüllen, das die formelle Beweiskraft der öffentlichen Urkunde in ihrem
Ursprungsmitgliedstaat beschreibt.

---

1 *Dutta* in MünchKommBGB[6] Vor Art 59 EuErbVO Rz 1.
2 Vgl Art 57 und Art 58 EuGVVO.

(2) Einwände mit Bezug auf die Authentizität einer öffentlichen Urkunde sind bei den Gerichten des Ursprungsmitgliedstaats zu erheben; über diese Einwände wird nach dem Recht dieses Staates entschieden. Eine öffentliche Urkunde, gegen die solche Einwände erhoben wurden, entfaltet in einem anderen Mitgliedstaat keine Beweiskraft, solange die Sache bei dem zuständigen Gericht anhängig ist.

(3) Einwände mit Bezug auf die in einer öffentlichen Urkunde beurkundeten Rechtsgeschäfte oder Rechtsverhältnisse sind bei den nach dieser Verordnung zuständigen Gerichten zu erheben; über diese Einwände wird nach dem nach Kapitel III anzuwendenden Recht entschieden. Eine öffentliche Urkunde, gegen die solche Einwände erhoben wurden, entfaltet in einem anderen als dem Ursprungsmitgliedstaat hinsichtlich des bestrittenen Umstands keine Beweiskraft, solange die Sache bei dem zuständigen Gericht anhängig ist.

(4) Hängt die Entscheidung des Gerichts eines Mitgliedstaats von der Klärung einer Vorfrage mit Bezug auf die in einer öffentlichen Urkunde beurkundeten Rechtsgeschäfte oder Rechtsverhältnisse in Erbsachen ab, so ist dieses Gericht zur Entscheidung über diese Vorfrage zuständig.

Stammfassung.

Literatur: *Buschbaum,* Europäisches Nachlasszeugnis und Annahme öffentlicher Urkunden – neue Mechanismen zur grenzüberschreitenden Nachlassabwicklung und ihr Verhältnis zum materiellen Sachenrecht, in *Hager* (Hrsg), Die neue europäische Erbrechtsverordnung (2013) 39; *Buschbaum,* Rechtslagenanerkennung aufgrund öffentlicher Urkunden? Bestandsaufnahme und Ausblick nach dem Inkrafttreten der EU-Erbrechtsverordnung, FS Dieter Martiny (2014) 259; *Buschbaum/Kohler,* Vereinheitlichung des Erbkollisionsrechts in Europa – Eine kritische Würdigung des Erbkollisionsrechts in Europa (Teil I und Teil II), GPR 2010, 106 und 162; *Dorsel/Schall,* Die Umsetzung der ErbVO durch die Europäische Kommission – Ein erster Überblick unter besonderer Berücksichtigung des Europäischen Nachlasszeugnisses, GPR 2015, 36; *Dutta,* Das neue internationale Erbrecht der Europäischen Union – Eine erste Lektüre der Erbrechtsverordnung, FamRZ 2013, 4; *Dutta,* Die Europäische Erbrechtsverordnung vor ihrem Anwendungsbeginn: Zehn ausgewählte Streitstandsminiaturen, IPRax 2015, 32; *Faber/Grünberger,* Vorschlag der EU-Kommission zu einer Erbrechts-Verordnung, NZ 2011/25, 97; *Fucik,* Anerkennung, Vollstreckbarerklärung und Vollstreckung, in *Rechberger/Zöchling-Jud* (Hrsg), Die EU-Erbrechtsverordnung in Österreich (2015) 239; *Geimer,* „Annahme" ausländischer öffentlicher Urkunden in Erbsachen gemäß Art. 59 EuErbVO, in *Dutta/Herrler* (Hrsg), Die Europäische Erbrechtsverordnung (2014) 143; *Janzen,* Die EU-Erbrechtsverordnung, DNotZ 2012, 484; *Kleinschmidt,* Optionales Erbrecht: Das Europäische Nachlasszeugnis als Herausforderung an das Kollisionsrecht, RabelsZ 77 (2013) 723; *Kohler/Buschbaum,* Die „Anerkennung" öffentlicher Urkunden? Kritische Gedanken über einen zweifelhaften Ansatz in der EU-Kollisionsrechtsvereinheitlichung, IPRax 2010, 313; *Max Planck Institute,* Comments on the European Commission's Proposal for a Regulation of the European Parliament and of the Council on jurisdiction, applicable law, recognition and enforcement of decisions and authentic instruments in matters of succession and the creation of a European Certificate of Succession, RabelsZ 74 (2010) 522; *Müller-Lukoschek,* Neues im Internationalen Erbrecht: Die neue EU-Erbrechtsverordnung (Teil I und Teil II), NotBZ 2014, 329 und 361; *Rechberger,* Die Europäische öffentliche Urkunde – ein Eckpfeiler der vorsorgenden Rechtspflege? in *Rechberger* (Hrsg), Brücken im europäischen Rechtsraum – Europäische öffentliche Urkunde und Europäischer Erbschein, 21. Europäische Notarentage 2009 (2010) 5; *Rechberger,* Das Europäische Nachlasszeugnis und seine Wirkungen, ÖJZ 2012/3, 14; *Rudolf,* Die Erbrechtsverordnung der Europäischen Union. VO zum Internationalen Erb- und Erbverfahrensrecht in Kraft – ein Überblick, NZ 2013/103, 225; *Schmidt,* Der Erbnachweis in Deutschland ab 2015: Erbschein vs. Europäisches Nachlasszeugnis, ZEV 2014, 389; *Simon/Buschbaum,* Die neue EU-Erbrechtsverordnung, NJW 2012, 2393; *Süß,* Der Vorschlag der EG-Kommission zu einer Erbrechtsverordnung (Rom IV-Verordnung) vom 14. Oktober 2009, ZErb 2009, 342; *Traar,*

Der Verordnungsvorschlag aus österreichischer Sicht, in *Reichelt/Rechberger* (Hrsg), Europäisches Erbrecht – Zum Verordnungsvorschlag der Europäischen Kommission zum Erb- und Testamentsrecht (2011) 85.

Übersicht

Rz
I. Entstehung des Art 59   1
II. Annahme öffentlicher Urkunden (Art 59 Abs 1)   3
   A. Anwendungsbereich   3
   B. Wirkungserstreckung 11
   C. Grenzen der Wirkungserstreckung 17
   D. Formblatt 23
III. Zweifel an der Authentizität einer öffentlichen Urkunde (Art 59 Abs 2) . . . 25
IV. Streitigkeiten über die beurkundeten Rechtsgeschäfte oder Rechtsverhältnisse
   (Art 59 Abs 3) 30
V. Vorfragen (Art 59 Abs 4) 34

I. Entstehung des Art 59

Mit der in Art 59 geregelten „Annahme öffentlicher Urkunden" betrat der europäische Gesetzgeber juristisches Neuland.[1] Der **Entwurf der Kommission** v 14. 10. 2009[2] sah in Art 34 ursprünglich noch die „**Anerkennung öffentlicher Urkunden**" vor: „Die in einem Mitgliedstaat aufgenommenen öffentlichen Urkunden werden in den anderen Mitgliedstaaten anerkannt, sofern ihre Gültigkeit nicht im Ursprungsmitgliedstaat nach den dort geltenden Verfahren angefochten wurde und unter dem Vorbehalt, dass diese Anerkennung nicht der öffentlichen Ordnung (ordre public) des ersuchten Mitgliedstaats entgegensteht."   **1**

Diese Formulierung stieß jedoch in der L auf vehemente **Kritik:**[3] Der Inhalt einer Urkunde   **2**
könne – im Gegensatz zu einer gerichtlichen Entscheidung – nicht in Rechtskraft erwachsen, weshalb sich das Anerkennungskonzept nicht auf öffentliche Urkunden übertragen lasse. Befürchtet wurde, dass die materiell-rechtlichen Wirkungen einer ausländischen Urkunde bzw der Inhalt des in der Urkunde angesprochenen Rechtsverhältnisses im Inland ohne kollisionsrechtliche Prüfung anerkannt werden sollte. Nach den Erläuterungen zum Entwurf der Kommission bedeute Anerkennung nämlich, *„dass diesen Urkunden hinsichtlich ihres Inhalts und der dort festgehaltenen Sachverhalte dieselbe Beweiskraft zukommt wie inländischen öffentlichen Urkunden oder wie in ihrem Ursprungsstaat, dass für sie dieselbe Echtheitsvermutung gilt und sie in den in dieser Verordnung festgelegten Grenzen vollstreckbar sind".*[4] Der Europäische Gesetzgeber berücksichtigte die Kritik und **fasste die Bestimmung im Legislativprozess grundlegend neu.** Eine „Anerkennung" öffentlicher Urkunden ist in der Endfassung der VO nicht mehr vorgesehen.

---

1 *Buschbaum,* FS Martiny 266.
2 Vorschlag für eine Verordnung des Europäischen Parlaments und des Rates über die Zuständigkeit, das anzuwendende Recht, die Anerkennung und die Vollstreckung von Entscheidungen und öffentlichen Urkunden in Erbsachen sowie zur Einführung eines Europäischen Nachlasszeugnisses (KOM [2009] 154 endg).
3 Das Max Planck-Institut für ausländisches und internationales Privatrecht forderte sogar, die Regelung ersatzlos zu streichen (RabelsZ 2010, 670). Zur Kritik vgl auch *Rauscher* in *Rauscher* Einf EG-ErbVO-E Rz 37 f; *Buschbaum/Kohler,* GPR 2010, 164 f; *Faber/Grünberger,* NZ 2011/25, 110; *Kohler/Buschbaum,* IPRax 2010, 313 ff; *Süß,* ZErb 2009, 347; *Traar* in *Reichelt/Rechberger* 103; *Rechberger* in *Rechberger,* Brücken im europäischen Rechtsraum 13; *Rechberger,* ÖJZ 2012/3, 18.
4 KOM(2009) 154 endg 8.

II. Annahme öffentlicher Urkunden (Art 59 Abs 1)

A. Anwendungsbereich

3   Nach Art 59 Abs 1 Satz 1 hat eine in einem Mitgliedstaat errichtete öffentliche Urkunde in einem anderen Mitgliedstaat die gleiche formelle Beweiskraft wie im Ursprungsmitgliedstaat, oder die damit am ehesten vergleichbare Wirkung. Diese „Annahme" der Urkunde (und nicht „Anerkennung", vgl dazu Rz 1 f) gilt jedoch nur, sofern dies der öffentlichen Ordnung (ordre public) des annehmenden Mitgliedstaats nicht offensichtlich widersprechen würde. Ursprungsmitgliedstaat ist der Mitgliedstaat, in dem die öffentliche Urkunde errichtet worden ist (Art 3 Abs 1 lit e).

4   **Art 59 Abs 1 ist immer dann anzuwenden,** wenn es i) um die verfahrensrechtliche Beweiskraft (vgl dazu Art 59 Rz 11 ff) einer ii) in einem anderen Mitgliedstaat errichteten (vgl dazu Art 59 Rz 6 f) iii) öffentlichen Urkunde (vgl dazu Art 59 Rz 5 f) geht und iv) die Urkunde bzw das ihr zugrundeliegende Rechtsgeschäft oder Rechtsverhältnis „erbrechtsbezogen" ist, dh in den Anwendungsbereich des Art 1 Abs 1 fällt (vgl dazu Rz 8 f).[5]

5   Unter einer **öffentlichen Urkunde** ist für die Zwecke der EuErbVO gem der autonomen Begriffsbestimmung in Art 3 Abs 1 lit i ein Schriftstück in Erbsachen zu verstehen, das als öffentliche Urkunde in einem Mitgliedstaat förmlich errichtet oder eingetragen worden ist und dessen Beweiskraft i) sich auf die Unterschrift und den Inhalt der öffentlichen Urkunde bezieht und ii) durch eine Behörde oder eine andere vom Ursprungsmitgliedstaat hierzu ermächtigte Stelle festgestellt worden ist (vgl dazu näher bei Art 3). Hauptanwendungsfall einer nach Art 59 Abs 1 „anzunehmenden" öffentlichen Urkunde iSd Art 3 Abs 1 lit i ist vor allem eine öffentlich beurkundete – insb notarielle – letztwillige Verfügung.[6] Auch können darunter etwa ein Nachlassinventar oder notarielle Erbteilungsübereinkommen fallen.[7] Offen ist, ob auch nationale Erbnachweise, wie zB der deutsche Erbschein, unter den Anwendungsbereich des Art 59 Abs 1 fallen.[8] Privaturkunden, wie zB private Testamente, sind keine öffentlichen Urkunden.

6   Art 59 Abs 1 gilt nur für **öffentliche Urkunden aus anderen Mitgliedstaaten.** Öffentliche Urkunden als solche kennen 22 der 28 Mitgliedstaaten (jene Mitgliedstaaten mit lateinischem Notariat).[9] Unbekannt ist die öffentliche Urkunde in Dänemark, Finnland, Irland, Schweden, Zypern und im Vereinigten Königreich.[10] Diese Mitgliedstaaten kennen zwar mit öffentlichen Urkunden funktional vergleichbare Rechtsakte (wie zB *deeds* im common law). Auf diese ist Art 59 aber nicht anwendbar.[11] Umgekehrt gilt Art 59 in Finnland, Schweden und Zypern hinsichtlich öffentlicher Urkunden aus den anderen 22 Mitgliedstaaten sehr wohl.[12]

---

5 *Dutta* in MünchKommBGB[6] Art 59 EuErbVO Rz 6; *Geimer* in *Dutta/Herrler* Rz 13.

6 *Buschbaum,* FS Martiny 268; *Geimer* in *Dutta/Herrler* Rz 22; *Dutta* in MünchKommBGB[6] Art 59 EuErbVO Rz 6; *Dorsel/Schall,* GPR 2015, 37 f.

7 *Dutta* in MünchKommBGB[6] Art 59 EuErbVO Rz 6.

8 *Geimer* in *Dutta/Herrler* Rz 17; bejahend: *Köhler* in *Kroiß/Horn/Solomon* Art 59 Rz 2; *Kleinschmidt,* RabelsZ 77 (2013) 741, 746; *Schmidt,* ZEV 2014, 394 f; bejahend, sofern es sich bei dem nationalen Erbnachweis um keine Entscheidung iSd Art 3 Abs 1 lit g handelt (vgl dazu auch Art 59 Rz 10): *Dutta,* FamRZ 2013, 14; *Dutta* in MünchKommBGB[6] Art 59 EuErbVO Rz 5; *Buschbaum* in *Hager* 57; abl *Dorsel/Schall,* GPR 2015, 37 f.

9 *Buschbaum,* FS Martiny 264.

10 Vgl *Geimer* in *Dutta/Herrler* Rz 11; *Buschbaum,* FS Martiny 264 mwN.

11 *Geimer* in *Dutta/Herrler* Rz 11.

12 *Geimer* in *Dutta/Herrler* Rz 11.

Dänemark ist an die EuErbVO nicht gebunden und auch zu ihrer Anwendung nicht verpflichtet (vgl ErwGr 83). Dasselbe gilt auch für das Vereinigte Königreich und Irland, die aber die Möglichkeit eines Opt-In haben und sich entscheiden können, ob sie die EuErbVO anwenden wollen (vgl ErwGr 82).

Für die Anwendbarkeit des Art 59 Abs 1 muss die öffentliche Urkunde in einem anderen **7** Mitgliedstaat errichtet worden sein. Hierbei kommt es aber – iS eines sachlichen und nicht räumlichen Verständnisses – lediglich darauf an, dass die feststellende Behörde oder Stelle iSd Art 3 Abs 1 lit i Z ii einem **Mitgliedstaat zuzurechnen** ist.[13]

Art 59 ist in **allen Verfahren,** die in Mitgliedstaaten geführt werden, anwendbar. Es kommt **8** nicht auf die „Erbrechtsbezogenheit" des Verfahrens an. Vielmehr ist entscheidend, dass die Urkunde bzw das ihr zugrundeliegende Rechtsgeschäft oder Rechtsverhältnis in den Anwendungsbereich des Art 1 Abs 1 fällt.[14]

Art 1 Abs 2 lit a nimmt den Personenstand sowie Familienverhältnisse aus dem Anwen- **9** dungsbereich der EuErbVO aus (vgl dazu näher bei Art 1). Daher ist Art 59 auf Personenstandsurkunden (zB Geburtsurkunde, Heiratsurkunde), die bei erbrechtlichen Fragen im Hinblick auf die Verwandtschaftsverhältnisse zum Erblasser oftmals eine entscheidende Rolle spielen, nicht anwendbar. Auch hinsichtlich der Beweiskraft ausländischer öffentlicher Urkunden, die in einem Nichtmitgliedstaat[15] errichtet wurden, und Privaturkunden gilt das jeweilige **autonome Verfahrensrecht** des Mitgliedstaats, in dem die Urkunde verwendet werden soll.[16]

Zu beachten ist, dass die Bestimmungen der EuErbVO über die Anerkennung von **Entschei-** **10** **dungen** iSd Art 3 Abs 1 lit g (Art 39 ff) gegenüber Art 59 als die **speziellere Normen** vorrangig anzuwenden sind.[17] Diese Vorrangfrage kann sich insofern stellen, als dass eine Entscheidung gleichzeitig auch in einer öffentlichen Urkunde iSd Art 3 Abs 1 lit i verkörpert sein kann.[18] Auf die Tatsache, dass Notare in den unterschiedlichen Rechtssystemen der Mitgliedstaaten einerseits gerichtliche Funktionen wahrnehmen (und somit gerichtliche Entscheidungen iSd Art 3 Abs 1 lit g erlassen) sowie andererseits auch keine gerichtliche Zuständigkeit ausüben, weist auch ErwGr 22 hin. Art 59 ist daher nur anwendbar, wenn es sich bei dem vorliegenden Dokument um keine Entscheidung iSd EuErbVO handelt.[19]

B. Wirkungserstreckung

Art 59 Abs 1 Satz 1 ordnet hinsichtlich der formellen Beweiskraft öffentlicher Urkunden eine **11** Wirkungserstreckung an und bezeichnet diese als „Annahme" (und nicht „Anerkennung", vgl dazu Art 59 Rz 1 f).[20] Diese Annahme bezieht sich nur auf die formelle Beweiskraft einer öffentlichen Urkunde. „Formell" ist iS von „verfahrensbezogen" zu verstehen.[21] Es werden

---

13 *Dutta* in MünchKommBGB[6] Art 59 EuErbVO Rz 9; *Geimer* in *Dutta/Herrler* Rz 13.
14 *Dutta* in MünchKommBGB[6] Art 59 EuErbVO Rz 12.
15 Zu den Nichtmitgliedstaaten zählen auch Dänemark, Irland und das Vereinigte Königreich (vgl Art 59 Rz 6).
16 *Dutta* in MünchKommBGB[6] Art 59 EuErbVO Rz 7; *Geimer* in *Dutta/Herrler* Rz 13.
17 *Dutta* in MünchKommBGB[6] Art 59 EuErbVO Rz 5.
18 *Dutta* in MünchKommBGB[6] Art 59 EuErbVO Rz 5.
19 *Dutta* in MünchKommBGB[6] Art 59 EuErbVO Rz 5 geht etwa davon aus, dass der dt Erbschein als Entscheidung iSd Art 3 Abs 1 lit g und nicht als öffentliche Urkunde ergeht.
20 *Köhler* in *Kroiß/Horn/Solomon* Art 59 EuErbVO Rz 2 mwN; *Kleinschmidt,* RabelsZ 77 (2013) 736.
21 *Dutta* in MünchKommBGB[6] Art 59 EuErbVO Rz 10.

also abstrakt[22] die **verfahrensrechtlichen Beweiswirkungen** einer Urkunde, die das Recht des Ursprungsmitgliedstaats der Urkunde zuweist, in die anderen Mitgliedstaaten exportiert.[23] Manche bezeichnen Art 59 Abs 1 daher als „verfahrensrechtliche Kollisionsnorm".[24]

12 Festzuhalten ist, dass von der Annahme gem Art 59 Abs 1 **nicht** die **materielle Wirksamkeit** des in der Urkunde angesprochenen Rechtsverhältnisses oder das in ihr enthaltene Rechtsgeschäft, wie zB die Gültigkeit eines notariellen Testaments oder die Wirksamkeit der in der öffentlichen Urkunde enthaltenen Erbseinsetzung etc, erfasst sind (keine „Rechtslagenanerkennung").[25] Auch bezieht sich Art 59 Abs 1 nicht auf die materiellen Formerfordernisse einer öffentlichen Urkunde, die nach dem nach den IPR-Regeln anzuwendenden materiellen Recht, sohin nach dem Erbstatut, zu beurteilen sind.[26] Dies stellt auch Art 59 Abs 3 klar, der angeordnet, dass über Einwände mit Bezug auf die in einer öffentlichen Urkunde beurkundeten Rechtsgeschäfte oder Rechtsverhältnisse nach der Rechtsordnung zu entschieden ist, die nach Kapitel III anzuwenden ist (vgl dazu näher Rz 30 ff).[27]

13 Bei Urkunden sind aus österr Sicht die **Echtheit** und die **Richtigkeit** einer Urkunde zu unterscheiden. Eine Urkunde ist echt, wenn sie von dem in ihr angegebenen Aussteller stammt. Die Richtigkeit betrifft dagegen die formelle Beweiskraft einer Urkunde und besagt, dass die in ihr beurkundeten Mitteilungen oder Verfügungen mit den Ereignissen, Tatsachen, Rechtsakten oder Umständen, die sie wiedergeben sollen, sachlich übereinstimmen. Eine Urkunde ist daher richtig, wenn ihr Inhalt der Wahrheit entspricht.[28]

14 In **Österreich** ist für die **verfahrensrechtliche (formelle) Beweiskraft** einer öffentlichen Urkunde (die inhaltliche **Richtigkeit**) in erster Linie § 292 ZPO maßgeblich. Gem § 292 Abs 1 ZPO begründet eine österr öffentliche Urkunde (Urkunden, welche von einer öffentlichen Behörde innerhalb der Grenzen ihrer Amtsbefugnisse oder von einer mit öffentlichem Glauben versehenen Person innerhalb des ihr zugewiesenen Geschäftskreises in der vorgeschriebenen Form errichtet sind), den **vollen Beweis** dessen, was darin von der Behörde amtlich verfügt oder erklärt, oder von der Behörde oder der Urkundsperson bezeugt wird. Entspricht dies im Einzelfall aber dennoch nicht der Wahrheit, ist gem § 292 Abs 2 ZPO der (Gegen-) Beweis der Unrichtigkeit des bezeugten Vorganges oder der bezeugten Tatsache oder der unrichtigen Beurkundung zulässig. Die Echtheit einer Urkunde ist aber stets Voraussetzung dafür, dass die Beweisregeln über die Urkunden überhaupt zum Tragen kommen.[29]

15 Die Annahme iSd Art 59 Abs 1 bedeutet demnach, dass die Gerichte der anderen Mitgliedstaaten etwa hinsichtlich einer in Österreich in Erbsachen errichteten öffentlichen Urkunde die in § 292 ZPO normierten Beweisregeln grundsätzlich berücksichtigen müssen, ohne dass es einer Apostille oder Legalisation bedarf (vgl Art 74). Zu den Grenzen der Wirkungserstreckung s sogleich Rz 17 ff.

---

22 *Dutta* in MünchKommBGB[6] Art 59 EuErbVO Rz 10.
23 *Müller-Lukoschek,* EU-Erbverordnung § 2 Rz 283; *Müller-Lukoschek,* NotBZ 2014, 368.
24 *Dutta,* FamRZ 2013, 13; *Dutta* in MünchKommBGB[6] Art 59 EuErbVO Rz 1; *Rudolf,* NZ 2013/103, 231 (FN 83).
25 *Geimer* in *Dutta/Herrler* Rz 8; *Buschbaum* in *Hager* 43.
26 *Geimer* in *Dutta/Herrler* Rz 9.
27 *Dutta* in MünchKommBGB[6] Art 59 EuErbVO Rz 20.
28 *Bittner* in *Fasching/Konecny* III[2] § 292 ZPO Rz 42 f.
29 *Bittner* in *Fasching/Konecny* III[2] § 292 ZPO Rz 40.

Hinsichtlich der **Echtheitsprüfung** einer öffentlichen Urkunde ist Art 59 Abs 2 zu beachten   **16** (vgl dazu Rz 25 ff).

C. Grenzen der Wirkungserstreckung

Denkbar ist, dass die **formellen Beweiswirkungen öffentlicher Urkunden im Verfahrens-**   **17** **recht des Ursprungs- und Zielmitgliedstaats divergieren.** Art 59 Abs 1 Satz 1 wird von der üA so verstanden, dass die öffentliche Urkunde im Zielmitgliedstaat eine dem ausländischen Recht möglichst nahekommende Wirkung entfaltet.[30] Teilweise wird Art 59 Abs 1 Satz 1 demgegenüber dahingehend interpretiert, dass eine ausländische Urkunde nicht mehr Beweiskraft entfalten kann als im Ursprungsmitgliedstaat, und nicht mehr Beweiskraft entfalten darf als im annehmenden Mitgliedstaat. IS einer Doppelbegrenzung könne einer ausländischen Urkunde im annehmenden Mitgliedstaat keine Beweiskraftwirkung zugemessen werden, die über die Wirkungen einer entsprechenden inländischer Urkunden hinausgeht.[31] Dagegen spricht jedoch, dass bei einer solchen Auslegung die ordre public-Kontrolle des Art 59 Abs 1 keine Funktion hätte, da ohnehin stets inländisches Verfahrensrecht zur Anwendung käme.[32] IS der ersten Ansicht hält auch ErwGr 61 fest, dass die formelle Beweiskraft einer öffentlichen Urkunde in einem anderen Mitgliedstaat oder die damit am ehesten vergleichbare Wirkung durch Bezugnahme auf Art und Umfang der formellen Beweiskraft der Urkunde im Ursprungsmitgliedstaat bestimmt werden sollte. Somit richtet sich die formelle Beweiskraft einer öffentlichen Urkunde in einem anderen Mitgliedstaat nach dem Recht des Ursprungsmitgliedstaats (ErwGr 61).

Grundsätzlich ist daher im Einklang mit der überwiegenden Ansicht[33] bei der Verwendung   **18** einer ausländischen öffentlichen Urkunde in einem anderen Mitgliedstaat davon auszugehen, dass **die Urkunde jene formelle Beweiskraft besitzt, die das ausländische Verfahrensrecht vorsieht.** Ist die im Ursprungsmitgliedstaat vorgesehene Beweiskraft nicht so weitgehend wie jene, die der Urkunde im Zielmitgliedstaat verliehen werden würde, bleibt es bei den Wirkungen der Ursprungsrechtsordnung und es kommt zu keiner „automatischen" Gleichstellung mit inländischen Urkunden.[34] Gehen aber die der Urkunde vom Ursprungsmitgliedstaat verliehenen Beweiswirkungen über jene des annehmenden Staates hinaus, so entfaltet die Urkunde im annehmenden Staat jene Wirkungen, die nach dem eigenen Recht des annehmenden Staates am ehesten vertretbar sind (arg *„die damit am ehesten vergleichbare Wirkung"*).[35]

Soll daher etwa **eine in einem anderen Mitgliedstaat errichtete öffentliche Urkunde in Ös-**   **19** **terreich verwendet** werden, die nach dem ausländischen Verfahrensrecht den unwiderreglichen Beweis der Richtigkeit begründet (was bei einer vergleichbaren österreichischen Urkunde gem § 292 ZPO nicht der Fall wäre, vgl dazu Art 59 Rz 14), ist der ausländischen Urkun-

---

30 *Dutta,* FamRZ 2013, 14; *Dutta* in MünchKommBGB[6] Art 59 EuErbVO Rz 11; *Burandt,* EU-Erbrechtsverordnung 70; *Müller-Lukoschek,* EU-Erbverordnung § 2 Rz 285; *Köhler* in *Kroiß/Horn/Solomon* Art 59 EuErbVO Rz 3; *Janzen,* DNotZ 2012, 491; *Fucik* in *Rechberger/Zöchling-Jud* Rz 84.

31 *Simon/Buschbaum,* NJW 2012, 2397; *Buschbaum* in *Hager* 43; vgl auch *Kleinschmidt,* RabelsZ 77 (2013) 739.

32 *Dutta,* FamRZ 2013, 14; *Dutta,* IPRax 2015, 38; krit dazu *Buschbaum* in *Hager* 43 FN 15.

33 Vgl die Nachweise in FN 30.

34 *Köhler* in *Kroiß/Horn/Solomon* Art 59 EuErbVO Rz 3; aA offenbar *Dutta* in MünchKommBGB[6] Art 59 EuErbVO Rz 24, der davon ausgeht, dass das Günstigkeitsprinzip gilt.

35 *Köhler* in *Kroiß/Horn/Solomon* Art 59 EuErbVO Rz 3.

de die in Österreich *„am ehesten vergleichbare Wirkung"* beizumessen. Es wäre daher wohl iSd § 292 Abs 2 ZPO von der Zulässigkeit des Gegenbeweises auszugehen, wobei aber hinsichtlich dieses Gegenbeweises ein hohes Maß anzusetzen wäre, um dem Gebot der *„am ehesten vergleichbaren Wirkung"* möglichst gerecht zu werden.[36]

20 Die Erstreckung der Beweiswirkungen gilt nur, sofern dies der öffentlichen Ordnung (**ordre public**) des betreffenden Mitgliedstaats nicht offensichtlich widersprechen würde. Die Gerichte oder andere zuständige Behörden dürfen allerdings die Annahme einer öffentlichen Urkunde aus einem anderen Mitgliedstaat aus diesen Gründen nicht versagen, wenn dies gegen die Charta der Grundrechte der Europäischen Union, insb gegen das Diskriminierungsverbot in Art 21, verstoßen würde (ErwGr 58).

21 Den Fall, dass einem Gericht zwei oder mehrere **sich widersprechende öffentliche Urkunden aus verschiedenen Mitgliedstaaten** vorgelegt werden, die grundsätzlich alle gemäß Art 59 Abs 1 Satz 1 angenommen werden, regelt Art 59 nicht. Nach ErwGr 66 sei die Frage, welcher Urkunde, wenn überhaupt, Vorrang einzuräumen ist, unter Berücksichtigung der Umstände des jeweiligen Einzelfalls[37] zu beurteilen. Gehe aus diesen Umständen nicht eindeutig hervor, welche Urkunde, wenn überhaupt, Vorrang haben sollte, so solle diese Frage von den gem der VO zuständigen Gerichten oder, wenn die Frage als Vorfrage im Laufe eines Verfahrens vorgebracht wird, von dem mit diesem Verfahren befassten Gericht geklärt werden. Wie der Konflikt zwischen den öffentlichen Urkunden dann aber von dem nach den allgemeinen Zuständigkeitsregeln zuständigen Gericht aufzulösen ist, beantwortet ErwGr 66 nicht.[38]

22 Ist eine nach Art 59 Abs 1 Satz 1 angenommene **öffentliche Urkunde mit einer gerichtlichen Entscheidung aus einem anderen Mitgliedstaat unvereinbar,** sollen nach ErwGr 66 *„die Gründe für die Nichtanerkennung von Entscheidungen nach dieser Verordnung berücksichtigt werden".* ErwGr 66 denkt hier offenbar an eine Anwendung der Anerkennungsvoraussetzungen des Art 40, die bei der Berücksichtigung der Wirkungen einer Entscheidung aber ohnehin zu beachten sind.[39] Eine Lösung des beschriebenen Konflikts bietet ErwGr 66 nicht. Nach einem Teil der L geht eine anerkannte Entscheidung einer öffentlichen Urkunde stets vor.[40]

D. Formblatt

23 Nach Art 59 Abs 1 Satz 2 **kann eine Person, die eine öffentliche Urkunde in einem anderen Mitgliedstaat verwenden möchte,** die Behörde, welche die öffentliche Urkunde im Ur-

---

36 So auch für das deutsche Recht *Müller-Lukoschek,* EU-Erbverordnung § 2 Rz 286; *Müller-Lukoschek,* NotBZ 2014, 368; *Dutta* möchte in Fällen, in denen das ausländische Verfahrensrecht ein Entkräften der Beweiswirkungen durch den Nachweis des Gegenteils – zB entgegen dem deutschen (oder auch österreichischem) Recht – nicht zulässt, die „Annahme" der Urkunde als Verstoß gegen die öffentliche Ordnung ablehnen (*Dutta,* FamRZ 2013, 14; *Dutta* in MünchKommBGB[6] Art 59 EuErbVO Rz 14).

37 Auf welche konkreten Umstände hier abzustellen ist, bleibt jedoch offen (*Dutta* in MünchKommBGB[6] Art 59 EuErbVO Rz 13).

38 Vgl *Dutta* in MünchKommBGB[6] Art 59 EuErbVO Rz 13, der davon ausgeht, dass die widersprechenden Urkunden im Konfliktfall keinerlei Beweiskraft entfalten.

39 *Dutta* in MünchKommBGB[6] Art 59 EuErbVO Rz 13.

40 Vgl *Köhler* in *Kroiß/Horn/Solomon* Art 59 EuErbVO Rz 8; vgl auch *Dutta* in MünchKommBGB[6] Art 59 EuErbVO Rz 13 (Vorrang der Entscheidung aufgrund höherer Legitimationskraft).

sprungsmitgliedstaat errichtet hat, ersuchen, ein entsprechendes **Formblatt** auszufüllen, das die formelle Beweiskraft der öffentlichen Urkunde in ihrem Ursprungsmitgliedstaat beschreibt. Auskunft über den genauen Umfang des Inhalts des ausländischen Verfahrensrechts betreffend die Beweiskraft der Urkunde erhält der Rechtsanwender somit auf Antrag von der die Urkunde errichtenden Behörde. So kann der genaue Inhalt des ausländischen Verfahrensrechts nachgewiesen werden.[41] Die Formblätter für die in den Mitgliedstaaten zirkulierenden öffentlichen Urkunden haben die Aufgabe, die Verkehrsfähigkeit der öffentlichen Urkunden dadurch zu erhöhen, dass der Urkundeninhalt kraft eines unionsweit einheitlichen Rasters transparent und verständlich gemacht wird.[42]

Infolge des Verweises in Art 59 Abs 1 Satz 2 auf Art 81 Abs 2 wurden die entsprechenden **24** Formblätter von der **Kommission** durch einen Durchführungsrechtsakt im Beratungsverfahren nach Art 4 der VO (EU) 182/2011 des Europäischen Parlaments und des Rates v 16. 2. 2011 zur Festlegung der allgemeinen Regeln und Grundsätze, nach denen die Mitgliedstaaten die Wahrnehmung der Durchführungsbefugnisse durch die Kommission kontrollieren, erarbeitet (s Formblatt II der DurchführungsVO [EU] 1329/2014).

III. Zweifel an der Authentizität einer öffentlichen Urkunde (Art 59 Abs 2)

Gem Art 59 Abs 2 können gegen eine öffentliche Urkunde Einwände mit Bezug auf deren **25** Authentizität erhoben werden. Die EuErbVO enthält aber keine Legaldefinition des **Begriffs „Authentizität".** Nach ErwGr 62 sei die Authentizität einer öffentlichen Urkunde ein **autonomer Begriff** und umfasse folgende Aspekte: i) die Echtheit der Urkunde, ii) die Formerfordernisse für die Urkunde, iii) die Befugnisse der Behörde, welche die Urkunde errichtet, iv) das Verfahren, nach dem die Urkunde errichtet wird und v) die von der betreffenden Behörde in der öffentlichen Urkunde beurkundeten Vorgänge (wie etwa die Tatsache, dass die genannten Parteien an dem genannten Tag vor dieser Behörde erschienen sind und die genannten Erklärungen abgegeben haben).

Einwände mit Bezug auf die Authentizität einer öffentlichen Urkunde sind gem Art 59 Abs 2 **26** Satz 1 bei den **Gerichten des Ursprungsmitgliedstaats** – und nicht im annehmenden Mitgliedstaat – zu erheben. Über diese Einwände wird nach dem **Recht des Ursprungsmitgliedstaats** entschieden. Die Authentizität einer öffentlichen Urkunde wird daher nur in ihrem Herkunftsland nach dessen Recht geprüft. Eine Feststellungsklage betreffend die Authentizität der Urkunde im Zielmitgliedstaat wäre unzulässig.[43]

Eine öffentliche Urkunde, gegen die Einwände gem Art 59 Abs 2 erhoben wurden, entfaltet **27** in einem anderen Mitgliedstaat **keine (formelle) Beweiskraft,** solange die Sache bei dem zuständigen Gericht anhängig ist (Art 59 Abs 2 Satz 2). Die Einleitung eines Verfahrens zur Überprüfung der Authentizität im Ursprungsmitgliedstaat „suspendiert" sohin die Beweiswirkungen der Urkunde in den anderen Mitgliedstaaten und das Gericht hat – nach dem Wortlaut des Art 59 Abs 2 – ohne Berücksichtigung der „angefochtenen" Urkunde zu entscheiden.[44] Wird die Urkunde sodann aufgrund der Einwände im Ursprungsmitgliedstaat

---

41 *Dutta* in MünchKommBGB[6] Art 59 EuErbVO Rz 15.
42 *Buschbaum,* FS Martiny 268.
43 *Geimer* in *Dutta/Herrler* Rz 41.
44 *Geimer* in *Dutta/Herrler* Rz 44, der darauf hinweist, dass die EuErbVO keine Pflicht zur Aussetzung des Verfahrens im Zielmitgliedstaat bis zum Vorliegen der Entscheidung über die Einwände im Ursprungsmitgliedstaat vorschreibt.

für ungültig erklärt, entfaltet sie auch keine Beweiskraft mehr, die erstreckt werden könnte (vgl ErwGr 65).[45]

28 Insofern lässt sich aus Art 59 Abs 2 (mittels Umkehrschlusses) ableiten, dass auch die verfahrensrechtlichen Wirkungen **unechter** öffentlicher Urkunden **zunächst in den anderen Mitgliedstaaten gem Art 59 Abs 1 angenommen werden,** solange ihre Unechtheit noch nicht im Ursprungsmitgliedstaat geltend gemacht wurde (vgl Art 59 Abs 2 Satz 2).[46] Die Gerichte des „annehmenden" Staates dürfen ja die Authentizität – worunter auch die Echtheit fällt – gem Art 59 Abs 2 weder prüfen noch darüber entscheiden.[47] Zudem ordnet Art 74 allgemein für den Anwendungsbereich der EuErbVO an, dass es hinsichtlich der Urkunden, die in einem Mitgliedstaat ausgestellt werden, weder der Legalisation noch einer ähnlichen Förmlichkeit bedarf. Sohin darf der „annehmende" Staat auch keine Apostille[48] zum abstrakten Nachweis der Echtheit einfordern.

29 Ist **Österreich** Ursprungsmitgliedstaat einer in einem anderen Mitgliedstaat verwendeten öffentlichen Urkunde, so ist über Einwände gegen die Authentizität einer öffentlichen Urkunde iSd Art 59 Abs 2 gem § 191 AußStrG idF ErbRÄG 2015 nach den Regeln des Außerstreitverfahrens zu entscheiden. Zuständig zur Entscheidung ist gem § 107 JN idF ErbRÄG 2015. das Gericht, in dessen Sprengel die Urkunde ausgestellt worden ist.

IV. Streitigkeiten über die beurkundeten Rechtsgeschäfte oder Rechtsverhältnisse (Art 59 Abs 3)

30 Gem Art 59 Abs 3 sind Einwände mit Bezug auf die in einer öffentlichen Urkunde beurkundeten Rechtsgeschäfte oder Rechtsverhältnisse bei den **nach der EuErbVO zuständigen Gerichten** zu erheben; über diese Einwände ist nach dem nach Kapitel III anzuwendenden Recht zu entscheiden. Bei Streitigkeiten über die beurkundeten Rechtsgeschäfte oder Rechtsverhältnisse entscheidet sohin – bei Hauptfragen in einer erbrechtlichen Streitigkeit – das nach den allgemeinen Zuständigkeitsregeln der EuErbVO zuständige Gericht (Art 4 ff) oder – bei Vorfragen mit Bezug auf die beurkundeten Rechtsgeschäfte oder Rechtsverhältnisse – das mit der Vorfrage konfrontierte Gericht (vgl Art 59 Abs 4, unten Art 59 Rz 34 ff). Die beurkundeten Rechtsgeschäfte oder Rechtsverhältnisse unterliegen der IPR-Anknüpfung und werden nach der auf die Rechtsnachfolge von Todes wegen anzuwendenden Rechtsordnung geprüft (Art 20 ff). § 160 a AußStrG idF ErbRÄG 2015 stellt klar, dass für das Verfahren zur Entscheidung über Einwände mit Bezug auf die in einer öffentlichen Urkunde beurkundeten Rechtsgeschäfte oder Rechtsverhältnisse iSd Art 59 Abs 3 die §§ 161–163 AußStrG (Verfahren bei widersprechenden Erbantrittserklärungen) entsprechend anzuwenden sind.

31 Die Formulierung „die in einer öffentlichen Urkunde beurkundeten Rechtsgeschäfte oder Rechtsverhältnisse" soll nach ErwGr 63 als Bezugnahme auf den in der öffentlichen Urkunde niedergelegten **materiellen Inhalt** verstanden werden. Bei einem **Rechtsgeschäft** könne es sich beispielhaft etwa um eine Vereinbarung zwischen den Parteien über die Verteilung des Nachlasses, um ein Testament, einen Erbvertrag oder um eine sonstige Willenserklärung

---

45 *Dutta* in MünchKommBGB[6] Art 59 EuErbVO Rz 19.
46 *Dutta* in MünchKommBGB[6] Art 59 EuErbVO Rz 8 und 16.
47 *Dutta* möchte bei evident unechten Urkunden, die nicht einmal den äußeren Anschein einer öffentlichen Urkunde innehaben (zB fiktive Errichtungsbehörden etc) eine Ausnahme machen und die Verweigerung der Annahme in solchen Fällen zulassen (*Dutta* in MünchKommBGB[6] Art 59 EuErbVO Rz 8). So auch *Fucik* in *Rechberger/Zöchling-Jud* Rz 87 (ordre public-Klausel als „Notbremse").
48 Haager Beglaubigungsübereinkommen, BGBl 1968/27.

handeln. Als **Rechtsverhältnisse** werden die Bestimmung der Erben und sonstiger Berechtigter nach dem auf die Rechtsnachfolge von Todes wegen anzuwendenden Recht, ihre jeweiligen Anteile und das Bestehen eines Pflichtteils genannt.

Insofern wird in Art 59 Abs 3 nur **klarstellend angeordnet, dass das nach den Art 4 ff zuständige Gericht über die materiell-rechtlichen Streitfragen zu entscheiden hat.**[49] Die Annahme gem Art 59 Abs 1 bezieht sich ja – wie bereits erwähnt (vgl oben Rz 12) – nur auf die verfahrensrechtlichen Beweiswirkungen und nimmt den Gerichten nicht die Möglichkeit, die materielle Wirksamkeit einer öffentlichen Urkunde zu prüfen. **32**

Eine öffentliche Urkunde, gegen die Einwände mit Bezug auf die in ihr beurkundeten Rechtsgeschäfte oder Rechtsverhältnisse erhoben wurden, entfaltet in einem anderen Mitgliedstaat **keine (formelle) Beweiskraft,** solange die Sache bei dem zuständigen Gericht anhängig ist (Art 59 Abs 3 Satz 2). Diese Anordnung gilt jedoch nur **beschränkt auf den konkret bestrittenen Umstand,** sodass im Übrigen die in Art 59 Abs 1 angeordnete Wirkungserstreckung grundsätzlich eintreten kann.[50] Die verfahrensrechtlichen Beweiswirkungen eines in Österreich errichteten notariellen Testaments in anderen Mitgliedstaaten werden daher beseitigt, sobald in einem anderen Mitgliedstaat vor einem nach der VO zuständigen Gericht ein Verfahren über die Wirksamkeit des Testaments anhängig ist.[51] Bestätigen sich die Einwände in weiterer Folge nicht, leben die Beweiskraftwirkungen wieder auf (arg „solange").[52] **33**

V. Vorfragen (Art 59 Abs 4)

Art 59 Abs 4 regelt jene Fälle, in denen die Entscheidung eines mitgliedstaatlichen Gerichts von einer Vorfrage mit Bezug auf die in einer öffentlichen Urkunde beurkundeten Rechtsgeschäfte oder Rechtsverhältnisse iSd Art 59 Abs 3 abhängt (vgl dazu Rz 31). Zur Entscheidung über eine solche Vorfrage ist das **Gericht zuständig, das mit der Vorfrage konfrontiert ist.** **34**

Welches **Recht** das Gericht hierbei anzuwenden hat, wird in Art 59 Abs 4 nicht explizit geregelt und auch die Erwägungsgründe schweigen hierzu. Es ist aber davon auszugehen, dass die Vorfrage nach dem auf die Rechtsnachfolge von Todes wegen anzuwendenden Recht (Art 20 ff) zu prüfen ist, was sich insbesondere auch aus einer Zusammenschau mit Art 59 Abs 2 und Abs 3 ergibt.[53] **35**

Vollstreckbarkeit öffentlicher Urkunden

Art 60. **(1) Öffentliche Urkunden, die im Ursprungsmitgliedstaat vollstreckbar sind, werden in einem anderen Mitgliedstaat auf Antrag eines Berechtigten nach dem Verfahren der Artikel 45 bis 58 für vollstreckbar erklärt.**

(2) Für die Zwecke des Artikels 46 Absatz 3 Buchstabe b stellt die Behörde, die die öffentliche Urkunde errichtet hat, auf Antrag eines Berechtigten eine Bescheinigung unter Verwendung des nach dem Beratungsverfahren nach Artikel 81 Absatz 2 erstellten Formblatts aus.

---

49 *Geimer* in *Dutta/Herrler* Rz 59; *Dutta* in MünchKommBGB[6] Art 59 EuErbVO Rz 20.
50 *Köhler* in *Kroiß/Horn/Solomon* Art 59 EuErbVO Rz 6.
51 Vgl *Dutta* in MünchKommBGB[6] Art 59 EuErbVO Rz 21.
52 Vgl auch *Dutta* in MünchKommBGB[6] Art 59 EuErbVO Rz 22.
53 Vgl *Müller-Lukoschek,* EU-Erbverordnung § 2 Rz 292.

(3) Die Vollstreckbarerklärung wird von dem mit einem Rechtsbehelf nach Artikel 50 oder Artikel 51 befassten Gericht nur versagt oder aufgehoben, wenn die Vollstreckung der öffentlichen Urkunde der öffentlichen Ordnung (ordre public) des Vollstreckungsmitgliedstaats offensichtlich widersprechen würde.

Stammfassung.

1 Art 60 regelt die Vollstreckbarkeit öffentlicher Urkunden (zum Begriff vgl Art 59 Rz 5 f) in einem anderen Mitgliedstaat. Öffentliche Urkunden, die in ihrem Ursprungsmitgliedstaat[1] vollstreckbar sind, können in einem anderen Mitgliedstaat auf Antrag eines Berechtigten für vollstreckbar erklärt werden. Die Vollstreckbarerklärung richtet sich gem Art 60 nach dem **Verfahren gem Art 45 – 58,** sohin nach dem Verfahren bei der Vollstreckbarkeit von Entscheidungen (vgl näher dazu bei Art 45 – 58).

2 Eine öffentliche Urkunde wird daher grundsätzlich auf Antrag eines Berechtigten unverzüglich ohne weitere Prüfung für vollstreckbar erklärt, sobald die in Art 46 vorgesehenen Förmlichkeiten vorliegen (Art 48). Geprüft wird die Vollstreckbarkeit erst im Rechtsbehelfsverfahren (Art 50 und 51).

3 Gem Art 46 Abs 3 lit b ist dem Antrag auf Vollstreckbarerklärung eine **Bescheinigung** beizufügen, die von dem Gericht oder der zuständigen Behörde des Ursprungsmitgliedstaats unter Verwendung eines dafür vorgesehenen Formblatts ausgestellt wurde. Im Hinblick darauf stellt Art 60 Abs 2 klar, dass die Behörde, welche die öffentliche Urkunde errichtet hat, auf Antrag eines Berechtigten eine solche Bescheinigung auszustellen hat (s Formblatt II der DurchführungsVO [EU] 1329/2014).

4 Art 60 Abs 3 hält – entsprechend Art 52 iVm Art 40 lit a – fest, dass die Vollstreckbarerklärung von dem mit einem Rechtsbehelf befassten Gericht nur versagt oder aufgehoben werden kann, wenn die Vollstreckung der öffentlichen Urkunde der öffentlichen Ordnung (ordre public) des Vollstreckungsmitgliedstaats offensichtlich widersprechen würde. Es gibt daher in Abweichung von den allgemeinen Regeln für die Versagung oder Aufhebung einer Vollstreckbarerklärung von Entscheidungen nur **einen Versagungsgrund.**

Vollstreckbarkeit gerichtlicher Vergleiche

Art 61. **(1)** Gerichtliche Vergleiche, die im Ursprungsmitgliedstaat vollstreckbar sind, werden in einem anderen Mitgliedstaat auf Antrag eines Berechtigten nach dem Verfahren der Artikel 45 bis 58 für vollstreckbar erklärt.

(2) Für die Zwecke des Artikels 46 Absatz 3 Buchstabe b stellt das Gericht, das den Vergleich gebilligt hat oder vor dem der Vergleich geschlossen wurde, auf Antrag eines Berechtigten eine Bescheinigung unter Verwendung des nach dem Beratungsverfahren nach Artikel 81 Absatz 2 erstellten Formblatts aus.

(3) Die Vollstreckbarerklärung wird von dem mit einem Rechtsbehelf nach Artikel 50 oder Artikel 51 befassten Gericht nur versagt oder aufgehoben, wenn die Vollstreckung des gerichtlichen Vergleichs der öffentlichen Ordnung (ordre public) des Vollstreckungsmitgliedstaats offensichtlich widersprechen würde.

Stammfassung.

---

1 Das ist der Mitgliedstaat, in dem die öffentliche Urkunde errichtet worden ist (Art 3 Abs 1 lit e).

Art 61 regelt die Vollstreckbarkeit gerichtlicher Vergleiche in einem anderen Mitgliedstaat. **1**
Nach der Begriffsbestimmung in Art 3 Abs 1 lit h ist für Zwecke der EuErbVO unter einem
gerichtlichen Vergleich ein von einem Gericht gebilligter oder vor einem Gericht im Laufe
eines Verfahrens geschlossener Vergleich in einer Erbsache zu verstehen (vgl dazu näher bei
Art 3).

Ebenso wie gerichtliche Entscheidungen und öffentliche Urkunden können auch gerichtliche **2**
Vergleiche in anderen Mitgliedstaaten auf Antrag eines Berechtigten für vollstreckbar erklärt
werden. Die Vollstreckbarerklärung gerichtlicher Vergleiche, die in ihrem Ursprungsmitgliedstaat[1] vollstreckbar sind, richtet sich gem Art 61 – ebenso wie bei Art 60 – nach dem
Verfahren gem Art 45 – 58 (vgl dazu näher bei Art 45 – 58; s auch Formblatt III der DurchführungsVO [EU] 1329/2014).

Kapitel VI
Europäisches Nachlasszeugnis
Vor Art 62 ff

Literatur: *Frodl,* Einheit durch Aufgabe nationaler Rechtstraditionen? – EU-Erbrechtsverordnung
kundgemacht, ÖJZ 2012/108, 950; *Lange,* Das geplante Europäische Nachlasszeugnis, DNotZ 2012, 168.

Die eingeschränkte Anerkennung der Stellung als Erbe oder Testamentsvollstrecker bzw **1**
Nachlassverwalter in anderen Mitgliedstaaten,[1] die mangelnde oder sehr eingeschränkte Anerkennung entsprechender ausländischer Urkunden oder Erbnachweise, die dazu führt, dass
in einem anderen Mitgliedstaat, in dem sich Nachlassvermögen befindet, ein weiteres Verfahren zum Nachweis der Erbenstellung oder der Verfügungsberechtigung als Testamentsvollstrecker oder Nachlassverwalter geführt werden muss, was mit zusätzlichen Kosten und
Verzögerungen verbunden ist,[2] hat im Rahmen der EuErbVO[3] nicht nur zur Schaffung von
Regelungen über die Anerkennung, Vollstreckbarkeit und Vollstreckung von Entscheidungen (Kapitel IV) sowie die Annahme öffentlicher Urkunden und gerichtlicher Vergleiche
(Kapitel V) geführt, sondern – trotz so mancher Kritik[4] – auch zur Einführung eines supranationalen **Rechtstitels sui generis,**[5] des **Europäischen Nachlasszeugnisses** (ENZ).

---

1 Das ist der Mitgliedstaat, in dem der gerichtliche Vergleich gebilligt worden ist (Art 3 Abs 1 lit e).

1 Mitgliedstaaten iSd EuErbVO sind die EU-Mitgliedstaaten mit Ausnahme von Großbritannien und
   Irland (ErwGr 82) und Dänemark (ErwGr 83).
2 Arbeitsunterlage der Kommissionsdienststellen, Begleitdokument zu dem Vorschlag für eine Verordnung des Europäischen Parlaments und des Rates über die Zuständigkeit, das anzuwendende Recht,
   die Anerkennung und die Vollstreckung von Entscheidungen und öffentlichen Urkunden in Erbsachen sowie zur Einführung eines Europäischen Nachlasszeugnisses, SEK (2009) 411 endg, 14. 10.
   2009, 4 f.
3 VO (EU) 650/2012 des Europäischen Parlaments und des Rates v 4. 7. 2012 über die Zuständigkeit,
   das anzuwendende Recht, die Anerkennung und Vollstreckung von Entscheidungen und die Annahme und Vollstreckung Urkunden in Erbsachen sowie zur Einführung eines Europäischen Nachlasszeugnisses, ABl L 2012/201, geändert mit ABl L 2012/344, 3 und ABl L 2013/41, 16, ABl L 2013/60,
   140.
4 ZB *Frodl,* ÖJZ 2012/108, 957.
5 *Dutta* in MünchKommBGB[6] Vor Art 62 EuErbVO Rz 1; *Lange,* DNotZ 2012, 170.

Die EuErbVO insgesamt, insb aber auch die Einführung des ENZ, bedeuten für Österreich eine grundlegende Änderung der Rechtslage bei Verlassenschaften mit Auslandsbezug. Neue Regelungen gelten nicht nur hinsichtlich der Frage der internationalen Zuständigkeit, des anwendbaren Rechts und der nach österr Erbrecht bislang unzulässigen Rechtswahl, sondern durch das ENZ va auch bezüglich des Nachweises des Rechtserwerbs an in Österreich belegenem (beweglichen oder unbeweglichen) Nachlassvermögen.

2 Das in Kapitel VI der EuErbVO näher geregelte ENZ soll als **neues unionsrechtliches Rechtsinstrument** den **Nachweis der Rechtsstellung und/oder der Rechte** von **Erben** und **Vermächtnisnehmern mit unmittelbarer Berechtigung am Nachlass** sowie den **Nachweis der Befugnisse** von **Testamentsvollstreckern** und **Nachlassverwaltern** in anderen Mitgliedstaaten[6] erleichtern und damit helfen, die derzeit bestehenden Probleme bei grenzüberschreitenden Verlassenschaften zu überwinden.

3 Das ENZ wird **zur Verwendung in einem anderen Mitgliedstaat ausgestellt** (Art 62 Abs 1, Art 63 Abs 1, Art 65 ff), ist **nicht obligatorisch** (Art 62 Abs 2) und tritt **nicht an die Stelle der innerstaatlichen Schriftstücke,** die in den Mitgliedstaaten zu ähnlichen Zwecken verwendet werden, entfaltet jedoch **im Ausstellungsstaat dieselben Wirkungen wie im Verwendungsstaat** (Art 62 Abs 3).

4 Die **Zuständigkeit** für die Erteilung des ENZ (Art 64) folgt den Regeln des Kapitels II (Art 4, 7, 10 und 11). Die Ausstellung eines ENZ erfolgt ausschließlich über **Antrag** (Art 65 ff). Der **Inhalt** des Antrags (Art 65) und des ENZ selbst (Art 68) werden, ebenso wie die **Wirkungen** des ENZ (Art 69), eingehend geregelt. Das ENZ ist vor allem mit **Legitimations- und Beweisfunktion** sowie **Gutglaubensschutz** ausgestattet und stellt insb ein **wirksames Schriftstück** für die **Eintragung des Nachlassvermögens in das einschlägige Register** eines Mitgliedstaats (und damit auch in das österr Grundbuch und Firmenbuch) dar (Art 69 Abs 5).

5 Für den **Antrag auf Ausstellung** eines ENZ **kann** ein nach dem Beratungsverfahren nach Art 81 Abs 2 erstelltes **Formblatt** verwendet werden (Art 65 Abs 2); für die Ausstellung des ENZ **ist** ein solches zu verwenden (Art 67 Abs 1). Die **Urschrift** des ENZ verbleibt in Verwahrung der Ausstellungsbehörde; für die Verwendung im Rechtsverkehr sind für einen begrenzten Zeitraum gültige **beglaubigte Abschriften** vorgesehen (Art 70).

6 Die EuErbVO enthält bezüglich des ENZ auch **Rechtsschutznormen** (Berichtigung, Änderung oder Widerruf des ENZ [Art 71], Rechtsbehelfe [Art 72], Aussetzung der Wirkungen des ENZ [Art 73]). Diese sind jedoch, wie bei der Kommentierung der entsprechenden Artikel darzulegen sein wird, lückenhaft, teilweise unklar und insgesamt verbesserungswürdig.

7 Wie das ENZ in der Praxis gehandhabt werden wird, welche konkreten Auswirkungen es auf die österr Rechtsordnung haben wird, welche Probleme es als Schnittstelle zwischen Erbrecht, Familienrecht, vor allem Güterrecht, Sachenrecht und Steuerrecht bringen wird, wird ab 17. 8. 2015, in manchen Fragen in letzter Konsequenz vom EuGH, im Echtbetrieb herauszufinden sein. Die auch in Österreich erforderlichen legistischen Begleitmaßnahmen zur EuErbVO und zum ENZ, insb die Festlegung der Zuständigkeit zur Ausstellung des ENZ und Schaffung von das Ausstellungsverfahren nach der EuErbVO ergänzenden Regelungen, lagen im Zeitpunkt der Kommentierung noch nicht als Bundesgesetzblatt vor; bearbeitet

---

6 EU-Mitgliedstaaten ausgenommen Großbritannien und Irland (ErwGr 82) sowie Dänemark (ErwGr 83).

wurde aufgrund des entsprechenden ME bzw der RV, des Ausschussberichtes sowie des Beschlusses des Nationalrates (688 der Beilagen 25. GP) zum ErbRÄG 2015.

Einführung eines Europäischen Nachlasszeugnisses

Art 62. **(1) Mit dieser Verordnung wird ein Europäisches Nachlasszeugnis (im Folgenden „Zeugnis") eingeführt, das zur Verwendung in einem anderen Mitgliedstaat ausgestellt wird und die in Artikel 69 aufgeführten Wirkungen entfaltet.**

(2) Die Verwendung des Zeugnisses ist nicht verpflichtend.

**(3) Das Zeugnis tritt nicht an die Stelle der innerstaatlichen Schriftstücke, die in den
Mitgliedstaaten zu ähnlichen Zwecken verwendet werden. Nach seiner Ausstellung zur
Verwendung in einem anderen Mitgliedstaat entfaltet das Zeugnis die in Artikel 69 auf-
geführten Wirkungen jedoch auch in dem Mitgliedstaat, dessen Behörden es nach diesem
Kapitel ausgestellt haben.**

Stammfassung.

Literatur: *Bajons,* Die Nachlassabwicklung in internationalen Erbsachen nach zukünftigem Recht, ecolex 2014, 204; *Buschbaum/Kohler,* Vereinheitlichung des Erbkollisionsrechts in Europa (Teil II), GPR
2010, 162; *Buschbaum/Kohler,* Le certificat successoral européen et les certificats successoraux nationaux:
une coexistence source de tension, GPR 2010, 210; *Buschbaum/Simon,* EuErbVO: Das Europäische
Nachlasszeugnis, ZEV 2012, 525; *Deutsches Notarinstitut,* Rechtsvergleichenden Studie der erbrechtlichen Regelungen des Internationalen Verfahrensrechtes und Internationalen Privatrechts der Mitgliedsstaaten der Europäischen Union (2002); *Devaux,* The European Regulations on Succession of July 2012:
A Path Towards the End of the Succession Conflicts of Law in Europe, or Not?, The International Lawyer 2013, 229; *Döbereiner,* Das internationale Erbrecht nach der EU-Erbrechtsverordnung (Teil I),
MittBayNot 2013, 358; *Dörner/Hertel/Lagarde/Riering,* Auf dem Weg zu einem europäischen Internationalen Erb- und Erbverfahrensrecht, IPRax 2005, 1; *Dorsel,* Europäisches Nachlasszeugnis (2014), www.
notaries-of-europe.eu/files/training-new/2014-05-09/Dr.Dorsel_GER.doc (2. 1. 2015); *Dorsel,* Europäische Erbrechtsverordnung und Europäisches Nachlasszeugnis, ZErb 2014, 212; *Faber/Grünberger,* Vorschlag der EU-Kommission zu einer Erbrechts-Verordnung, NZ 2011/25, 97; *Fötschl,* The Relationship
of the European Certificate of Succession to National Certificates, in *Bonomi/Schmidt,* Successions internationales (2010) 99 ff; *Frodl,* Einheit durch Aufgabe nationaler Rechtstraditionen? – EU-Erbrechtsverordnung kundgemacht, ÖJZ 2012/108, 950; *Janzen,* Die EUErbrechtsverordnung, DNotZ 2012, 484;
Kleinschmidt, Optionales Erbrecht: Das Europäische Nachlasszeugnis als Herausforderung an das Kollisionsrecht, RabelsZ 77 (2013) 723 (digitaler Sonderdruck); *Kowalczyk,* Spannungsverhältnis zwischen
Güterrechtsstatut und Erbstatut nach den Kommissionsvorschlägen für das Internationale Ehegüter-
und Erbrecht, GPR 2012, 212, 258; *Kunz,* Die neue Europäische Erbrechtsverordnung – ein Überblick
(Teil II), GPR 2012, 253; *Lange,* Das geplante Europäische Nachlasszeugnis, DNotZ 2012, 168; *Lange,*
Das Europäische Nachlasszeugnis, in *Dutta/Herrler,* Die Europäische Erbrechtsverordnung (2014); *Max
Planck Institute for Comparative and International Private Law (MPI),* Comments on the European
Commission's Proposal for a Regulation of the European Parliament and of the Council on jurisdiction,
applicable law, recognition and enforcement of decisions and authentic instruments in matters of succession and the creation of a European Certificate of Succession, RabelsZ 74 (2010) 522; *Nascimbene/Gal-
lus/Hertel ua,* Vermerke PE 415.241 (2008); Odersky, Die Europäische Erbrechtsverordnung in der Gestaltungspraxis, notar 2013, 3; *Omlor,* Gutglaubensschutz durch das Europäische Nachlasszeugnis, GPR
2014, 216; *Rechberger,* Das Europäische Nachlasszeugnis und seine Wirkungen, ÖJZ 2012/3, 14; *Rechber-
ger/Kieweler,* Das Europäische Nachlasszeugnis, in *Rechberger/Zöchling-Jud* (Hrsg), Die EU-Erbrechtsverordnung in Österreich (2015); *Rudolf,* Die Erbrechtsverordnung der Europäischen Union, NZ 2013/
103, 225; *Schauer,* Europäisches Nachlasszeugnis, EF-Z 2012/154, 245; *Schauer,* Die neue Erbrechts-VO
der Europäischen Union – eine Annäherung, JEV 2012, 78; *Schauer,* Europäisches Nachlasszeugnis, in
Schauer/Scheuba, Europäische Erbrechtsverordnung (2012); *Steiner,* EU-Verordnung in Erbsachen sowie
zur Einführung eines europäischen Nachlasszeugnisses, NZ 2012/26, 104; *Süß,* Das Europäische Nach-

lasszeugnis, ZEuP 2013, 725; *Tremosa,* Le certificat successoral européen, in CNUE, Von der Erbrechtsverordnung zu den Güterrechtsvorschlägen (2014) 71; *Volmer,* Definitive Entscheidung von Vorfragen aufgrund der Gerichtszuständigkeit nach der EuErbVO, ZEV 2014, 129; *Wilke,* Das internationale Erbrecht nach der neuen EU-Erbrechtsverordnung, RIW 2012, 601.

Übersicht

Rz
I. Ein neues unionsrechtliches Rechtsinstrument 1
  A. Entstehungsgeschichte 1
  B. Regelungsbedürfnis 5
  C. Rechtsquellen 11
    1. Unionsrecht 11
    2. Nationales Recht 15
II. Begriff, Normzweck, Rechtsnatur 26
  A. Begriff und Normzweck 26
  B. Rechtsnatur 29
III. Anwendungsbereich 33
IV. Charakteristika des ENZ 40
  A. Verwendung in einem anderen Mitgliedstaat 42
  B. Fakultative Natur des ENZ 46
  C. Subsidiarität, Verhältnis zu nationalen (Erb-)Nachweisen 48
    1. Subsidiaritätsprinzip 48
    2. Verhältnis des ENZ zu nationalen (Erb-)Nachweisen 49
    3. Innerstaatliche Schriftstücke 55
V. Funktionsvoraussetzungen 63
VI. ENZ und Anerkennung nach Art 39 bzw Annahme nach Art 59 66
VII. Überblick über das Ausstellungsverfahren 69

I. Ein neues unionsrechtliches Rechtsinstrument

A. Entstehungsgeschichte

1 Angesichts der zunehmenden Zahl grenzüberschreitender Erbfälle und der damit immer evidenter werdenden Probleme, die aus einer Vielzahl nicht aufeinander abgestimmter und gegenseitig idR nicht anerkannter mitgliedstaatlichen Erbnachweise resultieren, wurde bereits in der „Rechtsvergleichenden Studie der erbrechtlichen Regelungen des Internationalen Verfahrensrechtes und Internationalen Privatrechts der Mitgliedstaaten der Europäischen Union des Deutschen Notarinstituts 2002" unter der Voraussetzung der Harmonisierung des IPR der **Gedanke eines „europäischen Erbscheins"** sowie eines **„Zeugnisses für Fremdverwalter"** evaluiert.

2 Im **Grünbuch Erb- und Testamentsrecht**[1] wurde es als vorteilhaft gesehen, mit Hilfe einer „einheitlichen Bescheinigung" eine Erleichterung des Nachweises der Erbenstellung herbeizuführen, ohne (in jedem betroffenen Mitgliedstaat) ein Verfahren anstrengen zu müssen; Voraussetzungen, Inhalt und Rechtswirkungen einer solchen „Bescheinigung" waren freilich noch offen. Im **Verordnungsvorschlag der Kommission**[2] war das ENZ in den Art 36 bis 44 – in von der endgültigen Fassung mit der EuErbVO abweichender Form – bereits enthalten.

---

1 Grünbuch Erb- und Testamentsrecht v 1. 3. 2005, KOM(2005) 65 endg.
2 Vorschlag der Kommission für eine Verordnung des Europäischen Parlaments und des Rates über die Zuständigkeit, das anzuwendende Recht, die Anerkennung und die Vollstreckung von Entscheidungen und öffentlichen Urkunden in Erbsachen sowie zur Einführung eines Europäischen Nachlasszeugnisses, KOM(2009) 154 endg.

An möglichen (teilweisen) **Vorbildern für das ENZ** bzw Wegbereitern des ENZ werden im   **3**
Schrifttum[3] va genannt:

- das von den Mitgliedstaaten der Konvention anzuerkennende internationale Zertifikat
  nach dem (nicht sehr erfolgreichen) Haager Übereinkommen über die internationale Verwaltung von Nachlässen v 2. 10. 1973, das die zur Verwaltung des (beweglichen) Nachlassvermögens berechtigten Personen und deren Befugnisse (allenfalls auch hinsichtlich unbeweglichen Vermögens) ausweist; zuständig zur Ausstellung des Zertifikats sollte die Behörde im Staat des letzten gewöhnlichen Aufenthalts des Verstorbenen sein;
- der „lettre de vérification" nach den Art 892 ff des Code de Procédure Civile von Québec[4],
  denen zufolge jede interessierte Person beim Gericht des gewöhnlichen Aufenthalts des
  Verstorbenen oder bei einem Notar die Ausstellung einer Bestätigung beantragen kann,
  die außerhalb von Québec dem Nachweis ihrer Stellung als Erbe, Legatar oder Abwickler
  der Verlassenschaft dient;
- der Nachweis der Verwalterstellung nach Art 19 der EuInsVO;[5]
- der Europäische Vollstreckungstitel nach der EuVTVO,[6] der nach deren ErwGr 9 va die
  Zustimmung des Gerichts eines zweiten Mitgliedstaats mit den daraus entstehenden Verzögerungen und Kosten verzichtbar machen soll;
- diverse bestehende nationale Regelungsinstrumente, wie insb der dt Erbschein.

In seiner konkreten Ausgestaltung ist das ENZ jedoch als **eigenständiges Rechtsinstrument**   **4**
zu begreifen und „die wirkliche Neuheit der EuErbVO",[7] von manchen als „Schlüssel"[8] angesichts grenzüberschreitender Erbfälle begrüßt, von manchen va aufgrund von Regelungs-
defiziten in der EuErbVO als nicht unproblematisch bewertet.

B. Regelungsbedürfnis

Jeder, der einmal mit einem grenzüberschreitenden Erbfall zu tun gehabt hat, wird das **Be-**   **5**
dürfnis nach einer einheitlichen Legitimationsurkunde jedenfalls für die Rechtsstellung als
Erbe, aber auch für Vertretungs-, Verwaltungs- und/oder Abwicklungsbefugnisse bezüglich
der Verlassenschaft nicht gut leugnen können.

Eine Vielzahl unterschiedlicher nationaler Systeme und Verfahren für den Erwerb einer Erbschaft – der Bogen spannt sich vom gerichtlichen Verfahren über eine Nachlassabwicklung
mittels personal representative bis hin zum ipso iure-Erwerb und vom Grundsatz der Amtswegigkeit bis zum Antragsprinzip – uneinheitliches Kollisionsrecht, verschiedene Behörden-
zuständigkeiten (Gericht, sonstige Behörde, Angehörige bestimmter Rechtsberufe), divergierende Funktionen und Wirkungen erbrechtlicher Urkunden und Nachweise sowie deren
mangelnde Anerkennung außerhalb des Ausstellungsstaates, insb im Registerverfahren, sind

---

3 Vgl zB *Kleinschmidt*, RabelsZ 77 (2013) 743; *Dutta* in MünchKommBGB[6] Art 62 EuErbVO Rz 1; *Süß*,
   ZEuP 2013, 728; *Dörner/Hertel/Lagarde/Riering*, IPRax 2005, 7; *Buschbaum/Kohler*, GPR 2010, 166;
   Schauer in *Schauer/Scheuba* 74 f.
4 www2.publicationsduquebec.gouv.qc.ca/dynamicSearch/telecharge.php?type=2&file=/C_25/C25.HTM
   (6. 7. 2015).
5 VO (EG) 1346/2000 des Rates v 29. 5. 2000 über Insolvenzverfahren, ABl L 2000/160, 1.
6 VO (EG) 805/2004 des Europäischen Parlaments und des Rates v 21. 4. 2004 zur Einführung eines
   europäischen Vollstreckungstitels für unbestrittene Forderungen, ABl L 2004/143, 15.
7 *Bajons*, ecolex 2014, 209.
8 *Devaux*, The International Lawyer 2013, 244.

einige der Gründe, die den Nachweis und die Durchsetzung von Rechten iZm einem Erbfall mit grenzüberschreitendem Bezug wesentlich erschweren[9] und eine unionsrechtliche Lösung geradezu fordern.

6 Bis zur EuErbVO war das Gebiet des Erbrechts (einschließlich des Testamentsrechtes) vom **Anwendungsbereich der Verordnungen der EU** idR ausgenommen;[10] nun will der Verordnungsgeber die aufgezeigten Schwierigkeiten bei transnationalen Verlassenschaften iS eines reibungslosen Funktionierens des Binnenmarktes beseitigen, es EU-Bürgern ermöglichen, „ihren Nachlass im Voraus zu regeln" und „die Rechte der Erben und Vermächtnisnehmer sowie der anderen Personen, die dem Erblasser nahestehen, und der Nachlassgläubiger" effektiv wahren (ErwGr 7).

7 Eine zügige, unkomplizierte und effiziente Abwicklung einer Erbsache mit grenzüberschreitendem Bezug innerhalb der EU setzt – so auch ErwGr 67 – voraus, „dass die Erben, Vermächtnisnehmer, Testamentsvollstrecker oder Nachlassverwalter in der Lage sein sollten, ihren Status und/oder ihre Rechte und Befugnisse in einem anderen Mitgliedstaat, beispielsweise in einem Mitgliedstaat, in dem Nachlassvermögen belegen ist, einfach nachzuweisen". Für diese Vereinfachung kommen – wie etwa *Kleinschmidt*[11] ausführlich darlegt – va zwei Ansätze in Betracht: eine Erleichterung der Verkehrsfähigkeit bestehender nationaler Erbnachweise und die Schaffung eines supranationalen Erbnachweises.

8 Die EuErbVO führt als solchen **supranationalen Erbnachweis** das ENZ ein, das zur Verwendung in einem anderen Mitgliedstaat ausgestellt wird und entsprechend dem Subsidiaritätsprinzip nicht die innerstaatlichen Schriftstücke ersetzen soll, die gegebenenfalls in den Mitgliedstaaten für ähnliche Zwecke verwendet werden (ErwGr 67; Art 62 Abs 3). Inwieweit sich das ENZ auf die Anerkennung bzw Annahme nationaler Erbnachweise nach Art 39 bzw Art 59 auswirkt, wird in der L heftig diskutiert.

9 Das **Regelungsbedürfnis,** das zur Schaffung des ENZ geführt hat, lässt sich auch am Beispiel Österreichs veranschaulichen.

Bis zur Anwendbarkeit der EuErbVO war die **internationale Zuständigkeit österr Gerichte im Verlassenschaftsverfahren** – vorbehaltlich anderweitiger Regelungen in Staatsverträgen – gegeben für

---

9 Zum Regelungsbedürfnis vgl zB *Kleinschmidt*, RabelsZ 77 (2013) 727 ff; *Süß*, ZEuP 2013, 727; *Dutta* in MünchKommBGB[6] Vor Art 62 EuErbVO Rz 2; *Rechberger*, ÖJZ 2012/3, 14 f.
10 ZB VO (EU) 1215/2012 des Europäischen Parlaments und des Rates v 12. 12. 2012 über die gerichtliche Zuständigkeit und die Anerkennung und Vollstreckung von Entscheidungen in Zivil- und Handelssachen (Neufassung) (Art 1 Abs 2 lit f), ABl L 2012/351, 1, die (mit Ausnahme der Art 75 und 76, die bereits seit 10. 1. 2014 gelten) mit 10. 1. 2015 an die Stelle der VO (EG) 44/2001 v 22. 12. 2000 über die gerichtliche Zuständigkeit und die Anerkennung und Vollstreckung von Entscheidungen in Zivil- und Handelssachen (Art 1 Abs 2 lit a), ABl L 2001/12, 1, getreten ist; VO (EG) 805/2004 des Europäischen Parlaments und des Rates v 21. 4. 2004 zur Einführung eines europäischen Vollstreckungstitels für unbestrittene Forderungen (Art 2 Abs 2 lit a), ABl L 2004/143, 15; VO (EG) 1896/2006 des Europäischen Parlaments und des Rates v 12. 12. 2006 zur Einführung eines Europäischen Mahnverfahrens (Art 2 Abs 2 lit a), ABl 2006/399, 1; VO (EG) 861/2007 des Europäischen Parlaments und des Rates v 11. 7. 2007 zur Einführung eines europäischen Verfahrens für geringfügige Forderungen (Art 2 Abs 2 lit b), ABl L 2007/199, 1; vgl auch *Bajons,* ecolex 2014, 204.
11 RabelsZ 77 (2013) 735.

- die Todesfallaufnahme, das Ausfolgungsverfahren und jeweils damit zusammenhängende Sicherungsmaßnahmen (§ 107 JN),[12]
- die Abhandlung einer Verlassenschaft und diese ersetzende Verfahren (§§ 153 ff AußStrG)[13]
  - über das **in Österreich gelegene unbewegliche Vermögen** jedenfalls (§ 106 Abs 1 Z 1 JN),
  - über **inländisches bewegliches Vermögen,** wenn der Verstorbene zuletzt österr Staatsbürger war oder seinen letzten gewöhnlichen Aufenthalt im Inland hatte oder die Durchsetzung aus dem Erbrecht, Pflichtteilsrecht oder einer letztwilligen Erklärung abgeleiteter Rechte im Ausland unmöglich ist (§ 106 Abs 1 Z 2 JN),
  - über im **Ausland gelegenes bewegliches Vermögen,**[14] wenn der Verstorbene zuletzt österr Staatsbürger war und seinen letzten gewöhnlichen Aufenthalt im Inland hatte oder die Durchsetzung aus dem Erbrecht, Pflichtteilsrecht oder einer letztwilligen Erklärung abgeleiteter Rechte im Ausland unmöglich ist (§ 106 Abs 1 Z 3 JN),

wobei immer dann, wenn eine Verlassenschaftsabhandlung in Österreich durchgeführt wurde, der Erbschaftserwerb und die Haftung für Nachlassschulden – ungeachtet des anzuwendenden materiellen Erbrechts – nach österr Recht zu beurteilen waren (§ 28 Abs 2 IPRG).[15]

Die ausschließliche internationale Zuständigkeit österr Gerichte für Verlassenschaftsverfahren mit unbeweglichem inländischen Vermögen in Kombination mit § 28 Abs 2 IPRG machte bei grenzüberschreitenden Verlassenschaften jedenfalls bei Vorhandensein inländischen unbeweglichen Nachlassvermögens ein (weiteres) Verlassenschaftsverfahren in Österreich unumgänglich; allenfalls bereits vorliegende ausländische Erbnachweise waren diesbezüglich wirkungslos. Ein Vorteil für inländische Grundbuchsgerichte, da sich die Frage der Anerkennung ausländischer Erbnachweise im Grundbuchsverfahren daher idR nicht gestellt hat und die Einverleibung des Eigentumsrechts aufgrund gewohnter inländischer öffentlicher Urkunden (Einantwortungsbeschluss iSd § 178 AußStrG, Beschluss nach § 182 Abs 3 AußStrG,[16] Beschluss auf Überlassung an Zahlungs statt iSd § 155 Abs 3 AußStrG) erfolgen konnte; aus europäischer Sicht ein Hindernis bei grenzüberschreitenden Verlassenschaften, das mit dem ENZ – zumindest überwiegend – der Vergangenheit angehören soll.[17]

Aus österr Sicht wird das ENZ va auch in Bezug auf **in einem anderen Mitgliedstaat gelegenes unbewegliches Nachlassvermögen,** das bisher von der Zuständigkeit inländischer Verlassenschaftsgerichte gänzlich ausgenommen und in Zukunft nach Maßgabe der EuErb-   **10**

---

12 RGBl 1895/111 idF BGBl I 2004/128; nach Inkrafttreten des ErbRÄG 2015 wird § 107 JN die Zuständigkeit für Einwände gegen die Authentizität einer öffentlichen Urkunde in Verlassenschaftssachen regeln.

13 BGBl I 2003/111 idF BGBl I 2015/1 (nunmehr idF BGBl I 2015/87).

14 Die Abhandlung über im Ausland gelegenes bewegliches Vermögen ist nur auf Antrag einer Partei einzuleiten, die ihre Erbenstellung bescheinigt (§ 143 Abs 2 AußStrG).

15 BGBl 1978/304 idF BGBl I 2013/158 (nunmehr idF BGBl I 2015/87); das ErbRÄG 2015 sieht die ersatzlose Aufhebung der §§ 28 bis 30 IPRG mit 17. 8. 2015 vor; der Anwendungsbereich des § 106 JN wird auf jene Fälle beschränkt, in denen die EuErbVO nicht anwendbar und eine Zuständigkeitsnorm erforderlich ist, um einem internationalen Übereinkommen iSd Art 75 zu entsprechen; s ErlRV 688 BlgNR 25. GP 48 zu § 106 JN.

16 § 14 Abs 1 Z 5 WEG 2002 verweist hinsichtlich der Eintragung in das Grundbuch auf § 182 Abs 3 AußStrG.

17 Die Ausnahmen vom (zeitlichen, örtlichen und sachlichen) Anwendungsbereich der EuErbVO sind natürlich auch bezüglich des ENZ zu beachten.

VO in ein in Österreich geführtes Verlassenschaftsverfahren prinzipiell einzubeziehen ist, interessant werden, da sich damit zwar zum einen das Erwirken weiterer Erbnachweise in einem anderen Mitgliedstaat erübrigt, sich zum anderen aber die nationale Ausstellungsbehörde mit jenen Formalitäten auseinanderzusetzen hat, „die für die Eintragung von unbeweglichen Sachen in dem Mitgliedstaat, in dem das Register geführt wird, vorgeschrieben sind" (ErwGr 68).

C. Rechtsquellen

1. Unionsrecht

11 Dem ENZ ist in der EuErbVO ein eigenes Kapitel (Kapitel VI) mit den **Art 62 bis Art 73** gewidmet; relevant sind weiters insb die **ErwGr 67 bis 72** und – hinsichtlich der Formblätter für den Antrag auf Ausstellung des ENZ (Art 65 Abs 2) als auch das ENZ selbst (Art 67 Abs 1) – **Art 81 Abs 2** bzw das Beratungsverfahren nach Art 4 VO (EU) 182/2011.[18]

12 Die entsprechenden **Formblätter** wurden mit DurchführungsVO (EU) 1329/2014 der Kommission v 9. 12. 2014 festgelegt.[19]

13 Die **EuErbVO** hat als Verordnung **allgemeine Geltung,** ist in all ihren Teilen verbindlich und gilt unmittelbar in jedem Mitgliedstaat[20] ausgenommen Großbritannien und Irland (ErwGr 82) sowie Dänemark (ErwGr 83). Dies gilt auch für die Regelungen betreffend das ENZ.

14 Die **kompetenzrechtliche Grundlage** dieser Regelungen wurde bisweilen bezweifelt, weil ihr Gehalt weniger kollisionsrechtlicher als vielmehr sachrechtlicher Natur mit weitreichenden materiell-rechtlichen Wirkungen ist.[21] ErwGr 2 der EuErbVO beruft sich auf Art 81 Abs 2 lit c AEUV, der Maßnahmen legitimiert, die die Vereinbarkeit der in den Mitgliedstaaten geltenden Kollisionsnormen und Vorschriften zur Vermeidung von Kompetenzkonflikten sicherstellen soll; in der L wird die kompetenzrechtliche Legitimation zT in Art 81 Abs 2 lit f AEUV gesehen,[22] der „die Beseitigung von Hindernissen für die reibungslose Abwicklung von Zivilverfahren, erforderlichenfalls durch Förderung der Vereinbarkeit der in den Mitgliedstaaten geltenden zivilrechtlichen Verfahrensvorschriften" normiert, zT wird von einer Annexkompetenz bzw Annexmaterie zu Art 81 AEUV ausgegangen.[23] Fraglich bleibt, ob sich mit Art 81 AEUV auch rechtfertigen lässt, dass das ENZ, wenn es einmal ausgestellt ist, für

---

18 VO (EU) 182/2011 des Europäischen Parlaments und des Rates v 16. 2. 2011 zur Festlegung der allgemeinen Regeln und Grundsätze, nach denen die Mitgliedstaaten die Wahrnehmung der Durchführungsbefugnisse durch die Kommission kontrollieren, ABl L 2011/55, 15.

19 DurchführungsVO (EU) 1329/2014 der Kommission v 9. 12. 2014 zur Festlegung der Formblätter. nach Maßgabe der VO (EU) 650/2012 des Europäischen Parlaments und des Rates über die Zuständigkeit, das anzuwendende Recht, die Anerkennung und Vollstreckung von Entscheidungen und die Annahme und Vollstreckung Urkunden in Erbsachen sowie zur Einführung eines Europäischen Nachlasszeugnisses, ABl L 2014/359, 30 ff.

20 Art 288 AEUV (ex-Art 249 EGV).

21 Zur kompetenzrechtlichen Diskussion s zB *Steiner,* NZ 2012/26, 112 f; *Schauer,* EF-Z 2012/154, 245; *Schauer* in *Schauer/Scheuba* 78 f; *Buschbaum/Kohler,* GPR 2010, 166; *Kunz,* GPR 2012, 256; *Rechberger,* ÖJZ 2012/3, 15; *Omlor,* GPR 2014, 217; *Wilke,* RIW 2012, 608 f; *Süß,* ZEuP 2013, 730; *Frodl,* ÖJZ 2012/108, 957 f; siehe auch *Rudolf,* NZ 2013/103, 238.

22 *Süß,* ZEuP 2013, 730.

23 So zB *Schauer,* EF-Z 2012/154, 245; *Schauer* in *Schauer/Scheuba* 78 f; *Omlor,* GPR 2014, 217.

(Inlands-)Sachverhalte im Ausstellungsstaat dieselben Wirkungen wie im Verwendungsstaat entfaltet (Art 62 Abs 3).[24]

2. Nationales Recht

Die EuErbVO lässt dem jeweiligen nationalen Gesetzgeber im Zusammenhang mit dem ENZ **15** bewusst einen gewissen Spielraum, provoziert Anpassungsbedarf jedoch auch in Bereichen, die von der EuErbVO eigentlich ausgenommen sind (vgl zB Art 1 Abs 2 lit l).

Das innerstaatliche Recht soll zB bestimmen, wie „**Steuern** oder sonstige **Verbindlichkei-** **16** **ten öffentlich-rechtlicher Art** berechnet und entrichtet werden, seien es vom Erblasser im Zeitpunkt seines Todes geschuldete Steuern oder Erbschaftssteuern jeglicher Art, die aus dem Nachlass oder von den Berechtigten zu entrichten sind", sowie weiters, ob die Freigabe des Nachlassvermögens an die Berechtigten nach der EuErbVO oder die Eintragung des Nachlassvermögens in ein Register durch die Entrichtung von Steuern bedingt ist (ErwGr 10).

Die EuErbVO regelt in Art 64 zwar die internationale **Zuständigkeit** für die Erteilung des **17** ENZ, überlässt die Ausgestaltung des tatsächlichen Ausstellungsverfahrens aber weitgehend nationalen Regelungen; so soll es nach ErwGr 70 Sache jedes Mitgliedstaats sein,

- in seinen innerstaatlichen Rechtsvorschriften festzulegen, welche Behörden – Gerichte iSd EuErbVO oder andere für Erbsachen zuständige Behörden wie beispielsweise Notare – für die Ausstellung des ENZ zuständig sind,[25] und
- ob die Ausstellungsbehörde andere zuständige Stellen an der Ausstellung beteiligen kann, zB Stellen, vor denen eidesstattliche Versicherungen abgegeben werden können.

In Österreich wird – entsprechend der Notifikation iSd Art 78 Abs 1 lit c[26] – der **Umfang** **der Tätigkeit der Notare im Verfahren außer Streitsachen erweitert. § 1 Abs 1 Z 1** GKG idF ErbRÄG 2015[27] wird in Zukunft neben der Zuständigkeit für die Todesfallaufnahme und die mit dieser im Zusammenhang stehenden unaufschiebbaren Maßnahmen (§ 1 Abs 1 Z 1 lit a GKG) sowie die anderen im Zug einer Verlassenschaftsabhandlung erforderlichen Amtshandlungen (§ 1 Abs 1 Z 1 lit b GKG) auch die Zuständigkeit für die Sicherung der in Österreich gelegenen Verlassenschaft, selbst wenn ein ausländisches Gericht iSd Art 3 Abs 2 zuständig ist (§ 1 Abs 1 Z 1 lit c GKG) und die **Zuständigkeit für die Ausstellung des ENZ** nach Art 62 (§ 1 Abs 1 Z 1 lit d GKG) vorsehen.

Auf innerstaatliches Recht wird weiters iZm der **Prüfung des Antrags auf Ausstellung eines** **18** **ENZ** (Art 66 Abs 1 und 3), der **Änderung** und des **Widerrufs des ENZ** (Art 71 Abs 2) sowie der Anfechtung des ENZ mit dem **Rechtsbehelf** iSd Art 72 verwiesen. Schließlich wird ein Mitgliedstaat nicht daran gehindert, „im Einklang mit seinen innerstaatlichen Regelungen über den Zugang der Öffentlichkeit zu Dokumenten zu gestatten, dass **Abschriften** des Zeugnisses **der Öffentlichkeit zugängig gemacht werden**" (ErwGr 72).

---

24 *Schauer* in *Schauer/Scheuba* 79, hätte es vorgezogen, wenn den Mitgliedstaaten die Entscheidung über eine Wirkungserstreckung auf Inlandssachverhalten überlassen worden wäre.
25 Siehe insb Art 64 und Art 78 Abs 1 lit c.
26 „Bezirksgericht (Gerichtskommissär, das ist der Notar als Gerichtsorgan)".
27 BGBl I 2015/87.

19 Eine allgemeine subsidiäre Geltung nationalen Verfahrensrechts ist in der EuErbVO – im Gegensatz zur EuMahnVO[28] und der EuBagatellVO[29] – nicht explizit normiert, doch wird in der L[30] davon ausgegangen, dass die lex fori des für die Ausstellung des ENZ zuständigen Gerichts bzw **nationales Verfahrensrecht** überhaupt immer dann zur Anwendung gelangt, wenn **Lücken im Ausstellungsverfahren** nicht durch Auslegung oder Rechtsfortbildung des Unionsrechts geschlossen werden können. Praktisch relevant wird dies zB bei der Frage der öffentlichen Bekanntmachung des ENZ, da Art 66 Abs 4 keinen Verweis auf das Recht des Ausstellungsstaats, aber auch keine ausreichende unionsrechtliche Regelung enthält[31] oder bei der Verständigung der „Berechtigten" von der Ausstellung des ENZ; Art 67 Abs 2 spricht hier lediglich von „allen erforderlichen Schritten", deren Normierung er dem nationalen Recht der Mitgliedstaaten überlässt.

20 **§ 181b Abs 1 AußStrG** idF ErbRÄG 2015 sieht hier als Teil der (mehr als sparsamen) österr Begleitmaßnahmen erwartungsgemäß vor, dass das ENZ, soweit nicht in der EuErbVO geregelt, nach den **Bestimmungen des AußStrG** auszustellen ist. Ein **Anpassungsbedarf** für den nationalen Gesetzgeber hat sich auch daraus ergeben, dass das österr Verlassenschaftsverfahren grundsätzlich als amtswegiges Verfahren ausgestaltet ist, das nach im Zeitpunkt der Kommentierung geltender Rechtslage – die internationale Zuständigkeit österr Gerichte vorausgesetzt – immer dann einzuleiten ist, sobald ein Todesfall durch eine öffentliche Urkunde oder sonst auf unzweifelhafte Weise bekannt wird (§ 143 Abs 1 AußStrG), während das ENZ dem Antragsprinzip folgt. Bisher war in Österreich nur die Abhandlung einer Verlassenschaft über im Ausland gelegenes bewegliches Vermögen (§ 106 JN idF vor dem ErbRÄG 2015) auf Antrag einer Partei einzuleiten, die ihre Erbenstellung bescheinigt (§ 143 Abs 2 AußStrG idF vor dem ErbRÄG 2015). Nach der Neuregelung des **§ 143 Abs 2 AußStrG** mit dem ErbRÄG 2015 wird die Abhandlung immer dann den **Antrag** einer Partei, die ihre Erbenstellung bescheinigt, voraussetzen, wenn sich die Verlassenschaft ausschließlich im Ausland befindet oder für bewegliches Vermögen im Inland eine (subsidiäre) Abhandlungszuständigkeit nach Art 10 Abs 2 oder nur eine Notzuständigkeit nach Art 11 besteht.

Hinsichtlich des Verfahrens zur Ausstellung des ENZ sowie der inhaltlichen Erfordernisse des ENZ (Art 68) ist mit dem ErbRÄG 2015, soweit ersichtlich, keine Anpassung im innerstaatlichen Recht vorgenommen worden.

21 Da das ENZ ein **wirksames Schriftstück** auch **für die Registereintragung** des Nachlassvermögens sein soll (Art 69 Abs 5), wurde allgemein eine **Regelungsnotwendigkeit** für den österr Gesetzgeber jedenfalls hinsichtlich der **Wirkung der Eintragung von Rechten in das Grundbuch** bzw des **Zeitpunkts des Erwerbs von Rechten an unbeweglichem Nachlassvermögen** gesehen. Art 1 Abs 2 lit l nimmt „jede Eintragung von Rechten an beweglichen oder unbeweglichen Vermögensgegenständen in einem Register, einschließlich der gesetzlichen Voraussetzungen für eine solche Eintragung, sowie die Wirkungen der Eintragung oder der fehlenden Eintragung solcher Rechte in einem Register" vom Anwendungsbereich der

---

28 Art 26 EuMahnVO: „Sämtliche verfahrensrechtlichen Fragen, die in dieser Verordnung nicht ausdrücklich geregelt sind, richten sich nach den nationalen Rechtsvorschriften".
29 Art 19 EuBagatellVO: „Sofern diese Verordnung nichts anderes bestimmt, gilt für das europäische Verfahren für geringfügige Forderungen das Verfahrensrecht des Mitgliedstaats, in dem das Verfahren durchgeführt wird".
30 *Lange*, DNotZ 2012, 172; *Lange* in Dutta/Herrler Rz 10 f; *Dutta* in MünchKommBGB[6] Vor Art 62 EuErbVO Rz 5 und 10 mwN.
31 *Rudolf*, NZ 2013/103, 239 f.

EuErbVO aus. Nach ErwGr 19 soll das Recht des registerführenden Mitgliedstaats für die deklaratorische oder konstitutive Wirkung der Eintragung ebenso maßgebend sein wie für den Zeitpunkt des Erwerbs, wenn nach dem Recht des registerführenden Mitgliedstaats der Erwerb eines Rechts an einer unbeweglichen Sache die Eintragung in einem Register erfordert.

Angesichts der EuErbVO wird nun insb zu klären sein, welche Wirkung der Eintragung von Rechten an unbeweglichem Vermögen in Österreich zukommt und in welchem Zeitpunkt der Eigentumserwerb als vollzogen gilt bei

- Vorliegen eines ENZ, dem – im Gegensatz zum konstitutiven Erbschaftserwerb mit Einantwortung, die als originärer Rechtserwerb sogar das grundbücherliche Eintragungsprinzip durchbricht – lediglich deklarative Wirkung zukommt,[32]
- Vorliegen eines nach der EuErbVO anzuerkennenden oder anzunehmenden ausländischen Titels, oder
- Anwendbarkeit eines Rechts, das einen ipso iure-Erwerb vorsieht, da das nach Kapitel III der EuErbVO anwendbare Recht auch für den Übergang der zum Nachlass gehörenden Vermögenswerte, Rechte und Pflichten auf die Erben maßgebend ist (Art 23 Abs 2 lit e).
- Der in der Umsetzung der EuErbVO geradezu minimalistisch anmutende österr Gesetzgeber will sich einer näheren Auseinandersetzung mit diesem Problembereich offensichtlich nicht stellen und lässt die vom Verordnungsgesetzgeber eröffneten Regelungsmöglichkeiten weitgehend ungenützt.

Nach § 31 Abs 1 GBG[33] kann die **Einverleibung von Rechten im Grundbuch** grundsätz- **22** lich nur aufgrund öffentlicher Urkunden oder solcher Privaturkunden geschehen, auf denen die Unterschriften der Parteien gerichtlich oder notariell beglaubigt sind. Das ENZ muss nicht zwingend eine öffentliche Urkunde sein.[34] Anstatt der zu erwartenden eingehenden Ausführungsgesetzgebung erhebt der nationale Gesetzgeber „Europäische Nachlasszeugnisse und Erbenbescheinigungen von Behörden, die nach der EuErbVO zur Ausstellung zuständig sind" in der Neufassung des § 33 Abs 1 lit d GBG mit dem ErbRÄG 2015 als „andere Urkunden, die die Eigenschaft eines gerichtlich vollziehbaren Anspruchs einer öffentlichen Behörde haben" kurzerhand zu **„öffentlichen Urkunden, aufgrund deren Einverleibungen stattfinden können".** Nach den ErlRV[35] bewirke diese Regelung für sich keine Änderung der Rechtslage, sondern diene allein der Klarstellung. Die Frage nach der (konstitutiven oder deklarativen) Wirkung der Eintragung von Rechten in das Grundbuch oder dem Zeitpunkt des Erwerbs von Rechten an unbeweglichem Nachlassvermögen bleibt damit unbeantwortet bzw dem auf die Rechtsnachfolge von Todes wegen anwendbaren Recht anheim gestellt.

In Bezug auf **Eintragungen in das Firmenbuch** aufgrund eines ENZ wurde vom nationalen **23** Gesetzgeber, soweit ersichtlich, auf eine Anpassung verzichtet. Für Anmeldungen zur Eintragung in das Firmenbuch werden daher die allgemeinen Antragserfordernisse gelten.[36]

---

32 *Schauer,* JEV 2012, 89.
33 BGBl 1955/39 idF BGBl I 2012/30.
34 Vgl auch *Rechberger/Kieweler,* Das Europäische Nachlasszeugnis, in *Rechberger/Zöchling-Jud* 312 f.
35 ErlRV 688 BlgNR 25. GP 46 zu § 33 GBG.
36 Vgl insb § 11 Abs 2 UGB; § 16 Abs 1 FBG.

24 Gesetzlicher Regelungsbedarf iZm dem ENZ wird – bis zur Harmonisierung des Kollisions-rechts im Bereich des Ehegüterrechts und des Güterrechts eingetragener Partnerschaften[37] – auch im **güterrechtlichen Bereich** geortet.[38] Fragen des ehelichen Güterrechts sowie des Gü-terrechts aufgrund von Verhältnissen, die nach dem auf diese Verhältnisse anzuwendenden Recht mit der Ehe vergleichbare Wirkungen entfalten, sind nach Art 1 Abs 2 lit d zwar vom Anwendungsbereich der EuErbVO ausgenommen, nach ErwGr 12 sollte jedoch die Beendi-gung des ehelichen oder sonstigen Güterstandes des Erblassers nach den Umständen des Einzelfalls bei der Bestimmung des Nachlasses und der jeweiligen Anteile der Berechtigten berücksichtigt werden; soweit dies für die Zwecke, zu denen ein ENZ ausgestellt wird, erfor-derlich ist, sind güterrechtliche Angaben auch in das ENZ aufzunehmen (Art 68 lit h und l).

25 Gegenstand nationaler Ausführungsgesetzgebung zum ENZ ist weiters die Schaffung eines entsprechenden **Gebührentatbestandes** (Gerichts-/Gerichtskommissionsgebühren) für das Verfahren zur Ausstellung bzw die Ausstellung des ENZ. Von einer entsprechenden Ände-rung des GGG wird, offensichtlich angesichts der Zuständigkeitsregelung für die Ausstellung des ENZ, Abstand genommen. Im **GKTG** erfolgt eine tarifliche Gleichstellung der Ausstel-lung des ENZ mit jener einer Amtsbestätigung nach § 172 AußStrG (§ 16 GKTG idF Erb-RÄG 2015);[39] der mit der Ausstellung eines ENZ verbundene Aufwand wird freilich unver-gleichbar höher sein.

II. Begriff, Normzweck, Rechtsnatur

A. Begriff und Normzweck

26 Die EuErbVO enthält **keine Legaldefinition** des ENZ.

27 Begrifflich umschrieben werden könnte das ENZ als (nicht vollstreckbares[40]) Schriftstück, das vom Gericht eines Mitgliedstaats oder einer anderen Behörde, die nach innerstaatlichem Recht für Erbsachen zuständig ist, über Antrag ausgestellt wird und zum Nachweis bestimm-ter Rechtsstellungen, Rechte und/oder Befugnisse von am Nachlass oder Nachlassverfahren beteiligten Personen in einem anderen Mitgliedstaat dient.[41]

28 Der **Zweck des ENZ,** das als Rechtsnachweis sui generis[42] entsprechend dem idealtypischen Gedanken der Nachlasseinheit bzw eines One-Stop-Shop in allen Mitgliedstaaten einheitliche Wirkungen entfaltet, liegt in einer Vereinfachung des Nachweises der Rechtsstellung bzw Rechte des Erben, des Vermächtnisnehmers mit unmittelbarer Berechtigung am Nachlass so-

---

37 Vorschlag v 16. 3. 2011 für eine Verordnung des Rates über die Zuständigkeit, das anzuwendende Recht, die Anerkennung und die Vollstreckung von Entscheidungen im Bereich des Ehegüterrechts KOM(2011) 126 endgültig, Vorschlag v 16. 3. 2011 für eine Verordnung des Rates über die Zustän-digkeit, das anzuwendende Recht, die Anerkennung und die Vollstreckung von Entscheidungen im Bereich des Güterrechts eingetragener Partnerschaften KOM(2011) 127 endg.

38 *Dutta* in MünchKommBGB[6] Art 63 EuErbVO Rz 8; *Odersky,* notar 2013, 3 f; *Dörner,* ZEV 2012, 508; Dörner in *Dutta/Herrler* Rz 17 ff; *Kunz,* GPR 2012, 254; *Süß,* ZEuP 2013, 741 f; *Kleinschmidt,* RabelsZ 77 (2013) 752 f; *Dorsel,* Europäisches Nachlasszeugnis 23 f; *Tremosa* in CNUE 78; zum Spannungs-verhältnis zwischen Erb- und Güterrechtsstatut weiters *Kowalczyk,* GPR 2012, 212 ff.

39 Für die Sicherung der Verlassenschaft und einstweilige Maßnahmen bei ausländischer Zuständigkeit wird mit dem neuen § 22 Abs 2 GKTG idF ErbRÄG 2015 ein eigener Gebührentatbestand geschaf-fen.

40 Nach ErwGr 71 sollte das ENZ als solches keinen vollstreckbaren Titel darstellen.

41 Siehe auch *Schauer,* EF-Z 2012/154, 245; *Schauer* in *Schauer/Scheuba* 75.

42 *Dutta* in MünchKommBGB[6] Vor Art 62 EuErbVO Rz 1; *Lange,* DNotZ 2012, 170.

wie der Befugnisse des Testamentsvollstreckers und des Nachlassverwalters in anderen (an der EuErbVO teilnehmenden) Mitgliedstaaten (Art 63) und damit in einer Beschleunigung und (erhofften) effektiveren sowie kostengünstigeren Abwicklung grenzüberschreitender Erbfälle.

B. Rechtsnatur

Die **Rechtsnatur des ENZ** ist nicht eindeutig.[43]　　　　　　　　　　　　　　**29**

ErwGr 71 stellt klar, dass das ENZ **in allen Mitgliedstaaten dieselbe Wirkung** entfaltet　**30** (Art 62 Abs 3 und Art 69 Abs 1) und **keinen vollstreckbaren Titel** darstellt; es soll aber Beweiskraft besitzen und die Vermutung gelten, dass das ENZ jene Sachverhalte zutreffend ausweist, die nach dem auf die Rechtsnachfolge von Todes wegen anzuwendenden Recht oder einem anderen auf spezifische Sachverhalte anzuwendenden Recht festgestellt wurden. Das ENZ ist vom Charakter her somit eine **deklarative Legitimations- und Beweisurkunde;**[44] nach *Dutta*[45] stellt es keine Rechtsposition fest, sondern schafft nur ein „**Nachweisinstrument im Außenverhältnis**".

Das ENZ stellt – im Gegensatz zum Kommissionsvorschlag,[46] in dem noch von „gültigem　**31** Titel für die Umschreibung oder für die Eintragung des Erwerbs von Todes wegen" die Rede war – nunmehr ein „**wirksames Schriftstück" für Registereintragungen** dar.

Ob das ENZ eine **öffentliche Urkunde** ist, wird davon abhängen, wie das Verfahren zur　**32** Ausstellung des ENZ im jeweiligen Mitgliedstaat konzipiert ist.[47]

Ein von einem österr (Bezirks-)Gericht oder von einem Notar als Gerichtskommissär ausgestelltes ENZ wird als öffentliche Urkunde zu qualifizieren sein, da es von einer öffentlichen Behörde innerhalb der Grenzen ihrer Amtsbefugnisse bzw von einer mit öffentlichem Glauben versehenen Person innerhalb des ihr zugewiesenen Geschäftskreises in der vorgeschriebenen Form errichtet wird.[48]

Es wäre damit, ohne weitere Voraussetzungen, jedenfalls eine grundbuchsfähige Urkunde[49].

III. Anwendungsbereich

Es ist evident, dass im ENZ nur Rechtsstellungen bescheinigt werden können, die in den　**33** Anwendungsbereich der EuErbVO fallen, und sich die Wirkungen des ENZ nicht auf Elemente erstrecken können, die nicht durch die EuErbVO geregelt werden.[50] Als nicht durch die EuErbVO geregelt sieht ErwGr 71 etwa die Frage des Status oder, ob ein bestimmter Ver-

---

43　*Dorsel,* Europäisches Nachlasszeugnis 2; *Dorsel,* ZErb 2014, 212.
44　Zur deklarativen Wirkung des ENZ vgl *Schauer,* JEV 2012, 89; *Buschbaum/Kohler,* GPR 2012, 168; *Lange,* ZEV 2012, 175.
45　*Dutta* in MünchKommBGB[6] Art 64 EuErbVO Rz 9.
46　Vorschlag der Kommission für eine Verordnung des Europäischen Parlaments und des Rates über die Zuständigkeit, das anzuwendende Recht, die Anerkennung und die Vollstreckung von Entscheidungen und öffentlichen Urkunden in Erbsachen sowie zur Einführung eines Europäischen Nachlasszeugnisses, KOM(2009) 154 endg.
47　*Müller-Lukoschek,* EU-Erbverordnung § 2 Rz 364; *Dorsel,* Europäisches Nachlasszeugnis 2 f.
48　Zur Definition der öffentlichen Urkunde vgl §§ 292 ff ZPO.
49　Vgl auch § 33 Abs 1 lit d GBG idF ErbRÄG 2015. Zu den Erwägungen zum ENZ im dt Grundbuchsverfahren vgl zB *Müller-Lukoschek,* EU-Erbverordnung § 2 Rz 363 ff unter Hinweis auf Art 1 Abs 2 lit k und l sowie die ErwGr 18 und 20; *Wilsch,* ZEV 2012, 530 f.
50　*Dutta* in MünchKommBGB[6] Art 63 EuErbVO Rz 8; *Janzen,* DNotZ 2012, 493.

mögenswert dem Erblasser gehörte oder nicht. Die Einschränkungen im Anwendungsbereich des ENZ sind jedoch viel weitreichender.

34 Nach Art 83 findet die EuErbVO auf die Rechtsnachfolge von Personen Anwendung, die am 17. 8. 2015 oder danach verstorben sind; **zeitlich** steht das ENZ daher erst für **Sterbefälle ab 17. 8. 2015** zur Verfügung.

35 **Räumlich** gelangt das ENZ in **allen EU-Mitgliedstaaten** zum Einsatz, **ausgenommen Großbritannien, Irland** (ErwGr 82) und **Dänemark** (ErwGr 83). Inwieweit das ENZ im Wege der Anerkennung auch in den an der EuErbVO nicht teilnehmenden Mitgliedstaaten und/oder in Drittstaaten Wirkungen entfalten wird, wird die Praxis zeigen.

36 **Sachlich** anzuwenden ist die EuErbVO auf die „Rechtsnachfolge von Todes wegen", worunter nach Art 3 Abs 1 lit a „jede Form des Übergangs von Vermögenswerten, Rechten und Pflichten von Todes wegen, sei es im Wege der gewillkürten Erbfolge durch eine Verfügung von Todes wegen oder im Wege der gesetzlichen Erbfolge" zu verstehen ist. Dies lässt primär einen ebenso weiten sachlichen Anwendungsbereich des ENZ annehmen, was jedoch, nicht zuletzt aufgrund der dem ENZ durch Art 63 und Art 68 gesetzten **inhaltlichen Schranken,** nicht zutrifft. Aus der **Beschränkung des Personenkreises,** dessen Rechtsstellung, Rechte und/oder Befugnisse mittels ENZ nachgewiesen werden können – es sind dies eben nur **Erben, Vermächtnisnehmer mit unmittelbarer Berechtigung am Nachlass, Testamentsvollstrecker** und **Nachlassverwalter** – folgt va, dass das ENZ nicht für jede Form des Rechtserwerbes von Todes wegen ausgestellt werden kann (zum Erwerb durch den Damnationslegatar s Art 62 Rz 58, Art 63 Rz 27 ff; zum Erwerb mit Überlassung an Zahlungs statt s Art 62 Rz 39 und 60, Art 65 Rz 8).

37 Auch die **Ausnahmen vom Anwendungsbereich** nach **Art 1 Abs 2** sind beim ENZ immer mitzudenken. So wird das ENZ zB nicht zum Nachweis der materiellen Gültigkeit einer mündlichen letztwilligen Verfügung (Ausnahme nach Art 1 Abs 2 lit f) oder von nach Art 1 Abs 2 lit h vom Anwendungsbereich der EuErbVO ausgenommenen Fragen des Gesellschaftsrechts dienen können.

38 Von der EuErbVO unberührt bleibt die **Anwendung internationaler Übereinkommen** (Art 75 Abs 1); ausschließlich zwischen zwei oder mehreren Mitgliedstaaten geschlossenen Übereinkünften geht die EuErbVO jedoch vor (Art 75 Abs 2). Vorrangige internationale Übereinkommen können hinsichtlich des ENZ gegebenenfalls wegen von der EuErbVO abweichender Zuständigkeits- und Kollisionsnormen[51] problematisch werden. Allfällige staatsvertragliche Erbnachweise würden das ENZ als solches hingegen nicht berühren und, wie nationale Erbnachweise, neben dieses treten.

39 Die EuErbVO lässt weiters die **EuInsVO**[52] unberührt (Art 76). Der EuInsVO unterliegende Nachlassinsolvenzverfahren fallen somit nicht in den Anwendungsbereich der EuErbVO.[53] Nach ihrem Art 1 Abs 1 gilt die EuInsVO für Gesamtverfahren, die die Insolvenz des Schuldners voraussetzen und den vollständigen oder teilweisen Vermögensbeschlag gegen den Schuldner sowie die Bestellung eines Verwalters zur Folge haben („Insolvenzverfahren"), wobei die konkreten Verfahren in der DurchführungsVO (EU) 663/2014 des Rates v 5. 6.

---

51 Vgl *Dutta* in MünchKommBGB[6] Art 62 EuErbVO Rz 11.
52 VO (EG) 1346/2000 des Rates v 29. 5. 2000 über Insolvenzverfahren, ABl L 2000/160, 1.
53 Vgl *Dutta* in MünchKommBGB[6] Art 76 EuErbVO Rz 4.

2014[54] genannt sind. Für Österreich sind dies das Konkursverfahren (Insolvenzverfahren), das Sanierungsverfahren ohne Eigenverwaltung (Insolvenzverfahren), das Sanierungsverfahren mit Eigenverwaltung (Insolvenzverfahren), das Schuldenregulierungsverfahren, das Abschöpfungsverfahren und das Ausgleichsverfahren. Das Verfahren auf Überlassung an Zahlungs statt iSd §§ 154 f AußStrG findet in der vorgenannten DurchführungsVO keine Erwähnung, sodass davon auszugehen ist, dass dieses nicht der EuInsVO unterliegt, sondern als die „Rechtsnachfolge von Todes wegen" betreffendes Verfahren unter die EuErbVO zu subsumieren ist, auch wenn es prima vista nicht ganz der Definition des Anwendungsbereiches der EuErbVO (Art 1 Abs 1, Art 3 Abs 1 lit a) entspricht. Vom Anwendungsbereich des ENZ sind die Rechte bzw die Rechtsstellung von Gläubigern sowie der Eigentumserwerb an Nachlassgegenständen durch diese jedoch, wie noch darzulegen sein wird, nicht umfasst.

IV. Charakteristika des ENZ

Aus Art 62 ergeben sich die wesentlichen Charakteristika bzw materiellen Voraussetzungen des ENZ.   **40**

Das ENZ   **41**

- wird **zur Verwendung in einem anderen Mitgliedstaat** ausgestellt (Art 62 Abs 1),
- ist **nicht verpflichtend** (Art 62 Abs 2),
- **tritt nicht an die Stelle** der **innerstaatlichen Schriftstücke,** die in den Mitgliedstaaten zu ähnlichen Zwecken verwendet werden (Art 62 Abs 3) und
- **hat in allen** (an der EuErbVO teilnehmenden) **Mitgliedstaaten dieselben Wirkungen** (Art 62 Abs 1 und 3).

A. Verwendung in einem anderen Mitgliedstaat

Art 62 Abs 1 stellt mit dem Erfordernis der Ausstellung des ENZ „zur Verwendung in einem anderen Mitgliedstaat" – im Gegensatz zum Kommissionvorschlag[55] – klar, dass ein ENZ bei reinen Binnensachverhalten nicht zu erteilen ist, sondern dessen Ausstellung einen **grenzüberschreitenden Bezug zu einem anderen Mitgliedstaat** voraussetzt.[56]   **42**

Ein solcher **grenzüberschreitender Bezug** wird immer dann gegeben sein, wenn sich Nachlassgegenstände in mehr als einem Mitgliedstaat befinden; der bloße Aufenthalt des ASt in einem anderen Mitgliedstaat wird bei Belegenheit des gesamten Nachlassvermögens im Ausstellungsstaat hingegen nicht ausreichen.[57]   **43**

---

54 DurchführungsVO (EU) 663/2014 des Rates v 5. 6. 2014 zur Ersetzung der Anhänge A, B und C der VO (EG) 1346/2000 über Insolvenzverfahren.

55 Art 36 Z 1 des Vorschlages der Kommission für eine Verordnung des Europäischen Parlaments und des Rates über die Zuständigkeit, das anzuwendende Recht, die Anerkennung und die Vollstreckung von Entscheidungen und öffentlichen Urkunden in Erbsachen sowie zur Einführung eines Europäischen Nachlasszeugnisses, KOM(2009) 154 endg.

56 *Köhler* in *Kroiß/Horn/Solomon* Art 62 EuErbVO Rz 2; *Buschbaum/Kohler,* GPR 2010, 166; *Schauer,* JEV 2012, 88; *Schauer* in *Schauer/Scheuba* 79 f; *Kleinschmidt,* RabelsZ 77 (2013) 746; *Müller-Lukoschek,* EU-Erbverordnung § 2 Rz 318; *Dorsel,* Europäisches Nachlasszeugnis 19; *Rudolf,* NZ 2013/103, 238.

57 *Kleinschmidt,* RabelsZ 77 (2013) 786.

44 *Dutta*[58] verweist mE zu Recht darauf, dass Art 62 Abs 1 selbst praktisch geringe Bedeutung entfalten wird. Das Erfordernis der „Verwendung in einem anderen Mitgliedstaat" wird vielmehr konkretisiert durch

- Art 63 Abs 1, demzufolge das ENZ zur Verwendung durch Erben, Vermächtnisnehmer mit unmittelbarer Berechtigung am Nachlass und durch Testamentsvollstrecker und Nachlassverwalter bestimmt ist, die sich **in einem anderen Mitgliedstaat auf ihre Rechtsstellung berufen** oder ihre Rechte als Erben oder Vermächtnisnehmer oder ihre Befugnisse als Testamentsvollstrecker oder Nachlassverwalter **ausüben müssen,**
- die Notwendigkeit der Prüfung der Berechtigung und der Angaben des ASt (und damit wohl auch der Ausstellungsvoraussetzungen nach Art 63 Abs 1) durch die Ausstellungsbehörde (Art 65 Abs 1, Art 66 Abs 1), sowie
- Art 65 Abs 3 lit f, demzufolge bei der Antragstellung der beabsichtigte Zweck des ENZ nach Art 63 anzugeben ist.

45 Zur Verwendung in **Drittstaaten** kann ein ENZ ebenso wenig ausgestellt werden wie zur Verwendung in den an der EuErbVO nicht teilnehmenden Mitgliedstaaten **Großbritannien, Irland** (ErwGr 82) und **Dänemark** (ErwGr 83). In Bezug auf Drittstaaten ergibt sich dies aus dem eindeutigen Wortlaut der EuErbVO (Art 62 Abs 1, Art 63 Abs 1), in Bezug auf die an der EuErbVO nicht teilnehmenden Mitgliedstaaten daraus, dass auch diese an die EuErbVO nicht gebunden sind, das ENZ in diesen – außer im Fall einer Anerkennung – keinerlei Wirkungen entfaltet und eine im Vergleich zu Drittstaaten ungleiche Behandlung sachlich nicht zu rechtfertigen wäre.[59]

B. Fakultative Natur des ENZ

46 Nach Art 62 Abs 2 ist die Verwendung des ENZ **nicht verpflichtend.** IS des ErwGr 69 bedeutet dies, dass es den zum Antrag auf Ausstellung eines ENZ Berechtigten – den geforderten grenzüberschreitenden Bezug vorausgesetzt – freisteht, ein ENZ zu beantragen oder die anderen nach der EuErbVO zur Verfügung stehenden Instrumente (Entscheidung,[60] öffentliche Urkunde[61] und gerichtlicher Vergleich[62]) zu verwenden.

Findet man also mit einem nationalen Erbnachweis (zB Einantwortungsbeschluss, Amtsbestätigung über die Vertretungsbefugnis iSd § 172 AußStrG, Beschluss über die Bestellung als Verlassenschaftskurator) das Auslangen, wird sich der Antrag auf Ausstellung eines ENZ erübrigen.

47 Eine Behörde oder Person, der ein in einem anderen Mitgliedstaat ausgestelltes ENZ vorgelegt wird, kann nicht verlangen, dass an Stelle des ENZ eine Entscheidung, eine öffentliche

---

58 *Dutta* in MünchKommBGB[6] Art 62 EuErbVO Rz 3.

59 Vgl auch *Schauer* in *Schauer/Scheuba* 79 f.

60 „Entscheidung" iSd Art 3 Abs 1 lit g bezeichnet jede von einem Gericht eines Mitgliedstaats in einer Erbsache erlassene Entscheidung ungeachtet ihrer Bezeichnung einschließlich des Kostenfestsetzungsbeschlusses eines Gerichtsbediensteten.

61 „Öffentliche Urkunde" iSd Art 3 Abs 1 lit i bezeichnet „ein Schriftstück in Erbsachen, das als öffentliche Urkunde in einem Mitgliedstaat förmlich errichtet oder eingetragen worden ist und dessen Beweiskraft sich auf die Unterschrift und den Inhalt der öffentlichen Urkunde bezieht und durch eine Behörde oder eine andere vom Ursprungsmitgliedstaat hierzu ermächtigte Stelle festgestellt worden ist".

62 „Gerichtlicher Vergleich" iSd Art 3 Abs 1 lit h bezeichnet einen von einem Gericht gebilligten oder vor einem Gericht im Laufe eines Verfahrens geschlossenen Vergleich in einer Erbsache.

Urkunde oder ein gerichtlicher Vergleich vorgelegt wird (ErwGr 69). Aufgrund des offensichtlichen Nebeneinanders von nationalen Nachweisen und ENZ stellt sich aber umgekehrt die Frage, ob und inwieweit bei Vorlage eines ausländischen Erbnachweises, der nach Art 39 anzuerkennen oder nach Art 59 anzunehmen wäre, die Vorlage eines ENZ verlangt werden kann.

Müller-Lukoschek[63] geht davon aus, dass es dem Rechtsverkehr, jedenfalls immer dann, wenn für die Erbfolge ausländisches Recht maßgebend ist, möglich sein muss, die Vorlage eines ENZ zu verlangen und begründet dies damit, dass der inländische Rechtsverkehr die Wirkungen eines ausländischen Erbnachweises nicht kenne, wohl aber jene des ENZ.

ME würde jeder Zwang zur Vorlage eines ENZ anstelle eines nationalen Erbnachweises der eindeutigen Regelung des Art 62 Abs 2 zuwiderlaufen. Die Wahl muss daher grundsätzlich bei demjenigen bleiben, der die entsprechende(n) Rechte, Rechtsstellung und/oder Befugnisse in einem anderen Mitgliedstaat nachweisen möchte. Für die Wahl ausschlaggebend sein werden dabei neben der Frage der Akzeptanz, der zu erwartenden Verfahrensdauer und der Kosten des jeweiligen Verfahrens, va auch die Wirkungen des jeweiligen nationalen Erbnachweises einerseits und des ENZ (Legitimations- und Beweiswirkung, Gutgläubenswirkung, Vertrauensschutz) andererseits. Faktisch wird die Wahlmöglichkeit freilich in jenen Fällen eingeschränkt sein, in denen ein nationaler Erbnachweis in einem anderen Mitgliedstaat den gewünschten Effekt (zB eine Registereintragung oder auch nur eine Beauskunftung durch eine Bank) nicht herbeizuführen vermag.[64] Eine Rolle spielen wird auch, ob und inwieweit nationale Erbnachweise zukünftig ipso iure nach Art 39 anerkannt oder nach Art 59 angenommen werden.

C. Subsidiarität, Verhältnis zu nationalen (Erb-)Nachweisen

1. Subsidiaritätsprinzip

Nach Art 62 Abs 3 tritt das ENZ als **optionales Rechtsinstrument** – entsprechend dem **Subsidiaritätsprinzip** des Art 5 Abs 2 und 3 EUV – ausdrücklich nicht an die Stelle der innerstaatlichen Schriftstücke, die in den Mitgliedstaaten zu ähnlichen Zwecken verwendet werden.   **48**

2. Verhältnis des ENZ zu nationalen (Erb-)Nachweisen

Nach seiner Ausstellung zur Verwendung in einem anderen Mitgliedstaat entfaltet das ENZ   **49**
seine **Wirkungen in allen Mitgliedstaaten,** auch dem Ausstellungsstaat (Art 62 Abs 3), ohne dass es eines besonderen Verfahrens bedarf (Art 69 Abs 1).

Das ENZ in seiner endgültigen Konzeption (Art 62 Abs 3, Art 69 Abs 1, ErwGr 71) ist somit   **50**
nicht, wie ursprünglich zT angenommen, eine Art Rucksack, der einem nationalen Erbnachweis kurzfristig umgeschnallt wird, wenn er im Ausland verwendet werden soll[65] oder akzessorisch zum jeweiligen nationalen Erbnachweis, sodass sich notwendigerweise die Frage des **Verhältnisses des ENZ** zu den bestehenden **nationalen Nachweisen** stellt, die vor, parallel

---

63 *Müller-Lukoschek*, EU-Erbverordnung § 2 Rz 306.
64 Siehe *Kleinschmidt*, RabelsZ 77 (2013) 774.
65 *Fötschl* in *Bonomi/Schmidt* 104 spricht von „a sort of short-term backpacker strapped to the shoulders of the natinale certificate"; eine Auffassung, die angesichts des endgültigen Textes der EuErbVO jedoch nicht mehr aufrecht erhalten werden kann; s auch *Kleinschmidt*, RabelsZ 77 (2013) 747 f.

zur und nach der Erteilung eines ENZ ausgestellt werden könnten. Beantwortet wird diese Frage von der EuErbVO nicht.

51 Die Regeln der EuErbVO über die internationale Zuständigkeit und das anwendbare Recht gelten zwar gleichermaßen für die Ausstellung nationaler Erbnachweise wie für das ENZ, doch sind Fälle, in denen es zu einem **Konflikt** zwischen den beiden Rechtsinstituten kommen kann, nur zu leicht vorstellbar. Zu denken ist beispielsweise an ein nationales Verfahren zu einem Zeitpunkt, in dem noch nicht bekannt ist, dass es Nachlassvermögen auch in einem anderen Mitgliedstaat gibt, eine unterschiedliche Interpretation der Regeln der EuErbVO bezüglich der internationalen Zuständigkeit oder einfach nur divergierende Auffassungen bezüglich des gewöhnlichen Aufenthalts des Erblassers im Zeitpunkt seines Ablebens, voneinander abweichende Anträge mehrerer Erben, einer auf Ausstellung eines ENZ, einer auf Erteilung eines nationalen Nachweises, wozu es zumindest in jenen Mitgliedstaaten kommen kann, die kein amtswegiges Verlassenschaftsverfahren kennen, oder unterschiedliche Regelungsinhalte von nationalem Erbnachweis einerseits und ENZ andererseits.

In Österreich trifft ein grundsätzlich amtswegiges Verlassenschaftsverfahren auf ein über Antrag auszustellendes ENZ, was naturgemäß zu Problemen führen kann.

Stehen ENZ und vergleichbare nationale Nachweise nun also in Konkurrenz, nebeneinander im Alternativverhältnis oder ist von einer Koexistenz bzw hinsichtlich des ENZ von einem „ergänzenden Angebot der Rechtsordnung"[66] auszugehen?

52 *Buschbaum/Kohler*[67] gehen, allerdings noch zum Verordnungsvorschlag der Kommission,[68] von einem **Konkurrenzverhältnis** zwischen ENZ und nationalen Erbnachweisen aus[69] und begrüßen dieses in Bezug auf grenzüberschreitende Erbfälle, warnen jedoch davor, dass inhaltliche Unterschiede und differierende Wirkungen nationaler Erbnachweise und des ENZ zu grundsätzlichen Widersprüchen bzw einer „unüberschaubaren Gemengelage" und damit erheblichen Problemen für die Praxis führen können. Es spreche im Ergebnis nichts dagegen, den Anwendungsbereich des ENZ auf grenzüberschreitende Nachlassfälle zu beschränken; für bloße Binnensachverhalte könne und solle es hingegen bei bewährten nationalen Instrumenten bleiben.[70] Als Lösungsansatz verweisen sie auf die EuVTVO.[71] Auch *Rechberger*[72] konzediert, dass sich mit diesem Lösungsweg Widersprüche zwischen nationalem Erbnachweis und ENZ vermeiden ließen und diese Lösung auch jenen Mitgliedstaaten entgegenkäme, die keinen gerichtlich oder notariell ausgestellten Erbrechtsnachweis kennen.

Da die EuErbVO für die Ausstellung des ENZ nunmehr eindeutig einen grenzüberschreitenden Bezug fordert (Art 62 Abs 1, Art 63 Abs 1; ErwGr 67), wird es bei **reinen Inlandsfällen** bei den jeweiligen nationalen (Erb-)Nachweisen bleiben; ist das ENZ jedoch einmal erteilt, erstrecken sich seine Wirkungen aufgrund der ausdrücklichen Anordnung in Art 62 Abs 3

---

66 *Schauer*, JEV 2012, 89; *Schauer* in *Schauer/Scheuba* 77.

67 *Buschbaum/Kohler*, GPR 2010, 166 und 210; auch *Rechberger/Kieweler*, Das Europäische Nachlasszeugnis, in *Rechberger/Zöchling-Jud* 314 ff gehen von einer „Konkurrenzsituation" aus.

68 Vorschlag der Kommission für eine Verordnung des Europäischen Parlaments und des Rates über die Zuständigkeit, das anzuwendende Recht, die Anerkennung und die Vollstreckung von Entscheidungen und öffentlichen Urkunden in Erbsachen sowie zur Einführung eines Europäischen Nachlasszeugnisses, KOM(2009) 154 endg.

69 So auch *Lange* in *Dutta/Herrler* Rz 47; *Lange*, DNotZ 2012, 168, 175.

70 *Buschbaum/Kohler*, GPR 2010, 166.

71 Zust *Frodl*, ÖJZ 2012/108, 958.

72 *Rechberger*, ÖJZ 2012/3, 18.

und Art 69 Abs 1 unweigerlich auch auf den Ausstellungsstaat; für eine Analogie zum Europäischen Vollstreckungstitel bleibt aufgrund der endgültigen Fassung der EuErbVO kein Raum.

Während *Köhler*[73] nationale Erbnachweise, soweit sie mit öffentlichem Glauben ausgestattet **53** sind, und das ENZ grundsätzlich als „gleichwertige Alternativen" zur grenzüberscheitenden Nachlassabwicklung innerhalb der EU sieht, hält *Kleinschmidt*[74] die Ansicht von einem **Nebeneinander** nationaler Systeme und dem ENZ **in einem Alternativverhältnis** für die einzige mit der EuErbVO kompatible Lösung. Entscheide sich der ASt für das ENZ, sei er in keinem Mitgliedstaat mehr auf einen nationalen Erbnachweis angewiesen. Bei Einhaltung der Zuständigkeitsvorschriften der EuErbVO könne ein Konflikt zwischen nationalem Nachweis und ENZ nur innerhalb eines Mitgliedstaats auftreten;[75] ein von einem nach der EuErbVO unzuständigen Mitgliedstaat erteiltes ENZ müsse, bevor ein solches im eigentlich zuständigen Mitgliedstaat beantragt werden könne, beseitigt werden. Wurde vor einem Antrag auf Ausstellung eines ENZ bereits ein nationaler Erbnachweis ausgestellt, sollte der nationale Erbnachweis – so *Kleinschmidt*[76] – von dem weitergehenden ENZ abgelöst werden; wurde hingegen ein ENZ zuerst ausgestellt, setze die Erteilung eines nationalen Erbnachweises die vorherige Aufhebung des ENZ voraus.

Diese Auffassung übersieht mE, dass es aufgrund unterschiedlicher inhaltlicher Ausgestaltung sowie mangelnder Funktionsäquivalenz nationaler (Erb-)Nachweise und des ENZ in manchen Fällen zu einem (auch ergänzenden) Nebeneinander kommen kann oder sogar kommen muss.[77]

Dutta[78] folgert aus dem Schweigen des Verordnungsgebers über das Verhältnis nationaler **54** Erbnachweise zum ENZ, mE zu Recht, dass diese in einem **„System der Koexistenz"** vollkommen unabhängig voneinander beantragt werden und unabhängig voneinander existieren können, deren Wirkungen jedoch der **Koordination** bedürfen.[79] *Schauer*[80] sieht im ENZ ein **ergänzendes Angebot der Rechtsordnung,** das wegen der Standardisierung seines Inhalts und seiner Rechtsfolgen eine erhöhte Akzeptanz in den anderen Mitgliedstaaten erwarten lässt, was ebenfalls für die Koexistenzlösung spricht.

Unproblematisch werden all jene Fälle sein, in denen der jeweilige nationale Erbnachweis und das ENZ entweder hinsichtlich der bescheinigten Rechtspositionen inhaltlich übereinstimmen oder nur deshalb nicht deckungsgleich sind, weil sie einander nicht überlappende unterschiedliche Inhalte haben.[81] Aus österr Sicht wäre dies zB bei einem Aufeinandertreffen einer Amtsbestätigung iSd § 182 Abs 3 AußStrG betreffend ein Damnationslegat und einem ENZ, mit dessen Hilfe aufgrund der ausdrücklichen Anordnung des Art 63 Abs 1 nur die Rechte/Rechtsstellung eines Vermächtnisnehmers mit unmittelbarer Berechtigung am Nachlass und somit eines Vindikationslegatars bescheinigt werden könnten, der Fall.

---

73 *Köhler* in *Kroiß/Horn/Solomon* Art 62 EuErbVO Rz 4.
74 So *Kleinschmidt,* RabelsZ 77 (2013) 748 ff.
75 So auch *MPI,* RabelsZ 74 (2010) 701.
76 *Kleinschmidt,* RabelsZ 77 (2013) 749.
77 Siehe zB das Beispiel bei *Buschbaum/Kohler,* GPR 2010, 210 f, anhand des französischen legs particulier.
78 *Dutta* in MünchKommBGB[6] Art 62 EuErbVO Rz 8 ff und Vor Art 62 EuErbVO Rz 11.
79 *Dutta* in MünchKommBGB[6] Art 62 EuErbVO Rz 12.
80 *Schauer,* JEV 2012, 89; *Schauer* in *Schauer/Scheuba* 77.
81 Vgl *Dutta* in MünchKommBGB[6] Art 62 EuErbVO Rz 13.

Als schwieriger erweist sich eine Koordination nationaler Erbnachweise mit dem ENZ, wenn diese einander widersprechende Inhalte aufweisen oder sonst miteinander unvereinbar sind. Hiezu kann es etwa kommen, wenn unterschiedliche Mitgliedstaaten eine internationale Zuständigkeit nach der EuErbVO beanspruchen, innerstaatlich mehrere örtliche oder sachliche Zuständigkeiten bestehen oder in der Sache selbst sukzessive verschiedene Entscheidungen ergehen.[82] *Dutta*[83] erkennt auch diesen divergierenden Erbnachweisen unabhängig voneinander ihre Wirkungen zu; die Vermutungswirkungen der Erbnachweise würden sich, soweit sie im Widerspruch zueinander stehen, aufheben, bei der Gutglaubenswirkung komme es darauf an, ob der Gutglaubenstatbestand und wenn ja, durch wen zuerst, erfüllt wurde.[84] *Schauer*[85] geht im Fall der Konkurrenz innerstaatlicher Schriftstücke und des ENZ hinsichtlich der Wirkungen (Vertrauensschutz) vom Günstigkeitsprinzip aus. Auf Art 71 bis 73 wird verwiesen.

3. Innerstaatliche Schriftstücke

55 „**Innerstaatliche Schriftstücke**", die **zu ähnlichen Zwecken** wie das ENZ verwendet und neben dem ENZ bestehen bleiben werden, werden ausgehend von Art 63 solche sein, die zum Nachweis der Rechtsstellung und/oder Rechte eines Erben, gegebenenfalls eines Vermächtnisnehmers (mit unmittelbarer Berechtigung am Nachlass), und seines jeweiligen Anteils am Nachlass, der Zuweisung bestimmter nachlasszugehöriger Vermögenswerte an Erben oder gegebenenfalls Vermächtnisnehmer sowie der Befugnisse eines Testamentsvollstreckers oder Nachlassverwalters herangezogen werden können.

Im österr Recht kommen hier va in Betracht:

- der Einantwortungsbeschluss (§ 178 AußStrG),
- die vom Notar als Gerichtskommissär auszustellende Amtsbestätigung über die Vertretungsbefugnis (§ 810 ABGB)[86] iSd § 172 AußStrG,
- ein Beschluss nach § 182 Abs 3 AußStrG („Amtsbestätigung") in jenen Fällen, in denen Personen Rechte auf bücherlich zu übertragende Sachen nicht aufgrund der Einantwortung, sondern als Vermächtnisnehmer oder rechtsgeschäftlich erwerben oder im Fall sinngemäßer Anwendung nach § 14 Abs 1 Z 5 WEG 2002,
- ein Beschluss auf Überlassung der Verlassenschaft an Zahlungs statt als weiterer erbrechtlicher Erwerbstitel (§ 798 ABGB idF ErbRÄG 2015 [§ 798a ABGB aF]); §§ 154f AußStrG), aber auch
- ein Beschluss iSd § 153 Abs 2 AußStrG (nach Inkrafttreten des ErbRÄG 2015, soweit er die Ermächtigung enthält, Verlassenschaftsvermögen zu übernehmen, nach § 798 ABGB ebenfalls Erwerbstitel),

---

82 *Dutta* in MünchKommBGB[6] Art 62 EuErbVO Rz 15, der auch aufzeigt, dass im Fall eines positiven Kompetenzkonfliktes hier aus Art 17 nichts zu gewinnen sein dürfte, da die Verfahren zur Erteilung eines ENZ und eines nationalen Erbnachweises unterschiedliche Streitgegenstände haben, aber ev Art 18 in Betracht kommen kann.

83 *Dutta* in MünchKommBGB[6] Art 62 EuErbVO Rz 16.

84 Vgl auch *Lange* in *Dutta/Herrler* Rz 48; zu Fällen echter und unechter Divergenz und deren Auswirkungen s insb auch *Dorsel,* Europäisches Nachlasszeugnis 22 ff; *Dorsel,* ZErb 2014, 221.

85 *Schauer,* EF-Z 2012/154, 250.

86 JGS 1811/946 idF BGBl I 2015/87.

- ein Beschluss des Verlassenschaftsgerichts auf Bestellung eines Verlassenschaftskurators (§ 156 Abs 2, § 157 Abs 4, § 165 Abs 1 Z 6, §§ 173 ff AußStrG) oder eines Separationskurators (§ 175 AußStrG), und
- ein (den Einantwortungsbeschluss korrigierendes) Urteil über eine Erbschaftsklage.

Ob und inwieweit zwischen den bestehenden österr Rechtsinstrumenten und dem ENZ tatsächlich Funktionsäquivalenz besteht, bedarf einer näheren Prüfung.

Ein Vergleich von **Einantwortungsbeschluss** und **ENZ** lässt im Wesentlichen folgende Unterschiede erkennen: **56**

- das ENZ geht inhaltlich (Art 68) weit über den Einantwortungsbeschluss (§ 178 AußStrG) hinaus und zwar nicht nur hinsichtlich der Rechte bzw Rechtsstellung von (Vindikations-) Legataren und der Befugnisse von Testamentsvollstreckern und Nachlassverwaltern, sondern etwa auch bezüglich der Zuweisung von Vermögenswerten an Erben oder gegebenenfalls Vermächtnisnehmer; im **Einantwortungsbeschluss** ist eine Zuweisung von Nachlassgegenständen nicht zwingend vorgesehen; auch auf ein allfälliges Erbteilungsübereinkommen ist lediglich „hinzuweisen" (§ 178 Abs 1 Z 3 AußStrG), ohne auf dessen konkreten Inhalt Bezug zu nehmen;[87]
- Beschränkungen der Rechte/Rechtsstellung des Erben, zB infolge einer fideikommissarischen Substitution (in der Terminologie des ErbRÄG 2015 zukünftig „Nacherbschaft") oder gleichgestellter Anordnungen, können sowohl im Einantwortungsbeschluss (§ 178 Abs 2 Z 1 AußStrG) als auch im ENZ festgehalten werden,
- der **Einantwortungsbeschluss** steht am Ende eines **amtswegigen Verlassenschaftsverfahrens** mit Verlassenschaftsabhandlung und ist insoweit idR **obligatorisch,**[88] wohingegen das **ENZ** dem **Antragsprinzip** folgt, **optional** ist und den Abschluss eines Verfahrens nicht voraussetzt; der Nachweis von Befugnissen eines Testamentsvollstreckers oder Nachlassverwalters etwa, aber auch eines Erben mit Verwaltungs- und Vertretungsbefugnis, wird üblicherweise schon vor Beendigung des Verfahrens erforderlich sein;
- mit (Rechtskraft der) **Einantwortung** tritt die Gesamtrechtsnachfolge des Erben nach dem Erblasser ein,[89] die Einantwortung wirkt insofern **konstitutiv**[90] und führt zu einem **originären Eigentumserwerb** in Durchbrechung des grundbücherlichen Eintragungsprinzips;[91] dem **ENZ** kommt im Gegensatz dazu lediglich **deklarative** Wirkung zu (Bestätigung von Rechten und/oder Rechtsstellungen und/oder Befugnissen), wobei die Art und der Zeitpunkt des Rechtserwerbs aufgrund eines ENZ legistisch zu klären gewesen wären (s Art 62 Rz 21 f; ErwGr 19);
- der **Einantwortungsbeschluss** ist eine **öffentliche Urkunde,** das ENZ nicht notwendigerweise (s Art 62 Rz 32);
- der **Einantwortungsbeschluss** ist – im Gegensatz zum ENZ – ein **vollstreckbarer Titel;**
- der **Einantwortungsbeschluss** und dessen **Ausfertigungen** unterliegen in ihrer Gültigkeit **keiner zeitlichen Beschränkung,** während das **ENZ** in Verwahrung der Ausstellungsbe-

---

87 Vgl auch *Schauer* in *Schauer/Scheuba* 83 f.
88 Außer im Fall der Beendigung des Verfahrens von Amts wegen bei Rechtswahl nach Art 8.
89 Vgl zB *Welser* in *Rummel/Lukas*[4] § 798 Rz 5; *Spruzina* in *Kletečka/Schauer*[1.01] § 797 Rz 5.
90 *Schauer,* JEV 2012, 89; *Süß,* ZEuP 2013, 729.
91 Der Eintragung im Grundbuch kommt lediglich deklarative Wirkung zu (Berichtigung iS § 136 GBG); dies gilt auch für den Erwerb aufgrund eines vor Einantwortung geschlossenen Erbteilungsübereinkommens; vgl OGH 5 Ob 182/09i; *Spruzina* in *Kletečka/Schauer*[1.01] § 819 Rz 24.

hörde verbleibt und im Rechtsverkehr durch **beglaubigte Ausfertigungen mit Ablaufdatum** (reguläre Gültigkeitsdauer nach Art 70 Abs 3 sechs Monate) vertreten wird;

- das **ENZ** ist – ähnlich dem Einantwortungsbeschluss – ausgestattet mit **Beweis- und Legitimationsfunktion,** hat die **Vermutung der Richtigkeit** für sich und **schützt das Vertrauen Dritter,** sofern diesen nicht die Unrichtigkeit des ENZ bekannt oder infolge grober Fahrlässigkeit nicht bekannt war;[92] der Einantwortungsbeschluss bewirkt nach § 824 Satz 2 ABGB ebenfalls einen Vertrauensschutz zugunsten Dritter, der sich auf Rechtshandlungen des Scheinerben, nicht jedoch auf solche des Testamentsvollstreckers oder Nachlassverwalters, bezieht und nach überwiegender Ansicht erst dann entfällt, wenn der Dritte die Unrichtigkeit des Einantwortungsbeschlusses kennt;[93]
- der durch den **Einantwortungsbeschluss** gewährte **Vertrauensschutz** ist – im Gegensatz zu den nur befristet gültigen Ausfertigungen des ENZ nach Art 70 – **unbefristet** und setzt, bei Redlichkeit des Dritten, die Vorlage des Einantwortungsbeschlusses nicht voraus;[94]
- das Rechtsschutz- bzw Rechtsmittelverfahren weist deutliche Unterschiede auf – insb ist im österr Recht ein **Widerruf** des Einantwortungsbeschlusses durch die Ausstellungsbehörde nicht vorgesehen; Art 71 Abs 2 lässt einen solchen bei inhaltlicher Unrichtigkeit des ENZ jedoch zu;
- gleichzeitig mit der Einantwortung sollen auch alle übrigen noch offenen Verfahrenshandlungen, insb die Aufhebung von Sperren, Sicherstellungen (§ 176 Abs 2 AußStrG) und die Bestimmung von Gebühren, vorgenommen werden (§ 178 Abs 3 AußStrG); Angaben darüber enthält das ENZ als rein deklaratives Instrument naturgemäß nicht.

57 Die **Amtsbestätigung über die Vertretungsbefugnis** (§ 810 ABGB) iSd § 172 AußStrG ist den Berechtigten auf deren Verlangen auszustellen. Die erbantrittserklärten Erben haben nach § 810 ABGB ex lege das subjektive Recht auf Benützung, Verwaltung und Vertretung der Verlassenschaft;[95] die Amtsbestätigung über die Vertretungsbefugnis iSd § 172 AußStrG dient zum Nachweis der Vertretungsbefugnis und hat, ebenso wie das ENZ, lediglich **deklarative Wirkung.** Zur Ausstellung zuständig ist ausschließlich der Gerichtskommissär;[96] die Letztverantwortung liegt jedoch auch für jene Agenden, die in die Kompetenz des Gerichtskommissärs fallen, beim Verlassenschaftsgericht.[97]

Jede Änderung der Art der Vertretung der Verlassenschaft (§ 810 ABGB) wird mit dem Zeitpunkt wirksam, mit dem sie dem Gericht oder dem Gerichtskommissär von allen vertretungsbefugten Erbansprechern angezeigt wird (§ 171 AußStrG). Einigen sich die Personen, denen gemeinschaftlich die Rechte nach § 810 ABGB zukommen, über die Art der Vertretung oder einzelne Vertretungshandlungen nicht oder ist ein Verfahren über das Erbrecht einzuleiten (§§ 160 ff AußStrG), so hat das Verlassenschaftsgericht erforderlichenfalls einen

---

92 Art 69 Abs 3 und 4; *Schauer,* JEV 2012, 89.
93 *Welser* in *Rummel*[3] §§ 823, 824 Rz 34 f; *Spruzina* in *Kletečka/Schauer*[1.01] § 824 Rz 9 f, unter Berufung auf *Welser* in *Rummel/Lukas*[4] §§ 823, 824 Rz 35; *Schauer,* JEV 2012, 78; *Schauer* in *Schauer/Scheuba* 95; in der österr L nicht eindeutig beantwortet wird die Frage, ob durch § 824 ABGB nur der unmittelbare Erwerb vom Scheinerben (so zB *Welser* in *Rummel/Lukas*[4] §§ 823, 824 Rz 32, der hinsichtlich des weiteren gutgläubigen Erwerbs auf § 367 ABGB verweist) oder auch der weitere gutgläubige Erwerber geschützt ist (so zB *Spruzina* in *Kletečka/Schauer*[1.01] § 824 Rz 9 f); *Schauer,* EF-Z 2012/154, 250.
94 Vgl *Schauer* in *Schauer/Scheuba* 95.
95 OGH 2 Ob 243/07 k.
96 OGH 10 Ob 3/07 z; 2 Ob 243/07 k.
97 Vgl § 7 a GKG; OGH 1 Ob 241/11 i.

Verlassenschaftskurator zu bestellen; die Vertretungsbefugnis anderer Personen endet mit der Bestellung des Verlassenschaftskurators (§ 173 Abs 1 AußStrG).

Ändern sich die Vertretungsverhältnisse während des Verfahrens, so hat der Gerichtskommissär die dadurch überholten Amtsbestätigungen von den Empfängern abzufordern (§ 173 Abs 2 AußStrG). Die Amtsbestätigung über die Vertretungsbefugnis iSd § 172 AußStrG ist insofern ein flexibles Instrument, das hinsichtlich der Art der Vertretung den jeweiligen Vereinbarungen der Parteien angepasst werden kann; das gesetzlich angeordnete „Abfordern" überholter Amtsbestätigungen ist – mangels Sanktionsmöglichkeit – jedoch zahnlos und vom good-will der Verfahrensparteien abhängig. In der EuErbVO ist eine Einziehung der Abschriften des ENZ im Fall einer Änderung, eines Widerrufs oder eine Wirkungsaussetzung nicht vorgesehen.[98]

Eine detaillierte Aufzählung von Benützungs-, Verwaltungs- und Vertretungsrechten der erbantrittserklärten Erben enthält die Amtsbestätigung über die Vertretungsbefugnis nicht, da der Umfang der entsprechenden Rechte durch § 810 ABGB determiniert wird.

Ob die Amtsbestätigung über die Vertretungsbefugnis iSd § 172 AußStrG **Vertrauensschutz** bietet, ist – im Gegensatz zum ENZ – gesetzlich nicht eindeutig geregelt.[99]

Erwerben Personen Rechte auf bücherlich zu übertragende Sachen nicht aufgrund der Einantwortung, sondern als Vermächtnisnehmer oder rechtsgeschäftlich, hat das Verlassenschaftsgericht nach **§ 182 Abs 3 AußStrG** auf deren Antrag und mit Zustimmung aller Erben mit **Beschluss** zu bestätigen, dass sie in den öffentlichen Büchern als Eigentümer eingetragen werden können, wobei dies ebenso für Bestätigungen zur Eintragung in das Firmenbuch gilt („Amtsbestätigung iSd § 182 Abs 3 AußStrG").   **58**

Eine **Amtsbestätigung iSd § 182 Abs 3 AußStrG** ist eine **öffentliche Urkunde** und kann schon vor Einantwortung der Verlassenschaft, nicht jedoch gegen den Willen der (erbantrittserklärten) Erben ausgestellt werden;[100] bei Verweigerung der Zustimmung der Erben müsste vom Berechtigten auf Zustimmung zur Einverleibung geklagt werden; im Verlassenschaftsverfahren kann hierüber dann nicht entschieden werden.[101]

Die Amtsbestätigung iSd § 182 Abs 3 AußStrG dient zwar auf den ersten Blick ähnlichen Zwecken wie das ENZ, nämlich der Schaffung eines Nachweises für einen verlassenschaftsbezogenen Erwerb für das Registerverfahren (Grundbuch und Firmenbuch) und ist, wie auch das ENZ, nur über Antrag auszustellen, wird durch ein ENZ jedoch nicht zu ersetzen sein. Dies liegt vor allem daran, dass die EuErbVO, wie bei Art 63 näher dargelegt wird, als Vermächtnisnehmer lediglich den **„Vermächtnisnehmer mit unmittelbarer Berechtigung am Nachlass"** und somit den **Vindikationslegatar** erfasst, der dem österr Recht – seit der Ablöse des § 10 WEG 1975 durch § 14 WEG 2002[102] – wiederum fremd ist, nicht jedoch zum Nachweis von Rechten des **Damnationslegatars** ausgestellt werden kann. Auch ein **rechtsgeschäftlicher Erwerb** wird durch das ENZ, folgt man dem Normtext der EuErbVO, mit Aus-

---

98 Siehe auch *Dutta* in MünchKommBGB[6] Art 62 EuErbVO Rz 7.
99 *Schauer,* EF-Z 2012/154, 250.
100 Im Fall der sinngemäßen Anwendung nach § 14 Abs 1 Z 5 WEG 2002 erscheint bezüglich des Erfordernisses der Zustimmung der Erben mE jedenfalls eine teleologische Einschränkung geboten, da ein spezifisch wohnungseigentumsrechtlicher ex lege-Erwerb nicht einer Zustimmung der Erben bedürfen kann.
101 *Fucik/Kloiber,* AußStrG § 182 Rz 6.
102 BGBl I 2002/70 (derzeit idF BGBl I 2014/100).

nahme eines allfälligen Erbteilungsübereinkommens, idR nicht nachgewiesen werden können.

Es ist somit davon auszugehen, dass die Amtsbestätigung iSd § 182 Abs 3 AußStrG oder, im Falle der Verweigerung der Zustimmung durch die Erben, das entsprechende Gerichtsurteil aufgrund anderen Regelungsbereichs, notwendigerweise neben das ENZ treten und in anderen Mitgliedstaaten als „Entscheidung" iSd Art 39 anzuerkennen sein wird.

59 Sinngemäß anzuwenden ist § 182 Abs 3 AußStrG in den Fällen des § 14 Abs 1 Z 1 und Z 2 WEG 2002. Erwirbt der überlebende Partner den Anteil des Verstorbenen nach § 14 Abs 1 Z 1 WEG 2002 oder geht dieser Anteil aufgrund einer Vereinbarung nach § 14 Abs 1 Z 2 WEG 2002 auf eine andere Person über, so gilt für die Eintragung in das Grundbuch § 182 Abs 3 AußStrG sinngemäß. Ob ein entsprechender Nachweis auch mit einem ENZ erbracht werden kann, wird von der Beantwortung der Frage der Einordnung des vorgenannten wohnungseigentumsrechtlichen Erwerbs in das System der EuErbVO abhängen.

Aus österr Sicht wohl am einfachsten wäre es, zumindest den spezifisch wohnungseigentumsrechtlichen Erwerb sui generis nach § 14 Abs 1 Z 1 WEG 2002 unter den **Ausnahmetatbestand des Art 1 Abs 2 lit g** zu subsumieren und damit außerhalb des Anwendungsbereiches der EuErbVO (und des ENZ) zu stellen. Nur wird es so einfach nicht sein. *Faber/Grünberger*[103] gehen davon aus, dass die Sonderrechtsnachfolge nach § 14 WEG 2002 in den Anwendungsbereich der EuErbVO fällt und einen **Anwendungsfall des Art 30** darstellt; auch nach *Dutta*,[104] der für das deutsche Recht die (vergleichbare) Situation in Bezug auf Hoferbfolgen überzeugend darlegt, können Sonderregelungen in die Nachfolge von Wohnungseigentum von Art 30 erfasst werden. Folgt man dieser Auffassung, der zufolge der im ErbRÄG 2015 vorgesehenen Änderungen in § 12 und § 14 WEG 2002 auch der österr Gesetzgeber anhängen dürfte, unterläge auch der vorgenannte Erwerb nach § 14 WEG 2002 der EuErbVO. Was bleibt, wäre die Frage der Antragslegitimation des überlebenden Partners, die sich analog zum „Vermächtnisnehmer mit unmittelbarer Berechtigung am Nachlass" iSd Art 63 Abs 1 lösen ließe.

60 Ein **Beschluss auf Überlassung an Zahlungs statt** (§§ 154 f AußStrG) ist Erwerbstitel (§ 798 ABGB idF ErbRÄG 2015 [§ 798 a ABGB aF]), dient der Zuweisung einzelner Nachlassgegenstände an – in Art 63 nicht genannte – Gläubiger der Verlassenschaft und wird daher auch nicht durch das ENZ substituiert werden können;[105] ein Beschluss auf Überlassung an Zahlungs statt wäre daher, ebenso wie die Amtsbestätigung iSd § 182 Abs 3 AußStrG, in anderen Mitgliedstaaten als „Entscheidung" iSd Art 3 Abs 1 lit g nach Art 39 anzuerkennen.

61 Sind Aktiva der Verlassenschaft nicht vorhanden oder übersteigen sie nicht den Wert von EUR 4.000,– (mit diesbezüglichem Inkrafttreten des ErbRÄG 2015 zukünftig EUR 5.000,–)[106] und sind (zum Eigentumserwerb) keine Eintragungen in die öffentlichen

---

103 *Faber/Grünberger*, NZ 2011/25, 110, allerdings noch zum Verordnungsvorschlag der Kommission.
104 *Dutta* in MünchKommBGB⁶ Art 1 EuErbVO Rz 24, Art 30 EuErbVO Rz 8 (hier unter Hinweis auf *Faber/Grünberger*, NZ 2011/25, 110).
105 AM offensichtlich die ErlRV 688 BlgNR 25. GP 44 zu § 181 b AußStrG, die davon auszugehen scheinen, dass auch einem Gläubiger, dem die Verlassenschaft an Zahlungs statt überlassen wurde, Antragslegitimation hinsichtlich der Ausstellung eines ENZ zukommt. Mit dem klaren Verordnungswortlaut des Art 65 Abs 1 iVm Art 63 Abs 1 steht diese Auffassung nicht im Einklang.
106 Die Inkrafttretensbestimmungen des ErbRÄG 2015, § 207 k AußStrG, sehen auch idF Ausschussbericht und Beschluss NR vor, dass die Anhebung der Wertgrenze von EUR 4.000,– auf EUR 5.000,– iZm dem Unterbleiben der Abhandlung (§ 153 AußStrG) mit 17. 8. 2015 in Kraft treten, während

Bücher erforderlich, so unterbleibt nach § 153 Abs 1 AußStrG die Abhandlung, wenn kein Antrag auf Fortsetzung des Verlassenschaftsverfahrens gestellt wird. Dies soll künftig auch dann gelten, wenn die Rechtsfolge nach dem maßgebenden Recht von Gesetzes wegen eintritt und keine Eintragungen in die öffentlichen Bücher erforderlich sind.[107]

Mit **Beschluss iSd § 153 Abs 2 AußStrG** hat das Gericht – bei Anwendbarkeit österr Rechts auf die Rechtsnachfolge von Todes wegen[108] – auf Antrag denjenigen, deren Anspruch nach der Aktenlage bescheinigt ist, die Ermächtigung zu erteilen, das Verlassenschaftsvermögen ganz oder zu bestimmten Teilen zu übernehmen,[109] dazu gehörende Rechte geltend zu machen oder aufzugeben, über erhaltene Leistungen rechtswirksam zu quittieren und Löschungserklärungen auszustellen.

Auch der Berechtigte iSd § 153 Abs 2 AußStrG wird sich nicht unter den Kreis der Antragsberechtigten iSd Art 63 und Art 65 Abs 1 subsumieren lassen, sodass davon auszugehen ist, dass zum Nachweis dieser Ansprüche ein ENZ nicht erteilt werden kann und auch hier ein Fall der Anerkennung einer „Entscheidung" iSd Art 3 Abs 1 lit g nach Art 39 vorliegt. Aufgrund der Wertgrenze des § 153 Abs 1 AußStrG und des (bei Anwendbarkeit österr Rechts) sehr eingeschränkten Anwendungsbereiches des § 153 Abs 2 AußStrG ist anzunehmen, dass einer Notwendigkeit des Nachweises derartiger Rechte in einem anderen Mitgliedstaat in der Praxis geringe bis keine Bedeutung zukommen wird.

Eine **Bestätigung der Befugnisse eines Testamentsvollstreckers** ist dem österr Recht fremd.   **62** Das ENZ geht somit insofern weit über das innerstaatliche Recht hinaus. Auch hinsichtlich der Angaben zu den **Befugnissen eines Nachlassverwalters** bleibt der Inhalt des entsprechenden Beschlusses des österr Verlassenschaftsgerichts, selbst wenn der Wirkungskreis des Verlassenschaftskurators in diesem idR umrissen wird, hinter jenem des ENZ, wie er im Formblatt V Anlage VI der DurchführungsVO (EU) 1329/2014 der Kommission v 9. 12. 2014[110] festgelegt ist, zurück.

V. Funktionsvoraussetzungen

Das ENZ ist in der vorliegenden Form keinesfalls das Ende einer Entwicklung, sondern der   **63** Beginn. Probleme in der praktischen Anwendung werden, zumindest bis sich die Rechtspraxis mit dem neuen Rechtsinstrument zurechtgefunden haben wird, unvermeidlich sein. Welche Rahmenbedingungen und/oder Funktionsvoraussetzungen müssen also gegeben sein, damit das ENZ die ihm zugedachten Aufgaben erfüllen kann?

---

      der die entsprechende Wertgrenzenänderung im Zusammenhang mit der Überlassung an Zahlungs statt normierende § 155 AußStrG erst mit 1. 1. 2017 in Kraft treten und auf Verlassenschaftsverfahren anzuwenden sein soll, die nach dem 31. 12. 2016 anhängig werden. Es wäre wünschenswert, dieses offensichtliche Redaktionsversehen im Zuge der Gesetzeswerdung des ErbRÄG 2015 zu beseitigen.

107 § 153 Abs 1 AußStrG idF ErbRÄG 2015.
108 § 153 Abs 2 AußStrG idF ErbRÄG 2015.
109 Nach § 798 ABGB idF ErbRÄG 2015 soll künftig auch die gerichtliche Ermächtigung, Verlassenschaftsvermögen zu übernehmen, einen Erwerbstitel darstellen.
110 DurchführungsVO (EU) 1329/2014 der Kommission v 9. 12. 2014 zur Festlegung der Formblätter nach Maßgabe der VO (EU) 650/2012 des Europäischen Parlaments und des Rates über die Zuständigkeit, das anzuwendende Recht, die Anerkennung und Vollstreckung von Entscheidungen und die Annahme und Vollstreckung öffentlicher Urkunden in Erbsachen sowie zur Einführung eines Europäischen Nachlasszeugnisses.

64 *Kleinschmidt*[111] befasst sich intensiv mit dieser Fragestellung und sieht als **Funktionsvoraussetzungen** eines optionalen ENZ

- ein einheitliches Kollisionsrecht, wobei er diesbezüglich die Herausforderungen betreffend Qualifikation (Zusammenspiel von Erbrecht und Güterrecht),[112] Umgang mit erbrechtlichen Besonderheiten des nach der EuErbVO anzuwendenden Rechts (Anpassung und Transposition, Vindikationslegate)[113] und Anknüpfung von Vorfragen[114] (zB Abstammungs-, Ehe-, Partnerschaftsrechts wie Bestehen einer Ehe oder Wirksamkeit einer Annahme an Kindes statt, Nachlasszugehörigkeit von Vermögenswerten, wirksames Entstehen von Rechten, Formgültigkeit mündlicher Verfügungen von Todes wegen) näher untersucht,
- eine einheitliche Auslegung zur Vermeidung einer Zersplitterung des Einheitsrechts,[115] die va durch autonome Auslegung durch den EuGH im Vorabentscheidungsverfahren zu gewährleisten sein wird,
- eine einheitliche Zuständigkeitsordnung zur Vermeidung divergierender Ergebnisse,[116] die insb durch weitgehende Gleichschaltung der internationalen Zuständigkeit für die Erteilung des ENZ mit den allgemeinen Zuständigkeitsregelungen des Kapitel II der EuErbVO erreicht werden soll,
- ein einheitliches Verfahren zur Erhöhung der Akzeptanz,[117] weshalb die Schaffung eines Grundstocks an verfahrensrechtlichen Regelungen zu begrüßen sei, und
- einen funktionstüchtigen Mechanismus zur Ausübung der Option.[118]

65 *Dutta*[119] sieht das Erfordernis des **„Entscheidungseinklangs"** als zentrales Element eines funktionierenden ENZ,[120] diesen jedoch va insofern als durch die EuErbVO nicht realisiert an, als vorrangige Staatsverträge (Art 75 Abs 1), der ordre public-Vorbehalt (Art 35) sowie die Notwendigkeit der Berücksichtigung angrenzender, unionsrechtlich noch nicht vereinheitlichter Statute wie des Güterstatuts sowie des Statuts mündlicher Verfügungen von Todes wegen zu unterschiedlichen Ergebnissen führen können.

---

111 *Kleinschmidt,* RabelsZ 77 (2013) 751 ff.
112 *Kleinschmidt,* RabelsZ 77 (2013) 752 ff.
113 *Kleinschmidt,* RabelsZ 77 (2013) 759 ff.
114 *Kleinschmidt,* RabelsZ 77 (2013) 764 ff; hinsichtlich des von der EuErbVO nicht gelösten Problems der Vorfragenanknüpfung werden in der Lit unterschiedliche Lösungsansätze – selbständige Anknüpfung, unselbständige Anknüpfung, vermittelnder Ansatz, je nachdem ob der Inlands- oder Auslandsbezug überwiegt – vertreten (eingehend *Kleinschmidt,* RabelsZ 77 [2013] 764 ff; vgl auch *Dutta* in MünchKommBGB⁶ Art 62 EuErbVO Rz 7; *Dörner,* ZEV 2012, 513; *Köhler* in *Kroiß/Horn/Solomon* Vor Art 20 – 32 EuErbVO Rz 20 ff; *Volmer,* ZEV 2014, 129 ff; *Döbereiner,* MittBayNot 2013, 361), wobei die Stimmen für eine unselbstständige Vorfragenanknüpfung überwiegen (*Kleinschmidt,* RabelsZ 77 [2013] 766; *Dutta* in MünchKommBGB⁶ Art 62 EuErbVO Rz 7; *Dörner,* ZEV 2012, 513; *Döbereiner,* MittBayNot 2013, 361 f; dagegen *Köhler* in *Kroiß/Horn/Solomon* Vor Art 20 – 32 EuErbVO Rz 22).
115 *Kleinschmidt,* RabelsZ 77 (2013) 767 f.
116 *Kleinschmidt,* RabelsZ 77 (2013) 765.
117 *Kleinschmidt,* RabelsZ 77 (2013) 769 ff.
118 *Kleinschmidt,* RabelsZ 77 (2013) 773 f.
119 *Dutta* in MünchKommBGB⁶ Art 62 EuErbVO Rz 7.
120 Siehe auch *Dörner,* ZEV 2012, 513.

VI. ENZ und Anerkennung nach Art 39 bzw Annahme nach Art 59

In der L nicht einheitlich beantwortet wird die Frage des Verhältnisses von ENZ einerseits **66** und der Anerkennung (Art 39) bzw Annahme (Art 59) nationaler Erbnachweise andererseits.

Die EuErbVO soll nach ErwGr 59 entsprechend der Zielsetzung der gegenseitigen **Anerken-** **67** **nung** der in einem Mitgliedstaat, sei es im streitigen oder außerstreitigen Verfahren, ergangenen Entscheidungen in Erbsachen, die Anerkennung, Vollstreckbarkeit und Vollstreckung von Entscheidungen nach dem Vorbild anderer Rechtsinstrumente der Union im Bereich der justiziellen Zusammenarbeit in Zivilsachen regeln, nach ErwGr 60 die **Annahme** und Vollstreckbarkeit öffentlicher Urkunden in einer Erbsache in sämtlichen Mitgliedstaaten gewährleisten. Öffentliche Urkunden sollten in einem anderen Mitgliedstaat die gleiche formelle Beweiskraft wie im Ursprungsmitgliedstaat oder die damit am ehesten vergleichbare Wirkung entfalten (ErwGr 61). Eine Einschränkung dieser Zielsetzungen durch das ENZ lässt sich der EuErbVO nicht entnehmen. Es wird somit davon auszugehen sein, dass nationale Erbnachweise in anderen Mitgliedstaaten – ungeachtet der Schaffung des ENZ – nach Kapitel IV anerkannt bzw nach Kapitel V angenommen werden können[121] und dem ENZ im grenzüberschreitenden Rechtsverkehr somit keine Exklusivität zukommen wird. Die DurchführungsVO (EU) 1329/2014 der Kommission v 9. 12. 2014[122] sieht – neben den das ENZ betreffenden Formblättern – auch Formblätter bezüglich der Bescheinigung über eine Entscheidung (Formblatt I), eine öffentliche Urkunde (Formblatt II) oder einen gerichtlichen Vergleich (Formblatt III) in einer Erbsache vor.

Welcher Erbnachweis sich in der Praxis durchsetzen wird, ist derzeit nicht absehbar und **68** wird va auch von der Ausgestaltung und den Rechts- und Beweiswirkungen des jeweiligen nationalen Erbnachweises im Verhältnis zum ENZ abhängen, da weder die Anerkennung von Entscheidungen noch die Annahme öffentlicher Urkunden oder gerichtlicher Vergleiche nationalen Rechtsinstrumenten über ihre jeweiligen Wirkungen im Ursprungsmitgliedstaat hinausgehende Wirkungen verleihen können.

VII. Überblick über das Ausstellungsverfahren

Im Zuge der Schaffung des ENZ wurde ua darüber diskutiert, inwieweit für dessen Ausstel- **69** lung überhaupt supranationale **Verfahrensregelungen** vorgesehen werden sollten oder ob nicht mit dem jeweiligen nationalen Recht des Ausstellungsstaats das Auslangen gefunden werden könnte. Der Verordnungsgeber hat sich, angesichts der sehr unterschiedlichen mitgliedstaatlichen Ausgestaltung von Prüfungs-, Mitteilungs- und Anhörungspflichten, letztlich zur Schaffung eines „Grundstocks an Verfahrensregeln für die Ausstellung des ENZ"[123] entschieden. Zu den Gestaltungsmöglichkeiten des nationalen Gesetzgebers s Art 62 Rz 15 ff.

---

121 Vgl *Dutta* in MünchKommBGB[6] Art 62 EuErbVO Rz 7; *Kleinschmidt,* RabelsZ 77 (2013) 741; *Köhler* in *Kroiß/Horn/Solomon* Art 62 EuErbVO Rz 4; *Dorsel,* Europäisches Nachlasszeugnis 21; *Müller-Lukoschek,* EU-Erbverordnung § 2 Rz 303 ff; gegen eine ipso iure-Anerkennung ausländischer Erbnachweise nach Art 39 *Dörner,* ZEV 2012, 513.

122 DurchführungsVO (EU) 1329/2014 der Kommission v 9. 12. 2014 zur Festlegung der Formblätter nach Maßgabe der VO (EU) 650/2012 des Europäischen Parlaments und des Rates über die Zuständigkeit, das anzuwendende Recht, die Anerkennung und Vollstreckung von Entscheidungen und die Annahme und Vollstreckung öffentlicher Urkunden in Erbsachen sowie zur Einführung eines Europäischen Nachlasszeugnisses.

123 *Kleinschmidt,* RabelsZ 77 (2013) 769.

70 Im Gegensatz zum amtswegigen österr Verlassenschaftsverfahren erfolgt die Ausstellung des ENZ ausschließlich **über Antrag** (Art 65 Abs 1). Für den Antrag **kann** das mit DurchführungsVO (EU) 1329/2014 der Kommission v 9. 12. 2014[124] geschaffene Formblatt verwendet werden (Art 65 Abs 2), für die Ausstellung des ENZ **ist** das mit der vorgenannten DurchführungsVO festgelegte Formblatt zu verwenden (Art 67 Abs 1).

Die **Zuständigkeit für die Erteilung** des ENZ liegt bei den Behörden jenes Mitgliedstaats, die nach den allgemeinen Regeln für die Entscheidung in der Erbsache zuständig sind (Art 64; für Österreich s § 181 b AußStrG und § 1 Abs 1 Z 1 lit d GKG je idF ErbRÄG 2015).

Nach der **Prüfung des Antrags** (Art 66) und dem Feststehen des zu bescheinigenden Sachverhalts stellt die Ausstellungsbehörde das ENZ entsprechend den von der EuErbVO festgelegten inhaltlichen Erfordernissen aus (Art 67 Abs 1, Art 68).

Aus Gründen des Rechtsschutzes werden für die Verwendung im Rechtsverkehr lediglich **beglaubigte Abschriften** mit befristeter Gültigkeit herausgegeben (Art 70); die Ausstellungsbehörde kann das ENZ berichtigen, ein ganz oder teilweise unrichtiges ENZ ändern oder widerrufen (Art 71) und die Wirkungen des ENZ aussetzen (Art 73); als Rechtsbehelf weiters vorgesehen ist die Anfechtung von Entscheidungen der Ausstellungsbehörde (Art 72).

Zweck des Zeugnisses

Art 63. **(1) Das Zeugnis ist zur Verwendung durch Erben, durch Vermächtnisnehmer mit unmittelbarer Berechtigung am Nachlass und durch Testamentsvollstrecker oder Nachlassverwalter bestimmt, die sich in einem anderen Mitgliedstaat auf ihre Rechtsstellung berufen oder ihre Rechte als Erben oder Vermächtnisnehmer oder ihre Befugnisse als Testamentsvollstrecker oder Nachlassverwalter ausüben müssen.**

(2) Das Zeugnis kann insbesondere als Nachweis für einen oder mehrere der folgenden speziellen Aspekte verwendet werden:

a) die Rechtsstellung und/oder die Rechte jedes Erben oder gegebenenfalls Vermächtnisnehmers, der im Zeugnis genannt wird, und seinen jeweiligen Anteil am Nachlass;

b) die Zuweisung eines bestimmten Vermögenswerts oder bestimmter Vermögenswerte des Nachlasses an die in dem Zeugnis als Erbe(n) oder gegebenenfalls als Vermächtnisnehmer genannte(n) Person(en);

c) die Befugnisse der in dem Zeugnis genannten Person zur Vollstreckung des Testaments oder Verwaltung des Nachlasses.

Stammfassung.

Literatur: *Baldus,* Erbe und Vermächtnisnehmer nach der Erbrechtsverordnung, GPR 2012, 312; *Buschbaum/Kohler,* Vereinheitlichung des Erbkollisionsrechts in Europa (Teil I), Eine kritische Würdigung des Kommissionsvorschlags zur Erbrechtsverordnung, GPR 2010, 106; *Döbereiner,* Vindikationslegate unter Geltung der EU-Erbrechtsverordnung Praktische Anmerkungen aus notarieller Sicht, GPR 2014, 42; *Dorsel,* Europäisches Nachlasszeugnis (2014), http://www.notaries-of-europe.eu/files/training-new/2014-05-09/Dr.Dorsel_GER.doc (2. 1. 2015); *Dorsel,* Europäische Erbrechtsverordnung und Europä-

---

124 DurchführungsVO (EU) 1329/2014 der Kommission v 9. 12. 2014 zur Festlegung der Formblätter nach Maßgabe der VO (EU) 650/2012 des Europäischen Parlaments und des Rates über die Zuständigkeit, das anzuwendende Recht, die Anerkennung und Vollstreckung von Entscheidungen und die Annahme und Vollstreckung öffentlicher Urkunden in Erbsachen sowie zur Einführung eines Europäischen Nachlasszeugnisses.

isches Nachlasszeugnis, ZErb 2014, 212; *Dörner,* EuErbVO: Die Verordnung zum Internationalen Erb-
und Erbverfahrensrecht ist in Kraft! ZEV 2012, 505; *Faber/Grünberger,* Vorschlag der EU-Kommission
zu einer Erbrechts-Verordnung, NZ 2011/25, 97; *Hertel,* Nachweis der Erbfolge im Grundbuchverfahren
– bisher und nach der EuErbVO, ZEV 2013, 539; *Hofmann,* Neuerungen für die Unternehmensnachfol-
ge durch das Handelsrechts- Änderungsgesetz (HaRÄG), NZ 2006/32; *Kleinschmidt,* Optionales Erbrecht: Das Europäische Nachlasszeugnis als Herausforderung an das Kollisionsrecht, RabelsZ 77 (2013)
723 (digitaler Sonderdruck); *Kowalczyk,* Spannungsverhältnis zwischen Güterrechtsstatut und Erbstatut
nach den Kommissionsvorschlägen für das Internationale Ehegüter- und Erbrecht (Teil I), GPR 2012,
212; *Kunz,* Die neue Europäische Erbrechtsverordnung – ein Überblick (Teil II), GPR 212, 253; *Mar-
gonsky,* Ausländische Vindikationslegate nach der EU-Erbrechtsverordnung, GPR 2013, 106; *Mondel,*
Die Kuratoren im österreichischen Recht[2] (2013); *Odersky,* Die Europäische Erbrechtsverordnung in
der Gestaltungspraxis, notar 2013, 3; *Rudolf,* Die Erbrechtsverordnung der Europäischen Union, NZ
2013/103, 225; *Schauer,* Europäisches Nachlasszeugnis, EF-Z 2012/154, 245; *Schauer,* Die neue Erbrechts-VO der Europäischen Union – eine Annäherung, JEV 2012, 78; *Schmidt,* Die kollisionsrechtliche
Behandlung dinglich wirkender Vermächtnisse, RabelsZ 77 (2013) 1; *Schmidt,* Ausländische Vindikationslegate über im Inland belegene Immobilien – zur Bedeutung des Art. 1 Abs. 2 lit. l EuErbVO,
ZEV 2014, 133; *Süß,* Das Europäische Nachlasszeugnis, ZEuP 2013, 725; *A. Tschugguel,* Anfang und Ende der Nachlassvertretung, EF-Z 2014/139, 228 (zu OGH 9 Ob 35/14 h); *Volmer,* Definitive Entschei-
dung von Vorfragen aufgrund der Gerichtszuständigkeit nach der EuErbVO, ZEV 2014, 129; *Wilsch,*
EuErbVO – Die Verordnung in der deutschen Grundbuchpraxis, ZEV 2012, 530; *Zankl,* Antizipierte
Vermächtniserfüllung, NZ 1999, 314.

Übersicht

		Rz
I.	Allgemeines	1
II.	Begriffsbestimmungen, Auslegung	5
III.	Nachweis der Rechtsstellung/Rechte von Erben und Vermächtnisnehmern (Art 63 Abs 2 lit a)	8
	A. Erben	9
	B. Vermächtnisnehmer	22
IV.	Zuweisung von Vermögenswerten an Erben und Vermächtnisnehmer (Art 63 Abs 2 lit b)	32
V.	Nachweis von Befugnissen (Art 63 Abs 2 lit c)	40
	A. Testamentsvollstrecker	45
	B. Nachlassverwalter	50
VI.	Mit dem ENZ nicht nachweisbare Rechte/Rechtsstellungen	58

I. Allgemeines

Art 63 gibt Aufschluss über den **Zweck** des ENZ, konkretisiert die Notwendigkeit eines **1**
grenzüberschreitenden Bezugs für die Erteilung des ENZ (Art 62 Abs 1, „zur Verwendung
in einem anderen Mitgliedstaat"),[1] bestimmt gleichzeitig den **Kreis der „Antragsteller"** und
der durch das ENZ nachweisbaren Rechte und Rechtsstellungen und erfreut durch einen
Mangel an Legaldefinitionen.

Der Zweck des ENZ liegt nach Art 63 Abs 1 in der **Verwendung** durch **Erben, Vermächt-** **2**
nisnehmer mit unmittelbarer Berechtigung am Nachlass, Testamentsvollstrecker oder
Nachlassverwalter, die sich **in einem anderen Mitgliedstaat** auf ihre **Rechtsstellung** berufen, ihre **Rechte** als Erben oder Vermächtnisnehmer oder ihre **Befugnisse** als Testamentsvollstrecker oder Nachlassverwalter ausüben müssen.

---

1 Hins Großbritannien, Irland und Dänemark s Art 62 Rz 45.

Hieraus ergibt sich einmal mehr, dass für die Erteilung eines ENZ bei reinen Binnensachverhalten kein Raum bleibt. Ist eine der genannten Rechtsstellungen bzw sind die genannten Rechte oder Befugnisse lediglich in jenem Mitgliedstaat nachzuweisen oder auszuüben, dessen Behörden nach Art 64 Abs 1 für die Ausstellung des ENZ international zuständig sind, stehen hiefür entsprechende nationale Nachweise, nicht jedoch das ENZ, zur Verfügung.[2]

3 Die in Art 63 Abs 1 genannten Personen (Erben, Vermächtnisnehmer mit unmittelbarer Berechtigung am Nachlass, Testamentsvollstrecker, Nachlassverwalter) sind als **„Antragsteller"** jene, denen Art 65 Abs 1 das Recht zuerkennt, einen Antrag auf Ausstellung eines ENZ zu stellen.

4 Ermöglicht werden soll den ASt mit dem ENZ (in einem anderen Mitgliedstaat) insb der Nachweis

- der **Rechtsstellung** und/oder der **Rechte** jedes **Erben** oder **Vermächtnisnehmers,** der im ENZ genannt wird und seines jeweiligen Anteils am Nachlass (Art 63 Abs 2 lit a),
- die **Zuweisung** eines **bestimmten Vermögenswerts** oder bestimmter Vermögenswerte des Nachlasses an die im ENZ als Erbe(n) oder gegebenenfalls Vermächtnisnehmer genannte (n) Person(en) (Art 63 Abs 2 lit b),
- die **Befugnisse** der im ENZ genannten Person zur **Vollstreckung des Testaments** oder **Verwaltung des Nachlasses** (Art 63 Abs 2 lit c).

Zu welchem Zweck das ENZ ausgestellt werden soll, ist bei der Antragstellung zwingend anzugeben (Art 65 Abs 3 lit f).

II. Begriffsbestimmungen, Auslegung

5 Wer nun vermutet, wenn schon nicht in Art 63 so doch in Art 3 begriffliche Klarheit hinsichtlich „Erbe", „Vermächtnisnehmer mit unmittelbarer Berechtigung am Nachlass", „Testamentsvollstrecker" oder „Nachlassverwalter" und damit auch der zu bescheinigenden Rechte, Rechtstellungen und/oder Befugnisse zu finden, irrt. Von entsprechenden **Definitionen** hat der Verordnungsgeber, wohl bewusst, **Abstand genommen.**

6 Begriffe in Regelungsinstrumenten der EU sind idR „für die Zwecke der Verordnung" und damit **(verordnungs-)autonom** und in letzter Konsequenz durch den EuGH auszulegen;[3] dieser Grundsatz gilt auch für die in Art 63 Abs 1 genannten Berechtigten.

7 Ob einer Person eine nach **Art 63 relevante,** unionsrechtlich determinierte **Rechtsstellung** zukommt, ist – iSd Art 67 Abs 1, Art 23 Abs 2 lit e und f sowie ErwGr 47 – unter Rückgriff auf das auf die **Rechtsnachfolge von Todes wegen anzuwendende Recht** und damit nach Kapitel III oder ein **anderes anwendbares Statut** zu bestimmen.[4] Zu beachten ist dabei, dass das nach der EuErbVO anzuwendende Recht, zB im Fall der Rechtswahl (Art 22), der subsidiären Zuständigkeit (Art 10) oder der Notzuständigkeit (Art 11) nicht immer das Recht eines Mitgliedstaats sein muss.

---

2 Vgl auch *Dutta* in MünchKommBGB[6] Art 63 EuErbVO Rz 3, 20.

3 *Baldus,* GPR 2012, 314, der im gegebenen Zusammenhang auf das Problem verweist, „Wechselwirkungen mit mitgliedstaatlichem Recht jedenfalls im Kopf des Richters auszublenden"; *Dutta* in MünchKommBGB[6] Art 63 EuErbVO Rz 2.

4 Vgl *Dutta* in MünchKommBGB[6] Art 63 EuErbVO Rz 2, 4.

III. Nachweis der Rechtsstellung/Rechte von Erben und Vermächtnisnehmern (Art 63 Abs 2 lit a)

Dass im ENZ neben den Rechten der Erben oder Vermächtnisnehmer (mit unmittelbarer **8** Berechtigung am Nachlass) auch deren Rechtsstellung anzugeben ist, wird darauf zurückzuführen sein, dass in das ENZ nicht nur Rechte und Befugnisse, sondern auch andere erbrechtliche Rechtsverhältnisse, insb auch **Beschränkungen** von Rechten (etwa durch eine fideikommissarische Substitution (in der Terminologie des ErbRÄG 2015 zukünftig „Nacherbschaft")[5] **und/oder Befugnissen aufzunehmen** sind (Art 68 lit n und o).[6]

A. Erben

Nach österr Verständnis ist **Erbe** eine Person, die kraft Gesetzes, Testaments oder Erbver- **9** trags als Ergebnis eines amtswegigen Verlassenschaftsverfahrens berechtigt ist, den gesamten Nachlass oder einen quotenmäßigen Anteil hieran in Besitz zu nehmen; mit Einantwortung (formeller Rechtskraft des Einantwortungsbeschlusses) wird der Erbe Gesamtrechtsnachfolger des Verstorbenen, dh dass auf ihn eo ipso alle Rechte und Pflichten des Verstorbenen oder eines Teiles hievon übergehen, ohne dass es eines Übertragungsakts bedarf, er erhält die volle Herrschaft über den Nachlass und wird Schuldner der Erbschaftsgläubiger.[7]

Dem Erben, der bei Antretung der Erbschaft sein Erbrecht hinreichend ausweist, kommt **10** nach § 810 ABGB **schon vor Einantwortung** der Verlassenschaft ex lege das Recht auf **Benützung und Verwaltung des Verlassenschaftsvermögens** sowie auf **Vertretung der Verlassenschaft** zu, sofern das Verlassenschaftsgericht nichts anderes anordnet; trifft dies auf mehrere Personen zu, so üben sie dieses Recht mangels anderer Vereinbarung gemeinsam aus.[8] Jede Änderung der Art der Vertretung der Verlassenschaft (§ 810 ABGB) wird mit dem Zeitpunkt wirksam, mit dem sie dem Gericht oder dem Gerichtskommissär von allen vertretungsbefugten Erbansprechern angezeigt wird (§ 171 AußStrG); ändern sich die Vertretungsverhältnisse während des Verfahrens, so hat der Gerichtskommissär die dadurch überholten Amtsbestätigungen von den Empfängern abzufordern (§ 173 Abs 2 AußStrG); s auch Art 62 Rz 57.

Verwaltungs- und Vertretungshandlungen vor Abgabe von Erbantrittserklärungen zur ge- **11** samten Verlassenschaft sowie alle Veräußerungen von Gegenständen aus dem Verlassenschaftsvermögen bedürfen der **Genehmigung des Verlassenschaftsgerichts,** wenn sie **nicht zum ordentlichen Wirtschaftsbetrieb** gehören. Die Genehmigung ist zu versagen, wenn die Handlung für die Verlassenschaft offenbar nachteilig wäre (§ 810 Abs 2 ABGB); ist nach der Aktenlage die Errichtung eines Inventars zu erwarten, so dürfen Vermögensgegenstände, deren Veräußerung nicht zum ordentlichen Wirtschaftsbetrieb gehört, erst veräußert werden, nachdem sie in ein Inventar (Teilinventar) aufgenommen worden sind (§ 810 Abs 3 ABGB).

Die Veräußerung von Nachlassliegenschaften durch den Erben, selbst wenn sie zur Erfüllung von Pflichtteilsansprüchen oder an Zahlungs statt erfolgt, kann idR keine Maßnahme des ordentlichen Wirtschaftsbetriebs sein und bedarf der gerichtlichen Genehmigung;[9] keiner verlassenschaftsgerichtlichen Genehmigung bedarf hingegen das Ansuchen um Anmerkung ei-

---

5 Vgl § 178 Abs 2 Z 1 AußStrG.
6 Vgl *Schauer*, EF-Z 2012/154, 246.
7 § 797 ABGB; OGH 6 Ob 127/02 y; 6 Ob 158/12 x.
8 § 810 Abs 1 ABGB; OGH 6 Ob 10/14 k.
9 OGH 2 Ob 148/10 v.

ner Rangordnung für die beabsichtigte Veräußerung, da hierin noch keine „Veräußerung" liegt.[10]

12 Bei **fehlender Einigung** sowohl über die Art der Vertretung als auch über einzelne Vertretungshandlungen oder der Notwendigkeit der Einleitung eines Verfahrens über das Erbrecht (§§ 160 ff AußStrG) wäre vom Verlassenschaftsgericht gem § 173 Abs 1 AußStrG ein **Verlassenschaftskurator** zu bestellen; die Abbestellung des Verlassenschaftskurators und neuerliche Überlassung der Benutzung und Verwaltung an die Miterben bei Wegfall der Uneinigkeit ist nicht vorgesehen.[11]

13 Übersetzt auf die **EuErbVO** wird eine Person als **Erbe** angesehen werden können, der der Nachlass oder ein Teil hieran („Erbteil") aufgrund **gewillkürter Erbfolge** durch eine Verfügung von Todes wegen (Testament, gemeinschaftliches Testament, Erbvertrag) oder aufgrund der **gesetzlichen Erbfolge** zusteht.[12] *Dutta*[13] fordert hier – analog zum Vermächtnisnehmer – auch eine unmittelbare Berechtigung am Nachlass und erkennt – mangels unmittelbarer Berechtigung am Nachlass – jenen Erben keine durch ein ENZ bescheinigbare Rechtsstellung zu, denen bis zur Auskehr eines Nachlassüberschusses nur Ansprüche gegen einen personal representative oder, soweit deren Rechtsstellung überhaupt in den Anwendungsbereich der EuErbVO fällt, als beneficiaries gegen einen Trust zustehen. In jenen Fällen, in denen für die Erbenstellung „weitere Akte" wie „Hoheitsakte, wie bei der österreichischen Einantwortung" oder „Privatakte, wie die Annahme der Erbschaft" erforderlich sind, wird eine unmittelbare Berechtigung ab Vollzug dieser Akte angenommen.[14]

14 Bei **Anwendbarkeit österr Rechts** bedeutet dies somit, dass hinsichtlich der Rechtsstellung/ Rechte von Erben die **Ausstellung eines ENZ**

- nicht in Betracht kommen wird vor Abgabe einer Erbantrittserklärung,
- nicht in Betracht kommen wird, wenn den Erben keine Vertretungsberechtigung iSd § 810 ABGB zukommt, weil vom Verlassenschaftsgericht wegen Uneinigkeit oder widersprechender Erbantrittserklärungen ein Verlassenschaftskurator oder, bei Vorliegen der entsprechenden Voraussetzungen, ein Separationskurator, zu bestellen war,
- jedenfalls nach Einantwortung zulässig ist.

15 Mit dem ENZ nachweisbar sein werden die Rechtsstellung/Rechte des **Alleinerben** ebenso wie jene von **Miterben** samt dem jeweiligen Anteil am Nachlass (Erbquote und darüber hinaus, die Zuweisung bestimmter Vermögenswerte), des **Vorerben** ebenso wie jene des **Nacherben**[15]. Anderes kann auch beim **Erbschaftskauf** oder der **Erbschaftsschenkung** als Form der entgeltlichen oder unentgeltlichen Veräußerung der Erbschaft zwischen Erbfall und Einantwortung bzw Entschlagung zugunsten Dritter nicht gelten; der Erbschaftserwerber als Gesamtrechtsnachfolger erwirbt auch hier erst durch Einantwortung.[16]

---

10 OGH 5 Ob 95/08 v; 5 Ob 108/08 f; 2 Ob 148/10 v.
11 Vgl ErlRV 224 BlgNR 22. GP 110 zu § 173 AußStrG.
12 Zu den Begriffsbestimmungen s Art 3 Abs 1 lit a (Rechtsnachfolge von Todes wegen), lit b (Erbvertrag), lit c (gemeinschaftliches Testament), lit d (Verfügung von Todes wegen).
13 *Dutta* in MünchKommBGB[6] Art 63 EuErbVO Rz 3, 6.
14 *Dutta* in MünchKommBGB[6] Art 63 EuErbVO Rz 6.
15 Vgl *Dutta* in MünchKommBGB[6] Art 63 EuErbVO Rz 7.
16 Näheres zu Erbschaftskauf und Erbschaftsschenkung bei *Nowotny* in *Kletečka/Schauer*[1.01] § 1278 Rz 1 ff; *Welser* in *Rummel/Lukas*[4] §§ 799 f Rz 25; *Welser* in *Rummel*[3] § 1281 Rz 1 f.

Die Übernahme einer **erblosen Verlassenschaft** durch den Staat (bisher § 760 ABGB)[17] ist **16** im österr Recht nach hM nicht als echtes Erbrecht konstruiert, sondern als dem gesetzlichen Erbrecht ähnliches Recht auf Aneignung des reinen Überschusses eines erblosen Nachlasses, das zur Gesamtrechtsnachfolge führt.[18] Der Staat gibt weder eine Erbantrittserklärung ab, noch wird ihm die Verlassenschaft eingeantwortet; die Verlassenschaft wird ihm vielmehr iSd § 184 AußStrG übergeben, wobei der Übergabebeschluss sinngemäß die nach § 178 AußStrG erforderlichen Angaben zu enthalten hat. Da auch der Begriff „Erbe", ungeachtet der jeweiligen Konzeption im österr Recht, autonom einheitlich nach der EuErbVO auszulegen ist, wird, vor allem weil auch der Übergabebeschluss eine unmittelbare Berechtigung am Nachlass verleiht, davon auszugehen sein, dass nach dem Übergabebeschluss bei Vorliegen der sonstigen Voraussetzungen ein ENZ auch für den Staat (Finanzprokuratur der Republik Österreich) ausgestellt werden wird können. Anwendungsfall hiefür könnte die Notwendigkeit der Ausübung von Rechten in Bezug auf in einem anderen Mitgliedstaat streitverfangenes inländisches Nachlassvermögen im anderen Mitgliedstaat sein.

Fraglich ist, ob die **Ausstellung eines ENZ** bei Anwendbarkeit österr Rechts auch **(nur) hin-** **17** **sichtlich der Rechte/Rechtsstellung eines Erben** iSd § 810 ABGB erteilt werden kann, da die Notwendigkeit einer Vertretung des Nachlasses durch den Erben in einem anderen Mitgliedstaat auch schon vor Einantwortung bestehen kann und nicht einzusehen wäre, warum in diesem Fall bei einem erbantrittserklärten Alleinerben oder Einigkeit aller erbantrittserklärten Miterben ein Verlassenschaftskurator, dessen Befugnisse in jedem Fall Inhalt eines ENZ sein können, zu bestellen sein soll.[19] Die Beantwortung der Frage wird ua davon abhängen, ob auch ein „Teilzeugnis" als zulässig erachtet wird oder nicht.[20]

Das in Art 39 des Verordnungsvorschlages der Kommission[21] vorgesehene **„Teilzeugnis"**, das beantragt und erteilt werden konnte, zum Nachweis der Rechte der einzelnen Erben oder Vermächtnisnehmer und deren Nachlassquote, des Anspruches auf die Übertragung eines bestimmten Gegenstands, wenn dies nach dem auf die Rechtsnachfolge anzuwendenden Recht zulässig ist, und der Befugnis zur Verwaltung des Nachlasses, wurde in den endgültigen Verordnungstext nicht übernommen. Bezüglich des Inhalts des ENZ war im vorgenannten Verordnungsvorschlag (Art 41 Z 2 lit k) insb auch von einem „Verzeichnis der Handlungen, die der Erbe, Vermächtnisnehmer, Testamentsvollstrecker und/oder Verwalter nach dem auf die Rechtsnachfolge anzuwendenden Recht an den Nachlassgütern vornehmen kann" die Rede.

Nach Art 63 Abs 2 lit a kann das ENZ insb auch zum **Nachweis der Rechte jedes Erben** verwendet werden; hierunter wird wohl auch das subjektive Recht des Erben nach österr Recht auf Benützung, Verwaltung und Vertretung der Verlassenschaft nach § 810 ABGB verstanden werden müssen.[22] Des Weiteren erfasst der dritte Tatbestand des Art 63 Abs 2 (lit c)

---

17 Zukünftig „Aneignung durch den Bund" nach § 750 ABGB idF ErbRÄG 2015 mit entsprechender sprachlicher Anpassung in § 184 Abs 1 Satz 1 AußStrG.
18 *Scheuba* in *Kletečka/Schauer*[1.02] § 760 Rz 2; OGH 5 Ob 116/12 p.
19 AA offensichtlich *Schauer* in *Schauer/Scheuba* 89.
20 Dafür *Süß*, ZEuP 2013, 740.
21 Vorschlag der Kommission für eine Verordnung des Europäischen Parlaments und des Rates über die Zuständigkeit, das anzuwendende Recht, die Anerkennung und die Vollstreckung von Entscheidungen und öffentlichen Urkunden in Erbsachen sowie zur Einführung eines Europäischen Nachlasszeugnisses, KOM(2009) 154 endg.
22 Vgl auch die ErlRV 688 BlgNR 25. GP 44 zu § 181 b AußStrG.

ausdrücklich die Befugnisse „der in dem Zeugnis genannten Person" zur Vollstreckung des Testaments oder Verwaltung des Nachlasses und als im ENZ genannte Person kommt auch der Erbe in Betracht. Inhaltliche Deckung hierfür lässt sich auch im Einleitungssatz des Art 68, demzufolge der Inhalt des ENZ durch den Ausstellungszweck determiniert wird, in Art 68 lit k (Angaben über die Art der Annahme der Erbschaft) und Art 68 lit l („gegebenenfalls das Verzeichnis der Rechte und/oder Vermögenswerte, die einem bestimmten Erben zustehen") finden. Der Inhalt eines solchen „teilweisen" ENZ könnte iwS jenem einer Amtsbestätigung über die Vertretungsbefugnis iSd § 172 AußStrG entsprechen (zum entsprechenden Formblatt s Art 63 Rz 18); ein konkreter Anteil am Nachlass bzw die Zuweisung bestimmter Nachlassgegenstände an einen Erben könnte vor Einantwortung mit dem ENZ freilich nicht bestätigt werden.

In der Praxis wird sich bei Ausstellung eines ENZ hinsichtlich der Verwaltungs- und Vertretungsbefugnisse eines Erben nach österr Recht jedoch auch die Frage der – in der EuErbVO nicht geregelten[23] – Abforderung der Ausfertigungen des ENZ bei Änderung oder Entzug der Vertretungsbefugnis stellen.

18 Im Formblatt V der DurchführungsVO (EU) 1329/2014 der Kommission v 9. 12. 2014[24] ist insb anzugeben, ob für die Rechtsnachfolge von Todes wegen die gewillkürte, die gesetzliche oder zT die gewillkürte und zT die gesetzliche Erbfolge gilt; für den Fall der (teilweise) gewillkürten Erbfolge sind weitere Angaben, vor allem zum Erbrechtstitel (Testament, gemeinschaftliches Testament, Erbvertrag), zu machen. Anlage IV zum Formblatt V sieht hinsichtlich der Stellung und Rechte des Erben insb Angaben vor zur (Art der) **Annahme** oder **Ausschlagung der Erbschaft,** zum **Erbrechtstitel** (Verfügung von Todes wegen, gesetzliche Erbfolge), zum **„Ausschluss"** von der Erbschaft, zum **Teil des Nachlasses, auf den der Erbe Anspruch hat,** zu dem Erben **zugewiesenen Vermögenswerten** und zu **Bedingungen** und **Beschränkungen** in Bezug auf die Rechte des Erben. Ausgehend davon, dass es Mitgliedstaaten gibt, in denen Pflichtteilsberechtigte ebenfalls eine unmittelbare Berechtigung am Nachlass haben können, ist als weiterer Inhalt die Angabe vorgesehen, ob der Erbe „einen Pflichtteil akzeptiert" oder auf „seinen Pflichtteil verzichtet" hat.

19 **Inhaltliche Parallelen zwischen ENZ und Einantwortungsbeschluss** bestehen jedenfalls hinsichtlich der Bezeichnung der Verlassenschaft (§ 178 Abs 1 Z 1 AußStrG) und des Erben (§ 178 Abs 1 Z 2 AußStrG), des Erbrechtstitels und der Erbquoten (§ 178 Abs 1 Z 3 AußStrG), der Angaben bezüglich der Art der abgegebenen Erbantrittserklärung (§ 178 Abs 1 Z 4 AußStrG, § 800 ABGB) – das ENZ spricht von der Art der Annahme oder Ausschlagung der Erbschaft – sowie der Angabe von Beschränkungen der Rechte der Erben (§ 178 Abs 2 Z 1 AußStrG). Die **Zuweisung bestimmter Vermögenswerte** an Erben ergibt sich aus dem Einantwortungsbeschluss im Gegensatz zum ENZ jedoch **nicht zwingend.**

20 Ein gesonderter Punkt für ein **„Verzeichnis der Rechte"** des Erben iSd Art 68 lit l ist im vorgenannten Formblatt nicht vorgesehen; soweit es sich um Befugnisse hinsichtlich der Verwaltung und Vertretung oder einer allfälligen Testamentsvollstreckung handelt, wird

---

23 Vgl auch _Dorsel,_ ZErb 2014, 224.

24 DurchführungsVO (EU) 1329/2014 der Kommission v 9. 12. 2014 zur Festlegung der Formblätter. nach Maßgabe der VO (EU) 650/2012 des Europäischen Parlaments und des Rates über die Zuständigkeit, das anzuwendende Recht, die Anerkennung und Vollstreckung von Entscheidungen und die Annahme und Vollstreckung Urkunden in Erbsachen sowie zur Einführung eines Europäischen Nachlasszeugnisses, ABl L 2014/359, 30 ff.

diesbezüglich Formblatt V Anlage VI (Befugnis zur Testamentsvollstreckung oder Nachlassverwaltung) zu verwenden sein, ansonsten bietet Formblatt V Anlage IV die Möglichkeit zur Aufnahme sonstiger relevanter Informationen.

Für **Pflichtteilsberechtigte** wird bei der Anwendbarkeit österr Rechts **kein ENZ** ausgestellt   **21** werden können, da diesen – auch nach Aufhebung des Justizhofdekretes v 31. 1. 1844 (JGS 781/1844) mit dem 1. BRBG[25] – lediglich ein Anspruch auf Auszahlung eines entsprechenden Wertes in Geld gegen die Verlassenschaft bzw den Erben[26] zusteht; eine unmittelbare Berechtigung am Nachlass wird ihnen nicht gewährt; diesbezügliche Benützungs-, Verwaltungs- und/oder Vertretungsbefugnisse kommen ihnen nicht zu.

B. Vermächtnisnehmer

In **ErwGr 47** wird darauf hingewiesen, dass die Rechtsstellung der Vermächtnisnehmer nicht   **22** in allen Rechtsordnungen die gleiche ist und der Vermächtnisnehmer in einigen Rechtsordnungen einen **unmittelbaren Anteil am Nachlass** erhalten kann (zB Frankreich, Italien, Polen), während er nach anderen Rechtsordnungen lediglich einen **Anspruch gegen die Erben** erwirbt.

Der **Vermächtnisnehmer iSd Art 63 Abs 1** ist einer mit „unmittelbarer Berechtigung am   **23** Nachlass", dem ein „Anteil am Nachlass" zukommen bzw ein „bestimmter Vermögenswert des Nachlasses" zugewiesen werden kann (Art 63 Abs 2 lit a und b), dessen „Rechte und/ oder Vermögenswerte" im ENZ zu verzeichnen sind (Art 68 lit m), dessen Rechte Beschränkungen unterworfen sein können (Art 68 lit n) und an den – ist er einmal im ENZ genannt – mit schuldbefreiender Wirkung geleistet (Art 69 Abs 3) und von dem Nachlassvermögen wirksam erworben (Art 69 Abs 4) werden kann.

Trotz einer nicht immer einheitlichen Begriffsverwendung im Rahmen der EuErbVO[27] besteht, vor allem auch aufgrund der bewussten Differenzierung des Verordnungsgebers   **24** in ErwGr 47, Einigkeit daher darüber, dass es sich bei jenen Vermächtnisnehmern, die ihre erbrechtliche Rechtsstellung mit einem ENZ nachweisen können, ausschließlich um solche mit einer **dinglichen Berechtigung am Nachlass** bzw **Vindikationslegatare**[28] handelt, und auch nur solche als „Berechtigte" iSd Art 69 Abs 3 und 4 gelten. Im Verordnungsvorschlag der Kommission[29], der ganz generell von „Vermächtnisnehmern" ausgegangen ist, war eine derartige Einschränkung nicht enthalten; unbedingt nachvollziehbar ist eine solche nicht.[30]

Maßgebend für die Frage, ob einem Vermächtnisnehmer die geforderte unmittelbare Berech-   **25** tigung am Nachlass zukommt oder nicht, ist das nach der EuErbVO anzuwendende Recht (Art 67 Abs 1, Art 23 lit b und e); das ENZ kann nur dann Verwendung finden, wenn die

---

25   BGBl I 1999/191 idF BGBl I 2006/113.

26   Siehe auch OGH 7 Ob 202/00 g.

27   Näheres bei *Baldus*, GPR 2012, 314 f, der sich intensiv mit den Begriffen Erbe und Vermächtnisnehmer befasst.

28   *Kleinschmidt*, RabelsZ 77 (2013) 759; *Müller-Lukoschek*, EU-Erbverordnung § 2 Rz 318; *Dutta* in MünchKommBGB[6] Art 63 EuErbVO Rz 9; *Baldus*, GPR 2012, 313; *Schmidt*, RabelsZ 77 (2013) 29; *Schauer*, EF-Z 2012/154, 246; *Schauer* in Schauer/Scheuba 81; *Rudolf*, NZ 2013/103, 239.

29   Vorschlag der Kommission für eine Verordnung des Europäischen Parlaments und des Rates über die Zuständigkeit, das anzuwendende Recht, die Anerkennung und die Vollstreckung von Entscheidungen und öffentlichen Urkunden in Erbsachen sowie zur Einführung eines Europäischen Nachlasszeugnisses, KOM(2009) 154 endg.

30   Vgl *Schauer* in Schauer/Scheuba 82.

Rechtsnachfolge nach einer Rechtsordnung zu beurteilen ist, die das Vindikationslegat aner-kennt,[31] **nur beim Vindikationslegatar** werden die **Wirkungen des ENZ** (Art 69 Abs 2 bis 4) greifen.

26 Dem **österr Recht** ist das dinglich wirkende **Vindikationslegat,** das im Augenblick des Erb-falls ipso iure auf den Vermächtnisnehmer übergeht, ohne dass es eines besonderen Erwer-bungsakts bedarf und bei dem der Vermächtnisnehmer somit bereits mit dem Erbanfall Ei-gentümer der vermachten Sache wird, grundsätzlich (wieder) **fremd.**[32] Das mit § 10 WEG 1975 geschaffene Vindikationslegat war stets die Ausnahme und wurde mit Inkrafttreten des WEG 2002[33] mit 1. 7. 2002 wiederum beseitigt; an die Stelle der Konzeption des Vin-dikationslegats ist, ohne erbrechtliche Anknüpfung, eine spezifisch wohnungseigentumsrecht-liche Anwachsung sui generis getreten.[34]

27 Das Vermächtnis nach österr Recht ist ein **Damnationslegat,** das dem Vermächtnisnehmer keinen unmittelbaren Anteil am Nachlass, sondern (nur) einen obligatorischen Anspruch auf Leistung bzw Herausgabe gewährt, zum sachenrechtlichen Erwerb jedoch noch des Verfü-gungsgeschäfts bedarf;[35] erwirbt dieser Legatar Rechte auf bücherlich zu übertragende Sachen wirkt die bücherliche Eintragung konstitutiv.[36] Um in den grundbücherlichen Besitz einer vermachten Liegenschaft zu gelangen, hat ein Damnationslegatar dem österr Grundbuchsge-richt – mangels ipso iure-Erwerbs – entweder einen die Übereignung dokumentierenden Vertrag mit der Verlassenschaft oder dem eingeantworteten Erben des verstorbenen Liegen-schaftseigentümers, eine Amtsbestätigung des Verlassenschaftsgerichts iSd § 182 Abs 3 AußStrG, wonach er als Eigentümer eingetragen werden kann, oder ein den Nachlass oder den Erben zur Herausgabe der vermachten Liegenschaft verpflichtendes Urteil vorzulegen.[37]

Bei der Amtsbestätigung iSd § 182 Abs 3 AußStrG handelt es sich um einen gerichtlichen Beschluss, der nicht gegen den Willen des Erben und auch nicht bei unklarer Sach- und Rechtslage ausgestellt werden darf, sodass die Bestätigung im Fall des Erwerbs durch Legat auch eine ansonsten notwendige Aufsandungserklärung der Erben sowie eine notarielle Be-urkundung der Unterschrift ersetzt;[38] mit ihr wird der Nachweis erbracht, dass dem ange-strebten Erwerbsvorgang keine verlassenschaftsgerichtlichen Bedenken entgegenstehen, im Gegensatz zum ENZ dem Vermächtnisnehmer aber nicht ein bestimmter Vermögenswert „zugewiesen".

28 Ein anderes Ergebnis ließe sich für das österr Recht, wenn überhaupt, nur in Bezug auf Le-gatsgegenstände erzielen, die **dem Legatar bereits zu Lebzeiten des Erblassers** von diesem zur Verwahrung **übergeben** wurden. In diesem Fall erachtet es der OGH[39] als „leeren For-malismus", vom Legatar „die Rückstellung der in seiner Gewahrsame befindlichen Sache in den (nicht überschuldeten) Nachlass zu verlangen, obwohl er gleichzeitig diesem gegenüber einen bereits fälligen Anspruch (§ 685 ABGB) auf deren Herausgabe hat". *Zankl*[40] setzt sich

---

31 *Schauer,* EF-Z 2012/154, 246.
32 OGH 5 Ob 224/08 i; 4 Ob 504/93.
33 BGBl I 2002/70 (derzeit idF BGBl I 2014/100).
34 ErlRV 989 BlgNR 21. GP 62.
35 OGH 5 Ob 224/08 i.
36 OGH 5 Ob 182/09 i.
37 OGH 5 Ob 224/08 i.
38 OGH 5 Ob 182/09 i.
39 OGH 8 Ob 690/89.
40 *Zankl,* NZ 1999, 314 ff.

umfassend mit dem diesbezüglichen Meinungsstand auseinander, führt gegen die Auffassung, dass sich ein Erwerb von Legaten in bestimmten Fällen ohne Zutun der Verlassenschaft oder des Erben vollziehen soll, das Prinzip des Damnationslegats, § 692 ABGB sowie weiters insb ins Treffen, dass Legate erst mit dem Ableben des Erblassers wirksam werden und somit auch erst danach erfüllt werden können. Er gelangt, mE zu Recht, zum Ergebnis, dass „eine (antizipierte) Vermächtniserfüllung unter Umgehung des Nachlasses oder des Erben abzulehnen" ist.[41]

Mangels unmittelbarer Berechtigung am Nachlass wird dem **(Damnations-)Legatar** österr   **29**
Prägung somit **keine Antragslegitimation** bezüglich der Ausstellung eines ENZ zukommen,
bei Anwendung österr Rechts daher für die **Aufnahme eines Vermächtnisnehmers in das
ENZ** auch **kein Raum** bleiben.[42] Erwirbt ein Damnationslegatar Eigentum an in einem anderen Mitgliedstaat gelegenen Vermögenswerten, bleibt er auf entsprechende nationale Nachweise und deren Anerkennung (Art 39) oder Annahme (Art 59) angewiesen.[43]

Unabhängig davon wird sich in Österreich die Frage stellen, inwieweit ein aufgrund eines   **30**
ausländischen Erbstatuts begründetes **Vindikationslegat an einer im Inland gelegenen Sache** als solches anzuerkennen ist. Kann also mit anderen Worten ein Vindikationslegatar aufgrund des ENZ nach Art 69 Abs 5 in Österreich unmittelbar und ohne jedweden weiteren Übertragungsakt oder Modus (bücherliches) Eigentum erwerben[44] oder ist, der lex rei sitae folgend, an den derzeit geltenden, oben dargestellten konstitutiven (Übertragungs-)Erfordernissen bei Vermächtnissen festzuhalten und das Vindikationslegat in ein Damnationslegat umzudeuten?[45]

Müller-Lukoschek[46] vertritt unter Berufung auf *Wilsch,*[47] der sich wiederum auf die Ausnahmen vom Anwendungsbereich der EuErbVO nach Art 1 Abs 2 lit k[48] und l[49] stützt, hinsichtlich des dt Rechts die Auffassung, dass dem Grundbuch jedenfalls öffentliche Urkunden über die Vermächtniserfüllung vorzulegen sind. Dieser Auffassung wird aus Sicht des österr Rechts zuzustimmen sein; die dargestellten derzeit bestehenden Übertragungserfordernisse und die bei Legaten konstitutive Wirkung der Grundbuchseintragung werden aufrecht zu erhalten sein.[50] Das ENZ liefert nur den Nachweis des Rechts des Legatars auf bestimmte Vermögenswerte nach dem Erbstatut; wie dieses übergeht, bestimmt hingegen das jeweilige Einzelstatut.[51]

---

41 Vgl auch *Schauer* in *Schauer/Scheuba* 81 f.
42 Vgl *Schauer,* JEV 2012, 89; s auch *Kleinschmidt,* RabelsZ 77 (2013) 770.
43 Vgl auch *Schauer,* EF-Z 2012/154, 247.
44 Vgl zu dieser Frage auch *Buschbaum/Kohler,* GPR 2010, 109.
45 Für Deutschland vgl zB *Schmidt,* RabelsZ 7 (2013) 1 ff; *Schmidt,* ZEV 2014, 133; *Kleinschmidt,* RabelsZ 77 (2013) 759 f; *Döbereiner,* GPR 2014, 42 ff; *Margonski,* GPR 2013, 106 ff; *Odersky,* notar 2013, 4; *Süß,* ZEuP 2013, 743 f; *Hertel,* ZEV 2013, 539.
46 *Müller-Lukoschek,* EU-Erbverordnung § 2 Rz 365.
47 *Wilsch,* ZEV 2012, 531.
48 Art der dinglichen Rechte.
49 Jede Eintragung von Rechten an beweglichen oder unbeweglichen Vermögensgegenständen in einem Register, einschließlich der gesetzlichen Voraussetzungen für eine solche Eintragung, sowie die Wirkungen der Eintragung oder der fehlenden Eintragung solcher Rechte in einem Register.
50 Für die Beibehaltung der im österr Registerrecht normierten formellen Erfordernisse verbücherungsfähiger Urkunden, allerdings noch zum Verordnungsvorschlag der Kommission *Faber/Grünberger,* NZ 2011/25, 102.
51 Vgl auch *Süß,* ZEuP 2013, 744.

31 Das Formblatt V (ENZ) der DurchführungsVO (EU) 1329/2014 der Kommission v 9. 12. 2014[52] sieht hinsichtlich der Stellung und Rechte des Vermächtnisnehmers mit unmittelbarer Berechtigung am Nachlass insb Angaben zur **Annahme** oder **Ausschlagung des Vermächtnisses,** zum **Teil des Nachlasses, auf den der Vermächtnisnehmer Anspruch hat,** zu dem Vermächtnisnehmer **zugewiesenen Vermögenswerten** sowie zu **Bedingungen** und **Beschränkungen** in Bezug auf die Rechte des Vermächtnisnehmers vor.

IV. Zuweisung von Vermögenswerten an Erben und Vermächtnisnehmer (Art 63 Abs 2 lit b)

32 Ein weiterer Aspekt des ENZ ist – wie unter Art 63 Rz 18 und 31 auch bereits als Inhalt des entsprechenden Formblatts genannt – der **Nachweis der Zuweisung** bestimmter Vermögenswerte des Nachlasses an im ENZ genannte Erben oder gegebenenfalls Vermächtnisnehmer (Art 63 Abs 2 lit b).

33 Ein solcher Nachweis wird über die bereits von Art 63 Abs 2 lit a erfasste Nennung des jeweiligen Anteils am Nachlass hinausgehen und bei Anwendbarkeit österr Rechts lediglich hinsichtlich der Zuweisung von Vermögenswerten an **Erben** eine Rolle spielen, da dem österr Recht, wie oben unter Rz 26 ff dargelegt, Vermächtnisnehmer (mit unmittelbarer Berechtigung am Nachlass) iSd der EuErbVO fremd sind.[53] Das ENZ geht insoweit über den österr Einantwortungsbeschluss hinaus.

34 Beim **Alleinerben** liegt die Zuweisung von Vermögenswerten auf der Hand. **Miterben** weichen zur Vermeidung dauerhafter Miteigentümergemeinschaften in der Praxis allerdings nicht selten durch Erbteilung von einer erbquotenmäßigen Übernahme des Nachlassvermögens ab. Zwischen den Miterben entsteht mit dem Tod des Erblassers bis zur Einantwortung eine schlichte Rechtsgemeinschaft gem den §§ 825 ff ABGB; sofern keine Erbteilung erfolgt, werden die Miterben nach Einantwortung im Verhältnis ihrer Erbquoten Miteigentümer der körperlichen Nachlasssachen. Aufgehoben wird die Erbengemeinschaft durch Erbteilung, die – außerhalb des Bereichs des Anerben- und Höferechts – fakultativ ist und von jedem Miterben vor oder nach der Einantwortung verlangt werden kann, aber erst mit Einantwortung dingliche Wirkung erlangt.[54] Bei Einvernehmen zwischen den Miterben erfolgt die Erbteilung im Wege eines Erbteilungsübereinkommens, mangels Einigung ist der Teilungsanspruch mit Erbteilungsklage (Teilungsklage iSd § 830 ABGB) durchzusetzen. Vor Einantwortung geschlossenen Erbteilungsübereinkommen kommt nach § 181 AußStrG die Wirkung eines vor Gericht geschlossenen Vergleichs und somit – im Gegensatz zum ENZ – insb Vollstreckungswirkung zu.

35 Auf ein allfälliges (vor Einantwortung geschlossenes) **Erbteilungsübereinkommen** ist im Einantwortungsbeschluss – ohne Erfordernis einer näheren Konkretisierung – lediglich **hinzuweisen** (§ 178 Abs 1 Z 3 AußStrG). **Grundbuchskörper,** auf denen aufgrund der Einantwortung die Grundbuchsordnung herzustellen sein wird, sind hingegen samt Hinweis, ob diejenigen, denen eingeantwortet wird, zum Kreis der gesetzlichen Erben zählen, zwingend

---

52 DurchführungsVO (EU) 1329/2014 der Kommission v 9. 12. 2014 zur Festlegung der Formblätter nach Maßgabe der VO (EU) 650/2012 des Europäischen Parlaments und des Rates über die Zuständigkeit, das anzuwendende Recht, die Anerkennung und Vollstreckung von Entscheidungen und die Annahme und Vollstreckung Urkunden in Erbsachen sowie zur Einführung eines Europäischen Nachlasszeugnisses, ABl L 2014/359, 30 ff.

53 Vgl *Schauer* in *Schauer/Scheuba* 83 f.

54 OGH 2 Ob 41/11 k.

in den Einantwortungsbeschluss **aufzunehmen**.[55] Bei **Miterben** bietet dies die Möglichkeit, eine konkrete Zuordnung von Vermögenswerten mittels Einantwortungsbeschluss jedenfalls hinsichtlich unbeweglichen Nachlassvermögens vorzunehmen; in der Praxis haben sich diesbezüglich – entgegen der, zumindest aus Sicht grundbücherlichen Vollzugs, völlig praxisfremden Ansicht des Gesetzgebers – **„Aufsandungsklauseln" im Einantwortungsbeschluss** bestens bewährt.

Den ErlRV[56] zu § 178 AußStrG ist zu entnehmen, dass Angaben zur Verfügungsberechtigung über das Verlassenschaftsvermögen (auch ohne explizite gesetzliche Regelung) in den Einantwortungsbeschluss aufgenommen werden können, soweit sich dies nicht – wie zB beim Alleinerben – ohnehin schon aus der Einantwortung ergibt. „Angaben zur Verfügungsberechtigung" werden nur aus besonderen Gründen für notwendig erachtet, „etwa dann, wenn ein Kontoguthaben einem Dritten zahlungshalber überlassen werden soll oder Miterben, va aufgrund eines Erbteilungsübereinkommens, nicht gemeinsam über diese Konten verfügen sollen".   **36**

Das Ergebnis eines vor Einantwortung geschlossenen **Erbteilungsübereinkommens** wird sich iSd der vorgenannten ErlRV somit auch **im Einantwortungsbeschluss abbilden** lassen. Zwingend ist dies freilich nicht.

In der L nicht einheitlich beantwortet wird die **Frage, ob mit einem ENZ auch der Erwerb aufgrund eines Erbteilungsübereinkommens bestätigt** werden kann. Nach *Schauer*[57] wird die Zuweisung von Vermögensgegenständen, die auf ein Erbteilungsübereinkommen zurückzuführen ist, aufgrund des weit gefassten Wortlauts der EuErbVO in das ENZ aufgenommen werden können; *Dutta*[58] will Art 63 Abs 2 lit b nur auf dinglich und nicht auf bloß schuldrechtlich wirkende Teilungsanordnungen angewandt wissen; eine Auffassung, die mit dem österr Recht jedenfalls insofern in Einklang zu bringen ist, als der Miterbe bei vor Einantwortung geschlossenen Erbteilungsübereinkommen bereits mit Rechtskraft der Einantwortung das Eigentumsrecht nicht nur quotenmäßig, sondern unmittelbar an den ihm aufgrund der Vereinbarung zufallenden Bestandteilen des Nachlasses erwirbt und der Eintragung im Grundbuch auch hier lediglich deklarative Wirkung zukommt.[59] Auch bei einer Erbteilung im streitigen Verfahren aufgrund einer Erbteilungsklage vor Einantwortung wird nichts dagegen sprechen, die Erbringung des Nachweises der Zuweisung bestimmter Vermögenswerte an einen Erben mittels ENZ zuzulassen.   **37**

Anders zu beurteilen sein wird mE eine **nach** (Rechtskraft der) **Einantwortung** der Verlassenschaft – sei es vertraglich, sei es als Ergebnis einer Teilungsklage – vorgenommene Erbteilung, da es hier nicht mehr um die Frage unmittelbarer Ansprüche an der Verlassenschaft oder die Aufteilung von verlassenschaftszugehörigen Vermögenswerten geht, sondern um die Aufteilung von Vermögenswerten, an denen die Miterben bereits rechtskräftig erbquotenmäßig (Mit-)Eigentum erworben haben.[60] Inwieweit der Wortlaut des Art 63 Abs 2 lit b sowie der korrespondierenden Regelungen des Art 68 lit l eine andere Beurteilung hergibt, wird die Praxis und die unionsrechtliche Rechtsfortbildung zeigen.   **38**

---

55 Vgl OGH 5 Ob 107/11 p.
56 Vgl ErlRV 224 BlgNR 22. GP 110 zu § 178 AußStrG.
57 *Schauer*, EF-Z 2012/154, 247.
58 *Dutta* in MünchKommBGB[6] Art 63 EuErbVO Rz 16.
59 Vgl OGH 5 Ob 182/09 i; *Spruzina* in *Kletečka/Schauer*[1.01] § 819 Rz 24.
60 Vgl auch *Dorsel*, ZErb 2014, 223.

39 Nicht in den Anwendungsbereich der EuErbVO fällt die Frage, ob ein bestimmter Vermögenswert dem Erblasser gehört hat oder nicht (ErwGr 71); dies kann daher auch nicht Gegenstand des ENZ sein.[61] Auch **güterrechtliche Fragen** (Art 1 Abs 2 lit d) sind vom Anwendungsbereich der EuErbVO **ausgenommen,** was aus österr Sicht va auch hinsichtlich der Zuordnung von Vermögenswerten zu Problemen führen kann.[62]

V. Nachweis von Befugnissen (Art 63 Abs 2 lit c)

40 Das ENZ kann insb auch zum Nachweis von Befugnissen „der in dem Zeugnis genannten Person zur **Vollstreckung des Testamentes** oder **Verwaltung des Nachlasses**" verwendet werden.

41 Das österr Recht kennt mit Ausnahme der vom Notar als Gerichtskommissär auszustellenden Amtsbestätigung über die Vertretungsbefugnis (§ 810 ABGB) iSd § 172 AußStrG, dem mit Hilfe eines Firmenbuchauszuges nachweisbaren Verlassenschaftsprovisorium iSd § 32 Abs 2 UGB (s hiezu Art 63 Rz 57) und dem entsprechenden Beschluss des Gerichts über die Bestellung eines (Verlassenschafts- oder Separations-)Kurators **keinen dem ENZ entsprechenden „Nachweis" betreffend die Verwaltung des Nachlasses;** eine Bestätigung bezüglich der Vollstreckung des Testaments ist ihm gänzlich unbekannt.

42 Die Nachweisfunktion des ENZ iSd Art 63 Abs 2 lit c betrifft nicht nur Befugnisse von **Testamentsvollstreckern** und **Nachlassverwaltern,** sondern zB auch solche von zur Testamentsvollstreckung berufenen oder – nach § 810 ABGB – zur Benützung, Verwaltung und Vertretung der Verlassenschaft berechtigten **Erben.**[63] Die Rechte des Testamentsvollstreckers und anderer Nachlassverwalter selbst unterliegen dem Erbstatut; gegebenenfalls sind die Regelungen für die Bestellung und die Befugnisse eines Nachlassverwalters in bestimmten Situationen nach Art 29 EuErbVO zu beachten.

43 Im ENZ ist nicht nur die Person zu benennen, die zur Vollstreckung des Testaments oder Verwaltung des Nachlasses berechtigt ist, es sind vielmehr auch deren Befugnisse und der Umfang der Vertretungsmacht anzugeben.[64] Das Formblatt V Anlage VI der DurchführungsVO (EU) 1329/2014 der Kommission v 9. 12. 2014[65] sieht hinsichtlich der Befugnis zur Testamentsvollstreckung oder Nachlassverwaltung neben Angaben betreffend den **Umfang** der Vertretungsbefugnis (gesamter Nachlass/Teile des Nachlasses) eine detailversessene – nicht abschließende – **Liste von möglichen Befugnissen** vor, die folgende Befugnisse explizit nennt: Erlangung aller Auskünfte über das Nachlassvermögen und die Nachlassver-

---

61 Auch im österr Recht ist die Frage des Eigentums des Erblassers an Vermögenswerten nicht Gegenstand des außerstreitigen Verlassenschaftsverfahrens; das Verlassenschaftsgericht hat nach § 166 Abs 2 AußStrG im Streitfall lediglich die Möglichkeit darüber zu entscheiden, ob eine Sache in das Inventar aufzunehmen oder auszuscheiden ist.

62 Auf die deutsche Zugewinngemeinschaft wird hier nicht eingegangen, vgl hiezu *Köhler* in *Kroiß/Horn/Solomon* Art 23 EuErbVO Rz 18 ff; *Dörner,* ZEV 2012, 507 f; *Dutta* in MünchKommBGB[6] Art 67 EuErbVO Rz 11; *Süß,* ZEuP 2013, 741 f; *Kleinschmidt,* RabelsZ 77 (2013) 752 f; *Kowalczyk,* GPR 2012, 213 f; *Kunz,* GPR 2012, 253 ff; *Volmer,* ZEV 2014, 129 ff.

63 Vgl *Schauer,* EF-Z 2012/154, 247; *Dutta* in MünchKommBGB[6] Art 63 EuErbVO Rz 19.

64 Siehe auch *Schauer* in *Schauer/Scheuba* 85.

65 DurchführungsVO (EU) 1329/2014 der Kommission v 9. 12. 2014 zur Festlegung der Formblätter nach Maßgabe der VO (EU) 650/2012 des Europäischen Parlaments und des Rates über die Zuständigkeit, das anzuwendende Recht, die Anerkennung und Vollstreckung von Entscheidungen und die Annahme und Vollstreckung Urkunden in Erbsachen sowie zur Einführung eines Europäischen Nachlasszeugnisses, ABl L 2014/359, 30 ff.

bindlichkeiten; Kenntnisnahme von allen mit dem Nachlass zusammenhängenden Testamenten und sonstigen Schriftstücken; Veranlassung oder Beantragung von Sicherungsmaßnahmen; Veranlassung von Sofortmaßnahmen; Entgegennahme der Vermögenswerte; Einziehung der Nachlassforderungen und Erteilung einer gültigen Quittung; Erfüllung und Auflösung von Verträgen; Eröffnung, Unterhaltung und Schließung eines Bankkontos; Aufnahme eines Darlehens; Vermögensbelastungen übertragen oder begründen; Begründung von dinglichen Rechten an den Vermögenswerten oder hypothekarische Belastung der Vermögenswerte; Veräußerung von unbeweglichem und/oder sonstigem Vermögen; Vergabe eines Darlehens; Fortführung eines Unternehmens; Ausübung der Rechte eines Anteileigners; Auftreten als Kläger oder Beklagter; Begleichung von Verbindlichkeiten; Verteilung der Vermächtnisse; Aufteilung des Nachlasses; Verteilung des Restnachlasses; Beantragung der Eintragung von Rechten an unbeweglichem oder beweglichem Vermögen in ein Register; Vergabe von Spenden/Schenkungen. Ergänzungen der Liste sowie Erläuterungen bezüglich der Befugnisse sind zulässig. Im Formblatt weiters anzugeben ist die Grundlage der Befugnisse und Pflichten (Verfügung von Todes wegen, gerichtliche Entscheidung, Vereinbarung zwischen den Erben, Gesetz) sowie eine allfällige Einschränkung der Befugnisse.

Das Formblatt wird für den Testament vollstreckenden oder Nachlass verwaltenden Erben ebenso gelten, wie für einen „fremden" Testamentsvollstrecker oder Nachlassverwalter.

44 Aus österr Sicht bedeutet dies, dass die **Befugnisse** eines vertretungsberechtigten Erben, eines (Verlassenschafts- oder Separations-)Kurators oder eines Testamentsvollstreckers bei Ausstellung des ENZ detailliert anzugeben sein werden. Insb wird auch auf allfällige **Beschränkungen** der jeweiligen Verwaltungs- und/oder Vertretungsbefugnis, wie insb das Erfordernis einer gerichtlichen Genehmigung iSd § 810 Abs 2 ABGB oder von Vertretungshandlungen eines (Verlassenschafts- oder Separations-)Kurators in sinngemäßer Anwendung des § 167 Abs 3 ABGB[66] **hinzuweisen** sein.

A. Testamentsvollstrecker

45 Mindestvoraussetzung für den in der EuErbVO nicht näher definierten **Testamentsvollstrecker** iSd Art 63 Abs 1 werden **Befugnisse gegenüber dem Nachlass** sein, die ihm **vom Erblasser verliehen** worden sind. Die Befugnisse können sich auf eine (gültige) Verfügung von Todes wegen ebenso gründen wie auf eine postmortal wirkende Vollmacht[67] oder eine (obligatorisch wirkende) Auflage.[68]

46 Nach ErwGr 43 können einem vom Erblasser bestellten Testamentsvollstrecker seine Befugnisse nur dann entzogen werden, wenn das auf die Rechtsnachfolge von Todes wegen **anwendbare Recht das Erlöschen seines Amtes ermöglicht.**

47 Im österr Recht fristet der Testamentsvollstrecker insgesamt eher ein Schattendasein; die gesetzlichen **Regelungen sind spärlich** (§ 816 ABGB, § 174 AußStrG). Rechte und Pflichten des österr Testamentsvollstreckers entstehen erst bei Übernahme des Amtes,[69] sein Wirkungskreis ergibt sich aus der letztwilligen Anordnung und reicht von einer bloßen Überwachungsfunktion der Erfüllung der Anordnungen des Erblassers bis hin zur Verwaltung der

---

66 Zur Notwendigkeit des Hinweises auf den Genehmigungsvorbehalt nach § 810 Abs 2 ABGB auch *Schauer* in *Schauer/Scheuba* 85.
67 *Schauer* in *Schauer/Scheuba* 84; *Dutta* in MünchKommBGB[6] Art 63 EuErbVO Rz 10.
68 OGH 2 Ob 1/08y.
69 *Spruzina* in *Kletečka/Schauer*[1.01] § 816 Rz 3.

Verlassenschaft.[70] Der Testamentsvollstrecker kann vom Verlassenschaftsgericht aus wichtigen Gründen abberufen werden; ihm vom Erblasser eingeräumte Verwaltungsbefugnisse können von den erbantrittserklärten Erben entzogen bzw widerrufen werden.[71]

48 Bei Anwendbarkeit österr Rechts wird für den Testamentsvollstrecker jedenfalls dann ein ENZ ausgestellt werden können, wenn dieser **verwaltender Testamentsvollstrecker** ist, wobei auch hier auf die Beschreibung der Art und des Umfangs der Befugnisse besonderes Augenmerk zu legen sein wird.

49 Bei einem rein **überwachenden Testamentsvollstrecker** könnten allenfalls ihm zukommende Informationsrechte, die im entsprechenden Formblatt auch unter den Befugnissen angeführt sind, die Erteilung eines ENZ rechtfertigen. Die im österr Verlassenschaftsverfahren auch einem Testamentsvollstrecker mit Überwachungsfunktion zukommende Parteistellung als solche wird keine in ein ENZ aufzunehmende „Befugnis" darstellen. Die allfällige Parteistellung eines Testamentsvollstreckers wird von einem anderen Mitgliedstaat nach seinem eigenen Verfahrensrecht beurteilt werden; die Aufnahme eines Hinweises auf die Überwachungsfunktion in das ENZ könnte sich jedoch insofern als sinnvoll erweisen, als diese in einem anderen Mitgliedstaat für die Beurteilung der Parteistellung des Testamentsvollstreckers relevant sein könnte.[72]

B. Nachlassverwalter

50 Der im Verordnungsvorschlag der Kommission[73] im Zusammenhang mit dem ENZ verwendete Begriff des „Fremdverwalters" wurde im endgültigen Verordnungstext durch jenen des „Nachlassverwalters" ersetzt. Nachlassverwalter iSd Art 63 Abs 1 kann – vollkommen ungeachtet ihres Wirkungskreises – jede Person mit **Befugnissen zur Verwaltung** des Nachlasses sein; das abgrenzende Element zum Testamentsvollstrecker wird darin gesehen, dass der Nachlassverwalter seine Befugnisse nicht vom Willen des Erblassers ableitet.[74]

51 Aus österr Sicht wird unter den Begriff des „Nachlassverwalters" daher eindeutig der **Verlassenschaftskurator** (§ 156 Abs 2, § 157 Abs 4, § 165 Abs 1 Z 6, § 173 AußStrG), aber auch ein allenfalls bestellter **Separationskurator** (§ 812 ABGB; § 175 AußStrG) sowie der iSd § 810 ABGB **vertretungsberechtigte Erbe** zu subsumieren sein.[75]

52 *Schauer*[76] geht davon aus, dass auch rechtsgeschäftlich auf den Todesfall oder mit Wirkung über den Tod hinaus erteilte **Vollmachten,** wie etwa Prokura (§ 52 Abs 3 UGB), die sich idR ohnehin aus dem Firmenbuch ergibt, und Handlungsvollmacht (§ 58 Abs 3 UGB), Gegenstand eines ENZ sein können, wenn der betreffenden Person Befugnisse hinsichtlich des Nachlasses zustehen.

---

70 *Spruzina* in *Kletečka/Schauer*[1.01] § 816 Rz 4; OGH 1 Ob 3/13 t.
71 OGH 1 Ob 3/13 t; OGH 2 Ob 1/08 y.
72 *Schauer* in *Schauer/Scheuba* 85.
73 Art 36 ff Vorschlag der Kommission für eine Verordnung des Europäischen Parlaments und des Rates über die Zuständigkeit, das anzuwendende Recht, die Anerkennung und die Vollstreckung von Entscheidungen und öffentlichen Urkunden in Erbsachen sowie zur Einführung eines Europäischen Nachlasszeugnisses, KOM(2009) 154 endg.
74 Vgl *Dutta* in MünchKommBGB[6] Art 63 EuErbVO Rz 11.
75 Siehe auch *Schauer* in *Schauer/Scheuba* 84.
76 *Schauer* in *Schauer/Scheuba* 84 f.

Ein im Bedarfsfall vom Verlassenschaftsgericht selbst zu bestellender **Kollisionskurator**   **53**
(§ 156 Abs 1, § 5 Abs 2 Z 1 lit a AußStrG; § 271 ABGB), **Kurator für ungeborene Parteien** (Posteritäts-/Substitutionskurator, § 156 Abs 1, § 5 Abs 2 Z 2 lit a AußStrG; § 274
ABGB), **Kurator für bekannte, aber abwesende Erben** (Abwesenheits-/Erbenkurator,
§ 156 Abs 1, § 5 Abs 2 Z 2 lit b AußStrG; § 276 ABGB), **Zustellkurator** (§ 5 Abs 2 Z 1 lit b
AußStrG) oder **Saumsalkurator** (§ 79 Abs 2 Z 5 AußStrG) wird – mangels Verwaltungsbe-
fugnissen hinsichtlich der Verlassenschaft selbst – von vornherein aus dem Kreis der in
Art 63 Abs 1 genannten Berechtigten ausscheiden und seine Befugnisse nicht mittels ENZ
nachweisen.

Zur **Benützung, Verwaltung und Vertretung der Verlassenschaft** durch den bzw die erb-   **54**
antrittserklärten Erben iSd § 810 ABGB s **Art 63 Rz 17.**

Neben dem vertretungsberechtigten Erben wird nach österr Recht der **Verlassenschaftskura-**   **55**
tor der Standardfall des „Nachlassverwalters" sein. Die wichtigsten Fälle für die Bestellung
eines Verlassenschaftskurators werden in § 173 AußStrG genannt und bestehen in der man-
gelnden Einigkeit mehrerer Erbprätendenten über die Art der Vertretung oder einzelne Vertretungshandlungen oder über die Erbberechtigung überhaupt.[77] Da das Verlassenschaftsgericht von Amts wegen die im Interesse des Nachlasses gelegenen erforderlichen Verfügungen
zu treffen hat, ist ein Verlassenschaftskurator auch dann zu bestellen, wenn noch kein Erbe
die Erbschaft angetreten hat, aber dringende Verwaltungs- oder Vertretungshandlungen vorzunehmen sind.[78]

Spätestens mit der Bestellung eines Verlassenschaftskurators[79] endet die Vertretungsbefugnis
anderer Personen (§ 173 Abs 1 AußStrG); allfällige den erbantrittserklärten Erben bereits
ausgestellte Amtsbestätigungen über die Vertretungsbefugnis iSd § 172 AußStrG sind vom
Gerichtskommissär von den Empfängern abzufordern. Das Recht des Verlassenschaftskurators zur Vertretung des Nachlasses iSd § 173 Abs 1 AußStrG umfasst im Zweifel, dh mangels
einer gerichtlichen Einschränkung oder anderen Anordnung, auch das Recht zur Verwaltung
und zur Bestimmung der Benützung des Nachlasses; eine Trennung dieser Befugnisse zwischen erbantrittserklärten Erben einerseits und Verlassenschaftskurator andererseits kommt
nicht in Betracht.[80] Der Verlassenschaftskurator vertritt die Verlassenschaft, nicht die Erben;
die Wahrung von Interessen erbantrittserklärter Erben zählt nicht zu seinem Geschäfts-
kreis.[81] Für Vertretungshandlungen des Kurators ist nicht die – auf die Vertretung durch
die Erben (Gesamtrechtsnachfolger) abgestimmte – Regelung des § 810 Abs 2 ABGB einschlägig, sondern vielmehr § 167 Abs 3 ABGB idF KindNamRÄG 2013, der die Fremdver-
tretung nicht (ausreichend) Geschäftsfähiger regelt, sinngemäß anzuwenden.[82]

Bei Vorliegen der entsprechenden gesetzlichen Voraussetzungen kommt Erbschaftsgläubi-   **56**
gern, Legataren und Noterben[83] bis zur Zustellung des Einantwortungsbeschlusses[84] das
Recht zu, nach § 812 ABGB die Absonderung der Verlassenschaft vom Vermögen des Er-

---

77 Vgl auch OGH 9 Ob 35/14 h EF-Z 2014/139, 226 *(A. Tschugguel).*
78 OGH 2 Ob 153/11 f.
79 Hiezu OGH 9 Ob 35/14 h EF-Z 2014/139, 226 *(A. Tschugguel).*
80 OGH 9 Ob 35/14 h.
81 OGH 4 Ob 236/13 d.
82 OGH 1 Ob 245/12 d; 1 Ob 107/13 m; s auch *Mondel* Rz 7/75 ff.
83 § 812 idF ErbRÄG 2015 spricht – „sprachlich modernisiert" – nur noch von „Gläubigern", vgl ErlRV
     688 BlgNR 25. GP 38.
84 OGH 2 Ob 85/10 d.

ben („Nachlassseparation") zu fordern. Die Nachlassseparation dient der Sicherung vor den Gefahren der Vermengung des Nachlasses mit dem Erbenvermögen und allen denkbaren Gefahren, die sich aus der tatsächlichen Verfügungsgewalt der Erben ergeben[85] bzw der Sicherstellung der Befriedigung der Absonderungsgläubiger aus dem getrennt verwalteten Sondervermögen auch noch nach Einantwortung der Verlassenschaft.[86] Der Antrag auf Nachlassseparation kann neben der Absonderung der Verlassenschaft vom Vermögen des Erben, Verwahrung der Verlassenschaft durch das Gericht und Vormerkung/Berichtigung des Anspruchs insb auf Verwaltung der Verlassenschaft durch einen **(Separations-)Kurator** gerichtet sein. Ebenso wie die Bestellung eines Verlassenschaftskurators beendet auch die Bestellung eines Separationskurators eine allfällige Vertretungsbefugnis der Erben iSd § 810 ABGB.

57 Stirbt ein im Firmenbuch eingetragener Einzelunternehmer oder ein vertretungsbefugter Gesellschafter einer offenen Gesellschaft oder Kommanditgesellschaft, so ist nach **§ 32 Abs 2 UGB** auf Antrag in das Firmenbuch einzutragen, wer zur Vertretung der Verlassenschaft berechtigt ist (**„Verlassenschaftsprovisorium"**). Die Vertretungsbefugnis iSd § 32 Abs 2 UGB kommt entweder dem erbantrittserklärten Erben (mehreren erbantrittserklärten Erben mangels anderer Einigung gemeinsam) oder einem Verlassenschaftskurator, dessen Befugnisse die provisorische Unternehmensführung oder Anteilsverwaltung umfassen, zu.[87] Das Verlassenschaftsprovisorium ist in das Firmenbuch einzutragen (§ 4 Z 2 FBG); die Verpflichtung zur Anmeldung trifft den/die vertretungsberechtigten Erben oder einen von diesen bestimmten Vertreter, gegebenenfalls den Verlassenschaftskurator und kann vom Firmenbuchgericht erzwungen werden (§ 24 FBG). Bei Uneinigkeit der Erben wird sich jeder von ihnen dadurch von der Meldepflicht befreien können, dass er die Bestellung eines Verlassenschaftskurators beantragt.[88] Va Gerichte sowie Notare als Gerichtskommissäre haben die zu ihrer Kenntnis gelangten Fälle einer unrichtigen, unvollständigen oder unterlassenen Anmeldung oder Eintragung dem Firmenbuchgericht nach § 13 Abs 1 FBG unverzüglich mitzuteilen. Auch wenn es sich beim Verlassenschaftsprovisorium **nicht** um einen Fall der „Eintragung des Nachlassvermögens in das einschlägige Register" iSd **Art 69 Abs 5** handelt, wird davon auszugehen sein, dass das ENZ zum Nachweis der entsprechenden Vertretungsbefugnis **beim Firmenbuchgericht ausreicht.**

VI. Mit dem ENZ nicht nachweisbare Rechte/Rechtsstellungen

58 Bei Anwendbarkeit österr Rechts mit einem ENZ **nicht bescheinigt** werden können insb die Rechte/Rechtsstellungen eines Damnationslegatars (s Art 63 Rz 26 ff), von Pflichtteilsberechtigten (s Art 63 Rz 21), die Rechte/Rechtsstellungen eines Gläubigers, dem Aktiva einer überschuldeten Verlassenschaft an Zahlungs statt überlassen wurden (§§ 154 f AußStrG), auch wenn der Überlassungsbeschluss nach § 798 ABGB idF ErbRÄG 2015 (§ 798a ABGB aF) einen Titel zum Erwerb (Singularsukzession) bildet (s Art 62 Rz 60), die Rechte/Rechtsstellung eines Berechtigten iSd § 153 Abs 2 AußStrG (Art 62 Rz 61) und von Kuratoren, mit Ausnahme des Verlassenschafts- und Separationskurators (Art 63 Rz 53).

---

85 OGH 3 Ob 229/09 m.
86 OGH 1 Ob 9/99 a.
87 Vgl *Hofmann,* NZ 2006/32; *Schauer* in *Schauer/Scheuba* 84.
88 *Hofmann,* NZ 2006/32.

Zuständigkeit für die Erteilung des Zeugnisses

Art 64. Das Zeugnis wird in dem Mitgliedstaat ausgestellt, dessen Gerichte nach den Artikeln 4, 7, 10 oder 11 zuständig sind. Ausstellungsbehörde ist

a) **ein Gericht im Sinne des Artikels 3 Absatz 2 oder**

b) **eine andere Behörde, die nach innerstaatlichem Recht für Erbsachen zuständig ist.**

Stammfassung.

Literatur: *Bajons,* Internationale Zuständigkeit und anwendbares Recht in Erbsachen, in *Schauer/Scheuba,* Europäische Erbrechtsverordnung (2012) 29; *Bajons,* Die Nachlassabwicklung in internationalen Erbsachen nach zukünftigem Recht, ecolex 2014, 204; *Buschbaum/Kohler,* Vereinheitlichung des Erbkollisionsrechts in Europa (Teil I), Eine kritische Würdigung des Kommissionsvorschlags zur Erbrechtsverordnung, GPR 2010, 106; *Buschbaum/Simon,* EuErbVO: Das Europäische Nachlasszeugnis, ZEV 2012, 525; *Cach/Weber,* Rechtswahl im Internationalen Erbrecht – Novum oder zu erwartender Entwicklungsschritt? Eine historische Betrachtung aus österreichischer Sicht, JEV 2013, 90; *Döbereiner,* Das internationale Erbrecht nach der EU-Erbrechtsverordnung (Teil I), MittBayNot 2013, 358; *Dörner,* EuErbVO: Die Verordnung zum Internationalen Erb- und Erbverfahrensrecht ist in Kraft! ZEV 2012, 505; *Dorsel,* Europäische Erbrechtsverordnung und Europäisches Nachlasszeugnis, ZErb 2014, 212; *Dorsel,* Europäisches Nachlasszeugnis (2014), http://www.notaries-of-europe.eu/files/training-new/2014-05-09/Dr.Dorsel_GER.doc (abgefragt am 2. 1. 2015); *Faber,* Der aktuelle Vorschlag einer EU-Verordnung für Erbsachen – ein Überblick, JEV 2010, 42; *Frodl,* ÖJZ 2012/108, 950; *Hertel,* Nachweis der Erbfolge im Grundbuchverfahren – bisher und nach der EuErbVO, ZEV 2013, 539; *Hilbig-Lugani,* Divergenz und Transparenz: Der Begriff des gewöhnlichen Aufenthalts der privat handelnden natürlichen Person im jüngeren EuIPR und EuZVR, GPR 2014, 8; *Kunz,* Die neue Europäische Erbrechtsverordnung – ein Überblick (Teil I), GPR 2012, 208; *Lehmann,* Die EU-Erbrechtsverordnung zur Abwicklung grenzüberschreitender Nachlässe, DStR 2012, 2085; *Motal,* EU-Erbrechtsverordnung: Anpassungsbedarf im IPRG und der JN, EF-Z 2014/151, 251; *Richters,* Anwendungsprobleme der EuErbVO im deutsch-britischen Rechtsverkehr, ZEV 2012, 576; *Schauer,* Die neue Erbrechts-VO der Europäischen Union – eine Annäherung, JEV 2012, 78; *Süß,* Das Europäische Nachlasszeugnis, ZEuP 2013, 725.

Übersicht

	Rz
I. Allgemeines	1
II. Internationale Zuständigkeit zur Ausstellung des Zeugnisses	9
A. Allgemeine Zuständigkeit (Art 4)	9
B. Zuständigkeit bei Rechtswahl (Art 7)	13
C. Subsidiäre Zuständigkeit (Art 10)	22
D. Notzuständigkeit (Art 11)	27
III. Sachliche, örtliche und funktionelle Zuständigkeit	30

I. Allgemeines

Der Gedanke der mit der EuErbVO angestrebten Nachlasseinheit spiegelt sich auch in den **1** Zuständigkeitsregeln für die Erteilung des ENZ wider; das ENZ ist konsequenterweise in jenem Mitgliedstaat auszustellen, dessen Gerichte nach Art 4 (**allgemeine Zuständigkeit**), Art 7 (**Zuständigkeit bei Rechtswahl**), Art 10 (**subsidiäre Zuständigkeit**) oder Art 11 (**Notzuständigkeit**) zuständig sind. Es sollen somit (idealtypischerweise) mit ein und derselben Verlassenschaft bzw Rechtsnachfolge von Todes wegen unabhängig von der Belegenheit des Nachlassvermögens nur die Gerichte (iSd Art 3 Abs 2) eines Mitgliedstaats befasst werden; diese werden dann sowohl den jeweiligen nationalen Erbnachweis als auch das ENZ ausstellen.

2   Aufgrund der Kongruenz von internationaler Zuständigkeit und anwendbarem Recht wird die international zuständige Behörde bei der Ausstellung des ENZ idR ihr eigenes Recht anwenden können; eine Ausnahme hievon kann sich zB bei Rechtswahl durch den Erblasser oder aufgrund der Ausweichklausel nach Art 21 Abs 2 EuErbVO ergeben.[1]

3   Eine **unrichtige Beurteilung der Zuständigkeitsfrage** kann in letzter Konsequenz zur Ausstellung eines ENZ durch eine unzuständige Behörde, allenfalls sogar zur Erteilung mehrerer, womöglich auch noch inhaltlich divergierender, ENZ führen. Auf die Zuständigkeitsprüfung wird somit besonderes Augenmerk zu legen sein, weshalb iZm dem ENZ und spezifisch auf dieses bezogen, nochmals auf die wesentlichsten Elemente der internationalen Zuständigkeit nach der EuErbVO Bezug zu nehmen ist.

4   Bei genauer Betrachtung des Art 64 fällt auf, dass dieser nicht generell auf die Vorschriften des Kapitels II der EuErbVO über die internationale Zuständigkeit verweist. Dies kann sich in mancher Hinsicht als problematisch erweisen.

Ohne praktische Auswirkungen wird der mangelnde Verweis auf Art 5 (Gerichtsstandsvereinbarung) und Art 6 (Unzuständigerklärung bei Rechtswahl) bleiben, da durch die Bezugnahme auf Art 7 (Zuständigkeit bei Rechtswahl) beide Bestimmungen mitumfasst sind; die fehlende Nennung des Art 8 (Beendigung des Verfahrens von Amts wegen bei Rechtswahl) ist nur konsequent, da das Verfahren zur Erteilung eines ENZ niemals amtswegig, sondern ausschließlich auf Antrag (Art 65) eingeleitet werden kann. IZm der Ausstellung des ENZ jedoch sehr wohl relevant sein könnten

- eine rügelose Einlassung iSd Art 9 (s Art 64 Rz 20),
- die Bestimmungen des Art 12 über die Beschränkung des Verfahrens im Hinblick auf in einem Drittstaat belegene Vermögenswerte (s Art 64 Rz 28), sowie
- die Regelungen über
  - die Prüfung der Zuständigkeit (Art 15), da Art 66 und Art 67 nur noch von der „Ausstellungsbehörde" sprechen und auf Zuständigkeitsfragen nicht eingehen,
  - die Rechtshängigkeit (Art 17), die es dem später angerufenen Gericht bei Anhängigmachung von Verfahren wegen desselben Anspruchs bei Gerichten mehrerer Mitgliedstaaten ermöglichen, das Verfahren von Amts wegen solange auszusetzen bis die Zuständigkeit des zuerst angerufenen Gerichts feststeht und sich danach für unzuständig zu erklären, und
  - im Zusammenhang stehende Verfahren in mehreren Mitgliedstaaten (Art 18), die eine Aussetzung des Verfahrens durch das später angerufene Gericht, die Unzuständigerklärung und, nach Maßgabe des jeweiligen nationalen Rechts, auch eine Verbindung von Verfahren zulassen,

da durchaus auch denkbar ist, dass unterschiedliche Antragsberechtigte bei unterschiedlichen Gerichten die Ausstellung eines ENZ beantragen.

Dutta[2] geht daher, mE zu Recht, davon aus, dass bei der Erteilung des ENZ – ungeachtet der Formulierung des Art 64 – auch das sonstige Zuständigkeitsrecht der EuErbVO (Art 14 ff) zur Anwendung gelangt.

5   Nach § 12 Abs 1 AußStrG ist ein Verfahren anhängig, sobald ein Antrag auf seine Einleitung bei Gericht gestellt wird oder das Gericht in einem von Amts wegen einzuleitenden Verfah-

---

1 *Süß,* ZEuP 2013, 731.
2 *Dutta* in MünchKommBGB[6] Art 64 EuErbVO Rz 8.

ren eine Verfahrenshandlung vorgenommen hat. Durch das in Österreich auch bezüglich der Verlassenschaftsverfahren bestehende bundesweite (Geschäfts-)Register, das einen Überblick über die Gesamtheit der angefallenen (Verlassenschafts-)Sachen und den Stand der einzelnen Angelegenheiten bietet, werden **innerstaatliche Kompetenzkonflikte,** die sich ua daraus ergeben könnten, dass das Verlassenschaftsverfahren bei einem Gericht von Amts wegen eingeleitet, die Ausstellung des ENZ jedoch bei einem anderen inländischen Gericht begehrt wird, vermieden werden können. Ist derselbe Verfahrensgegenstand trotz allem bei mehreren österr Gerichten anhängig geworden, ist die Sache an jenes der an sich zuständigen Gerichte zu überweisen, bei dem sie zuerst anhängig geworden ist (§ 12 Abs 2 AußStrG).

Bereits im Verordnungsvorschlag der Kommission[3] wurde eine EU-Initiative zu einem **unionsweiten Testamentsregister** in Aussicht gestellt, das bei grenzüberschreitenden Erbfällen die Auffindbarkeit von Testamenten erleichtern soll.[4] Im Zuge der Schaffung der EuErbVO ebenso angedacht und diskutiert wurde ein **europäisches Register für die (zwingende) Registrierung von ENZ,** mit dem parallele Verfahren zur Erteilung eines ENZ in mehreren Mitgliedstaaten und va die Ausstellung einander widersprechender ENZ hintangehalten und eine Abfragemöglichkeit hinsichtlich des aufrechten, gültigen Bestandes eines ENZ installiert werden könnte(n). Dem Vernehmen nach sollen nun im Rahmen einer größeren Studie die Rahmenbedingungen für ein solches Register – zentrale/dezentrale Registerführung, Vorgangsweise in Mitgliedstaaten, die derzeit über keine Registersysteme verfügen, Regelung des Zugangs zu den Daten und Datenschutz, Kosten etc – sowie dessen Realisierbarkeit samt den erforderlichen begleitenden rechtlichen Maßnahmen evaluiert werden. **6**

Aus österr Sicht ist zu beachten, dass sich die **internationale Zuständigkeit** der Gerichte für die Abhandlung einer Verlassenschaft und diese ersetzende Verfahren (§§ 153 ff AußStrG) ab 17. 8. 2015 grundsätzlich nicht mehr nach den Bestimmungen der § 106 und § 107 JN richtet, sondern nach Kapitel II der EuErbVO, wobei bestehende internationale Übereinkommen nach Maßgabe des Art 75 EuErbVO zu berücksichtigen sind. Es ist, angesichts der österr Tradition eines amtswegigen Verlassenschaftsverfahrens auch besonders hervorzuheben, dass die Ausstellung des ENZ nur über Antrag erfolgt, die Frage der Zuständigkeit zur Ausstellung des ENZ somit idR erst bei Vorliegen eines entsprechenden Antrags zu prüfen sein wird (Art 66 Abs 1). **7**

Bei **internationaler Zuständigkeit österr Gerichte** für ein Verlassenschaftsverfahren wird von diesen in Hinkunft im Anwendungsbereich der EuErbVO sowohl die Einantwortung vorgenommen, als auch, über Antrag, (vom Notar als Gerichtskommissär)[5] ein ENZ ausgestellt werden; dasselbe wird bei einer Entscheidung über eine nach Einantwortung erhobene Erbschaftsklage gelten.[6] **8**

---

3 Vorschlag der Kommission für eine Verordnung des Europäischen Parlaments und des Rates über die Zuständigkeit, das anzuwendende Recht, die Anerkennung und die Vollstreckung von Entscheidungen und öffentlichen Urkunden in Erbsachen sowie zur Einführung eines Europäischen Nachlasszeugnisses, KOM(2009) 154 endg.

4 Derzeit laufen Bemühungen zur Vernetzung nationaler Testamentsregister im Rahmen von ARERT (Association du Réseau Européen des Registres Testamentaires)/ENRWA (The European Network of Registers of Wills Association), www.arert.eu/ (6. 7. 2015).

5 § 1 Abs 1 Z 1 lit d GKG idF ErbRÄG 2015.

6 *Schauer* in *Schauer/Scheuba* 86.

II. Internationale Zuständigkeit zur Ausstellung des Zeugnisses

A. Allgemeine Zuständigkeit (Art 4)

9 Für Entscheidungen in Erbsachen sind für den gesamten Nachlass die Gerichte des Mitgliedstaats zuständig, in dessen Hoheitsgebiet der Erblasser im Zeitpunkt seines Todes seinen **gewöhnlichen Aufenthalt** hatte (Art 4).

10 Ausgangspunkt jeder Zuständigkeitsprüfung, so auch bei Vorliegen eines Antrags auf Ausstellung eines ENZ, ist somit der **gewöhnliche Aufenthalt des Erblassers im Zeitpunkt seines Todes** (im Folgenden auch „letzter gewöhnlicher Aufenthalt" genannt). Definiert wird dieser gewöhnliche Aufenthalt, der eine besonders enge und feste Bindung zum betreffenden Staat bzw einen Lebensmittelpunkt erkennen lassen sollte, in der EuErbVO freilich nicht. Entgegen der ursprünglichen Intention der Kommission finden sich nunmehr in ErwGr 23 und 24 jedoch zumindest gewisse Anhaltspunkte für dessen – mitunter recht komplexe – Bestimmung. Auszulegen ist der Begriff, anhand einer Gesamtbeurteilung der Lebensumstände des Erblassers in den Jahren vor seinem Tod und im Zeitpunkt seines Todes, autonom; ErwGr 23 sieht Kriterien wie die Dauer und die Regelmäßigkeit des Aufenthalts sowie die damit zusammenhängenden Umstände und Gründe, zB familiäre und soziale Integration udgl, als bedeutsam an.

11 Hatte der Erblasser seinen letzten gewöhnlichen Aufenthalt in einem Mitgliedstaat,[7] so werden dessen Behörden immer dann zur Erteilung des ENZ zuständig sein, wenn der Erblasser **keine Rechtswahl** (Art 22) oder keine gültige Rechtswahl getroffen hat.

Sie können jedoch auch **bei wirksam getroffener Rechtswahl** zuständig sein und zwar immer dann, wenn

- das vom Erblasser gewählte Recht nicht das Recht eines (an der VO teilnehmenden) Mitgliedstaats, sondern jenes eines Drittstaates ist,[8] oder
- der Mitgliedstaat, dessen Recht der Erblasser nach Art 22 gewählt hat, mit dem Mitgliedstaat des letzten gewöhnlichen Aufenthalts des Erblassers ident ist, oder
- das nach Art 4 zuständige Gericht angerufen wurde und kein Gericht eine Zuständigkeit nach Art 7 ausübt, also weder eine Gerichtsstandsvereinbarung nach Art 5 zustande kommt, noch sich das nach Art 4 angerufene Gericht nach Art 6 für unzuständig erklärt, noch die Zuständigkeit des Gerichts des Mitgliedstaats, dessen Recht gewählt wurde, von den Verfahrensparteien anerkannt wurde, oder
- der Gerichtsstandsvereinbarung iSd Art 5 nicht alle Verfahrensparteien angehört haben und eine der der Vereinbarung nicht angehörenden Verfahrensparteien den Zuständigkeitsmangel rügt (Art 9 Abs 2).

12 Bleibt es im Fall der Rechtswahl bei der allgemeinen Zuständigkeit nach Art 4 kann es zu einem Auseinanderfallen von forum und ius und damit für die Erteilung des ENZ zur Notwendigkeit der Anwendung fremden Rechts durch die Ausstellungsbehörde kommen.

---

7 Immer ausgenommen natürlich Großbritannien, Irland (ErwGr 82) und Dänemark (ErwGr 83).

8 Siehe auch *Bajons*, ecolex 2014, 206; *Bajons* in *Schauer/Scheuba* 34; *Süß*, ZEuP 2013, 733; zur Frage der Qualifikation der an der EuErbVO nicht teilnehmenden Mitgliedstaaten als Drittstaaten vgl *Süß*, ZEuP 2013, 734; *Richters*, ZEV 2012, 577; *Schauer* in *Schauer/Scheuba* 79 f.

B. Zuständigkeit bei Rechtswahl (Art 7)

Die EuErbVO eröffnet – im Gegensatz zur bisherigen österr Rechtslage – in Art 22 eine **13**
Rechtswahlmöglichkeit.

Die EuErbVO sieht für den Fall einer Rechtswahl nach Art 22 – unter der Bedingung, dass **14**
das Recht eines Mitgliedstaats gewählt wurde – in Art 7 von der allgemeinen Zuständigkeit
nach Art 4 und der subsidiären Zuständigkeit nach Art 10 abweichende Zuständigkeitsnormen vor, um auch hier nach Möglichkeit zu einem Gleichlauf von internationaler Zuständigkeit und anwendbarem Recht zu gelangen.[9]

Hat der Erblasser das Recht eines Drittstaats oder das Recht jenes Mitgliedstaats wirksam **15**
gewählt, in dem er im Zeitpunkt seines Todes ohnehin seinen gewöhnlichen Aufenthalt hatte, bleibt es bei der Zuständigkeit des Mitgliedstaats des gewöhnlichen Aufenthaltes nach
Art 4 für den gesamten Nachlass.

Wurde hingegen das Recht eines Mitgliedstaats wirksam gewählt, der nicht zugleich der Mit- **16**
gliedstaat des letzten gewöhnlichen Aufenthalts des Erblassers ist, sind die Gerichte des Mitgliedstaats, dessen Recht gewählt wurde, zuständig, wenn

- sich ein zuvor angerufenes Gericht (auf Antrag auch nur einer Verfahrenspartei) nach
  Art 6 in derselben Sache **für unzuständig erklärt** hat (Art 7 lit a),
- die „betroffenen Parteien" (Art 5) bzw „Verfahrensparteien" (Art 7 lit b) die **Zuständig-**
  keit der Gerichte dieses Mitgliedstaats **vereinbart** haben (Art 7 lit b) oder
- die „Verfahrensparteien" die Zuständigkeit des angerufenen Gerichts ausdrücklich **aner-**
  kannt haben (Art 7 lit c).

Während im Fall der **Unzuständigerklärung nach Art 6** die Entscheidung eines Gerichts iSd **17**
EuErbVO vorliegt, gestaltet sich die Zuständigkeitsfrage im Fall einer **Gerichtsstandsverein-**
barung nach Art 5 etwas komplizierter. Man wird in der EuErbVO wieder einmal vergeblich
nach (Legal-)Definitionen suchen, wenn man herauszufinden versucht, wer konkret die „betroffenen Parteien" bzw „Verfahrensparteien" sind, die sich am Abschluss einer Gerichtsstandsvereinbarung beteiligen müssen, um dieser Wirkung zu verleihen.

Auch hier gilt der **Grundsatz der (verordnungs-)autonomen Begriffsauslegung;** ErwGr 28
sieht die „Betroffenheit" flexibel und abhängig insb vom Gegenstand der Gerichtsstandsvereinbarung; es „müsste von Fall zu Fall bestimmt werden, ob die Vereinbarung zwischen
sämtlichen von dem Nachlass betroffenen Parteien geschlossen werden müsste oder ob einige von ihnen sich darauf einigen könnten, eine spezifische Frage bei dem gewählten Gericht
anhängig zu machen, sofern die diesbezügliche Entscheidung dieses Gerichts die Rechte der
anderen Parteien am Nachlass nicht berühren würde". Mehrere Gerichte, mehrere Verfahren, mehrere, nebeneinander bestehende teilweise ENZ?

Bezüglich des ENZ wird davon auszugehen sein, dass **„betroffen"** jedenfalls jene Personen **18**
sind, denen hinsichtlich der Ausstellung des ENZ Antragslegitimation zukommt (Art 65
Abs 1 iVm Art 63 Abs 1) bzw die eine mit dem ENZ bescheinigte Rechtsstellung innehaben
oder innehaben könnten.[10]

---

9 Vgl zB *Bajons,* ecolex 2014, 205; *Bajons* in *Schauer/Scheuba* 33 ff.
10 *Dutta* in MünchKommBGB[6] Art 64 EuErbVO Rz 5; er verweist idZ auch auf den Begriff der „Be-
    rechtigten" in Art 66 Abs 4, Art 67 Abs 2 und Art 72 Abs 1; *Schauer,* JEV 2012, 81.

Im **streitigen Verfahren** werden Kl und Bekl „betroffen" sein,[11] im **außerstreitigen Verfahren** – iS eines weiten, materiellen Parteibegriffs – Personen, soweit ihre rechtlich geschützte Stellung durch die begehrte oder vom Gericht in Aussicht genommene Entscheidung oder durch eine sonstige gerichtliche Tätigkeit unmittelbar beeinflusst würde[12] bzw jene Personen, die „ein erbrechtlich begründetes Interesse am Nachlass haben";[13] aus österr Sicht daher auch Pflichtteilsberechtigte und Vermächtnisnehmer. Gläubiger werden herkömmlicherweise nicht unter den Begriff der betroffenen Parteien subsumiert.[14]

19 Für den Abschluss der Gerichtsstandsvereinbarung wird es – so *Schauer*[15] – nicht auf den Nachweis der jeweiligen Rechtsstellung, sondern nur auf deren Inanspruchnahme ankommen.

20 Die Folgen einer Fehlinterpretation des Begriffes der „betroffenen Personen" bzw „Verfahrensparteien" bzw deren Nichtbeteiligung an einer Gerichtsstandsvereinbarung sind weitreichend. Stellt sich im Verfahren vor einem Gericht, das seine Zuständigkeit nach Art 7 ausübt, heraus, dass nicht alle Parteien dieses Verfahrens der Gerichtsstandsvereinbarung angehören, bleibt es bei dieser Zuständigkeit nur, wenn sich auch die Verfahrensparteien, die der Vereinbarung nicht angehören, iSd Art 9 Abs 1 rügelos auf das Verfahren einlassen; rügen sie hingegen den Zuständigkeitsmangel, heilt dieser nicht, und das Gericht hat sich nach Art 9 Abs 2 für unzuständig zu erklären.

21 Zu bedenken ist, dass sich im Fall einer derartigen „nachträglichen" Unzuständigerklärung bereits eine mit den Wirkungen des Art 69 ausgestattete Abschrift eines, zB hinsichtlich der Befugnisse eines „vertretenden" Erben, eines Testamentsvollstreckers oder Nachlassverwalters ausgestellten, ENZ im Umlauf befinden könnte, und das ENZ dann „nachträglich" von der unzuständigen Behörde ausgestellt worden wäre, auch wenn sich inhaltlich aufgrund des identen zur Anwendungen gelangenden Rechts keine Divergenzen ergeben sollten.

Weiters zu bedenken ist, dass Art 9 nicht zu jenen Zuständigkeitsnormen zählt, auf die Art 64 explizit verweist. Da es nicht Ziel des Verordnungsgebers gewesen sein kann, gerade beim ENZ die Sanierung eines andernfalls gegebenen Zuständigkeitsmangels durch nachträgliche rügelose Einlassung iSd Art 9 auszuschließen, wird aber von der Anwendbarkeit des Art 9 auch im Verfahren zur Ausstellung eines ENZ auszugehen sein.

C. Subsidiäre Zuständigkeit (Art 10)

22 Hatte der Erblasser seinen **gewöhnlichen Aufenthalt** im Zeitpunkt seines Todes **nicht in einem Mitgliedstaat,** knüpfen die Regelungen der EuErbVO für die internationale Zuständigkeit subsidiär an die **Belegenheit des Nachlassvermögens** an (Art 10).

23 In diesem Fall ist der Mitgliedstaat, in dem sich Nachlassvermögen befindet, für den **gesamten Nachlass** international zuständig, wenn

- der Erblasser die **Staatsangehörigkeit** dieses Mitgliedstaats im Zeitpunkt seines Todes besaß (Art 10 Abs 1 lit a), oder, wenn dies nicht der Fall ist,

---

11 *Schauer,* JEV 2012, 81; *Dutta* in MünchKommBGB[6] Art 5 EuErbVO Rz 7.
12 Vgl § 2 AußStrG.
13 *Schauer,* JEV 2012, 81.
14 *Schauer,* JEV 2012, 82.
15 *Schauer,* JEV 2012, 82.

* der Erblasser seinen **vorhergehenden gewöhnlichen Aufenthalt** in dem betreffenden Mitgliedstaat hatte, sofern die Änderung dieses gewöhnlichen Aufenthalts zum Zeitpunkt der Anrufung des Gerichts **nicht länger als fünf Jahre zurückliegt** (Art 10 Abs 1 lit b).

Lässt sich die internationale Zuständigkeit des Belegenheitsmitgliedstaats nach Art 10 Abs 1 **24** nicht begründen, so sind dessen Gerichte nach Art 10 Abs 2 zwar dennoch zuständig, jedoch **beschränkt** auf Entscheidungen über das in diesem Mitgliedstaat belegene Nachlassvermögen (Art 10 Abs 2), was idR den Wegfall der primären Anwendungsvoraussetzung für die Erteilung eines ENZ, der Ausstellung „zur Verwendung in einem anderen Mitgliedstaat" (Art 63 Abs 1) zur Folge haben wird.[16] Die internationale Zuständigkeit des Belegenheitsmitgliedstaats ist diesfalls eben keine für den gesamten Nachlass, sondern eingeschränkt auf das in diesem Mitgliedstaat belegene Vermögen; ein ENZ hinsichtlich in einem anderen Mitgliedstaat belegenen Nachlassvermögens kann – mangels internationaler Zuständigkeit – nicht ausgestellt werden.[17]

Denkbar wäre allerdings, dass das ENZ zur Ausübung von Rechten an den im Belegenheits- **25** mitgliedstaat befindlichen Nachlassgegenständen in einem anderen Mitgliedstaat (zB in einem streitigen Verfahren) benötigt wird, was den geforderten grenzüberschreitenden Bezug für das ENZ wiederum herstellen würde.

Eine Rechtswahl des Erblassers nach Art 22 und somit die Zuständigkeitsregelungen des **26** Art 7 ist bzw sind auch bei der Anwendbarkeit des Art 10 zu beachten.

D. Notzuständigkeit (Art 11)

Ist kein Gericht eines Mitgliedstaats aufgrund anderer Vorschriften der EuErbVO zuständig, **27** so können die Gerichte eines Mitgliedstaats in Ausnahmefällen in einer Erbsache entscheiden, wenn es nicht zumutbar ist oder es sich als unmöglich erweist, ein Verfahren in einem Drittstaat, zu dem die Sache einen engen Bezug aufweist, einzuleiten oder zu führen;[18] die Sache muss allerdings einen ausreichenden Bezug zum Mitgliedstaat des angerufenen Gerichts aufweisen (Art 11).

Eine Einschränkung der internationalen Zuständigkeit auf das im entsprechenden Mitglied- **28** staat gelegene Nachlassvermögen wie in Art 10 Abs 2 lässt sich Art 11 nicht entnehmen. Fraglich ist daher, ob das ENZ in jenen Fällen, in denen Art 11 zuständigkeitsbegründend ist, auf in der EU belegene erblasserische Vermögenswerte beschränkt werden darf.

Die **Ausscheidung von in Drittstaaten gelegenem Nachlassvermögen** ermöglicht üblicherweise Art 12; das angerufene Gericht kann auf Antrag einer der Parteien beschließen, über Nachlassvermögen in einem Drittstaat nicht zu befinden, wenn zu erwarten ist, dass diese Entscheidung im Drittstaat in Bezug auf diese Vermögenswerte nicht anerkannt oder gegebenenfalls für nicht vollstreckbar erklärt wird. Nach Art 12 Abs 2 könnte der Verfahrensgegenstand auch nach dem nationalen Recht des Mitgliedstaats des angerufenen Gerichts beschränkt werden. Einen expliziten Verweis auf Art 12 enthält Art 64 nicht; *Dutta*[19] folgert

---

16 *Süß*, ZEuP 2013, 734 f, der dies anhand des Erbfalles eines amerikanischen Staatsangehörigen mit letztem gewöhnlichen Aufenthalt in den USA, keinen Anknüpfungskriterien nach Art 10 Abs 1 und Nachlassvermögen in Mitgliedstaaten und Drittstaaten erläutert.

17 Vgl *Süß*, ZEuP 2013, 735.

18 *Dörner*, ZEV 2012, 510 verweist hier auf Bürgerkriegsverhältnisse, persönliche Verfolgung einer Partei.

19 *Dutta* in MünchKommBGB[6] Art 64 EuErbVO Rz 7.

daraus, dass das ENZ nicht auf in der EU befindliches Nachlassvermögen beschränkt werden darf und somit nicht auszuschließen ist, dass das ENZ Wirkungen auch in Drittstaaten entfaltet.

29 Über die Notzuständigkeit des Art 12 können nach *Dutta*[20] auch jene Fälle gelöst werden, in denen aufgrund von den Zuständigkeitsregeln der EuErbVO nach Art 75 vorgehenden Staatsverträgen auf andere Weise eine Zuständigkeit der Gerichte eines Mitgliedstaats nicht begründet werden kann.

III. Sachliche, örtliche und funktionelle Zuständigkeit

30 Die EuErbVO regelt nur die **internationale Zuständigkeit** und berührt die innerstaatlichen Zuständigkeiten der Behörden der Mitgliedstaaten in Erbsachen nicht (Art 2). Als **Ausstellungsbehörde** kommt demnach ein Gericht iSd Art 3 Abs 2 oder – iSd Art 64 lit b – eine **andere Behörde,** die nach **innerstaatlichem Recht** für Erbsachen zuständig ist, in Betracht. Wie auch ErwGr 70 betont, ist es somit Sache der lex fori festzulegen, welche Behörden – Gerichte oder andere für Erbsachen zuständige Behörden wie zB Notare – für die Ausstellung des ENZ zuständig sind; auch bleibt es dem jeweiligen nationalen Recht überlassen, ob die Ausstellungsbehörde andere zuständige Stellen, zB solche, vor denen eidesstattliche Versicherungen abgegeben werden können, an der Ausstellung des ENZ beteiligen kann.

31 Die einschlägigen Informationen zu den Behörden, die nach Art 64 für die Ausstellung des ENZ zuständig sind, waren der Kommission bis zum 16. 11. 2014 mitzuteilen (Art 78 Abs 1 lit c), um dieser zu ermöglichen, die entsprechenden Angaben der Öffentlichkeit zugänglich zu machen.

32 Österreich hat iSd Art 78 Abs 1 lit c als Behörde, die für die Ausstellung des ENZ nach Art 64 zuständig ist, ein Gericht iSd Art 3 Abs 2 namhaft gemacht und zwar: „Bezirksgericht (Gerichtskommissär, das ist der Notar als Gerichtsorgan)" und angegeben, dass die Kontaktdaten der österr Gerichte bereits im Europäischen Gerichtsatlas verfügbar sind.[21]

33 Hinsichtlich der **Zuständigkeit für die Ausstellung des ENZ** ergibt sich für Österreich somit folgendes mögliches Bild: für das außerstreitige Verlassenschaftsverfahren[22] **sachlich zuständig** sind die **Bezirksgerichte** (§ 104 a JN) bzw **Notare als Gerichtskommissäre** (§ 1 Abs 1 Z 1, § 1 Abs 2, § 2 Abs 1 GKG);[23] die **örtliche Zuständigkeit** (§ 105 JN) richtet sich – im Zeitpunkt der Kommentierung – nach dem allgemeinen Gerichtsstand des Erblassers in Streitsachen (§ 66 JN), also nach dessen Wohnsitz oder gewöhnlichem Aufenthalt, subsidiär nach der Belegenheit des inländischen Nachlassvermögens und kommt sonst dem Bezirksgericht Innere Stadt Wien zu. Bezüglich der örtlichen Zuständigkeit ortet *Motal*[24] zwingenden Anpassungsbedarf im Hinblick auf die – vor der EuErbVO nicht bestehende – Möglichkeit einer Gerichtsstandsvereinbarung nach Art 7 Abs 2 lit b iVm Art 5.

34 Hinsichtlich der **funktionellen Zuständigkeit** stellte sich angesichts der Notifikation die Frage, inwieweit der österr Gesetzgeber Notaren als Gerichtskommissären bestimmte Kompetenzen hinsichtlich der Ausstellung des ENZ, zB im Zuge der Prüfung des Antrags, in Form

---

20 *Dutta* in MünchKommBGB[6] Art 64 EuErbVO Rz 9.

21 http://ec.europa.eu/justice_home/judicialatlascivil/html/rc_jccm_courtsapplication_de.jsp?countrySession=15&statePage1 (6. 7. 2015).

22 Bezüglich des streitigen Verfahrens vgl §§ 27 a, 77 JN.

23 BGBl 1970/343 idF BGBl I 2009/141.

24 *Motal*, EF-Z 2014/151, 254.

der Entgegennahme eidesstättiger Erklärungen iSd Art 66 oder der Ausstellung eines teilweisen ENZ über die Vertretungsbefugnis in Anlehnung an jene nach § 172 AußStrG oder sogar die Ausstellung des ENZ selbst übertragen wird.

Das GKG wäre einer solchen vollständigen Übertragung der Zuständigkeit zur Erteilung des **35** ENZ an Notare als Gerichtskommissäre aufgrund der rein deklarativen Natur des ENZ auch in seiner bisherigen Fassung nicht entgegengestanden. Von der Zuständigkeit der Notare in Verlassenschaftssachen ausgenommen sind nur richterliche Entscheidungen, soweit nichts anderes angeordnet ist, die Protokollierung gerichtlicher Vergleiche, Zwangsmaßnahmen nach § 79 AußStrG und Ersuchen um Gewährung von Rechtshilfe im Ausland (§ 1 Abs 2 GKG), wobei die zuletzt genannte Ausnahme aufgrund des Umstandes, dass Notare als Gerichtskommissäre unter den Gerichtsbegriff iSd Art 3 Abs 2 fallen, insb auch angesichts Art 66 Abs 5, zu überdenken sein wird.

Nach dem **ME zum ErbRÄG 2015**[25] wären Notare als Gerichtskommissäre dann zur Aus- **36** stellung des ENZ zuständig gewesen, wenn sich die Rechtsstellung, deren Bestätigung im ENZ beantragt wird, aus einer „wirksamen gerichtlichen Entscheidung" ergibt. Sonst wäre der Antrag dem Gericht vorzulegen gewesen; das Gericht hätte über den Antrag mit Beschluss zu entscheiden gehabt.[26] Eine derart geteilte funktionelle Zuständigkeit[27] hinsichtlich der Ausstellung des ENZ wäre, denkt man etwa an die Amtsbestätigung über die Vertretungsbefugnis iSd § 172 AußStrG, nicht sonderlich praktisch gewesen.

Die **RV** zum ErbRÄG 2015 und dieses selbst gehen – nach Normierung der grundsätzlichen **37** Zuständigkeit der Notare als Gerichtskommissäre für die Ausstellung des ENZ in § 1 Abs 1 Z 1 lit d GKG idF ErbRÄG 2015 – im Gegensatz zum ME davon aus, dass der Gerichtskommissär den Antrag auf Ausstellung des ENZ nur dann dem Gericht vorzulegen hat, wenn seiner Ansicht nach die Rechtsstellung, die mit dem ENZ bescheinigt werden soll, nicht besteht.[28] Es wird somit von einer **generellen Zuständigkeit der Notare als Gerichtskommissäre** zur **Ausstellung des ENZ** auszugehen sein; der zuständige **Gerichtskommissär** ist **Ausstellungsbehörde** iSd Art 64.

Wird der Antrag iSd § 181 b Abs 2 AußStrG idF ErbRÄG 2015 dem Gericht vorgelegt, hat dieses eine richterliche Entscheidung iSd § 1 Abs 2 Z 1 GKG zu treffen und der Gerichtskommissär, wenn das Gericht die Voraussetzungen für die Ausstellung des ENZ bejaht, das ENZ auszustellen.[29]

Bezüglich der Abgrenzung der Zuständigkeit von Richtern und Rechtspflegern wird es bei **38** den derzeitigen Wirkungskreisen – § 18 RpflG, § 16 Abs 2 Z 6 RpflG für Entscheidungen, bei denen ausländisches Recht anzuwenden ist – bleiben. Richterzuständigkeit wird iSd § 16 Abs 2 RpflG immer dann gegeben sein, wenn ausländisches Recht zu Anwendung gelangt.

Antrag auf Ausstellung eines Zeugnisses

Art 65. **(1) Das Zeugnis wird auf Antrag jeder in Artikel 63 Absatz 1 genannten Person (im Folgenden „Antragsteller") ausgestellt.**

---

25 100/ME BlgNR 25. GP.
26 Erl 100/ME BlgNR 25. GP zu § 181 b AußStrG.
27 Ausf hiezu *Rechberger/Kieweler* in *Rechberger/Zöchling-Jud* 277 f.
28 § 181 b Abs 2 AußStrG idF ErbRÄG 2015 (BGBl I 2015/87).
29 ErlRV 688 BlgNR 25. GP 44 zu § 181 b AußStrG.

(2) Für die Vorlage eines Antrags kann der Antragsteller das nach dem Beratungsverfahren nach Artikel 81 Absatz 2 erstellte Formblatt verwenden.

(3) Der Antrag muss die nachstehend aufgeführten Angaben enthalten, soweit sie dem Antragsteller bekannt sind und von der Ausstellungsbehörde zur Beschreibung des Sachverhalts, dessen Bestätigung der Antragsteller begehrt, benötigt werden; dem Antrag sind alle einschlägigen Schriftstücke beizufügen, und zwar entweder in Urschrift oder in Form einer Abschrift, die die erforderlichen Voraussetzungen für ihre Beweiskraft erfüllt, unbeschadet des Artikels 66 Absatz 2:

a) Angaben zum Erblasser: Name (gegebenenfalls Geburtsname), Vorname(n), Geschlecht, Geburtsdatum und -ort, Personenstand, Staatsangehörigkeit, Identifikationsnummer (sofern vorhanden), Anschrift im Zeitpunkt seines Todes, Todesdatum und -ort;

b) Angaben zum Antragsteller: Name (gegebenenfalls Geburtsname), Vorname(n), Geschlecht, Geburtsdatum und -ort, Personenstand, Staatsangehörigkeit, Identifikationsnummer (sofern vorhanden), Anschrift und etwaiges Verwandtschafts- oder Schwägerschaftsverhältnis zum Erblasser;

c) Angaben zum etwaigen Vertreter des Antragstellers: Name (gegebenenfalls Geburtsname), Vorname(n), Anschrift und Nachweis der Vertretungsmacht;

d) Angaben zum Ehegatten oder Partner des Erblassers und gegebenenfalls zu(m) ehemaligen Ehegatten oder Partner(n): Name (gegebenenfalls Geburtsname), Vorname(n), Geschlecht, Geburtsdatum und -ort, Personenstand, Staatsangehörigkeit, Identifikationsnummer (sofern vorhanden) und Anschrift;

e) Angaben zu sonstigen möglichen Berechtigten aufgrund einer Verfügung von Todes wegen und/oder nach gesetzlicher Erbfolge: Name und Vorname(n) oder Name der Körperschaft, Identifikationsnummer (sofern vorhanden) und Anschrift;

f) den beabsichtigten Zweck des Zeugnisses nach Artikel 63;

g) Kontaktangaben des Gerichts oder der sonstigen zuständigen Behörde, das oder die mit der Erbsache als solcher befasst ist oder war, sofern zutreffend;

h) den Sachverhalt, auf den der Antragsteller gegebenenfalls die von ihm geltend gemachte Berechtigung am Nachlass und/oder sein Recht zur Vollstreckung des Testaments des Erblassers und/oder das Recht zur Verwaltung von dessen Nachlass gründet;

i) eine Angabe darüber, ob der Erblasser eine Verfügung von Todes wegen errichtet hatte; falls weder die Urschrift noch eine Abschrift beigefügt ist, eine Angabe darüber, wo sich die Urschrift befindet;

j) eine Angabe darüber, ob der Erblasser einen Ehevertrag oder einen Vertrag in Bezug auf ein Verhältnis, das mit der Ehe vergleichbare Wirkungen entfaltet, geschlossen hatte; falls weder die Urschrift noch eine Abschrift des Vertrags beigefügt ist, eine Angabe darüber, wo sich die Urschrift befindet;

k) eine Angabe darüber, ob einer der Berechtigten eine Erklärung über die Annahme oder die Ausschlagung der Erbschaft abgegeben hat;

l) eine Erklärung des Inhalts, dass nach bestem Wissen des Antragstellers kein Rechtsstreit in Bezug auf den zu bescheinigenden Sachverhalt anhängig ist;

m) sonstige vom Antragsteller für die Ausstellung des Zeugnisses für nützlich erachtete Angaben.

Stammfassung.

Literatur: *Buschbaum/Kohler,* Vereinheitlichung des Erbkollisionsrechts in Europa (Teil II), GPR 2010, 162; *Buschbaum/Simon,* EuErbVO: Das Europäische Nachlasszeugnis, ZEV 2012, 525; *Kleinschmidt,* Optionales Erbrecht: Das Europäische Nachlasszeugnis als Herausforderung an das Kollisionsrecht, RabelsZ 77 (2013) 723 (digitaler Sonderdruck); *Dorsel,* Europäisches Nachlasszeugnis (2014) http://www. notaries-of-europe.eu/files/training-new/2014-05-09/Dr.Dorsel_GER.doc (2. 1. 2015); *Dorsel,* Europäische Erbrechtsverordnung und Europäisches Nachlasszeugnis, ZErb 2014, 212; *Janzen,* Die EU-Erbrechtsverordnung, DNotZ 2012, 484; *Lange,* Das Europäische Nachlasszeugnis, in *Dutta/Herrler,* Die Europäische Erbrechtsverordnung (2014); *Max Planck Institute for Comparative and International Private Law (MPI),* Comments on the European Commission's Proposal for a Regulation of the European Parliament and of the Council on jurisdiction, applicable law, recognition and enforcement of decisions and authentic instruments in matters of succession and the creation of a European Certificate of Succession, RabelsZ 74 (2010) 522; *Schauer,* Europäisches Nachlasszeugnis, EF-Z 2012/154, 245; *Schauer,* Europäisches Nachlasszeugnis, in *Schauer/Scheuba,* Europäische Erbrechtsverordnung (2012); *Süß,* Das Europäische Nachlasszeugnis, ZEuP 2013, 725.

Übersicht

	Rz
I. Allgemeines	1
II. Antragserfordernis und Antragslegitimation (Art 65 Abs 1)	5
A. Antragserfordernis	5
B. Antragslegitimation (Art 65 Abs 1)	10
III. Formerfordernisse (Art 65 Abs 2)	18
IV. Inhaltserfordernisse (Art 65 Abs 3)	23
A. Erforderliche Angaben	23
B. Erforderliche Nachweise	28

I. Allgemeines

Die Ausstellung des ENZ erfolgt ausschließlich über Antrag, niemals amtswegig.[1] Art 65 normiert das **Antragserfordernis** und bestimmt den Kreis der **„Antragsteller"** (durch Verweis auf Art 63 Abs 1) bzw die **Antragslegitimation** sowie **Form-** und detaillierte **Inhaltserfordernisse des Antrags.** **1**

Durch die Schaffung eines „Grundstocks an Verfahrensregeln für die Ausstellung des ENZ"[2] in den Art 65 ff soll ein gewisser **Mindeststandard** bei weitgehender Rücksichtnahme auf nationale Besonderheiten etabliert und die Akzeptanz des ENZ gefördert werden. **2**

Lücken im Ausstellungsverfahren, die sich nicht im Wege einer (verordnungs-)autonomen Auslegung unionsrechtlich schließen lassen, werden mit Hilfe des jeweiligen nationalen Rechts zu überbrücken sein;[3] in Österreich nach § 181 b Abs 1 AußStrG idF ErbRÄG 2015 durch die Heranziehung der entsprechenden Regelungen im AußStrG (s Art 62 Rz 19 f). **3**

Ein europaweites Register für die (zwingende) **Registrierung der Anhängigmachung eines Verfahrens auf Ausstellung eines ENZ sowie der Erteilung** eines ENZ würde allfällige Pa- **4**

---

1 Vgl auch *Schauer* in *Schauer/Scheuba* 87.
2 *Kleinschmidt,* RabelsZ 77 (2013) 769.
3 *Dutta* in MünchKommBGB⁶ Vor Art 62 EuErbVO Rz 5 und Art 65 EuErbVO Rz 1; *Buschbaum/Kohler,* GPR 2010, 167; vgl auch *Kleinschmidt,* RabelsZ 77 (2013) 769.

rallelverfahren bei Antragstellung in mehreren Mitgliedstaaten durch unterschiedliche Berechtigte vermeiden helfen; die Realisierung eines solchen Registers ist derzeit jedoch **nicht** absehbar (s Art 64 Rz 6).

II. Antragserfordernis und Antragslegitimation (Art 65 Abs 1)

A. Antragserfordernis

5   Das ENZ wird (nur) **auf Antrag** ausgestellt (Art 65 Abs 1). Der Antrag wird – wie sonstige Eingaben im Verlassenschaftsverfahren – nach § 144 Abs 1 AußStrG an den Gerichtskommissär als zuständige Ausstellungsbehörde zu richten sein.

6   Der **Inhalt des Antrags** bindet die Ausstellungsbehörde[4] und **bestimmt** damit den **Inhalt des ENZ.**

Dies lässt sich insb daraus ableiten, dass der Antrag grundsätzlich die in Art 65 Abs 3 angeführten Angaben, jedenfalls aber den beabsichtigten Zweck des ENZ iSd Art 63 und den Sachverhalt, auf den der ASt seine Rechte, Rechtsstellung und/oder Befugnisse gründet, enthalten **muss,** und sich dieser Zweck nach Art 68 im ENZ, das nach Art 67 erst ausgestellt werden kann, wenn der zu bescheinigende Sachverhalt feststeht, inhaltlich widerspiegelt.[5]

7   Das österr Verlassenschaftsverfahren ist – im Gegensatz zum Antragsprinzip beim ENZ – grundsätzlich als **amtswegiges Verfahren** ausgestaltet (§ 143 Abs 1 AußStrG); eine Antragstellung sieht das AußStrG jedoch etwa vor

- in den in § 143 Abs 2 AußStrG genannten Fällen, da hier der Inlandsbezug oder praktische Nutzen eines Verfahrens für die Parteien gering sein wird,[6]
- sowie iZm
- dem Ausfolgungsverfahren (§ 150 AußStrG),
- der Fortsetzung des Verlassenschaftsverfahrens bei Vorliegen der Voraussetzungen für ein Unterbleiben der Abhandlung (§ 153 Abs 1 AußStrG) und der Erteilung einer Ermächtigung iSd § 153 Abs 2 AußStrG,
- der Überlassung einer überschuldeten Verlassenschaft an Zahlungs statt nach §§ 154 f AußStrG,
- der Absonderung der Verlassenschaft (§ 812 ABGB; § 175 AußStrG),
- der Zustellung des Einantwortungsbeschlusses an Personen, die ein rechtliches Interesse dartun, insb Gläubiger (§ 178 Abs 5 AußStrG),
- der Ausstellung einer Amtsbestätigung iSd § 186 Abs 1 AußStrG (§ 178 Abs 7 AußStrG),
- der Übergabe der Verlassenschaft als erblos bzw künftig der „Aneignung" der Verlassenschaft durch den Bund (§ 184 Abs 1 AußStrG),
- der Zustellung des Inventars (184 Abs 3 AußStrG), und
- der Ausstellung einer Amtsbestätigung iSd § 182 Abs 3 AußStrG.

Bei der Entscheidung über das Erbrecht (§§ 161 ff AußStrG) hat das Gericht, ähnlich wie die Ausstellungsbehörde bei der Erteilung des ENZ, im Rahmen des Vorbringens der Parteien und ihrer Beweisanbote zu entscheiden.

8   Ein Antrag auf **Abhandlung einer Verlassenschaft über im Ausland gelegenes bewegliches Vermögen** wird im Anwendungsbereich der EuErbVO aufgrund der Zuständigkeitskonzent-

---

4 *Dutta* in MünchKommBGB[6] Art 65 EuErbVO Rz 2.
5 Siehe *Kleinschmidt*, RabelsZ 77 (2013) 771.
6 ErlRV 688 BlgNR 25. GP 41 zu § 143 AußStrG.

ration nur noch bei Vermögenswerten in Drittstaaten erforderlich sein. Das **Ausfolgungsverfahren iSd § 150 AußStrG** wird ab 17. 8. 2015 zwischen den an der EuErbVO teilnehmenden Mitgliedstaaten grundsätzlich keinen Anwendungsbereich mehr haben und daher legistisch auf den Fall der subsidiären Zuständigkeit nach Art 10 Abs 2 eingeschränkt. In **Verlassenschaftsverfahren ohne Verlassenschaftsabhandlung** (Unterbleiben der Abhandlung, Überlassung an Zahlungs statt, Verlassenschaftsinsolvenz) wird die Ausstellung eines ENZ ebenso wenig in Betracht kommen wie hinsichtlich des Damnationslegatars österr Prägung, sodass die weiteren vorgenannten Anträge nicht mit dem ENZ konkurrieren und von der EuErbVO unberührt bestehen bleiben werden.

In der EuErbVO nicht geregelt sind einzelne Verfahrenshandlungen, wie zB eine **Zurück-** **9** **nahme des Antrags.** Das im Fall von Regelungslücken in der EuErbVO nach dessen § 181 b Abs 1 heranzuziehende AußStrG sieht diesbezüglich in seinem § 11 vor, dass Verfahren, die nur auf Antrag eingeleitet werden können, mit Zurücknahme des Antrags beendet sind; Verfahren, die auch von Amts wegen eingeleitet werden können, nur dann, wenn das Gericht erster Instanz das Verfahren nicht amtswegig fortsetzt. Nach der (rechtskräftigen) Entscheidung des Gerichtes erster Instanz kann ein Antrag nicht mehr zurückgenommen werden.

Wurde ein zulässiges Rechtsmittel erhoben, so kann der Antrag, soweit er Gegenstand des Rechtsmittelverfahrens ist, noch bis zur Entscheidung des Rechtsmittelgerichts, allerdings nur unter Verzicht auf den Anspruch oder mit Zustimmung des Antragsgegners, zurückgenommen werden (§ 11 Abs 1 AußStrG); wurde mit der Zurücknahme des Antrags auch wirksam auf den zugrunde liegenden Anspruch verzichtet, kann er nicht neuerlich geltend gemacht werden (§ 11 Abs 3 AußStrG).

Dies wird, mit Ausnahme des Anspruchsverzichts, sinngemäß auch für den Antrag auf Ausstellung eines ENZ zu gelten haben; der entsprechende Antrag wird jedenfalls bis zur Ausstellung des ENZ zurückgenommen werden können, allenfalls auch noch im Verfahren über die Änderung oder den Widerruf des ENZ (Art 71 Abs 2) sowie im Rechtsbehelfsverfahren (Art 72).[7] Da das Ausstellungsverfahren als reines Antragsverfahren konzipiert ist, wird einer Zurücknahme des Antrags verfahrensbeendende Wirkung zukommen.

Ein Anspruchsverzicht wird beim ENZ, da es als rein deklaratives Instrument dem Nachweis anderweitig konstitutiv erworbener Rechte, Rechtsstellungen und/oder Befugnisse dient, nicht in Betracht kommen. Zu beachten ist diesbezüglich auch, dass die EuErbVO iZm dem ENZ auch keine (Antrags- und sonstigen) Fristen vorsieht.

B. Antragslegitimation (Art 65 Abs 1)

Bezüglich der **Antragslegitimation** verweist Art 65 Abs 1 auf den in Art 63 Abs 1 genannten **10** Personenkreis. Den Antrag auf Erteilung eines ENZ können somit stellen: **Erben,**[8] **Vermächtnisnehmer mit unmittelbarer Berechtigung am Nachlass,**[9] **Testamentsvollstrecker**[10] und **Nachlassverwalter,**[11] die ihre Rechte, Rechtsstellung und/oder Befugnisse in einem an-

---

7 *Dutta* in MünchKommBGB[6] Art 65 EuErbVO Rz 2.

8 Der hier vertretenen Ansicht zufolge im Fall der Erblosigkeit einer österr Verlassenschaft auch die Finanzprokuratur für die Republik Österreich; Näheres zum Erbenbegriff unter Art 63 Rz 9 ff.

9 Näheres zum Begriff unter Art 63 Rz 22 ff.

10 Näheres zum Begriff unter Art 63 Rz 45 ff.

11 Näheres zum Begriff unter Art 63 Rz 50 ff.

deren Mitgliedstaat nachweisen müssen. Die Antragsbefugnis geht, soweit mittels ENZ nachweisbare Rechte, Rechtsstellungen bzw Befugnisse der Rechtsnachfolge zugänglich sind, auf den jeweiligen Rechtsnachfolger über.[12]

11 Hinsichtlich des ENZ **nicht antragsberechtigt** sind Gläubiger des Erblassers bzw der Verlassenschaft und des Erben,[13] bei Anwendbarkeit österr Rechts auch Damnationslegatare und Pflichtteilsberechtigte (s Art 63 Rz 58).

12 Mit dem Kreis der ASt nicht zu verwechseln sind jene Personen, denen – ähnlich § 178 Abs 5 AußStrG – nach Art 70 Abs 1 bei Nachweis eines berechtigten Interesses eine beglaubigte Abschrift des ENZ ausgestellt werden darf.[14] Die Frage, inwieweit ein Gläubiger den **Anspruch einer antragslegitimierten Person auf Ausstellung eines ENZ pfänden** und sich überweisen lassen kann, wird die Praxis zu beantworten haben.

13 Die EuErbVO gibt keinerlei Auskunft darüber, ob mehrere ASt (zB Miterben) einen **gemeinsamen** Antrag auf Ausstellung eines ENZ stellen müssen **oder** ob **jeder für sich antragsberechtigt** ist. Fraglich ist auch, inwieweit im Fall der Bejahung einer selbständigen, von allfälligen Mitberechtigten unabhängigen Antragsbefugnis das ENZ nur hinsichtlich der dem konkreten ASt zukommenden Rechte, Rechtsstellung und/oder Befugnisse auszustellen ist oder auch jene anderer Berechtigter wiedergeben darf oder sogar wiederzugeben hat.

14 Für eine **gesonderte Antragslegitimation** spricht va der optionale Charakter des ENZ, der Wortlaut des Art 65 Abs 1, der das Antragsrecht „jeder in Art 63 Absatz 1 genannten Person" verleiht sowie Art 63, der als Ausstellungsvoraussetzung die Notwendigkeit des Nachweises einer bescheinigbaren Rechtsstellung in einem anderen Mitgliedstaat fordert, was nicht auf alle Berechtigten zutreffen muss.[15] Die gegenteilige Ansicht würde dazu führen, dass ein Erbe oder anderer Berechtigter, der seine Rechtsstellung, zB aufgrund der Übernahme von dort belegenen Vermögenswerten, in einem anderen Mitgliedstaat zu bescheinigen hat, die Mitberechtigten, die unter Umständen nur inländisches Vermögen übernommen haben, dazu verhalten müsste, ebenfalls einen Antrag auf Ausstellung eines ENZ zu stellen.

15 Hinsichtlich des Inhalts des ENZ wird die Auffassung vertreten, dass jeder ASt, mit Ausnahme des Testamentsvollstreckers oder Nachlassverwalters, nur ein ENZ beantragen kann, das der **Bescheinigung seiner eigenen Rechtsstellung** dient;[16] Testamentsvollstreckern und Nachlassverwaltern wird in der L ein ENZ zugestanden, das auch Erben und/oder Vermächtnisnehmer mit unmittelbarer Berechtigung am Nachlass ausweist, da dies für die Ausübung ihrer Befugnisse erforderlich sein kann.[17] Die EuErbVO schweigt zu dieser Frage.

16 Die EuErbVO enthält weiters keine Regelung zur Frage der **Vertretungsvorsorge.** Es wird aber jedenfalls auch beim Antrag auf Ausstellung eines ENZ darauf zu achten sein, dass alle „Berechtigten" verfahrensfähig sind und diesbezüglich mangels anderweitiger unionsrechtli-

---

12 *Dutta* in MünchKommBGB[6] Art 65 EuErbVO Rz 5.

13 *Süß,* ZEuP 2013, 737; *Dorsel,* Zerb 2014, 213; *Kleinschmidt,* RabelsZ 77 (2013) 770; *MPI* 282. Art. 37 (1) SP (122); *Lange* in *Dutta/Herrler* Rz 6 ff; *Dutta* in MünchKommBGB[6] Art 65 EuErbVO Rz 7.

14 Siehe auch *Dutta* in MünchKommBGB[6] Art 65 EuErbVO Rz 3.

15 Für eine selbstständige Antragsbefugnis auch *Dutta* in MünchKommBGB[6] Art 65 EuErbVO Rz 4 und Art 63 EuErbVO Rz 7.

16 *Dutta* in MünchKommBGB[6] Art 65 EuErbVO Rz 6.

17 Siehe *Dutta* in MünchKommBGB[6] Art 64 EuErbVO Rz 6.

cher Regelungen auf nationales Verfahrensrecht zurückzugreifen sein.[18] In Österreich ist der Mangel der Verfahrensfähigkeit, der gesetzlichen Vertretung sowie der etwa erforderlichen besonderen Ermächtigung zur Verfahrensführung in jeder Lage des Verfahrens von Amts wegen zu berücksichtigen; das Gericht hat zur Beseitigung derartiger Mängel das Erforderliche anzuordnen sowie Vorsorge zu treffen, dass der Partei hieraus keine Nachteile erwachsen (§ 5 Abs 1 AußStrG).

Bei der Antragstellung auf Erteilung eines ENZ ist **Stellvertretung** zulässig; die diesbezüglich **17** erforderlichen Angaben ergeben sich aus Formblatt IV Anlage III der DurchführungsVO (EU) 1329/2014 der Kommission v 9. 12. 2014;[19] anzugeben ist insb die Grundlage der Vertretungsmacht, wobei das Formblatt folgende Wahlmöglichkeiten eröffnet: Vormund, Elternteil, für eine juristische Person zeichnungsberechtigte Person, bevollmächtigte Person, Sonstiges. Bezüglich der Person des Bevollmächtigten sind der EuErbVO keine Vorgaben zu entnehmen. Je nachdem, ob man das Verfahren auf Ausstellung eines ENZ als Teil des (innerstaatlichen) Verlassenschaftsverfahrens oder als hievon getrenntes Verfahren sieht, werden in Österreich die besonderen Regelungen über die Bevollmächtigung im Verlassenschaftsverfahren nach § 3 GKG zur Anwendung gelangen oder nicht. Die Anwendung des § 3 GKG würde bedeuten, dass sich der ASt bei einem EUR 5.000,– voraussichtlich übersteigenden Wert der Aktiva der Verlassenschaft nur von einem Notar oder Rechtsanwalt vertreten lassen kann; § 4 Abs 1 AußStrG ließe im erstinstanzlichen Verfahren hingegen „jede eigenberechtigte Person" genügen. Sowohl aus den neu geschaffenen, innerstaatlichen Zuständigkeitsregelungen für die Ausstellung des ENZ als auch aus den ErlRV zum ErbRÄG 2015[20] ergibt sich zweifelsfrei, dass die Ausstellung des ENZ aus österr Sicht Teil der Abhandlung ist. Es werden demgemäß die Regelungen des § 3 Abs 1 GKG über die Bevollmächtigung zur Anwendung gelangen.

III. Formerfordernisse (Art 65 Abs 2)

Formerfordernisse bezüglich des Antrags auf Erteilung eines ENZ werden von der EuErb- **18** VO lediglich ansatzweise und zwar durch einen Verweis auf die Möglichkeit zur Verwendung des im Beratungsverfahren nach Art 81 Abs 2 erstellten Formblatts geregelt.

Nach Art 65 Abs 2 **kann** der ASt für die Vorlage eines Antrags das entsprechende, mit **19** DurchführungsVO (EU) 1329/2014 der Kommission v 9. 12. 2014[21] festgelegte **Formblatt**

---

18 So auch *Dutta* in MünchKommBGB[6] Art 65 EuErbVO Rz 12; bezüglich der allgemeinen Verfahrensfähigkeit verweist § 2 Abs 3 AußStrG auf die Bestimmungen der ZPO, Regelungen zur Postulationsfähigkeit der Parteien finden sich in § 4 AußStrG, jene zur allgemeinen Vertretungspflicht in § 6 AußStrG; die Vertretungsvorsorge hinsichtlich des österr Verlassenschaftsverfahrens ist in § 156 AußStrG geregelt.
19 DurchführungsVO (EU) 1329/2014 der Kommission v 9. 12. 2014 zur Festlegung der Formblätter nach Maßgabe der VO (EU) 650/2012 des Europäischen Parlaments und des Rates über die Zuständigkeit, das anzuwendende Recht, die Anerkennung und Vollstreckung von Entscheidungen und die Annahme und Vollstreckung öffentlicher Urkunden in Erbsachen sowie zur Einführung eines Europäischen Nachlasszeugnisses.
20 ErlRV 688 BlgNR 25. GP 46 zu § 1 GKG.
21 DurchführungsVO (EU) 1329/2014 der Kommission v 9. 12. 2014 zur Festlegung der Formblätter nach Maßgabe der VO (EU) 650/2012 des Europäischen Parlaments und des Rates über die Zuständigkeit, das anzuwendende Recht, die Anerkennung und Vollstreckung von Entscheidungen und die Annahme und Vollstreckung Urkunden in Erbsachen sowie zur Einführung eines Europäischen Nachlasszeugnisses, ABl L 2014/359, 30 ff.

(Formblatt IV samt Anlagen) verwenden. Die Entscheidung des Verordnungsgebers für die Einführung von Formblättern war va durch den Wunsch nach einem möglichst flexiblen Instrument mit einem der EuErbVO entsprechenden Mindeststandard motiviert. Durch die Standardisierung werden weiters sprachliche Barrieren überwunden; auch soll die Nutzung moderner Kommunikationstechnologien ermöglicht werden (ErwGr 76). Verpflichtend ist die Verwendung des entsprechenden Formblatts für den ASt – im Gegensatz zur ausstellenden Behörde nach Art 67 Abs 1 – nicht.

20 Das Antragsformular weist auf die Freiwilligkeit der Verwendung auch besonders hin; zur Angabe zusätzlicher relevanter Informationen sind fünf standardisierte **Anlagen,** wovon manche als obligatorisch gekennzeichnet sind, verfügbar (s Art 65 Rz 27).

21 Wird das **Formblatt vom ASt nicht verwendet,** wird **subsidiär nationales Recht,** in Österreich das **AußStrG**[22] heranzuziehen sein. Auch hier wird es wiederum davon abhängen, ob das Verfahren auf Ausstellung eines ENZ als den Regelungen des AußStrG bezüglich des Verlassenschaftsverfahrens unterworfenes oder als diesem gegenüber selbstständiges Verfahren qualifiziert werden wird. Im Allgemeinen können Anträge, Erklärungen und Mitteilungen (Anbringen) in der Form eines Schriftsatzes[23] beim Gericht erster Instanz eingebracht oder zu Protokoll erklärt werden (§ 10 Abs 1 AußStrG). Eingaben im Verlassenschaftsverfahren sind hingegen – außer bei schriftlicher Abhandlungspflege (§ 3 GKG) – grundsätzlich an den Gerichtskommissär (§ 144 Abs 1 AußStrG), Rechtsmittel, Rechtsmittelbeantwortungen und sonstige Anbringen, die auf eine Entscheidung durch das Gericht zielen, an das Gericht zu richten (§ 144 Abs 2 AußStrG). Adressat des Antrags auf Ausstellung eines ENZ wird primär die vom nationalen Recht zu bestimmende Ausstellungsbehörde sein (s hiezu Art 64 Rz 32 ff), wobei es allerdings nicht schaden wird, wenn der Antrag statt beim Verlassenschaftsgericht beim Gerichtskommissär und umgekehrt eingebracht wird. Inwieweit der Antrag auf Erteilung eines ENZ, insb aufgrund der Vielzahl der geforderten Nachweise und der voraussichtlichen Komplexität des Sachverhalts, Gegenstand eines Protokollarantrags sein wird können, wird der Gesetzgeber zu entscheiden haben bzw die Praxis zeigen; Teil des Verlassenschaftsverfahrens wird er, wie oben dargestellt, jedenfalls sein (Art 65 Rz 17).

22 Einem Antrag iSd AußStrG folgt ebenso wie dem Antrag auf Ausstellung eines ENZ eine **Zulässigkeitsprüfung.** Leidet das Anbringen an einem Form- oder Inhaltsmangel, der weitere Verfahrensschritte hindert, so hat es das Gericht nicht sogleich ab- oder zurückzuweisen, sondern erst für die Verbesserung zu sorgen (**Manuduktionspflicht,** § 10 Abs 4 AußStrG); dies wird auch für Anträge auf Erteilung eines ENZ gelten.

IV. Inhaltserfordernisse (Art 65 Abs 3)

A. Erforderliche Angaben

23 Art 65 Abs 3 betrifft die Inhaltserfordernisse des Antrags auf Ausstellung eines ENZ. Während ein Antrag nach dem AußStrG (§ 9 Abs 1) kein bestimmtes Begehren enthalten, sondern lediglich hinreichend erkennen lassen muss, welche Entscheidung oder sonstige gerichtliche Tätigkeit der ASt anstrebt und aus welchem Sachverhalt er dies ableitet, enthält Art 65 Abs 3 in lit a bis m hinsichtlich der in den Antrag auf Ausstellung eines ENZ aufzunehmenden Angaben eine **Liste** von insgesamt **13 Punkten.**

---

22 § 181 b Abs 1 AußStrG idF ErbRÄG 2015.

23 Dass schriftliche Anbringen die Unterschrift der Partei oder deren Vertreters aufweisen müssen, ergibt sich – so *Fucik/Kloiber* § 10 Rz 5 – aus der Verwendung des Ausdruckes „Schriftsatz".

Die **Regelungstechnik** des Verordnungsgebers wird **in der L unterschiedlich aufgenom-**   **24**
men; *Kleinschmidt*[24] äußert sich positiv, während *Dutta*[25] sie als unglücklich und fehleranfäl-
lig qualifiziert, in Art 65 Abs 3 lit k insb einen Hinweis auf den Erbverzicht vermisst[26] und
vor der Gefahr der Ausstellung eines unrichtigen ENZ zufolge unvollständiger Information
der Ausstellungsbehörde warnt. *Janzen*[27] sieht in der Regelung des Inhalts des Antrags und
des ENZ selbst den Versuch, „auf Vorrat" Regelungen für jede erdenkliche Fallkonstellation
und jedes mögliche anwendbare Recht zu schaffen, der mE nicht gelingen kann.

Auszugehen sein wird davon, dass der Katalog des Art 65 Abs 3 **keine taxative Aufzählung**   **25**
des Antragsinhalts darstellt[28] und nicht in allen Fällen alle Angaben iSd Art 65 Abs 3 auch
tatsächlich erforderlich sind.[29]

Art 65 Abs 3 spricht zwar davon, dass der Antrag die dort genannten Angaben enthalten   **26**
muss, schränkt diese Anordnung jedoch umgehend dahingehend ein, dass dies nur dann gilt,
soweit die Angaben

- dem ASt **bekannt** sind **und**
- **von der Ausstellungsbehörde** zur **Beschreibung des Sachverhalts,** dessen Bestätigung
  vom ASt begehrt wird, **benötigt** werden.[30]

Es wird jedoch Angaben geben, die – ungeachtet der Formulierung des Art 65 Abs 3 – als
obligatorisch anzusehen sind. Jedenfalls anzugeben sein wird auch jene **Behörde, an die**
der Antrag gerichtet ist.

Zu den Angaben, die von der Ausstellungsbehörde benötigt werden, daher keinesfalls ver-   **27**
zichtbar und (im Formblatt IV bzw den Anlagen zu diesem) dementsprechend auch als **ob-**
ligatorisch ausgewiesen sind, werden zählen: Angaben zum **Erblasser** (Art 65 Abs 3 lit a),
Angaben zum **ASt** (Art 65 Abs 3 lit b, wobei bei juristischen Personen zusätzlich Anlage II
zum Formblatt IV auszufüllen ist), Angaben zum etwaigen **Vertreter des ASt** (Art 65 Abs 3
lit c, Anlage III zum Formblatt IV), Angaben zum **Ehegatten** oder **Partner** des Erblassers
(Art 65 Abs 3 lit d, Anlage IV zum Formblatt IV)[31], der (den Inhalt des ENZ determinieren-
de) **beabsichtigte Zweck** des ENZ (Art 65 Abs 3 lit f), mit anderen Worten der Grund für
den Antrag auf dessen Ausstellung, die Kontaktdaten einer mit der Erbsache befassten **Be-**
hörde, sofern diese nicht mit der Ausstellungsbehörde übereinstimmt (Art 65 Abs 3 lit g,
Anlage I zum Formblatt IV), der **Sachverhalt,** auf der der ASt die zu bescheinigende Rechtsstellung gründet (Art 65 Abs 3 lit h) iSd Behauptung des hiefür relevanten Rechtsgrundes[32]
und die Erklärung, dass nach bestem Wissen des ASt kein Rechtsstreit in Bezug auf den zu
bescheinigenden Sachverhalt anhängig ist (Art 65 Abs 3 lit l).[33]

---

24 *Kleinschmidt,* RabelsZ 77 (2013) 771 f.
25 *Dutta* in MünchKommBGB[6] Art 65 EuErbVO Rz 10.
26 So auch *Dorsel,* ZErb 2014, 213; *Dorsel,* Europäisches Nachlasszeugnis 6.
27 *Janzen,* DNotZ 2012, 493; so auch *Müller-Lukoschek,* EU-Erbverordnung § 2 Rz 320.
28 So auch *Dutta* in MünchKommBGB[6] Art 65 EuErbVO Rz 10.
29 So auch *Janzen,* DNotZ 2012, 493.
30 Vgl auch *Kleinschmidt,* RabelsZ 77 (2013) 771; *Schauer* in *Schauer/Scheuba* 87; *Janzen,* DNotZ 2012,
   493; *Dutta* in MünchKommBGB[6] Art 65 EuErbVO Rz 9; *Lange* in *Dutta/Herrler* Rz 8; *Dorsel,* ZErb
   2014, 213.
31 Vgl auch *Dorsel,* ZErb 2014, 213.
32 *Schauer* in *Schauer/Scheuba* 87.
33 Nach Art 67 Abs 1 lit a ist ein ENZ bei Einwänden gegen den zu bescheinigenden Sachverhalt oder
   Unvereinbarkeit des ENZ mit einer Entscheidung zum selben Sachverhalt nicht auszustellen.

Laut Formular weiters obligatorisch, allerdings mit der Antwortmöglichkeit „nicht bekannt", sind Angaben zu **sonstigen möglichen Berechtigten** aufgrund einer Verfügung von Todes wegen und/oder nach gesetzlicher Erbfolge (Art 65 Abs 3 lit e), darüber, ob der Erblasser eine **Verfügung von Todes wegen** errichtet hat (Art 65 Abs 3 lit i), einen **Ehevertrag** oder einen Vertrag in Bezug auf ein mit der Ehe vergleichbares Verhältnis geschlossen hat (Art 65 Abs 3 lit j) sowie darüber, ob ein Berechtigter eine **Erklärung über die Annahme oder die Ausschlagung der Erbschaft** abgegeben hat (Art 65 Abs 3 lit k). Falls bekannt, sind in den Antrag auch Angaben zum **Güterstand** des Erblassers aufzunehmen.

Der Antrag hat auch sonstige vom ASt **für die Ausstellung des ENZ für nützlich erachtete Angaben** (Art 65 Abs 3 lit m) zu enthalten. Solche Angaben werden, soweit man sie nicht unter einen anderen Punkt subsumieren möchte, etwa ein gegenüber dem Erblasser abgegebener Erbverzicht oder eine von diesem vorgenommene Rechtswahl sein.

B. Erforderliche Nachweise

28 Mittel zum Nachweis der mit dem ENZ zu bescheinigenden Rechte, Rechtsstellung und/oder Befugnisse sind primär **Urkunden;** dem Antrag nach Art 65 Abs 3 **beizufügen sind** alle **„einschlägigen Schriftstücke"** entweder in Urschrift oder in Form einer Abschrift, die die erforderlichen Voraussetzungen für ihre Beweiskraft erfüllt.

29 Im Antragsformblatt werden als **solche Schriftstücke** bspw genannt: Sterbeurkunde oder Bescheinigung der Todeserklärung, Gerichtsentscheidung, Gerichtsstandsvereinbarung, (gemeinschaftliches) Testament, Bescheinigung des Testamentsregisters, Erbvertrag, Erklärungen bezüglich der Rechtswahl, Ehevertrag oder Vertrag in Bezug auf ein mit der Ehe vergleichbares Verhältnis, Erklärung über die Annahme oder Ausschlagung der Erbschaft, Schriftstück in Bezug auf die Benennung eines Nachlassverwalters, das Nachlassinventar und/oder die Nachlassverteilung und die Vollmacht.

30 Welche **Abschriften** die „erforderlichen Voraussetzungen" für die Beweiskraft von Urkunden erfüllen, sagt die EuErbVO nicht; mangels unionsrechtlicher Regelung wird auch hier auf nationales Recht zurückzugreifen sein.[34] In Österreich wird sich die Beweiskraft der Urkunden nach den Bestimmungen der §§ 292 ff ZPO[35] richten.[36]

31 Kann der ASt keine Abschriften der einschlägigen Schriftstücke vorlegen, die die für ihre Beweiskraft erforderlichen Voraussetzungen erfüllen, kann die Ausstellungsbehörde nach Art 65 Abs 3 iVm Art 66 Abs 2 entscheiden, dass sie **Nachweise in anderer Form,** etwa mittels eidesstättiger Erklärung, akzeptiert.[37] Ausländische Urkunden können auch Gegenstand einer Annahme iSd Art 59 sein.[38]

Prüfung des Antrags

Art 66. (1) **Nach Eingang des Antrags überprüft die Ausstellungsbehörde die vom Antragsteller übermittelten Angaben, Erklärungen, Schriftstücke und sonstigen Nachweise. Sie führt von Amts wegen die für diese Überprüfung erforderlichen Nachforschungen**

---

34 Vgl *Dutta,* MünchKommBGB[6] Art 65 EuErbVO Rz 11, *Kleinschmidt,* RabelsZ 77 (2013), 772.

35 RGBl 1895/113 idF BGBl I 2014/92.

36 Für Deutschland s zB *Buschbaum/Simon,* ZEV 2012, 525 f.

37 Vgl *Kleinschmidt,* RabelsZ 77 (2013) 772.

38 Vgl *Kleinschmidt,* RabelsZ 77 (2013) 772.

durch, soweit ihr eigenes Recht dies vorsieht oder zulässt, oder fordert den Antragsteller auf, weitere Nachweise vorzulegen, die sie für erforderlich erachtet.

(2) Konnte der Antragsteller keine Abschriften der einschlägigen Schriftstücke vorlegen, die die für ihre Beweiskraft erforderlichen Voraussetzungen erfüllen, so kann die Ausstellungsbehörde entscheiden, dass sie Nachweise in anderer Form akzeptiert.

(3) Die Ausstellungsbehörde kann – soweit ihr eigenes Recht dies vorsieht und unter den dort festgelegten Bedingungen – verlangen, dass Erklärungen unter Eid oder durch eidesstattliche Versicherung abgegeben werden.

(4) Die Ausstellungsbehörde unternimmt alle erforderlichen Schritte, um die Berechtigten von der Beantragung eines Zeugnisses zu unterrichten. Sie hört, falls dies für die Feststellung des zu bescheinigenden Sachverhalts erforderlich ist, jeden Beteiligten, Testamentsvollstrecker oder Nachlassverwalter und gibt durch öffentliche Bekanntmachung anderen möglichen Berechtigten Gelegenheit, ihre Rechte geltend zu machen.

(5) Für die Zwecke dieses Artikels stellt die zuständige Behörde eines Mitgliedstaats der Ausstellungsbehörde eines anderen Mitgliedstaats auf Ersuchen die Angaben zur Verfügung, die insbesondere im Grundbuch, in Personenstandsregistern und in Registern enthalten sind, in denen Urkunden oder Tatsachen erfasst werden, die für die Rechts nachfolge von Todes wegen oder den ehelichen Güterstand oder einen vergleichbaren Güterstand des Erblassers erheblich sind, sofern die zuständige Behörde nach innerstaatlichem Recht befugt wäre, diese Angaben einer anderen inländischen Behörde zur Verfügung zu stellen.

Stammfassung.

Literatur: *Buschbaum/Simon,* EuErbVO: Das Europäische Nachlasszeugnis, ZEV 2012, 525; *Dorsel,* Europäisches Nachlasszeugnis (2014), http://www.notaries-of-europe.eu/files/training-new/2014-05-09/Dr. Dorsel_GER.doc (2. 1. 2015); *Dorsel,* Europäische Erbrechtsverordnung und Europäisches Nachlasszeugnis, ZErb 2014, 212; *Faber/Grünberger,* Vorschlag der EU-Kommission zu einer Erbrechts-Verordnung, NZ 2011/25, 104; *Kleinschmidt,* Optionales Erbrecht: Das Europäische Nachlasszeugnis als Herausforderung an das Kollisionsrecht, RabelsZ 77 (2013) 723 (digitaler Sonderdruck); *Lange,* Das Europäische Nachlasszeugnis, in *Dutta/Herrler,* Die Europäische Erbrechtsverordnung (2014); *Rudolf,* Die Erbrechtsverordnung der Europäischen Union, NZ 2013/103, 225; *Schauer,* Europäisches Nachlasszeugnis, EF-Z 2012/154, 245; *Schauer,* Europäisches Nachlasszeugnis, in *Schauer/Scheuba,* Europäische Erbrechtsverordnung (2012) 73.

Übersicht

		Rz
I.	Allgemeines	1
II.	Grundsätze des Prüfungsverfahrens	5
III.	Angaben, Erklärungen, Schriftstücke, sonstige Nachweise	9
IV.	Unterrichtung/Anhörung möglicher Berechtigter	13
V.	Rechtshilfe	18

I. Allgemeines

Art 66 regelt die **Prüfung des Antrags auf Ausstellung eines ENZ** durch die Ausstellungs-   **1** behörde und gibt für diese Prüfung auch bestimmte **Verfahrensregeln** vor, ohne den Mitgliedstaaten jedoch ihre (verfahrensrechtlichen) Gestaltungsmöglichkeiten zu nehmen[1].

---

1 *Schauer* in *Schauer/Scheuba* 87.

2 Von der Ausstellungsbehörde nach Eingang des Antrags anhand der vom ASt übermittelten **Angaben, Erklärungen, Schriftstücke** und **sonstigen Nachweise** zu prüfen ist, ob die **internationale Zuständigkeit** der Ausstellungsbehörde für die Ausstellung des begehrten ENZ gegeben, der Antrag **zulässig** und (durch die angebotenen Nachweise) **ausreichend begründet** ist.[2]

3 Art 66 deutet auf die Verfahrensgrundsätze der **freien Beweiswürdigung** (Art 66 Abs 2 und 3) und des **rechtlichen Gehörs** (Art 66 Abs 4) hin. Lücken im Prüfungsverfahren werden auch hier durch das jeweilige – zT sicherlich noch im Wege der Ausführungsgesetzgebung zu schaffende – nationale Recht zu schließen sein.[3]

4 Nach ErwGr 70 ist es auch dem **nationalen Recht** anheim gestellt festzulegen, ob die Ausstellungsbehörde **andere zuständige Stellen,** zB solche, vor denen eidesstattliche Versicherungen abgegeben werden können, an der Ausstellung des ENZ **beteiligen** kann. Im Inland könnten eidesstättige Erklärungen jedenfalls auch vor einem Notar wirksam abgegeben werden.

II. Grundsätze des Prüfungsverfahrens

5 Die Ausstellungsbehörde führt die zur Antragsprüfung erforderlichen Nachforschungen **von Amts wegen** durch, wenn es die lex fori vorsieht oder zulässt, oder **fordert** den Antragsteller **zur Vorlage weiterer Nachweise auf** (Art 66 Abs 1).[4]

6 Kann der ASt keine entsprechend beweiskräftigen Abschriften der einschlägigen Schriftstücke (s Art 65 Rz 30) vorlegen, liegt es im **Ermessen** der Ausstellungsbehörde **andere Nachweise zulassen** (Art 66 Abs 2). Zu denken wäre diesbezüglich etwa an die Glaubhaftmachung von Tatsachen/Angaben an Eides statt; die Ausstellungsbehörde wird in Art 66 Abs 3, soweit ihr nationales Recht dies vorsieht, ausdrücklich dazu ermächtigt, Erklärungen unter Eid oder eidesstattliche Versicherungen zu verlangen. Falls dies zur Feststellung des zu bescheinigenden Sachverhalts erforderlich ist, **hört** die Ausstellungsbehörde auch jeden „Beteiligten", Testamentsvollstrecker oder Nachlassverwalter. Zur öffentlichen Bekanntmachung s unter Art 66 Rz 16.

7 Für das österr außerstreitige Verfahren gilt hinsichtlich der Sammlung des Entscheidungsstoffes prinzipiell der **Grundsatz der Amtswegigkeit** (§ 13 AußStrG) und der **Untersuchungsgrundsatz** (§ 16 AußStrG); das Gericht hat von Amts wegen dafür zu sorgen, dass alle für seine Entscheidung maßgebenden Tatsachen aufgeklärt werden, sämtliche Hinweise auf solche Tatsachen entsprechend zu berücksichtigen und den Parteien **rechtliches Gehör** zu gewähren (§ 15 AußStrG). Zur Feststellung des Sachverhalts kann **jedes geeignete Beweismittel** verwendet werden (§ 31 Abs 1 AußStrG). Das Gericht folgt dem **Grundsatz der freien Beweiswürdigung** und kann nach § 31 AußStrG – ungeachtet des Parteiwillens – etwa Beweise aufnehmen und Erkundigungen einholen, Sachverständige bestellen, den Parteien ergänzende Angaben auftragen und diese (in sinngemäßer Anwendung der entsprechenden Bestimmungen der ZPO auch eidlich) vernehmen[5] sowie sonstige Verfahrenshandlungen setzen. § 14 AußStrG statuiert eine **Anleitungs- und Belehrungspflicht** des Gerichts,

---

2 Vgl *Dutta* in MünchKommBGB[6] Art 66 EuErbVO Rz 1.

3 *Dutta* in MünchKommBGB[6] Art 66 EuErbVO Rz 1; vgl auch *Schauer* in *Schauer/Scheuba* 87 f; *Rudolf,* NZ 2013/103, 239.

4 Vgl auch *Schauer* in *Schauer/Scheuba* 87 f; *Köhler* in *Kroiß/Horn/Solomon* Art 66 EuErbVO Rz 1.

5 § 31 Abs 4 und 5, § 35 AußStrG.

die im Rahmen des Verfahrens zur Ausstellung eines ENZ ebenfalls bedeutsam sein wird (s auch Art 65 Rz 22).

Im Gegenzug haben die Parteien des außerstreitigen Verfahrens das Gericht im Bemühen um erschöpfende Erörterung und gründliche Beurteilung des Verfahrensgegenstands zu unterstützen und vollständig und wahrheitsgemäß alle ihnen bekannten, für die Entscheidung des Gerichtes maßgebenden Tatsachen und Beweise vorzubringen bzw anzubieten. Die Parteien trifft somit insb eine **Mitwirkungs-, Wahrheits-** und **Vollständigkeitspflicht** (§ 13 Abs 1, § 16 Abs 2 AußStrG).

Inwieweit die Regelungen des AußStrG betreffend Säumnisfolgen (§ 17 AußStrG) und Sanktionen va gegen Verfahrensverschleppung (§ 31 Abs 5, § 33 Abs 2 AußStrG) im Rahmen der Ausstellung des ENZ praktische Anwendung finden, wird sich zeigen.

Insb angesichts des optionalen Charakters des ENZ und der Determinierung dessen Inhalts **8** durch den Inhalt des Antrags (s Art 65 Rz 5 f) stellt sich die Frage, inwieweit die vorgenannten Verfahrensgrundsätze des AußStrG im Verfahren über die Ausstellung eines ENZ uneingeschränkt zur Anwendung gelangen sollen oder ob nicht – analog zu den Regelungen des AußStrG betreffend die Entscheidung über das Erbrecht (§§ 161 ff AußStrG) – von einem **eingeschränkten Untersuchungsgrundsatz** dahingehend auszugehen sein wird, dass lediglich im Rahmen des Vorbringens des ASt und seiner Beweisanbote zu entscheiden ist. ME spricht vieles für eine solche Einschränkung.

III. Angaben, Erklärungen, Schriftstücke, sonstige Nachweise

Als **Beweismittel** dienen neben den **Angaben** des ASt im Antrag auch die mit dem Antrag **9** iSd Art 65 Abs 3 abgegebenen bzw übermittelten **Erklärungen, Schriftstücke** und **sonstigen Nachweise.**

Die „einschlägigen Schriftstücke" sind, wie dargestellt, entweder in Urschrift oder in Form **10** einer Abschrift, die die erforderlichen Voraussetzungen für ihre Beweiskraft erfüllt, vorzulegen. In Österreich wird der Vorlage der **Urschrift** bzw des Originals des jeweiligen Schriftstücks idR jene einer **beglaubigten Abschrift** (beglaubigte Kopie)[6] gleichzuhalten sein.

In einem anderen Mitgliedstaat ausgestellte öffentliche Urkunden sind nach Art 59 anzu- **11** nehmen und entfalten die dort geregelte **Beweiskraft auch im Mitgliedstaat der Ausstellungsbehörde.**[7]

Neben Schriftstücken in der von der EuErbVO geforderten, aber nicht legaldefinierten Qua- **12** lität, kommen nach Art 66 Abs 2, wenn der ASt solche nicht vorlegen kann, auch „**andere Nachweise**" als Beweismittel in Betracht; welche das konkret sind, regelt die EuErbVO nicht, sodass wiederum das jeweilige nationale Verfahrensrecht heranzuziehen sein wird.[8]

IV. Unterrichtung/Anhörung möglicher Berechtigter

Zur Wahrung des rechtlichen Gehörs und im Bemühen um die Vermeidung der Ausstellung **13** eines falschen ENZ bestimmt Art 66 Abs 4, dass die **Ausstellungsbehörde alle erforderli-**

---

6 Bestätigung durch eine mit öffentlichem Glauben versehene Urkundsperson (zB öffentliche Notarin/ öffentlicher Notar), das Bezirksgericht oder die ausstellende Behörde, dass die Kopie einer Urkunde mit dem Original vollkommen übereinstimmt.

7 Vgl *Kleinschmidt*, RabelsZ 77 (2013) 772; *Dutta* in MünchKommBGB[6] Art 66 EuErbVO Rz 4.

8 Vgl *Dutta* in MünchKommBGB[6] Art 66 EuErbVO Rz 4.

chen Schritte zu unternehmen hat, um die „Berechtigten" von der Beantragung eines ENZ zu unterrichten,** erforderlichenfalls neben dem Testamentsvollstrecker und Nachlassverwalter „jeden Beteiligten" hört und durch öffentliche Bekanntmachung „anderen möglichen Berechtigten" Gelegenheit gibt, ihre Rechte geltend zu machen.

14 Die Abgrenzung des Personenkreises, dessen Interessen in das Ausstellungsverfahren einzubeziehen bzw der davon iSd EuErbVO betroffen ist, ist problematisch. Unter **„Berechtigten"** werden jedenfalls alle iSd Art 65 Abs 1 iVm Art 63 Abs 1 antragsberechtigten Personen („Antragsteller") zu verstehen sein; dies legt insb auch Art 72 Abs 1 nahe, der jene Personen, die berechtigt sind, ein ENZ zu beantragen, zur Anfechtung von Entscheidungen der Ausstellungsbehörde iSd Art 67 und somit der Ausstellung/Nichtausstellung des ENZ legitimiert.[9] Diese Personen werden auch zu jenen „Beteiligten" zählen, die die Ausstellungsbehörde iSd Art 66 Abs 4 zu hören hat, allerdings nur, „falls dies zur Feststellung des zu bescheinigenden Sachverhalts erforderlich ist"; welche Personen noch unter den Beteiligtenbegriff des Art 66 Abs 4 zu subsumieren sind, lässt sich aus dem Verordnungstext nicht ableiten.[10]

15 Wenn man, wie *Schauer*[11], aus dem Recht auf Gehör iSd Art 66 Abs 4 eine Rechtsstellung ableitet, die der **Parteistellung** des österr Rechts entspricht, wäre als „beteiligt", in Anlehnung an § 2 Abs 1 AußStrG, jede Person anzusehen, soweit ihre rechtlich geschützte Stellung durch die begehrte oder vom Gericht in Aussicht genommene Entscheidung oder durch eine sonstige gerichtliche Tätigkeit unmittelbar beeinflusst würde (§ 2 Abs 1 Z 3 AußStrG) sowie jede Person oder Stelle, die aufgrund gesetzlicher Vorschriften in das Verfahren einzubeziehen ist (§ 2 Abs 1 Z 4 AußStrG). In die Überlegungen einbezogen werden können sicher auch all jene Bestimmungen des AußStrG, die derzeit im Zuge des Verlassenschaftsverfahrens das rechtliche Gehör wahren helfen (etwa § 152 Abs 2, § 155 Abs 1, § 169 und § 184 Abs 3 AußStrG). Bei allen Interpretationsversuchen und bei allem Spielraum für das jeweilige nationale (Verfahrens-)Recht, ist stets auch der Grundsatz der (verordnungs-)autonomen Begriffsauslegung im Gedächtnis zu behalten, der in der praktischen Anwendung der EuErbVO zum einen oder anderen von der subsidiären lex fori abweichenden Ergebnis führen wird.

16 Während bekannte Berechtigte/Beteiligte von der Ausstellungsbehörde direkt zu verständigen sind, ist im Hinblick auf unbekannte Beteiligte in Art 66 Abs 4 eine – im Gegensatz zum Verordnungsvorschlag der Kommission[12] nun nicht mehr fakultative – **öffentliche Bekanntmachung** vorgesehen, die in der EuErbVO bedauerlicherweise ebenfalls keine nähere Regelung erfahren hat. Die öffentliche Bekanntmachung wird sich also wiederum nach der jeweiligen lex fori richten. Bezüglich der Anforderungen an diese Bekanntmachung, deren Form, Art und Weise, Inhalt, Reichweite, Sprache sowie allfälliger Fristen besteht weitgehen-

---

9 Vgl *Dutta* in MünchKommBGB[6] Art 66 EuErbVO Rz 6; *Schauer* in *Schauer/Scheuba* 90; *Rudolf,* NZ 2013/103, 240.

10 Siehe auch *Kleinschmidt,* RabelsZ 77 (2013) 773.

11 *Schauer* in *Schauer/Scheuba* 90; *Schauer,* EF-Z 2012/154, 248 f.

12 Art 40 Z 4 des Vorschlages der Kommission für eine Verordnung des Europäischen Parlaments und des Rates über die Zuständigkeit, das anzuwendende Recht, die Anerkennung und die Vollstreckung von Entscheidungen und öffentlichen Urkunden in Erbsachen sowie zur Einführung eines Europäischen Nachlasszeugnisses, KOM(2009) 154 endg.

de Unklarheit.[13] Inhalt der Bekanntmachung kann nur der Umstand der Stellung eines Antrags auf Erteilung eines ENZ sein.[14] Will man möglichst allen „anderen Berechtigten" eine Teilnahme am Verfahren über die Ausstellung des ENZ ermöglichen, wird eine wie immer geartete Bekanntmachung nur im Mitgliedstaat der Ausstellungsbehörde – in Österreich zB über die Ediktsdatei[15] – wohl kaum ausreichen. Weiters wird die Bekanntmachung auch nur dann sinnvoll sein, wenn danach – ähnlich der öffentlichen Bekanntmachung iSd § 158 Abs 1 AußStrG bei unbekannten Erben oder Pflichtteilsberechtigten – eine bestimmte Frist abzuwarten ist, vor deren Ablauf ein ENZ nicht erteilt werden darf.[16]

Einer europaweit einheitlichen Regelung wäre hier eindeutig der Vorzug zu geben gewesen,[17] da durch unterschiedliche mitgliedstaatliche Regelungen Rechtsschutzdefizite und eine Uneinheitlichkeit in der Anwendung der EuErbVO zu erwarten sind.

Wie die in Art 66 genannten Personen in das Verfahren einzubeziehen sind bzw wie ihnen **17** Gelegenheit zu geben ist, ihre Rechte geltend zu machen, sagt die EuErbVO nicht. In Österreich ist das rechtliche **Gehör nach Ansicht des OGH**[18] gewahrt, wenn den Parteien Gelegenheit gegeben wird, ihren Standpunkt darzulegen und sie sich zu allen Tatsachen und Beweisergebnissen, die der Entscheidung zugrunde gelegt werden sollen, äußern können. Den Parteien müssen vor der Entscheidung zumindest die Ergebnisse der Erhebungen zur Kenntnis gebracht und es muss ihnen eine Frist zur Stellungnahme gesetzt werden.[19] Dies wird für das Verfahren auf Ausstellung eines ENZ sinngemäß gelten.

V. Rechtshilfe

Art 66 Abs 5 statuiert eine **Kooperationspflicht** zwischen den Behörden der Mitgliedstaaten. **18** Die zuständige Behörde eines Mitgliedstaats hat der Ausstellungsbehörde über deren Ersuchen Angaben zur Verfügung zu stellen, die insb im Grundbuch, in Personenstandsregistern und in Registern enthalten sind, in denen Urkunden oder Tatsachen erfasst werden, die für die Rechtsnachfolge von Todes wegen oder den Güterstand des Erblassers erheblich sind. Diese Verpflichtung gilt jedoch nur, sofern die zuständige Behörde nach innerstaatlichem Recht befugt wäre, diese Angaben einer anderen inländischen Behörde zur Verfügung zu stellen.

Aus österr Sicht werden „zuständige Behörde" iSd Art 66 Abs 5 insb Grundbuchs- und Fir- **19** menbuchgerichte, Personenstandsbehörden bezüglich des mit 1. 11. 2014 in Betrieb genommenen Zentralen Personenregisters, allenfalls auch Meldebehörden sein; betroffen sein wird zB aber auch das Österreichische Zentrale Testamentsregister, das von der Österreichischen Notariatskammer (ÖNK) eingerichtet und aufgrund einer entsprechenden gesetzlichen Ermächtigung geführt und überwacht wird[20] sowie das Testamentsregister der österr Rechtsan-

---

13 Vgl *Dorsel*, ZErb 2014, 214; *Rudolf*, NZ 2013/103, 239 f; *Dutta* in MünchKommBGB[6] Art 66 EuErbVO Rz 7.
14 *Dutta* in MünchKommBGB[6] Art 66 EuErbVO Rz 7.
15 http://www.ediktsdatei.justiz.gv.at (8. 2. 2015).
16 Vgl *Dorsel*, ZErb 2014, 214.
17 So auch *Lange* in *Dutta/Herrler* Rz 12; vgl auch *Faber/Grünberger*, NZ 2011/25, 112.
18 ZB OGH 16 Ok 10/05; 16 Ok 8/10; 16 Ok 6/09; 10 Ob 56/08 w.
19 OGH 10 Ob 56/08 w; s auch *Fucik/Kloiber* § 15 Rz 1 ff.
20 §§ 140 b, 140 c NO.

wälte. Voraussetzung für eine Beauskunftung des Ansuchens der Ausstellungsbehörde ist und bleibt jedoch die **Auskunftsbefugnis nach innerstaatlichem Recht.**[21]

Ausstellung des Zeugnisses

Art 67. (1) Die Ausstellungsbehörde stellt das Zeugnis unverzüglich nach dem in diesem Kapitel festgelegten Verfahren aus, wenn der zu bescheinigende Sachverhalt nach dem auf die Rechtsnachfolge von Todes wegen anzuwendenden Recht oder jedem anderen auf einen spezifischen Sachverhalt anzuwendenden Recht feststeht. Sie verwendet das nach dem Beratungsverfahren nach Artikel 81 Absatz 2 erstellte Formblatt.

Die Ausstellungsbehörde stellt das Zeugnis insbesondere nicht aus,

a) wenn Einwände gegen den zu bescheinigenden Sachverhalt anhängig sind oder

b) wenn das Zeugnis mit einer Entscheidung zum selben Sachverhalt nicht vereinbar wäre.

(2) Die Ausstellungsbehörde unternimmt alle erforderlichen Schritte, um die Berechtigten von der Ausstellung des Zeugnisses zu unterrichten.

Stammfassung.

Literatur: *Bajons,* Die Nachlassabwicklung in internationalen Erbsachen nach zukünftigem Recht, ecolex 2014, 204; *Döbereiner,* Das internationale Erbrecht nach der EU-Erbrechtsverordnung (Teil I), Mitt-BayNot 2013, 358; *Dörner,* EuErbVO: Die Verordnung zum Internationalen Erb- und Erbverfahrensrecht ist in Kraft! ZEV 2012, 505; *Dorsel,* Europäische Erbrechtsverordnung und Europäisches Nachlasszeugnis, ZErb 2014, 212; *Faber/Grünberger,* Vorschlag der EU-Kommission zu einer Erbrechts-Verordnung, NZ 2011/25, 104; *Janzen,* Die EUErbrechtsverordnung, DNotZ 2012, 484; *Kleinschmidt,* Optionales Erbrecht: Das Europäische Nachlasszeugnis als Herausforderung an das Kollisionsrecht, RabelsZ 77 (2013) 723 (digitaler Sonderdruck); *Lange,* Das Europäische Nachlasszeugnis, in *Dutta/Herrler,* Die Europäische Erbrechtsverordnung (2014); *Max Planck Institute for Comparative and International Private Law (MPI),* Comments on the European Commission's Proposal for a Regulation of the European Parliament and of the Council on jurisdiction, applicable law, recognition and enforcement of decisions and authentic instruments in matters of succession and the creation of a European Certificate of Succession, RabelsZ 74 (2010) 522; *Omlor,* Gutglaubensschutz durch das Europäische Nachlasszeugnis, GPR 2014, 216; *Schauer,* Europäisches Nachlasszeugnis, EF-Z 2012/154, 245; *Schauer/Scheuba,* Europäische Erbrechtsverordnung (2012); *Süß,* Das Europäische Nachlasszeugnis, ZEuP 2013, 725; *Wilsch,* EuErbVO – Die Verordnung in der deutschen Grundbuchpraxis, ZEV 2012, 530.

Übersicht

		Rz
I.	Allgemeines	1
II.	Voraussetzungen für die Ausstellung eines Europäischen Nachlasszeugnisses (Art 67 Abs 1)	6
	A. Formelle Voraussetzungen	6
	B. Materielle Voraussetzungen	16
III.	Ausstellung des Europäischen Nachlasszeugnisses (Art 67 Abs 1)	20
	A. Ausstellungsverpflichtung	20
	B. Voll- oder Teilzertifikat	22
	C. Zeitpunkt der Ausstellung	26
	D. Formerfordernisse, Formblattzwang	28
	E. Abweichung vom Antrag?	31
IV.	Unterrichtungspflicht (Art 67 Abs 2)	32

---

21 *Dutta* in MünchKommBGB[6] Art 66 EuErbVO Rz 11; *Köhler* in *Kroiß/Horn/Solomon* Art 66 EuErbVO Rz 4.

I. Allgemeines

§ 67 normiert die **Voraussetzungen** und die **Formerfordernisse** für die Ausstellung des **1** ENZ und enthält Regelungen bezüglich der **Verständigungspflichten** der Ausstellungsbehörde.

Gelangt die Ausstellungsbehörde zum Ergebnis, dass „der zu bescheinigende Sachverhalt **2** nach dem auf die Rechtsnachfolge von Todes wegen anzuwendenden Recht oder jedem anderen auf einen spezifischen Sachverhalt anzuwendenden Recht feststeht", stellt sie nach Art 67 Abs 1 **unverzüglich** das ENZ aus, wenn keine die Ausstellung hindernden Umstände nach Art 67 Abs 1 lit a und b (Einwände gegen den zu bescheinigenden Sachverhalt, Unvereinbarkeit mit einer Entscheidung über denselben Sachverhalt) vorliegen.

Die Regelung des Art 67 erweist sich, wie viele andere in der EuErbVO auch, va in materiel- **3** ler Hinsicht als **auslegungsbedürftig.**

Die Entscheidung der Ausstellungsbehörde iSd Art 67 ist nach Art 72 **anfechtbar;** eine Ab- **4** weisung des Antrags hindert eine **neuerliche Antragstellung** mangels entsprechender Regelung in der EuErbVO offensichtlich nicht.[1]

Für **Österreich** ergibt sich aus § 181 b Abs 2 AußStrG idF ErbRÄG 2015 nunmehr folgendes: **5** Gelangt der Gerichtskommissär zur Auffassung, dass der zu bescheinigende Sachverhalt bzw die zu bescheinigende Rechtsstellung nach dem auf die Rechtsnachfolge von Todes wegen anzuwendenden Recht oder jedem anderen auf einen spezifischen Sachverhalt anzuwendenden Recht feststeht, wird er das ENZ (unter Verwendung des entsprechenden Formulars) ausstellen, andernfalls den Antrag auf Ausstellung des ENZ dem Gericht vorlegen. Das Gericht hat sodann in Beschlussform eine Entscheidung iSd § 1 Abs 2 Z 1 GKG zu treffen. Bejaht das Gericht die Ausstellungsvoraussetzungen, ist das ENZ vom Gerichtskommissär auszustellen. **Rechtsbehelf iSd Art 72** gegen die Ausstellung des ENZ durch den Gerichtskommissär ist der Antrag an das Gericht iSd § 7 a Abs 2 GKG (Überwachung durch das Gericht), gegen den Beschluss des Gerichts der Rekurs.[2]

II. Voraussetzungen für die Ausstellung eines Europäischen Nachlasszeugnisses (Art 67 Abs 1)

A. Formelle Voraussetzungen

Zu den formellen Voraussetzungen für die Ausstellung eines ENZ zählt *Dutta*[3] ein **ord- 6 nungsgemäßes Verfahren** nach den von der EuErbVO festgelegten Verfahrensvorschriften (sowie der zur Lückenfüllung heranzuziehenden lex fori) sowie das Vorliegen der „**Sachentscheidungsvoraussetzungen**", denen insb die **Zuständigkeit** der Ausstellungsbehörde iSd Art 64, ein **ordnungsgemäßer Antrag** einer antragslegitimierten Person iSd Art 65 Abs 1 iVm Art 63 Abs 1 und das **Nichtvorliegen** der in Art 67 Abs 1 lit a und b genannten **Ausstellungshindernisse** zuzuordnen sind.[4]

Die Ausstellungsbehörde stellt das ENZ **insb** nicht aus, wenn **7**

---

1 Vgl *Dutta* in MünchKommBGB[6] Art 67 EuErbVO Rz 16 f.
2 ErlRV 688 BlgNR 25. GP 44 zu § 181 b AußStrG.
3 *Dutta* in MünchKommBGB[6] Art 67 EuErbVO Rz 3 ff.
4 *Dutta* in MünchKommBGB[6] Art 67 EuErbVO Rz 3.

- **Einwände gegen den zu bescheinigenden Sachverhalt anhängig** sind (Art 67 Abs 1 lit a) oder
- das ENZ **mit einer Entscheidung** zum selben Sachverhalt **unvereinbar** wäre (Art 67 Abs 1 lit b).

Hinweise zur Konkretisierung der vorgenannten Versagungsgründe enthält die EuErbVO, auch in den ErwGr, nicht.[5]

8   Das Verfahren auf Ausstellung eines ENZ ist angesichts des Art 67 Abs 1 lit a somit **kein streitiges Verfahren.** Sind entsprechende Einwendungen anhängig, entscheidet die Ausstellungsbehörde nicht über diese, sondern stellt kein ENZ aus. Fraglich ist nun, welche Einwände der Verordnungsgeber hier vor Augen hatte.

9   Die L[6] greift zur Auslegung der **„Einwände gegen den zu bescheinigenden Sachverhalt"** (Art 67 Abs 1 lit a) auf den entsprechenden englischen Verordnungstext zurück („the elements to be certified are being challenged"), der, ebenso wie der gleichlautende französische Text,[7] weit deutlicher als die deutsche Version zum Ausdruck bringt, dass es sich bei den Einwänden, die anhängig sein müssen, nicht nur um solche in einem außerhalb des Ausstellungsverfahrens anhängigen Verfahren, sondern um konkrete materiell-rechtliche Einwände im Ausstellungsverfahren selbst, insb gegen die nach Art 63 Abs 1 zu bescheinigende Rechtsstellung oder die nach Art 63 Abs 2 zu bescheinigenden Aspekte, handelt. Wer diese Einwände erheben kann, ist in der EuErbVO nicht geregelt, doch werden dies naheliegenderweise die in Art 66 Abs 4 genannten „Berechtigten" und „anderen möglichen Berechtigten" sein.[8] Um die Erteilung eines ENZ nach Art 67 Abs 1 lit a zu verhindern, müssen die Einwände lediglich „anhängig", nicht erwiesen sein.[9] *Schauer*[10] führt für das österr Recht als Beispiel zu Art 67 Abs 1 lit a den Antrag des eingeantworteten Erben auf Ausstellung eines ENZ bei gegen ihn anhängiger Erbschaftsklage an. Zu denken wäre auch an einen Antrag auf Ausstellung eines ENZ über die (Vertretungs- und Verwaltungs-)Befugnisse des erbantrittserklärten Erben, dessen Vertretungsbefugnis zwischenzeitig jedoch zufolge Bestellung eines Verlassenschaftskurators nach § 173 AußStrG erloschen ist.

10   (Anhängige) Einwände gegen den zu bescheinigenden Sachverhalt werden die Erteilung eines ENZ dann **nicht mehr hindern** können, wenn der mittels ENZ zu bescheinigende Sachverhalt außerhalb des Ausstellungsverfahrens bereits (zugunsten des ASt) rechtskräftig entschieden oder auf andere Weise iS des Antrags verbindlich geklärt wurde.[11] Wurde etwa die Erbantrittserklärung eines Erbansprechers in einem Erbrechtsstreit rechtskräftig abgewiesen und die Verlassenschaft einem anderen Erben rechtskräftig eingeantwortet, könnte ein im Verfahren über die Ausstellung eines ENZ erhobener Einwand des im Erbrechtsstreit unterlegenen Erbansprechers nicht mehr als Ausstellungshindernis für das ENZ gewertet werden. Dasselbe wird für Einwände eines rechtskräftig unterlegenen Erbschaftsklägers gelten.

---

5 Vgl *Lange* in *Dutta/Herrler* Rz 14; *Dutta* in MünchKommBGB[6] Art 67 EuErbVO Rz 4 ff; vgl auch *Schauer* in *Schauer/Scheuba* 88 f; *Bajons*, ecolex 2014, 209.

6 *Dutta* in MünchKommBGB[6] Art 67 EuErbVO Rz 5; *Schauer* in *Schauer/Scheuba* 88.

7 „Si les éléments à certifier sont contestés."

8 *Dutta* in MünchKommBGB[6] Art 67 EuErbVO Rz 5.

9 *Dutta* in MünchKommBGB[6] Art 67 EuErbVO Rz 5.

10 *Schauer* in *Schauer/Scheuba* 88 f.

11 Vgl *Dutta* in MünchKommBGB[6] Art 67 EuErbVO Rz 6.

Nach Art 67 Abs 1 lit b ist ein ENZ auch dann nicht auszustellen, wenn es mit einer „Entscheidung zum selben Sachverhalt" unvereinbar wäre.   **11**

Nach österr Recht setzt das Prozesshindernis der res iudicata die Identität des Anspruchs voraus, die dann angenommen wird, wenn das Begehren inhaltlich dasselbe fordert, was bereits rechtskräftig zuerkannt oder aberkannt wurde.[12] Dieses Verständnis ist hinsichtlich der EuErbVO zu eng, da als identer Anspruch nur jener auf Ausstellung eines ENZ, als Entscheidung dann nur die bereits erfolgte Ausstellung eines mit dem entscheidungsrelevanten Antrag nicht zu vereinbaren ENZ in Betracht käme. **Derselbe „Sachverhalt"** iSd EuErbVO kann sich nur auf das Verständnis des Art 65 Abs 3 lit h beziehen, der unter „Sachverhalt" die Grundlage bzw Begründung der Berechtigung des Antragstellers am Nachlass und/oder sein Recht zur Testamentsvollstreckung und/oder Nachlassverwaltung begreift. Ausstellungshindernis wird somit jede (rechtskräftige) Entscheidung sein, die das Bestehen jener Rechte, Rechtsstellung und/oder Befugnisse ausschließt, deren Bescheinigung mittels ENZ begehrt wird.[13] Dem eingeantworteten Erben wäre die Erteilung eines ENZ zB zu versagen, wenn die Verlassenschaft mit rechtkräftiger Entscheidung einem siegreichen Erbschaftskläger zugesprochen wurde.[14]   **12**

Die Aufzählung der Ausstellungshindernisse in Art 67 Abs 1 ist **demonstrativ;** die Ausstellung eines ENZ kann von der Ausstellungsbehörde somit auch aus anderen Gründen versagt werden bzw wird von dieser zu versagen sein, wenn die Prüfung des Antrages samt „einschlägigen Schriftstücken" ergibt, dass der zu bescheinigende Sachverhalt   **13**

- mittels ENZ überhaupt nicht bescheinigt werden kann – für das österr Recht wäre dies zB hinsichtlich der Ansprüche des Damnationslegatars, von Pflichtteilsberechtigten, von Gläubigern und Kuratoren ohne Befugnisse hinsichtlich des Nachlasses (s Art 63 Rz 58) der Fall – oder
- aus formellen oder materiellen Gründen nicht als festgestellt anzusehen ist, wie etwa im Fall eines offensichtlich formungültigen Testaments, das zum Nachweis der Befugnisse als Testamentsvollstrecker dienen soll.[15]

Ob es sich bei der mit dem begehrten ENZ unvereinbaren **Entscheidung iSd Art 67 Abs 1 lit b** um die Entscheidung einer Behörde des **Ausstellungsstaats,** eines anderen **Mitgliedstaats** oder eines **Drittstaats** handelt, sagt die EuErbVO nicht. Mangels erkennbarer Einschränkung wird jede entsprechende Entscheidung des Mitgliedstaats der Ausstellungsbehörde und jede nach Art 39 oder dem jeweiligen nationalen Recht anzuerkennende Entscheidung auch eines Drittstaats als Ausstellungshindernis in Betracht kommen.[16]   **14**

Verweigert die Ausstellungsbehörde die Erteilung eines ENZ, bleibt dem ASt der Rechtsbehelf nach **Art 72.**   **15**

B. Materielle Voraussetzungen

Materielle Voraussetzung für die Erteilung eines ENZ ist das **Feststehen des zu bescheinigenden Sachverhalts** nach dem auf die Rechtsnachfolge von Todes wegen anzuwendenden Recht oder jedem anderen auf einen spezifischen Sachverhalt anzuwendenden Recht (Art 67   **16**

---

12 OGH 2 Ob 157/98 x.
13 Vgl *Dutta* in MünchKommBGB[6] Art 67 EuErbVO Rz 7.
14 *Schauer* in *Schauer/Scheuba* 89.
15 *Schauer* in *Schauer/Scheuba* 89.
16 Vgl *Dutta* in MünchKommBGB[6] Art 67 EuErbVO Rz 8.

Abs 1) und somit das Feststehen der Rechte, Rechtsstellung und/oder Befugnisse iSd Art 63 Abs 1 als **Erbe** (s Art 63 Rz 9 ff), **Vermächtnisnehmer mit unmittelbarer Berechtigung am Nachlass** (Art 63 Rz 22 ff), **Testamentsvollstrecker** (Art 63 Rz 45 ff) oder **Nachlassverwalter** (Art 63 Rz 50 ff).[17]

17 Feststehen wird der zu bescheinigende Sachverhalt dann, wenn die Ausstellungsbehörde diesen als Ergebnis der Prüfung des Antrags (Art 66) im Rahmen des Beweisanbots des ASt (Art 65, 66 Abs 1 bis 3), allenfalls auch aufgrund der von ihr von Amts wegen erhobenen Beweise (Art 66 Abs 1) als erwiesen erachtet. Maßgebende Grundlage hierfür ist primär das **auf die Rechtsnachfolge von Todes wegen anzuwendende Recht** (Erbstatut unter Beachtung allfälliger Staatsverträge iSd Art 75).[18]

18 Mit dem Hinweis auf das „**auf einen spezifischen Sachverhalt anzuwendende Recht**" berücksichtigt der Verordnungsgeber, dass bei der Beurteilung der zu bescheinigenden Rechtsstellung neben dem Erbstatut auch andere Statute maßgebend sein können. Konkret betrifft dies die **Vorfragenproblematik;**[19] so können zB Fragen des Abstammungs-, Ehe- und Partnerschaftsrechts (Bestehen einer Ehe, Wirksamkeit einer Annahme an Kindes statt udgl) für die Erbenstellung ebenso Bedeutung erlangen wie die Frage nach der Formgültigkeit mündlicher Verfügungen von Todes wegen; neben dem Erbstatut relevant sein können somit insb das Güterstatut und das Formstatut mündlicher Verfügungen.[20]

19 Hinsichtlich der Ausstellung des ENZ zu beachten ist auch, dass die Ausstellungsbehörde dabei zwar idR ihr **eigenes Recht** anwenden wird, dies jedoch **nicht zwingend** der Fall sein muss.

III. Ausstellung des Europäischen Nachlasszeugnisses (Art 67 Abs 1)

A. Ausstellungsverpflichtung

20 Steht der Sachverhalt iSd vorangehenden Ausführungen nach Prüfung des Antrags durch die Ausstellungsbehörde (Art 66) fest und liegen keine Ausstellungshindernisse vor, **hat** die Ausstellungsbehörde das ENZ **unverzüglich** im Umfang des Antrags nach Art 65 **auszustellen** (Art 67 Abs 1).[21]

21 Der Begriff der Unverzüglichkeit ist (verordnungs-)autonom auszulegen; es wird davon auszugehen sein, dass die Ausstellung des ENZ **unmittelbar nach Vorliegen aller Ausstellungsvoraussetzungen** zu erfolgen hat.[22]

B. Voll- oder Teilzertifikat

22 Das in Art 39 des Verordnungsvorschlages der Kommission[23] vorgesehene **Teilzertifikat,** das zum Nachweis der Rechte der einzelnen Erben oder Vermächtnisnehmer und deren Nach-

---

17 Vgl *Dutta* in MünchKommBGB⁶ Art 67 EuErbVO Rz 9.
18 Vgl *Dutta* in MünchKommBGB⁶ Art 67 EuErbVO Rz 9.
19 Vgl *Dutta* in MünchKommBGB⁶ Art 67 EuErbVO Rz 11; zur Vorfragenproblematik vgl *Kleinschmidt,* RabelsZ 77 (2013) 764 ff; *Dutta* in MünchKommBGB⁶ Art 62 EuErbVO Rz 7; *Dörner,* ZEV 2012, 513; *Köhler* in *Kroiß/Horn/Solomon* Vor Artikel 20 – 32 EuErbVO Rz 20 ff; *Volmer,* ZEV 2014, 129 ff; *Döbereiner,* MittBayNot 2013, 361.
20 *Dutta* in MünchKommBGB⁶ Art 67 EuErbVO Rz 11.
21 Vgl *Dutta* in MünchKommBGB⁶ Art 67 EuErbVO Rz 12.
22 *Dutta* in MünchKommBGB⁶ Art 67 EuErbVO Rz 13.
23 Vorschlag der Kommission für eine Verordnung des Europäischen Parlaments und des Rates über die Zuständigkeit, das anzuwendende Recht, die Anerkennung und die Vollstreckung von Entschei-

lassquote, des Anspruchs auf Übertragung eines bestimmten Gegenstandes und die Befugnis zur Verwaltung des Nachlasses gedacht war, wurde – trotz befürwortender Stimmen[24] – in den endgültigen Verordnungstext nicht übernommen.

Es wird – auch ohne explizite Regelung in der EuErbVO – jedoch trotz allem die Ausstellung eines „teilweisen" ENZ als **zulässig** erachtet werden müssen. Dafür spricht, dass das ENZ für jeden der in Art 63 Abs 1 genannten Berechtigten optional ist,[25] davon ausgegangen wird, dass jeder dieser Berechtigten, mit Ausnahme des Testamentsvollstreckers und des Nachlassverwalters (s Art 65 Rz 15), nur die Bescheinigung seiner eigenen Rechtsstellung beantragen kann, sich je nach Verfahrensstadium unterschiedliche zu bescheinigende Rechte, Rechtsstellungen und/oder Befugnisse ergeben können, in einem ENZ zur Verwendung durch den Erben nicht zwingend auch die den Testamentsvollstrecker und/oder Nachlassverwalter betreffenden Angaben enthalten sein müssen, zunächst ein ENZ zum Nachweis der Vertretungs- und Verwaltungsrechte des erbantrittserklärten Erben, nach Beendigung des Verfahrens zum Nachweis dessen voller Rechtsstellung als Universalsukzessor, allenfalls unter Zuweisung bestimmter Vermögenswerte, erforderlich sein kann, das ENZ nach Art 63 Abs 2 als Nachweis „für einen oder mehrere" der dort genannten Aspekte verwendet werden kann und der ASt Angaben nach Art 65 Abs 3 grundsätzlich nur insoweit machen muss, als sie von der Ausstellungsbehörde zur Beschreibung des zu bescheinigenden Sachverhalts benötigt werden.[26] Allfällige Beschränkungen der Rechtsstellung des ASt werden jedoch in jedem Fall in das ENZ aufzunehmen sein. **23**

Auch *Dutta*[27] gelangt zum Ergebnis, dass die Ausstellungsbehörde Rechtspositionen, deren Bescheinigung **nicht begehrt** wurde, mit Ausnahme allfälliger Beschränkungen der bescheinigten Rechtsstellung, **nicht in das ENZ aufnehmen muss;** nach *Kleinschmidt*[28] muss hingegen ein anderer Berechtigter, der im Zuge des Verfahrens gehört wurde, **geltend machen, dass er nicht vom ENZ erfasst sein möchte.** **24**

In der Praxis wird das Problem weitgehend durch den **modularen Aufbau** des Formblatts V für das ENZ[29] **entschärft** werden, da hinsichtlich der mit dem ENZ zu bescheinigenden Rechte, Rechtsstellungen und/oder Befugnisse jeweils auch eigene Anlagen zum Formblatt vorgesehen sind. **25**

C. Zeitpunkt der Ausstellung

Der Zeitpunkt der Ausstellung eines ENZ wird sich nach der jeweiligen iSd Art 63 Abs 1 zu bescheinigenden Rechtsstellung und dem auf die Rechtsnachfolge von Todes wegen bzw einen spezifischen Sachverhalt jeweils anzuwendenden Recht richten. **Vor rechtsgültigem Be-** **26**

---

dungen und öffentlichen Urkunden in Erbsachen sowie zur Einführung eines Europäischen Nachlasszeugnisses, KOM(2009) 154 endg.

24 *MPI,* RabelsZ 74 (2010) 683; *Kleinschmidt,* RabelsZ 77 (2013) 749.

25 Vgl auch *Kleinschmidt,* RabelsZ 77 (2013) 749.

26 Vgl hierzu auch *Süß,* ZEuP 2013, 740.

27 *Dutta* in MünchKommBGB[6] Art 67 EuErbVO Rz 12 und Art 68 EuErbVO Rz 3.

28 *Kleinschmidt,* RabelsZ 77 (2013) 749.

29 DurchführungsVO (EU) 1329/2014 der Kommission v 9. 12. 2014 zur Festlegung der Formblätter nach Maßgabe der VO (EU) 650/2012 des Europäischen Parlaments und des Rates über die Zuständigkeit, das anzuwendende Recht, die Anerkennung und Vollstreckung von Entscheidungen und die Annahme und Vollstreckung Urkunden in Erbsachen sowie zur Einführung eines Europäischen Nachlasszeugnisses, ABl L 2014/359, 30 ff.

stehen der zu bescheinigenden Rechte, Rechtsstellung und/oder Befugnisse kommt die Erteilung eines ENZ **jedenfalls nicht** in Betracht.[30]

27 Bei Anwendbarkeit **österr** Rechts wird ein ENZ, zeitlich betrachtet, ausgestellt werden können:

- **während** des Verlassenschaftsverfahrens für
  - den oder die iSd § 810 ABGB vertretungsberechtigten Erben nach Abgabe der (nicht widersprechenden) Erbantrittserklärung(en),
  - den Verlassenschaftskurator oder einen allfälligen Separationskurator ab Rechtskraft des jeweiligen gerichtlichen Bestellungsbeschlusses und
  - den gültig berufenen Testamentsvollstrecker, sofern diesem nach österr Recht überhaupt mit dem ENZ bescheinigbare Befugnisse zukommen (s Art 63 Rz 45 ff);
- **nach rechtskräftiger Beendigung** des Verlassenschaftsverfahrens für
  - den oder die eingeantworteten Erben,
  - den siegreichen Erbschaftskläger und
  - einen Testamentsvollstrecker mit über die Beendigung des Verlassenschaftsverfahrens mit Einantwortung hinausreichenden Befugnissen.[31]

D. Formerfordernisse, Formblattzwang

28 Formerfordernisse bezüglich der Ausstellung eines ENZ werden von der EuErbVO, wie beim Antrag auf Ausstellung eines ENZ (s Art 65 Rz 18 ff), durch einen **Verweis** auf die Verwendung des **im Beratungsverfahren nach Art 81 Abs 2 erstellten Formblatts** statuiert; konkret handelt es sich dabei um das mit DurchführungsVO (EU) 1329/2014 der Kommission v 9. 12. 2014[32] festgelegte Formblatt V (Europäisches Nachlasszeugnis) samt Anlagen.

29 Im Gegensatz zum Antrag (Art 65 Abs 2) ist die Verwendung des entsprechenden Formblatts bei der Ausstellung des ENZ nach Art 67 Abs 1 – aus Gründen der Vereinfachung, Standardisierung, Steigerung der Effektivität, Vermeidung der Notwendigkeit von Übersetzungen sowie Möglichkeit erleichterter elektronischer Erfassung – nicht optional, sondern **obligatorisch**.[33]

30 Welche Rechtsfolgen ein **Verstoß gegen die zwingend angeordnete Verwendung des Formblatts** für die Ausstellung des ENZ durch die Ausstellungsbehörde nach sich zieht, ist in der EuErbVO, wie so vieles, nicht geregelt. Die in der L vertretenen Meinungen reichen von der Unwirksamkeit der Erteilung des ENZ bei Nichtverwendung des Formblatts[34] über die Annahme einer allfälligen Anfechtbarkeit[35] bis hin zu einem weniger formalistischen Ansatz,

---

30 *Schauer* in *Schauer/Scheuba* 89; *Faber/Grünberger,* NZ 2011/25, 112.
31 Vgl *Schauer* in *Schauer/Scheuba* 90.
32 DurchführungsVO (EU) 1329/2014 der Kommission v 9. 12. 2014 zur Festlegung der Formblätter nach Maßgabe der VO (EU) 650/2012 des Europäischen Parlaments und des Rates über die Zuständigkeit, das anzuwendende Recht, die Anerkennung und Vollstreckung von Entscheidungen und die Annahme und Vollstreckung Urkunden in Erbsachen sowie zur Einführung eines Europäischen Nachlasszeugnisses, ABl L 2014/359, 30 ff.
33 Vgl *Janzen*, DNotZ 2012, 493; *Wilsch*, ZEV 2012, 530; *Lange* in *Dutta/Herrler* Rz 16; *Dutta* in MünchKommBGB[6] Art 67 EuErbVO Rz 14.
34 So offensichtlich *Wilsch*, ZEV 2012, 530.
35 *Dutta* in MünchKommBGB[6] Art 67 EuErbVO Rz 14.

der es genügen lässt, dass das ENZ als solches erkennbar ist und die in Art 68 vorgesehenen Angaben enthält.[36]

E. Abweichung vom Antrag?

Die EuErbVO enthält keine explizite Regelung darüber, ob und zutreffendenfalls, inwieweit die Ausstellungsbehörde bei der Ausstellung des ENZ inhaltlich **vom Antrag abweichen** darf.[37] *Dutta*[38] geht aufgrund der Bindung der Ausstellungsbehörde an den Antrag davon aus, dass diese einem Antrag auf Erteilung eines ENZ nur entweder stattgeben oder diesen ablehnen (abweisen) darf. Jedenfalls bei verbesserbaren Mängeln wird im Wege der nach österr Recht geltenden Manuduktionspflicht (§ 14 AußStrG) Abhilfe geschaffen werden können. **31**

IV. Unterrichtungspflicht (Art 67 Abs 2)

Die Ausstellungsbehörde hat nach Art 67 Abs 2 alle erforderlichen Schritte zu unternehmen, um „die Berechtigten" (zum Begriff s Art 66 Rz 14) von der Ausstellung des ENZ zu unterrichten. **Wie** und mit welchem Inhalt diese Verständigung erfolgen soll, **regelt die EuErbVO nicht.** **32**

Aufgrund **identer Formulierung** der Verständigungspflicht in Art 66 Abs 4 hinsichtlich des Antrags und Art 67 Abs 2 hinsichtlich der Ausstellung des ENZ ist anzunehmen, dass die diesbezüglichen Anforderungen an die Ausstellungsbehörde deckungsgleich sind. Bekannte Berechtigte sind somit von der Ausstellungsbehörde direkt zu verständigen. **33**

Aufgrund der Ähnlichkeit mit dem innerstaatlichen Konzept der **Zustellung** wird davon auszugehen sein, dass bei Durchführung eines Ausstellungsverfahrens in Österreich die Regelungen bezüglich der Zustellung maßgeblich sind. § 24 AußStrG verweist diesbezüglich auf die Bestimmungen der ZPO und das ZustG.[39] **34**

Eine Verpflichtung der Ausstellungsbehörde zur **öffentlichen Bekanntmachung** ist in Art 67 Abs 2 im Gegensatz zu Art 66 Abs 4 **nicht** vorgesehen; *Dutta*[40] geht jedoch davon aus, dass bei unbekannten Berechtigten nur eine solche in Betracht kommen wird. Der Verordnungsgeber könnte mE jedoch auch durchaus davon ausgegangen sein, dass durch die Verständigungs- und Bekanntmachungspflichten iSd Art 66 Abs 4 ohnehin alle auch „möglichen Berechtigten" Gelegenheit zur Äußerung hatten und da nur jene Personen, die berechtigt sind, ein ENZ zu beantragen, auch berechtigt sind, es nach Art 72 anzufechten, **bewusst** auf eine Verpflichtung zur öffentlichen Bekanntmachung **verzichtet** haben. **35**

Zum Vergleich herangezogen werden könnten hier die Bestimmungen des AußStrG in Bezug auf unbekannte Erben und Noterben (§ 158 AußStrG). Sind keine Erben bekannt oder bestehen nach der Aktenlage Anhaltspunkte dafür, dass neben den bekannten Personen – ähnlich den „sonstigen Berechtigten" des Art 66 Abs 4 – noch andere als Erben oder Noterben in Betracht kommen, sind diese durch öffentliche Bekanntmachung[41] aufzufordern, ihre Ansprüche binnen sechs Monaten geltend zu machen. Wird die Frist versäumt, kann die Ver-

---

36　*Süß*, ZEuP 2013, 738 f.
37　*Kleinschmidt*, RabelsZ 77 (2013) 772.
38　*Dutta* in MünchKommBGB[6] Art 65 EuErbVO Rz 2.
39　BGBl 1982/200 idF BGBl I 2014/10.
40　*Dutta* in MünchKommBGB[6] Art 67 EuErbVO Rz 15.
41　Diese erfolgt über die Ediktsdatei: www.ediktsdatei.justiz.gv.at (14. 2. 2015).

lassenschaft ohne Rücksicht auf die Ansprüche der unbekannten Erben oder Noterben den bekannten Erben eingeantwortet oder für erblos erklärt werden. Eine Zustellung des Einantwortungsbeschlusses durch öffentliche Bekanntmachung iSd § 24 Abs 3 AußStrG ist hier ebenfalls nicht vorgesehen.

Inhalt des Nachlasszeugnisses

Art 68. **Das Zeugnis enthält folgende Angaben, soweit dies für die Zwecke, zu denen es ausgestellt wird, erforderlich ist:**

a) die Bezeichnung und die Anschrift der Ausstellungsbehörde;

b) das Aktenzeichen;

c) die Umstände, aus denen die Ausstellungsbehörde ihre Zuständigkeit für die Ausstellung des Zeugnisses herleitet;

d) das Ausstellungsdatum;

e) Angaben zum Antragsteller: Name (gegebenenfalls Geburtsname), Vorname(n), Geschlecht, Geburtsdatum und -ort, Personenstand, Staatsangehörigkeit, Identifikationsnummer (sofern vorhanden), Anschrift und etwaiges Verwandtschafts- oder Schwägerschaftsverhältnis zum Erblasser;

f) Angaben zum Erblasser: Name (gegebenenfalls Geburtsname), Vorname(n), Geschlecht, Geburtsdatum und -ort, Personenstand, Staatsangehörigkeit, Identifikationsnummer (sofern vorhanden), Anschrift im Zeitpunkt seines Todes, Todesdatum und -ort;

g) Angaben zu den Berechtigten: Name (gegebenenfalls Geburtsname), Vorname(n) und Identifikationsnummer (sofern vorhanden);

h) Angaben zu einem vom Erblasser geschlossenen Ehevertrag oder, sofern zutreffend, einem vom Erblasser geschlossenen Vertrag im Zusammenhang mit einem Verhältnis, das nach dem auf dieses Verhältnis anwendbaren Recht mit der Ehe vergleichbare Wirkungen entfaltet, und Angaben zum ehelichen Güterstand oder einem vergleichbaren Güterstand;

i) das auf die Rechtsnachfolge von Todes wegen anzuwendende Recht sowie die Umstände, auf deren Grundlage das anzuwendende Recht bestimmt wurde;

j) Angaben darüber, ob für die Rechtsnachfolge von Todes wegen die gewillkürte oder die gesetzliche Erbfolge gilt, einschließlich Angaben zu den Umständen, aus denen sich die Rechte und/oder Befugnisse der Erben, Vermächtnisnehmer, Testamentsvollstrecker oder Nachlassverwalter herleiten;

k) sofern zutreffend, in Bezug auf jeden Berechtigten Angaben über die Art der Annahme oder der Ausschlagung der Erbschaft;

l) den Erbteil jedes Erben und gegebenenfalls das Verzeichnis der Rechte und/oder Vermögenswerte, die einem bestimmten Erben zustehen;

m) das Verzeichnis der Rechte und/oder Vermögenswerte, die einem bestimmten Vermächtnisnehmer zustehen;

n) die Beschränkungen ihrer Rechte, denen die Erben und gegebenenfalls die Vermächtnisnehmer nach dem auf die Rechtsnachfolge von Todes wegen anzuwendenden Recht und/oder nach Maßgabe der Verfügung von Todes wegen unterliegen;

o) die Befugnisse des Testamentsvollstreckers und/oder des Nachlassverwalters und die Beschränkungen dieser Befugnisse nach dem auf die Rechtsnachfolge von Todes wegen anzuwendenden Recht und/ oder nach Maßgabe der Verfügung von Todes wegen.

Stammfassung.

Literatur: Buschbaum/Kohler, Vereinheitlichung des Erbkollisionsrechts in Europa (Teil II), GPR 2010, 162; *Buschbaum/Simon,* EuErbVO: Das Europäische Nachlasszeugnis, ZEV 2012, 525; *Dörner,* EuErbVO: Die Verordnung zum Internationalen Erb- und Erbverfahrensrecht ist in Kraft! ZEV 2012, 505; *Dorsel,* Europäisches Nachlasszeugnis (2014), www.notaries-of-europe.eu/files/training-new/2014-05-09/Dr.Dorsel_GER.doc (2. 1. 2015); *Dorsel,* Europäische Erbrechtsverordnung und Europäisches Nachlasszeugnis, ZErb 2014, 212; *Frodl,* Einheit durch Aufgabe nationaler Rechtstraditionen? – EU-Erbrechtsverordnung kundgemacht, ÖJZ 2012/108, 950; *Janzen,* Die EUErbrechtsverordnung, DNotZ 2012, 484; *Kleinschmidt,* Optionales Erbrecht: Das Europäische Nachlasszeugnis als Herausforderung an das Kollisionsrecht, RabelsZ 77 (2013) 723 (digitaler Sonderdruck); *Kowalczyk,* Spannungsverhältnis zwischen Güterrechtsstatut und Erbstatut nach den Kommissionsvorschlägen für das Internationale Ehegüter- und Erbrecht (Teil I), GPR 2012, 212; *Kunz,* Die neue Europäische Erbrechtsverordnung – ein Überblick (Teil II), GPR 2012, 253; *Kunz,* Nachlassspaltung durch die registerrechtliche Hintertür, GPR 2013, 293; *Lange,* Das Europäische Nachlasszeugnis, in *Dutta/Herrler,* Die Europäische Erbrechtsverordnung (2014); *Odersky,* Die Europäische Erbrechtsverordnung in der Gestaltungspraxis, notar 2013, 3; *Rudolf,* Die Erbrechtsverordnung der Europäischen Union, NZ 2013/103, 225; *Schauer,* Europäisches Nachlasszeugnis, EF-Z 2012/154, 245; *Schauer,* Europäisches Nachlasszeugnis, in *Schauer/Scheuba,* Europäische Erbrechtsverordnung (2012) 73; *Süß,* Das Europäische Nachlasszeugnis, ZEuP 2013, 725; *Tremosa,* Le certificat successoral européen, in CNUE, Von der Erbrechtsverordnung zu den Güterrechtsvorschlägen: Die Lösungen der Notare Europas (2014) 71; *Volmer,* Definitive Entscheidung von Vorfragen aufgrund der Gerichtszuständigkeit nach der EuErbVO, ZEV 2014, 129.

Übersicht

		Rz
I.	Allgemeines	1
II.	Inhalt des Europäischen Nachlasszeugnisses im Einzelnen	5
	A. „Rubrum" und Zuständigkeit	5
	B. Güterstand	6
	C. Anzuwendendes Recht	9
	D. Angaben zum ausgewiesenen Erbrecht	11
	1. Rechtsgrundlagen	11
	2. Art der Annahme/Ausschlagung der Erbschaft	13
	3. Erben	16
	E. Angaben betreffend Vermächtnisnehmer iSd Art 63	19
	F. Beschränkungen von Rechten und Befugnissen	22
	G. Befugnisse des Testamentsvollstreckers und/oder Nachlassverwalters	26
	H. Erbstatut und Sachenstatut	28

I. Allgemeines

Der **Inhalt** des ENZ folgt den **Zwecken, zu denen es ausgestellt wird;** Art 68 übernimmt **1** mehr oder minder die – nicht unproblematische – Regelungstechnik des Art 65 und enthält einen Katalog von **15 Punkten,** die als Angaben in das ENZ aufzunehmen sind, „soweit dies für die Zwecke, zu denen es ausgestellt wird, erforderlich ist". Der Katalog des Art 68 wird – im Gegensatz zu jenem des Art 65 – als **abschließend** qualifiziert.[1]

---

1 *Lange* in *Dutta/Herrler* Rz 16.

Die zahlreichen inhaltlichen Angaben, insb vielfältige unterschiedliche Verfügungs-, Verwaltungs- und Vertretungsbefugnisse und -beschränkungen,[2] werden für die Ausstellungsbehörde vor allem dann eine gewisse Herausforderung darstellen, wenn diese auf die Rechtsnachfolge von Todes wegen nicht ihr Heimatrecht anzuwenden hat.[3]

2 Der **Zweck** des ENZ, der in der Liste des Art 68 lit a bis o als explizites Inhaltserfordernis selbst nicht genannt wird, ergibt sich aus Art 63 (s dort), wird durch den entsprechenden Antrag auf Ausstellung des ENZ (Art 65) konkretisiert und verhindert die Überfrachtung des ENZ mit im konkreten Fall für den zu bescheinigenden Sachverhalt nicht erforderlichen Inhalten.[4]

3 Das für die Ausstellung des ENZ als „europaweit einheitliche Vorgabe"[5] zwingend zu verwendende **Formblatt V** (ENZ) der DurchführungsVO (EU) 1329/2014 der Kommission v 9. 12. 2014[6] ist dementsprechend modular aufgebaut und umfasst einen „Kernbereich" sowie insgesamt sechs mögliche Anlagen: Anlage I betrifft Angaben zum ASt (obligatorisch, wenn es sich um eine juristische Person handelt), Anlage II Angaben zum Vertreter des ASt (obligatorisch, wenn sich der ASt vertreten lässt), Anlage III Angaben zum ehelichen Güterstand oder zu einem anderen gleichwertigen Güterstand des Erblassers (obligatorisch, falls für den Erblasser zum Zeitpunkt seines Todes ein solcher Güterstand gegolten hat), Anlage IV die Stellung und Rechte des/der Erben (obligatorisch, falls diese durch das ENZ bestätigt werden sollen), Anlage V die Stellung und Rechte des/der Vermächtnisnehmer(s) mit unmittelbarer Berechtigung am Nachlass (obligatorisch, falls diese durch das ENZ bestätigt werden sollen) und Anlage VI die Befugnis zur Testamentsvollstreckung und Nachlassverwaltung (obligatorisch, falls diese durch das ENZ bestätigt werden soll). Wird etwa die Ausstellung eines ENZ nur zum Nachweis der Rechte/Rechtsstellung eines Erben beantragt, so sind nur die diesbezüglichen Angaben in das ENZ aufzunehmen.

4 Da sich die allgemeine Zuständigkeit nach Art 4, die Zuständigkeit bei Rechtswahl nach Art 7 und die Zuständigkeit nach Art 10 Abs 1 auf den **gesamten Nachlass** bezieht, wird, abgesehen vom Fall des Art 10 Abs 2, davon ausgegangen, dass sich das ENZ inhaltlich nicht auf das in nur einem der betroffenen Mitgliedstaaten befindliche Nachlassvermögen beschränken kann.[7]

II. Inhalt des Europäischen Nachlasszeugnisses im Einzelnen

A. „Rubrum" und Zuständigkeit

5 Jene **Angaben**, die **jedes ENZ** enthalten wird müssen, entsprechen dem „Rubrum"[8] und betreffen – ähnlich dem innerstaatlichen allgemeinen Beschlussinhalt (§ 39 AußStrG) bzw dem

---

2 Vgl *Lange* in *Dutta/Herrler* Rz 19.

3 Vgl *Lange* in *Dutta/Herrler* Rz 20.

4 Vgl auch *Dorsel*, ZErb 2014, 214 ff; *Dutta* in MünchKommBGB[6] Art 68 EuErbVO Rz 2; *Schauer*, EF-Z 2012/154, 248; *Dorsel*, ZErb 2014, 215 f.

5 *Lange* in *Dutta/Herrler* Rz 16.

6 DurchführungsVO (EU) 1329/2014 der Kommission v 9. 12. 2014 zur Festlegung der Formblätter nach Maßgabe der VO (EU) 650/2012 des Europäischen Parlaments und des Rates über die Zuständigkeit, das anzuwendende Recht, die Anerkennung und Vollstreckung von Entscheidungen und die Annahme und Vollstreckung Urkunden in Erbsachen sowie zur Einführung eines Europäischen Nachlasszeugnisses, ABl L 2014/359, 30 ff.

7 Vgl *Rudolf*, NZ 2013/103, 240; *Lange* in *Dutta/Herrler* Rz 20.

8 *Süß*, ZEuP 2013, 739.

„allgemeinen" Inhalt des Einantwortungsbeschlusses (§ 178 Abs 1 Z 1 und 2 AußStrG) – die Bezeichnung und Anschrift der **Ausstellungsbehörde** (Art 68 lit a), das **Aktenzeichen** (Art 68 lit b), das **Ausstellungsdatum** (Art 68 lit d), die **Angaben zum ASt** (Art 68 lit e), zum **Erblasser** (Art 68 lit f) und zu den **Berechtigten** (Art 68 lit g);[9] auch die Umstände, aus denen die Ausstellungsbehörde ihre **Zuständigkeit** für die Ausstellung des ENZ ableitet (Art 68 lit c) werden zwingender Bestandteil jedes ENZ sein.[10]

B. Güterstand

Fragen des ehelichen Güterrechts sowie des Güterrechts aufgrund mit der Ehe vergleichbarer Verhältnisse sind nach Art 1 Abs 2 lit d vom Anwendungsbereich der EuErbVO ausgenommen und damit grundsätzlich auch nicht Teil des mit dem ENZ zu bescheinigenden Sachverhalts. Art 68 lit h verlangt jedoch – als auch erbrechtlich zentrales Element – Angaben zum (ehelichen oder vergleichbaren) **Güterstand** des Erblassers sowie zu einem vom Erblasser geschlossenen Ehevertrag oder Vertrag iZm einem Verhältnis, das nach dem auf dieses Verhältnis anwendbaren Recht mit der Ehe vergleichbare Wirkungen entfaltet. Aus österr Sicht wäre ein solcher Vertrag zB ein vom gesetzlichen Güterstand der Gütertrennung abweichender Ehepakt über die Errichtung einer (gänzlichen oder partiellen) Gütergemeinschaft (unter Lebenden und/oder von Todes wegen). **6**

In dem für das ENZ zu verwendenden Formblatt V der DurchführungsVO (EU) 1329/2014 der Kommission v 9. 12. 2014[11] sind Angaben zum **Familienstand** des Erblassers zum Zeitpunkt seines Todes ebenso als obligatorisch gekennzeichnet wie die Anlage III, die Angaben zum ehelichen **Güterstand** oder zu einem gleichwertigen Güterstand des Erblassers gewidmet und in der insb die Frage nach dem Abschluss eines allfälligen güterrechtlichen Vertrages zu beantworten ist. **7**

Die Angaben nach Art 68 lit h setzen eine **kollisionsrechtliche Vorprüfung** voraus[12] und sollten – unabhängig davon, ob sie eine mit dem ENZ iSd Art 63 bescheinigbare Rechtsstellung beeinflussen oder nicht – **stets in das ENZ aufgenommen** werden.[13] Die Aufnahme derartiger Angaben in das ENZ ist – mangels Harmonisierung des Güterrechts[14] – deshalb **8**

---

9   Hier fällt auf, dass bezüglich der Berechtigten nur der „Name (gegebenenfalls Geburtsname), Vorname(n) und Identifikationsnummer (sofern vorhanden)", nicht jedoch deren Geburtsdatum oder Anschrift, als Inhaltserfordernisse des ENZ genannt sind; wie dann die Verständigung der Berechtigten (Art 67 Abs 2) erfolgen soll, sei dahingestellt.

10   Vgl *Süß*, ZEuP 2013, 739; *Dutta* in MünchKommBGB[6] Art 68 EuErbVO Rz 4.

11   DurchführungsVO (EU) 1329/2014 der Kommission v 9. 12. 2014 zur Festlegung der Formblätter nach Maßgabe der VO (EU) 650/2012 des Europäischen Parlaments und des Rates über die Zuständigkeit, das anzuwendende Recht, die Anerkennung und Vollstreckung von Entscheidungen und die Annahme und Vollstreckung Urkunden in Erbsachen sowie zur Einführung eines Europäischen Nachlasszeugnisses, ABl L 2014/359, 30 ff.

12   *Müller-Lukoschek*, EU-Erbverordnung § 2 Rz 329.

13   *Dutta* in MünchKommBGB[6] Art 68 EuErbVO Rz 5; s auch *Lange* in *Dutta/Herrler* Rz 22; *Lange*, DNotZ 2012, 173.

14   Siehe Vorschlag für eine Verordnung des Rates über die Zuständigkeit, das anzuwendende Recht, die Anerkennung und die Vollstreckung von Entscheidungen im Bereich des Ehegüterrechts v 16. 3. 2011, KOM(2011) 126 endg und Vorschlag für eine Verordnung des Rates über die Zuständigkeit, das anzuwendende Recht, die Anerkennung und die Vollstreckung von Entscheidungen im Bereich des Güterrechts eingetragener Partnerschaften v 16. 3. 2011, KOM(2011) 127 endg (11. 2. 2015 unter http://eur-lex.europa.eu/LexUriServ/LexUriServ.do?uri=COM:2011:0126:FIN:DE:PDFund http://eur-lex.europa.eu/LexUriServ/LexUriServ.do?uri=COM:2011:0127:FIN:DE:PDF).

besonders bedeutsam, da der Verwendungsmitgliedstaat güterrechtliche Fragen anders beurteilen könnte als der Ausstellungsmitgliedstaat.[15]

C. Anzuwendendes Recht

9 Naheliegenderweise ist bzw sind im ENZ auch das **auf die Rechtsnachfolge von Todes wegen anzuwendende Recht** sowie die für dessen Bestimmung maßgeblichen Umstände zwingend anzugeben (Art 68 lit i). Andernfalls wäre es nicht möglich die im ENZ bescheinigten Rechte, Rechtsstellungen und/oder Befugnisse zu bestimmen, nachzuvollziehen und bei Lücken im ENZ „auf das anwendbare Recht zu vertrauen".[16]

10 Während der Verordnungsgeber in Art 67 Abs 1 (s Art 67 Rz 17 f) neben dem Erbstatut noch auf das „auf einen spezifischen Sachverhalt anzuwendende Recht" Bezug nimmt und damit erkennt, dass mitunter eben nicht nur das auf die Rechtsnachfolge von Todes wegen anwendbare Recht relevant ist, fehlt ein solcher Hinweis in Art 68 zur Gänze. Dies verwundert vor allem auch insofern, als ErwGr 68 der Ausstellungsbehörde bei Vorliegen unbeweglichen Nachlassvermögens aufträgt, auch jene Formalitäten zu beachten, die für die entsprechende Eintragung im Register des Belegenheitsmitgliedstaats gelten; die Sinnhaftigkeit eines entsprechenden Hinweises auf dieses Recht im ENZ liegt auf der Hand. Art 68 lit i wird somit interpretativ dahingehend zu erweitern sein, dass auch andere, **neben dem Erbstatut relevante Statute in das ENZ aufzunehmen** sind, soweit sie für den bescheinigten Sachverhalt maßgebend waren.[17]

D. Angaben zum ausgewiesenen Erbrecht
1. Rechtsgrundlagen

11 Die Ausstellungsbehörde hat im ENZ weiters anzugeben, ob für die Rechtsnachfolge von Todes wegen **gewillkürte** oder **gesetzliche Erbfolge** (oder teilweise gewillkürte und teilweise gesetzliche Erbfolge) gilt; dies einschließlich jener Umstände, auf die sich die Rechte und/oder Befugnisse der Erben, Vermächtnisnehmer (mit unmittelbarer Berechtigung am Nachlass), Testamentsvollstrecker oder Nachlassverwalter gründen (Art 68 lit j). Unter **gewillkürter Erbfolge** ist iSd Art 3 Abs 1 lit a jene durch eine „Verfügung von Todes wegen" (Art 3 Abs 1 lit d) und somit durch Testament, gemeinschaftliches Testament (Art 3 Abs 1 lit c) und/oder Erbvertrag (Art 3 Abs 1 lit b) zu verstehen.

12 Es ist davon auszugehen, dass mit „gewillkürter" oder „gesetzlicher Erbfolge" auch **alle Berufungsgründe nach österr Recht abgedeckt** werden können; der Erbrechtstitel ist nach § 178 Abs 1 Z 3 AußStrG auch zwingender Inhalt des Einantwortungsbeschlusses.

2. Art der Annahme/Ausschlagung der Erbschaft

13 Das ENZ hat in Bezug auf jeden Berechtigten weiters, sofern zutreffend, die **Art der Annahme** oder der **Ausschlagung** der Erbschaft anzugeben (Art 68 lit k).

---

15 Vgl *Dutta* in MünchKommBGB[6] Art 68 EuErbVO Rz 5 und Art 63 EuErbVO Rz 8; s auch *Buschbaum/Kohler,* GPR 2010, 168; auf die dt Zugewinngemeinschaft wird hier nicht eingegangen, vgl hierzu *Süß,* ZEuP 2013, 741 f; *Kleinschmidt,* RabelsZ 77 (2013) 752 f; *Kowalczyk,* GPR 2012, 213 f; *Kunz,* GPR 2012, 253 ff; *Volmer,* ZEV 2014, 129 ff; *Tremosa* in CNUE 78.

16 *Dutta* in MünchKommBGB[6] Art 68 EuErbVO Rz 6.

17 Vgl *Dutta* in MünchKommBGB[6] Art 68 EuErbVO Rz 6.

Diese Angaben sind insoweit erforderlich, als das auf die Rechtsnachfolge von Todes wegen **14**
anzuwendende Recht, wie das österr, eine derartige **Annahme oder Ausschlagung** vorsieht.
Bei Anwendbarkeit des österr Rechts wird im ENZ somit – wie nach § 178 Abs 1 Z 4
AußStrG auch im Einantwortungsbeschluss – insb anzugeben sein, ob die Annahme der Erbschaft unbedingt oder bedingt (mit Vorbehalt des Inventars) erfolgt ist (§ 800 ABGB,
§§ 157 ff AußStrG); bei der Ausschlagung (negative Erbantrittserklärung), ob diese „schlicht"
iSd § 805 ABGB oder „qualifiziert" zugunsten eines Dritten (Erbschaftsveräußerung, § 1278
ABGB; s Art 63 Rz 15) erfolgt[18].

Eine Angabe darüber, ob gegenüber dem Erblasser zu dessen Lebzeiten ein Erbverzicht **15**
(§ 551 ABGB) abgegeben wurde, ist weder im Katalog des Art 65 Abs 3 (s Art 65 Rz 24)
noch in Art 68 ausdrücklich genannt, wird aber sicherlich zu jenen Umständen iSd **Art 68
lit j** gezählt werden können, aus denen sich die Rechte des (durch den Erbverzicht quotenmäßig besser gestellten) Erben ergeben. Es spricht somit mE nichts dagegen, auch einen solchen allfälligen Erbverzicht im ENZ anzuführen.

3. Erben

Nach Art 68 lit l ist im ENZ, wenn dieses zum Zweck des Nachweises der Rechtsstellung **16**
und/oder Rechte von Erben ausgestellt wird, der **Erbteil jedes Erben**[19] – § 178 Abs 1 Z 3
AußStrG spricht hier bezüglich des Einantwortungsbeschlusses von Erbquote – und gegebenenfalls das **Verzeichnis** der **Rechte** und/oder **Vermögenswerte,** die einem bestimmten Erben zustehen, auszuweisen. Eine Zuweisung von Rechten und/oder Vermögenswerten an bestimmte Erben wird im ENZ etwa dann enthalten sein können, wenn Miterben eine (dinglich wirkende) Erbteilung vorgenommen haben (s Art 63 Rz 37 f).

Zum **Vergleich des ENZ mit dem Einantwortungsbeschluss** s Art 62 Rz 56, Art 63 **17**
Rz 32 ff), zu **Erbteilungsübereinkommen vor und nach Einantwortung** Art 63 Rz 35 ff);
auf die, vor allem aus Sicht des dt Rechts relevante Frage der Veränderung von Erbquoten
zufolge güterrechtlicher Regelungen wird hier nicht näher eingegangen.[20]

Unter „**Rechte**" des Erben werden auch **Verwaltungs- und Vertretungsbefugnisse** des Er- **18**
ben während eines laufenden Verlassenschaftsverfahrens, wie zB nach § 810 ABGB, zu subsumieren sein, da Art 68 – im Gegensatz zu Art 63 Abs 2 lit c, der von „Befugnissen der in
dem Zeugnis genannten Person zur Vollstreckung des Testaments oder Verwaltung des
Nachlasses" spricht – „Befugnisse" nur noch iZm Testamentsvollstreckern und Nachlassverwaltern (Art 68 lit o) erwähnt.

E. Angaben betreffend Vermächtnisnehmer iSd Art 63

Dient das ENZ zur Verwendung durch Vermächtnisnehmer mit unmittelbarer Berechtigung **19**
am Nachlass, hat es nach Art 68 lit m ein Verzeichnis der **Rechte** und/oder **Vermögenswer-**

---

18 Zur schlichten und qualifizierten Entschlagung, insb auch zu Formerfordernissen sowie der Notwendigkeit der Annahme einer Entschlagung zugunsten Dritter vgl zB auch OGH 6 Ob 3/09 y; 2 Ob 53/
09 x; 6 Ob 196/06 a.
19 Zur Rechtslage in Deutschland insb *Müller-Lukoschek,* EU-Erbverordnung § 2 Rz 309 ff; *Dutta* in
MünchKommBGB[6] Art 68 EuErbVO Rz 9.
20 Vgl hierzu zB *Köhler* in *Kroiß/Horn/Solomon* Art 23 EuErbVO Rz 18 ff und Art 68 EuErbVO Rz 2;
Dörner, ZEV 2012, 507 f; *Dutta* in MünchKommBGB[6] Art 67 EuErbVO Rz 11; *Süß,* ZEuP 2013,
741 f; *Kleinschmidt,* RabelsZ 77 (2013) 752 f; *Kowalczyk,* GPR 2012, 213 f; *Kunz,* GPR 2012, 253 ff;
Volmer, ZEV 2014, 129 ff; *Müller-Lukoschek,* EU-Erbverordnung § 2 Rz 329 ff.

te, die einem bestimmten **Vermächtnisnehmer** zustehen, zu enthalten. Zu beachten ist, dass die Wirkungen des ENZ nach Art 69 nicht nur den Erben, sondern auch Vermächtnisnehmer iSd Art 63 Abs 1 erfassen.

20 Ist die Rechtsnachfolge von Todes wegen nach österr Recht zu beurteilen, wird es, ausgehend von der im Zeitpunkt der Kommentierung geltenden Rechtslage, für Art 68 lit m keinen praktischen Anwendungsfall geben (s Art 63 Rz 29).

21 Im ENZ insb auch nicht in Betracht kommen wird die Erwähnung einer **Schenkung auf den Todesfall** (§ 603 ABGB idF ErbRÄG 2015 [§ 956 ABGB aF]), da diese iSd EuErbVO nicht als Rechtsnachfolge von Todes wegen, sondern als Rechtsgeschäft unter Lebenden zu qualifizieren sein wird und daher nicht in den Anwendungsbereich der EuErbVO und somit auch nicht in jenen des ENZ fällt.[21]

F. Beschränkungen von Rechten und Befugnissen

22 Nach Art 68 lit n sind in das ENZ auch **Beschränkungen** der Rechte, denen Erben und gegebenenfalls Vermächtnisnehmer **nach dem auf die Rechtsnachfolge von Todes wegen anzuwendenden Recht** und/oder **nach Maßgabe der Verfügung von Todes wegen unterliegen,** aufzunehmen; entsprechendes gilt nach Art 68 lit o auch für **Beschränkungen** der Befugnisse von **Testamentsvollstreckern** und/oder **Nachlassverwaltern.**

Diesen Regelungen wird in der Praxis besondere Bedeutung zukommen, da nach Art 69 Abs 2 va auch vermutet wird, dass die im ENZ genannten Rechte oder Befugnisse „keinen anderen als den im Zeugnis angeführten Bedingungen und/oder Beschränkungen unterliegen".

23 Als Beschränkungen werden zB – wie in § 178 Abs 2 Z 1 AußStrG auch als Bestandteil des Einantwortungsbeschlusses genannt – Beschränkungen der Rechte der Erben durch **fideikommissarische Substitutionen** (in der Terminologie des ErbRÄG 2015 zukünftig „Nacherbschaften") oder gleichgestellte Anordnungen bzw Bedingungen in Betracht kommen oder aber solche bezüglich der Verwaltungs- und/oder Vertretungsbefugnis, wie etwa durch gerichtliche oder andere **Genehmigungserfordernisse** (vgl zB § 810 Abs 2 ABGB)[22] oder auch eine **Miterbenstellung.**[23] Problematisch sein wird der Umgang mit auflösenden Bedingungen, bei denen der Bedingungseintritt von nicht im ENZ abzubildenden Umständen abhängt.[24]

24 Der Verordnungstext (Art 68 lit n und o) legt nahe, dass tatsächlich **alle** Bedingungen und Beschränkungen der Rechte der Erben, Vermächtnisnehmer (mit unmittelbarer Berechtigung am Nachlass), Testamentsvollstrecker und Nachlassverwalter im ENZ anzuführen sind und zwar auch dann, wenn sie sich aus einer entsprechenden **gesetzlichen Regelung** ergeben. Dies wird in der Praxis, vor allem in jenen Fällen, in denen die Ausstellungsbehörde nicht ihr eigenes Recht anwenden kann, mitunter einen enormen Aufwand verursachen[25] und zu einer gewissen Fehleranfälligkeit des ENZ, allenfalls auch zu einer Haftung der Ausstellungsbehörde, führen. Es wird daher eine Einschränkung des Art 68 lit n und o dahingehend gefordert, dass nur jene Beschränkungen zwingend in das ENZ aufzunehmen sind, die sich

---

21 Vgl auch *Süß*, ZEuP 2013, 744.
22 Vgl auch *Schauer* in *Schauer/Scheuba* 85.
23 Vgl auch *Dutta* in MünchKommBGB[6] Art 68 EuErbVO Rz 11.
24 *Dorsel*, ZErb 2014, 215.
25 So auch *Müller-Lukoschek*, EU-Erbverordnung § 2 Rz 332.

nicht ohnehin aus dem Gesetz ergeben.[26] *Dutta*[27] spricht sich dafür aus, nur jene Beschränkungen im ENZ wiederzugeben, die, wie eine Beschränkung der Verwaltungsbefugnisse hinsichtlich des Nachlasses, „speziell durch eine Vor- und Nacherbschaft oder eine Testamentsvollstreckung, oder allgemeine Beschränkungen durch Potestativbedingungen" das Außenverhältnis betreffen, nicht hingegen jene, die sich, wie etwa ein Damnationslegat, allein auf das Innenverhältnis zwischen den Berechtigten beziehen.

Wie die Beschränkungen im ENZ anzugeben sind, regelt die EuErbVO nicht; zur Vermeidung von Unvollständigkeiten wird die **Benennung der Beschränkung unter Hinweis auf das anzuwendende Recht genügen** müssen.[28]   **25**

G. Befugnisse des Testamentsvollstreckers und/oder Nachlassverwalters

Buschbaum/Kohler[29] halten die Vorstellung, das ENZ könne in einer „verlässlichen und verständlichen Form umfassend Auskunft über diejenigen Handlungen geben, die etwa ein Testamentsvollstrecker nach dem Erbstatut vornehmen kann" für **„vollends praxisfern"** und für die Sicherheit des Rechtsverkehrs gefährlich und sprechen sich dafür aus, „sich auf die Angabe derjenigen Handlungen zu beschränken, welche aufgrund besonderer Anordnung des Erblassers abweichend von den Vorschriften des Erbstatuts nicht vorgenommen werden dürfen".   **26**

Art 68 lit o normiert nichtsdestotrotz die Angabe der **Befugnisse des Testamentsvollstreckers** und/oder **Nachlassverwalters** sowie der **Beschränkungen** dieser Befugnisse als Inhaltserfordernis des ENZ; zu den Befugnissen s Art 63 Rz 40 ff sowie **Formblatt V Anh VI** der DurchführungsVO (EU) 1329/2014 der Kommission v 9. 12. 2014;[30] zur Beschränkung der Befugnisse von Testamentsvollstreckern und Nachlassverwaltern s Art 68 Rz 22 ff.   **27**

H. Erbstatut und Sachenstatut

Nach ErwGr 68 soll die Ausstellungsbehörde bei der Erteilung des ENZ „die Formalitäten beachten, die für die Eintragung von unbeweglichen Sachen in dem Mitgliedstaat, in dem das Register geführt wird, vorgeschrieben sind"; was das konkret bedeutet und wie dabei, abgesehen von einem Informationsaustausch zwischen Mitgliedstaaten, vorzugehen ist, sagt die EuErbVO naturgemäß nicht.[31]   **28**

Wirkungen des Zeugnisses

Art 69. **(1) Das Zeugnis entfaltet seine Wirkungen in allen Mitgliedstaaten, ohne dass es eines besonderen Verfahrens bedarf.**

---

26 Siehe *Dorsel,* ZErb 2014, 215; *Lange* in *Dutta/Herrler* Rz 18.

27 *Dutta* in MünchKommBGB[6] Art 68 EuErbVO Rz 11.

28 *Dutta* in MünchKommBGB[6] Art 68 EuErbVO Rz 11; *Dorsel,* ZErb 2014, 215 spricht von einer „stichwortartigen Erwähnung der Befugnisse und Beschränkungen".

29 *Buschbaum/Kohler,* GPR 2010, 168 (noch zum Verordnungsvorschlag der Kommission).

30 DurchführungsVO (EU) 1329/2014 der Kommission v 9. 12. 2014 zur Festlegung der Formblätter nach Maßgabe der VO (EU) 650/2012 des Europäischen Parlaments und des Rates über die Zuständigkeit, das anzuwendende Recht, die Anerkennung und Vollstreckung von Entscheidungen und die Annahme und Vollstreckung Urkunden in Erbsachen sowie zur Einführung eines Europäischen Nachlasszeugnisses, ABl L 2014/359, 30 ff.

31 Vgl *Frodl,* ÖJZ 2012/108, 957.

(2) Es wird vermutet, dass das Zeugnis die Sachverhalte, die nach dem auf die Rechtsnachfolge von Todes wegen anzuwendenden Recht oder einem anderen auf spezifische Sachverhalte anzuwendenden Recht festgestellt wurden, zutreffend ausweist. Es wird vermutet, dass die Person, die im Zeugnis als Erbe, Vermächtnisnehmer, Testamentsvollstrecker oder Nachlassverwalter genannt ist, die in dem Zeugnis genannte Rechtsstellung und/oder die in dem Zeugnis aufgeführten Rechte oder Befugnisse hat und dass diese Rechte oder Befugnisse keinen anderen als den im Zeugnis aufgeführten Bedingungen und/oder Beschränkungen unterliegen.

(3) Wer auf der Grundlage der in dem Zeugnis enthaltenen Angaben einer Person Zahlungen leistet oder Vermögenswerte übergibt, die in dem Zeugnis als zur Entgegennahme derselben berechtigt bezeichnet wird, gilt als Person, die an einen zur Entgegennahme der Zahlungen oder Vermögenswerte Berechtigten geleistet hat, es sei denn, er wusste, dass das Zeugnis inhaltlich unrichtig ist, oder ihm war dies infolge grober Fahrlässigkeit nicht bekannt.

(4) Verfügt eine Person, die in dem Zeugnis als zur Verfügung über Nachlassvermögen berechtigt bezeichnet wird, über Nachlassvermögen zugunsten eines anderen, so gilt dieser andere, falls er auf der Grundlage der in dem Zeugnis enthaltenen Angaben handelt, als Person, die von einem zur Verfügung über das betreffende Vermögen Berechtigten erworben hat, es sei denn, er wusste, dass das Zeugnis inhaltlich unrichtig ist, oder ihm war dies infolge grober Fahrlässigkeit nicht bekannt.

(5) Das Zeugnis stellt ein wirksames Schriftstück für die Eintragung des Nachlassvermögens in das einschlägige Register eines Mitgliedstaats dar, unbeschadet des Artikels 1 Absatz 2 Buchstaben k und l.

Stammfassung.

Literatur: *Buschbaum,* Die künftige europäische Erbrechtsverordnung, GS Hübner (2012) 589; *Buschbaum,* Die neue EU-Erbrechtsverordnung, NJW 2012, 2393; *Buschbaum,* EuErbVO: Das Europäische Nachlasszeugnis, ZEV 2012, 525; *Dörner,* EuErbVO: Die Verordnung zum Internationalen Erb- und Erbverfahrensrecht ist in Kraft! ZEV 2012, 505; *Dutta,* Die europäische Erbrechtsverordnung vor ihrem Anwendungsbeginn: Zehn ausgewählte Streitstandsminiaturen, IPRax 2015, 32; *Ferrari/Likar-Peer* (Hrsg), Erbrecht (2007); *Fischer-Czermak,* Anwendungsbereich, in *Schauer/Scheuba* (Hrsg), Europäische Erbrechtsverordnung (2012) 23; *Frodl,* Einheit durch Aufgabe nationaler Rechtstraditionen? – EU-Erbrechtsverordnung kundgemacht, ÖJZ 2012/108, 950; *Holzner,* Wer ist „dritter redlicher Besitzer" im Sinne des § 824 ABGB? NZ 1994, 121; *Gitschthaler/Höllwerth* (Hrsg), AußStrG (2013); *Kleinschmidt,* Optionales Erbrecht: Das Europäische Nachlasszeugnis als Herausforderung an das Kollisionsrecht, RabelsZ 77 (2013) 723; *Kühnberg,* Erbschaftsstreit nach Einantwortung, in *Gruber/Kalss/Müller/Schauer* (Hrsg), Erbrecht und Vermögensnachfolge (2010) § 14; *L. Kunz,* Die neue europäische Erbrechtsverordnung – ein Überblick, GPR 2012, 208, 253; *K. W. Lange,* Das Europäische Nachlasszeugnis, in *Dutta/Herrler* (Hrsg), Die Europäische Erbrechtsverordnung (2014) 161; *Margonski,* Ausländische Vindikationslegate nach der EU-Erbrechtsverordnung, GPR 2013, 106; *Max Planck Institute for Comparative and International Private Law (MPI),* Comments on the European Commission's Proposal for a Regulation of the European Parliament and of the Council on Jurisdiction, Applicable Law, Recognition and Enforcement of Decisions and Authentic Instruments in Matters of Succession and the Creation of a European Certificate of Succession, RabelsZ 74 (2010) 522; *Popescu,* Leitfaden für internationales Privatrecht in Erbsachen (2014); *Rechberger/Kieweler,* Das Europäische Nachlasszeugnis, in *Rechberger/Zöchling-Jud* (Hrsg), Die EU-Erbrechtsverordnung in Österreich (2015) 269; *Riedler,* Zur personellen Reichweite des gutgläubigen Rechtserwerbs vom Scheinerben, NZ 1994, 1; *Rudolf,* Die Erbrechtsverordnung der Europäischen Union, NZ 2013/103, 225; *Schauer,* Europäisches Nachlasszeugnis, in *Schauer/Scheuba* (Hrsg), Europäische Erbrechtsverordnung (2012) 73; *Simon/Buschbaum,* Die neue EU-Erbrechtsverordnung, NJW 2012, 2393; *Süß,* Europäisches Nachlasszeugnis, ZEuP 2013, 725; *Vollmer,* Die neue europäische Erbrechtsverordnung – ein Überblick, ZErb 2012, 227; *Volmer,* Die EU-Erbrechtsverordnung – erste Fragen an Dogmatik und Forensik, Rpfleger 2013, 421.

Übersicht

Rz
I. Allgemeines 1
II. Eintritt der Wirkungen (Abs 1) 4
III. Richtigkeitsvermutung und Vertrauensschutz 8
   A. Richtigkeitsvermutung (Abs 2) 8
   B. Vertrauensschutz (Abs 3 und 4) 15
     1. Allgemeines 15
       a) Das Europäische Nachlasszeugnis als Rechtsscheingrundlage 15
       b) Schuldnerschutz 19
       c) Erwerberschutz 23
       d) Gemeinsame Merkmale 30
     2. Vergleich mit der österreichischen Rechtslage 39
IV. Registereintragung (Abs 5) 43

I. Allgemeines

Das gesamte Kapitel IV der EuErbVO ist dem Europäischen Nachlasszeugnis (ENZ) gewidmet. Von den insgesamt 12 Artikeln dieses Abschnitts befassen sich 11 mit den Merkmalen des Zeugnisses und dem Verfahren zu einer Erlangung. Lediglich ein einziger Artikeln ist den **Rechtsfolgen des ENZ** – also seinen **Wirkungen** – gewidmet. Diese sind das Thema des Art 69. **1**

Die fünf Absätze des Art 69 lassen sich in drei Themenbereiche gliedern. Abs 1 legt keine Wirkung fest, sondern beschreibt eine – negative – **Voraussetzung** für deren Eintritt: Die Wirkungen des ENZ treten in den Mitgliedstaaten ein, ohne dass es dafür eines besonderen Verfahrens bedarf. Die Wirkungen als solche sind erst in Abs 2 bis 5 geregelt. Abs 2 bis 4 regelt die **materiell-rechtlichen Wirkungen.** Sie bestehen aus zwei – funktional miteinander verbunden – Elementen: Das ENZ begründet die Vermutung der Richtigkeit der durch es dokumentierten Tatsachen (Abs 2). Die Folge der Richtigkeitsvermutung ist ein weitreichender Vertrauensschutz. Dritte, die im Vertrauen auf die im ENZ enthaltenen Angaben disponieren, werden bei entsprechender Redlichkeit geschützt. Schließlich beschreibt Art 5 eine **verfahrensrechtliche Wirkung:** Das Zeugnis ist ein „wirksames Schriftstück" für die Eintragung des Nachlassvermögens in ein Register eines Mitgliedstaats. **2**

Art 69 beruht auf **Art 42 des Kommissionsvorschlags aus 2009.** **3**

II. Eintritt der Wirkungen (Abs 1)

Abs 1 bestimmt, dass die **Wirkungen des ENZ** in den Mitgliedstaaten eintreten, ohne dass es eines besonderen Verfahrens bedarf. Mit den Wirkungen sind jene gemeint, die sich aus Abs 2 bis 5 ergeben. Dabei ist jedoch anzumerken, dass die Urschrift des ENZ bei der Ausstellungsbehörde verbleibt und gegenüber Behörden oder im rechtsgeschäftlichen Verkehr lediglich beglaubigte Abschriften verwendet werden (Art 70). Art 69 regelt also in Wahrheit die Wirkungen der Abschriften.[1] **4**

---

1 Vgl auch *Dutta* in MünchKommBGB[6] Art 69 EuErbVO Rz 1; *Rechberger/Kieweler* in *Rechberger/Zöchling-Jud* 295.

5 Gemäß Abs 1 treten die Wirkungen in den **Mitgliedstaaten** ein, **ohne dass es dafür eines besonderen Verfahrens bedarf.** Damit ist vor allem gemeint, dass das ENZ gegenüber den Behörden eines anderen Mitgliedstaats oder im rechtsgeschäftlichen Verkehr unmittelbar verwendet werden kann, ohne dass zuvor eine wie auch immer geartete Anerkennung stattgefunden hat. Auch eine ordre public-Prüfung findet hierbei nicht statt.[2] Ob die Wirkungen des ENZ auf die Mitgliedstaaten beschränkt sind und nur dort eintreten können, ist damit nicht gesagt. Richtigerweise ist anzunehmen, dass das ENZ seine materiell-rechtlichen Wirkungen auch in Drittstaaten entfalten kann.[3]

6 Die Wirkungen des ENZ sind in den folgenden Absätzen des Verordnungstextes nur unvollständig beschrieben. In Ergänzung hierzu ist zu bemerken, dass es bezüglich der beurkundeten Tatsachen nur **deklarativ** wirkt.[4] Es stellt **keinen Vollstreckungstitel** dar (ErwGr 71).[5]

7 Da das ENZ funktionsverwandte **Schriftstücke des innerstaatlichen Rechts unberührt** lässt (Art 63 Abs 1), können diese auch weiterhin verwendet werden (zum Verhältnis des ENZ zu ähnlichen Dokumente im österr Recht Rz 39 ff). Dies gilt nicht nur im Inland, sondern auch in den anderen Mitgliedstaaten.[6] Handelt es sich bei einem Erbennachweise um eine Entscheidung iSd Art 3 Abs 1 lit g, was bspw auf die österr Einantwortung zutrifft, so ist diese von den anderen Mitgliedstaaten gem Art 39 ff unmittelbar anzuerkennen.[7] Wurde ein entsprechender Nachweis in Form einer öffentlichen Urkunde ausgefertigt, so hat sie die gleiche Wirkung wie im Inland (Art 59). Lässt sich auf diese Weise eine Tatsache oder Rechtsverhältnis belegen, das in einem nach innerstaatlichem Recht erstellten Schriftstück dokumentiert wird, so kann auch im Verkehr mit Behörden oder Gerichten anderer Mitgliedstaaten auf die Ausstellung eines ENZ unter Umständen verzichtet werden.

III. Richtigkeitsvermutung und Vertrauensschutz
A. Richtigkeitsvermutung (Abs 2)

8 Gemäß Abs 2 ist die Richtigkeit der im ENZ dokumentierten Tatsachen zu vermuten. Hinsichtlich des Gegenstands der Vermutung besteht jedoch ein **Spannungsverhältnis zwischen Satz 1 und Satz 2.** Aus Satz 1 könnte man den Schluss ziehen, dass sich die Vermutung der Richtigkeit auf sämtliche „Sachverhalte", die im ENZ „festgestellt wurden", erstreckt. Satz 2 sieht jedoch vor, dass sich die Richtigkeitsvermutung auf die Personen bezieht, die im ENZ als Erbe, Vermächtnisnehmer, Testamentsvollstrecker oder Nachlassverwalter genannt werden, sowie auf die im Zeugnis genannte Rechtsstellung bzw auf die im Zeugnis angeführten Rechte oder Befugnisse und das Fehlen anderer der im Zeugnis angeführten Beschränkungen. Fraglich ist, wie der Widerspruch zwischen den beiden Sätzen aufzulösen ist. Hierfür bieten sich zwei Möglichkeiten an. Die erste Lösungsmöglichkeit geht dahin, dass sich die Vermutung der Richtigkeit iSd Satz 1 auf sämtliche Angaben im ENZ bezieht. Nach dieser

---

2 *Wautelet* in *Bonomi/Wautelet* Art 69 Rz 8; *Dutta* in MünchKommBGB[6] Art 69 EuErbVO Rz 3; *Rechberger/Kieweler* in *Rechberger/Zöchling-Jud* 294; *Popescu*, Leitfaden 114.

3 Vgl dazu näher auch *Dutta* in MünchKommBGB[6] Art 69 EuErbVO Rz 4.

4 *K. W. Lange* in *Dutta/Herrler* Rz 23.

5 *Frodl*, ÖJZ 2012/108, 957; *Rudolf*, NZ 2013/103, 241; *K. W. Lange* in *Dutta/Herrler* Rz 23; zur Frage, ob die Mitgliedstaaten das ENZ als Vollstreckungstitel ausgestalten können, abl *Rechberger/Kieweler* in *Rechberger/Zöchling-Jud* 295 f.

6 Zum Folgenden näher *Dutta*, IPRax 2015, 38 f; aA *Dörner*, ZEV 2012, 512; wohl auch *Süß*, ZEuP 2013, 749.

7 Vgl auch *Rechberger/Kieweler* in *Rechberger/Zöchling-Jud* 314.

Interpretation wäre Satz 2 nur iS einer eigenen Erwähnung besonders wichtiger Elemente des Vertrauensschutzes zu verstehen; der Satz hätte aber keine abschließende Wirkung. Der zweite Lösungsvorschlag setzt bei Satz 2 an und beschränkt die Richtigkeitsvermutung auf die in ihm genannten Angaben. Satz 1 wäre demnach nur als allgemeine Einleitung ohne spezifischen normativen Gehalt zu verstehen.

Für den zweiten Lösungsvorschlag könnte der **Zweck des ENZ** sprechen. Er besteht darin, **9** dem Erben, Vermächtnisnehmern sowie Testamentsvollstreckern und Nachlassverwaltern die Möglichkeit zu geben, ihre Rechtsstellung und Befugnisse in anderen Mitgliedstaaten auf einfache Weise nachzuweisen (Art 63 Abs 1). Dementsprechend dient das Nachlasszeugnis gerade zum Nachweis der Rechtsstellung als Erbe, Vermächtnisnehmer (mit unmittelbarer Berechtigung am Nachlass) und der Zuweisung bestimmter Vermögenswerte sowie der Befugnisse der im ENZ genannten Personen als Testamentsvollstrecker und Nachlassverwalter (Art 63 Abs 2). Damit sollen Informationsdefizite ausgeglichen werden, die ihre Ursachen in der Verschiedenheit der Erbrechte der Mitgliedstaaten haben. IdZ ist auch auf den funktionalen Zusammenhang zwischen Abs 2 einerseits und dem Schutz des Vertrauens Dritter in Abs 3 und 4 andererseits hinzuweisen. Auch dieser Vertrauensschutz bezieht sich auf die Rechtsstellung und die Befugnisse der im ENZ genannten Personen hinsichtlich des Nachlasses. Auch dieser Zusammenhang zeigt, dass der Verordnungsgeber bei der Richtigkeitsvermutung nicht beliebige im ENZ dokumentierte Sachverhalte vor Augen hatte, sondern lediglich die in Satz 2 erwähnten Rechtsstellungen und Befugnisse.

Dennoch dürfte eher der **ersten Lösungsvariante** der **Vorzug** einzuräumen sein. Für sie **10** spricht ein **systematisches Argument:** Würde man dem zweiten Lösungsvorschlag den Vorzug geben, so würde Abs 2 Satz 1 seinen Anwendungsbereich vollständig verlieren. Rechtsnormen sind jedoch nicht so auszulegen, dass sie keinen eigenständigen Anwendungsbereich mehr haben. Deshalb lässt sich sagen, dass die Rechtsvermutungen des Abs 2 Satz 2 durch Tatsachenvermutungen in Abs 2 Satz 1 ergänzt werden.[8]

Rechtsfolgen: Die Vermutungen in Satz 1 und Satz 2 haben zunächst zur Folge, dass die **11** Richtigkeit der ausgewiesenen Tatsachen und Rechtsverhältnisse vermutet wird. Das bedeutet, dass ein Dritter diesbezüglich idR keinen weiteren Nachweis verlangen kann.[9] Im Übrigen ist jedoch zwischen Abs 1 und Abs 2 zu unterscheiden: Da die Vermutungen in Satz 2 im Wesentlichen mit dem in Abs 3 und 4 geregelten Vertrauensschutz korrespondieren, haben sie unmittelbar zur Folge, dass das Vertrauen des Dritten auf den aufrechten Bestand der im ENZ ausgewiesenen Rechtsverhältnisse so geschützt wird, als würden diese Rechtsverhältnisse tatsächlich in der beschriebenen Weise bestehen (vgl Rz 16, 21). Hinsichtlich unrichtiger Tatsachenvermutungen des Satz 1 fehlt die Angabe von Rechtsfolgen. Es ist anzunehmen, dass die fehlerhafte Angabe von Tatsachen im ENZ haftungsrechtliche Folgen für die das ENZ ausstellende Behörde nach sich ziehen kann.

Die Vermutungen gem Abs 2 Satz 1 und 2 können **widerlegt** werden.[10] Der bei der Ausle- **12** gung von Unionsrecht maßgebliche effet utile spricht dafür, dass die Anforderungen hierfür

---

8 So auch *Dutta* in MünchKommBGB[6] Art 69 EuErbVO Rz 6 ff; *Rechberger/Kieweler* in *Rechberger/ Zöchling-Jud* 297 f.

9 *Wautelet* in *Bonomi/Wautelet* Art 69 Rz 32.

10 Ausf *Wautelet* in *Bonomi/Wautelet* Art 69 Rz 33; ebenso *Köhler* in *Kroiß/Horn/Solomon* Art 69 EuErbVO Rz 3; *Kleinschmidt*, RabelsZ 77 (2013) 775.

nicht der lex fori zu entnehmen sind, sondern einheitlich-autonom zu ermitteln sind.[11] Hierbei dürften – wiederum mit Blick auf den effet utile – die besseren Argumente dafür sprechen, dass für die Widerlegung nicht bereits ein Gegenbeweis genügt, sondern der Beweis des Gegenteils geführt werden muss.[12]

13 Die Vermutungen gem Abs 2 erlöschen, wenn die betreffende Abschrift des ENZ **abgelaufen** ist.[13]

14 Für die Richtigkeitsvermutung kommt es nicht darauf an, ob die Behörden und Gerichte des das ENZ ausstellenden Mitgliedstaates **ihr eigenes Recht** angewendet haben oder **das Recht eines anderen Staates;** gleichgültig, ob es sich bei diesem um einen anderen Mitgliedstaat oder um einen Drittstaat handelt. Dies ergibt sich aus der Formulierung in Abs 2 Satz 1, der lediglich vom auf die Rechtsnachfolge von Todes wegen anzuwendenden Recht spricht, ohne dabei zu differenzieren.

B. Vertrauensschutz (Abs 3 und 4)

1. Allgemeines

a) Das Europäische Nachlasszeugnis als Rechtsscheingrundlage

15 Die in Abs 2 vorgesehene Richtigkeitsvermutung würde ins Leere gehen, wenn sie nicht mit einem spezifischen Schutz Dritter verbunden wäre. Grundsätzlich kann ein solcher Schutz auf verschiedene Weise hergestellt werden: Der Gesetzgeber könnte bspw Schadenersatzansprüche zugunsten Dritter vorsehen, die sich auf die Richtigkeit der in der Urkunde enthaltenen Angaben verlassen haben. Damit sind für die geschädigten Dritten jedoch Beschwerlichkeiten verbunden: Er müsste bspw nachweisen, dass er durch das Vertrauen auf die fehlerhaften Angaben Nachteile erlitten hat und dass diese Nachteile gerade durch die fehlerhaften Angaben in ursächlicher Weise herbeigeführt wurden. Der Normengeber der EuErbVO sieht deshalb einen stärkeren und effizienteren Schutz des Dritten vor: Wer im Vertrauen auf die im ENZ ausgewiesenen Rechtsverhältnisse handelt, soll so gestellt werden, als hätten diese Rechtsverhältnisse tatsächlich bestanden. Art 69 Abs 2 und 3 substituieren somit das tatsächliche Fehlen dieser Rechtsverhältnisse durch das Vertrauen auf den durch das ENZ geschaffenen **Rechtsschein.** Die Bestimmung erfüllt somit eine ähnliche Aufgabe wie vergleichbare Bestimmungen im innerstaatlichen Recht, die das Vertrauen Dritter auf die in einem hoheitlichen Akt ausgewiesene Rechtslage schützen (zB § 824 Satz 2 ABGB [dazu auch unten Rz 39 f]; § 15 UGB).

16 Fraglich ist, ob **Mängel des ENZ** dem Vertrauensschutz entgegenstehen. Gewiss greift der Vertrauensschutz bei **mangelnder Echtheit** des Zeugnisses nicht. Dies ergibt sich zwanglos aus dem Zweck der Urkunde: Sie soll dem Dritten das Risiko einer fehlerhaften Beurteilung der Rechtslage hinsichtlich der dokumentierten Rechtsverhältnisse, nicht aber das Fälschungsrisiko abnehmen.

17 Bei **Unzuständigkeit** der ausstellenden Behörde ist zu differenzieren: Klar erscheint zunächst, dass eine als ENZ bezeichnete Urkunde dessen spezifische Rechtswirkungen nicht

---

11 So auch *Dutta* in MünchKommBGB[6] Art 69 EuErbVO Rz 9; aA *Rechberger/Kieweler* in *Rechberger/Zöchling-Jud* 299.

12 Zu den Begriffen *Kodek* in *Fasching/Konecny* III[3] Vor § 266 ZPO Rz 53; im Ergebnis wie hier *Rechberger/Kieweler* in *Rechberger/Zöchling-Jud* 299.

13 *Köhler* in *Kroiß/Horn/Solomon* Art 69 EuErbVO Rz 3.

herbeiführen kann, wenn sie von einer Behörde eines Drittstaats ausgestellt wurde. Nur Dokumente, die in einem Mitgliedstaat ausgestellt wurden, können die Qualität eines ENZ aufweisen. Anders verhält es sich, wenn das ENZ von einer unzuständigen Behörde eines Mitgliedstaats ausgestellt wurde. Dabei ist zu unterscheiden: Die Behörde könnte unzuständig gewesen sein, weil der Mitgliedstaat, als dessen Organ sie tätig wurde, international unzuständig war.[14] Dabei ist va an Fälle zu denken, in denen die Sperre bei Rechtshängigkeit gem Art 17 missachtet wurde. Die Behörde könnte aber auch nach innerstaatlichem Recht zuständig gewesen sein; dies ist selbstverständlich auch dann möglich, wenn der betreffende Mitgliedstaat international zuständig war. In beiden Fällen sprechen die besseren Gründe für den Vertrauensschutz. Bei fehlender internationaler Zuständigkeit des Mitgliedstaats, dessen Behörde das ENZ ausstellt, ist ins Treffen zu führen, dass es dem Dritten kaum möglich oder zumutbar ist, die internationale Zuständigkeit des Mitgliedstaats auf eigenes Risiko zu überprüfen. Soweit die Sperre wegen Rechtshängigkeit verletzt wurde, ist überdies zu beachten, dass es kein öffentliches Register über anhängige Verfahren in Erbsachen gibt, aus dem sich ein Dritter über die internationale Zuständigkeit des betreffenden Mitgliedstaats informieren könnte. Auch das Risiko einer Verletzung der Zuständigkeitsregeln des innerstaatlichen Rechts sollte nicht dem Dritten aufgebürdet werden. Die selbstständige Prüfung der Frage, ob die das Zeugnis ausstellende Behörde tatsächlich im Einklang mit den Anforderungen an die Zuständigkeit nach der lex fori gehandelt hat, wird dem Dritten – schon in Anbetracht der hohen Komplexität, die solche Bestimmungen vielfach aufweisen – ohne unverhältnismäßige Kosten zumeist nicht möglich sein. Diese Überlegungen führen zum Ergebnis, dass der Schutz des Vertrauens Dritter auch dann besteht, wenn der Mitgliedstaat, dessen Behörde das ENZ ausgestellt hat, international unzuständig war, oder wenn die das ENZ ausstellende Behörde nach dem innerstaatlichen Recht des international zuständigen Mitgliedstaats unzuständig war. Die gegenteilige Lösung würde die mit dem ENZ angestrebte Vereinfachung der Nachlassabwicklung und die damit verbundenen Effizienzgewinne weitgehend zunichtemachen.

18   Abs 3 und 4 schützen das Vertrauen des Dritten bei drei verschiedenen Arten von Rechtshandlungen. Die Aufteilung des Rechtsstoffs auf zwei Abs beruht auf dem Umstand, dass Abs 2 jene Rechtshandlungen zum Gegenstand hat, bei denen der Dritte als Schuldner agiert, während Abs 3 die Rechtsstellung des Dritten als Erwerber regelt. Abs 2 dient also dem **Schuldnerschutz**, Abs 3 dem **Erwerberschutz.** Die Anforderungen an den Vertrauensschutz stimmen aber in beiden Abs überein.

b) Schuldnerschutz

19   Abs 3 bezieht sich auf Fälle, in denen ein Dritter **Zahlungen leistet** oder **Vermögenswerte übergibt.** Vorausgesetzt wird also, dass sich der Dritte in der Position des Schuldners befindet, der an den Nachlass oder den Erben eine Leistung erbringt. Unter Zahlung kann die Erfüllung einer Geldforderung verstanden werden. Ob die Leistung mit Bargeld oder auf andere Weise erfolgt, insb mit Buchgeld, ist irrelevant.[15] Auch Erfüllungssurrogate, wie zB die Aufrechnung, müssen der Zahlung gleichgehalten werden. Unter der Übergabe eines Vermögenswerts ist am ehesten die Leistung körperlicher Gegenstände, wohl auch die Abtretung

---

14   Vgl auch *Dutta* in MünchKommBGB[6] Art 69 EuErbVO Rz 3.
15   *Dutta* in MünchKommBGB[6] Art 69 EuErbVO Rz 13.

von Forderungen[16] zu verstehen (vgl die englische Sprachfassung: *„pass on property"*; sowie die französische Fassung: *„remet de biens"*). In der L wird zT problematisiert, dass die Bestimmung hinsichtlich der Übergabe der Vermögenswerte keinen vernünftigen Anwendungsbereich habe, weil der Schuldner nach ErwGr 71 nur geschützt sei, wenn er Nachlassvermögen an die als berechtigt bezeichnete Person übergibt. Die Leistung des Schuldners – bspw des Verkäufers einer Sache, die dem Erblasser verkauft worden ist – habe aber kein Nachlassvermögen zum Gegenstand, sondern erfolge aus dem Vermögen des Schuldners.[17] Dem ist jedoch entgegenzuhalten, dass diese Einschränkung im Wortlaut des Abs 3 nicht enthalten ist. Dies spricht dafür, dass die Formulierung in ErwGr 71 auf einem redaktionellen Versehen beruht. In der Tat sollte ihr, weil sie der Bestimmung ohne erkennbaren Grund einen ganz erheblichen Teil ihres Schutzbereichs entziehen würde, insoweit keine Beachtung geschenkt werden.

20   Fraglich ist, ob der Vertrauensschutz auch bei **anderen Leistungen** besteht, die sich nicht unter Zahlungen oder die Übergabe von Vermögenswerten subsumieren lassen. Dabei ist vor allem an Dienst- und Werkleistungen zu denken. In der L wird dies mit Hinweis auf die Entstehungsgeschichte der Bestimmung verneint.[18] Dem steht jedoch eine klare Interessenlage gegenüber: Weder gibt es einen Grund, weshalb der Dritte bei Erbringung solcher Leistungen weniger schutzwürdig ist, noch kann begründet werden, worin eine gesteigerte Schutzbedürftigkeit des wirklich Berechtigten liegen sollte. Um grob gleichheitswidrige Ergebnisse zu vermeiden, ist eine **weitreichende Analogie** geboten: Jede Leistung, die der Dritte an die als zur Empfangnahme berechtigt bezeichnete Person erbringt, ist vom Vertrauensschutz erfasst.

21   Vorausgesetzt wird, dass die Leistung **an eine Person** erfolgt, die im ENZ als **„zur Empfangnahme** derselben **berechtigt"** bezeichnet wird. Es kommt nicht darauf an, ob diese Person dabei im eigenen Namen oder als Vertreter des Nachlasses tätig wird.[19] Am Beispiel des österr Rechts: Wer dem Erblasser die erbrachte Leistung schuldig war, kann diese mit der Maßgabe des Vertrauensschutzes an den im ENZ als empfangsberechtigt bezeichneten Nachlasskurator oder nach der Einantwortung an den im ENZ ausgewiesenen Erben erbringen. Ob eine wirksame Erfüllungshandlung vorliegt, ist dagegen nach dem auf die Forderung anwendbaren Recht zu beurteilen.[20]

22   Die Rechtsfolge des Vertrauensschutzes wird in Abs 2 schwerfällig und unvollständig beschrieben: Wer auf der Grundlage der Angaben im Zeugnis an eine Person leistet, „die im Zeugnis als zur Entgegennahme derselben berechtigt bezeichnet wird, gilt als Person, die an einen zur Entgegennahme der Zahlungen oder Vermögenswerte Berechtigten geleistet hat". Dies lässt sich auch einfacher ausdrücken: Der Dritte, der die Leistung an die betreffende

---

16 Für die Einbeziehung der Forderungsabtretung auch *Dutta* in MünchKommBGB[6] Art 69 EuErbVO Rz 14.

17 Näher *Dutta* in MünchKommBGB[6] Art 69 EuErbVO Rz 18; *Kleinschmidt,* RabelsZ 77 (2013) 778, spricht von einer „Schutzlücke".

18 *Dutta* in MünchKommBGB[6] Art 69 EuErbVO Rz 15; wohl ebenso unter Berufung auf den Wortlaut der Bestimmung *K. W. Lange* in *Dutta/Herrler* Rz 28.

19 Vgl auch *Dutta* in MünchKommBGB[6] Art 69 EuErbVO Rz 17 sowie 18 mit dem zutr Hinweis, dass ErwGr 71 Satz 4, der idZ lediglich von einer Zahlung oder Übergabe an einen Erben oder Vermächtnisnehmer spricht, zu eng ist, weil Testamentsvollstrecker und Nachlassvertreter nicht erwähnt werden.

20 *Dutta* in MünchKommBGB[6] Art 69 EuErbVO Rz 23.

Person erbracht hat, hat **schuldbefreiend** geleistet. Er muss, wenn sich später der wahre Berechtigte – zB der besser berechtigte Erbe – herausstellen sollte, an diesen nicht nochmals leisten. Abs 3 **substituiert** also die **fehlende Empfangsbefugnis** des Leistungsempfängers.

c) Erwerberschutz

Abs 4 regelt Fälle, in denen ein Dritter Nachlassvermögen von jemandem erwirbt, der im **23** ENZ als zur Verfügung hierüber berechtigt bezeichnet wird. Ebenso wenig wie beim Schuldnerschutz (soeben Rz 22) kommt es hier darauf an, ob der die als verfügungsberechtigt bezeichnete Person **im eigenen Namen** oder **als Vertreter des Nachlasses** handelt. Am Beispiel des österr Rechts: Der Dritte kann auf der Grundlage des Abs 4 sowohl von einer Person erwerben, die im ENZ fälschlicherweise als Nachlasskurator bezeichnet wurde, als auch vom fehlerhaft ausgewiesenen Erben (Scheinerbe).

Abs 4 setzt lediglich voraus, dass sich der Erwerb auf Nachlassvermögen bezieht. **Andere** **24** **Voraussetzungen** sind dem Verordnungstext **nicht zu entnehmen.** Gegenstand des Erwerbs können deshalb bewegliche und unbewegliche Sachen sein. Auch der Erwerb einer abgetretenen Forderung wird nach Abs 4 geschützt.[21] Ferner ist anzunehmen, dass der Erwerb entgeltlich oder unentgeltlich erfolgen kann.[22] Auch der Rechtsgrund des Erwerbs dürfte keine Rolle spielen. Ob neben privatrechtlichen Erwerbstiteln auch der Erwerb in der Zwangsvollstreckung erfasst ist, ist zweifelhaft. Das Wort „verfügt" (englisch „dispose", französisch „disposer") deutet eher auf ein privatautonomes Handeln der als berechtigt bezeichneten Person; dies spricht dafür, den Erwerb in der Zwangsvollstreckung nicht als geschützt anzusehen.

Abs 4 **substituiert lediglich** die **fehlende Verfügungsbefugnis** der bei der Veräußerung handelnden Person in Bezug auf den Nachlassgegenstand. Andere Mängel des Erwerbs werden **25** durch die Bestimmung nicht geheilt. Deshalb kann diese Bestimmung keinen Vertrauensschutz begründen, wenn die veräußerte Sache nicht Bestandteil des Nachlasses war, weil sie nicht im Eigentum des Erblassers stand.[23] Dies wird in ErwGr 71 bekräftigt, wo es heißt, dass sich die Beweiskraft des Zeugnisses nicht auf Elemente beziehen sollte, „die nicht durch diese Verordnung geregelt werden, wie etwa die Frage, ob ein bestimmter Vermögenswert dem Erblasser gehörte oder nicht" (Satz 4). Der Erwerber könnte in einem solchen Fall uU aufgrund einer der Tatbestände gutgläubig erwerben, die freilich nicht in der Verordnung geregelt sind, sondern sich aus dem innerstaatlichen Recht ergeben. Für Österreich wäre hier bspw an § 367 ABGB zu denken. Ferner kann Abs 4 nicht die Mängel des Titelgeschäfts zwischen dem Veräußerer und dem Erwerber heilen. Ist dieses beispielsweise wegen Geschäftsunfähigkeit eines Beteiligten oder wegen eines Willensmangels fehlerhaft, dann greift Abs 4 nicht. Da die Mängel des Titelgeschäfts nicht geheilt werden, kann Abs 4 auch nicht zum Erwerb des Vermächtnisgegenstands durch einen Vermächtnisnehmer führen, wenn die zugrunde liegende Verfügung von Todes wegen unwirksam ist. Richtigerweise wird die Bestimmung auch bei einer Erbteilung keine Rolle spielen können: War das Testament, aufgrund dessen die vermeintlichen Erben zu erwerben glaubten, unwirksam, so kann dieser Mangel

---

21 Ebenso *Dutta* in MünchKommBGB[6] Art 69 EuErbVO Rz 16.
22 So auch *Dutta* in MünchKommBGB[6] Art 69 EuErbVO Rz 16.
23 So bereits *Schauer* in *Schauer/Scheuba* 95 f; ebenso *Dutta* in MünchKommBGB[6] Art 69 EuErbVO
    Rz 17; *K. W. Lange* in *Dutta/Herrler* Rz 25 (weitergehend jedoch in Rz 29); *Kleinschmidt*, RabelsZ
    77 (2013) 777; *Rechberger/Kieweler* in *Rechberger/Zöchling-Jud* 300; wohl auch *Köhler* in *Kroiß/*
    Horn/Solomon Art 69 EuErbVO Rz 6.

auch nicht dadurch geheilt werden, dass sie – im Vertrauen auf die im ENZ dokumentierte Erbenstellung – den Nachlass untereinander aufteilen.[24]

26 Da Abs 4 lediglich die fehlende Verfügungsbefugnis substituiert, kann die Bestimmung – für sich allein genommen – den Erwerb nicht begründen. Es bedarf vielmehr noch der **übrigen Tatbestandsmerkmale,** die für einen rechtsgeschäftlichen Erwerb im Allgemeinen **erforderlich** sind. Im österr Recht müssten also die allgemeinen Anforderungen an Titel und Modus erfüllt sein. Diese Merkmale sind selbstständig anzuknüpfen. Soweit es um einen rechtsgeschäftlichen Erwerb geht, sind die Anforderungen an die Wirksamkeit des Titelgeschäfts nach der Rom I-VO zu beurteilen; bei einem sachenrechtlichen Erwerb ist in Österreich nach § 31 IPRG anzuknüpfen.

27 Die **Rechtsfolge** des Vertrauens auf das ENZ wird in Abs 4 ähnlich schwerfällig und unvollständig beschrieben wie beim Schuldnerschutz (vgl oben bei Rz 22). Wenn eine im ENZ als zur Verfügung über das Nachlassvermögen berechtigt bezeichnete Person über Nachlassvermögen verfügt, dann gilt der Erwerber, „falls er auf der Grundlage der in dem Zeugnis enthaltenen Angaben handelt, als Person, die von einem zur Verfügung über das betreffende Vermögen Berechtigten erworben hat". Auch dies lässt sich weitaus verständlicher ausdrücken: Durch das Vertrauen auf die Richtigkeit der Angaben im ENZ wird der Erwerber so gestellt, als hätte er von einer tatsächlich verfügungsberechtigten Person erworben. Es handelt sich – wie auch in anderen Fällen des gutgläubigen Erwerbs vom Nichtberechtigten – um einen **originären Erwerb.**

28 Abs 4 regelt nicht ausdrücklich, **welche Rechte** aufgrund des geschützten Vertrauens erworben werden können. Hierfür ist wiederum am Zweck des Zeugnisses anzusetzen: Der Erwerber soll so gestellt werden als hätte er von einer Person erworben, die tatsächlich die Rechtsstellungen und Befugnisse besitzt, die im Zeugnis für sie ausgewiesen sind. Maßgeblich kann deshalb nur sein, ob der Erwerber unter der Annahme, die bei der Veräußerung handelnde Person hätte diese Rechtstellungen und Befugnisse tatsächlich gehabt, dasselbe Recht von ihr oder durch sie auch hätte derivativ erwerben können. Insoweit – aber eben nur insoweit – ist der Grundsatz *„nemo plus iuris tranferre potest quam ipse habet"* beachtlich. Das bedeutet beispielsweise, dass der Erwerber von einer Person, die im ENZ fälschlicherweise als Erbe bezeichnet wird, das Eigentum, aber auch ein Pfandrecht oder ein Fruchtgenussrecht erwerben kann.[25] Veräußert die fälschlicherweise als Erbe bezeichnete Person hingegen einen zum Nachlass gehörenden Geschäftsanteil an einer GmbH, der einer statutarischen Vinkulierung unterliegt, so der Erwerber nicht geschützt, weil das Vertrauen auf das Fehlen gesellschaftsrechtlicher Verfügungsbeschränkungen nicht zu den vom ENZ erfassten Rechtsscheinelementen gehört: Auch der wahre Erbe hätte den Anteil nicht übertragen können.

29 Fraglich ist, ob auf der Grundlage des Abs 4 nicht nur ein Erwerb unmittelbar von der als berechtigt bezeichneten Person möglich ist, sondern auch ein **nachfolgender Erwerb in der Titelkette** gerechtfertigt werden kann. Dies wäre etwa vorstellbar, wenn der durch das ENZ fälschlicherweise als Erbe bezeichnete Scheinerbe an eine Person verkauft, die wegen ihrer Schlechtgläubigkeit (dazu unten Rz 37) nicht erwerben kann, und diese später an einen gut-

---

24 Anders dagegen, wenn ein Dritter im Vertrauen auf die alleinige Verfügungsbefugnis eines Miterben über einen Nachlassgegenstand handelt, der ihm aufgrund eines Erbteilungsübereinkommens zugewiesen wurde (so bereits *Schauer* in *Schauer/Scheuba* 95; zust *Rechberger/Kieweler* in *Rechberger/Zöchling-Jud* 315).

25 Vgl auch *Kleinschmidt,* RabelsZ 77 (2013) 777.

gläubigen Dritten weiterveräußert, dem sie zum Nachweis ihres eigenen Erwerbs das ENZ vorlegt. Dieselbe Frage wird auch im innerstaatlichen Recht zu § 824 ABGB gestellt. Die Rechtslage ist umstritten; die wohl überwiegende L gibt jener Ansicht den Vorzug, die auch einen späteren Erwerber in der Titelkette als durch den – durch die Einantwortung geschaffenen – Vertrauenstatbestand geschützt betrachtet.[26] IZm dem Erwerberschutz der VO dürfte die Frage gegenteilig zu beantworten sein. Bereits der Wortlaut der Bestimmung weist recht deutlich darauf hin, dass der Normengeber lediglich auf das unmittelbare Rechtsverhältnis zwischen der im ENZ zu Unrecht als berechtigt bezeichneten Person und dem Erwerber Bezug nimmt. Diese Ansicht erfährt in ErwGr 71 eine Unterstützung. Dort heißt es nämlich im letzten Satz: „Durch diese Verordnung sollte nicht geregelt werden, ob der Erwerb von Vermögen durch eine dritte Person wirksam ist oder nicht." Wenngleich nicht klar gesagt wird, wen die VO an dieser Stelle mit „dritter Person" meint, legt der Kontext nahe, dass nicht der Erwerber als solcher gemeint ist, sondern eine Person, die vom Erwerber erwirbt. Aus diesen Gründen ist für die Verordnung davon auszugehen, dass nur der unmittelbare Erwerber geschützt wird, nicht aber ein späterer Erwerber, der aufgrund einer Titelkette von einem früheren Erwerber erwirbt, der seinerseits wegen Schlechtgläubigkeit das Recht nicht erlangen konnte.

d) Gemeinsame Merkmale

Der in Abs 3 geregelte Schuldnerschutz und der in Abs 4 geregelte Erwerberschutz weisen **30** einige gemeinsame Merkmale und Fragestellungen auf. Rechtsgrundlage des Vertrauensschutzes ist das ENZ; genauer: die im ENZ enthaltenen Angaben über die Rechtsstellungen und Befugnisse der in Abs 3 und Abs 4 bezeichneten Personen. Wenn alle Angaben zutreffend sind, dann wird ein spezifischer Vertrauensschutz nicht benötigt, weil die Wirksamkeit der Rechtshandlungen dann unmittelbar aus dem materiellen Recht abgeleitet werden kann. Anwendungsvoraussetzung für Abs 3 und Abs 4 ist deshalb, dass das ENZ in Bezug auf die ausgewiesenen **Tatsachen** oder die ausgewiesene **Rechtsstellung** und die **Befugnisse unrichtig** oder **unvollständig** ist und deshalb diesbezüglich ein falsches Bild beim Schuldner oder Erwerber hervorgerufen wird. Die Ursachen für die Unrichtigkeit können vielfältig sein: Die als berechtigt ausgewiesene Person kann fehlerhaft bezeichnet sein. Handelt es sich um den Erben, so kann seine Erbquote unrichtig ausgewiesen sein. Handelt es sich um einen Vertreter des Nachlasses, zB um einen Testamentsvollstrecker, einen Nachlasskurator oder – in Österreich – um einen verwaltenden Erben (§ 810 ABGB), so kann der Umfang der Vertretungsbefugnis unrichtig oder unvollständig ausgewiesen sein. In diesem Zusammenhang ist auf die Richtigkeitsvermutung des Abs 2 zu verweisen: Diese hat auch zum Gegenstand, dass die ausgewiesenen Rechte und Befugnisse keinen anderen als den im Zeugnis angeführten Bedingungen und/oder Beschränkungen unterliegen. Die Richtigkeitsvermutung trägt insoweit ein Gebot zur Vollständigkeit in sich:[27] Alle Bedingungen und Beschränkungen der ausgewiesenen Rechtsstellungen müssen im ENZ angeführt sein. Sind sie es nicht, so darf der gutgläubige Dritte darauf vertrauen, dass sie nicht vorhanden sind. Dies gilt nicht nur für Beschränkungen, die sich aus einer Verfügung von Todes wegen ergeben (zB die Anordnung einer Nacherbschaft), sondern nach dem Zweck der Bestimmung, einem Dritten eigene

---

26 So vor allem *Holzner,* NZ 1994, 121 ff; zust *Spruzina* in *Kletečka/Schauer*[1.01] § 824 Rz 10; *Nemeth* in *Schwimann/Kodek*[4] § 824 Rz 5; aA *Riedler,* NZ 1994, 1 ff; *Welser* in *Rummel/Lukas*[4] § 824 Rz 32; *Kühnberg* in *Gruber/Kalss/Müller/Schauer* § 14 Rz 34.

27 Vgl auch *K. W. Lange* in *Dutta/Herrler* Rz 24.

Nachforschungen über den Inhalt der fremden Rechtsordnung möglichst zu ersparen, auch für solche Beschränkungen, die unmittelbar aus dem Gesetz abgeleitet sind[28]. Wenn etwa die Vertretungsbefugnis des verwaltenden Erben im ENZ dokumentiert wird, dann muss etwa das Erfordernis der verlassenschaftsgerichtlichen Genehmigung der in § 810 Abs 2 ABGB beschriebenen Rechtshandlungen besonders ausgewiesen werden. Ebenso muss bei mehreren Erben auf die Gesamtvertretung gem § 810 Abs 1 Satz 2 hingewiesen werden. Fehlen diese Informationen, so kann der Dritte davon ausgehen, dass keine Beschränkungen bestehen. § 2 ABGB, wonach sich niemand mit seiner fehlenden Kenntnis eines gehörig kundgemachten Gesetzes entschuldigen kann, ist insoweit als verdrängt zu betrachten. Ob die ausstellende Behörde im Zeitpunkt der Ausstellung die Unrichtigkeit oder Unvollständigkeit der Angaben erkennen konnte, ist für den Vertrauensschutz irrelevant.

31 Fraglich ist, ob der Vertrauensschutz zugunsten des Dritten an **Vorlage des ENZ** geknüpft ist. Im Verordnungstext heißt es iZm der Verfügung über Nachlassgegenstände, dass der Dritte erwirbt, „falls er auf der Grundlage der in dem Zeugnis enthaltenen Angaben handelt" (Art 69 Abs 4). In ähnlicher Weise wird das Vertrauen des Schuldners auf die Befugnis des Leistungsempfängers zur Empfangnahme geschützt, wenn der Dritte „auf der Grundlage der in dem Zeugnis enthaltenen Angaben" leistet (Art 69 Abs 3). Der Wortlaut deutet somit in beiden Fällen darauf hin, dass die Vorlage des Nachlasszeugnisses wesentlich für den Vertrauensschutz ist. Bestätigt wird dieser Eindruck durch den ErwGr 71, wonach der Schutz gewährleistet wird, „wenn noch gültige beglaubigte Abschriften vorgelegt werden".[29] Die damit verbundene Beschränkung des Vertrauensschutzes kann sachlich gerechtfertigt werden: Ein Dritter, der es nicht für nötig erachtet, sich das Nachlasszeugnis vorlegen zu lassen, handelt auf eigenes Risiko und erscheint dann nicht schutzwürdiger als jene Person, in deren Rechte durch die Gewährung des Vertrauensschutzes eingegriffen würde.[30] Freilich darf das Vorlageerfordernis nicht formalistisch angewendet werden: Bei wiederholten Rechtshandlungen im Verhältnis zu demselben Dritten muss es genügen, wenn dieser sich das ENZ nur bei erstmaliger Vornahme der Rechtshandlung vorlegen lässt. Eine neuerliche Vorlage bei jeder weiteren Rechtshandlung, die sich auf dieselbe Befugnis der im ENZ bezeichneten Person bezieht, wäre ein unnötiger Formalismus. Sie würde dem Dritten keine weiteren Informationen verschaffen und ist deshalb entbehrlich.

32 Der Vertrauensschutz setzt voraus, dass die vorgelegte Abschrift des ENZ **noch nicht abgelaufen** ist. Es darf also im Zeitpunkt der Rechtshandlung das gem Art 70 Abs 3 bezeichnete Ablaufdatum noch nicht überschritten sein. Dieses Merkmal wird zwar in Art 69 Abs 3 und 4 nicht erwähnt; sein Erfordernis ergibt sich aber zwanglos aus seinem Zweck: Mit der Be-

---

28 Wohl ebenso *Dutta* in MünchKommBGB[6] Art 69 EuErbVO Rz 17; unzutr deshalb *Rechberger/Kieweler* in *Rechberger/Zöchling-Jud* 300, nach deren Ansicht die Gutglaubenswirkung voraussetzt, dass die im ENZ ausgewiesene Person nach dem anwendbaren Erbrecht zur Entgegennahme der Leistung oder zur Vornahme der Verfügung berechtigt war.

29 Hierauf beruft sich auch *Vollmer*, ZErb 2012, 233; aA *Simon/Buschbaum*, NJW 2012, 2397 f; krit zum Vorlageerfordernis – noch bezogen auf den Kommissionsvorschlag 2009 – die Studie des MPI, RabelsZ 74 (2010) 698 (Rz 320).

30 Vgl dazu bereits *Schauer* in *Schauer/Scheuba* 94; zustimmend *Dutta* in MünchKommBGB[6] Art 69 EuErbVO Rz 22; *Rudolf*, NZ 2013/103, 241; ebenso *Köhler* in *Kroiß/Horn/Solomon* Art 69 EuErbVO Rz 7; *K. W. Lange* in *Dutta/Herrler* Rz 28; *Süß*, ZEuP 2013, 746; *Volmer*, Rpfleger 2013, 431; wohl auch *Kleinschmidt*, RabelsZ 77 (2013) 778 f; aA *Buschbaum*, GS Hübner 599 f; *Buschbaum*, NJW 2012, 2397 f; *Buschbaum*, ZEV 2012, 528; nach eingehender Diskussion unentschieden *Rechberger/Kieweler* in *Rechberger/Zöchling-Jud* 303 ff.

fristung der Wirkung soll dem Umstand Rechnung getragen werden, dass sich die im ENZ enthaltenen Angaben im Lauf der Zeit als fehlerhaft erweisen können. Da nicht ausgeschlossen werden kann, dass ein unrichtiges ENZ weiterhin verwendet wird, was selbst bei einer Änderung, einem Widerruf Art 71 und einer Aussetzung seiner Wirkungen nicht ausgeschlossen werden kann, hat das Ablaufdatum eine schadensbegrenzende Wirkung. Wird die maßgebliche Rechtshandlung erst nach dem Ablauf der Abschrift vorgenommen, so kann sich der Dritte nicht auf den Schutz seines Vertrauens berufen. Hingegen ist es für den Vertrauensschutz nicht erforderlich, dass das ENZ gerade bei der Vornahme der Rechtshandlung vorgelegt wird: Die Vorlage kann bereits vor diesem Zeitpunkt erfolgt sein, sofern nur die betreffende Rechtshandlung vor dem Ablauf der Wirksamkeit vorgenommen wurde.

Fraglich ist, ob ein Dritter auf ein ENZ vertrauen darf, das von der Ausstellungsbehörde **geändert** oder **widerrufen** wurde Art 71 oder dessen **Wirkungen ausgesetzt** wurden. Die VO sieht lediglich vor, dass die Ausstellungsbehörde die Personen verständigen muss, denen beglaubigte Abschriften ausgestellt wurden (Art 71 Abs 3, Art 73 Abs 2). Die Tatsache der Änderung, des Widerrufs oder der Aussetzung der Wirkungen kann jedoch weder dem ENZ noch einer öffentlichen Bekanntmachung entnommen werden. Gleichwohl wird in der L die Ansicht vertreten, dass mit der Beseitigung der Wirkungen des ENZ auch der Vertrauensschutz entfällt.[31] Das Ergebnis mag aufgrund der EuErbVO geboten sein; es bleibt jedoch unbefriedigend, weil dadurch der Schutz des Vertrauens auf das ENZ ganz erheblich ausgehöhlt wird. Der Dritte kann niemals sicher sein, dass das ENZ – dessen Ablaufdatum noch nicht erreicht ist – noch wirksam ist. **33**

Es ist nicht ausgeschlossen, dass sich **mehrere ENZs mit unterschiedlichem Inhalt** im Verkehr befinden, was verschiedene Ursachen haben kann: Der ausstellenden Behörde könnte bei der Ausstellung einer Abschrift ein Fehler unterlaufen sein; die andere Abschrift wurde richtig ausgestellt. Möglich ist auch, dass in mehreren Mitgliedstaaten jeweils ein ENZ ausgestellt wurde. Fraglich ist, ob und unter welchen Voraussetzungen in solchen Fällen ein Vertrauensschutz besteht. Folgt man der oben befürworteten Meinung, dass der Vertrauensschutz eine Vorlage des ENZ erfordert, dann kann es nur auf den Inhalt der vorgelegten Urkunde ankommen: Auf sie vertraut der Dritte; sie ist die Grundlage seiner Disposition. Wenn diese Urkunde den Vertrauensschutz rechtfertigt, dann kann sich der Dritte auf Art 69 berufen. Dass möglicherweise noch andere Abschriften mit anderem Inhalt vorhanden sind, wird dem Dritten idR unbekannt sein und kann den Schutz seines Vertrauens nicht berühren.[32] Verhält es sich dagegen so, dass der Dritte vom Vorhandensein mehrerer ENZ mit unterschiedlichem Inhalt Kenntnis hat, so wird sein Vertrauen auf lediglich eines davon (jenes mit dem für ihn günstigsten Inhalt) nicht schutzwürdig sein, weil dann zumindest grobe Fahrlässigkeit vorliegt (dazu unten Rz 37).[33] **34**

Fraglich ist, ob der Vertrauensschutz des ENZ auch bei einer **Verwendung in einem Drittstaat** greift. Gegen die Erstreckung des Schutzes auf die Verwendung in Drittstaaten könnte zunächst Art 63 Abs 1 sprechen, wonach das ENZ dazu bestimmt ist, dass die als berechtigt **35**

---

31 *Dutta* in MünchKommBGB[6] Art 69 EuErbVO Rz 29, Art 71 EuErbVO Rz 7; aA *Süß*, ZEuP 2013, 746 f.

32 Ebenso *Dutta* in MünchKommBGB[6] Art 69 EuErbVO Rz 28; aA offenbar *Köhler* in *Kroiß/Horn/Solomon* Art 69 EuErbVO Rz 3, wonach die Vermutungswirkung in Hinblick auf den konkreten Widerspruch entfallen soll; ebenso *Buschbaum*, ZEV 2012, 528 (dieser freilich auf der Grundlage seiner Ansicht, dass eine Vorlage des ENZ für den Vertrauensschutz nicht erforderlich ist).

33 So auch *Süß*, ZEuP 2013, 747.

bezeichneten Personen ihre Rechte in einem anderen Mitgliedstaat ausüben können. Daran ist richtig, dass die Ausstellung des ENZ einen grenzüberschreitenden Bezug zu einem anderen Mitgliedstaat erfordert. Freilich folgt daraus nicht, dass auch die Rechtswirkungen auf die anderen Mitgliedstaaten beschränkt sind. Gegen diese Annahme spricht nämlich, dass das ENZ im Staat der Ausstellung dieselben Wirkungen entfaltet wie in den anderen Mitgliedstaaten (Art 62 Abs 3 Satz 2). Dann erscheint es aber nicht ausgeschlossen, dass seine Rechtswirkungen – soweit dies mit den Aufgaben des Zeugnisses vereinbar ist – auch in Drittstaaten eintreten können. Gegen den Vertrauensschutz bei Verwendung in einem Drittstaat könnte auch Abs 1 sprechen, wonach das Zeugnis seine Wirkungen in allen Mitgliedstaaten entfaltet, ohne dass es eines besonderen Verfahrens bedarf. Daraus könnte man ableiten, dass das ENZ seine Wirkungen in den Mitgliedstaaten, aber eben nur dort entfaltet.[34] Ein solches Verständnis erscheint aber nicht zwingend. Viel eher ist anzunehmen, dass der Verordnungsgeber mit Abs 1 einen anderen Sinngehalt verband: Die Mitgliedstaaten sind verpflichtet, das Nachlasszeugnis ohne ein besonderes Verfahren anzuerkennen (vgl oben Rz 5). Daraus folgt aber nicht, dass das ENZ in einem Drittstaat keinerlei Wirkungen entfalten kann. Gewiss sind die Behörden eines Drittstaats, zB bei der Registereintragungen (Abs 5), an das ENZ nicht in der Weise gebunden wie die Behörden eines Mitgliedstaats. Die Regeln über den Vertrauensschutz (Abs 3 und 4) könnten jedoch unproblematisch auch bei Verwendung des ENZ in einem Drittstaat angewendet werden.

36 In der Tat sprechen **die besseren Gründe** für die Anwendung der Regeln über den Vertrauensschutz **auch bei Verwendung in einem Drittstaat.**[35] Dafür spricht zunächst ein Praktikabilitätsgedanke. Es erscheint – soweit es lediglich um den Vertrauensschutz geht – praktisch ausgeschlossen, die Verwendung in einem Drittstaat von der Verwendung in einem Mitgliedstaat abzugrenzen. Worauf sollte es hierfür ankommen? Auf den gewöhnlichen Aufenthalt des Dritten in einem Drittstaat? Auf die Vorlage des Zeugnisses in einem Drittstaat? In jedem Fall wären Zufallsergebnisse vorprogrammiert. Diese Überlegung zeigt, dass sich für die Beschränkung des Vertrauensschutzes auf die Verwendung in Mitgliedstaaten kein sachgerechtes Kriterium und kein sachgerechter Grund finden lassen. Deshalb sollte der Vertrauensschutz als Teilbereich des Erbstatuts verstanden werden und unabhängig vom Ort stets dann angewendet werden, wenn die Rechtsnachfolge nach dem Recht eines Mitgliedstaats zu beurteilen ist.

37 Der Vertrauensschutz greift nicht bei **Schlechtgläubigkeit** des Dritten. Schlechtgläubigkeit liegt vor, wenn dem Dritten die Unrichtigkeit des Zeugnisses bekannt oder aufgrund grober Fahrlässigkeit unbekannt war. Unter Kenntnis ist positives Wissen zu verstehen. Grobe Fahrlässigkeit ist nicht auf der Grundlage des innerstaatlichen Rechts, sondern einheitlich-autonom zu interpretieren.[36] Man wird darunter – durchaus ähnlich wie im innerstaatlichen Recht – eine außergewöhnliche Sorglosigkeit verstehen müssen, die umso eher anzunehmen ist, je geringer der Aufwand ist, mit dem sich der Dritte über wahre Tatsachen oder tatsächlich bestehende Rechtsverhältnisse hätte Kenntnis verschaffen können.[37] Liegt die Kenntnis oder grob fahrlässige Unkenntnis bei einem Stellvertreter des Dritten vor, so entscheidet

---

34 Hierauf stützen *Rechberger/Kieweler* in *Rechberger/Zöchling-Jud* 307 f ihre gegenteilige Ansicht.
35 Vgl dazu bereits *Schauer* in *Schauer/Scheuba* 94 f; zust *Dutta* in MünchKommBGB[6] Art 69 EuErbVO Rz 4.
36 So auch *Dutta* in MünchKommBGB[6] Art 69 EuErbVO Rz 19.
37 Generell für hohe Anforderungen an die grobe Fahrlässigkeit *Dutta* in MünchKommBGB[6] Art 69 EuErbVO Rz 19.

das Vollmachtstatut oder bei organschaftlichen Vertretern juristischer Personen das Perso-nalstatut über die Zurechnung. Beweispflichtig für die Schlechtgläubigkeit ist, wer sich darauf beruft (arg: „es sei denn, . . .").[38]

Die **Gutgläubigkeit** des Dritten muss bei der **Vornahme des Verfügungsgeschäfts** oder bei der **Erfüllungshandlung** noch bestanden haben.[39] Dafür spricht klar der Wortlaut des Abs 3 und 4, wo auf die Leistung an die im ENZ bezeichnete Person bzw auf die Verfügung durch die Person abgestellt wird.[40] Später erlangte Kenntnis von der wahren Sach- oder Rechtslage kann den wirksamen Erwerb nicht mehr zunichtemachen. **38**

2. Vergleich mit der österreichischen Rechtslage

Das ENZ soll funktionsverwandte Schriftstücke des innerstaatlichen Rechts nicht ersetzen. Es wird zusätzlich zu diesen ausgestellt. Im österr Recht gibt es verschiedene Dokumente, die ähnliche Funktionen ausüben wie das ENZ. Hinsichtlich des Vertrauensschutzes besteht eine Funktionsverwandtschaft mit der **Einantwortung.** Der Schutz aufgrund der Einantwortungs-urkunde bezieht sich nur auf Rechtshandlungen des Scheinerben (§ 824 Satz 2 ABGB), nicht aber auf Rechtshandlungen des Nachlasskurators oder Testamentsvollstreckers; das ENZ geht hier darüber hinaus. Nach überwiegender Ansicht soll der Schutz des Dritten beim Vertrau-en auf die Einantwortung erst dann entfallen, wenn dieser die Unrichtigkeit der Einantwor-tungsurkunde kennt;[41] beim ENZ bereits bei grober Fahrlässigkeit (oben Rz 30). Ist der Drit-te redlich, so besteht der Vertrauensschutz gem § 824 Satz 2 ABGB nach der L auch ohne Vorlage der Einantwortungsurkunde;[42] das ENZ entfaltet die vertrauensschützende Wirkung jedoch nur bei Vorlage (Rz 31). Der Vertrauensschutz aufgrund der Einantwortungsurkunde gilt unbefristet, während das ENZ mit einem Ablaufdatum versehen ist (Rz 32). Die zu § 824 Satz 2 ABGB vertretene Ansicht, wonach die Redlichkeit des Dritten nicht nur beim Ver-pflichtungsgeschäft, sondern auch noch im Zeitpunkt des Verfügungsgeschäfts bestanden ha-ben muss,[43] ist auch für das Nachlasszeugnis zu befürworten (Rz 38). **39**

Wie sich soeben gezeigt hat, werden der Vertrauensschutz durch das ENZ und der durch die Einantwortungsurkunde vielfach zu demselben Ergebnis führen. Dies ist jedoch nicht not-wendigerweise der Fall. Wird der Vertrauensschutz *nur* auf der Grundlage des § 824 Satz 2 ABGB oder *nur* gem Art 69 Abs 3 und 4 der EuErbVO gewährt, so stellt sich die Frage, auf welchen Tatbestand sich der Dritte berufen kann. Dabei ist in Erinnerung zu rufen, dass das ENZ die funktionsverwandten Dokumente des innerstaatlichen Rechts nicht verdrängen, sondern nur ergänzen soll, weshalb seine Verwendung auch nicht zwingend ist (Art 62 Abs 2 und 3). Lässt die EuErbVO hiernach eine konkurrierende Verwendung innerstaatlicher und europäischer Dokumente zu, so ergibt sich daraus ein **Günstigkeitsprinzip:** Der Dritte kann **40**

---

38 *L. Kunz,* GPR 2012, 257; vgl auch *Rudolf,* NZ 2013/103, 241.

39 Vgl dazu auch – mit ergänzenden Erwägungen bei Geschäften, die einer behördlichen Bewilligung unterliegen, *Dutta* in MünchKommBGB[6] Art 69 EuErbVO Rz 20; ferner *Rechberger/Kieweler* in *Rechberger/Zöchling-Jud* 316.

40 So bereits *Schauer* in *Schauer/Scheuba* 95.

41 *Spruzina* in *Kletečka/Schauer*[1.01] § 824 Rz 10; *Kühnberg* in *Gruber/Kalss/Müller/Schauer* § 14 Rz 31; *Welser* in *Rummel/Lukas*[4] §§ 823, 824 Rz 35; einschränkend und differenzierend *Ferrari-Hofmann-Wellenhof,* Erbschaftsklage 323; ähnlich *Nemeth* in *Schwimann/Kodek*[4] § 824 Rz 6; vgl auch *Ferrari* in *Ferrari/Likar-Peer* 495.

42 So *Ferrari-Hofmann-Wellenhof,* Erbschaftsklage 323.

43 *Spruzina* in *Kletečka/Schauer*[1.01] § 824 Rz 11; *Kühnberg* in *Gruber/Kalss/Müller/Schauer* § 14 Rz 32; *Ferrari* in *Ferrari/Likar-Peer* 496; *Welser* in *Rummel/Lukas*[4] §§ 823, 824 Rz 36.

sich auf den Vertrauensschutz nach jenen Regeln berufen, die für seinen Rechtsstandpunkt vorteilhafter sind. Er kann also geltend machen, dass das Vertrauen auf die Verfügungsbefugnis oder die Befugnis zur Empfangnahme der Leistung des Scheinerben *entweder* gem § 824 Satz 2 ABGB *oder* gem Art 69 Abs 3 oder 4 geschützt ist. Freilich muss dabei stets der betreffende Tatbestand zur Gänze erfüllt sein. Das Bilden neuer Vertrauenstatbestände durch das kombinatorische Zusammenfügen von Merkmalen aus dem innerstaatlichen Recht und aus der VO kommt nicht in Betracht.[44]

41 Das ENZ kann zT auch vergleichbare Funktionen wie die **Amtsbestätigung zugunsten des verwaltenden Erben** (§ 172 AußStrG iVm § 810 ABGB) erfüllen. Während der Schutz des Vertrauens Dritter bei fehlerhafter Beurkundung nach dem ENZ feststeht, ist die Rechtslage bei der Amtsbestätigung weniger klar. Ein spezifischer Vertrauensschutz ist diesbezüglich im Gesetz nicht vorgesehen; die hA will einen redlichen Dritte nur nach Maßgabe der Regeln über die Anscheinsvollmacht schützen.[45]

42 Unter Umständen kann es auch zu einer funktionalen Überschneidung des ENZ mit dem **Verlassenschaftsprovisorium** gem **§ 32 Abs 2 UGB** kommen. Dabei wird nach dem Tod eines Einzelunternehmers oder eines vertretungsbefugten Gesellschafters einer OG oder KG jene Person in das Firmenbuch eingetragen, die berechtigt ist, die Verlassenschaft zu vertreten. Die Eintragung erfolgt nur auf Antrag;[46] bei der Eintragung handelt es sich lediglich um eine eintragungsfähige Tatsache.[47] Bei fehlerhafter Eintragung ist ein Vertrauensschutz lediglich auf der Grundlage des § 15 Abs 3 UGB möglich.[48] Die Löschung ist jedoch eintragungspflichtig, sodass ein Dritter bei ihrem Unterbleiben nach § 15 Abs 1 UGB geschützt ist.[49]

IV. Registereintragung (Abs 5)

43 Das ENZ ist ein **wirksames Schriftstück** für **Eintragungen in dem einschlägigen Register** eines Mitgliedstaates. Damit ist gemeint, dass das ENZ – genauer: die beglaubigte Abschrift (Art 70)[50] – zum Nachweis der in ihm dokumentierten Rechtsstellungen und Befugnisse auch gegenüber den Behörden eines Mitgliedstaats verwendet werden kann, die für die Vornahme von Eintragungen in öffentlichen Registern zuständig sind. Die Richtigkeitsvermutung des Abs 2 greift auch hier.[51] Konsequenterweise kann die registerführende Behörde idR keinen weiteren Nachweis der Berechtigung verlangen.[52] Hinsichtlich des Registers heißt es im Verordnungstext lediglich, es müsse „einschlägig" sein *(relevant, pertinent)*; auf die Öffentlichkeit des Registers kommt es offenbar nicht an. Unter den einschlägigen Registern

44 Zust *Rechberger/Kieweler* in *Rechberger/Zöchling-Jud* 317.
45 *Sailer* in *Gitschthaler/Höllwerth* § 172 Rz 4; gegen einen Vertrauensschutz *Rechberger/Kieweler* in *Rechberger/Zöchling-Jud* 316.
46 *Enzinger* in *Zib/Dellinger* I § 32 Rz 10; *Schuhmacher* in *Straube* I[4] § 32 Rz 10; *Herda* in *Jabornegg/Artmann* I[2] § 32 Rz 17.
47 *Enzinger* in *Zib/Dellinger* I § 32 Rz 16.
48 Unklar *Schuhmacher* in *Straube* I[4] § 32 Rz 11; *Herda* in *Jabornegg/Artmann* I[2] § 32 Rz 18 (beide unter Bezugnahme auf § 15 UGB ohne nähere Erläuterung).
49 *Enzinger* in *Zib/Dellinger* I § 32 Rz 16.
50 *Buschbaum*, ZEV 2012, 525.
51 *Dutta* in *MünchKommBGB*[6] Art 69 EuErbVO Rz 26; wohl ebenso *Köhler* in *Kroiß/Horn/Solomon* Art 69 EuErbVO Rz 8.
52 *Dutta* in *MünchKommBGB*[6] Art 69 EuErbVO Rz 27; *Süß*, ZEuP 2013, 745 f; *Rechberger/Kieweler* in *Rechberger/Zöchling-Jud* 309 f; wohl auch *Rudolf*, NZ 2013/103, 241; zweifelnd *K. W. Lange* in *Dutta/Herrler* Rz 34 f.

sind jene Verzeichnisse zu verstehen, die der Dokumentation der durch die Rechtsnachfolge von Todes wegen erworbenen Rechte dienen. In erster Linie ist dabei an Grundbücher, Handelsregister oder Register für Immaterialgüterrechte zu denken (vgl näher Art 1 Rz 99).

Abs 5 gilt **unbeschadet des Art 1 Abs 2 lit k** und l. Damit wird auf zwei Bereiche verwiesen,   **44** die aus dem Anwendungsbereich der EuErbVO ausgenommen sind. Gem lit k ist die VO nicht anzuwenden auf die Arten der dinglichen Rechte. Die Bestimmung ist so zu verstehen, dass die Arten der dinglichen Rechte nach dem Sachstatut zu beurteilen sind (Art 1 Rz 71). IZm Art 69 Abs 4 muss der Hinweis auf die unbeschadete Anwendbarkeit des Art 1 Abs 2 lit k am ehesten so verstanden werden, dass nicht notwendigerweise jenes Sachenrecht in das Register des anderen Mitgliedstaats einzutragen ist, das sich aus dem ENZ ergibt. Kennt das Sachenrecht des registerführenden Mitgliedstaats dieses Sachenrecht nicht, so ist eine Anpassung gem Art 31 vorzunehmen (vgl auch Art 1 Rz 74 ff).[53]

Die **Ausnahme des Art 1 Abs 2 lit l** bezieht sich auf „jede Eintragung von Rechten an be-   **45** weglichen oder unbeweglichen Vermögensgegenständen in einem Register, einschließlich der gesetzlichen Voraussetzungen für eine solche Eintragung, sowie die Wirkungen der Eintragung oder der fehlenden Eintragung solcher Rechte in einem Register". Damit wird zunächst gesagt, dass das Recht des Registerstaats die Voraussetzungen für die Eintragung, insb die hierfür vorzulegenden Dokumente (zB Bestätigungen über beglichene Steuer; vgl ErwGr 18) und die Anforderungen an die Form, autonom festlegen kann (vgl auch Art 1 Rz 93). Lediglich bezüglich des Nachweises der Rechtsstellung der Person, deren Recht eingetragen werden soll, kommt das ENZ ins Spiel (vgl auch ErwGr 18), sodass weitere Nachweise der darin dokumentierten Rechtsstellung idR nicht verlangt werden können (vgl oben Rz 9).[54] Das Sachenrechtsstatut bestimmt aber auch über die Wirkungen der Eintragung: Hat die Eintragung nach dem Recht des Registerstaats eine konstitutive Wirkung, so ist diese maßgeblich; und zwar auch dann, wenn das Erbstatut den Rechtsübergang ohne Eintragung im Register eintreten lässt (Art 1 Rz 91; vgl auch ErwGr 19).[55] Dies ist zugleich als Ausnahme vom Grundsatz zu verstehen, dass der Übergang des Nachlasses auf die Erben und Vermächtnisnehmer vom Erbstatut geregelt wird (Art 23 Abs 2 lit e). Daraus folgt beispielsweise, dass der Vermächtnisnehmer an einem in Österreich gelegenen Grundstück erst durch die Grundbuchseintragung das Eigentum erwirbt; und zwar auch dann, wenn das Erbstatut ein Vindikationslegat vorsieht.[56] Ebenso bestimmt das Recht des Registerstaats über Folgen einer unterlassenen Eintragung. Damit ist va der Schutz dritter Personen gemeint, die im Vertrauen auf den unvollständigen oder unrichtig gewordenen Registerstand gehandelt haben. Auch das Registerverfahrensrecht wird zur Gänze vom Recht des registerführenden Mitgliedstaats beherrscht (vgl auch Art 1 Rz 94).

Beglaubigte Abschriften des Zeugnisses

Art 70. **(1) Die Ausstellungsbehörde bewahrt die Urschrift des Zeugnisses auf und stellt dem Antragsteller und jeder anderen Person, die ein berechtigtes Interesse nachweist, eine oder mehrere beglaubigte Abschriften aus.**

---

53 Vgl auch *K.W. Lange* in *Dutta/Herrler* Rz 36; *Rechberger/Kieweler* in *Rechberger/Zöchling-Jud* 310.

54 *Dutta* in MünchKommBGB[6] Art 69 EuErbVO Rz 27; *Köhler* in *Kroiß/Horn/Solomon* Art 69 EuErbVO Rz 8.

55 Vgl auch *Fischer-Czermak* in *Schauer/Scheuba* 28.

56 So auch *K.W. Lange* in *Dutta/Herrler* Rz 36; aA *Dutta*, IPRax 2015, 33 f; krit auch *Margonski*, GPR 2013, 108 ff.

(2) Die Ausstellungsbehörde führt für die Zwecke des Artikels 71 Absatz 3 und des Artikels 73 Absatz 2 ein Verzeichnis der Personen, denen beglaubigte Abschriften nach Absatz 1 ausgestellt wurden.

(3) Die beglaubigten Abschriften sind für einen begrenzten Zeitraum von sechs Monaten gültig, der in der beglaubigten Abschrift jeweils durch ein Ablaufdatum angegeben wird. In ordnungsgemäß begründeten Ausnahmefällen kann die Ausstellungsbehörde abweichend davon eine längere Gültigkeitsfrist beschließen. Nach Ablauf dieses Zeitraums muss jede Person, die sich im Besitz einer beglaubigten Abschrift befindet, bei der Ausstellungsbehörde eine Verlängerung der Gültigkeitsfrist der beglaubigten Abschrift oder eine neue beglaubigte Abschrift beantragen, um das Zeugnis zu den in Artikel 63 angegebenen Zwecken verwenden zu können.

Stammfassung.

Literatur: *Buschbaum/Simon,* EuErbVO: Das Europäische Nachlasszeugnis, ZEV 2012, 525; *Dorsel,* Europäisches Nachlasszeugnis (2014) www.notaries-of-europe.eu/files/training-new/2014-05-09/Dr.Dorsel_GER.doc (2. 1. 2015); *Dorsel,* Europäische Erbrechtsverordnung und Europäisches Nachlasszeugnis, ZErb 2014, 212; *Faber/Grünberger,* Vorschlag der EU-Kommission zu einer Erbrechts-Verordnung, NZ 2011/25, 97; *Lange,* Das geplante Europäische Nachlasszeugnis, DNotZ 2012, 168; *Lange,* Das Europäische Nachlasszeugnis, in *Dutta/Herrler,* Die Europäische Erbrechtsverordnung (2014) 161; *Max Planck Institute for Comparative and International Private Law (MPI),* Comments on the European Commission's Proposal for a Regulation of the European Parliament and of the Council on jurisdiction, applicable law, recognition and enforcement of decisions and authentic instruments in matters of succession and the creation of a European Certificate of Succession, RabelsZ 74 (2010) 522; *Omlor,* Gutglaubensschutz durch das Europäische Nachlasszeugnis, GPR 2014, 216; *Rechberger/Kieweler,* Das Europäische Nachlasszeugnis, in *Rechberger/Zöchling-Jud,* Die EU-Erbrechtsverordnung in Österreich (2015) 269; *Rudolf,* Die Erbrechtsverordnung der Europäischen Union, NZ 2013/103, 225; *Schauer,* Europäisches Nachlasszeugnis, EF-Z 2012/154, 245; *Schauer,* Die neue Erbrechts-VO der Europäischen Union – eine Annäherung, JEV 2012, 78; *Schauer,* Europäisches Nachlasszeugnis, in *Schauer/Scheuba,* Europäische Erbrechtsverordnung (2012) 73; *Steiner,* EU-Verordnung in Erbsachen sowie zur Einführung eines europäischen Nachlasszeugnisses, NZ 2012/26, 104.

Übersicht

		Rz
I.	Allgemeines	1
II.	Beglaubigte Abschrift des Europäischen Nachlasszeugnisses	3
	A. Ausstellung beglaubigter Abschriften (Art 70 Abs 1)	3
	B. Verzeichnis der Abschriften (Art 70 Abs 2)	6
	C. Beschränkte Gültigkeitsdauer der Abschriften (Art 70 Abs 3)	8
III.	Neue Prüfpflichten für Registergerichte	17

I. Allgemeines

1   Die **Urschrift des ENZ** verbleibt nach dessen Ausstellung stets **in Verwahrung der Ausstellungsbehörde** und wird im Rechtsverkehr durch **beglaubigte Abschriften** mit **zeitlich beschränkter Gültigkeitsdauer** vertreten (Art 70 Abs 1 und Abs 3). Nach ErwGr 72 bleibt es den Mitgliedstaaten – ungeachtet der Regelung des Art 70 – unbenommen, im Einklang mit dem jeweiligen nationalen Recht über den Zugang der Öffentlichkeit zu Dokumenten ebendieser Abschriften des ENZ zugänglich zu machen.

2   Angesichts des Umstandes, dass die Ausstellungsbehörde (nach Art 72 Abs 2 auch das Rechtsmittelgericht) das ENZ, wenn feststeht, dass es ganz oder teilweise **unrichtig** ist, auf

Verlangen jedweder Person, die ein berechtigtes Interesse nachweist, unter Umständen auch von Amts wegen, **jederzeit** ändern (Art 71 Abs 2) oder widerrufen (Art 71 Abs 2, Art 72 Abs 2) und dessen Wirkungen aussetzen (Art 73) kann, besteht die Möglichkeit, dass beglaubigte Abschriften des ENZ im Rechtsverkehr kursieren und – mit den rechtlichen Wirkungen des Art 69 – verwendet werden, die dem in Verwahrung der Ausstellungsbehörde verbliebenen ENZ nicht mehr entsprechen oder nicht mehr wirksam sind. Der Versuch, dieses Problem durch eine einfache Beschränkung der Gültigkeitsdauer der beglaubigten Abschriften zu beseitigen, überzeugt nicht.[1]

II. Beglaubigte Abschrift des Europäischen Nachlasszeugnisses

A. Ausstellung beglaubigter Abschriften (Art 70 Abs 1)

Nach Ausstellung des ENZ (Art 67) können dem **ASt** (Art 65 Abs 1) und **jeder** anderen **Person,** die ein **berechtigtes Interesse nachweist, beglaubigte Abschriften** des ENZ ausgestellt werden. Dies werden vom ASt verschiedene Antragsberechtigte iSd Art 63 Abs 1 (andere Erben, Vermächtnisnehmer mit unmittelbarer Berechtigung am Nachlass, Testamentsvollstrecker oder Nachlassverwalter) ebenso sein können wie Gläubiger oder Nachlassschuldner, die gesichert mit schuldbefreiender Wirkung leisten können wollen[2].   **3**

Die Erteilung einer beglaubigten Abschrift des ENZ ist nicht mehr zulässig, wenn das ENZ nach Art 71 Abs 2 von der Ausstellungsbehörde selbst oder nach Art 72 Abs 2 vom Rechtsmittelgericht **widerrufen** wurde, nach Art 72 **bekämpft** wird und/oder – zufolge ausdrücklicher Regelung in Art 73 Abs 2 – dessen Wirkungen von der Ausstellungsbehörde oder dem Rechtsmittelgericht iSd Art 73 **ausgesetzt** wurden.[3]   **4**

Einen **Rechtsbehelf** gegen die Ausstellung oder Verweigerung der Ausstellung einer beglaubigten Abschrift des ENZ sieht die EuErbVO nicht vor. *Dutta*[4] spricht sich diesbezüglich für die analoge Anwendung des Art 72 Abs 1 UAbs 1 aus.   **5**

B. Verzeichnis der Abschriften (Art 70 Abs 2)

Im Fall einer Änderung oder eines Widerrufs des ENZ (Art 71 Abs 2 und 3) oder einer Aussetzung dessen Wirkungen (Art 73), hat die Ausstellungsbehörde bzw das Rechtsmittelgericht **unverzüglich** alle Personen, denen beglaubigte Abschriften des ENZ ausgestellt wurden, hierüber **zu unterrichten.** Dies kann die Ausstellungsbehörde naturgemäß nur dann, wenn sie entsprechende Aufzeichnungen über die Ausstellung beglaubigter Abschriften des ENZ führt.   **6**

Art 70 Abs 2 verpflichtet die Ausstellungsbehörde daher, nicht zuletzt für die Zwecke der vorgenannten Verständigung, ein **Verzeichnis** jener Personen zu führen, denen beglaubigte Abschriften des ENZ ausgestellt wurden. Wie dieses Verzeichnis konkret zu führen ist, regelt die EuErbVO nicht; es werden auch hier Vorkehrungen nach dem jeweiligen nationalen Recht zu treffen sein.   **7**

---

1 Vgl auch *Dutta* in MünchKommBGB[6] Art 71 EuErbVO Rz 7.
2 Vgl auch *Dutta* in MünchKommBGB[6] Art 70 EuErbVO Rz 3.
3 Vgl auch *Dutta* in MünchKommBGB[6] Art 70 EuErbVO Rz 2.
4 *Dutta* in MünchKommBGB[6] Art 70 EuErbVO Rz 4 und Art 72 EuErbVO Rz 3.

C. Beschränkte Gültigkeitsdauer der Abschriften (Art 70 Abs 3)

8 Art 70 Abs 3 beschränkt die **Gültigkeitsdauer** der beglaubigten Abschriften des ENZ auf einen Zeitraum von **sechs Monaten;** das **Ablaufdatum** ist in der beglaubigten Abschrift anzugeben und – so *Dutta*[5] – auch dann wirksam, wenn sich die Ausstellungsbehörde verrechnet hat.

Der Verordnungsgeber schafft mit der befristeten Gültigkeit der beglaubigten Abschriften des ENZ gleichzeitig eine zeitliche Schranke für die Entfaltung dessen (Gutglaubens-)Wirkungen iSd Art 69; der mit dem ENZ verbundene Gutglaubensschutz soll, so ErwGr 71, gewährleistet werden, wenn noch gültige beglaubigte Abschriften vorgelegt werden.

9 Um der Kritik an der Regelung – im Verordnungsvorschlag der Kommission[6] war lediglich eine dreimonatige Gültigkeitsdauer der „Ausfertigungen" vorgesehen – wenigstens teilweise zu begegnen, wurde der Ausstellungsbehörde in Art 70 Abs 3 auch die Möglichkeit eingeräumt, in „ordnungsgemäß begründeten", vom Verordnungsgeber jedoch nicht näher determinierten „Ausnahmefällen" nach pflichtgemäßem Ermessen eine **längere** als die sechsmonatige **Gültigkeitsfrist** zu beschließen.[7] Eine solche verlängerte Gültigkeitsdauer könnte vor allem bezüglich der (Dauer-)Testamentsvollstreckung oder der Nachlassverwaltung relevant werden.[8]

10 Soll das ENZ bzw dessen beglaubigte Abschrift nach Ablauf der Gültigkeitsfrist weiter zu den in Art 63 genannten Zwecken verwendet werden, **muss** bei der Ausstellungsbehörde eine **Verlängerung der Gültigkeitsfrist** der beglaubigten Abschrift oder die Ausstellung einer **neuen beglaubigten Abschrift** beantragt werden.

11 Das Motiv für die befristete Gültigkeitsdauer der Abschriften und damit der Wirkungen des ENZ im Rechtsverkehr liegt im Versuch der **Hintanhaltung einer möglichen missbräuchlichen Verwendung** eines inhaltlich unrichtigen ENZ; die Ausstellungsbehörde, gegebenenfalls das Rechtsmittelgericht, soll in die Lage versetzt werden, auf nach der Ausstellung des ENZ und diesbezüglicher beglaubigter Abschriften hervorkommende Umstände, aus denen sich ergibt, dass das ENZ nicht den Tatsachen entspricht, zu reagieren, der Rechtsverkehr entsprechend geschützt werden.[9] Ob der vom Verordnungsgeber eingeschlagene Weg tatsächlich praxistauglich ist, wird sich weisen und darf bezweifelt werden.[10] *Lange*[11] weist, mE zu Recht, darauf hin, dass auch ein Zeitraum von sechs Monaten für eine fälschlich als Erbe ausgewiesene Person idR ausreichend sein wird, um sich in den Besitz des Nachlasses zu bringen.

12 Auch kann die Unrichtigkeit des ENZ schon während der sechsmonatigen Frist zu Tage treten; die im Umlauf befindlichen beglaubigten Abschriften könnten in diesem Fall problemlos weiter verwendet werden. Zur Vermeidung einer missbräuchlichen Verwendung ist zwar die

---

5 *Dutta* in MünchKommBGB[6] Art 70 EuErbVO Rz 6.

6 Art 43 Vorschlag der Kommission für eine Verordnung des Europäischen Parlaments und des Rates über die Zuständigkeit, das anzuwendende Recht, die Anerkennung und die Vollstreckung von Entscheidungen und öffentlichen Urkunden in Erbsachen sowie zur Einführung eines Europäischen Nachlasszeugnisses, KOM(2009) 154 endg.

7 Vgl *Dutta* in MünchKommBGB[6] Art 70 EuErbVO Rz 7.

8 *Lange* in *Dutta/Herrler* Rz 37.

9 Vgl *Dorsel*, ZErb 2014, 223; *Schauer* in *Schauer/Scheuba* 91 f; *Schauer*, EF-Z 2012/154, 249.

10 Vgl zB *Müller-Lukoschek*, EU-Erbverordnung § 2 Rz 343; *Lange* in *Dutta/Herrler* Rz 38.

11 *Lange* in *Dutta/Herrler* Rz 38.

Verständigung von einer Änderung oder einem Widerruf sowie der Aussetzung der Wirkungen des ENZ durch die Ausstellungsbehörde oder das Rechtsmittelgericht iSd Art 71 Abs 3 bzw Art 73 Abs 2 vorgesehen, der **gute Glaube** hinsichtlich der bereits ausgestellten beglaubigten Abschriften wird dadurch per se jedoch **nicht beseitigt**.[12] Eine Einziehung der beglaubigten Abschriften des ENZ im Fall der Unrichtigkeit ist in der EuErbVO nicht vorgesehen.[13]

Vollkommen ungeklärt ist damit auch die Frage, wie in der Praxis mit **einander widersprechenden beglaubigten Abschriften** eines ENZ umzugehen sein wird. Zu solchen kann es kommen, wenn die Ausstellungsbehörde das ENZ vor Ablauf der Gültigkeit der beglaubigten Abschrift wegen Unrichtigkeit iSd Art 71 Abs 2 ändert und danach beglaubigte Abschriften des nunmehr geänderten ENZ ausstellt.[14] Knüpft man die Wirkungen des ENZ nicht an den Umstand der tatsächlichen Vorlage der beglaubigten Abschrift des ENZ,[15] sondern an das bloße Vorhandensein einer solchen an sich, müsste der Gutglaubensschutz – so *Buschbaum/Simon*[16] und *Müller-Lukoschek*[17] – für alle im Umlauf befindlichen, einander inhaltlich widersprechenden beglaubigten Abschriften entfallen. Ob die Wirkung von der Urschrift des ENZ entsprechenden beglaubigten Abschriften in diesem Fall wieder auflebt, wenn die unrichtig gewordenen ihr Ablaufdatum erreicht haben, ist offen.[18]   **13**

Die grundsätzliche Frist von sechs Monaten wird in der Praxis in vielen Fällen **kaum ausreichend sein, um etwa alle Voraussetzungen für eine Registereintragung zu schaffen,** da eine solche insb die Meldung des Erwerbsvorganges an die zuständige Finanzbehörde, die Bemessung und Entrichtung von Steuern sowie die Einholung und das Vorliegen allenfalls erforderlicher (rechtskräftiger) grundverkehrsrechtlicher oder sonstiger behördlicher Genehmigungen und/oder Bescheinigungen verlangen wird.   **14**

Die befristete Gültigkeitsdauer der Ausfertigungen des ENZ wirft weiters die Frage auf, welchen Regelungen das **Verfahren auf Verlängerung der Gültigkeitsfrist und/oder Neuausstellung** einer beglaubigten Abschrift unterworfen ist. Eine Antwort hierauf enthält die EuErbVO erwartungsgemäß nicht. Die Ausstellungsbehörde wird jedenfalls zu prüfen haben, ob die Voraussetzungen für die Ausstellung eines ENZ nach wie vor gegeben sind[19] und ihr zwischenzeitig bekannt gewordene neue Umstände zu berücksichtigen haben. Für eine solche – gegenüber dem Verfahren auf Ausstellung eines (neuen) ENZ – reduzierte Prüfung durch die Ausstellungsbehörde ließe sich ins Treffen führen, dass es eben nicht um die Ausstellung des ENZ, sondern lediglich um eine Verlängerung dessen Wirkungen nach außen in Form einer beglaubigten Abschrift geht. Ansonsten hätte man auf beglaubigte Abschriften verzichten können und das ENZ selbst zeitlich befristen müssen.   **15**

Art 70 zeigt deutlich, wie sinnvoll ein europaweites Register für die **zwingende Registrierung von ENZ** wäre. Eine Änderung, ein Widerruf oder eine Aussetzung der Wirkungen   **16**

---

12 *Müller-Lukoschek,* EU-Erbverordnung § 2 Rz 345.
13 Vgl auch *Dorsel,* ZErb 2014, 224; *Buschbaum/Simon,* ZEV 2012, 528; *Köhler* in *Kroiß/Horn/Solomon* Art 71 EuErbVO Rz 1 und 5; *Dutta* in MünchKommBGB[6] Art 71 EuErbVO Rz 7; *Rechberger/Kieweler* in *Rechberger/Zöchling-Jud* 320.
14 Vgl *Müller-Lukoschek,* EU-Erbverordnung § 2 Rz 350 ff.
15 So jedoch offensichtlich *Schauer* in *Schauer/Scheuba* 94; *Rudolf,* NZ 2013/103, 241.
16 *Buschbaum/Simon,* ZEV 2012, 528.
17 *Müller-Lukoschek,* EU-Erbverordnung § 2 Rz 353 unter Berufung auf *Buschbaum/Simon,* ZEV 2012, 528.
18 *Müller-Lukoschek,* EU-Erbverordnung § 2 Rz 353.
19 Vgl *Dutta* in MünchKommBGB[6] Art 70 EuErbVO Rz 7.

des ENZ könnte – ungeachtet von im Umlauf befindlichen Abschriften – unverzüglich registriert und die Gültigkeit des ENZ im Verwendungsfall abgefragt werden. Aktuell kann man auch bei Vorlage einer beglaubigten Abschrift des ENZ vor Erreichen des Ablaufdatums nicht sicher sein, dass das ENZ zwischenzeitig nicht geändert oder widerrufen wurde.

III. Neue Prüfpflichten für Registergerichte

17 Aufgrund der Befristung der Gültigkeitsdauer der beglaubigten Abschriften des ENZ ergibt sich eine **Prüfpflicht der Registergerichte** hinsichtlich deren „Haltbarkeitsdatums".[20]

18 Fraglich ist, ob die Gültigkeit der dem Registergericht vorgelegten beglaubigten Abschrift des ENZ im Zeitpunkt der Antragstellung beim Registergericht ausreichend sein wird oder ob die **Gültigkeit** auch noch **im Zeitpunkt der Eintragung** gegeben sein wird müssen. Nach § 93 GBG ist grundsätzlich der Zeitpunkt, in dem ein Ansuchen beim Grundbuchsgericht einlangt, für die Beurteilung dieses Ansuchens entscheidend.

Vor Art 71 bis 73

Literatur: *Buschbaum/Simon,* EuErbVO: Das Europäische Nachlasszeugnis, ZEV 2012, 525; *Lange,* Das geplante Europäische Nachlasszeugnis, DNotZ 2012, 168; *Lange,* Das Europäische Nachlasszeugnis, in *Dutta/Herrler,* Die Europäische Erbrechtsverordnung (2014) 161; *Max Planck Institute for Comparative and International Private Law (MPI),* Comments on the European Commission's Proposal for a Regulation of the European Parliament and of the Council on jurisdiction, applicable law, recognition and enforcement of decisions and authentic instruments in matters of succession and the creation of a European Certificate of Succession, RabelsZ 74 (2010), 522; *Omlor,* Gutgläubigkeitsschutz durch das Europäische Nachlasszeugnis, GPR 2014, 216; *Rudolf,* Die Erbrechtsverordnung der Europäischen Union, NZ 2013/ 103, 225; *Schauer,* Europäisches Nachlasszeugnis, EF-Z 2012/154, 245; *Schauer,* Europäisches Nachlasszeugnis, in *Schauer/Scheuba,* Europäische Erbrechtsverordnung (2012) 73; *Süß,* Das Europäische Nachlasszeugnis, ZEuP 2013, 725; *Wilsch,* EuErbVO – Die Verordnung in der deutschen Grundbuchpraxis, ZEV 2012, 530.

1 Nach ErwGr 72 sollte die EuErbVO **Rechtsbehelfe gegen Entscheidungen der Ausstellungsbehörde,** „einschließlich der Entscheidungen, die Ausstellung eines Zeugnisses zu versagen", vorsehen", und die Ausstellungsbehörde im Fall der **Berichtigung, Änderung oder des Widerrufs des ENZ** „die Personen unterrichten, denen beglaubigte Abschriften ausgestellt** wurden, um eine missbräuchliche Verwendung dieser Abschriften zu vermeiden".

2 Dem vorgenannten Zweck dienen die **Art 71** (Berichtigung, Änderung oder Widerruf des ENZ), **Art 72** (Rechtsbehelfe) und **Art 73** (Aussetzung der Wirkungen des ENZ), die sowohl **formal als auch inhaltlich nur als lückenhaft** und alles in allem als nicht gelungen zu bezeichnen sind. Va Art 72 und Art 73 zeigen einmal mehr, dass es mitunter erforderlich sein kann, zu Auslegungszwecken die englische oder französische Fassung der EuErbVO heranzuziehen, da die dt Fassung vom Wortlaut her Fragen aufwirft, die sich bei brauchbarer Übersetzung erst gar nicht gestellt hätten.

3 Relativ undramatisch ist die in Art 71 Abs 1 vorgesehene **Berichtigung von Schreibfehlern** durch die Ausstellungsbehörde, spannender wird es bei der **Änderung** oder dem **Widerruf** des ENZ durch die Ausstellungsbehörde bei **inhaltlicher Unrichtigkeit** des ENZ nach Art 71 Abs 2. Der Verordnungsgeber konkretisiert weder die Voraussetzungen für die Änderung

---

20 *Wilsch,* ZEV 2012, 532.

noch jene für den Widerruf, geschweige denn deren Rechtsqualität[1] und bietet in der Folge auch keine legistische Abgrenzung zwischen diesen beiden Instrumenten der Ausstellungsbehörde und dem **Rechtsbehelf** nach Art 72 („Anfechtung"), der „bei einem Gericht des Mitgliedstaats der Ausstellungsbehörde nach dem Recht dieses Staates einzulegen" ist.

Verfahrensrechtliche Regelungen fehlen sowohl für die Berichtigung, die Änderung und **4** den Widerruf als auch für die Anfechtung iSd Art 72 und die Aussetzung der Wirkungen des ENZ nach Art 73 weitgehend; es wird somit notwendigerweise zu einer Gemengelage von auf die Rechtsnachfolge von Todes wegen anzuwendendem Recht (Erbstatut), das nicht immer das Recht der Ausstellungsbehörde sein muss, und nationalem Verfahrensrecht kommen. **Fristen** kennt die EuErbVO im gegebenen Zusammenhang ebenfalls nicht.[2] Auch ist unklar, wann „feststeht", dass das ENZ oder Teile desselben unrichtig sind.[3]

In der EuErbVO überhaupt **nicht geregelt** sind ein Rechtsbehelf gegen die Ausstellung oder **5** Versagung der Ausstellung einer beglaubigten Abschrift des ENZ sowie Details der Entscheidung des Rechtsmittelgerichts bei Anfechtung der Entscheidung der Ausstellungsbehörde über die Aussetzung der Wirkungen des ENZ iSd Art 73 Abs 1 lit a.

Unrichtig bzw **fehlerhaft** kann das ENZ – abgesehen von zu berichtigenden Schreibfehlern **6** – insb sein, aufgrund

- der Ausstellung durch eine international unzuständige Behörde,
- inhaltlicher Mängel (zB Fehler bei der Beurteilung des anzuwendenden Rechts bzw Erbausweis zufolge falscher Rechtsanwendung, Ausstellung des ENZ auf Antrag einer Person, der iSd Art 65 Abs 1 iVm Art 63 Abs 1 keine Antragslegitimation zukommt, Aufnahme von Aspekten in das ENZ, zu deren Bescheinigung dieses aufgrund Art 63 Abs 2 nicht dienen kann),
- Unvereinbarkeit mit einer Entscheidung zum selben Sachverhalt iSd Art 67 Abs 1 lit b.

Von der EuErbVO ungelöst ist weiters das Problem **mehrerer miteinander konkurrierender** **7** **ENZ.** Hiezu kann es etwa kommen, wenn die Gerichte mehrerer Mitgliedstaaten, zB aufgrund einer unterschiedlichen Beurteilung der Frage des letzten gewöhnlichen Aufenthalts des Erblassers, ihre internationale Zuständigkeit für die Entscheidung in ein und derselben Erbsache und damit auch für die Ausstellung eines ENZ unabhängig voneinander und ohne von einem weiteren Verfahren in einem anderen Mitgliedstaat zu wissen, annehmen.[4] Liegt mehr als ein ENZ vor, stellt sich, außer vielleicht im Fall der subsidiären Zuständigkeit nach Art 10 Abs 2 (s Art 64 Rz 24 ff), die Frage nach dem Vorrang, der Gültigkeit und dem Anwendungsbereich des jeweiligen ENZ. Zu bedenken ist auch, dass die Ausstellung eines ENZ die Beendigung eines (nationalen) Verlassenschaftsverfahrens nicht voraussetzt, sodass mehrere ENZ va auch hinsichtlich von Verwaltungs- und Vertretungsbefugnissen, miteinander in Konflikt geraten können. Nach Einschätzung des *Max Planck Institute for Comparative and International Private Law,*[5] das auch die Schaffung eines europaweiten Registers für ENZ vorgeschlagen hat, wird diese Frage mittelfristig durch den EuGH entschieden werden müssen, um eine autonome und einheitliche Interpretation der EuErbVO zu gewährleisten.

---

1 Vgl *Lange* in *Dutta/Herrler* Rz 41.
2 Vgl *Schauer* in *Schauer/Scheuba* 91; *Lange* in *Dutta/Herrler* Rz 44; *Dutta* in MünchKommBGB[6] Art 72 EuErbVO Rz 5.
3 Vgl *Lange* in *Dutta/Herrler* Rz 41.
4 Vgl *MPI*, RabelsZ 74 (2010) 701.
5 *MPI*, RabelsZ 74 (2010) 701.

Berichtigung, Änderung oder Widerruf des Zeugnisses

Art 71. (1) Die Ausstellungsbehörde berichtigt das Zeugnis im Falle eines Schreibfehlers auf Verlangen jedweder Person, die ein berechtigtes Interesse nachweist, oder von Amts wegen.

(2) Die Ausstellungsbehörde ändert oder widerruft das Zeugnis auf Verlangen jedweder Person, die ein berechtigtes Interesse nachweist, oder, soweit dies nach innerstaatlichem Recht möglich ist, von Amts wegen, wenn feststeht, dass das Zeugnis oder einzelne Teile des Zeugnisses inhaltlich unrichtig sind.

(3) Die Ausstellungsbehörde unterrichtet unverzüglich alle Personen, denen beglaubigte Abschriften des Zeugnisses gemäß Artikel 70 Absatz 1 ausgestellt wurden, über eine Berichtigung, eine Änderung oder einen Widerruf des Zeugnisses.

Stammfassung.

Literatur: *Buschbaum/Simon,* EuErbVO: Das Europäische Nachlasszeugnis, ZEV 2012, 525; *Lange,* Das geplante Europäische Nachlasszeugnis, DNotZ 2012, 168; *Lange,* Das Europäische Nachlasszeugnis, in *Dutta/Herrler,* Die Europäische Erbrechtsverordnung (2014) 161; *Max Planck Institute for Comparative and International Private Law (MPI),* Comments on the European Commission's Proposal for a Regulation of the European Parliament and of the Council on jurisdiction, applicable law, recognition and enforcement of decisions and authentic instruments in matters of succession and the creation of a European Certificate of Succession, RabelsZ 74 (2010), 522; *Omlor,* Gutglaubensschutz durch das Europäische Nachlasszeugnis, GPR 2014, 216; *Rudolf,* Die Erbrechtsverordnung der Europäischen Union, NZ 2013/103, 225; *Schauer,* Europäisches Nachlasszeugnis, EF-Z 2012/154, 245; *Schauer,* Europäisches Nachlasszeugnis, in *Schauer/Scheuba,* Europäische Erbrechtsverordnung (2012) 73; *Süß,* Das Europäische Nachlasszeugnis, ZEuP 2013, 725.

Übersicht

Rz

I. Berichtigung des Europäischen Nachlasszeugnisses (Art 71 Abs 1) 1
II. Änderung/Widerruf des Europäischen Nachlasszeugnisses (Art 71 Abs 2) . . 4
III. Unterrichtungspflicht (Art 71 Abs 3) 12
IV. Rechtsbehelf (Art 72 Abs 1) 15

I. Berichtigung des Europäischen Nachlasszeugnisses (Art 71 Abs 1)

1 Art 71 Abs 1 verpflichtet die Ausstellungsbehörde zur **Berichtigung** des ENZ im Fall eines **Schreibfehlers** auf **Verlangen** jedweder Person, die ein **berechtigtes Interesse** nachweist, oder – und zwar hier ungeachtet des jeweiligen innerstaatlichen Rechts – **von Amts wegen.**

2 Nach Auffassung des OGH[1] sind bloße **Schreibfehler** solche, „die keine inhaltliche Relevanz besitzen (wie etwa Tipp- und Rechtschreibfehler oder ein inhaltliches Vergreifen im Ausdruck)".[2] Dies wird im Anwendungsbereich der EuErbVO entsprechend gelten können. *Köhler*[3] spricht diesbezüglich von einem „Fehler, der alleine in der Willensäußerung, nicht in der Willensbildung selbst liegt".

---

1 ZB OGH 12 Os 102/09 f.
2 Vgl auch § 41 AußStrG und § 419 ZPO.
3 *Köhler* in *Kroiß/Horn/Solomon* Art 71 EuErbVO Rz 3.

Nach *Dutta*[4] handelt es sich bei der Berichtigung von Schreibfehlern um eine „gebundene   **3** Entscheidung", bei der die Ausstellungsbehörde in jedem Fall tätig zu werden hat, wodurch der Frage, ob die den Berichtigungsantrag stellende Person ein berechtigtes Interesse nachzuweisen vermag oder nicht, keine Bedeutung zukommt.

II. Änderung/Widerruf des Europäischen Nachlasszeugnisses (Art 71 Abs 2)

Bei **inhaltlicher Unrichtigkeit ändert** oder **widerruft** die **Ausstellungsbehörde** selbst das   **4** ENZ nach Art 71 Abs 2 uzw

- auf **Verlangen jedweder Person,** die ein **berechtigtes Interesse nachweist,** wobei diese nach Art 73 Abs 1 lit a unter einem die Aussetzung der Wirkungen des ENZ bis zur Änderung oder zum Widerruf verlangen kann, oder
- **von Amts wegen,** soweit das jeweilige innerstaatliche Recht dies zulässt.

Wie das „Verlangen" iSd Art 71 Abs 2 auszusehen hat und wann das Interesse einer Person   **5** als berechtigt nachgewiesen ist, sagt die EuErbVO nicht.[5] Zu einem „Verlangen" (Antrag) iSd Art 71 Abs 2 **legitimiert** sein werden neben der Person, die den Antrag auf Ausstellung des ENZ gestellt hat, all jene Personen, denen eine mit dem ENZ bescheinigte Rechtsstellung bereits zukommt oder eine mit diesem bescheinigbare Rechtsstellung zukommen kann.[6]

Bei einer Verpflichtung der Ausstellungsbehörde zu **amtswegiger** Tätigkeit, wird die Frage des berechtigten Interesses auch hier in den Hintergrund treten, sofern nicht gleichzeitig ein Antrag auf Aussetzung der Wirkungen des ENZ iSd Art 73 Abs 1 lit a gestellt wird.[7]

Ein ENZ wird **inhaltlich unrichtig** sein, wenn die darin bescheinigte(n) Rechtsstellung,   **6** Rechte und/oder Befugnisse von Erben, Vermächtnisnehmern mit unmittelbarer Berechtigung am Nachlass, Testamentsvollstreckern oder Nachlassverwaltern nicht der Wirklichkeit entsprechen bzw das ENZ generell die Tatsachen oder die Rechtslage, die für seine Vermutungs- und Gutglaubenswirkung relevant sind, nicht richtig abbildet; Maßstab hiefür ist das nach Ansicht der Ausstellungsbehörde anwendbare Recht.[8]

Der Grund für den inhaltlichen Mangel kann in einer unrichtigen Tatsachenfeststellung, einer unrichtigen Würdigung des Beweisanbots im Ausstellungsverfahren, einer unrichtigen rechtlichen Beurteilung, insb im Hinblick auf das anwendbare Recht, oder auch in einer unvollständigen Erledigung des Antrags auf Ausstellung eines ENZ gelegen sein. Gründe für eine Änderung oder einen Widerruf des ENZ werden auch solche sein können, die erst nach dessen Ausstellung hervorgekommen oder entstanden sind; dies vor allem, weil die EuErbVO **kein Neuerungsverbot** enthält und ansonsten die Befristung der Gültigkeit der beglaubigten Abschriften des ENZ schwer begründbar wäre. *Schauer*[9] hält den Antrag auf Änderung oder Widerruf aufgrund des Umstandes, dass er auf neuen Tatsachen und Beweisen gründet, für mit der österr Wiederaufnahmsklage vergleichbar.

Nicht geregelt ist neben der **Rechtsqualität** der Änderung und des Widerrufs deren **Ver-**   **7** **hältnis zueinander** sowie deren **Abgrenzung zum Rechtsbehelf der Anfechtung** iSd

---

4 *Dutta* in MünchKommBGB[6] Art 71 EuErbVO Rz 2.
5 Vgl auch *Lange* in *Dutta/Herrler* Rz 41.
6 Vgl *Dutta* in MünchKommBGB[6] Art 71 EuErbVO Rz 5.
7 *Dutta* in MünchKommBGB[6] Art 71 EuErbVO Rz 5.
8 *Dutta* in MünchKommBGB[6] Art 71 EuErbVO Rz 4.
9 *Schauer* in *Schauer/Scheuba* 91.

Art 72;[10] als Rechtsbehelfe werden sie mangels Nennung in Art 72 nicht zu qualifizieren sein.

8 Eine Änderung oder ein Widerruf des ENZ setzt die vorangehende Ausstellung eines ENZ voraus; im Fall der **Versagung der Ausstellung** eines ENZ kommt daher nur der **Rechtsbehelf der Anfechtung iSd Art 72 Abs 1** in Betracht. Kann die Ausstellungsbehörde die inhaltliche Unrichtigkeit, ausgehend vom ursprünglichen Antrag und, soweit das jeweilige nationale Recht dies zulässt, dem Ergebnis ihrer amtswegigen Ermittlungen mittels Änderung des ENZ beheben, wird sie mit Änderung des ENZ vorgehen, ansonsten mit dessen Widerruf. Lehnt die Ausstellungsbehörde eine Änderung oder einen Widerruf des ENZ ab, bleibt nur noch der Rechtsbehelf iSd Art 72.

9 Wurde ein ENZ ausgestellt, dessen **inhaltliche Richtigkeit** nunmehr in **Zweifel** gezogen wird, wird eine **Abgrenzung zwischen Änderung oder Widerruf** des ENZ einerseits und **Anfechtung** der in diesem Fall positiven Entscheidung der Ausstellungsbehörde iSd Art 67 nach Art 72 Abs 1 andererseits zunächst betreffend den jeweils antragsberechtigten Personenkreis und sodann dahingehend vorgenommen werden können, dass ein Rechtsbehelf iSd Art 72 immer einen Antrag voraussetzt.

Nach Art 72 Abs 1 sind nur ASt iSd Art 65 Abs 1 iVm Art 63 Abs 1 („Person, die berechtigt ist, ein Zeugnis zu beantragen") zur Anfechtung einer Entscheidung der Ausstellungsbehörde iSd Art 67 legitimiert, während eine Änderung oder einen Widerruf des ENZ nach Art 71 Abs 2 durch jedwede Person verlangt werden kann, die ein berechtigtes Interesse nachweist. Ein solches berechtigtes Interesse an einer Änderung oder einem Widerruf könnte zB darin begründet sein, dass mit dem ENZ Erben oder Vermächtnisnehmern mit unmittelbarer Berechtigung am Nachlass Vermögenswerte zugewiesen wurden, die nicht im Eigentum des Erblassers gestanden haben und das ENZ insofern die Rechtslage nicht richtig wiedergibt. Zu denken wäre weiters an den Wegfall der Befugnis zur Testamentsvollstreckung wegen (nach Ausstellung des ENZ erkannter) Ungültigkeit des Testaments, auf das der Testamentsvollstrecker seinen Anspruch auf Ausstellung eines ENZ gestützt hat. Die inhaltliche Unrichtigkeit könnte in einem solchen Fall iSd Art 71 Abs 2 zum einen von einem – zufolge Wegfalls des Testaments – vertretungs- und verwaltungsbefugten Erben, zum anderen jedoch auch von einem insofern berechtigt interessierten Dritten, der von einer Verwaltungs- und/oder Vertretungshandlung des Testamentsvollstreckers betroffen ist, geltend gemacht werden.

10 Weiters wird davon auszugehen sein, dass der Verordnungsgeber das Verfahren zur Ausstellung des ENZ vor der Ausstellungsbehörde **nicht als streitiges Verfahren** gestalten wollte (Art 67 Abs 1 lit a) und dies wohl auch für die Änderung oder den Widerruf des ENZ gelten wird.

11 Aufgrund ausdrücklicher Anordnung durch die EuErbVO wird der Gerichtskommissär als Ausstellungsbehörde das ENZ nicht nur nach Art 71 Abs 1 hinsichtlich eines Schreibefehlers berichtigen, sondern dieses auch iSd Art 71 Abs 2 ändern oder widerrufen können.

III. Unterrichtungspflicht (Art 71 Abs 3)

12 Zur Vermeidung einer missbräuchlichen Verwendung einer beglaubigten Abschrift des ENZ (ErwGr 72) verpflichtet Art 71 Abs 3 die Ausstellungsbehörde, alle Personen, denen beglau-

---

10 Vgl *Lange* in *Dutta/Herrler* Rz 41; *Schauer* in *Schauer/Scheuba* 91.

bigte Abschriften des ENZ nach Art 70 Abs 1 ausgestellt wurden, **unverzüglich** von der **Berichtigung,** der **Änderung** oder dem **Widerruf** zu **unterrichten.** Aus diesem Grund hat diese auch nach Art 70 Abs 2 das Verzeichnis der Personen, denen beglaubigte Abschriften ausgestellt wurden, zu führen.

In **Österreich** werden bezüglich der „Unterrichtung" – mangels anderer Ausführungsgesetz- **13** gebung – die Regelungen über die **Zustellung** heranzuziehen sein (s Art 67 Rz 34).

Eine **Abforderung oder Einziehung** bereits ausgestellter beglaubigter Abschriften zufolge **14** Berichtigung, Abänderung oder Widerrufs – das österr Recht kennt eine solche iZm der Amtsbestätigung über die Vertretungsbefugnis (§ 810 ABGB) iSd Art 172 AußStrG – ist **in der EuErbVO nicht vorgesehen.** Dass unrichtige beglaubigte Abschriften auch bei Änderung oder Widerruf des ENZ vor Ablauf der Gültigkeitsdauer der ausgestellten beglaubigten Abschriften in Umlauf bleiben, hat der Verordnungsgeber in Kauf genommen; er hat den (wahren) Berechtigten iSd Art 63 Abs 1 auch nicht mit einem Herausgabeanspruch ausgestattet.[11]

IV. Rechtsbehelf (Art 72 Abs 1)

Entscheidungen der Ausstellungsbehörde nach Art 71 und Art 73 Abs 1 lit a können von ei- **15** ner Person, die ein berechtigtes Interesse nachweist, nach Art 72 Abs 1 angefochten werden.

Rechtsbehelfe

Art 72. (1) **Entscheidungen, die die Ausstellungsbehörde nach Artikel 67 getroffen hat, können von einer Person, die berechtigt ist, ein Zeugnis zu beantragen, angefochten werden.**

Entscheidungen, die die Ausstellungsbehörde nach Artikel 71 und Artikel 73 Absatz 1 Buchstabe a getroffen hat, können von einer Person, die ein berechtigtes Interesse nachweist, angefochten werden.

Der Rechtsbehelf ist bei einem Gericht des Mitgliedstaats der Ausstellungsbehörde nach dem Recht dieses Staates einzulegen.

(2) Führt eine Anfechtungsklage nach Absatz 1 zu der Feststellung, dass das ausgestellte Zeugnis nicht den Tatsachen entspricht, so ändert die zuständige Behörde das Zeugnis oder widerruft es oder sorgt dafür, dass die Ausstellungsbehörde das Zeugnis berichtigt, ändert oder widerruft.

Führt eine Anfechtungsklage nach Absatz 1 zu der Feststellung, dass die Versagung der Ausstellung nicht gerechtfertigt war, so stellen die zuständigen Justizbehörden das Zeugnis aus oder stellen sicher, dass die Ausstellungsbehörde den Fall erneut prüft und eine neue Entscheidung trifft.

Stammfassung.

Literatur: Buschbaum/Simon, EuErbVO: Das Europäische Nachlasszeugnis, ZEV 2012, 525; *Lange,* Das geplante Europäische Nachlasszeugnis, DNotZ 2012, 168; *Lange,* Das Europäische Nachlasszeugnis, in *Dutta/Herrler,* Die Europäische Erbrechtsverordnung (2014) 161; *Max Planck Institute for Comparative and International Private Law (MPI),* Comments on the European Commission's Proposal for a Regula-

---

11 Vgl *Dutta* in MünchKommBGB[6] Art 71 EuErbVO Rz 7; *Köhler* in *Kroiß/Horn/Solomon* Art 71 EuErbVO Rz 5.

tion of the European Parliament and of the Council on jurisdiction, applicable law, recognition and enforcement of decisions and authentic instruments in matters of succession and the creation of a European Certificate of Succession (MPI), RabelsZ 74 (2010) 522; *Omlor*, Gutglaubensschutz durch das Europäische Nachlasszeugnis, GPR 2014, 216; *Rudolf*, Die Erbrechtsverordnung der Europäischen Union, NZ 2013/103, 225; *Schauer*, Europäisches Nachlasszeugnis, EF-Z 2012/154, 245; *Schauer*, Europäisches Nachlasszeugnis, in *Schauer/Scheuba*, Europäische Erbrechtsverordnung (2012) 73; *Süß*, Das Europäische Nachlasszeugnis, ZEuP 2013, 725.

Übersicht

		Rz
I.	Allgemeines	1
II.	Gegenstand der Anfechtung (Art 72 Abs 1)	5
III.	Rechtsbehelfslegitimation (Art 72 Abs 1)	7
IV.	Zuständiges Rechtsmittelgericht (Art 72 Abs 1)	9
V.	Entscheidung des Rechtsmittelgerichts (Art 72 Abs 2)	11

I. Allgemeines

1 Bestimmte Entscheidungen der Ausstellungsbehörde können nach Art 72 vor einem Rechtsmittelgericht[1] **angefochten** werden.

2 Art 72 Abs 2 spricht hiebei von **„Anfechtungsklage"**; ein Vergleich des deutschen Verordnungstextes mit dem entsprechenden englischen („challenge") oder französischen („recours") zeigt jedoch, dass es sich beim Rechtsbehelfsverfahren keinesfalls zwingend um ein streitiges, mittels Klage zu initiierendes Verfahren handeln muss. *Lange*[2] spricht von einem „Rechtsbehelf sui generis, dessen Förmlichkeiten und genaues Verfahren nur sehr rudimentär europarechtlich geregelt sind".

3 Fristen für die Einbringung des Rechtsbehelfs sind der EuErbVO ebenso wenig zu entnehmen wie eingehende Regelungen des Rechtsbehelfsverfahrens oder Hinweise darüber, ob Neuerungen im Rechtsbehelfsverfahren zulässig sind oder nicht. Es wird somit auf das jeweilige nationale Recht zurückzugreifen sein.[3] *Schauer*[4] fordert, auch bezüglich der Fristen, eine Regelung durch den österr Gesetzgeber; *Dutta*[5] hält die Einführung einer Rechtsbehelfsfrist durch die lex fori – mangels Vorgabe durch die EuErbVO – hingegen für unzulässig.

4 Der österr Gesetzgeber hat sich offensichtlich dafür entschieden, anstelle diverser ergänzender Regelungen, in § 181 b Abs 1 AußStrG idF ErbRÄG 2015[6] lediglich den (mE unzureichenden) lapidaren Hinweis aufzunehmen, dass das ENZ, „soweit nicht in der EuErbVO geregelt", nach den Bestimmungen des AußStrG auszustellen ist.

Nach den ErlRV[7] ist **Rechtsbehelf nach Art 72** im Fall der Ausstellung des ENZ durch den Gerichtskommissär der **Antrag an das Gericht nach § 7 a Abs 2 GKG** (Überwachung durch das Gericht); „im Übrigen ist der Rechtsbehelf gegen den Gerichtsbeschluss der **Rekurs**". Bleibt der Gerichtskommissär trotz entsprechenden Antrags auf Ausstellung eines ENZ untätig, mögen §§ 7, 7 a GKG grundsätzlich als probates Mittel erscheinen (gegebenenfalls wür-

---

1 Die EuErbVO verwendet den Begriff „Rechtsmittelgericht" in der dt Version in Art 73 Abs 1 lit b.
2 *Lange* in *Dutta/Herrler* Rz 44.
3 Vgl auch *Köhler* in *Kroiß/Horn/Solomon* Art 72 EuErbVO Rz 1.
4 *Schauer* in *Schauer/Scheuba* 91.
5 *Dutta* in MünchKommBGB[6] Art 72 EuErbVO Rz 5.
6 ErlRV 688 BlgNr 25. GP 44 zu § 181 b AußStrG.
7 ErlRV 688 BlgNr 25. GP 44 zu § 181 b AußStrG.

de das ENZ vom zuständigen Verlassenschaftsgericht auch selbst erteilt werden können); zur Klärung der mit dem Rechtsbehelf iSd Art 72 zusammenhängenden Fragestellungen hätte es jedoch, insb hinsichtlich des Verhältnisses von „Entscheidungen" des Gerichtskommissärs und der nachfolgenden gerichtlichen Kontrolle, einer eingehenderen legistischen Umsetzung bedurft.

II. Gegenstand der Anfechtung (Art 72 Abs 1)

Anfechtbar sind   **5**

- **Entscheidungen der Ausstellungsbehörde nach Art 67** (Ausstellung oder Versagung der Ausstellung des ENZ; nach *Dutta*[8] analog auch Ausstellung oder Versagung der Ausstellung einer beglaubigten Abschrift iSd Art 70), und

- **Entscheidungen der Ausstellungsbehörde nach Art 71** (Berichtigung, Änderung oder Widerruf des ENZ) und **Art 73 Abs 1 lit a** (Aussetzung der Wirkung des ENZ über Antrag bis zur Änderung oder zum Widerruf des ENZ durch die Ausstellungsbehörde).

Während gegen die Entscheidung der Ausstellungsbehörde, ein ENZ **nicht auszustellen,** nur   **6** der **Rechtsbehelf der Anfechtung** vorgesehen ist, besteht bei inhaltlicher Unrichtigkeit eines bereits ausgestellten ENZ neben der Möglichkeit der Anfechtung nach Art 72 Abs 1 auch jene des „Verlangens" einer Änderung oder eines Widerrufs iSd Art 71 Abs 2.

III. Rechtsbehelfslegitimation (Art 72 Abs 1)

In Bezug auf Entscheidungen der Ausstellungsbehörde nach Art 67 ist jede „Person, die be-   **7** rechtigt ist, ein Zeugnis zu beantragen" und somit **jeder** (potentielle) **ASt** iSd Art 65 Abs 1 iVm Art 63 Abs 1 **anfechtungslegitimiert.**[9]

Entscheidungen der Ausstellungsbehörde iSd Art 71 und Art 73 Abs 1 lit a können von jeder   **8** **Person** angefochten werden, die ein **berechtigtes Interesse nachweist;** ein solches berechtigtes Interesse wird immer dann gegeben sein, wenn durch die Berichtigung, Änderung oder den Widerruf des ENZ durch die Ausstellungsbehörde deren im ENZ bescheinigte Rechtsstellung beeinträchtigt wird.[10]

IV. Zuständiges Rechtsmittelgericht (Art 72 Abs 1)

Der Rechtsbehelf ist bei einem **Gericht des Mitgliedstaats der Ausstellungsbehörde nach**   **9** **dem Recht dieses Staates** einzubringen (Art 72 Abs 1).

Wer nach österr Recht zuständige Rechtsmittelinstanz iSd Art 72 Abs 1 sein wird, wird im   **10** Wesentlichen davon abhängen, wer das ENZ ausgestellt hat, Notar als Gerichtskommissär oder Verlassenschaftsgericht. Im ersten Fall wird, wie unter Art 72 Rz 4 dargestellt, iSd § 7a Abs 2 GKG das zuständige Bezirksgericht anzurufen, im zweiten Fall ein Rekurs nach den Bestimmungen des AußStrG das Mittel der Wahl sein. Eine diesbezügliche konkrete gesetzliche Regelung wäre wünschenswert gewesen.

---

8 *Dutta* in MünchKommBGB[6] Art 72 EuErbVO Rz 3.

9 Vgl *Dutta* in MünchKommBGB[6] Art 72 EuErbVO Rz 4; *Köhler* in *Kroiß/Horn/Solomon* Art 72 EuErbVO Rz 1; *Schauer* in *Schauer/Scheuba* 91; *Buschbaum/Simon,* ZEV 2012, 527.

10 *Dutta* in MünchKommBGB[6] Art 72 EuErbVO Rz 4.

V. Entscheidung des Rechtsmittelgerichts (Art 72 Abs 2)

11 Führt der Rechtsbehelf iSd Art 72 zur **Feststellung,** dass das ausgestellte **ENZ „nicht den Tatsachen entspricht",** mit anderen Worten **inhaltlich unrichtig** ist, ändert die „zuständige Behörde" – hierunter kann nur das Rechtsmittelgericht (bzw im Fall des § 7a Abs 2 GKG das Verlassenschaftsgericht) zu verstehen sein – das ENZ oder widerruft es oder sorgt dafür, dass die Ausstellungsbehörde das ENZ berichtigt, ändert oder widerruft[11].

12 Ausgehend vom Wortlaut des Art 72 Abs 1 geht es im Rahmen des Rechtsbehelfsverfahrens somit ausschließlich um die Frage der **inhaltlichen Richtigkeit oder Unrichtigkeit** des ENZ, **nicht** jedoch um allfällige **Verfahrensfehler** bzw die Einhaltung der Verfahrensvorgaben für das Ausstellungsverfahren.[12]

13 Gelangt das Rechtsmittelgericht (bzw im Fall des § 7a Abs 2 GKG das Verlassenschaftsgericht) zur Auffassung, dass die **Versagung der Ausstellung** des ENZ **nicht gerechtfertigt** war, erfolgt die Ausstellung des ENZ entweder durch „die zuständigen Justizbehören"[13] selbst oder diese haben sicherzustellen, dass die Ausstellungsbehörde den Fall erneut prüft und eine neue Entscheidung trifft. Der Begriff der „zuständigen Justizbehörden" taucht im dt Verordnungstext ansonsten nur unter ErwGr 3 auf, und wird hierunter das Rechtsmittelgericht zu verstehen sein. Auch hier ist der englische und französische Verordnungstext wiederum insoweit klarer, als er sich begrifflich jeweils auf den in der Legaldefinition des Art 3 Abs 2 enthaltenen Wortlaut („judicial authority" bzw „autorité judiciaire") stützt und diesen konsequent verwendet.

14 *Dutta*[14] geht davon aus, dass das Rechtsmittelgericht im Rechtsbehelfsverfahren – im Gegensatz zur Ausstellungsbehörde im Verfahren über die Erteilung des ENZ (Art 67 Abs 1 lit a) – erforderlichenfalls auch **streitig** entscheiden muss.

15 Hinsichtlich der **Entscheidung des Rechtsmittelgerichts über die Aussetzung der Wirkungen des ENZ** durch die Ausstellungsbehörde iSd Art 73 Abs 1 lit a **fehlen in Art 72 jegliche Anhaltspunkte.**[15]

16 In der Praxis wird sich auch die Frage stellen, ob der Rechtsbehelf zwingend immer uzw auch dann, wenn Zweifel an der internationalen Zuständigkeit der Ausstellungsbehörde bestehen, beim Gericht des Mitgliedstaats der Ausstellungsbehörde eingebracht werden muss (so der Wortlaut des Art 72 Abs 1) oder ob alternativ dazu nicht Fälle denkbar wären, in denen beispielsweise die analoge Heranziehung der Grundsätze des Art 59 Abs 2 und 3 ein anderes Ergebnis rechtfertigt.

Aussetzung der Wirkungen des Zeugnisses

Art 73. **(1) Die Wirkungen des Zeugnisses können ausgesetzt werden**

a) von der Ausstellungsbehörde auf Verlangen einer Person, die ein berechtigtes Interesse nachweist, bis zur Änderung oder zum Widerruf des Zeugnisses nach Artikel 71 oder

---

11 Vgl auch *Dutta* in MünchKommBGB[6] Art 72 EuErbVO Rz 7; *Köhler* in *Kroiß/Horn/Solomon* Art 72 EuErbVO Rz 2.

12 Vgl *Dutta* in MünchKommBGB[6] Art 72 EuErbVO Rz 7, der angesichts der Beschränkung des Prüfungsumfanges insb Zweifel an der Vereinbarkeit der Regelung mit Art 6 EMRK äußert.

13 Der Tippfehler entspricht dem Text der EuErbVO, wie er im ABl L 2012/201, 131 wiedergegeben ist.

14 *Dutta* in MünchKommBGB[6] Art 72 EuErbVO Rz 8.

15 Vgl *Dutta* in MünchKommBGB[6] Art 72 EuErbVO Rz 9.

b) von dem Rechtsmittelgericht auf Antrag einer Person, die berechtigt ist, eine von der Ausstellungsbehörde nach Artikel 72 getroffene Entscheidung anzufechten, während der Anhängigkeit des Rechtsbehelfs.

(2) Die Ausstellungsbehörde oder gegebenenfalls das Rechtsmittelgericht unterrichtet unverzüglich alle Personen, denen beglaubigte Abschriften des Zeugnisses nach Artikel 70 Absatz 1 ausgestellt worden sind, über eine Aussetzung der Wirkungen des Zeugnisses.

Während der Aussetzung der Wirkungen des Zeugnisses dürfen keine weiteren beglaubigten Abschriften des Zeugnisses ausgestellt werden.

Stammfassung.

Literatur: *Buschbaum/Simon,* EuErbVO: Das Europäische Nachlasszeugnis, ZEV 2012, 525; *Lange,* Das geplante Europäische Nachlasszeugnis, DNotZ 2012, 168; *Lange,* Das Europäische Nachlasszeugnis, in *Dutta/Herrler,* Die Europäische Erbrechtsverordnung (2014) 161; *Max Planck Institute for Comparative and International Private Law (MPI),* Comments on the European Commission's Proposal for a Regulation of the European Parliament and of the Council on jurisdiction, applicable law, recognition and enforcement of decisions and authentic instruments in matters of succession and the creation of a European Certificate of Succession, RabelsZ 74 (2010) 522; *Omlor,* Gutgläubigkeitsschutz durch das Europäische Nachlasszeugnis, GPR 2014, 216; *Rudolf,* Die Erbrechtsverordnung der Europäischen Union, NZ 2013/103, 225; *Schauer,* Europäisches Nachlasszeugnis, EF-Z 2012/154, 245; *Schauer,* Europäisches Nachlasszeugnis, in *Schauer/Scheuba,* Europäische Erbrechtsverordnung (2012) 73; *Süß,* Das Europäische Nachlasszeugnis, ZEuP 2013, 725; *Wilsch,* EuErbVO – Die Verordnung in der deutschen Grundbuchpraxis, ZEV 2012, 530.

Übersicht

		Rz
I.	Allgemeines	1
II.	Aussetzungsvoraussetzungen (Art 73 Abs 1)	2
III.	Aussetzungswirkungen (Art 73 Abs 2)	4
IV.	Rechtsbehelf (Art 72 Abs 1)	7

I. Allgemeines

Art 73 sieht unter bestimmten Voraussetzungen die **Aussetzung der Wirkungen** eines allen- **1** falls unrichtigen **ENZ** vor und verfolgt damit offenbar ähnliche Zwecke wie die aufschiebende Wirkung von Rechtsmitteln im innerstaatlichen Recht;[1] ob es tatsächlich zu einer Aussetzung der Wirkungen des ENZ kommt, liegt im **Ermessen** der Ausstellungsbehörde bzw des Rechtsmittelgerichts.[2]

II. Aussetzungsvoraussetzungen (Art 73 Abs 1)

Die Wirkungen eines ENZ **können** ausgesetzt werden **2**

- bis zur Änderung oder zum Widerruf des ENZ durch die **Ausstellungsbehörde auf Antrag** („Verlangen") einer Person, die ein **berechtigtes Interesse** nachweist (Art 73 Abs 1 lit a) oder
- während der Anhängigkeit des Rechtsbehelfs vom **Rechtsmittelgericht** (bzw im Fall des § 7a Abs 2 GKG vom Verlassenschaftsgericht) „**auf Antrag** einer Person, die berechtigt

---

1 Vgl *Schauer* in *Schauer/Scheuba* 91; *Schauer,* EF-Z 2012/154, 249.
2 Vgl *Dutta* in MünchKommBGB⁶ Art 73 EuErbVO Rz 4.

ist, eine von der Ausstellungsbehörde nach Art 72 getroffene Entscheidung anzufechten" (Art 73 Abs 1 lit b).

Eine amtswegige Aussetzung der Wirkungen des ENZ ist in der EuErbVO nicht vorgesehen.

3 In Art 73 Abs 1 lit b dürfte dem Verordnungsgeber ein **Redaktionsversehen** unterlaufen sein, da Art 72 den Rechtsbehelf der Anfechtung, nicht jedoch Entscheidungen durch die Ausstellungsbehörde regelt.[3]

III. Aussetzungswirkungen (Art 73 Abs 2)

4 Mit der Aussetzung werden die Wirkungen des ENZ nach Art 69 suspendiert;[4] während der Aussetzung der Wirkungen des ENZ dürfen **keine** (weiteren) **beglaubigten Abschriften** des ENZ ausgestellt werden (Art 73 Abs 2).

5 Auch im Fall der Aussetzung der Wirkungen des ENZ hat die **Ausstellungsbehörde** oder das **Rechtsmittelgericht** (bzw im Fall des § 7a Abs 2 GKG das Verlassenschaftsgericht) **unverzüglich** alle Personen, denen beglaubigte Abschriften des ENZ nach Art 70 Abs 1 ausgestellt wurden, von der **Aussetzung der Wirkungen des ENZ zu unterrichten** (Art 73 Abs 2). Auf das von der Ausstellungsbehörde nach Art 70 Abs 2 zu führende Verzeichnis der Personen, denen beglaubigte Abschriften ausgestellt wurden, wird verwiesen (s Art 71 Rz 12 ff).

6 Die Aussetzung nach Art 73 Abs 1 lit a **endet mit Änderung oder Widerruf des ENZ** (Art 71 Abs 2, Art 72 Abs 2); führt das Änderungs- oder Widerrufsverfahren hingegen nicht zu diesem Ergebnis und bleibt das **ENZ unverändert aufrecht,** wird die **Aussetzung aufzuheben** sein;[5] Regelungen hierüber enthält die EuErbVO jedoch nicht.

IV. Rechtsbehelf (Art 72 Abs 1)

7 Entscheidungen der Ausstellungsbehörde nach Art 71 und Art 73 Abs 1 lit a können von einer Person, die ein **berechtigtes Interesse** nachweist, nach Art 72 Abs 1 **angefochten** werden.[6]

Kapitel VII
Allgemeine und Schlussbestimmungen

Legalisation oder ähnliche Förmlichkeiten

Art 74. Im Rahmen dieser Verordnung bedarf es hinsichtlich Urkunden, die in einem Mitgliedstaat ausgestellt werden, weder der Legalisation noch einer ähnlichen Förmlichkeit.

Stammfassung.

---

3 Vgl *Dutta* in MünchKommBGB[6] Art 73 EuErbVO Rz 3.
4 Vgl *Dutta* in MünchKommBGB[6] Art 73 EuErbVO Rz 5; *Köhler* in *Kroiß/Horn/Solomon* Art 73 EuErb-VO Rz 1.
5 Vgl *Dutta* in MünchKommBGB[6] Art 73 EuErbVO Rz 5.
6 Vgl *Dutta* in MünchKommBGB[6] Art 73 EuErbVO Rz 7; *Köhler* in *Kroiß/Horn/Solomon* Art 73 EuErb-VO Rz 4.

Mit dieser Vorschrift soll die Zirkulation erbrechtsrelevanter öffentlicher Urkunden in der **1**
EU erleichtert werden, indem regelmäßig auf Förmlichkeiten zur Echtheitsbestätigung verzichtet wird.[1] Der Verzicht auf Legalisationen und andere Förmlichkeiten spiegelt das **gegenseitige Vertrauen** und die **leichtere Verkehrsfähigkeit von Urkunden** innerhalb der EU wider. Ähnlich formulierte bereits Art 65 EuUVO, vergleichbar – allerdings auf bestimmte Ur-
kundengruppen bezogen – die Art 52 Brüssel IIa-VO und Art 61 Brüssel Ia-VO.

Die Vorschrift[2] befreit sämtliche[3] Urkunden, die für die Zwecke der VO vorgelegt werden **2**
müssen, vom Erfordernis einer Legalisation oder ähnlicher Förmlichkeiten zur Echtheitsbestätigung. Damit betrifft sie insb Urkunden, die bei der Anerkennung, Vollstreckbarerklärung und Vollstreckung von Entscheidungen iSd Kapitel IV, bei Annahme und Vollstreckung öffentlicher Urkunden iSd Kapitel V sowie bei Verwendung des ENZ iSd Kapitel VI
erforderlich sind.[4] Vom weiten Wortlaut des Art 74 sind aber[5] auch andere Urkunden umfasst, die sachlich in den Anwendungsbereich der VO fallen.[6]

In der VO ist der Begriff Urkunde seinem Wortlaut nach nicht auf „öffentliche Urkunden" **3**
beschränkt. Dennoch ist Art 74 nur auf **„öffentliche Urkunden"** anzuwenden.[7] Dafür spricht
einerseits, dass „Legalisation" stets iZm öffentlichen Urkunden verwendet wird und andererseits, dass es nach dem klaren Zweck der Vorschrift um die Zirkulation der Produkte hoheitlicher Tätigkeiten und deren Export geht, aber nicht um den Verkehr von Privaturkunden.

Der Verzicht auf weitere Beglaubigungen bewirkt, dass die Urkunde iSd § 293 ZPO einer **4**
inländischen öffentlichen Urkunde gleichgestellt ist.[8] Die Urkunde genießt damit „gleiche
Beweiskraft" wie eine in Österreich ausgestellte öffentliche Urkunde. Solche Urkunden begründen gem § 292 Abs 1 ZPO (im Verfahren außer Streitsachen iVm § 35 AußStrG) „vollen Beweis" dessen, was darin von der Behörde amtlich verfügt oder erklärt, oder von der
Behörde oder der Urkundsperson bezeugt wird. Der Beweis der Unrichtigkeit des bezeugten
Vorgangs oder der bezeugten Tatsache oder der unrichtigen Beurkundung bleibt gem § 292
Abs 2 ZPO möglich. Gemeinhin[9] wird daraus eine Differenzierung in formelle und materielle Beweiskraft abgeleitet: Die **formelle Beweiskraft** bezeugt – unwiderlegbar – dass der Aussteller der Urkunde tatsächlich die beurkundete Erklärung abgegeben hat. Sie wirkt allerdings nur unter der Voraussetzung, dass die Urkunde echt ist, wofür bloß bei inländischen
öffentlichen Urkunden[10] ein prima-facie Beweis streitet, der durch Gegenbeweis widerlegt
werden kann.[11] Die Echtheit der ausländischen öffentlichen Urkunde ist dagegen gem § 311
Abs 1 ZPO der freien richterlichen Beweiswürdigung unterworfen. Diese Differenzierung
fällt durch Art 74 weg. Die **materielle Beweiskraft** bewirkt eine Beweislastumkehr: Der Gegner des Beweisführers kann den Beweis der Unrichtigkeit des bezeugten Vorgangs oder der

---

1 *Dutta* in MünchKommBGB[6] Art 74 EuErbVO Rz 1.
2 Insoweit mit Art 61 Brüssel Ia-VO und Art 52 Brüssel IIa-VO vergleichbar.
3 „Öffentliche", s Rz 3.
4 *Dutta* in MünchKommBGB[6] Art 74 EuErbVO Rz 2.
5 Wie auch in Art 65 EuUVO.
6 *Dutta* in MünchKommBGB[6] Art 74 EuErbVO Rz 3; *Lübcke,* Nachlassverfahrensrecht 514.
7 Vgl *Andrae* in *Rauscher* Art 65 EG-UVO Rz 1; ihr folgend auch *Dutta* in MünchKommBGB[6] Art 74
   EuErbVO Rz 4 (allerdings vorsichtig mit „vor allem bei öffentlichen Urkunden Relevanz").
8 Zu den Wirkungen im Einzelnen *Bittner* in *Fasching/Konecny* III[2] § 293 Rz 2 ff.
9 *Bittner* in *Fasching/Konecny* III[2] § 292 Rz 42 f; *Rechberger* in *Rechberger* ZPO[4] § 292 Rz 1, 3 je mwN.
10 Die Gleichstellung des § 293 ZPO bezieht sich nur auf die Beweiskraft, nicht auf die vorgelagerte
   Echtheitsvermutung (*Kodek* in *Fasching/Konecny* III[2] § 311 Rz 1 ff).
11 *Bittner* in *Fasching/Konecny* III[2] § 292 Rz 40; *Rechberger/Simotta,* Zivilprozessrecht[8] Rz 796, je mwN.

bezeugten Tatsache führen (Beweis des Gegenteils) oder beweisen, dass die Beurkundung unrichtig ist (maW: die Erklärung nicht, oder in zeitlicher, örtlicher oder inhaltlicher Sicht anders abgegeben wurde).

5 Die Befreiung von Echtheitsbestätigungen erfasst Überbeglaubigungen (§ 189 AußStrG) und Apostillen (iSd Haager Beglaubigungsübereinkommens BGBl 1968/27)[12] gleichermaßen.

6 **Testamente oder Kodizille**[13] können in öffentlicher Form errichtet werden (§§ 587 ff ABGB bzw §§ 581 ff ABGB idF ErbRÄG 2015; §§ 70 ff NO) und sind in diesem Fall öffentliche Urkunden. Die Vorschrift des Art 74 befreit sie dann von jeder Echtheitsbestätigung wie Beglaubigung oder Apostille, aber selbstverständlich nicht von der Einhaltung der (iW nach dem HTÜ BGBl 1963/295[14] zu bestimmenden) Formvorschriften. Der Begriff „Förmlichkeiten" ist eben nicht isoliert zu lesen, sondern im Zusammenhang _(„weder einer Legalisation, noch einer ähnlichen Förmlichkeit")._ Die Befreiung bezieht sich daher nur auf jene einer Legalisation vergleichbaren Förmlichkeiten, die dazu dienen, einer öffentlichen Urkunde auch außerhalb des Hoheitsgebiets Authentizität zu verleihen. Für die notwendige Form privater Testamente und Kodizille (§§ 578–583 ABGB bzw §§ 578–583 ABGB idF ErbRÄG 2015) fehlt der Vorschrift des Art 74 von vornherein jeglicher Anwendungsbereich.

Verhältnis zu bestehenden internationalen Übereinkommen

Art 75. **(1) Diese Verordnung lässt die Anwendung internationaler Übereinkommen unberührt, denen ein oder mehrere Mitgliedstaaten zum Zeitpunkt der Annahme dieser Verordnung angehören und die Bereiche betreffen, die in dieser Verordnung geregelt sind.**

Insbesondere wenden die Mitgliedstaaten, die Vertragsparteien des Haager Übereinkommens vom 5. Oktober 1961 über das auf die Form letztwilliger Verfügungen anzuwendende Recht sind, in Bezug auf die Formgültigkeit von Testamenten und gemeinschaftlichen Testamenten anstelle des Artikels 27 dieser Verordnung weiterhin die Bestimmungen dieses Übereinkommens an.

(2) Ungeachtet des Absatzes 1 hat diese Verordnung jedoch im Verhältnis zwischen den Mitgliedstaaten Vorrang vor ausschließlich zwischen zwei oder mehreren von ihnen geschlossenen Übereinkünften, soweit diese Bereiche betreffen, die in dieser Verordnung geregelt sind.

(3) Diese Verordnung steht der Anwendung des Übereinkommens vom 19. November 1934 zwischen Dänemark, Finnland, Island, Norwegen und Schweden mit Bestimmungen

---

12 Vgl _Dutta_ in MünchKommBGB[6] Art 74 EuErbVO Rz 1 mit dem Verweis auf Art 3 Abs 2 des ApostilleÜbk _(„Die . . . Förmlichkeit darf jedoch nicht verlangt werden, wenn Gesetze oder andere Rechtsvorschriften des Staates, in dem die Urkunde vorgelegt wird, oder dort bestehende Gebräuche oder Vereinbarungen zwischen zwei oder mehreren Vertragsstaaten sie entbehrlich machen, sie vereinfachen oder die Urkunde von der Beglaubigung befreien.")._

13 Ab 1. 1. 2017 wird das ABGB diesen Begriff nicht mehr verwenden, sondern nur noch von „sonstigen letztwilligen Verfügungen" sprechen.

14 Übereinkommen über das auf die Form letztwilliger Verfügungen anzuwendende Recht, s bei Art 75 Rz 2 f; es würde den Rahmen sprengen, das HTÜ hier zu kommentieren, es sei daher bloß auf die einschlägige österr Lit verwiesen, insb auf _Hoyer,_ NZ 1963, 67; _Scheucher,_ ZfRV 1964, 216; 1965, 85; _Lurger/Melcher,_ IPR Rz 3/20 ff; _Verschraegen,_ IPR Rz 285 ff; _Schwimann_ in Rummel[3] II/6 § 30 IPRG Rz 4; _Neumayr_ in KBB[4] § 30 IPRG Rz 3; _Schwimann,_ IPR[3] 174; _Schwind,_ Internationales Privatrecht Rz 358; s auch _Frodl/Kieweler_ in Rechberger/Zöchling-Jud Rz 1.60.

des Internationalen Privatrechts über Rechtsnachfolge von Todes wegen, Testamente und Nachlassverwaltung in der geänderten Fassung der zwischenstaatlichen Vereinbarung zwischen diesen Staaten vom 1. Juni 2012 durch die ihm angehörenden Mitgliedstaaten nicht entgegen, soweit dieses Übereinkommen Folgendes vorsieht:

a) Vorschriften über die verfahrensrechtlichen Aspekte der Nachlassverwaltung im Sinne der in dem Übereinkommen enthaltenen Begriffsbestimmung und die diesbezügliche Unterstützung durch die Behörden der dem Übereinkommen angehörenden Staaten und

b) vereinfachte und beschleunigte Verfahren für die Anerkennung und Vollstreckung von Entscheidungen in Erbsachen.

Stammfassung.

Literatur: *Dutta,* Das neue internationale Erbrecht der Europäischen Union – Eine erste Lektüre der Erbrechtsverordnung, FamRZ 2013, 4; *Fuchs,* Internationale Zuständigkeit in Außerstreitverfahren (2004); *Hoyer,* Bemerkungen zum Übereinkommen über das auf die Form letztwilliger Verfügungen anzuwendende Recht von 5. Oktober 1961, NZ 1963, 67; *Kohler,* Die künftige Erbrechtsverordnung der Europäischen Union und die Staatsverträge mit Drittstaaten, in *Reichelt/Rechberger,* Europäisches Erbrecht (2011) 126; *Lurger/Melcher,* Bürgerliches Recht VII: Internationales Privatrecht (2013); *Mankowski,* Gelten die bilateralen Staatsverträge der Bundesrepublik Deutschland im internationalen Erbrecht nach dem Wirksamwerden der EuErbVO weiter? ZEV 2013, 529; *Scheucher,* Das Haager Testamentsabkommen, ZfRV 1964, 216; 1965, 85; *Schwimann,* Internationales Privatrecht³ (2001).

Übersicht

	Rz
I. Grundsätzliches	1
II. Abkommen mit Österreich	6

I. Grundsätzliches

Art 75 regelt das Verhältnis der EuErbVO zu bestehenden Abk und Übk, die in den sach- **1** lichen Anwendungsbereich der VO fallen. Ganz allgemein will Art 351 AEUV vermeiden, dass Mitgliedstaaten im Konfliktfall, wenn sie sich an das Unionsrecht halten, völkerrechtliche Verpflichtungen gegenüber Drittstaaten verletzen.[1] Schon deshalb sind auch bilaterale Abkommen unter den Begriff „internationale Übereinkünfte" zu subsumieren.[2] Durch die EuErbVO soll **keinen internationalen Vereinbarungen** (Abk oder Übk) **derogiert** werden.[3] Allerdings ist der **Anwendungsvorrang** der EuErbVO in Abs 2 näher bestimmt. Zu **differenzieren** ist zwischen Abk/Übk, die ausschließlich zwischen Mitgliedstaaten der EU (genauer: der EuErbVO, also ohne DK, UK und Irland) geschlossen wurden, und solchen mit Drittstaatenbeteiligung.

Abk/Übk **mit Drittstaatenbeteiligung** werden durch die EuErbVO nicht berührt, sind also **2** weiterhin anzuwenden, auch wenn sie Bereiche betreffen, die in dieser VO geregelt sind (und selbst wenn sie im konkreten Einzelfall nur zwischen zwei EU-Mitgliedstaaten anzuwenden sind).[4] Die besondere Erwähnung des HTÜ v 5. 10. 1961 dient nur der Hervorhebung ohne zusätzlichen normativen Gehalt.[5] Die Geltungserhaltung von Übk auf dem Gebiet des Erb-

---

1 ErwGr 73.

2 *Mankowski,* ZEV 2013, 535.

3 ErwGr 73.

4 ErwGr 73.

5 ErwGr 73.

rechts ist nicht ganz unproblematisch,[6] insb wenn sich aus dem Übk eine Nachlassspaltung ergibt, oder an Staatsangehörigkeit oder rei sitae statt an den gewöhnlichen Aufenthalt angeknüpft wird.[7] Unvereinbarkeiten lassen sich allenfalls durch „eine Annäherung an die unionsrechtliche Regelung oder im Zuge des Abschlusses neuer Abk" sowie – als ultima ratio – durch Kündigung der alten Abk/Übk vermeiden.[8] Der Abschluss neuer Abk/Übk liegt aber nun in der ausschließlichen Kompetenz der EU, nicht mehr der einzelnen Mitgliedstaaten.

3 Das Haager **Testamentsübereinkommen**[9] gilt zwischen Österreich und folgenden Mitgliedstaaten (iSd EuErbVO, also ohne Dänemark, Irland und das UK): Belgien, Deutschland, Estland, Finnland, Frankreich, Griechenland, Kroatien, Luxemburg, Niederlande, Polen, Schweden, Slowenien und Spanien. Weiters gilt es im Verhältnis zu folgenden Drittstaaten; Albanien, Antigua/Barbuda, Armenien, Australien, Bosnien-Herzegowina, Botswana, Brunei, China, Dänemark, Fidschi, Grenada, Irland, Israel, Japan, Jugoslawien (Serbien ua, s Rz 8), Lesotho, Mauritius, FJR Mazedonien, Moldau, Montenegro, Norwegen, Schweiz, Südafrika, Swasiland, Tonga, Türkei, Ukraine, Vereinigtes Königreich von Großbritannien und Nordirland.

4 Abk/Übk, die **ausschließlich zwischen EU-Mitgliedstaaten** (außer DK, UK und Irland) geschlossen wurden, bestehen ebenfalls weiter, sind jedoch nur noch insoweit anzuwenden, als sie in der EuErbVO nicht geregelte Fragen betreffen. Im Übrigen genießt die VO Anwendungsvorrang.

5 Referenzen: **Ähnliche Vorschriften** finden sich bereits in Art 67 ff Brüssel Ia-VO, Art 59 ff Brüssel IIa-VO, Art 69 EuUVO sowie in Art 25 Rom I-VO, Art 28 Rom II-VO und Art 19 Rom III-VO.

II. Abkommen mit Österreich

6 Zwischen Österreich und anderen (Dritt-)Staaten gelten folgende, auf Verlassenschaftsangelegenheiten bezogene Abk. Ihr Inhalt wird hier nicht im Wortlaut,[10] sondern sinngemäß so wiedergegeben, wie er dem österr Praktiker bei einem Vorgehen in Österreich nützlich ist.

7 Der Freundschafts- und Niederlassungsvertrag vom 9. 9. 1959 zwischen der Republik Österreich und dem Kaiserreich **Iran,** BGBl 1966/55, regelt in Art 11 besondere konsularische Befugnisse, nämlich ein Antragsrecht des iranischen Konsuls auf Sicherungsmaßnahmen in Bezug auf die von einem iranischen Staatsangehörigen in Österreich hinterlassenen Verlassenschaften einschließlich der Ermächtigung zur Liquidation dieses Vermögens, wodurch die internationale Verlassenschaftszuständigkeit allerdings unberührt bleiben soll.

8 Der Vertrag v 16. 12. 1954 zwischen der Republik Österreich und der Föderativen Volksrepublik Jugoslawien über den wechselseitigen rechtlichen Verkehr samt Schlussprotokoll, BGBl 1955/224, soweit er mit den Nachfolgestaaten weiter gilt und diese nicht zugleich Mitgliedstaaten der EU sind (also **Bosnien-Herzegowina, Serbien, Montenegro, FJR Mazedo-**

---

6 Von *Dutta,* FamRZ 2013, 15 sogar als „Achillesferse der Verordnung" bezeichnet.

7 *Frodl/Kieweler* in *Rechberger/Zöchling-Jud* Rz 1.34 f.

8 *Kohler* in *Reichelt/Rechberger* 126, 128, mit Beispielen aus der Praxis; ihm folgend *Frodl/Kieweler* in *Rechberger/Zöchling-Jud* Rz 1.35.

9 Übereinkommen über das auf die Form letztwilliger Verfügungen anzuwendende Recht BGBl 1963/295.

10 Da die Abk für Fälle mit dem österr Konsul im anderen Staat ebenso anwendbar sind wie umgekehrt, sind sie relativ abstrakt gefasst und nicht sehr lesefreundlich.

nien, **Kosovo**) enthält Vorschriften über die internationale Zuständigkeit in Nachlasssachen und zu konsularischen Befugnissen (Art 32 – 38, dazu unten bei Slowenien, Rz 17).

Der Konsularvertrag v 28. 2. 1959 zwischen der Republik Österreich und der Union der So-   **9** zialistischen Sowjetrepubliken, BGBl 1960/21, und Protokoll v 31. 3. 1974, BGBl 1975/495, soweit er mit den Nachfolgestaaten weiter gilt, insb mit der **Russischen Föderation,** umfasst folgende Vorschriften zu konsularischen Befugnissen: Das österr Standesamt hat dem russ Konsul abgaben- und kostenfrei eine Sterbeurkunde über den Tod eines russischen Staatsangehörigen zu übermitteln (Art 21 Abs 1 SowjKonsAbk). Das österr Verlassenschaftsgericht hat den russ Konsul über das Nachlassvermögen, über das Vorhandensein einer letztwilligen Verfügung des Verstorbenen und über die in Betracht kommenden Erben in Kenntnis zu setzen (Art 21 Abs 1 SowjKonsAbk). Die Maßnahmen zur Feststellung, Verwahrung und Versiegelung des Nachlasses fallen in die Zuständigkeit der österr Gerichte (Art 21 Abs 3 SowjKonsAbk). Den russ Konsuln stehen (selbst oder durch Bevollmächtigte: Art 22 Abs 2 SowjKonsAbk) bezüglich des Nachlasses nach einem russ Staatsangehörigen und zum Schutze der Rechte russ Erben folgende Rechte zu:

1. An der Aufnahme eines Inventars des Nachlasses teilzunehmen (Art 22 Abs 1 lit a Sowj-KonsAbk), sowie mit den österr Gerichten oder den sonst zuständigen Behörden wegen Maßnahmen zur Erhaltung des Nachlasses, sowie zur Vermeidung seiner Beschädigung und seines Verderbs oder, nötigenfalls, wegen des Verkaufes von Verlassenschaftssachen in Verbindung zu treten (Art 22 Abs 1 lit b SowjKonsAbk). Hatte ein russ Staatsangehöriger seinen letzten Wohnsitz in Österreich, so haben die österr Behörden mit Bezug auf seinen in Österreich befindlichen beweglichen Nachlass die österr Rechtsvorschriften anzuwenden, wenn dies die gesetzlichen oder testamentarischen Erben oder Vermächtnisnehmer, die ihren Wohnsitz in Österreich oder in einem dritten Staate haben, innerhalb von sechs Monaten nach dem Tod des Erblassers beantragen (Art 23 Abs 1 SowjKonsAbk). Andernfalls ist der bewegliche Nachlass nach Maßgabe des Art 24 dem russ Konsul zu übergeben. Dieser verfährt mit dem Vermögen gem den russ Rechtsvorschriften (Art 23 Abs 2 SowjKonsAbk). Für die Anmeldung von den Nachlass betreffenden Ansprüchen von Erben, sofern Art 23 Abs 1 nicht zur Anwendung gelangte, und von Gläubigern oder anderen interessierten Personen, die ihren Wohnsitz oder Sitz in Österreich oder in einem dritten Staate haben, gilt die im Art 23 Abs 1 festgesetzte Frist (Art 24 Abs 1 SowjKonsAbk).

2. Der Teil des Nachlasses, der innerhalb von drei Monaten nach Ablauf der im Art 23 Abs 1 festgesetzten Frist nicht zur Berichtigung oder Sicherstellung der angemeldeten Ansprüche verwendet worden ist, oder der in keinem Zusammenhang mit den Ansprüchen steht, derentwegen ein Verfahren zu ihrer Geltendmachung eingeleitet worden ist, ist dem russ Konsul zu übergeben (Art 24 Abs 2 SowjKonsAbk). Die Übergabe des Verlassenschaftsvermögens nach Abs 2 oder dessen Verbringung durch den russ Konsul erfolgt unter Bedachtnahme auf die devisenrechtlichen Vorschriften Österreichs (Art 24 Abs 3 SowjKonsAbk). Ist ein nicht in Österreich wohnhafter russischer Staatsangehöriger in Österreich während einer Reise gestorben, so sind die von ihm mitgeführten Gegenstände ohne weiteres dem russ Konsul zu übergeben (Art 25 Abs 1 SowjKonsAbk). Der Konsul, dem diese Gegenstände übergeben worden sind, hat nach Maßgabe ihres Wertes die während des Aufenthalts in Österreich gemachten Schulden des Verstorbenen zu berichtigen (Art 25 Abs 2 SowjKonsAbk). Bei der Durchführung der Abs 1 und 2 ist Art 24 Abs 3 sinngemäß anzuwenden (Art 25 Abs 3 SowjKonsAbk). In Österreich gelegenes unbewegliches Vermögen eines Erblassers, der russischer Staatsangehöriger war, ist von den österr

Gerichten nach der lex rei sitae der Nachlassregelung zu unterziehen (Art 26 SowjKons-Abk).

10   Der Freundschafts-, Handels- und Konsularvertrag zwischen Österreich und den **USA**, BGBl 1931/192: Das Abk enthält in seinem Art XIX folgende Vorschriften zu konsularischen Befugnissen): Falls ein Staatsangehöriger der USA in Österreich sterben sollte, ohne dort bekannte Erben oder von ihm ernannte Testamentsvollstrecker zu hinterlassen, sollen die zuständigen örtlichen Behörden sofort den nächsten US-Konsularbeamten von der Tatsache seines Ablebens in Kenntnis setzen, damit die erforderliche Benachrichtigung den beteiligten Parteien übermittelt werde. Falls ein Staatsangehöriger der USA ohne letzten Willen oder Testament in Österreich stirbt, soll der (bezirkszuständige) US-Konsularbeamte, soweit es das am Orte geltende Recht erlaubt, bis zur Ernennung eines Nachlassverwalters oder bis zur Einleitung des Verlassenschaftsverfahrens als berufen gelten, das von dem Verstorbenen hinterlassene Vermögen zu dessen Erhaltung und Schutz in Verwahrung zu nehmen. Ein solcher Konsularbeamter kann nach dem Ermessen eines Gerichtes seine Ernennung zum Nachlassverwalter beanspruchen, vorausgesetzt, dass die lex fori dies gestattet. Wenn ein Konsularbeamter das Amt als Verwalter des Nachlasses seines verstorbenen Landsmannes übernimmt, so unterwirft er sich als solcher für alle in Betracht kommenden Zwecke der österr Gerichtsbarkeit in demselben Umfang wie ein Angehöriger des Landes, in dem er zum Nachlassverwalter ernannt ist (Art XIX US-Abk).

11   Der Vertrag zwischen der Republik Österreich und der **Tunesischen** Republik über die Anerkennung und die Vollstreckung von gerichtlichen Entscheidungen und öffentlichen Urkunden auf dem Gebiet des Zivil- und Handelsrechts, BGBl 1980/305, enthält Vorschriften über die internationale Zuständigkeit in Nachlasssachen (Art 9) und zu Anerkennung und Vollstreckung (Art 12 – 18): Die österr bzw tunesischen Gerichte sind für Verlassenschaftsangelegenheiten betreffend bewegliches Vermögen zuständig, wenn der Erblasser Angehöriger dieses Staates war (Art 9 TunVollstrAbk). Jede von einem tunesischen Gericht gefällte Entscheidung ist gem Art 15 Abs 1 TunVollstrAbk in Österreich vollstreckbar, wenn sie in Tunesien vollstreckbar ist und die Voraussetzungen für ihre Anerkennung erfüllt sind. Jede von einem österreichischen Gericht gefällte Entscheidung ist gem Art 15 Abs 2 TunVollstrAbk in Tunesien für vollstreckbar zu erklären, wenn sie in Österreich vollstreckbar ist und die Voraussetzungen für ihre Anerkennung erfüllt sind. Die in Tunesien errichteten und dort vollstreckbaren öffentlichen Urkunden sind in Österreich vollstreckbar. Die in Österreich errichteten und dort vollstreckbaren Urkunden werden in Tunesien für vollstreckbar erklärt (Art 17 Abs 1 TunVollstrAbk). Eine Überprüfung muss sich auf Echtheit und den ordre public beschränken (Art 17 Abs 2 TunVollstrAbk). Art 17 ist auch auf gerichtliche Vergleiche anzuwenden (Art 17 Abs 3 TunVollstrAbk). Die nach diesem Abk vorzulegenden Urkunden sind gem Art 18 Abs 1 TunVollstrAbk von der Beglaubigung und jeder anderen gleichartigen Formalität befreit, sie sind allerdings gem Art 18 Abs 2 TunVollstrAbk mit einer Übersetzung zu versehen, deren Richtigkeit entweder von einem diplomatischen oder konsularischen Vertreter des Entscheidungsstaats oder von einem beeideten österr oder tunesischen Übersetzer bestätigt sein muss.

12   Das Abkommen v 23. 5. 1989 zwischen der Republik Österreich und der Republik **Türkei** über die Anerkennung und die Vollstreckung von gerichtlichen Entscheidungen und Vergleichen in Zivil- und Handelssachen, BGBl 1992/571, enthält Vorschriften über die internationale Zuständigkeit in Nachlasssachen (Art 9 – 31) und zu Anerkennung und Vollstreckung (Art 10 – 15): Die Zuständigkeit der österr bzw türkischen Gerichte wird iSd Art 3 Z 2 für

Verlassenschaftsangelegenheiten betreffend bewegliche Sachen anerkannt, wenn der Erblasser Angehöriger dieses Staates war (Art 9 TürkVollstrAbk). Vor Anerkennung und Vollstreckung einer Entscheidung im anderen Vertragsstaat darf nur geprüft werden, ob die Voraussetzungen des Art 3 vorliegen und ob nicht einer der in den Art 4 und 5 Abs 2 genannten Versagungsgründe gegeben ist. Darüber hinaus darf die Entscheidung nicht geprüft werden (Art 10 Abs 1 TürkVollstrAbk). Die Verfahren zur Anerkennung und zur Vollstreckung von Entscheidungen richten sich gem Art 11 Abs 1 TürkVollstrAbk nach dem Recht des ersuchten Staates. Anträge auf Anerkennung oder Vollstreckung von Entscheidungen sind gem Art 11 Abs 2 TürkVollstrAbk unmittelbar beim zuständigen Gericht oder bei der zuständigen Behörde des ersuchten Staates zu stellen. Die Entscheidungen der Gerichte des einen Vertragsstaats werden gem Art 12 TürkVollstrAbk im anderen Vertragsstaat vollstreckt, wenn sie die Anerkennungsvoraussetzungen erfüllen und im Entscheidungsstaat vollstreckbar sind. Der betreibende Gläubiger genießt Verfahrenshilfe im gleichen Umfang wie ein Inländer (Art 13 TürkVollstrAbk). Zu den erforderlichen Urkunden führt Art 14 TürkVollstrAbk Näheres aus, Art 15 TürkVollstrAbk setzt gerichtliche Vergleiche den Entscheidungen gleich.

Der Konsularvertrag zwischen der Republik Österreich und dem **Vereinigten Königreich** **13** von Großbritannien und Nordirland, BGBl 1964/19 idF BGBl 1980/416, regelt in Art 24 ff konsularische Befugnisse, insb in Nachlassangelegenheiten (Art 30–37). Art 24 Abs 1 BritKonsAbk räumt dem britischen Konsul das Recht ein, die britischen Staatsangehörigen zu schützen und ihre Rechte und Interessen wahrzunehmen. Für Verlassenschaftsangelegenheiten wird dies folgendermaßen näher ausgeführt: Hinterlässt ein (auch ein nicht britischer: Art 30 Abs 3 BritKonsAbk) Verstorbener in Österreich Vermögen, an dem ein weder sich in Österreich aufhaltender, noch vertretener britischer Staatsangehöriger ein rechtliches Interesse (zB als Erbe, Legatar, Gläubiger oder Testamentsvollstrecker *[executor]*) hat oder geltend macht, so hat der britische Konsul das Recht, diesen Staatsangehörigen hinsichtlich seiner Interessen am Nachlass oder Vermögen so zu vertreten, wie wenn von ihm eine gültige auf den Konsul lautende Vollmacht ausgestellt worden wäre (Art 30 Abs 1 BritKonsAbk). Ist dieser Staatsangehörige in der Folge in Österreich vertreten, so ist die Stellung des Konsuls die gleiche, wie wenn er vorher eine Vollmacht dieses Staatsangehörigen gehabt hätte, die zu dem Zeitpunkt unwirksam geworden ist, in dem der Konsul Kenntnis erhält, dass dieser Staatsangehörige anderweitig vertreten ist; in allen Fällen, in denen eine Vertretungsbewilligung *(grant of representation)* zugunsten des Konsuls gem Art 31 Abs 2 oder 3 erteilt worden ist, mit dem Zeitpunkt, in dem eine weitere Bewilligung zugunsten dieses Staatsangehörigen auf dessen eigenes Ersuchen oder auf Ersuchen seines Vertreters erteilt wird (Art 30 Abs 2 BritKonsAbk). Hat der Konsul ein Vertretungsrecht gem Art 30 Abs 1, so ist er berechtigt, Schritte zum Schutz und zur Wahrung der Interessen der Person zu unternehmen, die zu vertreten er befugt ist. Er ist auch berechtigt, die Verlassenschaft oder das Vermögen insoweit in Besitz zu nehmen, wie er es als ordnungsgemäß bestellter Vertreter der Person tun könnte, deren Interessen er vertritt, sofern nicht eine andere Person, die gleiche oder stärkere Rechte besitzt, die nötigen Schritte ergriffen hat, um in den Besitz des Nachlasses zu gelangen (Art 31 Abs 1 BritKonsAbk). Ist nach dem österr Recht eine Vertretungsbewilligung *(„grant of representation")* oder ein Gerichtsbeschluss nötig, um dem Konsul die Möglichkeit zu geben, das Vermögen zu schützen oder in Besitz zu nehmen, so ist auf Antrag des Konsuls jede Bewilligung zu erteilen oder jeder Beschluss zu fassen, der zugunsten des ordnungsgemäß bestellten Vertreters der Person getroffen worden wäre, deren Interessen der Konsul vertritt. Wird glaubhaft gemacht, dass sofortige Maßnahmen zum Schutz und zur Sicherung des Nachlasses erforderlich sind und dass eine Person oder Personen vorhanden sind, die ein

Interesse besitzen, das der Konsul zu vertreten berechtigt ist, so hat das Gericht, wenn es von dieser Notwendigkeit hinlänglich überzeugt ist, dem Antrag des Konsuls mit Beschluss stattzugeben oder eine vorläufige Bewilligung zu erteilen, die auf den Schutz und die Erhaltung des Nachlasses bis zu dem Zeitpunkt beschränkt ist, in dem eine weitere Bewilligung erteilt wird (Art 1 Abs 2 BritKonsAbk). Der britische Konsul darf auch die Verlassenschaft uneingeschränkt wie ein ordnungsgemäß bestellter Vertreter der Person verwalten, deren Interessen er vertritt. Ist nach dem Recht des Gebiets eine Vertretungsbewilligung (*„grant of representation"*) durch ein Gericht – oder, falls eine Bewilligung bereits gem Abs 2 erteilt wurde, eine weitere Bewilligung – zu diesem Zweck erforderlich, so hat der Konsul vorbehaltlich der lit b dieses Abs dasselbe Recht, um eine Bewilligung anzusuchen und sie zu erhalten, wie der ordnungsgemäß bestellte Vertreter der Person, deren Interessen er vertritt (Art 31 Abs 3 lit a BritKonsAbk). Das Gericht darf jedoch, wenn es dies für angebracht hält, die Erteilung einer vom Konsul beantragten Bewilligung solange zurückstellen, als es dem Gericht nötig scheint, damit die vom Konsul vertretene Person verständigt werden und dann entscheiden kann, ob sie von jemand anderem als dem Konsul vertreten werden will (Art 31 Abs 3 lit b sublit i BritKonsAbk), und es darf anordnen, dass der Konsul entsprechende Nachweise über den Empfang der Vermögenswerte durch den Berechtigten erbringt oder – falls er diesen Nachweis nicht erbringen kann – dass er diese Vermögenswerte an die zuständige Behörde oder Person zurückzahlt oder dass, nachdem der Konsul in sonstiger Hinsicht den Nachlass uneingeschränkt verwaltet hat, die tatsächliche Übergabe der Vermögenswerte an die Berechtigten so bewirkt werden soll, wie es das Gericht bestimmt (Art 31 Abs 3 lit b sublit ii BritKonsAbk). Ein britischer Konsul ist außerdem berechtigt, einen geringfügigen Nachlass eines verstorbenen britischen Staatsangehörigen in Empfang zu nehmen und zu verteilen, ohne dass er vorher eine Vertretungsbewilligung (*„grant of representation"*) erhalten hätte; er ist hierzu in dem Ausmaß und unter den Voraussetzungen berechtigt, unter denen dies nach der lex rei sitae gestattet ist (Art 32 BritKonsAbk). Stirbt ein nicht in Österreich wohnender oder sich gewöhnlich dort aufhaltender britischer Staatsangehöriger während einer Reise in oder einer Durchreise durch Österreich, so hat der britische Konsul das Recht, das Geld und die sonstige Habe aus dem persönlichen Besitz des Verstorbenen zur Sicherung unmittelbar in Verwahrung zu nehmen; das Recht der zuständigen Behörden in Österreich, dieses Geld und diese Habe in jedem Fall an sich zu nehmen, in dem die Interessen der Rechtspflege oder eine Strafuntersuchung dies verlangen, wird dadurch nicht berührt (Art 33 Abs 1 BritKonsAbk). Das Recht, dieses Geld oder diese Habe in Besitz zu behalten oder darüber zu verfügen, unterliegt den österr Rechtsvorschriften und den Bestimmungen der Art 30 – 32 (Art 33 Abs 2 BritKonsAbk). Übt ein britischer Konsul hinsichtlich eines Nachlasses die in den Art 30 – 33 erwähnten Rechte aus, so untersteht er insoweit unbeschadet der Art 15 Abs 2 und Art 17 Abs 3 lit a in allen mit dieser Angelegenheit im Zusammenhang stehenden Verfahren der österr Gerichtsbarkeit (Art 34 BritKonsAbk). Gelangt den zuständigen Behörden zur Kenntnis, dass in Österreich eine Verlassenschaft vorhanden ist a) eines (wenn auch nicht britischen) Verstorbenen, bezüglich dessen Verlassenschaft ein britischer Konsul aufgrund der Art 30 – 32 ein Recht zur Vertretung der Interessen haben mag; oder b) eines britischen Staatsangehörigen, bezüglich dessen Verlassenschaft keine Person in Österreich anwesend oder vertreten ist, die das Recht besitzt, die Verwaltung (*„administration"*) zu beanspruchen, so haben die besagten Behörden den zuständigen britischen Konsul hiervon zu verständigen (Art 35 Abs 1 BritKonsAbk). Ebenso hat der Konsul die Behörden zu verständigen, wenn ihm eine solche Information auf einem anderen Weg zukommt (Art 35 Abs 2 BritKonsAbk). Erhält ein britischer Konsul von einem Gericht, einer Stelle oder Person gem

Art 30 – 32 Geld oder sonstige Vermögenswerte, so hat das betreffende Gericht, die betreffende Stelle oder Person, gegenüber dem Konsul Anspruch auf eine Entfertigung über dieses Geld oder die sonstigen Vermögenswerte (Art 36 BritKonsAbk). Unbeschadet der Art 30 – 32 kann ein britischer Konsul von einem Gericht, einer Stelle oder Person Geld oder sonstige Vermögenswerte zur Übermittlung an einen auf Grund des Todes einer Person anspruchsberechtigten, nicht in Österreich anwesenden britischen Staatsangehörigen in Empfang nehmen. Dieses Geld oder diese sonstigen Vermögenswerte können Anteile an einem Nachlass, Zahlungen aus der Sozialversicherung oder den Erlös von Lebensversicherungsscheinen umfassen. Das Gericht, die Stelle oder Person, welche die Zuteilung vornimmt, ist nicht verpflichtet, dieses Geld oder diese sonstigen Vermögenswerte durch den Konsul zu übermitteln; der Konsul ist nicht verpflichtet, sie zur Übermittlung zu übernehmen. Nimmt er sie in Empfang, so hat er alle von diesem Gericht, dieser Stelle oder Person festgesetzten Bedingungen hinsichtlich eines entsprechenden Nachweises über den Empfang des Geldes oder der sonstigen Vermögenswerte durch den Staatsangehörigen einzuhalten, an den diese zu übermitteln sind. Hinsichtlich der Rückgabe des Geldes oder der sonstigen Vermögenswerte gilt dies für den Fall, dass er nicht imstande ist, diesen Nachweis zu erbringen (Art 37 Abs 1 BritKonsAbk). Geld oder sonstige Vermögenswerte dürfen einem britischen Konsul nur in dem Ausmaß und unter den Voraussetzungen ausgezahlt, ausgefolgt oder übermittelt werden, unter denen die Zahlung, Ausfolgung oder Übermittlung an die Person, die der Konsul vertritt oder in deren Namen er das Geld oder die sonstigen Vermögenswerte erhält, nach österreichischem „Recht und Vorschriften" gestattet wäre (Art 37 Abs 2 BritKonsAbk). Der britische Konsul erwirbt hinsichtlich dieses Geldes oder der sonstigen Vermögenswerte kein weitergehendes Recht als die Person, die er vertritt oder in deren Namen er das Geld oder die sonstigen Vermögenswerte erhält, erworben hätte, wenn das Geld oder die sonstigen Vermögenswerte unmittelbar an sie ausgezahlt, ausgefolgt oder übermittelt worden wären (Art 37 Abs 3 BritKonsAbk).

14 Abkommen, die keine über die EuErbVO hinausgehenden Fragen regeln und daher **nicht mehr weiter anwendbar** sind, bestehen mit folgenden EU-Mitgliedstaaten: Belgien (BGBl 1961/287), Frankreich (BGBl 1967/288), Griechenland (BGBl 1921/139 idgF), Luxemburg (BGBl 1925/610), Niederlande (BGBl 1966/37), Spanien (BGBl 1985/373) und Ungarn (BGBl 1967/306).[11]

15 Abkommen, die über die EuErbVO hinausgehenden Fragen regeln und daher **insoweit weiter anwendbar** sind, bestehen mit folgenden EU-Mitgliedstaaten:

16 **Bulgarien** werden mit Art 20 des Konsularvertrags zwischen der Republik Österreich und der Volksrepublik Bulgarien, BGBl 1976/342, folgende konsularische Befugnisse in Nachlassangelegenheiten eingeräumt: Bei Tod eines bulgarischen Staatsangehörigen in Österreich ist dem bulgarischen Konsul vom Standesamt abgaben- und kostenfrei die Sterbeurkunde zu übermitteln (Art 20 Abs 1 BgKonsAbk). Das österreichische Gericht hat dem bulgarischen Konsul alle verfügbaren Auskünfte über das Verlassenschaftsvermögen, die in Frage kommenden Erben, Legatare und Pflichtteilsberechtigten, deren Wohnsitz oder Aufenthalt und das Vorhandensein letztwilliger Verfügungen zu erteilen (Art 20 Abs 2 BgKonsAbk). Ebenso haben sie den bulgarischen Konsul unverzüglich zu verständigen, wenn sich in einem österr Verlassenschaftsverfahren ergibt, dass bulgarische Staatsangehörige Erben, Legatare oder Pflichtteilsberechtigte sind (Art 10 Abs 3 BgKonsAbk). Sowohl in Bezug auf Verlassenschaf-

---

11 Zu diesen Abk s va *Fuchs,* Internationale Zuständigkeit 259.

ten eines bulgarischen Staatsangehörigen als auch in Bezug auf bulgarische Erben, Legatare und Pflichtteilsberechtigte hat der bulgarische Konsul (selbst oder durch bevollmächtigte Personen) das Recht auf Teilnahme an der Inventaraufnahme und darauf, mit den österr Gerichten oder sonst zuständigen Behörden wegen Maßnahmen zur Erhaltung der Verlassenschaft oder zur Schadensvermeidung (allenfalls Verkauf) in Verbindung zu treten (Art 20 Abs 4 BgKonsAbk). Wurden im Verlassenschaftsverfahren in Österreich Fahrnisse (einschließlich Bargeld, Guthaben und Forderungen) oder der Erlös unbeweglicher Sachen einem nicht vertretenen (oder selbst einschreitenden) Erben, Legatar oder Pflichtteilsberechtigten mit Wohnsitz in Bulgarien zugesprochen, so ist das Vermögen (bzw sein Erlös) an den bulgarischen Konsul „zur Verfügung des Berechtigten" auszufolgen (Art 20 Abs 5 BgKonsAbk), allerdings erst nach Zahlung oder Sicherstellung der rechtzeitig angemeldeten Nachlassverbindlichkeiten (Art 20 Abs 6 BgKonsAbk). Stirbt ein nicht ständig in Österreich ansässiger bulgarischer Staatsangehöriger während eines Aufenthalts in Österreich, so sind die von ihm mitgeführten Gegenstände (außer in Österreich erworbenen, mit Ausfuhrverbot belegten) ohne weiteres dem bulgarischen Konsul zu übergeben; über ihm nicht zu übergebende Gegenstände ist nach österreichischen Vorschriften zu verfügen (Art 20 Abs 8 BgKonsAbk). Der Konsul hat allerdings die während des Aufenthalts in Österreich gemachten Schulden nach Maßgabe des Wertes der übergebenen Gegenstände zu begleichen (Art 20 Abs 9 BgKonsAbk). Die gem Art 20 Abs 7 und 10 BgKonsAbk ausgenommene Ausfuhrbeschränkung dürfte zwischen EU- Mitgliedstaaten wie Österreich und Bulgarien inzwischen obsolet geworden sein. Mit „Gericht" ist hier jeweils auch und primär der Gerichtskommissär angesprochen (vgl § 9 GKG).

17 **Slowenien** werden mit Art 38 des Konsularvertrags zwischen der Republik Österreich und der Föderativen Volksrepublik Jugoslawien, BGBl 1955/224 iVm BGBl 1993/714, folgende konsularische Befugnisse in Nachlassangelegenheiten eingeräumt: Bei Tod eines slowenischen Staatsangehörigen in Österreich ist dem slowenischen Konsul unverzüglich eine abgaben- und kostenfrei ausgestellte Sterbeurkunde vom Standesamt zu übermitteln (Art 21 JugKonsAbk). Bezüglich der Verlassenschaft eines slowenischen Staatsangehörigen können die slowenischen Konsuln (selbst oder durch Beauftragte/Bevollmächtigte) an der Inventaraufnahme teilnehmen und das Protokoll gegenzeichnen (Art 22 Abs 1 lit a JugKonsAbk), an Maßnahmen zur Schadensvermeidung an beweglichem und unbeweglichem Vermögen (wie Verkauf verderblicher oder für eine Verwahrung zu wenig wertvoller Fahrnisse) einschließlich der Anwesenheit beim Verkauf (Art 22 Abs 1 lit b JugKonsAbk), Mitwirkung bei der Bestellung eines Verlassenschaftskurators und bei anderen Verwaltungsangelegenheiten (einschließlich einem Antragsrecht, Art 22 Abs 1 lit c JugKonsAbk). Die Gerichte haben dem Konsul eine Abschrift der Todesfallaufnahme zu übermitteln und ihn von den in Aussicht genommenen Verfügungen nach Abs 1 zu verständigen (wenn das Konsulat am Ort der Amtshandlung liegt, sonst unverzüglich nach der getroffenen Maßnahme). Unter Wahrung der Rechte Dritter können diese Maßnahmen auf Antrag des Konsuls geändert oder aufgehoben werden (Art 22 Abs 2 JugKonsAbk). In Österreich befindliche Fahrnisse in Verlassenschaften slowenischer Staatsangehöriger werden dem Konsul zur Beförderung nach Slowenien übergeben – wenn nicht in Österreich abgehandelt wird, wegen Ansprüchen von Erben, Legataren, Pflichtteilsberechtigten oder sonstigen Verlassenschaftsgläubigern, oder von Todes wegen zu entrichtender Abgaben in Österreich Sicherheit zu leisten, oder für deren Befriedigung vorzusorgen wäre (Art 23 Z 1 und 2 JugKonsAbk; die Z 3 mit Bezug auf Ausfuhrverbote oder Devisenbeschränkungen dürfte im Verhältnis zwischen EU-MS wie Österreich und Slowenien obsolet sein). Erhält das österr Gericht Kenntnis davon, dass in einem bei ihm anhängigen Verlassenschaftsverfahren eine slowenische natürliche oder juristische Person als Erbe, Legatar oder Pflichtteilsberechtigter beteiligt ist, so hat es den slowenischen Konsul zu verständigen (Art 24 JugKonsAbk). Mit „Gericht" ist hier jeweils auch und primär der Gerichtskommissär angesprochen (vgl § 9 GKG).

Kroatien, für das dieses Abk ebenfalls weitergelten hätte können, hat gemeinsam mit Österreich festgehalten, dass es zwischen diesen Staaten nicht in Kraft stehend angesehen wird (Kdm BGBl 1996/474). **18**

Polen werden mit Art 47 des Konsularvertrags zwischen der Republik Österreich und der Volksrepublik Polen, BGBl 1974/79, folgende konsularische Befugnisse in Nachlassangelegenheiten eingeräumt: Die diplomatischen oder konsularischen Vertretungen Polens können – soweit keine absolute Anwaltspflicht herrscht – abwesende und sonst unvertretene poln Staatsangehörige in streitigen wie in außerstreitigen Verlassenschaftsangelegenheiten vertreten und Nachlassvermögen in Empfang nehmen. **19**

Rumänien: Das in der Lit[12] ausgewiesene Abk (Konsularvertrag zwischen der Republik Österreich und der Sozialistischen Republik Rumänien, BGBl 1972/317) das in seinem Art 21 auch konsularische Befugnisse in Nachlassangelegenheiten enthalten hatte, ist durch das Protokoll zur **Beendigung des Konsularvertrags** zwischen der Republik Österreich und der Sozialistischen Republik Rumänien, BGBl III 2003/146 nicht mehr Teil des Rechtsbestands. **20**

Der **Tschechischen Republik** und **Slowakei** werden mit Art 8 des Abk zwischen der Republik Österreich und der Tschechoslowakischen Republik (BGBl 1980/526 iVm BGBl III 1997/123; Weitergeltung auch in der Slowakei mit Notenwechsel bestätigt, BGBl 1994/1046) folgende konsularische Befugnisse in Nachlassangelegenheiten eingeräumt: Bei Tod eines tschechischen oder slowakischen Staatsangehörigen in Österreich ist der jeweilige Konsul unverzüglich zu verständigen; die Sterbeurkunde oder ein anderes den Tod bestätigendes Dokument ist ihm unverzüglich zu übermitteln (Art 8 Abs 1 CSSKonsAbk). Erhält die österr Behörde Kenntnis vom Bestehen eines Nachlasses in Österreich, auf den ein nicht ständig in Österreich ansässiger tschech oder slowak Staatsangehöriger Anspruch hat, so hat diese Behörde unverzüglich den Konsul zu benachrichtigen und ihm alle verfügbaren Auskünfte über die in Frage kommenden Erben, Legatare und Pflichtteilsberechtigten, deren Wohnsitz oder Aufenthalt und das Vorhandensein letztwilliger Verfügungen zu erteilen. Ist dem Konsul eine diesbezügliche Mitteilung aus anderen Quellen zugekommen, so hat er die österr Behörden zu verständigen (Art 8 Abs 2 CSSKonsAbk). In den Fällen des Abs 2 haben die österr Behörden Maßnahmen zur Sicherstellung und Verwaltung des in Österreich gelegenen Nachlassvermögens zu treffen und den Konsul zu informieren. Der Konsul hat (unmittelbar oder durch einen Vertreter ausübbare) Mitwirkungsrechte (Art 8 Abs 3 CSSKonsAbk). Fällt das bewegliche Verlassenschaftsvermögen oder sein Erlös nach der Erfüllung der betreffenden Formalitäten (in Österreich also nach Abhandlung oder sie ersetzenden Verfahren) einem nicht ständig in Österreich ansässigen und sonst unvertretenen tschechischen bzw slowakischen Staatsangehörigen als Erbe oder Legatar zu, so ist das Vermögen (bzw sein Erlös) an den tschechischen bzw slowakischen Konsul „zur Verfügung des Berechtigten" zu übergeben, wenn die Erben- oder Legatarstellung nachgewiesen ist, das Gericht die Übergabe genehmigt hat, die rechtzeitig angemeldeten Verlassenschaftsschulden, sowie die iZm der Verlassenschaft zu entrichtenden Abgaben und Gebühren beglichen oder sichergestellt sind (Art 8 Abs 4 CSSKonsAbk). Stirbt ein nicht ständig in Österreich ansässiger tschechischer **21**

---

12 *Fuchs,* Internationale Zuständigkeit 261.

bzw slowakischer Staatsangehöriger während eines Aufenthalts in Österreich, so sind seine Fahrnisse („persönlichen Gegenstände, bewegliches Vermögen und Wertsachen") mangels Beanspruchung durch einen anwesenden Erben oder Bevollmächtigten ohne besonderes Verfahren dem tschechischen bzw slowakischen Konsul zu übergeben, sofern die Ansprüche der österr Gläubiger des Verstorbenen befriedigt oder sichergestellt worden sind (Art 8 Abs 5 CSSKonsAbk). Die Ausführberechtigung des Konsuls gem Art 8 Abs 6 CSSKonsAbk dürfte zwischen EU-MS wie Österreich und der Tschechischen Republik bzw der Slowakei inzwischen obsolet geworden sein. Art 8 Abs 7 CSSKonsAbk schließt die persönliche Haftung des Konsuls aus. Mit „Gericht" ist hier jeweils auch und primär der Gerichtskommissär angesprochen (vgl § 9 GKG).

22 Zum **Nordischen Übereinkommen:** Das sog „Nordische Übk" zwischen den skandinavischen Staaten (Schweden, Norwegen, Dänemark, Island) und Finnland soll die Zusammenarbeit dieser Staaten auch nach Inkrafttreten der EuErbVO so weit ergänzen, als sie einerseits verfahrensrechtlichen Aspekte der Nachlassverwaltung iSd im Übk enthaltenen Begriffsbestimmung und die diesbezügliche Unterstützung durch die Behörden der Vertragsstaaten dieses Übk regeln, anderseits gegenüber der VO vereinfachte und beschleunigte Verfahren für die Anerkennung und Vollstreckung von Entscheidungen in Erbsachen vorsehen.[13] In Konkurrenz zur EuErbVO treten diese Vorschriften nur im Verhältnis zwischen Schweden und Finnland, sind doch die übrigen Vertragsstaaten nicht auch EU-Mitgliedstaaten iSd EuErbVO (Dänemark mangels „Vergemeinschaftung" des Unionsrechts im Justiz- und Innenbereich, Norwegen und Island schon per se).

23 Was auf den ersten Blick wie eine Privilegierung des Nordischen Übk aussieht, erweist sich bei näherer Lektüre eher als das Gegenteil. Mit Dänemark, Norwegen und Island gehören auch Drittstaaten (iSd EuErbVO) dem Nordischen Übk an, sodass es nach Art 75 Abs 1 schlechthin weiter anzuwenden wäre. Hingegen grenzt die lex specialis des Abs 3 diese Anwendung (für Schweden und Finnland) deutlich ein. Damit erweist sich auch ErwGr 74 bei oberflächlicher Lektüre als etwas irreführend, wenn er sich die „Erhaltung dieses Übk" auf die Fahnen schreibt. Liest man ihn genau, verweist er freilich nur auf „spezifische Bestimmungen" dieses Übk, eben auf den engen, in Abs 3 umschriebenen Bereich der Nachlassverwaltung, Anerkennung und Vollstreckung (Rz 22). Abs 3 schränkt den Vorrang des Nordischen Übk also auf eng definierte Bereiche ein.[14] Eine Erweiterung der Geltungserhaltung des Nordischen Übk gegenüber der allgemeinen Regel liegt allerdings darin, dass es auch in der – noch nicht in Kraft getretenen – „geänderten Fassung"[15] aus 2012 anzuwenden sein wird,[16] ohne dass eine zusätzliche Ermächtigung Schwedens und Finnlands durch die EU erforderlich sein wird.

Verhältnis zur Verordnung (EG) Nr. 1346/2000 des Rates

Art 76. **Diese Verordnung lässt die Anwendung der Verordnung (EG) Nr. 1346/2000 des Rates vom 29. Mai 2000 über Insolvenzverfahren unberührt.**

Stammfassung.

---

13 ErwGr 74.

14 Insb seine Kollisionsnormen sind (in schwedisch-finnischen Fällen) nicht anzuwenden (*Dutta* in MünchKommBGB⁶ Art 75 EuErbVO Rz 9).

15 ErwGr 74.

16 *Dutta* in MünchKommBGB⁶ Art 75 EuErbVO Rz 9.

Übersicht

Rz
I. Die EuInsVO und ihr Bezug zu Verlassenschaften 1
II. Verlassenschaftsinsolvenzen 3

I. Die EuInsVO und ihr Bezug zu Verlassenschaften

Wie mit überschuldeten Verlassenschaften zu verfahren ist, bestimmt in erster Linie das nationale Recht, das sich für die Verlassenschaftsinsolvenz oder eine Liquidierung in einem Verlassenschaftsverfahren entscheiden kann.[1] **1**

Gesamtverfahren, welche die Insolvenz des Schuldners voraussetzen und den vollständigen oder teilweisen Vermögensbeschlag gegen den Schuldner sowie die Bestellung eines Verwalters zur Folge haben, sind gem Art 1 Abs 1 EuInsVO Insolvenzverfahren. Ob es sich um eine natürliche Person, eine juristische Person oder eine Vermögensmasse handelt, ist nicht entscheidend. Daher fällt auch der Konkurs einer Verlassenschaft unter die EuInsVO. Art 76 normiert den Vorrang der EuInsVO, indem deren Anwendung als durch die EuErbVO unberührt erklärt wird. Soweit die EuInsVO ein Verfahren zur Liquidation überschuldeter Verlassenschaften umfasst, muss die EuErbVO also zurücktreten.[2] So eindeutig dies auf den ersten Blick erscheint, können sich doch schwierige Abgrenzungsprobleme ergeben. **2**

II. Verlassenschaftsinsolvenzen

Regelmäßig wird der für die Verlassenschaftsverfahren zuständige Staat mit jenem zusammenfallen, in dessen Gebiet der Schuldner den Mittelpunkt seiner hauptsächlichen Interessen (*„center of main interest"* – COMI; Art 3 EuInsVO) hat. Das Insolvenzverfahren richtet sich nach dem Recht dieses Staats (Art 4 EuInsVO). Damit entscheidet allerdings das Recht des COMI-Staates auch, ob über eine Verlassenschaft ein Insolvenzverfahren einzuleiten ist. Trifft dies nicht zu, so fällt die Liquidation aus dem Anwendungsbereich der EuInsVO heraus und in einem nächsten Prüfschritt steht die Anwendbarkeit der EuErbVO zur Frage. **3**

Verwirklicht sich die Zuständigkeit österr Gerichte, weil Österreich sowohl das *„center of main interest"* als auch der gewöhnliche Aufenthalt des Erblassers[3] war, so ist die **Abgrenzung** von Verlassenschaftsverfahren (zB Überlassung an Zahlungsstatt, Nachlassseparation) und Verlassenschaftsinsolvenz also ebenso vorzunehmen wie in rein nationalen Verfahren. Da es keinen amtswegigen Konkurs gibt, kommt von Amts wegen nur ein Einschreiten nach dem AußStrG in Frage, interessierten Gläubigern (oder einem Verlassenschaftskurator/-vertreter) bleibt es vorbehalten, einen Insolvenzantrag zu stellen. **4**

Dieses Konzept ist für die Fälle einer Überlassung an Zahlungs statt nicht zu bezweifeln. Der Gläubigerschutz wird hier durch die erforderlichen Zustellungen gewahrt und lässt dem einzelnen Interessierten die Möglichkeit offen, einen Insolvenzantrag zu stellen. Zweifelhafter ist die Situation bei der Nachlassseparation: Sie könnte als Gesamtverfahren mit Fremdverwaltung wohl unter den autonomen Begriff der Insolvenz subsumiert werden, auch wenn sie im österr nationalen Recht als Zweig des Verlassenschaftsverfahrens verstanden wird. Die inter- **5**

---

1 Für das deutsche Recht s *Dutta* in MünchKommBGB[6] Art 76 EuErbVO Rz 1.
2 *Dutta* in MünchKommBGB[6] Art 76 EuErbVO Rz 2.
3 Mit *Dutta* in MünchKommBGB[6] Art 76 EuErbVO Rz 5 ist zu betonen, dass die COMI-Prüfung sich auf den Erblasser und nicht auf Erben, Testamentsvollstrecker oder andere nach nationalem Insolvenzrecht als Insolvenzschuldner verstandene Rechtssubjekte bezieht.

nationale Zuständigkeit für eine Nachlassseparation wäre dann nach der EuInsVO zu prüfen (s aber Rz 7).

6 Sollten in außergewöhnlichen Fällen COMI und gewöhnlicher Aufenthalt auseinanderfallen, so wäre es denkbar, dass in einem MS ein Verlassenschaftsverfahren eingeleitet wird, im anderen hingegen ein Insolvenzverfahren. Bis zu einer allfälligen Verneinung der internationalen Insolvenzzuständigkeit durch den MS, in dem das Insolvenzverfahren eingeleitet wurde, muss man davon ausgehen, dass das Verlassenschaftsverfahren – sei es auch vor dem Insolvenzverfahren eingeleitet worden – nicht fortgeführt werden darf.[4]

7 Die revidierte EuInsVO ist mit 20. 5. 2015 beschlossen worden.[5] Dadurch ändert sich die Definition in Art 1 Abs 1 EuInsVO dahingehend, dass nunmehr auch die vorübergehende Aussetzung von Einzelexkutionen für das Insolvenzverfahren essentiell ist und die nationalen Insolvenzverfahren, auf die die EuInsVO neu anzuwenden ist, in einem Anhang aufgezählt werden. Durch diese Änderungen ist das Nachlassseparationsverfahren zweifellos kein Insolvenzverfahren mehr. Im Lichte dieser Entwicklung wird man aber auch schon davor, also bis 25. 6. 2017 das Verfahren über eine Nachlassseparation nicht als Insolvenzverfahren verstehen müssen. Im Wesentlichen gleich bleibt die Zuständigkeitsregel des Art 3 EuInsVO. Der Inhalt des Art 4 EuInsVO alt findet sich in Art 7 EuInsVO neu wieder.

8 Für Insolvenzverfahren in Drittstaaten lässt sich aus Art 76 kein Vorrang gegenüber einem unionsrechtlichen Verlassenschaftsverfahren ableiten, sind auf diese doch keinesfalls die Vorschriften der EuInsVO anwendbar.[6] Theoretisch könnte sich ein solcher Vorrang nur aus Staatsverträgen ergeben. In Österreich ist dazu keine Vorschrift ersichtlich.

Informationen für die Öffentlichkeit

Art 77. Die Mitgliedstaaten übermitteln der Kommission eine kurze Zusammenfassung ihrer innerstaatlichen erbrechtlichen Vorschriften und Verfahren, einschließlich Informationen zu der Art von Behörde, die für Erbsachen zuständig ist, sowie zu der Art von Behörde, die für die Entgegennahme von Erklärungen über die Annahme oder die Ausschlagung der Erbschaft, eines Vermächtnisses oder eines Pflichtteils zuständig ist, damit die betreffenden Informationen der Öffentlichkeit im Rahmen des Europäischen Justiziellen Netzes für Zivil- und Handelssachen zur Verfügung gestellt werden können.

Die Mitgliedstaaten stellen auch Merkblätter bereit, in denen alle Urkunden und/oder Angaben aufgeführt sind, die für die Eintragung einer in ihrem Hoheitsgebiet belegenen unbeweglichen Sache im Regelfall erforderlich sind.

Die Mitgliedstaaten halten die Informationen stets auf dem neuesten Stand.

Stammfassung.

Übersicht

		Rz
I.	Zweck der Bestimmungen	1
II.	Inhalt der Vorschrift	3

---

4 So auch _Dutta_ in MünchKommBGB[6] Art 76 EuErbVO Rz 6 mwN.

5 VO (EU) 848/2015 des Europäischen Parlaments und des Rates v 20. Mai 2015 über Insolvenzverfahren (Neufassung), ABl L 2015/141, 19; anzuwenden auf nach dem 26. 6. 2017 eröffnete Verfahren.

6 Im Ergebnis ebenso _Dutta_ in MünchKommBGB[6] Art 76 EuErbVO Rz 7 der dies darüber hinaus damit begründet, dass innerhalb der EU ein Bedürfnis für ein – und sei es auch nur erbrechtliches – Verfahren bestehe, dessen Wirkungen auf andere Mitgliedstaaten erstreckt werden.

III. Merkblätter 4
IV. Fundstellen 5
V. Aktualisierungsgebot 9

I. Zweck der Bestimmungen

Durch die Informationsverpflichtung soll die **Anwendung** der VO **erleichtert** werden. **1**
ErwGr 75 führt dazu näher aus, dass diese Pflichten im Wege des mit der Entscheidung
2001/470/EG des Rates eingerichteten Europäischen Justiziellen Netzes für Zivil- und Handelssachen zu erfüllen sind. Damit sämtliche Informationen, die für die praktische Anwendung dieser Verordnung von Bedeutung sind, rechtzeitig[1] im Amtsblatt der Europäischen
Union veröffentlicht werden können, sollten die Mitgliedstaaten der Kommission auch diese
Informationen vor dem Beginn der Anwendung der VO mitteilen.

Ähnliche Vorschriften finden sich auch in früheren VO, so etwa Art 70 f EuUVO, Art 74 **2**
Brüssel Ia-VO, Art 23 EuZustellVO, Art 28 EuMahnVO, Art 24 EuBagatellVO.

II. Inhalt der Vorschrift

Die Informationsverpflichtung umfasst bestimmte Angaben zu nationalen erbrechtlichen **3**
Vorschriften und Verfahren (gemeint: „Verfahrensvorschriften", nicht konkrete Verfahren).
Diese Informationen umfassen auch, welche Art von Behörde für Erbsachen und welche Art
von Behörde für die Entgegennahme von Erklärungen über die Annahme oder die Ausschlagung der Erbschaft, eines Vermächtnisses oder eines Pflichtteils zuständig ist.

III. Merkblätter

Die von der VO vorgesehenen Merkblätter sollen als Checkliste dienen, die alle Urkunden **4**
nennt, die **für die Eintragung** einer in ihrem Hoheitsgebiet gelegenen Immobilie „im Regelfall" erforderlich sind. Auf welche Weise die Merkblätter zu publizieren sind, lässt die VO
offen.[2]

IV. Fundstellen

Die Informationen sollen der Öffentlichkeit über das EJNZ zur Verfügung gestellt werden. **5**
Vieles davon ist bereits auf dem Justizportal[3] zu finden. Die meisten Staaten geben dort
schon Antwort auf folgende Fragen:

1. Wie wird die Verfügung von Todes wegen (Testament, gemeinschaftliches Testament,
   Erbvertrag) aufgesetzt?
2. Wird die Verfügung registriert und wenn ja, wie?
3. Gibt es Beschränkungen der freien Verfügung von Todes wegen (zB Pflichtteil)?
4. Wer erbt und wie viel, wenn keine Verfügung von Todes wegen vorliegt?

---

1 *Dutta* in MünchKommBGB⁶ Art 77 EuErbVO Rz 2 geht davon aus, dass sie spätestens zum 16. 11.
  2014 zur Verfügung zu stellen waren.
2 *Dutta* in MünchKommBGB⁶ Art 77 EuErbVO Rz 2 plädiert für eine Veröffentlichung im Europäischen Justiziellen Netz und weist darauf hin, dass ErwGr 75 im Widerspruch dazu „offenbar" von
  einer Veröffentlichung im ABl ausgeht dieser Widerspruch löst sich indes auf, wenn man den Terminus „Informationen" eng (und als die Merkblätter, die neben den Informationen nicht genannt sind,
  ausschließend) versteht.
3 https://e-justice.europa.eu/content_successions-166-de-de.do?member=1 (14. 7. 2015).

5. Welche Art von Behörde ist zuständig:

    5.1. in Erbschaftsangelegenheiten?

    5.2. für die Entgegennahme von Erklärungen über die Annahme oder die Ausschlagung einer Erbschaft?

    5.3. für die Entgegennahme von Erklärungen über die Annahme oder die Ausschlagung eines Vermächtnisses?

    5,4. für die Entgegennahme von Erklärungen über die Annahme oder die Ausschlagung eines Pflichtteils?

6. Kurzbeschreibung des Verfahrens zur Regelung von Erbsachen nach einzelstaatlichem Recht einschließlich der Abwicklung des Nachlasses und der Verteilung der Vermögenswerte (dazu zählen Informationen darüber, ob das Nachlassverfahren von Amts wegen von einem Gericht oder einer anderen zuständige Behörde eröffnet wurde).

7. Wie und wann wird jemand Erbe oder Vermächtnisnehmer?

8. Haften die Erben für die Nachlassverbindlichkeiten und falls ja, unter welchen Bedingungen?

9. Welche Dokumente und/oder Angaben sind idR für die Eintragung von unbeweglichen Sachen vorgeschrieben?

    9.1. Ist die Bestellung eines Nachlassverwalters verpflichtend oder auf Antrag verpflichtend? Welche Maßnahmen sind zu ergreifen, wenn diese Bestellung verpflichtend oder auf Antrag verpflichtend ist?

    9.2. Wer ist berechtigt, die Verfügung des Erblassers von Todes wegen zu vollstrecken und/oder den Nachlass zu verwalten?

    9.3. Welche Befugnisse hat ein Testamentsvollstrecker?

10. Welche Dokumente werden idR nach nationalem Recht während oder nach einem Verfahren in einer Erbsache zum Nachweis des Status und der Rechte der Erbberechtigten ausgestellt? Haben sie besondere Beweiskraft?

6 Das EJNZ ist[4] eine flexible, unbürokratische Struktur, die informell arbeitet und die justizielle Zusammenarbeit zwischen Mitgliedstaaten bei grenzüberschreitenden Fällen vereinfachen und verstärken soll. Es unterstützt die durch Rechtsvorschriften der EU eingerichteten Zentralbehörden der Mitgliedstaaten (mit Ausnahme Dänemarks) und erleichtert über ein Netz **nationaler Kontaktstellen** Kontakte zwischen Gerichten. Das EJN-zivil wurde vom Rat mit der Entscheidung 2001/470/EG v 28. 5. 2001 eingerichtet und ist seit 1. 12. 2002 aktiv. Die Entscheidung 568/2009/EG des Europäischen Parlaments und des Rates v 18. 6. 2009 aktualisierte seine Rechtsgrundlage integrierte die Rechtsberufe (Rechtsanwälte, Notare und – in manchen Staaten freiberufliche – Gerichtsvollzieher) in das Netz. Die Ausarbeitung und Aktualisierung der **Informationsblätter** auf den EJN-zivil-Seiten des europäischen E-Justiz-Portals wird dabei als wesentlicher Faktor zur Vervielfachung der Wirkung des EJN-Rahmens zum Nutzen aller Rechtssuchenden in der EU gewertet.

7 Dem **Netz gehören** an:

- die von Mitgliedstaaten benannten Kontaktstellen
- die Stellen und Zentralbehörden, die im Unionsrecht, in internationalen Übereinkünften, bei denen Mitgliedstaaten Vertragsparteien sind, oder im innerstaatlichen Recht für die justizielle Zusammenarbeit in Zivil- und Handelssachen angegeben sind

---

4 So die eigene Darstellung auf der Webseite.

- Verbindungsrichter mit Zuständigkeit für die Zusammenarbeit in Zivil- und Handelssachen
- sonstige Justiz- oder Verwaltungsbehörden, die für die Zusammenarbeit in Zivil- und Handelssachen zuständig sind und deren Mitgliedschaft von dem betreffenden Mitgliedstaat für sinnvoll erachtet wird
- Berufskammern, die die Angehörigen der Rechtsberufe vertreten, die in den Mitgliedstaaten unmittelbar an der Anwendung des Unionsrechts und internationaler Übk in Zivil- und Handelssachen auf nationaler Ebene mitwirken.[5]

Bereits jetzt finden sich sehr wertvolle Informationen auf der **Website des Rats der Notariate der Europäischen Union.**[6] **8**

V. Aktualisierungsgebot

Die Informationen sind durch die MS stets aktuell („auf dem neuesten Stand") zu halten. **9**
Obwohl Art 77 dazu – anders als die Art 78 f – nichts sagt, werden wohl auch diese Änderungen von der EK zu publizieren sein, freilich nicht im ABl.

Informationen zu Kontaktdaten und Verfahren

Art 78. (1) **Die Mitgliedstaaten teilen der Kommission bis zum 16. November 2014 mit:**

a) die Namen und Kontaktdaten der für Anträge auf Vollstreckbarerklärung gemäß Artikel 45 Absatz 1 und für Rechtsbehelfe gegen Entscheidungen über derartige Anträge gemäß Artikel 50 Absatz 2 zuständigen Gerichte oder Behörden;

b) die in Artikel 51 genannten Rechtsbehelfe gegen die Entscheidung über den Rechtsbehelf;

c) die einschlägigen Informationen zu den Behörden, die für die Ausstellung des Zeugnisses nach Artikel 64 zuständig sind, und

d) die in Artikel 72 genannten Rechtsbehelfe.

Die Mitgliedstaaten unterrichten die Kommission über spätere Änderungen dieser Informationen.

(2) Die Kommission veröffentlicht die nach Absatz 1 übermittelten Informationen im *Amtsblatt der Europäischen Union,* **mit Ausnahme der Anschriften und sonstigen Kontaktdaten der unter Absatz 1 Buchstabe a genannten Gerichte und Behörden.**

(3) Die Kommission stellt der Öffentlichkeit alle nach Absatz 1 übermittelten Informationen auf andere geeignete Weise, insbesondere über das Europäische Justizielle Netz für Zivil- und Handelssachen, zur Verfügung.

Abs 1 idF ABl L 2013/60, 140.

Übersicht

		Rz
I.	Zweck der Bestimmung	1
II.	Inhalt der Vorschrift	3
III.	Aktualisierungsgebot	4
IV.	Fundstellen	5

---

5 Siehe auch *Rauscher* in *Fasching/Konecny* V/2[2] Art 58 Brüssel IIa-VO Rz 1 ff.
6 http://www.successions-europe.eu/ (23. 6. 2015).

I. Zweck der Bestimmung

1 Durch die Informationsverpflichtung soll die **Anwendung** der Verordnung **erleichtert** werden. Sie umfasst die Pflicht der Mitgliedstaaten zur Bekanntgabe und Aktualisierung der zu Rz 3 näher dargestellten Informationen (über zuständige Gerichte, zulässige Rechtsbehelfe und Ausstellungsbehörden für das ENZ) und die Pflicht der EK zur Veröffentlichung der Informationen im ABl und „auf andere geeignete Weise".

2 **Ähnliche Vorschriften** finden sich schon in früheren VO (zB Art 67 Brüssel IIa-VO, Art 70 EuUVO, Art 75 Brüssel Ia-VO, Art 23 EuZustellVO, Art 22 EuBeweisVO, Art 29 EuMahn-VO, Art 25 EuBagatellVO).

II. Inhalt der Vorschrift

3 Bekanntzugeben[1] sind:

- Namen und Kontaktdaten der für Anträge auf Vollstreckbarerklärung gem Art 45 Abs 1 und für Rechtsbehelfe gegen Entscheidungen über derartige Anträge gem Art 50 Abs 2 zuständigen Gerichte oder Behörden;
- Rechtsbehelfe gegen die Entscheidung über den Rechtsbehelf (Art 51);
- die einschlägigen Informationen zu den Behörden, die für die Ausstellung des ENZ nach Art 64 zuständig sind, und
- die in Art 72 genannten Rechtsbehelfe.

III. Aktualisierungsgebot

4 Die Informationen sind durch die MS stets aktuell zu halten. Aus der von Art 77 abweichenden Formulierung (dort: „auf dem neuesten Stand zu halten" – hier: „von späteren Änderungen unterrichten") kann wohl nur auf eine stilistische Breite der Übersetzer, nicht aber auf beabsichtigte normative Unterschiede geschlossen werden.

IV. Fundstellen

5 Abweichend von den – mehr generellen und weniger für die Handhabung des Einzelfalls essentiellen – Informationen des Art 77 ordnet Art 78 die Veröffentlichung nicht nur im Rahmen des EJNZ (also auf dem Justizportal), sondern **auch im ABl der EU** an. Nach dem Wortlaut des Art 78 wären Änderungen aber, anders als jene in den Fällen des Art 79, nicht ebenfalls im ABl zu publizieren. Da es aber völlig sinnlos wäre, nur die ursprünglichen, durch geänderte Umstände obsolet gewordenen Informationen zu publizieren, nicht aber die Änderungen, wird dies berichtigend auszulegen sein.[2]

6 Zum **EJNZ** s auch Art 77 Rz 6.

Erstellung und spätere Änderung der Liste der in Artikel 3 Absatz 2 vorgesehenen Informationen

Art 79. (1) **Die Kommission erstellt anhand der Mitteilungen der Mitgliedstaaten die Liste der in Artikel 3 Absatz 2 genannten sonstigen Behörden und Angehörigen von Rechtsberufen.**

---

1 Nach der ursprünglichen Fassung bis zum 16. 1. 2014, was inzwischen mit der Berichtigung ABl L 2013/60, 140, auf 16. 11. 2014 korrigiert wurde.
2 So auch *Dutta* in MünchKommBGB[6] Art 78 EuErbVO Rz 1.

(2) Die Mitgliedstaaten teilen der Kommission spätere Änderungen der in dieser Liste enthaltenen Angaben mit. Die Kommission ändert die Liste entsprechend.

(3) Die Kommission veröffentlicht die Liste und etwaige spätere Änderungen im Amtsblatt der Europäischen Union.

(4) Die Kommission stellt der Öffentlichkeit alle nach den Absätzen 1 und 2 mitgeteilten Informationen auf andere geeignete Weise, insbesondere über das Europäische Justizielle Netz für Zivil- und Handelssachen, zur Verfügung.

Stammfassung.

Übersicht

	Rz
I. Zweck der Bestimmung	1
II. Inhalt der Vorschrift	3
III. Aktualisierungsgebot	4
IV. Fundstellen	5

I. Zweck der Bestimmung

Durch die Informationsverpflichtung soll die **Anwendung** der Verordnung **erleichtert** werden. Sie umfasst die Pflicht der MS zur Bekanntgabe[1] und Aktualisierung der zu sonstigen zuständigen Behörden und Rechtsberufe und die Pflicht der EK zur Veröffentlichung der Informationen im ABl und „auf andere geeignete Weise". **1**

Ähnliche Vorschriften finden sich in früheren VO (zB Art 68 Brüssel IIa-VO, Art 71 EuU-VO, Art 76 Brüssel Ia-VO, Art 23 EuZustellVO, Art 22 EuBeweisVO, Art 29 EuMahnVO, Art 25 EuBagatellVO). **2**

II. Inhalt der Vorschrift

Bekanntzugeben sind die in Art 3 Abs 2 genannten Behörden und Angehörigen von Rechtsberufen, also **3**

- Gerichte mit Zuständigkeiten in Erbsachen,
- alle sonstigen Behörden mit Zuständigkeiten in Erbsachen, die gerichtliche Funktionen ausüben oder in Ausübung einer Befugnisübertragung durch ein Gericht oder unter der Aufsicht eines Gerichts handeln, sofern diese anderen Behörden und Angehörigen von Rechtsberufen ihre Unparteilichkeit und das Recht der Parteien auf rechtliches Gehör gewährleisten und ihre Entscheidungen nach dem Recht des Mitgliedstaats, in dem sie tätig sind, a) vor einem Gericht angefochten oder von einem Gericht nachgeprüft werden können und b) vergleichbare Rechtskraft und Rechtswirkung haben wie eine Entscheidung eines Gerichts in der gleichen Sache.
- alle sonstigen Angehörigen von Rechtsberufen mit Zuständigkeiten in Erbsachen, die gerichtliche Funktionen ausüben oder in Ausübung einer Befugnisübertragung durch ein Gericht oder unter der Aufsicht eines Gerichts handeln, sofern diese anderen Behörden und Angehörigen von Rechtsberufen ihre Unparteilichkeit und das Recht der Parteien auf rechtliches Gehör gewährleisten und ihre Entscheidungen nach dem Recht des Mitglied-

---

1 *Dutta* in MünchKommBGB[6] Art 79 EuErbVO Rz 3 vermisst hier eine Frist und befürchtet, der Rechtsanwender werde „aufgrund dieser geradezu schlampigen Gesetzgebung" die erste Zeit ohne die Informationen nach Art 3 Abs 2 UAbs 2 auskommen müssen.

staats, in dem sie tätig sind, a) vor einem Gericht angefochten oder von einem Gericht nachgeprüft werden können und b) vergleichbare Rechtskraft und Rechtswirkung haben wie eine Entscheidung eines Gerichts in der gleichen Sache.

III. Aktualisierungsgebot

4 Die Informationen sind durch die Mitgliedstaaten stets aktuell zu halten. Aus der von Art 77 abweichenden Formulierung (dort: „auf dem neuesten Stand zu halten" – hier: „spätere Änderungen mitteilen") kann auch hier (s auch bei Art 78) nur auf eine stilistische Breite der Übersetzer, nicht aber auf beabsichtigte normative Unterschiede geschlossen werden.

IV. Fundstellen

5 Abweichend von den – mehr generellen und weniger für die Handhabung des Einzelfalls essentiellen – Informationen des Art 77 ordnet Art 79 die Veröffentlichung nicht nur im Rahmen des EJNZ (also auf dem Justizportal), sondern **auch im ABl der EU** an. Auch Aktualisierungen sind im ABl kundzumachen. Dies ist in Art 78 nicht angeordnet, wird dort allerdings bei sinnvoller Auslegung[2] wohl ebenfalls zu geschehen haben.

6 Zum **EJNZ** s auch Art 77 Rz 6.

Erstellung und spätere Änderung der Bescheinigungen und der Formblätter nach den Artikeln 46, 59, 60, 61, 65 und 67

Art 80. Die Kommission erlässt Durchführungsrechtsakte zur Erstellung und späteren Änderung der Bescheinigungen und der Formblätter nach den Artikeln 46, 59, 60, 61, 65 und 67. Diese Durchführungsrechtsakte werden nach dem in Artikel 81 Absatz 2 genannten Beratungsverfahren angenommen.

Stammfassung.

Übersicht

		Rz
I.	Zweck der Bestimmung	1
II.	Rechtsquellen zur Durchführung und ihre Fundstellen	2

I. Zweck der Bestimmung

1 Zur **Erleichterung der Anwendung** der EuErbVO und zur Ermöglichung der **Nutzung moderner Kommunikationstechnologien** sind **Formulare** (in der deutschen Fassung noch allzu papiergebunden „Formblätter" genannt) vorgesehen[1], und zwar für folgende Dokumente:

- Bescheinigung betreffend eine Entscheidung in einer Erbsache (Art 46 Abs 3 lit a),
- Bescheinigung betreffend eine öffentliche Urkunde in einer Erbsache (Art 59 Abs 1 und Art 60 Abs 2),
- Bescheinigung betreffend einen gerichtlichen Vergleich in einer Erbsache (Art 61 Abs 2),
- Antrag auf Ausstellung eines ENZ (Art 65 Abs 2) und
- ENZ (Art 65 Abs 2).

---

2 Vgl *Dutta* in MünchKommBGB[6] Art 78 EuErbVO Rz 1.

1 ErwGr 76.

II. Rechtsquellen zur Durchführung und ihre Fundstellen

Die Kommission[2] hat in Ausübung ihrer Rechtssetzungskompetenz nach Art 290 AEUV eine **2**
Durchführungsverordnung zur EuErbVO, nämlich die Durchführungsverordnung (EU)
1329/2014 v 9. 12. 2014, ABl L 2014/359, 30 veröffentlicht. Siehe dazu Anh II.

Ausschussverfahren

Art 81. (1) Die Kommission wird von einem Ausschuss unterstützt. Dieser Ausschuss
ist ein Ausschuss im Sinne der Verordnung (EU) Nr. 182/2011.

**(2) Wird auf diesen Absatz Bezug genommen, so gilt Artikel 4 der Verordnung (EU)
Nr. 182/2011.**

Stammfassung.

I. Komitologie

Der Kommission wird zur Unterstützung bei ihren Aufgaben nach der EuErbVO ein Aus- **1**
schuss beigeordnet. Er folgt den in der zit VO (EU) 182/2011 des Europäischen Parlaments
und des Rates v 16. 2. 2011 zur Festlegung der allgemeinen Regeln und Grundsätze, nach
denen die Mitgliedstaaten die Wahrnehmung der Durchführungsbefugnisse durch die Kommission kontrollieren, ABl L 2011/55, 13, festgehaltenen Regeln.[1]

Ähnliche Bestimmungen finden sich etwa in Art 70 Brüssel IIa-VO, Art 73 EuUVO, Art 18 **2**
EuZustellVO, Art 20 EuBeweisVO, Art 31 EuMahnVO, Art 27 EuBagatellVO.

Der verwiesene[2] Art 4 der VO (EU) 182/2011 zum **Beratungsverfahren** lautet: **3**

„Art. 4. (1) Findet das Beratungsverfahren Anwendung, so gibt der Ausschuss – erforderlichenfalls auf der Grundlage einer Abstimmung – seine Stellungnahme ab. Im Falle einer Abstimmung gibt der Ausschuss seine Stellungnahme mit der einfachen Mehrheit seiner Mitglieder ab.

(2) Die Kommission beschließt über den zu erlassenden Entwurf des Durchführungsrechts-
akts; wobei sie soweit wie möglich das Ergebnis der Beratungen im Ausschuss und die abgegebene Stellungnahme berücksichtigt.“

Überprüfung

Art 82. Die Kommission legt dem Europäischen Parlament, dem Rat und dem Europäischen Wirtschafts- und Sozialausschuss bis 18. August 2025 einen Bericht über die Anwendung dieser Verordnung vor, der auch eine Evaluierung der etwaigen praktischen
Probleme enthält, die in Bezug auf die parallele außergerichtliche Beilegung von Erbst-
reitigkeiten in verschiedenen Mitgliedstaaten oder eine außergerichtliche Beilegung in einem Mitgliedstaat parallel zu einem gerichtlichen Vergleich in einem anderen Mitglied-

---

2 *Dutta* in MünchKommBGB[6] Art 80, 81 EuErbVO Rz 1 weist darauf hin, dass die EuErbVO damit von
der bisherigen Praxis abweicht, die Formulare vom „europäischen Gesetzgeber selbst" erstellen zu lassen.

1 Siehe dazu auch ErwGr 78.
2 Siehe dazu auch ErwGr 79.

staat aufgetreten sind. Dem Bericht werden gegebenenfalls Änderungsvorschläge beigefügt.

Stammfassung.

1 Durch die **Überprüfungsklausel** („review clause") wird – wie schon in allen anderen zivilrechtlichen VO (zB Art 65 Brüssel IIa-VO, Art 74 EuUVO, Art 79 Brüssel Ia-VO, Art 24 EuZustellVO, Art 23 EuBeweisVO, Art 32 EuMahnVO, Art 28 EuBagatellVO, Art 46 EuInsVO) – auch in der EuErbVO die Kommission zu einer Überprüfung berechtigt und verpflichtet. Diese Vorschrift führt die **Kontrollaufgabe** der EK iSd Art 17 EUV aus.[1]

2 Der entsprechende **Bericht** über die Anwendung der VO, der sich auch besonders mit Erfahrungen der außergerichtlichen Beilegung befassen soll, kann – zumal die Kommission das Monopol des Norminitiativrechts (Art 17 Abs 2 EUV) hat – auch **Änderungsvorschläge** enthalten.

3 Die **Frist** für die Überprüfung ist mit **zehn Jahren** angesetzt, läuft also am 18. 8. 2025 aus. Bisherige Erfahrungen zeigen, dass derartige Fristen eher über- als unterschritten werden.

Übergangsbestimmungen

Art 83. (1) Diese Verordnung findet auf die Rechtsnachfolge von Personen Anwendung, die am 17. August 2015 oder danach verstorben sind.

(2) Hatte der Erblasser das auf seine Rechtsnachfolge von Todes wegen anzuwendende Recht vor dem 17. August 2015 gewählt, so ist diese Rechtswahl wirksam, wenn sie die Voraussetzungen des Kapitels III erfüllt oder wenn sie nach den zum Zeitpunkt der Rechtswahl geltenden Vorschriften des Internationalen Privatrechts in dem Staat, in dem der Erblasser seinen gewöhnlichen Aufenthalt hatte, oder in einem Staat, dessen Staatsangehörigkeit er besaß, wirksam ist.

(3) Eine vor dem 17. August 2015 errichtete Verfügung von Todes wegen ist zulässig sowie materiell und formell wirksam, wenn sie die Voraussetzungen des Kapitels III erfüllt oder wenn sie nach den zum Zeitpunkt der Errichtung der Verfügung geltenden Vorschriften des Internationalen Privatrechts in dem Staat, in dem der Erblasser seinen gewöhnlichen Aufenthalt hatte, oder in einem Staat, dessen Staatsangehörigkeit er besaß, oder in dem Mitgliedstaat, dessen Behörde mit der Erbsache befasst ist, zulässig sowie materiell und formell wirksam ist.

(4) Wurde eine Verfügung von Todes wegen vor dem 17. August 2015 nach dem Recht errichtet, welches der Erblasser gemäß dieser Verordnung hätte wählen können, so gilt dieses Recht als das auf die Rechtsfolge von Todes wegen anzuwendende gewählte Recht.

Abs 3 idF der Berichtigung ABl L 2013/41, 16.

Literatur: *Fischer-Czermak,* Gestaltung der Erbfolge durch Rechtswahl – Vorwirkungen der Europäischen Erbrechtsverordnung, EF-Z 2013/38, 51; *Janzen,* Die EU-Erbrechtsverordnung, DNotZ 2012, 484, 485; *Mayer/Stöger,* Kommentar zur EUV und AEUV (Loseblatt; Stand: 2013); *Rudolf,* EU-Erbrechtsverordnung – Übergangsvorschriften für die Wirksamkeit einer Rechtswahl und letztwilliger Verfügungen, ZfRV 2015 (in Druck); *Schauer,* Die neue Erbrechts-VO der europäischen Union – eine An-

---

1 Vgl *Hable* in *Mayer/Stöger* Art 17 EUV Rz 50, wo die „technisch-politische Schlüsselrolle der EK" betont wird.

näherung, JEV 2012, 6; *Scheuba,* Aus der Praxis: Die Rechtswahl im Erbrecht wirft ihre Schatten voraus, ecolex 2014, 210; *Schoppe,* Die Übergangsbestimmungen zur Rechtswahl im internationalen Erbrecht; Anwendungsprobleme und Gestaltungspotential, IPRax 2014, 27, 28.

Übersicht

	Rz
I. Überblick	1
II. Grundregel	5
III. Ausnahme 1: Rechtswahl vor dem 17. 8. 2015	7
IV. Ausnahme 2: Letztwillige Verfügung vor dem 17. 8. 2015	13
V. Fingierte Rechtswahl vor dem 17. 8. 2015	18

I. Überblick

Art 83 legt als Übergangsbestimmung fest, auf welche Sachverhalte die EuErbVO anzuwenden ist. Anders als die Sonderregelungen der Abs 2 – 4, die allein für den Bereich des anwendbaren Rechts Ausnahmen schaffen, bestimmt Art 83 Abs 1 den zeitlichen Anwendungsbereich für alle in der EuErbVO geregelten Fragen, also neben dem anwendbaren Recht auch für die internationale Zuständigkeit, Anerkennung, Vollstreckbarerklärung und Vollstreckung sowie das ENZ.[1] Die EuErbVO ist grundsätzlich auf die Rechtsnachfolge von Personen anzuwenden, die **nach dem 16. 8. 2015** (die VO formuliert etwas umständlicher: „am 17. 8. 2015 oder danach") **verstorben** sind. Maßgebliche Anknüpfung für die Anwendung ist also der Todestag des Erblassers. **1**

Der Todestag des Erblassers ergibt sich in aller Regel aus einer **Sterbeurkunde** (oder einem funktionsgleichen ausländischen Dokument, das – sofern es aus einem anderen EU-Mitgliedstaaten (außer DK, UK und Irland) stammt – gem Art 74 keiner Legalisation oder Apostille bedarf). **2**

In Fällen, in denen eine solche Urkunde nicht errichtet werden kann, stehen in Österreich die Institute der **Beweisführung des Todes** und der **Todeserklärung** zur Verfügung. Das anzuwendende Recht richtet sich insoweit nicht nach der EuErbVO sondern – mangels entsprechender Übk – nach dem nationalen Kollisionsrecht, in Österreich also nach § 14 IPRG (letztes bekanntes Personalstatut des Verschollenen).[2] **3**

Dass Entscheidungen aus einem anderen EU-Mitgliedstaaten anzuerkennen sind, aus denen sich das Sterbedatum des Erblassers ergibt, hat keine eindeutige Rechtsgrundlage. Allenfalls lassen sich die Regeln der Art 39 – 42 EuErbVO hier sinngemäß anwenden, soweit es nur um die Vorfrage in der Erbsache geht (also darum, ob die zeitliche Anwendungsvoraussetzungen erfüllt sind). **4**

II. Grundregel

Das **objektive Recht** der EuErbVO ist daher erst auf Fälle anzuwenden, in denen der Erblasser nach dem 16. 8. 2015 verstorben ist. Da die EuErbVO jedoch der **Parteienautonomie** gewisse Spielräume gibt, soll die subjektive Anknüpfung (Rechtswahl und letztwillige Verfügung) nicht erst mit diesem Stichtag eintreten. Berechtigte Erwartungen eines nach dem **5**

---

1 *Dutta* in MünchKommBGB[6] Art 83 EuErbVO Rz 1.
2 Siehe dazu *Lurger/Melcher,* IPR Rz 2/2; *Verschragen,* IPR Rz 6; *Neumayr* in *KBB*[4] § 14 IPRG Rz 1. Die Anknüpfung an den Todeszeitpunkt ist prinzipiell selbständig vorzunehmen (für alle *Frodl/Kieweler* in *Rechberger/Zöchling-Jud* Rz 1.58).

16. 8. 2015 verstorbenen Erblassers, der bereits davor eine Rechtswahl getroffen oder testiert hat, sollen damit geschützt werden.[3] Gewisse Dispositionen vor dem 17. 8. 2015 werden daher von der EuErbVO auch (iS eines favor negotii.[4]) ermöglicht.[5]

6 Die Anknüpfung an den Todestag ist gegenüber bisherigen VO (anders als im Internationalen Privatrecht) ein novum im internationalen Zivilverfahrensrecht, wurde doch bisher bei Inkraftsetzung von Normen zur internationalen Zuständigkeit, Anerkennung, Vollstreckbarerklärung und Vollstreckung regelmäßig darauf abgestellt, wann das Verfahren eingeleitet wurde. Die enge Verknüpfung von IPR und IZVR im Erbrecht lässt aber diesen zeitlichen Gleichlauf für gerechtfertigt erscheinen.[6] Auch praktisch ist es – gerade bei Anerkennung und Vollstreckung – idR bedeutend leichter den Todestag herauszufinden (der sich meist schon im Rubrum finden wird), als den Tag der Verfahrenseinleitung. Allerdings kann dieser zeitliche Aspekt auch irreführend sein: Dieser Paradigmenwechsel im zeitlichen Anwendungsbereich[7] ist für Abhandlungen durchaus nachvollziehbar und gut, kann aber bei streitigen Erbrechtsprozessen iwS zu Überraschungen führen, weil auch für weit nach dem 16. 8. 2015 eingeleitete Fälle die EuErbVO uU noch nicht anwendbar ist. Man denke etwa an folgende Konstellation: Der Erblasser starb am 15. 8. 2015, sein Testament wurde im am 20. 9. 2015 eingeleiteten Verlassenschaftsverfahren am 1. 1. 2016 zum Akt genommen. Am 30. 12. 2018 langt eine Erbschaftsklage (für die Anfechtung des Testaments rechtzeitig) bei Gericht ein. Die EuErbVO ist ratione temporis nicht anzuwenden!

III. Ausnahme 1: Rechtswahl vor dem 17. 8. 2015

7 Eine wichtige zeitliche **Vorwirkung** der EuErbVO liegt in den Bestimmungen zur **Rechtswahl:**[8] Eine vor dem 17. 8. 2015[9] getroffene Rechtswahl ist nach Abs 2 wirksam, wenn sie **alternativ** (in favorem) die **Wirksamkeitsvoraussetzungen** eines von drei alternativen Regelungssystemen[10] erfüllt: jene, die die **EuErbVO** selbst in ihrem Kapitel III vorsieht, oder die zum Zeitpunkt der Rechtswahl geltenden Vorschriften des IPR jenes Staates, in dem der Erblasser seinen **gewöhnlichen Aufenthalt** hatte, oder die zum Zeitpunkt der Rechtswahl geltenden Vorschriften des IPR jenes Staates, dessen **Staatsangehörigkeit** der Erblasser besaß. Dabei ist irrelevant, ob der gewählte Staat ein Mitgliedstaat oder ein Drittstaat ist.[11] Die Wirksamkeit der Rechtswahl kann sich in der 2. und 3. Alternative auch erst daraus ergeben, dass das Aufenthalts- bzw Personalstatut zwar keine Rechtswahl zulässt, aber kraft _renvoi_ auf eine andere Rechtsordnung verweist, die eine Rechtswahl ermöglicht.[12]

---

3 _Janzen,_ DNotZ 2012, 485; _Schoppe,_ IPRax 2014, 28; _Dutta_ in MünchKommBGB[6] Art 83 EuErbVO Rz 1
4 _Dutta_ in MünchKommBGB[6] Art 83 EuErbVO Rz 6.
5 Die von _Dutta_ in MünchKommBGB[6] Art 83 EuErbVO Rz 1 aufgeworfene Möglichkeit, den Anwendungsbereich durch nationales Recht weiter vorzuverlegen, hat für Österreich keine Bedeutung und wurde auch nicht in den Begleitbestimmungen aufgegriffen.
6 _Dutta_ in MünchKommBGB[6] Art 83 EuErbVO Rz 3.
7 _Fucik,_ in _Rechberger/Zöchling-Jud_ Rz 4.11.
8 _Fischer-Czermak,_ EF-Z 2013/38, 52; _Schauer,_ JEV 2012, 14 f.
9 Es kommt auch nicht darauf an, ob die Rechtswahl vor oder nach Inkrafttreten bzw Geltungsbeginn der EuErbVO getroffen wurde (_Dutta_ in MünchKommBGB[6] Art 83 EuErbVO Rz 7).
10 _Dutta_ in MünchKommBGB[6] Art 83 EuErbVO Rz 7.
11 _Dutta_ in MünchKommBGB[6] Art 83 EuErbVO Rz 7.
12 _Dutta_ in MünchKommBGB[6] Art 83 EuErbVO Rz 7.

Dieser Ausnahmetatbestand umfasst **jede Art** einer erbrechtlichen **Rechtswahl** des Erblassers **8**
„am oder vor dem Stichtag" (17. 8. 2015), auch eine Teilrechtswahl oder auf einzelne Nach-
lassobjekte beschränkte Rechtswahl.[13]

Das nationale Kollisionsrecht Österreichs stand bisher – wie die meisten nationalen Kolli- **9**
sionsrechte in Europa[14] – einer Rechtswahl ablehnend gegenüber.[15] Art 22 sieht dagegen eine
Rechtswahl[16] vor, die geradezu als „Herzstück der kollisionsrechtlichen Bestimmungen" der
EuErbVO angesehen werden kann.[17] Freilich ist die Rechtswahl auf das Recht jenes Staats
beschränkt, dessen **Staatsangehörigkeit** der Erblasser im Zeitpunkt der Rechtswahl oder
im Zeitpunkt des Todes hatte. Das führt zwar zu einer bloß relativ starren Disposition, sorgt
aber immerhin für eine einigermaßen unstrittige „engste Verbindung" zum gewählten Recht
und verhindert die Möglichkeit, durch bloßen Aufenthaltswechsel (mit allen dazugehörenden
Auslegungs- und Beweisproblemen post mortem) das anwendbare Recht zu bestimmen.[18]
Personen mit mehreren Staatsbürgerschaften können das Recht jedes dieser Staaten wählen.[19]
Die größere praktische Bedeutung hat zweifellos die Wahl des Rechts der Staatsangehörigkeit
im Zeitpunkt der Rechtswahl. Bei einer Wahl des Rechts des Staats, dem der Erblasser **im**
Zeitpunkt seines **Todes** angehört, lassen sich wenige realistische Anwendungsfälle finden.
Fischer-Czermak erwähnt etwa den Fall eines unmittelbar bevorstehenden Wechsels der
Staatsangehörigkeit.[20] Vom Wortlaut gedeckt sieht sie[21] auch die „abstrakte" Wahl des Rechts
des Staats, dem der Erblasser im Todeszeitpunkt angehören wird (also allgemein umschrieben ohne Nennung des konkreten Staats), meint aber, dass „wohl kaum jemand das Recht
eines derzeit noch unbekannten Heimatstaats wählen" werde.

Wem eine **Rechtswahl zu empfehlen** ist, versucht *Fischer-Czermak* klar herauszuarbeiten.[22] **10**
Im Grunde geht es darum, die subjektiv unerwünschte Anknüpfung an den Aufenthalt zu
vermeiden. Ein Bedürfnis danach besteht va für Personen, die ihren gewöhnlichen Aufenthalt häufig wechseln und klare Bezüge ihrer Rechtsnachfolge zum Recht des Heimatstaats
herstellen wollen. Gleiches kann aber auch wollen, wer zwar stabil seinen gewöhnlichen Auf-

---

13 *Dutta* in MünchKommBGB[6] Art 83 EuErbVO Rz 7.
14 *Verschraegen,* IPR Rz 271 nennt aber immerhin einige Staaten, die Rechtswahlmöglichkeiten kennen,
   aus den MS das deutsche (Art 25 Abs 2 EGBGB; s *Tersteegen* in *Süß*[2] 469 Rz 6), italienische (Art 46
   Abs 2 itIPRG; s *Cubbedu Wiedemann/Wiedemann* in *Süß*[2] 830 Rz 8) und belgische (Art 79 belg-
   IPRG; s *Hustedt/Sproten* in *Süß*[2] 312 Rz 22) Recht, an Drittstaaten die Schweiz (Art 90 Abs 2 und
   91 Abs 2 chIPRG; s *Wolf/Berger-Steiner* in *Süß*[2] 1327 Rz 12) und Liechtenstein (Art 29 Abs 3 und 4
   liechIPRG; s *Süß* in *Süß*[2] 965 Rz 4). Ausf Übersichten bei *Rudolf,* EU-Erbrechtsverordnung – Übergangsvorschriften für die Wirksamkeit einer Rechtswahl und letztwilliger Verfügungen, ZfRV 2015
   (Pkt B.3.a; in Druck).
15 *Fischer-Czermak,* EF-Z 2013/38, 52; *Verschraegen,* IPR Rz 27; *Heiss* in *Gruber/Kalss/Müller/Schauer*
   § 40 Rz 10; *Rudolf/Zöchling-Jud/Kogler* in *Rechberger/Zöchling-Jud* Rz 3.53 mwN.
16 Wegen der gleich genannten Beschränkung auf das Recht des Staats, dem der Erblasser angehört,
   wird statt von Rechts„wahl" mitunter auch von einer bloßen Option gesprochen (*Dutta* in Münch-
   KommBGB[6] Art 22 EuErbVO Rz 2; *Rudolf/Zöchling-Jud/Kogler* in *Rechberger/Zöchling-Jud* Rz 3.57 je
   mwN).
17 *Rudolf/Zöchling-Jud/Kogler* in *Rechberger/Zöchling-Jud* Rz 3.52.
18 Vgl *Rudolf/Zöchling-Jud/Kogler* in *Rechberger/Zöchling-Jud* Rz 3.58.
19 *Fischer-Czermak,* EF-Z 2013/38, 53.
20 *Fischer-Czermak,* EF-Z 2013/38, 53.
21 *Fischer-Czermak,* EF-Z 2013/38, 53; ebenso *Fischer-Czermak* in *Schauer/Scheuba* 47; aA *Janzen,*
   DNotZ 2012, 486.
22 *Fischer-Czermak,* EF-Z 2013/38, 53 f mit praktischen Beispielen.

enthält in einem Mitgliedstaat hat, aber die Rechtsnachfolge nach dem Recht seines Heimatstaats jener nach dem Recht seines Aufenthaltsstaats vorzieht. Gegenüber letztwilligen Verfügungen, die nach dem Recht des Aufenthaltsstaats zu beurteilen wären, hat die Rechtswahl den Vorteil, dass sie auch die Grenzen der Testierfreiheit (insb Pflichtteilsrechte) nicht nach dem Recht des Aufenthaltsstaats, sondern jenem des Heimatstaats setzt. Wer also einem Heimatstaat mit liberalerem Testamentsrecht angehört als dem Recht seines Aufenthaltsstaats, ist gut beraten,[23] nicht bloß zu testieren, sondern auch die Rechtswahl zu treffen. Schließlich ist auch zu berücksichtigen, dass die Rechtswahl auf das Recht eines anderen Mitgliedstaats als des Aufenthaltsstaats zu einem Wechsel der internationalen Zuständigkeit in den Erbsachen (auf die Gerichte des Heimatstaats) führt,[24] die Rechtswahl auf das Recht eines Drittstaats zur Anwendung fremden Erbrechts durch die Gerichte des Aufenthaltsstaats.[25]

11 Zu **Form** der Rechtswahl, ihres Widerrufs oder ihrer Änderung s Art 22.

12 Die **Folgen** einer nach Art 83 wirksamen Rechtswahl richten sich nach dem 16. 8. 2015 jedenfalls nach Art 22 und nicht etwa nach nationalem Kollisionsrecht, selbst wenn die Wirksamkeit der Rechtswahl sich aus dem Aufenthalts- oder Personalstatut iVm Art 83 Abs 2 bestimmt.[26]

IV. Ausnahme 2: Letztwillige Verfügung vor dem 17. 8. 2015

13 Auch für letztwillige Verfügungen enthält Art 83 eine gewisse zeitliche **Vorwirkung** der EuErbVO: Eine vor dem 17. 8. 2015 errichtete Verfügung von Todes wegen ist nach Abs 3 zulässig und (materiell und formell) wirksam, wenn sie alternativ (in favorem) die Voraussetzungen für die Zulässigkeit und die materielle und formelle Wirksamkeit erfüllt, die die **EuErbVO** selbst in ihrem Kapitel III vorsieht oder die zum Zeitpunkt der Errichtung der Verfügung geltenden Vorschriften des IPR jenes Staats, in dem der Erblasser seinen **gewöhnlichen Aufenthalt** hatte oder die zum Zeitpunkt der Errichtung der Verfügung geltenden Vorschriften des IPR jenes Staats, dessen **Staatsangehörigkeit** der Erblasser besaß, oder die zum Zeitpunkt der Errichtung der Verfügung geltenden Vorschriften des IPR jenes Staats, dessen Behörde mit der Erbsache befasst ist (**lex fori;** dieser Unterfall wurde erst mit der Berichtigung ABl L 2013/41, 16 in den Text aufgenommen).

14 Grundsätzlich **entspricht** diese Vorwirkung für letztwillige Verfügungen jener für eine **Rechtswahl.**[27] Allerdings wurde mit der Berichtigung eine **vierte Alternative,** nämlich die Wirksamkeit nach der lex fori, in Abs 3 aufgenommen, die sich in Abs 2 und 4 nicht findet.[28] Bei den Alternativen ist irrelevant, ob der Aufenthalts- oder Heimatstaat ein Mitglied-

---

23 Zutr sieht *Fischer-Czermak,* EF-Z 2013/38, 54, darin aber auch eine „neue Herausforderung" für die rechtsberatenden Berufe.

24 Freilich nur auf Antrag, nicht von Amts wegen (Art 6).

25 Vgl *Fischer-Czermak,* EF-Z 2013/38, 54; *Bajons* in *Schauer/Scheuba* 34; in diesem Fall ist der Gleichlauf von anwendbarem Recht und internationaler Zuständigkeit nicht gewahrt. Am Rande sei erwähnt, dass dann jedenfalls auch Richter- und nicht Rechtspflegerzuständigkeit besteht (§ 16 Abs 2 Z 6 RPflG).

26 *Dutta* in MünchKommBGB[6] Art 83 EuErbVO Rz 7.

27 *Dutta* in MünchKommBGB[6] Art 83 EuErbVO Rz 9.

28 Krit dazu *Dutta* in MünchKommBGB[6] Art 83 EuErbVO Rz 13, der sachlich für eine Ausdehnung des lex fori-Verweises auf den Abs 2 eintritt, aber angesichts des klaren Wortlauts meint, dass sich eine Analogie verbiete.

staat oder ein Drittstaat ist.[29] Die Wirksamkeit kann sich in der 2. und 3. Alternative auch erst daraus ergeben, dass das Aufenthalts- bzw Personalstatut in renvoi auf eine andere Rechtsordnung verweist, nach der die letztwillige Verfügung wirksam ist.[30] Zur Beurteilung der Wirksamkeit einer vor dem 17. 8. 2015 errichteten letztwilligen Verfügung nach der EuErbVO muss man naturgemäß unterstellen, dass diese bei Errichtung der Verfügung bereits anzuwenden war (bzw so tun, als ob die Verfügung erst nach dem 16. 8. 2015 errichtet worden wäre).[31]

Die alternative Anknüpfung betrifft die **Zulässigkeit,** die **formelle** und die **materielle Wirksamkeit** einer vor dem 17. 8. 2015 errichteten letztwilligen Verfügung.[32] Über ihre **Bindungswirkung** schweigt die VO. *Dutta* leitet daraus[33] ab, dass diese nach dem Errichtungsstatut zu beurteilen ist, woraus ein Statutenwechsel nach dem 16. 8. 2015 resultieren könne. **15**

Die Wirksamkeit einer **Änderung** oder des **Widerrufs** eines vor dem 17. 8. 2015 errichteten letztwilligen Verfügung nach dem 16. 8. 2015 unterliegt der alternativen Anknüpfung nicht mehr, sondern folgt ausschließlich dem nach dem Kollisionsrecht der EuErbVO berufenen Recht.[34] **16**

Für jene Formvorschriften, die das **HTÜ** regelt, ist die Übergangsvorschrift für jene MS, die – wie Österreich – durch dieses Übk gebunden sind, naturgemäß funktionslos. **17**

V. Fingierte Rechtswahl vor dem 17. 8. 2015

Eine vor dem 17. 8. 2015[35] nach einem Recht, das der Erblasser nach der EuErbVO hätte wählen können, errichtete Verfügung von Todes wegen umfasst kraft der **Fiktion** des Abs 4 auch die **Rechtswahl** iSd VO.[36] Die letztwillige Verfügung muss daher nicht auch eine ausdrückliche Rechtswahlklausel enthalten. Da es sich um eine fingierte, nicht um eine schlüssige Rechtswahl handelt, kommt es auch nicht auf ein subjektives Element („Rechtswahlwille") an.[37] Aus Rechtssicherheitsgründen ist dem Erblasser aber mit *Dutta*[38] gewiss eine **ausdrückliche** Rechtswahl zu **empfehlen.** **18**

---

29 *Dutta* in MünchKommBGB[6] Art 83 EuErbVO Rz 9.
30 *Dutta* in MünchKommBGB[6] Art 83 EuErbVO Rz 9.
31 *Dutta* in MünchKommBGB[6] Art 83 EuErbVO Rz 9 sieht darin eine Fiktion.
32 *Dutta* in MünchKommBGB[6] Art 83 EuErbVO Rz 10.
33 *Dutta* in MünchKommBGB[6] Art 83 EuErbVO Rz 10.
34 *Dutta* in MünchKommBGB[6] Art 83 EuErbVO Rz 10.
35 Es kommt auch nicht darauf an, ob die Rechtswahl vor oder nach Inkrafttreten bzw Geltungsbeginn der EuErbVO getroffen wurde (*Dutta* in MünchKommBGB[6] Art 83 EuErbVO Rz 8).
36 *Rudolf/Zöchling-Jud/Kogler* in *Rechberger/Zöchling-Jud* Rz 3.76.
37 *Dutta* in MünchKommBGB[6] Art 83 EuErbVO Rz 8, verlangt allerdings ein Rechtsanwendungsbewusstsein des Erblassers, dem bewusst sein müsste, dass er seine Verfügung von Todes wegen nach dem Staatsangehörigkeitsrecht errichtet; dass der Unionsgesetzgeber gerade keine Vermutung, sondern eine Fiktion gewählt hat, hält er für ein Gegenargument, sondern für „unglücklich". Man könnte den Widerspruch allerdings auch so auflösen, dass es nicht auf einen subjektiven Rechtsanwendungswillen ankommt, es aber doch bei objektivierter Betrachtung eindeutig nur so gemeint sein kann, dass die Verfügung auf der Basis einer bestimmten Rechtsordnung getroffen wurde (auch wenn damit jener Rechtsfigur der „Geltungsannahme" wieder Raum gegeben wird, die nach den Rom-VO gerade nicht ausreichen sollte), vgl auch *Rudolf/Zöchling-Jud/Kogler* in *Rechberger/Zöchling-Jud* Rz 3.73; *Rudolf,* EU-Erbrechtsverordnung – Übergangsvorschriften für die Wirksamkeit einer Rechtswahl und letztwilliger Verfügungen, ZfRV 2015 (Pkt D; in Druck).
38 *Dutta* in MünchKommBGB[6] Art 83 EuErbVO Rz 8.

19 Eine **Änderung** oder der **Widerruf** der letztwilligen Verfügung nach dem 16. 8. 2015 beseitigt auch die Rechtswahlfiktion.[39]

Inkrafttreten

Art 84. Diese Verordnung tritt am zwanzigsten Tag nach ihrer Veröffentlichung im Amtsblatt der Europäischen Union in Kraft.

Sie gilt ab dem 17. August 2015, mit Ausnahme der Artikel 77 und 78, die ab dem 16. November 2014 gelten, und der Artikel 79, 80 und 81, die ab dem 5. Juli 2012 gelten.

Diese Verordnung ist in allen ihren Teilen verbindlich und gilt gemäß den Verträgen unmittelbar in den Mitgliedstaaten.

Abs 2 idF der Berichtigung ABl L 2012/344, 3.

Literatur: *Janzen,* Die EU-Erbrechtsverordnung, DNotZ 2012, 484, 485; *Mayer/Kucsko-Stadlmayer/ Stöger,* Bundesverfassungsrecht[11] (2015); *Mayr,* Europäisches Zivilprozessrecht (2011); *Mayer/Stöger,* Kommentar zur EUV und AEUV (Loseblatt; Stand: 2013); *Schweitzer/Hummer/Obwexer,* Europarecht (2007); *Wilke,* Das internationale Erbrecht nach der neuen EU-Erbrechtsverordnung, RIW 2012, 601.

Übersicht

		Rz
I.	Inkrafttreten – Anwendungszeitpunkt	1
II.	Regelmäßiger zeitlicher Anwendungsbeginn	3
III.	Früherer Anwendungsbeginn	4
IV.	Unmittelbare Anwendung	5
V.	Ausnahme 1	6
VI.	Ausnahme 2	7

I. Inkrafttreten – Anwendungszeitpunkt

1 Die VO unterscheiden genau (aber anders als die österr Verfassungslehre[1]) zwischen **Inkrafttreten** und **Geltung** (Anwendungsbeginn). Mit Inkrafttreten wird der Tatbestand umschrieben, dass ein Rechtsakt zum Rechtsbestand des Unionsrechts zählt;[2] mit Geltung wird der zeitliche Anwendungsbereich umschrieben.[3] Im Fall der EuErbVO war eine dreijährige Legisvakanz zwischen den beiden Zeitpunkten vorgesehen, die – das zeigt allein schon das österr Ausführungsgesetz – dringend erforderlich war. Dazu tritt noch die Regelung der intertemporalen Anwendbarkeit (Art 83), die festlegt, auf welche Sachverhalte die in Kraft getretenen und geltenden Vorschriften der VO in zeitlicher Hinsicht anwendbar sind (nämlich auf Todesfälle nach dem 16. 8. 2015 mit Vorwirkungen bei der Rechtswahl beim Testament). Dass jede VO am zwanzigsten Tag nach ihrer Veröffentlichung im ABl in Kraft tritt, folgt

---

39 *Dutta* in MünchKommBGB[6] Art 83 EuErbVO Rz 8; *Thorn* in *Palandt*[74] Art 83 EuErbVO Rz 7.

1 Siehe dazu ausf bei *Mayer/Kucsko-Stadlmayer/Stöger*[11] Rz 487 ff.

2 *Dutta* in MünchKommBGB[6] Art 84 EuErbVO Rz 2: „Voraussetzung für die Bindungswirkung der Verordnung".

3 *Dutta* in MünchKommBGB[6] Art 84 EuErbVO Rz 2: „Zeitpunkt, an dem die Organe der EU und die MS an die in Kraft getretene VO gebunden sind".

bereits aus Art 297 Abs 2 AEUV.[4] Für die EuErbVO bedeutet dies ein Inkrafttreten mit 16. 8. 2012.

Ab wann die VO anzuwenden ist („gilt"), regelt der zweite UAbs im Einzelnen. Er nennt **2** einerseits einen Geltungsbereich der inhaltlichen Vorschriften (regelmäßiger zeitlicher Anwendungsbeginn) und andererseits vorgezogene Geltungsbereiche für jene Vorschriften, die die Bedingungen für die inhaltliche Anwendbarkeit schaffen sollen. Dazu waren im Urtext zwei Daten, nämlich der 5. 7. 2012 und der 16. 1. 2014, vorgesehen. Letzterer Termin wurde nachfolgend mit der Berichtigung ABl L 2012/344, 3 auf den 16. 11. 2014 korrigiert.[5]

II. Regelmäßiger zeitlicher Anwendungsbeginn

Die EuErbVO ist **grundsätzlich ab dem 17. 8. 2015** anzuwenden. **3**

III. Früherer Anwendungsbeginn

Zwei Gruppen von Bestimmungen sind schon früher anzuwenden: **4**

1. Die Art 77 (Informationen über das nationale Recht) und 78 (Informationen über Kontakte und Rechtsbehelfe) gelten **ab 16. 11. 2014** (idF der Berichtigung ABl L 2012/344, 3)
2. Die Art 79 (Information über die nationalen Behörden und Beliehenen), 80 (Schaffung von Formularen in einer DV) und 81 (Ausschussverfahren zur DV) gelten **ab 5. 7. 2012,** dem Tag nach der Beschlussfassung.

IV. Unmittelbare Anwendung

Auch der letzte UAbs mit seinem Hinweis auf die unmittelbare Anwendbarkeit der VO in **5** den (durch diese gebundenen) MS paraphrasiert nur das Primärrecht.[6] Allerdings sind die entsprechenden geographischen Ausnahmen zu berücksichtigen (s die nächsten Rz).

V. Ausnahme 1

Dänemark: Gem Art 1 und 2 des dem Vertrag über die Europäische Union und dem Vertrag **6** über die Arbeitsweise der Europäischen Union beigefügten Protokolls Nr 22 über die Position Dänemarks beteiligt sich Dänemark nicht an der Annahme der EuErbVO und ist weder durch diese VO gebunden noch zu ihrer Anwendung verpflichtet.[7]

VI. Ausnahme 2

Vereinigtes Königreich und **Republik Irland:** Gem Art 1 und 2 des dem Vertrag über die **7** Europäische Union und dem Vertrag über die Arbeitsweise der Europäischen Union beigefügten Protokolls Nr 21 über die Position des Vereinigten Königreichs und Irlands hinsichtlich des Raums der Freiheit, der Sicherheit und des Rechts beteiligen sich diese MS nicht an

---

4 Für alle *Schweitzer/Hummer/Obwexer,* Europarecht Rz 682; *Vcelouch* in *Mayer/Stöger* Art 297 AEUV Rz 3, 81.
5 Siehe auch *Dutta* in MünchKommBGB[6] Art 84 EuErbVO Rz 1, 3.
6 Für alle *Schweitzer/Hummer/Obwexer,* Europarecht Rz 163 ff.
7 ErwGr 83; s auch *Mayr,* Europäisches Zivilprozessrecht Rz 1/20; *Mayr* in *Fasching/Konecny* V/1[2] Einl Rz 30. Diese Situation wird von *Wilke,* RIW 2012, 602 als der „auch in Lissabon nicht korrigierte(n) ‚Geburtsfehler' des Vertrags von Amsterdam" bezeichnet.

der Annahme der EuErbVO und sind weder durch diese gebunden noch zu ihrer Anwendung verpflichtet. Dies berührt jedoch nicht die Möglichkeit für das Vereinigte Königreich und Irland, gem Art 4 des genannten Protokolls nach der Annahme dieser VO mitzuteilen, dass sie die VO anzunehmen wünschen.[8] Eine solche Mitteilung („opt in") ist bis jetzt nicht erfolgt und eher nicht mehr zu erwarten.

---

8 ErwGr 82; *Mayr,* Europäisches Zivilprozessrecht Rz 1/19.

Anpassungsbestimmungen im nationalen Recht – ErbRÄG 2015

Vor Anpassungsbestimmungen

Literatur: *Fucik,* Auch Erbrechtsreform passiert den Ministerrat – Teil I: Die Begleitbestimmungen zur EuErbVO, ÖJZ 2015/78, 589; *Fucik,* Nationale Legislative zur EU-Erbrechtsverordnung, iFamZ 2015, 152; *König/Mayr,* Europäisches Zivilverfahrensrecht in Österreich IV (2015); *Motal,* EU-Erbrechtsverordnung: Anpassungsbedarf im IPRG und der JN, EF-Z 2014/151, 251; *Motal,* EU-Erbrechtsverordnung: Anpassungsbedarf im Außerstreitgesetz, EF-Z 2015/39, 62; *Rechberger/Frodl,* Die internationale Zuständigkeit, in *Rechberger/Zöchling-Jud* (Hrsg), Die EU-Erbrechtsverordnung in Österreich (2015) 45; *Rechberger/Kieweler,* Das Europäische Nachlasszeugnis, in *Rechberger/Zöchling-Jud* (Hrsg), Die EU-Erbrechtsverordnung in Österreich (2015) 269; *Schauer,* Europäisches Nachlasszeugnis, EF-Z 2012/154, 245.

Redaktioneller Hinweis

Das ErbRÄG 2015 kennt zwei Termine für das Inkrafttreten – den 17. 8. 2015, mit dem die EuErbVO im österr Recht umgesetzt wurde, und den 1. 1. 2017, an dem die Änderungen des materiellen Erbrechts in Kraft treten. Aufgrund dieser zeitlichen Diskrepanz ergibt sich bei denjenigen Bestimmungen, die erst am 1. 1. 2017 in Kraft treten, die Notwendigkeit, zwei Fassungen der jeweiligen Rechtsnorm abzudrucken: die bis 31. 12. 2016 und die ab 1. 1. 2017 geltende Fassung. Hierbei gilt zu beachten, dass die Fassung ab 1. 1. 2017 fett und die bis einschließlich 31. 12. 2016 geltende Fassung räumlich darunter mager abgedruckt ist.

Zu den Anpassungsbestimmungen des AußStrG gilt folgender Hinweis: Die Kommentierung beschränkt sich auf die Änderungen jener Bestimmungen, die in Hinblick auf die EuErbVO eingeführt oder geändert wurden. Jene Bestimmungen, die aufgrund der Reform des materiellen Erbrechts eingeführt oder geändert wurden, wurden nicht kommentiert. Der besseren Übersicht halber werden jedoch der Gesetzestext des gesamten Hauptstücks über das Verlassenschaftsverfahren abgedruckt (§§ 143 – 185), einschließlich jener Bestimmungen, die unverändert blieben oder erst am 1. 1. 2017 in Kraft treten.

Obwohl die **EuErbVO unmittelbar in Österreich anwendbar** ist, erweisen sich manche ausführende Zuständigkeits- und Verfahrensbestimmungen als notwendig oder nützlich. Sie wurden nicht zum Gegenstand eines eigenen Begleitgesetzes gemacht, sondern in eine gleichzeitig begonnene nationale Erbrechtsreform integriert. Die Publikation in BGBl I 2015/87 erfolgte am 30. 7. 2015, also rechtzeitig vor dem 17. 8. 2015. Die Darstellung bezieht sich auf die im JA und im Plenum des NR nicht veränderte Regierungsvorlage.[1] **1**

Zur EuErbVO führen die **ErlRV** dieses Entwurfs **allgemein** aus wie folgt:[2] **2**

Die Verordnung (EU) Nr. 650/2012 über die Zuständigkeit, das anzuwendende Recht, die Anerkennung und Vollstreckung öffentlicher Urkunden in Erbsachen sowie zur Einführung eines Europäischen Nachlass-

---

1 688 BlgNR 25. GP.
2 ErlRV 718 BlgNR 25. GP 3.

zeugnisses, ABl. Nr. L vom 27. 7. 2012 S. 107 (im Folgenden EuErbVO), wird mit 17. August 2015 in Kraft treten und macht Änderungen im IPRG und den einschlägigen verfahrensrechtlichen Vorschriften notwendig.

Hauptgesichtspunkte des Entwurfs

[. . . . .]

6. EU-Erbrechtsverordnung

Die Verordnung (EU) Nr. 650/2012 über die Zuständigkeit, das anzuwendende Recht, die Anerkennung und Vollstreckung öffentlicher Urkunden in Erbsachen sowie zur Einführung eines Europäischen Nachlasszeugnisses, ABl. Nr. L vom 27. 7. 2012 S. 107 (im Folgenden EuErbVO), wird mit 17. August 2015 in Kraft treten und damit die einschlägigen Verweisungsnormen des IPRG und die einschlägigen Zuständigkeitsbestimmungen der JN ersetzen. Die Änderungen des IPRG und der JN dienen hauptsächlich der Rechtsbereinigung; Bestimmungen, die durch die Verordnung obsolet werden, werden aufgehoben. Auch die Erwähnung des Europäischen Nachlasszeugnisses (im Folgenden ENZ) unter den öffentlichen Urkunden, auf Grund derer eine Einverleibung stattfinden kann, dient der Klarheit.

Um die Verordnung im Rahmen der österreichischen Rechtsordnung anwenden zu können, bedarf es einiger ergänzender Regelungen: So muss die örtliche Zuständigkeit für die Anpassung dinglicher Rechte (Art 31 EuErbVO) und für vorläufige Maßnahmen, wenn inländische Abhandlungszuständigkeit fehlt, bestimmt werden. Weiter ist zu regeln, wie zu verfahren ist, wenn sich ausnahmsweise auch der Erbschaftserwerb nach fremdem Recht richtet und der Nachlass nicht wie sonst nach österreichischem Recht durch Einantwortung übergeht. Soweit das WEG 2002 unter bestimmten Umständen die öffentliche Feilbietung durch das Verlassenschaftsgericht vorsieht, muss diese Zuständigkeit auf das Grundbuchsgericht übertragen werden, wenn es im Inland kein Verlassenschaftsgericht gibt. Der Entwurf regelt ferner ergänzend die Ausstellung des ENZ: Seine Ausstellung obliegt dem Gerichtskommissär des zuständigen Verlassenschaftsgerichts; kann er den Antrag auf Ausstellung eines ENZ nicht durch eine Bestätigung einer gerichtlich bestimmten oder festgestellten Rechtsposition erledigen, so soll das Gericht mit Beschluss im Verfahren nach dem AußStrG entscheiden – unter Berücksichtigung der Verfahrensregeln der EuErbVO."

I. Außerstreitgesetz – AußStrG

BGBl I 2003/111 idF BGBl I 2015/87

[Auszug]

[. . . . .]

III. Hauptstück
Verlassenschaftsverfahren

1. Abschnitt
Vorverfahren

Einleitung des Verfahrens

§ 143. (1) Das Verlassenschaftsverfahren ist von Amts wegen einzuleiten, sobald ein Todesfall durch eine öffentliche Urkunde oder sonst auf unzweifelhafte Weise bekannt wird.

(2) Befindet sich die Verlassenschaft ausschließlich im Ausland oder besteht für bewegliches Vermögen im Inland die Abhandlungszuständigkeit nach Art. 10 Abs. 2 oder Art. 11 der Verordnung (EU) Nr. 650/2012 über die Zuständigkeit, das anzuwendende Recht, die Anerkennung und Vollstreckung öffentlicher Urkunden in Erbsachen sowie zur Einführung eines Europäischen Nachlasszeugnisses (im Folgenden: EuErbVO), ABl. Nr. L vom 27. 7. 2012 S. 107, so ist die Abhandlung nur auf Antrag einer Partei einzuleiten, die ihre Erbenstellung bescheinigt. Ergibt sich, dass dem Antragsteller keine Erbberechtigung zukommt und ist das Verfahren nicht auf Grund anderer Anträge fortzusetzen, so ist es mit Beschluss einzustellen.

IdF BGBl I 2015/87.

ErlRV zu § 143 AußStrG:

Die EuErbVO gibt zwar die Abhandlungszuständigkeit vor, nicht aber, auf welche Weise das Verfahren von der zuständigen Behörde eingeleitet wird. In Fällen, in denen der Inlandsbezug oder der praktische Nutzen eines Verfahrens für die Parteien gering ist, soll es der Entscheidung der Parteien überlassen bleiben, ob sie die Durchführung der Abhandlung im Inland für sinnvoll erachten. Das wird regelmäßig dann der Fall sein, wenn sie für die Verfügung über die in einem Mitgliedstaat gelegene Verlassenschaft eines Erbennachweises der nach der EuErbVO zuständigen Behörden bedürfen. Für die Verfügung über die in Österreich gelegene Verlassenschaft könnte auch eine Ausfolgungsentscheidung nach § 150 AußStrG genügen.

Die inländische **Verlassenschaftsjurisdiktion** wird ab Beginn der Anwendung der EuErbVO (Todeszeitpunkt nach dem 16. 8. 2015) allein durch diese unmittelbar anwendbare **EuErbVO** bestimmt. Eine Regelung zur „inländischen Gerichtsbarkeit" in der JN ist daher nicht mehr nötig, aufgrund des unionsrechtlichen Verbots der Doppelnormierung sogar nicht mehr zulässig. **1**

Davon ist die Frage zu unterscheiden, ob das Verfahren in jedem Fall bestehender Jurisdiktion **von Amts wegen** eingeleitet bzw fortgeführt werden muss oder die Einleitung des Verfahrens vom Antrag einer berechtigten Person abhängig gemacht werden kann. **2**

Schon bisher hat § 143 Abs 2 AußStrG die Einleitung des Verfahrens von einem Antrag abhängig gemacht, wenn es bloß um nicht in Österreich gelegenes Vermögen ging. Dabei bleibt es auch nach der neuen Rechtslage, wobei allerdings die Zuständigkeitstatbestände nun nicht mehr auf die alte Regelung der Verlassenschaftsjurisdiktion in § 106 JN verweisen konnten, sondern die **Tatbestände der EuErbVO** in den Gesetzestext aufzunehmen waren. **3**

Die Neufassung ist gem § 207 k Abs 3 ab 17. 8. 2015 anzuwenden, allerdings nur auf Fälle, in denen der Verstorbene nicht vor dem 17. 8. 2015 gestorben ist. Geraume Zeit werden daher **nebeneinander** Verlassenschaftsverfahren stattfinden, die entweder (Tod bis zum 16. 8. 2015) nach der **alten** oder (Tod nach dem 16. 8. 2015) nach der **neuen Rechtslage** zu beurteilen sind. **4**

Eingaben

§ 144. (1) Eingaben im Verlassenschaftsverfahren sind – außer bei schriftlicher Abhandlungspflege (§ 3 GKoärG) – an den Gerichtskommissär zu richten, doch gelten sie auch dann als rechtzeitig, wenn sie innerhalb der Frist an das Gericht statt an den Gerichtskommissär gerichtet worden sind.

(2) Rechtsmittel, Rechtsmittelbeantwortungen und sonstige Anbringen, die auf eine Entscheidung durch das Gericht zielen, sind an das Gericht zu richten. Solches Anbringen gilt auch dann als rechtzeitig, wenn es innerhalb der Frist statt an das Gericht an den Gerichtskommissär gerichtet worden ist.

(3) Der Gerichtskommissär hat den Akt unverzüglich dem Gericht vorzulegen, wenn es dies verlangt oder eine Entscheidung des Gerichtes erforderlich ist.

Stammfassung.

Todesfallaufnahme

§ 145. (1) Der Gerichtskommissär (§ 2 GKoärG) hat die Todesfallaufnahme zu errichten. Dazu hat er alle Umstände zu erheben, die für die Verlassenschaftsabhandlung und allfällige pflegschaftsgerichtliche Maßnahmen erforderlich sind.

(2) Die Todesfallaufnahme hat zu umfassen:

1. Vor- und Familiennamen, Familienstand, Staatsangehörigkeit, Beschäftigung, Tag und Ort der Geburt und des Todes des Verstorbenen, seinen letzten Wohnsitz oder gewöhnlichen Aufenthaltsort und alle übrigen für die Zuständigkeit erheblichen Umstände;

2. das hinterlassene Vermögen samt Rechten und Verbindlichkeiten;

3. die Begräbniskosten und die Person, die sie allenfalls vorgestreckt hat;

4. die Urkunden über letztwillige Anordnungen (Testamente, sonstige letztwillige Verfügungen) und deren Widerruf, Vermächtnis-, Erb- und Pflichtteilsverträge, Erb- und Pflichtteilsverzichtsverträge und deren Aufhebung sowie den Vor- und Familiennamen und die Anschrift der Zeugen mündlicher letztwilliger Verfügungen;

5. Vor- und Familiennamen, Anschrift und Tag der Geburt der gesetzlichen und der auf Grund einer letztwilligen Verfügung berufenen Erben;

6. Vor- und Familiennamen, Anschrift und Tag der Geburt derjenigen, deren gesetzlicher Vertreter der Verstorbene war.

(3) *[entfallen gem BGBl I 2015/87]*

IdF BGBl I 2015/87 [gem § 207k Abs 1 mit 1. 1. 2017 in Kraft tretende und gem § 207k Abs 2 auf nach dem 31. 12. 2016 anhängig werdende Verfahren anzuwendende Fassung].

Bis 31. 12. 2016 geltende Rechtslage:

Todesfallaufnahme

§ 145. (1) Der Gerichtskommissär (§ 2 GKoärG) hat die Todesfallaufnahme zu errichten. Dazu hat er alle Umstände zu erheben, die für die Verlassenschaftsabhandlung und allfällige pflegschaftsgerichtliche Maßnahmen erforderlich sind.

(2) Die Todesfallaufnahme hat zu umfassen:

1. Vor- und Familiennamen, Familienstand, Staatsangehörigkeit, Beschäftigung, Tag und Ort der Geburt und des Todes des Verstorbenen, seinen letzten Wohnsitz oder gewöhnlichen Aufenthaltsort und alle übrigen für die Zuständigkeit erheblichen Umstände;

2. das hinterlassene Vermögen samt Rechten und Verbindlichkeiten;

3. die Begräbniskosten und die Person, die sie allenfalls vorgestreckt hat;

4. die Urkunden über letztwillige Anordnungen (Testamente, Kodizille) und deren Widerruf, Vermächtnis-, Erb- und Pflichtteilsverträge, Erb- und Pflichtteilsverzichtsverträge und

deren Aufhebung sowie den Vor- und Familiennamen und die Anschrift der Zeugen mündlicher letztwilliger Verfügungen;

5. Vor- und Familiennamen, Anschrift und Tag der Geburt der gesetzlichen und der auf Grund einer letztwilligen Verfügung berufenen Erben;

6. Vor- und Familiennamen, Anschrift und Tag der Geburt derjenigen, deren gesetzlicher Vertreter der Verstorbene war.

(3) Der Wert des hinterlassenen Vermögens ist auf einfache Weise, insbesondere durch Befragung von Auskunftspersonen und ohne weitwendige Erhebungen, tunlichst ohne Beiziehung eines Sachverständigen, zu ermitteln.

Erhebungen

§ 145 a. **(1) Umfang und Wert des hinterlassenen Vermögens sind auf einfache Weise und ohne weitwendige Erhebungen, tunlichst ohne Beiziehung eines Sachverständigen, zu ermitteln. Dies kann insbesondere auf folgende Weise erfolgen:**

1. durch Befragung von Auskunftspersonen

2. durch Abfragen im Grundbuch und Firmenbuch und, soweit erforderlich, in anderen öffentlichen Registern und Datenbanken.

(2) Der Gerichtskommissär hat eine Abfrage des Österreichischen Zentralen Testamentsregisters und des Testamentsregisters der österreichischen Rechtsanwälte durchzuführen und das Ergebnis zu dokumentieren.

IdF BGBl I 2015/87 [gem § 207 k Abs 1 mit 1. 1. 2017 in Kraft tretende und gem § 207 k Abs 2 auf nach dem 31. 12. 2016 anhängig werdende Verfahren anzuwendende Fassung].

ErlRV zu § 145 a AußStrG:

Abs. 1 entspricht im Wesentlichen dem bisherigen § 145 Abs. 3. Die Änderungen sollen – entsprechend einer Forderung aus der Praxis – eine möglichst wirksame Feststellung des hinterlassenen Vermögens bewirken. Daher soll neben dem Wert nunmehr auch auf den Umfang des Vermögens abgestellt werden. Die Befragung von Auskunftspersonen (Z 1) entspricht dem bisherigen Recht. Nach Z 2 soll der Gerichtskommissär regelmäßig die öffentlichen Register und Datenbanken (vgl. dazu § 89 a NO) abzufragen haben, um auf diese Weise Vermögen ermitteln zu können. Das Grund- und Firmenbuch wird in der Regel in jedem Fall abzufragen sein. Andere Datenbanken, etwa das Schiffsregister, nur bei besonderen Hinweisen.

Nach Abs. 2 soll der Notar als Gerichtskommissär standardmäßig eine Abfrage des Österreichischen Zentralen Testamentsregisters (vgl. § 140 c NO) und des Testamentsregisters der österreichischen Rechtsanwälte durchführen und das Ergebnis der Abfrage festhalten. Damit soll sichergestellt werden, dass in diesem Register gespeicherte letztwillige Verfügungen im Verlassenschaftsverfahren beachtet werden. Der Erlass des Bundesministeriums für Justiz vom 14. 6. 1972 über Anfragen an das Zentrale Testamentsregister des Delegiertentages der österreichischen Notariatskammern (JABl 1972/8) wird damit zu diesem Punkt hinfällig (vgl. § 4).

§ 146. **(1) Der Gerichtskommissär kann zum Zweck der Erhebungen die Wohnung, das Geschäftslokal und Schrankfächer des Verstorbenen, seine Schränke und sonstigen Behältnisse schonend öffnen. Dazu sind zwei volljährige Personen, vorzugsweise Angehörige, Mitbewohner oder Nachbarn des Verstorbenen, als Vertrauenspersonen beizuziehen; diese sind zur Hilfeleistung verpflichtet.**

(2) Findet der Gerichtskommissär Fremdgelder, Kassenschlüssel, Schriftstücke oder Akten, die sich auf die Tätigkeit des Verstorbenen im öffentlichen Dienst beziehen, so hat er diese ohne nähere Einsicht sicherzustellen und der Dienstbehörde zu übergeben.

(3) Der Gerichtskommissär hat den Tod von Personen, die aus öffentlichen Kassen fortlaufende Zahlungen erhalten haben, der auszahlenden Stelle unverzüglich zu melden, wenn diese nicht schon offenkundig Kenntnis davon hat.

(4) Unterlag der Verstorbene einem Amts- oder Berufsgeheimnis, so ist der Gerichtskommissär verpflichtet, alles zu unterlassen, was die dadurch geschützten Geheimhaltungsinteressen beeinträchtigen oder gefährden könnte.

Stammfassung.

Sicherung der Verlassenschaft

§ 147. (1) Besteht die Gefahr, dass Vermögensbestandteile der Verlassenschaftsabhandlung entzogen werden, oder sind die vermutlichen Erben, nahen Angehörigen oder Mitbewohner zur Verwahrung nicht fähig oder doch nicht bereit, so hat der Gerichtskommissär die Verlassenschaft auf geeignete Weise zu sichern.

(2) Als Sicherungsmaßnahme kommt neben dem Versperren insbesondere die Versiegelung der Verlassenschaft oder ihre Verwahrung beim Gerichtskommissär oder einem Verwahrer in Betracht. Die Kosten der Sicherung hat die Verlassenschaft zu tragen.

(3) Dritte Personen, insbesondere Angehörige und Mitbewohner des Verstorbenen, haben, auch wenn sie die Verlassenschaft verwahren, jede Verfügung über sie zu unterlassen.

(4) Ist im Sinn des Art. 3 Abs. 2 EuErbVO ein ausländisches Gericht zuständig, so sind zur Sicherung von Verlassenschaftsvermögen, das sich in Österreich befindet, die Abs. 1 und 2 sowie § 146 Abs. 1 entsprechend anzuwenden.

IdF BGBl I 2015/87.

ErlRV zu § 147 AußStrG:

Die Abhandlungszuständigkeit nach der EuErbVO erstreckt sich auch auf einstweilige Maßnahmen und Sicherungsmaßnahmen. Nach Art. 19 EuErbVO können solche Maßnahmen auch in einem Mitgliedstaat beantragt werden, dessen Behörden für die Abhandlung nicht zuständig sind. Auf solche Maßnahmen ist das Recht des angerufenen Mitgliedstaates anzuwenden, die Zuständigkeit erstreckt sich nur auf Maßnahmen nach diesem Recht. Wird eine solche Maßnahme bei einem österreichischen Gericht beantragt, obwohl es für die Abhandlung nicht zuständig ist, soll das Gericht die § 146 Abs. 1 und § 147 Abs. 1 und 2, die das Vorgehen bei solchen Maßnahmen in Verlassenschaftsverfahren regeln, entsprechend anwenden. Allerdings sollen solche Maßnahmen nicht für Nachlassteile in anderen Staaten angeordnet werden können. Abs. 4 ist auf Maßnahmen für Teile der Verlassenschaft in Österreich beschränkt.

1 Eilbedürftige **Sicherungsmaßnahmen** können trotz Zurückdrängung des **Territorialitätsprinzips** effizienter beim Gericht der gelegenen Sache als beim für die Hauptsache zuständigen Gericht getroffen werden. Die Zuständigkeit für Sicherungsmaßnahmen für ein Verfahren, für das einem anderen Mitgliedstaat die Zuständigkeit zukommt, ergibt sich aus Art 19 EuErbVO: In einem Mitgliedstaat vorgesehene einstweilige Maßnahmen einschließlich Sicherungsmaßnahmen können bei den Gerichten dieses Staates auch dann beantragt werden, wenn für die Entscheidung in der Hauptsache nach der EuErbVO die Gerichte eines anderen Mitgliedstaats zuständig sind.

Verwahrungen, Versiegelungen, Sperren uÄ können daher über in Österreich belegenes Vermögen auch angeordnet werden, wenn zB die Gerichte Deutschlands oder der Slowakei für das Verlassenschaftsverfahren international zuständig sind. Die Interessierten können den **Antrag** beim **österr Gericht** stellen. **2**

Eine Zuständigkeit des nach der Geschäftsordnung berufenen Notars ist schon deshalb zu bejahen, weil in den verwiesenen Abs 1 und 2 vom Gerichtskommissär die Rede ist. Darüber hinaus sieht § 1 Abs 1 lit c GKG nun auch eine ausdrückliche **Zuständigkeit des Gerichtskommissärs** vor. Wie sich die Zuständigkeit eines Notars von mehreren eines Gerichtssprengels ergibt, bestimmt die **Verteilungsordnung.** Die darin gewählten Anknüpfungen werden meist auch für Personen mit ausländischem gewöhnlichen Aufenthalt und Auslandsadresse ausreichend bestimmt sein (zB Anfangsbuchstabe des Nachnamens, Todestag). Ist dies ausnahmsweise nicht der Fall (zB weil nach Sterbeadresse oder dem letzten Wohnsitz verteilt wird), wird es sinnvoll sein, das Zuvorkommen oder die Nähe des zu sichernden Gutes zum Kanzleisitz entscheiden zu lassen. **3**

Zu honorieren sind die Aktionen des Gerichtskommissärs in diesen Fällen nach § 22 GKTG. **4**

Dass auf das **Verfügungsverbot** des Abs 3 nicht mitverwiesen wird, ist schon deshalb folgerichtig, weil sich ein solches Verbot aus dem Erbstatut ergeben muss, nicht aus der lex fori. **5**

Die Neufassung ist gem § 207 k Abs 3 ab 17. 8. 2015 anzuwenden, allerdings nur auf Fälle, in denen der Verstorbene nicht vor dem 17. 8. 2015 gestorben ist. Geraume Zeit werden daher **nebeneinander** Verlassenschaftsverfahren stattfinden, die entweder (Tod bis zum 16. 8. 2015) nach der **alten** oder (Tod nach dem 16. 8. 2015) nach der **neuen Rechtslage** zu beurteilen sind. **6**

Freigabe

§ 148. **(1) Der Gerichtskommissär kann – ungeachtet allfälliger Maßnahmen zur Sicherung der Verlassenschaft – die zur Berichtigung der Kosten eines einfachen Begräbnisses erforderlichen Beträge ausfolgen oder freigeben.**

(2) Ist unbestritten oder durch unbedenkliche Urkunden erwiesen, dass einem Dritten an Gegenständen, die anscheinend zur Verlassenschaft zählen, ein Recht zusteht, so kann er dieses auch während des Verlassenschaftsverfahrens ausüben.

Stammfassung.

Sperren

§ 149. **Sofern die Rechtsgrundlagen eines Vertrages zwischen einem Kreditinstitut und dem Verstorbenen vorsehen, dass nach dessen Tod hinsichtlich bestimmter Verfügungen, insbesondere Kontoauszahlungen oder Zutritt zu einem Schrankfach, eine Sperre eintritt, kann der Gerichtskommissär die Freigabe (§ 148) erklären; diese Erklärung bedarf keiner Genehmigung des Gerichtes.**

Stammfassung.

Ausfolgungsverfahren

§ 150. **Im Fall des Art. 10 Abs. 2 EuErbVO hat das Gericht das im Inland gelegene bewegliche Vermögen auf Antrag einer Person, die auf Grund einer Erklärung der Heimatbehörde des Verstorbenen oder der Behörde des Staates, in dem der Verstorbene seinen letzten gewöhnlichen Aufenthalt hatte, zur Übernahme berechtigt ist, mit Beschluss auszufolgen, wenn eine Abhandlung unterbleibt.**

IdF BGBl I 2015/87.

ErlRV zu § 150 AußStrG:

Es gibt keine Fallkonstellation, bei der es nach der EuErbVO nicht zu einer in Österreich wirksamen Regelung der in Österreich befindlichen Verlassenschaft kommen kann. Wenn ein anderer Mitgliedstaat zur Abhandlung zuständig ist, wird das dort erzielte Abhandlungsergebnis in Österreich anerkannt und der Nachlassteil dem Berechtigten „ausgefolgt". Wenn der Erblasser seinen letzten gewöhnlichen Aufenthalt in einem Drittstaat hatte, besteht Abhandlungszuständigkeit zumindest für den in einem Mitgliedstaat gelegenen Nachlass (Art. 10 Abs. 2 EuErbVO). Auch in diesem Fall ist ein eigenes Ausfolgungsverfahren nicht erforderlich. Dennoch kann es vorgesehen werden, weil die EuErbVO den Mitgliedstaaten nicht vorgibt, wie sie ihre Zuständigkeit auszufüllen haben. Sie können anstelle einer Abhandlung auch ein Ausfolgungsverfahren vorsehen. Ein solches Ausfolgungsverfahren kann einfacher und ökonomischer sein als die Abhandlung. Wird freilich ein ENZ beantragt, so ist das in der EuErbVO und ergänzend im AußStrG vorgesehene Verfahren – inhaltlich eine Abhandlung – durchzuführen, auch wenn der Nachlass bereits ausgefolgt worden sein sollte.

1 Man kann darüber diskutieren, ob es noch Bedarf nach einem „Ausfolgungsverfahren" gibt oder die Regelungen dazu sich ohnehin aus der Anerkennung der Entscheidung des Gerichts jenes Mitgliedstaats, dem die Verlassenschaftsjurisdiktion zukommt, ergeben, sodass weitere Regelungen unionsrechtlich unnötig und daher unzulässig sind. *Motal*[1] hält es für vertretbar, das Ausfolgungsverfahren des § 150 AußStrG beizubehalten – freilich nur gegenüber Verfahren aus Mitgliedstaaten, nicht gegenüber Drittstaaten. Das hängt mit seinem Grundverständnis zusammen, dass § 150 als Folge einer anzuerkennenden und zu vollstreckenden ausländischen Entscheidung zu werten ist. Nach dem Konzept der EuErbVO seien Entscheidungen aus Mitgliedstaaten, nicht aber solche aus Drittstaaten anzuerkennen und zu vollstrecken. Im Verhältnis zu Drittstaaten müsse die österr Verlassenschaftsjurisdiktion ausgeübt und nicht durch Anerkennung substituiert werden. Die Anerkennung und Vollstreckung von Erbsachenentscheidungen aus den anderen Mitgliedstaaten würde durch die Bestimmung des § 150 freilich nichts Gehaltvolles gewinnen. Der Gesetzgeber des ErbRÄG 2015 hat sich entschlossen, **§ 150** gerade nur im Verhältnis **zu Drittstaaten aufrecht** zu erhalten, wie sich schon aus dem Verweis auf Art 10 EuErbVO ergibt. Dies ist unionsrechtlich nicht ganz unproblematisch, aber mE doch zu rechtfertigen (s gleich bei Rz 4).

2 **Funktionell** hat das bisherige Ausfolgungsverfahren – ohne dass dies (auch mangels internationaler Rechtsgrundlage) immer ganz deutlich geworden ist – ohnehin der Befolgung einer ausländischen Verlassenschaftsentscheidung entsprochen. Ob dies nach dem Paradigmenwechsel (in der alten Fassung galt § 150 mangels österr Verlassenschaftsjurisdiktion, nun-

---

1 *Motal*, EF-Z 2014/151, 255.

mehr setzt er eine solche iSd Art 10 Abs 2 EuErbVO gerade voraus) noch stimmig ist, lässt sich bezweifeln (s gleich bei Rz 4).

Ein über die unmittelbar anzuwendenden Bestimmungen der EuErbVO hinausgehender Re- **3** gelungsbedarf ergibt sich nicht zwingend. Selbst in Fällen, in denen für das Verlassenschaftsverfahren ein Drittstaat zuständig wäre, gibt es in Art 10 EuErbVO ergänzende („subsidiäre") Zuständigkeitsregeln (Staatsangehörigkeit, vorhergehender gewöhnlicher Aufenthalt, der nicht länger als fünf Jahre zurückliegt, rei sitae). Eine **Partikularabhandlung in Österreich** wäre daher unionsrechtlich **zulässig.**[2]

Das im neu gefassten § 150 AußStrG vorgesehene **Ausfolgungsverfahren** kann eine solche **4** **Partikularabhandlung ersetzen.** Aufgrund der Verfügungen aus dem zuständigen Drittstaat können die in Österreich gelegenen Teile der Verlassenschaft auf Antrag der nach dieser Entscheidung berechtigten Person, mit Beschluss ausgefolgt werden. Gibt es keinen solchen Antrag oder widersprechen einander mehrere Anträge, so wird im Inland (über das in Österreich belegene Vermögen) abzuhandeln sein. Vorschläge dieser Art sind insb von *Bajons*[3] gekommen und scheinen auch die Billigung von *Traar*[4] zu finden. *Motal*[5] bestreitet dies, weil die von der EuErbVO eingeräumte inländische Nachlassjurisdiktion auch materiell ausgeübt werden müsste und nicht in der Ausführung einer Drittstaatenentscheidung liegen könne. Da nicht absehbar sei, ob der EuGH der Ansicht folgen würde, die von der VO übertragene Jurisdiktion müsste auch ausgeübt werden, haben auch *Rechberger/Frodl*[6] die Streichung des § 150 empfohlen, was der Gesetzgeber nicht aufgriff. Dass Österreich jedenfalls abhandeln müsse, wenn die VO ihm die internationale Zuständigkeit einräumt, ist freilich nicht zwingend; auch in Binnenfällen unterbleibt bisweilen die Abhandlung und viele andere Mitgliedstaaten kennen überhaupt kein von Amts wegen einzuleitendes Verlassenschaftsverfahren, sodass es dem Verordnungsgeber nicht zuzusinnen ist, er gehe von einer ausnahmslos notwendigen Ausübung der Gerichtsbarkeit in Form der Abhandlung aus. Zudem ist nicht zwingend österr Erbrecht anzuwenden und schon deshalb nicht stets abzuhandeln. Letztlich kommt es sogar nach dem Wortlaut des neu gefassten § 150 nur dann zu einer Ausfolgung, wenn „eine Abhandlung unterbleibt". Die Fälle, in denen bei österr Nachlassjurisdiktion die Abhandlung unterbleibt, sind in § 153 an recht enge Voraussetzungen geknüpft. Über **gewichtigere Verlassenschaften,** aber auch dann, wenn eine **Abhandlung beantragt** wird, ist ohnehin abzuhandeln.

Die Neufassung ist gem § 207 k Abs 3 ab 17. 8. 2015 anzuwenden, allerdings nur auf Fälle, in **5** denen der Verstorbene nicht vor dem 17. 8. 2015 gestorben ist. Geraume Zeit werden daher **nebeneinander** Verlassenschaftsverfahren stattfinden, die entweder (Tod bis zum 16. 8. 2015) nach der **alten** oder (Tod nach dem 16. 8. 2015) nach der **neuen Rechtslage** zu beurteilen sind.

Übermittlung und Übernahme letztwilliger Verfügungen

§ 151. **Wer vom Tod einer Person erfährt, deren Urkunden über letztwillige Anordnungen (Testamente, sonstige letztwillige Verfügungen) und deren Widerruf, Vermächt-**

---

2 Nach *Motal,* EF-Z 2014/151, 255 sogar unionsrechtlich geboten; s dazu gleich unten Rz 4.
3 *Bajons* in *Schauer/Scheuba* 40.
4 *Traar* in *Fasching/Konecny* I[3] § 107 JN Rz 16.
5 *Motal,* EF-Z 2014/151, 255.
6 *Rechberger/Frodl* in *Rechberger/Zöchling-Jud* Rz 2/71.

nis-, Erb- und Pflichtteilsverträge, Erb- und Pflichtteilsverzichtsverträge und deren Aufhebung sowie Aufzeichnungen über eine mündliche Erklärung des letzten Willens sich bei ihm befinden, ist verpflichtet, diese Urkunden unverzüglich dem Gerichtskommissär zu übermitteln, selbst wenn das Geschäft seiner Ansicht nach unwirksam, gegenstandslos oder widerrufen sein sollte.

IdF BGBl I 2015/87 [gem § 207k Abs 1 mit 1. 1. 2017 in Kraft tretende und gem § 207k Abs 2 auf nach dem 31. 12. 2016 anhängig werdende Verfahren anzuwendende Fassung].

Bis 31. 12. 2016 geltende Rechtslage:
Übermittlung und Übernahme letztwilliger Verfügungen

§ 151. Wer vom Tod einer Person erfährt, deren Urkunden über letztwillige Anordnungen (Testamente, Kodizille) und deren Widerruf, Vermächtnis-, Erb- und Pflichtteilsverträge, Erb- und Pflichtteilsverzichtsverträge und deren Aufhebung sowie Aufzeichnungen über eine mündliche Erklärung des letzten Willens sich bei ihm befinden, ist verpflichtet, diese Urkunden unverzüglich dem Gerichtskommissär zu übermitteln, selbst wenn das Geschäft seiner Ansicht nach unwirksam, gegenstandslos oder widerrufen sein sollte.

§ 152. (1) Der Gerichtskommissär hat Urkunden über letztwillige Anordnungen (Testamente, sonstige letztwillige Verfügungen) und deren Widerruf, Vermächtnis-, Erb- und Pflichtteilsverträge, Erb- und Pflichtteilsverzichtsverträge und deren Aufhebung oder sonstige Erklärungen auf den Todesfall zu übernehmen und in einem Übernahmeprotokoll alle für die Beurteilung der Echtheit und Gültigkeit allenfalls bedeutenden Umstände, wie etwa, ob das Schriftstück verschlossen war und ob ihm äußere Mängel anhafteten, anzuführen.

(2) Eine beglaubigte Abschrift der Urkunde ist zum Verlassenschaftsakt zu nehmen. Der Tag der Aufnahme in den Akt ist auf der Abschrift zu vermerken. Den Parteien und jenen, die nach der Aktenlage auf Grund des Gesetzes zur Erbfolge berufen wären, sind unbeglaubigte Abschriften zuzustellen.

(3) Die Urschrift ist bei Gericht zu verwahren, soweit sich aus § 111 Abs. 2 NO nichts anderes ergibt.

IdF BGBl I 2015/87 [gem § 207k Abs 1 mit 1. 1. 2017 in Kraft tretende und gem § 207k Abs 2 auf nach dem 31. 12. 2016 anhängig werdende Verfahren anzuwendende Fassung].

Bis 31. 12. 2016 geltende Rechtslage:

§ 152. (1) Der Gerichtskommissär hat Urkunden über letztwillige Anordnungen (Testamente, Kodizille) und deren Widerruf, Vermächtnis-, Erb- und Pflichtteilsverträge, Erb- und Pflichtteilsverzichtsverträge und deren Aufhebung oder sonstige Erklärungen auf den Todesfall zu übernehmen und in einem Übernahmeprotokoll alle für die Beurteilung der Echtheit und Gültigkeit allenfalls bedeutenden Umstände, wie etwa, ob das Schriftstück verschlossen war und ob ihm äußere Mängel anhafteten, anzuführen.

(2) Eine beglaubigte Abschrift der Urkunde ist zum Verlassenschaftsakt zu nehmen. Der Tag der Aufnahme in den Akt ist auf der Abschrift zu vermerken. Den Parteien und jenen, die nach der Aktenlage auf Grund des Gesetzes zur Erbfolge berufen wären, sind unbeglaubigte Abschriften zuzustellen.

(3) Die Urschrift ist bei Gericht zu verwahren, soweit sich aus § 111 Abs. 2 NO nichts anderes ergibt.

(4) Wird das Vorliegen einer mündlichen Erklärung des letzten Willens behauptet, so hat der Gerichtskommissär die Zeugen über den Inhalt der Erklärung und über die Umstände, von denen ihre Gültigkeit abhängt, zu befragen und dies im Übernahmeprotokoll anzuführen.

Unterbleiben der Abhandlung

§ 153. **(1) Sind Aktiven der Verlassenschaft nicht vorhanden oder übersteigen sie nicht den Wert von 5000 Euro oder tritt die Rechtsnachfolge nach dem maßgebenden Recht von Gesetzes wegen ein und sind keine Eintragungen in die öffentlichen Bücher erforderlich, so unterbleibt die Abhandlung, wenn kein Antrag auf Fortsetzung des Verlassenschaftsverfahrens gestellt wird. Einer Verständigung bedarf es nicht.**

(2) Ist auf die Rechtsnachfolge von Todes wegen österreichisches Recht anzuwenden, so hat das Gericht auf Antrag denjenigen, deren Anspruch nach der Aktenlage bescheinigt ist, die Ermächtigung zu erteilen, das Verlassenschaftsvermögen ganz oder zu bestimmten Teilen zu übernehmen, dazu gehörende Rechte geltend zu machen oder aufzugeben, über erhaltene Leistungen rechtswirksam zu quittieren und Löschungserklärungen auszustellen.

IdF BGBl I 2015/87.

ErlRV zu § 153 AußStrG:

Viele Rechtsordnungen lassen den Rechtsübergang von Todes wegen ex lege eintreten und verlangen weder eine Einantwortung noch eine sonstige gerichtliche Tätigkeit. Wenn ein solches Recht anzuwenden ist, soll ein (weiteres) Tätigwerden des Verlassenschaftsgerichts von einem Fortsetzungsantrag abhängen.

§ 153 AußStrG ließ die **Abhandlung** bisher immer dann **unterbleiben,** wenn keine Aktiven vorhanden waren oder ihr Wert nicht über 4.000 Euro lag. Sollte dennoch abgehandelt werden, so musste ein Antrag auf Fortsetzung des Verfahrens gestellt werden. Anregungen im Begutachtungsverfahren folgend wurde weiters die Wertgrenze (auf 5.000 Euro) valorisiert. **1**

Die neue Fassung fügt diesen bloß auf Antrag fortzusetzenden Verfahren einen weiteren Fall hinzu: Wenn auf ein österr Verfahren (ausnahmsweise nicht österr, sondern) **fremdes Recht** anzuwenden ist und das Erbstatut die Rechtsnachfolge ex lege und nicht erst mit Einantwortung eintreten lässt (was fast immer der Fall sein wird, ist doch das Einantwortungsprinzip ein echtes Austriacum), so kann sich ein weiteres Verlassenschaftsverfahren oft erübrigen. Deshalb wird auch in diesem Fall das Verfahren nicht von Amts wegen fortzuführen sein, sondern nur auf **Antrag.** **2**

Auch die in Abs 2 vorgesehenen **Ermächtigungen** sind – gleichsam als kleine Ableger der Einantwortung – nur erforderlich, wenn das österr Recht Erbstatut ist. Die Neufassung macht dies durch die Einleitungsformel („ist . . . österreichisches Recht anzuwenden") deutlich. **3**

Die Neufassung ist gem § 207k Abs 3 ab 17. 8. 2015 anzuwenden, allerdings nur auf Fälle, in denen der Verstorbene nicht vor dem 17. 8. 2015 gestorben ist. Geraume Zeit werden daher **nebeneinander** Verlassenschaftsverfahren stattfinden, die entweder (Tod bis zum 16. 8. 2015) nach der **alten** oder (Tod nach dem 16. 8. 2015) nach der **neuen Rechtslage** zu beurteilen sind. **4**

Überlassung an Zahlungs statt

§ 154. (1) Ist auf die Rechtsnachfolge von Todes wegen österreichisches Recht anzuwenden, so hat das Gericht die Aktiven einer überschuldeten Verlassenschaft auf Antrag den Gläubigern zu überlassen, wenn nicht schon eine unbedingte Erbantrittserklärung oder ein Antrag auf Überlassung als erblos vorliegt und kein Verlassenschaftsinsolvenzverfahren eröffnet wurde.

(2) Das Vermögen ist zu verteilen:

1. zunächst in sinngemäßer Anwendung der §§ 46 und 47 IO;

2. sodann an den Sachwalter des Verstorbenen, soweit ihm für das letzte Jahr Beträge zuerkannt wurden;

3. schließlich an alle übrigen Gläubiger, jeweils im Verhältnis der Höhe ihrer unbestrittenen oder durch unbedenkliche Urkunden bescheinigten Forderungen.

IdF BGBl I 2015/87.

ErlRV zu § 154 AußStrG:

Die Überlassung des Nachlasses an Zahlungsstatt ist in erster Linie eine materiell-rechtliche Regelung des Erbschaftserwerbs. Um dies klar zu machen, wird ihr Anwendungsbereich ausdrücklich auf Fälle beschränkt, in denen das Erbstatut das österreichische Recht ist. Das bedeutet nicht, dass nicht auch bei fremdem Erbstatut eine Überlassung an Zahlungsstatt in Frage kommen kann; das hängt davon ab, ob und unter welchen Voraussetzungen das fremde Erbstatut eine solche Möglichkeit vorsieht.

1   Die Überlassung an Zahlungs statt setzt voraus, dass **österr** materielles **Erbrecht** anzuwenden ist. Schon nach der bisherigen Rechtslage war dies etwa dann nicht der Fall, wenn ein serbischer Staatsangehöriger verstarb; dann richtete sich (und richtet sich weiterhin) das Erbrecht nach serbischem Recht, das einen eo-ipso-Erwerb der Verlassenschaft kennt und daher keinen Raum für eine Überlassung an Zahlungs statt bietet.

2   Die Neufassung des § 154 AußStrG macht die **Abhängigkeit vom anzuwendenden materiellen Recht** durch den Einleitungssatz („Ist . . . österreichisches Recht anzuwenden") klar.

3   Die Neufassung ist gem § 207 k Abs 3 ab 17. 8. 2015 anzuwenden, allerdings nur auf Fälle, in denen der Verstorbene nicht vor dem 17. 8. 2015 gestorben ist. Geraume Zeit werden daher **nebeneinander** Verlassenschaftsverfahren stattfinden, die entweder (Tod bis zum 16. 8. 2015) nach der **alten** oder (Tod nach dem 16. 8. 2015) nach der **neuen Rechtslage** zu beurteilen sind.

§ 155. (1) Übersteigt der Wert der Aktiven voraussichtlich 5 000 Euro, so hat der Gerichtskommissär vor der Überlassung an Zahlungs statt die aktenkundigen Gläubiger und jene aktenkundigen Personen, die als Erben oder Pflichtteilsberechtigte in Frage kommen, zu verständigen, soweit deren Aufenthalt bekannt ist, und ihnen Gelegenheit zur Äußerung zu geben.

(2) Übersteigt der Wert der Aktiven voraussichtlich 25 000 Euro, so sind die Verlassenschaftsgläubiger aufzufordern (§ 174).

(3) Der Beschluss auf Überlassung an Zahlungs statt hat zu enthalten:

1. die Gegenstände, die übergeben werden;

2. Vor- und Familiennamen sowie Anschrift der Personen, denen die Gegenstände an Zahlungs statt überlassen werden;

3. welche Forderungen dadurch berichtigt werden sollen;

4. allenfalls zur bücherlichen Durchführung erforderliche sonstige Angaben.

IdF BGBl I 2015/87 [gem § 207k Abs 1 mit 1. 1. 2017 in Kraft tretende und gem § 207k Abs 2 auf nach dem 31. 12. 2016 anhängig werdende Verfahren anzuwendende Fassung].

Bis 31. 12. 2016 geltende Rechtslage:

§ 155. (1) Übersteigt der Wert der Aktiven voraussichtlich 4000 Euro, so hat der Gerichtskommissär vor der Überlassung an Zahlungs statt die aktenkundigen Gläubiger und jene aktenkundigen Personen, die als Erben oder Noterben in Frage kommen, zu verständigen, soweit deren Aufenthalt bekannt ist, und ihnen Gelegenheit zur Äußerung zu geben.

(2) Übersteigt der Wert der Aktiven voraussichtlich 20000 Euro, so sind die Verlassenschaftsgläubiger einzuberufen (§ 174).

(3) Der Beschluss auf Überlassung an Zahlungs statt hat zu enthalten:

1. die Gegenstände, die übergeben werden;

2. Vor- und Familiennamen sowie Anschrift der Personen, denen die Gegenstände an Zahlungs statt überlassen werden;

3. welche Forderungen dadurch berichtigt werden sollen;

4. allenfalls zur bücherlichen Durchführung erforderliche sonstige Angaben.

Von 17. 8. 2015 bis zum 31. 12. 2016 differieren daher (vermutlich unbeabsichtigt) die **Wert-**   **1** **grenzen** in § 153 (schon 5.000 Euro) und § 155 Abs 1 (noch 4.000 Euro).

Beide Wertgrenzen gleich hoch anzusetzen wäre rechtspolitisch vorzuziehen, doch liegen darin keine derart unerträglichen Wertungswidersprüche, dass man sie als offensichtliches Redaktionsversehen weginterpretieren müsste.

2. Abschnitt
Verlassenschaftsabhandlung

Vertretungsvorsorge

§ 156. **(1)** **Zur Durchführung der Abhandlung hat das Verlassenschaftsgericht über die Bestellung von Kuratoren in den Fällen des § 5 Abs. 2 Z 1 lit. a und Z 2 lit. a sowie für die Verlassenschaft von Amts wegen oder auf Antrag zu entscheiden. Ist der Aufenthalt bekannter Erben oder Pflichtteilsberechtigter unbekannt, so hat das Verlassenschaftsgericht für sie einen Kurator im Sinne des § 5 Abs. 2 Z 2 lit. b zu bestellen.**

(2) **Ist die Bestellung eines Verlassenschaftskurators erforderlich und hat der Verstorbene in seinem letzten Willen eine Person zur Vertretung der Verlassenschaft bestimmt, so ist diese tunlichst zum Verlassenschaftskurator zu bestellen.**

(3) **Bedarf ein Minderjähriger oder sonst Pflegebefohlener eines gesetzlichen Vertreters, so ist für dessen Bestellung durch das Pflegschaftsgericht zu sorgen.**

IdF BGBl I 2015/87 [gem § 207k Abs 1 mit 1. 1. 2017 in Kraft tretende und gem § 207k Abs 2 auf nach dem 31. 12. 2016 anhängig werdende Verfahren anzuwendende Fassung].

Bis 31. 12. 2016 geltende Rechtslage:

Vertretungsvorsorge

§ 156. (1) Zur Durchführung der Abhandlung hat das Verlassenschaftsgericht über die Bestellung von Kuratoren in den Fällen des § 5 Abs. 2 Z 1 lit. a und Z 2 lit. a sowie für die Verlassenschaft von Amts wegen oder auf Antrag zu entscheiden. Ist der Aufenthalt bekannter Erben oder Noterben unbekannt, so hat das Verlassenschaftsgericht für sie einen Kurator im Sinne des § 5 Abs. 2 Z 2 lit. b zu bestellen.

(2) Ist die Bestellung eines Verlassenschaftskurators erforderlich und hat der Verstorbene in seinem letzten Willen eine Person zur Vertretung der Verlassenschaft bestimmt, so ist diese tunlichst zum Verlassenschaftskurator zu bestellen.

(3) Bedarf ein Minderjähriger oder sonst Pflegebefohlener eines gesetzlichen Vertreters, so ist für dessen Bestellung durch das Pflegschaftsgericht zu sorgen.

Erbantrittserklärung

§ 157. (1) Der Gerichtskommissär hat die nach der Aktenlage als Erben in Frage kommenden Personen nachweislich aufzufordern, zu erklären, ob und wie sie die Erbschaft antreten oder ob sie diese ausschlagen wollen. Die Aufforderung hat einen Hinweis auf die Rechtsfolgen des Abs. 3 und – soweit diese Personen nicht von einem Rechtsanwalt oder Notar vertreten sind – eine Belehrung über die Rechtsfolgen der Abgabe der unbedingten und bedingten Erbantrittserklärung sowie über die Möglichkeit der Antragstellung nach § 184 Abs. 3 zu enthalten.

(2) Zur Abgabe der Erbantrittserklärung ist den als Erben in Frage kommenden Personen eine angemessene Frist von mindestens vier Wochen zu setzen. Aus erheblichen Gründen kann ihnen auch eine Bedenkzeit eingeräumt werden, die insgesamt ein Jahr nicht überschreiten darf.

(3) Versäumt eine solche Person die Frist, so ist sie dem weiteren Verfahren nicht mehr beizuziehen, solange sie die Erklärung nicht nachholt. Versäumt der gesetzliche Vertreter eines Pflegebefohlenen die Frist, so ist das Pflegschaftsgericht zu verständigen.

(4) Wird keine Erbantrittserklärung abgegeben, so ist – sofern dies nicht schon geschehen ist – zur Vorbereitung des Verfahrens nach § 184 ein Verlassenschaftskurator zu bestellen.

Stammfassung.

Unbekannte Erben und Pflichtteilsberechtigte

§ 158. (1) Sind keine Erben bekannt oder bestehen nach der Aktenlage Anhaltspunkte dafür, dass neben den bekannten Personen noch andere als Erben oder Pflichtteilsberechtigte in Betracht kommen, so hat sie der Gerichtskommissär durch öffentliche Bekanntmachung aufzufordern, ihre Ansprüche binnen sechs Monaten geltend zu machen.

(2) Wird diese Frist versäumt, so kann die Verlassenschaft ohne Rücksicht auf die Ansprüche der unbekannten Erben oder Pflichtteilsberechtigten den bekannten Erben eingeantwortet oder für erblos erklärt werden. Auf diese Rechtsfolge ist in der Bekanntmachung hinzuweisen.

IdF BGBl I 2015/87 [gem § 207k Abs 1 mit 1. 1. 2017 in Kraft tretende und gem § 207k Abs 2 auf nach dem 31. 12. 2016 anhängig werdende Verfahren anzuwendende Fassung].

Bis zum 31. 12. 2016 geltende Rechtslage:

Unbekannte Erben und Noterben

§ 158. (1) Sind keine Erben bekannt oder bestehen nach der Aktenlage Anhaltspunkte dafür, dass neben den bekannten Personen noch andere als Erben oder Noterben in Betracht kommen, so hat sie der Gerichtskommissär durch öffentliche Bekanntmachung aufzufordern, ihre Ansprüche binnen sechs Monaten geltend zu machen.

(2) Wird diese Frist versäumt, so kann die Verlassenschaft ohne Rücksicht auf die Ansprüche der unbekannten Erben oder Noterben den bekannten Erben eingeantwortet oder für erblos erklärt werden. Auf diese Rechtsfolge ist in der Bekanntmachung hinzuweisen.

§ 159.　(1)　Die Erbantrittserklärung hat zu enthalten:

1. Vor- und Familiennamen, Tag der Geburt und Anschrift des Erbansprechers;

2. die Berufung auf einen Erbrechtstitel;

3. die ausdrückliche Erklärung, die Erbschaft anzutreten;

4. die ausdrückliche Erklärung, ob dies unbedingt oder mit dem Vorbehalt der Rechtswohltat des Inventars (bedingte Erbantrittserklärung) geschehe.

(2) Ist dies im Zeitpunkt der Abgabe der Erklärung möglich, so ist auch die Erbquote anzugeben.

(3) Die Erklärung ist vom Erbansprecher oder seinem ausgewiesenen Vertreter eigenhändig zu unterschreiben.

Stammfassung.

Widersprechende Erbantrittserklärungen

§ 160.　Stehen Erbantrittserklärungen im Widerspruch zueinander oder zu einer Erklärung der Finanzprokuratur (§ 184), so hat der Gerichtskommissär darauf hinzuwirken, dass das Erbrecht zwischen den Parteien anerkannt wird; gelingt dies nicht, so hat er den Akt dem Gericht vorzulegen.

Stammfassung.

Einwände mit Bezug auf die in einer öffentlichen Urkunde beurkundeten Rechtsgeschäfte oder Rechtsverhältnisse und Bestreitung des Erbrechts bei fremdem Erbstatut

§ 160 a.　Für das Verfahren zur Entscheidung über Einwände mit Bezug auf die in einer öffentlichen Urkunde beurkundeten Rechtsgeschäfte oder Rechtsverhältnisse nach Art. 59 Abs. 3 EuErbVO sowie über Einwände gegen den Erbrechtstitel, wenn das Erbstatut fremdes Recht ist, sind die §§ 161 bis 163 entsprechend anzuwenden.

ErlRV zu § 160 a AußStrG:

Ist das österreichische Recht das Erbstatut, so wird der Erbrechtsstreit durch widersprechende Erbantrittserklärungen ausgelöst. Wie in solchen Fällen zu verfahren ist, ist in den §§ 160 ff. geregelt. Wenn das Erbstatut aber keine Erbantrittserklärungen vorsieht, etwa weil die Erbfolge ex lege eintritt, ist das Verfahren, das zu der Entscheidung und Feststellung des Erbrechts führt, ungeregelt. Ob sich der Erbrechtsstreit nun daraus ergibt, dass der gesetzliche Erbe das private oder öffentliche Testament in Frage stellt oder eine – in einem anderen Mitgliedstaat ausgestellte – öffentliche Urkunde, die das Erbrecht feststellt oder bestätigt (ein Fall, den Art. 59 Abs. 3 EuErbVO ausdrücklich regelt), oder etwa die Abstammung eines Erbprätendenten vom Erblasser bestritten wird, so ist ein solches Verfahren inhaltlich und vom Verfahrensziel dem Verfahren für widersprechende Erbantrittserklärungen vergleichbar. Daher sollen die dafür vorgesehenen Verfahrensregelungen entsprechend auch auf Erbrechtsstreite nach fremdem Erbstatut angewendet werden. Es stehen dann einander nicht Personen gegenüber, die widersprechende Erbantrittserklärungen abgegeben haben, sondern Personen, die sich für ihr Erbrecht auf einander widersprechende oder ausschließende Erbrechtstitel berufen.

1 § 160 a AußStrG enthält einerseits **Regeln zu den Einwänden gegen anzunehmende öffentliche Urkunden,** andererseits zu **Bestreitungen des Erbrechts in Fällen, in denen nicht österr Recht anzuwenden** ist.

2 Durch die Aufnahme der **Einwände gegen anzunehmende öffentliche Urkunden** nach Art 59 Abs 3 EuErbVO in das Hauptstück Verlassenschaftsverfahren und dem entsprechenden Verweis auf die Verfahrensvorschriften der §§ 161 bis 163 AußStrG wird auch klar, dass sich die Zuständigkeit nach der EuErbVO und ergänzend nach § 105 JN richtet.

3 Aus den verwiesenen Bestimmungen ergibt sich „entsprechend" für die Einwände gegen anzunehmende öffentlich Urkunden folgende **Verfahrensweise:** Über die Einwände ist „im Rahmen des Vorbringens" zu entscheiden; die Einwände hemmen die Fortsetzung des Verlassenschaftsverfahrens nicht, soweit dieses von der Entscheidung über die Einwände unabhängig ist (vgl § 161 AußStrG). Es ist mündlich zu verhandeln, bei voraussichtlich 5 000 Euro übersteigenden Nachlassaktiva unter absoluter Anwaltspflicht (vgl § 162 AußStrG). Die Parteien können das Verfahren ruhen lassen, bei Unterbleiben geeigneter Anträge nach Ablauf der Ruhensfrist trotz Aufforderung innerhalb einer zu bestimmenden Frist (mit Rechtsfolgenbelehrung) ist das Verfahren ohne Berücksichtigung der Parteienstandpunkte des Säumigen fortzusetzen.

4 Kommt es, weil das Erbstatut nicht das Einantwortungskonzept verfolgt, sondern ex lege Erbenstellung verleiht, zu keiner Einantwortung, ist aber das Verfahren vor den österr Gerichten zu führen, so muss für die **Bestreitung des Erbrechts** ein **Verfahren vorgesehen** werden, das zweckmäßigerweise dem Verfahren zur Feststellung des Erbrechts im Zug einer österr Abhandlung möglichst entsprechen soll. Dies ordnet § 160 a AußStrG ebenfalls an.

5 Die Neufassung ist gem § 207 k Abs 3 ab 17. 8. 2015 anzuwenden, allerdings nur auf Fälle, in denen der Verstorbene nicht vor dem 17. 8. 2015 gestorben ist. Geraume Zeit werden daher **nebeneinander** Verlassenschaftsverfahren stattfinden, die entweder (Tod bis zum 16. 8. 2015) nach der **alten** oder (Tod nach dem 16. 8. 2015) nach der **neuen Rechtslage** zu beurteilen sind.

Entscheidung über das Erbrecht

§ 161. **(1) Das Gericht hat im Rahmen des Vorbringens der Parteien und ihrer Beweisanbote das Erbrecht der Berechtigten festzustellen und die übrigen Erbantrittserklärungen abzuweisen. Darüber kann mit gesondertem Beschluss (§ 36 Abs. 2) oder mit dem Einantwortungsbeschluss entschieden werden.**

(2) Auch während des Verfahrens über das Erbrecht sind all jene Abhandlungsmaßnahmen weiterzuführen, die von der Feststellung des Erbrechts unabhängig sind.

Stammfassung.

§ 162. Im Verfahren über das Erbrecht ist mündlich zu verhandeln. Die Parteien können sich nur durch einen Rechtsanwalt vertreten lassen; übersteigt der Wert der Aktiven der Verlassenschaft voraussichtlich 5 000 Euro, so müssen sie sich durch einen Rechtsanwalt vertreten lassen. Stellt sich im Verfahren heraus, dass der Wert der Aktiven diesen Betrag übersteigt, so hat das Gericht dies den Parteien bekannt zu geben und ihnen zur Bevollmächtigung eines Vertreters eine Frist zu setzen.

IdF BGBl I 2009/52.

§ 163. (1) Vereinbaren die Parteien vor dem Gericht Ruhen des Verfahrens über das Erbrecht oder treten andere Fälle der §§ 25 bis 29 ein, so hat das Gericht den Gerichtskommissär davon zu verständigen.

(2) Setzen die Parteien das Verfahren über das Erbrecht nach Ablauf der Ruhensfrist nicht fort, so hat das Gericht sie zur Stellung geeigneter Anträge innerhalb einer zu bestimmenden Frist aufzufordern. Versäumt ein Erbansprecher diese Frist, so ist das Verlassenschaftsverfahren ohne Berücksichtigung seiner Erbantrittserklärung fortzusetzen. Auf diese Rechtsfolge ist er im Aufforderungsbeschluss hinzuweisen.

Stammfassung.

§ 164. Gibt eine Partei erst nach Feststellung des Erbrechts, aber bevor das Gericht an den Beschluss über die Einantwortung gebunden ist, eine Erbantrittserklärung ab, so ist neuerlich im Sinne der §§ 160 bis 163 vorzugehen, wobei auch eine Abweisung der Erbantrittserklärung, die Grundlage der früheren Entscheidung über das Erbrecht war, zulässig ist. Später sind erbrechtliche Ansprüche nur noch mit Klage geltend zu machen.

Stammfassung.

Inventar

§ 165. (1) Ein Inventar ist zu errichten,

1. wenn eine bedingte Erbantrittserklärung abgegeben wurde;

2. wenn Personen, die als Pflichtteilsberechtigte in Frage kommen, minderjährig sind oder aus anderen Gründen einen gesetzlichen Vertreter benötigen;

3. wenn die Absonderung der Verlassenschaft (§ 812 ABGB) bewilligt wurde;

4. soweit auf eine Nacherbschaft Bedacht zu nehmen ist oder letztwillig eine Privatstiftung errichtet wurde;

5. wenn die Verlassenschaft dem Staat als erblos zufallen könnte (§ 184);

6. soweit eine dazu berechtigte Person oder der Verlassenschaftskurator dies beantragt;

7. wenn das Erbstatut die Haftung des Erben auf den Wert der Verlassenschaft beschränkt oder der Erbe durch Erklärung die Haftung darauf beschränkt.

(2) In den Fällen des Abs. 1 Z 1 sind von Amts wegen die Verlassenschaftsgläubiger aufzufordern (§ 174).

IdF BGBl I 2015/87 [gem § 207 k Abs 1 mit 1. 1. 2017 in Kraft tretende und gem § 207 k Abs 2 auf nach dem 31. 12. 2016 anhängig werdende Verfahren anzuwendende Fassung].

Bis zum 31. 12. 2016 geltende Rechtslage:

Inventar

§ 165. (1) Ein Inventar ist zu errichten,

1. wenn eine bedingte Erbantrittserklärung abgegeben wurde;

2. wenn Personen, die als Noterben in Frage kommen, minderjährig sind oder aus anderen Gründen einen gesetzlichen Vertreter benötigen;

3. wenn die Absonderung der Verlassenschaft (§ 812 ABGB) bewilligt wurde;

4. soweit auf eine Nacherbschaft Bedacht zu nehmen ist oder letztwillig eine Privatstiftung errichtet wurde;

5. wenn die Verlassenschaft dem Staat als erblos zufallen könnte (§ 184);

6. soweit eine dazu berechtigte Person oder der Verlassenschaftskurator dies beantragt;

7. wenn das Erbstatut die Haftung des Erben auf den Wert der Verlassenschaft beschränkt oder der Erbe durch Erklärung die Haftung darauf beschränkt.

(2) In den Fällen des Abs. 1 Z 1 sind von Amts wegen die Verlassenschaftsgläubiger einzuberufen (§ 174).

ErlRV zu § 165 AußStrG:

Die Regeln über das Inventar sind auf die österreichische Regelung über den Erbschaftserwerb und die Haftung für Schulden des Erblassers zugeschnitten. Immer, wenn die Haftung auf den Wert der Verlassenschaft beschränkt sein soll, muss ein Inventar errichtet werden. Auch andere Rechte kennen eine solche Haftungsbeschränkung. Nicht immer ist sie an die Errichtung eines Inventars geknüpft. Um künftigen Streitigkeiten über den Umfang der Haftung vorzubeugen, soll nach Abs. 1 Z 7 auch dann ein – gleichsam beweissicherndes – Inventar erstellt werden müssen, wenn nach dem maßgebenden fremden Erbstatut die Haftung beschränkt ist, auch wenn das Erbstatut dies nicht vorsieht. Die materielle Wirkung eines solchen Inventars richtet sich aber jedenfalls nach dem Erbstatut.

Die übrigen Änderungen sind sprachlicher Natur.

1 Nicht alle Haftungsbeschränkungen nach dem jeweils anzuwendenden Erbstatut setzen die Errichtung eines Inventars voraus. Die durch Errichtung eines Inventars ausgelöste **pro-viribus-Haftung** ist ein Austriacum, das sich auch nur aktualisiert, wenn auf die Erbenhaftung österr materielles Erbrecht anzuwenden ist.

2 In Fällen eines **fremden,** gleichwohl die **Haftung beschränkenden Erbstatuts** soll ebenfalls ein **Inventar** errichtet werden. Es dient dann nicht notwendigerweise der Begründung der Haftungsbeschränkung, sondern der Erfassung dessen, worauf sich die Haftung bezieht. Die ErlRV sprechen insoweit von einem „gleichsam beweissichernden" Inventar. Das bedeutet freilich nicht, dass dem Inventar nach österr Recht in Bezug auf die Werte nicht auch (und nur, steht doch der Beweis eines höheren Werts dem Kl und eines niedrigeren Werts dem Bekl in einem Nachfolgeprozess durchaus offen) beweissichernde Funktion zukäme.

Welche **Wirkung** die Errichtung eines Inventars insb für die Haftung der Erben hat, bestimmt sich stets nach dem **Erbstatut** (vgl Art 23 Abs 1 lit e EuErbVO). **3**

Die Neufassung ist ab 17. 8. 2015 anzuwenden, allerdings nur auf Fälle, in denen der Verstorbene nicht vor dem 17. 8. 2015 gestorben ist. Geraume Zeit werden daher **nebeneinander** Verlassenschaftsverfahren stattfinden, die entweder (Tod bis zum 16. 8. 2015) nach der **alten** oder (Tod nach dem 16. 8. 2015) nach der **neuen Rechtslage** zu beurteilen sind. **4**

§ 166. **(1) Das Inventar dient als vollständiges Verzeichnis der Verlassenschaft (§ 531 ABGB), nämlich aller körperlichen Sachen und aller vererblichen Rechte und Verbindlichkeiten des Verstorbenen und ihres Wertes im Zeitpunkt seines Todes.**

(2) Wird die Behauptung bestritten, dass eine Sache zum Verlassenschaftsvermögen zählt, so hat das Gericht darüber zu entscheiden, ob diese Sache in das Inventar aufgenommen beziehungsweise ausgeschieden wird. Befand sich die Sache zuletzt im Besitz des Verstorbenen, so ist sie nur dann auszuscheiden, wenn durch unbedenkliche Urkunden bewiesen wird, dass sie nicht zum Verlassenschaftsvermögen zählt.

(3) Zur Feststellung der Zugehörigkeit zur Verlassenschaft sind Dritte verpflichtet, Zutritt zu den strittigen Gegenständen zu gewähren und deren Besichtigung und Beschreibung zu gestatten.

IdF BGBl I 2015/87 [gem § 207 k Abs 1 mit 1. 1. 2017 in Kraft tretende und gem § 207 k Abs 2 auf nach dem 31. 12. 2016 anhängig werdende Verfahren anzuwendende Fassung].

Bis 31. 12. 2016 geltende Rechtslage:

§ 166. (1) Das Inventar dient als vollständiges Verzeichnis der Verlassenschaft (§ 531 ABGB), nämlich aller körperlichen Sachen und aller vererblichen Rechte und Verbindlichkeiten des Verstorbenen und ihres Wertes im Zeitpunkt seines Todes.

(2) Wird die Behauptung bestritten, dass eine Sache zum Verlassenschaftsvermögen zählt, so hat das Gericht darüber zu entscheiden, ob diese Sache in das Inventar aufgenommen beziehungsweise ausgeschieden wird. Befand sich die Sache zuletzt im Besitz des Verstorbenen, so ist sie nur dann auszuscheiden, wenn durch unbedenkliche Urkunden bewiesen wird, dass sie nicht zum Verlassenschaftsvermögen zählt.

(3) Zur Feststellung der Nachlasszugehörigkeit sind Dritte verpflichtet, Zutritt zu den strittigen Gegenständen zu gewähren und deren Besichtigung und Beschreibung zu gestatten.

§ 167. **(1) Bewegliche Sachen sind mit dem Verkehrswert zu bewerten. Der Bewertung von Hausrat, Gebrauchsgegenständen und anderen beweglichen Sachen offensichtlich geringen Wertes können die unbestrittenen und unbedenklichen Angaben aller Parteien zugrunde gelegt werden, wenn nicht der Gerichtskommissär oder das Gericht Bedenken gegen diese Bewertung hat oder das Interesse eines Pflegebefohlenen oder andere besondere Umstände die Beiziehung eines Sachverständigen erfordern.**

(2) Unbewegliche Sachen sind grundsätzlich mit ihrem dreifachen Einheitswert, beantragt dies aber eine Partei oder ist es im Interesse eines Pflegebefohlenen erforderlich, nach dem Liegenschaftsbewertungsgesetz zu bewerten.

(3) Schulden sind mit ihren ziffernmäßigen Rückständen samt Nebengebühren zum Todestag anzuführen, sofern dies ohne weitläufige Erhebungen und großen Zeitverlust möglich ist.

Stammfassung.

Verfahren zur Errichtung des Inventars

§ 168. (1) Bei der Errichtung des Inventars hat der Gerichtskommissär die gleichen Befugnisse wie bei der Todesfallaufnahme (§ 146 Abs. 1). Den Pflichtteilsberechtigten steht es frei, der Schätzung beizuwohnen und sich dazu zu äußern.

(2) Zum Zweck der Errichtung eines Inventars kann der Gerichtskommissär Sachverständige auch außerhalb des Sprengels des Verlassenschaftsgerichts beiziehen und die Parteien zur direkten Zahlung der Gebühren auffordern. Werden die Gebühren direkt entrichtet, so unterbleibt ein Beschluss über die Bestimmung der Gebühren.

(3) Die Kosten der Errichtung eines Inventars trägt die Verlassenschaft.

IdF BGBl I 2015/87 [gem § 207k Abs 1 mit 1. 1. 2017 in Kraft tretende und gem § 207k Abs 2 auf nach dem 31. 12. 2016 anhängig werdende Verfahren anzuwendende Fassung].

Bis 31. 12. 2016 geltende Rechtslage:

Verfahren zur Errichtung des Inventars

§ 168. (1) Bei der Errichtung des Inventars hat der Gerichtskommissär die gleichen Befugnisse wie bei der Todesfallaufnahme (§ 146 Abs. 1).

(2) Zum Zweck der Errichtung eines Inventars kann der Gerichtskommissär Sachverständige auch außerhalb des Sprengels des Verlassenschaftsgerichts beiziehen und die Parteien zur direkten Zahlung der Gebühren auffordern. Werden die Gebühren direkt entrichtet, so unterbleibt ein Beschluss über die Bestimmung der Gebühren.

(3) Die Kosten der Errichtung eines Inventars trägt die Verlassenschaft.

ErlRV zu § 168 AußStrG:

Der dem Abs. 1 angefügte Satz entspricht dem Inhalt des bisherigen § 784 ABGB, wonach es den Noterben im Rahmen der Errichtung des Inventars freisteht, der Schätzung beizuwohnen und ihre „Erinnerungen dabei zu machen".

§ 169. Das Inventar ist den Parteien ohne Zustellnachweis zu übermitteln. Einer Annahme zu Gericht bedarf es nicht.

Stammfassung.

Vermögenserklärung

§ 170. Ist kein Inventar zu errichten, so hat der Erbe das Verlassenschaftsvermögen nach allen Bestandteilen wie in einem Inventar zu beschreiben und zu bewerten und die Richtigkeit und Vollständigkeit der Erklärung durch seine oder seines Vertreters Unterschrift zu bekräftigen. Der Erklärende ist auf die strafrechtlichen Folgen einer wahrheitswidrigen Erklärung hinzuweisen. Die Vermögenserklärung tritt in der Abhandlung an die Stelle des Inventars.

Stammfassung.

Benützung, Verwaltung und Vertretung der Verlassenschaft

§ 171. Jede Änderung der Art der Vertretung der Verlassenschaft (§ 810 ABGB) wird mit dem Zeitpunkt wirksam, mit dem sie dem Gericht oder dem Gerichtskommissär von allen vertretungsbefugten Erbansprechern angezeigt wird.

Stammfassung.

§ 172. Auf Verlangen hat der Gerichtskommissär den Berechtigten eine Amtsbestätigung über ihre Vertretungsbefugnis (§ 810 ABGB) auszustellen.

Stammfassung.

§ 173. (1) Einigen sich die Personen, denen gemeinschaftlich die Rechte nach § 810 ABGB zukommen, über die Art der Vertretung oder einzelne Vertretungshandlungen nicht oder ist ein Verfahren über das Erbrecht einzuleiten (§§ 160 ff), so hat das Verlassenschaftsgericht erforderlichenfalls einen Verlassenschaftskurator zu bestellen. Die Vertretungsbefugnis anderer Personen endet mit der Bestellung des Verlassenschaftskurators.

(2) Ändern sich die Vertretungsverhältnisse während des Verfahrens, so hat der Gerichtskommissär die dadurch überholten Amtsbestätigungen von den Empfängern abzufordern.

Stammfassung.

Rechte der Gläubiger

§ 174. (1) Wird bei Aufforderung der Verlassenschaftsgläubiger (§§ 813 bis 815 ABGB) eine mündliche Verhandlung anberaumt, so hat der Gerichtskommissär deren Termin öffentlich bekannt zu machen und die vermutlichen Erben, Pflichtteilsberechtigten sowie allenfalls bestellte Verlassenschaftskuratoren und Testamentsvollstrecker zu laden.

(2) Der Gerichtskommissär hat in der Verhandlung auf die Herstellung von Einvernehmen über die angemeldeten Forderungen hinzuwirken.

IdF BGBl I 2015/87 [gem § 207 k Abs 1 mit 1. 1. 2017 in Kraft tretende und gem § 207 k Abs 2 auf nach dem 31. 12. 2016 anhängig werdende Verfahren anzuwendende Fassung].

Bis 31. 12. 2016 geltende Rechtslage:

Rechte der Gläubiger

§ 174. (1) Wird bei Einberufung der Verlassenschaftsgläubiger (§§ 813 bis 815 ABGB) eine mündliche Verhandlung anberaumt, so hat der Gerichtskommissär deren Termin öffentlich bekannt zu machen und die vermutlichen Erben, Noterben sowie allenfalls bestellte Verlassenschaftskuratoren und Testamentsvollstrecker zu laden.

(2) Der Gerichtskommissär hat in der Verhandlung auf die Herstellung von Einvernehmen über die angemeldeten Forderungen hinzuwirken.

Pflegeleistungen

§ 174 a. **(1)** Macht eine Person ein Pflegevermächtnis (§§ 677 und 678 ABGB) geltend, so hat der Gerichtskommissär auf die Herstellung des Einvernehmens hinzuwirken. Zur Vorbereitung des Einigungsversuchs hat der Gerichtskommissär die nötigen Informationen und Unterlagen für das vom Verstorbenen bezogene Pflegegeld von den zuständigen Trägern einzuholen.

IdF BGBl I 2015/87 [gem § 207 k Abs 1 mit 1. 1. 2017 in Kraft tretende und gem § 207 k Abs 2 auf nach dem 31. 12. 2016 anhängig werdende Verfahren anzuwendende Fassung].

ErlRV zu § 174 a AußStrG:

Nach dem Konzept der vorgeschlagenen §§ 677 und 678 ABGB sollen bestimmte, dem Verstorbenen erbrachte Pflegeleistungen im Rahmen des Verlassenschaftsverfahrens als gesetzliches Vorausvermächtnis berücksichtigt werden können. Dies hat für die beteiligten Personen den Vorteil, dass die Geltendmachung im Verlassenschaftsverfahren prozessökonomisch ist. Außerdem sind drei Jahre vor dem Tod des Verstorbenen geleistete Pflegeleistungen insofern privilegiert, als sie im Verlassenschaftsverfahren unabhängig von einer bereits eingetretenen Verjährung geltend gemacht werden können.

Über die Höhe des Vorausvermächtnisses soll möglichst eine einvernehmliche Lösung gefunden werden (vgl. dazu auch § 181 Abs. 1 des Entwurfs). Der Gerichtskommissär kann – muss aber nicht – darüber mündlich verhandeln. Macht eine Person ein Pflegevermächtnis (§§ 677 und 678 ABGB) geltend, so hat der Gerichtskommissär auf die Herstellung des Einvernehmens über die Erfüllung des Vermächtnisses hinzuwirken. Zur Vorbereitung des Einigungsversuches hat der Gerichtskommissär die nötigen Informationen und Unterlagen für das vom Verstorbenen bezogene Pflegegeld vom zuständigen Träger einzuholen. Damit soll eine Grundlage für das Einvernehmen über die Höhe des Pflegevermächtnisses erhoben werden.

§ 175. Über einen Antrag auf Absonderung der Verlassenschaft (§ 812 ABGB) hat das Gericht zu entscheiden. Es kann den Erben schon vor Beschlussfassung über den Antrag die Verwaltung und Benützung des Verlassenschaftsvermögens entziehen und einen Kurator bestellen. Einem bereits bestellten Verlassenschaftskurator kommen nach Bewilligung dieses Antrags die Rechte und Pflichten eines Separationskurators zu.

Stammfassung.

Zur Einantwortung erforderliche Nachweise

§ 176. **(1)** Alle Personen, denen an der Verlassenschaft andere erbrechtliche Ansprüche zustehen als die eines Erben, sind vor der Einantwortung nachweislich von diesen zu verständigen.

(2) Stehen Pflegebefohlenen Ansprüche nach Abs. 1 zu, die noch nicht erfüllt sind, so ist vor Einantwortung Sicherheit zu leisten (§ 56 ZPO). Diese kann auch beim Gerichtskommissär hinterlegt werden. Wird die Sicherheit trotz fristgebundener Aufforderung nicht erlegt, so hat das Verlassenschaftsgericht den Erlag mit Beschluss aufzutragen.

(3) Die Sicherheit kann auch aus dem Verlassenschaftsvermögen gestellt werden.

Stammfassung.

Einantwortung

§ 177. Stehen die Erben und ihre Quoten fest und ist die Erfüllung der übrigen Voraussetzungen nachgewiesen, so hat das Gericht den Erben die Verlassenschaft einzuantworten (§ 797 ABGB).

Stammfassung.

§ 178. (1) Der Beschluss über die Einantwortung hat zu enthalten:

1. die Bezeichnung der Verlassenschaft durch Vor- und Familiennamen des Verstorbenen, den Tag seiner Geburt und seines Todes und seinen letzten Wohnsitz;

2. die Bezeichnung der Erben durch Vor- und Familiennamen, Tag der Geburt und Anschrift;

3. den Erbrechtstitel, die Erbquoten und den Hinweis auf ein allfälliges Erbteilungsübereinkommen;

4. die Art der abgegebenen Erbantrittserklärung (§ 800 ABGB).

(2) Weiters ist gegebenenfalls aufzunehmen:

1. jede Beschränkung der Rechte der Erben durch Nacherbschaften oder gleichgestellte Anordnungen (§§ 707 bis 709 ABGB);

2. jeder Grundbuchskörper, auf dem auf Grund der Einantwortung die Grundbuchsordnung herzustellen sein wird; dabei ist anzugeben, ob diejenigen, denen eingeantwortet wird, zum Kreis der gesetzlichen Erben zählen.

(3) Gleichzeitig mit der Einantwortung sollen auch alle übrigen noch offenen Verfahrenshandlungen, insbesondere die Aufhebung von Sperren, Sicherstellungen (§ 176 Abs. 2) und die Bestimmung von Gebühren, vorgenommen werden.

(4) Wer glaubhaft macht, dass es sonst zu einer Beeinträchtigung der Privatsphäre des Verstorbenen oder der Parteien käme, kann die gesonderte Ausfertigung der Anordnungen verlangen.

(5) Der Einantwortungsbeschluss ist den Parteien, bei pflegebefohlenen Erben, Pflichtteilsberechtigten oder Vermächtnisnehmern auch dem Pflegschaftsgericht und auf Antrag auch anderen Personen, die ein rechtliches Interesse daran dartun, insbesondere Gläubigern, zuzustellen.

(6) Enthält der Einantwortungsbeschluss eine Begründung zur Erbrechtsfeststellung, so hat die für Personen, die nicht Partei des Feststellungsverfahrens waren, bestimmte Ausfertigung insoweit keine Begründung zu enthalten.

(7) Auf Antrag ist den Parteien auch eine Amtsbestätigung (§ 186 Abs. 1) mit den Angaben nach Abs. 1 auszustellen.

IdF BGBl I 2015/87 [gem § 207k Abs 1 mit 1. 1. 2017 in Kraft tretende und gem § 207k Abs 2 auf nach dem 31. 12. 2016 anhängig werdende Verfahren anzuwendende Fassung].

Bis 31. 12. 2016 geltende Rechtslage:

§ 178. (1) Der Beschluss über die Einantwortung hat zu enthalten:

1. die Bezeichnung der Verlassenschaft durch Vor- und Familiennamen des Verstorbenen, den Tag seiner Geburt und seines Todes und seinen letzten Wohnsitz;

2. die Bezeichnung der Erben durch Vor- und Familiennamen, Tag der Geburt und Anschrift;

3. den Erbrechtstitel, die Erbquoten und den Hinweis auf ein allfälliges Erbteilungsübereinkommen;

4. die Art der abgegebenen Erbantrittserklärung (§ 800 ABGB).

(2) Weiters ist gegebenenfalls aufzunehmen:

1. jede Beschränkung der Rechte der Erben durch fideikommissarische Substitutionen oder gleichgestellte Anordnungen (§§ 707 bis 709 ABGB);

2. jeder Grundbuchskörper, auf dem auf Grund der Einantwortung die Grundbuchsordnung herzustellen sein wird; dabei ist anzugeben, ob diejenigen, denen eingeantwortet wird, zum Kreis der gesetzlichen Erben zählen.

(3) Gleichzeitig mit der Einantwortung sollen auch alle übrigen noch offenen Verfahrenshandlungen, insbesondere die Aufhebung von Sperren, Sicherstellungen (§ 176 Abs. 2) und die Bestimmung von Gebühren, vorgenommen werden.

(4) Wer glaubhaft macht, dass es sonst zu einer Beeinträchtigung der Privatsphäre des Erblassers oder der Parteien käme, kann die gesonderte Ausfertigung der Anordnungen verlangen.

(5) Der Einantwortungsbeschluss ist den Parteien, bei pflegebefohlenen Erben, Noterben oder Vermächtnisnehmern auch dem Pflegschaftsgericht und auf Antrag auch anderen Personen, die ein rechtliches Interesse daran dartun, insbesondere Gläubigern, zuzustellen.

(6) Enthält der Einantwortungsbeschluss eine Begründung zur Erbrechtsfeststellung, so hat die für Personen, die nicht Partei des Feststellungsverfahrens waren, bestimmte Ausfertigung insoweit keine Begründung zu enthalten.

(7) Auf Antrag ist den Parteien auch eine Amtsbestätigung (§ 186 Abs. 1) mit den Angaben nach Abs. 1 auszustellen.

ErlRV zu § 178 AußStrG:

Die Änderungen sind terminologischer Natur.

§ 179. Eine mit der Bestätigung der Rechtskraft versehene Ausfertigung des Einantwortungsbeschlusses reicht zur Überwindung einer Sperre (§ 149) aus.

Stammfassung.

§ 180. (1) Die Parteien können bereits vor Erlassung des Einantwortungsbeschlusses auf Rechtsmittel gegen einen ihren Anträgen entsprechenden Beschluss verzichten; die ihren Anträgen entsprechenden Anordnungen können dann sogleich in Vollzug gesetzt werden.

(2) Nach Rechtskraft der Einantwortung findet kein Abänderungsverfahren statt.

Stammfassung.

Übereinkommen über die Erbteilung, die Pflegeleistungen und die Stundung des Pflichtteils

§ 181. (1) Mehrere Erben können vor der Einantwortung ihre Vereinbarung über die Erbteilung oder die Benützung der Verlassenschaftsgegenstände auch beim Gerichtskommissär zu Protokoll geben. Das Gleiche gilt für Vereinbarungen über Pflegeleistungen und für Vereinbarungen über die Stundung des Pflichtteils (§§ 766 ff. ABGB). Derartigen Vereinbarungen kommt die Wirkung eines vor Gericht geschlossenen Vergleichs zu.

(2) Sind Pflegebefohlene beteiligt, so bedarf die Vereinbarung der Genehmigung durch das Pflegschaftsgericht.

(3) Die vorstehenden Bestimmungen gelten sinngemäß auch für auf die Verlassenschaft bezogene Vereinbarungen mit sonstigen am Verlassenschaftsverfahren beteiligten Personen.

IdF BGBl I 2015/87 [gem § 207k Abs 1 mit 1. 1. 2017 in Kraft tretende und gem § 207k Abs 2 auf nach dem 31. 12. 2016 anhängig werdende Verfahren anzuwendende Fassung].

Bis 31. 12. 2016 geltende Rechtslage:

Erbteilungsübereinkommen

§ 181. (1) Mehrere Erben können vor der Einantwortung ihre Vereinbarung über die Erbteilung oder die Benützung der Verlassenschaftsgegenstände auch beim Gerichtskommissär zu Protokoll geben. Derartigen Vereinbarungen kommt die Wirkung eines vor Gericht geschlossenen Vergleichs zu.

(2) Sind Pflegebefohlene beteiligt, so bedarf die Vereinbarung der Genehmigung durch das Pflegschaftsgericht.

(3) Die vorstehenden Bestimmungen gelten sinngemäß auch für auf die Verlassenschaft bezogene Vereinbarungen mit sonstigen am Verlassenschaftsverfahren beteiligten Personen.

ErlRV zu § 181 AußStrG:

Nicht nur Vereinbarungen über die Erbteilung, sondern auch über die Abgeltung von Pflegeleistungen, allgemein und im Sinn des § 815 ABGB des Entwurfs, oder über die Stundung des Pflichtteils nach den §§ 766ff. ABGB des Entwurfs sollen ausdrücklich mit den Wirkungen eines gerichtlichen Vergleichs vor dem Gerichtskommissär zu Protokoll genommen werden können.

Verfahren bei ausländischem Erbstatut

§ 181 a. Richten sich der Erbschaftserwerb und die Haftung für Nachlassschulden nach fremdem Recht, so sind die Bestimmungen über die Erbantrittserklärung und über die Einantwortung nur insoweit anzuwenden, als es der Schutz der Rechte des Beteiligten und der Rechtsübergang nach dem maßgebenden Erbrecht erfordern.

IdF BGBl I 2015/87.

ErlRV zu § 181 a AußStrG:

Zwar sieht die EuErbVO konzeptionell den Gleichlauf von Zuständigkeit und anzuwendendem Recht vor, es kann aber doch in manchen Fällen dazu kommen, dass das zuständige Gericht fremdes Recht anzuwenden hat (z. B. wenn der Verstorbene nach Art. 22 EuErbVO sein Hei-

matrecht gewählt hat); das fremde Recht ist dann auch für den Erbschaftserwerb maßgebend. Ist in einem solchen Fall ein österreichisches Gericht das zuständige Verlassenschaftsgericht, so kann es die Erben nicht zur Abgabe einer Erbantrittserklärung auffordern und die Verlassenschaft nicht einantworten, weil der Erbschaftserwerb durch Erbantrittserklärung und Einantwortung rechtsvergleichend ein österreichisches Spezifikum ist. Die österreichischen Regeln über das Verlassenschaftsverfahren sind aber auf dieses System des Erbschaftserwerbs zugeschnitten. Es bedarf daher einer Regelung, mit der auch in Fällen ausländischen Erbstatuts ein passendes Verfahren zur Verfügung steht. Dies soll durch die Generalklausel des § 181a bewirkt werden.

1 Ab Inkrafttreten der EuErbVO kann es – wenn auch nur in Sonderfällen – zu Verlassenschaftsverfahren kommen, in denen die österr Gerichte zwar international zuständig sind, aber als **Erbstatut** ein **fremdes Recht** anwenden müssen.

2 Die Bestimmungen über das Verlassenschaftsverfahren sind durch eine starke Gemengelage mit den ABGB-Bestimmungen zum Erbschaftserwerb gekennzeichnet, was – solange österr Sachrecht anzuwenden ist – keine Probleme macht, sich aber nicht immer einfach und bruchlos vollziehen lassen wird, wenn fremdes Erbrecht anzuwenden ist.

3 Es wäre aber weder sinnvoll gewesen, ein komplett anderes Verfahrensrecht für Verfahren mit anderem Erbstatut vorzusehen (zumal diese anderen Erbstatute unter sich wieder äußerst disparat sind und sich jederzeit ohne Einfluss des österr Gesetzgebers ändern können), noch jede einzelne Verfahrensbestimmung mit der salvatorischen Einleitung „soweit österreichisches Recht anzuwenden ist . . ." zu versehen.

4 § 181a AußStrG bildet daher eine Art **„Sammelanpassungsbestimmung"** für Verfahren, in denen mangels Einantwortungskonzepts die wesentlichen Funktionen von Erbantrittserklärung und Einantwortung nicht oder nur in geringem Ausmaß passend sind. Gericht und Gerichtskommissär haben in solchen Fällen die Bestimmungen über die Erbantrittserklärung und die Einantwortung so auszulegen und anzuwenden, dass sie mit dem maßgeblichen Erbrecht vereinbar sind – allenfalls auch ganz von ihrer Anwendung abzusehen.

5 Die Neufassung ist gem § 207k Abs 3 ab 17. 8. 2015 anzuwenden, allerdings nur auf Fälle, in denen der Verstorbene nicht vor dem 17. 8. 2015 gestorben ist. Geraume Zeit werden daher **nebeneinander** Verlassenschaftsverfahren stattfinden, die entweder (Tod bis zum 16. 8. 2015) nach der **alten** oder (Tod nach dem 16. 8. 2015) nach der **neuen Rechtslage** zu beurteilen sind.

Europäisches Nachlasszeugnis

§ 181b. (1) Soweit nicht in der EuErbVO geregelt, ist das Europäische Nachlasszeugnis nach den Bestimmungen dieses Bundesgesetzes auszustellen.

(2) Der Gerichtskommissär hat den Antrag auf Ausstellung des Europäischen Nachlasszeugnisses dem Gericht vorzulegen, wenn er der Ansicht ist, dass die Rechtsstellung, deren Bestätigung beantragt wird, nicht besteht.

IdF BGBl I 2015/87.

ErlRV zu § 181b AußStrG:

Im Kapitel VI (Art. 62 bis 73) regelt die EuErbVO nicht nur Inhalt und Wirkung des ENZ, sondern auch, wie die Sachverhaltsgrundlage geschaffen und wie Beteiligte einbezogen werden sollen. Soweit diese Verfahrensregeln im Einzelfall nicht ausreichen (so ist etwa die Rekursfrist und die Vorlage des Rekurses in der EuErbVO nicht geregelt), sollen ergänzend die des AußStrG herangezogen werden (Abs. 1).

Soll das ENZ eine Rechtsstellung bestätigen, die materiell besteht, sei es auf Grund einer wirksamen Erklärung, sei es auf Grund einer gerichtlichen Entscheidung, so hat es der Gerichtskommissär auszustellen (§ 1 Abs. 1 Z 1 lit. d GKG). Das ist insbesondere dann der Fall, wenn der Antragsteller eingeantworteter Erbe ist, dem Antragsteller die Verlassenschaft an Zahlungsstatt überlassen wurde oder wenn dem vom Gericht nach § 173 AußStrG bestellten Verlassenschaftskurator die Vertretungsbefugnis in einem ENZ bestätigt werden soll oder bestätigt werden soll, dass die Person, die eine Erbantrittserklärung abgegeben und ihr Erbrecht ausgewiesen hat, nach § 810 ABGB befugt ist, das Verlassenschaftsvermögen zu benützen und zu verwalten. Fehlt es an Voraussetzungen zu Ausstellung des beantragten ENZ, so hat der Gerichtskommissär den Antrag dem Gericht nach Abs. 2 vorzulegen, das eine richterliche Entscheidung im Sinn § 1 Abs. 2 Z 1 GKG zu treffen hat. Das Gericht entscheidet mit Beschluss. Bejaht es die Voraussetzungen, so ist das ENZ vom Gerichtskommissär auszustellen.

Hat der Gerichtskommissär das ENZ ausgestellt, so ist der Rechtsbehelf nach Art. 72 EuErbVO der Antrag an das Gericht nach § 7a Abs. 2 GKG (Überwachung durch das Gericht). Im Übrigen ist der Rechtsbehelf gegen den Gerichtsbeschluss der Rekurs.

Das ENZ, Kernstück der EuErbVO, ist in der EuErbVO recht detailliert geregelt. Allenfalls bestehende verfahrensrechtliche Lücken werden in § 181b Abs 1 durch den Verweis auf das AußStrG geschlossen. **1**

Eine Aufteilung der **funktionellen Zuständigkeit** für die Ausstellung des ENZ ergibt sich aus § 181b Abs 2: Handelt es sich beim ENZ bloß um die Wiedergabe bereits aktenmäßig nachvollziehbarer Vorgänge im österr Verfahren, so erschöpft es sich in einer Beurkundungsfunktion. Diese kann, wie andere Bestätigungen aus dem Verlassenschaftsverfahren auch, dem primär aktenführenden Notar als Gerichtskommissär überlassen werden.[1] Der ME sprach davon, dass sich die im ENZ zu bestätigende Rechtsstellung aus einer wirksamen (also rechtskräftigen oder mit vorläufiger Wirksamkeit ausgestatteten) gerichtlichen Entscheidung ergeben muss (Einantwortung, Überlassung an Zahlungs statt, einstweilige Ausfolgungs- oder Sicherungsbeschlüsse, Bestellung eines Verlassenschaftskurators). Diese Umschreibung hätte schwerlich auch den Fall umfasst, dass eine Bescheinigung nach § 810 ABGB iVm § 173 AußStrG dem Gerichtskommissär überlassen ist (wovon sogar die ErlRV ausgingen), ergibt sich doch die Rechtsstellung des verwaltungs- und vertretungsbefugten Erben gerade nicht aus einer gerichtlichen Entscheidung (sondern unmittelbar aus dem Gesetz). Mit der nun beschlossenen Formulierung ist klargestellt, dass es stets die Aufgabe des Gerichtskommissärs ist, ein ENZ auszustellen. In den Fällen, in denen er der Ansicht ist, es fehle an den Voraussetzungen für die Ausstellung des ENZ, kommt ihm allerdings **keine Befugnis** zu, den Antrag auf Ausstellung des ENZ **abzuweisen,** zumal dies eine Entscheidung wäre, die dem Gericht iSd § 1 Abs 2 Z 1 GKG vorbehalten ist. Vielmehr hat der Gerichtskommissär in einem solchen Fall den Akt **dem Gericht vorzulegen,** das mit Beschluss zu entscheiden hat, ob dem Antrag stattgegeben werde. Billigt es dieser Entscheidung vorläufige Wirksamkeit zu (§ 44) oder wird sie rechtskräftig, so bindet sie auch den Gerichtskommissär, der daraufhin das ENZ auszustellen hat. **2**

---

1 *Rechberger* in *König/Mayr* 773; eingehender *Rechberger/Kieweler* in *Rechberger/Zöchling-Jud* Rz 5.16ff; *Schauer*, EF-Z 2012/154, 248 (FN 26).

3 Gegen die Entscheidung des Gerichts, die nicht als rein verfahrensleitende Verfügung anzusehen ist, steht der **Rekurs** (§§ 45 ff AußStrG) offen, gegen die Rekursentscheidung allenfalls ein **Revisionsrekurs** an den OGH (§§ 62 ff AußStrG).

4 Für die Ausstellung des ENZ allein steht dem Gerichtskommissär eine Gebühr nach § 16 GKTG zu.

5 Gegen das Ausstellungsverhalten des **Gerichtskommissärs** steht nach allgemeinen Grundsätzen der **Abhilfeantrag** nach § 7 a Abs 2 GKG offen, über den das Gericht entscheidet. Die Entscheidung über den Abhilfeantrag kann mit Rekurs (allenfalls Revisionsrekurs) bekämpft werden[2].

6 Verfahren zur **Berichtigung, Änderung oder** zum **Widerruf des ENZ** (Art 71 EuErbVO) sind unionsrechtlich bei der „Ausstellungsbehörde" angesiedelt. Das nationale Recht schweigt dazu.[3] Grundsätzlich wird die Berichtigungs-, Änderungs- und Widerrufsbehörde wiederum der Gerichtskommissär sein, was etwa im Fall des Art 71 Abs 1 (Schreibfehler) unmittelbar einleuchtet. Die Änderung und der Widerruf des ENZ (auf Verlangen einer Person, die ein berechtigtes Interesse daran nachweist, oder von Amts wegen, soweit dies nach innerstaatlichem Recht möglich ist) wegen inhaltlicher Unrichtigkeit, ist zwar nicht vom bloßen Wortlaut des § 181 b gedeckt, er muss aber zumindest entsprechend angewendet werden. Ist der Gerichtskommissär davon überzeugt, dass das von ihm ohne Gerichtsbeschluss ausgestellte ENZ unrichtig ist, so mag es ihm auch möglich sein, es zu widerrufen (auf Antrag jedenfalls, von Amts wegen in den Fällen des § 41 AußStrG). Praktisch tut er wohl gut daran, die Sache auch in solchen Fällen im Zweifel dem Gericht vorzulegen. Das muss er aber jedenfalls dann tun, wenn die Anordnung der Ausstellung des ENZ auf einem Gerichtsbeschluss beruhte, weil es sonst in die Macht des Gerichtskommissärs gegeben wäre, Gerichtsentscheidungen abzuändern, was nicht dem Sinn und Zweck des § 1 Abs 2 Z 1 GKG entspräche, der Entscheidungen dem Gericht vorbehält. Es entspricht allerdings der Grundstruktur der ENZ-Ausstellung, wenn die tatsächliche Berichtigung oder Änderung eines ENZ, auch wenn sie auf einem Beschluss des Gerichts beruht, vom Gerichtskommissär vorgenommen wird. Nur beim Widerruf erschiene es ein völlig entbehrlicher Formalismus, wenn nicht schon der Gerichtsbeschluss zum Widerruf des ENZ führte, sondern er durch eine Urkunde des Gerichtskommissärs gleichsam „aufgedoppelt" werden müsste.

7 Die VO sieht bei Berichtigung, Änderung und Widerruf des ENZ bloß die nachträgliche **Zustellung** an alle Personen, denen das ENZ ausgestellt worden war, vor (Art 71 Abs 3), nicht aber die Einräumung rechtlichen Gehörs vor der Berichtigung oder dem Widerruf. E silentio (und weil es keine unionsrechtlichen Grundsätze gibt, die dies ausschließen) spricht aber nichts dagegen, in Fällen, die von potentiell strittigen Tatumständen abhängen, auch schon vor der Entscheidung Äußerungen einzuholen oder gemeinsame Tagsatzungen anzuberaumen.

8 Die Neufassung ist gem § 207 k Abs 3 ab 17. 8. 2015 anzuwenden, allerdings nur auf Fälle, in denen der Verstorbene nicht vor dem 17. 8. 2015 gestorben ist. Geraume Zeit werden daher **nebeneinander** Verlassenschaftsverfahren stattfinden, die entweder (Tod bis zum 16. 8. 2015) nach der **alten** oder (Tod nach dem 16. 8. 2015) nach der **neuen Rechtslage** zu beur-

---

2 *Rechberger/Kieweler* in *Rechberger/Zöchling-Jud* Rz 5.98.

3 Dagegen meinen *Rechberger/Kieweler* in *Rechberger/Zöchling-Jud* Rz 5.102, nationale Ausführungsbestimmungen würden „sich nicht vermeiden lassen".

teilen sind. Es ist aber ohnehin kaum vorstellbar, dass ein ENZ für die Rechtsnachfolge eines vor dem 17. 8. 2015 Verstorbenen ausgestellt wird.

3. Abschnitt
Verfahren außerhalb der Abhandlung

Verfahren nach Rechtskraft der Einantwortung

§ 182. (1) Über Anträge auf Eintragungen in das Grundbuch, die auf Grund der Einantwortung erforderlich werden, hat das Grundbuchsgericht zu entscheiden.

(2) Stellen die Berechtigten innerhalb angemessener, ein Jahr nicht erheblich übersteigender Frist nach Rechtskraft des Einantwortungsbeschlusses keinen Antrag, so hat der Gerichtskommissär an ihrer Stelle die geeigneten Anträge beim Grundbuchsgericht einzubringen.

(3) Erwerben Personen Rechte auf bücherlich zu übertragende Sachen nicht auf Grund der Einantwortung, sondern als Vermächtnisnehmer oder rechtsgeschäftlich, so hat das Verlassenschaftsgericht auf deren Antrag und mit Zustimmung aller Erben mit Beschluss zu bestätigen, dass sie in den öffentlichen Büchern als Eigentümer eingetragen werden können. Für Bestätigungen zur Eintragung in das Firmenbuch gilt dies ebenso.

(4) Richtet sich der Erwerb von bücherlich zu übertragenden Sachen auf Grund der EuErbVO nach fremdem Recht, so gelten die Abs. 1 und 2 entsprechend.

IdF BGBl I 2015/87.

ErlRV zu § 182 AußStrG:

Wenn nach der EuErbVO das Erbstatut fremdes Recht ist, geht die österreichische Liegenschaft nicht durch Einantwortung im Sinn des österreichischen Rechts auf den Erben über, sondern auf die Weise, die das fremde Erbstatut vorsieht, etwa ex lege mit dem Tod des Erblassers. Auch in diesen Fällen soll – nach Möglichkeit – die Grundbuchsordnung hergestellt werden. Wenn allerdings ein ausländisches Gericht für das Verlassenschaftsverfahren zuständig war, gibt es keinen Gerichtskommissär, der im Sinn des § 182 Abs. 2 tätig werden könnte; die Bestimmung geht in solchen Fällen ins Leere.

Ab Inkrafttreten der EuErbVO kann es – wenn auch nur in Sonderfällen – zu Verlassenschaftsverfahren kommen, in denen die österr Gerichte zwar international zuständig sind, aber als **Erbstatut** ein **fremdes Recht** anwenden müssen. **1**

Der **Erwerb** von Rechten an in Österreich belegenen **Liegenschaften** kann sich daher auch **nach fremdem Recht** richten und daher nicht von einem (rechtskräftigen) Einantwortungsbeschluss abhängen. Die Rechtsnachfolge muss daher anders im Grundbuch nachvollzogen werden als nach den auf die Einantwortung abstellenden bisherigen Bestimmungen. **2**

Für Fälle, in denen in einem österr Verlassenschaftsverfahren fremdes Recht (und damit nicht das Einantwortungskonzept) zur Anwendung kommt, sieht Abs 4 die **„entsprechende"** **Geltung** der Abs 1 und 2 vor, also die Zuständigkeit des Grundbuchgerichts für einen Eintragungsantrag und die Befugnis des Gerichtskommissärs, als „Saumsalkurator ex lege" (mangels Antragstellung durch die Erben innerhalb angemessener, ein Jahr nicht erheblich **3** übersteigender Frist) den Verbücherungsantrag in Namen und auf Rechnung der zu Verbüchernden zu stellen.

4 Die Fälle, in denen das **Verfahren** vor den Gerichten eines **anderen Mitgliedstaats** durchgeführt wurde, sind von Abs 4 **nicht erfasst.** Die Begründung der ErlRV, dass es hier keinen Gerichtskommissär gibt, ist nicht unrichtig, aber zu wenig tiefgreifend: Es gibt gar kein österr Verlassenschaftsverfahren. Die Eintragung ist in diesen Fällen bloß auf Antrag der dazu nach Grundbuchsrecht Berechtigten im Grundbuchsverfahren zu stellen. Dass das ENZ eines anderen Mitgliedstaats eine taugliche Eintragungsgrundlage ist, bestimmt folgerichtig nicht das AußStrG, sondern § 33 GBG idF des ErbRÄG 2015.

5 Die Neufassung ist gem § 207 k Abs 3 ab 17. 8. 2015 anzuwenden, allerdings nur auf Fälle, in denen der Verstorbene nicht vor dem 17. 8. 2015 gestorben ist. Geraume Zeit werden daher **nebeneinander** Verlassenschaftsverfahren stattfinden, die entweder (Tod bis zum 16. 8. 2015) nach der **alten** oder (Tod nach dem 16. 8. 2015) nach der **neuen Rechtslage** zu beurteilen sind.

Verfahren zur Anpassung eines ausländischen Erbrechtstitels

§ 182 a. Über den Antrag einer Person, die in Österreich ein dem österreichischen Recht unbekanntes dingliches Recht geltend machen will, das ihr nach dem auf die Rechtsnachfolge von Todes wegen anzuwendenden Recht zusteht, ist mit Beschluss nach Art. 31 EuErbVO zu entscheiden.

IdF BGBl I 2015/87.

ErlRV zu § 182 a AußStrG:

Art. 31 EuErbVO sieht die Anpassung von dinglichen Rechten, die das Erbstatut gewährt, an das Recht des „Mitgliedstaates, in dem das Recht geltend gemacht wird" (weil sich die Sache dort befindet) vor. So müsste etwa das Gesamthandeigentum des deutschen Rechts für Österreich auf Miteigentum oder Stockwerkseigentum in Miteigentum verbunden mit einem Wohnrecht umgedeutet (angepasst) werden. Eine solche Anpassung sollte im Allgemeinen zwar kein eigenes Feststellungsverfahren erfordern; in schwierigen und strittigen Fällen soll eine solche Feststellung Rechtssicherheit schaffen. Für ein solches Verfahren gelten im Übrigen die Bestimmungen über das Verlassenschaftsverfahren – auch wenn für das Verlassenschaftsverfahren ein ausländisches Gericht zuständig sein oder gewesen sein sollte.

1 Die umfassende Abhandlungszuständigkeit bringt es mit sich, dass Entscheidungen nicht immer alle Aspekte eines ausländischen Sachenrechts mitberücksichtigen, die zum endgültigen, auch sachenrechtlichen Erwerb der vom anzuwendenden Erbrecht zugewiesenen Positionen nötig wären. Es wird mitunter vorkommen, dass der ausländische Richter erbrechtliche Positionen zuweist, die in Österreich rechtlich unmöglich sind. Die ErlRV nehmen Gesamthandeigentum und Stockwerkseigentum aus der dt Rechtsordnung als Beispiel.

2 Das Problem ist nicht stets gleich komplex. Im Idealfall ist es dem Verlassenschaftsgericht vor seiner Entscheidung bewusst und fließt in diese ein. In nicht ganz so glatt gelösten Fällen könnte es zu einer Eintragung kommen, bei der das für ein Exequatur zuständige Gericht oder das Grundbuchsgericht die eindeutige Anpassung vornimmt (wobei die ErlRV dies mit der Formel „sollte im allgemeinen kein eigenes Feststellungsverfahren erfordern" wohl etwas zu zuversichtlich sehen). In komplizierteren oder strittigen Fällen wird es indes angezeigt sein, die Anpassung in einem **förmlichen Verfahren nach Anhörung der Parteien** (allenfalls in einer mündlichen Verhandlung) mit **anfechtbarem Beschluss** vorzunehmen.

Diese Verfahren sind in ihrer Gemengelage von fremdem (Erbstatut) und österr (Sachenrecht) Recht jedenfalls so komplex, dass man sie dem **Richtervorbehalt** des § 16 Abs 2 Z 6 RPflG unterstellen muss, selbst wenn genau genommen das fremde Recht nicht anzuwenden, sondern anzupassen (also zum Österreichischen „hin zu trimmen") ist. Durch den Verweis in § 182 a AußStrG ist auch geklärt, dass derartige Entscheidungen sich nach dem I. und III. Hauptstück des AußStrG richten, wäre doch sonst die Bestimmung nicht so platziert worden.   **3**

Die **Zuständigkeit** ergibt sich aus § 107 **JN** idF des ErbRÄG 2015.   **4**

Die Neufassung ist gem § 207 k Abs 3 ab 17. 8. 2015 anzuwenden, allerdings nur auf Fälle, in denen der Verstorbene nicht vor dem 17. 8. 2015 gestorben ist. Geraume Zeit werden daher **nebeneinander** Verlassenschaftsverfahren stattfinden, die entweder (Tod bis zum 16. 8. 2015) nach der **alten** oder (Tod nach dem 16. 8. 2015) nach der **neuen Rechtslage** zu beurteilen sind.   **5**

Änderungen der Abhandlungsgrundlagen

§ 183. **(1)** **Werden Vermögenswerte erst nach Beendigung des Verlassenschaftsverfahrens bekannt, so hat der Gerichtskommissär die Parteien, denen dies noch nicht bekannt ist, davon zu verständigen.**

(2) **Hat das Verfahren mit Einantwortung geendet, so hat der Gerichtskommissär das Inventar zu ergänzen beziehungsweise die Erben aufzufordern ihre Vermögenserklärung zu ergänzen. Einer Ergänzung des Einantwortungsbeschlusses bedarf es in der Regel nicht, doch ist § 178 Abs. 2 anzuwenden.**

(3) **Ist bisher eine Verlassenschaftsabhandlung unterblieben, so ist neuerlich, auf Grundlage der nunmehr ergänzten Gesamtwerte, im Sinne der §§ 153 ff zu entscheiden.**

(4) **Werden Urkunden im Sinne des § 151 nach Beendigung des Verlassenschaftsverfahrens vorgefunden, so ist neuerlich nach § 152 vorzugehen.**

Stammfassung.

Erblose Verlassenschaft

§ 184. **(1)** **Nach Ablauf der nach § 157 Abs. 2 gesetzten Frist und Errichtung des Inventars ist die Verlassenschaft, soweit sie sich der Bund aneignet, auf Antrag der Finanzprokuratur zu übergeben. Auf ihren Antrag ist, wenn dies bisher unterblieben ist, eine Schätzung (§ 167) von Vermögensgegenständen vorzunehmen.**

(2) **Der Übergabebeschluss hat sinngemäß die nach § 178 erforderlichen Angaben zu enthalten.**

(3) **Vor Fassung dieses Beschlusses ist das Inventar jenen Personen zuzustellen, die zur Abgabe einer Erbantrittserklärung aufgefordert worden waren, aber nur einen Antrag auf Zustellung des Inventars gestellt hatten.**

IdF BGBl I 2015/87.

ErlRV zu § 184 AußStrG:

Die Pflicht zur Übergabe erblosen Nachlasses an die Finanzprokuratur soll ausdrücklich auf Nachlassteile beschränkt sein, die sich der Bund aneignet. Diese Klarstellung gegenüber der geltenden Regelung ist erforderlich, weil nach der EuErbVO ein österreichisches Gericht auch für die Abhandlung ausländischer Liegenschaften zuständig sein kann und sich die Aneignung durch den Bund grundsätzlich nicht mehr gemäß § 29 IPRG nach dem Belegenheitsrecht bestimmt, sondern nach dem Erbstatut. So kann sich etwa die deutsche Liegenschaft des deutschen Erblassers mit letztem gewöhnlichen Aufenthalt in Österreich, der aber deutsches Recht als Erbstatut gewählt hat, nicht der Bund aneignen; vielmehr richtet sich die Aneignung durch den Bund oder die Erbfolge in diese Liegenschaft nach deutschem Recht. Eine in Österreich gelegene Liegenschaft des Erblassers könnte sich aber nach § 750 ABGB des Entwurfs (siehe die ErlRV zu dieser Bestimmung) der Bund.

1 Diese Bestimmung wird einerseits an die **neue Terminologie** des österr Rechts (Aneignung statt Heimfall) angepasst, die von der EuErbVO inspiriert ist.

2 Andererseits wird durch die Formulierung „soweit . . . aneignet" klargestellt, dass der Bund nur einen **Teil des Nachlasses,** nämlich den in Österreich gelegenen, **aneignen** kann.

3 Die Bestimmung beschränkt sich freilich auf **in Österreich geführte Verlassenschaftsverfahren,** bringt also nur eine Einschränkung des Aneignungsrechts des Bundes in Verfahren, für die Österreich zuständig ist.

4 Ein **Aneignungsverfahren** für in Österreich belegenes Vermögen **neben** einem im Ausland geführten **Verlassenschaftsverfahren** ist hingegen **nicht vorgesehen.** Die Finanzprokuratur wird sich im Namen des Bundes an die ausländischen Nachlassbehörden wenden müssen. Die Verbücherung kann dann in Österreich auf Antrag der Finanzprokuratur aufgrund der ausländischen Entscheidung (oder des ausländischen ENZ; s § 33 GBGB idF des ErbRÄG 2015) im Grundbuchsverfahren durchgeführt werden.

5 Die Neufassung ist gem § 207k Abs 3 ab 17. 8. 2015 anzuwenden, allerdings nur auf Fälle, in denen der Verstorbene nicht vor dem 17. 8. 2015 gestorben ist. Geraume Zeit werden daher **nebeneinander** Verlassenschaftsverfahren stattfinden, die entweder (Tod bis zum 16. 8. 2015) nach der **alten** oder (Tod nach dem 16. 8. 2015) nach der **neuen Rechtslage** zu beurteilen sind.

Anerkennung von Entscheidungen nach der EuErbVO

§ 184a. **Über einen Antrag auf Feststellung, dass eine Entscheidung im Sinn des Art. 3 Abs. 1 lit. g EuErbVO anzuerkennen ist (Art. 39 Abs. 2 EuErbVO), ist nach den Bestimmungen dieses Bundesgesetzes zu entscheiden, soweit das Verfahren nicht durch die Art. 45 bis 58 EuErbVO geregelt ist.**

IdF BGBl I 2015/87.

ErlRV zu § 184a AußStrG:

Nach Art. 39 Abs. 2 EuErbVO können Parteien die Feststellung beantragen, dass eine Entscheidung im Sinn des Art. 3 Abs. lit. g EuErbVO anzuerkennen ist, wenn die Anerkennung „als solche den Gegenstand eines Streites" bildet. Für das Verfahren, in dem eine solche Feststellung getroffen wird, verweist die EuErbVO auf die Art. 45 bis 58, die aber einer Ergänzung durch nationales Recht bedürfen. Diese Ergänzung soll durch den Verweis auf die Regeln des Außerstreitverfahrens bewirkt werden.

Art 39 EuErbVO sieht ein **Feststellungsverfahren** vor, in dem auf Antrag einer Partei über **1** die Anerkennung einer Entscheidung zu erkennen ist, wenn die Anerkennung als solche strittig ist. Die Art 45 bis 58 EuErbVO sind hier zwar als Verfahrensvorschriften anzuwenden, erweisen sich aber als ergänzungsbedürftig.

Diese Ergänzungen nimmt § 184a AußStrG durch eine **globale Verweisung auf das** **2** **AußStrG** vor.

Der **Vorrang der Art 45 bis 58 EuErbVO** ist dabei allerdings ausdrücklich festgeschrieben. **3**

Die Neufassung ist gem § 207k Abs 3 ab 17. 8. 2015 anzuwenden, allerdings nur auf Fälle, in **4** denen der Verstorbene nicht vor dem 17. 8. 2015 gestorben ist. Geraume Zeit werden daher **nebeneinander** Verlassenschaftsverfahren stattfinden, die entweder (Tod bis zum 16. 8. 2015) nach der **alten** oder (Tod nach dem 16. 8. 2015) nach der **neuen Rechtslage** zu beurteilen sind.

Allgemeine Anordnungen

§ 185.   Im Verlassenschaftsverfahren findet – außer im Verfahren über das Erbrecht – kein Ersatz von Vertretungskosten und keine öffentliche Verhandlung statt.

Stammfassung.

[. . . . .]

Einwände gegen die Authentizität einer öffentlichen Urkunde in Verlassenschaftssachen

§ 191.   Über Einwände gegen die Authentizität einer öffentlichen Urkunde nach Art. 59 Abs. 2 EuErbVO ist nach den Bestimmungen dieses Bundesgesetzes zu entscheiden.

IdF BGBl I 2015/87.

ErlRV zu § 190 AußStrG:

Art. 59 Abs. 2 EuErbVO überträgt die internationale Zuständigkeit für die Entscheidung über Einwände gegen die Annahme der Authentizität einer öffentlichen Urkunde (im Sinn des Art. 3 Abs. 1 lit i EuErbVO) den Gerichten des Ursprungsstaates und regelt die Wirkung solcher Einwände. Die Festlegung der örtlichen Zuständigkeit und des Verfahrens bleibt aber den Mitgliedstaaten überlassen. Für das Verfahren zur Feststellung der Authentizität sind grundsätzlich nicht die nach der EuErbVO zuständigen Verlassenschaftsgerichte, sondern die Gerichte des Ursprungsstaates zuständig.

Schon weil es um die Authentizität von öffentlichen Urkunden im Sinn des Art. 3 Abs. lit i EuErbVO geht, also um die von Schriftstücken „in Erbsachen", besteht aus österreichischer Sicht zwar ein starker Bezug zum Verlassenschaftsverfahren; das Bestreitungsverfahren ist aber kein Teil des – im Ausland geführten – Verlassenschaftsverfahrens. Das Verfahren soll nach den Regeln des AußStrG ablaufen. Der Begriff der Authentizität ist der EuErbVO entnommen und soll auch im Sinn der EuErbVO verstanden werden (siehe Erwägungsgrund 62).

1 Aus Österreich stammende öffentliche Urkunden iSd Art 59 EuErbVO sind im Fall von Einwänden gegen die Authentizität von den Gerichten Österreichs zu **überprüfen**. Die EuErbVO regelt die Zulässigkeit und die Wirkungen dieses Verfahrens und ordnet es international dem Ursprungsstaat zu, überlässt aber dem nationalen Recht die Regelung der sachlichen und örtlichen Zuständigkeit sowie des Verfahrens.

2 Trotz des Bezugs zu einem Verlassenschaftsverfahren kann für die Entkräftung (oder Bestätigung) von Einwänden gegen deren Authentizität einer österr öffentlichen Urkunde in einer Erbsache **nicht** auf das „**Verlassenschaftsgericht**" verwiesen werden, weil die internationale Zuständigkeit für das Verlassenschaftsverfahren in den zu regelnden Fällen gerade nicht den österr Gerichten zukommt.

3 Der neue § 191 regelt das **Verfahren** über solche Einwände durch einen generellen Verweis auf das AußStrG. Da § 191 nicht mehr im III: Hauptstück über das Verlassenschaftsverfahren eingeordnet ist, das mit § 185 endet, deckt der Verweis nur die **Allgemeinen Bestimmungen** des I. Hauptstücks, also die §§ **1 bis 80 AußStrG**.

4 Die **Zuständigkeitsregel** findet sich in § **107 JN** idF des ErbRÄG 2015.

5 Die Regeln der §§ 1 bis 80 AußStrG gelten freilich nur, soweit nicht die EuErbVO Abweichendes anordnet. Sie sind auch im Lichte der VO auszulegen. Die in der VO vorkommenden Begriffe (öffentliche Urkunde, Authentizität, Einwände) sind daher **verordnungsautonom** auszulegen.

6 Die Neufassung ist gem § 207 k Abs 3 ab 17. 8. 2015 anzuwenden, allerdings nur auf Fälle, in denen der Verstorbene (vormals Erblasser) nicht vor dem 17. 8. 2015 gestorben ist. Geraume Zeit werden daher **nebeneinander** Verlassenschaftsverfahren stattfinden, die entweder (Tod bis zum 16. 8. 2015) nach der **alten** oder (Tod nach dem 16. 8. 2015) nach der **neuen** **Rechtslage** zu beurteilen sind.

[. . . . .]

Inkrafttreten und Übergangsbestimmung zum Bundesgesetz BGBl. I Nr. 87/2015

§ 207 k. (1) **Die §§ 59, 123, 145, 145 a, 155, 156, 158, 165 Abs. 1 Z 2 und Abs. 2, 166, 168, 174, 174 a, 178 und 181 in der Fassung des Erbrechts-Änderungsgesetzes 2015 (Erb-RÄG 2015), BGBl. I Nr. 87/2015, treten mit 1. Jänner 2017 in Kraft.**

(2) **Die §§ 59, 123, 145, 145 a, 154, 156, 158, 165 Abs. 1 Z 2 und Abs. 2, 166, 168, 174, 174 a, 178 und 181 in der Fassung des ErbRÄG 2015 sind auf Verlassenschaftsverfahren anzuwenden, die nach dem 31. Dezember 2016 anhängig werden.**

(3) **§§ 143 Abs. 2, 147 Abs. 4, 150, 153, 154 Abs. 1, 160 a, 165 Abs. 1 Z 6 und 7, 181 a, 181 b, 182 Abs. 4, 182 a, 184 Abs. 1 erster Satz, 184 a und 191 in der Fassung des ErbRÄG 2015 treten mit 17. August 2015 in Kraft und sind anzuwenden, wenn der Verstorbene an diesem Tag oder danach gestorben ist.**

Eingefügt durch BGBl I 2015/87.

ErlRV zu § 207 k AußStrG:

Geregelt werden die Übergangsbestimmungen, die zum Teil auf die der EuErbVO abgestimmt sind (Art. 83 Abs. 1 und Art. 84 EuErbVO).

Die Neufassung der hier kommentierten Bestimmungen des AußStrG ist ab 17. 8. 2015 an- **1**
zuwenden, allerdings nur auf Fälle, in denen der Verstorbene (vormals Erblasser) nicht vor
dem 17. 8. 2015 gestorben ist. Geraume Zeit werden daher **nebeneinander** Verlassenschaftsverfahren stattfinden, die entweder (Tod bis zum 16. 8. 2015) nach der **alten** oder (Tod nach
dem 16. 8. 2015) nach der **neuen Rechtslage** zu beurteilen sind.

II. Allgemeines Bürgerliches Gesetzbuch – ABGB

JGS 1811/946 idF BGBl I 2015/87

[Auszug]

[. . . . .]

Aneignung durch den Bund

**§ 750. (1) Wenn kein zur Erbfolge Berechtigter vorhanden ist und auch sonst niemand
die Verlassenschaft erwirbt, hat der Bund das Recht, sie sich anzueignen.**

**(2) Soweit sich die Verlassenschaft, die sich im Zeitpunkt des Todes des Verstorbenen in
Österreich befindet, weder auf einen durch Verfügung von Todes wegen eingesetzten Erben oder Vermächtnisnehmer noch auf eine natürliche Person als gesetzlicher Erbe übergeht, hat der Bund das Recht, sie sich anzueignen, auch wenn sich die Erbfolge nicht
nach österreichischem Recht richtet.**

*IdF BGBl I 2015/87 [Abs 1 tritt am 1. 1. 2017 in Kraft und ist auf nach dem 31. 12. 2016 anhängig wer-
dende Verfahren anzuwenden (§ 1503 Abs 7 Z 1 iVm Abs 7 Z 2 ABGB); Abs 2 tritt am 17. 8. 2015 in
Kraft und ist anzuwenden, wenn der Verstorbene an oder nach diesem Tag gestorben ist (§ 1503 Abs 7
Z 6 ABGB).*

Von 17. 8. 2015 bis 31. 12. 2016 geltende Rechtslage:

§ 750. [(1)] Wenn jemand mit dem Erblasser von mehr als einer Seite verwandt ist, so genießt er von jeder Seite dasjenige Erbrecht, welches ihm, als einem Verwandten von dieser
Seite ins besondere betrachtet, gebührt (§ 736).

(2) Soweit sich die Verlassenschaft, die sich im Zeitpunkt des Todes des Verstorbenen in
Österreich befindet, weder auf einen durch Verfügung von Todes wegen eingesetzten Erben
oder Vermächtnisnehmer noch auf eine natürliche Person als gesetzlicher Erbe übergeht, hat
der Bund das Recht, sie sich anzueignen, auch wenn sich die Erbfolge nicht nach österreichischem Recht richtet.

ErlRV zu § 750 ABGB:

*Abs. 1 entspricht dem bisherigen § 760 und regelt den bisherigen „Heimfall des Staates". Von
diesem Begriff soll allerdings abgegangen werden und ähnlich wie in Art. 33 EuErbVO von der
Aneignung des Bundes an einem erbenlosen Vermögen gesprochen werden; auch bei den übrigen Änderungen handelt es sich nur um sprachliche Anpassungen.*

*Nach Art. 33 EuErbVO können die Mitgliedstaaten vorsehen, dass eine erbenlose Verlassen-
schaft auf ihrem Gebiet an sie fällt, auch wenn er*) nach dem Erbstatut auf einen fremden
Staat oder eine Institution übergehen würde. Damit sich an der bisher bestehenden Rechtslage*

im Ergebnis nichts ändert und sich der Bund weiterhin den**) in Österreich gelegenen***) Verlassenschaft bei Erbenlosigkeit aneignen kann, ist ausdrücklich in Abs. 2 vorzusehen, dass dieses Recht unabhängig vom Erbstatut bestehen soll.

*) Richtig: sie.
**) Richtig: die.
***) Richtig: gelegene.

1 § 750 ABGB sorgt in der Neufassung für eine Klarstellung der Befugnisse des Bundes bei **erblosen Verlassenschaften.**

2 Terminologisch entfällt der Begriff „Heimfall". Er wird durch das **Recht zur Aneignung** ersetzt.

3 In der EuErbVO ist zwar sonst das Territorialitätsprinzip weitestgehend aufgegeben, im hoheitlichen Aneignungsrecht verbleibt ihm aber ein gewisser Bereich, steht doch diese Aneignung gem Art 33 einem Mitgliedstaat in Bezug auf „das im Hoheitsgebiet dieses Mitgliedstaats belegene Vermögen" zu.

4 Eine Beschränkung auf unbewegliches Vermögen ist nicht zu ersehen und wäre auch nicht sachgerecht. Bei der Belegenheit von beweglichem Vermögen kommt es auf den Todeszeitpunkt des Verstorbenen an.

5 Voraussetzung ist die Erblosigkeit der Verlassenschaft, die nach dem jeweils anzuwendenden Recht (s Art 20 ff EuErbVO) zu beurteilen ist (Art 23 Abs 2 lit b). Steht danach die Erblosigkeit fest, ist § 750 ABGB als eine Art **Eingriffsnorm** in Bezug auf in Österreich belegenes Vermögen neben dem sonst auf den Erbrechtsfall anzuwendenden Recht berufen. Was das Erbstatut konkret im Fall der Erblosigkeit vorsieht, hat hingegen für in Österreich belegenes Vermögen keine Bedeutung (s aber gleich Rz 6).

6 Dass Erblosigkeit vorliegt, bestimmt sich allerdings schon nach dem Erbstatut. Ob mangels Testats- oder Intestaterben Legatare, andere nahestehende Personen (zB ein Lebensgefährte, dem kein gesetzliches Erbrecht zukommt) oder Gläubiger das Recht zum Erbschaftserwerb haben, entscheidet also das Erbstatut. Ist niemand, auch nicht subsidiär, berufen, so richtet sich das Aneignungsrecht des Staates (oder Körperschaften, denen der Staat dieses Recht eingeräumt hat) nicht nach dem Erbstatut, sondern nach dem Belegenheitsstatut. Der letzte Halbsatz des § 750 Abs 2 ABGB stellt dies klar.

7 Die weitere Voraussetzung des Art 33 EuErbVO, dass die Gläubiger berechtigt sein müssen, aus dem gesamten Nachlass Befriedigung ihrer Forderungen zu suchen, wird durch die pro-viribus-Haftung des aneignenden Staates[1] gewährleistet.

8 Beachte auch die Verfahrensvorschrift des § 184 AußStrG, die sich freilich nur auf inländische Verlassenschaften beziehen.

9 Es bleibt fraglich, ob für Fälle, in denen Österreich die Nachlassjurisdiktion generell fehlt, der Bund aber sein Aneignungsrecht ausüben will, besondere Zuständigkeits-[2] und Verfahrensbestimmungen[3] erforderlich wären (vgl § 184 AußStrG idF des ErbRÄG 2015). Letztlich ist aber auch mit den Bestimmungen des I. Hauptstücks des AußStrG auszukommen. Ver-

---

1 Für alle *Welser* in *Rummel/Lukas*[4] § 760 Rz 5.
2 *Motal*, EF-Z 2014/151, 256.
3 *Motal*, EF-Z 2015/39, 65.

fahrensbestimmungen für die Aneignung in Fällen ausländischer Nachlassjurisdiktion scheinen überhaupt nicht zweckmäßig, geht es doch um ein vor ausländischen Gerichten zu führendes Verfahren.

Die Übergangsvorschriften passen nicht gerade nahtlos zusammen, weil der ab 17. 8. 2015 **10** geltende § 750 Abs 2 zwar gut an § 750 Abs 1 idF ErbRÄG 2015 anschließt, dieser aber erst mit 1. 1. 2017 in Kraft treten wird. Für die Zeit von 17. 8. 2015 bis 31. 12. 2016 wird man sich interpretativ damit behelfen müssen, dass der bisherige § 750 als § 750 Abs 1 zu lesen ist. § 750 Abs 2 muss man iZm § 760 ABGB in seiner bis 31. 12. 2016 geltenden Fassung verstehen. Dieser lautet:

„Erblose Verlassenschaft

§ 760. Wenn kein zur Erbfolge Berechtigter vorhanden ist oder wenn niemand die Erbschaft erwirbt, fällt die Verlassenschaft als ein erbloses Gut dem Staate anheim.“

[. . . . .]

Inkrafttreten und Übergangsbestimmungen ab 1. Februar 2013

§ 1503. **(1)** *[. . . . .]*

(7) Für das Inkrafttreten des Erbrechts-Änderungsgesetzes 2015, BGBl. I Nr. 87/2015, (ErbRÄG 2015) gilt Folgendes: *[. . . . .]*

1. Die §§ *[. . . . .]* **750 Abs. 1,** *[. . . . .]* **treten mit 1. Jänner 2017 in Kraft.**

2. *[. . . . .]*

6. § 750 Abs. 2 in der Fassung des ErbRÄG 2015 tritt mit 17. August 2015 in Kraft und ist anzuwenden, wenn der Verstorbene am 17. August 2015 oder danach gestorben ist.

IdF BGBl I 2015/87.

ErlRV zu § 1503 ABGB:

[. . . . .]

Z 6 sieht – aus unionsrechtlichen Gründen – ein früheres Inkrafttreten des § 750 Abs. 2 vor und ist auf Art. 83 und 84 EuErbVO abgestimmt, sodass in den Fällen, in denen die Verordnung nicht anzuwenden ist, die alte Rechtslage gilt. Grundsätzlich kommt es auf das Sterbedatum des Verstorbenen an. Der bisherige § 750 bleibt bis zum Ablauf des 31. 12. 2016 in Kraft; eine gesonderte Bestimmung über dessen Aufhebung erübrigt sich, weil der bisherige § 750 keinen zweiten Absatz hat.

[. . . . .]

Auch in den Übergangsbestimmungen des ABGB wird die Regel zum zeitlichen Anwen- **1** dungsbereich der EuErbVO nachvollzogen.

§ 750 ABGB ist daher in der Neufassung nicht schlechthin ab 17. 8. 2015 in allen Fällen an- **2** zuwenden, sondern nur in jenen, in denen der verstorbene (vormals Erblasser) nicht vor dem 17. 8. 2015 gestorben ist. Geraume Zeit werden daher **nebeneinander** Verlassenschaftsverfahren stattfinden, die entweder (Tod bis zum 16. 8. 2015) nach der **alten** oder (Tod nach dem 16. 8. 2015) nach der **neuen Rechtslage** zu beurteilen sind.

III. Gerichtsgebührengesetz – GGG

BGBl I 1984/501 idF BGBl I 2015/87

[Auszug]

[. . . . .]

Entstehung der Gebührenpflicht

§ 2. Der Anspruch des Bundes auf die Gebühr wird, soweit im folgenden nichts anderes bestimmt wird, begründet:

Hinsichtlich der Pauschalgebühren *[. . . . .]*

g) für Verfahren vor dem Verlassenschaftsgericht mit dem Zeitpunkt der Abgabe der Entscheidung erster Instanz an die Geschäftsstelle zur Ausfertigung;

[. . . . .]

IdF BGBl I 2015/87.

[. . . . .]

III. Verfahren vor dem Verlassenschaftsgericht

§ 24. (1) Die Pauschalgebühr wird nach den Verhältnissen am Todestage des Verstorbenen ermittelt. Maßgebend ist der reine Wert des dem Verfahren zu Grunde liegenden Verlassenschaftsvermögens. Bei Ermittlung des reinen Wertes werden Vermächtnisse, Pflichtteilsrechte, die Kosten und die Gebühren der Abhandlung (einschließlich der Gebühren des Gerichtskommissärs) und die Erbschaftssteuer nicht abgezogen.

(2) Zur Entrichtung der Pauschalgebühr sind verpflichtet:

a) die Erben,

b) die Antragsteller,

c) der Bund in Fällen der Aneignung (§ 750 ABGB);

die Zahlenden sind berechtigt, von Erben, Vermächtnisnehmern und Pflichtteilsberechtigten den Ersatz der Gebühr, die auf das ihnen zustehende Vermögen entfällt, zu fordern, es sei denn, dass ihnen der Verstorbene die Gebührenentrichtung auferlegt hat.

[. . . . .]

Tarifpost	Gegenstand	Höhe der Gebühren
8	B. Verfahren vor dem Verlassenschaftsgericht Pauschalgebühren für Verfahren vor dem Verlassenschaftsgericht	5 vT des reinen Verlassenschaftsvermögens, mindestens jedoch 69 Euro

Anmerkungen

1. Der Wert des Verlassenschaftsvermögens ergibt sich aus § 24.

2. Für die Ermittlung der Pauschalgebühr ist der Wert nachträglich hervorgekommenen Verlassenschaftsvermögens zum Wert des früher maßgeblichen Vermögens hinzuzurechnen.

2a. Ergeht im Verfahren vor dem Verlassenschaftsgericht auf Grund widersprechender Erbantrittserklärungen eine Entscheidung des Gerichtes über das Erbrecht im Sinne der §§ 161 ff AußStrG, so erhöht sich die Pauschalgebühr nach Tarifpost 8 auf 6 vT des reinen Verlassenschaftsvermögens, mindestens jedoch 104 Euro.

3. Neben der Pauschalgebühr nach Tarifpost 8 sind keine weiteren Gerichtsgebühren zu entrichten; dies gilt auch dann, wenn ein Rechtsmittel erhoben wird. Tarifpost 12a ist nicht anzuwenden.

4. Die Pauschalgebühr umfasst nicht die Gebühren nach Tarifpost 9.

5. Die Pauschalgebühr ist auch für das Ausfolgungsverfahren nach § 150 AußStrG zu entrichten.

6. Unterbleibt die Abhandlung (§ 153 AußStrG) oder werden die Aktiven einer überschuldeten Verlassenschaft an Zahlungs statt überlassen (§§ 154, 155 AußStrG), so ist keine Pauschalgebühr zu entrichten.

IdF BGBl I 2015/87.

ErlRV zu § 2 Z 1 lit g, § 24, TP 8 GGG:

Die Änderungen dienen der gebührenrechtlichen Gleichstellung von rein inländischen und grenzüberschreitenden Sachverhalten. Die neuen Verfahren, die nicht als Verlassenschaftsabhandlung im Sinne der derzeitigen Tarifpost 8 gelten, unterlägen ansonsten der festen Gebühr der TP 12 lit. j von derzeit 256 Euro (Verordnung der Bundesministerin für Justiz über die Neufestsetzung von Gebühren, BGBl. II Nr. 280/2013), unabhängig von dem im konkreten Verfahren zu Grunde liegenden Vermögen. In vielen Fällen würde aber die Gebühr, wenn sie nach der Promillegebühr nach der TP 8 berechnet würde, aufgrund der Geringwertigkeit des dem Verfahren zu Grunde liegenden Vermögens geringer ausfallen, als jene nach TP 12 lit. j. Um eine differenzierte gebührenrechtliche Erfassung zu ermöglichen, sollen daher bei grenzüberschreitenden Sachverhalten auch jene Gebühren zum Tragen kommen, die schon bisher bei Anrufung des Verlassenschaftsgerichts in Ansehung der Abhandlung nach dem III. Hauptstück des AußStrG zu entrichten sind. Damit wird die Anwendbarkeit der TP 12 lit. j GGG in Verfahren vor dem Verlassenschaftsgericht – auch in Fällen der Aneignung durch den Bund (§ 750 ABGB) – generell ausgeschlossen. Soweit nicht die Erben (§ 24 Abs. 2 lit. a) oder der Bund (§ 24 Abs. 2 lit. c) zur Entrichtung der Pauschalgebühr nach TP 8 herangezogen werden, sind die Gebühren von jener Partei zu entrichten, welche den die Gebührenpflicht zugrundeliegenden Antrag, wie etwa den Antrag auf Ausfolgung nach § 150 AußStrG, gestellt hat (§ 24 Abs. 2 lit. b).

Um sicherzustellen, dass die Gebührenbelastung nicht zunimmt, sollen zugleich die Mindestbeträge von 71 Euro sowie von 107 Euro (Anmerkung 2a der TP 8) um rund 3% gesenkt werden. Damit sollen aus sozialpolitischen Erwägungen jene Fälle erfasst werden, in welchen das verfahrensgegenständliche Vermögen gering ist.

Der vorgesehene ausdrückliche Ausschluss der Anwendbarkeit der TP 12a in Verlassenschaftsverfahren sowie die sprachliche Anpassung der Anmerkung 5 zur TP 8 dienen der Klarstellung im Sinn der bisherigen Auslegungspraxis.

1 Findet kein österr Verlassenschaftsverfahren statt, so fielen nach der bisherigen Fassung des § 2 GGG auch keine Gebühren nach TP 8 GGG an, die sich auf ein Verlassenschaftsverfahren beziehen. Die nun vorzusehenden Verfahren hätten dann allerdings unter TP 12 lit j GGG subsumiert werden müssen, was durch die Neufassung ausgeschlossen wird.

2 Um die Tätigkeit der Gerichte in Verfahren mit reinem Binnenbezug und **grenzüberschreitenden Fällen** gleichermaßen zu **vergebühren,** sind die Änderungen der §§ 2, 24, TP 8 (samt Anm) GGG vorgesehen.

3 Aus sozialpolitischen Gründen soll die Gebührenbelastung insgesamt allerdings nicht steigen. Dem steuert ErbRÄG 2015 entgegen, indem die bisherigen **Mindestbeträge** ein wenig **gesenkt** werden (von 71 Euro auf 69 Euro bzw von 107 Euro auf 104 Euro).

4 Die Neufassung ist gem Art VI Z 60 GGG ab 17. 8. 2015 anzuwenden, allerdings nur auf Fälle, in denen der Verstorbene nicht vor dem 17. 8. 2015 gestorben ist. Geraume Zeit werden daher **nebeneinander** Verlassenschaftsverfahren stattfinden, die entweder (Tod bis zum 16. 8. 2015) nach der **alten** oder (Tod nach dem 16. 8. 2015) nach der **neuen Rechtslage** zu beurteilen sind.

IV. Allgemeines Grundbuchsgesetz 1955 – GBG 1955

BGBl 1955/39 idF BGBl I 2015/87

[Auszug]

[. . . . .]

§ 24. *[entfällt mit 1. 1. 2017]*

[. . . . .]

§ 33. (1) Öffentliche Urkunden, auf Grund deren Einverleibungen stattfinden können, sind:

a) die über Rechtsgeschäfte von einer öffentlichen Behörde oder von einem Notar innerhalb der Grenzen ihrer Amtsbefugnisse aufgenommenen Urkunden, wenn sie mit den im § 32 vorgeschriebenen Erfordernissen versehen sind;

b) die von den Gerichten oder anderen dazu berechtigten Behörden oder Personen aufgenommenen exekutionsfähigen Vergleiche;

c) Zahlungsaufträge über gesetzliche Gebühren und Beiträge sowie Ausweise über rückständige Steuern und öffentliche Abgaben, insoweit sie nach den bestehenden Gesetzen vollziehbar sind;

d) andere Urkunden, die die Eigenschaft eines gerichtlich vollziehbaren Ausspruches einer öffentlichen Behörde haben. Dahin gehören insbesondere rechtskräftige Erkenntnisse, Beschlüsse über bücherliche Einverleibungen und Löschungen zur Ausführung des Verteilungsbeschlusses (§ 237 EO), Amtsbestätigungen über die freiwillige Versteigerung einer Liegenschaft, die Einantwortungsbeschlüsse und Amtsbestätigungen der Verlassenschaftsgerichte (§§ 178 und 182 AußStrG) sowie Europäische Nachlasszeugnisse und Erbenbescheinigungen von Behörden, die nach der EuErbVO zu ihrer Ausstellung zuständig sind.

(2) Das Bundesministerium für Justiz ist berechtigt zu erklären, ob und unter welchen Voraussetzungen Einverleibungen auf Grund ausländischer Urkunden stattfinden können, die am Ort ihrer Errichtung als öffentliche Urkunden gelten. Die Erklärung ist für die Gerichte bindend.

IdF BGBl I 2015/87.

ErlRV zum allgemeinen Grundbuchsgesetz 1955 (GBG):

Nach Art. 69 Abs. 5 EuErbVO ist das ENZ „ein wirksames Schriftstück für die Eintragung des Nachlassvermögens in einschlägige Register eines Mitgliedstaates". Es soll daher in § 33 Abs. 1 lit. d unter den öffentlichen Urkunden, auf Grund derer eine Einverleibung stattfinden kann, ausdrücklich genannt werden. Auch diese Regelung bewirkt für sich keine Änderung der Rechtslage, sondern dient allein der Klarstellung.

Die **Legitimationsfunktion des ENZ** ist bereits in Art 69 Abs 5 EuErbVO deutlich niedergelegt.[1] Zur Klarstellung im gegebenen Zusammenhang eines Grundbuchsverfahrens nimmt § 33 GBG idF des Entwurfs das ENZ aber auch ausdrücklich in die Aufzählung der „einverleibungsfähigen" Urkunden auf.[2] **1**

Durch die **ausdrückliche Aufnahme in § 33 GBG** fallen auch die Bedenken von *Verweijen*[3] weg, der die Grundbuchstauglichkeit eines ENZ bezweifelt hat. **2**

Der letzte Halbsatz, wonach die Behörde nach der EuErbVO zur Ausstellung zuständig gewesen sein muss, kann **nicht** dahin ausgelegt werden, dass das Grundbuchsgericht diese **Zuständigkeit überprüfen** dürfte. **3**

Die Neufassung ist gem Art 16 ErbRÄG 2015 ab 17. 8. 2015 anzuwenden, allerdings nur auf Fälle, in denen der Verstorbene nicht vor dem 17. 8. 2015 gestorben ist. Geraume Zeit werden daher **nebeneinander** Verfahren stattfinden, die entweder (Tod bis zum 16. 8. 2015) nach der **alten** oder (Tod nach dem 16. 8. 2015) nach der **neuen** Rechtslage zu beurteilen sind. Es ist aber ohnehin kaum vorstellbar, dass ein ENZ für die Rechtsnachfolge eines vor dem 17. 8. 2015 Verstorbenen ausgestellt wird. **4**

---

1 *Rechberger* in *König/Mayr* 74; *Rechberger/Kieweler* in *Rechberger/Zöchling-Jud* Rz 5.79; *Schauer* in *Schauer/Scheuba* 92 ff; vgl auch *Schauer,* EF-Z 2012/154, 249.
2 *Rechberger* in *König/Mayr* 75; *Schauer* in *Schauer/Scheuba* 97.
3 *Verweijen,* Verlassenschaftsverfahren 63.

V. Gerichtskommissärsgesetz – GKG

BGBl I 1970/343 idF BGBl I 2015/87

[Auszug]

Umfang der Tätigkeit

§ 1. (1) Die Notare haben im Verfahren außer Streitsachen folgende Amtshandlungen zu besorgen:

1. in Verlassenschaftssachen

a) die Todesfallaufnahme und die mit dieser im Zusammenhang stehenden unaufschiebbaren Maßnahmen;

b) die anderen im Zug einer Verlassenschaftsabhandlung erforderlichen Amtshandlungen;

c) die Sicherung der in Österreich gelegenen Verlassenschaft, auch wenn ein ausländisches Gericht im Sinn des Art. 3 Abs. 2 EuErbVO zuständig ist;

d) die Ausstellung eines Europäischen Nachlasszeugnisses nach Art. 62 EuErbVO;

2. außerhalb einer Verlassenschaftsabhandlung die Errichtung eines Inventars und die Verfassung und Prüfung einer Rechnung oder eines Ausweises, einschließlich eines Ausweises über eine Vermögensteilung.

(2) Von den im Abs. 1 genannten Amtshandlungen bleiben jedoch ausgenommen

1. richterliche Entscheidungen;

2. soweit nichts anderes angeordnet ist, die Protokollierung gerichtlicher Vergleiche (§ 30 AußStrG);

3. Zwangsmaßnahmen nach § 79 AußStrG;

4. Ersuchen um Gewährung von Rechtshilfe außerhalb des Geltungsgebietes dieses Bundesgesetzes.

(3) Bei Besorgung der ihm durch Gesetz oder Auftrag übertragenen Amtshandlungen handelt der Notar als Gerichtskommissär; er ist Beamter im Sinne des Strafgesetzes.

IdF BGBl I 2015/87.

ErlRV zu § 1 GKG:

Wenn kein österreichisches Gericht zur Verlassenschaftsabhandlung berufen ist, gibt es grundsätzlich auch keinen Gerichtskommissär, der für Amtshandlungen im – ausländischen – Verlassenschaftsverfahren zuständig wäre. Aber auch in solchen Fällen soll die Sicherung des Nachlasses grundsätzlich vom Gerichtskommissär zu besorgen sein. Daher soll § 1 Abs. 1 GKG um diese Amtshandlungen erweitert werden. Da die Sicherung des Nachlasses in einem österreichischen Verlassenschaftsverfahren bereits von § 1 Abs. 1 lit. b GKG umfasst ist, kann sich lit. c auf die Nachlasssicherung bei Abhandlungszuständigkeit eines ausländischen Gerichts beschränken.

Das Kapitel VI (Art. 62 ff EuErbVO) führt das ENZ ein, überlässt aber die Bestimmung der Stelle, die es ausstellt, den Mitgliedstaaten. Die Ausstellung des ENZ ist aus österreichischer Sicht Teil der Abhandlung (siehe § 181 b AußStrG), daher ist dafür das Verlassenschaftsgericht zuständig. Die Ausstellung des ENZ soll als Amtshandlung in Verlassenschaften ausdrücklich genannt werden, weil es keine im Zug des Verlassenschaftsverfahrens erforderliche Amtshandlung (§ 1 Abs. 1 Z 1 lit b GKG) ist, sondern nur dann anfällt, wenn es beantragt und für die Geltendmachung von Rechten im Ausland benötigt wird. Soweit das ENZ die Bescheinigung eines durch richterliche Entscheidung bestimmten oder festgestellten Rechtsverhältnisses ist, bedarf seine Ausstellung keiner richterlichen Entscheidung im Sinn des § 1 Abs. 2 Z 1 GKG, sie obliegt daher dem Gerichtskommissär (siehe § 181 b Abs. 2 AußStrG).

Die **funktionelle Zuständigkeit** zur Sicherung der in Österreich belegenen (Teile der) Verlassenschaft und für die Ausstellung eines ENZ wird in § 1 GKG dem Gerichtskommissär übertragen. **1**

Dies ist **im Zusammenhang mit § 181 b AußStrG** zu lesen. In Fällen, in denen sich der Gerichtskommissär die Berechtigung des Antrags auf Ausstellung eines ENZ bezweifelt, hat er den Akt dem Gericht zur beschlussmäßigen Entscheidung über den Antrag auf Ausstellung eines ENZ vorzulegen. An die Gerichtsentscheidung ist er (nach Rechtskraft oder bei Einräumung vorläufiger Wirksamkeit) gebunden und hat dann das ENZ auszustellen. **2**

[. . . . .]

Inkrafttreten und Übergangsbestimmung zum Bundesgesetz BGBl. I Nr. 87/2015

§ 17. § 1 Abs. 1 Z 1 lit. c und d *[. . . . .]* in der Fassung des Bundesgesetzes BGBl. I Nr. 87/2015 treten mit 17. August 2015 in Kraft und ist anzuwenden, wenn der Verstorbene an diesem Tag oder danach gestorben ist.

Eingefügt durch BGBl I 2015/87.

ErlRV zu § 17 GKG:

Die Übergangsregelung ist auf Art. 83 Abs. 1 EuErbVO abgestimmt.

Die Neufassung ist ab 17. 8. 2015 anzuwenden, allerdings nur auf Fälle, in denen der Verstorbene (vormals Erblasser) nicht vor dem 17. 8. 2015 gestorben ist. Geraume Zeit werden daher **nebeneinander** Verlassenschaftsverfahren stattfinden, die entweder (Tod bis zum 16. 8. 2015) nach der **alten** oder (Tod nach dem 16. 8. 2015) nach der **neuen Rechtslage** zu beurteilen sind. **1**

VI. Gerichtskommissionstarifgesetz – GKTG

BGBl 1971/108 idF BGBl I 2015/87

[Auszug]

[. . . . .]

Übernahmeprotokoll, Amtsbestätigung und Europäisches Nachlasszeugnis

§ 16. Für das Übernahmeprotokoll nach § 152 Abs. 1 AußStrG allein sowie für die Ausstellung einer Amtsbestätigung nach § 172 AußStrG oder eines Europäischen Nachlasszeugnisses nach § 181 b AußStrG allein beträgt die Gebühr jeweils 30 vH der sich nach dem § 14 ergebenden Gebühr. Die Herstellung beglaubigter Abschriften ist gesondert nach dem Notariatstarifgesetz zu entlohnen.

IdF BGBl I 2015/87.

ErlRV zu § 16 GKTG:

Entsprechend einer Anregung der Österreichischen Notariatskammer soll die Ausstellung eines Europäischen Nachlasszeugnisses ausdrücklich als Gebührentatbestand in § 16 GKTG aufgenommen werden.

1 Für die Ausstellung eines ENZ im Zug eines Abhandlungsverfahrens, für das der Gerichtskommissär ohnehin honoriert wird, steht (arg „Ausstellung . . . eines Europäischen Nachlasszeugnisses nach § 181 b AußStrG **allein**") **keine zusätzliche Gebühr** zu.

[. . . . .]

III. Abschnitt
Amtshandlungen in anderen Sachen

§ 22. (1) Für die nachstehenden Amtshandlungen beträgt die Gebühr die jeweils genannten Hundertsätze der sich nach dem § 13 ergebenden Gebühr:

1. Errichtung eines Inventars, Verfassung einer Rechnung, eines Ausweises, Durchführung einer Vermögensteilung . . . . 40 vH;

2. § 17 letzter Halbsatz und der § 20 gelten sinngemäß;

3. *[aufgehoben durch BGBl I 2008/68]*

4. Überprüfung einer Rechnung oder eines Ausweises . . . . 15 vH.

(2) Im Fall der Nachlasssicherung und einstweiligen Maßnahmen bei ausländischer Zuständigkeit (§ 147 Abs. 4 AußStrG) beträgt die Gebühr für die Amtshandlung 30 vH der sich nach dem § 13 ergebenden Gebühr, wobei als Wert des Gegenstandes (§ 3 Abs. 1) der Wert der zu sichernden Verlassenschaft heranzuziehen ist.

IdF BGBl I 2015/87.

ErlRV zu § 22 GKTG:

Wenn für die Abhandlung ein ausländisches Gericht zuständig ist, ist die Sicherung des inländischen Nachlasses nicht Teil eines österreichischen Verlassenschaftsverfahrens. Daher fallen solche Amtshandlungen auch gebührenmäßig nicht unter die im II. Abschnitt des GKTG geregelten „Amtshandlungen in Verlassenschaftssachen". Es soll daher ein eigener Gebührenansatz geschaffen werden.

Die Bestimmung der Gebühren des Gerichtskommissärs ist Sache des nach § 105 Abs. 3 JN zuständigen Gerichts. Für die Gebühren zahlungspflichtig sind nach § 4 GKTG „alle am Verfahren unmittelbar Beteiligten zur ungeteilten Hand", wobei unter dem Begriff des Verfahrens sowohl das im Inland zu führende Sicherungsverfahren als auch das Verlassenschaftsverfahren im Ausland, hinsichtlich dessen die Sicherungsmaßnahme gesetzt wird, zu verstehen ist.

1 Findet kein österr Verlassenschaftsverfahren statt, so fallen auch keine Gebühren nach dem GKTG an, die sich auf ein Verlassenschaftsverfahren beziehen. Dies muss auch für Fälle gelten, in denen sich die Unzuständigkeit der österr Gerichte erst später herausstellt. Auch dann ist der Gebührentatbestand des „Verlassenschaftsverfahrens" nicht erfüllt. Dem negativen Ergebnis einer Zuständigkeitsprüfung ist das Risiko des Wegfalls von im Zuständigkeitsfall zu erwartenden Gebühren immanent. Der Gerichtskommissär wird also gut daran tun, die Zuständigkeit so rasch wie möglich zu klären (bzw vom Gericht klären zu lassen).

Kommt das Fehlen der internationalen Zuständigkeit allerdings erst hervor, nachdem der **2** Notar bereits Leistungen erbracht hat und ist dies nicht auf sein Verschulden zurückzuführen, könnte er einen Anspruch aus § 8 GKTG ableiten, der lautet:

„Nicht vollendete Amtshandlungen

§ 8. (1) Bleiben Amtshandlungen ohne Verschulden des Notars unvollendet, so hat der Notar Anspruch auf eine seiner Tätigkeit und dem Wert des Gegenstandes entsprechende Gebühr.

(2) Für eine aus Verschulden des Notars unwirksam oder unvollendet gebliebene Amtshandlung ist keine Gebühr zu entrichten."

Praktisch bedeutsam wird es für die Auslegung sein, wie streng die Kriterien sind, die man **3** an die Nachforschungspflicht des Gerichtskommissärs anlegt. Letztlich ist es Sache des Gerichtskommissärs, mit den Parteien die Daten zu erheben, aus denen sich die Zuständigkeitstatbestände ergeben. Sorgfältige Fragen nach dem letzten gewöhnlichen Aufenthalt des Verstorbenen und allfälligen Gerichtsstandsvereinbarungen sind hier der Minimalstandard. Wurden diese Fragen freilich unrichtig beantwortet (ohne dass dies dem Gerichtskommissär sofort auffallen musste) und stellt sich erst später die Unzuständigkeit heraus, ließe sich die Anwendung des § 8 GKTG durchaus vertreten.

Allerdings wird der Notar, der als Gerichtskommissär einstweilige Maßnahmen oder Sicherungsmaßnahmen in Österreich in Bezug auf ein in einem anderen Mitgliedstaat durchzuführendes Verlassenschaftsverfahren setzt, nicht gratis arbeiten müssen. Der neue Abs 2 sieht daher eine **Gebühr in Höhe von 30%** der sich **aus § 13 GKTG** jeweils gestaffelt **ergebenden Gebühr** vor.

Bemessungsgrundlage ist allerdings nicht der Wert der gesamten Verlassenschaft, sondern **5** nur jener der zu sichernden Teile der Verlassenschaft.

Die Neufassung ist gem Art 16 ErbRÄG 2015 ab 17. 8. 2015 anzuwenden, allerdings nur auf **6** Fälle, in denen der Verstorbene nicht vor dem 17. 8. 2015 gestorben ist. Geraume Zeit werden daher **nebeneinander** Verlassenschaftsverfahren stattfinden, die entweder (Tod bis zum 16. 8. 2015) nach der **alten** oder (Tod nach dem 16. 8. 2015) nach der **neuen Rechtslage** zu beurteilen sind.

[. . . . .]

Artikel 16
Sonstiges Inkrafttreten

Die *[. . . . .]* §§ 13, 14, 16, 18 und 22 GKTG in der Fassung des Erbrechts-Änderungsgesetzes 2015 (ErbRÄG 2015), BGBl. I Nr. 87/2015, treten mit 17. August 2015 in Kraft und sind anzuwenden, wenn der Verstorbene an oder nach diesem Tag gestorben ist; in Fällen, in denen er vorher gestorben ist, sind sie weiterhin in der nicht geänderten Fassung anzuwenden.

BGBl I 2015/87.

ErlRV zu Art 16 (Sonstiges Inkrafttreten):

Das Inkrafttreten der Bestimmungen und die Übergangsregelung sind in den jeweils novellierten Gesetzen geregelt. Die JN und das GKGT kennen traditionell keine solchen Regelungen, daher soll dafür ein eigener Novellenartikel geschaffen werden.

Die Änderungen der Zuständigkeitsregelungen in den von der EuErbVO erfassten Angelegenheiten treten mit 17. 8. 2015 in Kraft und sind auf Verfahren über die Verlassenschaft eines Verstorbenen, der nach diesem Zeitpunkt gestorben ist, anzuwenden. Für die „Altfälle", also für die Abwicklung von Verlassenschaften von Verstorbenen, die früher gestorben sind, gilt die bisherige Regelung, auch wenn das Verfahren erst nach dem 17. 8. 2015 anhängig wird.

1 Mangels eines Sammelparagraphen zu Übergangsbestimmungen in der JN und dem GKTG sind die dafür einschlägigen Übergangsvorschriften in einem selbstständigen Art 16 ErbRÄG 2015 gesondert normiert.

2 Die Neufassungen sind jeweils ab 17. 8. 2015 anzuwenden, allerdings nur auf Fälle, in denen der Verstorbene (vormals Erblasser) nicht vor dem 17. 8. 2015 gestorben ist. Geraume Zeit werden daher nebeneinander Verlassenschaftsverfahren stattfinden, die entweder (Tod bis zum 16. 8. 2015) nach der alten oder (Tod nach dem 16. 8. 2015) nach der neuen Rechtslage zu beurteilen sind.

VII. IPR-Gesetz – IPRG

BGBl 1978/304 idF BGBl I 2015/87

[Auszug]

[. . . . .]

§§ 28–30.

Aufgehoben durch BGBl I 2015/87.

ErlRV zur Aufhebung der bisherigen §§ 28 bis 30 IPRG:

Die EuErbVO regelt das internationale Erbrecht in Kapitel III (Art. 20 bis 38) umfassend und lässt für eine nationale Regelung keinen Raum. Auch Art. 33 (Erbenloser Nachlass) erlaubt den nationalen Rechtsordnungen der Mitgliedstaaten keine abweichende Kollisionsnorm, sondern nur eine – materiell-rechtliche – Zugriffsmöglichkeit (Aneignung), die wie eine Eingriffsnorm wirkt, also unabhängig vom Erbstatut. Diese Möglichkeit soll durch die Änderung des § 760 ABGB für das österreichische Recht realisiert werden (siehe oben zu Art. 3); dem § 29 ist ebenso wie dem § 28 durch die EuErbVO derogiert. Zur Rechtsbereinigung sollen diese Bestimmungen aufgehoben werden. § 30 hat wegen des Haager Testamentsübereinkommens, BGBl. Nr. 295/193, schon bisher einen auf Erbverträge und die inhaltliche Gültigkeit von letztwilligen Verfügungen eingeschränkten Anwendungsbereich. Da die EuErbVO auch das auf letztwillige Verfügungen anzuwendende Recht umfassend festlegt, soll § 30 aufgehoben werden. Die EuErbVO lässt aber das Haager Testamentsübereinkommen unberührt, es geht daher der EuErbVO vor (Art. 75 Abs. 1 EuErbVO). Es bestimmt aus österreichischer Sicht auch das Formstatut letztwilliger mündlicher Verfügungen, die vom Anwendungsbereich der EuErbVO ausgenommen sind (Art. 1 Abs. 2 lit. f), weil Österreich den Vorbehalt des Art. 10 des Übereinkommens nicht erklärt hat.

An Stelle eines nationalen IPR treten mit 17. 8. 2015 die Kollisionsnormen der Art 20 bis 38 EuErbVO. **1**

Motal[1] sieht bei ersatzloser Aufhebung der §§ 28 ff IPRG eine **Lücke** im Recht der **Trusts,** das vom Anwendungsbereich der EuErbVO ausdrücklich ausgenommen ist. Berücksichtigt man freilich, dass das IPR des Trusts in Österreich überhaupt ungeregelt ist, so bleibt es fraglich, was durch die Regelung eines Teilbereichs gewonnen worden wäre. Letztlich wird die Verweisung nach der Grundregel der stärksten Beziehung (§ 1 Abs 1 IPRG) zu lösen sein. **2**

Zu den **Erbverträgen** sehen die ErlRV keine Lücke, weil Österreich den Vorbehalt des Art. 10 des Übereinkommens nicht erklärt hat. **3**

Liest man die Übergangsbestimmung des § 50 Abs 7 IPRG allerdings genau, so können neue Lücken gar nicht entstehen: Nicht nur für Todesfälle vor dem 17. 8. 2015 ist das IPRG-Erbrecht weiterhin anzuwenden, sondern auch „soweit die EuErbVO nicht das maßgebende Recht bestimmt". Das verbindende „und" kann sinnvoll nicht so verstanden werden, dass beide Voraussetzungen (Todestag vor 17. 8. 2015 und Herausfallen aus dem Anwendungsbereich der EuErbVO) kumulativ gegeben sein müssen. Sinnvoll ist nur, diese Merkmale als alternative Ausnahmen von der Aufhebung zu verstehen. Folgerichtig sind die §§ 28 – 30 IPRG auch auf Todesfälle nach dem 16. 8. 2015 anzuwenden, soweit das Kollisionsrecht der EuErbVO keine Regelung enthält. **4**

Zum zeitlichen Anwendungsbereich s § 50 IPRG. **5**

[. . . . .]

Abschnitt 8
Schlussbestimmungen

§ 50. **(1) Dieses Bundesgesetz tritt mit 1. Jänner 1979 in Kraft.**

(2) *[. . . . .]*

(7) Die Aufhebung der §§ 28 bis 30 tritt mit 17. August 2015 in Kraft. Sie sind jedoch weiterhin anzuwenden, sofern der Erblasser vor dem 17. August 2015 gestorben ist und soweit die EuErbVO nicht das maßgebende Recht bestimmt.

IdF BGBl I 2015/87.

ErlRV zu § 50 IPRG:

Die Bestimmung des Inkrafttretens und die Übergangsregelung sind auf Art. 83 und 84 EuErbVO abgestimmt, sodass in den Fällen, in denen die Verordnung nicht anzuwenden ist, die alte Rechtslage gilt. Grundsätzlich kommt es auf das Sterbedatum des Erblassers an, bei der Gültigkeit von letztwilligen Verfügungen u.U. auch auf den Zeitpunkt ihrer Errichtung.

---

1 *Motal*, EF-Z 2014/151, 257 f.

1 Die Neufassung ist gem § 50 ab 17. 8. 2015 anzuwenden, allerdings nur auf Fälle, in denen der Verstorbene nicht vor dem 17. 8. 2015 gestorben ist. Geraume Zeit werden daher **nebeneinander** Verlassenschaftsverfahren stattfinden, in denen entweder (Tod bis zum 16. 8. 2015) die bisherigen **§§ 28 bis 30 IPRG** oder (Tod nach dem 16. 8. 2015) die **Art 20 bis 38 EuErbVO** das im Verfahren anzuwendende Recht bestimmen.

VIII. Jurisdiktionsnorm – JN

RGBl 1895/111 idF BGBl I 2015/87

[Auszug]

[. . . . .]

Verlassenschaftsangelegenheiten

§ 77. (1) **Der Gerichtsstand für Klagen, durch die Ansprüche aus Vermächtnissen oder sonstigen Verfügungen auf den Todesfall geltend gemacht werden, sowie für Klagen der Verlassenschaftsgläubiger aus Ansprüchen gegen den Verstorbenen oder die Erben als solche bestimmt sich, solange das Verlassenschaftsverfahren nicht rechtskräftig beendet wurde, nach dem Sitz des Gerichtes, bei dem das Verlassenschaftsverfahren anhängig ist.**

(2) Klagen auf Teilung der Erbschaft gehören vor das Gericht, bei dem die Verlassenschaftsabhandlung anhängig ist; dies gilt auch nach rechtskräftiger Beendigung des Verlassenschaftsverfahrens.

IdF BGBl I 2015/87.

ErlRV zu § 77 JN:

§ 77 stellt auf die Einantwortung ab, weil sich nach § 28 Abs. 2 IPRG der Erbschaftserwerb bei Abhandlung in Österreich auch bei fremdem Erbstatut nach österreichischem Recht richtet, und daher stets einzuantworten ist. Nach der EuErbVO ist der Erbschaftserwerb in allen Fällen nach dem Erbstatut zu beurteilen, sodass auch in österreichischen Verlassenschaftsverfahren eine Einantwortung unterbleibt, wenn nach dem maßgebenden fremden Erbstatut der Nachlass nicht durch Einantwortung, sondern etwa ex lege auf den Erben übergeht. Die Zuständigkeitsregelung des § 77 JN muss diesen Fällen Rechnung tragen, daher soll der Begriff „Einantwortung" durch den allgemeinen Begriff der „Beendigung des Verlassenschaftsverfahrens" ersetzt werden.

1 Die bisherige Fassung des § 77 JN konnte stets auf das Einantwortungskonzept abstellen, weil in Österreich stattfindende Verlassenschaftsverfahren regelmäßig mit Einantwortung beendet wurden.

2 Nach Inkrafttreten der EuErbVO kann es aber in Österreich auch zu Verlassenschaftsverfahren kommen, die in Anwendung des nach der EuErbVO berufenen Rechts anders als mit Einantwortung enden. Um die örtliche Zuständigkeit für Legatsklagen, Pflichtteilsklagen und Klagen der Erbschaftsgläubiger (§ 77 Abs 1 JN – diese nur während des anhängigen

Verlassenschaftsverfahrens) sowie Erbteilungsklagen (§ 77 Abs 2 JN – diese auch nach Beendigung des Verlassenschaftsverfahrens) **ergebnisneutral** zu formulieren, wurde **nicht mehr** auf die **Einantwortung** abgestellt.

Der **Begriff Verlassenschaftsabhandlung,** der in Abs 2 unverändert gelassen wurde, war bisher im Grunde Fällen vorbehalten, die mit Einantwortung endeten. Eine Neuformulierung, die auch hier auf das anhängige Verlassenschaftsverfahren statt auf die anhängige Verlassenschaftsabhandlung abgestellt hätte, wäre wohl vorzuziehen gewesen. **3**

Die Neufassung ist gem Art 16 ErbRÄG 2015 ab 17. 8. 2015 anzuwenden, allerdings nur auf Fälle, in denen der Verstorbene (vormals) Erblasser nicht vor dem 17. 8. 2015 gestorben ist. Geraume Zeit werden daher **nebeneinander** Verlassenschaftsverfahren stattfinden, die entweder (Tod bis zum 16. 8. 2015) nach der **alten** oder (Tod nach dem 16. 8. 2015) nach der **neuen Rechtslage** zu beurteilen sind. **4**

[. . . . .]

Dritter Teil.
Von der Gerichtsbarkeit in Geschäften außer Streitsachen.

Verlassenschaftsabhandlung.

§ 105. (1) Die Verlassenschaftsverfahren (§§ 143 bis 185 AußStrG) gehören vor das Gericht, in dessen Sprengel der Verstorbene seinen allgemeinen Gerichtsstand in Streitsachen hatte. Lässt sich ein solcher im Inland nicht ermitteln oder ist er bei mehreren Gerichten begründet, so gehören sie vor das Gericht, in dessen Sprengel sich der größte Teil des im Inland gelegenen Vermögens des Verstorbenen befindet, sonst vor das Bezirksgericht Innere Stadt Wien.

(2) Für die Anpassung nach Art. 31 EuErbVO ist jedes Gericht zuständig, in dessen Sprengel sich eine der Sachen befindet, an der das anzupassende Recht geltend gemacht wird.

(3) Für einstweilige Maßnahmen und Maßnahmen zur Sicherung des Nachlasses im Sinn des Art. 19 EuErbVO ist das Gericht zuständig, in dessen Sprengel sich der Teil der Verlassenschaft befindet, den die Maßnahme betrifft.

(4) Für die Entgegennahme einer Erklärung einer Person im Sinn des Art. 13 EuErbVO über ihre Annahme oder Ausschlagung der Erbschaft, eines Vermächtnisses oder ihres Pflichtteils oder einer Erklärung über die Begrenzung ihrer Haftung für Verbindlichkeiten der Verlassenschaft für Zwecke eines ausländischen Verlassenschaftsverfahrens ist das Gericht zuständig, in dessen Sprengel die Person ihren gewöhnlichen Aufenthalt hat.

IdF BGBl I 2015/87.

ErlRV zu § 105 JN:

Art. 31 EuErbVO sieht die Anpassung dinglicher Rechte nach dem Erbstatut an das Recht des Staates, in dem sie geltend gemacht werden (in der Regel an das Belegenheitsrecht) vor. Die Verordnung regelt aber weder das Verfahren noch die örtliche Zuständigkeit für eine solche Feststellung, sodass die Mitgliedstaaten dies autonom regeln können. § 182a AußStrG statuiert das Verfahren für eine solche Feststellung. § 105 Abs. 2 JN ist die entsprechende Zuständig-

keitsregelung. Die Anpassung kann in Österreich nur erforderlich sein, wenn das Erbstatut nicht das österreichische Recht ist. In diesen Fällen besteht aber regelmäßig keine Abhandlungszuständigkeit in Österreich; für die Anpassung kann also nicht an die Abhandlungszuständigkeit angeknüpft werden. Für das Anpassungsverfahren soll daher das Gericht zuständig sein, in dessen Sprengel sich die Sache befindet. Betrifft die Anpassung Sachen in mehreren Sprengeln, so kann die Feststellung bei jedem danach zuständigen Gericht beantragt werden. Art. 19 EuErbVO sieht für beantragte Sicherungsmaßnahmen eine zusätzliche internationale Zuständigkeit für die Gerichte des Staates vor, nach dessen Recht sie vorgesehen ist; die Bestimmung ist aber ihrem Sinn nach auch Zuständigkeitsgrundlage für amtswegige Sicherungsmaßnahmen. Daher bedarf es auch keiner nationalen Regelung der internationalen Zuständigkeit in Nachlasssachen, auch nicht für solche Maßnahmen. Die örtliche Zuständigkeit für Sicherungsmaßnahmen, die nicht vom international zuständigen Verlassenschaftsgericht getroffen werden, soll sich nach der Lage des betroffenen Nachlassteils richten (§ 105 Abs. 3 JN).

Art. 13 EuErbVO sieht eine besondere internationale Zuständigkeit für die Entgegennahme bestimmter für den Erbgang relevanter Erklärungen vor, „wenn diese Erklärungen nach dem Recht dieses Mitgliedstaats vor einem Gericht abgegeben werden können". Nach österreichischem Recht ist die Abgabe dieser Erklärungen vor Gericht (dem Gerichtskommissär) möglich. Da die Verordnung die österreichischen Gerichte für die Entgegennahme solcher Erklärungen – bürgerfreundlicher Weise – international zuständig macht, soll entsprechend die örtliche Zuständigkeit geregelt werden (§ 105 Abs. 4 JN), sonst bedürfte es regelmäßig einer Ordination, wenn ein Bürger von dieser Möglichkeit Gebrauch machen will. Wenn etwa der Erbe mit gewöhnlichem Aufenthalt in Österreich im Verfahren in Deutschland nach deutschem Recht die Erbschaft ausschlagen will, weil er sonst haftet, soll er diese Erklärung bei dem Gericht abgeben können, in dessen Sprengel er seinen gewöhnlichen Aufenthalt hat. Im deutschen Verfahren wird er die Rechtzeitigkeit der Erklärung durch eine vom Gericht, das die Erklärung entgegengenommen hat, ausgestellte Amtsbestätigung (§ 186 Abs. 1 AußStrG) nachweisen.

1 Die EuErbVO regelt die internationale Zuständigkeit, überlässt aber sowohl die **sachliche** als auch die **örtliche Zuständigkeit** dem nationalen Gesetzgeber. Diese Aufgabe nimmt weiterhin die JN wahr.

2 **Sachlich** zuständig ist das **Bezirksgericht** (§ 104 a JN).

3 **Örtlich** zuständig ist – wie bisher – das Gericht, in dessen Sprengel der Erblasser seinen **allgemeinen Gerichtsstand** (§§ 66 ff JN) hatte. Mangels eines allgemeinen Gerichtsstands im Inland ist das Gericht der **gelegenen Sach**e, sonst das **Bezirksgericht Innere Stadt Wien,** örtlich zuständig. Die subsidiäre Zuständigkeit des BG Innere Stadt Wien wird kaum je praktisch werden können.[1]

4 Für **Anpassungsentscheidungen** iSd Art 31 EuErbVO ist jedes Bezirksgericht zuständig, in dessen Sprengel sich eine der Sachen befindet, an denen ein durch das Verfahren nach der EuErbVO in einem anderen Mitgliedstaat begründetes/bekundetes Recht angepasst werden soll (Abs 2).

5 Liegen die Sachen, auf die sich die Anpassungsentscheidung bezieht, in verschiedenen Gerichtssprengeln, so müssen (arg: „jedes ... eine der Sachen") nicht mehrere Verfahren ein-

---

1 *Motal*, EF-Z 2014/151, 253 (FN 35); ähnlich *Traar* in *Fasching/Konecny* I³ § 105 JN Rz 19: Wenn überhaupt kein Vermögen in Österreich liegt oder es in mehreren Sprengeln „gleichmäßig verteilt" ist.

geleitet werden. Nach allgemeinen Regeln hat der **ASt** dann die **Wahl,** bei welchem der Belegenheitsgerichte er den gesamten Antrag einbringt.

Anders, nämlich konkret sachbezogen ist die Belegenheitszuständigkeit für Sicherungsmaß- **6** nahmen (einstweilige Maßnahmen und Maßnahmen zur Sicherung der Verlassenschaft) geregelt: Für solche **Sicherungsmaßnahmen** ist nur das Gericht zuständig, in dessen Sprengel sich **die Sache befindet,** die einer einstweiligen Maßnahme oder Sicherung unterworfen werden soll (Abs 3).

Die örtliche Zuständigkeit für Erklärungen iSd Art 13 EuErbVO ordnet Abs 4 dem Gericht **7** zu, in dessen Sprengel die **erklärende Person** ihren **gewöhnlichen Aufenthalt** hat.[2] Das ist deshalb folgerichtiger als eine Belegenheitszuständigkeit, weil sich die Erklärung in aller Regel nicht auf einzelne Nachlassgegenstände beziehen wird, sondern auf die Erlangung oder Abwehr der Gesamtrechtsnachfolge.

Auch wenn die Begriffsunterschiede in der Praxis keine allzu große Bedeutung haben wer- **8** den, wird bei der Auslegung des „gewöhnlichen Aufenthalts" iSd Abs 4 nicht auf den nationalen Begriff in § 66 Abs 2 JN abzustellen sein, sondern auf den **verordnungsautonomen** Begriff der EuErbVO.[3]

Die Neufassung ist gem Art 16 ErbRÄG 2015 ab 17. 8. 2015 anzuwenden, allerdings nur auf **9** Fälle, in denen der Verstorbene (vormals Erblasser) nicht vor dem 17. 8. 2015 gestorben ist. Geraume Zeit werden daher **nebeneinander** Verlassenschaftsverfahren stattfinden, die entweder (Tod bis zum 16. 8. 2015) nach der **alten** oder (Tod nach dem 16. 8. 2015) nach der **neuen Rechtslage** zu beurteilen sind.

§ 106. Die inländische Gerichtsbarkeit für die Abhandlung einer Verlassenschaft im Inland und für diese ersetzende Verfahren (§§ 153 ff. AußStrG) ist gegeben, soweit dies erforderlich ist, um einem internationalen Übereinkommen im Sinn des Art. 75 Abs. 1 EuErbVO zu entsprechen.

IdF BGBl I 2015/87.

ErlRV zu § 106 JN:

Kapitel II der EuErbVO (Art. 4 bis 19) regelt die internationale Zuständigkeit umfassend, auch für Fälle, die wenig Bezug zur EU haben (subsidiäre Zuständigkeit [Art. 10] und Notzuständigkeit [Art. 11]). Für eine nationale Zuständigkeitsregelung ist nur Raum und Bedarf, soweit die Verordnung nicht anzuwenden ist. Dies kann in Fällen sein, die von bilateralen Verträgen abgedeckt sind. Nach Art. 75 Abs. 1 EuErbVO bleiben nämlich internationale Übereinkommen, die Bereiche betreffen, die in der Verordnung geregelt sind, unberührt (nach Abs. 2 gilt dies jedoch nicht im Verhältnis zwischen Mitgliedstaaten). In Österreich stehen mehrere bilaterale Verträge mit Drittstaaten, die auch erbrechtliche Aspekte regeln, in Kraft. Der Freundschaftsvertrag mit dem Iran (Freundschafts- und Niederlassungsvertrag vom 9. September 1959 zwischen der Republik Österreich und dem Kaiserreich Iran, BGBl Nr. 45/1966) legt das anzuwendende Recht, nicht aber die Abhandlungszuständigkeit fest (Art. 10). Im Geltungsbereich dieses Vertrags kann der Fall eintreten, dass zur Abhandlung über den in Österreich gelegenen Nachlass eines iranischen Staatsangehörigen in einem anderen Mitgliedstaat abzuhandeln ist. Dieser

---

2 Vgl *Motal,* EF-Z 2014/151, 256; *Bajons* in *Schauer/Scheuba* 41.
3 Dazu *Motal,* EF-Z 2014/151, 252 f; *Fischer-Czermak* in *Schauer/Scheuba* 44; *Rechberger/Frodl* in *Rechberger/Zöchling-Jud* Rz 2.23 ff.

andere Mitgliedstaat, der durch den bilateralen Vertrag nicht gebunden ist, wird auf die Erb-folge das Recht anwenden, auf das die EuErbVO verweist – regelmäßig nicht wie im bilateralen Vertrag vorgesehen das Heimatrecht, sondern das Recht des gewöhnlichen Aufenthalts des Erb-lassers. Damit der bilaterale Vertrag im Sinn des Art. 75 Abs. 1 EuErbVO unberührt bleibt, wird das ENZ oder eine erbrechtliche Entscheidung eines anderen Mitgliedstaates ausnahms-weise nicht anerkannt werden können. Dann aber bliebe die Rechtsnachfolge der nach dem Heimatrecht des Erblassers berufenen Erben – soweit es um Nachlass in Österreich geht – un-geklärt, es gäbe keine Möglichkeit der Verbücherung von „Abhandlungsergebnissen". Daher soll für diese Fälle die österreichische Abhandlungsgerichtsbarkeit – beschränkt auf das in Öster-reich befindliche Vermögen – vorgesehen werden. Im Anwendungsbereich der anderen ein-schlägigen bilateralen Verträge (Vertrag vom 16. Dezember 1954 zwischen der Republik Öster-reich und der Föderativen Volksrepublik Jugoslawien über den wechselseitigen rechtlichen Ver-kehr samt Schlussprotokoll, BGBl Nr. 24/1955, soweit er mit den Nachfolgestaaten weiter gilt und diese nicht zugleich Mitgliedstaaten der EU sind; Konsularvertrag vom 28. Feber 1959 zwischen der Republik Österreich und der Union der Sozialistischen Sowjetrepubliken, BGBl. Nr. 21/1960, und Protokoll vom 31. März 1974, BGBl Nr. 459/1975, soweit er mit den Nach-folgestaaten weiter gilt) muss auf § 106 JN nicht zurückgegriffen werden, weil sie nicht nur das anzuwendende Recht, sondern auch die Abhandlungszuständigkeit regeln.

1 **Bilaterale Verträge** – sie bleiben gem Art 74 EuErbVO unberührt – regeln entweder die **in-ländische Gerichtsbarkeit oder** nur das **anzuwendende Recht.**

2 Für die erstgenannten Verträge (konkret **österreichisch-jugoslawischer Rechtshilfevertrag** BGBl 1955/24; **Vertrag zwischen Österreich und der UdSSR** BGBl 1975/459) bedarf es kei-ner zusätzlichen Regelung in der JN.

3 Für den **österreichisch-iranischen Freundschafts- und Niederlassungsvertrag** (BGBl 1966/45) finden sich hingegen keine Regelungen der internationalen Zuständigkeit im Abkommen selbst. Eine entsprechende Vorschrift zur internationalen Zuständigkeit wird daher im neuen § 106 JN vorgesehen.

4 Die Neufassung ist gem Art 16 ErbRÄG 2015 ab 17. 8. 2015 anzuwenden, allerdings nur auf Fälle, in denen der Verstorbene nicht vor dem 17. 8. 2015 gestorben ist. Geraume Zeit wer-den daher **nebeneinander** Verlassenschaftsverfahren stattfinden, die entweder (Tod bis zum 16. 8. 2015) nach der **alten** oder (Tod nach dem 16. 8. 2015) nach der **neuen Rechtslage** zu beurteilen sind.

Einwände gegen die Authentizität einer öffentlichen Urkunde in Verlassenschaftssachen

§ 107. Zur Entscheidung über Einwände gegen die Authentizität einer öffentlichen Ur-kunde (Art. 59 Abs. 2 EuErbVO) ist das Gericht zuständig, in dessen Sprengel die Ur-kunde ausgestellt worden ist.

IdF BGBl I 2015/87.

ErlRV zu § 107 JN:

Die Verordnung lässt keinen Raum, die Zuständigkeit für die Errichtung der Todesfallaufnah-me (als Teil der Abhandlung) oder für Sicherungsmaßnahmen (Art. 19 EuErbVO) zu bestim-men. § 107 ist daher obsolet und kann entfallen. Wenn die Zuständigkeit nicht von Vornherein ausgeschlossen werden kann, sondern die Kenntnis näherer Umstände erfordert, wird die Grundlage für die Zuständigkeitsbeurteilung natürlich auch durch eine Todesfallaufnahme geschaffen werden können. Da weder die EuErbVO noch die JN die örtliche Zuständigkeit für die Entscheidung über Einwände gegen die Authentizität einer Urkunde nach Art. 59 Abs. 2 EuErbVO regeln, soll die JN insoweit ergänzt werden.

Bisher sah § 107 JN eine umfassende Zuständigkeit Österreichs für die Todesfallaufnahme **1** vor. Ob dies mit der Regelung der EuErbVO zur internationalen Zuständigkeit vereinbar ist, könnte diskutiert werden. Man könnte die Todesfallaufnahme nämlich funktionell auch dahin verstehen, dass sie jene Erhebungen einschließt, die zur Beurteilung der internationalen Zuständigkeit erforderlich sind. Ihr verbliebe damit ein Restwert für **Erhebungen,** solange das Fehlen der inländischen Nachlassjurisdiktion noch nicht ausreichend geklärt ist.

Ebenso lässt sich freilich vertreten, dass solche Erhebungen zur internationalen Zuständigkeit **2** selbstverständlich jeder Kompetenzregelung inhärent sind und keiner besonderen Kompetenzbestimmung bedürfen, muss es doch nach der Natur der Sache eine allumfassende Zuständigkeit zur Kompetenzprüfung geben. Das ErbRÄG 2015 lässt daher die allumfassende **Zuständigkeit** für eine Todfallaufnahme im Inland **entfallen.**

Auch für einen gesonderten Zuständigkeitstatbestand für Sicherungsmaßnahmen ist kein **3** Raum mehr. Insoweit wird die Zuständigkeit durch den unmittelbar anzuwendenden Art 19 EuErbVO abschließend geregelt.

Stattdessen führt das ErbRÄG 2015 eine örtliche **Zuständigkeit für die Entscheidung über 4 Einwände gegen die Authentizität einer öffentlichen Urkunde** (Art 59 Abs 2 EuErbVO) ein, die weder in der bisherigen Fassung der JN noch in der EuErbVO (die nur allgemein auf die Gerichte des Ursprungsstaats verweist, also bloß die internationale, nicht auch die örtliche Zuständigkeit regelt) bestimmt wird.

Zuständig ist das sachnächste Gericht, nämlich das Bezirksgericht (vgl § 104 a JN), **in dessen 5 Sprengel die Urkunde ausgestellt** worden ist – sei es vom Gericht oder einem Notar des Sprengels.

Die Neufassung ist gem Art 16 ErbRÄG 2015 ab 17. 8. 2015 anzuwenden, allerdings nur auf **6** Fälle, in denen der Verstorbene nicht vor dem 17. 8. 2015 gestorben ist. Geraume Zeit werden daher **nebeneinander** Verlassenschaftsverfahren stattfinden, die entweder (Tod bis zum 16. 8. 2015) nach der **alten** oder (Tod nach dem 16. 8. 2015) nach der **neuen Rechtslage** zu beurteilen sind.

[. . . . .]

Artikel 16
Sonstiges Inkrafttreten

Die §§ 77 Abs. 1 und 2, 105 Abs. 2, 3 und 4, 106 und 107 JN *[. . . . .]* **in der Fassung des Erbrechts-Änderungsgesetzes 2015 (ErbRÄG 2015), BGBl. I Nr. 87/2015, treten mit 17. August 2015 in Kraft und sind anzuwenden, wenn der Verstorbene an oder nach diesem Tag gestorben ist; in Fällen, in denen er vorher gestorben ist, sind sie weiterhin in der nicht geänderten Fassung anzuwenden.**

BGBl I 2015/87.

ErlRV zu Art 16 (Sonstiges Inkrafttreten):

Das Inkrafttreten der Bestimmungen und die Übergangsregelung sind in den jeweils novellierten Gesetzen geregelt. Die JN, das GBG und das GKGT kennen traditionell keine solchen Regelungen, daher soll dafür ein eigener Novellenartikel geschaffen werden.

Die Änderungen der Zuständigkeitsregelungen in den von der EuErbVO erfassten Angelegenheiten treten mit 17. 8. 2015 in Kraft und sind auf Verfahren über den Nachlass eines Erblassers, der nach diesem Zeitpunkt gestorben ist, anzuwenden. Für die „Altfälle", also für die Abwicklung von Nachlässen von Erblassern, die früher gestorben sind, gilt die bisherige Regelung, auch wenn das Verfahren erst nach dem 17. 8. 2015 anhängig wird.

1 Mangels eines Sammelparagraphen zu Übergangsbestimmungen in der JN und im GKTG sind die dafür einschlägigen Übergangsvorschriften in einem selbständigen Art 16 ErbRÄG 2015 gesondert normiert.

2 Die Neufassungen sind jeweils ab 17. 8. 2015 anzuwenden, allerdings nur auf Fälle, in denen der Verstorbene (vormals Erblasser) nicht vor dem 17. 8. 2015 gestorben ist. Geraume Zeit werden daher **nebeneinander** Verlassenschaftsverfahren stattfinden, die entweder (Tod bis zum 16. 8. 2015) nach der **alten** oder (Tod nach dem 16. 8. 2015) nach der **neuen Rechtslage** zu beurteilen sind.

IX. Wohnungseigentumsgesetz 2002 – WEG 2002

BGBl I 2002/70 idF BGBl I 2015/87

[Auszug]

[. . . . .]

Unteilbarkeit des Mindestanteils

§ 12. (1) Der mit dem Wohnungseigentum untrennbar verbundene Mindestanteil darf, solange das Wohnungseigentum besteht, außer im Fall einer Eigentümerpartnerschaft (§ 2 Abs. 10, § 13), nicht geteilt werden.

(2) Würde nach dem Tod des Wohnungseigentümers nach den Ergebnissen des Verlassenschaftsverfahrens der mit dem Wohnungseigentum verbundene Mindestanteil mehr als zwei natürlichen Personen oder zwei natürlichen Personen zu unterschiedlichen Anteilen oder zum Teil einer juristischen Person oder einer eingetragenen Personengesellschaft zufallen und kommt es auch nicht zur Bildung einer eingetragenen Personengesellschaft, die den Mindestanteil erwirbt, so hat das Verlassenschaftsgericht eine öffentliche Feilbietung des Mindestanteils und des damit verbundenen Wohnungseigentums durch Versteigerung vorzunehmen.

(3) Hat trotz der Anordnung des Abs. 2 eine Personenmehrheit ohne Bildung einer Eigentümerpartnerschaft durch Rechtsnachfolge von Todes wegen Eigentum am Mindestanteil erworben, so kann deren Eigentum nicht im Grundbuch einverleibt werden. Wird ein Antrag auf Einverleibung des Eigentumsrechts gestellt, so hat das Grundbuchsgericht

die Antragsteller auf die Unmöglichkeit der begehrten Einverleibung hinzuweisen und ihnen eine angemessene Frist dafür einzuräumen, um stattdessen den Erwerb eines Mindestanteils durch eine einzelne Person oder durch eine Eigentümerpartnerschaft zu beantragen. Wenn diese Frist ungenützt verstreicht, hat das Grundbuchsgericht eine öffentliche Feilbietung nach Abs. 2 vorzunehmen.

IdF BGBl I 2015/87.

ErlRV zu § 12 WEG 2002:

In einem Fall des § 12 Abs. 2 WEG 2002 hat das Verlassenschaftsgericht noch vor der Einantwortung eine öffentliche Feilbietung des Mindestanteils einzuleiten und durchzuführen (vgl. OGH 6 Ob 92/13 t; Gantner-Doshi in Hausmann/Vonkilch, Österreichisches Wohnrecht³ § 12 WEG Rz 18). Es kann jedoch Fälle geben, in denen eine Erbenmehrheit – außerhalb einer Eigentümerpartnerschaft – durch Erbgang bereits Eigentum am Mindestanteil erworben hat. Das ist zum einen bei Inlandsfällen vorstellbar, wenn etwa das Verlassenschaftsgericht die Bestimmung des § 12 Abs. 2 unbeachtet gelassen hat oder von der Existenz des Wohnungseigentumsobjekts in der Verlassenschaft aus irgendwelchen Gründen keine Kenntnis hatte. Wenn das Verlassenschaftsgericht die Verlassenschaft mehreren Erben einantwortet, erwerben diese auch Eigentum am Mindestanteil, weil die Einantwortung den Eintragungsgrundsatz durchbricht. Zum anderen kann sich ein solcher Fall dadurch ergeben, dass die Verlassenschaft im Ausland abgehandelt wurde und es dabei zu einer Rechtsnachfolge mehrerer Personen kommt.

In solchen Fällen kann das – bereits entstandene – Eigentum der mehreren Personen nicht im Grundbuch eingetragen werden, weil dies dem Unteilbarkeitsgrundsatz des § 12 Abs. 1 widerspräche. Die Unmöglichkeit einer solchen Einverleibung wird zur Klarstellung im neuen Abs. 3 des § 12 ausdrücklich angeordnet. Wenn ein Antrag auf Einverleibung des Eigentums der mehreren Personen gestellt wird, hat das Grundbuchsgericht (vgl. § 182 Abs. 1 AußStrG) die Antragsteller – unter Darlegung der Rechtslage – auf die Unmöglichkeit der begehrten Einverleibung hinzuweisen. Dadurch soll den Antragstellern die Möglichkeit gegeben werden, die Eigentumsverhältnisse entsprechend dem Unteilbarkeitsgrundsatz neu zu ordnen, also sich auf den Erwerb des Mindestanteils durch eine einzelne Person oder auf die Begründung einer Eigentümerpartnerschaft zu einigen und sodann einen dieser Einigung entsprechenden, neuen Einverleibungsantrag zu stellen. Für eine derartige Einigung und neuerliche Antragstellung hat das Grundbuchsgericht eine angemessene Frist zu setzen. Wenn es innerhalb dieser Frist nicht zu einer solchen Einigung und Antragstellung kommt, hat das Grundbuchsgericht mit gerichtlicher Feilbietung des Mindestanteils vorzugehen (vgl. dazu neuerlich OGH 6 Ob 92/13 t).

Bei der gerichtlichen Feilbietung nach § 12 Abs. 3 handelt es sich nicht um ein „Geschäft des Grundbuchsverfahrens" im Sinn des § 21 Abs. 1 Z 1 Rechtspflegergesetz; die Feilbietung ist daher dem Richter vorbehalten.

Die übrigen Änderungen sind sprachlich bedingt.

Die Vorsorge, die § 12 Abs 2 WEG 2002 trifft, damit aus einem Verlassenschaftsverfahren **1** **keine rechtlich unmöglichen Eigentumslagen** am Wohnungseigentumsobjekt entstehen können (Anordnung der Feilbietung vor Einantwortung), hat sich schon in Binnenfällen als nicht flächendeckend erwiesen, was insb die E 6 Ob 92/13 t[1] gezeigt hat.

---

1 JBl 2014, 194 = iFamZ 2014/66 *(Mondel)* = NZ 2014/63 = EF-Z 2014/119 *(A. Tschugguel).*

2 Noch viel häufiger kann es sein, dass diese Maßnahme deshalb nicht vor Einantwortung gesetzt wird, weil aufgrund ausländischer Nachlassjurisdiktion (oder nach dem Erbstatut) **gar keine Einantwortung** stattfindet.

3 Auch in diesen Fällen bleibt die Einverleibung von mehr als zwei Wohnungseigentümern freilich **rechtlich unmöglich,** was in **Abs 3 klargestellt** wird.

4 Als Alternative zu dieser – rechtlich unmöglichen – Einverleibung sieht Abs 3 ein gestuftes Vorgehen vor. In einem ersten Schritt sind die Antragsteller über die rechtliche Unmöglichkeit ihres Antrags zu **belehren.** Gleichzeitig ist ihnen eine angemessene **Frist** zu setzen, um stattdessen das rechtlich Mögliche, also die Eintragung einer einzelnen Person oder einer Eigentümerpartnerschaft, zu beantragen. Die angemessene Frist wird sich wohl an § 181 Abs 2 AußStrG orientieren können. Das führt zu einer „ein Jahr nicht erheblich übersteigenden" Frist. Anders als im Ministerialentwurf, der sofort eine Feilbietung anordnete, sieht das ErbRÄG 2015 die **Feilbietung durch das Grundbuchgericht** erst nach Verstreichen dieser Frist vor. Auch während des Feilbietungsverfahrens wird ein passender Antrag noch nachgereicht werden können.

5 Die Neufassung ist gem § 58 c WEG 2002 ab 17. 8. 2015 anzuwenden, allerdings nur auf Fälle, in denen der Verstorbene (als Wohnungseigentümer bzw Partner) nicht vor dem 17. 8. 2015 gestorben ist. Geraume Zeit werden daher **nebeneinander** Verlassenschaftsverfahren stattfinden, die entweder (Tod bis zum 16. 8. 2015) nach der **alten** oder (Tod nach dem 16. 8. 2015) nach der **neuen Rechtslage** zu beurteilen sind.

[. . . . .]

Wohnungseigentum der Partner im Todesfall

§ 14. (1) **Beim Tod eines Partners gilt für den Anteil des Verstorbenen – unter Ausschluss sonstigen Erwerbs von Todes wegen, aber vorbehaltlich einer abweichenden Vereinbarung nach Abs. 5 – Folgendes:**

1. Der Anteil des Verstorbenen am Mindestanteil und gemeinsamen Wohnungseigentum geht von Gesetzes wegen unmittelbar ins Eigentum des überlebenden Partners über.

2. Der Eigentumsübergang tritt jedoch nicht ein, wenn der überlebende Partner innerhalb einer vom Verlassenschaftsgericht festzusetzenden angemessenen Frist entweder auf ihn verzichtet oder gemeinsam mit den Erben des Verstorbenen unter Zustimmung der Pflichtteilsberechtigten eine Vereinbarung schließt, auf Grund derer der Anteil des Verstorbenen einer anderen Person zukommt.

3. Verzichtet der überlebende Partner auf den Eigentumsübergang, so hat das Verlassenschaftsgericht eine öffentliche Feilbietung des gesamten Mindestanteils und des damit verbundenen Wohnungseigentums durch Versteigerung vorzunehmen.

4. Solange die Möglichkeit des Verzichts besteht, sind die Rechte des überlebenden Partners am Anteil des Verstorbenen auf jene eines Verwalters (§ 837 ABGB) beschränkt.

5. Erwirbt der überlebende Partner den Anteil des Verstorbenen nach Z 1 oder geht dieser Anteil auf Grund einer Vereinbarung nach Z 2 auf eine andere Person über, so gilt für die Eintragung in das Grundbuch § 182 Abs. 3 AußStrG sinngemäß.

(2) Der überlebende Partner, der den Anteil des Verstorbenen am Mindestanteil und Wohnungseigentum gemäß Abs. 1 Z 1 erwirbt, hat der Verlassenschaft nach dem Verstorbenen die Hälfte des Verkehrswerts (§ 2 Abs. 2 LBG) des Mindestanteils zu bezahlen

(Übernahmspreis). Eine einvernehmliche Bestimmung des Übernahmspreises ist nur zulässig, wenn kein Inventar zu errichten ist und soweit dadurch nicht in Rechte von Gläubigern oder Pflichtteilsberechtigten des Verstorbenen eingegriffen wird.

(3) Ist der überlebende Partner ein Pflichtteilsberechtigter des Verstorbenen und war Gegenstand des gemeinsamen Wohnungseigentums eine Wohnung, die dem Überlebenden zur Befriedigung seines dringenden Wohnbedürfnisses dient, so gilt Abs. 2 nicht. Wenn aber noch ein anderer Pflichtteilsberechtigter vorhanden ist, hat der überlebende Partner ein Viertel des Verkehrswerts des Mindestanteils an die Verlassenschaft nach dem Verstorbenen zu bezahlen. Wenn zwar kein anderer Pflichtteilsberechtigter vorhanden ist, die Verlassenschaft jedoch ohne eine Zahlung des überlebenden Partners überschuldet wäre, hat der Überlebende bis zur Höhe eines Viertels des Verkehrswerts des Mindestanteils den zur Deckung der Verbindlichkeiten der Verlassenschaft erforderlichen Betrag an die Verlassenschaft zu bezahlen. Abs. 2 zweiter Satz gilt entsprechend. Ist dem überlebenden Partner die sofortige Zahlung dieses verminderten Übernahmspreises nach seinen Verhältnissen, insbesondere seinem Vermögen, seinem Einkommen, seinen Sorgepflichten sowie seinen Aufwendungen für die Wohnung und zur Aufrechterhaltung einer angemessenen Lebenshaltung, nicht zumutbar, so hat das Verlassenschaftsgericht mangels einer anders lautenden Vereinbarung auf Antrag die Zahlungspflicht bis zu einer Frist von höchstens fünf Jahren hinauszuschieben oder die Zahlung in Teilbeträgen innerhalb dieses Zeitraums zu bewilligen; in beiden Fällen ist eine angemessene Verzinsung festzusetzen.

(4) Die in Abs. 2 und 3 bestimmte Zahlungspflicht des überlebenden Partners kann durch letztwillige Verfügung des anderen Partners oder Schenkung auf den Todesfall erlassen werden.

(5) 1. Die Partner können durch eine vor einem Notar oder unter anwaltlicher Mitwirkung schriftlich geschlossene Vereinbarung bestimmen, dass anstelle des gesetzlichen Eigentumsübergangs nach Abs. 1 Z 1 der Anteil des Verstorbenen am Mindestanteil und gemeinsamen Wohnungseigentum einer anderen natürlichen Person zukommt. Der durch eine solche Vereinbarung Begünstigte erwirbt durch den Erbfall nicht unmittelbar Eigentum am halben Mindestanteil, sondern erhält damit erst einen Anspruch auf dessen Übereignung. Er hat diesen Anspruch innerhalb einer vom Verlassenschaftsgericht festzusetzenden angemessenen Frist durch Anmeldung im Verlassenschaftsverfahren gegen die Verlassenschaft des Verstorbenen geltend zu machen. Der Begünstigte hat im Fall einer Insolvenz der Verlassenschaft das Recht auf Aussonderung des halben Mindestanteils (§ 44 IO), sofern Gegenstand des gemeinsamen Wohnungseigentums eine Wohnung ist, die ihm zur Befriedigung seines dringenden Wohnbedürfnisses dient. Der Begünstigte hat für die Übereignung des Anteils des Verstorbenen am Mindestanteil den Übernahmspreis nach Abs. 2 an die Verlassenschaft nach dem Verstorbenen zu bezahlen; wenn beim Begünstigten aber die in Abs. 3 erster Satz genannten Voraussetzungen entsprechend vorliegen, gilt für ihn Abs. 3; für die Erlassung der Zahlungspflicht des Begünstigten durch letztwillige Verfügung oder Schenkung auf den Todesfall gilt Abs. 4.

2. Unterlässt der Begünstigte die fristgerechte Verfolgung seines Anspruchs, so tritt der Eigentumsübergang nach Abs. 1 Z 1 mit der Rechtsfolge des Abs. 2 oder 3 ein. Gleiches gilt, wenn der Begünstigte den Erbfall nicht erlebt. Wenn der Begünstigte nach dem Erb-

fall, aber vor seiner Eintragung im Grundbuch stirbt, gilt für den Anspruch des Begünstigten die Regelung des Abs. 1 Z 1 entsprechend.

(6) In den Fällen des Abs. 3 und 5 Z 1 vierter und fünfter Satz gelten die dort vorgesehenen Begünstigungen auch für einen im gemeinsamen Wohnungseigentum der Partner stehenden Abstellplatz für ein Kraftfahrzeug, der von den Partnern zur einheitlichen Benützung zusammen mit der Wohnung gewidmet war.

(7) Wird eine Verlassenschaft im Ausland abgehandelt, so kommen die dem Verlassenschaftsgericht in den voranstehenden Absätzen zugewiesenen Aufgaben und Befugnisse dem Grundbuchsgericht zu.

IdF BGBl I 2015/87.

ErlRV zu § 14 WEG 2002:

§ 14 WEG 2002 sieht unter bestimmten Voraussetzungen die öffentliche Feilbietung des Mindestanteils von Wohnungseigentumspartnern, von denen einer gestorben ist (Abs. 1 Z 3), und die Fristsetzung (Abs. 5 Z 1) jeweils durch das Verlassenschaftsgericht vor. Wenn es – wegen der Zuständigkeitsregelung der EuErbVO – kein inländisches Verlassenschaftsgericht gibt, soll diese Zuständigkeit auf das Grundbuchsgericht übergehen. Das österreichische Recht kann einem ausländischen Verlassenschaftsgericht keine Aufgaben übertragen.

Wenn eine gerichtliche Feilbietung nach § 14 Abs. 1 Z 3 wegen Vorliegens der Voraussetzungen nach § 14 Abs. 7 durch das Grundbuchsgericht vorgenommen wird, handelt es sich dabei nicht um ein „Geschäft des Grundbuchsverfahrens" im Sinn des § 21 Abs. 1 Z 1 Rechtspflegergesetz; die Feilbietung ist daher dem Richter vorbehalten.

Die übrigen Änderungen sind sprachlich bedingt.

1 Die **umfassende Abhandlungszuständigkeit** bringt es mit sich, dass Entscheidungen über die Rechtsnachfolge in Bezug auf ein in Österreich gelegenes Wohnungseigentumsobjekt von ausländischen Gerichten getroffen werden können.

2 Das nach § 14 WEG 2002 dem Verlassenschaftsgericht übertragenen Verfahren kann in diesem Fall **nicht vor dem „Verlassenschaftsgericht"** stattfinden, weil ein solches in Österreich nicht besteht und keine Zuständigkeitsübertragung an das ausländische Gericht in Frage kommt.

3 Abs 7 sieht für diese Fälle vor, dass die sonst dem Verlassenschaftsgericht zugewiesenen Aufgaben und Befugnisse dem **Grundbuchsgericht** (in dessen Sprengel das Wohnungseigentumsobjekt gelegen ist) zukommen.

4 Die Neufassung ist gem § 58 c ab 17. 8. 2015 anzuwenden, allerdings nur auf Fälle, in denen der Verstorbene (als Wohnungseigentümer bzw Partner) nicht vor dem 17. 8. 2015 gestorben ist. Geraume Zeit werden daher **nebeneinander** Verlassenschaftsverfahren stattfinden, die entweder (Tod bis zum 16. 8. 2015) nach der **alten** oder (Tod nach dem 16. 8. 2015) nach der **neuen Rechtslage** zu beurteilen sind.

[. . . . .]

Übergangsbestimmung zum ErbRÄG 2015

§ 58 d. Die §§ 12 Abs. 3 und 14 Abs. 7 in der Fassung des Bundesgesetzes BGBl. I. 87/ 2015 treten mit 17. August 2015 in Kraft und sind anzuwenden, wenn der Wohnungseigentümer beziehungsweise der Partner an diesem Tag oder danach verstorben ist.

Eingefügt durch BGBl I 2015/87.

ErlRV zu § 58 d WEG 2002:

Die Übergangsregelung ist auf Art. 83 Abs. 1 EuErbVO abgestimmt.

Die Neufassung der §§ 12 und 14 ist ab 17. 8. 2015 anzuwenden, allerdings nur auf Fälle, in **1** denen der Verstorbene (hier angesprochen als Wohnungseigentümer bzw Partner) nicht vor dem 17. 8. 2015 gestorben ist. Geraume Zeit werden daher **nebeneinander** Verfahren stattfinden, die entweder (Tod bis zum 16. 8. 2015) nach der **alten** oder (Tod nach dem 16. 8. 2015) nach der **neuen Rechtslage** zu beurteilen sind.

X. Sonstiges Inkrafttreten – ErbRÄG 2015

BGBl I 2015/87

[. . . . .]

Artikel 16
Sonstiges Inkrafttreten

Die §§ 77 Abs. 1 und 2, 105 Abs. 2, 3 und 4, 106 und 107 JN und die §§ 13, 14, 16, 18 und 22 GKTG in der Fassung des Erbrechts-Änderungsgesetzes 2015 (ErbRÄG 2015), BGBl. I Nr. 87/2015, treten mit 17. August 2015 in Kraft und sind anzuwenden, wenn der Verstorbene an oder nach diesem Tag gestorben ist; in Fällen, in denen er vorher gestorben ist, sind sie weiterhin in der nicht geänderten Fassung anzuwenden.

BGBl I 2015/87.

Mangels eines Sammelparagrafen zu Übergangsbestimmungen in der JN und dem GKTG **1** sind die dafür einschlägigen Übergangsvorschriften in einem selbstständigen **Art 16 Erb-RÄG 2015** gesondert normiert.

Anhang 1

Vorschlag für eine

Verordnung des Europäischen Parlaments und des Rates über die Zuständigkeit, das anzuwendende Recht, die Anerkennung und die Vollstreckung von Entscheidungen und öffentlichen Urkunden in Erbsachen sowie zur Einführung eines Europäischen Nachlasszeugnisses

{SEK(2009) 410}
{SEK(2009) 411}

Brüssel, den 14. 10. 2009 KOM(2009) 154 endg   2009/0157 (COD)

Begründung

1. Kontext des Vorschlags

1.1. Hintergrund

Artikel 61 des Vertrags zur Gründung der Europäischen Gemeinschaft („EG-Vertrag") sieht unter anderem durch Maßnahmen im Bereich der justiziellen Zusammenarbeit in Zivilsachen den schrittweisen Aufbau eines Raums der Freiheit, der Sicherheit und des Rechts vor. In Artikel 65 wird in diesem Zusammenhang ausdrücklich auf Maßnahmen zur „Verbesserung und Vereinfachung der Anerkennung und Vollstreckung gerichtlicher und außergerichtlicher Entscheidungen in Zivil- und Handelssachen" sowie zur „Förderung der Vereinbarkeit der in den Mitgliedstaaten geltenden Kollisionsnormen und Vorschriften zur Vermeidung von Kompetenzkonflikten" verwiesen. Das Erbrecht ist aus dem Anwendungsbereich der zahlreichen Rechtsakte, die auf dieser Grundlage bereits erlassen worden sind, insbesondere der Verordnung (EG) Nr. 44/2001[1], bislang ausgeklammert worden.

Eine EU-Regelung zum Erbrecht findet sich jedoch schon im Wiener Aktionsplan[2] von 1998 unter den prioritären Vorhaben. Im Haager Programm[3] wird nunmehr eine umfassende Regelung zum Erbrecht gefordert, die das anwendbare Recht, Fragen der Zuständigkeit und Anerkennung sowie Maßnahmen administrativer Art (Ausstellung von Erbscheinen, Registrierung von Testamenten) einschließt. Eine EU-Initiative zum Testamentsregister wird im Einklang mit den Ergebnissen der Folgenabschätzung zu einem späteren Zeitpunkt folgen.

---

1 ABl. L 12 vom 16. 1. 2001, S. 1.
2 ABl. C 19 vom 23. 1. 1999.
3 Vgl. die Schlussfolgerungen des Vorsitzes, Europäischer Rat von Brüssel, 4./5. November 2004.

1.2. Gründe und Ziele des Vorschlags

In der EU gibt es eine bedeutende Anzahl grenzübergreifender Erbfälle, wie der Bericht über die Folgenabschätzung, der diesem Vorschlag beigefügt ist, deutlich macht. Die Verschiedenartigkeit sowohl der materiellrechtlichen Bestimmungen als auch der Vorschriften über die internationale Zuständigkeit und das anwendbare Recht, die Vielzahl der Behörden, die mit einem internationalen Erbfall befasst werden können, sowie die daraus unter Umständen resultierende Nachlassspaltung behindern die Freizügigkeit in der Europäischen Union. Personen, die Rechte aus einem Erbfall mit Auslandsbezug geltend machen wollen, stehen heute deshalb vor beträchtlichen Schwierigkeiten. Die unterschiedlichen Regelungen verhindern darüber hinaus die uneingeschränkte Ausübung des Rechts auf Eigentum, das nach ständiger Rechtsprechung des Gerichtshofs der Europäischen Gemeinschaften zu den Grundrechten gehört, deren Achtung der Gerichtshof zu gewährleisten hat[4]. Ziel des vorliegenden Vorschlags ist es, den in der Europäischen Union ansässigen Personen zu ermöglichen, ihren Nachlass vorab zu regeln, und die Rechte der Erben und/oder Vermächtnisnehmer sowie der anderen mit dem Erblasser verbundenen Personen und der Nachlassgläubiger wirksam zu wahren.

2. Ergebnis der Konsultationen – Folgenabschätzung

Diesem Vorschlag ging eine umfassende Konsultation der Mitgliedstaaten, der anderen EU-Organe und -Institutionen sowie der breiten Öffentlichkeit voraus. Die Kommission hatte beim Deutschen Notarinstitut eine Studie mit dem Titel „Internationales Erbrecht in der EU" in Auftrag gegeben, die im November 2002 vorgelegt wurde[5]. Am 1. 3. 2005 veröffentlichte die Kommission ein Grünbuch zum Erb- und Testamentsrecht[6], zu dem etwa 60 Beiträge eingingen. Es folgte eine öffentliche Anhörung am 30. 11. 2006[7]. Am 1. 3. 2006 setzte die Kommission die Sachverständigengruppe „Vermögensrechtliche Folgen der Ehe und anderer eheähnlicher Lebensgemeinschaften sowie Erb- und Testamentsrecht in der Europäischen Union" (PRM-III/IV) ein[8], die zwischen 2006 und 2008 sieben Mal zusammenkam. Am 30. 6. 2008 veranstaltete die Kommission eine Sitzung mit nationalen Sachverständigen. In den Beiträgen zum Grünbuch wird die Notwendigkeit einer EU-Regelung in diesem Bereich bestätigt und die Annahme eines Vorschlags befürwortet, der unter anderem Fragen im Zusammenhang mit dem anzuwendenden Recht, der Zuständigkeit, der Anerkennung und Vollstreckung von Entscheidungen sowie die Einführung eines Europäischen Nachlasszeugnisses regelt[9]. Eine solche Regelung wird auch vom Europäischen Parlament[10] und vom Europäischen Wirtschafts- und Sozialausschuss[11] unterstützt. Die Kommission hat eine Folgenabschätzung vorgenommen, die diesem Vorschlag beigefügt ist.

---

4 EuGH, 28. 4. 1998, Rs. C-200/96, *Metronome Musik,* Slg. 1998, I-1953; EuGH, 12. 7. 2005, verb. Rs. C-154 und 155/04, *Alliance for Natural Health and others,* Slg. 2005, I-6451.

5 http://www.successions.org.

6 KOM(2005) 65, http://europa.eu/scadplus/leg/de/lvb/l16017.htm.

7 http://ec.europa.eu/justice_home/news/consulting_public/successions/news_contributions_successions_en.htm.

8 ABl. C 51 vom 1. 3. 2006, S. 3.

9 http://ec.europa.eu/justice_home/news/consulting_public/successions/contributions/summary_contributions_successions_fr.pdf. Die Zusammenfassung der Beiträge liegt nur in französischer Sprache vor.

10 Entschließung vom 16. 11. 2006, P6_TA(2006)0496.

11 Stellungnahme vom 26. 10. 2005, ABl. C 28 vom 3. 2. 2006, S. 1 – 5.

3. Rechtliche Aspekte

3.1. Rechtsgrundlage

Gemäß Artikel 67 Absatz 5 EG-Vertrag beschließt der Rat die Maßnahmen nach Artikel 65 mit Ausnahme der „familienrechtlichen Aspekte" im Mitentscheidungsverfahren gemäß Artikel 251 EG-Vertrag.

Die große Mehrheit der Mitgliedstaaten mit Ausnahme der nordischen Staaten betrachten das Erbrecht aufgrund seiner überwiegend vermögensrechtlichen Aspekte als ein vom Familienrecht getrenntes Rechtsgebiet. Auch materiellrechtlich bestehen zwischen beiden Rechtsbereichen beträchtliche Unterschiede. Hauptzweck des Erbrechts ist die Regelung der Erbfolge und der eigentlichen Übertragung des Nachlasses. Demgegenüber regelt das Familienrecht in erster Linie die mit der Eheschließung und dem Eheleben sowie der Abstammung und dem Personenstand verbundenen Rechtsbeziehungen. Seine wesentliche gesellschaftliche Funktion ist der Schutz der Familie. Im Unterschied zum Erbrecht, in dem der Wille des Rechtssubjekts breiten Raum einnimmt, spielt der Wille des Einzelnen im Familienrecht, in dem die überwiegende Mehrheit der Rechtsverhältnisse durch den ordre public bestimmt werden, kaum eine Rolle.

Diese beiden Zweige des Zivilrechts sind somit hinreichend autonom, um unabhängig voneinander geregelt werden zu können. Da es sich in Artikel 67 Absatz 5 zweiter Gedankenstrich überdies um eine Ausnahme handelt, muss diese Bestimmung von den Organen eng ausgelegt und entsprechend angewandt werden. Diese Ausnahme gilt somit nicht für die vorliegende Verordnung über die Rechtsnachfolge von Todes wegen.

Die Gemeinschaftsorgane verfügen bei der Entscheidung darüber, ob eine Maßnahme für das reibungslose Funktionieren des Binnenmarkts erforderlich ist, über einen gewissen Ermessensspielraum. Der vorliegende Vorschlag zielt darauf ab, alle Hindernisse für den freien Personenverkehr zu beseitigen, die sich aus den unterschiedlichen Regelungen der Mitgliedstaaten für internationale Erbfälle ergeben.

3.2. Subsidiaritätsprinzip

Die Ziele dieses Vorschlags lassen sich nur mit gemeinsamen Vorschriften erreichen, die im Interesse der Rechtssicherheit und der Berechenbarkeit für die Bürger einheitlich sein müssen. Ein einseitiges Vorgehen der Mitgliedstaaten wäre kontraproduktiv. Zwar gibt es das Haager Erbrechtsübereinkommen[12] vom 1. 8. 1989, doch ist dieses Übereinkommen nie in Kraft getreten. Dafür ist das Haager Übereinkommen vom 5. Oktober 1961 über das auf die Form letztwilliger Verfügungen anzuwendende Recht von 16 Mitgliedstaaten ratifiziert worden. Es wäre zu wünschen, dass auch die übrigen Mitgliedstaaten dieses Übereinkommen im Interesse der Gemeinschaft ratifizierten.

Die Tragweite der Probleme, die mit diesem Vorschlag behoben werden sollen, trat in sämtlichen Konsultationen und Studien klar zutage.

3.3. Grundsatz der Verhältnismäßigkeit und Wahl des Instruments

Der Vorschlag geht nicht über das zur Erreichung seiner Ziele erforderliche Maß hinaus. Er bewirkt weder eine Harmonisierung des Erbrechts noch des Sachenrechts der Mitgliedstaa-

---

12 Haager Übereinkommen über das auf die Rechtsnachfolge von Todes wegen anzuwendende Recht vom 1. 8. 1989.

ten. Auch das Erbschaftsteuerrecht bleibt unberührt. Bei internationalen Erbfällen kann es daher nach wie vor zu Kollisionen zwischen den nationalen Steuersystemen und damit zu Doppelbesteuerung oder Ungleichbehandlung kommen. Die Kommission beabsichtigt, 2010 eine Mitteilung zu dieser Problematik vorzulegen.

Das Erfordernis der Rechtssicherheit und Berechenbarkeit verlangt klare, einheitliche Vorschriften, so dass eine Verordnung erforderlich ist. Die mit diesem Vorschlag verfolgten Ziele wären gefährdet, wenn den Mitgliedstaaten bei der Anwendung der Vorschriften ein Ermessensspielraum bliebe.

4. Erläuterung der Artikel

4.1. Kapitel I: Anwendungsbereich und Begriffsbestimmungen

Artikel 1

Der Begriff „Rechtsnachfolge von Todes wegen" ist autonom auszulegen. Er schließt alle mit der Rechtsnachfolge verbundenen Aspekte ein, insbesondere die Erbfolge und die Verwaltung und Abwicklung des Nachlasses.

Ausgeschlossen sind alle Rechte und Sachen, die auf anderem Weg als durch die Rechtsnachfolge von Todes wegen entstehen oder übertragen werden. Dies gilt nicht nur für die Formen des im *Common Law* bekannten „joint tenancy" (eine Art Gesamthandseigentum, bei dem sich die Gesamthandseigentümer gegenseitig beerben), sondern für alle Formen unentgeltlicher Zuwendungen des Zivilrechts.

Die für Trusts vorgesehene Ausnahme steht der Anwendung des nach Maßgabe dieser Verordnung geltenden Erbstatuts nicht entgegen.

In Buchstabe j wird präzisiert, dass die Verordnung auf den Erwerb eines dinglichen Rechts im Wege der Rechtsnachfolge Anwendung findet, nicht aber auf den Inhalt dieses Rechts. Die Verordnung lässt den *„Numerus Clausus* des Sachenrechts" der Mitgliedstaaten unberührt wie auch die Qualifikation der Sachen und Rechte und die Prärogativen des Inhabers solcher Rechte. Folglich ist es prinzipiell nicht möglich, mit Hilfe des Erbrechts ein dingliches Recht rechtswirksam zu begründen, das am Ort der Belegenheit der Sache unbekannt ist. Das Erbstatut darf nicht zur Folge haben, dass es im Belegenheitsstaat zu einer Aufspaltung kommt oder dass eine eigentumsrechtliche Variante eingeführt wird, die dort nicht bekannt ist. So ist es beispielsweise nicht möglich, einen Nießbrauch in einem Staat zu begründen, der dieses Rechtsinstitut nicht kennt. Die Ausnahme gilt hingegen nicht für die Übertragung eines im Belegenheitsmitgliedstaat bekannten dinglichen Rechts im Wege der Rechtsnachfolge.

Ausgenommen ist ferner die Publizität dinglicher Rechte, insbesondere die Funktionsweise des Grundbuchs und die Wirkungen einer Eintragung bzw. einer fehlenden Eintragung.

Artikel 2

Gericht: Erbschaftsangelegenheiten werden in der Regel außergerichtlich geregelt. Der Begriff „Gericht" ist in dieser Verordnung weit gefasst und schließt auch andere Amtsträger wie Notare und Geschäftsstellenbeamte ein, soweit diesen Befugnisse übertragen wurden, die in die Zuständigkeit der Gerichte fallen.

4.2. Kapitel II: Zuständigkeit

Artikel 4

Die Vorschriften über die gerichtliche Zuständigkeit in Erbsachen unterscheiden sich erheblich von Mitgliedstaat zu Mitgliedstaat. Hieraus ergeben sich positive Kompetenzkonflikte, wenn sich mehrere Mitgliedstaaten für zuständig erklären, oder negative Kompetenzkonflikte, wenn sich kein Gericht für zuständig hält. Um Schwierigkeiten dieser Art zu vermeiden, ist eine einheitliche Zuständigkeitsregelung erforderlich. Als Anknüpfung am weitesten verbreitet ist in den Mitgliedstaaten der Ort des letzten gewöhnlichen Aufenthalts des Erblassers, der häufig mit dem Ort der Belegenheit der Nachlassgegenstände zusammenfällt. Die Gerichte im Belegenheitsstaat – freiwillige wie streitige Gerichtsbarkeit – sollen daher über den gesamten Nachlass und alle damit verbundenen Aspekte entscheiden.

Artikel 5

Hat der Erblasser das Recht eines anderen Mitgliedstaats gewählt, sollte die Verweisung an ein Gericht dieses Mitgliedstaats nicht automatisch erfolgen. Das zuständige Gericht sollte insbesondere den Interessen des Erblassers, der Erben, Vermächtnisnehmer und Gläubiger sowie ihrem gewöhnlichen Aufenthalt Rechnung tragen. Auf diese Weise lässt sich eine ausgewogene Lösung vor allem in Fällen finden, in denen der Erblasser erst kurze Zeit in einem anderen Mitgliedstaat als seinem Heimatmitgliedstaat wohnte, seine Familie aber nach wie vor im Heimatmitgliedstaat wohnhaft ist.

Artikel 6

Für den Fall, dass der Erblasser seinen Wohnsitz in einem Drittstaat hatte, ist mit dieser Bestimmung der Rechtsschutz für Erben und Gläubiger aus der Gemeinschaft gewährleistet, wenn die Erbsache aufgrund der Belegenheit eines Nachlassgegenstands enge Bindungen zu einem Mitgliedstaat aufweist.

Artikel 9

Die enge Verbindung zwischen dem Erbstatut und dem Realstatut erfordert einen außerordentlichen Gerichtsstand am Belegenheitsort der Nachlassgegenstände, wenn das Recht des Belegenheitsmitgliedstaats die Einschaltung seiner Gerichte vorschreibt. Dieser Gerichtsstand ist jedoch streng auf die sachenrechtlichen Aspekte der Übertragung der Gegenstände beschränkt.

4.3. Kapitel III: Anzuwendendes Recht

Artikel 16

Nachlasseinheit

Die Nachteile eines Erbstatuts, das zwischen beweglichen und unbeweglichen Nachlassgütern unterscheidet und bewegliche Nachlassgüter dem Recht des Wohnsitzstaats des Erblassers unterwirft, unbewegliche Güter hingegen dem Belegenheitsstaat, traten bei den Konsultationen deutlich zutage. Infolge dieser Nachlassspaltung entstehen mehrere Nachlassmassen, für die jeweils ein anderes Recht maßgebend ist, das die Bestimmung der Erben und ihres Anteils sowie die Aufteilung und Abwicklung des Nachlasses anders regelt. Diese Nachteile werden mit einer Regelung auf der Grundlage der Nachlasseinheit vermieden, wonach der gesamte Nachlass einem einzigen Erbstatut unterworfen wird. Eine solche Regelung bietet dem Erblasser überdies die Möglichkeit, sein Vermögen unabhängig vom Belegenheitsort der Güter gerecht unter seinen Erben aufzuteilen.

Der letzte gewöhnliche Aufenthalt des Erblassers als Anknüpfungskriterium

Als Anknüpfungskriterium wird in der Verordnung nicht die Staatsangehörigkeit des Erblassers, sondern sein letzter gewöhnlicher Aufenthalt herangezogen, weil dieser dem Mittelpunkt der Lebensinteressen des Erblassers und häufig dem Ort entspricht, an dem sich der größte Teil seines Vermögens befindet. Diese Anknüpfung begünstigt die Integration im Mitgliedstaat des gewöhnlichen Aufenthalts und schließt jede Diskriminierung von Personen aus, die in diesem Staat wohnen, ohne dessen Staatsangehörigkeit zu besitzen. Das Kollisionsrecht mehrerer Mitgliedstaaten und alle modernen Rechtsinstrumente wie das Haager Erbrechtsübereinkommen stellen daher auf den gewöhnlichen Aufenthalt als Anknüpfungskriterium ab.

Artikel 17

Alle Rechtsordnungen in der EU sehen Bestimmungen vor, die den Lebensunterhalt von Personen sichern, die dem Erblasser nahe standen, vor allem in Form eines Pflichtteilsanspruchs. Gehört der Erblasser einem Mitgliedstaat an, in dem Schenkungen unter Lebenden unwiderruflich sind, kann er die Gültigkeit dieser Schenkungen bestätigen, indem er das Recht seines Heimatstaats als Erbstatut wählt. Ein zentrales Anliegen der Verordnung ist es, dafür zu sorgen, dass diese Garantien bestehen bleiben. Bei der Entscheidung, dem Erblasser die Möglichkeit der Rechtswahl zu geben, musste ein Ausgleich zwischen einerseits den Vorteilen einer solchen Rechtswahl wie Rechtssicherheit und einfachere Nachlassplanung und andererseits dem Schutz der berechtigten Interessen der Angehörigen des Erblassers, insbesondere des Ehegatten und der überlebenden Kinder, gefunden werden. Deshalb gestattet die Verordnung dem Erblasser neben dem Recht des Aufenthaltsstaats als Regelstatut nur die Wahl seines Heimatrechts. Diese Entscheidung ermöglicht dem Erblasser, der von der Freizügigkeit in der EU Gebrauch gemacht hat, dem aber gleichzeitig auch an einer engen Bindung zu seinem Heimatstaat gelegen ist, diese kulturelle Bindung über seine Nachlassregelung zu erhalten. Diese Lösung wurde auch vom Europäischen Parlament befürwortet.

Ausschluss anderer Rechtswahlmöglichkeiten: Die Wahl des Ehegüterrechts des Erblassers als Erbstatut wird in der Verordnung ausgeschlossen, da dies aufgrund der flexibleren Handhabung der Rechtswahl im Ehegüterrecht eine Vielzahl von Möglichkeiten für die Wahl des anzuwendenden Erbrechts eröffnet hätte. Dies hätte jedoch der Zielsetzung der Verordnung widersprochen.

Artikel 18

Für Erbverträge und gemeinschaftliche Testamente, von denen in manchen Mitgliedstaaten Gebrauch gemacht wird, um beispielsweise die Übertragung eines Unternehmens zu regeln und dem überlebenden Ehepartner die Nutzung des gemeinsamen Vermögens zu ermöglichen, müssen Vorschriften über das auf sie anzuwendende Recht festgelegt werden.

Artikel 21

Dieser Artikel trägt hauptsächlich den Besonderheiten der Rechtssysteme des *Common Law* – z. B. in England – Rechnung, wo die Erben nicht unmittelbar die Rechtsnachfolge des Erblassers antreten, sondern der Nachlass von einem Verwalter abgewickelt wird, der vom Gericht ernannt wird und der Aufsicht des Gerichts unterliegt.

Artikel 22

Bestimmte Immobilien, Unternehmen oder andere Arten von Vermögenswerten unterliegen im Belegenheitsmitgliedstaat aufgrund ihrer wirtschaftlichen, familiären oder sozialen Bestimmung besonderen Erbfolgeregeln, die es zu respektieren gilt. Eine solche Sonderregelung ist beispielsweise für landwirtschaftliche Familienbetriebe vorgesehen. Diese Ausnahme ist eng auszulegen, um die allgemeine Zielsetzung der Verordnung nicht zu unterlaufen. Sie gilt beispielsweise nicht für die Nachlassspaltung oder den Pflichtteilsanspruch.

Artikel 27

Der Rückgriff auf den ordre public muss die Ausnahme bleiben. Ein Unterschied zwischen den Regelungen über den Schutz der berechtigten Interessen der Angehörigen des Erblassers reicht für die Anwendung des ordre public nicht aus und wäre unvereinbar mit dem Ziel, die Anwendung nur eines Erbstatuts auf den gesamten Nachlass zu gewährleisten.

4.4. Kapitel IV: Anerkennung und Vollstreckung

Dieses Kapitel orientiert sich an den einschlägigen Bestimmungen der Verordnung (EG) Nr. 44/2001. Um dem Grundsatz der gegenseitigen Anerkennung in Erbsachen Geltung zu verschaffen, der auf dem Prinzip des gegenseitigen Vertrauens beruht, ist vorgesehen, dass alle gerichtlichen Entscheidungen und Vergleiche anerkannt werden. Die Nichtanerkennungsgründe wurden daher auf das notwendige Mindestmaß beschränkt.

4.5. Kapitel V: Öffentliche Urkunden

In Anbetracht der Bedeutung öffentlicher Urkunden für die Erbrechtspraxis sollte die Anerkennung dieser Urkunden in der Verordnung festgeschrieben werden, um ihren freien Verkehr in der EU zu ermöglichen. Die Anerkennung bedeutet, dass diesen Urkunden hinsichtlich ihres Inhalts und der dort festgehaltenen Sachverhalte dieselbe Beweiskraft zukommt wie inländischen öffentlichen Urkunden oder wie in ihrem Ursprungsstaat, dass für sie dieselbe Echtheitsvermutung gilt und sie in den in dieser Verordnung festgelegten Grenzen vollstreckbar sind.

4.6. Kapitel VI: Europäisches Nachlasszeugnis

Zur raschen Abwicklung eines Erbfalls mit Auslandsbezug wird mit dieser Verordnung ein Europäisches Nachlasszeugnis eingeführt. Um den Verkehr solcher Zeugnisse in der Europäischen Union zu erleichtern, sollte ein einheitliches Muster festgelegt und die Behörde bestimmt werden, der die internationale Zuständigkeit für die Erteilung des Nachlasszeugnisses übertragen wird. Um die Übereinstimmung mit den Vorschriften, die die Zuständigkeit in der Sache regeln, zu gewährleisten, muss das Nachlasszeugnis von dem Gericht ausgestellt werden, das für die Erbsache selbst zuständig ist.

Das Europäische Nachlasszeugnis ersetzt nicht die in einigen Mitgliedstaaten bestehenden Bescheinigungen. In dem Mitgliedstaat der zuständigen Behörde erfolgt der Nachweis der Stellung als Erbe, Testamentsvollstrecker oder Nachlassverwalter somit nach innerstaatlichem Recht.

DAS EUROPÄISCHE PARLAMENT UND DER RAT DER EUROPÄISCHEN UNION –

gestützt auf den Vertrag zur Gründung der Europäischen Gemeinschaft, insbesondere auf Artikel 61 Buchstabe c und Artikel 67 Absatz 5 zweiter Gedankenstrich,

auf Vorschlag der Kommission[13],

nach Stellungnahme des Europäischen Wirtschafts- und Sozialausschusses[14],

gemäß dem Verfahren des Artikels 251 EG-Vertrag,

in Erwägung nachstehender Gründe:

(1) Die Europäische Gemeinschaft hat sich zum Ziel gesetzt, einen Raum der Freiheit, der Sicherheit und des Rechts zu erhalten und weiterzuentwickeln. Zum schrittweisen Aufbau dieses Raums erlässt die Gemeinschaft Maßnahmen im Bereich der justiziellen Zusammenarbeit in Zivilsachen mit grenzüberschreitenden Bezügen, soweit dies für das reibungslose Funktionieren des Binnenmarkts erforderlich ist.

(2) Nach Artikel 65 Buchstabe b EG-Vertrag betreffen solche Maßnahmen unter anderem die Förderung der Vereinbarkeit der in den Mitgliedstaaten geltenden Kollisionsnormen und der Vorschriften zur Vermeidung von Kompetenzkonflikten.

(3) Auf seiner Tagung vom 15./16. Oktober 1999 in Tampere hat der Europäische Rat den Grundsatz der gegenseitigen Anerkennung von Urteilen und anderen Entscheidungen von Justizbehörden als Eckstein der justiziellen Zusammenarbeit in Zivilsachen unterstützt und den Rat und die Kommission ersucht, ein Maßnahmenprogramm zur Umsetzung dieses Grundsatzes anzunehmen.

(4) Daraufhin hat der Rat am 30. November 2000 das Maßnahmenprogramm zur Umsetzung des Grundsatzes der gegenseitigen Anerkennung gerichtlicher Entscheidungen in Zivil- und Handelssachen angenommen[15]. In diesem Programm sind Maßnahmen zur Harmonisierung der Kollisionsnormen aufgeführt, die die gegenseitige Anerkennung gerichtlicher Entscheidungen vereinfachen sollen. Zu diesen Maßnahmen zählt auch die Ausarbeitung eines Rechtsinstruments zum Erb- und Testamentsrecht. Dieser Rechtsbereich war aus der Verordnung (EG) Nr. 44/2001 des Rates vom 22. Dezember 2000 über die gerichtliche Zuständigkeit und die Anerkennung und Vollstreckung von Entscheidungen in Zivil- und Handelssachen[16] ausgeklammert worden.

(5) Auf seiner Tagung in Brüssel vom 4./5. November 2004 beschloss der Europäische Rat ein neues Programm mit dem Titel „Haager Programm zur Stärkung von Freiheit, Sicherheit und Recht in der Europäischen Union"[17]. Danach soll bis 2011 ein Rechtsinstrument zum Erbrecht erlassen werden, das eine Regelung des Kollisionsrechts, der gerichtlichen Zuständigkeit, der gegenseitigen Anerkennung und Vollstreckung erbrechtlicher Entscheidungen sowie die Einführung eines Europäischen Erbscheins und eines Verfahrens vorsieht, mit dem sich eindeutig feststellen lässt, ob eine in der Europäischen Union ansässige Person ein Testament oder eine sonstige Verfügung von Todes wegen hinterlassen hat.

---

13 ABl. C [. . .] vom [. . .], S. [. . .].
14 ABl. C [. . .] vom [. . .], S. [. . .].
15 ABl. C 12 vom 15. 1. 2001, S. 1.
16 ABl. L 12 vom 16. 1. 2001, S. 1.
17 ABl. C 53 vom 3. 3. 2005, S. 1.

(6) Die Hindernisse für den freien Verkehr von Personen, denen die Durchsetzung ihrer Rechte im Zusammenhang mit einem internationalen Erbfall derzeit noch Schwierigkeiten bereitet, sollten ausgeräumt werden, um das reibungslose Funktionieren des Binnenmarkts zu erleichtern. In einem europäischen Rechtsraum muss es den Bürgern möglich sein, ihren Nachlass im Voraus zu regeln. Die Rechte der Erben und Vermächtnisnehmer sowie der anderen mit dem Erblasser verbundenen Personen und der Nachlassgläubiger müssen gewahrt werden.

(7) Um diese Ziele zu erreichen, bedarf es einer Verordnung, in der die Bestimmungen über die gerichtliche Zuständigkeit, das anzuwendende Recht, die Anerkennung und Vollstreckung von Entscheidungen und öffentlichen Urkunden in Erbsachen sowie über ein Europäisches Nachlasszeugnis zusammengefasst sind.

(8) Der Anwendungsbereich dieser Verordnung sollte sich auf alle zivilrechtlichen Fragen erstrecken, die sich im Zusammenhang mit einer Rechtsnachfolge von Todes wegen stellen, und zwar auf alle Formen des Eigentumsübergangs von Todes wegen, sei es im Wege der gewillkürten Erbfolge durch Testament oder Erbvertrag oder im Wege der gesetzlichen Erbfolge.

(9) Gültigkeit und Wirkungen unentgeltlicher Zuwendungen bestimmen sich nach der Verordnung (EG) Nr. 593/2008 des Europäischen Parlaments und des Rates vom 17. Juni 2008 über das auf vertragliche Schuldverhältnisse anzuwendende Recht (Rom I)[18]. Sie sollten daher vom Anwendungsbereich dieser Verordnung ausgenommen werden ebenso wie andere Rechte und Sachen, die auf anderem Weg als durch die Rechtsnachfolge von Todes wegen entstehen oder übertragen werden. Ob diese unentgeltlichen Zuwendungen oder sonstige Verfügungen unter Lebenden mit sofortiger dinglicher Wirkung bei der Bestimmung der Anteile von Erben oder Vermächtnisnehmern eine Verpflichtung zur Ausgleichung oder Anrechnung begründen, entscheidet sich nach dem Erbstatut, das nach Maßgabe dieser Verordnung bestimmt wird.

(10) Während diese Verordnung die Art und Weise des Erwerbs eines dinglichen Rechts an einem körperlichen oder nicht körperlichen Gegenstand nach Maßgabe des anzuwendenden Erbstatuts regeln soll, sollte der *Numerus Clausus* der nach dem innerstaatlichen Recht der Mitgliedstaaten zulässigen dinglichen Rechte, der sich grundsätzlich nach der lex rei sitae bestimmt, den einzelstaatlichen Kollisionsnormen unterliegen. Von der Verordnung ausgenommen werden sollte auch die Publizität dieser Rechte, insbesondere die Funktionsweise des Grundbuchs und die Wirkungen einer Grundbucheintragung oder einer unterlassenen Eintragung, die ebenfalls dem Belegenheitsrecht unterliegen.

(11) Um den verschiedenen Vorgehensweisen bei der Abwicklung eines Erbfalls in den Mitgliedstaaten Rechnung zu tragen, sollte der Begriff „Gericht" in dieser Verordnung weit ausgelegt werden, so dass die Verordnung auch die Zuständigkeit außergerichtlicher Stellen regelt, die insbesondere im Wege der Befugnisübertragung gerichtliche Aufgaben ausüben.

(12) In Anbetracht der zunehmenden Mobilität der europäischen Bürger sollte die Verordnung im Interesse einer geordneten Rechtspflege in der Europäischen Union und einer konkreten Anknüpfung zwischen dem Nachlass und dem für dessen Abwicklung zuständigen Mitgliedstaat für den gesamten Nachlass die Zuständigkeit der Gerichte des

---

18 ABl. L 177 vom 4. 7. 2008, S. 6.

Mitgliedstaats vorsehen, in dem der Erblasser seinen letzten Aufenthalt hatte. Aus denselben Gründen sollte diese Verordnung es dem zuständigen Gericht unter bestimmten Voraussetzungen gestatten, den Fall ausnahmsweise an ein Gericht des Heimatstaats des Erblassers zu verweisen, wenn dieses den Fall besser beurteilen kann.

(13) Um die gegenseitige Anerkennung zu erleichtern, sollte ein Verweis auf die Zuständigkeitsvorschriften des einzelstaatlichen Rechts von nun an ausgeschlossen sein. In dieser Verordnung ist daher festzulegen, in welchen Fällen ein mitgliedstaatliches Gericht eine Auffangzuständigkeit ausüben kann.

(14) Im Interesse der Erben und Vermächtnisnehmer, die in einem anderen Mitgliedstaat als dem Mitgliedstaat leben, dessen Gerichte für die Abwicklung des Nachlasses zuständig sind, sollte ihnen diese Verordnung die Möglichkeit geben, Erklärungen über die Annahme der Erbschaft oder des Vermächtnisses oder den Verzicht auf die Erbschaft oder das Vermächtnis gegebenenfalls vor den Gerichten des Staates ihres gewöhnlichen Aufenthalts in der Form abzugeben, die nach dem Recht dieses Staates vorgesehen ist.

(15) Infolge der engen Verbindung zwischen dem Erbstatut und dem Realstatut sollte die Verordnung einen außerordentlichen Gerichtsstand am Belegenheitsort der Nachlassgegenstände vorsehen, wenn das Recht des Belegenheitsmitgliedstaats die Einschaltung seiner Gerichte vorschreibt, um sachenrechtliche Maßnahmen anzuordnen, die den Eigentumsübergang und die Eintragung der Sache in das Grundbuch betreffen.

(16) Im Interesse einer geordneten Rechtspflege ist zu vermeiden, dass in zwei Mitgliedstaaten Entscheidungen ergehen, die miteinander unvereinbar sind. Hierzu sollte die Verordnung allgemeine Verfahrensvorschriften nach dem Vorbild der Verordnung (EG) Nr. 44/2001 vorsehen.

(17) Damit die Bürger die Vorteile des Binnenmarkts ohne Einbußen bei der Rechtssicherheit nutzen können, sollte die Verordnung ihnen im Voraus Klarheit über das in ihrem Fall anwendbare Erbstatut verschaffen. Es sollten harmonisierte Kollisionsnormen eingeführt werden, um zu vermeiden, dass in den Mitgliedstaaten einander widersprechende Entscheidungen ergehen. Die allgemeine Kollisionsnorm sollte sicherstellen, dass der Erbfall einem im Voraus bestimmbaren Erbstatut unterliegt, zu dem eine enge Verbindung besteht. Im Interesse der Rechtssicherheit muss das Erbstatut für alle Nachlassgegenstände gelten ungeachtet ihrer Art oder Belegenheit, um die aus einer Nachlassspaltung resultierenden Schwierigkeiten zu vermeiden.

(18) Die Verordnung sollte den Bürgern durch die Wahl des anwendbaren Rechts mehr Möglichkeiten bieten, ihren Nachlass vorab zu regeln. Diese Rechtswahl sollte strengen Anforderungen unterliegen, damit die berechtigten Erwartungen der Erben und Vermächtnisnehmer gewahrt bleiben.

(19) Die Formgültigkeit der Verfügungen von Todes wegen ist in dieser Verordnung nicht geregelt. In dieser Hinsicht ist das Haager Übereinkommen vom 5. Oktober 1961 über das auf die Form letztwilliger Verfügungen anzuwendende Recht für diejenigen Mitgliedstaaten maßgebend, die dieses Übereinkommen ratifiziert haben.

(20) Um die Anerkennung der in einem Mitgliedstaat erworbenen Nachlassansprüche zu erleichtern, sollte die Kollisionsnorm die Gültigkeit von Erbverträgen durch Anerkennung alternativer Anknüpfungskriterien begünstigen. Die berechtigten Erwartungen Dritter sollten dabei gewahrt werden.

(21) Soweit dies mit der allgemeinen Zielsetzung dieser Verordnung vereinbar ist, sollte die Verordnung, um die Übertragung eines erbrechtlich erworbenen dinglichen Rechts zu erleichtern, der Anwendung bestimmter erschöpfend aufgeführter zwingender Vorschriften des Belegenheitsrechts nicht entgegenstehen.

(22) Bestimmte unbewegliche Sachen, Unternehmen oder andere Arten von Vermögenswerten unterliegen im Belegenheitsmitgliedstaat aufgrund ihrer wirtschaftlichen, familiären oder sozialen Bestimmung besonderen Erbvorschriften, die durch diese Verordnung gewahrt werden sollten. Diese Ausnahme von der Anwendung des Erbstatuts ist eng auszulegen, damit sie der allgemeinen Zielsetzung der Verordnung nicht zuwiderläuft. Sie gilt insbesondere weder für Kollisionsnormen, die unbewegliche Gegenstände einem anderen Recht unterwerfen als bewegliche Gegenstände, noch für den Pflichtteilsanspruch.

(23) Die unterschiedlichen Lösungen der Mitgliedstaaten in Bezug auf die Beanspruchung eines erbenlosen Nachlasses durch den Staat sowie die unterschiedliche Vorgehensweise in Fällen, in denen die zeitliche Reihenfolge des Ablebens einer oder mehrerer Personen nicht bekannt ist, können zu widersprüchlichen Ergebnissen führen oder vielmehr ein Vakuum schaffen. Diese Verordnung sollte zu einem kohärenten Ergebnis im Einklang mit dem materiellen Recht der Mitgliedstaaten führen.

(24) Aus Gründen des öffentlichen Interesses sollte den Gerichten der Mitgliedstaaten im Ausnahmefall die Möglichkeit gegeben werden, die Anwendung ausländischen Rechts in einer bestimmten Sache zu versagen, wenn seine Anwendung mit der öffentlichen Ordnung (ordre public) des Staates des angerufenen Gerichts unvereinbar wäre. Die Gerichte sollten die Anwendung des Rechts eines anderen Mitgliedstaats oder die Anerkennung oder die Vollstreckung einer Entscheidung, einer öffentlichen Urkunde, eines gerichtlichen Vergleichs oder eines Europäischen Nachlasszeugnisses aus einem anderen Mitgliedstaat auf der Grundlage dieses Ordre-public-Vorbehalts allerdings nur dann versagen dürfen, wenn dies gegen die Charta der Grundrechte der Europäischen Union, insbesondere gegen das Diskriminierungsverbot in Artikel 21, verstoßen würde.

(25) Diese Verordnung sollte in Anbetracht ihrer allgemeinen Zielsetzung, nämlich der gegenseitigen Anerkennung der in den Mitgliedstaaten ergangenen erbrechtlichen Entscheidungen, Vorschriften für die Anerkennung und Vollstreckung von Entscheidungen nach dem Vorbild der Verordnung (EG) Nr. 44/2001 vorsehen, die gegebenenfalls an die besonderen Anforderungen des hier behandelten Rechtsgebiets anzupassen sind.

(26) Um den verschiedenen Verfahren zur Regelung erbrechtlicher Fragen in den Mitgliedstaaten Rechnung zu tragen, sollte diese Verordnung die Anerkennung und Vollstreckung öffentlicher Urkunden gewährleisten. Öffentliche Urkunden können diesbezüglich allerdings gerichtlichen Entscheidungen nicht völlig gleichgestellt werden. Die Anerkennung öffentlicher Urkunden bedeutet, dass sie hinsichtlich ihres Inhalts die gleiche Beweiskraft und die gleichen Wirkungen wie im Ursprungsstaat haben und für sie die – widerlegbare – Vermutung der Rechtsgültigkeit gilt. Die Rechtsgültigkeit kann somit stets vor einem Gericht des Ursprungsmitgliedstaats nach den in diesem Staat geltenden Verfahrensvorschriften angefochten werden.

(27) Internationale Erbschaftsangelegenheiten lassen sich in der Europäischen Union schneller, kostengünstiger und effizienter abwickeln, wenn der Erbe, Vermächtnisnehmer, Testamentsvollstrecker oder Nachlassverwalter seinen Status in den Mitgliedstaaten, in denen sich Nachlassgegenstände befinden, einfach und ohne ein Verfahren anstrengen zu müssen nachweisen kann. Um den freien Verkehr solcher Nachweise in der Europä-

ischen Union zu erleichtern, sollte in dieser Verordnung ein einheitliches Muster für ein Europäisches Nachlasszeugnis festgelegt und die Behörde bestimmt werden, die zur Ausstellung dieses Zeugnisses berechtigt ist. Das Europäische Nachlasszeugnis ersetzt entsprechend dem Subsidiaritätsprinzip nicht die innerstaatlichen Verfahren der Mitgliedstaaten. In der Verordnung ist zu klären, wie das Europäische Nachlasszeugnis und die innerstaatlichen Verfahren ineinandergreifen.

(28) Um die internationalen Verpflichtungen, die die Mitgliedstaaten eingegangen sind, zu wahren, darf sich die Verordnung nicht auf internationale Übereinkommen auswirken, denen ein oder mehrere Mitgliedstaaten zum Zeitpunkt der Annahme dieser Verordnung angehören. Um die allgemeinen Ziele dieser Verordnung zu wahren, muss die Verordnung jedoch im Verhältnis zwischen den Mitgliedstaaten Vorrang vor den Übereinkommen haben.

(29) Um die Anwendung dieser Verordnung zu erleichtern, sollten die Mitgliedstaaten verpflichtet werden, über das mit der Entscheidung 2001/470/EG des Rates vom 28. Mai 2001[19] eingerichtete Europäische Justizielle Netz für Zivil- und Handelssachen bestimmte Angaben zu ihrem Erbrecht zu machen.

(30) Die zur Durchführung dieser Verordnung erforderlichen Maßnahmen sollten gemäß dem Beschluss 1999/468/EG des Rates vom 28. Juni 1999 zur Festlegung der Modalitäten für die Ausübung der der Kommission übertragenen Durchführungsbefugnisse[20] beschlossen werden.

(31) Der Kommission sollte insbesondere die Befugnis übertragen werden, Änderungen der in dieser Verordnung vorgesehenen Formblätter nach dem Verfahren in Artikel 3 des Beschlusses 1999/468/EG zu beschließen.

(32) Bestimmt sich das anzuwendende Recht nach der Staatsangehörigkeit, ist dem Umstand Rechnung zu tragen, dass bestimmte Staaten, deren Rechtssystem auf dem *Common Law* gründet, das „domicile" und nicht die Staatsangehörigkeit als gleichwertiges erbrechtliches Anknüpfungskriterium heranziehen.

(33) Da die Ziele dieser Verordnung, nämlich die Sicherstellung der Freizügigkeit und der Möglichkeit für europäische Bürger, ihren Nachlass in einem internationalen Kontext im Voraus zu regeln, sowie die Wahrung der Rechte der Erben und Vermächtnisnehmer, der anderen mit dem Erblasser verbundenen Personen und der Nachlassgläubiger, auf Ebene der Mitgliedstaaten nicht hinreichend verwirklicht, sondern wegen des Umfangs und der Wirkungen dieser Verordnung besser auf Gemeinschaftsebene erreicht werden können, darf die Gemeinschaft entsprechend dem in Artikel 5 EG-Vertrag niedergelegten Subsidiaritätsprinzip tätig werden. Entsprechend dem in demselben Artikel genannten Grundsatz der Verhältnismäßigkeit geht diese Verordnung nicht über das für die Erreichung dieser Ziele erforderliche Maß hinaus.

(34) Diese Verordnung achtet die Grundrechte und Grundsätze, die mit der Charta der Grundrechte der Europäischen Union anerkannt wurden, namentlich Artikel 21, wonach Diskriminierungen insbesondere wegen des Geschlechts, der Rasse, der Hautfarbe, der ethnischen oder sozialen Herkunft, der genetischen Merkmale, der Sprache, der Religion oder der Weltanschauung, der politischen oder sonstigen Anschauung, der Zugehörigkeit

---

19 ABl. L 174 vom 27. 6. 2001, S. 25.
20 ABl. L 184 vom 17. 7. 1999, S. 23.

zu einer nationalen Minderheit, des Vermögens, der Geburt, einer Behinderung, des Alters oder der sexuellen Ausrichtung verboten sind. Bei der Anwendung dieser Verordnung müssen die Gerichte der Mitgliedstaaten diese Rechte und Grundsätze achten.

(35) Gemäß den Artikeln 1 und 2 des Protokolls über die Position des Vereinigten Königreichs und Irlands im Anhang zum Vertrag über die Europäische Union und im Anhang zum Vertrag zur Gründung der Europäischen Gemeinschaft [haben das Vereinigte Königreich und Irland mitgeteilt, dass sie sich an der Annahme und Anwendung dieser Verordnung beteiligen möchten]/[beteiligen sich das Vereinigte Königreich und Irland unbeschadet des Artikels 4 des Protokolls nicht an der Annahme dieser Verordnung, die somit für das Vereinigte Königreich und Irland weder bindend noch anwendbar ist].

(36) Gemäß den Artikeln 1 und 2 des dem Vertrag über die Europäische Union und dem Vertrag zur Gründung der Europäischen Gemeinschaft beigefügten Protokolls über die Position Dänemarks beteiligt sich Dänemark nicht an der Annahme dieser Verordnung, die somit für Dänemark weder bindend noch in Dänemark anwendbar ist –

HABEN FOLGENDE VERORDNUNG ERLASSEN:

Kapitel I
Anwendungsbereich und Begriffsbestimmungen

Artikel 1
Anwendungsbereich

1. Diese Verordnung findet auf die Rechtsnachfolge von Todes wegen Anwendung. Sie gilt nicht für Steuer- und Zollsachen sowie verwaltungsrechtliche Angelegenheiten.

2. In dieser Verordnung bezeichnet der Ausdruck „Mitgliedstaat" alle Mitgliedstaaten mit Ausnahme Dänemarks[, des Vereinigten Königreichs und Irlands].

3. Vom Anwendungsbereich dieser Verordnung ausgenommen sind:

(a) Fragen des Personenstands sowie Familienverhältnisse und Beziehungen, die vergleichbare Wirkungen entfalten;

(b) die Rechts-, Geschäfts- und Handlungsfähigkeit natürlicher Personen vorbehaltlich des Artikels 19 Absatz 2 Buchstaben c und d;

(c) die Verschollenheit, die Abwesenheit und der mutmaßliche Tod einer natürlichen Person;

(d) Fragen des Ehegüterrechts sowie des Güterrechts, das auf Verhältnisse anwendbar ist, die mit der Ehe vergleichbare Wirkungen entfalten;

(e) Unterhaltspflichten;

(f) Rechte und Vermögenswerte, die auf andere Weise als durch die Rechtsnachfolge von Todes wegen entstehen oder übertragen werden, wie unentgeltliche Zuwendungen, gemeinschaftliches Eigentum mit Anwartschaft des Übergangs auf den Überlebenden, Rentenpläne, Versicherungsverträge und ähnliche Vereinbarungen vorbehaltlich des Artikels 19 Absatz 2 Buchstabe j;

(g) Fragen des Gesellschaftsrechts wie Klauseln im Errichtungsakt oder in der Satzung einer Gesellschaft, eines Vereins oder einer juristischen Person, die das Schicksal der Anteile verstorbener Gesellschafter beziehungsweise Mitglieder regeln;

(h) die Auflösung, das Erlöschen und die Verschmelzung von Gesellschaften, Vereinen und juristischen Personen;

(i) die Errichtung, Funktionsweise und Auflösung eines Trusts;

(j) die Art der dinglichen Rechte an einem Gegenstand und die Publizität dieser Rechte.

Artikel 2
Begriffsbestimmungen

Im Sinne dieser Verordnung bezeichnet der Ausdruck

(a) „Rechtsnachfolge von Todes wegen" jede Form des Eigentumsübergangs von Todes wegen, sei es im Wege der gewillkürten Erbfolge durch Testament oder Erbvertrag oder im Wege der gesetzlichen Erbfolge;

(b) „Gericht" jede Justizbehörde oder jede sonstige zuständige Stelle eines Mitgliedstaats, die gerichtliche Aufgaben in Erbsachen wahrnimmt; den Gerichten gleichgestellt sind Stellen, die hoheitliche Aufgaben wahrnehmen, die in die Zuständigkeit der Gerichte nach Maßgabe dieser Verordnung fallen;

(c) „Erbvertrag" eine Vereinbarung, durch die mit oder ohne Gegenleistung Rechte einer oder mehrerer an dieser Vereinbarung beteiligter Personen am künftigen Nachlass begründet, geändert oder entzogen werden;

(d) „gemeinschaftliches Testament" ein von zwei oder mehr Personen in derselben Urkunde errichtetes Testament, in dem sich die Personen gegenseitig als Erben einsetzen und/oder in dem ein Dritter als Erbe eingesetzt wird;

(e) „Ursprungsmitgliedstaat" den Mitgliedstaat, in dem je nach Fall die Entscheidung ergangen, der gerichtliche Vergleich gebilligt oder geschlossen oder die öffentliche Urkunde aufgenommen worden ist;

(f) „ersuchter Mitgliedstaat" den Mitgliedstaat, in dem die Anerkennung und/oder Vollstreckung der Entscheidung, des gerichtlichen Vergleichs oder der öffentlichen Urkunde beantragt wird;

(g) „Entscheidung" jede von einem Gericht eines Mitgliedstaats in Erbsachen erlassene Entscheidung ungeachtet ihrer Bezeichnung wie Urteil, Beschluss oder Vollstreckungsbescheid einschließlich des Kostenfestsetzungsbeschlusses eines Gerichtsbediensteten;

(h) „öffentliche Urkunde" ein Schriftstück, das als öffentliche Urkunde förmlich errichtet oder eingetragen worden ist und dessen Beweiskraft

– sich auf die Unterschrift und den Inhalt der öffentlichen Urkunde bezieht und

– durch eine Behörde oder eine andere vom Ursprungsmitgliedstaat hierzu ermächtigte Stelle festgestellt worden ist;

(i) „Europäisches Nachlasszeugnis" eine von dem zuständigen Gericht nach Maßgabe des Kapitels VI erteilte Bescheinigung.

Kapitel II
Zuständigkeit

Artikel 3
Gerichte

Die Bestimmungen dieses Kapitels gelten für alle Gerichte der Mitgliedstaaten, finden auf außergerichtliche Stellen aber nur im Bedarfsfall Anwendung.

Artikel 4
Allgemeine Zuständigkeit

Für erbrechtliche Entscheidungen sind vorbehaltlich der Bestimmungen dieser Verordnung die Gerichte des Mitgliedstaats zuständig, in dessen Hoheitsgebiet der Erblasser im Zeitpunkt seines Todes seinen gewöhnlichen Aufenthalt hatte.

Artikel 5
Verweisung an ein zur Beurteilung des Falls geeigneteres Gericht

1. Hat der Erblasser als Erbstatut das Recht eines Mitgliedstaats gemäß Artikel 17 gewählt, kann das nach Artikel 4 befasste Gericht auf Antrag einer Partei und wenn nach seinem Dafürhalten die Gerichte des Mitgliedstaats, dessen Recht der Erblasser gewählt hat, die Erbsache besser beurteilen können, das Verfahren aussetzen und die Parteien auffordern, die Gerichte des betreffenden Mitgliedstaats anzurufen.

2. Das nach Artikel 4 zuständige Gericht setzt eine Frist, innerhalb deren die Gerichte des Mitgliedstaats, dessen Recht der Erblasser gewählt hat, gemäß Absatz 1 anzurufen sind. Werden die Gerichte innerhalb dieser Frist nicht angerufen, so bleibt das befasste Gericht zuständig.

3. Die Gerichte des Mitgliedstaats, dessen Recht der Erblasser gewählt hat, erklären sich spätestens acht Wochen, nachdem sie gemäß Absatz 2 angerufen wurden, für zuständig. Daraufhin erklärt sich das zuerst angerufene Gericht unverzüglich für unzuständig. Anderenfalls bleibt das zuerst angerufene Gericht zuständig.

Artikel 6
Restzuständigkeit

Hatte der Erblasser im Zeitpunkt seines Todes seinen gewöhnlichen Aufenthalt nicht in einem Mitgliedstaat, sind die Gerichte eines Mitgliedstaats dennoch zuständig, wenn sich in diesem Mitgliedstaat Nachlassgegenstände befinden und wenn

(a) der Erblasser seinen vorhergehenden gewöhnlichen Aufenthalt in dem betreffenden Mitgliedstaat hatte, sofern dieser Aufenthalt nicht länger als fünf Jahre vor der Anrufung des Gerichts zurückliegt, oder hilfsweise

(b) der Erblasser im Zeitpunkt seines Todes die Staatsangehörigkeit dieses Mitgliedstaats besaß, oder hilfsweise

(c) ein Erbe oder Vermächtnisnehmer seinen gewöhnlichen Aufenthalt in diesem Mitgliedstaat hat oder hilfsweise

(d) der Antrag ausschließlich diese Gegenstände betrifft.

Artikel 7
Widerklage

Das Gericht, bei dem ein Verfahren gemäß den Artikeln 4, 5 oder 6 anhängig ist, ist auch für die Prüfung einer Widerklage zuständig, soweit diese in den Anwendungsbereich dieser Verordnung fällt.

Artikel 8
Zuständigkeit für die Annahme oder Ausschlagung einer Erbschaft oder eines Vermächtnisses

Die Gerichte des Mitgliedstaats, in dem der Erbe oder Vermächtnisnehmer seinen gewöhnlichen Aufenthalt hat, sind auch für die Entgegennahme von Erklärungen über die Annahme oder Ausschlagung einer Erbschaft oder eines Vermächtnisses sowie für Erklärungen zur Begrenzung der Haftung des Erben oder Vermächtnisnehmers zuständig, wenn diese Erklärungen vor einem Gericht abzugeben sind.

Artikel 9
Zuständigkeit der Gerichte am Belegenheitsort

Schreibt das Recht des Mitgliedstaats, in dem Nachlassgegenstände belegen sind, ein Tätigwerden seiner Gerichte vor, um sachenrechtliche Maßnahmen zu veranlassen, die die Übertragung dieser Gegenstände, deren Eintragung in ein öffentliches Register oder deren Umschreibung betreffen, sind die Gerichte dieses Mitgliedstaats für solche Maßnahmen zuständig.

Artikel 10
Anrufung eines Gerichts

Für die Zwecke dieses Kapitels gilt ein Gericht als angerufen

(a) zu dem Zeitpunkt, zu dem das verfahrenseinleitende Schriftstück oder ein gleichwertiges Schriftstück bei Gericht eingereicht worden ist, vorausgesetzt, dass der Kläger es in der Folge nicht versäumt hat, die ihm obliegenden Maßnahmen zu treffen, um die Zustellung des Schriftstücks an den Beklagten zu bewirken, oder

(b) falls die Zustellung an den Beklagten vor Einreichung des Schriftstücks bei Gericht zu bewirken ist, zu dem Zeitpunkt, zu dem die für die Zustellung verantwortliche Stelle das Schriftstück erhalten hat, vorausgesetzt, dass der Kläger es in der Folge nicht versäumt hat, die ihm obliegenden Maßnahmen zu treffen, um das Schriftstück bei Gericht einzureichen.

Artikel 11
Prüfung der Zuständigkeit

Das Gericht eines Mitgliedstaats, das in einer Sache angerufen wird, für die es nach dieser Verordnung nicht zuständig ist, erklärt sich von Amts wegen für unzuständig.

Artikel 12
Prüfung der Zulässigkeit

1. Lässt sich der Beklagte, der seinen gewöhnlichen Aufenthalt im Hoheitsgebiet eines anderen Staates als des Mitgliedstaats hat, in dem das Verfahren eingeleitet wurde, auf das Verfahren nicht ein, so setzt das zuständige Gericht das Verfahren so lange aus, bis festgestellt ist, dass es dem Beklagten möglich war, das verfahrenseinleitende Schriftstück oder ein gleichwertiges Schriftstück so rechtzeitig zu empfangen, dass er sich verteidigen konnte oder dass alle hierzu erforderlichen Maßnahmen getroffen wurden.

2. An die Stelle von Absatz 1 tritt Artikel 19 der Verordnung (EG) Nr. 1393/2007 des Rates vom 13. November 2007 über die Zustellung gerichtlicher und außergerichtlicher Schriftstücke in Zivil- oder Handelssachen in den Mitgliedstaaten[21], wenn das verfahrenseinleitende Schriftstück oder ein gleichwertiges Schriftstück nach Maßgabe jener Verordnung von einem Mitgliedstaat in einen anderen zu übermitteln war.

3. Sind die Bestimmungen der Verordnung (EG) Nr. 1393/2007 nicht anwendbar, so gilt Artikel 15 des Haager Übereinkommens vom 15. November 1965 über die Zustellung gerichtlicher und außergerichtlicher Schriftstücke im Ausland in Zivil- oder Handelssachen, wenn das verfahrenseinleitende Schriftstück oder ein gleichwertiges Schriftstück nach Maßgabe des genannten Übereinkommens ins Ausland zu übermitteln war.

Artikel 13
Rechtshängigkeit

1. Werden bei Gerichten verschiedener Mitgliedstaaten Klagen wegen desselben Anspruchs zwischen denselben Parteien anhängig gemacht, so setzt das später angerufene Gericht das Verfahren von Amts wegen aus, bis die Zuständigkeit des zuerst angerufenen Gerichts feststeht.

2. Sobald die Zuständigkeit des zuerst angerufenen Gerichts feststeht, erklärt sich das später angerufene Gericht zugunsten dieses Gerichts für unzuständig.

Artikel 14
Aussetzung wegen Sachzusammenhang

1. Sind bei Gerichten verschiedener Mitgliedstaaten Verfahren, die im Zusammenhang stehen, anhängig, so kann jedes später angerufene Gericht das Verfahren aussetzen.

2. Sind diese Verfahren in erster Instanz anhängig, so kann sich jedes später angerufene Gericht auf Antrag einer Partei auch für unzuständig erklären, wenn das zuerst angerufene Gericht für die betreffenden Verfahren zuständig ist und die Verbindung der Verfahren nach seinem Recht zulässig ist.

3. Verfahren stehen im Sinne dieses Artikels im Zusammenhang, wenn zwischen ihnen eine so enge Beziehung gegeben ist, dass eine gemeinsame Verhandlung und Entscheidung geboten erscheint, um zu vermeiden, dass in getrennten Verfahren möglicherweise widersprechende Entscheidungen ergehen.

---

21 ABl. L 324 vom 10. 12. 2007, S. 79.

Artikel 15
Einstweilige Maßnahmen einschließlich Sicherungsmaßnahmen

Die im Recht eines Mitgliedstaats vorgesehenen einstweiligen Maßnahmen einschließlich solcher, die auf eine Sicherung gerichtet sind, können bei den Gerichten dieses Staates auch dann beantragt werden, wenn für die Entscheidung in der Hauptsache nach dieser Verordnung die Gerichte eines anderen Mitgliedstaats zuständig ist.

Kapitel III
Anzuwendendes Recht

Artikel 16
Allgemeine Kollisionsnorm

Sofern diese Verordnung nichts anderes bestimmt, unterliegt die gesamte Rechtsnachfolge von Todes wegen dem Recht des Staates, in dem der Erblasser im Zeitpunkt seines Todes seinen gewöhnlichen Aufenthalt hatte.

Artikel 17
Freie Rechtswahl

1. Eine Person kann die Rechtsnachfolge in ihren gesamten Nachlass dem Recht des Staates unterwerfen, dessen Staatsangehörigkeit sie besitzt.

2. Die Wahl des auf die Rechtsnachfolge anzuwendenden Rechts muss ausdrücklich im Wege einer Erklärung erfolgen, die den Formerfordernissen einer Verfügung von Todes wegen entspricht.

3. Das Zustandekommen und die materielle Wirksamkeit der Rechtswahl unterliegen dem gewählten Recht.

4. Die Änderung oder der Widerruf einer solchen Rechtswahl durch ihren Urheber muss den Formvorschriften für die Änderung oder den Widerruf einer Verfügung von Todes wegen entsprechen.

Artikel 18
Erbverträge

1. Ein Erbvertrag, der den Nachlass einer einzigen Person betrifft, unterliegt dem Recht, das auf die Rechtsnachfolge dieser Person anwendbar gewesen wäre, wenn sie an dem Tag verstorben wäre, an dem der Erbvertrag errichtet worden ist. Ist der Erbvertrag nach diesem Recht unwirksam, so wird er dennoch als wirksam angesehen, wenn er nach dem Recht wirksam ist, das im Zeitpunkt des Todes nach dieser Verordnung auf die Rechtsnachfolge anzuwenden ist. Der Erbvertrag unterliegt dann diesem Recht.

2. Ein Erbvertrag, der den Nachlass mehrerer Personen betrifft, ist nur dann materiell wirksam, wenn er nach dem Recht als wirksam gilt, das nach Maßgabe von Artikel 16 auf die Rechtsnachfolge einer der beteiligten Personen anwendbar gewesen wäre, wenn sie an dem Tag verstorben wäre, an dem der Erbvertrag errichtet worden ist. Ist der Erbvertrag nach Maßgabe des auf die Rechtsnachfolge einer einzigen dieser Personen anzuwendenden Rechts wirksam, findet dieses Recht Anwendung. Ist der Erbvertrag nach

Maßgabe des auf die Rechtsnachfolge mehrerer dieser Personen anzuwendenden Rechts wirksam, unterliegt der Erbvertrag dem Recht, zu dem er die engste Verbindung aufweist.

3. Die Parteien können ihren Erbvertrag dem Recht unterwerfen, das die Person oder eine der Personen, deren Nachlass betroffen ist, nach Artikel 17 hätte wählen können.

4. Die Anwendung des in diesem Artikel vorgesehenen Rechts steht den Ansprüchen einer Person nicht entgegen, die nicht Partei des Erbvertrags ist und der nach dem gemäß Artikel 16 oder gemäß Artikel 17 bezeichneten Recht ein Pflichtteilsanspruch oder ein anderer Anspruch zusteht, der ihr von der Person, deren Nachlass betroffen ist, nicht aberkannt werden kann.

Artikel 19
Regelungsbereich des anzuwendenden Rechts

1. Dem nach Kapitel III bezeichneten Recht unterliegt die gesamte Rechtsnachfolge von Todes wegen vom Eintritt des Erbfalls bis zum endgültigen Übergang des Nachlasses auf die Berechtigten.

2. Diesem Recht unterliegen insbesondere:

(a) die Gründe für den Eintritt des Erbfalls sowie Zeitpunkt und Ort;

(b) die Berufung der Erben oder Vermächtnisnehmer einschließlich der Nachlassansprüche des überlebenden Ehegatten, die Bestimmung der Nachlassquoten dieser Personen, die ihnen vom Erblasser auferlegten Pflichten sowie sonstige Rechte auf den Nachlass, die mit dem Tod entstanden sind;

(c) die Erbfähigkeit;

(d) die besonderen Erbunfähigkeitsgründe;

(e) die Enterbung und die Erbunwürdigkeit;

(f) die Übertragung der Nachlassgüter auf die Erben und Vermächtnisnehmer einschließlich der Bedingungen für die Annahme oder Ausschlagung der Erbschaft oder des Vermächtnisses und deren Wirkungen;

(g) die Rechte der Erben, Testamentsvollstrecker und anderer Nachlassverwalter, insbesondere zur Veräußerung der Güter und Befriedigung der Gläubiger;

(h) die Haftung für Nachlassverbindlichkeiten;

(i) der frei verfügbare Teil des Nachlasses, die Pflichtteile und andere Beschränkungen der Testierfreiheit einschließlich Zuteilungen aus dem Nachlass durch ein Gericht oder eine andere Behörde zugunsten von Personen, die dem Erblasser nahe stehen;

(j) die Ausgleichung und Anrechnung unentgeltlicher Zuwendungen bei der Bestimmung der Anteile von Erben oder Vermächtnisnehmern;

(k) die Gültigkeit, Auslegung, Änderung und der Widerruf einer Verfügung von Todes wegen mit Ausnahme ihrer Formgültigkeit;

(l) die Verteilung des Nachlasses.

Artikel 20
Formgültigkeit der Annahme oder Ausschlagung einer Erbschaft oder eines Vermächtnisses

Unbeschadet des Artikels 19 ist die Annahme oder Ausschlagung einer Erbschaft oder eines Vermächtnisses oder eine Erklärung zur Begrenzung der Haftung des Erben oder Vermächtnisnehmers gültig, wenn die gesetzlichen Voraussetzungen des Staates, in dem der Erbe oder Vermächtnisnehmer seinen gewöhnlichen Aufenthalt hat, eingehalten wurden.

Artikel 21
Anwendung des Belegenheitsrechts

1. Das auf die Rechtsnachfolge von Todes wegen anzuwendende Recht steht der Anwendung des Rechts des Mitgliedstaats, in dem Nachlassgüter belegen sind, nicht entgegen, soweit dieses Recht für die Annahme oder Ausschlagung einer Erbschaft oder eines Vermächtnisses Formvorschriften vorschreibt, die im Anschluss an die Formvorschriften zu erfüllen sind, die das auf die Rechtsnachfolge von Todes wegen anzuwendende Recht vorschreibt.

2. Das auf die Rechtsnachfolge von Todes wegen anzuwendende Recht steht der Anwendung des Rechts des Mitgliedstaats, in dem Nachlassgüter belegen sind, nicht entgegen, soweit dieses Recht

(a) die Verwaltung und Abwicklung des Nachlasses von der Bestellung eines Verwalters oder Testamentsvollstreckers durch eine Behörde dieses Mitgliedstaats abhängig macht; das auf die Rechtsnachfolge anzuwendende Recht bestimmt die Personen wie Erben, Vermächtnisnehmer, Testamentsvollstrecker oder Verwalter, die mit der Verwaltung und Abwicklung des Nachlasses betraut werden können;

(b) den endgültigen Übergang des Nachlasses auf die Berechtigten von der vorherigen Entrichtung der Erbschaftsteuern abhängig macht.

Artikel 22
Besondere Regelungen über die Rechtsnachfolge von Todes wegen

Das nach dieser Verordnung anzuwendende Recht lässt die Anwendung besonderer Regelungen über die Rechtsnachfolge von Todes wegen unberührt, denen bestimmte unbewegliche Sachen, Unternehmen oder andere besondere Arten von Vermögenswerten wegen ihrer wirtschaftlichen, familiären oder sozialen Bestimmung nach dem Recht des Mitgliedstaats unterliegen, in dem sie belegen sind, wenn nach diesem Recht diese Regelung unabhängig vom Erbstatut Anwendung findet.

Artikel 23
Kommorienten

Sterben zwei oder mehr Personen, deren Rechtsnachfolge von Todes wegen verschiedenen Rechten unterliegt, unter Umständen, die es nicht zulassen, die Reihenfolge ihres Todes zu bestimmen, und regeln diese Rechte diesen Sachverhalt nicht oder durch miteinander unvereinbare Bestimmungen, so hat keine dieser Personen Anspruch auf den Nachlass der anderen.

Artikel 24
Erbenloser Nachlass

Ist nach dem aufgrund dieser Verordnung anzuwendenden Recht weder ein durch Verfügung von Todes wegen eingesetzter Erbe oder Vermächtnisnehmer noch eine natürliche Person als gesetzlicher Erbe vorhanden, so hindert die Anwendung dieses Rechts einen Mitgliedstaat oder eine von ihm bestimmte Einrichtung nicht daran, sich den im Hoheitsgebiet dieses Staates belegenen Nachlass anzueignen.

Artikel 25
Universelle Anwendung

Das nach dieser Verordnung bezeichnete Recht ist auch dann anzuwenden, wenn es nicht das Recht eines Mitgliedstaats ist.

Artikel 26
Rück- und Weiterverweisung

Unter dem nach dieser Verordnung anzuwendenden Recht eines Staates sind die in diesem Staat geltenden Rechtsnormen unter Ausschluss derjenigen des Internationalen Privatrechts zu verstehen.

Artikel 27
Öffentliche Ordnung (ordre public)

1. Die Anwendung einer Vorschrift des nach dieser Verordnung bezeichneten Rechts kann nur versagt werden, wenn ihre Anwendung mit der öffentlichen Ordnung (ordre public) des Staates des angerufenen Gerichts unvereinbar ist.

2. Die Anwendung einer Vorschrift des nach dieser Verordnung bezeichneten Rechts kann nicht allein deshalb als mit der öffentlichen Ordnung des Staates des angerufenen Gerichts unvereinbar angesehen werden, weil sie den Pflichtteilsanspruch anders regelt als das Recht am Ort des angerufenen Gerichts.

Artikel 28
Staaten ohne einheitliche Rechtsordnung

1. Umfasst ein Staat mehrere Gebietseinheiten, von denen jede eigene Rechtsnormen für die Rechtsnachfolge von Todes wegen hat, so gilt für die Bestimmung des nach dieser Verordnung anzuwendenden Rechts jede Gebietseinheit als Staat.

2. Ein Mitgliedstaat, in dem verschiedene Gebietseinheiten eigene Rechtsnormen für die Rechtsnachfolge von Todes wegen haben, ist nicht verpflichtet, diese Verordnung auf Normenkollisionen anzuwenden, die nur diese Gebietseinheiten betreffen.

Kapitel IV
Anerkennung und Vollstreckung

Artikel 29
Anerkennung einer Entscheidung

Die in einem Mitgliedstaat in Anwendung dieser Verordnung ergangenen Entscheidungen werden in den anderen Mitgliedstaaten anerkannt, ohne dass es hierfür eines besonderen Verfahrens bedarf.

Bildet die Frage, ob eine Entscheidung anzuerkennen ist, als solche den Gegenstand eines Streites, so kann jede Partei, welche die Anerkennung geltend macht, in dem Verfahren nach den Artikeln 38 bis 56 der Verordnung (EG) Nr. 44/2001 die Feststellung beantragen, dass die Entscheidung anzuerkennen ist. Wird die Anerkennung in einem Rechtsstreit vor dem Gericht eines Mitgliedstaats, dessen Entscheidung von der Anerkennung abhängt, verlangt, so kann dieses Gericht über die Anerkennung entscheiden.

Artikel 30
Gründe für die Nichtanerkennung einer Entscheidung

Eine Entscheidung wird nicht anerkannt, wenn

(a) die Anerkennung der öffentlichen Ordnung (ordre public) des ersuchten Mitgliedstaats offensichtlich widersprechen würde, wobei die Vorschriften über die Zuständigkeit nicht zur öffentlichen Ordnung gehören;

(b) dem Beklagten, der sich auf das Verfahren nicht eingelassen hat, das verfahrenseinleitende Schriftstück oder ein gleichwertiges Schriftstück nicht so rechtzeitig und in einer Weise zugestellt worden ist, dass er sich verteidigen konnte, es sei denn, der Beklagte hat gegen die Entscheidung keinen Rechtsbehelf eingelegt, obwohl er die Möglichkeit dazu hatte;

(c) sie mit einer Entscheidung unvereinbar ist, die zwischen denselben Parteien im ersuchten Mitgliedstaat ergangen ist;

(d) sie mit einer früheren Entscheidung unvereinbar ist, die in einem anderen Mitgliedstaat oder in einem Drittstaat zwischen denselben Parteien in einem Rechtsstreit wegen desselben Anspruchs ergangen ist, sofern die frühere Entscheidung die notwendigen Voraussetzungen für ihre Anerkennung in dem ersuchten Mitgliedstaat erfüllt.

Artikel 31
Ausschluss einer Nachprüfung in der Sache

Die ausländische Entscheidung darf keinesfalls in der Sache selbst nachgeprüft werden.

Artikel 32
Aussetzung des Verfahrens

Das Gericht eines Mitgliedstaats, vor dem die Anerkennung einer in einem anderen Mitgliedstaat ergangenen Entscheidung beantragt wird, kann das Verfahren aussetzen, wenn gegen die Entscheidung ein ordentlicher Rechtsbehelf eingelegt worden ist.

Artikel 33
Vollstreckbarkeit

Die in einem Mitgliedstaat ergangenen und dort vollstreckbaren Entscheidungen sowie die in einem Mitgliedstaat geschlossenen und dort vollstreckbaren gerichtlichen Vergleiche werden in den anderen Mitgliedstaaten gemäß den Artikeln 38 bis 56 und Artikel 58 der Verordnung (EG) Nr. 44/2001 vollstreckt.

Kapitel V
Öffentliche Urkunden

Artikel 34
Anerkennung öffentlicher Urkunden

Die in einem Mitgliedstaat aufgenommenen öffentlichen Urkunden werden in den anderen Mitgliedstaaten anerkannt, sofern ihre Gültigkeit nicht im Ursprungsmitgliedstaat nach den dort geltenden Verfahren angefochten wurde und unter dem Vorbehalt, dass diese Anerkennung nicht der öffentlichen Ordnung (ordre public) des ersuchten Mitgliedstaats entgegensteht.

Artikel 35
Vollstreckbarkeit öffentlicher Urkunden

Öffentliche Urkunden, die in einem Mitgliedstaat aufgenommen und vollstreckbar sind, werden in einem anderen Mitgliedstaat auf Antrag nach dem Verfahren gemäß den Artikeln 38 bis 57 der Verordnung (EG) Nr. 44/2001 für vollstreckbar erklärt. Die Vollstreckbarerklärung ist von dem mit einem Rechtsbehelf nach Artikel 43 oder Artikel 44 befassten Gericht nur zu versagen oder aufzuheben, wenn die Zwangsvollstreckung aus der Urkunde der öffentlichen Ordnung (ordre public) des ersuchten Mitgliedstaats offensichtlich widersprechen würde oder wenn die Gültigkeit der Urkunde vor einem Gericht des Ursprungsmitgliedstaats angefochten wurde.

Kapitel VI
Europäisches Nachlasszeugnis

Artikel 36
Einführung eines Europäischen Nachlasszeugnisses

1. Mit dieser Verordnung wird ein Europäisches Nachlasszeugnis eingeführt, das als Nachweis der Stellung als Erbe oder Vermächtnisnehmer und der Befugnisse als Testamentsvollstrecker oder Fremdverwalter gilt. Das Europäische Nachlasszeugnis wird von der nach Maßgabe dieses Kapitels zuständigen Behörde im Einklang mit dem gemäß Kapitel III anzuwendenden Erbstatut erteilt.

2. Die Verwendung des Europäischen Nachlasszeugnisses ist nicht verbindlich. Das Europäische Nachlasszeugnis tritt nicht an die Stelle der innerstaatlichen Verfahren. Die Wirkungen des Europäischen Nachlasszeugnisses werden jedoch auch in dem Mitglied-

staat anerkannt, dessen Behörden das Zeugnis nach Maßgabe dieses Kapitels erteilt haben.

Artikel 37
Zuständigkeit für die Erteilung des Europäischen Nachlasszeugnisses

1. Das Europäische Nachlasszeugnis wird auf Antrag jeder Person erteilt, die verpflichtet ist, die Stellung als Erbe oder Vermächtnisnehmer und die Befugnisse als Testamentsvollstrecker oder Fremdverwalter nachzuweisen.

2. Das Europäische Nachlasszeugnis wird von dem zuständigen Gericht des Mitgliedstaats ausgestellt, dessen Gerichte gemäß den Artikeln 4, 5 und 6 zuständig sind.

Artikel 38
Inhalt des Antrags

1. Die Person, die die Erteilung eines Europäischen Nachlasszeugnisses beantragt, teilt, soweit ihr bekannt, anhand des Formblatts in Anhang I Folgendes mit:

(a) Angaben zum Erblasser: Name, Vorname(n), Geschlecht, Personenstand, Staatsangehörigkeit, Personenkennziffer (sofern vorhanden), Anschrift des letzten gewöhnlichen Aufenthalts, Todesort und -zeitpunkt;

(b) Angaben zum Antragsteller: Name, Vorname(n), Geschlecht, Staatsangehörigkeit, Personenkennziffer (sofern vorhanden), Anschrift, Verwandschafts- oder Schwägerschaftsverhältnis zum Erblasser;

(c) die sachlichen oder rechtlichen Umstände, die den Anspruch auf den Nachlass und/oder das Recht zur Nachlassverwaltung und/oder Testamentsvollstreckung begründen; hat der Antragsteller Kenntnis von einer Verfügung von Todes wegen, ist dem Antrag eine Kopie dieser Verfügung beizufügen;

(d) ob sie an die Stelle anderer Erben oder Vermächtnisnehmer tritt und wenn ja, den Nachweis ihres Todes oder des Umstands, der sie daran gehindert hat, die Rechtsnachfolge anzutreten;

(e) ob der Erblasser einen Ehevertrag geschlossen hatte; wenn ja, ist dem Antrag eine Kopie des Ehevertrags beizufügen;

(f) ob sie Kenntnis von einer Erbschaftsanfechtung hat.

2. Der Antragsteller muss die Richtigkeit der Angaben anhand von Urkunden nachweisen. Können die Urkunden nicht oder nur mit unverhältnismäßigem Aufwand vorgelegt werden, sind andere Beweismittel zulässig.

3. Das zuständige Gericht trifft geeignete Maßnahmen, um sich von der Richtigkeit der abgegebenen Erklärungen zu überzeugen. Das Gericht verlangt die Abgabe dieser Erklärungen unter Eid, wenn dies nach seinem innerstaatlichen Recht zulässig ist.

Artikel 39
Teilzeugnis

Ein Teilzeugnis kann beantragt und erteilt werden, um Folgendes nachzuweisen:

(a) die Rechte der einzelnen Erben oder Vermächtnisnehmer und deren Nachlassquote;

(b) den Anspruch auf die Übertragung eines bestimmten Gegenstands, wenn dies nach dem auf die Rechtsnachfolge anzuwendenden Recht zulässig ist;

(c) die Befugnis zur Verwaltung des Nachlasses.

Artikel 40
Erteilung des Nachlasszeugnisses

1. Das Europäische Nachlasszeugnis wird erst erteilt, wenn das zuständige Gericht die zur Begründung des Antrags angeführten Angaben als erwiesen ansieht. Das Nachlasszeugnis wird vom zuständigen Gericht unverzüglich erteilt.

2. Das zuständige Gericht veranlasst von Amts wegen entsprechend den Erklärungen des Antragstellers und den von ihm vorgelegten Urkunden und sonstigen Beweismitteln die zur Überprüfung der Angaben notwendigen Untersuchungen und erhebt nachträglich die ihm zweckmäßig erscheinenden Beweise.

3. Für die Zwecke dieses Kapitels gewähren die Mitgliedstaaten den zuständigen Gerichten der anderen Mitgliedstaaten Zugang insbesondere zu den Personenstandsregistern, den Registern, in denen Urkunden oder Angaben zur Rechtsnachfolge oder zum Ehegüterrecht der Familie des Erblassers offen gelegt werden, und zu den Immobilienregistern.

4. Das ausstellende Gericht kann die Berechtigten und etwaige Nachlassverwalter oder Testamentsvollstrecker vorladen sowie etwaige andere Nachlassberechtigte durch Bekanntmachung auffordern, ihre Rechte geltend zu machen.

Artikel 41
Inhalt des Nachlasszeugnisses

1. Das Europäische Nachlasszeugnis wird unter Verwendung des Formblatts in Anhang II erteilt.

2. Das Europäische Nachlasszeugnis enthält folgende Angaben:

(a) das ausstellende Gericht, die sachlichen und rechtlichen Gründe, aus denen das Gericht seine Zuständigkeit für die Erteilung des Nachlasszeugnisses herleitet, sowie das Ausstellungsdatum;

(b) Angaben zum Erblasser: Name, Vorname(n), Geschlecht, Personenstand, Staatsangehörigkeit, Personenkennziffer (sofern vorhanden), Anschrift des letzten gewöhnlichen Aufenthalts, Todesort und -zeitpunkt;

(c) etwaige Eheverträge des Erblassers;

(d) das nach dieser Verordnung auf die Rechtsnachfolge anzuwendende Recht sowie die tatsächlichen und rechtlichen Umstände, auf deren Grundlage das anzuwendende Recht bestimmt wurde;

(e) die sachlichen und rechtlichen Umstände, aus denen sich die Ansprüche und/oder Befugnisse der Erben, Vermächtnisnehmer, Testamentsvollstrecker oder Fremdverwalter herleiten: gesetzliche und/oder testamentarische und/oder erbvertragliche Erbfolge;

(f) Angaben zum Antragsteller: Name, Vorname(n), Geschlecht, Staatsangehörigkeit, Personenkennziffer (sofern vorhanden), Anschrift, Verwandschafts- oder Schwägerschaftsverhältnis zum Erblasser;

(g) gegebenenfalls für jeden Erben die Art der Annahme der Erbschaft;

(h) bei mehreren Erben die Erbquote jedes Erben und gegebenenfalls das Verzeichnis der Nachlassgüter, die einem bestimmten Erben zustehen;

(i) das Verzeichnis der Nachlassgüter, die den Vermächtnisnehmern nach dem auf die Rechtsnachfolge anzuwendenden Recht zustehen;

(j) die erbrechtlichen Beschränkungen nach dem gemäß Kapitel III und/oder letztwilliger oder erbvertraglicher Bestimmungen auf die Rechtsnachfolge anzuwendenden Recht;

(k) das Verzeichnis der Handlungen, die der Erbe, Vermächtnisnehmer, Testamentsvollstrecker und/oder Verwalter nach dem auf die Rechtsnachfolge anzuwendenden Recht an den Nachlassgütern vornehmen kann.

Artikel 42
Wirkungen des Europäischen Nachlasszeugnisses

1. Das Europäische Nachlasszeugnis wird in allen Mitgliedstaaten als Nachweis der Stellung der Erben und Vermächtnisnehmer sowie der Befugnisse der Testamentsvollstrecker oder Fremdverwalter von Rechts wegen anerkannt.

2. In allen Mitgliedstaaten wird die inhaltliche Richtigkeit des Nachlasszeugnisses während seiner Gültigkeitsdauer vermutet. Es wird vermutet, dass die Person, die im Nachlasszeugnis als Erbe, Vermächtnisnehmer, Testamentsvollstrecker oder Verwalter ausgewiesen ist, erb- oder vermächtnisberechtigt ist oder über die im Nachlasszeugnis angegebenen Verwaltungsbefugnisse verfügt und keine anderen Bedingungen und Beschränkungen als die dort angegebenen gelten.

3. Jede Person, die Zahlungen an den Inhaber eines Nachlasszeugnisses leistet oder ihm Gegenstände übergibt, leistet mit befreiender Wirkung, wenn letzterer aufgrund des Nachlasszeugnisses zur Vornahme solcher Handlungen befugt war, es sei denn, die Person wusste, dass das Nachlasszeugnis inhaltlich nicht den Tatsachen entspricht.

4. Bei jeder Person, die Nachlassgüter vom Inhaber eines Nachlasszeugnisses erworben hat, der aufgrund des dem Nachlasszeugnis beigefügten Verzeichnisses zur Veräußerung berechtigt war, gilt die Vermutung, dass die Güter von einer verfügungsberechtigten Person erworben wurden, es sei denn, der Erwerber wusste, dass das Nachlasszeugnis inhaltlich nicht den Tatsachen entspricht.

5. Das Nachlasszeugnis stellt einen gültigen Titel für die Umschreibung oder für die Eintragung des Erwerbs von Todes wegen in die öffentlichen Register des Mitgliedstaats dar, in dem die Nachlassgegenstände belegen sind. Die Umschreibung erfolgt nach dem Recht des Mitgliedstaats, unter dessen Aufsicht das betreffende Register geführt wird, und entfaltet die nach diesem Recht vorgesehenen Wirkungen.

Artikel 43
Berichtigung, Aussetzung oder Einziehung des Europäischen Nachlasszeugnisses

1. Das Gericht, das das Europäische Nachlasszeugnis erteilt hat, bewahrt die Urschrift des Nachlasszeugnisses auf und stellt dem Antragsteller oder jeder anderen Person, die ein berechtigtes Interesse geltend macht, eine oder mehrere Ausfertigungen aus.

2. Die Ausfertigungen entfalten für einen begrenzten Zeitraum von drei Monaten die in Artikel 42 genannten Wirkungen. Nach Ablauf dieses Zeitraums müssen die Inhaber des

Nachlasszeugnisses oder andere Berechtigte bei dem ausstellenden Gericht eine neue Ausfertigung beantragen, um ihre Rechte geltend zu machen.

3. Das Nachlasszeugnis wird auf Antrag eines Berechtigten bei dem ausstellenden Gericht oder von Amts wegen von dem betreffenden Gericht

(a) im Falle eines materiellen Fehlers berichtigt;

(b) mit einer Randbemerkung versehen, die eine Aussetzung seiner Wirkungen zur Folge hat, wenn bestritten wird, dass das Nachlasszeugnis den Tatsachen entspricht;

(c) eingezogen, wenn das Nachlasszeugnis nachweislich nicht den Tatsachen entspricht.

4. Die Berichtigung des Nachlasszeugnisses, die Aussetzung seiner Wirkungen oder seine Einziehung wird von dem ausstellenden Gericht am Rande der Urschrift des Nachlasszeugnisses vermerkt und dem/den Antragsteller(n) mitgeteilt.

Artikel 44
Rechtsbehelfe

Jeder Mitgliedstaat regelt die Rechtsbehelfe gegen Entscheidungen über die Erteilung oder Nichterteilung, die Berichtigung, Aussetzung oder Einziehung eines Europäischen Nachlasszeugnisses.

Kapitel VII
Allgemeine und Schlussbestimmungen

Artikel 45
Verhältnis zu bestehenden internationalen Übereinkünften

1. Diese Verordnung lässt unbeschadet der Verpflichtungen der Mitgliedstaaten aus Artikel 307 EG-Vertrag die Anwendung bilateraler oder multilateraler Übereinkünfte unberührt, denen ein oder mehrere Mitgliedstaaten zum Zeitpunkt der Annahme dieser Verordnung angehören und die Bereiche betreffen, die in dieser Verordnung geregelt sind.

2. Ungeachtet des Absatzes 1 geht diese Verordnung im Verhältnis zwischen den Mitgliedstaaten Übereinkünften vor, denen die Mitgliedstaaten angehören und die Bereiche betreffen, die in dieser Verordnung geregelt sind.

Artikel 46
Informationen für die Öffentlichkeit

Die Mitgliedstaaten stellen für die Öffentlichkeit über das Europäische Justizielle Netz für Zivil- und Handelssachen eine Beschreibung ihrer innerstaatlichen erbrechtlichen Vorschriften und Verfahren sowie den Wortlaut einschlägiger Bestimmungen bereit. Die Mitgliedstaaten teilen alle späteren Änderungen dieser Bestimmungen mit.

Artikel 47
Änderung der Formblätter

Jede Änderung der in den Artikeln 38 und 41 vorgesehenen Formblätter wird nach dem Beratungsverfahren gemäß Artikel 48 Absatz 2 beschlossen.

Artikel 48
Ausschuss

1. Die Kommission wird von dem durch Artikel 75 der Verordnung (EG) Nr. 44/2001 eingesetzten Ausschuss unterstützt.

2. Wird auf diesen Absatz Bezug genommen, so gelten die Artikel 3 und 7 des Beschlusses 1999/468/EG unter Beachtung von dessen Artikel 8.

Artikel 49
Überprüfungsklausel

Die Kommission legt dem Europäischen Parlament, dem Rat und dem Europäischen Wirtschafts- und Sozialausschuss bis spätestens [. . .] einen Bericht über die Anwendung dieser Verordnung vor. Diesem Bericht werden gegebenenfalls entsprechende Anpassungsvorschläge beigefügt.

Artikel 50
Übergangsbestimmungen

1. Diese Verordnung findet auf die Rechtsnachfolge von Personen Anwendung, die nach dem Beginn ihrer Anwendbarkeit verstorben sind.

2. Hatte der Erblasser vor Anwendbarkeit dieser Verordnung das auf seinen Nachlass anzuwendende Erbstatut gewählt, gilt diese Wahl als wirksam, soweit sie den Anforderungen des Artikels 17 genügt.

3. Hatten die Parteien eines Erbvertrags vor Anwendbarkeit dieser Verordnung das auf diesen Erbvertrag anzuwendende Erbstatut gewählt, gilt diese Wahl als wirksam, soweit sie den Anforderungen des Artikels 18 genügt.

Artikel 51
Inkrafttreten

Diese Verordnung tritt am zwanzigsten Tag nach ihrer Veröffentlichung im *Amtsblatt der Europäischen Union* in Kraft.

Ihre Anwendung beginnt am [ein Jahr nach ihrem Inkrafttreten].

Diese Verordnung ist in allen ihren Teilen verbindlich und gilt gemäß dem Vertrag zur Gründung der Europäischen Gemeinschaft unmittelbar in den Mitgliedstaaten.

<u>ANHANG I: ANTRAG NACH ARTIKEL 38 DER VERORDNUNG</u>

ANTRAG AUF ERTEILUNG EINES EUROPÄISCHEN NACHLASSZEUGNISSES

(Artikel 36 ff. der Verordnung [...] des Europäischen Parlaments und des Rates über die Rechtsnachfolge von Todes wegen[22])

---

1. Mitgliedstaat

BE □ BG □ CZ □ DE □ EE □ [IE □] EL □ ES □ FR □ IT □ CY □ LV □ LT □ LU □ HU □ MT
□ NL □ AT □ PL □ PT □ RO □SI □ SK □ FI □ SE □ [UK □]

---

2. Angaben zum Erblasser

2.1. Name:

2.2. Vorname(n):

2.3. Geschlecht:

2.4. Personenstand:

2.5. Staatsangehörigkeit:

2.6. Personenkennziffer*:

2.7. Todestag:

2.8. Todesort:

Anschrift des letzten gewöhnlichen Aufenthalts:

2.9. Straße und Hausnummer/Postfach:

2.10. Ort und Postleitzahl:

---

[22]   ABl. L [...].

2.11. Land:

---

3. Angaben zum Antragsteller

3.1. Name:

3.2. Vorname(n):

3.3. Geschlecht:

3.4. Staatsangehörigkeit:

3.5. Personenkennziffer*:

3.6. Straße und Hausnummer/Postfach:

3.7. Ort und Postleitzahl:

3.8. Tel.:

3.9. E-Mail:

3.10. Verhältnis zum Erblasser - verwandt oder verschwägert*:

*falls zutreffend

---

4. Zusatzangaben:

4.1. Sachliche oder rechtliche Umstände, die einen Nachlassanspruch belegen:

4.2. Sachliche oder rechtliche Umstände, die die Befugnis zur Testamentsvollstreckung und/oder Verwaltung des Nachlasses belegen:

4.3. Hat der Erblasser eine oder mehrere Verfügungen von Todes wegen hinterlassen? ja ☐ nein ☐

Wenn ja, fügen Sie bitte die Verfügung(en) bei.*

4.4. Hatte der Erblasser einen Ehevertrag geschlossen?   ja ☐ nein ☐

Wenn ja, fügen Sie bitte den Ehevertrag bei.*

4.5. Treten Sie an die Stelle eines anderen Erben oder Vermächtnisnehmers?   ja ☐ nein ☐

Wenn ja, fügen Sie bitte einen Nachweis über den Tod dieser Person bei oder einen Nachweis über das Ereignis, das diese Person daran hindert, das Erbe oder das Vermächtnis anzutreten.*

4.6. Haben Sie Kenntnis von einer Erbschaftsanfechtung? ja ☐ nein ☐

Wenn ja, teilen Sie hierzu bitte Näheres mit.*

4.7. Fügen Sie dem Antrag bitte ein Verzeichnis aller Personen bei, die dem Erblasser nahe standen, mit folgenden Angaben: Namen, Vorname(n), Art des Verhältnisses zum Erblasser, Geburtsdatum, Staatsangehörigkeit und Anschrift.

*Fügen Sie nach Möglichkeit Urkunden oder beglaubigte Abschriften bei.

Ich erkläre, dass mir nichts bekannt ist, was der Richtigkeit der vorstehenden Angaben entgegen steht.*

Datum:

Unterschrift:

*Artikel 38 Absatz 3, falls die Erklärungen unter Eid abgegeben werden.

ANHANG II: EUROPÄISCHES NACHLASSZEUGNIS NACH ARTIKEL 41

EUROPÄISCHES NACHLASSZEUGNIS

(Artikel 41 der Verordnung [...] des Europäischen Parlaments und des Rates über die Rechtsnachfolge von Todes wegen[23])

---

1. Mitgliedstaat des ausstellenden Gerichts

BE □ BG □ CZ □ DE □ EE □ [IE □] EL □ ES □ FR □ IT □ CY □ LV □ LT □ LU □ HU □ MT □ NL □ AT □ PL □ PT □ RO □SI □ SK □ FI □ SE □ [UK □]

---

2. Angaben zum Gericht

2.1. Zuständiges Gericht gemäß:

Artikel 4□ Artikel 5 □ Artikel 6 □ der Verordnung

2.2. Kontaktperson:

2.3. Anschrift:

---

3. Angaben zum Erblasser

3.1. Name:

3.2. Vorname(n):

3.3. Geschlecht:

---

[23]   ABl. L [...].

3.4. Personenstand:

3.5. Staatsangehörigkeit:

3.6. Personenkennziffer*:

3.7. Todestag:

3.8. Todesort:

Anschrift des letzten gewöhnlichen Aufenthalts:

3.9. Straße und Hausnummer/Postfach:

3.10. Ort und Postleitzahl:

3.11. Land:

3.12. Eheverträge:

3.13. Anzuwendendes Erbstatut:

---

4. Angaben zum Antragsteller

4.1. Name:

4.2. Vorname(n):

4.3. Geschlecht:

4.4. Staatsangehörigkeit:

4.5. Personenkennziffer*:

4.6. Straße und Hausnummer/Postfach:

4.7. Ort und Postleitzahl:

4.8. Tel.:

4.9. E-Mail:

4.10. Verhältnis zum Erblasser - verwandt oder verschwägert*:

*falls zutreffend

5. Nachweis der Erbenstellung

5.1. Diese Bescheinigung gilt als Nachweis der Erbenstellung: ja ☐ nein ☐

5.2. Verzeichnis der Erben:*

Name	Vorname(n)	Geburtsdatum	Erbquote	Beschränkungen

*Fügen Sie gegebenenfalls ein weiteres Blatt bei.

5.3. Unterliegt die Annahme der Erbschaft einer Bedingung (z. B. Erstellung eines Nachlassverzeichnisses)?   ja ☐ nein ☐

Wenn ja, geben Sie bitte auf einem gesonderten Blatt Art und Wirkungen der Bedingung an.

5.4. Verzeichnis der Nachlassgüter, die einem bestimmten Erben zustehen:*

Name	Vorname(n)	Bezeichnung des Nachlassgegenstands

*Fügen Sie gegebenenfalls ein weiteres Blatt bei.

6. Nachweis der Stellung als Vermächtnisnehmer

6.1. Diese Bescheinigung gilt als Nachweis der Stellung als Vermächtnisnehmer: ja ☐ nein ☐

6.2. Verzeichnis der Vermächtnisnehmer:*

Name	Vorname(n)	Geburtsdatum	Dem Vermächtnisnehmer kraft Verfügung von Todes wegen zustehende Nachlassgüter

*Fügen Sie gegebenenfalls ein weiteres Blatt bei.

---

7. Nachweis der Stellung als Verwalter und/oder Testamentsvollstrecker

7.1. Diese Bescheinigung gilt als Nachweis der Stellung als Verwalter: ja ☐ nein ☐

7.2. Diese Bescheinigung gilt als Nachweis der Stellung als Testamentsvollstrecker: ja ☐

nein ☐

7.3. Geben Sie an, über welche Rechte der Verwalter und/oder Testamentsvollstrecker verfügt und auf welcher Rechtsgrundlage diese beruhen. Führen Sie beispielhaft die Handlungen auf, zu deren Vornahme der Verwalter und/oder Testamentsvollstrecker berechtigt ist:

Anhang II

Durchführungsverordnung (EU) 1329/2014 der Kommission v 9. 12. 2014 zur Festlegung der Formblätter nach Maßgabe der Verordnung (EU) Nr. 650/2012 des Europäischen Parlaments und des Rates über die Zuständigkeit, das anzuwendende Recht, die Anerkennung und Vollstreckung von Entscheidungen und die Annahme und Vollstreckung öffentlicher Urkunden in Erbsachen sowie zur Einführung eines Europäischen Nachlasszeugnisses

ABl L 2014/359, 30

Die Europäische Kommission –

gestützt auf den Vertrag über die Arbeitsweise der Europäischen Union,

gestützt auf die Verordnung (EU) Nr. 650/2012 des Europäischen Parlaments und des Rates vom 4. Juli 2012 über die Zuständigkeit, das anzuwendende Recht, die Anerkennung und Vollstreckung von Entscheidungen und die Annahme und Vollstreckung öffentlicher Urkunden in Erbsachen sowie zur Einführung eines Europäischen Nachlasszeugnisses [1], insbesondere auf Artikel 46 Absatz 3 Buchstabe b, Artikel 59 Absatz 1, Artikel 60 Absatz 2, Artikel 61 Absatz 2, Artikel 65 Absatz 2 und Artikel 67 Absatz 1,

in Erwägung nachstehender Gründe:

(1) Zur ordnungsgemäßen Anwendung der Verordnung (EU) Nr. 650/2012 sollen mehrere Formblätter erstellt werden.

(2) Das Vereinigte Königreich und Irland haben sich entsprechend dem Protokoll Nr. 21 über die Position des Vereinigten Königreichs und Irlands hinsichtlich des Raums der Freiheit, der Sicherheit und des Rechts im Anhang zum Vertrag über die Europäische Union und zum Vertrag über die Arbeitsweise der Europäischen Union nicht an der Annahme der Verordnung (EU) Nr. 650/2012 beteiligt. Das Vereinigte Königreich und Irland beteiligen sich deshalb nicht an der Annahme dieser Verordnung.

(3) Nach den Artikeln 1 und 2 des dem Vertrag über die Europäische Union und dem Vertrag über die Arbeitsweise der Europäischen Union beigefügten Protokolls Nr. 22 über die Position Dänemarks beteiligt sich Dänemark nicht an der Annahme dieser Verordnung, die daher für Dänemark weder bindend noch Dänemark gegenüber anwendbar ist.

---

1 ABl. L 201 vom 27. 7. 2012, S. 107.

(4) Die in dieser Verordnung vorgesehenen Maßnahmen stehen im Einklang mit der Stellungnahme des Ausschusses für Erbsachen –

Hat folgende Verordnung erlassen:

Art 1. (1) Für die Bescheinigung betreffend eine Entscheidung in einer Erbsache gemäß Artikel 46 Absatz 3 Buchstabe b der Verordnung (EU) Nr. 650/2012 ist das Formblatt I in Anhang 1 zu verwenden.

(2) Für die Bescheinigung betreffend eine öffentliche Urkunde in einer Erbsache gemäß Artikel 59 Absatz 1 und Artikel 60 Absatz 2 der Verordnung (EU) Nr. 650/2012 ist das Formblatt II in Anhang 2 zu verwenden.

(3) Für die Bescheinigung betreffend einen gerichtlichen Vergleich in einer Erbsache gemäß Artikel 61 Absatz 2 der Verordnung (EU) Nr. 650/2012 ist das Formblatt III in Anhang 3 zu verwenden.

(4) Für den Antrag auf Ausstellung eines Europäischen Nachlasszeugnisses gemäß Artikel 65 Absatz 2 der Verordnung (EU) Nr. 650/2012 ist das Formblatt IV in Anhang 4 zu verwenden.

(5) Für das Europäische Nachlasszeugnis gemäß Artikel 67 Absatz 1 der Verordnung (EU) Nr. 650/2012 ist das Formblatt V in Anhang 5 zu verwenden.

Art 2. Diese Verordnung tritt am 17. August 2015 in Kraft.

Diese Verordnung ist in allen ihren Teilen verbindlich und gilt gemäß den Verträgen unmittelbar in den Mitgliedstaaten.

Brüssel, den 9. Dezember 2014

ANHANG 1

FORMBLATT I

BESCHEINIGUNG

über eine Entscheidung in einer Erbsache

(Artikel 46 Absatz 3 Buchstabe b der Verordnung (EU) Nr. 650/2012 des Europäischen Parlaments und des Rates über die Zuständigkeit, das anzuwendende Recht, die Anerkennung und Vollstreckung von Entscheidungen und die Annahme und Vollstreckung öffentlicher Urkunden in Erbsachen sowie zur Einführung eines Europäischen Nachlasszeugnisses ([1]))

1.　**Ursprungsmitgliedstaat (*)**

　　☐ Belgien ☐ Bulgarien ☐ Tschechische Republik ☐ Deutschland ☐ Estland ☐ Griechenland ☐ Spanien ☐ Frankreich ☐ Kroatien ☐ Italien ☐ Zypern ☐ Lettland ☐ Litauen ☐ Luxemburg ☐ Ungarn ☐ Malta ☐ Niederlande ☐ Österreich ☐ Polen ☐ Portugal ☐ Rumänien ☐ Slowenien ☐ Slowakei ☐ Finnland ☐ Schweden

---

2.　**Gericht oder zuständige Behörde, das/die die vorliegende Bescheinigung ausgestellt hat**

2.1.　Name und Bezeichnung des Gerichts bzw. der Behörde (*): ....

2.2.　Anschrift

2.2.1.　Straße und Hausnummer/Postfach (*): ....

　　...

2.2.2.　Ort und Postleitzahl (*): ....

2.3.　Telefon (*): ....

2.4.　Fax ....

2.5.　E-Mail: ....

2.6.　Sonstige relevante Informationen (bitte angeben): ....

　　...

　　...

3.　**Gericht ([2]) , das die Entscheidung erlassen hat (NUR auszufüllen, falls abweichend von der unter 2. genannten Behörde)**

3.1.　Name und Bezeichnung des Gerichts (*): ....

3.2.　Anschrift

3.2.1.　Straße und Hausnummer/Postfach (*): ....

　　...

3.2.2.　Ort und Postleitzahl (*): ....

3.3.　Telefon (*): ....

3.4.　Fax ....

3.5.　E-Mail: ....

4.	**Entscheidung**

4.1.   Datum (TT.MM.JJJJ) der Entscheidung (*): ....

4.2.   Aktenzeichen der Entscheidung (*): ....

4.3.   Parteien der Entscheidung (^{3})

4.3.1.   *Partei A*

4.3.1.1.   Name und Vorname(n) oder Name der Organisation (*): ....
        ....

4.3.1.2.   Geburtsdatum (TT.MM.JJJJ) und -ort bzw., im Falle einer Organisation, Datum (TT.MM.JJJJ) und Ort der Registrierung sowie Bezeichnung des Registers/der Registerbehörde: ....

4.3.1.3.   Identifikationsnummer (^{4})

4.3.1.3.1.   Identitätsnummer: ....

4.3.1.3.2.   Sozialversicherungsnummer: ....

4.3.1.3.3.   Registriernummer: ....

4.3.1.3.4.   Sonstige (bitte angeben): ....

4.3.1.4.   Anschrift

4.3.1.4.1.   Straße und Hausnummer/Postfach: ....
        ....
        ....

4.3.1.4.2.   Ort und Postleitzahl: ....

4.3.1.4.3.   Land

        ☐ Belgien ☐ Bulgarien ☐ Tschechische Republik ☐ Deutschland ☐ Estland ☐ Griechenland
        ☐ Spanien ☐ Frankreich ☐ Kroatien ☐ Italien ☐ Zypern ☐ Lettland ☐ Litauen ☐ Luxemburg
        ☐ Ungarn ☐ Malta ☐ Niederlande ☐ Österreich ☐ Polen ☐ Portugal ☐ Rumänien ☐ Slowenien
        ☐ Slowakei ☐ Finnland ☐ Schweden

        ☐ Sonstiges (bitte ISO-Code angeben): ....

4.3.1.5.   E-Mail:
        ....

4.3.1.6.   Rolle im Verfahren (*)

4.3.1.6.1.   ☐ Kläger

4.3.1.6.2.   ☐ Beklagter

4.3.1.6.3.   ☐ Sonstige (bitte angeben): ....

4.3.1.7.   Rechtsstellung in der Erbsache (Sie können gegebenenfalls mehr als ein Kästchen ankreuzen) (*)

4.3.1.7.1.   ☐ Erbe

4.3.1.7.2.   ☐ Vermächtnisnehmer

4.3.1.7.3.   ☐ Testamentsvollstrecker

4.3.1.7.4.   ☐ Verwalter

4.3.1.7.5.   ☐ Sonstiges (bitte angeben): ....

4.3.2.	*Partei B*
4.3.2.1.	Name und Vorname(n) oder Name der Organisation (*): ....
	....
4.3.2.2.	Geburtsdatum (TT.MM.JJJJ) und -ort bzw., im Falle einer Organisation, Datum (TT.MM.JJJJ) und Ort der Registrierung sowie Bezeichnung des Registers/der Registerbehörde: ....
4.3.2.3.	Identifikationsnummer (⁴)
4.3.2.3.1.	Identitätsnummer: ....
4.3.2.3.2.	Sozialversicherungsnummer: ....
4.3.2.3.3.	Registriernummer: ....
4.3.2.3.4.	Sonstige (bitte angeben): ....
4.3.2.4.	Anschrift
4.3.2.4.1.	Straße und Hausnummer/Postfach: ....
	....
	....
4.3.2.4.2.	Ort und Postleitzahl: ....
4.3.2.4.3.	Land

☐ Belgien ☐ Bulgarien ☐ Tschechische Republik ☐ Deutschland ☐ Estland ☐ Griechenland ☐ Spanien ☐ Frankreich ☐ Kroatien ☐ Italien ☐ Zypern ☐ Lettland ☐ Litauen ☐ Luxemburg ☐ Ungarn ☐ Malta ☐ Niederlande ☐ Österreich ☐ Polen ☐ Portugal ☐ Rumänien ☐ Slowenien ☐ Slowakei ☐ Finnland ☐ Schweden
☐ Sonstiges (bitte ISO-Code angeben): ....

4.3.2.5.	E-Mail: ....
4.3.2.6.	Rolle im Verfahren (*)
4.3.2.6.1.	☐ Kläger
4.3.2.6.2.	☐ Beklagter
4.3.2.6.3.	☐ Sonstige (bitte angeben): ....
4.3.2.7.	Rechtsstellung in der Erbsache (Sie können gegebenenfalls mehr als ein Kästchen ankreuzen) (*)
4.3.2.7.1.	☐ Erbe
4.3.2.7.2.	☐ Vermächtnisnehmer
4.3.2.7.3.	☐ Testamentsvollstrecker
4.3.2.7.4.	☐ Verwalter
4.3.2.7.5.	☐ Sonstige (bitte angeben): ....
4.4.	Die Entscheidung ist in einem Versäumnisurteil ergangen (*)
4.4.1.	☐ Ja (bitte das Datum (TT.MM.JJJJ) angeben, zu dem der betroffenen Partei das verfahrenseinleitende Schriftstück oder ein gleichwertiges Schriftstück zugestellt wurde): ....
4.4.2.	☐ Nein
4.5.	Wird die Eintragung in ein öffentliches Register beantragt?
4.5.1.	☐ Ja
4.5.2.	☐ Nein
4.6.	Wenn JA (4.5.1): Gegen die Entscheidung kann kein ordentlicher Rechtsbehelf mehr eingelegt werden, einschließlich Rechtsbehelfen beim Gericht letzter Instanz:
4.6.1.	☐ Ja
4.6.2.	☐ Nein

5.	**Vollstreckbarkeit der Entscheidung**
5.1.	Wird die Bescheinigung zum Zwecke der Vollstreckung der Entscheidung in einem anderen Mitgliedstaat beantragt? (*)
5.1.1.	☐ Ja
5.1.2.	☐ Nein
5.1.3.	☐ Nicht bekannt
5.2.	Wenn JA (5.1.1): Die Entscheidung ist im Ursprungsmitgliedstaat vollstreckbar, ohne dass weitere Bedingungen erfüllt werden müssen (*)
5.2.1.	☐ Ja (bitte vollstreckbare Verpflichtung(en) angeben): ....
	....
	....
	....
	....
	....
5.2.2.	☐ Ja, aber nur in Bezug auf einen Teil/Teile der Entscheidung (bitte vollstreckbare Verpflichtung(en) angeben):
	....
	....
	....
	....
	....
5.2.3.	Die Verpflichtung(en) ist/sind gegen folgende Person(en) vollstreckbar:
5.2.3.1.	☐ Partei A
5.2.3.2.	☐ Partei B
5.2.3.3.	☐ Sonstige (bitte angeben): ....

6.	**Zinsen**
6.1.	Wird eine Zinsrückerstattung beantragt? (*)
6.1.1.	☐ Ja
6.1.2.	☐ Nein
6.2.	Wenn JA (6.1.1) (*)
6.2.1.	Zinsen
6.2.1.1.	☐ Nicht in der Entscheidung festgelegt
6.2.1.2.	☐ Ja, folgendermaßen in der Entscheidung festgelegt
6.2.1.2.1.	Zinsen fällig ab: .... (Datum (TT.MM.JJJJ) oder Ereignis) bis: .... (Datum (TT.MM.JJJJ) oder Ereignis) (^{5})
6.2.1.2.2.	☐ Erstattungsbetrag: ....
6.2.1.2.3.	☐ Methode zur Zinsberechnung
6.2.1.2.3.1.	☐ Zinssatz: .... %
6.2.1.2.3.2.	☐ Zinssatz: .... % über Referenzzinssatz (der EZB oder der nationalen Zentralbank: ....)
	gültig ab: .... (Datum (TT.MM.JJJJ) oder Ereignis)

6.2.2.	Gesetzliche Zinsen, zu berechnen gemäß (bitte entsprechendes Gesetz angeben): ....

....

....

....

....

6.2.2.1.	Zinsen fällig ab: .... (Datum (TT.MM.JJJJ) oder Ereignis) bis: .... (Datum (TT.MM.JJJJ) oder Ereignis) ([5])
6.2.2.2.	Methode zur Zinsberechnung
6.2.2.2.1.	☐ Zinssatz: .... %
6.2.2.2.2.	☐ Zinssatz: .... % über Referenzzinssatz (der EZB oder der nationalen Zentralbank: ....)
	gültig ab: .... (Datum (TT.MM.JJJJ) oder Ereignis)
6.2.2.2.2.1.	☐ Erster Tag des jeweiligen Halbjahres, in dem der Schuldner im Verzug ist
6.2.2.2.2.2.	☐ Sonstiges Ereignis (bitte angeben): ....

6.2.3.	Kapitalisierung der Zinsen (bitte angeben): ....

....

....

....

....

....

....

....

6.2.4.	Währung
	☐ Euro (EUR) ☐ Lew (BGN)
	☐ Tschechische Krone (CZK) ☐ Kuna (HRK)
	☐ Forint (HUF) ☐ Zloty (PLN)
	☐ Rumänischer Leu (RON) ☐ Krone (SEK)
	☐ Sonstige (bitte ISO-Code angeben)): ....

7.	**Kosten und Gebühren**
7.1.	Folgenden Parteien wurde vollständige oder teilweise Prozesskostenhilfe gewährt
7.1.1.	☐ Partei A
7.1.2.	☐ Partei B
7.1.3.	☐ Sonstige Partei (bitte angeben): ....
7.2.	Folgenden Parteien wurde Kosten- oder Gebührenbefreiung gewährt
7.2.1.	☐ Partei A
7.2.2.	☐ Partei B
7.2.3.	☐ Sonstige Partei (bitte angeben): ....

7.3.	Wird eine Kosten- oder Gebührenrückerstattung beantragt? (*)
7.3.1.	☐ Ja (⁶)
7.3.2.	☐ Nein

7.4.	Wenn JA (7.3.1): Folgende Person(en), gegen die die Vollstreckung beantragt wird, trägt/tragen die Kosten oder Gebühren (*)
7.4.1.	☐ Partei A
7.4.2.	☐ Partei B
7.4.3.	☐ Sonstige Partei (bitte angeben): ....
7.4.4.	☐ Wenn mehr als eine Person die Kosten oder Gebühren zu tragen hat, darf jede von ihnen für den gesamten Betrag in Anspruch genommen werden?
7.4.4.1.	☐ Ja
7.4.4.2.	☐ Nein

7.5.	Wenn JA (7.3.1): Für folgende Kosten oder Gebühren wird eine Rückerstattung beantragt (falls mehrere Personen in Anspruch genommen werden können, fügen Sie bitte die notwendige Aufschlüsselung für jede Person gesondert bei) (*)
7.5.1.	☐ Die Kosten oder Gebühren wurden in der Entscheidung in Form eines Gesamtbetrags festgelegt (bitte Betrag angeben): ....
7.5.2.	☐ Die Kosten oder Gebühren wurden in der Entscheidung in Form eines Prozentsatzes der Gesamtkosten festgelegt (bitte Prozentsatz der Gesamtkosten angeben): .... %.
7.5.3.	☐ Die Übernahme der Kosten oder Gebühren wurde in der Entscheidung geregelt. Es handelt sich um folgende Beträge:
7.5.3.1.	☐ Gerichtsgebühren: ....
7.5.3.2.	☐ Rechtsanwaltsgebühren: ....
7.5.3.3.	☐ Zustellungskosten: ....
7.5.3.4.	☐ Sonstige (bitte angeben): ....
7.5.4.	☐ Sonstige (bitte angeben): ....

7.6.	Wenn JA (7.3.1) (*)
7.6.1.	Zinsen auf Kosten oder Gebühren
7.6.1.1.	☐ Nicht in der Entscheidung festgelegt
7.6.1.2.	☐ Ja, folgendermaßen in der Entscheidung festgelegt
7.6.1.2.1.	Zinsen fällig ab: .... (Datum (TT.MM.JJJJ) oder Ereignis)
	bis: .... (Datum (TT.MM.JJJJ) oder Ereignis) (⁵)
7.6.1.2.2.	☐ Erstattungsbetrag: ....
7.6.1.2.3.	☐ Methode zur Zinsberechnung
7.6.1.2.3.1.	☐ Zinssatz: .... %
7.6.1.2.3.2.	☐ Zinssatz: .... % über Referenzzinssatz (der EZB oder der nationalen Zentralbank: ....) gültig ab: .... (Datum (TT.MM.JJJJ) oder Ereignis)

7.6.2.	Gesetzliche Zinsen, zu berechnen gemäß (bitte entsprechendes Gesetz angeben): ....

....

....

....

7.6.2.1.	Zinsen fällig ab: .... (Datum (TT.MM.JJJJ) oder Ereignis)
	bis: .... (Datum (TT.MM.JJJJ) oder Ereignis) (5)
7.6.2.2.	Methode zur Zinsberechnung
7.6.2.2.1.	☐ Zinssatz: ..... %
7.6.2.2.2.	☐ Zinssatz: .... % über Referenzzinssatz (der EZB oder der nationalen Zentralbank ....)
	gültig ab: .... (Datum (TT.MM.JJJJ) oder Ereignis)

7.6.3.	Kapitalisierung der Zinsen (bitte angeben): ....

....

....

....

....

7.6.4.	Währung
	☐ Euro (EUR) ☐ Lew (BGN)
	☐ Tschechische Krone (CZK) ☐ Kuna (HRK)
	☐ Forint (HUF) ☐ Zloty (PLN)
	☐ Rumänischer Leu (RON) ☐ Krone (SEK)
	☐ Sonstige (bitte ISO-Code angeben)): ....

Falls weitere Blätter beigefügt wurden, Gesamtzahl der Blätter (*): ....

Ort (*): .... **Datum (*):** .... **(TT.MM.JJJJ)**

Stempel und/oder Unterschrift des ausstellenden Gerichts oder der zuständigen ausstellenden Behörd (*): ....

....

....

(*) Obligatorische Angaben.

(1) ABl. L 201 vom 27.7.2012, S. 107.

(2) Gemäß Artikel 3 Absatz 2 der Verordnung (EU) Nr. 650/2012 umfasst der Begriff „Gericht" unter bestimmten Bedingungen neben gerichtlichen auch andere Behörden sowie Angehörige von Rechtsberufen mit Zuständigkeiten in Erbsachen, die gerichtliche Funktionen ausüben oder in Ausübung einer Befugnisübertragung durch ein Gericht oder unter der Aufsicht eines Gerichts handeln. Die Liste dieser anderen Behörden und Angehörigen von Rechtsberufen wird im *Amtsblatt der Europäischen Union* veröffentlicht.

(3) Betrifft die Entscheidung mehr als zwei Parteien, fügen Sie bitte ein weiteres Blatt bei.

(4) Bitte geben Sie gegebenenfalls die relevanteste Nummer an.

(5) Sie können gegebenenfalls mehrere Zeiträume angeben.

(6) Dieser Punkt umfasst auch Fälle, in denen ein gesonderter Kostenfestsetzungsbeschluss ergangen ist.

ANHANG 2

FORMBLATT II

BESCHEINIGUNG

über eine öffentliche Urkunde in einer Erbsache

(Artikel 59 Absatz 1 und Artikel 60 Absatz 2 der Verordnung (EU) Nr. 650/2012 des Europäischen Parlaments und des Rates über die Zuständigkeit, das anzuwendende Recht, die Anerkennung und Vollstreckung von Entscheidungen und die Annahme und Vollstreckung öffentlicher Urkunden in Erbsachen sowie zur Einführung eines Europäischen Nachlasszeugnisse ([1]))

---

1.   **Ursprungsmitgliedstaat (*)**

☐ Belgien ☐ Bulgarien ☐ Tschechische Republik ☐ Deutschland ☐ Estland ☐ Griechenland ☐ Spanien ☐ Frankreich ☐ Kroatien ☐ Italien ☐ Zypern ☐ Lettland ☐ Litauen ☐ Luxemburg ☐ Ungarn ☐ Malta ☐ Niederlande ☐ Österreich ☐ Polen ☐ Portugal ☐ Rumänien ☐ Slowenien ☐ Slowakei ☐ Finnland ☐ Schweden

---

2.   **Behörde, die die öffentliche Urkunde errichtet hat und die Bescheinigung ausstellt**

2.1.   Name und Bezeichnung der Behörde (*): ....

2.2.   Anschrift

2.2.1.   Straße und Hausnummer/Postfach (*): ....

....

....

2.2.2.   Ort und Postleitzahl (*): ....

2.3.   Telefon (*): ....

2.4.   Fax ....

2.5.   E- Mail: ....

2.6.   Sonstige relevante Informationen (bitte angeben): ....

....

---

3.   **Öffentliche Urkunde**

3.1.   Datum (TT.MM.JJJJ) der Errichtung der öffentlichen Urkunde (*): ....

3.2.   Aktenzeichen der öffentlichen Urkunde: ....

3.3.   Datum (TTT.MM.JJJJ), zu dem die öffentliche Urkunde

3.3.1.   im Register des Ursprungsmitgliedstaats registriert wurde .... ODER

3.3.2.   beim Register des Ursprungsmitgliedstaats hinterlegt wurde ....

(3.3.1 oder 3.3.2 sind NUR auszufüllen, falls abweichend von dem unter 3.1 angegebenen Datum und falls das Datum der Registrierung/Hinterlegung beim Register für die Rechtswirkung der Urkunde maßgebend ist)

3.3.3.   Aktenzeichen im Register: ....

3.4.   Parteien der öffentlichen Urkunde ([2])

3.4.1.	*Partei A*
3.4.1.1.	Name und Vorname(n) oder Name der Organisation (*): ....
	....
3.4.1.2.	Geburtsdatum (TT.MM.JJJJ) und -ort bzw., im Falle einer Organisation, Datum (TT.MM.JJJJ) und Ort der Registrierung sowie Bezeichnung des Registers/der Registerbehörde: ....
3.4.1.3.	Identifikationsnummer (^{3})
3.4.1.3.1.	Identitätsnummer: ....
3.4.1.3.2.	Sozialversicherungsnummer: ....
3.4.1.3.3.	Registriernummer: ....
3.4.1.3.4.	Sonstige (bitte angeben): ....
3.4.1.4.	Anschrift
3.4.1.4.1.	Straße und Hausnummer/Postfach: ....
	....
	....
3.4.1.4.2.	Ort und Postleitzahl: ....
3.4.1.4.3.	Land

☐ Belgien ☐ Bulgarien ☐ Tschechische Republik ☐ Deutschland ☐ Estland ☐ Griechenland ☐ Spanien ☐ Frankreich ☐ Kroatien ☐ Italien ☐ Zypern ☐ Lettland ☐ Litauen ☐ Luxemburg ☐ Ungarn ☐ Malta ☐ Niederlande ☐ Österreich ☐ Polen ☐ Portugal ☐ Rumänien ☐ Slowenien ☐ Slowakei ☐ Finnland ☐ Schweden

☐ Sonstiges (bitte ISO-Code angeben): ....

3.4.1.5.	Rechtsstellung der Partei A (Sie können gegebenenfalls mehr als ein Kästchen ankreuzen)*
3.4.1.5.1.	☐ Erbe
3.4.1.5.2.	☐ Vermächtnisnehmer
3.4.1.5.3.	☐ Testamentsvollstrecker
3.4.1.5.4.	☐ Verwalter
3.4.1.5.5.	☐ Erblasser
3.4.1.5.6.	☐ Sonstige (bitte ausführen): ....
3.4.2.	*Partei B*
3.4.2.1.	Name und Vorname(n) oder Name der Organisation (*): ....
	....
3.4.2.2.	Geburtsdatum (TT.MM.JJJJ) und -ort bzw., im Falle einer Organisation, Datum (TT.MM.JJJJ) und Ort der Registrierung sowie Bezeichnung des Registers/der Registerbehörde: ....
3.4.2.3.	Identifikationsnummer
3.4.2.3.1.	Identitätsnummer (^{3}): ....
3.4.2.3.2.	Sozialversicherungsnummer: ....
3.4.2.3.3.	Registriernummer: ....
3.4.2.3.4.	Sonstige (bitte angeben): ....
3.4.2.4.	Anschrift
3.4.2.4.1.	Straße und Hausnummer/Postfach: ....
	....

3.4.2.4.2. Ort und Postleitzahl: ....

3.4.2.4.3. Land

☐ Belgien ☐ Bulgarien ☐ Tschechische Republik ☐ Deutschland ☐ Estland ☐ Griechenland
☐ Spanien ☐ Frankreich ☐ Kroatien ☐ Italien ☐ Zypern ☐ Lettland ☐ Litauen ☐ Luxemburg
☐ Ungarn ☐ Malta ☐ Niederlande ☐ Österreich ☐ Polen ☐ Portugal ☐ Rumänien ☐ Slowenien
☐ Slowakei ☐ Finnland ☐ Schweden

☐ Sonstiges (bitte ISO-Code angeben): ....

3.4.2.5. Rechtsstellung der Partei B (Sie können gegebenenfalls mehr als ein Kästchen ankreuzen)*

3.4.2.5.1. ☐ Erbe

3.4.2.5.2. ☐ Vermächtnisnehmer

3.4.2.5.3. ☐ Testamentsvollstrecker

3.4.2.5.4. ☐ Verwalter

3.4.2.5.5. ☐ Erblasser

3.4.2.5.6. ☐ Sonstige (bitte ausführen): ....

---

4. **Annahme der öffentlichen Urkunde** (Artikel 59 der Verordnung (EU) Nr. 650/2012)

4.1. Wird die Annahme der öffentlichen Urkunde beantragt? (*)

4.1.1. ☐ Ja

4.1.2. ☐ Nein

4.2. *Authentizität der öffentlichen Urkunde ((*)falls JA (4.1.1.))*

4.2.1. ☐ Nach den Rechtsvorschriften des Ursprungsmitgliedstaats hat die öffentliche Urkunde im Vergleich zu anderen Schriftstücken eine besondere Beweiskraft (*).

4.2.1.1. Die besondere Beweiskraft betrifft folgende Punkte: (*)

4.2.1.1.1. ☐ das Datum der Errichtung der öffentlichen Urkunde

4.2.1.1.2. ☐ den Ort der Errichtung der öffentlichen Urkunde

4.2.1.1.3. ☐ die Echtheit der Unterschriften der Parteien der öffentlichen Urkunde

4.2.1.1.4. ☐ den Inhalt der Erklärungen der Parteien

4.2.1.1.5. ☐ die Tatsachen, die in Anwesenheit der Behörde bestätigt wurden

4.2.1.1.6. ☐ die Handlungen, die die Behörde ausgeführt hat

4.2.1.1.7. ☐ Sonstiges (bitte ausführen): ....
....
....
....
....

4.2.2. Nach den Rechtsvorschriften des Ursprungsmitgliedstaats verliert die öffentliche Urkunde ihre besondere Beweiskraft aufgrund (bitte angeben, falls zutreffend):

4.2.2.1. ☐ einer richterlichen Entscheidung, die ergangen ist in einem

4.2.2.1.1. ☐ ordentlichen Gerichtsverfahren

4.2.2.1.2. ☐ besonderen Gerichtsverfahren, das für diesen Zweck von Rechts wegen vorgesehen ist (bitte Bezeichnung und/oder betreffende Rechtsgrundlagen angeben): ....

....

....

4.2.2.2. ☐ Sonstiges (bitte ausführen): ....

....

4.2.3. ☐ Nach Kenntnis der Behörde wurden im Ursprungsmitgliedstaat keine Einwände bezüglich der Authentizität der öffentlichen Urkunde erhoben (*).

4.3. *In der öffentlichen Urkunde beurkundete Rechtsgeschäfte und -verhältnisse ((*)falls JA (4.1.1))*

4.3.1. Nach Kenntnis der Behörde (*):

4.3.1.1. ☐ wurden keine Einwände bezüglich der beurkundeten Rechtsgeschäfte und/oder -verhältnisse erhoben

4.3.1.2. ☐ wurden Einwände bezüglich einiger Aspekte der beurkundeten Rechtsgeschäfte und/oder -verhältnisse erhoben, die nicht in dieser Bescheinigung berücksichtigt sind (bitte angeben):

....

....

....

....

4.3.2. ☐ Sonstige relevante Informationen (bitte angeben): ....

....

....

....

....

5. Sonstige Angaben

5.1. Die öffentliche Urkunde stellt im Ursprungsmitgliedstaat ein gültiges Schriftstück zum Zwecke der Eintragung von Rechten an beweglichen oder unbeweglichen Vermögensgegenständen in ein Register dar (⁴).

5.1.1. ☐ Ja (bitte ausführen): ....

....

....

....

5.1.2. ☐ Nein

6. Vollstreckbarkeit der öffentlichen Urkunde (Artikel 60 der Verordnung (EU) Nr. 650/2012)

6.1. Wird die Vollstreckbarkeit der öffentlichen Urkunde beantragt? (*)

6.1.1. ☐ Ja

6.1.2. ☐ Nein

6.2. Wenn JA (6.1.1): Ist die öffentliche Urkunde im Ursprungsmitgliedstaat vollstreckbar, ohne dass weitere Bedingungen erfüllt werden müssen? (*)

6.2.1.	☐ Ja (bitte vollstreckbare Verpflichtung(en) angeben): ....
	....
	....
	....
6.2.2.	☐ Ja, aber nur in Bezug auf einen Teil/Teile der öffentlichen Urkunde (bitte vollstreckbare Verpflichtung(en) angeben): ....
	....
	....
	....
6.2.3.	☐ Die Verpflichtung(en) ist/sind gegen folgende Person(en) vollstreckbar: (*)
6.2.3.1.	☐ Partei A
6.2.3.2.	☐ Partei B
6.2.3.3.	☐ Sonstige (bitte angeben): ....
	....
	....

7.	Zinsen
7.1.	Wird eine Zinsrückerstattung beantragt? (*)
7.1.1.	☐ Ja
7.1.2.	☐ Nein
7.2.	Wenn JA (7.1.1): (*)
7.2.1.	Zinsen
7.2.1.1.	☐ Nicht in der öffentlichen Urkunde festgelegt
7.2.1.2.	☐ Ja, folgendermaßen in der öffentlichen Urkunde festgelegt
7.2.1.2.1.	Zinsen fällig ab: .... (Datum (TT.MM.JJJJ) oder Ereignis)
	bis: .... (Datum (TT.MM.JJJJ) oder Ereignis) ([5])
7.2.1.2.2.	☐ Erstattungsbetrag: ....
7.2.1.2.3.	☐ Methode zur Zinsberechnung
7.2.1.2.3.1.	☐ Zinssatz: .... %
7.2.1.2.3.2.	☐ Zinssatz: .... % über Referenzzinssatz (der EZB/der nationalen Zentralbank: ....)
	gültig ab: .... (Datum (TT.MM.JJJJ) oder Ereignis)
7.2.2.	Gesetzliche Zinsen, zu berechnen gemäß (bitte entsprechendes Gesetz angeben): ....
	....
	....
	....
7.2.2.1.	Zinsen fällig ab: .... (Datum (TT.MM.JJJJ) oder Ereignis)
	bis: .... (Datum (TT.MM.JJJJ) oder Ereignis) ([5])
7.2.2.2.	Methode zur Zinsberechnung
7.2.2.2.1.	☐ Zinssatz: .... %

7.2.2.2.2.	☐	Zinssatz: .... % über Referenzzinssatz (der EZB/der nationalen Zentralbank: ....)

gültig ab: ....(Datum (TT.MM.JJJJ) oder Ereignis)

7.2.3. Kapitalisierung der Zinsen (bitte angeben): ....

....

....

....

7.2.4. Währung

☐ Euro (EUR) ☐ Lew (BGN)

☐ Tschechische Krone (CZK) ☐ Kuna (HRK)

☐ Forint (HUF) ☐ Zloty (PLN)

☐ Rumänischer Leu (RON) ☐ Krone (SEK)

☐ Sonstige (bitte ISO-Code angeben)): ....

Falls weitere Blätter beigefügt wurden, Gesamtzahl der Blätter (*): ....

Ort (*): .... **Datum (*):** .... **(TT.MM.JJJJ)**

Stempel und/oder Unterschrift der Ausstellungsbehörde (*): ....

....

....

(*) Obligatorische Angaben.
(¹) ABl. L 201 vom 27.7.2012, S. 107.
(²) Betrifft die öffentliche Urkunde mehr als zwei Parteien, fügen Sie bitte ein weiteres Blatt bei.
(³) Bitte geben Sie gegebenenfalls die relevanteste Nummer an.
(⁴) Die Eintragung eines Rechts an beweglichen oder unbeweglichen Vermögensgegenständen in ein Register unterliegt dem Recht des Mitgliedstaats, in dem das Register geführt wird.
(⁵) Stempel und/oder Unterschrift der Ausstellungsbehörde.

ANHANG 3

FORMBLATT III

BESCHEINIGUNG

über einen gerichtlichen Vergleich in einer Erbsache

(Artikel 61 Absatz 2 der Verordnung (EU) Nr. 650/2012 des Europäischen Parlaments und des Rates über die Zuständigkeit, das anzuwendende Recht, die Anerkennung und Vollstreckung von Entscheidungen und die Annahme und Vollstreckung öffentlicher Urkunden in Erbsachen sowie zur Einführung eines Europäischen Nachlasszeugnisse ([1]))

---

1. **Ursprungsmitgliedstaat (*)**

   ☐ Belgien ☐ Bulgarien ☐ Tschechische Republik ☐ Deutschland ☐ Estland ☐ Griechenland ☐ Spanien ☐ Frankreich ☐ Kroatien ☐ Italien ☐ Zypern ☐ Lettland ☐ Litauen ☐ Luxemburg ☐ Ungarn ☐ Malta ☐ Niederlande ☐ Österreich ☐ Polen ☐ Portugal ☐ Rumänien ☐ Slowenien ☐ Slowakei ☐ Finnland ☐ Schweden

---

2. **Gericht, das den Vergleich gebilligt hat bzw. vor dem der Vergleich geschlossen wurde und das die Bescheinigung ausstellt**

2.1. Name und Bezeichnung des Gerichts ([2]) (*): ....

2.2. Anschrift

2.2.1. Straße und Hausnummer/Postfach (*): ....

....

....

2.2.2. Ort und Postleitzahl (*): ....

2.3. Telefon (*): ....

2.4. Fax ....

2.5. E- Mail: ....

2.6. Sonstige relevante Informationen (bitte angeben): ....

....

....

---

3. **Gerichtlicher Vergleich**

3.1. Datum (TT.MM.JJJJ) des gerichtlichen Vergleichs (*): ....

3.2. Aktenzeichen des gerichtlichen Vergleichs (*)

3.3. Parteien des gerichtlichen Vergleichs ([3]): ....

3.3.1. *Partei A*

3.3.1.1. Name und Vorname(n) oder Name der Organisation (*): ....

....

3.3.1.2. Geburtsdatum (TT.MM.JJJJ) und -ort bzw., im Falle einer Organisation, Datum (TT.MM.JJJJ) und Ort der Registrierung sowie Bezeichnung des Registers/der Registerbehörde: ....

3.3.1.3.   Identifikationsnummer ([4])

3.3.1.3.1.   Identitätsnummer: ....

3.3.1.3.2.   Sozialversicherungsnummer: ....

3.3.1.3.3.   Registriernummer: ....

3.3.1.3.4.   Sonstige (bitte angeben): ....

3.3.1.4.   Anschrift

3.3.1.4.1.   Straße und Hausnummer/Postfach: ....

....

3.3.1.4.2.   Ort und Postleitzahl: ....

3.3.1.4.3.   Land:

     ☐ Belgien ☐ Bulgarien ☐ Tschechische Republik ☐ Deutschland ☐ Estland ☐ Griechenland ☐ Spanien ☐ Frankreich ☐ Kroatien ☐ Italien ☐ Zypern ☐ Lettland ☐ Litauen ☐ Luxemburg ☐ Ungarn ☐ Malta ☐ Niederlande ☐ Österreich ☐ Polen ☐ Portugal ☐ Rumänien ☐ Slowenien ☐ Slowakei ☐ Finnland ☐ Schweden

     ☐ Sonstiges (bitte ISO-Code angeben): ....

3.3.1.5.   E-Mail: ....

3.3.1.6.   Rolle im Verfahren (*)

3.3.1.6.1.   ☐ Kläger

3.3.1.6.2.   ☐ Beklagter

3.3.1.6.3.   ☐ Sonstige (bitte angeben): ....

3.3.1.7.   Rechtsstellung in der Erbsache (Sie können gegebenenfalls mehr als ein Kästchen ankreuzen) (*)

3.3.1.7.1.   ☐ Erbe

3.3.1.7.2.   ☐ Vermächtnisnehmer

3.3.1.7.3.   ☐ Testamentsvollstrecker

3.3.1.7.4.   ☐ Verwalter

3.3.1.7.5.   ☐ Sonstige (bitte angeben): ....

3.3.2.   *Partei B*

3.3.2.1.   Name und Vorname(n) oder Name der Organisation (*): ....

....

3.3.2.2.   Geburtsdatum (TT.MM.JJJJ) und -ort bzw., im Falle einer Organisation, Datum (TT.MM.JJJJ) und Ort der Registrierung sowie Bezeichung des Registers/der Registerbehörde: ....

3.3.2.3.   Identifikationsnummer ([4])

3.3.2.3.1.   Identitätsnummer: ....

3.3.2.3.2.   Sozialversicherungsnummer: ....

3.3.2.3.3.   Registriernummer: ....

3.3.2.3.4.   Sonstige (bitte angeben): ....

3.3.2.4. Anschrift

3.3.2.4.1. Straße und Hausnummer/Postfach: ....

....

3.3.2.4.2. Ort und Postleitzahl: ....

3.3.2.4.3. Land

☐ Belgien ☐ Bulgarien ☐ Tschechische Republik ☐ Deutschland ☐ Estland ☐ Griechenland ☐ Spanien ☐ Frankreich ☐ Kroatien ☐ Italien ☐ Zypern ☐ Lettland ☐ Litauen ☐ Luxemburg ☐ Ungarn ☐ Malta ☐ Niederlande ☐ Österreich ☐ Polen ☐ Portugal ☐ Rumänien ☐ Slowenien ☐ Slowakei ☐ Finnland ☐ Schweden

☐ Sonstiges (bitte ISO-Code angeben): ....

3.3.2.5. E- Mail: ....

3.3.2.6. Rolle im Verfahren (*)

3.3.2.6.1. ☐ Kläger

3.3.2.6.2. ☐ Beklagter

3.3.2.6.3. ☐ Sonstige (bitte angeben): ....

3.3.2.7. Rechtsstellung in der Erbsache (Sie können gegebenenfalls mehr als ein Kästchen ankreuzen) (*)

3.3.2.7.1. ☐ Erbe

3.3.2.7.2. ☐ Vermächtnisnehmer

3.3.2.7.3. ☐ Testamentsvollstrecker

3.3.2.7.4. ☐ Verwalter

3.3.2.7.5. ☐ Sonstige (bitte angeben): ....

....

---

4. **Vollstreckbarkeit des gerichtlichen Vergleichs**

4.1. Ist der gerichtliche Vergleich im Ursprungsmitgliedstaat vollstreckbar, ohne dass weitere Bedingungen erfüllt werden müssen? (*)

4.1.1. ☐ Ja (bitte vollstreckbare Verpflichtung(en) angeben): ....

....

....

....

4.1.2. ☐ Ja, aber nur in Bezug auf einen Teil/Teile des gerichtlichen Vergleichs (bitte vollstreckbare Verpflichtung(en) angeben): ....

....

....

....

4.2. Die Verpflichtung ist gegen folgende Person(en) vollstreckbar (*)

4.2.1. ☐ Partei A

4.2.2. ☐ Partei B

4.2.3. ☐ Sonstige (bitte angeben): ....

....

5.	**Zinsen**
5.1.	Wird eine Zinsrückerstattung beantragt? (*)
5.1.1.	☐ Ja
5.1.2.	☐ Nein
5.2.	Wenn JA (5.1.1): (*)
5.2.1.	Zinsen
5.2.1.1.	☐ Nicht im gerichtlichen Vergleich festgelegt
5.2.1.2.	☐ Ja, folgendermaßen im gerichtlichen Vergleich festgelegt:
5.2.1.2.1.	Zinsen fällig ab: .... (Datum (TT.MM.JJJJ) oder Ereignis)
	bis: .... (Datum (TT.MM.JJJJ) oder Ereignis) ([5])
5.2.1.2.2.	☐ Erstattungsbetrag: ....
5.2.1.2.3.	☐ Methode zur Zinsberechnung
5.2.1.2.3.1.	☐ Zinssatz: .... %
5.2.1.2.3.2.	☐ Zinssatz: .... % über Referenzzinssatz (der EZB/der nationalen Zentralbank: ....)
	gültig ab: .... (Datum (TT.MM.JJJJ) oder Ereignis)
5.2.2.	Gesetzliche Zinsen, zu berechnen gemäß (bitte entsprechendes Gesetz angeben): ....
5.2.2.1.	Zinsen fällig ab: .... (Datum (TT.MM.JJJJ) oder Ereignis)
	bis: .... (Datum (TT.MM.JJJJ) oder Ereignis) ([5])
5.2.2.2.	Methode zur Zinsberechnung
5.2.2.2.1.	☐ Zinssatz: .... %
5.2.2.2.2.	☐ Zinssatz: .... % über Referenzzinssatz (der EZB/der nationalen Zentralbank: ....)
	gültig ab: .... (Datum (TT.MM.JJJJ) oder Ereignis)
5.2.3.	Kapitalisierung der Zinsen (bitte angeben): ....
5.2.4.	Währung
	☐ Euro (EUR) ☐ Lew (BGN
	☐ Tschechische Krone (CZK) ☐ Kuna (HRK)
	☐ Forint (HUF) ☐ Zloty (PLN)
	☐ Rumänischer Leu (RON) ☐ Krone (SEK)
	☐ Sonstige (bitte ISO-Code angeben): ....

Falls weitere Blätter beigefügt wurden, Gesamtzahl der Blätter (*): ....

Ort (*): .... Datum (*): .... (TT.MM.JJJJ)

Stempel und/oder Unterschrift des ausstellenden Gerichts (*): ....

....

(*) Obligatorische Angaben.
(1) ABl. L 201 vom 27.7.2012, S. 107.
(2) Gemäß Artikel 3 Absatz 2 der Verordnung (EU) Nr. 650/2012 umfasst der Begriff „Gericht" unter bestimmten Bedingungen neben gerichtlichen auch andere Behörden sowie Angehörige von Rechtsberufen mit Zuständigkeiten in Erbsachen, die gerichtliche Funktionen ausüben oder in Ausübung einer Befugnisübertragung durch ein Gericht oder unter der Aufsicht eines Gerichts handeln. Die Liste dieser anderen Behörden und Angehörigen von Rechtsberufen wird im *Amtsblatt der Europäischen Union* veröffentlicht.
(3) Betrifft der gerichtliche Vergleich mehr als zwei Parteien, fügen Sie bitte ein weiteres Blatt bei.
(4) Bitte gegebenenfalls die relevanteste Nummer angeben.
(5) Sie können gegebenenfalls mehrere Zeiträume angeben.

ANHANG 4

FORMBLATT IV

Antrag auf Ausstellung eines Europäischen Nachlasszeugnisses

(Artikel 65 der Verordnung (EU) Nr. 650/2012 des Europäischen Parlaments und des Rates über die Zuständigkeit, das anzuwendende Recht, die Anerkennung und Vollstreckung von Entscheidungen und die Annahme und Vollstreckung öffentlicher Urkunden in Erbsachen sowie zur Einführung eines Europäischen Nachlasszeugnisses ([1]))

MITTEILUNG AN DEN ANTRAGSTELLER

Dieses nicht verbindliche Formblatt soll Ihnen die Zusammenstellung der für die Ausstellung eines Europäischen Nachlasszeugnisses erforderlichen Angaben erleichtern. In den Anlagen zu diesem Formblatt können Sie gegebenenfalls zusätzliche relevante Informationen angeben.

Bitte prüfen Sie im Voraus, welche Angaben für die Ausstellung des Zeugnisses benötigt werden.

Dem Antragsformblatt beigefügte Anlagen ([2])

☐ Anlage I — Angaben zum Gericht oder zur sonstigen zuständigen Behörde, das bzw. die mit der Erbsache als solcher befasst ist oder war (OBLIGATORISCH, falls abweichend von der unter 2. des Antragsformblatts genannten Behörde)

☐ Anlage II — Angaben zum/zu den Antragsteller(n) (OBLIGATORISCH, falls es sich um (eine) juristische Person(en) handelt)

☐ Anlage III — Angaben zum Vertreter des/der Antragsteller(s) (OBLIGATORISCH, falls der/die Antragsteller vertreten wird/werden)

☐ Anlage IV — Angaben zum/zu den (ehemaligen) Ehegatten oder (ehemaligen) Lebenspartner(n) des Erblassers (OBLIGATORISCH, falls es einen oder mehrere (ehemalige) Ehegatten oder (ehemalige) Lebenspartner gibt)

☐ Anlage V — Angaben zu möglichen Berechtigten (OBLIGATORISCH, falls abweichend von dem Antragsteller oder dem/den (ehemaligen) Ehegatten oder (ehemaligen) Lebenspartner(n))

☐ Keine Anlage beigefügt

---

1. **Mitgliedstaat der Behörde, an die der Antrag gerichtet ist** ([3]) (*)

  ☐ Belgien ☐ Bulgarien ☐ Tschechische Republik ☐ Deutschland ☐ Estland ☐ Griechenland ☐ Spanien ☐ Frankreich ☐ Kroatien ☐ Italien ☐ Zypern ☐ Lettland ☐ Litauen ☐ Luxemburg ☐ Ungarn ☐ Malta ☐ Niederlande ☐ Österreich ☐ Polen ☐ Portugal ☐ Rumänien ☐ Slowenien ☐ Slowakei ☐ Finnland ☐ Schweden

---

2. **Behörde, an die der Antrag gerichtet ist** ([4])

2.1. Bezeichnung (*): ....

2.2. Anschrift

2.2.1. Straße und Hausnummer/Postfach (*): ....

....

2.2.2. Ort und Postleitzahl (*): ....

2.3. Sonstige relevante Informationen (bitte angeben): ....

....

3.	**Angaben zum Antragsteller (natürliche Person)**

3.1.   Name und Vorname(n) (*): ....

....

3.2.   Geburtsname (falls abweichend von 3.1): ....

3.3.   Geschlecht (*)

3.3.1.   ☐ M

3.3.2.   ☐ F

3.4.   Geburtsdatum (TT.MM.JJJJ) und -ort (*): ....

3.5.   Familienstand

3.5.1.   ☐ Ledig

3.5.2.   ☐ Verheiratet

3.5.3.   ☐ Eingetragener Partner

3.5.4.   ☐ Geschieden

3.5.5.   ☐ Verwitwet

3.5.6.   ☐ Sonstiges (bitte angeben): ....

3.6.   Staatsangehörigkeit (*)

☐ Belgien ☐ Bulgarien ☐ Tschechische Republik ☐ Deutschland ☐ Estland ☐ Griechenland ☐ Spanien ☐ Frankreich ☐ Kroatien ☐ Italien ☐ Zypern ☐ Lettland ☐ Litauen ☐ Luxemburg ☐ Ungarn ☐ Malta ☐ Niederlande ☐ Österreich ☐ Polen ☐ Portugal ☐ Rumänien ☐ Slowenien ☐ Slowakei ☐ Finnland ☐ Schweden

☐ Sonstige (bitte ISO-Code angeben): ....

3.7.   Identifikationsnummer ([6]): ....

3.7.1.   Nationale Identitätsnummer: ....

3.7.2.   Sozialversicherungsnummer: ....

3.7.3.   Steuernummer: ....

3.7.4.   Sonstige (bitte angeben): ....

3.8.   Anschrift

3.8.1.   Straße und Hausnummer/Postfach (*): ....

....

....

3.8.2.   Ort und Postleitzahl (*): ....

3.8.3.   Land (*)

☐ Belgien ☐ Bulgarien ☐ Tschechische Republik ☐ Deutschland ☐ Estland ☐ Griechenland ☐ Spanien ☐ Frankreich ☐ Kroatien ☐ Italien ☐ Zypern ☐ Lettland ☐ Litauen ☐ Luxemburg ☐ Ungarn ☐ Malta ☐ Niederlande ☐ Österreich ☐ Polen ☐ Portugal ☐ Rumänien ☐ Slowenien ☐ Slowakei ☐ Finnland ☐ Schweden

☐ Sonstiges (bitte ISO-Code angeben): ....

3.9.	Telefon: ....
3.10.	Fax ....
3.11.	E- Mail: ....
3.12.	Verhältnis zum Erblasser (*):

☐ Sohn ☐ Tochter ☐ Vater ☐ Mutter ☐ Enkelsohn ☐ Enkeltochter ☐ Großvater ☐ Großmutter ☐ Ehegatte (^{7}) ☐ eingetragener Partner (^{7}) ☐ De-*facto*-Partner (^{8}) (^{9}) ☐ Bruder ☐ Schwester ☐ Neffe ☐ Nichte ☐ Onkel ☐ Tante ☐ Cousin/Cousine ☐ Sonstiges (bitte angeben): ....

4. Zweck des Zeugnisses (^{8})

4.1. ☐ *Erbe*

Das Zeugnis wird in einem anderen Mitgliedstaat als Nachweis der Rechtsstellung und/oder der Rechte des Erben benötigt (bitte ausführen): ....
....
....
....
....

4.2. ☐ *Vermächtnisnehmer*

Das Zeugnis wird in einem anderen Mitgliedstaat als Nachweis der Rechtsstellung und/oder der Rechte des Vermächtnisnehmers, der unmittelbare Ansprüche aus dem Nachlass hat, benötigt (bitte ausführen): ....
....
....
....
....
....

4.3. ☐ *Befugnisse des Testamentsvollstreckers*

Das Zeugnis wird in einem anderen Mitgliedstaat für die Ausübung der Befugnisse des Testamentsvollstreckers benötigt (bitte die Befugnisse und gegebenenfalls die Vermögenswerte, auf die sie sich beziehen, angeben): ....
....
....
....
....
....
....
....
....
....
....
....
....

4.4. ☐ *Befugnisse des Nachlassverwalters*

Das Zeugnis wird in einem anderen Mitgliedstaat für die Ausübung der Befugnisse des Nachlassverwalters benötigt (bitte die Befugnisse und gegebenenfalls die Vermögenswerte, auf die sie sich beziehen, angeben):

....

....

....

....

....

....

....

....

....

....

....

....

5. **Angaben zum Erblasser**

5.1. Name und Vorname(n) (*): ....

....

5.2. Geburtsname (falls abweichend von 5.1): ....

....

5.3. Geschlecht (*)

5.3.1. ☐ M

5.3.2. ☐ F

5.4. Geburtsdatum (TT.MM.JJJJ) und -ort (Stadt/Land (ISO-Code)) (*): ....

....

5.5. Todesdatum (TT.MM.JJJJ) und -ort (Stadt/Land (ISO-Code)) (*): ....

....

5.6. Familienstand zum Zeitpunkt des Todes ([10]) (*)

5.6.1. ☐ Ledig

5.6.2. ☐ Verheiratet

5.6.3. ☐ Eingetragener Partner

5.6.4. ☐ Geschieden

5.6.5. ☐ Verwitwet

5.6.6. ☐ Sonstiges (bitte ausführen): ....

5.7. Staatsangehörigkeit (*)

☐ Belgien ☐ Bulgarien ☐ Tschechische Republik ☐ Deutschland ☐ Estland ☐ Griechenland ☐ Spanien ☐ Frankreich ☐ Kroatien ☐ Italien ☐ Zypern ☐ Lettland ☐ Litauen ☐ Luxemburg ☐ Ungarn ☐ Malta ☐ Niederlande ☐ Österreich ☐ Polen ☐ Portugal ☐ Rumänien ☐ Slowenien ☐ Slowakei ☐ Finnland ☐ Schweden

☐ Sonstige (bitte ISO-Code angeben): ....

5.8.   Identifikationsnummer (^{6})
5.8.1. Nationale Identitätsnummer: ....
5.8.2. Nummer der Geburtsurkunde: ....
5.8.3. Nummer der Sterbeurkunde: ....
5.8.4. Sozialversicherungsnummer: ....
5.8.5. Steuernummer: ....
5.8.6. Sonstige (bitte angeben): ....
5.9.   Anschrift zum Zeitpunkt des Todes (^{11})
5.9.1. Straße und Hausnummer/Postfach (*): ....
....
....
5.9.2. Ort und Postleitzahl (*): ....
5.9.3. Land (*)
☐ Belgien ☐ Bulgarien ☐ Tschechische Republik ☐ Deutschland ☐ Estland ☐ Griechenland ☐ Spanien ☐ Frankreich ☐ Kroatien ☐ Italien ☐ Zypern ☐ Lettland ☐ Litauen ☐ Luxemburg ☐ Ungarn ☐ Malta ☐ Niederlande ☐ Österreich ☐ Polen ☐ Portugal ☐ Rumänien ☐ Slowenien ☐ Slowakei ☐ Finnland ☐ Schweden
☐ Sonstiges (bitte ISO-Code angeben): ....

6.   **Weitere Angaben**
6.1.   Grundlage für Ihren Anspruch am Nachlass (**)
6.1.1. ☐ Ich bin ein Berechtigter aufgrund einer Verfügung von Todes wegen
6.1.2. ☐ Ich bin ein Berechtigter nach der gesetzlichen Erbfolge
6.2.   Grundlage für Ihre Befugnis zur Testamentsvollstreckung (***)
6.2.1. ☐ Ich wurde durch eine Verfügung von Todes wegen als Testamentsvollstrecker benannt
6.2.2. ☐ Ich wurde gerichtlich als Testamentsvollstrecker bestellt
6.2.3. ☐ Sonstiges (bitte ausführen): ....
....
....
6.3.   Grundlage für Ihre Befugnis zur Nachlassverwaltung (***)
6.3.1. ☐ Ich wurde durch eine Verfügung von Todes wegen als Nachlassverwalter benannt
6.3.2. ☐ Ich wurde gerichtlich als Nachlassverwalter bestellt
6.3.3. ☐ Ich wurde in einer außergerichtlichen Einigung zwischen den Berechtigten als Nachlassverwalter benannt.
6.3.4. ☐ Ich habe von Gesetzes wegen die Befugnis zur Nachlassverwaltung
6.4.   Hat der Erblasser eine oder mehrere Verfügungen von Todes wegen hinterlassen? (*)
6.4.1. ☐ Ja
6.4.2. ☐ Nein
6.4.3. ☐ Nicht bekannt

6.5. Hat der Erblasser Anordnungen bezüglich des Rechts, dem der Nachlass unterliegen soll, getroffen (Rechtswahl)? (*)

6.5.1. ☐ Ja

6.5.2. ☐ Nein

6.5.3. ☐ Nicht bekannt

6.6. War der Erblasser zum Zeitpunkt seines Todes zusammen mit einer anderen Person außer dem in Anlage IV genannten (ehemaligen) Ehegatten oder (ehemaligen) Lebenspartner gemeinsamer Eigentümer von Vermögenswerten, die Teil des Nachlasses sind? (*)

6.6.1. ☐ Ja (geben Sie bitte die betroffene(n) Person(en) und Vermögenswerte an): ....
....
....
....
....
....
....

6.6.2. ☐ Nein

6.6.3. ☐ Nicht bekannt

6.7. Gibt es (weitere) mögliche Berechtigte? (*)

6.7.1. ☐ Ja (^{12})

6.7.2. ☐ Nein

6.7.3. ☐ Nicht bekannt

6.8. Hat einer der Berechtigten die Erbschaft ausdrücklich angenommen? (*)

6.8.1. ☐ Ja (bitte ausführen): ....
....
....

6.8.2. ☐ Nein

6.8.3. ☐ Nicht bekannt

6.9. Hat einer der Berechtigten die Erbschaft ausdrücklich ausgeschlagen? (*)

6.9.1. ☐ Ja (bitte ausführen): ....
....
....

6.9.2. ☐ Nein

6.9.3. ☐ Nicht bekannt

6.10. Weitere Angaben, die Sie für die Ausstellung des Zeugnisses für nützlich erachten (zusätzlich zu den Angaben unter Punkt 4. des Antragsformblatts oder in den Anlagen):
....
....
....
....
....
....
....

7. Dem Antragsformblatt beigefügte Schriftstücke

Der Antragsteller hat alle einschlägigen Schriftstücke beizufügen, die die Angaben in diesem Formblatt belegen. Fügen Sie daher bitte — wenn möglich und sofern die unter 2. genannte Behörde noch nicht in deren Besitz ist — die Urschrift oder eine Abschrift des Schriftstücks bei, welches die für ihre Beweiskraft erforderlichen Voraussetzungen erfüllt.

☐ Sterbeurkunde oder Bescheinigung der Todeserklärung

☐ Gerichtsentscheidung

☐ Gerichtsstandsvereinbarung

☐ (gemeinschaftliches) Testament ([13]): ....
   ....

☐ Bescheinigung des Testamentsregisters

☐ Erbvertrag ([13]): ....
   ....

☐ Erklärung bezüglich der Rechtswahl ([13]): ....
   ....

☐ Ehevertrag oder Vertrag in Bezug auf ein Verhältnis, das mit der Ehe vergleichbare Wirkungen entfaltet ([13]):
   ....
   ....

☐ Erklärung über die Annahme der Erbschaft

☐ Erklärung über die Ausschlagung der Erbschaft

☐ Schriftstück in Bezug auf die Benennung eines Nachlassverwalters

☐ Schriftstück in Bezug auf das Nachlassinventar

☐ Schriftstück in Bezug auf die Nachlassverteilung

☐ Vollmacht

☐ Sonstiges (bitte angeben): ....
   ....
   ....
   ....

Falls weitere Blätter und Anlagen beigefügt wurden, Gesamtzahl der Blätter (*): ....

Gesamtzahl der dem Antragsformblatt beigefügten Schriftstücke (*): ....

Ort (*): .... Datum (*) .... (TT.MM.JJJJ)

Unterschrift (*): ....

Hiermit erkläre ich, dass nach meinem besten Wissen kein Rechtsstreit in Bezug auf einen der durch dieses Zeugnis zu beurkundenden Sachverhalte anhängig ist.

Ort (*): .... Datum (*) .... (TT.MM.JJJJ)

Unterschrift (*): ....

FORMBLATT IV — ANLAGE I

Gericht oder sonstige zuständige Behörde, das bzw. die

mit der Erbsache als solcher befasst ist oder war

(NUR auszufüllen, falls abweichend von Punkt 2 des Antragsformblatts)

---

1. Name und Bezeichnung des Gerichts bzw. der zuständigen Behörde (*): ....

    ....

    ....

2. Anschrift

2.1. Straße und Hausnummer/Postfach (*): ....

    ....

    ....

2.2. Ort und Postleitzahl (*): ....

2.3. Land (*)

    ☐ Belgien ☐ Bulgarien ☐ Tschechische Republik ☐ Deutschland ☐ Estland ☐ Griechenland
    ☐ Spanien ☐ Frankreich ☐ Kroatien ☐ Italien ☐ Zypern ☐ Lettland ☐ Litauen ☐ Luxemburg
    ☐ Ungarn ☐ Malta ☐ Niederlande ☐ Österreich ☐ Polen ☐ Portugal ☐ Rumänien ☐ Slowenien
    ☐ Slowakei ☐ Finnland ☐ Schweden

    ☐ Sonstiges (bitte ISO-Code angeben): ....

3. Telefon (*): ....

4. Fax ....

5. E- Mail: ....

6. Aktenzeichen: ....

7. Sonstige relevante Informationen (bitte ausführen): ....

    ....

    ....

    ....

    ....

FORMBLATT IV — ANLAGE II

Angaben zum/zu den Antragsteller(n)
(NUR auszufüllen, falls es sich bei dem/den Antragsteller(n) um (eine) juristische Person(en) handelt) ([14])

1. Name der Organisation (*): ....
    ....
    ....

2. Eintragung der Organisation
2.1. Registriernummer: ....
2.2. Bezeichnung des Registers/der Registerbehörde (*): ....
2.3. Datum (TT.MM.JJJJ) und Ort der Eintragung: ....

3. Anschrift der Organisation
3.1. Straße und Hausnummer/Postfach (*): ....
    ....
    ....
3.2. Ort und Postleitzahl (*): ....
3.3. Land (*)

☐ Belgien ☐ Bulgarien ☐ Tschechische Republik ☐ Deutschland ☐ Estland ☐ Griechenland
☐ Spanien ☐ Frankreich ☐ Kroatien ☐ Italien ☐ Zypern ☐ Lettland ☐ Litauen ☐ Luxemburg
☐ Ungarn ☐ Malta ☐ Niederlande ☐ Österreich ☐ Polen ☐ Portugal ☐ Rumänien ☐ Slowenien
☐ Slowakei ☐ Finnland ☐ Schweden

☐ Sonstiges (bitte ISO-Code angeben): ....

4. Telefon (*): ....

5. Fax ....

6. E- Mail: ....

7. Name und Vorname(n) der für die Organisation zeichnungsberechtigten Person (*): ....

8. Sonstige relevante Informationen (bitte ausführen): ....
    ....
    ....
    ....
    ....

FORMBLATT IV — ANLAGE III

Angaben zum/zu den Vertreter(n) des/der Antragsteller(s) ([15])

(NUR auszufüllen, falls der/die Antragsteller vertreten wird/werden)

---

1. Name und Vorname(n) oder Name der Organisation (*): ....

    ....

    ....

2. Eintragung der Organisation

2.1. Registriernummer: ....

2.2. Bezeichnung des Registers/der Registerbehörde (*): ....

2.3. Datum (TT.MM.JJJJ) und Ort der Eintragung: ....

3. Anschrift

3.1. Straße und Hausnummer/Postfach (*): ....

    ....

3.2. Ort und Postleitzahl (*): ....

3.3. Land (*)

   ☐ Belgien ☐ Bulgarien ☐ Tschechische Republik ☐ Deutschland ☐ Estland ☐ Griechenland
   ☐ Spanien ☐ Frankreich ☐ Kroatien ☐ Italien ☐ Zypern ☐ Lettland ☐ Litauen ☐ Luxemburg
   ☐ Ungarn ☐ Malta ☐ Niederlande ☐ Österreich ☐ Polen ☐ Portugal ☐ Rumänien ☐ Slowenien
   ☐ Slowakei ☐ Finnland ☐ Schweden

   ☐ Sonstiges (bitte ISO-Code angeben): ....

4. Telefon: ....

5. Fax ....

6. E- Mail: ....

7. Vertretungsmacht aufgrund der Eigenschaft als (*)

   ☐ Vormund ☐ Elternteil ☐ Für eine juristische Person zeichnungsberechtigte Person
   ☐ Bevollmächtigte Person

   ☐ Sonstiges (bitte ausführen): ....

FORMBLATT IV — ANLAGE IV

Angaben zum/zu den (ehemaligen) Ehegatten oder (ehemaligen) Lebenspartner(n) des Erblassers (^{16})
(NUR auszufüllen, falls es einen oder mehrere (ehemalige(n)) Ehegatten oder (ehemalige(n)) Lebenspartner des Erblassers gibt)

1.	Ist der (ehemalige) Ehegatte oder (ehemalige) Lebenspartner der Antragsteller? (*)
1.1.	☐ Ja (siehe Angaben unter Punkt 3 des Antragsformblatts — geben Sie gegebenenfalls an, um welchen Antragsteller es sich handelt): ....
1.2.	☐ Nein
1.2.1.	Name und Vorname(n) (*): ....
	....
1.2.2.	Geburtsname (falls abweichend von 1.2.1): ....
1.2.3.	Geschlecht (*)
1.2.3.1.	☐ M
1.2.3.2.	☐ F
1.2.4.	Geburtsdatum (TT.MM.JJJJ) und -ort (*): ....
1.2.5.	Familienstand
1.2.5.1.	☐ Ledig
1.2.5.2.	☐ Verheiratet
1.2.5.3.	☐ Eingetragener Partner
1.2.5.4.	☐ Geschieden
1.2.5.5.	☐ Verwitwet
1.2.5.6.	☐ Sonstiges (bitte angeben): ....
1.2.6.	Staatsangehörigkeit (*)
	☐ Belgien ☐ Bulgarien ☐ Tschechische Republik ☐ Deutschland ☐ Estland ☐ Griechenland ☐ Spanien ☐ Frankreich ☐ Kroatien ☐ Italien ☐ Zypern ☐ Lettland ☐ Litauen ☐ Luxemburg ☐ Ungarn ☐ Malta ☐ Niederlande ☐ Österreich ☐ Polen ☐ Portugal ☐ Rumänien ☐ Slowenien ☐ Slowakei ☐ Finnland ☐ Schweden
	☐ Sonstige (bitte ISO-Code angeben): ....
1.2.7.	Identifikationsnummer6 (^{6})
1.2.7.1.	Nationale Identitätsnummer: ....
1.2.7.2.	Sozialversicherungsnummer: ....
1.2.7.3.	Steuernummer: ....
1.2.7.4.	Sonstige (bitte angeben): ....

1.2.8.	Anschrift
1.2.8.1.	Straße und Hausnummer/Postfach (*): ....
	....
	....
1.2.8.2.	Ort und Postleitzahl (*): ....
1.2.8.3.	Land (*)

☐ Belgien ☐ Bulgarien ☐ Tschechische Republik ☐ Deutschland ☐ Estland ☐ Griechenland ☐ Spanien ☐ Frankreich ☐ Kroatien ☐ Italien ☐ Zypern ☐ Lettland ☐ Litauen ☐ Luxemburg ☐ Ungarn ☐ Malta ☐ Niederlande ☐ Österreich ☐ Polen ☐ Portugal ☐ Rumänien ☐ Slowenien ☐ Slowakei ☐ Finnland ☐ Schweden

☐ Sonstige (bitte ISO-Code angeben): ....

1.2.9.	Telefon: ....
1.2.10.	E-Mail: ....
1.2.11.	Verhältnis zum Erblasser zum Zeitpunkt des Todes (*)
1.2.11.1.	☐ Mit dem Erblasser verheiratet
1.2.11.2.	☐ Eingetragener Partner des Erblassers
1.2.11.3.	☐ Vom Erblasser geschieden
1.2.11.4.	☐ Vom Erblasser rechtlich getrennt
1.2.11.5.	☐ Sonstiges (bitte angeben): ....
2.	Anschrift des Paares zum Zeitpunkt der Eheschließung oder Eintragung der Partnerschaft
2.1.	Straße und Hausnummer/Postfach: ....
	....
	....
2.2.	Ort und Postleitzahl: ....
2.3.	Land

☐ Belgien ☐ Bulgarien ☐ Tschechische Republik ☐ Deutschland ☐ Estland ☐ Griechenland ☐ Spanien ☐ Frankreich ☐ Kroatien ☐ Italien ☐ Zypern ☐ Lettland ☐ Litauen ☐ Luxemburg ☐ Ungarn ☐ Malta ☐ Niederlande ☐ Österreich ☐ Polen ☐ Portugal ☐ Rumänien ☐ Slowenien ☐ Slowakei ☐ Finnland ☐ Schweden

☐ Sonstiges (bitte ISO-Code angeben): ....

3.	Anschrift des Ehegatten oder Lebenspartners zum Zeitpunkt des Todes des Erblassers (falls abweichend von 5.9 des Antragsformblatts)
3.1.	Straße und Hausnummer/Postfach: ....
	....
	....
3.2.	Ort und Postleitzahl: ....
3.3.	Land

☐ Belgien ☐ Bulgarien ☐ Tschechische Republik ☐ Deutschland ☐ Estland ☐ Griechenland ☐ Spanien ☐ Frankreich ☐ Kroatien ☐ Italien ☐ Zypern ☐ Lettland ☐ Litauen ☐ Luxemburg ☐ Ungarn ☐ Malta ☐ Niederlande ☐ Österreich ☐ Polen ☐ Portugal ☐ Rumänien ☐ Slowenien ☐ Slowakei ☐ Finnland ☐ Schweden

☐ Sonstiges (bitte ISO-Code angeben): ....

4.	Staatsangehörigkeit des Erblassers zum Zeitpunkt der Eheschließung oder Eintragung der Partnerschaft:

☐ Belgium ☐ Bulgarien ☐ Tschechische Republik ☐ Deutschland ☐ Estland ☐ Griechenland ☐ Spanien ☐ Frankreich ☐ Kroatien ☐ Italien ☐ Zypern ☐ Lettland ☐ Litauen ☐ Luxemburg ☐ Ungarn ☐ Malta ☐ Niederlande ☐ Österreich ☐ Polen ☐ Portugal ☐ Rumänien ☐ Slowenien ☐ Slowakei ☐ Finnland ☐ Schweden

☐ Sonstiges (bitte ISO-Code angeben): ....

5.	Staatsangehörigkeit des Ehegatten oder Lebenspartners zum Zeitpunkt der Eheschließung/Eintragung der Partnerschaft mit dem Erblasser:

☐ Belgium ☐ Bulgarien ☐ Tschechische Republik ☐ Deutschland ☐ Estland ☐ Griechenland ☐ Spanien ☐ Frankreich ☐ Kroatien ☐ Italien ☐ Zypern ☐ Lettland ☐ Litauen ☐ Luxemburg ☐ Ungarn ☐ Malta ☐ Niederlande ☐ Österreich ☐ Polen ☐ Portugal ☐ Rumänien ☐ Slowenien ☐ Slowakei ☐ Finnland ☐ Schweden

☐ Sonstiges (bitte ISO-Code angeben): ....

6.	Datum (TT.MM.JJJJ) und Ort der Eheschließung/Eintragung der Partnerschaft mit dem Erblasser:

....

7.	Behörde, die die Ehe geschlossen/die Partnerschaft eingetragen hat:

....

....

8.	Hatten der Ehegatte/Lebenspartner und der Erblasser festgelegt, welches Güterrecht für ihre Ehe/eingetragene Partnerschaft maßgebend ist (Rechtswahl)? (*)
8.1.	☐ Ja
8.2.	☐ Nein
8.3.	☐ Nicht bekannt

9.	Hatten der Ehegatte/Lebenspartner und der Erblasser einen Ehevertrag oder einen Vertrag in Bezug auf ein Verhältnis, das mit der Ehe vergleichbare Wirkungen entfaltet, geschlossen? (*)
9.1.1.	☐ Ja
9.1.2.	☐ Nein
9.1.3.	☐ Nicht bekannt

10.	Falls bekannt, Angaben zum ehelichen Güterstand oder zu einem anderen gleichwertigen Güterstand des Erblassers (geben Sie insbesondere an, ob der Güterstand aufgelöst und auseinandergesetzt wurde): ....

....

....

....

....

....

....

....

....

....

....

....

FORMBLATT IV — ANLAGE V

Angaben zu möglichen Berechtigten

(ohne den Antragsteller, (ehemaligen) Ehegatten oder (ehemaligen) Lebenspartner) ([17])

---

1. **Berechtigte Person A**

1.1. Name und Vorname(n) oder Name der Organisation (*): ....
....

1.2. Geburtsname (falls abweichend von 1.1): ....

1.3. Identifikationsnummer ([6])

1.3.1. Nationale Identitätsnummer: ....

1.3.2. Sozialversicherungsnummer: ....

1.3.3. Steuernummer: ....

1.3.4. Registriernummer: ....

1.3.5. Sonstige (bitte angeben): ....

1.4. Anschrift

1.4.1. Straße und Hausnummer/Postfach (*): ....
....
....

1.4.2. Ort und Postleitzahl (*): ....

1.4.3. Land (*)

☐ Belgien ☐ Bulgarien ☐ Tschechische Republik ☐ Deutschland ☐ Estland ☐ Griechenland ☐ Spanien ☐ Frankreich ☐ Kroatien ☐ Italien ☐ Zypern ☐ Lettland ☐ Litauen ☐ Luxemburg ☐ Ungarn ☐ Malta ☐ Niederlande ☐ Österreich ☐ Polen ☐ Portugal ☐ Rumänien ☐ Slowenien ☐ Slowakei ☐ Finnland ☐ Schweden

☐ Sonstiges (bitte ISO-Code angeben): ....

1.5. Telefon: ....

1.6. E- Mail: ....

1.7. Verhältnis zum Erblasser

☐ Sohn ☐ Tochter ☐ Vater ☐ Mutter ☐ Enkel ☐ Enkelin ☐ Großvater ☐ Großmutter ☐ Bruder ☐ Schwester ☐ Neffe ☐ Nichte ☐ Onkel ☐ Tante ☐ Cousin/Cousine ☐ Sonstiges (bitte angeben): ....

1.8. Berechtigt kraft (*)

1.8.1. ☐ Verfügung von Todes wegen

1.8.2. ☐ gesetzlicher Erbfolge

2. **Berechtigte Person B**

2.1. Name und Vorname(n) oder Name der Organisation (*): ....
....

2.2. Geburtsname (falls abweichend von 2.1): ....

2.3. Identifikationsnummer (^{6})

2.3.1. Nationale Identitätsnummer: ....

2.3.2. Sozialversicherungsnummer: ....

2.3.3. Steuernummer: ....

2.3.4. Registriernummer: ....

2.3.5. Sonstige (bitte angeben): ....

2.4. Anschrift

2.4.1. Straße und Hausnummer/Postfach (*): ....
....
....

2.4.2. Ort und Postleitzahl (*): ....

2.4.3. Land (*)

☐ Belgien ☐ Bulgarien ☐ Tschechische Republik ☐ Deutschland ☐ Estland ☐ Griechenland ☐ Spanien ☐ Frankreich ☐ Kroatien ☐ Italien ☐ Zypern ☐ Lettland ☐ Litauen ☐ Luxemburg ☐ Ungarn ☐ Malta ☐ Niederlande ☐ Österreich ☐ Polen ☐ Portugal ☐ Rumänien ☐ Slowenien ☐ Slowakei ☐ Finnland ☐ Schweden

☐ Sonstiges (bitte ISO-Code angeben): ....

2.5. Telefon: ....

2.6. E-Mail: ....

2.7. Verhältnis zum Erblasser

☐ Sohn ☐ Tochter ☐ Vater ☐ Mutter ☐ Enkel ☐ Enkelin ☐ Großvater ☐ Großmutter ☐ Bruder ☐ Schwester ☐ Neffe ☐ Nichte ☐ Onkel ☐ Tante ☐ Cousin/Cousine ☐ Sonstiges (bitte angeben): ....

2.8. Berechtigt kraft (*)

2.8.1. ☐ Verfügung von Todes wegen

2.8.2. ☐ gesetzlicher Erbfolge

(*) Obligatorische Angaben.

(**) Obligatorische Angabe, falls mit dem Zeugnis Ansprüche am Nachlass bescheinigt werden sollen.

(***) Obligatorische Angaben, falls mit dem Zeugnis die Befugnis zur Testamentsvollstreckung oder zur Nachlassverwaltung bescheinigt werden soll.

(1) ABl. L 201 vom 27.7.2012, S. 107.

(2) Bitte kreuzen Sie die zutreffenden Kästchen an.

(3) Dies sollte der Mitgliedstaat sein, dessen Gerichte gemäß der Verordnung (EU) Nr. 650/2012 zuständig sind.

(4) Falls eine andere Behörde mit der Erbsache befasst ist/war, fügen Sie bitte Anlage I ausgefüllt bei.

(5) Bei juristischen Personen ist Anlage II ausgefüllt beizufügen.
Bei mehreren Antragstellern ist ein weiteres Blatt beizufügen.
Bei Vertretern ist Anlage III ausgefüllt beizufügen.

(6) Bitte geben Sie gegebenenfalls die relevanteste Nummer an.

(7) Bitte Anlage IV ausgefüllt beifügen.

(8) Der Begriff des De-facto-Partners schließt die in einigen Mitgliedstaaten für Lebensgemeinschaften bestehenden Rechtsinstitute ein wie „sambo" (Schweden) oder „ avopuoliso" (Finnland).

(9) Sie können gegebenenfalls mehr als ein Kästchen ankreuzen.

(10) Wenn der Erblasser verheiratet war oder in einem Verhältnis gelebt hat, das mit der Ehe vergleichbare Wirkungen entfaltet, fügen Sie bitte Anlage IV ausgefüllt bei.

(11) Wenn der Erblasser zum Zeitpunkt seines Todes mehrere private Anschriften hatte, geben Sie bitte die relevanteste an.

(12) Für Berechtigte, die weder Antragsteller noch ein (ehemaliger) Ehegatte oder (ehemaliger) Lebenspartner sind, ist Anlage V ausgefüllt beizufügen.

(13) Falls weder die Urschrift noch eine Abschrift beigefügt ist, geben Sie bitte an, wo sich die Urschrift befinden könnte.

(14) Wenn der Antrag von mehr als einer juristischen Person gestellt wird, fügen Sie bitte ein weiteres Blatt bei.

(15) Wenn es mehr als einen Vertreter gibt, fügen Sie bitte ein weiteres Blatt bei.

(16) Bei mehr als einer Person fügen Sie bitte ein weiteres Blatt bei.

(17) Vgl. Punkt 3 des Antragsformblatts, Anlagen II oder IV.
Geben Sie insbesondere alle Verwandten des Erblassers in gerader absteigender Linie an, von denen Sie Kenntnis haben.
Haben Sie von mehr als zwei möglichen Berechtigten Kenntnis, fügen Sie bitte ein weiteres Blatt bei.

ANHANG 5

FORMBLATT V

Europäisches Nachlasszeugnis

(Artikel 67 der Verordnung (EU) Nr. 650/2012 des Europäischen Parlaments und des Rates über die Zuständigkeit, das anzuwendende Recht, die Anerkennung und Vollstreckung von Entscheidungen und die Annahme und Vollstreckung öffentlicher Urkunden in Erbsachen sowie zur Einführung eines Europäischen Nachlasszeugnisses ([1]))

Das Original dieses Zeugnisses bleibt in Händen der Ausstellungsbehörde

Beglaubigte Abschriften dieses Zeugnisses sind bis zu dem im entsprechenden Feld angegebenen Datum am Ende dieses Formblatts gültig

Dem Nachlasszeugnis beigefügte Anlagen (˙)

☐ Anlage I — Angaben zum/zu den Antragsteller(n) (OBLIGATORISCH, falls es sich um (eine) juristische Person(en) handelt)

☐ Anlage II — Angaben zum/zu den Vertreter(n) des/der Antragsteller(s) (OBLIGATORISCH, falls der/die Antragsteller vertreten wird/werden)

☐ Anlage III — Angaben zum ehelichen Güterstand oder zu einem anderen gleichwertigen Güterstand des Erblassers (OBLIGATORISCH, falls für den Erblasser zum Zeitpunkt seines Todes ein solcher Güterstand galt)

☐ Anlage IV — Stellung und Rechte des/der Erben (OBLIGATORISCH, falls diese durch das Zeugnis bestätigt werden sollen)

☐ Anlage V — Stellung und Rechte des/der Vermächtnisnehmer(s) mit unmittelbarer Berechtigung am Nachlass (OBLIGATORISCH, falls diese durch das Zeugnis bestätigt werden sollen)

☐ Anlage VI — Befugnis zur Testamentsvollstreckung oder Nachlassverwaltung (OBLIGATORISCH, falls diese durch das Zeugnis bestätigt werden soll)

☐ Keine Anlage beigefügt

---

1. **Mitgliedstaat der Ausstellungsbehörde (*)**

    ☐ Belgien ☐ Bulgarien ☐ Tschechische Republik ☐ Deutschland ☐ Estland ☐ Griechenland ☐ Spanien ☐ Frankreich ☐ Kroatien ☐ Italien ☐ Italien ☐ Lettland ☐ Litauen ☐ Luxemburg ☐ Ungarn ☐ Malta ☐ Niederlande ☐ Österreich ☐ Polen ☐ Portugal ☐ Rumänien ☐ Slowenien ☐ Slowakei ☐ Finnland ☐ Schweden

---

2. **Ausstellungsbehörde**

2.1. Name und Bezeichnung der Behörde (*): ....

2.2. Anschrift

2.2.1. Straße und Hausnummer/Postfach (*): ....

....

....

2.2.2. Ort und Postleitzahl (*): ....

2.3. Telefon: ....

2.4. Fax ....

2.5. E-Mail: ....

3.	**Angaben zur Akte**
3.1.	Aktenzeichen (*): ....
3.2.	Datum (TT.MM.JJJJ) des Zeugnisses (*): ....

4.	**Zuständigkeit der Ausstellungsbehörde** (Artikel 64 der Verordnung (EU) Nr. 650/2012)
4.1.	Die Ausstellungsbehörde befindet sich in dem Mitgliedstaat, dessen Gerichte für die Entscheidung über die Erbsache zuständig sind gemäß (*)
	☐ Artikel 4 der Verordnung (EU) Nr. 650/2012 (Allgemeine Zuständigkeit)
	☐ Artikel 7 Buchstabe a der Verordnung (EU) Nr. 650/2012 (Zuständigkeit bei Rechtswahl)
	☐ Artikel 7 Buchstabe b der Verordnung (EU) Nr. 650/2012 (Zuständigkeit bei Rechtswahl)
	☐ Artikel 7 Buchstabe c der Verordnung (EU) Nr. 650/2012 (Zuständigkeit bei Rechtswahl)
	☐ Artikel 10 der Verordnung (EU) Nr. 650/2012 (Subsidiäre Zuständigkeit)
	☐ Artikel 11 der Verordnung (EU) Nr. 650/2012 (Notzuständigkeit — *forum necessitatis*)
4.2.	Zusätzliche Umstände, aus denen die Ausstellungsbehörde ihre Zuständigkeit für die Ausstellung des Zeugnisses herleitet ([2]): ....

5.	**Angaben zum Antragsteller (natürliche Person ([3]))**
5.1.	Name und Vorname(n) (*): ....
5.2.	Geburtsname (falls abweichend von 5.1): ....
5.3.	Geschlecht (*)
5.3.1.	☐ M
5.3.2.	☐ F
5.4.	Geburtsdatum (TT.MM.JJJJ) und -ort (Stadt/Land (ISO-Code)) (*): ....
5.5.	Familienstand (*)
5.5.1.	☐ Ledig
5.5.2.	☐ Verheiratet
5.5.3.	☐ Eingetragener Partner
5.5.4.	☐ Geschieden
5.5.5.	☐ Verwitwet
5.5.6.	☐ Sonstiges (bitte angeben): ....

5.6.	Staatsangehörigkeit (*)

☐ Belgien ☐ Bulgarien ☐ Tschechische Republik ☐ Deutschland ☐ Estland ☐ Griechenland ☐ Spanien ☐ Frankreich ☐ Kroatien ☐ Italien ☐ Zypern ☐ Lettland ☐ Litauen ☐ Luxemburg ☐ Ungarn ☐ Malta ☐ Niederlande ☐ Österreich ☐ Polen ☐ Portugal ☐ Rumänien ☐ Slowenien ☐ Slowakei ☐ Finnland ☐ Schweden

☐ Sonstige (bitte ISO-Code angeben): ....

5.7.	Identifikationsnumme (^{4})
5.7.1.	Nationale Identitätsnummer: ....
5.7.2.	Sozialversicherungsnummer: ....
5.7.3.	Steuernummer: ....
5.7.4.	Sonstige (bitte angeben): ....

5.8.	Anschrift
5.8.1.	Straße und Hausnummer/Postfach (*): ....
	....
5.8.2.	Ort und Postleitzahl (*): ....
	....
5.8.3.	Land (*)

☐ Belgien ☐ Bulgarien ☐ Tschechische Republik ☐ Deutschland ☐ Estland ☐ Griechenland ☐ Spanien ☐ Frankreich ☐ Kroatien ☐ Italien ☐ Zypern ☐ Lettland ☐ Litauen ☐ Luxemburg ☐ Ungarn ☐ Malta ☐ Niederlande ☐ Österreich ☐ Polen ☐ Portugal ☐ Rumänien ☐ Slowenien ☐ Slowakei ☐ Finnland ☐ Schweden

☐ Sonstige (bitte ISO-Code angeben): ....

5.9.	Telefon: ....
5.10.	Fax ....
5.11.	E- Mail: ....

5.12.	Verhältnis zum Erblasser

☐ Sohn ☐ Tochter ☐ Vater ☐ Mutter ☐ Enkel ☐ Enkelin ☐ Großvater ☐ Großmutter ☐ Ehegatte ☐ Eingetragener Partner ☐ *De-facto*-Partner (^{5}) ☐ Bruder ☐ Schwester ☐ Neffe ☐ Nichte ☐ Onkel ☐ Tante ☐ Cousin/Cousine ☐ Sonstiges (bitte angeben): ....

6.	**Angaben zum Erblasser**
6.1.	Name und Vorname(n) (*): ....
	....
	....
6.2.	Geburtsname (falls abweichend von 6.1): ....
6.3.	Geschlecht (*)
6.3.1.	☐ M
6.3.2.	☐ F

6.4.   Geburtsdatum (TT.MM.JJJJ) und -ort (Stadt/Land (ISO-Code)) (*): ....

....

6.5.   Familienstand zum Zeitpunkt des Todes (*)

6.5.1.   ☐ Ledig

6.5.2.   ☐ Verheiratet

6.5.3.   ☐ Eingetragener Partner

6.5.4.   ☐ Geschieden

6.5.5.   ☐ Verwitwet

6.5.6.   ☐ Sonstiges (bitte angeben): ....

6.6.   Staatsangehörigkeit (*)

☐ Belgien ☐ Bulgarien ☐ Tschechische Republik ☐ Deutschland ☐ Estland ☐ Griechenland ☐ Spanien ☐ Frankreich ☐ Kroatien ☐ Italien ☐ Zypern ☐ Lettland ☐ Litauen ☐ Luxemburg ☐ Ungarn ☐ Malta ☐ Niederlande ☐ Österreich ☐ Polen ☐ Portugal ☐ Rumänien ☐ Slowenien ☐ Slowakei ☐ Finnland ☐ Schweden

☐ Sonstige (bitte ISO-Code angeben): ....

6.7.   Identifikationsnummer ([4])

6.7.1.   Nationale Identitätsnummer: ....

6.7.2.   Sozialversicherungsnummer: ....

6.7.3.   Steuernummer: ....

6.7.4.   Nummer der Geburtsurkunde: ....

6.7.5.   Sonstige (bitte angeben): ....

6.8.   Anschrift zum Zeitpunkt des Todes

6.8.1.   Straße und Hausnummer/Postfach (*): ....

....

6.8.2.   Ort und Postleitzahl (*): ....

6.8.3.   Land (*)

☐ Belgien ☐ Bulgarien ☐ Tschechische Republik ☐ Deutschland ☐ Estland ☐ Griechenland ☐ Spanien ☐ Frankreich ☐ Kroatien ☐ Italien ☐ Zypern ☐ Lettland ☐ Litauen ☐ Luxemburg ☐ Ungarn ☐ Malta ☐ Niederlande ☐ Österreich ☐ Polen ☐ Portugal ☐ Rumänien ☐ Slowenien ☐ Slowakei ☐ Finnland ☐ Schweden

☐ Sonstige (bitte ISO-Code angeben): ....

6.9.   Datum (TT.MM.JJJJ) und Ort des Todes (*): ....

....

6.9.1.   Nummer, Datum und Ort der Ausstellung der Sterbeurkunde: ....

....

7.	**Gewillkürte/gesetzliche Erbfolge**

7.1.   Für die Rechtsnachfolge von Todes wegen gilt (*):

7.1.1.   ☐ die gewillkürte Erbfolge

7.1.2.   ☐ die gesetzliche Erbfolge

7.1.3.   ☐ zum Teil die gewillkürte und zum Teil die gesetzliche Erbfolge

7.2.   Im Fall einer gewillkürten oder teilweise gewillkürten Erbfolge stützt sich das Zeugnis auf die folgende(n) gültige(n) Verfügung(en) von Todes wegen ([6])

7.2.1.   Art: ☐ Testament ☐ Gemeinschaftliches Testament ☐ Erbvertrag

7.2.2.   Datum (TT.MM.JJJJ) der Errichtung der letztwilligen Verfügung (*): ....

7.2.3.   Ort der Errichtung (Stadt/Land (ISO-Code)): ....

7.2.4.   Name und Bezeichnung der Behörde, vor der die letztwillige Verfügung errichtet wurde: ....

....

....

7.2.5.   Datum (TT.MM.JJJJ) der Eintragung oder Hinterlegung der letztwilligen Verfügung: ....

7.2.6.   Bezeichnung des Registers oder der Verwahrstelle (*): ....

7.2.7.   Aktenzeichen der letztwilligen Verfügung im Register oder bei der Verwahrstelle: ....

7.2.8.   Sonstiges Aktenzeichen: ....

7.3.   Nach Kenntnis der Ausstellungsbehörde hat der Erblasser folgende weitere Verfügungen von Todes wegen errichtet, die widerrufen oder für nichtig erklärt wurden ([6])

7.3.1.   Art: ☐ Testament ☐ Gemeinschaftliches Testament ☐ Erbvertrag

7.3.2.   Datum (TT.MM.JJJJ) der Errichtung der letztwilligen Verfügung (*): ....

7.3.3.   Ort der Errichtung (Stadt/Land (ISO-Code)): ....

7.3.4.   Name und Bezeichnung der Behörde, vor der die letztwillige Verfügung errichtet wurde: ....

....

....

7.3.5.   Datum (TT.MM.JJJJ) der Eintragung oder Hinterlegung der letztwilligen Verfügung: ....

7.3.6.   Bezeichnung des Registers oder der Verwahrstelle: ....

....

7.3.7.   Aktenzeichen der letztwilligen Verfügung im Register oder bei der Verwahrstelle: ....

7.3.8.   Sonstiges Aktenzeichen: ....

7.4.   Sonstige relevante Angaben zu Artikel 68 Buchstabe j der Verordnung (EU) Nr. 605/2012 (bitte ausführen): ....

....

....

....

....

....

....

8.	**Auf die Rechtsnachfolge von Todes wegen anzuwendendes Recht**

8.1. Auf die Rechtsnachfolge von Todes wegen ist das Recht des folgenden Staates anzuwenden (*)

☐ Belgien ☐ Bulgarien ☐ Tschechische Republik ☐ Deutschland ☐ Estland ☐ Griechenland ☐ Spanien ☐ Frankreich ☐ Kroatien ☐ Italien ☐ Zypern ☐ Lettland ☐ Litauen ☐ Luxemburg ☐ Ungarn ☐ Malta ☐ Niederlande ☐ Österreich ☐ Polen ☐ Portugal ☐ Rumänien ☐ Slowenien ☐ Slowenien ☐ Finnland ☐ Schweden

☐ Sonstiges (bitte ISO-Code angeben): ....

8.2. Das anzuwendende Recht wurde auf der Grundlage folgender Umstände bestimmt (*)

8.2.1. ☐ Zum Zeitpunkt seines Todes hatte der Erblasser seinen gewöhnlichen Aufenthalt in diesem Staat (Artikel 21 Absatz 1 der Verordnung (EU) Nr. 650/2012).

8.2.2. ☐ Der Erblasser hatte das Recht des Staates gewählt, dessen Staatsangehörigkeit er besaß (Artikel 22 Absatz 1 der Verordnung (EU) Nr. 650/2012) (siehe 7.2).

8.2.3. ☐ Der Erblasser hatte eine offensichtlich engere Verbindung zu diesem Staat als zu dem Staat seines gewöhnlichen Aufenthalts (Artikel 21 Absatz 2 der Verordnung (EU) Nr. 650/2012). Bitte ausführen: ....

....

....

....

....

....

....

8.2.4. ☐ Das nach Artikel 21 Absatz 1 der Verordnung (EU) Nr. 650/2012 anzuwendende Recht verweist auf das Recht dieses Staates (Artikel 34 Absatz 1 der Verordnung (EU) Nr. 650/2012). Bitte ausführen: ....

....

....

....

....

8.3. ☐ Anzuwendendes Recht ist das Recht eines Staates mit mehr als einem Rechtssystem (Artikel 36 und 37 der Verordnung (EU) Nr. 650/2012). Es gelten folgende Rechtsvorschriften (geben Sie bitte gegebenenfalls die Gebietseinheit an): ....

....

....

8.4. ☐ Es gelten besondere Regelungen mit Beschränkungen, die die Rechtsnachfolge von Todes wegen in Bezug auf bestimmte Vermögenswerte des Erblassers betreffen oder Auswirkungen auf sie haben (Artikel 30 der Verordnung (EU) Nr. 650/2012). Geben Sie bitte die betreffenden Regelungen und Vermögenswerte an): ....

....

....

....

....

....

Die Behörde bestätigt, dass sie alle erforderlichen Schritte unternommen hat, um die Berechtigten von der Beantragung eines Zeugnisses zu unterrichten, und dass zum Zeitpunkt der Erstellung des Zeugnisses keine der darin enthaltenen Angaben von den Berechtigten bestritten worden ist.

Die nachstehenden Punkte wurden nicht ausgefüllt, weil sie für den Zweck, für den das Zeugnis ausgestellt wurde, nicht als relevant angesehen wurden (*): ....
....
....

Gesamtzahl der Seiten, falls weitere Blätter beigefügt wurden (*): ....
....

Ort (*) .... Datum (*) .... (TT.MM.JJJJ)

Unterschrift und/oder Stempel der Ausstellungsbehörde (*): ....
....

BEGLAUBIGTE ABSCHRIFT

Diese beglaubigte Abschrift des Europäischen Nachlasszeugnisses wurde ausgestellt

für (*): ....
....
....

(Name des/der Antragsteller(s) oder der Person(en), die ein berechtigtes Interesse nachgewiesen hat/haben (Artikel 70 der Verordnung (EU) Nr. 650/2012)

Gültig bis (*): .... (TT.MM.JJJJ)

Ausstellungsdatum (*): .... (TT.MM.JJJJ)

Unterschrift und/oder Stempel der Ausstellungsbehörde (*): ....
....

FORMBLATT V — ANLAGE I

Angaben zum/zu den Antragsteller(n) (juristische Person(en (^{7})))

---

1. Name der Organisation (*): ....
   ....
   ....

---

2. Eintragung der Organisation (*)
2.1. Registriernummer (^{4}): ....
   ....
   ....

2.2. Bezeichnung des Registers/der Registerbehörde (*): ....
   ....

2.3. Bezeichnung des Registers/der Registerbehörde (*): ....
   ....

---

3. Anschrift der Organisation
3.1. Straße und Hausnummer/Postfach (*): ....
   ....
   ....

3.2. Ort und Postleitzahl (*):
3.3. Land (*)

   ☐ Belgien ☐ Bulgarien ☐ Tschechische Republik ☐ Deutschland ☐ Estland ☐ Griechenland
   ☐ Spanien ☐ Frankreich ☐ Kroatien ☐ Italien ☐ Zypern ☐ Lettland ☐ Litauen ☐ Luxemburg
   ☐ Ungarn ☐ Malta ☐ Niederlande ☐ Österreich ☐ Polen ☐ Portugal ☐ Rumänien ☐ Slowenien
   ☐ Slowakei ☐ Finnland ☐ Schweden

   ☐ Sonstiges (bitte ISO-Code angeben): ....

---

4. Telefon (*): ....

---

5. Fax ....

---

6. E- Mail: ....

---

7. Name und Vorname(n) der für die Organisation zeichnungsberechtigten Person (*): ....
   ....
   ....

---

8. Sonstige relevante Informationen (bitte ausführen): ....
   ....
   ....

FORMBLATT V — ANLAGE II

Angaben zum/zu den Vertreter(n) des/der Antragsteller(s) ([8])

1. Name und Vorname(n) oder Name der Organisation (*): ....

....

....

2. Eintragung der Organisation

2.1. Registriernummer: ....

2.2. Bezeichnung des Registers/der Registerbehörde (*): ....

2.3. Datum (TT.MM.JJJJ) und Ort der Eintragung (*): ....

3. Anschrift

3.1. Straße und Hausnummer/Postfach (*): ....

....

....

3.2. Ort und Postleitzahl (*):

3.3. Land (*)

☐ Belgien ☐ Bulgarien ☐ Tschechische Republik ☐ Deutschland ☐ Estland ☐ Griechenland ☐ Spanien ☐ Frankreich ☐ Kroatien ☐ Italien ☐ Zypern ☐ Lettland ☐ Litauen ☐ Luxemburg ☐ Ungarn ☐ Malta ☐ Niederlande ☐ Österreich ☐ Polen ☐ Portugal ☐ Rumänien ☐ Slowenien ☐ Slowakei ☐ Finnland ☐ Schweden

☐ Sonstiges (bitte ISO-Code angeben): ....

4. Telefon: ....

5. Fax ....

6. E- Mail: ....

7. Vertretungsmacht aufgrund der Eigenschaft als (*): ....

☐ Vormund ☐ Elternteil ☐ Für eine juristische Person zeichnungsberechtigte Person ☐ Bevollmächtigte Person

☐ Sonstiges (bitte ausführen): ....

FORMBLATT V — ANLAGE III

Angaben zum ehelichen Güterstand oder zu einem anderen gleichwertigen Güterstand des Erblassers ([9])

---

1. Name und Vorname(n) des (ehemaligen) Ehegatten oder (ehemaligen) Lebenspartners (*): ....
   ....

2. Geburtsname des (ehemaligen) Ehegatten oder (ehemaligen) Lebenspartners (falls abweichend von 1.): ....
   ....
   ....

3. Datum und Ort der Eheschließung oder der Begründung eines anderen Verhältnisses, das mit der Ehe vergleichbare Wirkungen entfaltet: ....
   ....

4. Hatte der Erblasser mit der unter 1. genannten Person einen Ehevertrag geschlossen?
4.1. ☐ Ja
4.1.1. Datum (TT.MM.JJJJ) des Ehevertrags (*): ....
4.2. ☐ Nein

5. Hatte der Erblasser mit der unter 1. genannten Person im Rahmen eines Verhältnisses, das mit der Ehe vergleichbare Wirkungen entfaltet, einen güterrechtlichen Vertrag geschlossen?
5.1. ☐ Ja
5.1.1. Datum (TT.MM.JJJJ) des Vertrags: ....
5.2. ☐ Nein

6. Für den Güterstand galt das Recht des folgenden Staates (*):

   ☐ Belgien ☐ Bulgarien ☐ Tschechische Republik ☐ Deutschland ☐ Estland ☐ Griechenland ☐ Spanien ☐ Frankreich ☐ Kroatien ☐ Italien ☐ Zypern ☐ Lettland ☐ Litauen ☐ Luxemburg ☐ Ungarn ☐ Malta ☐ Niederlande ☐ Österreich ☐ Polen ☐ Portugal ☐ Rumänien ☐ Slowenien ☐ Slowakei ☐ Finnland ☐ Schweden

   ☐ Sonstiges (bitte ISO-Code angeben): ....
6.1. Dieses Recht basierte auf einer Rechtswahl (*):
6.1.1. ☐ Ja
6.1.2. ☐ Nein
6.2. Hat der Staat, dessen Recht maßgebend war, mehr als ein Rechtssystem, geben Sie bitte die Gebietseinheit an: ....

7.	Es galt folgender Güterstand:
7.1.	☐ Gütertrennung
7.2.	☐ Allgemeine Gütergemeinschaft
7.3.	☐ Gütergemeinschaft
7.4.	☐ Zugewinngemeinschaft
7.5.	☐ Aufgeschobene Gütergemeinschaft
7.6.	☐ Sonstiges (bitte ausführen): ....
8.	Geben Sie bitte die Bezeichnung des Güterstands in der Originalsprache an und die diesbezüglichen Rechtsvorschriften ([10]):
	....
	....
	....
9.	Der zwischen dem Erblasser und der unter 1. genannten Person bestehende eheliche oder andere gleichwertige Güterstand wurde aufgelöst und auseinandergesetzt:
9.1.	☐ Ja
9.2.	☐ Nein

FORMBLATT V — ANLAGE IV

Stellung und Rechte des/der Erben ([11])

1.	Ist der Erbe der Antragsteller? (*)
1.1.	☐ Ja
1.1.1.	☐ Angegeben unter Punkt 5 des Zeugnisformblatts (geben Sie gegebenenfalls an, um welchen Antragsteller es sich handelt):
	....
	....
1.1.2.	☐ Angegeben in Anlage I (geben Sie gegebenenfalls an, um welchen Antragsteller es sich handelt):
	....
	....
1.2.	☐ Nein
1.2.1.	Name und Vorname(n) oder Name der Organisation (*): ....
	....
1.2.2.	Geburtsname (falls abweichend von 1.2.1): ....
1.2.3.	Identifikationsnummer ([4])
1.2.3.1.	Nationale Identitätsnummer: ....
1.2.3.2.	Sozialversicherungsnummer: ....
1.2.3.3.	Steuernummer: ....
1.2.3.4.	Registriernummer: ....
1.2.3.5.	Sonstige (bitte angeben): ....
1.2.4.	Anschrift
1.2.4.1.	Straße und Hausnummer/Postfach: ....
	....
1.2.4.2.	Ort und Postleitzahl: ....
1.2.4.3.	Land
	☐ Belgien ☐ Bulgarien ☐ Tschechische Republik ☐ Deutschland ☐ Estland ☐ Griechenland ☐ Spanien ☐ Frankreich ☐ Kroatien ☐ Italien ☐ Zypern ☐ Lettland ☐ Litauen ☐ Luxemburg ☐ Ungarn ☐ Malta ☐ Niederlande ☐ Österreich ☐ Polen ☐ Portugal ☐ Rumänien ☐ Slowenien ☐ Slowakei ☐ Finnland ☐ Schweden
	☐ Sonstiges (bitte ISO-Code angeben): ....
1.2.5.	Telefon: ....
1.2.6.	Fax ....
1.2.7.	E-Mail: ....
1.2.8.	Geburtsdatum (TT.MM.JJJJ) und -ort — bzw. bei einer Organisation — Datum (TT.MM.JJJJ) und Ort der Eintragung sowie Bezeichnung des Registers/der Registerbehörde: ....
	....

2.	Der Erbe hat die Erbschaft angenommen.
2.1.	☐ Ja, ohne Vorbehalt
2.2.	☐ Ja, unter dem Vorbehalt der Inventarerrichtung (bitte führen Sie aus, welche Wirkungen damit verbunden sind): ....
2.3.	☐ Ja, mit anderen Vorbehalten (bitte führen Sie aus, welche Wirkungen damit verbunden sind): .. ..
2.4.	☐ Eine Annahme ist nach dem auf die Rechtsnachfolge von Todes wegen anzuwendenden Recht nicht erforderlich
3.	Die Erbenstellung ergibt sich aus (^{12}) (*):
3.1.	☐ einer Verfügung von Todes wegen
3.2.	☐ der gesetzlichen Erbfolge
4.	☐ Der Erbe hat die Erbschaft ausgeschlagen.
5.	☐ Der Erbe hat einen Pflichtteil akzeptiert.
6.	☐ der Erbe hat auf seinen Pflichtteil verzichtet.
7.	☐ Der Erbe wurde von der Erbschaft ausgeschlossen:
7.1.	☐ durch Verfügung von Todes wegen
7.2.	☐ aufgrund der gesetzlichen Erbfolge
7.3.	☐ durch gerichtliche Entscheidung
8.	Der Erbe hat Anspruch auf folgenden Teil des Nachlasses (bitte angeben): ....
9.	Dem Erben zugewiesene(r) Vermögenswert(e), für den/die eine Bescheinigung beantragt wurde (geben Sie bitte die betreffenden Werte und alle für deren Identifizierung relevanten Angaben an) (^{13}): ....
10.	Bedingungen und Beschränkungen in Bezug auf die Rechte des Erben (geben Sie bitte an, ob die Rechte des Erben nach dem auf die Rechtsnachfolge von Todes wegen anzuwendenden Recht und/oder nach Maßgabe der Verfügung von Todes wegen Beschränkungen unterliegen): .. ..
11.	Sonstige relevante Informationen oder weitere Erläuterungen: ....

FORMBLATT V — ANLAGE V

Stellung und Rechte des/der Vermächtnisnehmer(s) mit unmittelbarer Berechtigung am Nachlass ([14])

1.	Ist der Vermächtnisnehmer der Antragsteller? (*)
1.1.	☐ Ja
1.1.1.	☐ Angegeben unter Punkt 5 des Zeugnisformblatts (geben Sie gegebenenfalls an, um welchen Antragsteller es sich handelt):
	....
	....
1.1.2.	☐ Angegeben in Anlage I (geben Sie gegebenenfalls an, um welchen Antragsteller es sich handelt): ....
	....
	....
1.2.	☐ Nein
1.2.1.	Name und Vorname(n) oder Name der Organisation (*): ....
	....
1.2.2.	Geburtsname (falls abweichend von 1.2.1): ....
1.2.3.	Identifikationsnummer ([4]): ....
1.2.3.1.	Nationale Identitätsnummer: ....
1.2.3.2.	Sozialversicherungsnummer: ....
1.2.3.3.	Steuernummer: ....
1.2.3.4.	Registriernummer: ....
1.2.3.5.	Sonstige (bitte angeben): ....
1.2.4.	Anschrift
1.2.4.1.	Straße und Hausnummer/Postfach: ....
	....
	....
1.2.4.2.	Ort und Postleitzahl: ....
1.2.4.3.	Land:
	☐ Belgien ☐ Bulgarien ☐ Tschechische Republik ☐ Deutschland ☐ Estland ☐ Griechenland ☐ Spanien ☐ Frankreich ☐ Kroatien ☐ Italien ☐ Zypern ☐ Lettland ☐ Litauen ☐ Luxemburg ☐ Ungarn ☐ Malta ☐ Niederlande ☐ Österreich ☐ Polen ☐ Portugal ☐ Rumänien ☐ Slowenien ☐ Slowakei ☐ Finnland ☐ Schweden
	☐ Sonstiges (bitte ISO-Code angeben): ....
1.2.5.	Telefon: ....
1.2.6.	Fax ....
1.2.7.	E- Mail: ....
1.2.8.	Geburtsdatum (TT.MM.JJJJ) und -ort — bzw. bei einer Organisation — Datum (TT.MM.JJJJ) und Ort der Eintragung sowie Bezeichnung des Registers/der Registerbehörde: ....
	....

2.   Der Vermächtnisnehmer hat das Vermächtnis angenommen.

2.1.   ☐ Ja, ohne Vorbehalt

2.2.   ☐ Ja, mit Vorbehalt (bitte ausführen): ....
        ....
        ....
        ....

2.3.   ☐ Eine Annahme ist nach dem auf die Rechtsnachfolge von Todes wegen anzuwendenden Recht
        nicht erforderlich

3.   ☐ Der Vermächtnisnehmer hat das Vermächtnis ausgeschlagen.

4.   Der Vermächtnisnehmer hat Anspruch auf folgenden Teil des Nachlasses (bitte angeben): ....
        ....
        ....
        ....

5.   Dem Vermächtnisnehmer zugewiesene(r) Vermögenswert(e), für den/die eine Bescheinigung
        beantragt wurde (geben Sie bitte die betreffenden Werte und alle für deren Identifizierung
        relevanten Angaben an) ([15]): ....
        ....
        ....
        ....
        ....
        ....
        ....
        ....

6.   Bedingungen und Beschränkungen in Bezug auf die Rechte des Vermächtnisnehmers (geben Sie
        bitte an, ob die Rechte des Vermächtnisnehmers nach dem auf die Rechtsnachfolge von Todes
        wegen anzuwendenden Recht und/oder nach Maßgabe der Verfügung von Todes wegen
        Beschränkungen unterliegen) (*): ....
        ....
        ....
        ....
        ....
        ....
        ....

7.   Sonstige relevante Informationen oder weitere Erläuterungen: ....
        ....
        ....
        ....
        ....
        ....

FORMBLATT V — ANLAGE VI

Befugnis zur Testamentsvollstreckung oder Nachlassverwaltung ([16])

1. Befugnisse der nachstehenden Person (*):

1.1. ☐ Antragsteller

1.1.1. ☐ Angegeben unter Punkt 5 des Zeugnisformblatts (geben Sie gegebenenfalls an, um welchen Antragsteller es sich handelt):
....
....

1.1.2. ☐ Angegeben in Anlage I (geben Sie gegebenenfalls an, um welchen Antragsteller es sich handelt): ....
....
....

1.2. ☐ Der in Anlage IV genannte Erbe (geben Sie gegebenenfalls an, um welchen Erben es sich handelt): ....
....
....

1.3. ☐ Der in Anlage V genannte Vermächtnisnehmer (geben Sie gegebenenfalls an, um welchen Vermächtnisnehmer es sich handelt): ....
....
....

1.4. ☐ Sonstige Personen

1.4.1. Name und Vorname(n) oder Name der Organisation: ....
....

1.4.2. Geburtsname (falls abweichend von 1.4.1): ....

1.4.3. Identifikationsnummer ([4]): ....

1.4.3.1. Nationale Identitätsnummer: ....

1.4.3.2. Sozialversicherungsnummer: ....

1.4.3.3. Steuernummer: ....

1.4.3.4. Registriernummer: ....

1.4.3.5. Sonstige (bitte angeben): ....

1.4.4. Anschrift

1.4.4.1. Straße und Hausnummer/Postfach: ....
....
....

1.4.4.2. Ort und Postleitzahl: ....

1.4.4.3. Land:
☐ Belgien ☐ Bulgarien ☐ Tschechische Republik ☐ Deutschland ☐ Estland ☐ Griechenland ☐ Spanien ☐ Frankreich ☐ Kroatien ☐ Italien ☐ Zypern ☐ Lettland ☐ Litauen ☐ Luxemburg ☐ Ungarn ☐ Malta ☐ Niederlande ☐ Österreich ☐ Polen ☐ Portugal ☐ Rumänien ☐ Slowenien ☐ Slowakei ☐ Finnland ☐ Schweden

☐ Sonstiges (bitte ISO-Code angeben): ....

1.4.5.	Telefon: ....
1.4.6.	Fax ....
1.4.7.	E- Mail: ....
1.4.8.	Geburtsdatum (TT.MM.JJJJ) und -ort — bzw. bei einer Organisation — Datum (TT.MM.JJJJ) und Ort der Eintragung sowie Bezeichnung des Registers/der Registerbehörde: ....

2.	Befugnis zur (*)
2.1.	☐ Testamentsvollstreckung
2.2.	☐ Verwaltung des Nachlasses oder eines Teils des Nachlasses

3.	Die Befugnis zur Testamentsvollstreckung oder Nachlassverwaltung erstreckt sich auf (*)
3.1.	☐ den gesamten Nachlass
3.2.	☐ den gesamten Nachlass mit Ausnahme folgender Nachlassteile oder Vermögensgegenstände (bitte angeben): ....
	....
	....
	....
	....
3.3.	☐ die folgenden Teile oder Gegenstände des Nachlasses (bitte angeben): ....
	....
	....
	....
	....

4.	Die unter 1. genannte Person verfügt über folgende Befugnisse (*) ([12]):
4.1.	☐ Erlangung aller Auskünfte über das Nachlassvermögen und die Nachlassverbindlichkeiten
4.2.	☐ Kenntnisnahme von allen mit dem Nachlass zusammenhängenden Testamenten und sonstigen Schriftstücken
4.3.	☐ Veranlassung oder Beantragung von Sicherungsmaßnahmen
4.4.	☐ Veranlassung von Sofortmaßnahmen
4.5.	☐ Entgegennahme der Vermögenswerte
4.6.	☐ Einziehung der Nachlassforderungen und Erteilung einer gültigen Quittung
4.7.	☐ Erfüllung und Auflösung von Verträgen
4.8.	☐ Eröffnung, Unterhaltung und Schließung eines Bankkontos
4.9.	☐ Aufnahme eines Darlehens
4.10.	☐ Vermögensbelastungen übertragen oder begründen
4.11.	☐ Begründung von dinglichen Rechten an den Vermögenswerten oder hypothekarische Belastung der Vermögenswerte
4.12.	☐ Veräußerung von ☐ unbeweglichem Vermögen ☐ sonstigem Vermögen
4.13.	☐ Vergabe eines Darlehens
4.14.	☐ Fortführung des Unternehmens
4.15.	☐ Ausübung der Rechte eines Anteileigners
4.16.	☐ Auftreten als Kläger oder Beklagter
4.17.	☐ Begleichung von Verbindlichkeiten

4.18. ☐ Verteilung der Vermächtnisse

4.19. ☐ Aufteilung des Nachlasses

4.20. ☐ Verteilung des Restnachlasses

4.21. ☐ Beantragung der Eintragung von Rechten an unbeweglichem oder beweglichem Vermögen in ein Register

4.22. ☐ Vergabe von Spenden/Schenkungen

4.23. ☐ Sonstiges (bitte ausführen): ....
....
....

Falls die Befugnisse des Testamentsvollstreckers/Nachlassverwalters aus den vorstehenden Feldern nicht genau hervorgehen, fügen Sie bitte hier weitere Erläuterungen ein ([17]):
....
....
....
....
....
....

Geben Sie bitte an, ob und gegebenenfalls welche der unter 4. genannten Befugnisse gemäß Artikel 29 Absatz 2 Unterabsatz 2 oder Artikel 29 Absatz 3 Unterabsatz 1 der Verordnung (EU) Nr. 650/2012 als ergänzende Befugnisse ausgeübt werden (*): ....
....
....
....
....

5. Die Bestellung des Testamentsvollstreckers/Nachlassverwalters ergibt sich aus ([12]):

5.1. ☐ einer Verfügung von Todes wegen (siehe 7.2 des Zeugnisformblatts)

5.2. ☐ einer gerichtlichen Entscheidung

5.3. ☐ einer Vereinbarung zwischen den Erben

5.4. ☐ dem Gesetz

6. Die Befugnisse ergeben sich aus ([12]):

6.1. ☐ einer Verfügung von Todes wegen (siehe 7.2 des Zeugnisformblatts)

6.2. ☐ einer gerichtlichen Entscheidung

6.3. ☐ einer Vereinbarung zwischen den Erben

6.4. ☐ dem Gesetz

7.   Die Pflichten ergeben sich aus (^{12}):
7.1.   ☐ einer Verfügung von Todes wegen (siehe 7.2 des Zeugnisformblatts)
7.2.   ☐ einer gerichtlichen Entscheidung
7.3.   ☐ einer Vereinbarung zwischen den Erben
7.4.   ☐ dem Gesetz
8.   Bedingungen oder Beschränkungen in Bezug auf die unter 4. genannten Befugnisse (^{18}) (*): ....
....
....
....
....
....
....

(*)   Obligatorische Angabe.

(^{1})   ABl. L 201 vom 27.7.2012, S. 107.

(^{2})   Hierzu zählen unter anderem der letzte gewöhnliche Aufenthalt des Erblassers oder eine Gerichtsstandsvereinbarung.

(^{3})   Bei juristischen Personen ist Anlage I ausgefüllt beizufügen.
      Bei mehreren Antragstellern fügen Sie bitte ein weiteres Blatt bei.
      Bei Vertretern fügen Sie bitte Anlage II ausgefüllt bei.

(^{4})   Geben Sie bitte gegebenenfalls die relevanteste Nummer an.

(^{5})   Der Begriff des De-facto-Partners schließt die in einigen Mitgliedstaaten für Lebensgemeinschaften bestehenden Rechtsinstitute ein wie „sambo" (Schweden) oder „avopuoliso" (Finnland).

(^{6})   Bei mehreren Verfügungen von Todes wegen fügen Sie bitte ein weiteres Blatt bei.

(^{7})   Wenn der Antrag von mehr als einer juristischen Person gestellt wird, fügen Sie bitte ein weiteres Blatt bei.

(^{8})   Wenn es mehr als einen Vertreter gibt, fügen Sie bitte ein weiteres Blatt bei.

(^{9})   Bei mehr als einem Güterstand fügen Sie bitte ein weiteres Blatt bei.

(^{10})   Weitere Informationen zu den Auswirkungen nationaler Güterstandsregelungen auf die Ehe und die eingetragene Partnerschaft enthält das Europäische E-Justizportal (https://e-justice.europa.eu).

(^{11})   Bei mehr als einem Erben fügen Sie bitte ein weiteres Blatt bei.

(^{12})   Bitte kreuzen Sie gegebenenfalls mehr als ein Kästchen an.

(^{13})   Geben Sie an, ob der Erbe das Eigentum oder andere Rechte an den Vermögensgegenständen erworben hat (geben Sie bei letzteren die Art dieser Rechte und die Personen an, die ebenfalls Rechte an diesen Vermögensgegenständen besitzen). Im Falle eines eingetragenen Vermögensgegenstands teilen Sie bitte die Angaben mit, die nach dem Recht des Mitgliedstaats, in dem das Register geführt wird, zur Identifizierung des betreffenden Gegenstands erforderlich sind (z. B. bei Immobilien die genaue Anschrift der Immobilie, das Grundbuchamt, die Flurstücks- oder Katasternummer, eine Beschreibung der Immobilie (fügen Sie nötigenfalls die relevanten Dokumente bei).

(^{14})   Bei mehr als einem Vermächtnisnehmer fügen Sie bitte ein weiteres Blatt bei.

(^{15})   Geben Sie an, ob der Vermächtnisnehmer das Eigentum oder andere Rechte an den Vermögensgegenständen erworben hat (geben Sie bei letzteren die Art dieser Rechte und die Personen an, die ebenfalls Rechte an diesen Vermögensgegenständen besitzen). Im Falle eines eingetragenen Vermögensgegenstands machen Sie bitte die Angaben, die nach dem Recht des Mitgliedstaats, in dem das Register geführt wird, zur Identifizierung des betreffenden Gegenstands erforderlich sind (z. B. bei Immobilien die genaue Anschrift der Immobilie, das Grundbuchamt, die Flurstücks- oder Katasternummer, eine Beschreibung der Immobilie (fügen Sie nötigenfalls die relevanten Dokumente bei).

(^{16})   Bei mehr als einer Person fügen Sie bitte ein weiteres Blatt bei.

(^{17})   Geben Sie z. B. an, ob der Testamentsvollstrecker/Nachlassverwalter die vorgenannten Befugnisse in eigenem Namen ausüben kann.

(^{18})   Geben Sie z. B. an, ob der Testamentsvollstrecker/Nachlassverwalter die vorgenannten Befugnisse in eigenem Namen ausüben kann.

Stichwortverzeichnis

Die **fettgedruckten** Zahlen bezeichnen die Artikel/Paragrafen, die mageren die Randzahlen.

A

Abkommen
- Bosnien/Herzeogowina **75** 8
- Bulgarien **75** 16
- Drittstaaten **5**, **75** 2
- EU-Mitgliedstaaten **75** 4
- Großbritannien **75** 13
- Iran **75** 7; **JN 106** 1
- Kosovo **75** 8
- Kroatien **75** 18
- Mazedonien **75** 8
- Montenegro **75** 8
- Polen **75** 19
- Rumänien **75** 20
- Russische Föderation **75** 9
- Serbien **75** 8
- Slowakei **75** 21
- Slowenien **75** 17
- Tschechische Republik **75** 21
- Tunesien **75** 11
- Türkei **75** 12
- USA **75** 10
- Vereinigtes Königreich **75** 13

Abstammung **1** 13

Abwesenheit **1** 18; **23** 9

Administrator
- common law **3 a** 43 ff, 49 ff; **29** 3 ff

Aneignungsrecht des Bundes **AußStrG 184** 3
- in ausländischen Verlassenschaftsverfahren **AußStrG 184** 4
- im österreichischen Verlassenschaftsverfahren **AußstrG 184** 3

Anerbengesetz **30** 17; s auch Sondererbfolgeregelung

Anerkennung
- ausländischer Entscheidungen **AußStrG 184 a** 1 ff
- Entscheidung **39** 3 f; **40** 2; **41** 2; **42** 2
- Gestaltungswirkung **39** 23
- Inzidentanerkennung **39** 30 f; **42** 3
- ipso iure **39** 20
- materielle Rechtskraft **39** 23
- Präklusionswirkung **39** 23
- prozessuale Drittwirkung **39** 23
- Teilanerkennung **39** 24
- Versagung **17** 1; **40** 4 ff; **41** 6; **50** 9; **52** 1 ff
- Wirkungserstreckung **39** 21; **41** 7
- Zuständigkeitsentscheidung **15** 8

Anerkennungsverfahren
- Aussetzung **39** 26, 31; **42** 5 ff
- selbständiges **39** 25 ff, 31; **42** 3
- unselbständiges **39** 31; **42** 3

Anerkennungsversagungsgründe **17** 1; **40** 4 ff; **41** 6; **50** 9
- Beweislast **40** 7
- ordre public **40** 8 ff
- Unvereinbarkeit
- – ausländische Entscheidung **40** 16 ff
- – inländische Entscheidung **40** 14 f
- Verletzung des rechtlichen Gehörs **40** 1 ff

Anerkennungsvoraussetzungen
- positive **40** 6; **41** 6
- – Anwendungsbereich **40** 6; **41** 6
- – Entscheidungsqualifikation **40** 6; **41** 6

Anhängigkeit des Verfahrens **14** 1 ff
- von Amts wegen **14** 5
- auf Antrag **14** 3
- Mitwirkungsobliegenheiten **14** 3
- Voraussetzungen **14** 1 ff

Annahme **13** 8; **28** 1, 5

Anpassung **31** 6, 8, 11, 15, 17, 18; s auch dingliche Rechte; Erbstatut; lex fori
- Autonome Bestimmung **31** 8
- dinglicher Rechte **31**

- Durchsetzung **31** 7, 10, 15
- equitable right to trace **31** 12
- Erbstatut **31** 9, 5, 7, 10, 13, 17
- Güterrecht **1** 36
- lex fori **31** 10, 11, 15, 16, 18
- Methode der Anpassung **31** 6
- Nachlassgegenstände **30** 11; **31** 2, 9; **34** 16
- numerus clausus **31** 1, 7, 12
- Rechtsgeschäfte unter Lebenden **1** 55
- Rechtsposition **31** 3, 9, 11, 18
- Rechtswirkung **31** 5
- Sachenrecht **1** 74–77, 79
- Sachenrechtsstatut **31** 5, 15
- Substitution **23** 22; **31** 1
- Teilungsanordnungen **31** 5, 14
- Titel **43** 37
- Transposition **31** 1, 15, 16
- Vindikationslegate **31** 2, 14

Anrechnung **1** 43 ff, 55 f; **23** 86 ff

Anrufung eines Gerichts **14**
- Zeitpunkt **14** 3 ff

Antrag
- Vollstreckbarerklärung **46** 1 ff

Antragsgegner
- Vollstreckbarerklärung **46** 7
- Zustellung, rechtzeitig **14** 2

Antragslegitimation
- Vollstreckbarerklärung **46** 6

Antragsteller
- Verfahrenseinleitung, Zeitpunkt **14** 2 f

Anwachsungsberechtigung **1** 49; **31** 2, 5, 12; s auch dingliche Rechte

Anwachsung zugunsten des überlebenden Eigentümerpartners gem § 14 WEG **3** 12

Anwendungsbereich
- allgemein **84** 1
- Drittstaat **48** 9
- geographisch
- – allgemein **84** 5 ff
- – Dänemark **84** 6
- – Irland **84** 6
- – Vereinigtes Königreich **84** 6
- räumlich **48** 8

- sachlich **48** 8
- unmittelbar **84** 5; **Vor AußStrG** 1
- Vollstreckbarerklärung **48** 8
- zeitlich **48** 8; **84** 2 ff
- – Ausnahme **84** 4
- – Regel **84** 3

Äquivalenzgrundatz **39** 27

Art der dinglichen Rechte **31** 2, 3, 5; s auch dingliche Rechte
- joint tenancy **31** 2, 5, 15
- trustee **31** 2, 5

Auffangzuständigkeit **10** 1

Aufgriffsrecht **3** 22

Aufruhr **11** 3

Außergerichtliche Einigung
- Rechtshängigkeit **17** 12

Ausfolgung
- allgemein **AußStrG** 150 1 ff
- Drittstaaten **AußStrG** 150 1 ff
- Partikularabhandlung **AußStrG** 150 4

Ausgleichung **23** 86 ff
- Schenkung **1** 56, 60

Auslegung **3** 1 ff; **26** 9 f; **30** 13
- autonome 1
- Begriff **26** 10
- einheitliche **35** 2
- restriktive Interpretation **30** 8
- Willensmängel **26** 9

Ausschlagung **13** 8; **28** 1, 5

Ausschluss
- Nachprüfung in der Sache s révision au fond

Ausschuss **81** 1
- Beratung **81** 3

Aussetzung **16** 4, 6; s auch Anerkennungsverfahren
- Rechtsbehelfsverfahren **53** 1 ff
- Vollstreckbarerklärung **53** 1 ff

Ausweichklausel **21** 5, 14 ff
- amtswegige Anwendung 21
- Billigkeitskorrektur, keine 20

B

Barauslagen **58** 3

Beilagen
- Vollstreckbarerklärung **46** 8

Beklagter
- Zustellung, rechtzeitig **16** 1 ff

Belegenheit 31 15; **36** 13
- Belegenheitsort **30** 7; **36** 13
- Belegenheitsrecht **30** 7
- Belegenheitsstaat **30** 2; **31** 1, 6

Berechnungsgrundlage 23 31

Berechtigte 23 11 ff
- Anteile **1** 26, 36; **23** 86, 92 ff
- Vermächtnisnehmer **23** 12
- Nachlass
- – Haftung **23** 68 ff; s auch Haftung für Nachlassverbindlichkeiten
- Pflichten **23** 25
- Rechte **23** 58 ff

Bescheinigung 11 6; **12** 7, 9
- Vollstreckbarerklärung **46** 8; **47** 1 ff

Beschränkung des Verfahrens 12 1 ff

Bestellung eines Verlassenschaftskurators 19 12

Beweislast 11 6; **12** 7

Beziehung zu einem Ort s gewöhnlicher Aufenthalt

Bezirksgericht
- Vollstreckbarerklärung **43** 26; **45** 1

Bindung
- Zuständigkeitsentscheidung **15** 8

Bindungswirkung 27 3

Bürgerkrieg 11 2 f

C

Common-Law 1 35, 50
- clawback **23** 87 ff

D

Damnationslegate 1 52, 78, 86; **23** 24, 49

Dauernachlassverwaltung 1 65

Dauertestamentsvollstreckung 1 65; **23** 85

Deckungsverhältnis 1 42

Demenzkranke 4 37

Demenz-Tourismus 21 4, 18

Dingliches Recht 31 8
- Anwachsungsrecht **31** 2, 5, 12
- Art der dinglichen Rechte **31** 2, 3, 5
- Autonome Bestimmung **31** 8
- Civil Law-Staaten **31** 12

- Erbstatut **31** 5, 7, 9, 10, 13, 17
- Erwerbsgrund **31** 2, 13
- joint tenancy **31** 2, 5, 12; s auch Art der dinglichen Rechte
- lex fori **31** 10, 11, 15, 16, 18; s auch lex fori
- Modalitäten ihres Erwerbs
- – Erwerbsvorgänge **31** 5
- Nachlassgegenstände **30** 11; **31** 2, 9; s auch Nachlassgegenstand
- numerus clausus **31** 1, 7, 12
- Rechtsposition **31** 3, 9, 11, 18
- Substitution **31** 1
- Teilungsanordnungen **31** 5, 14
- trustee **31** 2, 5
- Übertragung **31** 13
- unbewegliche Sachen **30** 11; **31** 8
- Vindikationslegate **31** 2, 14

Dinglich wirkende Teilungsanordnung 1 87

Diskriminierung 11 4

Diskriminierungsverbot 57 2

Donations-partage 1 46

Doppelbesteuerungsabkommen 1 7; s auch Erbschaftssteuerrecht

Doppelqualifikation 1 25, 33; s auch erbrechtliches Viertel

Drittstaat 30 10, 14; **31** 10, 17; **34** 5, 8, 11, 14, 16; **36** 2; **37** 1
- Anwendungsbereich **48** 9
- Legaldefinition **3** 6

Drittstaatliche Entscheidungen
- Vollstreckbarerklärung **43** 38 f

Durchführungsverordnung 80 2; Anh II

E

Effektivitätsgrundsatz 39 27

Ehe
- Lebenspartnerschaften
- – Eheschließungsstatut **1** 22; **23** 16 ff

Ehegatte
- Lebenspartner
- – Ehegüterrecht **23** 16 ff
- Nießbrauchsrechte **23** 18

Eheliches Güterrecht 1 22 ff, 26, 30; **23** 17;
s auch Güterstand

Ehevertrag 25 6, 10

Ehewirkungen
– gesetzliche Zuwendungen **1** 48

Eigenhandzustellung 50 20

Eingetragene Gesellschaftsanteile 10 12

Eingriffsnormen 30 1, 2, 8, 12 – 15, 17, 18,
20, 21; **34** 19; **35** 8; **ABGB 750** 5;
s auch Sondererbfolgeregelung; Verweisung

Einlassung, rügelose auf das Verfahren 16
1 ff
– zuständigkeitsbegründend **16** 8

Einleitung des Verfahrens
– von Amts wegen **14** 5
– auf Antrag **14** 3
– – Antragsteller **14** 2 f
– beim Gerichtskommissär **14** 3
– maßgeblicher Zeitpunkt **14** 3, 5

Einstweilige Maßnahmen 19 1 ff
– Begriff **54** 3
– Prozesskostenhilfe **56** 6
– nach Vollstreckbarkeitserklärung **54** 2,
8, 9
– Versagungsgründe **54** 4

**Einstweilige Verfügungen nach §§ 378 ff
EO 19** 10

Eintrittsklausel 1 58

Einwände
– Urkundenauthentizität **AußStrG 191**
1 ff; **JN 107** 1 ff
– Urkundenrichtigkeit **AußStrG 160 a**
1 ff

EJNZ 77 6; **78** 6; **79** 6

Enterbung
– testamentarische Entziehung
– – Erbstatut **23** 34, 40 ff

Entscheidung
– vollstreckbare **43** 2
– Vollstreckbarerklärung **48** 1 ff

ENZ s Europäisches Nachlasszeugnis
– Abhilfeantrag **AußStrG 181 b** 5
– Abschriften, beglaubigte **Vor 62** 5; **62** 18,
57, 70; **64** 21; **65** 12; **70** 1 ff
– – Ausstellung **70** 3 ff

– – Gültigkeitsdauer **70** 8 ff
– – Prüfpflichten für Registergerichte **70**
17 f
– – Verzeichnis **70** 6 f
– Amtsbestätigung iSd § 172 AußStrG
62 25, 46, 55, 57; **63** 10, 17, 41, 55; **64** 36;
65 7; **71** 14
– Amtsbestätigung iSd § 182 Abs 3
AußStrG **62** 54 f, 58 f; **63** 27; **65** 7
– Änderung **71** 4 ff; **AußStrG 181 b** 6
– Anfechtung **72** 1 ff
– – Entscheidung **72** 11 ff
– – Gegenstand **72** 5 f
– – Legitimation **72** 7 f
– – Rechtsmittelgericht **72** 9 f
– Antrag **65** 1 ff, 5 ff
– – Antragslegitimation **65** 10 ff
– – Formerfordernisse **65** 18 ff
– – Inhaltserfordernisse **65** 23 ff, 28 ff;
s auch erforderliche Angaben; erforderliche Nachweise
– Antrag auf Ausstellung **AußStrG
181 b** 2
– Anwendungsbereich **62** 33 ff
– – räumlich **62** 35
– – sachlich **62** 36
– – zeitlich **62** 34
– Aussetzung der Wirkungen **73** 1 ff
– Ausstellung **67** 1 ff
– – Ausstellungsverpflichtung **67** 20 ff
– – Formerfordernisse **67** 28 ff
– – Teilzertifikat **67** 22 ff
– – Vollzertifikat **67** 22 ff
– – Voraussetzungen formell **67** 6 ff
– – Voraussetzungen materiell **67** 16 ff
– – Zeitpunkt **67** 26 f
– Ausstellungsbehörde **64** 33 ff, 37
– Ausstellungsverfahren **65**; s auch Antrag;
Ausstellung; Prüfungsverfahren
– – Überblick **62** 69 f
– Begriff **62** 26 ff
– Berichtigung **71** 1 ff; **AußStrG 181 b** 6
– Beschluss iSd § 153 AußStrG **62** 9, 55,
61; **63** 58; **64** 7; **65** 7
– Charakteristika **62** 40 ff

– – grenzüberschreitender Bezug
62 42 ff

– – innerstaatliche Schriftstücke **62** 55 ff

– – optionaler Charakter **62** 46 ff

– – Subsidiarität **62** 48

– – Verhältnis zu nationalen Erbnachweisen **62** 49 ff

– Einantwortungsbeschluss **62** 46, 55 f; **63** 19, 33 ff; **65** 7; **68** 5, 12, 14, 16 f, 23

– Eintragungsgrundlage **GBG 33** 1

– Erbe **63** 9 ff, 17, 34 ff, 51; **68** 16 ff

– Erbteilungsübereinkommen **62** 56, 58; **63** 34 ff; **68** 16 f

– Firmenbuch **62** 21 ff; **66** 19; **70** 17 f; s auch Verlassenschaftsprovisorium

– Formblatt **65** 18 ff; **67** 28 ff

– Funktionsvoraussetzungen **62** 63 ff

– Gerichtskommissionsgebühren **62** 25

– Gerichtskommissär **62** 32, 55, 57; **63** 10, 41, 55, 57; **64** 8, 32 ff; **65** 5, 21; **67** 5; **71** 11; **72** 4, 10; **AußStrG 181b 2** 2; **181 b** 2 ff; GKG 1

– Grundbuch **62** 21 ff, 32; **63** 27, 30, 35, 37; **66** 18 f; **70** 17 f

– Honorierung **AußStrG 181 b** 4; GKTG 16

– Inhalt **68** 1 ff

– – anzuwendendes Recht **68** 9 f

– – Befugnisse Nachlassverwalter **68** 26 f

– – Befugnisse Testamentsvollstrecker **68** 26 f

– – Beschränkungen **68** 22 ff

– – Erbrecht **68** 11 ff

– – Erbstatut, Sachenstatut **68** 28

– – Güterstand **68** 6 ff

– – Rubrum **68** 5

– – Vermächtnisnehmer **68** 19 ff

– – Zuständigkeit **68** 5

– Legatar s Vermächtnisnehmer

– Nachlassverwalter **63** 40 ff, 50 ff

– Nachweis Rechtsstellung/Rechte **63** 8 ff

– – nicht nachweisbare Rechtsstellung/ Rechte **63** 58

– – Rechtsstellung/Rechte Erbe **63** 9 ff

– – Rechtsstellung/Rechte Vermächtnisnehmer **63** 22 ff

– Nachweis von Befugnissen **63** 40 ff

– – Befugnisse Nachlassverwalter **63** 50 ff

– – Befugnisse Testamentsvollstrecker **63** 45 ff

– NotarIn s Gerichtskommissär

– Prüfungsverfahren **66** 1 ff

– – Angaben und Nachweise **66** 9 ff

– – Grundsätze **66** 5 ff

– – rechtliches Gehör **66** 13 ff

– – Rechtshilfe **66** 18 f

– rechtliches Gehör **66** 13 ff; **67** 32 ff; **71** 12 ff

– Rechtsbehelf

– – Anfechtung **72** 1 ff; s auch Anfechtung

– Rechtsbehelfe **Vor 71 – 73** 1 ff; s auch Änderung; Berichtigung; Widerruf

– Rechtshilfe **66** 18 f

– Rechtsnatur **62** 29 ff

– Rechtsquellen

– – Nationales Recht **62** 15 ff

– – Unionsrecht **62** 11 ff

– Regelungsbedürfnis **62** 5 ff

– Registereintragung **62** 21 ff: **69** 43 ff

– Rekurs **AußStrG 181 b** 3

– Separationskurator **62** 55 f; **63** 14, 51, 56, 58; **67** 27; s auch Nachlassverwalter

– Testamentsvollstrecker **63** 40 ff, 45 ff

– Überlassung an Zahlungs statt **62** 9, 36, 39, 55, 60; **63** 58; **64** 7; **65** 7 f

– Verhältnis zu Art 39 **62** 67 ff

– Verhältnis zu Art 59 **62** 67 ff

– Verlassenschaftskurator **62** 46, 55, 57, 62; **63** 12, 14, 17, 51, 55 ff; **67** 9, 27; s auch Nachlassverwalter

– Verlassenschaftsprovisorium **63** 57

– Vermächtnisnehmer **63** 22 ff, 34 ff

– Widerruf **71** 4 ff; **AußStrG 181 b** 6

– Wirkung **69**

– Zuständigkeit **64** 1 ff; **AußStrG 181 b** 2

– – allgemeine Zuständigkeit **64** 9 ff

– – Notzuständigkeit **64** 27 ff

– – sachlich, örtlich, funktionell **64** 30 ff

– – subsidiäre Zuständigkeit **64** 22 ff

– – Zuständigkeit bei Rechtswahl **64** 13 ff

– Zuweisung von Vermögenswerten **63** 32 ff

– Zweck **62** 28; **63** 1 ff
Epidemien 11 3
Erbanspruch 35 14; s auch ordre public
Erbantrittserklärungen 13 4, 7 f
Erbberechtigung 1 14; **23** 23
Erbengemeinschaft 1 52, 59; **23** 96
Erbenhaftung
– Fremdverwaltung **29** 51 ff
Erbenloser Nachlass
– Aneignungsrecht **33** 1
– Befriedigungsrechte s Gläubigerschutz
– Drittstaaten **33** 6
– Erbfolge **33** 10
– Fiskuserbrecht **33** 1
– Gesamtrechtsnachfolge **33** 20, 22
– Gläubigerschutz **33** 18 ff
– Haftung **33** 24
– Kollisionsfälle **33** 2 f, 7, 11, 15
– Nachlassbelegenheit
– – Begriffsauslegung **33** 12
– – Zeitpunkt **33** 13
– Nachlassspaltung **33** 17
– Normdiskrepanz **33** 3
– Normzweck **33** 2 f
– öffentliche Information **33** 25
– Rechtsmittellegitimation **33** 23
– Sicherungsrechte s Gläubigerschutz
– Übergehung von Erben **33** 26
– Vorrang der Aneignung **33** 15 f
– Zuständigkeit
– – internationale **33** 8
– – örtliche **33** 9
– – sachliche **33** 9
Erbfähigkeit
– Erbe **23** 27
– nasciturus **23** 28
– nondum conceptus **23** 28
– passive **1** 15; **23** 27 ff, 34, 57
Erbfall
– Tod **1** 18; **23** 8 ff
Erbfolge 30 1, 9, 17; **31** 7
– gesetzliche **23** 15; s auch Intestaterbfolge
– gewillkürte **23** 22 f; s auch Testaterbfolge
– vorweggenommene **1** 53 ff
Erbgang 1 57, 59; **23** 43; s auch Nachlassabwicklung

Erbgangsschulden 1 38
Erblosigkeit ABGB 750 1 ff; **AußStrG 184** 1
Erbnachweis 39 4
Erbschaft
– Annahme **23** 44, 47, 54 ff
– Ausschlagung **23** 44, 54 ff
– Erbauseinandersetzungsverträge **1** 52
– Nacherbschaft **31** 12
– Vorerbschaft **31** 12
Erbschaftsansprüche 23 13, 59
Erbschaftskauf 3 19; **23** 97
Erbschaftsklage 9 16; **43** 2
Erbschaftsteuerrecht 1 7 ff
Erbstatut 23 2 ff, 95 ff; **30** 5, 13, 14; **31** 5, 7, 9, 10, 13, 17; **WEG 12** 2; s auch dingliche Rechte; Sondererbfolgeregelung
– Abgrenzung
– – Erbverfahrensrecht **23** 100 f
– – Gesellschaftstatut **1** 57, 59 ff
– – Güterrecht **1** 20, 36
– – Sachstatut **1** 70 ff, 74 ff
– Ausschlagung **23** 54 ff
– Ausgleichung
– – Anrechnung **23** 86 ff
– ausländisches **AußStrG 153** 2 ff; **154** 2; **160 a** 4; **165** 2; **181 a** 1; **182** 1; **JN 77** 2
– Berechtigte **23** 11
– Erbfähigkeit **1** 15; **23** 27 ff
– Erbfall **23** 8 ff
– Erbfolge **23** 15, 22 ff
– Erbunwürdigkeit **23** 34 ff, 40 f
– Gesellschaftsanteile **1** 59 f
– Haftung
– – Nachlass **23** 68, 76
– inhaltliche Zulässigkeit **24** 8
– Nachlassabwicklung **23** 43
– Nachlassteilung **23** 92
– Nachlassübergang **23** 45 ff
– Rechte
– – Erben **23** 58 ff
– Reichweite des **24** 8; **26** 13
– Schenkung
– – Ausgleichung **1** 43 ff
– Testierfähigkeit
– – Beschränkungen **23** 85

– Trust **1** 65
– Vindikationslegate **1** 79 ff, 86
– zwingende Nachlassbeteiligung **23** 79 ff
Erbteilungsklage 43 2
Erbunwürdigkeit 23 32, 34 ff
Erbverfahrensrecht
– Abgrenzung **23** 35, 100 f
Erbvertrag 3 14 ff; **Vor 4** 26; s auch letztwillige Verfügung
– alternative Anknüpfung **25** 1
– andere Verfügungen **25** 19
– Änderung **25** 30
– Auflösung **25** 17, 24
– Begriff **25** 3 f
– Bindungswirkung **25** 4, 17, 22, 24, 26
– Ehevertrag **25** 6, 10
– einseitig verfügender **25** 20
– Endfassung **25** 2
– engste Verbindung **25** 24
– Erbverzicht **3** 21; **25** 5, 9
– Erbverzichtsvertrag **1** 16
– Errichtungsstatut **23** 66; **25** 2, 20, 23 f
– formelle Zulässigkeit **25** 14
– gegenseitiges Testament **25** 5
– gemeinschaftliches Testament **25** 5, 12
– Gütergemeinschaft auf den Todesfall **25** 6
– inhaltliche Zulässigkeit **25** 15
– Konversion **25** 13
– kumulative Anknüpfung **25** 23
– materielle Wirksamkeit **25** 16
– mehrseitig verfügender **25** 21 ff
– Pflichtteilsverzicht **3** 21; **25** 5, 9
– Rechtswahl **25** 25 f
– Scheidung **25** 18
– Schenkung auf den Todesfall **25** 5, 8, 12
– subsidiäre Anknüpfung **25** 1
– Teilrechtswahl **25** 27 ff
– Vertrag zugunsten Dritter auf den Todesfall **25** 7
– Widerruf **25** 30
– Widerruflichkeit **25** 17
– Zulässigkeit **25** 11 f, 23

Erbvertragsstatut
– Anknüpfungsgegenstand **25** 3 ff
– Umfang **25** 11 ff
Erbverzicht Vor 4 26; **25** 5, 9; **27** 9, 18; s auch Erbvertrag, Erbverzicht
Erklärungen iZm der Rechtsnachfolge von Todes wegen 13 1 ff
Ermessen der Gerichte 11 6 f; **12** 8 ff
Errichtungsstatut 24 13 ff; **25** 20, 23 f; **27** 31
– Abgrenzung zum Erbstatut **24** 8; **26** 13
– Erbvertrag
– – einseitig verfügender **25** 20
– – mehrseitig verfügender **25** 21 ff
– Errichtungszeitpunkt **24** 13
– gemeinschaftliches Testament **24** 16
– maßgebendes Recht **24** 17
– objektive Anknüpfung **24** 14
– subjektive Anknüpfung **24** 15
– Testierfähigkeit **24** 26; **26** 3, 14
– Umfang **24** 6 ff
– unwandelbar **24** 1, 17; **25** 2
– Wahl s Teilrechtswahl
Ersatzerbschaft 23 15, 22
Ersatzzustellung 50 20
Erwerb
– Sachstatut **1** 72 ff
Erwerbsverbot/-beschränkungen 23 98
EuInsVO 76 1 ff
Europäische Kommission 82 2
Europäisches Nachlasszeugnis s ENZ
Euthanasie 4 33
Eventualmaxime
– Rechtsbehelfsverfahren **50** 9, 26
– Rekurs **50** 26
Executor
– common law **3** 28; **3 a** 11, 38 ff, 50; **29** 3 ff
Exekutionsantrag
– Vollstreckbarerklärung **43** 29
Exemtion
– Vollstreckbarerklärung **48** 7
Exequaturverfahren 39 26

F

Familienverhältnis
- Ehe **1** 13; s auch Verwandtschaft
- Partnerschaften **1** 13

Fehlende Anerkennung einer Entscheidung im Mitgliedstaat 11 5

Fehlende Vollstreckung einer Entscheidung im Mitgliedstaat 11 5

Feilbietung WEG 12 3

Feststellungsklage 39 25

Formblatt 59 23 f; **60** 3; **61** 2; **80** 1

Fortsetzungsklausel
- Gesellschaftsstatut **1** 58

Forum necessitatis s Notzuständigkeit

Forum non conveniens 6 4

Forum running 17 8

Forum-shopping 10 18; **19** 6

Forumstaat 30 10, 15; **31** 15; **34** 12; **35** 11, 14

Freizügigkeit von Entscheidungen 39 7; **40** 3; **41** 4

Fremdverwalter 29 43, 51 ff

Frist 50 16 ff
- Berechnung **50** 22
- Rechtsbehelfsverfahren **50** 16 ff
- Revisionsrekurs **51** 5
- Verlängerung **50** 21

Fristberechnung 50 22

Fristverlängerung 50 21

G

Gebühren
- Vollstreckbarerklärung **58** 2

Geltung 84 1

Gemeinschaftliches Testament 3 23

Gerichtsanhängigkeit s Rechtshängigkeit

Gerichtsgebühren GGG 2, 24 1 ff
- Vollstreckbarerklärung **46** 3

Gerichtskommissär
- Gebühr **GKTG**
- – ENZ **GKTG** 16
- – Sicherung der Verlassenschaft **GKTG** 22
- Notare als Gerichtskommissäre **3** 36 ff
- Tätigkeitsumfang **GKG** 1

- – Ausstellung des ENZ **AußstrG 181 b** 1 ff; **GKG** 1
- unzuständig **GKTG 22** 1 ff
- nicht vollendete Amtshandlung **GKTG 22** 2

Gerichtsstandsvereinbarung Vor 4 17 ff; **5** 1 ff; **7** 2, 8, 9 ff; **8** 4; **11** 1; **17** 4
- Form **5** 19 f
- Umfang **5** 16 f
- Wirksamkeitsvoraussetzung **5** 18

Geschäftsfähigkeit 1 15; **23** 27 ff, 57, 64

Geschäftsunfähige 4 39

Geschmacksmusterrechte 10 14

Gesellschaft
- Personengesellschaft **1** 57

Gesellschafterhaftung 1 61

Gesellschaftsanteile 30 2, 6; s auch Sondererbfolgeregelung
- Ausgleichungszwecke **1** 60
- Sondernachfolge **23** 91
- Vererbung **1** 58 ff, 101

Gesellschaftsstatut 1 58 ff
- Gesellschaftertod
- – Auflösung **1** 59
- Gesellschaftsanteile
- – Vererblichkeit **1** 58 ff
- Nachfolgeklauseln
- – Zustimmungsvorbehalt **1** 58

Gewöhnlicher Aufenthalt 4 3 ff, 9 ff, 13 ff, 23 ff; **13** 5; **21** 2, 7 ff
- fehlender **10** 1
- vorhergehender **10** 19 f

Gläubiger
- Rechtsbehelf **50** 11 ff

Gläubigerschutz
- Erbenloser Nachlass **33** 18 ff
- Nachlassverwaltung **29** 55 ff, 71 ff

Gleichlaufprinzip
- Durchbrechung **21** 21

Grenzpendler 4 30

Grundbuch
- Eintragungsgrundlagen (ENZ) **GBG 33** 1

Grundbuchsrecht
- Grundbuchssystem **1** 71, 96 f, 102

Grundsatz der gegenseitigen Anerkennung 39 8 ff; **40** 3; **41** 4

Grundsatz der Verfahrensautonomie 39 27

Grundsatz des gegenseitigen Vertrauens 39 11 ff; **40** 3; **41** 4

Gütergemeinschaft auf den Todesfall 25 6

Güterstand
– Eheliches Güterrecht **1** 21 ff, 25 ff, 36; **23** 17

Güterstatut
– Anpassung **1** 20 ff, 36; s auch Güterstand

Gutgläubiger Erwerb
– Nachlasszeugniss **69** 27

H

Haager Testamentsübereinkommen s HTÜ

Haager Übereinkommen über die Zustellung gerichtlicher und außergerichtlicher Schriftstücke im Ausland in Zivil- oder Handelssachen (HZÜ) 16 2, 5

Haftung für Nachlassverbindlichkeiten
– Haftungsbegrenzung **28** 3
– Haftungsverteilung **23** 73 ff
– Vorfrage **23** 68 ff

Haftungsbeschränkung AußStrG 165 – 169 1 ff

Handlungsfähigkeit **1** 15; **23** 27

Heilung, Unzuständigkeit 17 4

Herausgabeklage 43 2

Hoheitliches Handeln **1** 10 ff

Honorar
– Rechtsanwalt **58** 3

House of Lords 29 6

HTÜ 27 1 f, 7, 13 ff, 31; **74** 6; **75** 3

Hypothetischer Erblasserwille **1** 31

Hypothetisches Erbstatut 23 87, 90; s auch Errichtungsstatut

I

Identität
– der Ansprüche **17** 3 f
– der Parteien **17** 2

– des Verfahrensgegenstandes **17** 1 ff

Immaterialgüterrecht 10 5, 14
– Territorialprinzip **1** 88

Immunität
– Vollstreckbarerklärung **48** 7

Informationen
– allgemein **77** 1 ff; **78** 1 f; **79** 1 f
– Angehörige von Rechtsberufen **78** 3
– Behörden **77** 3; **79** 3
– Kontaktdaten **78** 3
– Merkblätter **77** 4
– nationales Erbrecht **77** 3
– Rechtsbehelfe **79** 3
– Verfahren **78** 3

Informationsportal
– Erbenloser Nachlass **33** 25
– Nachlassverwaltung **29** 73 f

Inhaltliche Zulässigkeit 24 8 f

Inkrafttreten 84 1 ff

Insolvenzverfahren
– Vollstreckbarerklärung **46** 4

IntErbRVG 39 29

Interessen
– individuelle **30** 2, 12
– öffentliche **30** 2, 12, 20; s auch Sondererbfolgeregelung

Interlokale Kollisionsvorschriften 36; s auch Mehrrechtsstaaten

Internationale Zuständigkeit
– Vollstreckbarerklärung **45** 4

Intestaterbfolge **1** 2; **23** 11, 15 ff; s auch gesetzliche Erbfolge

Inventar
– Haftungsbeschränkung **AußStrG** 165 – 169 ff

Inzidentanerkennung s auch Anerkennung
– Vorfrage
– – präjudizielle **39** 30 f

IPR IPRG 28 – 30
– Erbvertrag **IPRG 28 – 30** 3
– Trust **IPRG 28 – 30** 2

J

Joint tenancy **1** 49

K

Kärntner Erbhöfegesetz 30 17; s auch Sondererbfolgeregelung

Kernpunkttheorie 17 3 f

Kläger
- Verfahrenseinleitung, Zeitpunkt 14 2 f

Kodizill 27 7, 13
- öffentliches 74 6

Kollisionsrecht Vor 4 10 ff
- Kollisionsnorm 20 6; 21; 30 15
- Verhinderung des gespaltenen 20 3

Komitologie 81 1

Kommorienten 1 19; 23 10; s auch Tod
- bei gleichem Erbstatut 32 6
- Normzweck 32 2
- Rechtsfolgen 32 7
- Sachnorm 32 1
- Todesvermutung 32 6
- Voraussetzungen 32 3 ff

Kompetenzkonflikt 11 1

Konnexe Verfahren 17 1 ff; 18 1 ff

Konversion 25 13

Kooperation der Gerichte 17 9 f; 18 1 f

Koordinierung von Verfahren 17 9 f

Kostenersatz
- Vollstreckbarerklärung 46 3

Krieg 11 3

Künstler 4 34

L

Lebensmittelpunkt s Mittelpunkt des Lebensinteresses

Lebenspartner 1 22; 23 16, 19; s auch Ehegatte

Legaldefinitionen 3 3 ff

Leichnam
- Schicksal 3 11

Letztwillige Verfügung
- Änderung 27 26
- Erbvertrag 27 9 ff, 21, 23
- Form 27 3 – 5, 13, 23, 31; 28 5 ff
- gemeinschaftliches Testament 27 8
- mündlich 27 13 – 15
- Schriftlichkeit 27 13 ff
- Testament 27 7
- Vertragsaufhebung 27 27

- vor 17. 8. 2015 83 12 ff
- Widerruf 27 26 ff

Lex auctoris vel auctoritatis
- Registereintragungen 1 90, 93, 100

Lex fori 31 10, 11, 15, 16, 18; 34 1, 3, 4, 13, 18; 35 1, 6, 8, 15
- Verfahrensrecht 20 6

Lex rei sitae 30 3, 7; 31 15
- Registereintragungen 1 90
- Sachenrecht 1 70 ff, 88; 23 3

Liegenschaften 10 4 f, 8

M

Markenrechte 10 14

Maßnahmenantrag 19 5, 7

Materielle Wirksamkeit 26
- Auslegung 26 9 f, 12
- Stellvertretung 26 7 f
- Testierfähigkeit 26 2, 14
- Testierwille 26 11
- Umfang 24 10 f; 26 1
- Willensmängel 26 11 f
- Zuwendungsverbote 26 5 f

Mehrrechtsstaaten
- allgemein 36, 37, 38
- Anknüpfung 36 4, 6, 8, 10, 11, 13; 37 2
- – ortsbezogene Anknüpfung 36 4
- – raumbezogene Anknüpfung 36 4
- Auffangtatbestand
- – Reserveregel 36 13
- direkte Verweisung 36 8
- engste Verbindung 36 11, 13, 14; 37 2
- ethnische Gründe 37 1
- Forumstatut 36 6
- Gebietseinheit 36 13
- gewöhnlicher Aufenthalt 36 8, 9, 11
- Grundregel 36 9, 10
- indirekte Verweisung 36 7
- innerstaatliche Kollisionen 38 1
- interlokale Rechtsanwendungsprobleme 38 1
- interlokales Kollisionsrecht 36 4, 6, 7
- (interlokale) Zuständigkeit 36 2
- interpersonales Kollisionsrecht 37 2

– personell gespaltene Mehrrechtsstaaten 37
– Rechtsspaltung
– – interlokale/örtliche Rechtsspaltung **36** 2
– Rechtswahl **36** 11, 12
– Sonderregel **36** 14
– Staatsangehörigkeit **36** 4, 11
– Teilrechtsordnung **36** 4, 6, 7, 10, 11, 12
– territorial **36** 1
– Todeszeitpunkt **36** 10
– Unter- oder Hilfsanknüpfungen **36** 8
– verschiedene Personengruppen **37** 1
– Verweisung **36** 2, 3, 14
– Vorrang **36** 4, 7
Meistbegünstigung
– Prozesskostenhilfe **56** 3
Mietvertrag
– Eintrittsrecht naher Angehöriger gem § 14 MRG **3** 12
Minderjährige 27 30
Mittelpunkt des Lebensinteresses 21 4, 7

N

Nachlass
– Abwicklung **1** 52; **23** 43
– – Konzepte der Mitgliedstaaten **29** 4
– Quote **23** 18, 81
– Spaltung **1** 70, 97
– Übergang
– – Vermögenswerte **1** 65, 72, 80 ff; **23** 2 f, 45 ff, 53 f, 59
Nachlassansprüche
– Ehegatte **1** 26, 37 f; **23** 11
Nachlassbestimmung
– Anteile **1** 26, 36; **23** 11
Nachlassbeteiligung
– Noterberechte **1** 14, 28; **23** 24, 86
Nachlasseinheit 4 2; **Vor 4** 21 ff; **10** 22; **30** 3; s auch Sondererbfolgeregelung
– erblasserisches Vermögen **1** 2; **23** 5 ff; s auch Prinzip der Nachlasseinheit
– Nachlassverwaltung **29** 68
– Prinzip **21** 1 f

Nachlassgegenstände 30 11; **31** 2, 9; **34** 16; s auch Anpassung; dingliche Rechte; Sondererbregelung
Nachlassgüter 30 11; s auch Sondererbregelung
Nachlasshaftung
– Fremdverwaltung **29** 54
– Konzepte der Mitgliedstaaten **5** 57; **29** 5; **FBG 46** 57
– Nachlassverwaltung **3 a** 11, 28 ff, 64; **29** 49, 55 ff, 58
– Stellungnahme des House of Lords **29** 6
Nachlassinsolvenz 1 103
Nachlassseparation 76 5; **AußStrG** 175
Nachlassspaltung 4 2; **Vor 4** 23; **10** 27; **12** 8; **34** 16
– Erbenloser Nachlass **33** 17
– System **21** 1
Nachlassverfahren 31 14
Nachlassverwalter
– Anwendungsfälle in Österreich **29** 32 ff
– – Erbenstreit **29** 38 ff
– – Separationskurator **29** 36 f
– – Testamentsvollstrecker **29** 32 ff
– – Verlassenschaftskurator **29** 35, 38 ff
– – Vertretungssorge **29** 41
– Befugnisse
– – allgemeine **29** 46
– – Beschränkungen **29** 56
– – besondere **29** 47 ff
– – Drittstaaten **29** 60 f
– – Erweiterungen **29** 54
– – fremdes Hoheitsgebiet **29** 68 ff
– – grenzüberschreitend **29** 68 ff
– – Kernbereiche **29** 58
– – Verkehrs- und Vertrauensschutz **29** 59
– Berechtigte **29** 44
– Bestellung
– – Adressat **29** 27
– – auf Antrag **29** 30 f
– – lex causae **29** 42
– – lex fori **29** 28 ff, 42 ff
– – Unzuständigkeit **29** 17
– – Verfahrensrecht nach lex fori **29** 11 f

– – Verfahrenszeitpunkt **29** 31
– – verpflichtend **29** 28 f
– – Zuständigkeit **29** 13 ff
– Bestellungsbeschluss **29** 64
– Beteiligte **23** 58 ff; s auch Testaments-
vollstrecker
– Entlohnung **29** 62
– Gläubigerschutz **29** 55 ff, 71 ff
– Haftung **29** 63
– Pflichten s Nachlassverwalter, Befugnisse
Nachlassverwaltung
– auf Antrag **29** 30 f
– Ausgangsfälle **29** 1, 18 ff
– Befugnisse **29** 55 ff; s auch Nachlassver-
walter, Befugnisse
– Begriffsauslegung **29** 24 ff
– common law **29** 4, 29
– Europäisches Nachlasszeugnis **29** 65 ff
– Fremdverwaltung
– – allgemein **29** 43
– – Erbenhaftung **29** 51 ff
– Hintergrund **29** 3 ff
– Nachlasseinheit **29** 68
– Normzweck **29** 1 f; **ABGB 1098** 5; **MRG
19** 181, 183, 218
– öffentliche Information **29** 73 f
– Pflichtteilsschutz **29** 57
– verpflichtend **29** 28 f
Nachlasszeugnis, Europäisches s ENZ
Nachprüfung in der Sache s révision au
fond
Nationales Recht Vor AußStrG 1 ff
Naturkatastrophen 11 3
Neuerung
– Rechtsbehelf **50** 4, 12, 26
– Rekurs **50** 26
Neuerungsverbot
– Revisionsrekurs **51** 5
**Nichtanerkennung einer Entscheidung im
Drittstaat 12** 1 ff
Nichteinlassung des Beklagten 16 1 ff
– Unzuständigkeit **16** 8
**Nichtvollstreckung einer Entscheidung im
Drittstaat 12** 1 ff
Notar s Gerichtskommissär
Notzuständigkeit 11 1 ff

Nova producta
– Rechtsbehelfsverfahren **50** 10
Numerus clausus 31 1, 7, 12; s auch An-
passung; dingliche Rechte

O
Objektive Anknüpfung
– Erbstatut **21** 1
Öffentliche Ordnung s ordre public
Öffentliches Register 10 10 ff
Öffentliche Zustellung 16 5
Ordre public 30 9; **59** 17, 20; **60** 4; s auch
Anerkennungsversagungsgründe
– abweichende Pflichtteilsregelungen **35**
12, 13
– allgemein **35**
– Anwendung fremden Rechts **35** 16
– ausländische Rechtsregel **35** 1
– ausländisches Recht **35** 15
– Ausschluss des Erbrechts **35** 14
– Ausweichklausel **35** 16
– Bedeutung **35** 16
– Binnenmarktsachverhalte **35** 2
– EMRK **35** 10
– Erbanspruch **35** 14
– Ersatzrecht **35** 15
– erweiterte Unterhaltsansprüche **35** 13
– Europäische Nachlasszeugnisse **35** 2
– fehlendes gesetzliches Erbrecht **35** 14
– Gebrauch (sparsamer) **35** 11
– gemeinschaftliches Testament **24** 17
– geringere gesetzliche Erbquote **35** 14
– gesetzliches Erbrecht **35** 14
– gleichgeschlechtliche Lebenspartner
35 14
– Gleichlauf von forum und ius **35** 16
– Grundprinzipien
– – Forumsmitgliedstaat **35** 3
– – Gerichtsstaat **35** 7
– Grundrechte **35** 3
– Grundsätze der lex fori **35** 1
– Grundwertungen der eigenen Rechtsordnung **35** 10
– inländische ordre public **35** 8
– inländische Rechtsordnung **35** 11
– IPR Instrumente **35** 1

– kollisionsrechtlicher Anwendungsbefehl **35** 6
– Nichtanwendung der fremden Norm **35** 15
– nichteheliche Abkömmlinge **35** 14
– nichteheliche Lebensgefährten **35** 14
– Noterbrechte **35** 13
– offensichtliche Unvereinbarkeit **35** 4
– öffentlicher Widerspruch **35** 11
– Parallelregelungen im Unionskollisionsrechts **35** 11
– Pflichtteilsanspruch **35** 5
– Recht des Mitgliedstaates **35** 9
– Rechtswahl **35** 8
– unselbständige Kollisionsnorm **35** 6
– verfahrensrechtliche Grundprinzipien **35** 2
– Verletzung **35** 12
– Verstoß
– – Verstoß gegen die öffentliche Ordnung **35** 13
– – Verstoß gegen Europäische Grundrechtecharta **35** 9
– Verweisungsnorm **35** 8
– Vorgaben des Unionsrechts **35** 9, 10
– Widerspruch zur öffentlichen Ordnung **35** 2

Örtliche Zuständigkeit
– Vollstreckbarerklärung **45** 1

P

Parallelverfahren s Verfahrensanhängigkeit
Partikularrecht **27** 17; **28** 11
Parteibegriff
– formeller **14** 2; **16** 3; **17** 2
– materieller **14** 2; **16** 3; **17** 2
Parteienautonomie **83** 5
Patente **10** 14
Perpetuatio fori **10** 26
Personenstand **1** 13
Pfandbriefe **10** 13
Pflichtteil **1** 67; **23** 79 ff , 86
Pflichtteilergänzungsanspruch
– Schenkung **1** 43; **23** 81; s auch Schenkung

Pflichtteilsanspruch **30** 9
– Nachlassbeteiligung **1** 28; **23** 80
Pflichtteilsberechtigte **23** 12
Pflichtteilsergänzungsklage **43** 2
Pflichtteilsklage **43** 2
Pflichtteilsmindernde Gestaltungen
– Gesellschaftsanteile **1** 58
Pflichtteilsverzicht Vor **4** 26; **25** 5, 9; **27** 9, 18; s auch Erbvertrag, Pflichtteilsverzicht
Politische Verfolgung **11** 4
Postmortaler Persönlichkeitsschutz **3** 11
Prinzip der Nachlasseinheit
– gegenständlich **23** 5
– inhaltlich **23** 6
Privatstiftung
– Erbvertrag **3** 16
– Verfügung von Todes wegen **3** 27
Profisportler **4** 34
Prorogation s Gerichtsstandsvereinbarung
Prozesskostenhilfe
– Nachweis
– – Ursprungsmitgliedstaat **56** 2
– Vollstreckbarerklärung
– – Anerkennungsverfahren **56** 5
Prüfung der Zuständigkeit s Zuständigkeitsprüfung

R

Rechtliches Gehör **2** 3; s auch Anerkennungsversagungsgründe, ENZ
Rechtsbehelf
– Eventualmaxime **50** 26
– Gläubiger **50** 11 ff
– Gründe **50** 7 ff
– Neuerung **50** 12, 26
– ordentlicher **42** 7 ff
– Parteien **50** 2
– Schuldner **50** 6 ff
– Verfahren **50** 3 ff
– Vollstreckbarerklärung **50** 1 ff
Rechtsbehelfsgründe **50** 7 ff
Rechtsbehelfsverfahren
– Aussetzung **53** 1 ff
– Eventualmaxime **50** 9
– Fristen **50** 16 ff
– Neuerung **50** 4

– nova producta **50** 10
– Zweiseitigkeit **50** 3
Rechtsfähigkeit 1 15; **23** 27 ff, 96
Rechtsgeschäfte auf den Todesfall 1 51
Rechtsgeschäfte unter Lebenden
– Erwerb **1** 98 ff
– Übertragung von Vermögen **1** 56
Rechtshängigkeit 17
– Anspruchsidentität **17** 3
– außergerichtliche Einigung **17** 12
– Kooperation der Gerichte **17** 9
– maßgeblicher Zeitpunkt **14** 3 ff
– Parteiidentität **17** 2
– Prioritätsprinzip **14** 1 ff; **17** 1
– Rechtsfolgen **17** 1 ff
– Verfahrenskoordinierung **17** 9 f; **18** 1 f
– Verweigerung der Anerkennung **17** 1
– Voraussetzungen **14** 1 ff
Rechtsnachfolge 30 5, 7, 9, 19, 21; **31** 2, 7, 9
– Vollstreckbarerklärung **46** 6
– von Todes wegen **1** 2 ff; **3** 7 ff; **23** 2 ff
Rechtswahl Vor 4 8; **5** 7 ff; **22** 1, 7 ff; **83** 7 ff
– Änderung **22** 17 ff
– ausdrückliche **22** 11
– bedingte **22** 28
– beschränkte **22** 2
– differenzierte **24** 24
– einseitiges Rechtsgeschäft **22** 8
– Erbvertrag **25** 25 f
– faktische **22** 4
– fingierte vor 17.8.2015 **83** 18 f
– Form **22** 10
– internationale Zuständigkeit **22** 5
– negative **22** 12
– schlüssige **22** 11
– Sonderanknüpfungen **22** 5
– Staatsbürgerschaft, Recht der **22** 2, 22 ff
– Teilrechtswahl **24** 23
– Unzuständigkeitserklärung **6** 1 ff
– Verfahrensbeendigung **8** 1 ff
– Verfügung von Todes wegen **24** 15
– Verfügung von Todes wegen, keine **22** 8
– vor 17. 8. 2015 **83** 7 ff
– Widerruf **22** 17

– Wirkamkeit, materielle **22** 13 ff
– Zulässigkeit **22** 16, 29
– Zuständigkeit **7** 1 ff, 5 ff
Register 1 89 ff
– international **1** 99
– Systeme **1** 96 f, 102; s auch Grundbuchsrecht
Registereintragungen 1 94
– Gesellschaftsregister **1** 89, 102
– Übergang **1** 91
– Vermögensgegenstände **1** 89
– Wirkungen **1** 84, 89 ff, 94, 98, 100
Registervorbehalt
– Erwerb **1** 101
Registrierte Sachen 10 10
Rekurs
– Eventualmaxime **50** 26
– Neuerung **50** 26
– Vollstreckbarerklärung **50** 25 ff
Rentenpläne 1 48
Renvoi 27 32; **28** 9; **34** 1, 5, 9, 15, 16, 18; s auch Verweisung
Reservierter Nachlassteil
– Pflichtteil **23** 79 f
Res in transitu s Waren auf dem Transport
Review Clause 82 1 ff
Révision au fond 41 5 ff
Revisionsrekurs
– Frist **51** 5
– Neuerungsverbot **51** 5
– Vollstreckbarerklärung **51** 1 ff
– Zweiseitigkeit **51** 5
Revolutionen 11 3
Richtervorbehalt
– Vollstreckbarerklärung **43** 35; **46** 5
Rückverweisung 34; s auch Verweisung
Rüge der fehlenden Zuständigkeit s Unzuständigkeit, Einrede
Rügelose Einlassung s Einlassung, rügelose

S

Sachenrecht 31 1, 5, 12
Sachnorm
– Kommorienten **32** 1

Sachnormverweisung 28 9; **34** 11, 13, 18;
s auch Verweisung
- Rechtswahl **22** 32
Sachstatut **1** 70 ff, 74 ff, 79 ff
- Abgrenzung **1** 70 ff
- Grundbuchrecht **1** 71, 97
Sachwalterverfügungen **3** 28
Schenkung **1** 43 ff; **23** 14, 87 ff
- zu Lebzeiten **1** 44 ff; **23** 81
- auf den Todesfall
- - Erbvertrag **1** 43 ff
- unentgeltliche Verträge **1** 43 ff
Schenkung auf den Todesfall **25** 5, 8, 12;
27 9 – 11
Schriftstück, verfahrenseinleitendes
14 1 ff; **16** 1 ff
Schuldner
- Rechtsbehelf **50** 6 ff
Sicherheitsleistung
- Anerkennung **57** 2
- Ursprungsmitgliedstaat **57** 5
- Vollstreckbarerklärung **57** 2
- Vollstreckung **57** 2
Sicherungsmaßnahmen **19** 1 ff; **53** 6;
s auch Einstweilige Maßnahmen
Sonderanknüpfungen **21** 6
Sondererbfolgeregelung
- Allgemeines **1** 49; **3** 12; **30** 1, 2, 17;
s auch besondere erbrechtliche Regelun-
gen; Sondererbrecht
- Anerbengesetz **30** 17; s auch Anerbenge-
setz
- Anliegen des Gemeinwohls **30** 2
- (bäuerliches) Bodenrecht **30** 18
- Eingriffsnormen **30** 1, 2, 8, 12 – 15, 17,
18, 20, 21; s auch Eingriffsnormen
- Eintritt in ein Mietverhältnis **30** 6
- Grundsatz der Nachlasseinheit **30** 3;
s auch Nachlasseinheit
- Immaterialgüterrechte **30** 6
- Kärntner Erbhöfegesetz **30** 17; s auch
Kärntner Erbhöfegesetz
- kollisionsrechtliche Nachlassspaltung **30** 3
- landwirtschaftliches Erbrecht **30** 2, 17
- Nachlassgegenstand **30** 11; s auch Nach-
lassgegenstand

- öffentliches Interesse **30** 2, 12, 20; s auch
Interessen
- Rechtsnachfolge in Wohnungseigentum
30 19; s auch Rechtsnachfolge
- Rechtsnachfolge von Todes wegen **30** 5,
7, 9; s auch Rechtsnachfolge
- Sachnormverweisung **30** 14
- Sondererbrecht (bäuerliches) **30** 11 – 13,
15
- Sondervermögen **30** 9; s auch Sonder-
vermögen
- Tiroler Höfegesetz **30** 17; s auch Tiroler
Höfegesetz
- Vermögensgegenstände **30** 2, 6, 7, 11, 14,
15; s auch Vermögensgegenstände
- wirtschaftliche Einheit **30** 17
Staatsangehörigkeit des Erblassers **10** 15,
17 f
Staatsangehörigkeitsprinzip Vor **4** 1; **4**
4, 21
Statutenwechsel **24** 1, 13, 25
Stellvertretung **26** 7 f
- formelle Höchstpersönlichkeit **26** 7
- materielle Höchstpersönlichkeit **26** 8
Stempelabgaben
- Vollstreckbarerklärung **58** 2
Stiftung **1** 57, 62; **23** 29
Stillstand der Rechtspflege **11** 3
Strafgefangene **4** 38
Strafverfahren in Drittstaat **11** 4
Streitanhängigkeit s Rechtshängigkeit
Streitgegenstand s Verfahrensgegenstand
Streitgegenstandsbegriff des EuGH
17 3
Streitiges Verfahren **2** 8
Subsidiäre Zuständigkeit **10** 1 ff
Substitution **23** 22; **31** 1; s auch Anpas-
sung; dingliche Rechte; gewillkürte Erb-
folge
Superädifikat **10** 8

T

Tatbestand **30** 7; **31** 6; **34** 7; **35** 7
Tatsächlicher Aufenthalt s gewöhnlicher
Aufenthalt

Teilrechtswahl 24 18 ff; **25** 27 ff
- Änderung 24 21; **25** 28
- gemeinschaftliches Testament 24 22
- nachträgliche 24 20
- Umfang 24 18
- Voraussetzungen 24 19
- vorweggenommene 24 21
- Wahl des Erbstatuts 24 23
- Widerruf 24 21; **25** 28

Teilung des Nachlass
- Berechtigtenanteile 23 92 ff

Teilungsanordnung 31 5, 14; s auch Anpassung; dingliche Rechte

Teilvollstreckbarkeit
- mehrere Ansprüche 55 2, 3
- ein Anspruch 55 3

Territorialität ABGB 750 3; AußStrG 170 1

Terroristische Aktionen bzw Bedrohungen 11 3

Testament 3 25; s auch letztwillige Verfügung
- Begriff 24 4
- Form
- – mündlich 1 40
- gegenseitiges 25 3
- gemeinschaftliches 24 5, 7, 22; **25** 5
- öffentliches 74 6
- wechselbezügliches 24 5; **25** 12
- wechselseitiges 25 3

Testamentsvollstrecker 13 10; 31 12
- Beteiligte 23 58, 61 ff; s auch Nachlassverwalter

Testaterbfolge 1 2; 23 11; s auch gewillkürte Erbfolge

Testierabsicht s Testierwille

Testierfähigkeit 25 16; 26 2 ff
- allgemeine Geschäftsfähigkeit 26 3
- Begriff 26 3
- Errichtungsstatut 1 15
- Minderjähriger 26 4
- Rechtswahl 26 2
- Statutenwechsel 24 26; 26 14 f

Testierfreiheit
- Beschränkungen 23 79 ff, 85 ff

Testiervertrag 25 5
- Rechtsgeschäfte unter Lebenden 1 54

Testierwille 26 11

Tiroler Höfegesetz 30 17; s auch Sondererbfolgeregelung

Titelentscheidung
- Zustellung 49 5

Tod 23 8 ff; s auch Erbfall
- Kommorienten 1 19

Todeserklärung 83 3

Todestag 83 1

Todesvermutung 1 19

Todeszeitpunkt 27 22

Totenfürsorge 3 11

Transfer
- Weitergabe von Vermögen 1 62; 23 45

Transportmittel 10 9

Transposition 31 1, 15, 16; s auch Anpassung; dingliche Rechte

Treuhänder 31 12

Trust 3 16
- angloamerikanischer 31 12
- Definition 1 63 ff
- Pflichtteil 1 67
- Vermögensverschiebung 1 67

U

Übereinkommen
- allgemein 75 1
- Nordisches 75 22 f

Übergang 23 43 ff
- Nachlass
- – Vermögenswerte 1 65, 72, 80 ff; 23 45 ff

Übergangsbestimmungen 83 1 ff

Überlassung an Zahlungs statt 76 7; AußStrG 154

Überprüfungsklausel 82 1 ff

Übersetzung
- Vollstreckbarerklärung 47 6 ff

Überweisung an ein anderes Gericht 15 9; s auch Verweisung vor ein anderes Gericht

Unentgeltliche Zuwendungen
- Ausgleichung 1 45; 23 86 ff

Universale Anwendung 20 1 ff

Unmöglichkeit der Einleitung und/oder Führung eines Verfahrens 11 2 ff

Unparteilichkeit 2 3

Unterhaltsrecht
– Pflichten 1 37 ff; **23** 37, 79

Unvereinbarkeit
– ausländische Entscheidung s Anerkennungsversagungsgründe
– inländische Entscheidung s Anerkennungsversagungsgründe

Unzumutbarkeit der Einleitung und/oder Führung eines Verfahrens 11 2 ff

Unzuständigkeit
– Einrede **15** 3
– Entscheidung
– – Bindung **15** 8
– – Überweisung **15** 9
– Erklärung auf Antrag **6** 6 ff; **9** 16; **15** 2 f
– Folgen **6** 12 ff; **15** 1 ff
– – nationales Recht **15** 5 f
– Nichtbeachtung der Unzuständigkeit **15** 4
– Säumnis, Untätigkeit **16** 8

Urheberrecht 10 14

Urkunden 27 8
– Apostille **74** 5
– Ausstellungsort **JN 107** 5
– Legalisation **74** 1 ff
– Überbeglaubigung **74** 5
– Vollstreckbarerklärung **47** 2 ff

Urkunde, öffentliche 59, 60, Kap V
– Anerkennung **59** 1 f
– Annahme **59**
– Authentizität **59** 25 ff
– Beweiskraft, formelle **59** 11 ff
– Echtheit **59** 13, 25 ff
– Richtigkeit **59** 13 f
– Vollstreckbarkeit **60**

Ursprungsmitgliedstaat
– Vollstreckbarkeit **43** 9

V

Valutaverhältnis 1 42

Verbesserung
– Vollstreckbarerklärung **43** 28; **47** 4

Verein 1 57; **23** 29

Vereinbarung der Zuständigkeit s Gerichtsstandsvereinbarung

Verfahrenseinleitendes Schriftstück 14 3 f; **16** 3

Verfahrenshilfe s Prozesskostenhilfe

Verfahrenspartei s Antragsteller,-gegner; Parteibegriff

Verfügung von Todes wegen 3 24 ff; s auch letztwillige Verfügung
– ältere **24** 29
– Änderung **24** 20, 25 ff
– – bei Rechtswahl **24** 27
– – bei Teilrechtswahl **24** 27
– Bindungswirkung **24** 12
– Form **24** 7
– Formelle Wirksamkeit **24** 6
– Gültigkeit **24** 2
– materielle Wirksamkeit **24** 3
– Rechtswahl **24** 15
– Teilrechtswahl **24** 18 ff
– Widerruf **24** 25 ff
– – gesetzl Außerkrafttreten **24** 28
– – bei Rechtswahl **24** 27
– – bei Teilrechtswahl **24** 27
– Widerruflichkeit **24** 12
– Zulässigkeit **24** 3, 6 f
– – inhaltliche **24** 8; **26** 13

Vergleich, gerichtlicher 61, Kap V

Verjährung 23 101; s auch Erbverfahrensrecht

Verlassenschaftsinsolvenz 76 3 ff

Verlassenschaftskuratoren 13 10

Verlassenschaftsprovisorium s ENZ

Verlassenschaftsverfahren
– Absonderung der Verlassenschaft AußStrG 175
– allgemein AußStrG 143
– Änderung der Abhandlungsgrundlagen AußStrG 183
– Anpassung ausländischer Erbrechtstitel **AußStrG 182 a** 1 ff
– – Richtervorbehalt **AußStrG 182 a** 3
– Ausfolgung **AußStrG 150** 1 ff
– bei ausländischem Erbstatut AußStrG 181 a

– Benützung, Verwaltung und Vertretung der Verlassenschaft AußStrG 171 – 173
– Bestreitung des Erbrechts **AußStrG 160 a** 4
– Einantwortung AußStrG 176 – 180
– – Nachweise AußStrG 176
– Eingaben AußStrG 144
– Einleitung **AußStrG 143** 1
– – von Amts wegen **AußStrG 143** 2
– – Antrag **AußStrG 143** 3
– Einwände
– – Urkundenrichtigkeit **AußStrG 160 a** 1 ff
– Entscheidung über das Erbrecht AußStrG 161 – 164
– ENZ AußStrG 181 b
– Erbantrittserklärung AußStrG 157 – 159
– Erblosigkeit **ABGB 750** 1 ff; **AußStrG 184** 1 ff
– Erbteilungsübereinkommen AußStrG 181
– Erhebungen AußStrG 145 a, 146
– Freigabe AußStrG 148
– Gläubigeraufforderung AußStrG 174
– Inventar AußStrG 165 – 169
– Nachlassseparation AußStrG 175
– Pflegeleistungen AußStrG 174 a
– Pflegeleistungsübereinkommen AußStrG 181
– Pflichtteilsstundungsübereinkommen AußStrG 181
– Rechte der Gläubiger AußStrG 174
– Sicherung AußStrG 147
– – bei ausländischem Hauptverfahren **AußStrG 147** 1
– – Gerichtskommissär **AußstrG 147** 3
– – Honorar **AußStrG 147** 4
– Sperren AußStrG 149
– Todesfallaufnahme AußStrG 145 a, 146
– Überlassung an Zahlungs statt AußStrG 154
– – eo ipso Erwerb **AußStrG 154** 1
– Übermittlung und Übernahme letztwilliger Verfügungen AußStrG 151 f
– Unterbleiben der Abhandlung AußStrG 153

– Verbücherung **AußstrG 182** 1 ff
– – bei Anwendung ausländischen Rechts **AußstrG 182** 3
– – nach ausländischem Verfahren **AußstrG 182** 4; **GBG 33** 1
– Vermögenserklärung AußStrG 170
– Vertretungsvorsorge AußStrG 156
– Wertgrenze **AußStrG 153** 1; **155** 1
– widersprechende Erbantrittserklärungen AußStrG 160
Vermächtnis
– Annahme **23** 54 ff
– Ausschlagung **23** 54 ff
– Beteiligte **1** 86; **23** 12, 24
– Damnationslegate **1** 78; **23** 24, 49
– Vermächtnisklage **43** 2
– Vermächtnisnehmer **13** 10
– Vermächtnisvertrag **3** 13, 17; **25** 5; **27** 9, 12
– Vindikationslegate **1** 78; **23** 49
Vermögensabfluss
– Schenkungen **1** 44, 47
Vermögensgegenstände 30 2, 6, 7, 11, 14, 15; **31** 15; s auch Anpassung dinglicher Rechte; Sondererbfolgeregelung
Vermögensgerichtsstand 10 2
Vermögenswert
– Übergang **30** 9; s auch besondere erbrechtliche Regelung; Sondererbfolgeregelung
Vermögenswerte
– Nachlass **1** 72, 80; **23** 50 f
Versagung der Anerkennung 50 9; **52** 1 ff
Verschaffungsvermächtnis 1 85; s auch Vindikationslegat
Verschmelzung
– Gesellschaft **1** 59
– Vermögen **1** 31; s auch Eheliches Güterrecht
Verschollenheit 1 18; **23** 9
Versicherungsverträge
– Verträge zugunsten Dritter **1** 41 f
Verträge auf den Todesfall 1 41; s auch Rechtsgeschäfte unter Lebenden
Verträge zugunsten Dritter 1 41 ff
– auf den Todesfall **25** 7

Verwandtschaft
- Familienverhältnisse **1** 13

Verweisung 34 2, 5, 13, 16, 18, 19
- abweichende Verweisungsnorm **34** 9
- Art der Verweisung **34** 7
- Ausschluss der Gesamtverweisung **34** 8
- bestimmte Verweisungsnormen **34** 7
- einheitliche Kollisionsnorm **34** 9
- Entscheidungseinklang **34** 4, 9
- Erststaat **34** 13
- Erstverweisung **34** 12
- Gesamtverweisung **31** 15; **34** 1 – 3, 7, 9, 10, 11, 19; **36** 10
- gespaltene Verweisung **34** 16
- Grundsatz des einheitlichen Erbstatuts **34** 16
- Hilfsnorm **34** 7
- indirekte Verweisung **31** 6; **36** 7
- interlokales Kollisionsrecht **36** 3
- internationaler Entscheidungseinklang **34** 3
- Internationales Privatrecht (Drittstaat) **34** 11
- Internationales Privatrecht (Erststaat) **34** 7
- IPR **34** 16
- Kollisionsrecht **34** 13
- materiellrechtlich **22** 21
- mitgliedstaatliche Rechtsordnung **34** 12
- Nachlassspaltung **34** 16
- Nichtermittelbarkeit **34** 18
- Qualifikationsverweisung **34** 17
- Recht eines Drittstaates **34** 2, 4, 5, 6, 7, 8, 10, 11, 13, 14, 18
- Recht eines Mitgliedstaates **34** 2, 6, 7, 8, 10, 12, 15
- Rechtsfindung **34** 4
- Rechtswahl **34** 19
- renvoi s Rück- oder Weiterverweisung
- Rück- oder Weiterverweisung **34** 1, 3, 5, 6, 9, 10, 12, 15, 16, 18
- Sachnorm **34** 7, 12
- Sachnormverweisung **34** 11, 13, 18
- Sachrecht **34** 7, 14
- spezielle Verweisungsnormen **34** 6
- Staatsvertrag **34** 9
- Teilrenvoi **34** 16

- Vereinheitlichung von Kollisionsnormen **34** 3
- vereinheitlichte Verweisungsnorm **34** 8, 11
- versteckte Kollisionsnorm **34** 13
- Verweisungsergebnisse **34** 7
- Verweisungsgrundlagen **34** 2
- Verweisungszirkel **34** 12

Verweisungnormen
- sachrechtliche **20** 5 f

Verweisung vor ein anderes Gericht 15 9; **17** 4

Viertel, erbrechtliches
- Doppelqualifikation **1** 25, 33; **23** 17

Vindikationslegat 1 78 ff; **23** 24, 49; **31** 2, 14; s auch Anpassung; dingliche Rechte
- Beteiligungsübertragungen
- – Vinkulierung **1** 101
- Verschaffungsvermächtnis **1** 85

Völkerrecht
- Vollstreckbarerklärung **48** 7

Vollstreckbarerklärung 43 1 ff
- Absicht **45**
- Anerkennungsverweigerung **43** 33
- Antrag **43** 14, 27; **46** 1 ff
- Antragsgegner **46** 7
- Antragslegitimation **46** 6
- Anwendungsbereich **48** 8
- Aufhebung **52** 1 ff
- Aussetzung **53** 1 ff
- Beilagen **46** 8
- Bescheinigung **46** 8; **47** 1 ff
- Beschluss **43** 35
- Bestimmtheit des Titels **43** 37
- Bezirksgericht **43** 26; **45** 1
- drittstaatliche Entscheidungen **43** 38 f
- Einseitigkeit **43** 30
- einstweilige Maßnahmen **43** 23
- Entscheidung **43** 6, 32 ff; **48** 1 ff
- Exekutionsantrag **43** 29
- Exemtion **48** 7
- Gerichtsgebühren **46** 3
- Immunität **48** 7
- Insolvenzverfahren **46** 4
- internationale Zuständigkeit **45** 4
- Kostenersatz **46** 3
- Nachprüfung des Titels **43** 34

– örtliche Zuständigkeit **45** 1 ff
– Parteien **46** 6 f
– Prüfung **48** 4 ff
– Prüfungsumfang **43** 32 ff
– Rechtsbehelf **50** 1 ff
– Rechtsbehelfsgründe **50** 7 ff
– Rechtsnachfolge **46** 6
– Rekurs **50** 25 ff
– Revisionsrekurs **51** 1 ff
– Richtervorbehalt **43** 35; **46** 5
– Sicherungsmaßnahmen **53** 6
– Titelentscheidung **47** 2
– Übersetzung **47** 6 ff
– Urkunden **47** 2 ff
– Verbesserung **43** 28; **47** 4
– Verfahren **43** 5 ff, 19 ff; **46** 1 ff; **48** 1 ff
– – nova producta **50** 10
– Versagung **52** 1 ff
– Völkerrecht **48** 7
– Vollstreckbarkeit **48** 6
– Vollstreckungsabsicht **45** 3
– Voraussetzungen **43** 6 ff; **52** 2
– Wiedereinsetzung **46** 4; **50** 24
– Wirkung **43** 36
– Wohnsitz **44** 1 ff
– Zuständigkeit **45** 1 ff
– Zustellung **49** 2 ff
– Zwangsgeld **43** 24
– Zweiseitigkeit **48** 3
Vollstreckbarkeit s Vollstreckbarerklärung
– Aufhebung **43** 11
– formelle **43** 10
– Rechtskraft **43** 10
– Ursprungsmitgliedstaat **43** 9
– Vollstreckbarerklärung **48** 6
Vollstreckungsverträge **43** 39
Vorabentscheidungsverfahren **3** 2
Vorbehalt **30** 21; **31** 16
Vorfrage **59** 34 f
– präjudizielle s Inzidentanerkennung

W

Wanderarbeiter **4** 31
Waren auf dem Transport **10** 9
Weiterverweisung **34**; s auch Verweisung
Wertlosigkeit von Vermögen **10** 3 f, 9

Wertpapiere **10** 13
Wiedereinsetzung
– Vollstreckbarerklärung **46** 4; **50** 24
Willensmängel **26** 11 f
– Auslegung **26** 12
– Testierwille **26** 11
Wirkungserstreckung **59** 11 ff; s auch Anerkennung
Wohnsitz **4** 4 f, 9
– Vollstreckbarerklärung **44** 1 ff
Wohnungseigentum
– Grundbuchsgericht **WEG 12** 3; **14** 3
– Partnerschaft **WEG 12** 1 ff
– rechtliche Unmöglichkeit **WEG 12** 1
– – Behebung **WEG 12** 3
– – Belehrung **WEG 12** 3
– – Feilbietung **WEG 12** 3
– im Todesfall **WEG 14** 1 ff
– Unteilbarkeit **WEG 12** 1 ff
– Verlassenschaftsgericht **WEG 14** 2

Z

Zeitliche Priorität **17** 1 ff, 5 ff
Zeuge **27** 29
Zugewinnausgleich
– erbrechtliches Viertel
– – Erbquote **1** 25, 30 ff
Zuständigkeit
– Abkommen **Vor 4** 15
– allgemeine **Vor 4** 3
– Anpassung ausländischer Erbrechtstitel **JN 105** 4
– Auffangzuständigkeit **10** 1
– ausschließliche **15** 4
– Ehegüterrecht **4** 17
– Einrede **15** 3; s auch Unzuständigkeit, Einrede
– erbrechtliche Erklärungen **JN 105** 7
– forum-shopping **10** 18; **19** 6
– funktionelle **Vor 4** 5
– interlokale **36** 2
– internationale **Vor 4** 4, 14; **31** 8
– konkurrierende **17** 5 ff
– Konzentration **Vor 4** 24
– nationale **2** 2 ff
– Notzuständigkeit **11** 1 ff; **34** 2

– örtliche **Vor 4** 5 ff; **45** 1
– perpetuatio fori **10** 26
– Prüfung s Zuständigkeitsprüfung
– rügelose Einlassung **9** 1 ff
– sachliche **Vor 4** 5, 7
– Scheidung
– – Unterhalt **4** 17
– Sicherungsmaßnahmen **JN 105** 6
– streitige Verfahren JN 77
– subsidiäre **10** 1 ff
– Urkundenauthentizität **JN 107** 1 ff
– Verlassenschaftsverfahren
– – internationale **JN 106** 1 ff
– – örtliche **JN 105** 3
– – sachliche **JN 105** 2
Zuständigkeitsprüfung JN 107 1
– von Amts wegen **15** 1 ff
– auf Antrag **15** 3
– bei Säumnis **15** 3; **16** 1 ff
– System **15** 3
– Tatsachenermittlung **15** 7
Zuständigkeitsrüge 9 14
Zuständigkeitsvereinbarung s Gerichtsstandsvereinbarung

Zustellung
– Eigenhandzustellung **50** 20
– Ersatzzustellung **50** 20
– fiktive **50** 20
– öffentliche **50** 20
– Titelentscheidung **49** 5
– Vollstreckbarerklärung **49** 2 ff
Zustellung, internationale
– EuZustellVO **16** 1, 4
– nationales Recht **16** 6
– öffentliche **16** 5
– Rechtzeitigkeit **16** 7
– Säumnis, Untätigkeit **16** 8
– Verfahrenseinleitendes Schriftstück **16** 1 ff
– an den Verfahrensgegner **16** 1 ff
Zuwendungsverbot 26 5 f
– Erbunfähigkeit **26** 6
Zwangsgeld 43 24
Zweiseitigkeit
– Rechtsbehelfsverfahren **50** 3
– Revisionsrekurs **51** 5
– Vollstreckbarerklärung **48** 3
Zwischenfeststellungsantrag 39 31

Der regelmäßig aktualisierte Online-Kommentar

Dieses Werk ist online erhältlich.
Preis ab EUR ab 232,80 / Jahr (exkl. USt).
Nähere Informationen und Bestellung unter
Tel.: +43 1 531 61 655
bzw. rdb@manz.at oder auf www.manz.at/abgb-on

Kletečka · Schauer (Hrsg)

ABGB-ON

Seit Erscheinen insgesamt 18 Updates — die meisten §§ zumindest 1x aktualisiert

Der nützliche Online-Kommentar
- Neuauszeichnungen — Änderungen werden farblich hervorgehoben
- Verlinkungen in der RDB
- Notizen — für ganz schnelle Hinweise auf Neuerungen
- Überall verfügbar: auf jedem beliebigen Arbeitsplatz, zu Hause, unterwegs

Der viel zitierte Online-Kommentar
- zahlreiche Zitate
  » in Gerichtsentscheidungen
  » und in der Literatur

EF-Z – Zeitschrift für Familien- und Erbrecht

Jahresabonnement 2015: EUR 126,–
Inkl. Versand im Inland)

2 Hefte zum Preis von nur EUR 15,–
statt EUR 50,40

Für emotional und finanziell sensible Rechtsbereiche!

- EF-Z-Antworten: Zu Vorausvereinbarungen über die Ehewohnung nach § 97 EheG
- EF-Z-Erstinformation: ErbRÄG 2015! Änderungen bei den Formen letztwilliger Verfügungen
- EF-Z-Service: Checkliste! Ein Kind und sein Geld, die gesetzlichen Anlegeformen für das Kindesvermögen

Praktisch umsetzbare Inhalte, die Sie zur besten Lösung führen!
- Aktuellste Entscheidungen der Höchst- und Instanzgerichte mit Praxistipps und Anmerkungen
- Beiträge von Fachleuten zu praktischen Fragen — zB Unterhalt, Sachwalterschaft, Scheidung, Erbrecht
- Checklisten — zB Gewaltschutz, Gebühren, Krankenversicherung
- Muster — zB Vorwegvereinbarung über eheliches Gebrauchsvermögen
- Serviceteile zur Unterhaltsbemessung
- Neues aus der Gesetzgebung

Alle Bereiche des Familienrechts!

Jährlich 6 Hefte. Erscheint 2015 im 10. Jahrgang.